U0620601

吳　格　龍向洋　編

新編四庫系列叢書索引

上海古籍出版社

圖書在版編目(CIP)數據

新編四庫系列叢書索引／吳格，龍向洋編. -- 上海：
上海古籍出版社，2024. 9. -- ISBN 978-7-5732-1289-4

Ⅰ. Z89：Z121.5

中國國家版本館 CIP 數據核字第 2024XG8764 號

新編四庫系列叢書索引

吳　格　龍向洋　編

上海古籍出版社出版發行

（上海市閔行區號景路 159 弄 1－5 號 A 座 5F　郵政編碼 201101）

（1）網址：www.guji.com.cn

（2）E-mail：guji1@guji.com.cn

（3）易文網網址：www.ewen.co

山東韵傑文化科技有限公司印刷

開本 787×1092　1/16　印張 48.25　插頁 5　字數 1,102,000

2024 年 9 月第 1 版　2024 年 9 月第 1 次印刷

ISBN 978－7－5732－1289－4

Z・485　定價：258.00 元

如有質量問題,請與承印公司聯繫

總　目　録

引用書目 …………………………………………………………………………… 1

編纂説明 …………………………………………………………………………… 1

書名索引

書名索引凡例 ………………………………………………………………… 3

書名首字筆畫檢字表 ………………………………………………………… 5

書名筆畫索引 ………………………………………………………………… 19

著者索引

著者索引凡例 ………………………………………………………………… 341

著者首字筆畫檢字表 ………………………………………………………… 343

著者筆畫索引 ………………………………………………………………… 347

書名及著者首字拼音檢字表 …………………………………………………… 751

引 用 書 目

01 景印文淵閣四庫全書（3475 條）

　　臺灣商務印書館影印本　1500 冊

　　上海古籍出版社重印本　1500 冊

02 景印文津閣四庫全書（3493 條）

　　商務印書館影印國家圖書館藏本　1500 冊

03 景印文瀾閣四庫全書（3910 條）

　　杭州出版社影印浙江圖書館藏本　1558 冊

04 景印摛藻堂四庫全書薈要（484 條）

　　臺灣學生書局影印本　500 冊

05（文淵閣）四庫全書珍本（1878 條）

　　臺灣商務印書館影印本　4800 冊

06 四庫全書存目叢書（4555 條）

　　齊魯書社影印本　1500 冊

07 四庫全書存目叢書補編（221 條）

　　齊魯書社影印本　100 冊

08 四庫全書底本叢書（380 條）

　　北京出版社影印本　489 冊

09 四庫提要著録叢書（3067 條）

　　北京出版社影印本　1477 册

10 四庫禁燬書叢刊（634 條）

　　北京出版社影印本　311 册

11 四庫禁燬書叢刊補編（268 條）

　　北京出版社影印本　100 册

12 四庫未收書輯刊（1326 條）

　　北京出版社影印本　300 册

13 續修四庫全書（5359 條）

　　上海古籍出版社影印本　1800 册

編 纂 説 明

一、"四庫系列叢書"包含《文淵閣四庫全書》等大型叢書(影印本)。此類叢書之基本特徵,爲沿襲《四庫全書》編例,四部兼收,彙聚群書,統一版式,影印出版,現分藏國内外公私收藏機構,已成爲閲讀檢索中國傳統典籍之基本書庫。諸叢書影印本合計15000餘册,所含子目近30000條,約佔現存中國古籍十分之一强。

二、"四庫系列叢書"以二十世紀八十年代上海古籍出版社重印臺灣商務印書館《景印文淵閣四庫全書》發端,殿以北京出版社2020年出版之《四庫提要著録叢書》,編印持續,跨越世紀,大致反映近五十年來文獻學界、圖書收藏部門及出版機構傳承、保護古籍之基本成果。

三、"四庫系列叢書"出版延續半世紀,印製發行,週期較長,各家收藏雖未必齊全,但因其紙本精裝,插架整齊,取閲複製,均稱便利,加以開架服務,頗受讀者歡迎,即使後來有電子文本流行,紙本仍具有方便利用之優點。各叢書子目繁多,不僅需要配製本叢書目録及索引,亦需編製涵蓋諸叢書子目之綜合目録及索引。

四、復旦大學圖書館古籍部有鑒於此,曾編纂《四庫系列叢書目録索引》,2007年由上海古籍出版社出版。該書收入"四庫系列叢書"十六種,子目達18000餘條。該書除整編各叢書目録外,又設計書名及著者兩種檢索途徑,採用四角號碼檢索法(附四角號碼與筆畫、拼音對照表),基本滿足圖書館讀者以及遠程檢索需求,成爲一部適用之工具書。

五、自2007年以來,"四庫系列叢書"又新增數種:文淵閣本《四庫全書》以外,文津閣、文瀾閣本《四庫全書》相繼影印,至此存世《四庫全書》已有三部獲公開出版;近年出版之《四庫全書底本叢書》《四庫提要著録叢書》,再度深入發掘,影印大量《四庫全書》相關之古籍。以上四種"四庫系列叢書"之加入,添加大量子目,爲便讀者綜合檢索,遂有《新編四庫系列叢書索引》之編。

六、《新編四庫系列叢書索引》體例與《四庫系列叢書目録索引》相仿,共收入
"四庫系列叢書"十三種,對應文本 15643 冊,著録子目 29050 條,較前新增《文津閣
四庫全書》《文瀾閣四庫全書》及《四庫全書底本叢書》《四庫提要著録叢書》四種叢
書子目,同時删省《文瀾閣四庫全書選粹》《景印四庫全書四種》《文瀾閣四庫全書選
粹四種》《影印文溯閣四庫全書四種》《文津閣四庫全書珍賞》等五種觀賞性質之"四
庫叢書"。

七、《新編四庫系列叢書索引》以書名及著者索引爲正文,爲省篇幅,索引前不再
並載各叢書目録,而將各叢書子目分繫於相關著者姓名下,檢索效果更覺優化。文
淵、文津、文瀾閣本《四庫全書》子目相同者,索引中亦不分列條目。

八、索引編製求簡求精,《新編四庫系列叢書索引》於相同條目之歸併、異體字及
新舊字型之統一、排版格式及字體之調適,不厭其煩,多所用心,以期提高檢索效率。

九、《新編四庫系列叢書索引》中書名及著者索引編製方法,見《書名索引凡例》
及《著者索引凡例》。

十、《新編四庫系列叢書索引》所收各叢書書名及簡稱:
01 景印文淵閣四庫全書　　　　　[文淵]
02 景印文津閣四庫全書　　　　　[文津]
03 景印文瀾閣四庫全書　　　　　[文瀾]
04 景印摛藻堂四庫全書薈要　　　[薈要]
05 (文淵閣)四庫全書珍本　　　　[珍本]
06 四庫全書存目叢書　　　　　　[存目]
07 四庫全書存目叢書補編　　　　[存目補]
08 四庫全書底本叢書　　　　　　[底本]
09 四庫提要著録叢書　　　　　　[著録]
10 四庫禁燬書叢刊　　　　　　　[禁燬]
11 四庫禁燬書叢刊補編　　　　　[禁燬補]
12 四庫未收書輯刊　　　　　　　[未收]
13 續修四庫全書　　　　　　　　[續修]

書名索引

書名索引凡例

一、本索引爲檢索《新編四庫系列叢書索引》所收各叢書子目書名而編製；

一、書名索引依"筆畫檢字法"編製，前冠"書名首字筆畫檢字表"，後附"書名及著者首字拼音檢字表"輔助檢索；

一、各書名後分別注明其所屬叢書名簡稱、分部(經史子集叢)、分集及所在册次，例：

　　童山詩集、文集　〔續修〕1456
　　童子鳴集　〔存目〕集部 142

（《童山詩文集》載《續修四庫全書》第 1456 册，《童子鳴集》載《四庫存目叢書》集部第 142 册）

一、同一書名見於多種叢書者，依次著録，例：

　　童溪易傳　〔文淵〕17　〔文津〕12　〔文瀾〕11　〔薈要〕6

（《童溪易傳》分別載景印文淵、文津、文瀾閣《四庫全書》相應册次及《景印摛藻堂四庫全書薈要》第 6 册）

一、書名中含相同文字者（如詩文集、續集、外集、補遺），不另立條目，相同文字酌予省略，例：

　　童山詩集、文集　〔續修〕1456
　　道古堂文集、詩集、集外文、集外詩　〔續修〕1426－1427

一、書名相同而著者不同者，書名後加注著者姓名，仍依姓名字畫排列，例：

　　爾雅古義（胡承珙）　〔續修〕188
　　爾雅古義（錢坫）　〔續修〕187

書名首字筆畫檢字表

一畫

一 …………… 19
乙 …………… 19

二畫

二 …………… 19
丁 …………… 20
十 …………… 20
七 …………… 21
卜 …………… 21
人 …………… 21
入 …………… 21
八 …………… 22
九 …………… 23
了 …………… 23
力 …………… 23

三畫

三 …………… 23
于 …………… 25
干 …………… 25
土 …………… 25
士 …………… 25
工 …………… 25
才 …………… 25
下 …………… 25
寸 …………… 26
大 …………… 26
兀 …………… 29
上 …………… 29
小 …………… 29
山 …………… 30

千 …………… 31
夕 …………… 31
之 …………… 31
尸 …………… 31
已 …………… 31
巳 …………… 31
子 …………… 32
也 …………… 32
女 …………… 32

四畫

王 …………… 32
井 …………… 33
天 …………… 33
元 …………… 35
无 …………… 36
廿 …………… 36
木 …………… 36
五 …………… 36
支 …………… 38
不 …………… 38
太 …………… 38
友 …………… 40
尤 …………… 40
尢 …………… 40
比 …………… 40
切 …………… 40
瓦 …………… 40
止 …………… 40
少 …………… 40
日 …………… 41
中 …………… 41
內 …………… 42

水 …………… 43
午 …………… 43
牛 …………… 43
毛 …………… 44
壬 …………… 45
升 …………… 45
夭 …………… 45
仁 …………… 45
片 …………… 45
仇 …………… 45
化 …………… 45
介 …………… 45
从 …………… 45
爻 …………… 45
今 …………… 45
分 …………… 46
公 …………… 46
月 …………… 46
勿 …………… 47
丹 …………… 47
勾 …………… 47
卞 …………… 47
六 …………… 47
文 …………… 48
亢 …………… 51
方 …………… 51
火 …………… 51
斗 …………… 51
心 …………… 51
尹 …………… 52
尺 …………… 52
弔 …………… 52
引 …………… 52

孔 …………… 52
巴 …………… 52

五畫

玉 …………… 53
刊 …………… 54
未 …………… 54
示 …………… 54
巧 …………… 54
正 …………… 54
邛 …………… 55
功 …………… 55
甘 …………… 55
世 …………… 55
艾 …………… 55
古 …………… 55
本 …………… 59
札 …………… 60
可 …………… 60
丙 …………… 60
左 …………… 60
右 …………… 61
石 …………… 61
布 …………… 63
戊 …………… 63
平 …………… 63
北 …………… 64
且 …………… 65
目 …………… 65
甲 …………… 65
申 …………… 65
田 …………… 65
由 …………… 65

史 …………… 65
叩 …………… 66
四 …………… 66
生 …………… 69
乍 …………… 69
丘 …………… 69
仕 …………… 69
仙 …………… 69
白 …………… 69
他 …………… 70
瓜 …………… 71
用 …………… 71
印 …………… 71
句 …………… 71
册 …………… 71
卯 …………… 71
外 …………… 71
冬 …………… 71
包 …………… 71
主 …………… 72
市 …………… 72
立 …………… 72
玄 …………… 72
半 …………… 72
永 …………… 72
司 …………… 72
民 …………… 73
弗 …………… 73
弘 …………… 73
出 …………… 73
屮 …………… 73
加 …………… 73
召 …………… 73
皮 …………… 73
弁 …………… 73
台 …………… 73
幼 …………… 73

六畫

匡 …………… 73
邦 …………… 73
玎 …………… 73

式 …………… 73
迁 …………… 74
刑 …………… 74
邢 …………… 74
戎 …………… 74
圭 …………… 74
吉 …………… 74
考 …………… 74
老 …………… 74
地 …………… 75
耳 …………… 75
芋 …………… 75
共 …………… 75
芝 …………… 75
芑 …………… 75
亘 …………… 75
臣 …………… 75
吏 …………… 75
再 …………… 75
西 …………… 75
在 …………… 78
有 …………… 78
百 …………… 78
存 …………… 78
而 …………… 79
匠 …………… 79
戍 …………… 79
列 …………… 79
死 …………… 79
成 …………… 79
夷 …………… 79
至 …………… 79
此 …………… 80
尖 …………… 80
光 …………… 80
吐 …………… 80
曲 …………… 80
同 …………… 80
吕 …………… 80
吊 …………… 81
因 …………… 81
回 …………… 81

屺 …………… 81
年 …………… 81
朱 …………… 81
缶 …………… 82
先 …………… 82
舌 …………… 82
竹 …………… 82
休 …………… 83
伏 …………… 83
伐 …………… 83
延 …………… 83
仲 …………… 84
任 …………… 84
仰 …………… 84
仿 …………… 84
自 …………… 84
伊 …………… 84
血 …………… 84
向 …………… 84
似 …………… 84
行 …………… 84
礦 …………… 84
舟 …………… 84
全 …………… 84
合 …………… 85
邠 …………… 85
危 …………… 85
旭 …………… 85
名 …………… 85
多 …………… 86
争 …………… 86
冲 …………… 86
冰 …………… 86
亦 …………… 86
交 …………… 86
次 …………… 86
衣 …………… 86
妄 …………… 86
米 …………… 86
州 …………… 86
汗 …………… 86
江 …………… 86

汲 …………… 87
池 …………… 87
汝 …………… 87
守 …………… 88
宅 …………… 88
字 …………… 88
安 …………… 88
肎 …………… 89
聿 …………… 89
那 …………… 89
艮 …………… 89
阮 …………… 89
艸 …………… 89
防 …………… 89
如 …………… 89
羽 …………… 89
牟 …………… 89
巡 …………… 89

七畫

形 …………… 89
戒 …………… 89
吞 …………… 90
扶 …………… 90
批 …………… 90
攻 …………… 90
赤 …………… 90
折 …………… 90
孝 …………… 90
均 …………… 91
抑 …………… 91
投 …………… 91
坊 …………… 91
志 …………… 91
劫 …………… 91
芙 …………… 91
邯 …………… 91
芸 …………… 91
芷 …………… 91
花 …………… 92
芥 …………… 92
芬 …………… 92

芳	92	作	98	宋	102	直	108
克	92	伯	98	良	103	苕	108
杜	92	身	99	初	104	苔	109
枚	93	佛	99	社	104	茅	109
杏	93	近	99	局	104	林	109
杞	93	卮	99	改	104	枝	109
李	93	佘	99	阿	104	枚	109
求	95	余	99	壯	104	析	109
車	95	希	99	附	104	板	109
甫	95	坐	99	陂	104	來	109
更	95	谷	99	妙	104	松	109
吾	95	孚	100	邵	104	杭	110
酉	95	妥	100	忍	104	述	110
否	95	含	100	甬	104	枕	111
夾	95	肘	100	災	104	杼	111
步	95	狂	100			東	111
肖	95	刪	100	**八畫**		臥	114
吳	95	彤	100			事	114
見	96	灸	100	勋	104	刺	114
助	97	迎	100	奉	105	兩	114
里	97	言	100	玩	105	雨	115
呆	97	冷	100	武	105	協	115
虬	97	序	100	青	105	郁	115
男	97	辛	100	表	106	奇	115
困	97	冶	100	長	106	非	115
串	97	忘	100	卦	107	歧	115
吟	97	灼	100	坦	107	卓	115
吹	97	弟	100	坤	107	虎	116
別	97	汪	101	抽	107	尚	116
岕	97	沅	101	拍	107	盰	117
岑	97	沚	101	拘	107	具	117
牡	97	沙	101	抱	107	昊	117
我	98	泪	101	幸	107	味	117
秀	98	沖	101	拙	107	杲	118
兵	98	沂	101	坡	107	果	118
邱	98	汾	101	拗	107	昌	118
何	98	泛	101	若	108	明	118
佐	98	汴	101	茂	108	易	119
佔	98	汶	101	苹	108	迪	123
但	98	沈	101	英	108	典	123
伸	98	快	101	苑	108	固	123
佚	98	完	102	范	108	忠	123
				苧	108		

呻⋯⋯⋯⋯ 123
邵⋯⋯⋯⋯ 123
咄⋯⋯⋯⋯ 123
岩⋯⋯⋯⋯ 123
岡⋯⋯⋯⋯ 124
制⋯⋯⋯⋯ 124
知⋯⋯⋯⋯ 124
垂⋯⋯⋯⋯ 124
牧⋯⋯⋯⋯ 124
物⋯⋯⋯⋯ 124
乖⋯⋯⋯⋯ 124
和⋯⋯⋯⋯ 124
季⋯⋯⋯⋯ 124
佳⋯⋯⋯⋯ 124
侍⋯⋯⋯⋯ 124
岳⋯⋯⋯⋯ 125
使⋯⋯⋯⋯ 125
兒⋯⋯⋯⋯ 125
岱⋯⋯⋯⋯ 125
侶⋯⋯⋯⋯ 125
佩⋯⋯⋯⋯ 125
依⋯⋯⋯⋯ 125
併⋯⋯⋯⋯ 125
欣⋯⋯⋯⋯ 125
征⋯⋯⋯⋯ 125
徂⋯⋯⋯⋯ 125
所⋯⋯⋯⋯ 125
金⋯⋯⋯⋯ 125
采⋯⋯⋯⋯ 127
受⋯⋯⋯⋯ 128
念⋯⋯⋯⋯ 128
周⋯⋯⋯⋯ 128
昏⋯⋯⋯⋯ 133
狎⋯⋯⋯⋯ 133
剁⋯⋯⋯⋯ 133
炙⋯⋯⋯⋯ 133
京⋯⋯⋯⋯ 133
夜⋯⋯⋯⋯ 134
郊⋯⋯⋯⋯ 134
庚⋯⋯⋯⋯ 134
放⋯⋯⋯⋯ 134
刻⋯⋯⋯⋯ 134

於⋯⋯⋯⋯ 134
育⋯⋯⋯⋯ 134
卷⋯⋯⋯⋯ 134
炊⋯⋯⋯⋯ 134
炎⋯⋯⋯⋯ 134
法⋯⋯⋯⋯ 134
沽⋯⋯⋯⋯ 135
河⋯⋯⋯⋯ 135
泊⋯⋯⋯⋯ 135
泠⋯⋯⋯⋯ 135
注⋯⋯⋯⋯ 135
泣⋯⋯⋯⋯ 136
泳⋯⋯⋯⋯ 136
治⋯⋯⋯⋯ 136
性⋯⋯⋯⋯ 136
怪⋯⋯⋯⋯ 136
怡⋯⋯⋯⋯ 136
宗⋯⋯⋯⋯ 136
定⋯⋯⋯⋯ 137
宜⋯⋯⋯⋯ 137
宙⋯⋯⋯⋯ 137
官⋯⋯⋯⋯ 137
空⋯⋯⋯⋯ 137
穹⋯⋯⋯⋯ 137
宛⋯⋯⋯⋯ 137
郎⋯⋯⋯⋯ 137
房⋯⋯⋯⋯ 137
祈⋯⋯⋯⋯ 137
祇⋯⋯⋯⋯ 137
建⋯⋯⋯⋯ 138
居⋯⋯⋯⋯ 138
屈⋯⋯⋯⋯ 138
弧⋯⋯⋯⋯ 138
弪⋯⋯⋯⋯ 138
承⋯⋯⋯⋯ 138
孟⋯⋯⋯⋯ 138
陋⋯⋯⋯⋯ 139
孤⋯⋯⋯⋯ 139
函⋯⋯⋯⋯ 139
陔⋯⋯⋯⋯ 139
姑⋯⋯⋯⋯ 139
姓⋯⋯⋯⋯ 140

妮⋯⋯⋯⋯ 140
始⋯⋯⋯⋯ 140
迦⋯⋯⋯⋯ 140

九畫

契⋯⋯⋯⋯ 140
奏⋯⋯⋯⋯ 140
春⋯⋯⋯⋯ 140
珂⋯⋯⋯⋯ 146
珍⋯⋯⋯⋯ 146
珊⋯⋯⋯⋯ 146
封⋯⋯⋯⋯ 146
拱⋯⋯⋯⋯ 146
城⋯⋯⋯⋯ 146
政⋯⋯⋯⋯ 146
括⋯⋯⋯⋯ 146
郝⋯⋯⋯⋯ 146
拾⋯⋯⋯⋯ 146
垛⋯⋯⋯⋯ 147
指⋯⋯⋯⋯ 147
按⋯⋯⋯⋯ 147
拯⋯⋯⋯⋯ 147
荊⋯⋯⋯⋯ 147
革⋯⋯⋯⋯ 147
荑⋯⋯⋯⋯ 147
草⋯⋯⋯⋯ 147
茶⋯⋯⋯⋯ 147
茍⋯⋯⋯⋯ 148
茗⋯⋯⋯⋯ 148
茨⋯⋯⋯⋯ 148
荒⋯⋯⋯⋯ 148
故⋯⋯⋯⋯ 148
胡⋯⋯⋯⋯ 148
茹⋯⋯⋯⋯ 148
荔⋯⋯⋯⋯ 148
南⋯⋯⋯⋯ 149
柯⋯⋯⋯⋯ 151
柘⋯⋯⋯⋯ 151
查⋯⋯⋯⋯ 151
相⋯⋯⋯⋯ 151
柚⋯⋯⋯⋯ 151
柞⋯⋯⋯⋯ 151

柏⋯⋯⋯⋯ 152
柳⋯⋯⋯⋯ 152
柿⋯⋯⋯⋯ 152
桦⋯⋯⋯⋯ 152
咸⋯⋯⋯⋯ 152
威⋯⋯⋯⋯ 152
研⋯⋯⋯⋯ 152
厚⋯⋯⋯⋯ 152
砑⋯⋯⋯⋯ 152
面⋯⋯⋯⋯ 152
耐⋯⋯⋯⋯ 153
皆⋯⋯⋯⋯ 153
韭⋯⋯⋯⋯ 153
貞⋯⋯⋯⋯ 153
虐⋯⋯⋯⋯ 153
省⋯⋯⋯⋯ 153
是⋯⋯⋯⋯ 153
則⋯⋯⋯⋯ 153
星⋯⋯⋯⋯ 153
昨⋯⋯⋯⋯ 153
昭⋯⋯⋯⋯ 153
畏⋯⋯⋯⋯ 154
毗⋯⋯⋯⋯ 154
虹⋯⋯⋯⋯ 154
思⋯⋯⋯⋯ 154
品⋯⋯⋯⋯ 154
咽⋯⋯⋯⋯ 154
峇⋯⋯⋯⋯ 154
峒⋯⋯⋯⋯ 154
峇⋯⋯⋯⋯ 154
幽⋯⋯⋯⋯ 154
拜⋯⋯⋯⋯ 155
看⋯⋯⋯⋯ 155
矩⋯⋯⋯⋯ 155
秕⋯⋯⋯⋯ 155
香⋯⋯⋯⋯ 155
种⋯⋯⋯⋯ 155
秋⋯⋯⋯⋯ 155
科⋯⋯⋯⋯ 156
重⋯⋯⋯⋯ 156
段⋯⋯⋯⋯ 158
便⋯⋯⋯⋯ 158

俠……158	音……165	咫……169	華……173
修……158	彦……165	屏……169	莆……173
保……158	帝……165	陣……169	莧……173
促……158	施……165	韋……169	荷……173
俄……158	紗……166	眉……169	荻……173
俗……158	美……166	胥……169	真……173
信……158	姜……166	陝……169	莊……174
皇……158	迷……166	姚……170	桂……174
泉……161	前……166	娜……170	栲……174
鬼……161	逆……166	飛……170	郴……175
禹……161	炳……166	盈……170	栖……175
侯……162	洱……166	癸……170	桐……175
追……162	洪……166	象……170	梃……175
俟……162	洹……166	紅……170	栝……175
盾……162	洞……166	約……170	桃……175
衍……162	洄……167	紈……170	格……175
待……162	洗……167	級……170	校……175
衍……162	活……167	紀……170	核……175
律……162	洛……167		枰……176
後……162	洺……167	**十畫**	栩……176
俞……163	净……167	耕……171	索……176
拿……163	浹……167	泰……171	連……176
逃……163	浒……167	秦……171	逋……176
卻……163	恒……167	珠……171	冔……176
爰……163	恬……167	珩……171	酌……176
胞……164	宣……167	珞……171	夏……176
胎……164	宦……168	班……171	砥……176
負……164	宮……168	素……171	破……176
勉……164	突……168	栽……172	原……176
風……164	客……168	捕……172	烈……177
尳……164	冠……168	馬……172	殊……177
急……164	軍……168	振……172	致……177
胤……164	扁……168	貢……172	晉……177
訂……164	袪……168	埋……172	柴……177
計……164	祐……168	袁……172	逝……177
哀……164	祖……168	挹……172	逍……177
亭……164	神……168	都……172	時……177
度……164	祝……169	哲……172	逞……177
弈……165	祕……169	耆……173	晁……178
庭……165	祠……169	耄……173	唬……178
疣……165	郡……169	耿……173	晏……178
疫……165	退……169	恥……173	蚌……178

蚓	178	凌	181	宰	188	掖	195
恩	178	凍	181	袚	188	培	195
峽	178	袁	181	袖	188	執	195
峴	178	高	181	被	188	探	195
峨	178	亳	182	祥	188	掃	195
缺	178	郭	182	冥	188	聊	195
造	178	席	182	書	188	著	195
秫	178	病	182	弱	190	菱	195
秫	178	效	182	陸	190	萊	195
秘	178	唐	182	陵	190	堇	195
笑	178	旅	184	陳	190	黃	195
笏	178	畜	184	埼	191	敔	196
倩	178	瓶	184	孫	191	菲	196
借	178	拳	184	陰	192	菽	197
倚	179	益	184	陶	192	菌	197
條	179	兼	185	姬	193	萩	197
倘	179	朔	185	娛	193	菜	197
倭	179	剡	185	恕	193	菜	197
倪	179	浙	185	通	193	菊	197
倦	179	浦	185	能	194	萃	197
健	179	涷	185	桑	194	萍	197
射	179	浯	185	純	194	菀	197
息	179	酒	185	納	194	乾	197
島	179	涇	185	紡	194	隸	197
烏	179	涉	186	邕	194	菰	197
師	179	消	186			梧	197
徑	180	浩	186	**十一畫**		桯	197
徐	180	海	186			梅	197
殷	180	涂	187	責	194	桴	198
針	180	浮	187	現	194	梭	198
殺	180	流	187	理	194	救	198
豹	180	浣	187	琉	194	專	199
奚	180	浪	187	琅	194	曹	199
倉	180	浚	187	捧	194	敕	199
翁	180	悟	187	掩	194	副	199
脈	181	悞	187	捷	194	區	199
留	181	悔	187	排	194	堅	199
芻	181	悅	188	捫	194	戚	199
託	181	宸	188	推	194	帶	199
訓	181	家	188	埠	195	硃	199
記	181	宵	188	採	195	瓠	199
訒	181	容	188	授	195	匏	199
				教	195		

盛	199	斜	205	淙	209	項	214
雪	199	釣	205	深	210	越	214
虛	200	欲	205	涵	210	提	215
處	200	彩	205	梁	210	揚	215
雀	200	貧	205	情	210	博	215
堂	200	脚	205	惜	210	揭	215
常	200	脫	205	惕	210	彭	215
眺	201	魚	205	惟	210	搜	215
眼	201	象	205	寄	210	煮	215
野	201	逸	206	密	210	援	215
問	201	猗	206	扈	211	裁	215
婁	201	祭	206	啓	211	達	215
晦	201	訥	206	視	211	揮	216
晞	202	許	206	畫	211	壹	216
冕	202	�	206	尉	211	壺	216
晚	202	庶	206	屠	211	握	216
畦	202	麻	206	張	211	揆	216
異	202	庚	206	隋	212	棊	216
蛇	202	痎	206	將	212	斯	216
鄂	202	康	206	陽	212	期	216
國	202	庸	207	隅	213	葉	216
唾	203	鹿	207	隆	213	葫	216
唯	203	章	207	娵	213	散	216
啜	203	竟	207	婦	213	葬	216
崧	203	産	207	習	213	萬	216
崑	203	翊	207	廖	213	葛	217
崔	204	商	207	參	213	董	217
崇	204	旌	207	鄉	213	葆	217
過	204	望	207	紺	213	敬	217
甜	204	剪	208	終	213	落	217
梨	204	敝	208	絃	213	朝	218
笠	204	清	208	紹	213	喪	218
笥	204	渚	209	巢	214	葦	218
笳	204	淩	209			楮	218
敏	204	淞	209	**十二畫**		植	218
偃	205	渠	209			焚	218
偶	205	淺	209	絜	214	棲	218
進	205	淑	209	琵	214	椒	218
鳥	205	淮	209	琴	214	棉	218
得	205	涼	209	琱	214	棕	218
從	205	淳	209	瑯	214	棣	218
船	205	淡	209	堯	214	極	218
				堪	214		

惠……218
粟……218
棗……219
酼……219
硤……219
硯……219
殘……219
雄……219
雲……219
雅……220
斮……220
斐……220
紫……220
棠……221
掌……221
晴……221
暑……221
最……221
鼎……221
戢……221
開……221
閑……221
猒……221
間……221
閔……222
遏……222
景……222
貴……222
蛞……222
蛟……222
郞……222
喉……222
喤……222
喙……222
買……222
黑……222
圍……223
無……223
揱……223
鉼……223
短……223

智……223
剩……223
稧……223
程……223
黎……224
喬……224
等……224
答……224
筍……224
筆……224
傲……224
備……224
傅……224
牌……224
順……224
集……224
焦……225
皋……225
衆……225
遁……225
街……225
御……225
復……228
循……228
偏……228
須……228
艇……228
舒……228
畲……229
鉅……229
鈍……229
鈔……229
鈴……229
欽……229
鈞……231
番……232
禽……232
爲……232
舜……232
貂……232
飲……232
脾……232

勝……232
魕……232
然……232
鄒……232
評……232
診……232
註……232
詠……232
詞……233
詒……233
馮……233
敦……233
痘……233
痢……233
痧……234
童……234
遊……234
棄……234
善……234
普……234
尊……234
道……234
遂……235
曾……235
焠……235
湛……235
湖……236
湘……236
測……236
湯……236
温……236
渭……237
滑……237
淵……237
盜……237
渡……237
游……237
渼……237
滋……237
渾……237
溉……237
湄……237

湧……237
愧……237
割……238
寒……238
富……238
寓……238
運……238
補……238
尋……239
畫……239
犀……239
孱……239
强……239
費……239
粥……239
巽……239
疎……239
疏……239
違……240
隔……240
隙……240
媿……240
嫦……240
媚……240
賀……240
登……240
發……240
婺……240
絳……240
絡……240
絶……240
絲……240
幾……240

十三畫

瑟……240
瑞……241
頑……241
填……241
載……241
馴……241
鄢……241

損⋯⋯⋯⋯241	碎⋯⋯⋯⋯246	微⋯⋯⋯⋯250	窸⋯⋯⋯⋯262
遠⋯⋯⋯⋯241	匯⋯⋯⋯⋯246	盍⋯⋯⋯⋯250	褚⋯⋯⋯⋯262
鼓⋯⋯⋯⋯241	雷⋯⋯⋯⋯246	愈⋯⋯⋯⋯250	禋⋯⋯⋯⋯262
摘⋯⋯⋯⋯241	督⋯⋯⋯⋯246	會⋯⋯⋯⋯250	福⋯⋯⋯⋯262
塘⋯⋯⋯⋯241	歲⋯⋯⋯⋯246	愛⋯⋯⋯⋯251	禘⋯⋯⋯⋯262
聖⋯⋯⋯⋯241	虞⋯⋯⋯⋯246	飴⋯⋯⋯⋯251	肅⋯⋯⋯⋯262
戡⋯⋯⋯⋯242	業⋯⋯⋯⋯247	頒⋯⋯⋯⋯251	群⋯⋯⋯⋯262
蓋⋯⋯⋯⋯242	睫⋯⋯⋯⋯247	頌⋯⋯⋯⋯251	殿⋯⋯⋯⋯263
鄖⋯⋯⋯⋯242	睡⋯⋯⋯⋯247	詹⋯⋯⋯⋯251	辟⋯⋯⋯⋯263
勤⋯⋯⋯⋯242	賊⋯⋯⋯⋯247	獅⋯⋯⋯⋯251	裝⋯⋯⋯⋯263
蓮⋯⋯⋯⋯242	嗜⋯⋯⋯⋯247	解⋯⋯⋯⋯251	遜⋯⋯⋯⋯263
靳⋯⋯⋯⋯242	黽⋯⋯⋯⋯247	詩⋯⋯⋯⋯251	彙⋯⋯⋯⋯263
墓⋯⋯⋯⋯243	愚⋯⋯⋯⋯247	誠⋯⋯⋯⋯254	經⋯⋯⋯⋯263
夢⋯⋯⋯⋯243	歇⋯⋯⋯⋯247	話⋯⋯⋯⋯254	緄⋯⋯⋯⋯264
蒼⋯⋯⋯⋯243	暇⋯⋯⋯⋯247	詮⋯⋯⋯⋯254	綏⋯⋯⋯⋯265
蓬⋯⋯⋯⋯243	暌⋯⋯⋯⋯247	詢⋯⋯⋯⋯254	
蒿⋯⋯⋯⋯243	跨⋯⋯⋯⋯247	詳⋯⋯⋯⋯254	**十四畫**
蓄⋯⋯⋯⋯243	路⋯⋯⋯⋯247	廓⋯⋯⋯⋯255	
蒹⋯⋯⋯⋯243	園⋯⋯⋯⋯247	廉⋯⋯⋯⋯255	璉⋯⋯⋯⋯265
蒲⋯⋯⋯⋯243	遣⋯⋯⋯⋯247	資⋯⋯⋯⋯255	靜⋯⋯⋯⋯265
蓉⋯⋯⋯⋯243	蛾⋯⋯⋯⋯247	靖⋯⋯⋯⋯255	碧⋯⋯⋯⋯265
蒙⋯⋯⋯⋯244	蜂⋯⋯⋯⋯247	新⋯⋯⋯⋯255	瑤⋯⋯⋯⋯265
蒜⋯⋯⋯⋯244	蛻⋯⋯⋯⋯247	意⋯⋯⋯⋯260	熬⋯⋯⋯⋯265
楪⋯⋯⋯⋯244	農⋯⋯⋯⋯248	雍⋯⋯⋯⋯260	髣⋯⋯⋯⋯265
禁⋯⋯⋯⋯244	罪⋯⋯⋯⋯248	義⋯⋯⋯⋯260	駁⋯⋯⋯⋯265
楚⋯⋯⋯⋯244	蜀⋯⋯⋯⋯248	煎⋯⋯⋯⋯260	趙⋯⋯⋯⋯266
棟⋯⋯⋯⋯244	嵩⋯⋯⋯⋯248	慈⋯⋯⋯⋯260	嘉⋯⋯⋯⋯266
楷⋯⋯⋯⋯245	圓⋯⋯⋯⋯248	煙⋯⋯⋯⋯261	臺⋯⋯⋯⋯266
楊⋯⋯⋯⋯245	槃⋯⋯⋯⋯248	煬⋯⋯⋯⋯261	摭⋯⋯⋯⋯266
楞⋯⋯⋯⋯245	稗⋯⋯⋯⋯248	煨⋯⋯⋯⋯261	墉⋯⋯⋯⋯266
槐⋯⋯⋯⋯245	筠⋯⋯⋯⋯248	溝⋯⋯⋯⋯261	壽⋯⋯⋯⋯266
皙⋯⋯⋯⋯245	筱⋯⋯⋯⋯249	滇⋯⋯⋯⋯261	慕⋯⋯⋯⋯267
榆⋯⋯⋯⋯245	節⋯⋯⋯⋯249	漣⋯⋯⋯⋯261	蔡⋯⋯⋯⋯267
楓⋯⋯⋯⋯245	與⋯⋯⋯⋯249	準⋯⋯⋯⋯261	蔗⋯⋯⋯⋯267
槎⋯⋯⋯⋯246	傳⋯⋯⋯⋯249	滏⋯⋯⋯⋯261	熙⋯⋯⋯⋯267
榴⋯⋯⋯⋯246	鼠⋯⋯⋯⋯249	溪⋯⋯⋯⋯261	蔣⋯⋯⋯⋯267
楸⋯⋯⋯⋯246	催⋯⋯⋯⋯249	滄⋯⋯⋯⋯261	蓼⋯⋯⋯⋯267
裘⋯⋯⋯⋯246	傷⋯⋯⋯⋯249	溽⋯⋯⋯⋯262	榴⋯⋯⋯⋯267
賈⋯⋯⋯⋯246	像⋯⋯⋯⋯250	溯⋯⋯⋯⋯262	榕⋯⋯⋯⋯267
感⋯⋯⋯⋯246	備⋯⋯⋯⋯250	愫⋯⋯⋯⋯262	榷⋯⋯⋯⋯267
摰⋯⋯⋯⋯246	梟⋯⋯⋯⋯250	慎⋯⋯⋯⋯262	輔⋯⋯⋯⋯267
碑⋯⋯⋯⋯246	粵⋯⋯⋯⋯250	塞⋯⋯⋯⋯262	歌⋯⋯⋯⋯267
			監⋯⋯⋯⋯267

樂……287	澄……293	頤……297	篷……301
質……288	潏……293	薛……297	興……301
德……288	憤……293	薩……297	學……301
徵……288	寫……294	樹……297	儒……302
衛……288	審……294	樸……297	衡……303
盤……288	憨……294	橋……297	錯……303
銷……288	遲……294	憍……297	錢……303
鋤……288	履……294	樵……297	錫……303
劍……288	彈……294	橘……298	錦……303
貓……288	選……294	輸……298	録……303
餓……289	豫……294	輶……298	歙……303
餘……289	練……294	整……298	館……304
滕……289	緝……294	賴……298	膳……304
魯……289	緱……294	融……298	雕……304
穎……289	緩……294	瓢……298	鮑……304
劉……289	編……294	醒……298	獨……304
請……290	緯……294	歷……298	獪……304
諸……290	緣……295	曆……299	諫……304
課……290	畿……295	霏……299	諧……304
論……290		霓……300	謔……304
調……291	**十六畫**	冀……300	諤……304
諄……291		頻……300	憑……304
談……291	墻……295	餐……300	瘴……304
廟……292	駱……295	膚……300	塵……304
摩……292	駮……295	盧……300	凝……304
褒……292	駢……295	曉……300	親……305
瘵……292	撼……295	曇……300	辨……305
廣……292	據……295	鴨……300	龍……305
慶……292	操……295	閻……300	義……305
毅……292	熹……295	器……300	糖……305
羯……292	擇……295	戰……300	瞥……305
翦……292	擔……295	嘯……300	燃……305
遵……292	壇……295	還……300	螢……305
潭……292	磬……295	嶧……301	營……306
潛……292	薑……295	圜……301	燈……306
潤……293	燕……296	默……301	澠……306
澗……293	薛……296	黔……301	潞……306
澂……293	薇……296	憩……301	澡……306
澳……293	薪……296	積……301	澤……306
潘……293	薄……296	穆……301	激……306
潯……293	翰……296	築……301	澹……306
潠……293	蕭……296	篔……301	澥……306

濂……306
憯……306
憶……306
憲……306
寰……307
窺……307
禪……307
避……307
彊……307
隤……307
隙……307
隱……307
緝……307

十七畫

麗……307
環……307
擣……307
趨……307
戴……307
擬……308
蟄……308
聲……308
聰……308
聯……308
蕖……308
鞠……308
藍……308
藏……308
舊……308
韓……309
隸……309
檉……309
檢……309
檜……309
檀……309
樕……310
擊……310
臨……310
磯……310
邇……310
霜……310

霞……310
圙……310
壑……310
戲……310
嬰……310
闇……310
螺……310
蟓……310
蟋……311
嶺……311
嶽……311
點……311
矯……311
魏……311
繁……311
輿……311
優……311
儲……311
龜……311
徽……312
禦……312
鍥……312
鍼……312
鍾……312
鴿……312
邈……312
谿……312
甌……312
鮚……312
講……312
謨……312
謝……312
謐……313
謙……313
襄……313
應……313
甕……313
燭……313
鴻……313
濬……313
濕……313
濮……313

濟……313
濯……313
謇……313
邃……314
嫣……314
禮……314
檗……315
甓……315
孺……315
翼……315
績……315
縹……315
縱……315
縮……315

十八畫

瓊……315
鼇……315
攟……315
騎……316
藕……316
職……316
藝……316
鞭……316
藥……316
藤……316
蘊……316
轉……316
覆……316
醫……317
顧……317
豐……317
叢……317
瞿……318
黿……318
闕……318
曠……318
蟬……318
蟲……318
顒……318
鵝……318
穫……318

簪……318
簡……318
簣……318
雙……318
邊……319
歸……319
鎮……319
雞……319
鯁……319
觴……319
謫……319
癖……319
雜……319
離……320
顏……320
瀑……320
濼……320
瀏……320
懞……320
禱……320
璧……320
韞……320
隴……320
彝……320
繙……320
織……321
繕……321
斷……321

十九畫

駿……321
騷……321
攗……321
攇……321
難……321
蘋……321
蘧……321
蘆……321
勸……321
摯……321
蘅……321
蘇……321

警…………… 322
藥…………… 322
麓…………… 322
攀…………… 322
繫…………… 322
麗…………… 322
礦…………… 322
願…………… 322
璽…………… 323
蕭…………… 323
贈…………… 323
曝…………… 323
關…………… 323
疇…………… 323
蹴…………… 323
蠣…………… 323
蟻…………… 323
嚴…………… 323
獸…………… 323
羅…………… 323
贊…………… 324
籀…………… 324
籤…………… 324
牘…………… 324
鏡…………… 324
辭…………… 324
鯤…………… 324
鯨…………… 324
蟹…………… 324
譚…………… 324
譙…………… 324
識…………… 324
譔…………… 324
證…………… 324
譎…………… 324
盧…………… 325
癡…………… 325
麗…………… 325
韻…………… 325
類…………… 325
瀟…………… 326
瀨…………… 326
瀕…………… 326

瀛…………… 326
懶…………… 326
懷…………… 326
寵…………… 326
襪…………… 326
韜…………… 326
嬾…………… 326
繹…………… 326
繪…………… 327
繡…………… 327

二十畫

攘…………… 327
蘭…………… 327
鹺…………… 327
獻…………… 327
耀…………… 327
懸…………… 327
闡…………… 327
鶡…………… 327
蠖…………… 327
蠕…………… 327
蠙…………… 327
籌…………… 328
纂…………… 328
覺…………… 328
敹…………… 328
鐔…………… 328
鐫…………… 328
鐘…………… 328
鐙…………… 328
釋…………… 328
饒…………… 328
饌…………… 328
譯…………… 328
議…………… 329
爐…………… 329
灌…………… 329
寶…………… 329
寶…………… 329
饗…………… 329
響…………… 329
繼…………… 329

二十一畫

攝…………… 330
驂…………… 330
權…………… 330
櫻…………… 330
霸…………… 330
露…………… 330
疊…………… 330
囂…………… 330
藤…………… 330
儷…………… 330
鐵…………… 330
癧…………… 330
辯…………… 330
爛…………… 330
灄…………… 331
顧…………… 331
鶴…………… 331
蠡…………… 331
續…………… 331

二十二畫

懿…………… 333
聽…………… 333
蘿…………… 333
鷗…………… 333
霽…………… 333
疊…………… 333
巖…………… 333
穰…………… 333
鑑…………… 333
臞…………… 333
讀…………… 333
瘦…………… 336
龔…………… 336
竊…………… 336
鼯…………… 336

二十三畫

籠…………… 336
曬…………… 336

顯…………… 336
籤…………… 336
樂…………… 336
變…………… 336
癰…………… 336
麟…………… 336
孏…………… 336

二十四畫

觀…………… 336
蠹…………… 337
鹽…………… 337
釀…………… 337
靈…………… 337
蠱…………… 337
贛…………… 337
讕…………… 337
讒…………… 337
贛…………… 337

二十五畫

顱…………… 337
蠻…………… 338

二十六畫

灤…………… 338

二十七畫

讜…………… 338
灩…………… 338

二十八畫

鑿…………… 338
鸚…………… 338
戀…………… 338

二十九畫

驪…………… 338
鬱…………… 338

三十畫

鸞…………… 338

書名筆畫索引

一畫

一

一山文集 〔文淵〕1217 〔文津〕1221 〔文瀾〕1252 〔珍本〕十一集 173 〔著録〕集部 32

一木堂詩蕓 〔禁燬補〕85

一切經音義 〔續修〕198

一切經音義、續一切經音義 〔續修〕196－197

*一文錢 〔續修〕1764

一世不伏老 〔續修〕1764

一草亭目科全書 〔續修〕1018

一峰文集 〔文淵〕1251 〔文津〕1255 〔文瀾〕1288 〔珍本〕四集 337－338

一峰先生文集 〔著録〕集部 267

一家言文集、詩集 〔禁燬補〕85

一菴王先生遺集 〔存目〕子部 10

一笠菴北詞廣正譜、附南戲北詞正謬 〔續修〕1748

一笠菴新編一捧雪傳奇 〔續修〕1775

一笠菴彙編清忠譜傳奇 〔續修〕1775

一庵雜問録 〔存目〕子部 84

一溉堂詩集 〔存目〕集部 237

一統路程圖記 〔存目〕史部 166

一樓集 〔未收〕十輯 15

一輻集 〔未收〕二輯 15

一瓢詩話 〔續修〕1701

一齋集 〔禁燬〕集部 57

一齋舊詩 〔未收〕八輯 18

一鐙精舍甲部蕓 〔續修〕1554

乙

乙巳占 〔續修〕1049

二畫

二

二十一史精義 〔未收〕二輯 22

二十一史論贊 〔存目〕史部 148－149

二十一史論贊輯要 〔存目〕史部 147

二十四畫品 〔續修〕1068

二十年目睹之怪現狀 〔續修〕1798－1799

二丸居集選 〔禁燬〕集部 16

二六功課 〔存目〕子部 260

二申野録 〔存目〕史部 56

二老堂詩話 〔文淵〕1480 〔文津〕1485 〔文瀾〕1530 〔著録〕集部 331

二曲集 〔存目〕集部 207 〔續修〕1410

二酉園文集、詩集、續集 〔存目〕集部 139

二酉彙删 〔存目〕子部 228

二希堂文集 〔文淵〕1325 〔文津〕1329 〔文瀾〕1365 〔珍本〕二集 389－390 〔著録〕集部 359

二希堂文録 〔續修〕1670

二谷讀書記 〔存目〕子部 11

二初齋讀書記 〔續修〕1156

二妙集 〔文淵〕1365 〔文津〕1369 〔文瀾〕1409 〔珍本〕九集 271 〔著録〕集部 451

二林居文録 〔續修〕1670

二林居集 〔續修〕1461

二知軒文存 〔續修〕1556－1557

二知軒詩鈔 〔續修〕1555

二知軒詩續鈔 〔續修〕1556

二刻拍案驚奇、雜劇 〔續修〕1787
*二郎收猪八戒 〔續修〕1763
二南遺音、續集 〔存目〕集部 412
二皇甫集 〔文淵〕1332 〔文津〕1336 〔文瀾〕1374 〔珍本〕四集 387
二家宮詞 〔文淵〕1416 〔文津〕1420 〔文瀾〕1460 〔著錄〕集部 417
二家詩鈔 〔存目補〕36
二家詩選 〔文淵〕1459 〔文津〕1464 〔文瀾〕1506 〔珍本〕十一集 200 〔著錄〕集部 210
二梅公年譜 〔存目〕史部 82
二程子抄釋 〔文淵〕715 〔文津〕717 〔文瀾〕730 〔著錄〕子部 333
二程文集 〔文淵〕1345 〔文津〕1350 〔文瀾〕1387
二程外書 〔文淵〕698 〔文津〕698 〔文瀾〕712
二程語録 〔存目〕子部 3
二程粹言 〔文淵〕698 〔文津〕698 〔文瀾〕712 〔著錄〕子部 250
二程遺書 〔文淵〕698 〔文津〕698 〔文瀾〕712
二槐草存 〔存目〕集部 205
二樓小志 〔存目〕史部 245
二樓紀略 〔存目〕子部 115 〔續修〕1176
二薇亭詩集 〔文淵〕1171 〔文津〕1175 〔文瀾〕1205 〔珍本〕十一集 169 〔底本〕集部 90 〔著錄〕集部 25
二禮集解 〔存目〕經部 107
二禮經傳測、纂議 〔存目〕經部 104
二續表忠記 〔禁燬〕史部 41

丁

丁巨算法 〔續修〕1042
丁文遠集、外集 〔未收〕五輯 25
丁文誠公奏稿 〔續修〕509
丁戊之閒行卷 〔續修〕1576
丁戊筆記 〔續修〕1161
丁卯集、丁卯續集、再續 〔著錄〕集部 2
丁卯集箋註 〔續修〕1311
丁卯詩集 〔文淵〕1082 〔文津〕1086 〔文瀾〕1112
丁晉公談録 〔續修〕1166
丁清惠公遺集 〔禁燬〕集部 44

十

十一家注孫子 〔續修〕959
十一經問對 〔文淵〕184 〔文津〕179 〔文瀾〕176 〔薈要〕78
十二先生詩宗集韻 〔存目〕子部 170
十七史商榷 〔續修〕452－453
十七史詳節 〔存目〕史部 129－131
十七史纂古今通要 〔文淵〕688 〔文津〕688 〔文瀾〕702
十七史纂古今通要(史纂通要) 〔珍本〕四集 123－124
十七史纂古今通要、圖、史纂通要後集 〔著錄〕史部 267
十八家詩鈔 〔續修〕1592－1593
十三經考文提要 〔未收〕三輯 10
十三經西學通義 〔未收〕四輯 10
十三經字辨 〔存目〕經部 153
十三經注疏正字 〔文淵〕192 〔文津〕186－187 〔文瀾〕182－183 〔珍本〕初集 92－97
十三經注疏校勘記 〔續修〕180－183
十三經注疏校勘記識語 〔續修〕183
十三經拾遺 〔未收〕一輯 9
十三經解詁 〔存目〕經部 147－148
十三經義疑 〔文淵〕191 〔文津〕185 〔文瀾〕181 〔珍本〕初集 91
十三經類語、附十三經序論選 〔存目〕子部 217
十五家詞 〔文淵〕1494 〔文津〕1498 〔文瀾〕1544
十五國風高言集 〔存目補〕41
十五貫 〔續修〕1775
十六長樂堂古器款識考 〔續修〕901
十六國年表(孔尚質) 〔存目〕史部 163
十六國年表(張愉曾) 〔存目〕史部 163
十六國春秋 〔文淵〕463 〔文津〕462 〔文瀾〕464－465 〔珍本〕十一集 69 〔薈要〕203 〔著錄〕史部 34 〔著錄〕史部 204
十可篇 〔存目〕子部 143
十四經發揮 〔續修〕995
十先生奧論註前集、後集、續集 〔文淵〕

1362〔文津〕1366〔文瀾〕1404〔珍本〕初集 372-373

十字坡 〔續修〕1767 |1767

十峰集 〔存目〕集部 264

十笏草堂詩選、辛甲集、上浮集 〔存目補〕79

十家注孫子遺説 〔續修〕959

十處士傳 〔存目〕子部 251

十國春秋 〔文淵〕465〔文津〕464〔文瀾〕466-467〔珍本〕三集 147-154〔薈要〕204-205

十國春秋、拾遺、備考、拾遺備考補 〔著録〕史部 95

十國宮詞 〔未收〕四輯 20

十經文字通正書 〔未收〕四輯 9

十種唐詩選 〔存目〕集部 394

十駕齋養新録、餘録 〔續修〕1151

十嶽山人詩集、王十嶽樂府 〔存目〕集部 79

十翼後録 〔續修〕36-37

十願齋全集易説、易箋 〔存目〕經部 24

七

七十二峰足徵集、文集 〔存目補〕43-44

七十二候考 〔續修〕885

七十二候表 〔未收〕四輯 5

七十二家集 〔續修〕1583-1588

七十自定稿 〔禁燬補〕79

七十家賦鈔 〔續修〕1611

七人聯句詩記 〔存目〕史部 127

七克 〔存目〕子部 93

七政推步 〔文淵〕786〔文津〕787〔文瀾〕803〔珍本〕初集 173〔著録〕子部 353

七政臺曆 〔續修〕1040

七修類藁 〔存目〕子部 102〔續修〕1123

七修續藁 〔續修〕1123

七略別録佚文、七略佚文 〔續修〕916

七國考 〔文淵〕618〔文津〕619〔文瀾〕629〔珍本〕九集 165-168

七雄策纂 〔存目〕史部 44

七頌堂詞繹 〔續修〕1733

七頌堂詩集、文集、尺牘 〔存目補〕53

七頌堂識小録 〔文淵〕872〔文津〕874

〔文瀾〕892〔著録〕子部 362

七經孟子考文 〔著録〕經部 92-93

七經孟子考文補遺 〔文淵〕190〔文津〕185-186〔文瀾〕180

七經圖 〔存目〕經部 150

七經樓文鈔 〔續修〕1541

七經讀法 〔未收〕三輯 10

七録齋集、論略 〔禁燬〕集部 182

七録齋詩文合集 〔續修〕1387

七録齋詩鈔、文鈔 〔續修〕1445-1446〔未收〕十輯 19

卜

卜法詳考 〔文淵〕808〔文津〕810〔文瀾〕827〔珍本〕五集 219〔著録〕子部 357

卜歲恒言 〔續修〕976

卜筮全書 〔續修〕1059

人

人代紀要 〔存目〕史部 6-7

人物志 〔文淵〕848〔文津〕850〔文瀾〕868〔底本〕子部 35〔著録〕子部 163

人倫大統賦 〔文淵〕810〔文津〕812〔文瀾〕829〔珍本〕別輯 200

人海記 〔續修〕1177

人間詞話 〔續修〕1735

人瑞翁詩集 〔存目〕集部 71

人瑞録 〔存目〕史部 125

人境廬詩草 〔續修〕1566

人譜 〔珍本〕十一集 103

人譜、人譜類記 〔文淵〕717〔文津〕719〔文瀾〕732

人譜類記 〔珍本〕十一集 103

入

入蜀記 〔文淵〕460〔文津〕459〔文瀾〕461

＊入聲表 〔續修〕248

八

八千卷樓書目 〔續修〕921

八矢註字説、註字圖 〔存目〕經部 219

八代文鈔 〔存目〕集部 341-345

八代詩選　〔續修〕1593

八旬萬壽盛典　〔文淵〕660－661〔文津〕659－661〔文瀾〕669－670〔著録〕史部141－142

*八宅四書　〔續修〕1052

八卦餘生　〔存目〕經部2〔續修〕5

八卦觀象解、二篇卦氣解　〔續修〕23

八厓集　〔存目補〕57

八指頭陀詩集、述、續集、八指頭陀褙文　〔續修〕1575

八面鋒　〔文淵〕923〔文津〕927〔文瀾〕944

八陣合變圖説　〔存目〕子部30〔續修〕959

八家詩選　〔禁燬補〕57

八紘荒史　〔存目〕史部256

八紘譯史、譯史紀餘　〔存目〕史部256

八義記　〔續修〕1771

八閩通志〔弘治〕　〔存目〕史部177－178

八旗通志初集　〔著録〕史部143－148

八旗滿洲氏族通譜　〔著録〕史部32－33

八劉唐人詩　〔存目補〕38

八編類纂、圖、六經圖　〔續修〕1240－1246〔禁燬〕子部2－8

八瓊室金石補正、札記、袪僞、元金石偶存　〔續修〕896－899

八瓊室金石補正續編　〔續修〕899－901

九

九十九籌　〔禁燬〕史部51

九山游草　〔存目〕集部204

九公山房易問　〔續修〕16

九正易因　〔存目〕經部6－7〔續修〕9

九史同姓名略　〔未收〕三輯17

九代樂章　〔存目〕集部300

九芝集　〔存目〕集部167

九州山水考　〔存目〕經部56

九谷集　〔存目〕集部240

*九宮新式　〔續修〕1068

九華志　〔存目〕史部234

九華紀勝　〔未收〕一輯28

九華集　〔文淵〕1158〔文津〕1162〔文瀾〕1191〔珍本〕初集303－304

九華詩集　〔珍本〕三集256

九華詩集、附釋希坦詩　〔文淵〕1189〔文津〕1194〔文瀾〕1225〔著録〕集部251

九峰先生集　〔續修〕1320

九家逸象辨證　〔續修〕35

九家集注杜詩　〔文淵〕1068〔文津〕1072〔文瀾〕1097〔珍本〕四集212－214

九梅村詩集　〔續修〕1539

九國志、拾遺　〔續修〕333

九章籌經　〔續修〕1041

九章詳註比類算法大全、乘除開方起例　〔續修〕1043

九章算術　〔珍本〕別輯185－186

九章算術、音義　〔文淵〕797〔文津〕797〔文瀾〕814〔底本〕子部24〔著録〕子部146

九章算術細草圖説　〔續修〕1041

九章録要　〔文淵〕802〔文津〕803〔文瀾〕819〔珍本〕四集166－167〔著録〕子部355

九朝談纂　〔存目〕子部152

九朝編年備要　〔文淵〕328〔文津〕325〔文瀾〕324〔珍本〕七集60－69

九勢碎事　〔續修〕1068

九愚山房詩集　〔存目〕集部126

九煙先生遺集　〔續修〕1399

九經三傳沿革例　〔文淵〕183〔文津〕178〔文瀾〕175

九經今義　〔未收〕四輯10

九經古義　〔文淵〕191〔文津〕186〔文瀾〕181〔著録〕經部204

九經考異、附九經逸語　〔存目〕經部150

九經字樣　〔文淵〕224〔文津〕219〔文瀾〕216〔薈要〕78

九經直音　〔著録〕經部91

九經補韻　〔文淵〕237〔文津〕233〔文瀾〕230〔著録〕經部115

九經圖　〔存目〕經部153

九經疑難　〔續修〕171

九經誤字　〔文淵〕191〔文津〕184〔文瀾〕180〔著録〕經部93

九經辨字瀆蒙　〔文淵〕194〔文津〕189〔文瀾〕185〔珍本〕初集98－99〔著録〕經部205

九疑山志　〔存目〕史部 232
九旗古義述　〔續修〕85
九邊圖論　〔禁燬〕史部 21
九鯉湖志　〔存目〕史部 233
九籥別集　〔續修〕1374　〔禁燬〕集部 177
九籥集　〔續修〕1373 – 1374　〔禁燬〕集部 177
九靈山房集　〔著録〕集部 258
九靈山房集、年譜　〔文淵〕1219　〔文津〕1223　〔文瀾〕1254
九靈山房遺稿　〔存目〕集部 23

了

了菴詩集、文集　〔禁燬〕集部 91
了莌文集　〔存目〕集部 199
了齋易説　〔文淵〕9　〔文津〕4　〔文瀾〕3　〔珍本〕初集 1　〔著録〕經部 31

力

力本文集　〔未收〕九輯 26
力本時文　〔未收〕九輯 26

三畫

三

三一子　〔存目〕子部 90
三十六灣草廬稿　〔續修〕1507
三十有三萬卷堂書目略　〔未收〕十輯 5
三才考略　〔存目〕子部 195
三才彙編　〔存目〕子部 229
三才圖會　〔存目〕子部 190 – 192　〔續修〕1232 – 1236
三才廣志　〔續修〕1225 – 1231
三才實義天集　〔續修〕1033
三才藻異　〔存目〕子部 228 – 229
三山王養静先生集　〔續修〕1326
三山拙齋林先生尚書全解　〔著録〕經部 6
三山鄭菊山先生清雋集　〔續修〕1320
三子定論　〔存目〕子部 23
三元延壽參贊書　〔存目〕子部 259
三元記　〔續修〕1771

三元報　〔續修〕1767 | 1767
三水小牘　〔續修〕1260
三水縣志[乾隆]　〔續修〕693
三孔先生清江文集　〔著録〕集部 136
三正考　〔文淵〕181　〔文津〕176　〔文瀾〕172　〔珍本〕九集 59　〔著録〕經部 203
三史拾遺　〔續修〕454
三立堂新編闔外春秋　〔禁燬〕子部 27
三台文獻録　〔存目補〕14
三百篇原聲七篇　〔未收〕二輯 6
三戌叢譚　〔續修〕1133
三因極一病證方論　〔文淵〕743　〔文津〕743　〔文瀾〕757　〔珍本〕四集 137 – 139　〔著録〕子部 137
三先生類要　〔存目〕子部 11
三江遺稿　〔存目〕集部 46
三吴水考　〔文淵〕577　〔文津〕577 – 578　〔文瀾〕586　〔珍本〕三集 164 – 168　〔著録〕史部 420
三吴水利論　〔存目〕史部 221
三吴水利録　〔文淵〕576　〔文津〕577　〔文瀾〕585　〔著録〕史部 337
三長物齋詩略、文略　〔續修〕1511
三松堂集、續集　〔續修〕1460 – 1461
三述奇　〔續修〕576
三事忠告　〔文淵〕602　〔文津〕602　〔文瀾〕612　〔珍本〕九集 165
三事遡真　〔存目〕子部 85
三易洞璣　〔文淵〕806　〔文津〕807　〔文瀾〕824　〔珍本〕十二集 140 – 141　〔著録〕子部 274
三易備遺　〔文淵〕20　〔文津〕15　〔文瀾〕15　〔薈要〕9　〔著録〕經部 142
三易集　〔禁燬〕集部 178
三岡識略、續識略　〔未收〕四輯 29
三命指迷賦　〔文淵〕809　〔文津〕810　〔文瀾〕827　〔珍本〕別輯 197
三命通會　〔文淵〕810　〔文津〕811 – 812　〔文瀾〕828 – 829　〔珍本〕四集 190 – 192　〔著録〕子部 21
三垣七政二十八宿週天精鑑　〔續修〕1031
三垣列舍入宿去極集　〔續修〕1031

三垣筆記　〔續修〕440〔禁燬〕史部 19

三省邊防備覽　〔續修〕732

三畏齋集　〔存目〕集部 26

＊三度小桃紅　〔續修〕1763

＊三度城南柳　〔續修〕1763

三洞珠囊　〔續修〕1293

三洞群仙錄　〔存目〕子部 258〔續修〕1294

三洲日記　〔續修〕577

三華集(梁機)　〔存目補〕7

三華集(錢公善)　〔文淵〕1372〔文津〕
　　1376〔文瀾〕1415〔珍本〕初集 374

三晉遊草、夕秀軒遺草、惜餘存蘗、劍溪
　　外集、劍溪文略、燕石碎編、杜詩義
　　法　〔未收〕十輯 28

三峽通志　〔續修〕848

三峰採戰房中妙術秘訣、鍾呂二仙採真
　　問答、種子秘訣真傳　〔未收〕九輯 10

三借廬贅譚　〔續修〕1263

三唐傳國編年　〔禁燬補〕9

三流道里表　〔續修〕867

三家世典　〔存目〕史部 91

三家宮詞　〔文淵〕1416〔文津〕1420〔文
　　瀾〕1460〔著錄〕集部 416

三家詩拾遺　〔文淵〕88〔文津〕83〔文瀾〕
　　81〔著錄〕經部 12

三家詩補遺　〔續修〕76

三家詩遺說　〔續修〕76

三家詩遺説考　〔續修〕76

三異人文集　〔存目補〕13

三略直解　〔文淵〕726〔文津〕726〔文瀾〕
　　740〔著錄〕子部 14

三國史辨　〔文淵〕254〔文津〕249〔文瀾〕
　　247

三國史辨誤　〔底本〕史部 21〔著錄〕史部
　　421

三國志　〔文淵〕254〔文津〕248－249〔文
　　瀾〕247〔薈要〕96－97〔著錄〕史部 61

三國志文類　〔文淵〕1361〔文津〕1365〔文
　　瀾〕1403〔珍本〕三集 390－391〔著錄〕
　　集部 141

三國志考證　〔續修〕274

三國志注補　〔續修〕274

三國志旁證　〔續修〕274

三國志通俗演義　〔續修〕1789－1791

三國志補注　〔文淵〕254〔文津〕249〔文
　　瀾〕247

三國志補註　〔著錄〕史部 41

三國志補義　〔未收〕三輯 11

三國志辨微、續　〔未收〕六輯 5

三國志辨疑　〔續修〕274

三國郡縣表　〔未收〕六輯 5

三國會要　〔續修〕767

三國職官表　〔續修〕747

三國藝文志　〔續修〕914

三國雜事　〔文淵〕686〔文津〕686〔文瀾〕
　　700〔底本〕史部 50〔著錄〕史部 266

三國疆域志補注　〔未收〕三輯 11

三魚堂日記　〔續修〕559

三魚堂文集　〔文淵〕1325〔文津〕1328〔文
　　瀾〕1365〔著錄〕集部 359

三魚堂文錄　〔續修〕1671

三魚堂四書集註大全　〔存目〕經部 170－
　　172

三魚堂賸言　〔文淵〕725〔文津〕725〔文
　　瀾〕739〔珍本〕十一集 104〔著錄〕子部
　　63

三朝北盟會編　〔文淵〕350－352〔文津〕
　　347－349〔文瀾〕348〔珍本〕六集 71－86
　　〔底本〕史部 5－14〔著錄〕史部 409－411

三朝要典、原始　〔禁燬〕史部 56

三朝野紀　〔續修〕438

三朝遼事實錄　〔續修〕437〔禁燬〕史部 70

三雲籌俎考　〔續修〕739

三湘從事錄　〔未收〕二輯 21

三渡任風子　〔續修〕1763

三統術詳説　〔續修〕1041

三楚新錄　〔文淵〕464〔文津〕463〔文瀾〕
　　465〔著錄〕史部 205

三農紀　〔續修〕975

三傳折諸　〔文淵〕177〔文津〕172〔文瀾〕
　　169〔珍本〕二集 54－58

三傳辨疑　〔文淵〕161〔文津〕155－156
　　〔文瀾〕153〔著錄〕經部 159

三經見聖編輯存　〔存目〕經部 166

三經附義　〔存目〕經部 152

三輔決錄　〔續修〕540

三輔黃圖　〔文淵〕468〔文津〕467〔文瀾〕469〔著錄〕史部205

三賢集　〔存目〕集部304

三遷志　〔存目〕史部79〔存目〕史部80

三餘集　〔文淵〕1132〔文津〕1136〔文瀾〕1164〔珍本〕五集276〔底本〕集部130〔著錄〕集部441

三餘贅筆　〔存目〕子部101

三餘雜志、辨誣　〔未收〕七輯15

三劉先生家集　〔著錄〕集部296

三劉家集　〔文淵〕1345〔文津〕1349〔文瀾〕1387〔珍本〕十二集197

三論玄義　〔續修〕1274

三曆撮要　〔續修〕1061

三禮考　〔存目〕經部103

三禮考註　〔存目〕經部103－104

三禮約編　〔存目〕經部108

三禮陳數求義　〔續修〕109

三禮通釋　〔未收〕二輯8－9

三禮從今　〔未收〕三輯8

三禮義證　〔續修〕110

三禮圖（劉績）　〔文淵〕129〔文津〕124〔文瀾〕122

三禮圖（聶崇義）　〔薈要〕65

三禮圖集注　〔文淵〕129〔文津〕124〔文瀾〕122

三禮編繹　〔存目〕經部106－107

三禮纂註　〔存目〕經部105－106

三藩紀事本末　〔存目〕史部19

三蘇先生文粹　〔存目補〕33

三關志　〔續修〕738

三續疑年錄　〔續修〕517

三體唐詩　〔文淵〕1358〔文津〕1362〔文瀾〕1400〔珍本〕七集277

三體摭韻　〔存目〕子部235〔續修〕1247－1248

于

于山奏牘、附詩詞合選　〔存目〕史部67

于忠肅公集　〔著錄〕集部429

于野集　〔存目補〕50

于清端公政書、外集編　〔著錄〕集部289

于清端政書　〔文淵〕1318〔文津〕1322〔文瀾〕1357〔珍本〕九集267－269

于湖小集、金陵襍事詩　〔續修〕1565

于湖居士文集　〔底本〕集部73－74〔著錄〕集部96

于湖集　〔文淵〕1140〔文津〕1145〔文瀾〕1172〔薈要〕393

于湖詞　〔文淵〕1488〔文津〕1492〔文瀾〕1537〔著錄〕集部218

于湘遺稿　〔未收〕十輯21

于邁草、續草　〔未收〕九輯28

干

干常侍易注疏證、集證　〔續修〕28

干祿字書　〔文淵〕224〔文津〕219〔文瀾〕216〔存目〕經部187〔著錄〕經部207

土

土官底簿　〔文淵〕599〔文津〕599〔文瀾〕609〔珍本〕初集150〔著錄〕史部339

士

士林詩選　〔存目補〕11

士林彝訓　〔未收〕三輯21

士庶備覽　〔未收〕三輯19

士齋詩集　〔存目〕集部60

士禮居藏書題跋記　〔續修〕923

士翼　〔文淵〕714〔文津〕716〔文瀾〕729〔珍本〕五集132〔著錄〕子部301

工

工部廠庫須知　〔續修〕878

工程做法　〔續修〕879－880

才

才鬼記　〔存目〕子部249

才調集　〔文淵〕1332〔文津〕1336〔文瀾〕1374〔存目〕集部288〔著錄〕集部451

才調集補注　〔續修〕1611

下

下陴記談　〔存目〕子部240

下學堂劄記　〔存目〕子部22〔續修〕947

下學菴算書三種　〔續修〕1047

下學編 〔存目〕子部 29

寸

寸碧堂詩集、外集 〔存目〕集部 192

大

大小宗通繹 〔存目〕經部 108

大元至元辨僞錄 〔續修〕1289

大元官制雜記 〔續修〕748

大元海運記 〔續修〕835

大元聖政國朝典章、新集至治條例 〔存目〕史部 263－264 〔續修〕787

大六壬五變中黄經正文、釋義 〔存目〕子部 66

大方廣佛華嚴探玄記 〔續修〕1276－1278

大本瓊瑶發明神書 〔存目〕子部 41

大司馬鳳岡沈先生文集 〔存目〕集部 103

大成通志 〔存目〕史部 121

大成樂律全書 〔存目〕經部 184 〔續修〕114

大同府志［正德］ 〔存目〕史部 186

大同書 〔續修〕953

大全集 〔文淵〕1230〔文津〕1234〔文瀾〕1265〔薈要〕410

大谷山堂集 〔續修〕1438

大宋僧史略 〔續修〕1286

大茂山房合藁 〔未收〕七輯 19

大事紀、通釋、解題 〔著錄〕史部 4

大事記 〔禁燬補〕14

大事記、大事記通釋、大事記解題 〔文淵〕324〔文津〕321〔文瀾〕319〔珍本〕十二集 22－24

大事記續編 〔文淵〕333－334〔文津〕330〔文瀾〕331－332〔珍本〕五集 62－71〔著錄〕史部 5－6

大厓李先生詩集、文集 〔存目〕集部 43

大明一統文武諸司衙門官制 〔存目〕史部 260〔續修〕748

大明一統名勝志 〔存目〕史部 167－170

大明一統志 〔著錄〕史部 205－207

大明一統賦 〔禁燬〕史部 21

大明天元玉曆祥異圖説 〔禁燬〕子部 12

大明仁孝皇后內訓 〔著錄〕子部 13

大明仁孝皇后勸善書 〔存目〕子部 120

大明成化丁亥重刊改併五音類聚四聲篇 〔存目〕經部 187

大明成化庚寅重刊改併五音集韻 〔著錄〕經部 30

大明光宗貞皇帝實錄 〔禁燬〕史部 35

大明同文集舉要 〔存目〕經部 191

大明律 〔存目〕史部 276

大明律、條例 〔續修〕862

大明律釋義 〔續修〕863

大明宣宗皇帝御製集 〔存目〕集部 24

大明高僧傳 〔續修〕1285

大明通寶義 〔存目〕史部 274

大明清類天文分野之書 〔存目〕子部 60〔續修〕585－586

大明集禮 〔著錄〕史部 435－436

大明會典（申時行） 〔續修〕789－792

大明會典（徐溥） 〔著錄〕史部 427－429

大明會典抄略 〔存目〕史部 268

大明釋教彙目義門、附彙門目錄、彙門標目 〔未收〕三輯 20

大易則通、閏 〔存目〕經部 28〔續修〕17

大易通解 〔珍本〕初集 34－37

大易通解、讀啓蒙雜説 〔文淵〕44〔文津〕39〔文瀾〕37

大易通變 〔存目〕子部 66

大易象數鈎深圖 〔文淵〕25〔文津〕19〔文瀾〕20〔薈要〕15

大易象數鈎深圖、周易圖 〔著錄〕經部 3

大易參訂折中講義補象 〔存目〕經部 41

大易粹言 〔文淵〕15〔文津〕10〔文瀾〕9〔珍本〕二集 1－5〔薈要〕5〔著錄〕經部 119

大易緝説 〔著錄〕經部 52

大易緝説（周易緝説） 〔薈要〕11

大易緝説、附續刊大易緝説始末 〔文淵〕24〔文津〕19〔文瀾〕19

大易擇言 〔文淵〕52〔文津〕47〔文瀾〕45〔珍本〕初集 38－42〔著錄〕經部 126

大易闡微錄、圖説 〔存目〕經部 38

大易觀玩錄 〔未收〕六輯 1

大呼集 〔禁燬〕集部 74

大金弔伐錄 〔文淵〕408〔文津〕406〔文

瀾〕407〔珍本〕別輯122-123

大金國志 〔著録〕史部26

大金集禮 〔文淵〕648〔文津〕648-649
〔文瀾〕659〔珍本〕八集109-112〔著
録〕史部433

大金德運圖説 〔文淵〕648〔文津〕649
〔文瀾〕659〔珍本〕四集121

大泌山房集 〔存目〕集部150-153

大定新編 〔續修〕1059

大政管窺 〔存目〕子部226

大毘盧遮那成佛經疏 〔續修〕1280

大衍索隱 〔文淵〕806〔文津〕807〔文瀾〕
824〔珍本〕初集181

大秦景教三威蒙度讚 〔續修〕1296

*大都新刊關目的本東窗事犯 〔續修〕
1760

*大都新編楚昭王疎者下船 〔續修〕
1760

*大都新編關目公孫汗衫記 〔續修〕
1760

*大都新編關張雙赴西蜀夢 〔續修〕
1760

大乘百法明門論疏 〔續修〕1274

大乘起信論義記、別記 〔續修〕1279

大唐大慈恩寺三藏法師傳 〔續修〕1286

大唐内典録 〔續修〕1289

大唐六典 〔著録〕史部253

大唐西域記 〔文淵〕593〔文津〕594〔文
瀾〕602〔著録〕史部114

大唐郊祀録 〔續修〕821

大唐開元占經 〔著録〕子部340-341

大唐開元禮 〔文淵〕646〔文津〕646-647
〔文瀾〕657〔珍本〕八集99-108〔著録〕
史部137

大唐創業起居註 〔著録〕史部66

大唐傳載 〔文淵〕1035〔文津〕1039〔文
瀾〕1062〔著録〕子部40

大唐新語 〔著録〕子部217

大書長語 〔續修〕1065

大象觀 〔存目〕經部10

大清一統志(和珅) 〔文淵〕474-483〔文
津〕474-483〔文瀾〕476-485〔著録〕史
部97-106

大清一統志(穆彰阿) 〔續修〕613-624

大清太宗文皇帝聖訓 〔著録〕史部195

大清太祖承天廣運聖德神功肇立極仁
孝武皇帝實録 〔續修〕368

大清太祖高皇帝聖訓 〔著録〕史部195

大清世祖章皇帝聖訓 〔著録〕史部195

大清律例 〔文淵〕672-673〔文津〕672-
673〔文瀾〕685-686〔著録〕史部149-
150

大清律集解附例、大清律續纂條例、大清
律例校正條款 〔續修〕863

大清律集解附例、圖、服制、律例總類
〔未收〕一輯26

大清時憲書箋釋 〔續修〕1040

大清通禮 〔著録〕史部140

大清詔令 〔續修〕458

大雲山房文稿 〔續修〕1482

大雅堂初稿詩、文、補編、續稿詩、文、補
編 〔未收〕十輯26

大雅堂訂枕中十書 〔禁燬補〕35

大雅堂摘稿 〔存目〕集部121

大雅集 〔文淵〕1369〔文津〕1373〔文瀾〕
1413〔珍本〕三集394〔著録〕集部144

大復集 〔文淵〕1267〔文津〕1271〔文瀾〕
1303〔珍本〕七集243-247〔薈要〕418

大統皇曆經世 〔存目〕子部69

大統曆志 〔文淵〕795〔文津〕796〔文瀾〕
813〔珍本〕二集197

大統曆註 〔續修〕1036

大蔭堂集 〔禁燬補〕85

大愚老人遺集 〔未收〕六輯27

大愚集、諸同人尺牘 〔未收〕七輯24

大鄣山人集 〔存目〕集部141

大意尊聞 〔未收〕六輯12

大義覺迷録 〔禁燬〕史部22

大滌洞天記 〔存目〕史部243

大誥武臣 〔續修〕862

大廣益會玉篇、玉篇廣韻指南 〔著録〕
經部29

大樗堂初集 〔禁燬〕集部166

大樂元音 〔存目〕經部185

大樂律呂元聲、大樂律呂考註 〔存目〕

經部 182〔續修〕113

大樂嘉成 〔存目〕經部 184

大德南海志 〔續修〕713

大曆二皇甫詩集 〔底本〕集部 202〔著録〕集部 136

大還閣琴譜、谿山琴況 〔續修〕1094

大學千慮 〔存目〕經部 156

大學中庸正説 〔著録〕經部 207

大學中庸本義 〔存目〕經部 173

大學中庸集説啓蒙 〔文淵〕204〔文津〕198〔文瀾〕195

大學古今本通考 〔存目補〕92

大學古本傍釋、大學古本問 〔續修〕159

*大學古本説 〔文淵〕210〔文津〕204〔文瀾〕203〔珍本〕九集 64－65

大學古義 〔續修〕159

大學古義説 〔續修〕159

大學申義 〔未收〕八輯 2

大學困學録 〔續修〕159

大學困學録、中庸困學録 〔存目〕經部 173

*大學或問 〔文淵〕205〔文津〕199－200〔文瀾〕

大學知本圖説 〔存目〕經部 173〔續修〕159

大學指歸、附考異 〔存目〕經部 156

大學衍義 〔文淵〕704〔文津〕706〔文瀾〕719〔薈要〕65〔著録〕子部 13

大學衍義通略 〔存目〕子部 5

大學衍義補 〔文淵〕712－713〔文津〕714－715〔文瀾〕727－728〔珍本〕二集 166－177〔薈要〕66－67〔著録〕子部 255－257

大學衍義補輯要 〔存目〕子部 5

大學衍義輯要 〔存目〕子部 5

*大學通 〔文淵〕203〔文津〕196－197〔文瀾〕

大學通、中庸通、論語通、孟子通 〔著録〕經部 99

大學剳記、中庸剳記、論語剳記、孟子剳記 〔著録〕經部 172

大學問 〔存目〕經部 173

大學偶言 〔存目〕經部 176〔續修〕159

*大學章句 〔文淵〕197〔文津〕191〔文

瀾〕187

*大學章句大全 〔文淵〕205〔文津〕199－200〔文瀾〕

*大學章句或問通證 〔文淵〕203〔文津〕197〔文瀾〕194

大學章句質疑 〔續修〕159

大學章句纂箋、大學或問纂箋、中庸章句纂箋、中庸或問纂箋、論語集註纂箋、孟子集註纂箋 〔著録〕經部 100

*大學集説啓蒙 〔文淵〕204〔文津〕198〔文瀾〕195

大學集説啓蒙、中庸集説啓蒙 〔著録〕經部 101

*大學集編 〔文淵〕200〔文津〕194〔文瀾〕190

大學集編、中庸集編、論語集編、孟子集編 〔著録〕經部 97

大學疏略 〔續修〕159

大學疏義 〔文淵〕202〔文津〕195〔文瀾〕192〔珍本〕十二集 20

大學新編 〔存目〕經部 157

大學意、中庸意、大學説、中庸説、語孟説略 〔續修〕162

大學管窺 〔存目〕經部 156

大學説 〔續修〕159

大學稽中傳 〔存目〕經部 157

大學緯注 〔未收〕八輯 2

大學辨 〔續修〕159

大學辨業 〔續修〕159

大學辨業、聖經學規纂、論學 〔存目〕子部 24

大學講義、中庸講義 〔存目〕經部 173

大學翼真 〔文淵〕208〔文津〕203 201〔珍本〕三集 116

大學證文 〔文淵〕210〔文津〕205〔文瀾〕203〔珍本〕九集 65〔著録〕經部 172

*大學纂疏 〔文淵〕201〔文津〕195〔文瀾〕191

大學纂疏、中庸纂疏、論語纂疏、孟子纂疏 〔著録〕經部 98

*大學纂箋 〔文淵〕204〔文津〕197－198〔文瀾〕

大儒大奏議 〔存目〕史部 69

大儒心學語録　〔存目〕子部 7

大儒學粹　〔存目〕子部 11

大隱居士詩集　〔文淵〕1137〔文津〕1141〔文瀾〕1169〔珍本〕九集 243

大隱集　〔文淵〕1133〔文津〕1136〔文瀾〕1164〔珍本〕四集 261

大隱樓集　〔未收〕五輯 19

大戴禮注補　〔續修〕107

大戴禮記　〔文淵〕128〔文津〕124〔文瀾〕122〔著録〕經部 49

大戴禮記正　〔續修〕107

大戴禮記補注、序録　〔續修〕107

大戴禮記解詁　〔續修〕107

大戴禮記斠補　〔續修〕107

大藏一覽集　〔存目〕子部 254

大藏字母九音等韻　〔續修〕257

大藪外史　〔存目〕子部 84

大觀堂文集　〔存目〕史部 67〔未收〕九輯 16

大觀録　〔續修〕1066

兀

兀涯西漢書議　〔存目〕史部 281

上

上池雜説　〔存目〕子部 44

上湖紀歲詩編、上湖分類文編　〔續修〕1430

上蔡先生語録　〔著録〕子部 250

上蔡語録　〔文淵〕698〔文津〕699〔文瀾〕712

小

小山草　〔存目補〕53

小山詞　〔文淵〕1487〔文津〕1492〔文瀾〕1537〔著録〕集部 217

小山畫譜　〔文淵〕838〔文津〕840〔文瀾〕858〔著録〕子部 358

小山詩文全稿　〔存目〕集部 275

小山詩餘　〔續修〕1725

小山類稿　〔文淵〕1272〔文津〕1277〔文瀾〕1309〔珍本〕五集 348－349

小山類稿選、輯略　〔著録〕集部 116

小木子詩三刻　〔續修〕1452

小石渠閣文集　〔續修〕1530

小司馬奏草　〔續修〕478

小司馬草　〔存目〕史部 62

小匡文鈔　〔存目〕集部 211

小名録　〔文淵〕892〔文津〕894〔文瀾〕912〔著録〕子部 38

小字録　〔文淵〕948〔文津〕951〔文瀾〕955〔珍本〕五集 236〔著録〕子部 330

小亨集　〔文淵〕1198〔文津〕1202〔文瀾〕1233〔珍本〕初集 342

小兒衛生總微論方　〔文淵〕741〔文津〕741〔文瀾〕755〔珍本〕六集 190－192〔著録〕子部 136

小草齋集　〔續修〕1366－1367

小草齋集、續集、小草齋文集　〔存目〕集部 175－176

小草齋續集　〔續修〕1367

小重山房詩詞全集　〔續修〕1513

小峴山人詩文集　〔續修〕1464－1465

小倦遊閣集　〔續修〕1500

小倉山房文録　〔續修〕1671

小倉山房詩集、文集、外集　〔續修〕1431－1432

小畜集　〔文淵〕1086〔文津〕1090〔文瀾〕1115〔薈要〕367

＊小孫屠古　〔續修〕1768

小匏庵詩存　〔續修〕1548

小匏庵詩話　〔續修〕1707

小尉遲將鬭將認父歸朝雜劇　〔續修〕1761

小腆紀年附考　〔續修〕367－368

小腆紀傳　〔續修〕332－333

小寒山子集　〔禁燬〕集部 185

小窗自紀、艷紀、清紀、別紀　〔存目〕子部 252－253

小爾雅(孔鮒)　〔存目〕經部 186

小爾雅(崔銑)　〔存目〕經部 186

小爾雅約注　〔續修〕189

小爾雅訓纂　〔續修〕189

小爾雅疏　〔續修〕189

小爾雅疏證　〔續修〕189

小爾雅義證　〔續修〕189

小爾雅廣注　〔續修〕189

小鳴稿　〔文淵〕1260〔文津〕1264〔文瀾〕1297〔珍本〕二集362－363〔底本〕集部50〔著録〕集部352

小漁先生遺稿　〔存目〕集部124

小演雅、別録、續録　〔未收〕八輯2

小學史斷　〔存目〕史部280

小學句讀記　〔存目〕子部4

小學考　〔續修〕922

小學考證　〔禁燬補〕3

小學或問　〔禁燬補〕3

小學後編　〔禁燬補〕3

小學紺珠　〔文淵〕948〔文津〕951〔文瀾〕971〔著録〕子部221

小學達詁録　〔未收〕十輯2

小學集註　〔著録〕子部250

小學集解　〔存目〕子部3

小學鈎沈　〔續修〕201

小學鈎沈續編　〔續修〕201

小學義疏　〔禁燬補〕3

小學稽業　〔存目〕子部25〔續修〕947

小學駢支　〔續修〕193

小學纂註、附小學總論　〔存目〕子部4

小學釋文　〔禁燬補〕3

小獨秀齋詩、窺園吟藁、附江上吟　〔未收〕十輯28

小辨齋偶存　〔文淵〕1292〔文津〕1296〔文瀾〕1330〔珍本〕九集266

小辨齋偶存、事定録　〔著録〕集部279

小謨觴館詩文集、續集　〔續修〕1492

小瀛洲十老社詩、瀛洲社十老小傳　〔存目補〕36

小蘭陔詩集　〔存目補〕7

山

山木居士外集　〔續修〕1452

山中一夕話　〔續修〕1272

山中白雲詞　〔著録〕集部219

山中白雲詞、附樂府指迷　〔文淵〕1488〔文津〕1493〔文瀾〕1538

山中白雲詞疏證　〔續修〕1723

*山中集　〔文淵〕1263〔文津〕1267〔文瀾〕1〔文淵〕1277〔文津〕1281〔文瀾〕1〔珍本〕五集358〔珍本〕六集272－276

山中聞見録　〔禁燬補〕16

山水純全集　〔文淵〕813〔文津〕815〔文瀾〕832〔著録〕子部150

山左明詩鈔　〔存目〕集部412

山左金石志　〔續修〕909－910

山左訪碑録　〔續修〕910

山左筆談　〔存目〕史部248

山右石刻叢編　〔續修〕907－908

山西通志　〔文淵〕542－550〔文津〕542－550〔文瀾〕549－557

山西通志［成化］　〔存目〕史部174

山西通志［雍正］　〔著録〕史部324－331

山西通志［光緒］　〔續修〕641－646

山行雜記　〔存目〕史部251

山舟紉蘭集　〔未收〕十輯21

山志　〔存目〕子部115〔續修〕1136

山村遺集　〔文淵〕1198〔文津〕1202〔文瀾〕1233〔珍本〕十一集172

山村遺稿　〔續修〕1322

山谷內集詩注、山谷外集詩注、山谷別集詩注　〔文淵〕1114〔文津〕1118〔文瀾〕1143－1144

山谷內集詩註、山谷外集詩註、山谷別集詩註　〔著録〕集部442

山谷老人刀筆　〔存目〕集部14

山谷年譜　〔薈要〕385

山谷集　〔文淵〕1113〔文津〕1117〔文瀾〕1143〔薈要〕384－385

山谷詞　〔文淵〕1487〔文津〕1492〔文瀾〕1537〔薈要〕385〔著録〕集部217

山林清氣集、續集　〔存目〕集部22

山東水利管窺略　〔續修〕851

山東考古録　〔存目〕史部248〔續修〕732

山東全河備考　〔存目〕史部224

山東軍興紀略　〔未收〕三輯13

山東通志　〔文淵〕539－541〔文津〕539－541〔文瀾〕545－548

山東通志［嘉靖］　〔存目〕史部187－188

山東通志［雍正］　〔著録〕史部321－323

山東鹽法志　〔存目〕史部274〔未收〕一輯24

山法全書　〔存目〕子部 65
山房集　〔珍本〕三集 242
山房集、後稿　〔文淵〕1169〔文津〕1173〔文瀾〕1203〔底本〕集部 87〔著録〕集部 56
山房隨筆　〔文淵〕1040〔文津〕1044〔文瀾〕1067〔著録〕子部 242
山居新話　〔文淵〕1040〔文津〕1044〔文瀾〕1067〔著録〕子部 242
山屋百官箴　〔著録〕史部 434
山海經　〔文淵〕1042〔文津〕1046〔文瀾〕1069〔薈要〕180〔著録〕子部 242
山海經箋疏、圖贊、訂譌、叙録　〔續修〕1264
山海經廣注　〔文淵〕1042〔文津〕1046〔文瀾〕1069〔珍本〕三集 221－222
山海經廣註、讀山海經語、雜述、圖　〔著録〕子部 112
山海經釋義、圖　〔存目〕子部 245
山海漫談　〔文淵〕1278〔文津〕1282〔文瀾〕1315〔珍本〕五集 362〔著録〕集部 403
山海關志　〔續修〕718
山書　〔續修〕367〔禁燬〕史部 71
山帶閣集　〔存目〕集部 110
山帶閣註楚辭、餘論、説韻　〔文淵〕1062〔文津〕1066〔文瀾〕1091〔珍本〕三集 230－231〔著録〕集部 1
山堂先生群書考索　〔著録〕子部 288－289
山堂萃稿、續稿　〔存目〕集部 54
山堂肆考　〔文淵〕974－978〔文津〕976－981〔文瀾〕999－1003〔著録〕子部 194－198
山集　〔文淵〕1125〔文津〕1129〔文瀾〕1155
山遊詩、恒軒詩　〔續修〕1401
山窗餘稿　〔文淵〕1218〔文津〕1222〔文瀾〕1253〔珍本〕十二集 176〔底本〕集部 35〔著録〕集部 426
山靜居畫論　〔續修〕1068
山歌　〔續修〕1744
山樵暇語　〔存目〕子部 152
山曉閣詩　〔存目〕集部 251
山曉閣選明文全集　〔禁燬補〕49－50
山曉閣選明文續集　〔禁燬補〕50

山齋文集　〔文淵〕1263〔文津〕1267〔文瀾〕1299〔珍本〕四集 347－348
山齋客譚　〔續修〕1268

千

千一疏　〔禁燬〕子部 1
千一録　〔續修〕1126
千山剩人和尚語録　〔禁燬〕子部 35
千山詩集　〔續修〕1398〔禁燬〕集部 144
千文六書統要、附篆法偏旁正譌歌、千字文　〔未收〕八輯 3
千古功名鏡、拾遺　〔存目〕子部 83
千百年眼　〔禁燬〕子部 11
千金記　〔續修〕1773
千秋金鑑録　〔存目〕子部 1
千叟宴詩　〔著録〕集部 202〔著録〕集部 209
千家姓增補註釋　〔存目〕子部 229
千頃堂書目　〔文淵〕676〔文津〕675〔文瀾〕689〔著録〕史部 151
千頃齋初集　〔續修〕1363
千甓亭磚録、續録　〔續修〕1111

夕

夕堂永日緒論内編、外編　〔禁燬補〕79
夕堂戲墨七種　〔禁燬補〕79

之

之溪老生集、勸影堂詞　〔未收〕八輯 28

尸

尸子、存疑　〔續修〕1121

已

已未留　〔存目補〕96
已未詞科録　〔續修〕537

已

已山先生文集、別集　〔存目〕集部 273
已吾集　〔禁燬〕集部 9
已畦集、原詩、詩集、詩集殘餘、附午夢堂詩鈔三種　〔存目〕集部 244

已寬堂集　〔存目〕集部 105

子

子史精華　〔著録〕子部 213－215

子史類語(胡尚洪)　〔存目〕子部 145

子史類語(魯重民)　〔禁燬補〕42

子良詩存　〔續修〕1526

子苑　〔存目〕子部 160－161

子相文選　〔存目〕集部 126

子思子　〔續修〕932

子思子全書　〔文淵〕703〔文津〕704〔文瀾〕718〔著録〕子部 41

子華子　〔文淵〕848〔文津〕850〔文瀾〕867〔著録〕子部 54

子夏易傳　〔文淵〕7〔文津〕2〔文瀾〕1

子夏易傳釋　〔續修〕24

子略　〔文淵〕674〔文津〕674〔文瀾〕687〔著録〕史部 393

子遊眼三藏取經解懺理　〔未收〕四輯 28

子淵詩集　〔文淵〕1215〔文津〕1219〔文瀾〕1250〔珍本〕初集 354

子劉子學言、聖學宗要　〔著録〕子部 333

也

也是録　〔禁燬〕史部 33

也觚吟　〔禁燬補〕90

女

女直考　〔禁燬〕史部 36

*女狀元　〔續修〕1764

*女狀元辭凰得凰　〔續修〕1766

女科百問、産寶雜録　〔續修〕1007

女科經綸　〔續修〕1007

女科輯要　〔續修〕1007

女彈詞　〔續修〕1767｜1767

女學　〔存目〕子部 28

女鑑録、臣鑑録、士鑑録　〔未收〕五輯 9

四畫

王

王山遺響　〔存目〕史部 255

王子安集　〔文淵〕1065〔文津〕1069〔文瀾〕1094〔薈要〕358〔著録〕集部 227

王子安集註　〔續修〕1305

王太初先生五岳遊草　〔存目〕史部 251〔續修〕737

王公四六話　〔著録〕集部 330

王月英元夜留鞋記雜劇　〔續修〕1762

王氏父子卻金傳　〔存目〕史部 127

王氏存笥稿　〔存目〕集部 103

王氏家藏集、喪禮備纂、浚川公移集、駁稿、奏議集　〔存目〕集部 52－53

王氏書苑、書苑補益　〔存目〕子部 71

王氏畫苑、畫苑補益　〔存目〕子部 71

王氏經説　〔續修〕173

王氏談録　〔文淵〕862〔文津〕864〔文瀾〕882

王氏醫案、續編、霍亂論　〔續修〕1027

王文公文集　〔著録〕集部 238

王文正公筆録　〔著録〕子部 111

王文正筆録　〔文淵〕1036〔文津〕1040〔文瀾〕1063

王文成公全書　〔著録〕集部 271－272

王文成全書　〔文淵〕1265－1266〔文津〕1269－1270〔文瀾〕1301－1302〔薈要〕415－416

王文成傳本　〔存目〕史部 87〔續修〕551

王文安公詩文集　〔續修〕1327

王文敏公遺集　〔續修〕1565

王文靖公集、年譜　〔存目〕集部 214

王文肅公文集　〔禁燬〕集部 7－8

王文肅公全集　〔存目〕集部 135－136

王文肅公集　〔存目〕集部 36

王文端公詩集、奏疏、尺牘　〔存目〕集部 149

王文簡公文集　〔續修〕1490

王世周先生詩集　〔存目〕集部 142〔禁燬〕集部 139

王左丞集　〔續修〕1587

王右丞集　〔著録〕集部 83

王右丞集箋注　〔文淵〕1071〔文津〕1075〔文瀾〕1101

王右丞詩集、文集、年譜、外編　〔薈要〕359

王石和文集　〔存目〕集部 264

王石臞先生遺文、丁亥詩鈔　〔續修〕1466

王司空集　〔續修〕1588

王司馬集　〔文淵〕1078〔文津〕1082〔文瀾〕1108〔珍本〕十集 213

王西塘春煦軒集　〔禁燬〕集部 159

王西樓先生樂府　〔續修〕1738

王百穀集十九種　〔禁燬〕集部 175

王艮齋詩集、文集　〔存目〕集部 274

王奉常書畫題跋　〔續修〕1065

王奉常集詩、文　〔存目〕集部 133

王叔聞先生詩鈔　〔禁燬〕集部 165

王門宗旨　〔存目〕子部 13〔續修〕942

王忠文公文集　〔底本〕集部 107 - 109〔著錄〕集部 259

王忠文集　〔文淵〕1226〔文津〕1230〔文瀾〕1261

王忠端公文集　〔禁燬〕集部 162

王制箋　〔續修〕107

王侍中集　〔續修〕1584

王侍郎奏議　〔續修〕500

王侍御集　〔存目〕集部 99

王侍御類稿　〔存目〕集部 140

王舍人詩集　〔文淵〕1237〔文津〕1241〔文瀾〕1273〔珍本〕八集 167

王建詩集　〔著錄〕集部 337

王荊公年譜考略、雜錄　〔續修〕552

王荊公詩注　〔文淵〕1106〔文津〕1110〔文瀾〕1136〔珍本〕六集 249 - 252

王荊公詩集注、文集注　〔續修〕1313 - 1314

王荊文公詩、年譜　〔著錄〕集部 7

王皆山先生白雲樵唱集　〔底本〕集部 112〔著錄〕集部 427

王昭禹周禮詳解　〔著錄〕經部 192

王耕野先生讀書管見　〔著錄〕經部 35

王恭毅公駁稿　〔存目〕子部 37〔續修〕974

王孫經補遺　〔續修〕1120

王著作集　〔文淵〕1136〔文津〕1140〔文瀾〕1167〔珍本〕三集 265

王黃州小畜集、外集　〔著錄〕集部 87

王常宗集　〔著錄〕集部 427

王常宗集、續補遺　〔文淵〕1229〔文津〕1233〔文瀾〕1264〔珍本〕三集 294

王國典禮　〔存目〕史部 270〔續修〕824

王陽明先生文鈔　〔存目〕集部 49 - 50

王陽明先生全集、附年譜　〔存目〕集部 50 - 51

王陽明先生圖譜　〔未收〕四輯 17

王無功文集　〔續修〕1304

王無瑕先生詩集、文集　〔未收〕六輯 29

王湘客集　〔禁燬補〕67

王槐野先生存笥稿續集　〔禁燬〕集部 75

王粲登樓　〔續修〕1764

王會篇箋釋　〔續修〕301

王詹事集　〔續修〕1587

王靜學先生文集　〔著錄〕集部 398

王蔣公唐百家詩選　〔著錄〕集部 296

王端毅公文集　〔存目〕集部 36

王端毅奏議　〔文淵〕427〔文津〕425〔文瀾〕425〔珍本〕五集 78 - 79

王寧朔集　〔續修〕1585

王儀部先生箋釋　〔未收〕一輯 25

王翰林集注黃帝八十一難經　〔續修〕983

王學質疑　〔存目〕子部 23

王諫議全集　〔未收〕五輯 25

王諫議集　〔續修〕1583

王魏公集　〔文淵〕1100〔文津〕1103〔文瀾〕1129〔珍本〕別輯 280〔底本〕集部 58〔著錄〕集部 420

王謝世家　〔存目〕史部 116

王襄敏公集　〔存目〕集部 68

井

井福堂文稿　〔續修〕1472

井觀瑣言　〔文淵〕867〔文津〕869〔文瀾〕887

天

天一閣書目、天一閣碑目　〔續修〕920

天一閣集　〔續修〕1341

天一遺書　〔續修〕847

天工開物　〔續修〕1115

天下山河兩戒考、圖　〔存目〕史部 173

天下同文前甲集　〔底本〕集部 211〔著錄〕

集部 301

天下同文集 〔文淵〕1366〔文津〕1370〔文瀾〕1409〔珍本〕五集 398-399

天下名山記鈔 〔存目〕史部 254

天下名山諸勝一覽記 〔存目〕史部 251

天下金石志 〔存目〕史部 278〔續修〕886

天下郡國利病書 〔存目〕史部 171-172〔續修〕595-597

天山草堂存稿 〔存目〕集部 103

天子肆獻祼饋食禮 〔文淵〕109〔文津〕105〔文瀾〕103〔珍本〕十二集 8〔著錄〕經部 152

* 天元一釋 〔續修〕1045

天元玉曆祥異賦 〔禁燬補〕33

天元曆理全書 〔續修〕1032〔禁燬補〕33

天中記 〔文淵〕965-967〔文津〕968-971〔文瀾〕989-992〔珍本〕十一集 137-152〔著錄〕子部 90-92

天中許子政學合一集 〔存目〕子部 165

天文三十六全圖 〔續修〕1031

天文本單經論語校勘記 〔續修〕157

天文鬼料竅 〔存目〕子部 60

天文秘旨 〔續修〕1036

天文秘略 〔存目〕子部 60

天文書 〔續修〕1063

天文略 〔續修〕1031

天文揭要 〔續修〕1300

天文圖説 〔續修〕1031

天文算學纂要、附國朝萬年書、推測易知 〔未收〕六輯 17-18

天文精義賦 〔存目〕子部 55〔續修〕1031

天方至聖實録 〔續修〕1296

天方典禮擇要解 〔存目〕子部 95

天方典禮擇要解、後編 〔續修〕1295

天方性理 〔續修〕1296

天心復要 〔存目〕子部 55

天玉經 〔文淵〕808〔文津〕809〔文瀾〕826

天玉經内傳、外編 〔珍本〕九集 208〔著錄〕子部 356

天目山志 〔存目〕史部 233

天目山齋歲編 〔存目〕集部 105

天目先生集 〔存目〕集部 121〔續修〕1349

天目遊紀 〔存目〕史部 251

天史、問天亭放言 〔續修〕1176

天外談初集 〔存目〕集部 239

天主實義 〔存目〕子部 93〔續修〕1296

天台山方外志 〔存目〕史部 232-233

天台山全志 〔續修〕723

天台山志 〔存目〕史部 228

天台林公輔先生文集 〔存目〕集部 27

天台前集、前集別編、拾遺、續集、續集拾遺、續集別編 〔著錄〕集部 451

天台前集、前集別編、續集、續集別編 〔文淵〕1356〔文津〕1360〔文瀾〕1398〔珍本〕初集 370-371

天台陳先生類編花果卉木全芳備祖前集、後集 〔著錄〕子部 330

天台詩選、續補遺 〔存目補〕35

天延閣刪後詩、敬亭倡和集、敬亭唱和詩、天延閣聯句唱和詩、天延閣後集、天延閣贈言集 〔存目〕集部 222

天全翁集 〔著錄〕集部 447

天池山人小稿五種 〔續修〕1354

天步真原 〔文淵〕793〔文津〕794〔文瀾〕810〔著錄〕子部 269

天門集、文集 〔存目〕集部 283

天岳山館文鈔 〔續修〕1549

天命詔旨書 〔續修〕458

天府廣紀 〔存目〕史部 248-249〔續修〕729-730

天官考異 〔續修〕1032

天官圖 〔續修〕1031

天南逸史 〔續修〕444

天香閣文集、詩集、詞集、附碎玉合編、碎玉 〔存目〕集部 284

天香閣隨筆 〔續修〕1175

天香樓偶得 〔存目〕子部 98

天津拳匪變亂紀事 〔未收〕四輯 16

天咫偶聞 〔續修〕730

天馬山房遺稿 〔文淵〕1273〔文津〕1277〔文瀾〕1310〔珍本〕四集 365〔著錄〕集部 276

天都載 〔存目〕子部 105

天真閣集、外集 〔續修〕1487-1488

天原發微、附各類圖、問答節要 〔文淵〕

806〔文津〕807〔文瀾〕823－824

天原發微、圖、篇目名義、問答節要　〔著錄〕子部148

天問略　〔文淵〕787〔文津〕789〔文瀾〕805〔著錄〕子部51

天問補註　〔存目〕集部2〔續修〕1302

天問閣文集、附海棠居初集　〔禁燬〕集部11

天象源委　〔續修〕1034

天象儀全圖　〔續修〕1031

天涯詩鈔、讀史、詩餘鈔　〔未收〕八輯23

天啓宮詞百詠　〔存目〕集部192

天順日録　〔續修〕433

天然昰禪師語録　〔禁燬補〕41

天童寺集　〔存目〕史部244

天游閣集、詩補　〔續修〕1529

天禄識餘　〔存目〕子部99

天發神讖碑考、續考　〔存目〕史部278

天遠樓集　〔存目補〕98

天蓋樓四書語録　〔禁燬〕經部1

天傭子集、附依歸草　〔禁燬補〕72

天經或問　〔著錄〕子部146

天經或問後集　〔存目〕子部55

天經或問前集　〔文淵〕793〔文津〕794〔文瀾〕810〔珍本〕四集164

＊天算或問　〔續修〕1047

天潢玉牒　〔存目〕史部19

天演論　〔續修〕1297

天賜老生兒　〔續修〕1764

天緣債　〔續修〕1766 ⅠＩ1766

天瓢文鈔　〔未收〕七輯24

天學會通　〔文淵〕793〔文津〕794〔文瀾〕810〔珍本〕四集165〔著錄〕子部269

天學闡微　〔續修〕1035

天隱子遺稿　〔存目〕集部141

天爵堂文集　〔未收〕六輯25

天籟集　〔文淵〕1488〔文津〕1493〔文瀾〕1538〔底本〕集部267〔著錄〕集部465

天鑑録　〔存目〕史部108

元

元公周先生濂溪集、年表　〔著錄〕集部339

元氏長慶集　〔文淵〕1080〔文津〕1083〔文瀾〕1109〔薈要〕363〔著錄〕集部2

元文類　〔文淵〕1367〔文津〕1371－1372〔文瀾〕1410－1411〔薈要〕480

元史　〔文淵〕292－295〔文津〕287－290〔文瀾〕285－289〔薈要〕144－148〔著錄〕史部42－44

元史氏族表　〔續修〕293

元史本證　〔續修〕293

元史地名考　〔續修〕294

元史紀事本末　〔文淵〕353〔文津〕350〔文瀾〕352〔珍本〕十二集25〔薈要〕210〔著錄〕史部79〔續修〕389

元史節要　〔存目〕史部131

元史新編　〔續修〕314－315

元史藝文志　〔續修〕916

元史闡幽　〔存目〕史部281

元史譯文證補　〔續修〕293

元史續編　〔文淵〕334〔文津〕331〔文瀾〕333〔珍本〕六集62－63〔著錄〕史部404

元四大家詩集　〔存目〕集部375

元包經傳、元包數總義　〔文淵〕803〔文津〕804〔文瀾〕820〔著錄〕子部147

元曲選　〔續修〕1760－1762

元名臣事略　〔珍本〕九集130－132

元松鄉先生文集　〔底本〕集部98〔著錄〕集部445

元明八大家古文　〔禁燬〕集部171

元明事類鈔　〔文淵〕884〔文津〕885－886〔文瀾〕905〔珍本〕初集229－232

元明詩家　〔禁燬補〕54

元和姓纂　〔文淵〕890〔文津〕892〔文瀾〕910〔珍本〕別輯218－221

元和郡縣志　〔文淵〕468〔文津〕467〔文瀾〕469

元和郡縣圖志　〔著錄〕史部96

元和郡縣圖志闕卷逸文　〔未收〕四輯18

元和縣志〔乾隆〕　〔續修〕696

元季伏莽志　〔續修〕520

元城先生語録、行録　〔著錄〕子部33

元城語録解、附行録　〔文淵〕863〔文津〕865〔文瀾〕883

元南臺備要 〔存目〕史部 257

元風雅前集、後集 〔文淵〕1368〔文津〕1372〔文瀾〕1411

元音 〔文淵〕1370〔文津〕1374〔文瀾〕1413〔珍本〕十一集 200〔底本〕集部 244〔著錄〕集部 144

元音統韻 〔存目〕經部 215－216

元音遺響 〔文淵〕1369〔文津〕1373〔文瀾〕1413〔珍本〕三集 394－395〔著錄〕集部 413

元宮詞 〔存目〕集部 24

元祐黨人傳 〔續修〕517

元祐黨籍碑考、慶元偽學逆黨籍 〔存目〕史部 95〔續修〕517

元祕史山川地名考 〔續修〕312

元祕史李注補正 〔續修〕312

元祕史注 〔續修〕312

元祕史注補正續編 〔續修〕312

元敖氏傷寒金鏡錄 〔續修〕998

元郭髥手寫日記 〔存目〕史部 127

元書 〔未收〕四輯 15

元鹿皮子集 〔著錄〕集部 61

元朝名臣事略 〔文淵〕451〔文津〕450〔文瀾〕451

元朝典故編年考 〔文淵〕645〔文津〕645〔文瀾〕656〔珍本〕二集 140

元朝秘史、續集 〔續修〕312

元詩紀事 〔續修〕1710

元詩選初集、二集、三集 〔文淵〕1468－1471〔文津〕1472－1476〔文瀾〕1517－1520〔薈要〕486－490〔著錄〕集部 327－329

元詩體要 〔文淵〕1372〔文津〕1376〔文瀾〕1416〔珍本〕三集 397－398〔底本〕集部 246－247〔著錄〕集部 303

元經 〔文淵〕303〔文津〕299〔文瀾〕296〔珍本〕十一集 40

元經薛氏傳 〔著錄〕史部 4

元遺山詩集箋注 〔續修〕1322

元儒考略 〔文淵〕453〔文津〕452〔文瀾〕453〔珍本〕四集 112〔著錄〕史部 32

元憲集 〔文淵〕1087〔文津〕1091〔文瀾〕1117〔珍本〕別輯 240－243

元聲韻學大成 〔存目〕經部 208－209

元謝宗可詠物詩 〔著錄〕集部 257

元藝圃集 〔文淵〕1382〔文津〕1386〔文瀾〕1427〔珍本〕四集 400

元豐九域志 〔文淵〕471〔文津〕470〔文瀾〕472〔著錄〕史部 35

元豐吳郡圖經續記 〔著錄〕史部 380

元豐類藁 〔文淵〕1098〔文津〕1101－1102〔文瀾〕1128〔薈要〕374

元韻譜 〔存目〕經部 214〔續修〕256

元懶翁詩集 〔續修〕1323

元獻遺文 〔文淵〕1087〔文津〕1090〔文瀾〕1116〔珍本〕七集 193

元釋集 〔存目〕集部 25

无

无能子 〔文淵〕1059〔文津〕1064〔文瀾〕1088

廿

廿一史四譜 〔未收〕七輯 5

廿一史識餘 〔存目〕史部 150－151

廿二史考異 〔續修〕454

廿二史言行略 〔未收〕四輯 16

廿二史紀事提要 〔存目〕史部 40

廿二史劄記 〔續修〕453

木

木几冗談 〔存目〕子部 104

木石居精校八朝偶雋 〔續修〕1714

木厓集 〔禁燬〕集部 132

木厓續集 〔禁燬〕集部 132

木訥先生春秋經筌 〔著錄〕經部 80

木訥齋文集 〔續修〕1324

木棉譜 〔續修〕977

木鐘集 〔文淵〕703〔文津〕704－705〔文瀾〕718〔珍本〕四集 126－127

木鐘臺集初集十種、再集十種、雜集十種 〔存目〕子部 162－163

五

五十自定稿 〔禁燬補〕79

五大家詩鈔 〔禁燬〕集部 137

五木經 〔存目〕子部 76

五公山人集 〔存目〕集部 207

五方元音 〔存目〕經部 219〔續修〕260

五代史（新五代史）〔薈要〕128

五代史志疑 〔存目〕史部 1

五代史吳越世家疑辯 〔存目〕史部 163

五代史肪截 〔存目〕史部 292

五代史記 〔著録〕史部 270

五代史記注 〔續修〕290－292

五代史記纂補 〔續修〕292

五代史記纂補續 〔續修〕292

五代史記纂續補 〔續修〕292

五代史補 〔文淵〕407〔文津〕404〔文瀾〕
405〔著録〕史部 27

五代史闕文 〔文淵〕407〔文津〕404〔文
瀾〕405〔珍本〕七集 75〔著録〕史部 27

五代史纂 〔文淵〕279〔文津〕274〔文瀾〕
271〔珍本〕別輯 67

五代名畫補遺 〔文淵〕812〔文津〕814
〔文瀾〕831〔珍本〕五集 230〔底本〕子部
25〔著録〕子部 149

五代會要 〔文淵〕607〔文津〕607〔文瀾〕
618〔著録〕史部 120

五代詩話 〔文淵〕1486〔文津〕1491〔文
瀾〕1536〔存目〕集部 420〔著録〕集部
332

五百石洞天揮塵 〔續修〕1708

五百四峰堂詩鈔 〔續修〕1473－1474

五百家注昌黎文集 〔珍本〕四集 215－219

五百家注昌黎文集、諸儒名氏 〔薈要〕
362

五百家注柳先生文集 〔珍本〕初集 244－
245

五百家注柳先生集 〔文淵〕1077〔文津〕
1081〔文瀾〕1107

五百家註昌黎文集、評論詁訓音釋諸儒
名 〔文淵〕1074〔文津〕1078－1079
〔文瀾〕1104

五百家註音辯唐柳先生文集 〔著録〕集
部 337

五百家播芳大全文粹 〔珍本〕十集 327－
356

五百家播芳大全文粹、姓氏 〔文淵〕
1352－1353〔文津〕1356－1357〔文瀾〕
1394－1395

五先堂文市権酤 〔續修〕1132

五先堂字學元元 〔存目〕經部 210〔續修〕
255

五行大義 〔續修〕1060

五行類事占徵驗 〔存目〕子部 68

五行類應 〔存目〕子部 69

五色線集 〔存目〕子部 246

五車霏玉 〔存目〕子部 178

五車韻瑞、附洪武正韻 〔存目〕子部 219－
220

五知齋琴譜 〔續修〕1094－1095

五服異同彙考 〔續修〕95

五服圖解 〔續修〕95

五服釋例 〔續修〕95

五葺志逸隨筆、附説夢 〔未收〕十輯 12

五胡十六國考鏡 〔存目〕史部 159

五研齋詩鈔、文鈔 〔續修〕1465

五音集韻 〔文淵〕238〔文津〕233〔文瀾〕
230〔珍本〕七集 49－52

五洲地理志略 〔未收〕八輯 4－5

五華纂訂四書大全 〔存目〕經部 174－175

五峰胡先生文集 〔著録〕集部 50

五峰集 〔文淵〕1137〔文津〕1141〔文瀾〕
1168〔文淵〕1215〔文津〕1219〔文瀾〕
1250〔珍本〕初集 288〔珍本〕七集 208

五峰集、集字詩 〔禁燬〕集部 167

五峰遺稿 〔續修〕1330

五倫書 〔續修〕935－936

五曹算經 〔文淵〕797〔文津〕798〔文瀾〕
814

五曹算經、算學源流 〔著録〕子部 147

五曹算經、數術記遺、算學源流 〔續修〕
1041

五國故事 〔文淵〕464〔文津〕463〔文瀾〕
465〔底本〕史部 108〔著録〕史部 380

五清集、策問附録 〔未收〕五輯 18

五朝名臣言行録、三朝名臣言行録、五朝
名臣言行録續集、別集、外集、新
集 〔著録〕史部 304－305

＊五湖遊 〔續修〕1764

五韵論 〔續修〕248

五經小學述 〔續修〕173

五經文字 〔文淵〕224〔文津〕219〔文瀾〕216〔薈要〕78〔著録〕經部29

五經文字偏旁考 〔未收〕一輯9

五經文字疑、九經字樣疑 〔未收〕二輯14

五經孝語、四書孝語 〔存目〕子部15

五經衷要 〔未收〕七輯3-4

五經堂文集 〔存目〕集部242

五經異文 〔存目〕經部149

五經異義疏證 〔續修〕171

五經圖 〔存目〕經部147〔存目〕經部152

五經算術 〔文淵〕797〔文津〕798〔文瀾〕814〔珍本〕別輯187〔薈要〕264

五經疑義 〔續修〕171

五經説 〔文淵〕184〔文津〕179〔文瀾〕176

五經稽疑 〔文淵〕184〔文津〕179〔文瀾〕176〔珍本〕初集90

五經翼 〔存目〕經部151-152

五經類編 〔存目〕子部233

五經繹 〔存目〕經部149

五經蠡測 〔文淵〕184〔文津〕179〔文瀾〕176〔薈要〕78〔著録〕經部23

五經讀 〔存目〕經部151

五種遺規 〔續修〕951

五誥解 〔文淵〕57〔文津〕52〔文瀾〕50〔珍本〕別輯14

五燈會元 〔文淵〕1053〔文津〕1057〔文瀾〕1082〔珍本〕七集171-180〔著録〕子部245

五聲反切正均 〔續修〕258

五嶽山人集 〔存目〕集部94

五禮通考 〔文淵〕135-142〔文津〕130-138〔文瀾〕128-136〔著録〕經部134-140

五總志 〔文淵〕863〔文津〕865〔文瀾〕883〔著録〕子部33

五邊典則 〔禁燬〕史部25-26

五雜組 〔續修〕1130〔禁燬〕子部37

五鵲別集 〔存目〕集部111

支

支華平先生集 〔存目〕集部162

支雅 〔續修〕193

支道林集、外集 〔續修〕1304

支談 〔存目〕子部90

支離子詩 〔存目〕集部14

不

*不了緣 〔續修〕1765

不下帶編 〔續修〕1262

不已集選 〔禁燬〕集部167

不古編 〔續修〕1100

*不伏老 〔續修〕1765

不菴易贅 〔存目〕經部30

不得已 〔續修〕1033

不視草 〔未收〕五輯26

不愧堂刻奏疏 〔禁燬補〕22

不繫舟漁集 〔文淵〕1216〔文津〕1220〔文瀾〕1251〔珍本〕十集247-249〔著録〕集部349

太

太乙山房文集、附孝威論、陳孝逸論 〔禁燬補〕67

太乙舟文集 〔續修〕1493

太乙舟詩集 〔續修〕1493

太乙金鏡式經 〔文淵〕810〔文津〕812〔文瀾〕829〔珍本〕初集182〔著録〕子部357

太乙神鍼心法 〔續修〕996

太乙統宗寶鑑 〔存目〕子部67〔續修〕1061

太乙詩集 〔存目補〕99

*太山藳 〔續修〕1354

太子少保王忠銘先生文集天池草重編 〔存目〕集部138

太仆奏議 〔禁燬〕史部22

太古正音琴經、琴譜 〔續修〕1093

太古堂集 〔存目〕集部183

太古遺音 〔存目〕子部74

太平三書 〔存目〕史部235

太平天日 〔續修〕445

太平金鏡策 〔存目〕集部21〔續修〕475

太平治迹統類 〔文淵〕408〔文津〕405

〔文瀾〕406〔珍本〕五集 72－77

太平清話 〔存目〕子部 244

太平惠民和劑局方、指南總論 〔文淵〕741〔文津〕741〔文瀾〕755

太平惠民和劑局方、指南總論、增廣和劑局方圖經本草藥性總論 〔著錄〕子部 133

太平御覽 〔文淵〕893－901〔文津〕895－903〔文瀾〕913－921〔著錄〕子部 176－183

太平詔書 〔續修〕458

太平經國之書 〔薈要〕49〔底本〕經部 24〔著錄〕經部 13

太平經國書 〔文淵〕92〔文津〕86〔文瀾〕85

太平廣記 〔文淵〕1043－1046〔文津〕1047－1050〔文瀾〕1071－1074〔著錄〕子部 113－115

太平寰宇記 〔文淵〕469〔文津〕467〔文瀾〕470－471〔著錄〕史部 96

太平寰宇記補闕 〔續修〕585

太史史例 〔存目〕史部 283－284

太史范公文集 〔著錄〕集部 45

太史華句 〔存目〕史部 138

太史楊復所先生證學編、證學論、策 〔存目〕子部 90〔續修〕1129

太白山人漫藁 〔文淵〕1268〔文津〕1273〔文瀾〕1305〔珍本〕三集 335〔著錄〕集部 400

太白山人槲葉集、南遊草 〔禁燬〕集部 89

太白陰經 〔文淵〕726〔文津〕726〔文瀾〕740

太白劍 〔禁燬〕集部 106

太玄本旨 〔文淵〕803〔文津〕804〔文瀾〕820〔珍本〕三集 194〔著錄〕子部 355

太玄別訓 〔存目〕子部 56

太玄解 〔續修〕1048

太玄經 〔薈要〕247

太玄經、說玄、釋文 〔著錄〕子部 147

太玄經、釋音 〔文淵〕803〔文津〕804〔文瀾〕820

太玄闡秘、外編、附編 〔續修〕1048

太易鈎玄 〔存目〕經部 2〔續修〕3

太和正音譜 〔續修〕1747

太炎文録初編 〔續修〕1577

太宗文皇帝聖訓 〔文淵〕411〔文津〕408〔文瀾〕409〔薈要〕184

太宗皇帝實録 〔續修〕348

太函集 〔存目〕集部 117－118〔續修〕1346－1348

太保費文憲公摘稿 〔續修〕1331

太律、外篇 〔續修〕114

太音大全集 〔續修〕1092

太祖高皇帝聖訓 〔文淵〕411〔文津〕408〔文瀾〕409〔薈要〕184

太師王端毅公奏議 〔著錄〕史部 199

太師張文忠公集 〔存目〕集部 77

太師誠意伯劉文成公集 〔著錄〕集部 35

太倉十子詩選 〔存目〕集部 384

太倉州新劉河志正集、附集、治水要法、婁江志 〔存目〕史部 224

太倉州儒學志 〔未收〕二輯 26

太倉稊米集 〔文淵〕1141〔文津〕1145〔文瀾〕1172－1173〔珍本〕二集 264－268〔著錄〕集部 422

太常少卿魏水洲先生文集 〔存目〕集部 85

太常因革禮 〔續修〕821

太常紀要 〔存目〕史部 273

太常續考 〔文淵〕599〔文津〕599〔文瀾〕609〔珍本〕初集 149－150

太清神鑑 〔文淵〕810〔文津〕812〔文瀾〕829〔珍本〕別輯 199－200

太清神鑑録 〔著錄〕子部 149

太極圖説述解 〔文淵〕697〔文津〕697〔文瀾〕711

太極圖説述解、附通書述解、西銘述解 〔珍本〕六集 173

太極圖説論 〔存目〕子部 1〔續修〕933－934

太極繹義、通書繹義 〔存目〕子部 1

太湖備考、湖程紀略 〔存目〕史部 225

太微經 〔存目〕子部 58

太學坊表 〔未收〕一輯 17

太學新增合璧聯珠聲律、菁華前集、後集 〔續修〕1214－1216

太學新編黼藻文章百段錦 〔存目〕集部 416〔續修〕1717

太霞新奏 〔續修〕1744

太嶽太和山紀略 〔存目〕史部242

太醫局諸科程文格 〔文淵〕743〔文津〕743〔文瀾〕757〔珍本〕別輯180－181

太醫院志、附同寅錄 〔續修〕1030

太醫院經驗奇效良方大全 〔續修〕1001－1002

友

友古詞 〔文淵〕1487〔文津〕1492〔文瀾〕1537〔著錄〕集部218

友石山人遺稿 〔文淵〕1217〔文津〕1221〔文瀾〕1252〔珍本〕八集166〔著錄〕集部257

友石先生詩集 〔底本〕集部45〔著錄〕集部37

友林乙稿 〔文淵〕1178〔文津〕1182〔文瀾〕1212〔珍本〕四集278〔著錄〕集部393

友會談叢 〔續修〕1260

友聲集(王相) 〔續修〕1627

友聲集(賴鯤升) 〔存目〕集部414

尤

尤太史西堂全集三種、附湘中草 〔禁燬〕集部129－130

尤西川先生擬學小記、續錄 〔存目〕子部9

宪

宪能子 〔著錄〕子部331

比

比丘尼傳 〔續修〕1285

比雅 〔續修〕192

切

切問齋文錄 〔續修〕1671

切問齋集 〔未收〕十輯19

切韵表 〔續修〕253

切韻考 〔續修〕258

切韻考、切韻考外篇 〔續修〕253

切韻求蒙 〔續修〕253

切韻指掌圖、切韻指掌圖檢例 〔著錄〕經部181

切韻指掌圖、附檢圖之例 〔文淵〕237〔文津〕232〔文瀾〕229〔珍本〕別輯52

瓦

瓦缶集 〔存目〕集部267

止

止山集 〔文淵〕1277〔文津〕1281〔文瀾〕1314〔珍本〕五集358

止止堂集 〔存目〕集部146

止心樓詩 〔禁燬補〕88

止堂集 〔文淵〕1155〔文津〕1160〔文瀾〕1189〔珍本〕別輯339－340

止啼齋集、空華集、飲河集、石頭菴集 〔存目〕集部191

止園筆談 〔續修〕1141

止齋先生文集 〔著錄〕集部392

止齋先生春秋後傳 〔著錄〕經部79

止齋集 〔文淵〕1150〔文津〕1154－1155〔文瀾〕1183〔薈要〕396

少

少石集 〔存目〕集部76

少谷集 〔文淵〕1269〔文津〕1273〔文瀾〕1305〔珍本〕四集355－357

少林寺志 〔未收〕九輯6

少保胡端敏公奏議 〔著錄〕史部412

少泉詩集 〔存目〕集部89

少室山人集 〔續修〕1340

少室山房筆叢正集 〔文淵〕886〔文津〕887〔文瀾〕906

少室山房集 〔文淵〕1290〔文津〕1294－1295〔文瀾〕1328〔珍本〕十二集183－188

少室山房類藁 〔著錄〕集部437－438

少師朱襄毅公督蜀疏草 〔存目〕史部65〔續修〕491

少陽集 〔文淵〕1136〔文津〕1140〔文瀾〕1167〔珍本〕七集204

少傅野亭劉公遺藁 〔續修〕1330

少湖先生文集 〔存目〕集部 80

少微通鑑節要、外紀 〔存目〕史部 2

少墟集 〔文淵〕1293 〔文津〕1297 〔文瀾〕1331 〔珍本〕五集 371－373

少廣補遺 〔文淵〕802 〔文津〕803 〔文瀾〕819 〔珍本〕四集 166

少儀外傳 〔文淵〕703 〔文津〕704 〔文瀾〕718 〔珍本〕別輯 164

少嶽詩集 〔存目〕集部 143

日

日本考 〔存目〕史部 255 〔續修〕744

日本國考略 〔存目〕史部 255

日本國志 〔續修〕745

日本訪書志 〔續修〕930

日本訪書志補 〔續修〕930

日本源流考 〔未收〕八輯 4

日知堂文集 〔存目〕集部 231

日知薈説 〔薈要〕251 〔著録〕子部 1

日知録 〔文淵〕858 〔文津〕860 〔文瀾〕878 〔著録〕子部 32

日知録之餘 〔續修〕1144

日知録集釋、刊誤、續刊誤 〔續修〕1143－1144

＊日法朔餘彊弱考 〔續修〕1045－1046

日食細草 〔未收〕四輯 26

日涉園集 〔文淵〕1122 〔文津〕1127 〔文瀾〕1152 〔珍本〕別輯 295－296 〔底本〕集部 135 〔著録〕集部 49

日涉編 〔存目〕史部 165

日進直講 〔存目〕經部 157

日損齋筆記 〔文淵〕854 〔文津〕856 〔文瀾〕874 〔著録〕子部 364

日聞録 〔文淵〕866 〔文津〕868 〔文瀾〕886 〔珍本〕別輯 217

日鋤齋律吕新書初解 〔未收〕二輯 10

日講四書解義 〔文淵〕208 〔文津〕202 〔文瀾〕201 〔珍本〕七集 41－48 〔薈要〕76 〔著録〕經部 25

日講易經解義 〔文淵〕37 〔文津〕32 〔文瀾〕32 〔珍本〕七集 3－8 〔薈要〕13 〔著録〕經部 33

日講春秋解義 〔文淵〕172 〔文津〕167 〔文瀾〕164 〔珍本〕七集 31－40 〔薈要〕43 〔著録〕經部 161－162

日講書經解義 〔文淵〕65 〔文津〕59－60 〔文瀾〕58 〔珍本〕五集 13－15 〔薈要〕21 〔著録〕經部 36

日講禮記解義 〔文淵〕123 〔文津〕118－119 〔文瀾〕117 〔珍本〕九集 43－52 〔薈要〕57 〔著録〕經部 70

中

中山沿革志 〔存目〕史部 163

＊中山狼 〔續修〕1764

中山集詩鈔 〔未收〕七輯 23

中山傳信録、附中山贈送詩文 〔存目〕史部 256 〔續修〕745

中山詩話 〔文淵〕1478 〔文津〕1482 〔文瀾〕1527

中川遺稿 〔存目〕集部 84

中白詞 〔續修〕1727

中外農學合編 〔未收〕四輯 23

中西兵略指掌 〔續修〕969

中西紀事 〔續修〕402

中西匯通醫經精義 〔續修〕982

中西匯參銅人圖説 〔未收〕四輯 25

中西經星同異考 〔文淵〕795 〔文津〕796 〔文瀾〕813

中西算學合訂 〔未收〕三輯 23

中邨逸稿 〔未收〕七輯 21

中州人物考 〔文淵〕458 〔文津〕456 〔文瀾〕458 〔珍本〕八集 82－83 〔著録〕史部 413

中州全韻 〔續修〕1747 〔未收〕十輯 30

中州名賢文表 〔珍本〕四集 392－395 〔底本〕集部 248－249 〔著録〕集部 413

中州名賢文表、附元史本傳 〔文淵〕1373 〔文津〕1377 〔文瀾〕1416

中州金石考 〔存目〕史部 278 〔續修〕912

中州金石記 〔續修〕912

中州音韻輯要 〔續修〕1747

中州啓劄 〔存目補〕79

中州集 〔薈要〕479

中州集、樂府 〔文淵〕1365 〔文津〕1369

〔文瀾〕1408〔著録〕集部 301

中州道學編 〔存目〕史部 121

中州樂府音韻類編 〔續修〕1739

中州雜俎 〔存目〕史部 249

中丞集 〔文淵〕1235〔文津〕1239〔文瀾〕1271〔珍本〕十一集 174

中吳紀聞 〔文淵〕589〔文津〕589〔文瀾〕598〔著録〕史部 252

＊中郎女 〔續修〕1765

中星譜 〔文淵〕793〔文津〕794〔文瀾〕810〔珍本〕四集 164

中弇山人稿 〔禁燬〕集部 32

中風論 〔續修〕1006

中都志［成化］ 〔存目〕史部 176

中原音韻 〔文淵〕1496〔文津〕1500〔文瀾〕1546〔著録〕集部 419

中書典故彙紀 〔續修〕746

中晚唐詩叩彈集、續集 〔存目〕集部 406

中庵先生劉文簡公文集 〔著録〕集部 30

中庵集 〔文淵〕1206〔文津〕1209－1210〔文瀾〕1240〔珍本〕三集 279－280

中庸札記 〔續修〕159

中庸合註 〔存目〕經部 155

中庸困學録 〔續修〕159

＊中庸或問 〔文淵〕205〔文津〕199－200〔文瀾〕

中庸指歸、中庸分章、大學發微、大學本旨 〔文淵〕200〔文津〕194〔文瀾〕190

中庸衍義 〔文淵〕715〔文津〕717〔文瀾〕730〔珍本〕七集 120－124

＊中庸通 〔文淵〕203〔文津〕196－197〔文瀾〕

＊中庸章句 〔文淵〕197〔文津〕191〔文瀾〕187

＊中庸章句大全 〔文淵〕205〔文津〕199－200〔文瀾〕

＊中庸章句或問通證 〔文淵〕203〔文津〕197〔文瀾〕194

中庸章句質疑 〔續修〕159

＊中庸章段 〔文淵〕210〔文津〕204〔文瀾〕203〔珍本〕九集 64－65

＊中庸集説啓蒙 〔文淵〕204〔文津〕198〔文瀾〕195

＊中庸集編 〔文淵〕200〔文津〕194〔文瀾〕190

中庸補注 〔續修〕159

中庸疏略 〔續修〕159

中庸傳注、中庸傳注問 〔續修〕159

中庸管窺 〔存目〕經部 156

中庸説 〔存目〕經部 173

中庸説要 〔續修〕159

＊中庸餘論 〔文淵〕210〔文津〕204〔文瀾〕203〔珍本〕九集 64－65

中庸輯略 〔文淵〕198〔文津〕193〔文瀾〕189〔著録〕經部 97

＊中庸纂疏 〔文淵〕201〔文津〕195〔文瀾〕191

＊中庸纂箋 〔文淵〕204〔文津〕197－198〔文瀾〕

中朝故事 〔文淵〕1035〔文津〕1040〔文瀾〕1063〔著録〕子部 217

中道全書 〔未收〕八輯 15

中説 〔文淵〕696〔文津〕696〔文瀾〕710〔薈要〕248〔著録〕子部 249

中説考 〔續修〕933

中論 〔文淵〕696〔文津〕696〔文瀾〕710〔薈要〕247

中興小紀 〔文淵〕313〔文津〕309－310〔文瀾〕307〔珍本〕別輯 68－73

中興將帥別傳 〔未收〕二輯 23

中興間氣集 〔文淵〕1332〔文津〕1336〔文瀾〕1374〔著録〕集部 135

中興實録 〔禁燬〕史部 74

中興館閣録 〔著録〕史部 254

中興禦侮録 〔存目〕史部 45

中興禮書 〔續修〕822－823

中興禮書續編 〔續修〕823

中麓畫品 〔存目〕子部 71〔續修〕1065

中巖文介先生文集 〔存目〕集部 233

中觀論疏、附中論科判 〔續修〕1274

内

内方先生集、附鈔 〔未收〕五輯 26

内外服制通釋 〔文淵〕111〔文津〕107〔文瀾〕105

内外傷辨 〔著録〕子部 4

內外傷辯惑論 〔文淵〕745〔文津〕745〔文瀾〕759

內省齋文集 〔存目〕集部199

內則衍義 〔著錄〕子部301

內則章句 〔續修〕107

內訓 〔文淵〕709〔文津〕711〔文瀾〕724〔珍本〕十一集103

內傳天皇鰲極鎮世神書 〔存目〕子部63

內經素問 〔薈要〕254

內經博議 〔續修〕982

內經運氣病釋、附內經遺篇病釋 〔續修〕983

內臺集 〔存目〕集部53〔續修〕1335

內閣小志、內閣故事 〔續修〕751

內閣志 〔續修〕751

內閣奏題稿 〔存目〕史部63〔續修〕479

內閣藏書目錄 〔續修〕917

內簡尺牘 〔文淵〕1135〔文津〕1139〔文瀾〕1166〔珍本〕九集239-240

水

水心先生文集 〔著錄〕集部100

水心集 〔文淵〕1164〔文津〕1168〔文瀾〕1198

水田居文集 〔存目〕集部208

水田居文錄 〔續修〕1669

水地記 〔續修〕728

水西全集 〔未收〕六輯24

水西近詠、紅鶴軒詩草、水西高逸詠、南帆唱和詩 〔未收〕七輯23

水村易鏡 〔存目〕經部1

水利集 〔存目〕史部221〔續修〕851

水東日記 〔文淵〕1041〔文津〕1045〔文瀾〕1068〔著錄〕子部111

水明樓集 〔存目〕集部176

水南稿 〔存目〕集部54

水品 〔存目〕子部79

水師輯要 〔續修〕860

水曹清暇錄 〔續修〕1138

水雲村泯藁 〔著錄〕集部445

水雲村藁 〔文淵〕1195〔文津〕1199〔文瀾〕1230〔珍本〕四集289-290

水雲集(汪元量) 〔珍本〕十二集170

水雲集(譚處端) 〔續修〕1322

水雲樓詞 〔續修〕1727

水雲樓詞續 〔續修〕1727

水道提綱 〔文淵〕583〔文津〕583〔文瀾〕592〔珍本〕十一集89-90〔著錄〕史部110

水經注(王先謙) 〔未收〕三輯18

水經注(酈道元) 〔文淵〕573〔文津〕573〔文瀾〕582〔珍本〕別輯129-137〔薈要〕180〔著錄〕史部108

水經注所載碑目、輿地紀勝所載碑目 〔存目〕史部278

水經注集釋訂訛 〔文淵〕574〔文津〕574〔文瀾〕583〔珍本〕初集120-123

水經注疏 〔續修〕726-727

水經注圖 〔未收〕六輯10

水經注箋 〔未收〕九輯4-5

水經注釋、水經注箋刊誤 〔文淵〕575〔文津〕575-576〔文瀾〕584〔珍本〕三集156-163〔著錄〕史部109

水滸記 〔續修〕1772

水蜜桃譜 〔續修〕1116

水鏡元公詩集 〔存目〕集部21

午

*午日吟 〔續修〕1765

午坡文集 〔存目〕集部89

午風堂集、叢談 〔續修〕1462

午亭文編 〔文淵〕1316〔文津〕1320〔文瀾〕1354-1355〔珍本〕四集378-383〔著錄〕集部288

午亭文錄 〔續修〕1669

午亭集 〔存目補〕78

午窗隨筆 〔續修〕1165

午塘先生集 〔存目〕集部96

午溪集 〔文淵〕1215〔文津〕1219〔文瀾〕1250〔珍本〕初集354〔珍本〕三集287

牛

牛奇章集 〔續修〕1588

牛首山志 〔存目補〕94

毛

毛朱詩説 〔存目〕經部 77

毛詩(敦煌殘卷) 〔續修〕56

毛詩天文考 〔續修〕65

毛詩日箋 〔存目〕經部 73 〔續修〕61

毛詩正本 〔未收〕二輯 6

毛詩正義 〔著録〕經部 143

毛詩古音考 〔文淵〕239 〔文津〕234 〔文瀾〕232

毛詩古音考、附讀詩拙言 〔著録〕經部 182

毛詩古音參義 〔續修〕244

毛詩古韻 〔續修〕247

毛詩古韻雜論 〔續修〕247

毛詩本義 〔薈要〕24

毛詩名物解 〔文淵〕70 〔文津〕65 〔文瀾〕64 〔著録〕經部 9

毛詩名物圖説 〔續修〕62

毛詩多識 〔續修〕72

毛詩李黃集解 〔文淵〕71 〔文津〕65－66 〔文瀾〕64 〔薈要〕24

毛詩昀訂 〔續修〕69

毛詩序説 〔續修〕58

毛詩或問 〔存目〕經部 60

毛詩奇句韻考 〔續修〕247

毛詩明辨録 〔未收〕二輯 6

毛詩物名考 〔續修〕65

毛詩注疏 〔文淵〕69 〔文津〕64 〔文瀾〕62－63 〔薈要〕23

毛詩指説 〔文淵〕70 〔文津〕65 〔文瀾〕63 〔薈要〕24 〔著録〕經部 17

毛詩草木鳥獸蟲魚疏 〔文淵〕70 〔文津〕65 〔文瀾〕63 〔著録〕經部 128 〔續修〕71

毛詩草木鳥獸蟲魚疏廣要 〔著録〕經部 128

毛詩草木鳥獸蟲魚釋 〔續修〕65－66

毛詩故訓傳定本 〔續修〕64

毛詩要義、譜序要義 〔續修〕56

毛詩重言 〔續修〕69

毛詩後箋 〔續修〕67

毛詩訂詁 〔未收〕一輯 4

毛詩音(敦煌殘卷) 〔續修〕56

毛詩原解 〔存目〕經部 62 〔續修〕58

毛詩通考 〔續修〕68

毛詩通説 〔未收〕二輯 6

毛詩異文箋 〔續修〕74

毛詩鳥獸草木考 〔存目〕經部 67

毛詩紬義 〔續修〕68

毛詩集解 〔珍本〕三集 38－40

毛詩集解、學詩總説 〔著録〕經部 5

毛詩集解訓蒙 〔未收〕十輯 1

毛詩復古録 〔未收〕五輯 2

毛詩補正 〔未收〕八輯 1

毛詩補疏 〔續修〕65

毛詩傳義類 〔續修〕70

毛詩傳箋通釋 〔續修〕68

毛詩傳箋異義解 〔續修〕73

*毛詩傳箋殘字 〔續修〕184

毛詩説(陳奐) 〔續修〕70

毛詩説(孫燾) 〔未收〕四輯 4

毛詩説(諸錦) 〔存目〕經部 77

毛詩説、詩藴 〔續修〕64

毛詩鄭箋改字説 〔續修〕72

毛詩鄭箋纂疏補協、附詩譜 〔未收〕一輯 4

毛詩稽古編 〔文淵〕85 〔文津〕80 〔文瀾〕78 〔著録〕經部 11

毛詩寫官記 〔文淵〕86 〔文津〕81 〔文瀾〕79 〔珍本〕九集 35 〔著録〕經部 39

毛詩講義 〔文淵〕74 〔文津〕69 〔文瀾〕67 〔珍本〕初集 49

毛詩禮徵 〔續修〕69

毛詩雙聲疊韻説 〔續修〕69

毛詩證讀、讀詩或問 〔續修〕64

毛詩類釋、續編 〔文淵〕88 〔文津〕83 〔文瀾〕81 〔珍本〕初集 53 〔著録〕經部 194

毛詩釋地 〔續修〕73

毛詩讀 〔未收〕六輯 2

毛鄭異同考 〔續修〕63

毛鄭詩考正 〔續修〕63

毛鄭詩釋 〔續修〕71

毛襄懋先生文集、別集、附年譜、御書世彙、榮哀録、幽光集、附書、行狀、墓志銘 〔存目〕集部 63

毛襄懋先生奏議　〔存目〕史部 59
毛孺初先生評選即山集　〔禁燬〕集部 41

壬

壬午功臣爵賞録、壬午功賞別録　〔存目〕史部 46
*壬辰藁　〔續修〕1354
壬寅銷夏録　〔續修〕1089－1090

升

升菴先生文集　〔著録〕集部 401－402
升菴長短句、續集　〔續修〕1723
升菴集　〔文淵〕1270　〔文津〕1274－1275　〔文瀾〕1307

夭

*夭桃紈扇　〔續修〕1765

仁

仁山文集　〔文淵〕1189　〔文津〕1194　〔文瀾〕1225
仁山金先生文集　〔著録〕集部 251
仁和縣志〔嘉靖〕　〔存目〕史部 194
仁獄類編　〔續修〕973
仁端録　〔文淵〕762　〔文津〕763－764　〔文瀾〕779　〔珍本〕三集 189－191
仁學　〔續修〕953
仁齋直指、仁齋傷寒類書　〔文淵〕744　〔文津〕743　〔文瀾〕758　〔珍本〕五集 168－173

片

片玉詞　〔文淵〕1487　〔文津〕1492　〔文瀾〕1537　〔著録〕集部 218
片刻餘閒集　〔續修〕1137

仇

仇山村遺集　〔著録〕集部 446
仇池筆記　〔文淵〕863　〔文津〕865　〔文瀾〕882

化

*化治四書文　〔文淵〕1451　〔文津〕1455　〔文瀾〕1　〔珍本〕九集 325－340
化書　〔文淵〕849　〔文津〕851　〔文瀾〕868　〔著録〕子部 164
化書新聲　〔存目〕子部 83

介

介石堂水鑑　〔存目〕史部 225
介石堂集詩、古文　〔未收〕十輯 20
介亭文集、外集、詩鈔　〔續修〕1453
介菴詞　〔文淵〕1488　〔文津〕1492　〔文瀾〕1537　〔著録〕集部 218
介庵經説　〔續修〕176

从

从古正文、字原釋義　〔存目〕經部 189

爻

爻山筆話　〔未收〕七輯 11

今

今水經　〔存目〕史部 224
今水經、表　〔續修〕727
今水經注要覽　〔未收〕九輯 5
今文尚書考證　〔續修〕51
今文尚書經説考、叙録　〔續修〕49
今文尚書説　〔存目〕經部 59
今文周易演義　〔存目〕經部 7　〔續修〕9
今文選　〔存目〕集部 322
今世説　〔存目〕子部 245　〔續修〕1175
今古地理述　〔未收〕四輯 18
今古鈎玄　〔存目〕子部 151
今古學考　〔續修〕179
今古輿地圖　〔存目〕史部 170　〔禁燬補〕26
今白華堂文集　〔續修〕1498
今白華堂詩録、詩集　〔續修〕1498
今白華堂詩録補　〔續修〕1498
今有堂詩集、後集、附茗柯詞　〔存目補〕42
今言　〔存目〕史部 48　〔續修〕425
今詞初集　〔續修〕1729
今樂考證　〔續修〕1759
今樂府　〔禁燬〕集部 74

今獻備遺　〔文淵〕453〔文津〕452〔文瀾〕453〔珍本〕三集 141-142〔著録〕史部 91

分

分甘餘話　〔文淵〕870〔文津〕872〔文瀾〕890〔著録〕子部 170

分門古今類事　〔文淵〕1047〔文津〕1051〔文瀾〕1075

分門集註杜工部詩、年譜　〔續修〕1306

分門瑣碎録　〔續修〕975

分隸偶存　〔文淵〕684〔文津〕684〔文瀾〕698〔珍本〕十集 109〔著録〕史部 158

分類尺牘新語　〔存目〕集部 396

分類字錦　〔著録〕子部 105-108

分類補註李太白詩、分類編次李太白文　〔著録〕集部 335

公

公羊方言疏箋　〔未收〕二輯 10

*公羊折諸　〔文淵〕177〔文津〕172〔文瀾〕169

公羊春秋經傳通義、叙　〔續修〕129

公羊逸禮考徵　〔續修〕129

公羊傳、穀梁傳　〔存目〕經部 139

公羊義疏　〔續修〕130

公羊經傳異文集解　〔續修〕129

公羊穀梁異同合評　〔未收〕三輯 9

公羊墨史　〔續修〕128

公非先生集　〔著録〕集部 441

公是七經小傳　〔文淵〕183〔文津〕178〔文瀾〕174

公是先生七經小傳　〔著録〕經部 23

公是先生弟子記　〔著録〕子部 11

公是弟子記　〔文淵〕698〔文津〕698〔文瀾〕712

公是集　〔文淵〕1095〔文津〕1099〔文瀾〕1125〔珍本〕别輯 264-268〔底本〕集部 121-124

公孫龍子　〔文淵〕848〔文津〕850〔文瀾〕867〔著録〕子部 30

公孫龍子注、校勘記、篇目考　〔續修〕1121

公槐集、響玉集、餘、棘門集、沆瀣集、松瘦集、文遠集　〔禁燬〕集部 178-179

公餘草就　〔未收〕五輯 24

公餘集　〔續修〕1457

月

月山詩集　〔未收〕十輯 18

月山詩話　〔續修〕1702

月川語録　〔存目〕子部 6

月日紀古　〔未收〕一輯 27

月令七十二候集解　〔存目〕經部 88

月令七十二候詩　〔未收〕四輯 5

月令明義　〔文淵〕122〔文津〕118〔文瀾〕116

月令明義、圖　〔著録〕經部 69

月令通考　〔存目〕史部 164

月令解　〔文淵〕116〔文津〕111〔文瀾〕110〔珍本〕初集 60

月令廣義、統紀　〔存目〕史部 164-165

月令精鈔　〔未收〕三輯 18

月令粹編　〔續修〕885

月令輯要、圖説　〔著録〕史部 18

月令纂言　〔續修〕885

*月明和尚度柳翠　〔續修〕1763

月明和尚度柳翠雜劇　〔續修〕1762

月季花譜　〔續修〕1116

月河所聞集　〔存目〕子部 239

月波洞中記　〔文淵〕810〔文津〕812〔文瀾〕829

月泉吟社　〔著録〕集部 360

月泉吟社詩　〔文淵〕1359〔文津〕1364〔文瀾〕1402

月洞吟　〔文淵〕1189〔文津〕1193〔文瀾〕1225〔珍本〕九集 255

月洞詩集、附二十一世祖皞如公詩　〔著録〕集部 424

月屋漫稿　〔文淵〕1193〔文津〕1197〔文瀾〕1229〔珍本〕八集 159〔著録〕集部 106

月峰先生居業次編　〔禁燬〕集部 126

月鹿堂文集　〔未收〕六輯 30

月滿樓詩集、别集、文集　〔續修〕1459

月巖集　〔存目〕集部 219

勿

勿軒易學啓蒙圖傳通義 〔續修〕2

勿軒集 〔文淵〕1188〔文津〕1193〔文瀾〕1224

勿菴曆書目 〔著録〕子部 355

勿菴曆算書記 〔文淵〕795〔文津〕796〔文瀾〕813

勿齋先生文集 〔底本〕集部 90〔著録〕集部 423

勿齋集(王熹儒) 〔禁燬補〕83

勿齋集(楊至質) 〔文淵〕1183〔文津〕1187〔文瀾〕1218〔珍本〕十集 241

勿藥玄詮 〔續修〕1030

丹

丹邱生集 〔續修〕1324

*丹桂鈿合 〔續修〕1765

丹崖集 〔續修〕1326

丹陽集 〔文淵〕1127〔文津〕1131〔文瀾〕1158〔珍本〕別輯 301-305〔著録〕集部 421

丹陽詞 〔文淵〕1487〔文津〕1492〔文瀾〕1537〔著録〕集部 218

丹淵集、拾遺 〔文淵〕1096〔文津〕1100〔文瀾〕1126〔薈要〕377

丹魁堂詩集 〔續修〕1517

丹鉛餘録、丹鉛續録、丹鉛摘録、丹鉛總録 〔著録〕子部 360

丹鉛餘録、續録、摘録、總録 〔文淵〕855〔文津〕857〔文瀾〕875〔珍本〕四集 201-205

丹溪心法附餘 〔存目〕子部 44

丹溪先生胎產秘書 〔續修〕1007

丹霞山志 〔禁燬〕史部 51

丹霞天老人雪詩 〔禁燬〕集部 183

丹谿先生金匱鈎玄 〔著録〕子部 138

勾

*勾股六術 〔續修〕1047

*勾股尺測量新法 〔續修〕1046

勾股割圜記 〔續修〕1045

勾股算術 〔續修〕1044

*勾股算術細草 〔續修〕1045-1046

勾漏集 〔存目〕集部 146

卞

卞郎中詩集 〔存目〕集部 35

六

六一山房詩集、續集 〔續修〕1558

六一居士詩話 〔著録〕集部 213

六一詞 〔文淵〕1487〔文津〕1492〔文瀾〕1537〔著録〕集部 217

六一詩話 〔文淵〕1478〔文津〕1482〔文瀾〕1527

六十四卦經解 〔續修〕29

六十自定稿 〔禁燬補〕79

六十種曲 〔續修〕1768-1773

六九軒算書五種、附輯古算經補注 〔續修〕1046

六壬大全 〔文淵〕808〔文津〕810〔文瀾〕826-827〔珍本〕四集 182-183〔著録〕子部 341

六壬行軍指南 〔存目〕子部 66

六壬軍帳神機 〔續修〕1055-1058

六壬軍帳賦 〔存目〕子部 65

六壬雲開觀月經 〔存目補〕77

六必酒經 〔續修〕1115

六臣註文選 〔文淵〕1330-1331〔文津〕1334-1335〔文瀾〕1372-1373〔著録〕集部 134-135

六李集 〔存目補〕14

六松堂集 〔未收〕七輯 25

六典通考 〔續修〕758-761

六帖補 〔文淵〕948〔文津〕951-952〔文瀾〕971〔珍本〕七集 159〔著録〕子部 40

六岳登臨志 〔續修〕721

六柳堂遺集 〔禁燬〕集部 116

六研齋筆記、二筆、三筆 〔文淵〕867〔文津〕869〔文瀾〕887〔珍本〕七集 156-158〔著録〕子部 277

六祖壇經 〔續修〕1281

六家詩名物疏 〔文淵〕80〔文津〕75〔文瀾〕73〔珍本〕三集 49-52〔著録〕經部 39

六書分類 〔存目〕經部 203

六書正義 〔存目〕經部 194 〔續修〕203

六書正譌 〔文淵〕228 〔文津〕223 〔文瀾〕220

六書古微 〔未收〕九輯 2

六書本義 〔文淵〕228 〔文津〕223 〔文瀾〕220 〔珍本〕四集 100 〔著録〕經部 30

六書長箋 〔存目〕經部 197 〔續修〕203

六書例解、六書雜説、八分書辨 〔存目〕經部 205

六書故 〔文淵〕226 〔文津〕221 〔文瀾〕218 〔珍本〕六集 52－56

六書故、六書通釋 〔著録〕經部 177－178

六書音均表 〔續修〕244

六書索隱 〔存目〕經部 189

六書通 〔存目〕經部 200

六書通摭遺 〔未收〕十輯 2

六書假借經徵 〔未收〕九輯 2

六書訴原直音、分部備考 〔存目〕經部 194

六書統 〔文淵〕227 〔文津〕222 〔文瀾〕219 〔珍本〕八集 71－76 〔著録〕經部 110

六書統溯原 〔存目〕經部 188 〔續修〕202

六書會原 〔未收〕九輯 2

六書準 〔存目〕經部 200

六書説 〔續修〕203

六書精藴 〔續修〕202

六書精藴、音釋舉要 〔存目〕經部 189

六書賦音義 〔存目〕經部 190

六書緣起 〔續修〕1091

六書辨通 〔存目〕經部 205

六書舊義 〔續修〕228

六書總要、附正小篆之訛 〔存目〕經部 194

六書類纂、讀篆臆存雜説、字學尋源 〔續修〕242

六博碎金 〔續修〕1106

六博譜 〔續修〕1106

六朝文絜箋注 〔續修〕1611

六朝別字記 〔續修〕242

六朝事迹編類 〔文淵〕589 〔文津〕589 〔文瀾〕598 〔著録〕史部 252

六朝通鑑博議 〔文淵〕686 〔文津〕686 〔文瀾〕700 〔珍本〕初集 160

六朝詩集 〔續修〕1589

六朝選詩定論 〔存目補〕11

六朝聲偶删補 〔存目補〕23

六朝聲偶集 〔存目〕集部 304

六詔紀聞 〔存目〕子部 162

六湖先生遺集 〔存目〕集部 283

六經三註粹抄 〔存目〕經部 151

六經天文編 〔文淵〕786 〔文津〕787 〔文瀾〕803 〔著録〕子部 145

六經正 〔文淵〕183 〔文津〕178 〔文瀾〕175 〔薈要〕78

六經正誤 〔著録〕經部 23

六經字便 〔存目〕經部 205

六經奧論 〔著録〕經部 91

六經奧論、總文 〔文淵〕184 〔文津〕179 〔文瀾〕175 〔薈要〕78

六經圖（王皞） 〔存目〕經部 153

六經圖（楊甲） 〔文淵〕183 〔文津〕178 〔文瀾〕175 〔著録〕經部 50

六經類雅 〔存目〕子部 198

六語 〔存目〕子部 251

六瑩堂集、二集、詞評 〔存目〕集部 255

六齋卑議 〔續修〕953

六藝之一録 〔珍本〕初集 184－223

六藝之一録、續編 〔文淵〕830－838 〔文津〕832－840 〔文瀾〕850－857 〔著録〕子部 151－159

六藝流別 〔存目〕集部 300

六藝綱目 〔珍本〕十二集 21

六藝綱目、字原、六藝發原 〔文淵〕242 〔文津〕237 〔文瀾〕235 〔著録〕經部 30

六藝論疏證 〔續修〕171

六韜 〔文淵〕726 〔文津〕726 〔文瀾〕740 〔著録〕子部 63

文

文山先生文集、指南文集、別集、遺墨 〔底本〕集部 179－181

文山先生全集 〔著録〕集部 393

文山集 〔文淵〕1184 〔文津〕1188 〔文瀾〕1219

文子 〔文淵〕1058 〔文津〕1062 〔文瀾〕1087

〔薈要〕276〔著録〕子部248〔續修〕958

文子纘義　〔文淵〕1058〔文津〕1062〔文瀾〕1087〔珍本〕別輯237－238

文木山房集　〔續修〕1428

文太青先生文集　〔存目〕集部184

文中子　〔存目〕子部162

文水李忠肅先生集　〔禁燬〕集部81

文公先生經世大訓　〔存目〕子部6－7

文公易説　〔文淵〕18〔文津〕13〔文瀾〕13

文公家禮儀節　〔存目〕經部114

文氏五家集　〔文淵〕1382〔文津〕1385〔文瀾〕1427〔珍本〕初集375－376

文氏家藏詩集七種　〔底本〕集部250〔著録〕集部152

文心雕龍　〔文淵〕1478〔文津〕1482〔文瀾〕1527〔薈要〕495〔著録〕集部213〔著録〕集部213

文心雕龍輯註　〔文淵〕1478〔文津〕1482〔文瀾〕1527

文正王公遺事　〔存目〕史部81〔續修〕550

文正公尺牘　〔存目〕集部10

文史通義　〔續修〕448

文生小草　〔禁燬〕集部183

文式、古文秴式　〔續修〕1713

文字通釋略　〔未收〕九輯2

文字蒙求　〔續修〕220

文字會寶　〔存目補〕28

文安集　〔文淵〕1208〔文津〕1212〔文瀾〕1243〔薈要〕404

文武職養廉俸薪表　〔未收〕十輯4

文苑英華　〔文淵〕1333－1342〔文津〕1337－1347〔文瀾〕1375－1384〔著録〕集部381－390

文苑英華辨證　〔文淵〕1342〔文津〕1347〔文瀾〕1384

文苑英華纂要　〔存目〕子部119〔續修〕1582

文苑英華辯證　〔著録〕集部136

文苑春秋　〔存目〕集部298

文苑彙雋　〔存目〕子部224

文直行書詩、文　〔禁燬〕集部106

文奇豹斑　〔存目〕子部219

文昌雜録　〔文淵〕862〔文津〕864〔文瀾〕

882〔著録〕子部32

文忠公年譜草稿　〔續修〕557

文忠集(王結)　〔文淵〕1206〔文津〕1210〔文瀾〕1241〔珍本〕初集349

文忠集(范景文)　〔文淵〕1295〔文津〕1300〔文瀾〕1334

文忠集(周必大)　〔文淵〕1147－1149〔文津〕1151－1153〔文瀾〕1179－1181〔珍本〕二集274－293

文忠集、本傳、年譜　〔文淵〕1102－1103〔文津〕1105－1107〔文瀾〕1131－1133〔薈要〕370－372

文府滑稽　〔存目〕集部322

文定集　〔文淵〕1138〔文津〕1142－1143〔文瀾〕1170〔珍本〕十集231－234

文房四譜　〔文淵〕843〔文津〕844〔文瀾〕861〔著録〕子部53

文房肆考圖説　〔續修〕1113

文則　〔文淵〕1480〔文津〕1485〔文瀾〕1530〔底本〕集部266〔著録〕集部331

文竿彙氏　〔存目〕子部217

文信國集杜詩　〔文淵〕1184〔文津〕1188〔文瀾〕1220〔珍本〕八集158

文泉子集　〔文淵〕1082〔文津〕1087〔文瀾〕1112

文起堂集　〔存目補〕99

文華大訓箴解　〔存目〕子部14〔續修〕939

文恭集　〔文淵〕1088〔文津〕1092〔文瀾〕1118〔珍本〕別輯252－257〔著録〕集部87

文莊集　〔文淵〕1087〔文津〕1090〔文瀾〕1116〔珍本〕初集246－247

文脈　〔存目〕集部417

文酒清話　〔續修〕1272

文海披沙　〔存目〕子部108〔續修〕1130

＊文姬入塞　〔續修〕1764

文通(朱荃宰)　〔存目〕集部418〔續修〕1713－1714

文通(馬建忠)　〔續修〕196

文敏集　〔文淵〕1240〔文津〕1243－1244〔文瀾〕1276〔珍本〕四集319－322

文章正宗　〔文淵〕1355〔文津〕1359〔文瀾〕1397

文章正宗、續集　〔珍本〕十一集191－196

文章正論 〔存目〕集部 309－310

文章指南 〔存目〕集部 315

文章軌範 〔文淵〕1359〔文津〕1364〔文瀾〕1402〔珍本〕十一集 199

文章鼻祖 〔存目〕集部 408

文章精義 〔文淵〕1481〔文津〕1486〔文瀾〕1531〔珍本〕別輯 400

文章緣起 〔文淵〕1478〔文津〕1482〔文瀾〕1527〔底本〕集部 261

文章緣起、續文章緣起 〔著録〕集部 417

文章辨體、外集、總論 〔存目〕集部 291〔續修〕1602

文章辨體彙選 〔文淵〕1402－1410〔文津〕1405－1414〔文瀾〕1447－1455

文章類選 〔存目〕集部 290

文清公薛先生文集 〔著録〕集部 262

文清娛 〔存目〕集部 333

文淶水詩、遺文 〔存目〕集部 39

文雅社約 〔存目〕子部 86

文筌 〔存目〕集部 416〔續修〕1713

文道希先生遺詩 〔續修〕1568

文湖州竹派 〔存目〕子部 72

文溫州集 〔存目〕集部 40

文淵閣書目 〔文淵〕675〔文津〕674〔文瀾〕688〔著録〕史部 265

文園漫語 〔存目〕子部 93

文靖公詩鈔 〔續修〕1536

文靖公遺集 〔續修〕1536

文溪集 〔文淵〕1181〔文津〕1185〔文瀾〕1216〔珍本〕四集 279

文説 〔文淵〕1482〔文津〕1487〔文瀾〕1532〔珍本〕三集 399〔底本〕集部 182〔著録〕集部 418

文端集 〔文淵〕1319〔文津〕1323〔文瀾〕1358〔珍本〕二集 378－383

文粹 〔著録〕集部 295

文嘻堂詩集 〔存目〕集部 194

文廟從祀先賢先儒考 〔存目〕史部 271

文毅集 〔文淵〕1236〔文津〕1240－1241〔文瀾〕1272〔珍本〕四集 316－317

文選 〔薈要〕466－467〔著録〕集部 293－294

文選尤 〔存目〕集部 286

文選考異 〔續修〕1581

文選音義 〔存目〕集部 288

文選旁證 〔續修〕1581

文選理學權輿 〔續修〕1581

文選章句 〔存目〕集部 285－286

文選註 〔文淵〕1329〔文津〕1333－1334〔文瀾〕1370－1371

文選補遺 〔文淵〕1360〔文津〕1364〔文瀾〕1402〔珍本〕七集 278－287〔著録〕集部 77

文選詩句圖 〔存目〕集部 285

文選箋證 〔續修〕1582

文選樓藏書記 〔未收〕一輯 30

文選錦字録 〔存目〕子部 184

文選雙字類要 〔存目〕子部 166

文選顔鮑謝詩評 〔文淵〕1331〔文津〕1335〔文瀾〕1373〔珍本〕四集 387〔底本〕集部 200〔著録〕集部 135

文選類林 〔存目〕子部 167

文選纂註 〔存目〕集部 285

文編 〔文淵〕1377－1378〔文津〕1380－1382〔文瀾〕1421－1422〔珍本〕八集 227－242〔底本〕集部 268－277〔著録〕集部 148－149

文壇列俎 〔存目〕集部 348

文翰類選大成 〔存目〕集部 293－296

文録 〔存目〕集部 415

文館詞林 〔續修〕1582

文潞公文集 〔底本〕集部 126〔著録〕集部 45

文憲集 〔文淵〕1223－1224〔文津〕1227－1228〔文瀾〕1258－1259〔薈要〕409－410

文襄公奏議 〔存目〕史部 60

文藪 〔文淵〕1083〔文津〕1087〔文瀾〕1113

文簡集 〔文淵〕1271〔文津〕1275－1276〔文瀾〕1308〔珍本〕二集 367－372

文鏡秘府論 〔續修〕1694

文瀲初編 〔禁燬〕集部 173

文獻通考 〔文淵〕610－616〔文津〕609－616〔文瀾〕620－627〔薈要〕227－235〔著録〕史部 122－126

文獻通考節貫 〔存目〕子部 235

文獻集 〔文淵〕1209〔文津〕1213〔文瀾〕
　　1244〔薈要〕404
文獻徵存錄 〔續修〕540
文儷 〔存目補〕25
文體明辯 〔存目〕集部310－312

亢

亢倉子 〔文淵〕1059〔文津〕1063〔文瀾〕
　　1088〔著錄〕子部365〔著錄〕子部365
亢倉子注 〔文淵〕1059〔文津〕1063〔文
　　瀾〕1088

方

方山先生文錄、附集 〔存目〕集部102
方山薛先生全集 〔續修〕1343
方子流寓草 〔禁燬〕集部50
方氏易學五書 〔續修〕30
方氏墨譜 〔存目〕子部79〔續修〕1114
方玉堂集 〔禁燬〕集部165
方正學先生遜志齋外紀、續集 〔存目〕
　　史部85
方舟集 〔文淵〕1149〔文津〕1153〔文瀾〕
　　1182〔珍本〕初集297－298
方言 〔珍本〕別輯51
方言疏證 〔續修〕193
方言據 〔存目〕經部187
方言據、續錄 〔續修〕193
方初菴先生集 〔存目〕集部156
方建元集、佳日樓詞、續集師心草 〔存
　　目〕集部146
方貞觀詩集 〔禁燬補〕83
方是閒居士小稿 〔文淵〕1176〔文津〕
　　1180〔文瀾〕1210〔珍本〕三集245〔著
　　錄〕集部423
方星圖解 〔續修〕1032
方泉先生詩集 〔著錄〕集部58
方泉詩集 〔文淵〕1174〔文津〕1179〔文
　　瀾〕1209〔珍本〕四集278
方音 〔續修〕195
方洲張先生文集 〔著錄〕集部351
方洲集、附讀史錄 〔文淵〕1247〔文津〕
　　1251〔文瀾〕1283〔珍本〕三集306－309
方洲雜言 〔存目〕子部239

方郊復初集 〔存目〕集部187－188
方壺存稿 〔文淵〕1178〔文津〕1182〔文
　　瀾〕1212〔珍本〕四集279〔著錄〕集部
　　423
*方程新術草 〔續修〕1045－1046
方衆甫集 〔存目〕集部170
*方圓闡幽 〔續修〕1047
方廣巖志 〔存目〕史部243
方輿勝略、外夷 〔禁燬〕史部21
方輿勝覽 〔文淵〕471〔文津〕470〔文瀾〕
　　472
方齋存稿 〔文淵〕1271〔文津〕1276〔文
　　瀾〕1308〔珍本〕四集362－363〔底本〕
　　集部188〔著錄〕集部402
方齋補莊七篇 〔存目〕子部95
方簡肅公文集 〔底本〕集部148〔著錄〕集
　　部353
方簡肅文集 〔文淵〕1260〔文津〕1264〔文
　　瀾〕1297〔珍本〕三集332
方麓居士集 〔著錄〕集部436
方麓居士集、戊申筆記、紫薇堂劄記
　　〔底本〕集部203－204
方麓集 〔文淵〕1285〔文津〕1289〔文瀾〕
　　1323〔珍本〕三集346－348

火

火攻挈要、圖 〔續修〕966
*火器真訣 〔續修〕1047
火龍神器陣法 〔續修〕959
火警或問 〔存目〕史部57

斗

斗南老人集 〔文淵〕1233〔文津〕1237〔文
　　瀾〕1269〔珍本〕五集298－299
斗南先生詩集 〔著錄〕集部397
斗酒堂集 〔禁燬〕集部80

心

心日齋詞集 〔續修〕1726
心月軒稿 〔未收〕六輯26
心史 〔禁燬〕集部30
心印紺珠經 〔存目〕子部43
心武殘編 〔續修〕1105

心知堂詩稿　〔續修〕1502

心泉學詩稿　〔文淵〕1189〔文津〕1194〔文瀾〕1225〔珍本〕初集 334〔底本〕集部 183〔著録〕集部 443

心書　〔存目〕子部 19

心遠堂詩集　〔存目〕集部 212

心遠堂遺集　〔存目〕集部 194

心遠樓存稿　〔未收〕五輯 20

心園書經知新　〔存目〕經部 60

心經　〔文淵〕706〔文津〕708〔文瀾〕721

心經附註　〔存目〕子部 4

心學宗、續編　〔存目〕子部 12

心齋聊復集　〔禁燬補〕85

心孺詩選　〔未收〕八輯 28

心簡齋集録　〔未收〕五輯 14

心鏡編　〔存目〕子部 160

尹

尹文子　〔文淵〕848〔文津〕850〔文瀾〕867〔著録〕子部 163

尹文端公詩集　〔續修〕1426

尹和靖年譜　〔存目〕史部 82

尹訥菴先生遺稿　〔存目〕集部 26

尺

尺木堂學易誌　〔存目〕經部 24

尺木樓詩集　〔未收〕八輯 27

尺木禪師海天剩語、順世語　〔禁燬補〕42

尺五堂詩删初刻、近刻　〔存目〕集部 239

尺岡草堂遺集　〔續修〕1547

*尺算日晷新義　〔續修〕1046

尺牘争奇　〔未收〕十輯 30

尺牘初徵　〔禁燬〕集部 153

尺牘清裁　〔存目〕集部 309

尺牘雋言　〔存目〕集部 334

尺牘蘭言　〔禁燬〕集部 35

弔

弔伐録　〔著録〕史部 195

*弔琵琶　〔續修〕1765

弔譜集成、緒餘　〔續修〕1106

引

引痘略　〔續修〕1012

孔

孔子三朝記　〔續修〕108

孔子文昌孝經合刻　〔未收〕三輯 9

孔子年譜綱目、傳略　〔存目〕史部 80

孔子家語（王肅）　〔文淵〕695〔文津〕695〔文瀾〕709〔著録〕子部 61

孔子家語（何孟春）　〔存目〕子部 1

孔子家語考次　〔續修〕931

孔子集語（孫星衍）　〔續修〕931

孔子集語（薛據）　〔文淵〕709〔文津〕711〔文瀾〕724〔著録〕子部 351

孔子論語年譜　〔存目〕史部 76

孔子編年　〔文淵〕446〔文津〕444〔文瀾〕447〔珍本〕六集 100〔著録〕史部 413

孔少府集　〔著録〕集部 335〔續修〕1583

孔氏家儀、家儀答問　〔禁燬補〕31

孔文谷集、續集、詩集、文谷漁嬉稿　〔存目〕集部 95

孔北海集　〔文淵〕1063〔文津〕1067〔文瀾〕1092

孔門兩弟子言詩翼　〔存目〕經部 66

孔門易緒　〔存目〕經部 35

孔易　〔未收〕一輯 1

孔孟事蹟圖譜　〔存目〕史部 77

孔庭神在録　〔存目〕史部 119

孔聖全書　〔存目〕史部 77－78

孔廟禮樂考　〔續修〕824

孔廟禮樂考、初稿　〔存目〕史部 270

孔叢子　〔薈要〕248

孔叢子、附連叢子　〔文淵〕695〔文津〕695〔文瀾〕709

孔叢子、釋文　〔著録〕子部 249〔續修〕932

孔叢子正義　〔存目〕子部 1

孔顔孟三氏誌、提綱　〔存目〕史部 76

巴

巴西文集　〔著録〕集部 394

巴西集　〔文淵〕1195〔文津〕1199〔文瀾〕

1230〔珍本〕三集 276

五畫

玉

玉几山房吟卷 〔存目〕集部 267

玉山名勝集、外集 〔文淵〕1369〔文津〕1373〔文瀾〕1412〔珍本〕三集 392-393〔著錄〕集部 143

玉山紀游 〔文淵〕1369〔文津〕1373〔文瀾〕1413〔珍本〕初集 374〔著錄〕集部 143

玉山詩鈔、文鈔、附刻 〔未收〕九輯 24

玉山璞稿 〔文淵〕1220〔文津〕1224〔文瀾〕1255〔著錄〕集部 258

玉川子詩集 〔存目〕集部 10〔續修〕1311

玉井樵唱 〔文淵〕1202〔文津〕1207〔文瀾〕1237〔珍本〕初集 347〔底本〕集部 138〔著錄〕集部 30

玉斗山人文集 〔著錄〕集部 347

玉斗山人集 〔文淵〕1195〔文津〕1199〔文瀾〕1230〔珍本〕十一集 172

玉芝堂文集、詩集 〔存目〕集部 281

玉芝堂談薈 〔文淵〕883〔文津〕884-885〔文瀾〕904〔珍本〕十集 175-190〔著錄〕子部 172-173

玉光劍氣集 〔禁燬〕子部 30

玉合記 〔續修〕1770

玉池老人自叙 〔續修〕552

玉汝堂詩集、附題詞、年譜 〔未收〕十輯 15

玉芳詩草 〔未收〕十輯 28

玉玦記 〔續修〕1772

玉坡奏議 〔文淵〕429〔文津〕427〔文瀾〕427〔珍本〕三集 126

玉函山房輯佚書 〔續修〕1200-1205

玉函山房輯佚書補編 〔續修〕1206

玉函山房輯佚書續編 〔續修〕1206

玉茗堂全集 〔存目〕集部 181〔續修〕1362-1363

玉茗堂批評紅梅記 〔續修〕1774

玉茗堂摘評王弇州先生艷異編 〔續修〕1267

玉泉子 〔文淵〕1035〔文津〕1039〔文瀾〕1062〔著錄〕子部 217

玉亭集 〔未收〕十輯 20

玉音法事 〔續修〕1293

玉華洞志、附慶玉華詩 〔存目〕史部 240

玉恩堂集 〔存目〕集部 148

玉峰先生脚氣集 〔著錄〕子部 169

玉峰詩纂 〔存目補〕13

玉海、辭學指南 〔文淵〕943-948〔文津〕946-951〔文瀾〕965-970〔著錄〕子部 345-350

玉海纂 〔存目〕子部 171

玉梅絃歌集 〔未收〕三輯 24

玉堂校傳如崗陳先生二經精解全編 〔未收〕三輯 27

玉堂嘉話 〔文淵〕866〔文津〕868〔文瀾〕886〔著錄〕子部 277

玉堂遺稿 〔存目〕集部 169

玉堂薈記 〔存目〕子部 244〔續修〕1175

玉堂叢語 〔存目〕子部 243〔續修〕1172

玉堂雜記 〔文淵〕595〔文津〕595〔文瀾〕604

玉唾壺 〔存目〕子部 96〔續修〕1143

玉笙樓詩錄、續錄 〔續修〕1557

玉笥集（張憲） 〔文淵〕1217〔文津〕1221〔文瀾〕1252〔著錄〕集部 348

玉笥集（鄧雅） 〔文淵〕1222〔文津〕1227〔文瀾〕1257〔珍本〕初集 359

玉笥詩談、續 〔存目〕集部 417

玉清菴錯送鴛鴦被雜劇 〔續修〕1760

玉琴齋詞 〔續修〕1724

玉壺山房詞選 〔續修〕1725

玉壺野史 〔文淵〕1037〔文津〕1041〔文瀾〕1064

玉壺清話 〔著錄〕子部 218

玉楮集 〔文淵〕1181〔文津〕1185〔文瀾〕1216〔珍本〕十集 240

玉楮詩稿 〔著錄〕集部 27

玉楸藥解 〔存目〕子部 54

玉照定真經 〔文淵〕809〔文津〕810〔文瀾〕827〔珍本〕初集 181

玉照亭詩鈔 〔未收〕八輯 18

玉照新志 〔文淵〕1038〔文津〕1042〔文

瀾〕1066〔著録〕子部 219

玉溪吟草 〔續修〕1321

玉臺文苑、續玉臺文苑 〔存目〕集部 375

玉臺書史 〔續修〕1084

玉臺畫史、別録 〔續修〕1084

玉臺新詠 〔文淵〕1331〔文津〕1335〔文瀾〕1373〔薈要〕468〔存目〕集部 288〔存目〕集部 288〔底本〕集部 207〔著録〕集部 135〔續修〕1588

玉臺新詠考異 〔文淵〕1331〔文津〕1335〔文瀾〕1374

玉管照神局 〔文淵〕810〔文津〕812〔文瀾〕829〔珍本〕別輯 198〔著録〕子部 303

玉霄仙明珠集 〔存目〕集部 422

玉篇（重修玉篇）〔薈要〕80

玉篇（殘卷）〔續修〕228

玉劍尊聞 〔存目〕子部 244〔續修〕1175

玉機微義 〔文淵〕762〔文津〕763〔文瀾〕778〔珍本〕七集 133－138〔著録〕子部 16

玉曆通政經 〔存目〕子部 59

玉塵新譚 〔續修〕1268〔禁燬〕子部 38

*玉禪師翠鄉一夢 〔續修〕1766

玉環記 〔續修〕1773

玉貀生詩詳註 〔續修〕1312

玉燭寶典 〔續修〕885

玉簪記 〔續修〕1769

*玉簫女兩世姻緣 〔續修〕1760〔續修〕1763

玉簫女兩世姻緣雜劇 〔續修〕1761

玉鏡新譚 〔禁燬〕史部 71

*玉鏡臺 〔續修〕1763

玉鏡臺記 〔續修〕1770

玉髓真經、後卷 〔續修〕1053

玉巖先生文集 〔存目〕集部 58

玉巖詩集 〔存目〕集部 244

玉鑑堂詩集 〔續修〕1543

玉靈照膽經、心傳要訣 〔續修〕1055

玉靈聚義總録 〔存目〕子部 66

刊

刊誤 〔文淵〕850〔文津〕852〔文瀾〕869〔珍本〕十二集 142〔底本〕子部 27

刊謬補缺切韻 〔續修〕249〔續修〕250〔續修〕250

未

未軒公文集 〔底本〕集部 115〔著録〕集部 267

未軒文集 〔文淵〕1254〔文津〕1258〔文瀾〕1291〔珍本〕三集 323－324

示

示兒編 〔文淵〕864〔文津〕866〔文瀾〕884

巧

巧換緣 〔續修〕1766 ‖1766

巧對録 〔續修〕1254

正

正名要録附字樣（敦煌殘卷）〔續修〕236

正字通 〔存目〕經部 197－198

正字通、附字彙舊本首卷 〔續修〕234－235

正字略定本 〔續修〕240

正音切韻指掌 〔續修〕258

正音擴言 〔存目〕子部 193

正氣堂集、近稿、餘集、續集、鎮閩議稿 〔未收〕五輯 20

正隆事迹記 〔存目〕史部 45

正統臨戎録 〔存目〕史部 46〔續修〕433

正蒙初義 〔文淵〕697〔文津〕697－698〔文瀾〕711〔珍本〕二集 148－149〔著録〕子部 127

正蒙集説 〔續修〕951

正蒙會稿 〔續修〕937

正蒙釋 〔存目〕子部 1

正楊 〔文淵〕856〔文津〕858〔文瀾〕876〔珍本〕四集 206〔著録〕子部 165

*正嘉四書文 〔文淵〕1451〔文津〕1455〔文瀾〕1〔珍本〕九集 325－340

正誼堂文集 〔存目〕集部 254

正誼堂文集、行狀 〔續修〕1558

正誼堂文集、詩集 〔未收〕七輯 24

正誼堂續集 〔未收〕八輯 18

正學隅見述 〔文淵〕724〔文津〕725〔文瀾〕738〔珍本〕五集146

正學編 〔續修〕951

邛

邛竹杖 〔續修〕1176

功

功蟲録 〔續修〕1120

甘

甘水仙源録 〔存目〕子部259

甘白先生張子宜詩集、文集 〔存目〕集部25

甘泉鄉人稿、餘稿、年譜 〔續修〕1519

甘莊恪公全集 〔未收〕八輯25

甘棠小志 〔續修〕716

甘肅通志 〔文淵〕557－558〔文津〕557－559〔文瀾〕565－566

甘肅通志〔雍正〕 〔著録〕史部54－55

甘澤謡 〔著録〕子部243

甘澤謡、附東坡刪改圓澤傳 〔文淵〕1042〔文津〕1047〔文瀾〕1070

甘露園短書 〔存目〕子部87

世

世本（宋衷） 〔續修〕301

世本（秦嘉謨） 〔未收〕三輯14

世史正綱 〔存目〕史部6

世宗憲皇帝上諭八旗、上諭旗務議覆、諭行旗務奏議 〔文淵〕413〔文津〕409－410〔文瀾〕423

世宗憲皇帝上諭内閣 〔文淵〕414－415〔文津〕410－412〔文瀾〕411－412

世宗憲皇帝硃批諭旨 〔文淵〕416－425〔文津〕412－423〔文瀾〕413－422

世宗憲皇帝御製文集 〔文淵〕1300〔文津〕1304〔文瀾〕1337〔薈要〕350〔著録〕集部72

世宗憲皇帝聖訓 〔文淵〕412〔文津〕409〔文瀾〕410〔薈要〕185〔著録〕史部51

世祖章皇帝聖訓 〔文淵〕411〔文津〕408〔文瀾〕409〔薈要〕184

世恩堂詩集、詞集、經進集 〔存目補〕5

世善堂藏書目録 〔續修〕919

世經堂初集 〔未收〕七輯29

世經堂集 〔存目〕集部79－80

世説新語 〔文淵〕1035〔文津〕1039〔文瀾〕1062〔薈要〕278

世説新語、世説叙録 〔著録〕子部216

世説新語補 〔存目〕子部242

世德堂集 〔存目〕集部231

世廟識餘録 〔存目〕史部49〔續修〕433

世緯 〔文淵〕717〔文津〕718〔文瀾〕732

世澤編文部 〔禁燬補〕17

世醫得效方 〔文淵〕746〔文津〕745〔文瀾〕760－761〔珍本〕四集143－147〔著録〕子部133

艾

艾千子先生全稿 〔禁燬〕經部7

艾軒先生文集 〔著録〕集部96

艾軒集 〔文淵〕1142〔文津〕1147〔文瀾〕1174〔珍本〕初集296

艾陵文鈔、詩鈔 〔禁燬〕集部90

艾庵密箴、河洛私見、太極圖説 〔存目〕子部6〔續修〕936

艾熙亭先生文集 〔未收〕五輯21

古

古人幾部 〔存目〕史部119

古三墳 〔存目〕經部48

古三墳書 〔續修〕40

古山先生文集 〔存目〕集部68

古山樂府 〔續修〕1723

古夫于亭雜録 〔文淵〕870〔文津〕872〔文瀾〕890〔珍本〕十二集143〔著録〕子部306

古太極測 〔續修〕1048

古今人物論 〔存目〕史部286－287〔禁燬〕史部27

古今刀劍録 〔文淵〕840〔文津〕842〔文瀾〕859〔著録〕子部358

古今小品 〔禁燬〕集部56

古今小説 〔續修〕1784

古今中外音韻通例 〔未收〕十輯2

古今文字通釋 〔續修〕236

古今石刻碑帖目、備考古今石刻碑帖目 〔存目〕史部278

古今史略、殉難録 〔禁燬補〕16

古今印史 〔存目〕子部75〔續修〕1091

古今印制 〔續修〕1091

*古今印說補 〔續修〕1092

古今考 〔著録〕子部31

古今考、續古今考 〔文淵〕853〔文津〕855〔文瀾〕873

古今列女傳 〔文淵〕452〔文津〕451〔文瀾〕452〔著録〕史部201

古今列仙通紀 〔存目〕子部260-261

古今同姓名録 〔文淵〕887〔文津〕888〔文瀾〕907〔珍本〕別輯218

古今合璧事類備要前集、後集、續集、別集、外集 〔文淵〕939-941〔文津〕942-945〔文瀾〕961-963〔著録〕子部290-293

古今名公百花鼓吹唐詩、宋元名家梅花鼓吹、附明詩梅花百詠、牡丹百詠 〔存目補〕13

古今名扇録 〔續修〕1111

古今名媛彙詩、姓氏字里詳節 〔存目〕集部383

古今字考 〔未收〕四輯8

古今好議論 〔存目〕子部221

古今長者録 〔存目〕子部143

古今事文類聚前集、後集、續集、別集、附古今事文類聚新集、外集、古今事文類聚遺集 〔文淵〕925-929〔文津〕928-933〔文瀾〕946-950

古今法制表 〔續修〕761

古今注、中華古今注 〔文淵〕850〔文津〕852〔文瀾〕869〔著録〕子部164

古今治平略 〔續修〕756-757

古今治平彙要 〔禁燬〕子部31

古今治統 〔禁燬〕子部29-30

古今宗藩懿行考 〔存目〕史部117

古今官制沿革圖 〔存目〕史部260〔續修〕746

古今姓氏書辯證 〔文淵〕922〔文津〕925〔文瀾〕942〔珍本〕別輯222-227

古今貞烈維風什 〔存目〕史部115

古今律曆考 〔文淵〕787〔文津〕788〔文瀾〕804〔著録〕子部19

古今風謠、古今諺 〔存目〕子部251

古今紆籌 〔禁燬〕子部9

古今紀要 〔文淵〕384〔文津〕381〔文瀾〕383〔珍本〕三集122-124〔著録〕史部192

古今振雅雲箋 〔禁燬〕集部18

古今原始 〔存目〕子部96

古今記林 〔存目〕子部236

古今通韻 〔文淵〕242〔文津〕237〔文瀾〕235〔珍本〕十集72-73

古今將略 〔存目〕子部32

古今萬姓統譜、歷代帝王姓系統譜、氏族博考 〔著録〕子部191-193

古今詞統、雜說 〔續修〕1728-1729

古今詞話 〔存目補〕45〔續修〕1733

古今詞論 〔存目〕集部425

古今游名山記、總録 〔續修〕736

古今游名山記、總録、附游名山記 〔存目〕史部250

古今寓言 〔存目〕子部252

古今疏 〔存目〕子部228

古今疏治黄河全書、附酌議洳黄便宜疏 〔存目〕史部222

古今詩刪 〔文淵〕1382〔文津〕1385〔文瀾〕1426〔珍本〕八集243-246〔著録〕集部152

古今廉鑑 〔存目〕史部95

古今源流至論前集、後集、續集、別集 〔文淵〕942〔文津〕945〔文瀾〕964〔珍本〕十二集146-149

古今經世格要 〔存目〕子部177

古今說海 〔文淵〕885〔文津〕886-887〔文瀾〕903〔著録〕子部59

古今樂律工尺圖 〔續修〕115

古今翰苑瓊琚 〔存目補〕4

古今錢略 〔未收〕六輯11

古今禪藻集 〔文淵〕1416〔文津〕1420〔文瀾〕1460〔珍本〕二集397-400

古今禪藻集、歷代詩僧履歷略節 〔著録〕集部416

古今聲律定宮　〔續修〕116

古今濡削選章　〔存目補〕29－30

古今醫史、續增　〔續修〕1030

古今雜劇三十種　〔續修〕1760

古今彝語　〔存目〕史部 141

古今譚概　〔存目〕子部 136〔續修〕1195

古今識鑑、人象賦　〔存目〕子部 67

古今韻分注撮要　〔存目〕經部 209

古今韻史　〔存目〕子部 148

古今韻表新編、後編　〔存目〕經部 219

古今韻略　〔未收〕一輯 10

古今韻會舉要　〔珍本〕十集 60－65

古今韻會舉要、禮部韻略七音三十六母
　通考　〔著錄〕經部 115

古今韻會舉要、韻母　〔文淵〕238〔文津〕
　233〔文瀾〕231〔薈要〕86

古今韻會舉要小補　〔存目〕經部 212－213

古今類傳　〔存目〕史部 165

古今黈略　〔存目〕史部 275〔續修〕839

古今釋疑　〔存目〕子部 99〔續修〕1145

古今議論參　〔禁燬〕集部 20－21

古文未曾有集　〔禁燬〕集部 155

古文正集、二編　〔存目補〕48－50

古文四聲韻　〔文淵〕224〔文津〕219〔文
　瀾〕217〔珍本〕十一集 25

古文孝經（敦煌殘卷）　〔續修〕151

古文孝經孔氏傳　〔珍本〕十二集 19

古文孝經孔氏傳、附宋本古文孝經　〔文
　淵〕182〔文津〕177〔文瀾〕173〔著錄〕
　經部 91

古文孝經朱子訂定刊集講　〔存目〕經部
　146

古文快筆貫通解　〔禁燬〕集部 34

古文苑　〔文淵〕1332〔文津〕1336〔文瀾〕
　1374〔著錄〕集部 294

古文奇字　〔未收〕二輯 14

古文奇賞、續古文奇賞、奇賞齋廣文苑英
　華、四續古文奇賞、明文奇賞　〔存
　目〕集部 352－358

古文尚書　〔續修〕41

古文尚書正辭　〔未收〕二輯 5

古文尚書考（陸隴其）　〔存目〕經部 57

古文尚書考（惠棟）　〔續修〕44

古文尚書私議　〔未收〕二輯 5

*古文尚書析疑　〔續修〕50

古文尚書條辨　〔續修〕46

*古文尚書商是　〔續修〕50

古文尚書冤詞　〔文淵〕66〔文津〕61〔文
　瀾〕59〔珍本〕十集 19〔著錄〕經部 36

古文尚書冤詞平議　〔未收〕四輯 3

古文尚書冤詞補正　〔續修〕45

古文尚書鄭氏注箋釋　〔續修〕53－54

古文尚書撰異　〔續修〕46

古文尚書辨　〔未收〕三輯 5

*古文尚書辨惑　〔續修〕50

古文尚書辨偽　〔續修〕46

*古文尚書釋難　〔續修〕50

古文周易參同契註　〔存目〕子部 258〔續
　修〕1292

古文周易傳義約説　〔存目補〕89

古文品外錄　〔存目〕集部 351

古文參同契集解　〔文淵〕1058〔文津〕
　1063〔文瀾〕1088

古文參同契集解、箋註集解、三相類集
　解　〔著錄〕子部 248

古文雅正　〔文淵〕1476〔文津〕1480〔文
　瀾〕1525〔珍本〕八集 395－397〔著錄〕
　集部 330

古文集成前集　〔文淵〕1359〔文津〕1363
　〔文瀾〕1401〔珍本〕二集 391－395

古文淵鑑　〔著錄〕集部 180－181

古文精藻　〔存目〕集部 400

古文輯略　〔存目〕集部 387－392

古文龍虎經註疏　〔文淵〕1061〔文津〕
　1065〔文瀾〕1090

古文瀆編　〔存目〕集部 336－337

古文關鍵　〔文淵〕1351〔文津〕1355〔文
　瀾〕1393

古文辭類纂　〔續修〕1609－1610

古方略、續編　〔禁燬〕子部 31－32

古玉圖考　〔續修〕1107

古本董解元西廂記　〔續修〕1738

古本難經闡注　〔續修〕984

古史　〔文淵〕371〔文津〕368〔文瀾〕370
　〔珍本〕六集 92－94〔著錄〕史部 373

古史考年異同表、後説　〔續修〕336
古史紀年　〔續修〕336
古印考略　〔續修〕1091
古迂陳氏家塾尹文子　〔續修〕1121
古迂陳氏家藏夢溪筆談、夢溪筆談補筆
　　談、續筆談　〔著録〕子部76
古列女傳、續古列女傳　〔文淵〕448〔文
　　津〕446〔文瀾〕448
古名儒毛詩解十六種　〔存目〕經部65
古字彙編　〔未收〕二輯14
古言　〔存目〕子部86〔續修〕1123
古玩正宗秘論　〔未收〕六輯20
古直先生文集　〔存目〕集部36
*古杭新刊小張屠焚兒救母　〔續修〕
　　1760
*古杭新刊的本尉遲恭三奪槊　〔續修〕
　　1760
*古杭新刊的本關大王單刀會　〔續修〕
　　1760
*古杭新刊的本關目風月紫雲庭　〔續
　　修〕1760
*古杭新刊關目的本李太白貶夜郎　〔續
　　修〕1760
*古杭新刊關目輔成王周公攝政　〔續
　　修〕1760
*古杭新刊關目霍光鬼諫　〔續修〕1760
古事比　〔存目〕子部233－234
古易世學　〔存目〕經部5
古易考原　〔存目〕經部3
古易音訓　〔續修〕2
古易匯詮　〔續修〕22
古金待問録、餘　〔續修〕1109
古金録　〔續修〕1109
古周易　〔文淵〕15〔文津〕10〔文瀾〕10
　　〔著録〕經部32
古周易訂詁　〔文淵〕36〔文津〕31〔文瀾〕
　　30〔珍本〕三集17－19〔著録〕經部7
古周髀算經　〔續修〕1031
古周禮釋評　〔存目〕經部84
古刻叢鈔　〔文淵〕683〔文津〕682〔文瀾〕
　　696〔著録〕史部393
古奏議　〔存目〕史部75〔續修〕461
古城文集　〔底本〕集部47〔著録〕集部352

古城集　〔文淵〕1257〔文津〕1261〔文瀾〕
　　1294〔珍本〕三集325－326
古俗字略　〔存目〕經部190
古俗字略、漢碑用字、俗用雜字　〔續修〕
　　238
古泉匯　〔續修〕1112
古律經傳附考　〔未收〕三輯9
古音表　〔文淵〕241〔文津〕237〔文瀾〕234
　　〔著録〕經部183
古音略例　〔文淵〕239〔文津〕234〔文瀾〕
　　232〔著録〕經部182
古音駢字、古音複字　〔著録〕經部207
古音駢字、古音駢字續編　〔文淵〕228
　　〔文津〕223〔文瀾〕220
古音輯略、古音備考　〔續修〕249
古音諧　〔續修〕246
古音叢目、古音獵要、古音餘、古音附
　　録　〔文淵〕239〔文津〕234〔文瀾〕232
古音獵要、古音叢目、古音餘、古音附
　　録　〔著録〕經部182
古音類表　〔續修〕248
古宮詞　〔未收〕八輯16
古唐選屑　〔未收〕五輯15
古書世學　〔存目〕經部49
古書疑義舉例　〔續修〕1162
古黄遺蹟集　〔存目〕集部292
古菴毛先生文集　〔存目〕集部67
古梅遺稿　〔文淵〕1188〔文津〕1193〔文
　　瀾〕1224〔珍本〕三集254〔著録〕集部
　　394
古雪山民詩後　〔未收〕九輯27
古雪堂文集　〔存目〕集部283
古處堂集　〔存目〕集部199
古處齋詩集　〔禁燬〕集部128－129
古逸民先生集　〔續修〕1321
古逸書　〔存目補〕20
古清涼傳、廣清涼傳、續清涼傳　〔續修〕
　　718
古雋　〔存目〕集部299
古雋考略　〔存目〕子部195
古畫品録　〔文淵〕812〔文津〕814〔文瀾〕
　　831〔著録〕子部22
古虞文録、文章表録　〔存目〕集部304

古愚心言 〔存目〕集部 231－232

古微書 〔文淵〕194 〔文津〕189 〔文瀾〕185 〔珍本〕十二集 19－20

古微堂集 〔續修〕1522

古微堂詩集 〔續修〕1522

古鉢集選 〔存目〕集部 245

古詩紀 〔文淵〕1379－1380 〔文津〕1382－1384 〔文瀾〕1423－1424 〔珍本〕十集 281－302

古詩解 〔存目〕集部 370

古詩賞析 〔續修〕1591－1592

古詩歸 〔續修〕1589

古詩鏡 〔珍本〕六集 361－363

古詩鏡、詩鏡總論、唐詩鏡 〔文淵〕1411 〔文津〕1415－1416 〔文瀾〕1456

古詩鏡、總論、唐詩鏡 〔著錄〕集部 361－362

古詩類苑 〔存目〕集部 320－321

古廉文集 〔文淵〕1242 〔文津〕1246－1247 〔文瀾〕1278 〔珍本〕三集 301－302

古廉李先生詩集 〔著錄〕集部 66

古韵通說 〔續修〕248

古經天象考、附圖說 〔未收〕四輯 26

古經服緯 〔未收〕一輯 5

古經解鉤沈 〔珍本〕五集 54－56

古經解鉤沉 〔文淵〕194 〔文津〕189 〔文瀾〕185 〔底本〕經部 60－61 〔著錄〕經部 95

古賦辯體 〔文淵〕1366 〔文津〕1370 〔文瀾〕1410 〔著錄〕集部 413

古賦辯體、外集 〔珍本〕六集 323

古樂苑 〔珍本〕八集 319－326

古樂苑、衍錄 〔文淵〕1395 〔文津〕1398－1399 〔文瀾〕1440

古樂苑、前卷、衍錄、目錄 〔著錄〕集部 307

古樂府 〔文淵〕1368 〔文津〕1372 〔文瀾〕1412 〔珍本〕十二集 200 〔著錄〕集部 302

古樂書 〔文淵〕220 〔文津〕215 〔文瀾〕213 〔珍本〕初集 100 〔著錄〕經部 107

*古樂筌蹄 〔續修〕114

古樂義 〔存目〕經部 184

古樂經傳 〔文淵〕220 〔文津〕215 〔文瀾〕213 〔珍本〕十集 58 〔著錄〕經部 107

古樂經傳全書 〔存目〕經部 182

古劍書屋詩鈔、詩餘、文鈔 〔存目〕集部 263

古論玄箸 〔存目〕集部 335

古調堂初集 〔未收〕七輯 24

古器具名、附古器總說 〔存目〕子部 78

古學記問錄 〔未收〕十輯 10

古學彙纂 〔禁燬補〕40－41

古學齋文集 〔未收〕五輯 17

古衡山房詩集 〔未收〕十輯 24

古謠諺 〔續修〕1601－1602

古雜劇 〔續修〕1763

古籀拾遺 〔續修〕904

古籀拾遺、坿宋政和禮器文字考 〔續修〕243

古籀餘論 〔續修〕243 〔續修〕904

古韻發明 〔續修〕247

古韻溯原 〔未收〕十輯 2

古韻標準 〔文淵〕242 〔文津〕237 〔文瀾〕235 〔著錄〕經部 183

古韻論 〔未收〕九輯 3

古韻譜 〔續修〕245

古籌算考釋 〔未收〕四輯 26

古懽錄 〔存目〕史部 121

古歡堂集 〔珍本〕二集 384－388

古歡堂集、黔書、長河志籍考 〔文淵〕1324 〔文津〕1327 〔文瀾〕1363 〔著錄〕集部 131

古儷府 〔文淵〕979 〔文津〕981－982 〔文瀾〕1004 〔珍本〕二集 239－244 〔著錄〕子部 364

古穰文集 〔著錄〕集部 263

古穰集 〔文淵〕1244 〔文津〕1248 〔文瀾〕1280 〔珍本〕二集 358－360

古靈先生文集、年譜 〔底本〕集部 56－57 〔著錄〕集部 236

古靈集 〔文淵〕1093 〔文津〕1097 〔文瀾〕1122 〔珍本〕三集 235－236

本

本事詩 〔文淵〕1478 〔文津〕1482 〔文瀾〕1527 〔著錄〕集部 330 〔續修〕1699 〔禁

燬〕集部 94

本草方藥參要 〔未收〕八輯 9-11

本草求真 〔續修〕995

本草述 〔未收〕五輯 11-12

本草述鈎元 〔未收〕五輯 12

本草品彙精要、續集、脈訣 〔續修〕990-991

本草衍義 〔續修〕990

本草原始 〔續修〕992-993

本草乘雅半偈 〔文淵〕779〔文津〕780〔文瀾〕796〔珍本〕五集 195-197〔著錄〕子部 267

本草通玄 〔續修〕993

本草從新 〔續修〕994

本草集要 〔續修〕990

本草蒙筌 〔續修〕991

本草匯、源流 〔未收〕六輯 14

本草新編 〔未收〕十輯 8

本草彙言 〔續修〕992

本草經解要、附餘 〔續修〕995

本草綱目、附圖 〔文淵〕772-774〔文津〕773-775〔文瀾〕790-791〔著錄〕子部 337-339

本草綱目拾遺、正誤 〔續修〕994-995

本堂陳先生文集 〔著錄〕集部 444

本堂集 〔文淵〕1185〔文津〕1189〔文瀾〕1220〔珍本〕二集 308-311

本朝分省人物考 〔續修〕533-536

*本朝四書文 〔文淵〕1451〔文津〕1455〔文瀾〕1〔珍本〕九集 325-340

本朝生氣錄 〔禁燬〕史部 40

本朝京省人物考 〔禁燬〕史部 60-63

本經逢原 〔存目〕子部 51〔續修〕994

本經疏證、本經續疏、本經序疏要 〔續修〕993

本語 〔文淵〕849〔文津〕851〔文瀾〕869〔著錄〕子部 54

本韻一得 〔存目〕經部 219-220

札

札逊 〔續修〕1164

札樸 〔續修〕1156

可

可如 〔存目〕子部 149

可知編 〔存目〕子部 177

可泉擬涯翁擬古樂府 〔存目〕集部 62

可書 〔著錄〕子部 220

可閒老人集 〔文淵〕1222〔文津〕1226〔文瀾〕1257〔珍本〕初集 358

可園文存、詩存、詞存 〔續修〕1569

可傳集 〔文淵〕1232〔文津〕1236〔文瀾〕1268〔珍本〕初集 361〔著錄〕集部 397

可經堂集 〔禁燬〕集部 72

可儀堂文錄 〔續修〕1671

可談 〔著錄〕子部 219

可齋雜記 〔存目〕子部 239〔續修〕1166

可齋雜稿、續稿前、續稿後 〔文淵〕1179〔文津〕1183-1184〔文瀾〕1214〔珍本〕初集 318-322〔著錄〕集部 58

丙

丙子學易編 〔文淵〕17〔文津〕12〔文瀾〕12〔薈要〕9〔著錄〕經部 33

丙寅北行日譜 〔存目〕史部 128

左

左氏古義 〔續修〕125

左氏兵法測要 〔存目〕子部 34

左氏兵略 〔存目〕子部 32-33

左氏春秋內外傳類選 〔存目〕子部 199

左氏春秋考證 〔續修〕125

左氏春秋集說 〔續修〕120

左氏春秋鐫 〔存目〕經部 119〔續修〕119

左氏條貫 〔續修〕121

左氏討、左氏論 〔存目〕經部 120

左氏博議 〔文淵〕152〔文津〕147〔文瀾〕146

左氏傳說 〔文淵〕152〔文津〕147〔文瀾〕145〔著錄〕經部 79

左氏傳續說 〔文淵〕152〔文津〕147〔文瀾〕145〔珍本〕別輯 44-45〔底本〕經部 20〔著錄〕經部 195

左氏摘奇 〔續修〕118

左氏釋 〔文淵〕169〔文津〕164〔文瀾〕161

〔珍本〕五集 47〔著録〕經部 85

左文襄公文集、詩集、聯語 〔續修〕1541

左文襄公年譜 〔續修〕557

左史諫草 〔文淵〕427〔文津〕425〔文瀾〕425〔珍本〕初集 118〔著録〕史部 199

左司筆記 〔存目〕史部 276

左忠貞公剩藁 〔未收〕六輯 26

左忠毅公年譜 〔存目〕史部 87

左忠毅公集 〔續修〕1370〔禁燬〕集部 46

左恪靖侯奏稿初編、續編、三編 〔續修〕502－504

左華丙子集 〔未收〕六輯 21

左海文集、乙編、絳跗草堂詩集 〔續修〕1496

左海文録 〔續修〕1672

左海經辨 〔續修〕175

左通補釋 〔續修〕123

左略 〔存目〕子部 34

左國腴詞 〔存目〕史部 138

左逸、短長 〔存目〕史部 44

左傳分國纂略 〔未收〕三輯 9

左傳札記 〔續修〕128

＊左傳折諸 〔文淵〕177〔文津〕172〔文瀾〕169

左傳折諸、公羊折諸、穀梁折諸 〔著録〕經部 202

左傳杜林合注 〔珍本〕四集 79－81

左傳杜林合注、春秋提要 〔文淵〕171〔文津〕166〔文瀾〕163

左傳杜注辨證 〔續修〕125

左傳杜解集正 〔續修〕128

左傳杜解補正 〔文淵〕174〔文津〕169〔文瀾〕166〔著録〕經部 89

左傳附註 〔文淵〕167〔文津〕161〔文瀾〕159〔珍本〕二集 53〔著録〕經部 200

左傳事緯 〔文淵〕175〔文津〕170〔文瀾〕167〔珍本〕五集 48－53〔著録〕經部 89

左傳官名考 〔續修〕123

左傳拾遺 〔存目〕經部 140

左傳紀事本末 〔文淵〕369〔文津〕366〔文瀾〕368〔珍本〕七集 70－75〔著録〕史部 274

左傳通釋 〔續修〕123

左傳淺説 〔未收〕八輯 2

左傳集要 〔未收〕六輯 2

左傳評 〔存目〕經部 139〔存目〕經部 145

左傳統箋 〔存目〕經部 131

左傳經世鈔 〔續修〕120

左傳釋地 〔續修〕125

左粹類纂 〔存目〕子部 178

左繡 〔存目〕經部 141

左鑑 〔未收〕二輯 10

左觿 〔存目〕經部 117

右

右台仙館筆記 〔續修〕1270

右編補 〔存目〕史部 75〔續修〕460－461

石

石丈齋集 〔未收〕六輯 23

石山醫案 〔文淵〕765〔文津〕766〔文瀾〕782〔珍本〕十二集 132〔著録〕子部 16

石川詩鈔 〔存目〕集部 265

石川瀛洲遺集、文稿、芝田遺集、芝田稿文、附金陵稿 〔存目〕集部 58

石比部集 〔存目〕集部 83

石田文集 〔文淵〕1206〔文津〕1210〔文瀾〕1241〔珍本〕六集 260－261〔薈要〕402

石田先生詩鈔、文鈔、附事略 〔存目〕集部 37

石田翁客座新聞 〔續修〕1167

石田詩選 〔文淵〕1249〔文津〕1253〔文瀾〕1285〔薈要〕414〔著録〕集部 430

石田稿 〔續修〕1333

石田雜記 〔存目〕子部 239

石民又峴集 〔禁燬〕集部 110

石民未出集三種 〔禁燬補〕73

石民四十集 〔續修〕1386－1387〔禁燬〕集部 109－110

石民西崦集 〔禁燬補〕73

石民江村集 〔禁燬〕集部 70

石民渝水集 〔禁燬〕集部 110

石民橫塘集 〔禁燬〕集部 110

石民賞心集 〔禁燬〕集部 110

石西集、附崇禮堂詩 〔存目〕集部 146

石帆軒詩集 〔未收〕八輯 25

石臼前集、後集 〔禁燬〕集部 51

石村詩集、文集 〔禁燬〕集部 84

石秀齋集 〔存目〕集部 188

石初集 〔文淵〕1218 〔文津〕1222 〔文瀾〕1253 〔珍本〕十二集 175 〔著録〕集部 258

石盂集 〔存目補〕54

石林先生春秋傳 〔著録〕經部 158

石林居士建康集 〔著録〕集部 16

石林奏議 〔續修〕474

石林詞 〔文淵〕1487 〔文津〕1492 〔文瀾〕1537 〔著録〕集部 218

石林詩話 〔文淵〕1478 〔文津〕1483 〔文瀾〕1528

石林燕語 〔著録〕子部 168

石林燕語、考異 〔文淵〕863 〔文津〕865 〔文瀾〕883 〔珍本〕別輯 213-214

石松堂集 〔禁燬〕集部 90

石門文字禪 〔文淵〕1116 〔文津〕1120 〔文瀾〕1146 〔珍本〕十集 219-224 〔著録〕集部 240

石門洪覺範天廚禁臠 〔存目〕集部 415

石門集(高濲) 〔存目〕集部 146

石門集(梁寅) 〔文淵〕1222 〔文津〕1227 〔文瀾〕1257 〔珍本〕四集 301

石刻鋪叙 〔文淵〕682 〔文津〕681 〔文瀾〕695 〔著録〕史部 156

石函平砂玉尺經、後集 〔存目補〕77

石柏山房詩存 〔續修〕1485

石柱記 〔著録〕史部 112

石柱記箋釋 〔文淵〕588 〔文津〕588 〔文瀾〕597

石品 〔存目補〕95

石秋子敬身録 〔禁燬〕集部 53

石泉山房文集 〔存目〕集部 129

石泉書屋詩鈔 〔續修〕1534

石泉書屋類稿、附尺牘 〔續修〕1534

石泉詩集、文集 〔禁燬補〕83

石洞貽芳集、附考異 〔存目〕集部 300

石洞集 〔文淵〕1286 〔文津〕1290 〔文瀾〕1324 〔珍本〕五集 363-365

石洲詩話 〔續修〕1704

石室私抄 〔存目〕集部 110

石室秘籙 〔存目〕子部 51 〔續修〕1025

石屋詩鈔 〔存目〕集部 242

石屋禪師山居詩 〔存目〕集部 195 〔續修〕1324

石屏詞 〔文淵〕1488 〔文津〕1493 〔文瀾〕1538 〔著録〕集部 219

石屏詩集 〔珍本〕九集 244-245

石屏詩集、東皋子詩 〔文淵〕1165 〔文津〕1169 〔文瀾〕1200 〔著録〕集部 100

石莊先生文録 〔續修〕1669

石倉十二代詩選 〔著録〕集部 153-169

石倉集 〔禁燬補〕80

石倉詩稿 〔禁燬〕集部 143

石倉歷代詩選 〔文淵〕1387-1394 〔文津〕1390-1397 〔文瀾〕1432-1439 〔珍本〕八集 247-318

石堂先生遺集 〔續修〕1321

石笥山房集 〔續修〕1425

石渠意見 〔存目〕經部 147 〔續修〕171

石渠閣重訂周易去疑 〔存目〕經部 26

石渠隨筆 〔續修〕1081

石渠餘紀 〔續修〕815

石渠寶笈 〔文淵〕824-825 〔文津〕826-827 〔文瀾〕843-844 〔底本〕子部 9-14 〔著録〕子部 8-9

石淙詩稿 〔存目〕集部 40

石巢詩集 〔續修〕1577

石塔碑刻記、附考 〔未收〕二輯 28

石雲山人詩集、文集 〔續修〕1497-1498

石雲居文集 〔存目補〕55

石雲居詩集、詞 〔存目〕集部 201

石湖志 〔續修〕729

石湖志略、文略 〔存目〕史部 243

石湖居士詩集 〔著録〕集部 97

石湖詩集 〔文淵〕1159 〔文津〕1164 〔文瀾〕1193 〔薈要〕388

石畫龕論述 〔未收〕九輯 13-14

石頑老人診宗三昧 〔存目〕子部 51

石鼓文正誤 〔存目〕經部 189

石鼓文定本、今文釋音、辨證、地名考 〔未收〕十輯 5

石鼓文音釋 〔存目〕經部 189

石鼓文鈔 〔未收〕四輯 20

石鼓書院志 〔存目〕史部 243 〔續修〕720

石鼓論語答問 〔文淵〕199 〔文津〕193
〔文瀾〕189 〔珍本〕四集 87

石蓮菴詩、詞、樂府 〔續修〕1570

石園文集 〔續修〕1415

石園全集 〔存目〕集部 196

石溪史話 〔存目〕史部 292

石溪周先生文集 〔存目〕集部 31

石經考(萬斯同) 〔著錄〕史部 393

石經考(顧炎武) 〔文淵〕683 〔文津〕683
〔文瀾〕697 〔著錄〕史部 158

石經考異 〔文淵〕684 〔文津〕684 〔文瀾〕
698 〔珍本〕十一集 100 〔著錄〕史部 159

石經殘字考 〔續修〕184

石經補考 〔續修〕184

石匱書 〔續修〕318－320

石匱書後集 〔續修〕320

石語齋集 〔存目〕集部 159

石漁詩鈔 〔禁燬〕集部 132

石樓臆編 〔存目〕子部 232

石遺室詩集、文集 〔續修〕1576

石墨鐫華 〔文淵〕683 〔文津〕683 〔文瀾〕
697 〔著錄〕史部 157

石龍菴詩草 〔存目〕集部 110

石隱園藏稿 〔文淵〕1293 〔文津〕1298 〔文
瀾〕1332 〔珍本〕五集 374－375 〔底本〕
集部 208－209 〔著錄〕集部 438

石谿詩鈔 〔禁燬〕集部 183

石谿讀周官 〔續修〕79

石鏡山房周易說統 〔存目〕經部 26 〔續
修〕12

石鐘山志 〔未收〕一輯 28

石鐘山集 〔存目補〕75

布

布水臺集 〔未收〕五輯 30

布衣陳先生存稿 〔續修〕1330

布袋和尚忍字記雜劇 〔續修〕1761

布經 〔未收〕三輯 30

布經要覽 〔未收〕十輯 12

戊

戊申立春考證 〔存目〕子部 55

戊戌奏稿 〔續修〕511

戊戌政變記 〔續修〕446

戊戌履霜錄 〔續修〕446

戊笈談兵 〔未收〕十輯 7

平

*平三角和較術 〔續修〕1047

平山堂詩集 〔禁燬補〕78

平生壯觀 〔續修〕1065

平回志 〔未收〕二輯 21

平江記事 〔文淵〕590 〔文津〕590 〔文瀾〕
598 〔底本〕史部 109 〔著錄〕史部 252

平宋錄 〔文淵〕408 〔文津〕406 〔文瀾〕407

平定三逆方略 〔文淵〕354 〔文津〕351
〔文瀾〕352 〔珍本〕初集 107－109 〔著
錄〕史部 7

平定兩金川方略 〔文淵〕360－361 〔文
津〕357－359 〔文瀾〕358－359 〔著錄〕史
部 81－82

平定金川方略 〔文淵〕356 〔文津〕352－
353 〔文瀾〕354 〔著錄〕史部 25

平定粵匪紀略 〔續修〕413

平定準噶爾方略、前編、正編、續編 〔文
淵〕357－359 〔文津〕353－356 〔文瀾〕
355 〔著錄〕史部 8－11

平定臺灣紀略 〔著錄〕史部 26

平定羅剎方略 〔續修〕390

平叛記 〔存目〕史部 55

平津館金石萃編 〔續修〕893

平津館鑑藏書籍記、續編 〔續修〕923

平津讀碑記、續記、再續、三續 〔續修〕
905

平夏錄 〔續修〕432

平圃遺稿、使粵艸 〔未收〕五輯 29

平記 〔存目〕史部 45

平浙紀略 〔未收〕七輯 4

平書訂 〔續修〕947

平庵悔稿、丙辰悔稿、悔稿後編 〔續修〕
1318－1319

平涼府志[嘉靖] 〔存目〕史部 189－190

平寇志 〔存目〕史部 55

平寃録 〔續修〕972

平巢事蹟考 〔存目〕史部 55

平番始末 〔續修〕433

平塘陶先生詩 〔續修〕1320

平蜀記 〔存目〕史部 45 〔續修〕432

平臺紀略、東征集 〔文淵〕369 〔文津〕366
〔文瀾〕368 〔著録〕史部 274

平閩紀 〔存目〕史部 56

平漢録 〔存目〕史部 47 〔續修〕432

平播全書 〔存目〕史部 50 〔續修〕434－435

平橋藁 〔著録〕集部 398

平橋藁 〔文淵〕1246 〔文津〕1250 〔文瀾〕
1282 〔珍本〕七集 234－236

平黔三記 〔存目〕史部 49

平齋文集 〔文淵〕1175 〔文津〕1179 〔文
瀾〕1209 〔珍本〕十集 236－238 〔著録〕
集部 346

平齋詞 〔文淵〕1488 〔文津〕1493 〔文瀾〕
1538 〔著録〕集部 219

平濠記 〔存目〕史部 49 〔續修〕433

平藩始末 〔存目〕史部 46

平蠻録 〔存目〕史部 46

北

北山小集 〔底本〕集部 27－28

北山酒經 〔文淵〕844 〔文津〕846 〔文瀾〕
863

北山集(程俱) 〔文淵〕1130 〔文津〕1134
〔文瀾〕1161 〔珍本〕三集 257－260 〔著
録〕集部 16

北山集(鄭剛中) 〔文淵〕1138 〔文津〕
1142 〔文瀾〕1169

北户録 〔文淵〕589 〔文津〕589 〔文瀾〕598
〔著録〕史部 113

北平録 〔存目〕史部 45

北史 〔薈要〕113－115 〔著録〕史部 177－
178

北史、附考證 〔文淵〕266－267 〔文津〕
262－264 〔文瀾〕260－261

北史識小録 〔珍本〕九集 141－142

＊北邙説法 〔續修〕1764

北江詩話 〔續修〕1705

北巡私記 〔續修〕424

北宋汴學二體石經記 〔續修〕184

北征小草 〔禁燬〕集部 176

北征事蹟 〔存目〕史部 46 〔續修〕433

北征記 〔續修〕433

北征録 〔禁燬補〕16

北郊配位尊西向議 〔文淵〕662 〔文津〕
661 〔文瀾〕671 〔著録〕史部 263

北河紀、紀餘 〔文淵〕576 〔文津〕577 〔文
瀾〕585 〔珍本〕二集 137－138 〔著録〕史
部 244

北河續紀、附餘 〔存目〕史部 223

北狩行録 〔存目〕史部 44 〔續修〕423

北狩見聞録 〔文淵〕407 〔文津〕404 〔文
瀾〕405 〔珍本〕十二集 29 〔著録〕史部 15

北軒筆記 〔文淵〕866 〔文津〕868 〔文瀾〕
886

北軒集 〔未收〕五輯 17

北郭集(徐賁) 〔文淵〕1230 〔文津〕1235
〔文瀾〕1266 〔著録〕集部 260

北郭集(許恕) 〔珍本〕十二集 175

北郭集、述古齋集 〔文淵〕1217 〔文津〕
1221 〔文瀾〕1252

北郭詩集 〔著録〕集部 257

北海三考 〔續修〕549

北海集 〔文淵〕1134 〔文津〕1138 〔文瀾〕
1165 〔珍本〕初集 285－287

北海經學七録 〔未收〕四輯 9

北堂書鈔 〔文淵〕889 〔文津〕890－891
〔文瀾〕909 〔著録〕子部 35 〔續修〕1212－
1213

北遊集 〔文淵〕1187 〔文津〕1191 〔文瀾〕
1222 〔珍本〕七集 207

北湖集 〔文淵〕1122 〔文津〕1126 〔文瀾〕
1152 〔珍本〕別輯 292 〔底本〕集部 62
〔著録〕集部 340

北游詩集、續録 〔著録〕集部 59

北游漫稿詩、文 〔存目〕集部 144

北游録 〔續修〕737

北窗炙輠録 〔文淵〕1039 〔文津〕1043 〔文
瀾〕1066 〔著録〕子部 220

北窗瑣語 〔存目〕子部 240

北夢瑣言 〔文淵〕1036 〔文津〕1040 〔文

瀾〕1063〔薈要〕278〔著錄〕子部217

北虞先生遺文 〔存目〕集部119

北虜事跡 〔存目〕子部31

北溪大全集、外集 〔文淵〕1168〔文津〕
1172－1173〔文瀾〕1202〔珍本〕四集
274－277

北溪先生大全文集、外集 〔著錄〕集部56

北溪先生字義、嚴陵講義 〔著錄〕子部62

北溪字義、嚴陵講義 〔文淵〕709〔文津〕
711〔文瀾〕724

北墅抱甕錄 〔存目〕子部82〔續修〕1119

北墅緒言 〔存目〕集部237

北齊文紀 〔文淵〕1400〔文津〕1403〔文
瀾〕1445〔珍本〕六集358〔著錄〕集部
170

北齊書 〔薈要〕108〔著錄〕史部358

北齊書、附考證 〔文淵〕263〔文津〕258
〔文瀾〕255

北黔山人詩 〔禁燬〕集部46

北學編 〔續修〕515〔禁燬〕史部63

北碣集 〔文淵〕1183〔文津〕1186〔文瀾〕
1218〔珍本〕二集306－307

北碣文集 〔著錄〕集部27

北邊備對 〔續修〕737

北歸志 〔存目〕史部128

＊北觀集 〔文淵〕1277〔文津〕1281〔文瀾〕
1〔珍本〕五集358

且

且亭詩 〔存目〕集部213

且園近詩、且園近集 〔存目補〕52

目

目營小輯 〔存目〕史部167

甲

甲乙事案 〔續修〕443〔禁燬〕史部72

甲乙記政錄、續丙丁記政錄 〔續修〕438
〔禁燬〕史部6

甲乙集 〔著錄〕集部235

甲子會紀 〔存目〕史部11

＊甲午藁 〔續修〕1354

甲申紀事、附工部新刊事例 〔禁燬〕史
部33

甲申傳信錄 〔續修〕440〔禁燬〕史部19

甲申雜記 〔文淵〕1037〔文津〕1041〔文
瀾〕1064

甲申雜記、聞見近錄、隨手雜錄 〔著錄〕
子部218

甲秀園集 〔禁燬〕集部62

申

申忠愍詩集 〔文淵〕1297〔文津〕1301〔文
瀾〕1335

申齋集 〔文淵〕1204〔文津〕1208〔文瀾〕
1239〔珍本〕十二集171－172

申齋劉先生文集 〔底本〕集部33〔著錄〕
集部109

申鑑 〔文淵〕696〔文津〕696〔文瀾〕710
〔底本〕子部31〔著錄〕子部61

田

田叔禾小集 〔存目〕集部88

田居乙記 〔存目〕子部134

田亭草 〔續修〕1356〔禁燬〕集部44

田家五行、拾遺、東方朔探春曆記、紀曆
撮要 〔續修〕975

田家占候集覽 〔續修〕976

田間文集、田間詩集 〔續修〕1401

田間文集、詩集 〔禁燬〕集部144－145

田間易學 〔文淵〕39〔文津〕34－35〔文
瀾〕34〔珍本〕五集3－4〔著錄〕經部54

田間詩學 〔文淵〕84〔文津〕79〔文瀾〕77
〔珍本〕五集21－22〔著錄〕經部130

由

由庚堂集 〔續修〕1356－1357

由拳集 〔存目〕集部180〔續修〕1360

史

史氏菊譜 〔文淵〕845〔文津〕846〔文瀾〕
863

史外 〔禁燬〕史部20

史折、續編 〔存目〕史部291

史林測義 〔續修〕451

史忠正公集 〔續修〕1387

史糾 〔文淵〕688 〔文津〕688 〔文瀾〕702
　〔珍本〕十一集 101 〔著録〕史部 267
史拾載補、衆斷 〔存目補〕94
史要 〔未收〕三輯 16
史要編 〔存目〕史部 138
史砭 〔存目補〕94
史品赤函 〔存目〕史部 148
史記 〔文淵〕243－244 〔文津〕238－239
　〔文瀾〕236－237 〔薈要〕87－89 〔著録〕
　史部 167－168 〔著録〕史部 1 〔續修〕
　261－262
史記正義 〔文淵〕247－248 〔文津〕241－
　242 〔文瀾〕240
史記半解 〔未收〕一輯 12
史記考證 〔續修〕263
史記抄 〔存目〕史部 138
史記志疑 〔續修〕262－263
史記法語 〔存目〕史部 129
史記訂補 〔未收〕六輯 5
史記索隱 〔文淵〕246 〔文津〕241 〔文瀾〕
　239 〔著録〕史部 2
史記探源 〔續修〕264
史記萃寶評林 〔未收〕二輯 29
史記集解 〔文淵〕245－246 〔文津〕240－
　241 〔文瀾〕238－239
史記評林 〔未收〕一輯 11－12
史記疏證 〔續修〕264
史記疑問 〔文淵〕248 〔文津〕243 〔文瀾〕
　241 〔珍本〕三集 121 〔著録〕史部 41
史案 〔未收〕四輯 20
史書 〔存目〕史部 150
史書纂略 〔存目〕史部 141－143
史通 〔文淵〕685 〔文津〕685 〔文瀾〕699
　〔存目〕史部 279 〔著録〕史部 159
史通削繁 〔續修〕448
史通訓故 〔存目〕史部 279 〔續修〕447
史通訓故補 〔存目〕史部 279 〔續修〕447
史通通釋 〔文淵〕685 〔文津〕685 〔文瀾〕
　699 〔著録〕史部 159
史通評釋 〔續修〕447
史異編 〔存目〕史部 151
史異纂 〔存目〕子部 249
史貫 〔禁燬〕史部 73

史裁 〔存目〕史部 144
史復齋文集 〔存目〕集部 281
史評 〔存目〕史部 281
史評小品 〔未收〕一輯 21
史詠詩集 〔續修〕1321
史載之方 〔續修〕999
史傳三編 〔文淵〕459 〔文津〕457－458
　〔文瀾〕460 〔珍本〕七集 78－85
史鉞 〔續修〕449
史義拾遺 〔存目〕史部 281
史説萱蘇 〔存目補〕96
史漢文統 〔存目〕集部 373－374
史漢方駕 〔存目〕史部 1
史質、舊宋史目録 〔存目〕史部 20
史談補 〔存目〕史部 286 〔存目〕史部 286
史緯 〔存目〕史部 151－158
史學提要 〔存目〕史部 280
史觿 〔存目〕史部 144
史懷 〔存目〕史部 287
史鑑年表彙編 〔未收〕二輯 19
史纘 〔存目〕史部 146

叩

叩缽齋應酬全書 〔禁燬補〕38
叩缽齋纂行廚集 〔禁燬補〕38－39

四

四川土夷考 〔存目〕史部 255
四川通志 〔文淵〕559－561 〔文津〕559－
　561 〔文瀾〕567－569
四川通志[雍正] 〔著録〕史部 238－240
四川總志[萬曆] 〔存目〕史部 199－200
四川鹽法志 〔續修〕842
四元玉鑑細草 〔續修〕1043
*四元解 〔續修〕1047
四友齋叢説 〔存目〕子部 103 〔續修〕1125
四六全書五種 〔禁燬補〕35－36
四六初徵 〔禁燬〕集部 134－135
四六金鍼 〔存目〕集部 420
四六法海 〔文淵〕1394 〔文津〕1398 〔文
　瀾〕1439 〔珍本〕六集 339－342 〔著録〕
　集部 170

四六話　〔文淵〕1478〔文津〕1483〔文瀾〕1528

四六新函　〔禁燬補〕44

四六標準　〔文淵〕1177〔文津〕1181－1182〔文瀾〕1211

四六談麈　〔文淵〕1480〔文津〕1484〔文瀾〕1530〔著錄〕集部331

四六鴛鴦譜、新集　〔禁燬補〕39－40

四六霞肆　〔存目〕子部223

四六叢話、附選詩叢話　〔續修〕1715

四六纂組　〔未收〕四輯30

四本堂座右編　〔存目〕子部157

四本堂座右編二集　〔未收〕三輯21

四史發伏　〔未收〕四輯20

四史鴻裁　〔存目〕史部139

四百三十二峰草堂詩鈔　〔續修〕1471

四丞相高會麗春堂雜劇　〔續修〕1761

四如集　〔珍本〕十集242

四如集、拾遺　〔文淵〕1188〔文津〕1192〔文瀾〕1224

四如講稿　〔文淵〕183〔文津〕178〔文瀾〕175〔珍本〕三集101

四言史徵　〔存目〕史部291

四明山志　〔存目〕史部236〔續修〕723

四明文獻集　〔文淵〕1187〔文津〕1191〔文瀾〕1222〔薈要〕397〔著錄〕集部59

四明它山水利備覽　〔文淵〕576〔文津〕576〔文瀾〕585〔著錄〕史部59

四知堂文集、崇祀錄　〔未收〕九輯24

四知堂文錄　〔續修〕1671

四思堂文集　〔存目〕集部213－214

四品稿　〔禁燬〕集部10

四香樓詩鈔　〔存目補〕56

四素山房集、皇華集　〔未收〕六輯21

四時宜忌　〔存目〕史部164

四時氣候　〔存目〕史部164

四時氣候集解　〔續修〕885

四時纂要　〔續修〕975

四庫未收書提要　〔續修〕921

四庫全書辨正通俗文字　〔續修〕239

四家詩鈔　〔存目〕集部403

四書人物考　〔存目〕經部157

四書大全　〔文淵〕205〔文津〕199－200〔文瀾〕196－197〔珍本〕六集36－45

四書大全辯　〔存目〕經部167－169

四書也足園初告　〔未收〕一輯7

四書五經字考　〔未收〕一輯9

四書反身録、續補　〔存目〕經部173

四書反身録、續録　〔續修〕165

四書古人典林　〔續修〕166

四書本義匯參　〔存目〕經部176－177

四書句讀釋義　〔存目〕經部180

四書考、考異　〔存目〕經部164－165

四書考異　〔續修〕167

四書地理考　〔續修〕170

四書因問　〔文淵〕206〔文津〕201〔文瀾〕200〔珍本〕四集88

四書朱子大全　〔禁燬〕經部9

四書朱子異同條辨　〔禁燬〕經部2－4

四書朱子語類　〔禁燬〕經部4

四書名物考　〔存目〕經部160

四書近指　〔文淵〕208〔文津〕203〔文瀾〕201〔珍本〕六集46－47〔著錄〕經部103

四書近語　〔續修〕160

四書改錯　〔續修〕165

四書述　〔存目〕經部172

四書或問　〔文淵〕197〔文津〕192〔文瀾〕188

四書明儒大全精義　〔未收〕一輯8

四書典故考辨　〔續修〕169

四書典故辨正　〔續修〕167

四書典故辨正續　〔續修〕167

四書典故覈　〔續修〕169

四書按稿　〔續修〕166

四書則　〔存目〕經部166

四書待問　〔續修〕159

四書約旨　〔存目〕經部178

四書約說　〔續修〕164

四書索解　〔存目〕經部173

四書留書　〔文淵〕207〔文津〕202〔文瀾〕200〔珍本〕四集90

四書訓義　〔未收〕二輯13

四書通　〔文淵〕203〔文津〕196－197〔文瀾〕193〔薈要〕74

四書通旨 〔文淵〕204 〔文津〕198 〔文瀾〕
195 〔薈要〕75 〔著錄〕經部 101

四書通義 〔存目〕經部 165

四書通證 〔文淵〕203 〔文津〕197 〔文瀾〕
194 〔薈要〕74 〔著錄〕經部 100

四書偶談内編、外編、續編内編、外編
〔續修〕168

四書逸箋 〔文淵〕210 〔文津〕205 〔文瀾〕
204

四書章句集注 〔文淵〕197 〔文津〕191
〔文瀾〕187

四書翊註 〔存目〕經部 170

四書參註 〔存目〕經部 176

四書晰疑 〔存目〕經部 179

四書順義解 〔存目〕經部 178－179

四書集注章句 〔薈要〕72

四書集註 〔著錄〕經部 170

四書集註大全 〔著錄〕經部 101－102

四書集註闡微直解 〔未收〕二輯 12

四書集義精要 〔文淵〕202 〔文津〕196
〔文瀾〕192 〔珍本〕三集 109 〔著錄〕經部
205

四書集編 〔文淵〕200 〔文津〕194 〔文瀾〕
190 〔薈要〕72

四書評 〔續修〕161

四書湖南講 〔存目〕經部 162 〔續修〕163

四書温故録 〔續修〕166

四書疏記 〔續修〕169

四書蒙引、四書蒙引別録 〔文淵〕206
〔文津〕200－201 〔文瀾〕198－199

四書蒙引、別録 〔珍本〕三集 110－114

四書稗疏、附考異 〔續修〕164

四書解義 〔著錄〕經部 105

四書解瑣言 〔續修〕170

四書經注集證 〔續修〕168

四書經疑問對 〔未收〕三輯 9

四書經疑貫通 〔文淵〕203 〔文津〕197
〔文瀾〕194 〔珍本〕五集 57 〔底本〕經部
54 〔著錄〕經部 205

四書經學考、續考 〔存目〕經部 166

四書箋解 〔續修〕164

四書箋義纂要 〔續修〕159

四書劄記 〔文淵〕210 〔文津〕205 〔文瀾〕

204 〔珍本〕七集 48

四書管窺 〔文淵〕204 〔文津〕198 〔文瀾〕
195 〔珍本〕二集 67－68 〔著錄〕經部 206

四書疑節 〔文淵〕203 〔文津〕197 〔文瀾〕
194 〔珍本〕二集 66

四書説 〔未收〕六輯 3

四書説苑 〔續修〕170

四書説約(鹿善繼) 〔存目〕經部 164 〔續
修〕162

四書説約(顧夢麟) 〔未收〕五輯 3

四書説叢 〔存目〕經部 163

四書廣註 〔未收〕七輯 2

四書窮鈔六補定本 〔存目〕經部 181

四書緯 〔續修〕170

四書輯釋 〔存目〕經部 155－156 〔續修〕
160

四書辨疑 〔文淵〕202 〔文津〕196 〔文瀾〕
192 〔薈要〕76 〔著錄〕經部 171

四書辨疑辨 〔續修〕170

四書賸言 〔文淵〕210 〔文津〕205 〔文瀾〕
203 〔著錄〕經部 105

四書講義困勉録 〔文淵〕209 〔文津〕203－
204 〔文瀾〕202 〔珍本〕四集 91－96

四書講義困勉録、續 〔著錄〕經部 104－
105

四書講義尊聞録 〔存目〕經部 180－181

四書講義續困勉録 〔存目〕經部 172

四書繹註 〔禁燬〕經部 8

四書纂疏 〔文淵〕201 〔文津〕195 〔文瀾〕
191 〔薈要〕73

四書纂箋 〔文淵〕204 〔文津〕197－198
〔文瀾〕194 〔薈要〕75

四書釋地、續、又續、三續 〔文淵〕210
〔文津〕205 〔文瀾〕204

四書釋地、續、又續、三續、孟子生卒年月
考 〔著錄〕經部 103

四書釋地補、續補、又續補、三續補 〔續
修〕170

四書釋地辨證 〔續修〕170

四書辯訛 〔未收〕八輯 2

四書續談内編、外編 〔續修〕169

四書讀 〔存目〕經部 166

四焉齋文集 〔存目〕集部 275

四焉齋詩集、附梯仙閣餘課、拂珠樓偶
　鈔　〔存目〕集部 275
四教義　〔續修〕1279
＊四率淺説　〔續修〕1046
四喜記　〔續修〕1771
四朝聞見録　〔文淵〕1039〔文津〕1043〔文
　瀾〕1067〔著録〕子部 241
四然齋藏稿　〔存目〕集部 182
四診抉微、管窺附餘　〔續修〕999
四診脈鑑大全　〔續修〕999
四聖一心録　〔存目〕經部 14
四聖心源　〔存目〕子部 54〔續修〕1025
＊四聖圖解　〔續修〕114
四聖懸樞　〔存目〕子部 54
四照堂文集、詩集　〔未收〕五輯 27
四照堂文録　〔續修〕1669
四照堂詩集、樂府、詩餘、時曲　〔未收〕
　七輯 22
四溟山人全集　〔著録〕集部 72
四溟集　〔文淵〕1289〔文津〕1293〔文瀾〕
　1327〔珍本〕八集 208－209
四禘通釋　〔未收〕一輯 5
四賢記　〔續修〕1773
四聲切韻表　〔存目〕經部 219〔續修〕253
四聲全形等子　〔文淵〕238〔文津〕234
　〔文瀾〕231〔珍本〕十二集 21
四聲均和表、示兒切語　〔續修〕258
四聲猿　〔續修〕1766
四聲韻譜　〔續修〕253
四禮初稿　〔存目〕經部 114
四禮約言　〔存目〕經部 115
四禮疑、喪禮餘言　〔存目〕經部 115
四禮寧儉編　〔存目〕經部 115
四禮翼　〔存目〕經部 115〔續修〕108
四鎮三關誌　〔禁燬〕史部 10
四譯館考　〔存目〕史部 272
四譯館增訂館則、新增館則　〔續修〕749

生

生生篇　〔存目〕經部 13〔續修〕10
生香書屋文集　〔未收〕九輯 23

乍

乍浦九山補志　〔存目〕史部 235

丘

丘海二公文集合編　〔存目〕集部 406
丘瓊山先生大學衍義補贊英華　〔未收〕
　三輯 21

仕

仕學全書　〔存目〕史部 262
仕學規範　〔文淵〕875〔文津〕876〔文瀾〕
　895〔珍本〕三集 211－212

仙

仙佛奇踪　〔存目〕子部 247
仙苑編珠　〔存目〕子部 258〔續修〕1293
仙屏書屋初集　〔續修〕1521
仙都志　〔存目〕史部 228〔續修〕723
仙愚館雜帖　〔存目補〕95
仙機武庫　〔續修〕1098－1099

白

白下集　〔存目〕集部 186
白氏文集　〔著録〕集部 233
白氏長慶集　〔文淵〕1080〔文津〕1084〔文
　瀾〕1110〔薈要〕364－365
白孔六帖　〔文淵〕891〔文津〕892－894
　〔文瀾〕911－912
白石山房文稿　〔存目〕集部 243
白石山房文録　〔續修〕1671
白石山房逸稿　〔文淵〕1229〔文津〕1233
　〔文瀾〕1264〔珍本〕十一集 174〔著録〕
　集部 349
白石山房集　〔存目〕集部 243
白石山房稿　〔存目〕集部 26
白石詞集　〔存目〕集部 422
白石道人詩集、集外詩、詩説、白石詩詞
　評論、白石道人集事、諸賢酬贈詩、
　投贈詩詞補遺　〔著録〕集部 102
白石道人詩集、集外詩、諸賢酬贈詩
　〔文淵〕1175〔文津〕1179〔文瀾〕1209

白石道人歌曲、別集 〔文淵〕1488〔文津〕1493〔文瀾〕1538〔著録〕集部 219

白石樵真稿 〔禁燬〕集部 66

白田草堂文録 〔續修〕1671

白田草堂存稿、附行狀、崇祀鄉賢録 〔存目〕集部 268

白田雜著 〔文淵〕859〔文津〕861〔文瀾〕879〔珍本〕二集 217〔著録〕子 305

白谷山人詩鈔 〔著録〕集部 356

白谷集 〔文淵〕1296〔文津〕1300〔文瀾〕1334〔珍本〕十集 272－273

白沙子 〔著録〕集部 66

白沙先生至言 〔續修〕936

白沙先生詩教解、詩教外傳 〔存目〕集部 35

白茅堂文録 〔續修〕1671

白茅堂集 〔存目〕集部 205－206

白松草堂詩鈔 〔未收〕十輯 22

白雨齋詞話 〔續修〕1735

白虎通疏證 〔續修〕1142

白虎通義 〔文淵〕850〔文津〕852〔文瀾〕869〔薈要〕247

白虎通德論 〔著録〕子部 164

白兔記 〔續修〕1773

白㟟山人詩集、文集 〔續修〕1394〔禁燬〕集部 119

白香山詩長慶集、後集、別集、年譜、年譜舊本 〔著録〕集部 42

白香山詩集、附舊唐書白居易本傳、白香山年譜、舊本白文公年譜 〔文淵〕1081〔文津〕1085〔文瀾〕1111

白洛原遺稿 〔存目〕集部 96

白華後稿 〔續修〕1448

白華前稿 〔續修〕1447－1448〔未收〕十輯 23

白華絳柎閣詩集 〔續修〕1559

白華詩鈔 〔續修〕1448

白華樓藏稿、續稿、吟稿、玉芝山房稿、耄年録 〔存目〕集部 105－106

白菊齋訂四書本義集説 〔存目〕經部 166－167

白雪樓詩集 〔存目〕集部 110〔續修〕1345

白雪遺音 〔續修〕1745

白雪齋選訂樂府吳騷合編、衡曲塵談、曲律 〔續修〕1743

＊白敏中梅香 〔續修〕1763

白毫菴内篇、外篇、襍篇 〔禁燬〕集部 142

白鹿山房詩集 〔禁燬〕集部 17

白鹿書院志（毛德琦） 〔續修〕720

白鹿書院志（廖文英） 〔存目〕史部 246

白雲村文集、臥象山房詩正集 〔存目〕集部 250

白雲巢集 〔未收〕六輯 25

白雲集（唐桂芳） 〔文淵〕1226〔文津〕1231〔文瀾〕1262〔珍本〕二集 352〔珍本〕四集 302－303

白雲集（陳昂） 〔存目〕集部 189

白雲集（許謙） 〔文淵〕1199〔文津〕1203〔文瀾〕1234

白雲集（釋英） 〔文淵〕1192〔文津〕1196〔文瀾〕1228〔珍本〕十一集 172〔著録〕集部 60

白雲詩集、咏梅詩 〔存目〕集部 280

白雲稿 〔文淵〕1228〔文津〕1232〔文瀾〕1263〔底本〕集部 37〔著録〕集部 63〔續修〕1326

白雲樵唱集 〔文淵〕1231〔文津〕1235〔文瀾〕1266〔珍本〕四集 306－307

白喉治法忌表抉微 〔續修〕1018

白喉條辨 〔續修〕1018

白蓮集 〔文淵〕1083〔文津〕1088〔文瀾〕1114〔著録〕集部 235

白菀詩集 〔未收〕十輯 27

白榆集 〔存目〕集部 180〔續修〕1359

白猿風雨圖 〔存目〕子部 60

白漊先生文集 〔存目〕集部 237

白齋先生詩集、續、文略 〔存目〕集部 52

白蘇齋類集 〔續修〕1363〔禁燬〕集部 48

白鶴山房詩鈔、詞鈔、外集 〔續修〕1483

白鶴堂文録 〔續修〕1670

白鷺洲主客説詩 〔存目〕經部 73〔續修〕61

他

他山字學 〔存目〕經部 200

瓜

瓜廬集　〔文淵〕1171〔文津〕1175〔文瀾〕1205〔珍本〕十集 235

瓜廬詩　〔著録〕集部 57

用

用六集　〔存目〕集部 196

用易詳解　〔文淵〕19〔文津〕14〔文瀾〕14〔底本〕經部 2〔著録〕經部 184

印

印人傳　〔續修〕1092〔禁燬補〕25

印史　〔存目〕子部 75

印存玄覽　〔存目〕子部 75〔續修〕1091

印存初集　〔存目〕子部 75〔續修〕1091

印旨　〔續修〕1091

印言　〔續修〕1092

印述　〔續修〕1091

印戔説　〔續修〕1091

印典　〔文淵〕839〔文津〕841〔文瀾〕858〔珍本〕九集 218－219〔著録〕子部 305

印章考　〔續修〕1091

印章要論　〔續修〕1091

印章集説　〔續修〕1091

印經　〔續修〕1091

＊印説　〔續修〕1092

印學管見　〔續修〕1092

印辨　〔續修〕1091

＊印譜摘要　〔續修〕1092

＊印鐙牋　〔續修〕1092

句

句曲外史集　〔文淵〕1216〔文津〕1220〔文瀾〕1251〔著録〕集部 257

句股引蒙　〔文淵〕802〔文津〕803〔文瀾〕819〔珍本〕四集 165

句股引蒙、象限線度　〔著録〕子部 355

句股述　〔存目〕子部 55

句股矩測解原　〔文淵〕802〔文津〕803〔文瀾〕819〔珍本〕四集 166〔著録〕子部 356

句注山房集、尺牘　〔禁燬〕集部 70

句溪雜著　〔續修〕176

册

册府元龜　〔文淵〕902－919〔文津〕904〔文瀾〕922－939〔著録〕子部 307－328

卯

卯洞集　〔存目〕集部 146

外

外科灰餘集　〔續修〕1016

外科理例、附方　〔文淵〕765〔文津〕766〔文瀾〕782〔珍本〕九集 204－206〔著録〕子部 16

外科精義　〔文淵〕746〔文津〕746〔文瀾〕761〔著録〕子部 138

外科證治全生、附金瘡鐵扇散方　〔續修〕1013

外科證治全書　〔續修〕1016

外海紀要　〔續修〕860

外書　〔著録〕子部 250

外臺祕要方　〔文淵〕736－737〔文津〕736－737〔文瀾〕751－752〔珍本〕五集 156－165

外證醫案彙編　〔續修〕1016

冬

冬心先生自度曲　〔續修〕1739

冬心先生集　〔存目〕集部 282〔續修〕1424

冬心先生續集、續補遺、三體詩、甲戌近詩　〔續修〕1424

冬青館甲集、冬青館乙集　〔續修〕1492

冬夜箋記　〔存目〕子部 113

冬官旁求　〔續修〕85

冬關詩鈔　〔存目〕集部 211

包

包孝肅奏議集　〔文淵〕427〔文津〕425〔文瀾〕425

包侍御集　〔存目〕集部 96

包待制三勘蝴蝶夢雜劇　〔續修〕1761

包待制陳州糶米雜劇　〔續修〕1760

包待制智斬魯齋郎雜劇 〔續修〕1761
包待制智賺生金閣雜劇 〔續修〕1762
包待制智賺灰闌記雜劇 〔續修〕1762
包龍圖智勘後庭花雜劇 〔續修〕1761
包龍圖智賺合同文字雜劇 〔續修〕1761

主

主制群徵 〔續修〕1296
主客圖、附圖考 〔續修〕1694

市

市南子、制敕 〔禁燬〕集部105

立

立命堂二集 〔存目〕集部245
立命編、格言纂要 〔未收〕八輯14
立齋閑錄 〔存目〕子部239 〔續修〕1167
立齋遺文 〔文淵〕1259 〔文津〕1263 〔文
    瀾〕1296 〔珍本〕九集265 〔底本〕集部49
    〔著錄〕集部68

玄

玄中記 〔續修〕1264
玄羽外編六種 〔存目〕史部287
玄英先生詩集 〔著錄〕集部43
玄英集 〔文淵〕1083 〔文津〕1088 〔文瀾〕
    1113 〔珍本〕三集233
玄居集 〔存目〕集部177
玄品錄 〔存目〕子部259
玄真子、天隱子 〔文淵〕1059 〔文津〕1064
    〔文瀾〕1088 〔著錄〕子部365
玄晏齋困思抄、玄晏齋詩 〔存目〕經部
    162
玄晏齋集五種 〔禁燬〕集部123
玄蓋副草 〔存目〕集部186
玄覽 〔未收〕六輯19

半

半半山莊農言著實 〔續修〕976
半帆詩鈔 〔禁燬補〕83
半行庵詩存稿 〔續修〕1537
半江趙先生文集 〔存目〕集部42

半夜雷轟薦福碑雜劇 〔續修〕1761
半洲稿 〔存目〕集部75
半軒集 〔文淵〕1231 〔文津〕1235 〔文瀾〕
    1267 〔珍本〕三集295－296 〔著錄〕集部
    396
半舫齋古文 〔未收〕九輯26
半舫齋編年詩 〔未收〕九輯25
半處士詩集 〔未收〕九輯17
半窗史略 〔存目〕史部42
半塘定稿、半塘賸稿 〔續修〕1727
半農先生春秋說 〔著錄〕經部90
半蕪園集、附澄湖集遺文 〔禁燬〕集部
    150
*半臂寒 〔續修〕1765
半巖廬遺集 〔續修〕1536

永

永平府志〔康熙〕 〔存目〕史部213
永州府志〔隆慶〕 〔存目〕史部201
永宇溪莊識略、續識略 〔未收〕十輯21
永定河志 〔續修〕850
永清縣志〔乾隆〕 〔續修〕692
永嘉朱先生三國六朝五代紀年總辨
    〔存目〕史部280
永嘉先生八面鋒 〔著錄〕子部363
永嘉縣志〔光緒〕 〔續修〕708－709
永樂大典 〔存目補〕58－72
永樂大典戲文三種 〔續修〕1768
永曆紀事 〔禁燬〕史部74
永曆實錄 〔續修〕444

司

司成遺翰 〔續修〕1344
司牧安驥集 〔存目〕子部54 〔續修〕1030
司空表聖文集 〔文淵〕1083 〔文津〕1087
    〔文瀾〕1113 〔著錄〕集部337
司馬太師溫國文正公年譜、後、遺事
    〔續修〕552
司馬氏書儀 〔著錄〕經部19
司馬文園集 〔續修〕1583
司馬法 〔文淵〕726 〔文津〕726 〔文瀾〕740
    〔著錄〕子部63

司馬法集解　〔續修〕959
司馬温公稽古録　〔著録〕史部 74
司業文集、司業詩集　〔存目〕集部 274
司農奏議　〔續修〕480

民

民曆鋪註解惑　〔續修〕1040

弗

弗告堂集　〔禁燬〕集部 46

弘

弘正詩抄　〔存目〕集部 301
弘光實録鈔、附弘光大臣月表　〔續修〕
　367
弘明集　〔著録〕子部 300
弘明集、附音釋　〔文淵〕1048〔文津〕1052
　〔文瀾〕1077
弘道書　〔續修〕946
弘藝録　〔存目〕集部 77
弘簡録　〔續修〕304－308
弘覺忞禪師北遊集　〔禁燬補〕34

出

出三藏記集　〔續修〕1288
出山草譜　〔未收〕十輯 4
出門吟、悔齋詩集、又新集、怡老篇、集外
　録　〔未收〕五輯 28
出使日記續刻　〔續修〕578－579
出使英法義比四國日記　〔續修〕578
出使美日秘國日記　〔續修〕578

卝

卝兮筆記　〔續修〕1140

加

*加減乘除釋　〔續修〕1045
加減靈秘十八方　〔存目〕子部 43

召

召對録　〔存目〕史部 49〔續修〕434
*召誥日名考　〔續修〕55

皮

皮日休文集　〔著録〕集部 234

弁

弁山小隱吟録　〔文淵〕1205〔文津〕1209
　〔文瀾〕1239〔底本〕集部 140〔著録〕集
　部 426
弁服釋例、表　〔續修〕109

台

台中疏略　〔禁燬〕史部 57
台州札紀　〔續修〕734
台學統　〔續修〕545－546
台學源流　〔存目〕史部 90〔續修〕515

幼

幼幼新書、拾遺方　〔續修〕1008－1009
幼科鐵鏡　〔續修〕1010
幼基　〔未收〕十輯 7
幼學日誦五倫詩選　〔存目〕集部 290
幼學堂詩稿、幼學堂文稿　〔續修〕1498－
　1499

六畫

匡

匡山集　〔存目〕集部 255
匡林　〔存目〕子部 114
匡謬正俗　〔文淵〕221〔文津〕216〔文瀾〕
　214〔著録〕經部 28
匡廬紀游　〔存目〕史部 255

邦

邦畿水利集説、九十九淀考　〔續修〕851

玎

玎玎璫璫盆兒鬼雜劇　〔續修〕1762

式

式古堂書畫彙考　〔文淵〕827－829〔文
　津〕828－831〔文瀾〕846－849〔珍本〕六

集 201－223 〔著録〕子部 342－344

式敬編 〔續修〕974

式馨堂文集、詩集、詩餘偶存 〔禁燬〕集部 150

迁

迁齋先生標註崇古文訣 〔著録〕集部 298

刑

刑部比照加減成案 〔續修〕865

刑部比照加減成案續編 〔續修〕866

刑案匯覽、拾遺備考、續增刑案匯覽 〔續修〕867－872

刑統賦 〔存目〕子部 37 〔續修〕972

刑統賦解 〔續修〕972

刑錢必覽、錢穀備要 〔未收〕四輯 19

邢

邢特進集 〔續修〕1588

戎

戎事類占 〔存目〕子部 60 〔續修〕1051

圭

圭美堂集 〔存目補〕7

圭峰集(盧琦) 〔文淵〕1214 〔文津〕1218 〔文瀾〕1249 〔珍本〕三集 286

圭峰集(羅玘) 〔文淵〕1259 〔文津〕1263 〔文瀾〕1296 〔珍本〕四集 341－344

圭塘小稿、別集、續集 〔文淵〕1211 〔文津〕1215 〔文瀾〕1246 〔珍本〕六集 262－263 〔薈要〕402 〔著録〕集部 60

圭塘欸乃集 〔文淵〕1366 〔文津〕1370 〔文瀾〕1410 〔著録〕集部 360

圭齋文集 〔文淵〕1210 〔文津〕1213 〔文瀾〕1244 〔底本〕集部 34 〔著録〕集部 111

圭齋文集(圭齋集) 〔薈要〕406

圭齋盧先生集 〔著録〕集部 32

吉

吉永豐鷲溪劉楚奇先生惟實本集、外集 〔著録〕集部 425

吉州人文紀略 〔存目〕史部 127

吉林外記 〔續修〕731

吉林通志[光緒] 〔續修〕647－648

吉金所見録 〔未收〕二輯 28

考

考工記 〔存目〕經部 82

考工記考、圖 〔續修〕85

考工記考辨 〔續修〕85

考工記車制圖解 〔續修〕85

考工記述註、圖 〔存目〕經部 82

考工記通 〔存目〕經部 83

考工記鳥獸蟲魚釋 〔續修〕85

考工記解 〔薈要〕49

考工記圖 〔續修〕85

考工記纂註 〔存目〕經部 84

考工創物小記 〔續修〕85

考正晚年定論 〔存目補〕95

考功集 〔文淵〕1272 〔文津〕1276 〔文瀾〕1309 〔珍本〕四集 364

考古原始 〔存目〕子部 236

考古略 〔存目〕子部 235－236

考古圖 〔存目〕子部 77

考古圖、續考古圖、釋文 〔文淵〕840 〔文津〕842 〔文瀾〕859 〔著録〕子部 358

考古質疑 〔文淵〕853 〔文津〕855 〔文瀾〕873 〔珍本〕別輯 211

考古編 〔文淵〕852 〔文津〕854 〔文瀾〕872 〔著録〕子部 30

考古録 〔未收〕十輯 7

考古辭宗 〔存目〕子部 182

考定竹書 〔存目〕史部 2

考信編 〔存目〕史部 12

考信録 〔續修〕455

考訂朱子世家 〔存目〕史部 87

考訂河洛理數便覽 〔未收〕七輯 13

考亭淵源録 〔存目〕史部 88 〔續修〕517

考槃集文録 〔續修〕1497

考槃餘事 〔存目〕子部 118

老

老子 〔續修〕954

老子本義 〔續修〕954

老子章義　〔續修〕954
老子集解、考異　〔續修〕954
老子道德真經　〔著錄〕子部 331
老子道德經　〔文淵〕1055〔文津〕1059〔文瀾〕1084〔薈要〕275〔著錄〕子部 331
老子道德經、篇目　〔文淵〕1055〔文津〕1059〔文瀾〕1084
老子道德經古本集注　〔續修〕954
老子道德經訂注　〔未收〕六輯 19
老子想爾注　〔續修〕1290
老子解　〔文淵〕1055〔文津〕1059〔文瀾〕1084
老子說略　〔文淵〕1055〔文津〕1059〔文瀾〕1084〔珍本〕三集 229〔著錄〕子部 123
老子鬳齋口義　〔續修〕954
老子翼　〔著錄〕子部 123
老子翼、採摭書目、考異　〔文淵〕1055〔文津〕1059〔文瀾〕1084
老老恒言　〔存目〕子部 119
老杜詩評　〔存目〕集部 415
老圃良言　〔續修〕976
老圃集　〔文淵〕1127〔文津〕1131〔文瀾〕1158〔珍本〕別輯 301
老殘遊記、二編、外編　〔續修〕1800
老學菴筆記　〔文淵〕865〔文津〕867〔文瀾〕884〔薈要〕278〔著錄〕子部 169

地

地水師　〔續修〕852
地宮作法　〔未收〕十輯 4
地球圖說　〔續修〕1035
地理大全一集、二集　〔存目〕子部 63－64
地理述、附地理述發明、貴陽省城移向說　〔未收〕九輯 12
地理或問　〔未收〕五輯 13
地理精蘊圖書集成　〔未收〕六輯 18
地理醒心錄　〔未收〕三輯 24
地圓說　〔續修〕1035
地圖綜要　〔禁燬〕史部 18

耳

耳新　〔存目〕子部 247

耳鳴集　〔禁燬〕集部 87
耳談類增　〔續修〕1268

芋

芋香詩鈔、贈言　〔未收〕八輯 23

共

共發編　〔存目〕子部 91

芝

芝山集　〔禁燬〕集部 186
芝在堂文集　〔存目〕集部 208
芝庭文稿、詩稿　〔未收〕九輯 23
芝堂遺草　〔存目〕集部 147
芝園外集　〔續修〕1123
芝園定集、別集、外集　〔存目〕集部 81－82
芝園稿　〔未收〕五輯 24

芑

芑山文集　〔禁燬〕集部 166

亘

亘史鈔　〔存目〕子部 193－194

臣

臣軌　〔續修〕753

吏

吏治輯要　〔續修〕755
吏部職掌　〔存目〕史部 258
吏學指南　〔續修〕973

再

*再生緣　〔續修〕1764
再生緣全傳　〔續修〕1745－1747

西

西山日記　〔存目〕子部 242〔續修〕1172
西山文集　〔文淵〕1174〔文津〕1178〔文瀾〕1208
西山先生真文忠公文章正宗、續　〔著

録〕集部 75－76

西山先生真文忠公文集　〔著録〕集部 249

西山先生真文忠公讀書記甲集、乙集下、丁集　〔著録〕子部 128－129

西山志　〔禁燬〕史部 72

西山集　〔存目〕集部 216

西山群仙會真記　〔存目〕子部 258

西山閣筆　〔未收〕八輯 16

西山讀書記　〔文淵〕705〔文津〕706－708〔文瀾〕720－721〔珍本〕六集 174－185

西方要紀　〔存目〕史部 256

西石梁農圃便覽　〔續修〕976

西北文集　〔存目〕集部 211

西北邊界圖地名譯漢考證　〔未收〕十輯 3

西田語略、續集　〔存目〕子部 10

西玄詩集　〔存目〕集部 74

西江視臬紀事、續補　〔續修〕882

西江詩話　〔續修〕1699〔禁燬〕集部 138

西巡大事記　〔續修〕446

西村集　〔文淵〕1259〔文津〕1264〔文瀾〕1296〔珍本〕三集 300－331〔著録〕集部 69

西村詩集　〔文淵〕1273〔文津〕1277〔文瀾〕1310〔珍本〕八集 194〔著録〕集部 276

西吳里語　〔存目〕子部 241

西吳鹽略　〔續修〕978

西陂類稿　〔文淵〕1323〔文津〕1326〔文瀾〕1362〔著録〕集部 130

西陂類稿文録　〔續修〕1670

西事珥　〔存目〕史部 247

西使記　〔文淵〕460〔文津〕459〔文瀾〕461〔底本〕史部 108〔著録〕史部 203

西征石城記　〔續修〕433

西征記　〔存目〕史部 127

西征道里記　〔存目〕史部 127

西京雜記　〔文淵〕1035〔文津〕1039〔文瀾〕1062〔著録〕子部 110

西郊笑端集　〔文淵〕1231〔文津〕1236〔文瀾〕1267〔珍本〕二集 353〔著録〕集部 447

西法挨星江南黃道命度表、附元空秘旨　〔未收〕十輯 9

西河合集文集　〔著録〕集部 407－410

西河集　〔文淵〕1320－1321〔文津〕1323－1325〔文瀾〕1359－1360〔珍本〕十一集 178－185

西河詞話　〔文淵〕1494〔文津〕1499〔文瀾〕1545

西垣次集　〔未收〕十輯 18

西垣集　〔未收〕十輯 18

西南紀事（邵廷采）　〔續修〕332

西南紀事（郭應聘）　〔存目〕史部 49

西洋朝貢典録　〔存目〕史部 255〔續修〕742

西洋番國志　〔存目〕史部 255〔續修〕742

西洋新法曆書二十九種　〔著録〕子部 70－72

＊西華山陳摶高臥　〔續修〕1760

西華山陳摶高臥雜劇　〔續修〕1761

西莊始存稿　〔續修〕1434

西軒效唐集録　〔存目〕集部 44

西夏紀事本末　〔續修〕387

西夏書　〔續修〕334

西夏書事　〔續修〕334

西原先生遺書　〔存目〕子部 84〔存目〕集部 69

西晉文紀　〔文淵〕1398〔文津〕1401－1402〔文瀾〕1443〔珍本〕八集 333－338

西圃文説、西圃詩説　〔續修〕1714

西圃叢辨　〔存目〕子部 101

西峰字説　〔存目〕子部 108－109

西峰淡話　〔存目〕子部 244

西浙泉厓邵先生文集、詩集　〔續修〕1339－1340

西被考略　〔未收〕三輯 16

西陲今略　〔續修〕740

西域水道記　〔續修〕728

西域考古録　〔未收〕九輯 7

西菴集　〔文淵〕1231〔文津〕1235〔文瀾〕1267〔珍本〕六集 264〔著録〕集部 37

西曹秋思　〔存目〕集部 352

西堂文集、詩集、樂府　〔續修〕1406－1407

西野李先生遺稿　〔存目〕集部 100

西崑發微　〔存目〕集部 10

西崑酬唱集　〔文淵〕1344〔文津〕1348〔文

瀾〕1386〔著録〕集部 136

西清古鑑　〔薈要〕243－244〔著録〕子部
　　161－162

*西清劄記　〔續修〕1082

西清續鑑乙編　〔續修〕1108－1109

西清續鑑甲編　〔續修〕1107－1108

西番事蹟　〔存目〕子部 31

西廂記　〔續修〕1781〔續修〕1782

西廂記(北)　〔續修〕1770

西廂記(南)　〔續修〕1769

西遊録注　〔續修〕736

西湖八社詩帖、春社詩、秋社詩　〔存目〕
　　集部 315

西湖老人繁勝録　〔存目〕史部 247

西湖百詠　〔文淵〕1189〔文津〕1193〔文
　　瀾〕1224〔著録〕集部 424

西湖志　〔存目〕史部 241－242

西湖志纂　〔文淵〕586〔文津〕586〔文瀾〕
　　595〔珍本〕八集 97－98〔著録〕史部 111

西湖遊覽志、志餘　〔文淵〕585〔文津〕585
　　〔文瀾〕594〔珍本〕五集 95－100〔著録〕
　　史部 250

西湖夢尋　〔存目〕史部 237〔續修〕729

西湖繁勝録　〔續修〕733

西湖覽勝詩志　〔存目〕史部 243〔禁燬〕史
　　部 41

西渡集　〔文淵〕1127〔文津〕1131〔文瀾〕
　　1158〔珍本〕九集 238

西渡詩集　〔著録〕集部 441

西塘先生文集　〔著録〕集部 46

西塘集　〔文淵〕1117〔文津〕1121〔文瀾〕
　　1147〔珍本〕四集 251－252

西園前稿　〔禁燬〕集部 175

西園康範詩集、實録、續録、附録外集
　　〔著録〕集部 58

西園聞見録　〔續修〕1168－1170

西塍集　〔文淵〕1183〔文津〕1187〔文瀾〕
　　1218〔珍本〕九集 255〔著録〕集部 423

西溪文集　〔著録〕集部 88

西溪百詠　〔存目〕集部 195

西溪先生文集　〔未收〕五輯 26

西溪集　〔文淵〕1097〔文津〕1100〔文瀾〕
　　1126

西溪叢語　〔文淵〕850〔文津〕853〔文瀾〕
　　871〔珍本〕十二集 142〔底本〕子部 36
　　〔著録〕子部 164

*西臺記　〔續修〕1765

西臺集　〔文淵〕1122〔文津〕1126〔文瀾〕
　　1152〔珍本〕別輯 288－291

西臺疏草、北畿疏草、東粵疏草、南國疏
　　草　〔禁燬〕史部 69

西臺漫紀　〔存目〕子部 242〔續修〕1172

西墅草堂遺集　〔未收〕六輯 25

西銘述解　〔文淵〕697〔文瀾〕711

西漢文紀　〔文淵〕1396〔文津〕1399－1400
　　〔文瀾〕1441〔珍本〕八集 327－332〔著
　　録〕集部 171

西漢年紀　〔文淵〕329〔文津〕326〔文瀾〕
　　325〔珍本〕別輯 101－105〔底本〕史部
　　2－4〔著録〕史部 404

*西漢詔令　〔文淵〕426〔文津〕424〔文
　　瀾〕425

西漢會要　〔文淵〕609〔文津〕608〔文瀾〕
　　619〔著録〕史部 121

西樓全集、詩選　〔存目〕集部 173－174

西樓記　〔續修〕1771

西遼立國本末考、西遼疆域考、西遼都城
　　考　〔續修〕387

西澗草堂文集、詩集　〔存目〕集部 282

西樵志　〔存目〕史部 241

西樵野記　〔存目〕子部 246〔續修〕1266

西樵語業　〔文淵〕1488〔文津〕1493〔文
　　瀾〕1538〔著録〕集部 219

西樵遺稿　〔存目〕集部 59

西學凡、附景教流行中國碑頌　〔存目〕
　　子部 93

西學考略　〔續修〕1299

西學圖説　〔續修〕1036

西儒耳目資　〔續修〕259

西儒耳目資、附釋疑　〔存目〕經部 213

西隱文稿　〔著録〕集部 63

西隱集　〔文淵〕1225〔文津〕1230〔文瀾〕
　　1261〔珍本〕三集 292

西藏日記　〔續修〕559

西藏方輿與各國各省連界暨各要隘情況
　　解説　〔未收〕十輯 3

西藏志[乾隆] 〔續修〕682
西藏奏疏、附西藏碑文 〔未收〕四輯 19
西嶽華山志 〔存目〕子部 259
西魏書 〔續修〕304
西谿易説 〔文淵〕17 〔文津〕12 〔文瀾〕11
　　〔珍本〕初集 11
西齋集 〔禁燬〕集部 73
西鎮志[順治] 〔存目〕史部 212
西濱大河志 〔存目〕史部 222
西麓堂琴統 〔續修〕1094
西疇日抄 〔存目〕子部 19
西疇居士春秋本例 〔著錄〕經部 158
西巖集(翁卷) 〔文淵〕1171 〔文津〕1175
　　〔文瀾〕1205 〔珍本〕九集 254
西巖集(張之翰) 〔文淵〕1204 〔文津〕
　　1208 〔文瀾〕1239 〔珍本〕初集 347 - 348

在

*在官法戒錄 〔未收〕一輯 23
在亭叢藁、詠歸亭詩鈔 〔存目補〕9
在軒集 〔文淵〕1189 〔文津〕1194 〔文瀾〕
　　1225 〔珍本〕初集 334 〔著錄〕集部 445
在陸草堂文集 〔存目〕集部 259
在園雜志 〔存目〕子部 115 〔續修〕1137
在魯齋文集 〔禁燬〕集部 16
在璞堂吟稿 〔未收〕十輯 20
在璞堂續稿 〔未收〕十輯 20
在懲錄 〔未收〕五輯 26

有

有正味齋詞集、續集、外集 〔續修〕1725
有正味齋詩集、續集、駢體文、續集 〔續
　　修〕1468 - 1469
有宋福建莆陽黄仲元四如先生文稿
　　〔著錄〕集部 105
*有情癡 〔續修〕1765
有懷堂文集、詩集 〔存目〕集部 272
有懷堂文稿、詩稿 〔存目〕集部 245
有懷堂筆 〔未收〕五輯 30
有蘭書屋存稿 〔存目補〕79

百

百一山房詩集 〔續修〕1433

百十二家墨錄題詞 〔未收〕十輯 12
百川書志 〔續修〕919
百尺梧桐閣文錄 〔續修〕1671
百尺梧桐閣集詩、文、遺稿 〔存目〕集部
　　241
百末詞 〔續修〕1724
百正集 〔文淵〕1189 〔文津〕1193 〔文瀾〕
　　1225 〔珍本〕別輯 375 〔底本〕集部 93
　　〔著錄〕集部 28
百可亭摘稿、詩集摘稿 〔存目〕集部 129
百夷傳 〔存目〕史部 255
百名家詞鈔 〔續修〕1721 - 1722
百名家詩選 〔存目〕集部 397 〔續修〕
　　1624 - 1625
百花洲集 〔存目〕集部 178
百宋一廛書錄 〔續修〕923
百官箴 〔文淵〕602 〔文津〕602 〔文瀾〕612
　　〔珍本〕五集 103
百城烟水 〔存目〕史部 237 〔續修〕733
百柱堂全集 〔續修〕1527 - 1528
百衲居士鐵圍山叢譚 〔著錄〕子部 219
百家類纂 〔存目〕子部 127 - 128
百菊集譜 〔文淵〕845 〔文津〕846 〔文瀾〕
　　863 〔珍本〕五集 231 〔著錄〕子部 162
百越先賢志 〔文淵〕453 〔文津〕452 〔文
　　瀾〕453 〔珍本〕十集 76 〔著錄〕史部 32
百僚金鑑 〔存目〕史部 262 〔續修〕755
百寶總珍集 〔存目〕子部 78

存

存人編 〔存目〕子部 20 〔續修〕947
存古約言 〔存目〕子部 15
存古類函 〔禁燬〕子部 19
存存稿、續編 〔存目〕集部 291
存吾文集錄 〔續修〕1672
存吾文稿 〔續修〕1456
存治編 〔存目〕子部 20 〔續修〕947
存性編 〔存目〕子部 20 〔續修〕946
存研樓文集 〔文淵〕1327 〔文津〕1330 -
　　1331 〔文瀾〕1367 〔珍本〕三集 375 - 377
　　〔著錄〕集部 291
存素堂文集、續集 〔續修〕1476
存素堂詩初集錄存 〔續修〕1476

存悔齋集、外集　〔續修〕1485－1486

存悔齋詩　〔著録〕集部 396

存悔齋詩、遺詩　〔底本〕集部 99

存悔齋稿　〔文淵〕1199〔文津〕1203〔文瀾〕1234〔珍本〕三集 277

存家詩稿　〔文淵〕1285〔文津〕1289〔文瀾〕1323〔珍本〕五集 362

存笥小草、附遺稿雜集　〔禁燬〕集部 60

存硯樓二集　〔未收〕九輯 19

存雅堂遺稿　〔文淵〕1189〔文津〕1193〔文瀾〕1225

存復齋文集　〔存目〕集部 22〔續修〕1324

存復齋續集　〔續修〕1324

存誠堂詩集、講筵應制集、篤素堂詩集、文集　〔著録〕集部 440

存餘堂詩話　〔存目〕集部 417

存審軒詞　〔續修〕1726

存學編　〔存目〕子部 20〔續修〕946

　　而

而菴詩話　〔續修〕1698

而庵説唐詩　〔存目〕集部 396

　　匠

匠門書屋文集　〔未收〕八輯 24

　　戍

戍樓閑話　〔禁燬補〕34

　　列

列子　〔文淵〕1055〔文津〕1059〔文瀾〕1084〔薈要〕276〔未收〕八輯 14

列子、列子盧注考證　〔續修〕958

列子鬳齋口義　〔續修〕958

列女傳補注、校正、叙録　〔續修〕515

列仙傳　〔文淵〕1058〔文津〕1062〔文瀾〕1087〔著録〕子部 248

列國陸軍制　〔續修〕1299

列國變通興盛記　〔續修〕1297

列朝詩集　〔禁燬〕集部 95－97

列朝詩集、乾集、甲集前編、甲集、乙集、丙集、丁集、閏集　〔續修〕1622－1624

　　死

死生交范張雞黍雜劇　〔續修〕1761

＊死裏逃生　〔續修〕1764

　　成

成仁譜　〔未收〕一輯 18

成化丁亥重刊改併五音類聚四聲篇海　〔續修〕229

成化杭州府志　〔存目〕史部 175

成化間蘇材小纂　〔存目〕史部 89

成方切用　〔存目〕子部 52〔續修〕1002－1003

成均課講周易　〔存目〕經部 37

成均課講學庸　〔存目〕經部 176

成都文類　〔文淵〕1354〔文津〕1358〔文瀾〕1396〔珍本〕三集 384－389〔著録〕集部 411

成唯識論述記　〔續修〕1274－1275

　　夷

夷白齋詩話　〔存目〕集部 418

夷白齋藁、外集　〔文淵〕1222〔文津〕1226〔文瀾〕1257〔珍本〕九集 258－260〔著録〕集部 113

夷牢溪廬文鈔　〔續修〕1567

夷牢溪廬詩鈔　〔續修〕1567

夷氛聞記　〔續修〕445

夷俗記、世系表　〔存目〕史部 255

夷堅支志　〔文淵〕1047〔文津〕1051〔文瀾〕1075－1076

夷堅志　〔著録〕子部 116－117〔續修〕1264－1266

夷齊志　〔存目〕史部 78

夷齊録　〔存目〕史部 77〔存目補〕93

夷艘入寇記　〔續修〕445

　　至

至大金陵新志　〔文淵〕492〔文津〕491〔文瀾〕495〔珍本〕七集 107－113

至大重修宣和博古圖録　〔著録〕子部 160

至元法寶勘同總録　〔續修〕1289

至元嘉禾志　〔文淵〕491〔文津〕490〔文

瀾〕493〔珍本〕八集 91-93〔著錄〕史部 209

至正四明續志 〔續修〕705

至正金陵新志 〔著錄〕史部 210

至正崑山郡志 〔續修〕696

至正集 〔珍本〕八集 160-165〔著錄〕集部 425

至正集、附元史本傳 〔文淵〕1211〔文津〕 1214-1215〔文瀾〕1246

至順鎮江志 〔續修〕698

至游子 〔存目〕子部 260

至聖先師孔子年譜 〔存目〕史部 81

至聖編年世紀 〔存目〕史部 81

此

此山詩集 〔文淵〕1204〔文津〕1208〔文 瀾〕1238〔珍本〕三集 278

此木軒四書說 〔文淵〕210〔文津〕205 〔文瀾〕204〔珍本〕五集 58〔著錄〕經部 172

此木軒雜著 〔續修〕1136

此事難知 〔文淵〕745〔文津〕745〔文瀾〕 760

此庵講錄 〔存目〕子部 20〔續修〕944

此觀堂集 〔存目〕集部 192

尖

尖陽叢筆、續筆 〔續修〕1139

光

光菴集、吳中古蹟詩 〔存目〕集部 28

光啟堂文集 〔續修〕1405

光嶽英華 〔存目〕集部 289

吐

吐魯番侵略哈密事蹟、附趙全讞牘 〔存 目補〕93

曲

*曲江春 〔續修〕1765

曲江集 〔文淵〕1066〔文津〕1070〔文瀾〕 1095〔薈要〕358

曲阜集 〔文淵〕1101〔文津〕1104〔文瀾〕

1130〔珍本〕十一集 161

曲品 〔續修〕1758

曲律 〔續修〕1758

曲洧舊聞 〔文淵〕863〔文津〕865〔文瀾〕 883〔薈要〕277〔著錄〕子部 167

曲譜 〔著錄〕集部 225

同

同人集 〔存目〕集部 385

同文尚書 〔續修〕47

同文備考、附聲韻會通、韻要粗釋 〔存 目〕經部 189

同文算指前編、通編 〔文淵〕798〔文津〕 799〔文瀾〕815〔著錄〕子部 20

同文館唱和詩 〔文淵〕1344〔文津〕1348 〔文瀾〕1386〔珍本〕初集 369

*同文鐸 〔續修〕252

*同甲會 〔續修〕1765

同安林次崖先生文集 〔存目〕集部 76

同姓名錄 〔存目〕子部 231

同姓名錄、錄補 〔文淵〕964〔文津〕967 〔文瀾〕988〔珍本〕七集 160-163〔著 錄〕子部 331

同春堂遺稿 〔存目補〕99

同度記 〔續修〕1045

同音字辨 〔續修〕260

同時尚論錄 〔存目〕集部 374

同書 〔禁燬補〕37

同樂院燕青博魚雜劇 〔續修〕1760

同館試律彙鈔 〔未收〕七輯 30

同聲千字文、續 〔未收〕一輯 9

呂

呂子易說、圖解 〔未收〕三輯 1

呂子評語正編、餘編 〔續修〕948〔禁燬〕 經部 7-8

呂公實政錄 〔存目〕子部 164

呂氏春秋 〔文淵〕848〔文津〕850〔文瀾〕 867〔著錄〕子部 163

呂氏春秋或問 〔文淵〕157〔文津〕152 〔文瀾〕150

呂氏春秋集解 〔文淵〕150〔文津〕145- 146〔文瀾〕144

呂氏家塾讀詩記 〔文淵〕73〔文津〕68〔文瀾〕66〔薈要〕26〔著錄〕經部60

呂氏鄉約、鄉儀 〔續修〕934

呂氏雜記 〔文淵〕863〔文津〕865〔文瀾〕883〔珍本〕別輯212

呂忠穆公遺事、年譜 〔存目〕史部82

呂和叔文集 〔著錄〕集部85

呂洞賓三度城南柳雜劇 〔續修〕1762

呂洞賓三醉岳陽樓雜劇 〔續修〕1761

呂洞賓度鐵拐李岳雜劇 〔續修〕1761

呂晚邨先生古文 〔禁燬〕子部36

呂晚邨先生四書講義 〔續修〕165〔禁燬〕經部1

呂晚邨先生家訓真蹟 〔禁燬〕子部36

呂晚邨先生評選四書文 〔禁燬補〕1

呂晚邨先生論文彙鈔 〔禁燬〕子部36

呂晚村先生文集、附行略、續集 〔續修〕1411〔禁燬〕集部148

呂晚村詩、研銘 〔續修〕1411

呂梁洪志 〔存目〕史部257

呂新吾先生去僞齋文集 〔存目〕集部161

呂新吾先生閨範圖說 〔存目〕子部129

呂衡州集 〔文淵〕1077〔文津〕1082〔文瀾〕1107

吊

吊腳痧方論 〔續修〕1005

因

因寄軒文初集、二集 〔續修〕1504

因園集 〔文淵〕1325〔文津〕1329〔文瀾〕1365〔珍本〕十集276－277

因話錄 〔文淵〕1035〔文津〕1039〔文瀾〕1062〔著錄〕子部217

因樹屋書影 〔續修〕1134

回

回文類聚 〔文淵〕1351〔文津〕1355〔文瀾〕1393〔珍本〕七集266〔著錄〕集部75

回回曆法 〔續修〕1036

回回曆法釋例 〔續修〕1036

回谷先生人倫廣鑑集說 〔續修〕1059

回溪先生史韻 〔續修〕1216

屺

屺思堂文集、詩集 〔存目〕集部216

年

年號韻編 〔存目〕史部271

朱

朱一齋先生文集前、後、廣游文集 〔存目〕集部25

朱九江先生集 〔續修〕1535

朱子五經語類 〔文淵〕193〔文津〕188〔文瀾〕184〔珍本〕三集103－107

朱子六經圖 〔存目〕經部152

朱子文公傳道經世言行錄 〔存目〕史部87

朱子文集大全類編 〔存目〕集部16－19

朱子文語纂編 〔存目〕子部4

朱子四書或問 〔著錄〕經部96

朱子四書或問小註 〔存目〕經部154

朱子四書語類 〔存目〕經部155

朱子白鹿洞規條目 〔存目〕子部27

朱子年譜、朱子年譜考異、朱子論學切要語 〔文淵〕447〔文津〕446〔文瀾〕448〔珍本〕九集138－140〔著錄〕史部53

朱子抄釋 〔文淵〕715〔文津〕717〔文瀾〕730〔著錄〕子部333

朱子周易參同契考異 〔著錄〕子部124

朱子陰符經考異 〔著錄〕子部122

朱子晚年全論 〔存目〕子部27

朱子爲學次第考 〔存目〕子部28

朱子註釋濂關三書 〔存目〕子部2

朱子聖學考略 〔存目〕子部20

朱子詩義補正 〔續修〕62

朱子語類 〔文淵〕700－702〔文津〕700－703〔文瀾〕714－717〔著錄〕經部94〔著錄〕子部11－12

朱子語類纂 〔存目〕子部4

朱子實紀 〔存目〕史部82〔續修〕550

朱子論定文鈔 〔存目〕集部402

朱子論語集注訓詁考 〔續修〕157

朱子學歸 〔存目〕子部21

朱子禮纂　〔文淵〕142〔文津〕138〔文瀾〕136〔珍本〕九集54〔著錄〕經部156

朱子讀書法　〔文淵〕709〔文津〕711〔文瀾〕724〔珍本〕三集186

朱太史吳越遊草、峪園近草、排青樓詩、賦、硯廬詩　〔未收〕七輯16

朱太守風雪漁樵記雜劇　〔續修〕1761

朱太復文集　〔續修〕1361－1362〔禁燬〕集部82－83

朱止泉先生文集　〔存目〕集部233

朱止泉先生朱子聖學考略、提要、正訛、宗朱要法、校勘記　〔續修〕946

朱少師奏疏鈔　〔存目〕史部65

朱文公易說(文公易說)　〔薈要〕6

朱文公政訓、真西山政訓　〔存目〕子部121

朱文公訂正門人蔡九峰書集傳　〔著錄〕經部57

朱文公校昌黎先生文集、外集、遺文、傳　〔著錄〕集部84

朱文肅公集　〔續修〕1366

朱文肅公詩集　〔續修〕1366

朱文端公文集　〔續修〕1670

朱文懿公文集　〔存目〕集部149

朱邦憲集　〔存目〕集部145

朱秉器詩集、文集　〔存目補〕57

朱魚譜　〔續修〕1120

朱註發明　〔未收〕四輯7

朱楓林集　〔存目〕集部24

朱福州集　〔存目〕集部75

朱慶餘詩集　〔續修〕1311

朱翼　〔存目〕子部206

缶

缶廬詩、別存　〔續修〕1570

先

先天易貫　〔存目〕經部36

先天集、山屋許先生事錄　〔續修〕1320

先正讀書訣　〔未收〕六輯12

先秦兩漢文膾　〔存目〕集部352

＊先秦韵讀　〔續修〕248

先進遺風　〔文淵〕1041〔文津〕1045〔文瀾〕1068〔著錄〕子部242

先聖大訓　〔文淵〕706〔文津〕708〔文瀾〕721〔珍本〕七集117－119〔著錄〕子部251

先撥志始　〔存目〕史部55〔續修〕437

先醒齋廣筆記　〔文淵〕775〔文津〕776〔文瀾〕792〔珍本〕四集148

先儒正修錄、先儒齊治錄　〔存目〕子部23

舌

舌華錄　〔存目〕子部143

舌擊編　〔未收〕二輯21

舌鑑辨正　〔續修〕999

竹

竹下寱言　〔存目〕子部84

竹山詞　〔文淵〕1488〔文津〕1493〔文瀾〕1538〔著錄〕集部219

竹友集　〔文淵〕1122〔文津〕1126〔文瀾〕1152〔薈要〕387

竹初詩鈔、竹初文鈔　〔續修〕1460

竹坡老人詩話　〔著錄〕集部331

竹坡詞　〔文淵〕1487〔文津〕1492〔文瀾〕1537〔著錄〕集部218

竹坡詩話　〔文淵〕1480〔文津〕1485〔文瀾〕1530

竹坡類藁　〔續修〕1320

竹林寺女科秘傳　〔續修〕1008

竹林答問　〔未收〕九輯30

竹居集　〔存目〕集部25

竹垞文類　〔存目〕集部248

竹香詩集選　〔存目〕集部280

竹香齋文錄　〔續修〕1672

竹香齋古文　〔未收〕十輯18

竹香齋象戲譜　〔續修〕1105－1106

竹洲文集　〔著錄〕集部51

竹洲集　〔文淵〕1142〔文津〕1146〔文瀾〕1174〔珍本〕四集270

竹屋癡語　〔文淵〕1488〔文津〕1493〔文瀾〕1538〔著錄〕集部219

竹素山房詩集　〔文淵〕1195〔文津〕1199〔文瀾〕1230〔珍本〕十二集171〔著錄〕

集部 394

竹素堂藏稿 〔存目〕集部 172

竹莊詩話 〔文淵〕1481 〔文津〕1486 〔文瀾〕1531 〔珍本〕初集 399–400

竹軒詩稿 〔續修〕1458

竹軒雜著 〔文淵〕1140 〔文津〕1144 〔文瀾〕1171 〔珍本〕別輯 328 〔底本〕集部 71 〔著錄〕集部 96

竹書紀年(沈約) 〔文淵〕303 〔文津〕298 〔文瀾〕296 〔著錄〕史部 45

竹書紀年(陳詩) 〔未收〕三輯 12

竹書紀年(張宗泰) 〔未收〕三輯 12

竹書紀年(雷學淇) 〔未收〕三輯 12

竹書紀年(趙紹祖) 〔未收〕三輯 12

竹書紀年集證、集説、叙略 〔續修〕335

竹書紀年統箋 〔著錄〕史部 45

竹書紀年辨正 〔未收〕三輯 12

竹書統箋 〔文淵〕303 〔文津〕298 〔文瀾〕296 〔珍本〕六集 60–61

竹梧書屋詩稿、外集 〔未收〕八輯 28

竹葉亭雜記 〔續修〕1139

竹葉庵文集 〔續修〕1449

竹雲題跋 〔文淵〕684 〔文津〕684 〔文瀾〕698 〔珍本〕十一集 100 〔著錄〕史部 159

竹裕園筆語集 〔存目〕子部 165

*竹塢聽琴 〔續修〕1763

竹溪鬳齋十一稿續集 〔文淵〕1185 〔文津〕1189 〔文瀾〕1221 〔著錄〕集部 27

竹溪鬳齋文集 〔珍本〕二集 314–316

竹澗先生文集、奏議 〔底本〕集部 153 〔著錄〕集部 69

竹澗集、奏議 〔文淵〕1266 〔文津〕1270 〔文瀾〕1303 〔珍本〕四集 353–354

竹嘯餘音 〔未收〕八輯 26

竹嶼山房雜部 〔文淵〕871 〔文津〕873 〔文瀾〕891 〔珍本〕二集 211–212

竹窗詞、蔬香詞 〔未收〕九輯 30

竹隱畸士集 〔文淵〕1124 〔文津〕1128 〔文瀾〕1154 〔珍本〕初集 266–267

竹谿先生文集、樂府 〔著錄〕集部 421

竹谿樂府 〔著錄〕集部 465

竹齋集、續集 〔文淵〕1233 〔文津〕1237 〔文瀾〕1268

竹齋詩集 〔文淵〕1169 〔文津〕1173 〔文瀾〕1203 〔珍本〕十集 235

竹齋詩集、續集 〔著錄〕集部 261

竹齋詩餘 〔文淵〕1488 〔文津〕1493 〔文瀾〕1538 〔著錄〕集部 219

竹譜(李衎) 〔文淵〕814 〔文津〕816 〔文瀾〕833 〔珍本〕別輯 204–205

竹譜(陳鼎) 〔存目〕子部 81 〔續修〕1117

竹譜(戴凱之) 〔文淵〕845 〔文津〕847 〔文瀾〕863 〔著錄〕子部 162

竹譜詳録 〔著錄〕子部 150

竹懶畫媵、續畫媵 〔存目〕子部 72

竹巖集 〔文淵〕1246 〔文津〕1250 〔文瀾〕1282 〔珍本〕四集 329 〔著錄〕集部 66 〔續修〕1329

竹巖詩草 〔未收〕十輯 18

休

休園詩餘 〔禁燬補〕76

伏

伏羲圖贊、附雜卦傳古音考 〔存目〕經部 22

伐

伐檀集 〔文淵〕1092 〔文津〕1096 〔文瀾〕1122 〔珍本〕十二集 159 〔薈要〕385

伐檀齋集 〔珍本〕二集 374 〔著錄〕集部 71

伐檀齋集、附諸名家贈答詩 〔文淵〕1285 〔文津〕1289 〔文瀾〕1323

延

延平王戶官楊英從征實録 〔續修〕444

延平李先生答問 〔著錄〕子部 11

延平答問 〔文淵〕698 〔文津〕699 〔文瀾〕712

延休堂漫録 〔存目〕子部 240

延安府志〔嘉慶〕 〔續修〕693

延祐四明志 〔文淵〕491 〔文津〕490 〔文瀾〕494 〔珍本〕六集 114–116 〔著錄〕史部 209

延綏鎮志〔康熙〕 〔存目〕史部 227

延壽第一紳言 〔存目〕子部 259

延綠閣集 〔未收〕九輯 17
延慶衛志略 〔續修〕718

仲

仲氏易 〔文淵〕41 〔文津〕36 〔文瀾〕35
〔著錄〕經部 124
仲弘集 〔薈要〕404
仲志 〔存目〕史部 78
仲景傷寒補亡論 〔續修〕984
仲蔚先生集 〔存目〕集部 140 〔續修〕1354

任

任中丞集 〔續修〕1587

仰

仰節堂集 〔文淵〕1293 〔文津〕1298 〔文
瀾〕1332 〔珍本〕三集 349 - 350 〔底本〕
集部 210 - 211 〔著錄〕集部 355

仿

仿潛齋詩鈔 〔續修〕1559 - 1560

自

自知堂集 〔存目〕集部 97
自知錄 〔禁燬補〕35
自怡集 〔文淵〕1233 〔文津〕1237 〔文瀾〕
1269 〔珍本〕四集 311 〔著錄〕集部 64
自堂存稿 〔文淵〕1189 〔文津〕1194 〔文
瀾〕1225 〔珍本〕十二集 170 〔底本〕集部
183 〔著錄〕集部 424
自得園文鈔 〔未收〕八輯 29
自愉堂集 〔存目〕集部 177
自號錄 〔續修〕1218
自鳴集 〔文淵〕1165 〔文津〕1169 〔文瀾〕
1199 〔珍本〕別輯 359
自警編 〔文淵〕875 〔文津〕877 〔文瀾〕895
〔珍本〕三集 213 - 214 〔底本〕子部 37 -
38 〔著錄〕子部 306

伊

伊川易傳 〔文淵〕9 〔文津〕4 〔文瀾〕3
伊川程先生周易經傳、上下篇義 〔著
錄〕經部 141

伊川擊壤集、集外詩 〔著錄〕集部 6
伊江筆錄 〔續修〕1177
伊洛淵源錄 〔文淵〕448 〔文津〕447 〔文
瀾〕448 〔著錄〕史部 16
伊洛淵源續錄（張伯行） 〔存目〕史部
125
伊洛淵源續錄（謝鐸） 〔存目〕史部 88
伊濱集 〔文淵〕1208 〔文津〕1212 〔文瀾〕
1243 〔珍本〕初集 351 - 352

血

血證論、醫學一見能 〔續修〕1006

向

向湖邨舍詩初集 〔續修〕1575

似

似齋詩存 〔未收〕七輯 28

行

行水金鑑 〔文淵〕580 - 582 〔文津〕580 -
582 〔文瀾〕589 - 591 〔著錄〕史部 247 -
249
行在陽秋 〔續修〕444
行年錄 〔存目〕子部 231 - 232
行朝錄 〔續修〕442
行朝錄、附三藩偶記 〔禁燬〕史部 44

礀

礀齋文集、詩集 〔續修〕1532

舟

舟車集、後集、集唐 〔存目〕集部 258
舟師繩墨 〔續修〕967

全

全上古三代秦漢三國六朝文 〔續修〕
1603 - 1608
全史日至源流 〔文淵〕796 〔文津〕796 -
797 〔文瀾〕813 〔珍本〕五集 211 - 217
〔著錄〕子部 354
全史吏鑑 〔未收〕二輯 26
全史宮詞 〔未收〕二輯 30

全史論贊　〔存目〕史部 140

全生指迷方　〔文淵〕741　〔文津〕740　〔文淵〕755　〔珍本〕別輯 179

全幼心鑑　〔續修〕1010

全芳備祖集　〔文淵〕935　〔文津〕938　〔文淵〕956　〔珍本〕五集 236－243

全室外集、續集　〔珍本〕六集 265

全室外集、續篇　〔文淵〕1234　〔文津〕1239　〔文瀾〕1270

全陜政要　〔存目〕史部 188

全桐紀略　〔未收〕二輯 21

全校水經注　〔未收〕二輯 24

全唐文紀事　〔續修〕1716－1717

全唐詩　〔著錄〕集部 182－189

全唐詩話　〔存目〕集部 415

全唐詩説、詩評、文評　〔存目〕集部 417

全浙兵制　〔存目〕子部 31

全浙詩話　〔續修〕1703

全蜀藝文志(周復俊)　〔文淵〕1381　〔文津〕1384－1385　〔文瀾〕1425－1426

全蜀藝文志(楊慎)　〔著錄〕集部 414

全閩詩話　〔文淵〕1486　〔文津〕1491　〔文瀾〕1536　〔珍本〕十集 361－366　〔著錄〕集部 217　〔續修〕1702

全謝山先生經史問答　〔續修〕1147

*全燬書目　〔續修〕921

全邊略記　〔續修〕738　〔禁燬〕史部 11

合

合例判慶雲集　〔未收〕四輯 19

合併字學篇韻便覽　〔存目〕經部 193

合併黃離草　〔禁燬〕集部 13－14

合肥學舍札記　〔續修〕1157

合刻周張兩先生全書　〔存目〕子部 2

合訂删補大易集義粹言　〔文淵〕45－46　〔文津〕40－41　〔文瀾〕38－39　〔著錄〕經部 124－125

邠

邠州石室録　〔續修〕909

危

危太樸雲林集　〔著錄〕集部 113

危學士全集　〔存目〕集部 24

旭

旭華堂文集　〔存目〕集部 247

名

名山勝概記、圖　〔存目〕史部 252－254

名山游記　〔續修〕737

名山游記八種　〔存目〕史部 251

名山藏　〔續修〕425－427　〔禁燬〕史部 46－48

名公書判清明集　〔存目〕子部 37　〔續修〕973

名文寶符　〔禁燬〕集部 154

名世編　〔存目〕史部 110

名臣碑傳琬琰集　〔文淵〕450　〔文瀾〕450　〔珍本〕十一集 53－59

名臣經濟録　〔文淵〕443　〔文津〕442　〔文瀾〕444－445　〔珍本〕三集 131－140

名臣寧攘要編□□種　〔禁燬補〕16

名花譜　〔存目〕子部 82

名物通　〔存目〕子部 221

名物類考　〔存目〕子部 179

名相贊　〔存目〕史部 88

名馬記、續　〔續修〕1119

名原　〔未收〕十輯 2

名家表選　〔存目補〕13

名家詞鈔　〔存目補〕45－46

名家詩選、閨秀　〔禁燬〕集部 170

名媛詩話、續集　〔續修〕1706

名媛詩歸　〔存目〕集部 339

名義考　〔文淵〕856　〔文津〕858　〔文瀾〕876　〔珍本〕五集 233－234　〔著錄〕子部 55

名疑　〔文淵〕952　〔文津〕955　〔文瀾〕975　〔珍本〕十集 193－194　〔著錄〕子部 330

名賢氏族言行類稿　〔文淵〕933　〔文津〕936－937　〔文瀾〕954　〔珍本〕初集 239－242

名學　〔續修〕1297

名醫方論　〔續修〕1002

名醫類案　〔文淵〕765　〔文津〕766－767　〔文瀾〕782　〔珍本〕六集 195－199　〔著錄〕子部 353

名蹟録 〔文淵〕683 〔文津〕682 〔文瀾〕696
　〔珍本〕二集 145 〔著録〕史部 393

多

多能鄙事 〔存目〕子部 117 〔續修〕1185
多歲堂詩集、載賡集、附試律詩集、賦
　集 〔續修〕1483
多識編 〔存目〕經部 62

争

争報恩三虎下山雜劇 〔續修〕1760

冲

冲菴顧先生撫遼奏議 〔存目〕史部 62
　〔續修〕478

冰

冰川詩式 〔存目〕集部 417
冰玉堂詩草 〔未收〕五輯 24
冰玉堂綴逸稿、蘭舟漫稿、附二餘詞
　〔存目〕集部 96
冰言、冰言補 〔未收〕九輯 15
冰雪攜三選稿 〔禁燬補〕51
冰署筆談 〔禁燬補〕34
冰齋文集 〔存目〕集部 260

亦

亦玉堂稿 〔文淵〕1288 〔文津〕1292 〔文
　瀾〕1326 〔珍本〕五集 367 〔著録〕集部
　124
亦有生齋集 〔續修〕1469－1470
亦政堂訂正瀛涯勝覽 〔續修〕742
亦園全集 〔禁燬〕集部 86
亦廬詩集 〔存目〕集部 277

交

交山平寇本末、附詳文、書牘、詩 〔存
　目〕史部 56
交友論 〔存目〕子部 93
交食通軌、日食通軌、月食通軌、四餘通
　軌、五星通軌 〔續修〕1031
交食捷算 〔未收〕四輯 26

交食曆書 〔續修〕1040
交泰韻 〔存目〕經部 210 〔續修〕251
交翠軒筆記 〔續修〕1158
交翠館集 〔存目〕集部 158
交黎剿平事略 〔存目〕史部 49

次

次山集 〔文淵〕1071 〔文津〕1076 〔文瀾〕
　1101 〔薈要〕360
次柳氏舊聞 〔文淵〕1035 〔文津〕1039 〔文
　瀾〕1062 〔著録〕子部 110

衣

衣讔山房詩集 〔續修〕1530

妄

妄妄録 〔續修〕1270

米

米元章書史 〔著録〕子部 149
＊米襄陽外紀 〔存目〕史部 86
米襄陽志林、米襄陽遺集、海嶽名言、寶
　章待訪録、研史 〔存目〕史部 84

州

州縣提綱 〔文淵〕602 〔文津〕602 〔文瀾〕
　612 〔珍本〕別輯 144
州縣須知 〔未收〕四輯 19

汗

汗簡 〔著録〕經部 29
汗簡、目録叙略 〔文淵〕224 〔文津〕219
　〔文瀾〕217
汗簡箋正 〔續修〕240

江

江山人集 〔存目〕集部 143
江止庵遺集 〔未收〕六輯 28
江月松風集 〔文淵〕1217 〔文津〕1222 〔文
　瀾〕1253 〔著録〕集部 112
江氏音學十書 〔續修〕248
江文通集 〔文淵〕1063 〔文津〕1067 〔文

瀾]1092

江心志 〔存目〕史部 245

江左十五子詩選 〔存目〕集部 386

江左三家詩鈔 〔禁燬〕集部 39

江右名賢編 〔存目補〕74

江北運程 〔未收〕五輯 7－8

江令君集 〔續修〕1587

江西考古録 〔未收〕一輯 27

江西通志 〔文淵〕513〔文津〕513〔文瀾〕518－524

江西通志[嘉靖] 〔存目〕史部 182－183

江西通志[雍正] 〔著録〕史部 232－237

江西通志[光緒] 〔續修〕656－660

江西詩社宗派圖録 〔續修〕1698

江西詩徵、附刻 〔續修〕1688－1690

江邨銷夏録 〔文淵〕826〔文津〕828〔文瀾〕845〔著録〕子部 304

＊江州司馬青衫淚 〔續修〕1760〔續修〕1763

江州司馬青衫淚雜劇 〔續修〕1761

江汝社稿 〔未收〕六輯 24

江防考 〔存目〕史部 226

江防總論、海防總論 〔存目〕史部 227

江辰六文集 〔禁燬〕集部 130

江表志 〔文淵〕464〔文津〕463〔文瀾〕465〔著録〕史部 94

江東十鑑 〔存目〕子部 30〔續修〕959

江東白苧、續江東白苧 〔續修〕1739

江東樂府 〔禁燬補〕57

江泠閣文集、續 〔存目〕集部 236

江泠閣詩集 〔存目〕集部 236

江城名蹟 〔文淵〕588〔文津〕588〔文瀾〕597〔珍本〕五集 101

江城名蹟記 〔著録〕史部 251

江南別録 〔文淵〕464〔文津〕463〔文瀾〕465〔著録〕史部 205

江南春詞 〔存目〕集部 292

江南星野辨 〔存目〕史部 249

江南通志 〔文淵〕507〔文津〕507－513〔文瀾〕512－517

江南通志[乾隆] 〔著録〕史部 226－231

江南野史 〔文淵〕464〔文津〕463〔文瀾〕465〔珍本〕十一集 69〔著録〕史部 205

江南魚鮮品 〔續修〕1120

江南催耕課稻編 〔續修〕977

江南經略 〔文淵〕728〔文津〕727〔文瀾〕742〔珍本〕二集 179－181〔著録〕子部 131

江南製造局記 〔續修〕860

江南餘載 〔文淵〕464〔文津〕463〔文瀾〕465〔珍本〕別輯 128

江都縣志[萬曆] 〔存目〕史部 202

江淮異人録 〔文淵〕1042〔文津〕1047〔文瀾〕1070〔珍本〕別輯 236〔著録〕子部 243

江皋小築集 〔存目〕集部 327

江湖小集 〔文淵〕1357〔文津〕1361〔文瀾〕1399〔珍本〕七集 267－276〔底本〕集部 219－223〔著録〕集部 299

江湖長翁文集 〔著録〕集部 55

江湖長翁集 〔文淵〕1166〔文津〕1170〔文瀾〕1200〔珍本〕五集 279－283

江湖後集 〔文淵〕1357〔文津〕1362〔文瀾〕1400〔珍本〕十一集 197－198

江湖閒吟 〔存目補〕9

江鄰幾雜志 〔著録〕子部 331

江漢叢談 〔文淵〕590〔文津〕590〔文瀾〕598〔著録〕史部 252

江寧金石記、江寧金石待訪目 〔續修〕910

江聲草堂詩集 〔存目〕集部 274

江醴陵集 〔續修〕1586

江變紀略 〔禁燬〕史部 6

汲

汲古堂集 〔禁燬〕集部 177

汲古閣珍藏秘本書目 〔續修〕920

汲古閣説文訂 〔續修〕204

汲冢周書 〔著録〕史部 189

汲冢紀年存真、周年表 〔續修〕336

池

池北偶談 〔文淵〕870〔文津〕872〔文瀾〕890〔著録〕子部 78

汝

汝水巾譜 〔存目〕子部 79

汝南圃史　〔存目〕子部 81　〔續修〕1119

汝南遺事(王鶚)　〔文淵〕408　〔文津〕406
　〔文瀾〕407　〔珍本〕別輯 123

汝南遺事(李本固)　〔存目〕子部 243

守

守令懿範　〔存目〕史部 95

守汴日志　〔存目〕史部 55

守官漫録　〔禁燬〕子部 37

守城録　〔珍本〕別輯 167　〔著録〕子部 14

守城録、靖康朝野僉言後序、守城機要、
　建炎德安守禦録　〔文淵〕727　〔文津〕
　727　〔文瀾〕741

守柔齋行河草　〔續修〕1530

守柔齋詩鈔初集、續集　〔續修〕1530

守約堂詩稿　〔未收〕十輯 29

守圉全書　〔禁燬補〕32－33

守郿紀略　〔存目〕史部 55

守意龕詩集　〔續修〕1474

宅

宅經　〔文淵〕808　〔文津〕809　〔文瀾〕826

字

字考啓蒙　〔存目〕經部 190

字林考逸　〔續修〕236

字林經策萃華　〔未收〕六輯 4

字典考證　〔未收〕九輯 3

字通　〔文淵〕226　〔文津〕221　〔文瀾〕218
　〔著録〕經部 30

字貫提要　〔禁燬〕經部 10

字詁　〔文淵〕222　〔文津〕217　〔文瀾〕215
　〔珍本〕十一集 25

字義總略　〔存目〕經部 191

字溪集　〔文淵〕1183　〔文津〕1187　〔文瀾〕
　1218〔珍本〕初集 329－330　〔底本〕集部
　178－179　〔著録〕集部 444

字彙、附韻法直圖、韻法橫圖　〔續修〕
　232－233

字彙補　〔續修〕233

字學三正　〔未收〕二輯 14

字學正本　〔存目〕經部 205

字學指南　〔存目〕經部 192　〔續修〕238

字辨　〔存目〕經部 203

字辨證篆　〔續修〕240

字觸　〔未收〕三輯 24

字觸補　〔未收〕六輯 18

字寶(敦煌殘卷)　〔續修〕236

字鑑　〔文淵〕228　〔文津〕223　〔文瀾〕220
　〔珍本〕九集 89　〔著録〕經部 30

字學　〔文淵〕228　〔文瀾〕220　〔珍本〕十二
　集 21

字學、篆體偏旁點畫辨訣　〔著録〕經部
　179

安

安分先生集　〔存目〕集部 26

安正忘筌集　〔續修〕934

安丘縣志[萬曆]　〔存目〕史部 200

安老懷幼書　〔存目〕子部 42

安危注　〔存目〕史部 110

安序堂文鈔　〔存目〕集部 229

安岳集　〔文淵〕1098　〔文津〕1101　〔文瀾〕
　1127　〔珍本〕三集 241

安岳馮公太師文集　〔著録〕集部 44

安定先生周易口義、繫辭、説卦、序卦、雜
　卦　〔著録〕經部 51

安居金鏡　〔續修〕1052

安南志略　〔文淵〕464　〔文津〕464　〔文瀾〕
　466　〔珍本〕七集 86　〔著録〕史部 413

安南使事紀要　〔存目〕史部 56

安南奏議　〔存目〕史部 49

安南紀遊　〔存目〕史部 256

安般簃詩續鈔　〔續修〕1565

安陸集　〔文淵〕1487　〔文津〕1492　〔文瀾〕
　1537　〔著録〕集部 217

安晚堂集　〔文淵〕1176　〔文津〕1180　〔文
　瀾〕1211　〔珍本〕三集 245

安晚堂詩集　〔著録〕集部 423

安得長者言　〔存目〕子部 94

安陽集　〔文淵〕1089　〔文津〕1093　〔文瀾〕
　1118　〔珍本〕四集 230－232　〔薈要〕368
　〔著録〕集部 3

安陽縣金石録　〔續修〕913

安雅堂文集　〔續修〕1404－1405

安雅堂未刻稿、入蜀集　〔續修〕1405
安雅堂集　〔文淵〕1213〔文津〕1216〔文瀾〕1248〔珍本〕二集338－339〔薈要〕407〔著録〕集部60
安雅堂詩　〔續修〕1404
安雅堂詩、文集、重刻安雅堂文集、安雅堂書啓、安雅堂未刻稿、入蜀集、二鄉亭詞、祭皋陶　〔存目補〕2
安雅堂稿　〔續修〕1387－1388
安禄山事迹　〔存目〕史部128
安禄山事迹、校記　〔續修〕550
安楚録　〔存目〕史部46〔續修〕433
安愚齋集　〔續修〕1467
安溪先生註解正蒙　〔著録〕子部249
安慶府志［正德］　〔存目〕史部185
安龍逸史　〔禁燬〕史部19
安徽金石略　〔續修〕912
安邊書　〔禁燬補〕22

冝

冝紊録　〔存目〕子部95

聿

聿修堂集　〔存目〕集部213

那

那文毅公奏議　〔續修〕495－497

艮

艮宧易説　〔續修〕34
艮齋文選、卧象山房賦集、文集、滇南集、卧象山房詩集、滇行日記　〔存目〕集部250
艮齋先生薛常州浪語集　〔著録〕集部97
艮齋詩集　〔文淵〕1205〔文津〕1209〔文瀾〕1240〔珍本〕初集349〔著録〕集部446
艮齋雜説　〔續修〕1136

阮

阮氏七録、附考　〔續修〕919
阮氏筆訓　〔未收〕七輯11

阮步兵集　〔續修〕1584
阮亭選古詩五言詩、七言詩　〔存目補〕42

艸

艸亭先生集、年譜　〔續修〕1416

防

防守集成　〔未收〕七輯12
防河奏議　〔續修〕494
防海紀略　〔續修〕445

如

如來香　〔未收〕七輯13
如宜方　〔存目〕子部41
如面談　〔禁燬補〕52
如面譚二集　〔禁燬補〕52－53
如積引蒙　〔續修〕1046

羽

羽王先生集　〔存目補〕54
羽庭集　〔文淵〕1216〔文津〕1220〔文瀾〕1251〔珍本〕別輯391－392〔底本〕集部105〔著録〕集部348
羽扇譜　〔續修〕1111

牟

牟氏陵陽集　〔文淵〕1188〔文津〕1192〔文瀾〕1223

巡

巡按江西監察御史王萬象題本　〔未收〕四輯19
巡臺録　〔續修〕881
巡憲楊公保台實績録　〔存目〕史部86

七畫

形

形聲類篇、餘論、校勘　〔續修〕247

戒

戒山文存、詩存、熙朝聖德詩、河工見聞

録 〔存目〕集部 240

戒子通録 〔文淵〕703〔文津〕704〔文瀾〕718〔珍本〕初集 164

戒菴文集 〔存目〕集部 45

戒菴老人漫筆 〔存目〕子部 111〔續修〕1173

吞

吞松閣集 〔未收〕十輯 14

扶

扶荔詞 〔續修〕1724

批

批點分格類意句解論學繩尺、諸先生論訣 〔著録〕集部 141

批點分類誠齋先生文膾前集、後集 〔存目〕集部 16

批點史記瑣瑣 〔存目〕史部 1

攻

攻媿先生文集 〔底本〕集部 19－26〔著録〕集部 52－53

攻媿集 〔文淵〕1152－1153〔文津〕1156－1158〔文瀾〕1185－1186

赤

赤水玄珠 〔文淵〕766〔文津〕767－768〔文瀾〕783－784〔珍本〕五集 174－181〔著録〕子部 17－18

赤松山誌 〔文淵〕585〔文津〕585〔文瀾〕593

赤城志 〔文淵〕486〔文津〕486〔文瀾〕488〔珍本〕十一集 70－72

赤城志〔嘉定〕 〔著録〕史部 36－37

赤城集 〔文淵〕1356〔文津〕1360〔文瀾〕1398〔珍本〕十集 278－280〔底本〕集部 218－219〔著録〕集部 76

赤城新志〔弘治〕 〔存目〕史部 177

赤城論諫録 〔存目〕史部 69

赤雅 〔文淵〕594〔文津〕595〔文瀾〕603〔著録〕史部 253

赤嵌集 〔存目補〕53

＊赤壁遊 〔續修〕1765

折

折中曆法 〔存目〕子部 55〔續修〕1039

折肱漫録 〔存目〕子部 48〔續修〕1028

折獄巵言 〔存目〕子部 37

折獄新語 〔續修〕972

折獄龜鑑 〔著録〕子部 46

折獄鑑 〔文淵〕729〔文津〕729〔文瀾〕743〔珍本〕別輯 167－168

折獄鑑補 〔續修〕973

孝

孝友傳 〔存目〕史部 116

孝思堂文集、詩集、聯集 〔未收〕五輯 29

孝紀、拾遺 〔存目〕史部 88

孝詩 〔文淵〕1183〔文津〕1187〔文瀾〕1218〔著録〕集部 104

孝義真蹟珍珠塔 〔續修〕1745

孝肅包公奏議集 〔著録〕史部 28

孝經 〔存目〕經部 146〔續修〕151

孝經三本管窺 〔存目〕經部 146

孝經大全、或問、孝經翼 〔續修〕151

孝經大義 〔文淵〕182〔文津〕177〔文瀾〕173〔著録〕經部 91

孝經內外傳、孝經正文 〔續修〕152

孝經刊 〔文淵〕182〔文津〕177〔文瀾〕173

孝經刊誤 〔著録〕經部 23

孝經正文、孝經內外傳 〔存目〕經部 146

孝經古微 〔未收〕二輯 12

孝經本義（胡時化） 〔續修〕151

孝經本義（姜兆錫） 〔存目〕經部 146

孝經存解 〔未收〕二輯 12

孝經述、附辯義 〔未收〕一輯 7

孝經述註（丁晏） 〔續修〕152

孝經述註（項霦） 〔文淵〕182〔文津〕177〔文瀾〕173〔珍本〕別輯 48

孝經易知 〔未收〕三輯 9

孝經注疏、附考證 〔文淵〕182〔文津〕177〔文瀾〕173

孝經注疏、傳述人、注疏序、原序 〔薈要〕68

孝經宗旨 〔存目〕經部 146

孝經定本 〔文淵〕182〔文津〕177〔文瀾〕173

孝經指解 〔文淵〕182〔文津〕177〔文瀾〕173

孝經衍義 〔著録〕子部 258－259

孝經通釋、總論 〔存目〕經部 146

孝經問 〔文淵〕182〔文津〕177〔文瀾〕173〔著録〕經部 91

孝經章句 〔存目〕經部 146

孝經集注述疏、附讀書堂答問 〔未收〕六輯 3

孝經集註 〔著録〕經部 23

孝經集傳 〔文淵〕182〔文津〕177〔文瀾〕173〔著録〕經部 91

孝經集解 〔續修〕152

孝經集證 〔續修〕152

孝經集靈 〔存目〕子部 247

孝經註疏 〔著録〕經部 91

孝經註解 〔著録〕經部 91

孝經詳説 〔存目〕經部 146〔續修〕152

孝經義疏補 〔續修〕152

孝經彙纂 〔未收〕二輯 12

孝經疑問 〔存目〕經部 146

孝經精義、後録、或問、原孝、餘論 〔續修〕152

孝經學 〔續修〕152

孝經總類 〔續修〕151

孝經贊義 〔續修〕151

孝經類解 〔存目〕經部 146

均

均藻 〔存目〕子部 177〔續修〕1232

抑

抑菴文集、後集 〔文淵〕1241－1242〔文津〕1245〔文瀾〕1277－1278〔珍本〕八集 168－181

投

投梭記 〔續修〕1771

投壺考原 〔續修〕1106

投筆集箋註 〔續修〕1391

投轄録 〔文淵〕1038〔文津〕1042〔文瀾〕1066〔著録〕子部 220

坊

坊表録 〔未收〕二輯 23

坊記集傳、坊記春秋問業 〔文淵〕122〔文津〕118〔文瀾〕116〔著録〕經部 69

坊記新解 〔續修〕107

志

志雅堂雜鈔 〔存目〕子部 101

志道集 〔存目〕集部 15

志遠齋史話 〔續修〕451

志寧堂稿 〔未收〕九輯 23

志壑堂詩集、文集、詩後集、文後集、辛酉同遊倡和詩餘後集、阮亭選志壑堂詩 〔存目〕集部 217

劫

劫餘詩選 〔續修〕1531

芙

芙蓉山館全集 〔續修〕1477

芙蓉集 〔存目〕集部 238

邯

邯鄲記 〔續修〕1770

邯鄲道省悟黃粱夢雜劇 〔續修〕1761

芸

芸心識餘、續 〔存目〕子部 125

芸居乙藁 〔續修〕1318

芸香堂詩集 〔未收〕十輯 28

芸庵類藁 〔文淵〕1159〔文津〕1163〔文瀾〕1192

芸庵類藁 〔珍本〕初集 305

芸窗易草 〔未收〕一輯 2

芸隱勃游藁、横舟藁 〔著録〕集部 423

芸隱横舟稿、倦遊稿 〔文淵〕1182〔文津〕1186〔文瀾〕1217〔珍本〕九集 255

芷

芷園素社痎瘧論疏、疏方 〔著録〕子部

267

芷園臆草存案 〔續修〕1027

花

花王閣賸稿 〔存目〕集部 193
花木小志 〔續修〕1117
花木鳥獸集類 〔文淵〕1034 〔文津〕1038
　〔文瀾〕1061 〔珍本〕二集 245
花甲閒談 〔未收〕十輯 3
花史 〔續修〕1116
花史左編 〔存目〕子部 82 〔續修〕1117
花外集 〔續修〕1723
花妥樓詩 〔未收〕九輯 29
花宜館詩鈔、續存、無腔村笛 〔續修〕
　1521
花草蒙拾 〔續修〕1733
花草粹編 〔文淵〕1490 〔文津〕1494 – 1495
　〔文瀾〕1540
花草粹編 〔著録〕集部 220
＊花前一笑 〔續修〕1763
＊花舫緣 〔續修〕1764
花部農譚 〔續修〕1759
花菴詞選、續集 〔文淵〕1489 〔文津〕1494
　〔文瀾〕1539
花間四友東坡夢雜劇 〔續修〕1762
花間堂詩鈔 〔未收〕九輯 22
花間集 〔文淵〕1489 〔文津〕1493 〔文瀾〕
　1538 〔著録〕集部 333
花當閣叢談 〔續修〕1175
花備月令 〔續修〕1119
花溪集 〔文淵〕1221 〔文津〕1225 〔文瀾〕
　1256 〔珍本〕九集 257
花語山房詩文小鈔、燕京賦 〔存目〕集部
　275
花裹活 〔存目〕子部 82
花編 〔未收〕三輯 30

芥

芥舟學畫編 〔續修〕1068
芥浦詩刪 〔禁燬〕集部 133
芥隱筆記 〔文淵〕852 〔文津〕854 〔文瀾〕
　872 〔著録〕子部 164

芬

芬陀利室詞集 〔續修〕1726
芬陀利室詞話 〔續修〕1735

芳

芳谷文集 〔底本〕集部 185 〔著録〕集部
　446
芳谷集 〔文淵〕1202 〔文津〕1206 〔文瀾〕
　1237
芳洲文集、附再和東行百詠集句、芳洲先
　生年譜 〔存目〕集部 31
芳洲文集、詩集 〔續修〕1327
芳洲文集續編 〔續修〕1328
芳蘭軒集 〔文淵〕1171 〔文津〕1175 〔文
　瀾〕1205 〔珍本〕十一集 169 〔底本〕集部
　83 〔著録〕集部 423

克

克庵先生尊德性齋小集 〔續修〕1318
克齋集 〔文淵〕1171 〔文津〕1175 〔文瀾〕
　1205 〔珍本〕二集 301
克齋詞 〔文淵〕1488 〔文津〕1492 〔文瀾〕
　1537 〔著録〕集部 218

杜

杜工部七言律詩 〔存目〕集部 3
杜工部年譜 〔文淵〕446 〔文津〕445 〔文
　瀾〕447
杜工部草堂年譜(趙子櫟) 〔續修〕1307
杜工部草堂詩年譜(趙子櫟) 〔著録〕史
　部 201
杜工部草堂詩年譜(魯訔) 〔著録〕史部
　201
杜工部草堂詩話 〔著録〕集部 331
杜工部草堂詩話(蔡夢弼) 〔續修〕1307
杜工部草堂詩箋 〔續修〕1307
杜工部集、年譜、諸家詩話、唱酬題詠附
　録 〔續修〕1308 〔禁燬〕集部 40
杜工部詩年譜 〔文淵〕446 〔文津〕445
　〔文瀾〕447 〔珍本〕七集 78
杜工部詩通 〔存目〕集部 4
杜工部詩集、集外詩、文集、年譜 〔禁燬

補]81

杜工部詩説、杜詩概説 〔存目〕集部 5

杜氏通典 〔著録〕史部 116－118

杜曲集 〔禁燬〕集部 71

*杜牧之詩酒揚州夢 〔續修〕1760

杜牧之詩酒揚州夢雜劇 〔續修〕1761

杜律詳解 〔存目〕集部 8

杜律意註 〔存目〕集部 4

杜律意箋 〔存目〕集部 5

杜清獻公集 〔著録〕集部 102

杜陽雜編 〔文淵〕1042 〔文津〕1046 〔文瀾〕1070 〔著録〕子部 243

杜詩分類 〔存目〕集部 5

杜詩言志 〔續修〕1700

杜詩附記 〔續修〕1704

杜詩鈔述註 〔存目〕集部 4

杜詩會粹、年譜 〔存目〕集部 6

杜詩詳註 〔文淵〕1070 〔文津〕1074－1075 〔文瀾〕1099－1100 〔珍本〕七集 181－192 〔著録〕集部 82

杜詩論文 〔存目〕集部 7

杜詩闡 〔存目〕集部 7－8 〔續修〕1308

杜詩攟 〔文淵〕1070 〔文津〕1074 〔文瀾〕1099 〔珍本〕三集 232

杜韓詩句集韻 〔存目〕子部 236

杜谿文稿、附白柴古文稿 〔禁燬〕集部 130

杜臆、附管天筆記外編 〔續修〕1307

*杜蘂娘智賞金線池 〔續修〕1763

杜蘂娘智賞金線池雜劇 〔續修〕1762

杕

杕左堂集詩、詞 〔存目〕集部 255

杏

杏花邨志 〔續修〕717

杏花邨志［康熙］ 〔存目〕史部 245

杏村詩集 〔存目〕集部 234

杏東先生文集 〔存目〕集部 68

杏庭摘稿 〔文淵〕1212 〔文津〕1216 〔文瀾〕1247 〔珍本〕三集 281 〔著録〕集部 348

杏溪傅氏禹貢集解 〔著録〕經部 46

杞

杞田集 〔未收〕七輯 28

杞紀 〔存目〕史部 214

李

李于田詩集 〔存目〕集部 163

李于鱗唐詩廣選 〔存目補〕34

李小有詩紀、葭園唱和、牧懷詩紀、媚獨齋詩集 〔未收〕六輯 29

李山人詩 〔存目〕集部 187

李及泉先生奏議 〔存目〕史部 64

李元賓文集 〔底本〕集部 161

李元賓文編、外編 〔文淵〕1078 〔文津〕1082 〔文瀾〕1108 〔底本〕集部 55 〔著録〕集部 2

李五峰集 〔著録〕集部 111

李太仆恬致堂集 〔禁燬〕集部 64－65

*李太白匹配金錢記 〔續修〕1763

李太白匹配金錢記雜劇 〔續修〕1760

李太白文集 〔文淵〕1066 〔文津〕1070 〔文瀾〕1095 〔珍本〕十一集 159－160 〔著録〕集部 419 〔著録〕集部 81

李太白集分類補注 〔文淵〕1066 〔文津〕1070 〔文瀾〕1095

李太白集分類補註（分類補註李太白集） 〔薈要〕359

李太白集註 〔文淵〕1067 〔文津〕1071 〔文瀾〕1096

李中麓閒居集 〔存目〕集部 92－93 〔續修〕1340－1341

李介節先生全集 〔未收〕七輯 19

李氏山房詩選 〔存目〕集部 119

李氏易傳校 〔續修〕38

李氏易解賸義 〔續修〕27

李氏居室記 〔存目補〕95

李氏音鑑 〔續修〕260

李氏焚書 〔禁燬〕集部 140

李氏遺書十一種 〔續修〕1045－1046

李氏樂書六種 〔存目〕經部 183 〔續修〕114

李氏學樂録 〔文淵〕220 〔文津〕215 〔文瀾〕213 〔著録〕經部 107

李氏醫鑑、續補 〔存目〕子部 52

李氏續焚書 〔續修〕1352〔禁燬補〕72

李文公集 〔文淵〕1078〔文津〕1082〔文瀾〕1108〔著錄〕集部 85

李文忠公朋僚函稿 〔續修〕1553–1554

李文忠公奏稿 〔續修〕505–508

李文定公貽安堂集 〔存目〕集部 113

李文恭公遺集、行述 〔續修〕1523–1525

李文敏公遺集定本 〔存目〕集部 185

李文園先生全集 〔未收〕十輯 15

李文節先生燕居録、家禮、李文節集 〔禁燬〕史部 44

李文襄公年譜 〔續修〕554

李文襄公別録 〔存目〕集部 216

李文襄公奏議、奏疏、別録、年譜 〔存目〕史部 66〔續修〕493

李文饒文集、別集、外集 〔著錄〕集部 232

李北海集 〔文淵〕1066〔文津〕1070〔文瀾〕1095〔珍本〕四集 212〔著錄〕集部 335

李迂仲黄實夫毛詩集解 〔著錄〕經部 37

李延平先生文集 〔存目〕集部 15

李丞相詩集 〔續修〕1313

李杜詩選 〔存目〕集部 299

李秀成自述原稿 〔續修〕445

李長吉文集 〔著錄〕集部 420

李長吉昌谷集句解定本 〔續修〕1311

李長吉歌詩、外卷 〔著錄〕集部 232

李長吉歌詩彙解、外集 〔存目〕集部 10〔續修〕1311

李亞仙花酒曲江池雜劇 〔續修〕1760

*李亞僊花酒曲工池 〔續修〕1763

李卓吾先生批評西遊記 〔續修〕1792–1793

李卓吾先生批評忠義水滸傳、引首 〔續修〕1791–1792

李卓吾先生遺書 〔禁燬補〕72

李卓吾先生讀升菴集 〔存目〕子部 124

李忠簡公文溪存稿 〔著錄〕集部 103

李侍郎經進六朝通鑑博議 〔著錄〕史部 266

李草閣詩集、拾遺、文集、筠谷詩集 〔著錄〕集部 261

李相國論事集 〔文淵〕446〔文津〕444〔文瀾〕447〔珍本〕四集 112

李宮保湘洲先生集 〔存目〕集部 173

李素蘭風月玉壺春雜劇 〔續修〕1761

李師師外傳 〔續修〕1783

李恕谷先生年譜 〔續修〕554

李逵負荆 〔續修〕1764

李虛中命書 〔文淵〕809〔文津〕810〔文瀾〕827〔珍本〕別輯 195

李涪刊誤 〔著錄〕子部 164

李深之文集 〔著錄〕史部 31

*李密投唐 〔續修〕1782

*李雲英風送梧桐葉 〔續修〕1763

李雲英風送梧桐葉雜劇 〔續修〕1762

李溫陵外紀 〔禁燬補〕25

李溫陵集 〔存目〕集部 126〔續修〕1352

李遐叔文集 〔文淵〕1072〔文津〕1077〔文瀾〕1102〔珍本〕三集 233〔著錄〕集部 419

李詩鈔述註 〔存目〕集部 3

李詩選註、辯疑 〔續修〕1305–1306

李義山文集 〔著錄〕集部 43

李義山文集箋註 〔文淵〕1082〔文津〕1086〔文瀾〕1112〔珍本〕四集 226–227〔薈要〕366

李義山詩集 〔文淵〕1082〔文津〕1086〔文瀾〕1112

李義山詩集、李義山詩譜、諸家詩評 〔著錄〕集部 234

李義山詩集註 〔薈要〕366

李義山詩集註、詩譜 〔文淵〕1082〔文津〕1086〔文瀾〕1112

李義山詩解 〔續修〕1701

李群玉詩集、後集 〔文淵〕1083〔文津〕1087〔文瀾〕1112〔底本〕集部 1〔著錄〕集部 86

李嶠雜詠 〔續修〕1305

李徵伯存稿、東行稿 〔存目〕集部 78

李衛公問對 〔文淵〕726〔文津〕726〔文瀾〕740〔珍本〕十二集 47

李衛公望江南 〔存目〕子部 30

李衛公集別集、外集 〔薈要〕366

李學士新註孫尚書内簡尺牘 〔著錄〕集

部 341

李贄 〔存目〕史部 128

李襄敏公奏議 〔存目〕史部 61

李懷州集 〔續修〕1588

李鷺洲詩集、文集 〔存目〕集部 266

求

求一術通解 〔續修〕1047

求一算術 〔續修〕1045

求古録 〔文淵〕683〔文津〕683〔文瀾〕697
〔珍本〕十一集 100〔著録〕史部 157

求古録禮説 〔續修〕110

求表捷術 〔續修〕1047

求是堂文集 〔禁燬〕集部 141

求是堂文集、駢體文 〔續修〕1500

求是堂詩集 〔續修〕1500

求益齋文集 〔續修〕1553

求聞過齋文集 〔續修〕1501

求聞過齋詩集 〔續修〕1501

求闕齋日記類鈔 〔續修〕559

求闕齋弟子記 〔續修〕551

求闕齋讀書録 〔續修〕1161

車

車制考 〔續修〕85

車書樓選刻翰墨鼎彝 〔存目〕集部 383

車書樓纂註四六逢源 〔禁燬補〕43

車營叩答合編 〔續修〕962

甫

甫田集 〔薈要〕419〔著録〕集部 403

甫田集、附先君行略 〔文淵〕1273〔文津〕
1277〔文瀾〕1310

甫里集 〔文淵〕1083〔文津〕1087〔文瀾〕
1113〔薈要〕367

更

更生齋文録 〔續修〕1672

更生齋集 〔續修〕1468

更生齋詩餘 〔續修〕1725

吾

吾友于齋詩鈔 〔存目〕集部 273

吾吾類稿 〔文淵〕1219〔文津〕1223〔文
瀾〕1254〔珍本〕別輯 393

吾汶稿 〔文淵〕1189〔文津〕1193〔文瀾〕
1225〔珍本〕九集 256〔著録〕集部 60

吾學編 〔續修〕424－425〔禁燬〕史部 45－
46

吾學編餘 〔續修〕425〔禁燬〕史部 46

吾學録初禍 〔續修〕815

吾廬先生遺書 〔存目補〕7

酉

酉陽山人編蓬集、後集 〔存目〕集部 192

酉陽雜俎、續集 〔文淵〕1047〔文津〕1051
〔文瀾〕1076〔薈要〕278

否

否泰録 〔存目〕史部 46

夾

夾漈遺稿 〔文淵〕1141〔文津〕1145〔文
瀾〕1173〔著録〕集部 51

步

步里客談 〔文淵〕1039〔文津〕1043〔文
瀾〕1066〔珍本〕別輯 236

步堂全集 〔禁燬補〕84

肖

肖巖詩鈔、文鈔 〔續修〕1464

吳

吳下方言考 〔續修〕195

吳下冢墓遺文 〔存目〕史部 278

吳下諺聯 〔續修〕1272

吳山戲音 〔存目補〕3

吳子 〔文淵〕726〔文瀾〕740〔著録〕子部
45

吳中人物志 〔存目〕史部 97〔續修〕541

吳中水利全書 〔文淵〕578〔文津〕578－
579〔文瀾〕587〔珍本〕十一集 81－88
〔著録〕史部 245－246

吳中水利書 〔文淵〕576〔文津〕576〔文
瀾〕585〔著録〕史部 59

吳中水利通志 〔存目〕史部 221

吳中平寇記 〔未收〕三輯 13

吳中往哲記、續 〔存目〕史部 89

吳中金石新編 〔文淵〕683 〔文津〕683
〔文瀾〕696 〔珍本〕初集 159 〔著録〕史部
156

吳中舊事 〔文淵〕590 〔文津〕590 〔文瀾〕
598 〔珍本〕別輯 140 〔著録〕史部 252

吳文正集 〔文淵〕1197 〔文津〕1201 〔文
瀾〕1232 〔珍本〕二集 319 - 328

吳文恪公文集 〔禁燬〕集部 31

吳文節公遺集 〔續修〕1520

吳文肅公摘稿 〔底本〕集部 145 〔著録〕集
部 399

吳文肅摘稿 〔文淵〕1259 〔文津〕1263 〔文
瀾〕1296 〔珍本〕三集 327

吳地記、後集 〔文淵〕587 〔文津〕587 〔文
瀾〕595 〔著録〕史部 250

吳吏部集 〔禁燬〕集部 84

吳竹坡先生文集、詩集 〔存目〕集部 33

吳江水考 〔存目〕史部 221

吳邑志〔嘉靖〕 〔存目〕史部 181

吳忠節公遺集、附年譜 〔禁燬〕集部 81

吳侍御奏疏 〔存目〕史部 66

吳狀元榮進集 〔著録〕集部 397

吳風録 〔續修〕733

吳郡二科志 〔存目〕史部 90

吳郡志 〔文淵〕485 〔文津〕484 〔文瀾〕487

吳郡圖經續記 〔文淵〕484 〔文津〕484
〔文瀾〕486

吳郡樂圃朱先生餘稿、附編 〔著録〕集部
47

吳都文粹 〔文淵〕1358 〔文津〕1363 〔文
瀾〕1401 〔珍本〕六集 298 - 300 〔底本〕
集部 224 - 225 〔著録〕集部 76

吳都文粹續集 〔文淵〕1385 - 1386 〔文津〕
1388 - 1390 〔文瀾〕1430 - 1431 〔珍本〕
初集 377 - 388 〔底本〕集部 251 - 260
〔著録〕集部 78 - 79

吳都法乘 〔存目〕子部 255

吳莊介公遺集 〔禁燬〕集部 142

吳書山先生遺集 〔存目〕集部 23 〔續修〕
1325

吳船録 〔文淵〕460 〔文津〕459 〔文瀾〕461

吳淞甲乙倭變志 〔存目〕史部 54

吳越所見書畫録、書畫説鈴 〔續修〕1068

吳越春秋 〔文淵〕463 〔文津〕462 〔文瀾〕
464 〔薈要〕203 〔著録〕史部 204

吳越紀餘、附褉詠 〔存目〕史部 162

吳越備史 〔文淵〕464 〔文津〕464 〔文瀾〕
466

吳越備史、雜考 〔著録〕史部 423

吳越順存集 〔存目〕史部 123

吳朝請集 〔續修〕1587

吳疎山先生遺集 〔存目〕史部 83

吳園先生周易解 〔著録〕經部 31

吳園周易解 〔文淵〕9 〔文津〕4 〔文瀾〕3

吳歙小草 〔禁燬〕集部 49

吳詩集覽 〔續修〕1396 - 1397

吳蕈譜 〔續修〕1117

吳興沈夢麟先生花谿集 〔著録〕集部 258

吳興金石記 〔續修〕911

吳興掌故集 〔存目〕史部 188

吳興備志 〔文淵〕494 〔文津〕494 〔文瀾〕
497 〔珍本〕九集 156 - 159

吳興備志〔天啓〕 〔著録〕史部 416

吳興詩話 〔續修〕1705

吳興藝文補 〔存目〕集部 376 - 378 〔續
修〕1678 - 1680

吳學士詩集、文集 〔續修〕1487

吳鞠通先生醫案 〔續修〕1028

吳禮部文集 〔著録〕集部 31

吳禮部詩話 〔續修〕1694

吳醫彙講 〔續修〕1028

吳繼疏先生遺集 〔存目〕集部 172

見

見山樓詩集、文集 〔存目〕集部 221

見素集、奏議、續集 〔文淵〕1257 〔文津〕
1260 - 1261 〔文瀾〕1294 〔珍本〕五集
309 - 316 〔著録〕集部 269

見聞紀訓 〔存目〕子部 246 〔續修〕1266

見聞記憶録 〔存目〕子部 113

見聞隨筆(馮甦) 〔存目〕史部 56

見聞隨筆(齊學裘) 〔續修〕1181

見聞録(徐岳) 〔存目〕子部 250 〔續修〕1268

見聞録(陳繼儒) 〔存目〕子部 244

見聞雜紀 〔續修〕1171

見聞雜紀、續 〔存目〕子部 242

見聞續筆 〔續修〕1181

見羅先生書 〔存目〕子部 11－12 〔續修〕941

見羅先生敩學録要 〔未收〕六輯 12

助

助字辨略 〔續修〕195

里

里先忠三先生文選 〔存目〕集部 375

里乘 〔續修〕1270

里堂家訓 〔續修〕951

里堂學算記五種 〔續修〕1045

呆

呆齋前稿、存稿、續稿、劉文安公呆齋先生策略、年譜 〔存目〕集部 34

虬

虬峰文集 〔禁燬〕集部 131

＊虬髯翁 〔續修〕1765

男

男子雙名記 〔存目〕子部 200

＊男王后 〔續修〕1764

困

困知記、續、三續、四續、續補 〔著録〕子部 257

困知記、續録 〔文淵〕714 〔文津〕716 〔文瀾〕729

困勉齋私記 〔存目〕子部 29

困學紀聞 〔文淵〕854 〔文津〕856 〔文瀾〕874 〔薈要〕279 〔著録〕子部 165

困學紀聞注 〔續修〕1142－1143

困學録集粹 〔存目〕子部 24

困學齋雜録 〔文淵〕866 〔文津〕868 〔文瀾〕886 〔底本〕子部 37 〔著録〕子部 169

困學纂言 〔存目〕子部 127 〔續修〕1188

串

串雅内編、外編 〔續修〕1003

吟

吟風閣 〔續修〕1768

吹

吹景集 〔續修〕1134

吹網録 〔續修〕1163

吹劍録外集 〔文淵〕865 〔文津〕867 〔文瀾〕885 〔珍本〕十一集 130 〔著録〕子部 361

別

別下齋書畫録 〔續修〕1084

別本十六國春秋 〔文淵〕463 〔文津〕463 〔文瀾〕465 〔珍本〕十一集 69

別本周易本義 〔文淵〕12 〔文津〕7 〔文瀾〕6

別本蓮洋集、年譜 〔存目補〕5

別本韓文考異、外集 〔文淵〕1073 〔文津〕1078 〔文瀾〕1103

別雅 〔文淵〕222 〔文津〕217 〔文瀾〕215 〔著録〕經部 29

別雅訂 〔續修〕193

別號録 〔文淵〕1034 〔文津〕1038 〔文瀾〕1061 〔珍本〕三集 216

別號録前編、明人別號録 〔著録〕子部 40

岕

岕老編年詩鈔、續鈔 〔存目〕集部 254

岑

岑嘉州詩 〔續修〕1309

岑襄勤公年譜 〔續修〕558

牡

牡丹亭 〔續修〕1781 〔續修〕1782

牡丹亭還魂記 〔續修〕1774

牡丹榮辱志 〔存目〕子部 250

我

我暇編　〔續修〕1179
我詩蕙　〔未收〕八輯 16
我儂纂削、附古謠諺讖語歌誦　〔未收〕
　　八輯 15

秀

秀巖集　〔存目〕集部 196

兵

兵機類纂　〔存目〕子部 33
兵學新書　〔續修〕969
兵録　〔禁燬〕子部 9
兵鏡、兵鏡吳子十三篇綱目　〔續修〕966
兵鏡、綱目　〔禁燬〕子部 33
兵鏡三種　〔存目〕子部 35

邱

邱邦士文集　〔禁燬〕集部 52

何

何大復先生集　〔底本〕集部 154－156〔著
　　録〕集部 274
何之子　〔存目〕子部 88
何太僕集　〔禁燬補〕66
何水部集　〔文淵〕1063〔文津〕1068〔文
　　瀾〕1093
何氏公羊解詁三十論　〔續修〕131
何氏萬曆集　〔禁燬補〕65
何氏語林　〔文淵〕1041〔文津〕1045〔文
　　瀾〕1069〔珍本〕三集 217－220〔著録〕
　　子部 112
何文定公文集　〔底本〕集部 186－187〔著
　　録〕集部 400
何文肅椒丘先生策府群玉文集　〔存目〕
　　子部 174
何文簡公疏議　〔著録〕史部 421
何文簡疏議　〔文淵〕429〔文津〕427〔文
　　瀾〕427〔珍本〕四集 107－108
何心隱先生爨桐集　〔續修〕1355
何北山先生遺集　〔續修〕1320
何求老人詩稿、集外詩　〔禁燬補〕82

何希之先生雞肋集　〔存目〕集部 20〔續
　　修〕1320
何長人集　〔禁燬〕集部 77
何陋居集、甦庵集　〔禁燬補〕79
何記室集　〔著録〕集部 226〔續修〕1587
何博士備論　〔文淵〕727〔文津〕727〔文
　　瀾〕741〔著録〕子部 14
何御史孝子祠主復位録　〔存目〕史部 128
何燕泉詩集　〔存目〕集部 46
何翰林集　〔存目〕集部 142

佐

佐元直指圖解　〔存目〕子部 68
佐治芻言　〔續修〕1297
佐治藥言、續　〔續修〕755
佐貳須知　〔未收〕四輯 19

佔

佔畢叢談、附勸學卮言、時文蠡測　〔未
　　收〕六輯 12

但

但吟草、附恭紀詩　〔未收〕五輯 29

伸

伸蒙子　〔文淵〕696〔文津〕696〔文瀾〕710
　　〔著録〕子部 332
伸蒙續孟子　〔著録〕子部 41

佚

佚禮扶微　〔續修〕110

作

作吏要言　〔禁燬〕史部 72
作邑自箴　〔續修〕753
作義要訣　〔文淵〕1482〔文津〕1487〔文
　　瀾〕1532〔珍本〕五集 400〔著録〕集部
　　331

伯

伯牙心法　〔存目〕子部 74
伯牙琴　〔文淵〕1189〔文津〕1193〔文瀾〕

1225〔底本〕集部 182〔著録〕集部 443
伯生詩後　〔存目〕集部 22

身

身易實義　〔存目〕經部 32

佛

佛法金湯編　〔未收〕五輯 13
佛祖統派世譜　〔未收〕五輯 13
佛祖統紀　〔存目〕子部 254〔續修〕1287
佛祖歷代通載　〔文淵〕1054〔文津〕1058
　　〔文瀾〕1083〔珍本〕三集 225－229〔著
　　録〕子部 122
佛國記　〔文淵〕593〔文津〕594〔文瀾〕602
　　〔著録〕史部 252

近

近光集、扈從集　〔文淵〕1214〔文津〕1218
　　〔文瀾〕1249〔珍本〕二集 342
近言　〔存目〕子部 7
近事會元　〔文淵〕850〔文津〕852〔文瀾〕
　　870〔著録〕子部 164
近思録　〔文淵〕699〔文津〕699〔文瀾〕713
　　〔禁燬補〕31
近思録、考訂朱子世家　〔著録〕子部 351
近思録集註（江永）　〔文淵〕699〔文津〕
　　699〔文瀾〕713
近思録集註（茅星來）　〔文淵〕699〔文
　　津〕699〔文瀾〕713〔珍本〕初集 162－
　　163
近思録集解（李文炤）　〔存目〕子部 4
近思録集解（葉采）　〔著録〕子部 250〔續
　　修〕934
近思録補注　〔續修〕934－935
近思續録　〔存目〕子部 25－26
近峰聞略　〔存目〕子部 240
近道齋文集、詩集　〔存目〕集部 268
近溪子明道録　〔存目〕子部 86〔續修〕
　　1127
近溪羅先生一貫編　〔存目〕子部 86〔續
　　修〕1126
近譜　〔未收〕十輯 10

厄

厄林　〔文淵〕858〔文津〕859〔文瀾〕878
　　〔底本〕子部 19－20〔著録〕子部 10

佘

佘山詩話　〔存目〕集部 418

余

余文敏公文集　〔續修〕1352〔禁燬補〕58
余肅敏公奏議　〔禁燬〕史部 57
余德甫先生集　〔存目〕集部 122

希

希古堂集　〔續修〕1564
希有録春集、夏集、秋集、冬集、閏集
　　〔未收〕一輯 17
希姓補　〔存目〕子部 227
希董先生集　〔未收〕七輯 16
希硾齋集　〔未收〕八輯 29
希賢録　〔存目〕史部 120〔存目〕子部 154
希澹園詩　〔珍本〕初集 361
希澹園詩集　〔文淵〕1233〔文津〕1237〔文
　　瀾〕1269

坐

坐隱先生全集　〔存目〕集部 188
坐隱先生精訂草堂餘意　〔續修〕1723
坐隱先生精訂梨雲寄傲、秋碧軒稿、可雪
　　齋稿、月香亭稿、滑稽餘韻　〔續修〕
　　1738

谷

谷□山房詩集、文集　〔存目〕集部 232
谷水集　〔存目〕集部 234
谷平先生文集　〔存目〕集部 71
谷音　〔文淵〕1365〔文津〕1369〔文瀾〕1409
　　〔著録〕集部 301
谷簾先生遺書　〔續修〕1134
谷響集　〔文淵〕1195〔文津〕1199〔文瀾〕
　　1230〔珍本〕三集 277〔著録〕集部 425

孚

孚惠全書 〔續修〕846

妥

妥先類纂 〔未收〕十輯 9

含

含玄子 〔存目〕子部 260
含英閣詩草 〔禁燬〕集部 74
含星集 〔未收〕九輯 17
含經堂集、別集 〔續修〕1413
含薰詩、丹橘林詩 〔未收〕十輯 27

肘

肘後備急方 〔文淵〕734 〔文津〕734 〔文瀾〕749

狂

狂夫之言、續 〔存目〕子部 94
狂狷裁中 〔存目〕史部 289
＊狂鼓史漁陽三弄 〔續修〕1764

删

删後詩存、文集 〔未收〕九輯 28
删訂唐詩解 〔續修〕1612
删訂通鑑感應録 〔存目〕史部 291
删補古今文致 〔存目〕集部 373
删補晉書 〔存目〕史部 31－32
删補唐詩選脈箋釋會通評林 〔存目補〕25－26
删補頤生微論 〔存目〕子部 46
删微 〔著録〕經部 169

彤

彤管新編 〔存目補〕13

灸

灸法秘傳 〔續修〕997

迎

迎鑾日記 〔續修〕559

言

言行龜鑑 〔文淵〕875 〔文津〕877 〔文瀾〕895
言行鑑 〔珍本〕初集 228
言鯖 〔存目〕子部 98

冷

冷邸小言 〔存目〕集部 417
冷齋夜話 〔文淵〕863 〔文津〕865 〔文瀾〕883 〔著録〕子部 167
冷廬醫話 〔續修〕1029
冷廬雜識、續編 〔續修〕1140

序

序芳園稿 〔存目〕集部 95

辛

辛巳泣蘄録 〔存目〕史部 45 〔續修〕423
辛壬春秋 〔未收〕五輯 6
辛丑日記 〔續修〕583
辛丑銷夏記 〔續修〕1082
辛卯侍行記 〔續修〕737

冶

冶古堂文集 〔存目〕集部 261
冶金録 〔續修〕1300
冶城客論 〔存目〕子部 246
冶菴文集、別集 〔禁燬〕集部 166

忘

忘山廬日記 〔續修〕579－582
忘憂清樂集、附棊經、棊訣 〔續修〕1097

灼

灼艾集、續集、別集、餘集 〔存目〕子部 127
灼艾集、續集、別集、餘集、新集 〔續修〕1188
灼薪劇談 〔存目〕子部 96

弟

弟子職集解、附句讀、考證、補音 〔未

收〕六輯 12

弟子職箋釋 〔未收〕六輯 12

汪

汪子二録、録後、三録 〔續修〕1437
汪子中詮 〔存目〕子部 13 〔續修〕941
汪子文録 〔續修〕1437
汪子詩録 〔續修〕1437
汪水雲詩鈔 〔存目〕集部 20
汪仁峰先生文集、外集 〔存目〕集部 47
汪氏珊瑚網名畫題跋、法書題跋 〔著録〕子部 75
汪氏鑑古齋墨藪 〔續修〕1114
汪文定公集 〔存目〕集部 15 〔著録〕集部 17
汪伯子菁莪遺稿 〔存目〕集部 255
汪直傳 〔存目〕史部 128
汪梅村先生集、外集 〔續修〕1531

沅

沅湘耆舊集 〔續修〕1690-1693
沅湘耆舊集前編 〔續修〕1690

沚

沚亭删定文集 〔存目〕集部 200

沙

沙州圖經 〔續修〕732
沙門島張生煮海雜劇 〔續修〕1762
沙溪集 〔文淵〕1264 〔文津〕1268 〔文瀾〕1301 〔珍本〕八集 192-194 〔著録〕集部 399

汨

*汨羅江 〔續修〕1765

沖

沖虚至德真經 〔著録〕子部 123
沖虚至德真經四解 〔續修〕958
沖虚至德真經解 〔文淵〕1055 〔文津〕1059 〔文瀾〕1084 〔珍本〕十二集 154 〔著録〕子部 246

沖谿先生集 〔存目〕集部 116

沂

沂東樂府 〔續修〕1738

汾

汾上續談 〔存目〕子部 104 〔續修〕1128
汾州府志[乾隆] 〔續修〕692

泛

泛梗集 〔禁燬補〕82

汴

汴京遺蹟志 〔文淵〕587 〔文津〕587 〔文瀾〕596 〔珍本〕十集 95-98 〔著録〕史部 112

汶

汶陽端平詩雋 〔著録〕集部 423

沈

沈下賢文集 〔著録〕集部 85
沈下賢集 〔文淵〕1079 〔文津〕1083 〔文瀾〕1108
沈氏弋説 〔續修〕1131 〔禁燬〕子部 21
沈氏日旦 〔續修〕1131 〔禁燬〕子部 12
沈氏尊生書傷寒論綱目、幼科釋謎、要藥分劑 〔未收〕六輯 16
沈氏農書、補農書 〔存目補〕80
沈氏樂府指迷 〔文淵〕1494 〔文津〕1498 〔文瀾〕1544
沈氏學弢 〔存目〕子部 131
沈先生春秋比事 〔著録〕經部 18
沈忠敏公龜谿集 〔底本〕集部 66 〔著録〕集部 421
沈侍中集 〔續修〕1587
沈南疑先生檇李詩繫 〔著録〕集部 211
沈筥邨選抄印學四種 〔續修〕1092
沈隱侯集 〔續修〕1586
沈蘭軒集 〔存目〕集部 34

快

快雪堂集 〔存目〕集部 164-165

快雪堂漫録 〔存目〕子部247

快園詩話 〔續修〕1705

完

完玉堂詩集 〔存目〕集部211

宋

宋十五家詩選 〔存目〕集部410〔續修〕1621

宋大夫集 〔續修〕1583

宋大事記講義 〔文淵〕686〔文津〕686〔文瀾〕700〔珍本〕二集146-147

宋元本行格表 〔未收〕九輯9

宋元通鑑 〔存目〕史部9-11

宋元詩會 〔文淵〕1463-1464〔文津〕1468-1470〔文瀾〕1512-1513〔珍本〕十集303-326〔著録〕集部322-323

宋元資治通鑑 〔未收〕一輯14

宋元學案 〔續修〕518-519

宋元舊本書經眼録 〔續修〕926

*宋太祖龍虎風雲會 〔續修〕1763

宋少陽公文集 〔底本〕集部30

宋中興學士院題名、中興東宮官寮題名、中興行在雜買務雜賣場提轄官題名 〔續修〕748

宋氏養生部、宋氏樹畜部、宋氏家要部、宋氏家儀部、宋氏家規部、宋氏燕閒部 〔著録〕子部362

宋文紀 〔文淵〕1398〔文津〕1402〔文瀾〕1443〔珍本〕六集353-356〔著録〕集部173

宋文鈔 〔存目〕集部314

宋文選 〔文淵〕1346〔文津〕1350〔文瀾〕1388〔珍本〕五集394-397

宋文歸 〔存目〕集部340

宋文鑑 〔文淵〕1350-1351〔文津〕1353-1355〔文瀾〕1392-1393〔薈要〕477-479

宋左丞相陸公全書、續編 〔續修〕1321

宋布衣集 〔文淵〕1296〔文津〕1301〔文瀾〕1334

宋布衣詩集 〔著録〕集部405

宋史 〔薈要〕129-139〔著録〕史部394-402

宋史、附考證 〔文淵〕280-288〔文津〕275-283〔文瀾〕272

宋史全文 〔文淵〕330-331〔文津〕327-329〔文瀾〕327-328〔珍本〕十一集41-52

宋史全文續資治通鑑、宋季朝事實 〔著録〕史部271-272

宋史紀事本末 〔文淵〕353〔文津〕349-350〔文瀾〕351〔薈要〕210〔著録〕史部50

宋史筆斷 〔存目〕史部289

宋史新編 〔存目〕史部20-22〔續修〕308-311

宋史翼 〔續修〕311

宋史藝文志補 〔續修〕916

宋史闡幽 〔存目〕史部281

宋四六話 〔續修〕1715

宋四六叢珠彙選 〔存目〕子部172

宋四名家詩鈔 〔存目〕集部394

宋四家外紀 〔存目〕史部86

宋四家詞選 〔續修〕1732

宋司馬溫國文正公家範 〔著録〕子部351

宋西事案 〔續修〕423〔禁燬〕史部48

宋百家詩存 〔文淵〕1477〔文津〕1481〔文瀾〕1526〔珍本〕六集388-399〔著録〕集部212

宋存書室宋元秘本書目 〔續修〕927

宋名臣言行略 〔未收〕一輯18

宋名臣言行録 〔文淵〕449〔文津〕448〔文瀾〕449

宋名臣奏議 〔文淵〕431-432〔文津〕429〔文瀾〕430-432〔珍本〕二集101-116

宋名家詞 〔存目〕集部422-424

宋名家詞六十一種 〔續修〕1719-1720

宋丞相李忠定公奏議 〔續修〕474-475

宋丞相崔清獻公全録 〔存目〕史部82〔續修〕550〔續修〕1319

宋李忠定公奏議選、文集選 〔存目〕集部14-15

宋林和靖先生詩集 〔著録〕集部87

宋東京考 〔存目〕史部247〔續修〕734

宋忠武岳鄂王精忠類編 〔存目〕史部84

宋忠肅陳了齋四明尊堯集 〔存目〕史部 279 〔續修〕448

宋忠獻韓魏王君臣相遇傳、別錄、遺事 〔存目〕史部 82

宋季三朝政要 〔文淵〕329 〔文津〕327 〔文瀾〕326 〔著錄〕史部 188

宋金元人詞十八種 〔續修〕1721

宋金元詩永 〔存目〕集部 393－394

宋金仁山先生大學疏義 〔著錄〕經部 170

宋金仁山先生選輯濂洛風雅 〔存目〕集部 289

宋金齋文集 〔存目補〕97

宋周公瑾雲煙過眼錄、續錄 〔著錄〕子部 362

宋宗伯徐清正公存稿 〔著錄〕集部 103

宋宗忠簡公集、雜錄、始末徵 〔著錄〕集部 49

宋貞士羅滄洲先生集 〔存目〕集部 21 〔續修〕1321

宋紀受終考 〔存目〕史部 281

宋特進左丞相許國公奏議 〔續修〕475

宋高僧傳 〔文淵〕1052 〔文津〕1056 〔文瀾〕1080－1081 〔珍本〕七集 164－168 〔著錄〕子部 121

宋宰輔編年錄 〔文淵〕596 〔文津〕596 〔文瀾〕605 〔珍本〕十二集 40－45 〔著錄〕史部 115

宋書 〔薈要〕101－102 〔著錄〕史部 354－356

宋書、附考證 〔文淵〕257－258 〔文津〕252－253 〔文瀾〕250－251

宋陳少陽先生文集 〔著錄〕集部 17

宋著作王先生文集 〔著錄〕集部 94

宋黃宣獻公周禮説 〔續修〕78

宋國錄流塘詹先生集 〔著錄〕集部 58

宋崇文總目 〔著錄〕史部 437

宋淳熙敕編古玉圖譜 〔存目〕子部 78

宋提刑洗冤集錄 〔存目〕子部 37 〔續修〕972

宋朝大詔令集 〔續修〕456

宋朝名畫評 〔文淵〕812 〔文津〕814 〔文瀾〕831 〔珍本〕五集 230

宋朝事實 〔文淵〕608 〔文津〕607 〔文瀾〕618 〔珍本〕別輯 145－147

宋朝燕翼詒謀錄 〔著錄〕史部 195

宋景文公筆記 〔著錄〕子部 167

宋景文公集 〔著錄〕集部 235

宋景文筆記 〔文淵〕862 〔文津〕864 〔文瀾〕882

宋景濂未刻集 〔文淵〕1224 〔文津〕1228 〔文瀾〕1259 〔珍本〕四集 302

宋景濂先生未刻集 〔底本〕集部 106 〔著錄〕集部 34

宋楊文靖公山先生年譜 〔存目〕史部 86

宋稗類鈔 〔文淵〕1034 〔文津〕1038 〔文瀾〕1061 〔著錄〕子部 216

宋會要、校記 〔續修〕775－786

宋詩拾遺 〔續修〕1621

宋詩紀事 〔文淵〕1484－1485 〔文津〕1489－1491 〔文瀾〕1534－1535 〔著錄〕集部 215－216

宋詩紀事補遺、宋詩紀事小傳補正 〔續修〕1708－1709

宋詩鈔 〔文淵〕1461－1462 〔文津〕1466－1468 〔文瀾〕1509－1511 〔珍本〕九集 341－364 〔薈要〕483－485

宋詩鈔初集 〔著錄〕集部 319－321

宋僧詩選補 〔續修〕1621

宋鄭所南先生心史 〔存目〕集部 21

宋賢事彙 〔存目〕子部 131 〔續修〕1189

宋遼金元四史朔閏考 〔未收〕十輯 2

＊宋賦韵讀 〔續修〕248

宋遺民錄 〔存目〕史部 87 〔存目〕史部 88

宋論 〔續修〕450

宋學士文集 〔著錄〕集部 34

宋學士徐文惠公存稿 〔著錄〕集部 103

宋儒胡致堂先生崇正辯 〔存目補〕77

宋藝圃集 〔文淵〕1382 〔文津〕1386 〔文瀾〕1427 〔珍本〕四集 397－399

宋藝圃集、續集 〔著錄〕集部 303

宋寶祐四年登科錄 〔文淵〕451 〔文津〕450 〔文瀾〕451

宋寶章閣直學士忠惠鐵庵方公文集 〔著錄〕集部 26

良

良辰樂事 〔續修〕1739

初

初月樓古文緒論 〔續修〕1714

初月樓聞見録 〔未收〕一輯 17

初潭集 〔存目〕子部 124 〔續修〕1188－1189

初寮集 〔文淵〕1127〔文津〕1131〔文瀾〕1158〔珍本〕二集 251

初寮詞 〔文淵〕1487〔文津〕1492〔文瀾〕1537〔著録〕集部 218

初學記 〔文淵〕890〔文津〕891〔文瀾〕910〔著録〕子部 175

初學藝引 〔存目〕子部 119

社

社會通詮 〔續修〕1300

局

局方發揮 〔文淵〕746〔文津〕746〔文瀾〕761〔著録〕子部 302

改

改元考 〔存目〕史部 268

改定元賢傳奇 〔續修〕1760

改亭文集、詩集 〔存目〕集部 228

改亭文録 〔續修〕1671

改亭存稿、續稿 〔續修〕1338

改亭奏草 〔存目〕史部 60

改亭詩集、文集 〔續修〕1408

改堂先生文鈔 〔存目〕集部 265

改設學堂私議、勸設學綴言 〔續修〕831

阿

阿文成公年譜 〔續修〕554－555

阿字無禪師光宣臺集 〔禁燬〕集部 186

壯

壯悔堂文集、遺稿、四憶堂詩集、遺稿 〔續修〕1405－1406〔禁燬〕集部 51

壯悔堂文録 〔續修〕1669

壯懷堂詩二集、三集 〔續修〕1557

壯懷堂詩初稿 〔續修〕1557

附

＊附録先儒著述 〔文淵〕16〔文津〕11〔文瀾〕10

附釋文互註禮部韻略、貢舉條式 〔文淵〕237〔文津〕232〔文瀾〕229

附釋文互註禮部韻略、韻略條式 〔著録〕經部 114

附釋音周禮註疏 〔著録〕經部 65

附釋音春秋左傳註疏 〔著録〕經部 76

附釋音禮記註疏 〔著録〕經部 66

陂

陂門山人集 〔未收〕五輯 21

妙

妙香齋詩集 〔續修〕1485

妙貫堂餘譚 〔存目〕子部 115〔續修〕1136

妙絶古今 〔文淵〕1356〔文津〕1361〔文瀾〕1399〔珍本〕十二集 197

邵

邵子湘全集 〔存目〕集部 247－248

邵武府志[嘉靖] 〔存目〕史部 191

邵青門文録 〔續修〕1670

邵康節先生外紀 〔存目〕史部 85

忍

忍經 〔存目〕子部 120〔續修〕1188

甬

甬上耆舊詩 〔文淵〕1474〔文津〕1478〔文瀾〕1523〔珍本〕六集 382－387〔著録〕集部 210

甬東山人稿 〔存目〕集部 187

災

災賑全書 〔未收〕九輯 8

八畫

勘

勘儀糾謬集 〔未收〕三輯 8

奉

奉天刑賞録　〔存目〕史部 49
奉天靖難記　〔存目〕史部 45
奉天録　〔續修〕423
奉使朝鮮稿、附東方和音　〔存目〕集部 176
奉使集　〔存目〕集部 90

玩

玩芳堂摘稿　〔存目〕集部 88
玩易意見　〔續修〕5
玩梅亭集稿　〔存目〕集部 193
玩鹿亭稿　〔存目〕集部 76
玩畫齋雜著編　〔存目〕集部 188
玩齋集、拾遺　〔文淵〕1215〔文津〕1219〔文瀾〕1250〔珍本〕三集 288－289〔薈要〕407

武

武功集　〔文淵〕1245〔文津〕1249〔文瀾〕1281〔珍本〕四集 326
武功縣志　〔文淵〕494〔文津〕494〔文瀾〕497〔珍本〕九集 155
武功縣志〔正德〕　〔著録〕史部 212
武夷九曲志　〔存目〕史部 241
武夷山志(衷仲孺)　〔存目〕史部 228
武夷山志(董天工)　〔續修〕724
武夷志略　〔存目〕史部 230
武夷集　〔續修〕1319
武夷新集　〔文淵〕1086〔文津〕1090〔文瀾〕1116〔珍本〕八集 145－147〔薈要〕368
武英殿本二十三史考證　〔未收〕十輯 5－6
武英殿聚珍版程式　〔薈要〕284
武林西湖高僧事略、續　〔存目〕子部 254
武林金石記、附碑刻目　〔續修〕910
武林梵志　〔文淵〕588〔文津〕588〔文瀾〕597〔珍本〕四集 118－120〔著録〕史部 112
武林舊事　〔文淵〕590〔文津〕590〔文瀾〕598〔底本〕史部 19〔著録〕史部 113

武林靈隱寺志　〔存目〕史部 245
武昌紀事　〔續修〕446
武周刊定衆經目録、僞經目録　〔續修〕1289
武宗外紀　〔存目〕史部 56
武定府志〔康熙〕　〔續修〕715
武庫纂略　〔禁燬補〕15
＊武陵春　〔續修〕1765
武備天文、水火攻、地利　〔禁燬〕子部 28－29
武備水火攻、地利　〔未收〕五輯 10
武備志　〔續修〕963－966〔禁燬〕子部 23－26
武備志略　〔存目〕子部 35
武備要略　〔禁燬〕子部 28
武溪集　〔文淵〕1089〔文津〕1093〔文瀾〕1118〔珍本〕六集 243－244〔薈要〕369〔著録〕集部 3
武經總要　〔文淵〕726〔文津〕726〔文瀾〕740〔珍本〕初集 166－171
武經總要前集、後集　〔底本〕子部 1－3〔底本〕子部 21－23〔著録〕子部 262
武編　〔珍本〕四集 133－135
武編、前集、後集　〔文淵〕727〔文津〕727〔文瀾〕741

青

青山集(郭祥正)　〔文淵〕1116〔文津〕1121〔文瀾〕1147〔薈要〕383〔著録〕集部 46
青山集(趙文)　〔文淵〕1195〔文津〕1199〔文瀾〕1230〔珍本〕初集 341
青山集、續集　〔珍本〕六集 253－255
青山續集　〔文淵〕1116〔文津〕1121〔文瀾〕1147
＊青石嶺　〔續修〕1782
青芝山館集　〔續修〕1490
青芙蓉閣詩鈔　〔續修〕1475〔未收〕十輯 28
青村遺稿　〔文淵〕1217〔文津〕1221〔文瀾〕1252〔著録〕集部 61
青社黃先生伐檀集　〔著録〕集部 44
青來閣初集　〔禁燬〕集部 40

青郊詩存 〔續修〕1576

青郊雜著、文韻考衷六聲會編 〔存目〕經部216

青油史漫 〔存目〕史部288

青泥蓮花記 〔存目〕子部253 〔續修〕1271

青衫記 〔續修〕1772

*青衫淚 〔續修〕1763

青城山人集 〔文淵〕1237 〔文津〕1242 〔文瀾〕1273 〔珍本〕三集300

青城山人詩集 〔著錄〕集部38

青要集 〔存目〕集部265

青原志略 〔存目〕史部245

青峰先生存稿 〔存目〕集部106

青海志 〔續修〕649

青萊閣二集 〔禁燬〕集部78

青萊續史 〔禁燬〕史部25

青梧集 〔禁燬補〕87

青崖集 〔文淵〕1198 〔文津〕1202 〔文瀾〕1233 〔珍本〕初集342

青笠山房詩鈔、文鈔 〔未收〕八輯27

青陽先生文集 〔著錄〕集部256

青陽集 〔文淵〕1214 〔文津〕1218 〔文瀾〕1249

青棠集 〔存目〕集部169

青湖先生文集 〔存目〕集部73

青蓮舫琴雅 〔存目〕子部74

青蓮閣集 〔未收〕五輯23

青煙錄 〔未收〕十輯12

青溪寇軌 〔續修〕423

青溪富山先生遺稿 〔著錄〕集部424

青溪暇筆 〔存目〕子部109 〔續修〕1167

青溪詩偶存 〔存目〕集部264

青溪詩集 〔存目〕集部315

青溪遺稿 〔存目〕集部197

青溪舊屋文集 〔續修〕1517

青瑣高議前集、後集、別集 〔存目〕子部246

青瑣藎言 〔存目〕史部64

青嶁詩鈔、遺照手卷題辭 〔未收〕九輯27

青銅自考 〔禁燬〕集部17

青樓集 〔續修〕1758

青箱堂詩集、文集、遺稿續刻、年譜 〔存目〕集部203

青箱雜記 〔文淵〕1036 〔文津〕1040 〔文瀾〕1064 〔著錄〕子部218

青霞沈公遺集 〔著錄〕集部436

青霞集、年譜 〔文淵〕1278 〔文津〕1282 〔文瀾〕1315 〔珍本〕五集361

青谿漫稿 〔文淵〕1251 〔文津〕1255 〔文瀾〕1288 〔珍本〕十集266-271 〔著錄〕集部430

青藜齋集 〔禁燬〕集部104

青藤山人路史 〔存目〕子部104

青蘿館詩 〔存目〕集部122

青囊序 〔文淵〕808 〔文津〕809 〔文瀾〕826

青囊序、青囊奧語 〔著錄〕子部356

青囊奧語 〔文淵〕808 〔文津〕809 〔文瀾〕826 〔珍本〕九集208

青巖集 〔未收〕五輯27

表

表度説 〔文淵〕787 〔文津〕789 〔文瀾〕805 〔珍本〕十二集139 〔著錄〕子部51

表記集傳、春秋表記問業 〔文淵〕122 〔文津〕118 〔文瀾〕116 〔著錄〕經部69

表揚録續編 〔禁燬〕史部63

長

長水先生文鈔 〔禁燬〕集部159-160

*長公妹 〔續修〕1765

長文襄公自定年譜 〔續修〕557

長生殿 〔續修〕1781 〔續修〕1782

長生殿補闕 〔續修〕1767 ‖1767

長生殿傳奇 〔續修〕1775

長江集 〔文淵〕1078 〔文津〕1082 〔文瀾〕1108

長安志 〔文淵〕587 〔文津〕587 〔文瀾〕596 〔珍本〕十一集91 〔著錄〕史部338

長安志圖 〔文淵〕587 〔文津〕587 〔文瀾〕596 〔珍本〕九集162 〔著錄〕史部250

長安獲古編 〔續修〕906

長谷集 〔存目〕集部86

長沙府嶽麓志 〔存目〕史部237 〔續修〕720

長沙藥解 〔存目〕子部40

長松茹退 〔存目〕子部 255

長物志 〔文淵〕872 〔文津〕874 〔文瀾〕892
〔著録〕子部 56

長春真人游記 〔續修〕736

長春道教源流 〔續修〕1295

長春競辰藁、餘藁 〔未收〕五輯 18

長短經 〔文淵〕849 〔文津〕851 〔文瀾〕868
〔底本〕子部 15 〔著録〕子部 163

長溪瑣語 〔存目〕史部 247

長嘯軒詩集 〔存目〕集部 272

長興集 〔文淵〕1117 〔文津〕1121 〔文瀾〕
1147 〔著録〕集部 93

長蘆鹽法志、援證 〔續修〕840

卦

卦本圖考 〔續修〕28

卦氣表、卦氣證 〔續修〕32

卦氣直日考 〔續修〕34

卦義一得 〔存目〕經部 25 〔續修〕17

卦變考略 〔文淵〕35 〔文津〕30 〔文瀾〕30
〔珍本〕三集 16

坦

坦菴先生文集 〔存目〕集部 27

坦菴詞 〔文淵〕1487 〔文津〕1492 〔文瀾〕
1537 〔著録〕集部 218

坦庵樂府黍香集 〔續修〕1739

坦齋通編 〔文淵〕853 〔文津〕855 〔文瀾〕
874 〔珍本〕別輯 212 〔著録〕子部 360

坦齋劉先生文集 〔存目〕集部 25

坤

坤輿圖説 〔文淵〕594 〔文津〕595 〔文瀾〕
603 〔著録〕史部 433

抽

*抽燬書目 〔續修〕921

拍

拍案驚奇 〔續修〕1786

拘

拘虛晤言 〔存目〕子部 84

抱

抱山集選 〔存目〕集部 227

抱朴子内篇、外篇 〔文淵〕1059 〔文津〕
1063 〔文瀾〕1088 〔薈要〕276

抱沖齋詩集、附眠琴僊館詞 〔續修〕1508

抱真書屋詩鈔 〔續修〕1532

抱經堂文集 〔續修〕1432－1433

抱經齋詩集、文集、附焚餘草 〔存目〕集
部 250

抱潤軒文集 〔續修〕1575

抱犢山房集 〔珍本〕三集 370 〔著録〕集部
440

抱犢山房集、附嵇留山先生傳 〔文淵〕
1319 〔文津〕1323 〔文瀾〕1357

幸

幸存録、續幸存録 〔續修〕440 〔禁燬補〕
16

幸魯盛典 〔文淵〕652 〔文津〕652 〔文瀾〕
662 〔珍本〕九集 169－174 〔著録〕史部
139

拙

拙軒集 〔文淵〕1190 〔文津〕1194 〔文瀾〕
1225 〔珍本〕別輯 376

拙菴韻悟 〔續修〕257

拙尊園叢稿 〔續修〕1561

拙齋文集 〔珍本〕二集 263

拙齋文集、拾遺 〔文淵〕1140 〔文津〕1144
〔文瀾〕1172 〔底本〕集部 72 〔著録〕集部
443

拙齋集 〔存目〕集部 251

坡

坡門酬唱 〔底本〕集部 217 〔著録〕集部
297

坡門酬唱集 〔文淵〕1346 〔文津〕1350 〔文
瀾〕1388 〔珍本〕七集 264－266

拗

拗堂詩集 〔未收〕八輯 29

若

若菴集 〔存目補〕8

茂

茂邊紀事 〔存目〕史部 47

苹

苹野纂聞 〔存目〕子部 240

英

英韶日記 〔續修〕583
*英雄成敗 〔續修〕1765
*英雄志 〔續修〕1782
英雄報 〔續修〕1766 |1766

苑

苑西集 〔未收〕七輯 26
苑洛先生語録 〔存目〕子部 7
苑洛志樂 〔文淵〕212 〔文津〕207 〔文瀾〕206 〔珍本〕四集 97-99 〔著録〕經部 26
苑洛集 〔文淵〕1269 〔文津〕1273 〔文瀾〕1306 〔珍本〕四集 358-361 〔著録〕集部 275

范

范太史集 〔文淵〕1100 〔文津〕1103-1104 〔文瀾〕1129 〔珍本〕初集 248-251
范文正公文集 〔續修〕1313
范文正公年譜 〔續修〕552
范文正公年譜、年譜補遺、義莊規矩 〔存目〕史部 82
范文正公言行拾遺事録 〔存目〕史部 82
范文正公政府奏議 〔著録〕史部 198
范文正公集、別集、尺牘、遺文、年譜、年譜補遺、祭文、諸賢贊頌論疏、論頌、詩頌、朝廷優崇、言行拾遺事録、鄱陽遺事録、遺跡、褒賢祠記、義莊規矩 〔著録〕集部 338
范文正公鄱陽遺事録 〔存目〕史部 82
范文正公遺跡 〔存目〕史部 82
范文正奏議 〔文淵〕427 〔文津〕425 〔文瀾〕425
范文正集 〔文淵〕1089 〔文津〕1093 〔文瀾〕1119 〔薈要〕369
范文忠公初集、年譜 〔著録〕集部 280
范石湖詩集注 〔續修〕1318
范村菊譜 〔文淵〕845 〔文津〕846 〔文瀾〕863
范村梅譜 〔文淵〕845 〔文津〕846 〔文瀾〕863
范伯子詩集 〔續修〕1568
范忠貞公集 〔著録〕集部 357
范忠貞集 〔文淵〕1314 〔文津〕1318 〔文瀾〕1352 〔珍本〕三集 360-361
范忠宣公集 〔著録〕集部 91
范忠宣集 〔文淵〕1104 〔文津〕1108 〔文瀾〕1134 〔珍本〕八集 151-154
范香溪先生文集、范蒙齋先生遺文、范楊溪先生遺文 〔著録〕集部 95
范張雞黍 〔續修〕1763
范勛卿詩集、文集 〔禁燬〕集部 112
范德機詩集 〔文淵〕1208 〔文津〕1212 〔文瀾〕1243 〔著録〕集部 255

苧

苧菴二集 〔存目〕集部 207
苧蘿誌 〔未收〕一輯 19

直

直木堂詩集 〔存目〕集部 205
直音傍訓毛詩句解 〔續修〕57
直音傍訓尚書句解 〔著録〕經部 57
直語補證、日貫齋塗説、筆史 〔續修〕194
直隸太倉州志[嘉慶] 〔續修〕697-698
直隸河渠志 〔文淵〕579 〔文津〕580 〔文瀾〕588
直講李先生文集、外集、年譜、門人録 〔著録〕集部 236
直齋書録解題 〔文淵〕674 〔文津〕674 〔文瀾〕687 〔珍本〕別輯 150-155 〔薈要〕237 〔著録〕史部 265

苕

苕溪集 〔文淵〕1132 〔文津〕1135-1136

〔文瀾〕1163〔珍本〕二集252-254〔著録〕集部49

苔

苔譜 〔存目〕子部81

茅

茅山志 〔存目〕史部228〔續修〕723

茅亭客話 〔文淵〕1042〔文津〕1047〔文瀾〕1075〔著録〕子部243

茅鹿門先生文集 〔續修〕1344-1345

茅簷集 〔文淵〕1297〔文津〕1301〔文瀾〕1335〔珍本〕四集373〔著録〕集部356

林

林下吟、篋餘集 〔未收〕五輯25

林下詞選 〔存目補〕2〔續修〕1729

林子三教正宗統論 〔禁燬〕子部17-19

林子全集元部、亨部、利部、貞部 〔存目〕子部91-92

林文忠公政書三集 〔續修〕500

林左堂續集 〔存目補〕56

林石逸興 〔續修〕1739

林外野言 〔文淵〕1216〔文津〕1220〔文瀾〕1251〔珍本〕四集299〔著録〕集部257

林汲山房遺文 〔續修〕1449

林初文先生詩選 〔存目補〕56

林初文詩文全集 〔續修〕1358

林卧遥集、千叠波餘、續編、庚辰匜歲雜感詩、辛巳匜歲雜感詩 〔存目補〕3

林和靖集 〔文淵〕1086〔文津〕1090〔文瀾〕1116

林居集 〔未收〕五輯20

林居漫録前集、別集、畸集、多集 〔存目〕子部242〔續修〕1172

林泉高致集 〔文淵〕812〔文津〕814〔文瀾〕831〔著録〕子部357

林泉結契 〔存目〕集部15

林屋山人漫稿 〔存目〕集部21〔續修〕1321

林屋文稿、詩稿 〔存目〕集部215

林屋民風、附見聞録 〔存目〕史部239

林屋詩集 〔未收〕七輯22

林間録 〔珍本〕六集240

林間録、後集 〔文淵〕1052〔文津〕1056〔文瀾〕1081〔著録〕子部121

林登州集 〔文淵〕1227〔文津〕1231〔文瀾〕1262〔珍本〕四集304-305

林登州遺集 〔著録〕集部113

林蕙堂全集 〔著録〕集部286-287

林蕙堂集 〔文淵〕1314〔文津〕1318-1319〔文瀾〕1353〔珍本〕三集362-366

林學士詩集、文集 〔存目〕集部115

枝

枝語 〔存目〕子部116

枚

枚叔集 〔續修〕1303

析

析醒漫録 〔存目〕子部97

板

板橋集 〔續修〕1425

板橋雜記 〔存目〕子部253〔續修〕733〔續修〕1272

來

來恩堂草 〔禁燬〕集部107

來復堂遺集 〔存目〕集部169

來禽館集 〔存目〕集部161

來齋金石刻考略 〔文淵〕684〔文津〕684〔文瀾〕697〔珍本〕七集114〔著録〕史部266

來瞿唐先生日録 〔存目〕子部85-86

來鶴亭集 〔文淵〕1220〔文津〕1225〔文瀾〕1255〔珍本〕八集166

來鶴亭詩集 〔底本〕集部106〔著録〕集部33

來鶴堂詩鈔 〔未收〕十輯18

來鶴樓集 〔禁燬〕集部108

松

松月集 〔存目〕集部27

松心詩録　〔續修〕1496

松石齋集　〔禁燬〕集部41

松江府志[正德]　〔存目〕史部181

松江府志[嘉慶]　〔續修〕687－689

松花菴詩草、遊草、逸草、詩餘、韻史、蘭山詩草、松厓文稿次稿　〔未收〕十輯24

松厓醫徑　〔未收〕十輯8

松門稿　〔存目〕集部167

松泉文録　〔續修〕1671

松泉集、詩集　〔珍本〕十一集187－190

松泉集、詩集、文集　〔文淵〕1328〔文津〕1332〔文瀾〕1369

松泉詩集　〔存目〕集部280

松泉詩集、文集　〔著録〕集部133

松風閣琴譜、抒懷操　〔文淵〕839〔文津〕841〔文瀾〕858〔珍本〕三集196

松風閣琴譜、指法、抒懷操　〔著録〕子部304

松風閣詩鈔、歸樸龕叢稿、續編　〔續修〕1518

松風餘韻　〔存目補〕37

松亭行紀　〔文淵〕460〔文津〕460〔文瀾〕461〔著録〕史部94

松桂堂全集　〔珍本〕三集367－369

松桂堂全集、南淔集、延露詞　〔文淵〕1317〔文津〕1321〔文瀾〕1355〔著録〕集部358

松桂讀書堂文集、詩集　〔存目〕集部277

松峰説疫　〔續修〕1004

松陵文獻　〔續修〕541〔禁燬〕史部7

松陵集　〔文淵〕1332〔文津〕1336〔文瀾〕1374〔珍本〕十二集195〔著録〕集部136

松梧閣詩集、二集、三集、四集　〔未收〕九輯27

松雪齋文集、外集　〔著録〕集部107

松雪齋集　〔存目〕集部21

松雪齋集、外集　〔文淵〕1196〔文津〕1200〔文瀾〕1231〔薈要〕402

松崖文鈔　〔續修〕1427

松陽鈔存　〔文淵〕725〔文津〕725〔文瀾〕739〔著録〕子部63

松陽講義　〔文淵〕209〔文津〕204〔文瀾〕203〔珍本〕十集54－56〔著録〕經部105

松鄉集　〔文淵〕1196〔文津〕1200〔文瀾〕1231〔珍本〕二集329

松絃館琴譜　〔文淵〕839〔文津〕841〔文瀾〕858〔珍本〕四集193〔著録〕子部304

松壺畫憶　〔續修〕1068

松窗百説　〔續修〕1122

松窗雜録　〔文淵〕1035〔文津〕1039〔文瀾〕1062〔著録〕子部110

松夢寮詩稿　〔續修〕1559

松園浪淘集、偈庵集　〔續修〕1385

松園偈庵集　〔禁燬補〕67

松圓浪淘集　〔禁燬〕集部163

松圓詩老小傳　〔續修〕1386

松漠紀聞、續　〔文淵〕407〔文津〕404〔文瀾〕405〔珍本〕十二集29

松漠記聞、續　〔底本〕史部31〔著録〕史部15

松源經説　〔存目〕經部152

松溪文集　〔未收〕十輯28

松壽堂詩鈔　〔續修〕1577

松隱文集　〔底本〕集部64－65〔底本〕集部161－162〔著録〕集部441

松隱集　〔文淵〕1129〔文津〕1133〔文瀾〕1160〔珍本〕七集201－204

松籌堂集　〔存目〕集部43

松賓詩集　〔禁燬補〕82

松鶴山房詩集、文集　〔續修〕1415－1416

松龕先生文集、詩集　〔續修〕1523

杭

杭州八旗駐防營志略　〔續修〕859

杭州上天竺講寺誌　〔存目〕史部234

杭州府志[乾隆]　〔續修〕701－703

杭志三詰三辨　〔存目〕史部214

杭郡新刊禮記要旨　〔存目〕經部90

杭雙溪先生詩集　〔著録〕集部273

述

述本堂詩集、續集　〔存目補〕30

述朱質疑　〔續修〕952

述均　〔續修〕249

述記　〔未收〕九輯15

述書賦 〔文淵〕812〔文津〕814〔文瀾〕831

述異記 〔文淵〕1047〔文津〕1051〔文瀾〕1076〔薈要〕278〔存目〕子部250〔著錄〕子部243

述庵先生年譜 〔續修〕1438

述學、附春秋述義 〔續修〕1465

述職吟 〔續修〕1457

述職吟、公餘集、竹軒詩藁 〔未收〕十輯25

枕

枕中秘 〔存目〕子部152

枕江堂詩、文 〔未收〕八輯16

枕函小史 〔存目〕子部149

枕譚 〔存目〕子部111

杼

杼山集 〔文淵〕1071〔文津〕1076〔文瀾〕1102〔著錄〕集部42

東

東三省輿地圖説 〔續修〕646

東山存稿 〔珍本〕二集342-343

東山存稿、附東山趙先生汸行狀 〔文淵〕1221〔文津〕1225〔文瀾〕1256

東山草、滇遊草、燕邸草、附伯兄遺草 〔未收〕八輯18

東山草堂文集、詩集、續編、逦言 〔存目〕集部259

東山草堂陶詩箋 〔存目〕集部3

東山草堂集 〔存目〕集部280

東山詞 〔續修〕1722

東山詩選 〔文淵〕1175〔文津〕1179〔文瀾〕1209〔珍本〕五集288

東川劉文簡公集 〔續修〕1332

東川羅先生潛心語録、羅東川公内稿、羅東川公外稿 〔續修〕938

東天目山志、西天目山志 〔存目補〕94

東水質疑 〔存目〕子部87

東方大中集 〔續修〕1583

東方先生類語 〔存目〕史部84

東方兵事紀略 〔續修〕446

東田先生遺稿 〔著錄〕集部399

東田集 〔存目〕集部41

東田遺稿 〔文淵〕1264〔文津〕1268〔文瀾〕1301〔珍本〕三集333

東白堂詞選初集、附詞論 〔存目〕集部424

東白張先生文集 〔存目補〕75

東西均 〔續修〕1134

東西洋考 〔文淵〕594〔文津〕594〔文瀾〕602〔珍本〕九集163-164

東西洋考、圖 〔著錄〕史部253

東夷考略、東事答問 〔禁燬補〕17

東夷圖像、東夷圖説、嶺海異聞、續聞 〔存目〕史部255

東行百詠集句 〔存目〕集部31

東江家藏集 〔珍本〕五集327-334〔底本〕集部149-151〔著錄〕集部431

東江家藏集、附風聞言事論 〔文淵〕1261〔文津〕1265-1266〔文瀾〕1298

東江集鈔、別集 〔存目〕集部195

東江詩鈔 〔禁燬〕集部187

東牟集 〔文淵〕1132〔文津〕1136〔文瀾〕1163〔珍本〕初集280-281

東村集、附刊 〔存目〕集部203

東吳水利考 〔存目〕史部222

東吳名賢記 〔存目〕史部92

東里文集 〔存目〕集部28

東里全集、別集 〔珍本〕七集214-233

東里集、文集、詩集、續集、別集 〔文淵〕1238-1239〔文津〕1242-1243〔文瀾〕1274-1275

東里詩集、文集、續編、別集 〔著錄〕集部64-65

東谷易翼傳 〔薈要〕7

東谷集詩、續刻詩、文、續刻文、歸庸齋詩録、文録、桑榆集詩、文 〔存目〕集部204

東谷鄭先生易翼傳 〔著錄〕經部33

東谷贅言 〔存目〕子部102

東坪詩集 〔存目〕集部282

東坡文談録 〔存目〕集部416

東坡先生仇池筆記 〔著錄〕子部32

東坡先生志林 〔著錄〕子部55

東坡先生物類相感志 〔存目〕子部116

東坡先生書傳 〔著録〕經部 46
東坡先生編年詩、年表、采輯書目 〔著録〕集部 10
東坡全集 〔薈要〕378－380
東坡全集、附宋史本傳、東坡先生墓誌銘、東坡先生年譜 〔文淵〕1107－1108〔文津〕1110－1112〔文瀾〕1137－1138
東坡志林 〔文淵〕863〔文津〕865〔文瀾〕882
東坡易傳 〔文淵〕9〔文津〕4〔文瀾〕3〔薈要〕3
東坡書傳(書傳) 〔薈要〕18
東坡集、後集、奏議、内制集、樂語、外制集、應詔集、續集、年譜 〔著録〕集部 7－9
東坡詞 〔文淵〕1487〔文津〕1492〔文瀾〕1537〔著録〕集部 217
東坡詩集註 〔文淵〕1109〔文津〕1112－1113〔文瀾〕1139〔珍本〕十一集 162－164
東坡詩話録 〔存目〕集部 416
東坡養生集 〔存目〕集部 13
東坡禪喜集 〔存目〕集部 13
東苑文鈔、詩鈔 〔存目〕集部 211
東林本末 〔禁燬補〕16
東林列傳 〔珍本〕五集 88－90〔著録〕史部 53
東林列傳、附熹宗原本本紀 〔文淵〕458〔文津〕456〔文瀾〕459
東林同志録 〔存目〕史部 107
東林同難録、列傳、附傳 〔未收〕一輯 18
東林事略 〔續修〕438
東林朋黨録 〔存目〕史部 107
東林始末 〔存目〕史部 55
東林書院志 〔存目〕史部 246－247〔續修〕721
東林粹語 〔未收〕四輯 21
東林點將録 〔存目〕史部 107
東林籍貫 〔存目〕史部 107
東明聞見録 〔禁燬〕史部 19
東岡集 〔存目〕集部 30
東岱山房詩録、外集、江右稿 〔存目〕集部 119

東征紀行録 〔存目〕史部 46
東所先生文集 〔存目〕集部 43
東京夢華録 〔文淵〕589〔文津〕589〔文瀾〕598
東垣先生此事難知集 〔著録〕子部 302
東城雜記 〔文淵〕592〔文津〕593〔文瀾〕601〔著録〕史部 423
東南水利 〔存目〕史部 224
東南防守利便 〔存目〕史部 225
東南紀事 〔續修〕332
東南紀聞 〔文淵〕1040〔文津〕1044〔文瀾〕1067〔珍本〕别輯 236
東泉文集 〔存目〕集部 46
東洲几上語、枕上語 〔續修〕1122
東洲几上語、東洲枕上語 〔存目〕子部 83
東洲初稿 〔文淵〕1269〔文津〕1274〔文瀾〕1306〔珍本〕三集 336－338〔著録〕集部 400
東洲草堂文鈔 〔續修〕1529
東洲草堂詩鈔、東洲草堂詩餘 〔續修〕1528－1529
東宮備覽 〔文淵〕709〔文津〕711〔文瀾〕724〔珍本〕十一集 103〔著録〕子部 13
東都事略 〔文淵〕382〔文津〕379－380〔文瀾〕381〔著録〕史部 287
東華録 〔續修〕368
東華録、東華續録 〔續修〕369－375
東華續録(光緒朝) 〔續修〕383－385
東華續録(同治朝) 〔續修〕379－382
東華續録(咸豐朝) 〔續修〕376－378
東莊遺集 〔未收〕十輯 21
東莊論畫 〔續修〕1067
東軒筆録 〔文淵〕1037〔文津〕1041〔文瀾〕1064〔著録〕子部 218
東原集 〔存目〕集部 78
東原録 〔文淵〕862〔文津〕864〔文瀾〕882〔著録〕子部 32
東郭記(孫仁孺) 〔續修〕1768
東郭記(孫鍾齡) 〔續修〕1775
東浦詞 〔文淵〕1487〔文津〕1492〔文瀾〕1537〔著録〕集部 218
東海漁歌 〔續修〕1726

東流縣志[嘉慶] 〔續修〕712

東家雜記 〔文淵〕446〔文津〕444〔文瀾〕447〔著録〕史部200

東萊呂太史文集、別集、外集、附録、附録拾遺 〔著録〕集部343

東萊呂氏西漢精華、東漢精華 〔存目〕史部131

東萊呂紫微詩話 〔著録〕集部330

東萊呂紫微雜説 〔著録〕子部361

東萊先生分門詩律武庫、後集 〔存目〕子部167〔續修〕1216

東萊先生音註唐鑑 〔著録〕史部266

東萊先生詩集 〔著録〕集部95

東萊集 〔珍本〕十一集166－168

東萊集、別集、外集 〔文淵〕1150〔文津〕1154〔文瀾〕1182－1183

東萊詩集 〔文淵〕1136〔文津〕1140〔文瀾〕1168〔珍本〕九集241－243

東堂老 〔續修〕1764

東堂老勸破家子弟雜劇 〔續修〕1760

東堂集 〔文淵〕1123〔文津〕1127〔文瀾〕1153〔珍本〕初集265

東堂詞 〔文淵〕1487〔文瀾〕1537〔著録〕集部218

東野志 〔存目〕史部79

東野農歌集 〔文淵〕1178〔文津〕1182〔文瀾〕1213〔珍本〕初集327

東庵集 〔文淵〕1199〔文津〕1203〔文瀾〕1234〔珍本〕初集345〔底本〕集部96〔著録〕集部396

東越文苑 〔存目〕史部115〔續修〕547

東越證學録 〔存目〕集部165

東極篇 〔存目〕集部184

東雅堂昌黎集註、遺文、朱子校昌黎集傳、外集註 〔文淵〕1075〔文津〕1079〔文瀾〕1105

東雅堂韓昌黎集註、外集 〔珍本〕十二集155－158

東皐子集 〔珍本〕九集233〔著録〕集部419

東皐子集、附東皐子集傳 〔文淵〕1065〔文津〕1069〔文瀾〕1094

東皐先生詩集 〔續修〕1324

東皐詩存、詩餘 〔存目〕集部413

東皐録 〔文淵〕1227〔文津〕1231〔文瀾〕1263〔珍本〕五集296〔著録〕集部396

東遊紀 〔未收〕四輯21

東遊紀略 〔存目〕史部128

*東遊集 〔存目〕集部85

東湖叢記 〔續修〕1162

東窗集 〔文淵〕1129〔文津〕1133〔文瀾〕1160〔珍本〕初集272－273

東塘集(毛伯温) 〔存目〕集部63

東塘集（袁説友） 〔文淵〕1154〔文津〕1158〔文瀾〕1187〔珍本〕初集301－302

東匯詩集 〔存目〕集部88

東園文集 〔文淵〕1249〔文津〕1253〔文瀾〕1286〔珍本〕三集310

東園客談 〔續修〕1166

東園鄭先生文集續編 〔著録〕集部265

東園叢説 〔文淵〕864〔文津〕866〔文瀾〕884〔著録〕子部168

東廓鄒先生文集 〔存目〕集部65－66

東溪日談録 〔文淵〕714〔文津〕716〔文瀾〕729〔珍本〕二集178〔著録〕子部333

東溪集 〔文淵〕1136〔文津〕1140〔文瀾〕1167

東溪試茶録 〔文淵〕844〔文津〕846〔文瀾〕863〔著録〕子部162

東溪續稿、別稿 〔存目〕集部41

東溟文集、外集、文後集、文外集、後湘詩集、二集、續集、中復堂遺稿、續編 〔續修〕1512－1513

東嘉録 〔存目〕史部89〔續修〕547

東墅詩集 〔存目補〕97

東塾集 〔續修〕1537

東塾讀書記 〔續修〕1160

東漢文紀 〔文淵〕1397〔文津〕1400－1401〔文瀾〕1442〔珍本〕六集345－352〔著録〕集部308

*東漢詔令 〔文淵〕426〔文津〕424〔文瀾〕425

東漢會要 〔文淵〕609〔文津〕609〔文瀾〕619〔著録〕史部121

東維子文集 〔著録〕集部33

東維子集 〔文淵〕1221〔文津〕1225－1226

〔文瀾〕1256

東甌金石志 〔續修〕911

東甌張文忠公奏對稿 〔存目補〕76

東甌詩集、續集 〔存目〕集部297

東崎先生集 〔存目補〕75

東澗先生妙絕今古文選 〔著錄〕集部412

東澗集 〔文淵〕1176〔文津〕1180〔文瀾〕1210〔珍本〕初集315

東齋記事 〔文淵〕1036〔文津〕1040〔文瀾〕1064〔珍本〕別輯231

東麓遺稿 〔存目〕集部73

東廬遺稿 〔未收〕八輯17

東瀧遺稿、制策 〔存目〕集部38

東鷗草堂詞 〔續修〕1727

東巖周禮訂義 〔著錄〕經部40

東巖集 〔文淵〕1271〔文津〕1275〔文瀾〕1308〔珍本〕二集364

東觀奏記 〔文淵〕407〔文津〕404〔文瀾〕405〔著錄〕史部15

東觀集 〔文淵〕1087〔文津〕1091〔文瀾〕1116〔珍本〕七集193

東觀漢記 〔文淵〕370〔文津〕367〔文瀾〕369〔珍本〕別輯106-107〔著錄〕史部190

東觀餘論 〔文淵〕850〔文津〕852〔文瀾〕870〔著錄〕子部164

東觀錄 〔存目〕史部127

東籬中正 〔續修〕1116

臥

臥山詩鈔 〔未收〕九輯27

臥游錄 〔存目〕子部119

臥龍山人集 〔禁燬〕集部33

事

事言要玄天集、地集、人集、事集、物集 〔存目〕子部202-203

事物考 〔存目〕子部222〔續修〕1232

事物考辯 〔存目〕子部98-99

事物初略 〔存目〕子部98

事物紀原 〔文淵〕920〔文津〕923〔文瀾〕940〔珍本〕十二集144-145〔著錄〕子部60

事物紀原集類 〔底本〕子部39-40

事物異名録 〔續修〕1252-1253

事物紺珠 〔存目〕子部200-201

事實類苑 〔文淵〕874〔文津〕876〔文瀾〕894-895〔珍本〕十一集133-136

事編内篇 〔存目〕史部108

事類賦 〔文淵〕892〔文津〕894〔文瀾〕912〔著錄〕子部363

刺

刺字統纂 〔未收〕九輯8

兩

兩山墨談 〔存目〕子部96〔續修〕1143

*兩世姻緣 〔續修〕1763

兩同書 〔文淵〕849〔文津〕851〔文瀾〕868〔著錄〕子部164

兩江總督怡良奏稿 〔未收〕二輯25

兩宋名賢小集 〔文淵〕1362-1364〔文津〕1366-1369〔文瀾〕1404-1407〔珍本〕六集301-322〔底本〕集部228-243〔著錄〕集部452-455

兩京新記 〔續修〕732

兩河清彙 〔文淵〕579〔文瀾〕588〔珍本〕四集116

兩河清彙易覽 〔著錄〕史部110

兩河經略 〔文淵〕430〔文津〕428〔文瀾〕428〔珍本〕七集77

兩孤存 〔禁燬〕集部91

兩垣奏議 〔文淵〕430〔文津〕428〔文瀾〕428〔珍本〕九集117

兩洲集 〔禁燬補〕72

兩宮鼎建記 〔存目〕史部128

兩軍師隔江鬥智雜劇 〔續修〕1762

兩晉南北合纂 〔未收〕二輯16

兩晉南北奇談 〔存目〕史部131

兩晉解疑 〔存目〕史部282

兩般秋雨盦隨筆 〔續修〕1263

兩浙名賢録、外録 〔存目〕史部113-115〔續修〕542-544

兩浙金石志 〔續修〕910-911

兩浙南關榷事書 〔續修〕834

兩浙海防類考續編 〔存目〕史部226〔續

修〕739

兩浙輶軒録　〔續修〕1683－1684

兩浙輶軒録補遺　〔續修〕1684

兩浙輶軒續録　〔續修〕1685－1687

兩淮鹺務考略　〔未收〕一輯24

兩淮鹽法志　〔存目〕史部274

兩朝平攘録　〔存目〕史部54〔續修〕434

兩朝典故編年考　〔著録〕史部430－432

兩朝剥復録　〔禁燬〕史部19

兩朝從信録　〔續修〕356〔禁燬〕史部29－
30

兩朝綱目備要　〔文淵〕329〔文津〕327
〔文瀾〕326〔珍本〕初集105－106

兩朝憲章録　〔存目〕史部16〔續修〕352

兩當軒全集、附考異　〔續修〕1474

兩粤遊草、寄心集、五嶽遊草　〔存目〕集
部178

兩漢五經博士考　〔續修〕179

兩漢刊補遺　〔文淵〕253〔文津〕248〔文
瀾〕246

兩漢刊誤補遺　〔著録〕史部357

兩漢金石記　〔續修〕892

兩漢書疏　〔續修〕462

兩漢萃寶評林　〔未收〕一輯21

兩漢博聞　〔文淵〕461〔文津〕460〔文瀾〕
462〔著録〕史部203

兩漢策要　〔未收〕三輯16

兩漢筆記　〔文淵〕686〔文津〕686〔文瀾〕
700〔珍本〕初集161

兩漢雋言　〔存目〕史部139〔存目〕史部
139

兩漢詔令　〔文淵〕426〔文津〕424〔文瀾〕
425〔珍本〕四集104－105〔著録〕史部
412

兩漢碎金　〔未收〕三輯16

兩漢解疑　〔存目〕史部282

兩㵎文集　〔文淵〕1243〔文津〕1247〔文
瀾〕1279〔珍本〕十一集175－176〔著
録〕集部263

雨

雨航雜録　〔文淵〕867〔文津〕869〔文瀾〕
887

雨窗漫筆　〔續修〕1066

協

協律鈎玄、外集　〔續修〕1311

郁

郁溪易紀　〔存目〕經部29－30

奇

奇字名　〔續修〕191

奇字韻　〔文淵〕228〔文津〕223〔文瀾〕220
〔著録〕經部182

奇妙全相註釋西廂記　〔續修〕1765

奇門旨歸　〔未收〕四輯27

奇姓通　〔存目〕子部199

奇觚室吉金文述　〔續修〕903

奇觚廎文集、外集　〔續修〕1575

奇觚廎詩集、前集　〔續修〕1575

奇遊漫紀　〔存目〕史部127

奇經八脈考　〔文淵〕774〔文津〕776〔文
瀾〕792〔珍本〕五集192〔著録〕子部352

奇賞齋古文彙編　〔存目〕集部359－365

奇器圖説、諸器圖説　〔文淵〕842〔文津〕
844〔文瀾〕861

非

非水舟遺集　〔未收〕八輯29

歧

歧疑韻辨、口音辨訛、韻字旁通、轉音撮
要、字形彙考　〔未收〕一輯10

卓

卓山詩集　〔存目〕集部281

卓氏藻林　〔存目〕子部214

卓光禄集　〔存目〕集部158

卓行録　〔存目〕史部123

卓吾先生批評龍谿王先生語録鈔　〔存
目〕集部99〔續修〕943

卓異記　〔文淵〕448〔文津〕446〔文瀾〕448
〔著録〕史部53

卓澂甫詩續集　〔存目〕集部158

虎

虎苑　〔續修〕1119

虎鈐經　〔文淵〕727〔文津〕727〔文瀾〕741
　　〔薈要〕253〔著録〕子部46

虎溪漁叟集　〔存目〕集部209

虎薈　〔存目〕子部82

尚

尚友録　〔存目〕子部218

尚史　〔文淵〕404－405〔文津〕401〔文瀾〕
　　402－403〔珍本〕二集119－130

尚史、世系圖　〔著録〕史部193－194

尚志館文述　〔未收〕八輯19

尚約文鈔　〔存目〕集部33

尚書七篇解義　〔文淵〕68〔文津〕63〔文
　　瀾〕61〔珍本〕九集34〔著録〕經部59

尚書大傳　〔文淵〕68〔文津〕63〔文瀾〕61
　　〔著録〕經部189

尚書大傳補注　〔續修〕55

尚書大傳疏證　〔續修〕55

尚書小疏　〔存目〕經部60〔續修〕43

尚書口義　〔存目〕經部57

尚書日記　〔文淵〕64〔文津〕59〔文瀾〕57
　　〔珍本〕三集30－33〔著録〕經部128

尚書中候疏證　〔續修〕55

尚書内篇、外篇　〔未收〕三輯4

尚書今文二十八篇解　〔未收〕四輯3

尚書今古文考證　〔續修〕46

尚書今古文注疏　〔續修〕46

尚書今古文集解　〔續修〕48

尚書引義　〔存目〕經部56〔續修〕43

尚書孔傳參正　〔續修〕51

尚書正義　〔著録〕經部45〔續修〕41

尚書古文疏證、朱子古文書疑　〔文淵〕
　　66〔文津〕61〔文瀾〕59〔著録〕經部188

尚書古文疏證辨正　〔續修〕51

尚書古文辨惑　〔未收〕三輯5

尚書古文證疑　〔未收〕三輯5

尚書古注便讀　〔未收〕六輯2

尚書句解　〔文淵〕62〔文津〕57〔文瀾〕55
　　〔薈要〕19

尚書考　〔續修〕45

尚書考異　〔文淵〕64〔文津〕58〔文瀾〕56
　　〔珍本〕九集33〔著録〕經部46

尚書考辨　〔續修〕44

尚書地理今釋　〔文淵〕68〔文津〕63〔文
　　瀾〕61

尚書因文　〔未收〕四輯3

尚書全解　〔文淵〕55〔文津〕50〔文瀾〕
　　48－49〔薈要〕17

尚書私學　〔存目〕經部60

尚書序録　〔續修〕48

尚書表注　〔文淵〕60〔文津〕55〔文瀾〕53
　　〔著録〕經部57

尚書協異　〔續修〕45

尚書注考　〔文淵〕64〔文津〕59〔文瀾〕57
　　〔珍本〕十一集6〔著録〕經部193

尚書注疏　〔文淵〕54〔文津〕49〔文瀾〕47
　　〔薈要〕16

尚書注疏考證　〔續修〕44

尚書故　〔續修〕50

尚書故實　〔文淵〕862〔文津〕864〔文瀾〕
　　882

尚書要旨　〔存目〕經部51－52

尚書要義　〔珍本〕六集6－7

尚書要義、序説　〔文淵〕60〔文津〕55〔文
　　瀾〕52〔著録〕經部35

尚書砭蔡編　〔文淵〕64〔文津〕59〔文瀾〕
　　57〔珍本〕十二集5

尚書後案、尚書後辨附　〔續修〕45

尚書後案駁正　〔未收〕六輯2

尚書音釋　〔續修〕43

尚書既見　〔續修〕44

尚書約旨　〔存目〕經部59

尚書約注　〔未收〕二輯5

尚書涉傳　〔未收〕三輯5

尚書通考　〔文淵〕62〔文津〕56〔文瀾〕54
　　〔著録〕經部57

尚書通典略　〔存目〕經部59

尚書埤傳　〔文淵〕66〔文津〕61－62〔文
　　瀾〕60〔珍本〕三集34－35〔著録〕經部8

尚書副墨　〔未收〕一輯3

尚書晚訂　〔存目〕經部53

尚書略説　〔續修〕48

尚書逸湯誓考、書後 〔續修〕55

尚書商誼 〔續修〕53

尚書啓曚 〔續修〕48

尚書揆一 〔存目〕經部53

尚書葦籥 〔存目〕經部53－54

尚書集注述疏、讀書堂答問 〔續修〕52

尚書集注音疏、外編 〔續修〕44

尚書集傳纂疏 〔著錄〕經部188

尚書集解（卞斌） 〔續修〕48

尚書集解（孫承澤） 〔存目〕經部56

尚書補疏 〔續修〕48

尚書疏衍 〔文淵〕64 〔文津〕59 〔文瀾〕57
〔珍本〕五集12 〔著錄〕經部57

尚書稗疏 〔文淵〕66 〔文津〕61 〔文瀾〕59

尚書傳授同異考 〔續修〕50

尚書傳翼 〔存目〕經部53

尚書微 〔續修〕51

尚書會解 〔未收〕五輯2

尚書解意 〔存目〕經部55

尚書詳解（胡士行） 〔薈要〕19 〔著錄〕經部46

尚書詳解（夏僎） 〔珍本〕九集25－32

尚書義考 〔續修〕45

尚書蔡註考誤 〔著錄〕經部193

尚書蔡傳正訛 〔續修〕43

尚書箋 〔續修〕51

尚書疑義 〔文淵〕64 〔文津〕58 〔文瀾〕56
〔珍本〕初集48

尚書説 〔文淵〕57 〔文津〕52 〔文瀾〕50
〔薈要〕18

尚書廣聽録 〔文淵〕66 〔文津〕61 〔文瀾〕
59 〔珍本〕九集34 〔著錄〕經部59

尚書精義 〔文淵〕58 〔文津〕53－54 〔文
瀾〕51 〔珍本〕別輯15－22

尚書質疑（趙佑） 〔續修〕45

尚書質疑（顧棟高） 〔存目〕經部60

尚書餘論 〔續修〕48

尚書誼略 〔續修〕53

尚書誼詁 〔續修〕53

尚書駢枝 〔續修〕51

尚書曆譜 〔續修〕50

尚書辨解 〔存目〕經部52 〔續修〕43

尚書辨偽 〔未收〕三輯4

尚書舊疏考正 〔續修〕50

尚書隸古定釋文 〔續修〕48

尚書講義（史浩） 〔文淵〕56 〔文津〕51
〔文瀾〕49 〔珍本〕二集20－21

尚書講義（黃以周） 〔續修〕50

尚書譜（宋翔鳳） 〔續修〕48

尚書譜（梅鷟） 〔存目〕經部49 〔續修〕43

尚書證義 〔續修〕48

尚書纂傳 〔文淵〕62 〔文津〕57 〔文瀾〕55
〔薈要〕21 〔著錄〕經部35

尚書釋天 〔續修〕44

尚書體要 〔存目〕經部56

尚書讀記 〔存目〕經部60

尚絅生小語 〔存目〕子部94

尚絅堂集 〔續修〕1485

尚絅齋集 〔文淵〕1229 〔文津〕1234 〔文
瀾〕1265 〔珍本〕初集360 〔底本〕集部
111 〔著錄〕集部37

尚論持平、析疑待正、事文標異 〔存目〕
子部115 〔續修〕1136

尚論篇 〔文淵〕783 〔文津〕784 〔文瀾〕800
〔著錄〕子部268

尚論篇、後篇 〔珍本〕二集192－193

尚論編 〔存目〕史部282 〔存目〕史部289

盱

盱江集、李直講年譜、外集 〔文淵〕1095
〔文津〕1098 〔文瀾〕1124

具

具茨晁先生詩集 〔存目〕集部15

具茨集詩集、文集、遺藁 〔珍本〕六集
283－284

具茨詩集、文集、遺藁 〔文淵〕1277 〔文
津〕1282 〔文瀾〕1314

具區志 〔存目〕史部223

昊

昊天塔孟良盜骨雜劇 〔續修〕1761

味

味水軒日記 〔續修〕558

味和堂詩集 〔未收〕八輯 19
味雋齋史義 〔續修〕451
味經山館文鈔 〔續修〕1545
味經山館詩鈔、評語 〔續修〕1545

杲

杲堂文鈔、詩鈔 〔存目〕集部 235

果

果堂文録 〔續修〕1671
果堂集 〔文淵〕1328 〔文津〕1332 〔文瀾〕
　　1369 〔珍本〕四集 386 〔著録〕集部 133
果報聞見録 〔存目〕子部 250
果嬴轉語記 〔續修〕191

昌

昌平山水記 〔存目〕史部 235 〔續修〕721
昌谷集 〔文淵〕1167 〔文津〕1171 〔文瀾〕
　　1108 〔珍本〕初集 306 - 307
昌谷集、外集、附李長吉小傳 〔文淵〕
　　1078 〔文津〕1082 〔文瀾〕1108 - 1201
昌國州圖志 〔文淵〕491 〔文津〕490 〔文
　　瀾〕493 〔珍本〕五集 91
昌黎先生集、外集、遺文、朱子校昌黎先
　　生集傳 〔著録〕集部 231
昌黎先生集考異 〔著録〕集部 336

明

明一統志 〔文淵〕472 〔文津〕471 〔文瀾〕
　　473 - 475 〔珍本〕七集 87 - 100
明人詩鈔正集、續集 〔禁燬〕集部 37
明三元太傅商文毅公年譜 〔存目〕史部
　　83
明大司馬盧公奏議 〔未收〕二輯 25
明大政纂要 〔存目〕史部 14 - 15
明太保費文憲公文集選要 〔存目〕集部
　　43
明太祖文集 〔文淵〕1223 〔文津〕1227 〔文
　　瀾〕1258
明少保費文通公文集選要 〔存目〕集部
　　67
明水陳先生文集 〔存目〕集部 72
明氏實録 〔存目〕史部 159 〔續修〕350

明文在 〔存目〕集部 408
明文英華 〔禁燬〕集部 34
明文海 〔文淵〕1453 - 1458 〔文津〕1457 -
　　1464 〔文瀾〕1500 - 1505 〔珍本〕七集
　　313 - 388 〔著録〕集部 456 - 465
明文案 〔禁燬補〕44 - 47
明文授讀 〔存目〕集部 400 - 401
明文得 〔禁燬〕經部 10
明文遠 〔存目〕集部 406 - 407
明文衡 〔文淵〕1373 - 1374 〔文津〕1377 -
　　1378 〔文瀾〕1417 - 1418 〔薈要〕481 -
　　482
明文霱 〔禁燬〕集部 93 - 94
明末紀事補遺 〔禁燬〕史部 13 〔未收〕二
　　輯 21
明本排字九經直音 〔文淵〕184 〔文津〕
　　179 〔文瀾〕176 〔珍本〕九集 60
明本釋 〔文淵〕703 〔文津〕704 〔文瀾〕718
　　〔珍本〕別輯 163
明史(張廷玉) 〔文淵〕297 - 302 〔文津〕
　　291 - 298 〔文瀾〕290 - 295 〔著録〕史部
　　179 - 185
明史(萬斯同) 〔續修〕324 - 331
明史十二論 〔續修〕450
明史考證攟逸 〔續修〕294
明史例案 〔未收〕五輯 4
明史紀事本末補遺 〔續修〕390
明史紀事本末 〔文淵〕364 〔文津〕361 -
　　362 〔文瀾〕363 〔薈要〕211
明史紀略 〔禁燬補〕30
明史略 〔禁燬補〕15
明史鈔略 〔續修〕323
明史擬稿 〔未收〕五輯 6
明史雜詠 〔存目〕集部 274
明史斷略(彭而述) 〔未收〕一輯 21
明史斷略(錢謙益) 〔未收〕三輯 15
明史竊 〔禁燬〕史部 64
明永陵編年信史、昭陵編年信史 〔存目
　　補〕76
明永樂甲申會魁禮部左侍郎會稽質菴章
　　公詩文集 〔存目〕集部 30
明臣謚考 〔文淵〕651 〔文津〕651 〔文瀾〕
　　661 〔珍本〕四集 121

明成化説唱詞話十六種　〔續修〕1745
明夷待訪録　〔續修〕945
明名臣言行録　〔續修〕520－521
明名臣琬琰録、續録　〔文淵〕453〔文津〕451－452〔文瀾〕453〔珍本〕六集101－104
明州阿育王山志、續志　〔存目〕史部230
明江南治水記　〔存目〕史部224
明志稿　〔禁燬〕集部126
明李文正公年譜　〔續修〕553
明良交泰録　〔存目〕子部6
明良集六種　〔存目〕史部47
明季北略　〔續修〕440
明季甲乙兩年彙略　〔續修〕441
明季甲乙彙編　〔禁燬〕史部33
明季南略　〔續修〕443
明季寔録　〔未收〕二輯21
明季遺聞　〔續修〕442〔禁燬〕史部72
＊明刻蘇長公外紀　〔存目〕史部86
明皇雜録　〔文淵〕1035〔文津〕1039〔文瀾〕1062〔著録〕子部110
明宮史　〔文淵〕651〔文津〕651〔文瀾〕662〔珍本〕五集111〔底本〕史部110〔著録〕史部139
明紀　〔未收〕六輯6－7
明紀全載　〔禁燬補〕14
明紀彈詞　〔禁燬〕集部167
明紀編年　〔禁燬〕史部35
明紀編遺　〔禁燬〕史部19
明珠記　〔續修〕1769
明夏赤城先生文集　〔存目〕集部45
明書　〔存目〕史部38－40
明通鑑、前編、附編　〔續修〕364－366
明堂大道録　〔續修〕108
明堂考　〔續修〕110
明堂灸經　〔文淵〕738〔文津〕738〔文瀾〕752〔珍本〕五集200
明堂問　〔存目〕經部108
明堂圖説　〔未收〕三輯8
明朝小史　〔禁燬〕史部19
明朝紀事本末　〔著録〕史部272－273
明朝破邪集　〔未收〕十輯4

明集禮　〔文淵〕649－650〔文津〕649－650〔文瀾〕659－660〔珍本〕八集113－124
明詞綜　〔續修〕1730
明善堂詩集　〔未收〕九輯21
明善堂詩集、文集　〔續修〕1444－1445
明道文集、伊川文集、文集拾遺、續附録　〔著録〕集部296
明畫録　〔續修〕1065
明會典　〔文淵〕617－618〔文津〕617－619〔文瀾〕628－629
明會要　〔續修〕793
明詩平論二集　〔禁燬〕集部169
明詩別裁集　〔禁燬〕集部97
明詩紀事　〔續修〕1710－1712
明詩綜　〔文淵〕1459－1460〔文津〕1464－1466〔文瀾〕1506－1508〔薈要〕491－493〔著録〕集部317－319
明詩選　〔禁燬〕集部1
明詩歸　〔存目〕集部338
明語林　〔存目〕子部245〔續修〕1175
明遼府左長史程節愍公貞白遺稿　〔著録〕集部447
明德先生文集、制藝、附新安定變全城記、明德先生年譜　〔存目〕集部185
明練音續集、國朝練音初集　〔存目〕集部395
明儒言行録、續編　〔文淵〕458〔文津〕457〔文瀾〕459
明儒言行録、續録　〔珍本〕三集143－146
明儒學案、師説　〔著録〕史部17
明儒學案、發凡　〔文淵〕457〔文津〕455－456〔文瀾〕457－458
明儒講學考　〔存目〕子部29
明璫彰癉録　〔存目〕史部90
明諡考　〔存目〕史部270
明諡記彙編　〔文淵〕651〔文津〕651〔文瀾〕661〔珍本〕二集141
明職　〔存目〕史部262
明鑑易知録　〔禁燬補〕15
明鑑會纂　〔禁燬〕史部74

易

易大象説録　〔存目〕經部30

易大義 〔續修〕159

易小帖 〔文淵〕41〔文津〕36〔文瀾〕35〔珍本〕九集6〔著錄〕經部34

易小傳 〔文淵〕10〔文津〕5〔文瀾〕4〔薈要〕4〔著錄〕經部51

易牙遺意 〔存目〕子部80〔續修〕1115

易互 〔存目〕經部36〔續修〕21

易内傳、易傳外篇 〔續修〕18

*易水寒 〔續修〕1765

易心存古 〔未收〕三輯1

易古訓 〔續修〕30

易占經緯 〔存目〕子部66

易用(毛一豐) 〔續修〕29

易用(陳祖念) 〔文淵〕35〔文津〕30〔文瀾〕29〔珍本〕初集31

易外別傳 〔文淵〕1061〔文津〕1065〔文瀾〕1090〔珍本〕十一集158〔著錄〕子部365

*易外傳 〔文淵〕16〔文津〕11〔文瀾〕10

易考、易續考 〔續修〕24

易存 〔存目〕經部28

易守、易卦總論 〔續修〕24

易芥 〔存目〕經部19

易辰 〔存目〕經部24

易見、附易見啓蒙 〔存目〕經部48

易序圖説 〔存目〕經部24

易序叢書 〔存目〕經部1

易附錄纂註 〔文淵〕22〔文津〕17〔文瀾〕17

易卦私箋 〔未收〕一輯2

易卦圖説 〔續修〕24

易卦劄記、附六十四卦詩 〔存目〕經部37

易拇 〔未收〕三輯3

易林 〔著錄〕子部51

易林元籥十測 〔未收〕六輯18

易林註 〔續修〕1054－1055

易林釋文 〔續修〕1055

易或 〔存目〕經部31

易知摘要類編 〔未收〕二輯22

易例 〔文淵〕52〔文津〕47〔文瀾〕45〔著錄〕經部143

易例輯略 〔續修〕28

易宗 〔存目〕經部32

易冒 〔存目〕子部67

易俟 〔文淵〕42〔文津〕37〔文瀾〕35〔珍本〕四集18－20

易律通解 〔存目〕經部185

易音 〔文淵〕241〔文津〕236〔文瀾〕234〔著錄〕經部183

易酌 〔文淵〕39〔文津〕34〔文瀾〕33〔珍本〕四集15－17〔著錄〕經部34

易原(陳錫) 〔續修〕10

易原(程大昌) 〔文淵〕12〔文津〕7〔文瀾〕6〔珍本〕別輯6－7

易原(趙振芳) 〔存目〕經部30

易原就正 〔文淵〕43〔文津〕38〔文瀾〕37〔珍本〕初集32－33〔著錄〕經部8

易通(程廷祚) 〔存目〕經部37〔續修〕20

易通(趙以夫) 〔文淵〕17〔文津〕12〔文瀾〕12〔珍本〕初集12

易通釋 〔續修〕27

易通變 〔文淵〕804〔文津〕805－806〔文瀾〕822〔珍本〕初集176－178〔底本〕子部24

易堂問目 〔未收〕四輯9

易略 〔存目〕經部19

易象大旨 〔存目〕經部5

易象大意存解 〔文淵〕52〔文津〕47〔文瀾〕45〔珍本〕三集29〔著錄〕經部126

易象正 〔文淵〕35〔文津〕30〔文瀾〕30〔珍本〕十二集1－3〔著錄〕經部142

易象通義 〔續修〕33

易象集解 〔續修〕35

易象鈎解 〔文淵〕31〔文津〕26〔文瀾〕26〔著錄〕經部54

易象解 〔存目〕經部4

易象意言 〔文淵〕18〔文津〕13〔文瀾〕12〔珍本〕別輯9〔薈要〕7

易象義 〔文淵〕21〔文津〕16〔文瀾〕16

易象彙解 〔續修〕8

易象圖説 〔文淵〕806〔文津〕807〔文瀾〕824〔薈要〕15〔著錄〕子部21

易象管窺 〔存目〕經部10〔續修〕11

易象闡微、附大易圖解 〔未收〕三輯2

易章句 〔續修〕27

易深 〔存目〕經部 43

易貫(俞樾) 〔續修〕34

易貫(張叙) 〔存目〕經部 40

易筌、附論 〔存目〕經部 14 〔續修〕11

易疏、圖説 〔存目〕經部 23

易發 〔存目〕經部 26－27

易傳燈 〔文淵〕15 〔文津〕10 〔文瀾〕10
〔珍本〕別輯 9

易像鈔 〔文淵〕31 〔文津〕26 〔文瀾〕26
〔珍本〕初集 27－28

易備 〔存目〕經部 22

易會 〔存目〕經部 13－14

易解拾遺、附周易讀本 〔存目〕經部 47

易解簡要 〔未收〕四輯 2

易話 〔續修〕27

易意參疑首編、外編 〔續修〕10

易義古象通 〔文淵〕34 〔文津〕29 〔文瀾〕
29 〔珍本〕三集 15－16 〔著録〕經部 185

易義無忘録 〔未收〕二輯 3

易義隨記 〔存目〕經部 37

易義選參 〔未收〕三輯 1

易源奥義 〔珍本〕初集 17

易源奥義、周易原旨 〔文淵〕22 〔文津〕17
〔文瀾〕18

易準 〔存目〕經部 48

易禆傳 〔薈要〕7

易禆傳、外篇 〔文淵〕15 〔文津〕10 〔文
瀾〕10 〔著録〕經部 32

易經一説 〔存目〕經部 40

易經勺解 〔存目〕經部 19

易經中説 〔存目〕經部 6

易經正義 〔續修〕8

易經古本 〔續修〕40

易經本意 〔續修〕33

易經存疑 〔文淵〕30 〔文津〕25 〔文瀾〕25
〔珍本〕三集 6－8

易經如話 〔續修〕21

易經述 〔存目〕經部 30

易經訓解 〔續修〕2

易經衷論 〔文淵〕44 〔文津〕39 〔文瀾〕38
〔珍本〕六集 5 〔著録〕經部 124

易經旁訓 〔續修〕5

易經通注 〔文淵〕37 〔文津〕32 〔文瀾〕31
〔珍本〕十二集 4

易經通論 〔存目〕經部 16

易經剖記 〔著録〕經部 143

易經異文釋 〔續修〕27

易經象類 〔續修〕31

易經貫一 〔存目〕經部 41－42

易經揆一、易學啓蒙補 〔續修〕23

易經淵旨 〔存目〕經部 7

易經補義、雜記 〔未收〕一輯 2

易經蒙引 〔文淵〕29 〔文津〕24 〔文瀾〕24
〔珍本〕四集 2－8 〔著録〕經部 42

易經碎言 〔存目〕經部 36

易經解 〔續修〕1

易經解醒 〔續修〕16

易經詳説 〔存目〕經部 33－34

易經圖釋 〔續修〕5

易經説意 〔存目〕經部 24

易經增删來註 〔存目〕經部 43

易經增註、易考 〔存目〕經部 22 〔續修〕14

易經徵實解 〔續修〕19

易經辨疑 〔存目〕經部 31

易經澹窩因指 〔存目〕經部 17

易經釋義 〔存目〕經部 36

易蔡、繫傳、節録 〔未收〕二輯 1

易圖存是 〔續修〕26

易圖明辨 〔文淵〕44 〔文津〕39 〔文瀾〕38
〔著録〕經部 55

易圖定本 〔存目〕經部 30

易圖條辨 〔續修〕26

易圖通變 〔薈要〕15 〔著録〕經部 191

易圖通變、易筮通變 〔文淵〕21 〔文津〕17
〔文瀾〕17

易圖略 〔續修〕27

易圖解 〔續修〕19

易圖説 〔文淵〕15 〔文津〕10 〔文瀾〕9 〔著
録〕經部 32

易圖親見 〔存目〕經部 25 〔續修〕17

易圖識漏 〔存目〕經部 2

易筮 〔文淵〕49 〔文津〕44 〔文瀾〕42 〔珍
本〕五集 7－8

易筮問 〔存目〕經部 3

易領　〔存目〕經部 15

易疑、圖説、繫辭下傳、説卦傳、序卦傳、雜卦傳　〔存目〕經部 9

易説(王育)　〔續修〕15

易説(司馬光)　〔珍本〕別輯 3

易説(吕祖謙)　〔底本〕子部 30

易説(吴汝綸)　〔續修〕38

易説(趙善譽)　〔底本〕經部 1〔著錄〕經部 183

易説、便録　〔續修〕26

易説存悔　〔存目〕經部 44

易説要旨　〔存目〕經部 35

易廣記　〔續修〕27

易精藴大義　〔文淵〕25〔文津〕20〔文瀾〕21〔珍本〕二集 8-9〔底本〕經部 17-18〔著錄〕經部 122

易漢學　〔文淵〕52〔文津〕47〔文瀾〕45〔著錄〕經部 56

易漢學考　〔續修〕39

易漢學師承表　〔續修〕39

易漢學舉要、訂誤　〔續修〕39

易璇璣　〔文淵〕11〔文津〕6〔文瀾〕5〔薈要〕3〔著錄〕經部 32

易礭　〔未收〕三輯 2

易數鈎隱圖、遺論九事　〔文淵〕8〔文津〕3〔文瀾〕2〔薈要〕15〔著錄〕經部 41

易緯　〔文淵〕53〔文津〕48〔文瀾〕46〔珍本〕別輯 12-13

*易緯坤靈圖　〔薈要〕15

*易緯是類謀　〔薈要〕15

*易緯通卦驗　〔薈要〕15

易緯通義　〔續修〕40

*易緯乾元序制記　〔薈要〕15

易緯乾坤鑿度　〔薈要〕15

易緯乾鑿度　〔薈要〕15

易緯略義　〔續修〕40

*易緯稽覽圖　〔薈要〕15

*易緯辨終備　〔薈要〕15

*易輯註　〔文淵〕16〔文津〕11〔文瀾〕10

*易輯傳　〔文淵〕16〔文津〕11〔文瀾〕10

易學(王湜)　〔文淵〕805〔文津〕807〔文瀾〕823〔著錄〕子部 21

易學(沈一貫)　〔存目〕經部 10〔續修〕10

易學一得録、附猶賢編　〔未收〕二輯 3

易學本源啓蒙意見　〔底本〕經部 18

易學四同　〔續修〕6

易學四同、別録　〔存目〕經部 3

易學四同別録　〔續修〕6

易學全書　〔存目補〕90-91

易學象數論　〔文淵〕40〔文津〕35〔文瀾〕34〔珍本〕六集 3-4

易學象數舉隅　〔存目〕經部 2〔續修〕5

易學啓蒙小傳、附古經傳　〔文淵〕19〔文津〕14〔文瀾〕13〔著錄〕經部 33

易學啓蒙通釋　〔文淵〕20〔文津〕15〔文瀾〕15〔薈要〕9

易學啓蒙通釋、圖　〔著錄〕經部 52

易學參説内編、外編　〔存目〕經部 35

易學蓍貞　〔存目〕經部 28

易學節解　〔續修〕38

易學圖説會通　〔存目〕經部 40

易學圖説會通、續聞　〔續修〕21

易學管見　〔存目〕經部 20

易學管窺、易文言傳　〔續修〕29

易學辨惑　〔文淵〕9〔文津〕4〔文瀾〕3〔珍本〕二集 1〔底本〕經部 1〔著錄〕經部 183

易學濫觴　〔文淵〕24〔文津〕19〔文瀾〕19〔珍本〕十集 2

易學變通　〔文淵〕26〔文津〕21〔文瀾〕21〔珍本〕別輯 11〔底本〕經部 22〔著錄〕經部 185

易憲　〔存目〕經部 25

易窺　〔存目〕經部 19-20

易齋集　〔珍本〕四集 314

易齋集、附本傳　〔文淵〕1236〔文津〕1240〔文瀾〕1272

易齋稿　〔著錄〕集部 115〔續修〕1326

易瀗　〔存目〕經部 35

易翼述信　〔文淵〕50〔文津〕45〔文瀾〕43〔珍本〕五集 9-10〔著錄〕經部 56

*易翼宗　〔文淵〕49〔文瀾〕42

易翼傳　〔文淵〕18〔文津〕13〔文瀾〕12

*易翼説　〔文淵〕49〔文瀾〕42

易簡齋詩鈔　〔續修〕1460

易韻　〔文淵〕242〔文津〕237〔文瀾〕235

〔珍本〕九集 89 〔著録〕經部 183

易纂言 〔文淵〕22 〔文津〕17 〔文瀾〕17
〔薈要〕10 〔著録〕經部 184

易纂言外翼 〔文淵〕22 〔文津〕17 〔文瀾〕
17 〔珍本〕別輯 10 〔著録〕經部 120

易釋 〔續修〕30

易觸 〔續修〕18

易讀 〔存目〕經部 43

易變體義 〔文淵〕11 〔文津〕6 〔文瀾〕5
〔珍本〕初集 3

迪

迪功集 〔薈要〕418

迪功集、附談藝録 〔文淵〕1268 〔文津〕
1273 〔文瀾〕1305

迪吉録 〔存目〕子部 150

典

典籍便覽 〔存目〕子部 174

固

固哉叟詩鈔 〔存目〕集部 260

忠

忠介遺事 〔存目〕史部 86

忠介燼餘集 〔文淵〕1295 〔文津〕1299 〔文
瀾〕1334

忠文王紀事實録 〔續修〕550

忠正德文集 〔文淵〕1128 〔文津〕1133 〔文
瀾〕1160 〔珍本〕四集 259－260

忠武公年譜 〔續修〕557

忠武誌 〔存目〕史部 86

忠貞録 〔文淵〕447 〔文津〕445 〔文瀾〕448
〔珍本〕初集 119 〔著録〕史部 413

忠惠集 〔文淵〕1129 〔文津〕1133 〔文瀾〕
1160 〔珍本〕初集 274

忠雅堂文集 〔續修〕1436－1437

忠雅堂文録 〔續修〕1670

忠雅堂詩集、附銅絃詞 〔續修〕1436

忠節吳次尾先生年譜、附録樓山遺事
〔續修〕553

忠節録 〔存目〕史部 97 〔續修〕537

忠傳 〔存目〕史部 87

忠靖集 〔文淵〕1240 〔文津〕1244 〔文瀾〕
1276 〔珍本〕四集 323

忠義集 〔文淵〕1366 〔文津〕1371 〔文瀾〕
1410 〔珍本〕九集 271 〔著録〕集部 301

忠肅集（于謙） 〔文淵〕1244 〔文津〕1248
〔文瀾〕1280 〔珍本〕四集 324－325

忠肅集（傅察） 〔文淵〕1124 〔文津〕1128
〔文瀾〕1155 〔珍本〕四集 254

忠肅集（劉摯） 〔文淵〕1099 〔文津〕1103
〔文瀾〕1129 〔珍本〕別輯 278－279

忠肅集（盧象昇） 〔文淵〕1296 〔文津〕
1301 〔文瀾〕1334 〔珍本〕十一集 176

忠愍公詩集 〔著録〕集部 86

忠愍集（李若水） 〔文淵〕1124 〔文津〕
1128 〔文瀾〕1154 〔珍本〕四集 253

忠愍集（寇準） 〔文淵〕1085 〔文津〕1089
〔文瀾〕1115

忠經 〔存目〕子部 1

忠經詳解 〔續修〕933

忠穆集 〔文淵〕1131 〔文津〕1135 〔文瀾〕
1162 〔珍本〕初集 279

忠諫靜思張公遺集、附侍御靜生張公遺
集 〔存目〕集部 93

忠獻韓魏王別録 〔存目〕史部 81

忠獻韓魏王家傳 〔存目〕史部 81 〔續修〕
550

忠獻韓魏王遺事 〔存目〕史部 81

呻

呻吟語 〔存目〕子部 13

呻吟語摘 〔文淵〕717 〔文津〕718 〔文瀾〕
732 〔珍本〕十二集 46 〔著録〕子部 301

邸

邸亭遺文 〔續修〕1537

邸亭遺詩 〔續修〕1537

咄

咄咄吟 〔續修〕1536

岩

岩棲幽事 〔存目〕子部 118

岡

岡城枕戈記 〔未收〕三輯15

制

制科雜録 〔存目〕史部271
制義科瑣記 〔續修〕829
制藝叢話、題名 〔續修〕1718

知

知止齋詩集 〔續修〕1519
知足齋詩集、續集、知足齋文集、進呈文
　稿、年譜 〔續修〕1451－1452
知言 〔文淵〕703 〔文津〕704 〔文瀾〕718
　〔珍本〕別輯162
知非堂稿 〔文淵〕1205 〔文津〕1209 〔文
　瀾〕1240 〔珍本〕五集291 〔著録〕集部30
知非録 〔存目〕子部28
知非齋易注 〔續修〕38
知非齋易釋 〔續修〕38
知府須知 〔未收〕四輯19
知畏堂文存、詩存 〔禁燬〕集部81
知恥齋文録 〔續修〕1670
知聖篇 〔續修〕953
知稼翁集 〔文淵〕1139 〔文津〕1144 〔文
　瀾〕1171 〔珍本〕十二集167
知稼翁詞 〔文淵〕1488 〔文津〕1493 〔文
　瀾〕1538 〔著録〕集部219

垂

垂世芳型 〔存目〕史部291
垂光集 〔文淵〕429 〔文津〕427 〔文瀾〕427
　〔珍本〕五集85
垂訓樸語 〔存目〕子部94
垂楊館集 〔未收〕六輯29

牧

牧令書輯要 〔續修〕755
牧民忠告、經進風憲忠告、廟堂忠告
　〔著録〕史部116
牧津 〔存目〕史部261 〔續修〕754
牧萊脞語、二稿 〔存目〕集部20 〔續修〕

1320
牧庵集 〔珍本〕別輯384－389
牧庵集、附年譜 〔文淵〕1201 〔文津〕
　1205－1206 〔文瀾〕1236
牧潛集 〔文淵〕1198 〔文津〕1202 〔文瀾〕
　1233 〔珍本〕十二集171
牧齋有學集 〔續修〕1391 〔禁燬〕集部
　115－116
牧齋初學集 〔續修〕1389－1390 〔禁燬〕集
　部114－115
牧鑑 〔存目〕子部125 〔續修〕753

物

物原 〔存目〕子部178
物理小識 〔珍本〕十一集131－132 〔著録〕
　子部77
物理小識、總論 〔文淵〕867 〔文津〕870
　〔文瀾〕887

乖

乖崖先生文集 〔著録〕集部338
乖崖集 〔文淵〕1085 〔文津〕1089 〔文瀾〕
　1115 〔珍本〕十一集161

和

和清真詞 〔文淵〕1487 〔文津〕1492 〔文
　瀾〕1537 〔著録〕集部218
和靖尹先生文集 〔底本〕集部70 〔著録〕
　集部422
和靖集 〔文淵〕1136 〔文津〕1139－1140
　〔文瀾〕1167 〔珍本〕十一集165

季

季滄葦藏書目 〔續修〕920
季漢五志 〔存目〕史部42
季漢官爵考 〔續修〕747
季漢書、正論、答問 〔存目〕史部30
季漢書、附辨異 〔未收〕三輯14

佳

佳山堂詩集、二集 〔存目〕集部215

侍

侍郎葛公歸愚集 〔續修〕1317

侍衛瑣言 〔續修〕1181

岳

岳武穆遺文 〔文淵〕1136〔文津〕1140〔文瀾〕1167

岳陽風土記 〔文淵〕589〔文津〕589〔文瀾〕598〔著錄〕史部 252

岳陽紀勝彙編 〔存目〕集部 321

岳集 〔存目〕史部 83〔著錄〕集部 95

使

使西日記 〔存目〕史部 127

使西紀程 〔續修〕577

使西域記 〔存目〕史部 127

使金錄 〔存目〕史部 45〔續修〕423

使琉球記 〔存目〕史部 128

使琉球錄（夏子陽） 〔續修〕742

使琉球錄（陳侃） 〔續修〕742

使琉球錄（蕭崇業） 〔續修〕742

使滇集 〔未收〕九輯 17

兒

兒女英雄傳 〔續修〕1796-1797

兒易內儀以 〔珍本〕九集 4

兒易內儀以、兒易外儀 〔文淵〕35〔文津〕30〔文瀾〕30〔著錄〕經部 43

兒易外儀 〔珍本〕九集 4-5

兒孫福 〔續修〕1781

岱

岱史 〔續修〕722〔禁燬〕史部 11

侶

侶山堂類辯 〔續修〕1028

侶崔堂詩集 〔禁燬〕集部 82

侶蛩遺音 〔未收〕十輯 30

侶鷗閣近集 〔禁燬〕集部 120

佩

佩文齋書畫譜 〔著錄〕子部 23-26

佩文齋詠物詩選 〔著錄〕集部 198-200

佩文齋廣群芳譜 〔著錄〕子部 28-29

佩文韻府 〔著錄〕子部 223-239

佩玉齋類藁 〔文淵〕1220〔文津〕1224〔文瀾〕1255〔珍本〕初集 355〔著錄〕集部 396

佩弦齋文存、駢文存、詩存 〔續修〕1565

佩韋齋文集 〔著錄〕集部 251

佩韋齋集 〔文淵〕1189〔文津〕1193〔文瀾〕1224〔珍本〕三集 254-255

佩韋齋輯聞 〔文淵〕865〔文津〕867〔文瀾〕885〔著錄〕子部 169

佩觿 〔文淵〕224〔文津〕219〔文瀾〕217〔著錄〕經部 177

依

依園詩集 〔未收〕八輯 26

併

併音連聲字學集要 〔存目〕經部 209〔續修〕259

欣

欣然堂集 〔存目補〕3

征

征南錄 〔文淵〕460〔文津〕459〔文瀾〕461〔珍本〕十一集 60〔底本〕史部 108〔著錄〕史部 33

祖

祖徠石先生全集 〔著錄〕集部 3

祖徠集 〔文淵〕1090〔文津〕1094〔文瀾〕1119〔珍本〕四集 233-234

所

所安遺集 〔文淵〕1210〔文津〕1214〔文瀾〕1245〔珍本〕九集 257〔著錄〕集部 348

所見偶鈔 〔未收〕六輯 19

所知錄 〔續修〕444〔禁燬〕史部 72

所南翁一百二十圖詩集、鄭所南先生文集 〔續修〕1320

金

金山雜志 〔存目〕史部 229

金井志　〔存目〕史部 242

金水橋陳琳抱粧盒雜劇　〔續修〕1762

金氏文集　〔文淵〕1095〔文津〕1098〔文瀾〕1124〔珍本〕四集 247〔底本〕集部 57〔著録〕集部 339

金丹正理大全玄學正宗　〔存目〕子部 259

金丹正理大全金丹大要　〔存目〕子部 259

金丹正理大全金碧古文龍虎上經　〔著録〕子部 365

金丹正理大全周易參同契通真義　〔著録〕子部 248

金丹正理大全悟真篇註疏、金丹正理大全悟真註疏直指詳説三乘祕要　〔著録〕子部 365

金丹正理大全群仙珠玉集成　〔存目〕子部 260

金丹正理大全諸真玄奧集成　〔存目〕子部 260〔續修〕1295

金丹詩訣　〔存目〕子部 258

金文通公集、奏疏、詩集、外集　〔續修〕1392 - 1393

金文通公集、疏草、詩集、外集　〔存目補〕56

金文最　〔續修〕1654

金文最拾遺　〔續修〕1654

金文靖公前北征録、後北征録　〔續修〕433

金文靖公集、外集　〔著録〕集部 38

金文靖集　〔文淵〕1240〔文津〕1244〔文瀾〕1276〔珍本〕二集 354 - 356

金正希先生文集輯略　〔禁燬〕集部 50

金正希先生燕詒閣集　〔禁燬〕集部 85

金石三跋、授堂金石文字續跋　〔續修〕892

金石文考略　〔文淵〕684〔文津〕684〔文瀾〕698〔珍本〕五集 113 - 115

金石文字記　〔文淵〕683〔文津〕683〔文瀾〕697〔著録〕史部 157

金石文字辨異　〔續修〕239 - 240

金石古文　〔存目〕集部 298

金石史　〔文淵〕683〔文津〕683〔文瀾〕697〔著録〕史部 157

金石存　〔未收〕一輯 30

金石表　〔存目〕史部 278

金石苑　〔續修〕894 - 895

金石林時地考　〔文淵〕683〔文津〕683〔文瀾〕697

金石例　〔文淵〕1482〔文津〕1487〔文瀾〕1532

金石契　〔未收〕二輯 28

金石要例　〔文淵〕1483〔文津〕1488〔文瀾〕1532〔著録〕集部 332

金石後録　〔續修〕892

金石索　〔續修〕894

金石萃編　〔續修〕886 - 891

金石萃編未刻稿　〔續修〕891

金石萃編補正　〔續修〕891

金石萃編補略　〔續修〕891

金石備考　〔存目〕史部 278

金石經眼録　〔文淵〕684〔文津〕684〔文瀾〕698〔珍本〕十集 109〔著録〕史部 159

金石圖　〔存目〕史部 278

金石遺文　〔存目〕經部 189

金石學録　〔續修〕894

金石學録補　〔續修〕901

金石録　〔文淵〕681〔文津〕681〔文瀾〕694〔著録〕史部 155

金石録補、續跋　〔續修〕901

金石續編　〔續修〕893

金石續録　〔存目〕史部 278

金史　〔薈要〕141 - 143〔著録〕史部 23 - 24

金史、附考證　〔文淵〕290 - 291〔文津〕285 - 286〔文瀾〕283 - 284

金史紀事本末　〔續修〕388 - 389

金史詳校　〔續修〕293

金佗稡編、續編　〔文淵〕446〔文津〕445〔文瀾〕447

＊金門戟　〔續修〕1765

金忠節公文集　〔未收〕六輯 26

金華子雜編　〔文淵〕1035〔文津〕1040〔文瀾〕1063〔底本〕子部 40〔著録〕子部 217

金華文略　〔存目〕集部 395 - 396

金華文統　〔存目〕集部 297

金華正學編　〔存目〕集部 297

金華四先生四書正學淵源　〔存目〕經部 162 - 163

金華先民傳　〔存目〕史部 91

金華赤松山志　〔著錄〕史部 249

金華府志[萬曆]　〔存目〕史部 176－177

金華理學粹編　〔未收〕六輯 12

金華黃先生文集　〔著錄〕集部 255〔續修〕1323

金華詩粹、姓氏傳略　〔存目〕集部 371

金華賢達傳　〔存目〕史部 88

金華徵獻略　〔存目〕史部 119－120〔續修〕547

金華雜識　〔存目〕子部 243

金栗齋先生文集　〔存目補〕78〔續修〕1342

金陵世紀　〔存目〕史部 186

金陵古今圖考　〔存目〕史部 186

金陵古金石考目　〔存目〕史部 278

金陵玄觀志　〔續修〕719

金陵百詠　〔文淵〕1164〔文津〕1168〔文瀾〕1198〔珍本〕十一集 169

金陵癸甲紀事略　〔續修〕446

金陵梵刹志　〔存目〕史部 243－244〔續修〕718－719

金陵新志　〔文淵〕492

金陵瑣事　〔禁燬補〕37

金雀記　〔續修〕1768

金魚圖譜　〔續修〕1120

金壺七墨　〔續修〕1183

金壺記　〔存目〕子部 71

金粟山房詩鈔　〔續修〕1564

金粟箋說　〔續修〕1115

金湯借箸　〔存目〕子部 34

金湯借箸十二籌　〔禁燬〕子部 33

金淵集　〔文淵〕1198〔文津〕1202〔文瀾〕1233

金蓮記　〔續修〕1771

金臺集(迺賢)　〔著錄〕集部 61

金臺集(納延)　〔文淵〕1215〔文津〕1219〔文瀾〕1250〔珍本〕十一集 173

金臺集(納新)　〔薈要〕407

金臺集(許承宣)　〔未收〕七輯 26

金匱心典　〔續修〕989

金匱玉函經　〔續修〕984

金匱玉函經二注　〔續修〕989

金匱要略　〔續修〕983

金匱要略方論本義　〔續修〕989

金匱要略直解　〔續修〕988

金匱要略廣注　〔續修〕989

金匱要略論註　〔文淵〕734〔文津〕733〔文瀾〕748〔珍本〕四集 136

金匱要略編注　〔續修〕988

金匱鉤玄　〔文淵〕746〔文津〕746〔文瀾〕761〔珍本〕十一集 113

金匱翼　〔續修〕1006

金匱懸解　〔存目〕子部 40〔續修〕988

金匬集　〔續修〕1728

金管集　〔存目〕集部 275

金漳蘭譜　〔文淵〕845〔文津〕846〔文瀾〕863〔底本〕子部 33〔著錄〕子部 358

金樓子　〔文淵〕848〔文津〕850〔文瀾〕868〔珍本〕別輯 207－208

金德運圖說　〔底本〕史部 49〔著錄〕史部 139

金薤琳琅　〔文淵〕683〔文津〕683〔文瀾〕696〔著錄〕史部 156

金薯傳習錄　〔續修〕977

＊金錢記　〔續修〕1763

金闇齋先生集　〔存目補〕8

金輿山房稿　〔存目〕集部 115

金雙巖中丞集　〔禁燬〕史部 38

金鏡內臺方議　〔續修〕985

金蘭集　〔存目〕集部 290

金罍子　〔存目〕子部 85〔續修〕1124

金鰲退食筆記　〔文淵〕588〔文津〕588〔文瀾〕597〔著錄〕史部 112

采

采石瓜洲斃亮記　〔續修〕423

采芝集、續集　〔續修〕1320

采芹錄　〔文淵〕867〔文津〕869〔文瀾〕887〔珍本〕二集 210〔著錄〕子部 170

采香詞　〔續修〕1727

采菽堂古詩選　〔續修〕1590－1591

采菊雜咏　〔存目〕集部 194

采薇集、幽貞集、邕歙稿　〔存目〕集部 122

受

受宜堂集　〔未收〕九輯 22

受祜堂集　〔禁燬〕集部 53

受祺堂詩　〔存目〕集部 248

念

念西堂詩集　〔存目〕集部 283

念菴文集　〔文淵〕1275 〔文津〕1279 〔文瀾〕1312 〔珍本〕五集 352－355

念菴羅先生文集　〔著録〕集部 277

念菴羅先生集　〔存目〕集部 89－90

念貽賸紀、續編　〔存目〕史部 128

周

周人經説　〔續修〕173

周子抄釋　〔文淵〕715 〔文津〕717 〔文瀾〕730 〔著録〕子部 333

周子通書訓義　〔續修〕934

周天星位經緯宿度考　〔續修〕1033

周元公世系遺芳集　〔存目〕史部 86

周元公集　〔文淵〕1101 〔文津〕1105 〔文瀾〕1130

周中丞疏稿　〔存目〕史部 64

周中丞疏稿、救荒事宜、勸施迂談　〔續修〕481

周氏冥通記　〔存目〕子部 258

周文歸　〔存目〕集部 339－340

周此山先生詩集　〔著録〕集部 109

周叔夜先生集　〔存目〕集部 114

周易　〔續修〕4

周易、略例　〔底本〕經部 11 〔著録〕經部 141

周易二閭記　〔續修〕23

周易大象解　〔續修〕18

周易口訣義　〔文淵〕8 〔文津〕3 〔文瀾〕2 〔珍本〕別輯 1－2

周易口義　〔珍本〕三集 1－3 〔薈要〕2

周易口義、繫辭、説卦、序卦、雜卦　〔文淵〕8 〔文津〕3 〔文瀾〕2

周易井觀　〔存目〕經部 46

周易不我解　〔存目〕經部 4 〔續修〕7

周易互體卦變考　〔續修〕31

＊周易互體詳述　〔續修〕30

周易互體徵　〔續修〕34

周易内傳、内傳發例、周易外傳　〔續修〕18

周易介　〔未收〕四輯 1

周易爻辰申鄭義　〔續修〕34

周易爻物當名　〔存目〕經部 23 〔續修〕16

周易爻變易緼　〔文淵〕27 〔文津〕22 〔文瀾〕22 〔珍本〕四集 1－2

周易六十四卦辨疑　〔存目〕經部 28

周易文詮　〔文淵〕27 〔文津〕22 〔文瀾〕22 〔珍本〕初集 25－26

周易引經通釋　〔續修〕25

周易孔義　〔著録〕經部 192

周易孔義集説　〔文淵〕50 〔文津〕45 〔文瀾〕43 〔珍本〕三集 22－25 〔著録〕經部 45

周易正解、讀易　〔存目〕經部 15 〔續修〕11

周易正義　〔續修〕1

周易古今文全書　〔存目〕經部 8－9

周易古文鈔　〔存目〕經部 17 〔續修〕13

周易古本、附周易古本辨、周易古本記疑　〔存目〕經部 22

周易古本全書彙編　〔存目〕經部 16 〔續修〕12

周易古占法　〔著録〕經部 191

周易古占法、周易章句外編　〔文淵〕12 〔文津〕7 〔文瀾〕6 〔珍本〕十一集 1 〔底本〕經部 13

周易本義　〔珍本〕六集 1－2 〔薈要〕5

周易本義、易圖、五贊、筮儀　〔著録〕經部 141

周易本義爻徵　〔續修〕17

周易本義引蒙　〔未收〕二輯 1

周易本義附録纂註　〔薈要〕11 〔著録〕經部 120

周易本義拾遺、周易序例、周易拾遺　〔存目〕經部 36 〔續修〕19

周易本義通釋　〔文淵〕24 〔文津〕19 〔文瀾〕20 〔薈要〕10

周易本義通釋、輯録雲峰文集易義　〔著録〕經部 2

周易本義啓蒙翼傳 〔著録〕經部 184

周易本義集成 〔文淵〕24〔文津〕20〔文瀾〕20〔薈要〕12〔著録〕經部 52

周易本義註 〔續修〕19

周易本義辨證 〔續修〕21

周易本義辨證補訂 〔續修〕34

周易本義闡旨 〔未收〕一輯 1

周易可説 〔續修〕13

周易可説、總論 〔存目〕經部 16

周易平説 〔未收〕二輯 2

周易用初 〔未收〕五輯 1

周易外傳 〔未收〕九輯 1

*周易半古本義 〔續修〕28

周易考異(宋翔鳳) 〔續修〕28

周易考異(徐堂) 〔續修〕33

周易告蒙、圖註 〔存目〕經部 48

周易玩辭 〔文淵〕14〔文津〕9〔文瀾〕8〔薈要〕4〔底本〕經部 21-22〔著録〕經部 1

周易玩辭困學記 〔文淵〕36〔文津〕31〔文瀾〕31〔珍本〕二集 12-15〔著録〕經部 123

周易玩辭集解 〔文淵〕47〔文津〕42〔文瀾〕40〔珍本〕十一集 4-5〔著録〕經部 186

周易卦爻經傳訓解 〔文淵〕18〔文津〕13〔文瀾〕12〔珍本〕初集 13

*周易卦象集證 〔續修〕30

周易卦象彙參 〔續修〕24

*周易卦變舉要 〔續修〕30

周易析疑 〔存目〕經部 44

周易述 〔文淵〕52〔文津〕46-47〔文瀾〕45〔著録〕經部 192

周易述補(江藩) 〔續修〕27

周易述補(李林松) 〔續修〕26

周易述傳 〔未收〕四輯 1

周易述傳、續録 〔續修〕31

周易述聞 〔續修〕39

周易述翼 〔續修〕31

周易述蘊 〔存目〕經部 33

周易尚占 〔存目〕子部 65

周易明報 〔未收〕八輯 1

周易易解、周易示兒録、周易説餘 〔續修〕38

周易易簡説 〔文淵〕34〔文津〕29〔文瀾〕29〔珍本〕三集 14

周易注(李士鉁) 〔續修〕39

周易注(韓康伯) 〔文淵〕7〔文津〕2〔文瀾〕1

周易注疏 〔著録〕經部 41〔續修〕1

周易注疏賸本 〔續修〕35

周易宗義 〔存目〕經部 17-18〔續修〕14

周易函書約存、約註、別集 〔文淵〕48〔文津〕42-43〔文瀾〕41〔珍本〕九集 11-24〔底本〕經部 57-59〔著録〕經部 186-187

周易指、周易圖、易斷辭、周易上下經 〔未收〕六輯 1

周易故訓訂 〔續修〕35

周易要義 〔文淵〕18〔文津〕13〔文瀾〕12〔珍本〕十集 1-2〔著録〕經部 2

周易衍義 〔文淵〕23〔文津〕18〔文瀾〕19〔珍本〕初集 21-24〔著録〕經部 191

周易訂疑 〔續修〕3

周易訂疑、易學啓蒙訂疑 〔存目〕經部 1-2

周易洗心 〔文淵〕51〔文津〕46〔文瀾〕44〔珍本〕四集 21〔底本〕經部 4〔著録〕經部 191

周易恒解 〔續修〕26

周易姚氏學 〔續修〕30

*周易校字 〔續修〕28

周易索詁 〔未收〕三輯 3

周易原旨 〔珍本〕初集 17

周易原始 〔存目〕經部 39

周易原篇解 〔未收〕十輯 1

周易時論合編 〔續修〕15

周易時論合編圖象幾表、周易時論合編 〔存目〕經部 21

周易倚數録、附圖 〔續修〕34

周易衷翼集解 〔未收〕三輯 1

周易旁註、卦傳、前圖 〔續修〕4

周易旁註前圖、周易旁註、卦傳 〔存目〕經部 2

周易旁註會通 〔存目〕經部 15

周易消息 〔續修〕34

周易消息升降爻例 〔續修〕39

周易通 〔存目〕經部 31

周易通略 〔續修〕5

周易通解、釋義 〔續修〕28

周易通義(莊忠棫) 〔續修〕38

周易通義(邊廷英) 〔未收〕七輯 1

周易通義(蘇秉國) 〔未收〕三輯 2

周易通義、發例、識蒙、或問 〔續修〕2

周易通論 〔文淵〕42 〔文津〕37 〔文瀾〕36 〔珍本〕十二集 5 〔著錄〕經部 55

周易通論月令 〔續修〕30

周易推 〔續修〕32

*周易乾鑿度 〔著錄〕經部 45

周易異同商 〔未收〕二輯 3

周易略解 〔續修〕25

周易象考、周易辭考、周易占考 〔續修〕23

周易象旨決錄 〔文淵〕31 〔文津〕26 〔文瀾〕26 〔珍本〕二集 10－11 〔著錄〕經部 4

周易象通 〔存目〕經部 12 〔續修〕12

周易象義(丁易東) 〔珍本〕二集 6－7 〔著錄〕經部 52

周易象義(唐鶴徵) 〔存目〕經部 10

周易象義、讀易雜記 〔存目〕經部 18 〔續修〕9

周易象義合參 〔存目〕經部 35－36

周易象辭、周易尋門餘論、圖學辯惑 〔文淵〕40 〔文津〕35－36 〔文瀾〕34 〔珍本〕七集 11－16

*周易象纂 〔續修〕28

周易章句證異 〔文淵〕53 〔文津〕48 〔文瀾〕46 〔珍本〕初集 45

周易淺述 〔文淵〕43 〔文津〕38 〔文瀾〕36 〔珍本〕二集 16－17

周易淺釋 〔文淵〕51 〔文津〕46 〔文瀾〕44 〔珍本〕三集 26－27 〔著錄〕經部 188

周易啓蒙翼傳 〔文淵〕22 〔文津〕17 〔文瀾〕17 〔薈要〕11

周易參同契分章註 〔文淵〕1058 〔文津〕1063 〔文瀾〕1088 〔珍本〕十二集 154 〔著錄〕子部 124

周易參同契考異 〔文淵〕1058 〔文津〕1062 〔文瀾〕1087

周易參同契通真義 〔文淵〕1058 〔文津〕1062 〔文瀾〕1087 〔薈要〕264

周易參同契發揮、釋疑 〔文淵〕1058 〔文津〕1062 〔文瀾〕1087 〔珍本〕十集 199－200 〔著錄〕子部 124

周易參同契解 〔文淵〕1058 〔文津〕1062 〔文瀾〕1087 〔著錄〕子部 124

周易參同契解箋 〔續修〕1292

周易參義 〔文淵〕27 〔文津〕22 〔文瀾〕22 〔著錄〕經部 184

周易揆 〔存目〕經部 20－21 〔續修〕13

周易剩義 〔存目〕經部 40

周易程朱二先生傳義折衷 〔著錄〕經部 121

周易程朱先生傳義附錄、程子上下篇義、朱子易圖說、周易五贊、筮儀 〔著錄〕經部 51

周易程朱傳義折衷 〔文淵〕23 〔文津〕18 〔文瀾〕18 〔珍本〕初集 18－20

周易集註 〔文淵〕32 〔文津〕26 〔文瀾〕27 〔珍本〕四集 11－13 〔著錄〕經部 122

周易集傳 〔文淵〕25 〔文津〕20 〔文瀾〕21 〔珍本〕八集 1 〔底本〕經部 1 〔著錄〕經部 121

周易集解 〔文淵〕7 〔文津〕2－3 〔文瀾〕2 〔著錄〕經部 41

周易集解增釋 〔存目〕經部 44－46

周易集解纂疏 〔續修〕30

周易集義 〔續修〕39

周易集說 〔文淵〕21 〔文津〕16 〔文瀾〕16 〔珍本〕十一集 1－3 〔著錄〕經部 2

周易註疏、周易略例、考證 〔文淵〕7 〔文津〕2 〔文瀾〕1

周易補註、周易例表 〔續修〕39

周易補疏 〔續修〕27

周易補義、圖說 〔存目〕經部 27

周易疏略 〔存目〕經部 29 〔續修〕19

周易疏義 〔續修〕14

周易虞氏消息 〔續修〕26

周易虞氏略例 〔續修〕28

周易虞氏義 〔續修〕26

周易虞氏義箋 〔續修〕32

周易稗疏、考異 〔文淵〕39 〔文津〕34 〔文

瀾〕33〔著録〕經部 185

周易筮述 〔文淵〕41〔文津〕36〔文瀾〕35〔珍本〕三集 20－21

周易傳註 〔著録〕經部 185

周易傳註、附周易筮考 〔文淵〕47〔文津〕41〔文瀾〕40〔珍本〕五集 5－6

周易傳義大全 〔文淵〕28〔文津〕23〔文瀾〕23〔珍本〕十集 2－12

周易傳義大全、圖説、綱領 〔著録〕經部 3

周易傳義合訂 〔文淵〕47〔文津〕42〔文瀾〕40〔珍本〕九集 9－10〔著録〕經部 186

周易傳義附録、圖説 〔薈要〕8

周易傳義附録、綱領、圖説 〔文淵〕20〔文津〕15〔文瀾〕15

周易傳義補疑 〔存目〕經部 7〔續修〕8

周易像象述 〔文淵〕34〔文津〕29〔文瀾〕29〔珍本〕初集 29－30〔底本〕經部 3〔著録〕經部 7

周易會通(汪邦柱) 〔存目〕經部 18－19

周易會通(董真卿) 〔文淵〕26〔文津〕21〔文瀾〕21〔薈要〕12

周易解 〔存目〕經部 40〔續修〕21

周易解故 〔續修〕31

周易詳解 〔珍本〕初集 14

周易詳説 〔存目〕經部 38〔續修〕22

周易廓 〔未收〕四輯 2

周易新講義(耿南仲) 〔文淵〕9〔文津〕5〔文瀾〕4〔珍本〕初集 1

周易新講義(龔原) 〔續修〕1

周易義海撮要 〔文淵〕13〔文津〕8〔文瀾〕7〔薈要〕4〔底本〕經部 21〔著録〕經部 1

周易義叢 〔存目〕經部 4－5〔續修〕7

周易彙統 〔未收〕一輯 1

周易經典證略 〔續修〕38

周易經典釋文殘卷 〔續修〕1

周易經傳注疏、附原目、傳述人、正義序、略例 〔薈要〕2

周易經傳集程朱解附録纂註、朱子易圖附録纂註、朱子啓蒙五贊附録纂註、朱子筮儀附録纂註 〔著録〕經部 53

周易經傳集解 〔文淵〕12〔文津〕7〔文瀾〕6〔珍本〕初集 4－6〔著録〕經部 31

周易經義審 〔未收〕四輯 1

周易經疑 〔續修〕4

周易圖書質疑 〔文淵〕53〔文津〕48〔文瀾〕46〔珍本〕初集 43－44

周易圖説 〔文淵〕26〔文津〕21〔文瀾〕22〔珍本〕初集 25

*周易圖朦 〔續修〕28

周易圖釋 〔存目〕經部 2

周易劄記(中立) 〔文淵〕34〔文津〕29〔文瀾〕29〔珍本〕初集 29

周易劄記(楊名時) 〔文淵〕47〔文津〕42〔文瀾〕40〔珍本〕六集 5〔底本〕經部 23

周易説 〔續修〕40

周易説宗 〔未收〕二輯 2

周易説略 〔存目〕經部 28〔續修〕17

周易廣義(鄭敷教) 〔存目〕經部 24

周易廣義(潘元懋) 〔存目〕經部 30

周易粹義 〔存目〕經部 41

周易鄭注 〔薈要〕7〔續修〕1

周易鄭荀義 〔續修〕26

周易鄭康成註 〔文淵〕7〔文津〕2〔文瀾〕1〔著録〕經部 51

周易漢學通義、略例 〔續修〕31

周易漢讀考 〔續修〕39

周易滴露集 〔存目〕經部 29

周易撥易堂解 〔存目〕經部 39

周易篇第 〔續修〕24

周易諸卦合象考 〔續修〕31

周易遵述、附周易膡義 〔未收〕四輯 2

周易擇言 〔續修〕28

周易輯義初編 〔未收〕二輯 3

周易輯義續編 〔未收〕二輯 3

周易輯聞 〔底本〕經部 16

周易輯聞、易雅、筮宗 〔文淵〕19〔文津〕14〔文瀾〕13〔薈要〕7〔著録〕經部 42

周易輯説 〔未收〕五輯 1

周易曉義 〔存目〕經部 46

周易舉正 〔文淵〕8〔文津〕3〔文瀾〕2〔珍本〕九集 1〔著録〕經部 183

周易辨畫 〔文淵〕53〔文津〕48〔文瀾〕46〔珍本〕四集 22－25〔著録〕經部 56

周易窺餘　〔文淵〕11〔文津〕6〔文瀾〕5
　〔珍本〕別輯4-5
周易禪解　〔續修〕15
周易擬像　〔未收〕十輯1
周易舊注　〔未收〕八輯1
周易舊疏考正　〔續修〕34
周易繫辭述　〔著録〕經部191
周易繁露　〔續修〕40
周易總義　〔文淵〕17〔文津〕12〔文瀾〕11
　〔珍本〕三集4-5〔著録〕經部2
周易贊義　〔存目〕經部3〔續修〕5
周易證籤　〔續修〕23
周易闡理　〔存目〕經部35
周易闡象　〔未收〕一輯2
周易纂　〔存目〕經部23
周易釋爻例　〔續修〕34
周易釋貞　〔續修〕40
周易議卦　〔存目〕經部3〔續修〕6
周易辯　〔存目〕經部32
＊周易辯占　〔續修〕28
周易辯録　〔文淵〕31〔文津〕25〔文瀾〕25
　〔珍本〕四集10〔底本〕經部19〔底本〕經
　部23〔著録〕經部142
周易屬辭、通例、通説　〔續修〕32
周易觀玩篇　〔存目〕經部47
周易觀象　〔文淵〕42〔文津〕37〔文瀾〕36
　〔珍本〕九集7-8〔著録〕經部55
周易觀瀾　〔存目〕經部47
周忠介公燼餘集　〔著録〕集部405
周忠愍公傳疏　〔底本〕史部108〔著録〕史
　部421
周忠愍先生文集　〔未收〕五輯19
周忠愍奏疏　〔文淵〕430〔文津〕428〔文
　瀾〕428〔珍本〕五集85
周忠毅公奏議　〔續修〕492〔禁燬〕史部38
周季平先生青藜館集　〔存目〕集部172
周季編略　〔續修〕347
周官心解　〔續修〕80
周官肊測、叙録　〔續修〕80
周官析疑、考工記析疑　〔存目〕經部86
　〔續修〕79
周官指掌　〔續修〕81
周官故書考　〔續修〕81

周官恒解　〔續修〕81
周官記　〔續修〕80
周官參證　〔未收〕四輯5
周官集註　〔文淵〕101〔文津〕96〔文瀾〕95
　〔著録〕經部147
周官集傳　〔文淵〕95〔文津〕90〔文瀾〕89
　〔珍本〕四集46
周官禄田考　〔文淵〕101〔文津〕97〔文
　瀾〕95〔底本〕經部24〔著録〕經部14
周官新義、考工記解　〔文淵〕91〔文津〕86
　〔文瀾〕84〔珍本〕別輯26-27
周官説　〔續修〕80
周官精義　〔未收〕四輯5
周官辨　〔存目〕經部86〔續修〕79
周官辨非　〔存目〕經部85〔續修〕78
周官總義　〔文淵〕92〔文津〕87〔文瀾〕85
　〔珍本〕二集27-29
周南太史王公遺集　〔未收〕五輯22
周宣王石鼓文定本　〔存目〕經部200
周秦刻石釋音　〔文淵〕228〔文津〕223
　〔文瀾〕219〔珍本〕十二集21〔著録〕經
　部207
周恭肅公集　〔存目〕集部54-55
周莊鎮志　〔續修〕717
周益公文集、年譜　〔著録〕集部18-20
周益文忠公集、年譜　〔底本〕集部9-18
　〔底本〕集部163-177
周海門先生文録　〔存目〕集部165
周書　〔薈要〕108〔著録〕史部371
周書、附考證　〔文淵〕263〔文津〕258〔文
　瀾〕255
周書集訓校釋、逸文　〔續修〕301
周書斠補　〔續修〕301
周賀詩集　〔續修〕1311
周翰林近光集、扈從詩　〔著録〕集部256
周髀算經、音義　〔文淵〕786〔文津〕787
　〔文瀾〕803〔珍本〕別輯184〔薈要〕264
　〔著録〕子部18〔續修〕1031
周髀算經校勘記　〔續修〕1031
周禮三家佚注　〔未收〕四輯5
周禮正義　〔續修〕82-84
周禮古本訂註、考工記　〔存目〕經部83
周禮古義　〔續修〕79

周禮札記　〔續修〕81

周禮句解　〔文淵〕95〔文津〕89〔文瀾〕88
　　〔珍本〕四集42〔著録〕經部14

周禮因論　〔續修〕78

周禮全經釋原　〔文淵〕96〔文津〕91-92
　　〔文瀾〕90〔珍本〕三集68-71〔著録〕經
　　部14

周禮序官考　〔續修〕81

周禮完解　〔存目〕經部83〔續修〕78

周禮述註　〔文淵〕100〔文津〕95〔文瀾〕94
　　〔珍本〕二集30-33〔著録〕經部146

周禮述註、周禮二氏改官改文議　〔存
　　目〕經部82

周禮沿革傳　〔存目〕經部87

周禮定本　〔存目〕經部81

周禮政要　〔未收〕四輯5

周禮故書考　〔續修〕81

周禮故書疏證　〔續修〕81

周禮訂義　〔文淵〕93-94〔文津〕87-89
　　〔文瀾〕86〔薈要〕47-48

周禮軍賦説　〔續修〕80

*周禮夏官殘字校記　〔續修〕184

周禮訓雋　〔存目〕經部82

周禮問　〔存目〕經部85〔續修〕78

周禮惜陰録、附周禮諸儒叙　〔存目〕經部
　　85

周禮集註　〔存目〕經部81

周禮集傳　〔存目〕經部86

周禮集解　〔存目〕經部85

周禮集説　〔文淵〕95〔文津〕90〔文瀾〕88
　　〔珍本〕四集43-45

周禮集説、綱領　〔著録〕經部11

周禮復古編　〔文淵〕91〔文津〕86〔文瀾〕
　　85〔珍本〕三集64〔著録〕經部11

周禮註疏　〔文淵〕90〔文津〕85〔文瀾〕83
　　〔薈要〕46〔存目〕經部84

周禮註疏小箋　〔續修〕81

周禮註疏删翼　〔文淵〕97〔文津〕92-93
　　〔文瀾〕91〔珍本〕四集47-53〔著録〕經
　　部48

周禮就班　〔未收〕一輯5

周禮補亡　〔存目〕經部81

周禮補注　〔續修〕81

周禮節訓　〔存目〕經部85

周禮傳、圖説、翼傳　〔文淵〕96〔文津〕91
　　〔文瀾〕89〔珍本〕三集64-67〔著録〕經
　　部13

周禮會通　〔未收〕一輯5

周禮詳解　〔文淵〕91〔文津〕86〔文瀾〕84
　　〔珍本〕初集56-57

周禮彙纂　〔未收〕三輯8

周禮經注節鈔、周禮注疏獻疑　〔未收〕
　　三輯8

周禮摘箋　〔續修〕80

周禮疑義舉要　〔文淵〕101〔文津〕97〔文
　　瀾〕95〔著録〕經部193

周禮説　〔存目〕經部82

周禮説略　〔存目〕經部84

周禮漢讀考　〔續修〕80

周禮撮要　〔續修〕80

周禮質疑　〔存目〕經部86〔續修〕79

周禮畿内授田考實　〔續修〕81

周禮輯義　〔存目〕經部87〔續修〕78

周禮學(王聘珍)　〔續修〕81

周禮學(沈夢蘭)　〔續修〕81

周禮纂訓　〔文淵〕100〔文津〕96〔文瀾〕94
　　〔珍本〕五集45-46〔著録〕經部147

周禮釋注　〔續修〕81

周懶予先生圍碁譜　〔續修〕1103

昏

昏禮通考　〔存目〕經部115

昏禮辨正　〔存目〕經部108〔續修〕95

狎

狎鷗子摘稿　〔存目〕集部137

狎鷗亭詩　〔禁燬補〕89

刿

刿菴訂定譚子詩歸　〔存目〕集部192

炙

炙硯瑣談　〔未收〕十輯30

京

京口三山志　〔存目〕史部229

京口耆舊傳　〔文淵〕451〔文津〕450〔文
　瀾〕451〔珍本〕別輯125－126
京氏易傳　〔文淵〕808〔文津〕809〔文瀾〕
　826〔薈要〕264〔著錄〕子部21
＊京兆眉　〔續修〕1765
京省水道考　〔未收〕九輯5
京華集　〔未收〕九輯17
京師大學堂章程　〔續修〕831
京師五城坊巷衚衕集　〔續修〕729
京畿金石考　〔續修〕906

　　夜

夜雨秋燈錄、續錄　〔續修〕1789
夜航船　〔續修〕1135

　　郊

郊社考辨　〔存目〕經部108〔續修〕108
郊社禘祫問　〔文淵〕129〔文津〕124〔文
　瀾〕123〔著錄〕經部74
郊居遺稿　〔存目〕集部163

　　庚

庚子莘蜂錄　〔未收〕三輯15
庚子海外紀事　〔續修〕446
庚子國變記　〔續修〕446
庚子銷夏記　〔文淵〕826〔文津〕828〔文
　瀾〕845〔著錄〕子部304
庚申外史　〔存目〕史部45〔續修〕423
庚癸原音四種　〔續修〕116
庚溪詩話　〔文淵〕1479〔文津〕1483〔文
　瀾〕1528〔著錄〕集部330

　　放

放言居詩集　〔存目〕集部272
放翁逸稿　〔薈要〕390
放翁詞　〔文淵〕1488〔文津〕1493〔文瀾〕
　1538〔著錄〕集部219
放翁詩選前集、後集、別集　〔文淵〕1163
　〔文津〕1168〔文瀾〕1198
放齋詩說　〔續修〕56

　　刻

刻徐文長先生秘集　〔存目〕子部129

刻孫百川先生文集　〔存目〕集部112
刻孫齊之先生松韻堂集　〔存目〕集部142
刻曾西墅先生集　〔存目〕集部30
刻嘉禾鍾先生尚書主意傳心錄　〔未收〕
　二輯4
刻漢唐宋名臣錄　〔存目〕史部99

　　於

於陵子　〔存目〕子部83
於潛令樓公進耕織二圖詩　〔存目〕子部
　38

　　育

育德堂外制　〔續修〕1319

　　卷

卷施閣集　〔續修〕1467

　　炊

炊聞詞　〔存目〕集部422

　　炎

炎徼紀聞　〔文淵〕352〔文津〕349〔文瀾〕
　350〔著錄〕史部189

　　法

法言義疏　〔續修〕933
法苑珠林　〔著錄〕子部118－120
法苑珠林、附校譌音釋　〔文淵〕1049－
　1050〔文津〕1053－1055〔文瀾〕1078－
　1079
法帖刊　〔文淵〕681〔文津〕681〔文瀾〕694
法帖刊誤　〔著錄〕史部393
法帖譜系　〔文淵〕682〔文津〕682〔文瀾〕
　695〔著錄〕史部393
法帖釋文　〔文淵〕681〔文津〕681〔文瀾〕
　694〔著錄〕史部265
法帖釋文考異　〔文淵〕683〔文津〕683
　〔文瀾〕696〔珍本〕六集132〔著錄〕史部
　157
法家衰集　〔存目〕子部37
法書考　〔文淵〕814〔文津〕817〔文瀾〕833
　〔珍本〕九集217〔著錄〕子部150

法書名畫見聞表 〔著録〕子部 358

法書要録 〔文淵〕812〔文津〕814〔文瀾〕831〔著録〕子部 52

法書通釋 〔存目〕子部 71〔續修〕1065

法教佩珠 〔存目〕子部 144

法喜志、續法喜志 〔存目〕子部 255

法意 〔續修〕1298－1299

法藏碎金録 〔文淵〕1052〔文津〕1056〔文瀾〕1081〔珍本〕十集 195－198〔著録〕子部 300

沽

沽酒遊春 〔續修〕1764

河

河工器具圖説 〔未收〕十輯 4

河上易註、附圖説 〔未收〕三輯 3

河上楮談 〔存目〕子部 104〔續修〕1128

河防一覽 〔文淵〕576〔文津〕576〔文瀾〕585〔著録〕史部 337

河防芻議 〔存目〕史部 224〔續修〕847

河防通議 〔文淵〕576〔文津〕576〔文瀾〕585〔珍本〕四集 115

河防疏略 〔續修〕493

河防疏略、附崇祀録、墓誌銘 〔存目〕史部 69

河村集 〔禁燬〕集部 11

河汾詩集 〔存目〕集部 32

河汾諸老詩集 〔文淵〕1365〔文津〕1369〔文瀾〕1409〔底本〕集部 182〔著録〕集部 301

河東文録 〔續修〕1671

河東先生集 〔著録〕集部 86

河東先生龍城録 〔續修〕1264

河東君尺牘、湖上草、我聞室賸稿 〔續修〕1391

河東柳仲塗先生文集 〔底本〕集部 1

河東集、附行狀 〔文淵〕1085〔文津〕1089〔文瀾〕1115

河東鹽法備覽 〔未收〕一輯 24

河東鹽政彙纂 〔續修〕839

河南先生文集 〔著録〕集部 43

河南邵氏聞見後録 〔著録〕子部 220

河南邵氏聞見前録 〔著録〕子部 220

河南府張鼎勘頭巾雜劇 〔續修〕1761

河南通志 〔文淵〕535－538〔文津〕535－538〔文瀾〕541－544

河南通志［雍正〕 〔著録〕史部 417－419

河南程氏遺書 〔著録〕子部 61

河南集 〔文淵〕1090〔文津〕1094〔文瀾〕1119

河南穆公集、遺事 〔著録〕集部 87

河洛真數 〔存目〕子部 65〔續修〕1061

河洛精藴 〔未收〕三輯 23

河紀 〔存目〕史部 223〔續修〕728

河套志［乾隆〕 〔存目〕史部 215

河朔訪古記 〔文淵〕593〔文津〕593〔文瀾〕601〔珍本〕別輯 140

河渠紀聞 〔未收〕一輯 28－29

河間府志［嘉靖〕 〔存目〕史部 192

河間傷寒心要 〔存目〕子部 41

河圖洛書原舛編 〔存目〕經部 32〔續修〕40

河圖道原、率性修道論 〔未收〕四輯 27

河漕通考 〔存目〕史部 222

河漕備考、歷代黃河指掌圖説 〔續修〕838

河嶽英靈集 〔文淵〕1332〔文津〕1336〔文瀾〕1374〔著録〕集部 294

泊

泊水齋文鈔 〔存目〕集部 183

泊宅編 〔文淵〕1037〔文津〕1041〔文瀾〕1064〔著録〕子部 218

泊菴先生文集 〔著録〕集部 37

泊菴集 〔文淵〕1237〔文津〕1241〔文瀾〕1273〔珍本〕六集 266－267

泊齋別録 〔未收〕五輯 30

泊鷗山房集 〔續修〕1441－1442

泠

泠然齋詩集 〔文淵〕1179〔文津〕1183〔文瀾〕1213〔珍本〕初集 317

注

注解正蒙 〔文淵〕697〔文津〕697〔文瀾〕

711〔珍本〕九集176
注釋古周禮、考工記 〔存目〕經部83

泣

*泣賦眼兒媚 〔續修〕1763

泳

泳齋近思録衍註 〔續修〕934

治

治心齋琴學練要 〔續修〕1095
治世餘聞録 〔存目〕史部46〔續修〕433
治世龜鑑 〔珍本〕五集117
治世鑑 〔文淵〕709〔文津〕711〔文瀾〕724
治平言 〔存目〕子部91
治平通議 〔續修〕952
治平勝算全書 〔續修〕967
治河全書 〔續修〕847
治河奏疏 〔存目〕史部66
治河奏績書 〔珍本〕三集169
治河奏績書、附河防述言 〔文淵〕579
〔文津〕580〔文瀾〕588
治河前策、後策 〔存目〕史部225
治河通考（吳山） 〔存目〕史部221
治河通考（劉隅） 〔續修〕847
治河圖略 〔文淵〕576〔文津〕576〔文瀾〕585
治河管見 〔存目補〕93
治河總考 〔存目〕史部221
治臺必告録 〔續修〕882
治鮮集 〔續修〕880
治譜、續集 〔續修〕753

性

性理大中 〔存目〕子部22〔續修〕949-950
性理大全書 〔文淵〕710-711〔文津〕712-713〔文瀾〕725-726〔珍本〕五集118-131〔著録〕子部41-42
性理吟 〔存目〕集部78
性理指歸 〔續修〕942
性理會通、續編 〔存目〕子部17-19
性理群書大全 〔存目〕子部8-9

性理群書句解 〔文淵〕709〔文津〕711〔文瀾〕724〔珍本〕四集128-129
性理標題綜要 〔存目〕子部16
性理纂要 〔存目〕子部25
性情集 〔文淵〕1221〔文津〕1225〔文瀾〕1256〔珍本〕初集357
性善堂稿 〔文淵〕1170〔文津〕1174〔文瀾〕1204〔珍本〕初集311
性影集 〔存目〕集部265
性餘堂集 〔禁燬補〕69
性學李先生古今文章精義 〔著録〕集部215

怪

怪石贊 〔存目〕子部79

怡

怡志堂文初編 〔續修〕1530
怡志堂詩初編 〔續修〕1530

宗

宗一聖論 〔存目〕子部90
宗子相集 〔文淵〕1287〔文津〕1291〔文瀾〕1324〔珍本〕六集286-287〔著録〕集部279
宗玄先生文集、玄綱論、南統大君内丹九章經 〔著録〕集部42
宗玄集、玄綱論、南統大君内丹九章經、吳尊師傳 〔文淵〕1071〔文津〕1076〔文瀾〕1101〔珍本〕九集233
宗伯集（孫繼臯） 〔文淵〕1291〔文津〕1295〔文瀾〕1329〔珍本〕四集371-372
宗伯集（馮琦） 〔禁燬〕集部15-16
宗忠簡集 〔文淵〕1125〔文津〕1129〔文瀾〕1155
宗法小記 〔續修〕108
宗法論 〔續修〕108
宗聖志 〔存目〕史部79
宗聖譜 〔存目〕史部117
宗藩訓典 〔存目〕子部139
宗鏡録 〔續修〕1283-1285
宗譜纂要 〔存目〕史部98

定

定山先生集 〔底本〕集部 46 〔著錄〕集部 399

定山堂古文小品 〔續修〕1403

定山堂詩集、詩餘 〔續修〕1402－1403 〔禁燬〕集部 117

定山集 〔文淵〕1254 〔文津〕1258 〔文瀾〕1291 〔珍本〕九集 261－263

定川遺書 〔續修〕1318

定正洪範集說 〔存目〕經部 49 〔續修〕55

定宇集、年表、別集 〔文淵〕1205 〔文津〕1209 〔文瀾〕1240

定宇集、別集 〔珍本〕二集 332－334

定香亭筆談 〔續修〕1138

定峰樂府、甲子定峰山左雜詠、附諸公論樂府書 〔存目〕集部 234

定菴集、附榮壽錄 〔存目〕集部 37

定庵類稿 〔文淵〕1152 〔文津〕1156 〔文瀾〕1185 〔珍本〕初集 299

定遠縣志[嘉靖] 〔存目〕史部 196

定園文集 〔未收〕七輯 18

定曆玉衡 〔續修〕1040

定盦先生年譜 〔續修〕557

定盦詞 〔續修〕1726

定齋易箋 〔著錄〕經部 55

定齋集 〔文淵〕1157 〔文津〕1162 〔文瀾〕1191 〔珍本〕別輯 347－349

定齋詩鈔 〔禁燬〕集部 168

宜

宜秋山趙禮讓肥雜劇 〔續修〕1761

宜焚全稿 〔續修〕492

宙

宙合編 〔存目〕子部 106

官

官子譜（林則徐） 〔續修〕1101

官子譜（陶式玉） 〔續修〕1101

官制備考 〔存目〕史部 259

官場現形記 〔續修〕1800

官箴 〔文淵〕602 〔文津〕602 〔文瀾〕612 〔著錄〕史部 116

官爵志 〔存目〕史部 260 〔續修〕749

空

空山堂春秋傳 〔存目〕經部 142

空同子集 〔著錄〕集部 40

空同集 〔文淵〕1262 〔文津〕1266－1267 〔文瀾〕1299 〔珍本〕八集 184－191 〔薈要〕417

空青館詞稿 〔續修〕1727

空明子詩集、文集、雜錄、詩餘 〔存目〕集部 267

*空堂話 〔續修〕1765

空際格致 〔存目〕子部 93

穹

穹窿山志 〔存目〕史部 237

宛

宛丘先生文集 〔著錄〕集部 12

宛在堂文集 〔未收〕六輯 27

宛委山房集 〔續修〕1449

宛陵先生集、拾遺 〔著錄〕集部 237

宛陵集 〔文淵〕1099 〔文津〕1102 〔文瀾〕1128 〔薈要〕373

宛陵群英集 〔文淵〕1366 〔文津〕1371 〔文瀾〕1410

宛陵群英集十二集 〔珍本〕二集 396

宛雅初編、二編、三編 〔存目〕集部 373

宛鄰集 〔續修〕1486

郎

郎潛紀聞、二筆、三筆 〔續修〕1182

房

房海客侍御疏 〔禁燬〕史部 38

祈

祈嗣真詮 〔存目〕子部 90

祇

祇欠庵集 〔未收〕七輯 20

祇平居士集 〔續修〕1430

建

建文書法儗前編、正編、附編 〔存目〕史部53〔續修〕433

建文朝野彙編 〔存目〕史部51

建文遺蹟 〔存目〕史部49

建炎以來朝野雜記、甲集、乙集 〔文淵〕608〔文津〕608〔文瀾〕618

建炎以來朝野雜記甲集、建炎以來朝野雜記乙集 〔著錄〕史部20

建炎以來繫年要錄 〔文淵〕325-327〔文津〕321-324〔文瀾〕320-323〔珍本〕別輯74-100

建炎筆錄 〔續修〕423

建炎復辟記 〔存目〕史部44

建炎維揚遺錄 〔存目〕史部44

建康集 〔文淵〕1129〔文津〕1133〔文瀾〕1160

建康實錄 〔文淵〕370〔文津〕367〔文瀾〕369〔珍本〕六集89-91〔著錄〕史部190

建陽縣志、雜志、續集〔景泰〕 〔存目〕史部176

建寧人物傳 〔存目〕史部90

居

居士集 〔存目〕集部10

居士傳 〔續修〕1286

居竹軒詩集 〔文淵〕1216〔文津〕1220〔文瀾〕1251〔珍本〕三集290〔著錄〕集部257

居來先生集 〔存目補〕51

居易初集 〔續修〕1564

居易堂浙中新集 〔禁燬〕集部133

居易堂集 〔續修〕1404

居易堂詩集(王曾翼) 〔續修〕1453

居易堂詩集(林埜) 〔未收〕六輯26

居易錄 〔文淵〕869〔文津〕871-872〔文瀾〕889〔著錄〕子部56

居家必用事類全集 〔存目〕子部117〔續修〕1184

居業堂文集 〔續修〕1418

居業錄 〔文淵〕714〔文津〕716〔文瀾〕729

〔著錄〕子部332

居業齋文錄 〔續修〕1670

居業齋詩鈔、文稿、別集 〔存目〕集部252

居濟一得 〔文淵〕579〔文津〕580〔文瀾〕588〔珍本〕九集160-161〔著錄〕史部110

屈

屈子正音 〔未收〕十輯13

屈子章句 〔存目〕集部2

屈子貫 〔未收〕七輯16

屈宋方言考 〔未收〕十輯13

屈宋古音義 〔文淵〕239〔文津〕234〔文瀾〕232〔著錄〕經部210

屈原賦戴氏注、通釋、音義 〔續修〕1302

屈翁山詩集、詞 〔禁燬〕集部120

屈賦微 〔續修〕1302

屈騷心印 〔存目〕集部2

屈騷指掌 〔續修〕1302

屈辭精義 〔續修〕1302

弧

*弧三角和較術 〔續修〕1047

*弧矢啓秘 〔續修〕1047

弧矢算術 〔文淵〕798〔文津〕799〔文瀾〕815〔珍本〕六集200〔著錄〕子部7

*弧矢算術細草 〔續修〕1045-1046

弢

弢甫集詩、文、五嶽集、續集 〔存目〕集部275-276

弢園文錄外編 〔續修〕1558

承

承晉齋積聞錄 〔續修〕1068

孟

孟子文説 〔續修〕158

孟子正義 〔續修〕158

孟子札記 〔續修〕158

孟子四考 〔續修〕158

孟子生卒年月考 〔存目〕史部81

孟子外書四篇 〔續修〕932

孟子外書集證 〔未收〕六輯 12

孟子年譜 〔存目〕史部 76

孟子字義疏證 〔續修〕158

孟子注疏、附考證 〔文淵〕195 〔文津〕190 〔文瀾〕186

孟子注疏、音義序、題辭解、原目 〔薈要〕71

孟子要略 〔續修〕157

孟子音義 〔文淵〕196 〔文津〕191 〔文瀾〕186 〔著録〕經部 96

孟子師説 〔文淵〕208 〔文津〕203 〔文瀾〕201 〔珍本〕五集 57 〔著録〕經部 172

*孟子通 〔文淵〕203 〔文津〕196–197 〔文瀾〕

*孟子集注 〔文淵〕197 〔文津〕191 〔文瀾〕187

*孟子集註大全 〔文淵〕205 〔文津〕199–200 〔文瀾〕

*孟子集註考證 〔文淵〕202 〔文津〕195 〔文瀾〕192

*孟子集註通證 〔文淵〕203 〔文津〕197 〔文瀾〕194

孟子集疏 〔文淵〕200 〔文津〕194 〔文瀾〕190 〔著録〕經部 97

孟子集疏、序説 〔薈要〕71

*孟子集編 〔文淵〕200 〔文津〕194 〔文瀾〕190

孟子註疏解經 〔著録〕經部 95

孟子傳 〔文淵〕196 〔文津〕191 〔文瀾〕187 〔珍本〕二集 64–65 〔薈要〕71

孟子解（尹焞） 〔存目〕經部 154

孟子解（蘇轍） 〔文淵〕196 〔文津〕191 〔文瀾〕186 〔著録〕經部 96

孟子趙注考證 〔續修〕159

孟子趙注補正 〔續修〕159

孟子説（癸巳孟子説） 〔薈要〕71

孟子説解 〔存目〕經部 161

*孟子精義 〔文淵〕198 〔文津〕192–193 〔文瀾〕

孟子篇叙、年表 〔續修〕158

孟子雜記 〔文淵〕207 〔文津〕201 〔文瀾〕200 〔著録〕經部 103

*孟子纂疏 〔文淵〕201 〔文津〕195 〔文瀾〕191

*孟子纂箋 〔文淵〕204 〔文津〕197–198 〔文瀾〕

孟子讀法附記 〔未收〕四輯 7

孟有涯集 〔存目〕集部 58

孟東野詩集 〔文淵〕1078 〔文津〕1082 〔文瀾〕1108 〔著録〕集部 337

孟忠毅公奏議 〔未收〕四輯 19

孟浩然集 〔文淵〕1071 〔文津〕1076 〔文瀾〕1101

孟浩然詩集 〔著録〕集部 229

孟雲浦先生集 〔存目〕集部 167

孟義訂測 〔存目〕經部 157

孟鄰堂文鈔 〔續修〕1423

孟德耀舉案齊眉雜劇 〔續修〕1761

孟龍川文集 〔未收〕六輯 21

陌

陌巷志 〔存目〕史部 79

陌軒詩 〔存目補〕56 〔續修〕1403

陌軒詩、續 〔禁燬補〕81

孤

孤石山房詩集 〔存目〕集部 277

孤竹賓談 〔存目〕子部 104

孤兒籲天録 〔禁燬補〕17

孤雁漢宮秋 〔續修〕1763

孤樹裒談 〔存目〕子部 240 〔續修〕1170

*孤鴻影 〔續修〕1765

函

函山先生集 〔存目〕集部 70

函史上編、下編 〔存目〕史部 25–28

陔

陔餘叢考 〔續修〕1151–1152

姑

姑山遺集、昔者詩 〔禁燬〕集部 119

姑溪居士文集、後集 〔著録〕集部 48

姑溪居士前集、後集 〔文淵〕1120 〔文津〕

1124－1125〔文瀾〕1150〔珍本〕十集 225－230

姑溪詞　〔文淵〕1487〔文津〕1492〔文瀾〕1537〔著錄〕集部218

姑蘇名賢小紀　〔存目〕史部115〔續修〕541

姑蘇志　〔文淵〕493〔文津〕492〔文瀾〕496－497〔珍本〕十集81－94

姑蘇志[正德]　〔著錄〕史部211－212

姑蘇楊柳枝詞　〔存目〕集部395

姑蘇新刻彤管遺編　〔未收〕六輯30

姑蘇雜詠合刻　〔存目〕集部290

姓

姓氏急就篇　〔文淵〕948〔文津〕951〔文瀾〕971〔著錄〕子部221

姓氏譜纂　〔存目〕子部201

姓史人物考　〔未收〕四輯17

姓匯　〔存目〕子部179

姓解　〔續修〕1213

姓源珠璣　〔存目〕子部173

姓觿　〔存目〕子部179

妮

妮古録　〔存目〕子部118

始

始青閣稿　〔禁燬〕集部103

始豐稿　〔文淵〕1229〔文津〕1233〔文瀾〕1264〔珍本〕十集258－261〔著錄〕集部114

迦

迦陵詞全集　〔續修〕1724

九畫

契

契丹國志　〔著錄〕史部287

契文舉例　〔續修〕906

契翁中説録　〔續修〕937

奏

奏疏存蒦　〔未收〕二輯25

奏牘(倪元璐)　〔禁燬〕史部69

奏牘(凌義渠)　〔續修〕493

春

春山先生文集　〔未收〕九輯26

春及堂初集、二集、三集、四集　〔未收〕十輯26

春及堂詩集　〔存目〕集部275

春在堂隨筆　〔續修〕1141

春雨軒詩正集、附集　〔著錄〕集部260

春明退朝録　〔文淵〕862〔文津〕864〔文瀾〕882〔著錄〕子部167

春明夢餘録　〔文淵〕868－869〔文津〕870－871〔文瀾〕888－889〔珍本〕六集224－234〔菁要〕181－182〔著錄〕子部77－78

春明稿、附填郎續稿　〔存目補〕97

春和堂紀恩詩　〔未收〕八輯30

春和堂詩集　〔未收〕八輯30

＊春波影　〔續修〕1764

春草堂集　〔續修〕1507

春草齋文集、詩集、附名公讚春草集歌詠　〔著錄〕集部261

春草齋集　〔文淵〕1232〔文津〕1236〔文瀾〕1268〔珍本〕十集263－264

春草齋詩集、文集、附名公讚春草集歌詠　〔底本〕集部39

春秋一得　〔存目〕經部145

春秋二十國年表　〔著錄〕經部77

春秋三家異文蔆　〔續修〕148

春秋三書　〔存目〕經部125

春秋三發　〔續修〕136

春秋三傳比　〔續修〕144

春秋三傳事實廣證　〔存目〕經部145

春秋三傳衷考　〔存目〕經部128

春秋三傳通經合纂　〔續修〕134

春秋三傳異文釋　〔續修〕144

春秋三傳異同考　〔存目〕經部140〔續修〕139

春秋三傳辨疑　〔珍本〕二集48－51

春秋三傳讞 〔文淵〕149〔文津〕145〔文瀾〕143〔珍本〕初集62-63

春秋大成題意 〔未收〕五輯2

春秋大全 〔珍本〕六集27-35

春秋大全、序論、諸國興廢説、列國圖説、二十國年表 〔文淵〕166〔文津〕160〔文瀾〕158

春秋大事表、輿圖 〔著録〕經部162-163

春秋大事表、讀春秋偶筆、輿圖 〔文淵〕179-180〔文津〕174-175〔文瀾〕171-172

春秋小學 〔續修〕144

春秋凡例 〔續修〕120

春秋女譜 〔續修〕148

春秋王霸列國世紀編 〔文淵〕156〔文津〕151〔文瀾〕149〔薈要〕45〔著録〕經部195

春秋五禮例宗 〔文淵〕148〔文津〕144〔文瀾〕142〔珍本〕九集56〔底本〕經部51〔著録〕經部78

春秋不傳 〔存目〕經部145

春秋比事 〔文淵〕153〔文津〕148〔文瀾〕146〔珍本〕初集64-65

春秋比事目録 〔存目〕經部139

春秋日南至譜 〔續修〕148

春秋日食集證 〔續修〕148

春秋日食質疑 〔存目〕經部145〔續修〕144

春秋日食辨正 〔續修〕148

春秋内傳古注輯存 〔續修〕122

春秋毛氏傳 〔文淵〕176〔文津〕171〔文瀾〕168〔著録〕經部50

春秋分記 〔文淵〕154〔文津〕148-149〔文瀾〕147〔珍本〕初集68-75〔著録〕經部198

春秋分記、例要 〔底本〕經部5-8

春秋公羊注疏質疑 〔續修〕129

春秋公羊問答 〔續修〕129

春秋公羊傳注疏 〔薈要〕32

春秋公羊傳注疏、附考證 〔文淵〕145〔文津〕140-141〔文瀾〕139

春秋公羊傳箋 〔續修〕131

春秋公羊傳曆譜 〔續修〕131

*春秋公羊傳讞 〔文淵〕149〔文津〕145〔文瀾〕143

春秋公羊經何氏釋例、後録 〔續修〕129

春秋公羊穀梁諸傳彙義 〔存目〕經部136

春秋公羊禮疏 〔續修〕129

春秋孔義 〔文淵〕170〔文津〕164〔文瀾〕162〔珍本〕九集57-59〔著録〕經部200

春秋正旨 〔文淵〕168〔文津〕162〔文瀾〕160〔珍本〕四集69〔著録〕經部22

春秋正業經傳删本 〔存目〕經部132

春秋正傳 〔文淵〕167〔文津〕161〔文瀾〕159〔珍本〕四集64-69〔著録〕經部199

春秋正辭、春秋舉例、春秋要指 〔續修〕141

春秋世系表 〔續修〕149

春秋世族輯略、春秋列國輯略 〔續修〕124

春秋世族譜 〔文淵〕178〔文津〕173〔文瀾〕170〔珍本〕四集86〔著録〕經部22

春秋世族譜拾遺 〔續修〕148

春秋世學 〔存目〕經部118

春秋古經説 〔續修〕148

春秋本例 〔文淵〕148〔文津〕144〔文瀾〕142〔薈要〕34

春秋本義 〔著録〕經部82

春秋本義、春秋傳名氏、春秋綱領、春秋本義通論、春秋本義問答 〔文淵〕160〔文津〕154-155〔文瀾〕152〔薈要〕39

春秋左氏古經 〔續修〕123

春秋左氏傳地名補注 〔續修〕125

春秋左氏傳事類始末 〔文淵〕349〔文津〕346〔文瀾〕347〔薈要〕32〔著録〕史部79

春秋左氏傳注疏、正義序、左傳序、原目、傳述人 〔薈要〕30-31

春秋左氏傳補註(沈欽韓) 〔續修〕125

春秋左氏傳補註(趙汸) 〔文淵〕164〔文津〕158〔文瀾〕156〔著録〕經部85

春秋左氏傳賈服注輯述 〔續修〕125

春秋左氏傳説(左氏傳説) 〔薈要〕32

春秋左氏傳舊注疏證 〔續修〕126-127

春秋左傳 〔存目〕經部126〔存目〕經部

126

春秋左傳、春秋提要　〔著録〕經部 86

春秋左傳小疏　〔文淵〕181　〔文津〕176
　〔文瀾〕172　〔著録〕經部 90

春秋左傳正義　〔續修〕117－118

春秋左傳地名録、附春秋外傳國語地名
　録　〔存目〕經部 128

春秋左傳杜氏集解辨正　〔續修〕128

春秋左傳杜注　〔續修〕121

春秋左傳杜注校勘記　〔續修〕128

春秋左傳事類年表　〔存目〕經部 141

春秋左傳典略　〔存目〕經部 124　〔續修〕
　119

春秋左傳注疏、諸家序、春秋三傳注解傳
　述人考證　〔文淵〕143－144　〔文津〕
　139－140　〔文瀾〕137－138

春秋左傳姓名同異考　〔存目〕經部 140
　〔續修〕121

春秋左傳要義　〔文淵〕153　〔文津〕148
　〔文瀾〕146　〔珍本〕初集 66－67

春秋左傳詁　〔續修〕124

春秋左傳評苑、國語評苑、戰國策評苑
　〔存目〕子部 163－164

春秋左傳註評測義　〔存目〕經部 126－127

春秋左傳註解辯　〔存目〕經部 119

春秋左傳註解辯誤　〔續修〕119

春秋左傳補註(馬宗璉)　〔續修〕124

春秋左傳補註(惠棟)　〔著録〕經部 22

春秋左傳補疏　〔續修〕124

春秋左傳節文　〔存目〕經部 116

春秋左傳節文註略　〔未收〕二輯 10

春秋左傳會要　〔續修〕123

春秋左傳彙輯　〔未收〕四輯 5－6

春秋左傳識小録　〔續修〕125

春秋左傳類解　〔續修〕119

春秋左傳釋人　〔續修〕124

春秋左傳釋附　〔未收〕七輯 1

春秋左傳屬事　〔文淵〕169　〔文津〕164
　〔文瀾〕161　〔珍本〕四集 73－78　〔著録〕
　經部 85

春秋左傳讀叙録、鍹子政左氏説　〔續
　修〕128

*春秋左傳讞　〔文淵〕149　〔文津〕145　〔文

瀾〕143

春秋左翼　〔存目〕經部 122

春秋平義　〔文淵〕174　〔文津〕169　〔文瀾〕
　166　〔珍本〕三集 97－98　〔底本〕經部 51－
　52　〔著録〕經部 201

春秋平議　〔續修〕148

春秋占筮書　〔文淵〕41　〔文津〕36　〔文瀾〕
　35　〔珍本〕十集 12　〔著録〕經部 44

春秋四家五傳平文　〔存目〕經部 128－130

春秋四傳、綱領、提要、列國東坡圖説、春
　秋二十國年表、諸國興廢説　〔存目〕
　經部 116－117

春秋四傳私考　〔存目〕經部 119　〔續修〕
　135

春秋四傳糾正　〔文淵〕174　〔文津〕169
　〔文瀾〕166　〔珍本〕九集 59

春秋四傳通辭　〔存目〕經部 123

春秋四傳質　〔文淵〕171　〔文津〕166　〔文
　瀾〕163　〔珍本〕五集 48

春秋匡解　〔存目〕經部 120

春秋考　〔文淵〕149　〔文津〕145　〔文瀾〕143
　〔珍本〕四集 56

春秋地名考略　〔文淵〕176　〔文津〕171
　〔文瀾〕168　〔珍本〕四集 83　〔著録〕經部
　22

春秋地理考實　〔文淵〕181　〔文津〕176
　〔文瀾〕172　〔著録〕經部 90

春秋臣傳　〔文淵〕448　〔文津〕446　〔文瀾〕
　448　〔著録〕史部 91

春秋臣傳(春秋列國臣傳)　〔薈要〕34

春秋列國官名異同考　〔續修〕144

春秋列傳　〔存目〕史部 89

春秋至朔通考　〔未收〕八輯 2

春秋因是　〔存目〕經部 128

春秋年考　〔存目〕經部 130

春秋年表　〔文淵〕146　〔文津〕142　〔文瀾〕
　140

春秋名字解詁補義　〔續修〕128

春秋名號歸一圖　〔文淵〕146　〔文津〕142
　〔文瀾〕140　〔著録〕經部 77

春秋別典　〔文淵〕386　〔文津〕383－384
　〔文瀾〕385　〔底本〕史部 21　〔著録〕史部
　412

春秋私考 〔存目〕經部 117 〔續修〕134

春秋決事比 〔續修〕129

春秋究遺 〔珍本〕二集 59－60 〔著録〕經部 203

春秋究遺、春秋總説、春秋比例 〔文淵〕181 〔文津〕176 〔文瀾〕173

春秋長曆 〔文淵〕178 〔文津〕173 〔文瀾〕170 〔珍本〕十一集 21－22 〔著録〕經部 22

春秋取義測 〔續修〕140

春秋直解 〔續修〕140

春秋直解、讀春秋 〔存目〕經部 121 〔續修〕136

春秋或問 〔著録〕經部 83

春秋或問、五論 〔薈要〕38

春秋或問、春秋五論 〔著録〕經部 158

春秋事義全考 〔文淵〕169 〔文津〕163 〔文瀾〕161 〔珍本〕四集 70－72 〔著録〕經部 200

春秋事義慎考 〔存目〕經部 136

春秋明志録 〔文淵〕168 〔文津〕162 〔文瀾〕160 〔珍本〕初集 80－81

春秋金鎖匙 〔文淵〕164 〔文津〕158 〔文瀾〕156 〔底本〕經部 50 〔著録〕經部 84

春秋宗朱辨義 〔文淵〕178 〔文津〕173 〔文瀾〕170 〔珍本〕四集 84－85 〔著録〕經部 201

春秋春王正月考、辨疑 〔文淵〕165 〔文津〕159 〔文瀾〕157 〔薈要〕45 〔著録〕經部 85

春秋指掌、前事、後事 〔存目〕經部 136－137

春秋胡氏傳、諸國興廢説、綱領、提要 〔薈要〕36

春秋胡氏傳辨疑 〔文淵〕167 〔文津〕161 〔文瀾〕159 〔珍本〕五集 47 〔著録〕經部 199

春秋胡氏傳纂疏 〔著録〕經部 84

春秋胡傳考誤 〔文淵〕169 〔文津〕164 〔文瀾〕161 〔珍本〕十二集 18 〔著録〕經部 200

春秋胡傳附録纂疏 〔文淵〕165 〔文津〕158－159 〔文瀾〕157 〔珍本〕四集 57－63

春秋胡傳參義 〔存目〕經部 136

春秋皇綱論 〔文淵〕147 〔文津〕142 〔文瀾〕141 〔著録〕經部 78

春秋後傳 〔文淵〕151 〔文津〕147 〔文瀾〕145

春秋紀傳、附世系圖 〔存目〕史部 41

春秋條貫篇 〔存目〕經部 136 〔續修〕139

春秋師説 〔文淵〕164 〔文津〕158 〔文瀾〕156 〔著録〕經部 83

春秋朔至表 〔續修〕148

春秋朔閏表發覆 〔續修〕147

春秋朔閏異同 〔續修〕147－148

春秋朔閏至日考 〔續修〕148

春秋家説 〔存目〕經部 131 〔續修〕139

春秋書法鈎元 〔文淵〕165 〔文津〕159 〔文瀾〕157 〔珍本〕二集 53

春秋書法鈎玄 〔著録〕經部 22

春秋通訓 〔文淵〕148 〔文津〕144 〔文瀾〕142 〔珍本〕四集 55

春秋通義 〔文淵〕147 〔文津〕142 〔文瀾〕141 〔珍本〕四集 55

春秋通説 〔文淵〕156 〔文津〕151 〔文瀾〕149 〔薈要〕37 〔著録〕經部 80

春秋通論(方苞) 〔文淵〕178 〔文津〕173 〔文瀾〕170 〔著録〕經部 203

春秋通論(劉紹攽) 〔存目〕經部 142

春秋通論、論旨、春秋無例詳考 〔續修〕139

春秋異文箋 〔續修〕144

春秋異地同名考 〔續修〕128

春秋國華 〔存目〕經部 119

春秋啖趙二先生集傳辯疑 〔底本〕經部 25 〔著録〕經部 77

春秋深 〔存目補〕92

春秋張氏集注(春秋集注)、綱領 〔薈要〕36

春秋貫玉、世系 〔未收〕六輯 3

春秋提綱 〔文淵〕159 〔文津〕154 〔文瀾〕151 〔薈要〕36 〔著録〕經部 19

春秋揆略 〔存目〕經部 124

春秋剩義 〔存目〕經部 141

春秋程傳補 〔存目〕經部 130

春秋筆削微旨 〔存目〕經部 142

春秋集古傳註、或問 〔存目〕經部 143

春秋集註、綱領 〔著録〕經部 79

春秋集傳(李文炤) 〔存目〕經部 140

春秋集傳(汪紱) 〔續修〕140

春秋集傳(張洽) 〔續修〕133

春秋集傳(趙汸) 〔文淵〕164 〔文津〕
157－158〔文瀾〕156〔著録〕經部 198

春秋集傳大全、序論、春秋二十國年表、
諸國興廢説、圖説 〔著録〕經部 20

春秋集傳微旨 〔文淵〕146 〔文津〕142
〔文瀾〕140〔著録〕經部 157

春秋集傳詳説、綱領 〔文淵〕158〔文津〕
152－153〔文瀾〕151

春秋集傳辨疑 〔文淵〕146 〔文津〕142
〔文瀾〕140

春秋集傳纂例 〔文淵〕146 〔文津〕142
〔文瀾〕140〔著録〕經部 18

春秋集傳釋義大成 〔著録〕經部 82

春秋集傳釋義大成、原序、凡例、綱領、春
秋世次圖説 〔文淵〕159〔文津〕153
〔文瀾〕151－152

春秋集傳釋義大成、諸家傳序、綱領、世
次 〔薈要〕40

春秋集解(呂本中) 〔薈要〕35

春秋集解(呂祖謙) 〔著録〕經部 78

春秋集解、附較補春秋集解緒餘 〔存
目〕經部 135

春秋集義 〔未收〕二輯 11

春秋集義、綱領 〔珍本〕初集 76－79

春秋集義、諸家姓氏事略、綱領 〔文淵〕
155〔文津〕150〔文瀾〕148

春秋復始 〔續修〕131

春秋鈔 〔存目〕經部 139

春秋詞命 〔存目〕集部 292

春秋尊王發微 〔文淵〕147 〔文津〕142
〔文瀾〕141〔薈要〕33〔著録〕經部 157

春秋測微 〔存目〕經部 140

春秋疏略 〔存目〕經部 132

春秋稗疏 〔文淵〕174〔文津〕169〔文瀾〕
166

春秋傳 〔著録〕經部 158〔續修〕140

春秋傳服氏注 〔續修〕117

春秋傳注 〔續修〕139

春秋傳注、提綱 〔存目〕經部 131〔續修〕

137－138

春秋傳説例 〔文淵〕147〔文津〕143〔文
瀾〕141〔珍本〕別輯 38

春秋傳禮徵 〔續修〕128

春秋傳議 〔存目〕經部 132

春秋會通、春秋諸傳序、讀春秋綱領
〔文淵〕162〔文津〕156〔文瀾〕154

春秋亂賊考 〔續修〕148

春秋詩話 〔存目〕集部 421〔續修〕1702

春秋詳説 〔存目〕經部 137－139

春秋詳説、綱領 〔薈要〕38

春秋意林 〔著録〕經部 78

春秋義 〔存目〕經部 140

春秋義存録 〔存目〕經部 142〔續修〕139

春秋義補註 〔存目〕經部 142

春秋慎行義、春秋刑法義、春秋使師義
〔續修〕144

春秋經世 〔存目〕經部 117

春秋經筌 〔文淵〕157〔文津〕152〔文瀾〕
150〔薈要〕37

春秋經傳比事 〔續修〕147

春秋經傳日月考 〔續修〕148

春秋經傳集解考正 〔續修〕142－143

春秋經傳辨疑 〔文淵〕167〔文津〕161
〔文瀾〕159〔珍本〕五集 47〔著録〕經部
199

春秋經傳闕疑 〔著録〕經部 19

春秋經傳類求 〔存目〕經部 144

春秋經傳類聯 〔存目〕子部 236

春秋經解、附春秋例要 〔珍本〕初集 61

春秋圖表 〔續修〕148

春秋圖説 〔存目〕經部 117

春秋管窺 〔文淵〕176〔文津〕171〔文瀾〕
168〔珍本〕初集 88

春秋疑問 〔續修〕135

春秋疑義 〔存目〕經部 133

春秋疑義録 〔未收〕九輯 1

春秋説 〔珍本〕三集 78－79

春秋説略、春秋比 〔續修〕144

春秋實録 〔存目〕經部 124

春秋隨筆 〔文淵〕181〔文津〕176〔文瀾〕
173〔珍本〕四集 86

春秋穀梁傳注疏、正義序、原目 〔薈要〕

33

春秋穀梁傳注疏、附考證 〔文淵〕145
〔文津〕141〔文瀾〕139

*春秋穀梁傳讞 〔文淵〕149〔文津〕145
〔文瀾〕143

春秋穀梁經傳補注 〔續修〕132

春秋億 〔文淵〕169〔文津〕163〔文瀾〕161
〔珍本〕三集89〔著録〕經部85

春秋質疑(楊于庭) 〔文淵〕169〔文津〕
164〔文瀾〕161〔珍本〕初集86

春秋質疑(魏時應) 〔未收〕一輯6

春秋滕薛杞越莒邾許七國統表 〔未收〕
三輯16

春秋劉氏傳 〔著録〕經部157

春秋劉氏傳(春秋傳) 〔薈要〕33

春秋諸名臣傳 〔存目〕史部98

春秋諸國統紀 〔文淵〕159〔文津〕154
〔文瀾〕152〔著録〕經部81

春秋諸傳會通 〔著録〕經部83

春秋諸傳會通、諸家傳序、綱領 〔薈要〕
40

春秋諸傳辨疑 〔存目〕經部120

春秋輯傳、凡例 〔珍本〕初集82-85

春秋輯傳、凡例、宗旨 〔著録〕經部160

春秋輯傳、宗旨、春秋凡例 〔文淵〕168
〔文津〕162-163〔文瀾〕160

春秋輯傳辨疑 〔存目〕經部133-135

春秋戰國異辭、春秋戰國通表、摭遺
〔文淵〕403〔文津〕399〔文瀾〕400-401

春秋戰國異辭、通表 〔珍本〕初集112-
117

春秋衡庫、備録 〔存目〕經部123

春秋録疑 〔存目〕經部119

春秋辨疑 〔文淵〕148〔文津〕143〔文瀾〕
142〔珍本〕別輯38〔薈要〕34

春秋繁露 〔文淵〕181〔文津〕176〔文瀾〕
173〔珍本〕別輯46-47〔薈要〕246〔著
録〕經部22〔未收〕八輯2

春秋繁露注、題跋附録 〔續修〕150

春秋繁露義證、考證 〔續修〕150

春秋講義 〔文淵〕155〔文津〕150〔文瀾〕
148〔珍本〕三集76-77

春秋翼附 〔存目〕經部120〔續修〕135

春秋職官考略、春秋地名辨異、左傳人名
辨異 〔著録〕經部90

春秋闕如編 〔文淵〕177〔文津〕172〔文
瀾〕170〔珍本〕三集99-100〔底本〕經
部46〔著録〕經部203

春秋闕疑 〔文淵〕163〔文津〕157〔文瀾〕
155〔珍本〕三集84-89

春秋闕疑(春秋經傳闕疑) 〔薈要〕41

春秋簡書刊誤 〔文淵〕176〔文津〕171
〔文瀾〕168〔著録〕經部89

春秋簡融 〔未收〕八輯2

春秋歸義 〔續修〕136

春秋識小録 〔文淵〕181〔文津〕176〔文
瀾〕172〔珍本〕十二集18

春秋類對賦 〔存目〕子部167

春秋纂、提要、叢説 〔存目〕經部124

春秋纂言 〔文淵〕159〔文津〕154〔文瀾〕
152

春秋纂言、總例 〔珍本〕三集80-83〔底
本〕經部47-50〔著録〕經部81

春秋釋 〔續修〕148

春秋釋例 〔文淵〕146〔文津〕141-142
〔文瀾〕140〔珍本〕別輯34-37〔著録〕
經部18

春秋權衡 〔文淵〕147〔文津〕143〔文瀾〕
141〔薈要〕33〔著録〕經部18

春秋辯義 〔文淵〕170〔文津〕165〔文瀾〕
162〔珍本〕三集90-96

春秋辯義、經義、傳義、書義、不書義、時
義、地義 〔著録〕經部21

春秋屬辭 〔文淵〕164〔文津〕158〔文瀾〕
156〔薈要〕42〔著録〕經部83

春秋屬辭比事記 〔文淵〕176〔文津〕171
〔文瀾〕168〔著録〕經部89

春秋屬辭辨例編 〔續修〕145-146

春秋續義纂要發微 〔存目〕經部122

春秋鑽燧 〔未收〕八輯2

春秋讞義 〔文淵〕162〔文津〕156〔文瀾〕
154〔珍本〕二集52〔著録〕經部197

春泉聞見録 〔續修〕1177

*春風慶朔堂 〔續修〕1763

春卿遺稿 〔珍本〕九集236〔底本〕集部55
〔著録〕集部3

春卿遺稿、附傳　〔文淵〕1087〔文津〕1091
　〔文瀾〕1116

春酒堂文集　〔禁燬補〕76

春浮園文集、詩、南歸日録、偶録、日涉
　録、汴遊録、蕭齋日記　〔禁燬〕集部
　108

春渚紀聞　〔文淵〕863〔文津〕865〔文瀾〕
　883〔著録〕子部168

春寒閒記　〔存目〕子部113

春暉閣詩選　〔續修〕1541

春蕪記　〔續修〕1770

春蕪詞　〔未收〕八輯30

春樹齋叢説　〔未收〕五輯13

春融堂集　〔續修〕1437－1438

珂

珂雪集、珂雪二集、珂雪詞、朝天集、鴻爪
　集、黄山紀遊詩　〔存目〕集部240

珂雪詞　〔文淵〕1488〔文津〕1493〔文瀾〕
　1538〔著録〕集部333

珂雪齋近集　〔續修〕1376

珂雪齋近集、附楚狂之歌、小袁幼稿、近
　遊草　〔禁燬〕集部103

珂雪齋前集　〔禁燬〕集部181

珂雪齋前集、外集　〔續修〕1375－1376

珍

珍珠船　〔存目〕子部148

珍珠囊指掌補遺藥性賦　〔存目〕子部41

珍席放談　〔文淵〕1037〔文津〕1041〔文
　瀾〕1064〔珍本〕別輯231

珍埶宧文鈔、詩鈔　〔續修〕1475

珊

珊瑚木難　〔文淵〕815〔文津〕817〔文瀾〕
　834〔著録〕子部22

珊瑚舌雕談初筆　〔續修〕1263

珊瑚林、金屑編　〔續修〕1131

珊瑚鈎詩話　〔文淵〕1478〔文津〕1483〔文
　瀾〕1528〔著録〕集部330

珊瑚網　〔文淵〕818〔文津〕820－821〔文
　瀾〕837

封

封氏聞見記　〔文淵〕862〔文津〕864〔文
　瀾〕882〔著録〕子部167

封長白山記　〔存目〕史部56

封泥考略　〔續修〕1109－1110

拱

拱和詩集　〔存目〕集部24

城

城北集　〔未收〕七輯26

＊城南寺　〔續修〕1765

政

政和五禮新儀　〔珍本〕初集151－158〔著
　録〕史部138

政和五禮新儀、政和御製冠禮、政和五禮
　新儀目録　〔文淵〕647〔文津〕647－
　648〔文瀾〕658

政問録　〔續修〕880

政經　〔文淵〕706〔文津〕708〔文瀾〕721

政監　〔存目〕史部281

政餘筆録　〔續修〕1134

政學録　〔存目〕史部262〔續修〕755

括

括異志　〔存目〕子部245〔續修〕1264

括談　〔續修〕1181

郝

郝氏續後漢書　〔文淵〕385－386〔文津〕
　382－383〔文瀾〕384

郝文忠公陵川文集　〔著録〕集部28

拾

拾雅　〔續修〕192

拾遺記　〔文淵〕1042〔文津〕1046〔文瀾〕
　1070〔薈要〕278〔著録〕子部242

拾遺録　〔文淵〕858〔文津〕860〔文瀾〕878
　〔珍本〕十一集130〔底本〕子部36〔著
　録〕子部360

拾籜餘閒　〔續修〕1177

垜

*垜積比類　〔續修〕1047

指

指月録　〔未收〕三輯 26

指頭畫説　〔續修〕1067

按

按遼疏稿　〔續修〕491　〔禁燬〕史部 9

按遼禦璫疏稿　〔禁燬補〕22

拯

拯荒事略　〔存目〕史部 273

荊

荊川先生右編　〔存目〕史部 70-71　〔續修〕459-460

荊川集　〔文淵〕1276　〔文津〕1280　〔文瀾〕1313　〔薈要〕419

荊川稗編　〔文淵〕953　〔文津〕955-958　〔文瀾〕976-978

荊州駐防八旗志　〔續修〕859

荊門耆舊紀略、荊門烈女紀略　〔存目〕史部 124

荊南倡和詩集　〔文淵〕1370　〔文津〕1374　〔文瀾〕1413　〔珍本〕五集 400　〔底本〕集部 205　〔著録〕集部 144

荊釵記　〔續修〕1768　〔續修〕1781

*荊楚臣重對玉梳　〔續修〕1763

荊楚臣重對玉梳記雜劇　〔續修〕1762

荊楚歲時記　〔文淵〕589　〔文津〕589　〔文瀾〕598　〔著録〕史部 113

荊溪外紀　〔存目〕集部 382

荊溪林下偶談　〔文淵〕1481　〔文津〕1486　〔文瀾〕1531　〔底本〕集部 266

革

革除逸史　〔文淵〕410　〔文津〕407　〔文瀾〕408　〔珍本〕四集 103

革除遺事　〔存目〕史部 47　〔續修〕432

革除編年　〔存目〕史部 46

革象新書　〔珍本〕初集 173

革朝志　〔存目〕史部 47

革朝遺忠録　〔存目〕史部 90

莫

莫言　〔存目補〕99

草

草木子　〔文淵〕866　〔文津〕868　〔文瀾〕886　〔珍本〕十集 174　〔著録〕子部 170

草木疏校正　〔續修〕64

草亭文集、詩集　〔存目〕集部 236

草莽私乘　〔存目〕史部 87

草書集韻　〔存目〕子部 72

草堂雅集　〔文淵〕1369　〔文津〕1373　〔文瀾〕1412　〔珍本〕四集 390-391　〔著録〕集部 143

草堂詩話　〔文淵〕1481　〔文津〕1486　〔文瀾〕1531

草堂詩餘　〔文淵〕1489　〔文津〕1494　〔文瀾〕1539

草窗梅花集句、附録梅花集句　〔存目〕集部 46

草窗集　〔存目〕集部 32

草閣詩集、拾遺、文集、附筠谷詩集　〔文淵〕1232　〔文津〕1236　〔文瀾〕1267

草澤狂歌　〔文淵〕1231　〔文津〕1235　〔文瀾〕1266　〔珍本〕初集 360　〔著録〕集部 349

草廬吳先生輯粹　〔存目〕集部 21

草廬校定古今文孝經　〔著録〕經部 23

草韻彙編　〔存目〕子部 73

茶

茶山老人遺集　〔存目〕集部 23　〔續修〕1325

茶山集　〔文淵〕1136　〔文津〕1140　〔文瀾〕1167　〔珍本〕別輯 320

茶史　〔存目〕子部 79　〔續修〕1115

茶花譜、茶花別名詠、擬詠鍾欻茶花詩、茶花詠　〔存目〕子部 81

茶花譜、茶花詠　〔續修〕1116

茶品要録　〔著録〕子部 162

茶香室經説 〔續修〕177

茶香室叢鈔、續鈔、三鈔、四鈔 〔續修〕
　　1198－1199

茶乘、拾遺 〔續修〕1115

茶董 〔存目〕子部 79

茶疏 〔存目〕子部 79

茶經 〔文淵〕844 〔文津〕846 〔文瀾〕863
　　〔存目補〕95 〔著録〕子部 162

茶餘客話 〔續修〕1138

茶寮記 〔存目〕子部 79

茶録 〔文淵〕844 〔文津〕846 〔文瀾〕863
　　〔著録〕子部 162

茶譜 〔續修〕1115

荀

荀子 〔文淵〕695 〔文津〕695 〔文瀾〕709
　　〔薈要〕246 〔著録〕子部 249

荀子考異 〔續修〕932

荀子集解、考證 〔續修〕932

荀子評注三十二篇 〔續修〕932

荀子補注 〔未收〕六輯 12

荀子微言 〔續修〕932

荀勗笛律圖注 〔續修〕115

茗

茗史 〔存目〕子部 79 〔續修〕1115

茗柯文補編、外編 〔續修〕1488

茗柯文編 〔續修〕1488

茗柯詞 〔續修〕1725

茗香堂史論 〔續修〕450

茗笈 〔存目〕子部 79

茗齋百花詩 〔未收〕七輯 29

茨

茨村咏史新樂府 〔未收〕八輯 26

荒

荒史 〔存目〕史部 23

荒政要覽 〔續修〕846

荒政叢書 〔文淵〕663 〔文津〕662 〔文瀾〕
　　672 〔珍本〕十集 106－108 〔著録〕史部
　　393

故

故宮遺録 〔存目〕史部 166

故唐律疏義 〔著録〕史部 149

胡

胡子易演 〔存目〕經部 6 〔續修〕7

胡子知言、附録、疑義 〔著録〕子部 41

胡子衡齊 〔存目〕子部 11 〔續修〕939

胡少師總集 〔續修〕1317

胡公行實 〔存目〕史部 83

胡氏尚書詳解 〔文淵〕60 〔文津〕55 〔文
　　瀾〕53

胡氏春秋傳、春秋諸國興廢説、春秋提
　　要 〔文淵〕151 〔文津〕146 〔文瀾〕144

胡氏書畫考三種 〔續修〕1082

胡文忠公遺集 〔續修〕1539－1540

胡文敬集 〔文淵〕1260 〔文津〕1264 〔文
　　瀾〕1297

胡文穆公文集 〔存目〕集部 28－29

胡文穆公雜著 〔著録〕子部 362

胡文穆雜著 〔文淵〕867 〔文津〕869 〔文
　　瀾〕886 〔珍本〕二集 208

胡仲子集 〔文淵〕1229 〔文津〕1233 〔文
　　瀾〕1264 〔著録〕集部 349

胡壯肅公文集 〔存目〕集部 91

胡林翼奏議 〔續修〕505

胡忠烈遺事 〔存目〕史部 87

胡刻通鑑正文校宋記 〔續修〕342

胡蒙谿文集、續集 〔未收〕五輯 19

胡端敏奏議 〔文淵〕428 〔文津〕426 〔文
　　瀾〕426 〔珍本〕七集 76－77

胡維霖集 〔禁燬〕集部 164－165

胡澹菴先生文集 〔底本〕集部 30

胡澹菴先生文集、傳 〔著録〕集部 441

茹

茹古略集 〔存目〕子部 221

荔

荔村草堂詩鈔 〔續修〕1564

荔村草堂詩續鈔 〔續修〕1564

荔枝譜 〔文淵〕845〔文津〕847〔文瀾〕863 〔著録〕子部 162

荔隱山房文略 〔續修〕1561

荔隱山房詩草 〔續修〕1561

南

南山堂自訂詩、續訂詩、三訂詩 〔未收〕 七輯 20

南山集、年譜 〔續修〕1419〔禁燬補〕82

南山集偶鈔 〔續修〕1418

南川漫遊稿 〔存目〕集部 48

南方草木狀 〔文淵〕589〔文津〕589〔文 瀾〕598〔著録〕史部 112

南北史合注 〔續修〕278－282〔禁燬補〕 4－8

南北史表 〔續修〕283

南北史鈔 〔存目〕史部 147

南北史補志 〔未收〕五輯 4

南北史續世説 〔存目〕子部 239

南北派十三套大曲琵琶新譜 〔續修〕 1096

南北詞廣韻選 〔續修〕1742－1743

南北經驗醫方大成 〔存目〕子部 41

南史 〔文淵〕265〔文津〕260－261〔文瀾〕 258－259〔薈要〕111－112〔著録〕史部 176

南史識小録 〔珍本〕九集 141

南史識小録、北史識小録 〔文淵〕462 〔文津〕461〔文瀾〕463〔著録〕史部 413

南夷書 〔存目〕史部 255

南邨詩薰 〔未收〕五輯 27

南邨詩薰乙集 〔未收〕七輯 20

南曲入聲客問 〔存目〕集部 426

*南行集 〔文淵〕1277〔文津〕1281〔文瀾〕 1〔珍本〕五集 358

南州草堂集 〔續修〕1415

南州詩略 〔禁燬〕集部 100

南江文鈔、南江詩鈔 〔續修〕1463

南江札記 〔續修〕1152

南巡盛典 〔著録〕史部 259－261

南村草堂文鈔 〔續修〕1501

南村詩集 〔文淵〕1231〔文津〕1235〔文 瀾〕1267〔珍本〕十一集 174〔著録〕集部 261

南村隨筆 〔存目〕子部 116〔續修〕1137

南村輟耕録 〔著録〕子部 111

南沙文集 〔存目〕集部 225

南沙先生文集 〔存目〕集部 91

南宋元明禪林僧寶傳 〔存目〕子部 255

南宋名臣言行録 〔存目補〕93

南宋院畫録 〔文淵〕829〔文津〕832〔文 瀾〕849〔著録〕子部 357

南宋書 〔存目〕史部 31

南宋館閣録、續録 〔文淵〕595〔文津〕595 〔文瀾〕604〔珍本〕別輯 142－144

南宋襍事詩 〔文淵〕1476〔文津〕1480〔文 瀾〕1525〔珍本〕五集 400〔著録〕集部 330

南坪詩鈔 〔未收〕九輯 26

南來志 〔存目〕史部 128

南阜山人詩集類稿 〔存目〕集部 282

南征紀略 〔存目〕史部 128

南征記程 〔存目〕史部 128

南征録 〔存目〕史部 46

南京太僕寺志 〔存目〕史部 257

南京都察院志 〔存目補〕73－74

南河全考 〔續修〕729

南河志 〔存目〕史部 223〔續修〕728

南陔草 〔未收〕十輯 26

南陔堂詩集 〔存目〕集部 273

南陔遺草 〔續修〕1474

南城召對 〔存目〕史部 46

南垞詩鈔 〔未收〕十輯 27

南柯記 〔續修〕1770

南昀文稿 〔存目〕集部 246

南音三籟 〔續修〕1744

南宮奏稿 〔文淵〕429〔文津〕427〔文瀾〕 427〔珍本〕四集 109

南宮奏議 〔續修〕476

南屏山人集 〔續修〕1441

南屏山人詩集、賦 〔未收〕九輯 29

南屏山房集 〔未收〕十輯 24

南屏浄慈寺志 〔存目〕史部 243〔續修〕 719

南耕詞、歲寒詞 〔存目〕集部 422〔續修〕

1725

南華山房詩鈔、賦、南華山人詩鈔 〔未收〕九輯 25

南華本義 〔存目〕子部 257

南華合璧集 〔存目〕集部 300

南華真經 〔著録〕子部 365

南華真經注疏 〔續修〕955

南華真經旁注 〔續修〕956

南華真經副墨 〔存目〕子部 256－257

南華真經副墨、讀南華真經雜説 〔續修〕1291

南華真經循本 〔續修〕956

南華真經新傳、拾遺 〔文淵〕1056〔文津〕1060〔文瀾〕1085〔著録〕子部 123

南華真經義海纂微 〔文淵〕1057〔文津〕1061〔文瀾〕1086〔著録〕子部 247－248

南華通 〔存目〕子部 257

南華發覆 〔續修〕957

南華經 〔未收〕五輯 14

南華經因然 〔未收〕三輯 27

南華經解 〔續修〕957

南華經簡鈔 〔存目〕子部 257

南莊類稿、白雲詩鈔、奉使集、静子日記 〔存目〕集部 280

南莊類稿文録 〔續修〕1670

南軒先生孟子説 〔著録〕經部 170

南軒先生張侍講易説 〔底本〕經部 14〔著録〕經部 1

南軒先生論語解 〔著録〕經部 97

南軒易説 〔文淵〕13〔文津〕8〔文瀾〕7〔珍本〕三集 3

南軒集 〔文淵〕1167〔文津〕1171〔文瀾〕1201

南原家藏集 〔存目〕集部 59

南病別鑑、附節録辨證要略 〔續修〕1005

南唐二主詞 〔續修〕1722

南唐近事 〔著録〕子部 217

南唐近事、附鄭仲賢遺集 〔文淵〕1035〔文津〕1040〔文瀾〕1063

南唐拾遺記 〔存目〕史部 163

南唐書 〔著録〕史部 94

南唐書、音釋 〔著録〕史部 205

南唐書合訂 〔禁燬補〕8

南唐書注 〔續修〕333

南部新書 〔文淵〕1036〔文津〕1040〔文瀾〕1063〔底本〕子部 4〔底本〕子部 40〔著録〕子部 331

南海寄歸内法傳 〔續修〕1286

南海集 〔存目〕集部 227

南海普陀山志 〔存目〕史部 239

南海雜詠 〔存目〕集部 43

南崖集 〔未收〕八輯 18

南船紀 〔存目〕史部 276〔續修〕878

南陽法書表、南陽名畫表 〔著録〕子部 358

南陽書畫表、法書表、名畫表 〔文淵〕817〔文津〕820〔文瀾〕836

南陽集（趙湘） 〔文淵〕1086〔文津〕1090〔文瀾〕1116〔珍本〕別輯 239

南陽集（韓維） 〔文淵〕1101〔文津〕1105〔文瀾〕1131〔珍本〕二集 246－247〔著録〕集部 420

南朝史精語 〔存目〕史部 129

南朝寺考 〔未收〕九輯 7

南朝宋會要 〔續修〕767－769

南朝會要 〔續修〕775

南極篇 〔禁燬〕子部 11

南皋鄒先生會語合編、講義合編 〔存目〕子部 14〔續修〕942

南詞叙録 〔續修〕1758

南詔野史 〔存目〕史部 163

南湖先生文選 〔存目〕集部 65

南湖集（貢性之） 〔文淵〕1220〔文津〕1224〔文瀾〕1255〔珍本〕七集 209

南湖集（張鎡） 〔文淵〕1164〔文津〕1168〔文瀾〕1198〔珍本〕別輯 351－352〔底本〕集部 86〔著録〕集部 55

南渡紀事 〔禁燬〕史部 19

南渡録 〔存目〕史部 44〔續修〕443

南滁會景編 〔存目〕集部 300

南窗記談 〔文淵〕1038〔文津〕1042〔文瀾〕1065〔著録〕子部 331

南塘先生四六 〔存目〕集部 20

南雷文定、後集、黄梨洲先生南雷文約 〔存目〕集部 205

南雷文定五集 〔續修〕1397

南雷文定前集、後集、三集、四集 〔續

修〕1397

南雷文録 〔續修〕1669

南雷集外文 〔續修〕1397

南雷詩曆 〔續修〕1397

南園後五先生詩、附刻南園花信詩 〔存
目補〕38

南園前五先生詩 〔存目〕集部 375

南園詩鈔 〔存目補〕7

南園漫録 〔文淵〕867〔文津〕869〔文瀾〕
887〔珍本〕二集 210〔著録〕子部 170

南溪書院志 〔存目〕史部 244

南溪筆録群賢詩話 〔存目〕集部 416

南臺舊聞 〔存目〕史部 261〔續修〕746

南齊文紀 〔文淵〕1399〔文津〕1402－1403
〔文瀾〕1444〔珍本〕七集 289－292〔著
録〕集部 172

南齊書 〔薈要〕103〔著録〕史部 172

南齊書、附考證 〔文淵〕259〔文津〕254
〔文瀾〕251

南漢春秋 〔未收〕六輯 10

南漢紀 〔續修〕334

南漢書、考異、南漢叢録、南漢文字略
〔續修〕334

南滑稊語 〔續修〕1161

南漳子 〔存目〕史部 250

*南樓月 〔續修〕1765

南遷日記 〔存目〕史部 127

南遷録 〔存目〕史部 45

南澗文集 〔續修〕1449

南澗甲乙稿 〔文淵〕1165〔文津〕1169〔文
瀾〕1199〔珍本〕別輯 353－358

南潯鎮志 〔續修〕717

南畿志[嘉靖] 〔存目〕史部 190

南學製墨剳記 〔續修〕1115

*南薰殿圖像考 〔續修〕1082

南嶽小録 〔文淵〕585〔文津〕585〔文瀾〕
593〔著録〕史部 249

南嶽倡酬集 〔文淵〕1348〔文津〕1352〔文
瀾〕1390〔珍本〕初集 369

南嶽唱酬集 〔著録〕集部 451

南嶽總勝集 〔續修〕725

南谿偶刊 〔未收〕八輯 27

南齋先生魏文靖公摘稿 〔存目〕集部 30

南濠居士文跋 〔續修〕922

南濠詩話 〔存目〕集部 416

南豐先生元豐類藁 〔著録〕集部 5

南豐曾文昭公曲阜集、遺録 〔著録〕集部
420

南疆逸史 〔續修〕332

南廱志 〔存目〕史部 257〔續修〕749

柯

柯山集 〔文淵〕1115〔文津〕1119〔文瀾〕
1145〔珍本〕四集 248－250

柯子答問 〔續修〕939

柯庭餘習 〔未收〕八輯 21

柯家山館詞 〔續修〕1725

柯家山館遺詩 〔續修〕1507

柘

柘坡居士集 〔存目〕集部 281

柘軒集 〔文淵〕1227〔文津〕1232〔文瀾〕
1263〔珍本〕十集 256－257

柘軒集、詞 〔底本〕集部 110〔著録〕集部
36

柘溪集 〔未收〕五輯 27

查

查東山先生年譜 〔續修〕553

查浦詩鈔 〔未收〕八輯 20

查浦輯聞 〔存目〕子部 158

相

相山集 〔文淵〕1132〔文津〕1136〔文瀾〕
1163〔珍本〕初集 282－283

相法十六篇 〔續修〕1059

*相思譜 〔續修〕1765

相國寺公孫合汗衫雜劇 〔續修〕1760

相臺書塾刊正九經三傳沿革例 〔著録〕
經部 23

柚

柚堂筆談 〔續修〕1154

柞

柞蠶彙志 〔續修〕978

柞蠶雜志、柞蠶問答　〔續修〕978

柏

柏梘山房全集　〔續修〕1513－1514

柏堂師友言行記　〔續修〕540

柏齋集　〔文淵〕1266〔文津〕1270〔文瀾〕
　1303〔珍本〕六集277－278

柳

柳村詩集　〔存目〕集部242

柳河東集　〔珍本〕四集220－224

柳河東集、外集、外集補遺　〔薈要〕361

柳河東集、外集、新編外集　〔文淵〕1076
　〔文津〕1080〔文瀾〕1106

柳河東集注、別集注、外集注　〔文淵〕
　1076〔文津〕1080－1081〔文瀾〕1106

柳南隨筆、續筆　〔續修〕1147

柳待制文集　〔著錄〕集部256

柳亭詩話　〔存目〕集部421〔續修〕1700

柳洲詩集　〔存目〕集部386

柳集點勘　〔續修〕1311

柳塘外集　〔文淵〕1186〔文津〕1191〔文
　瀾〕1222〔珍本〕五集288〔著錄〕集部59

柳塘詩集　〔存目〕集部262

柳漁詩鈔　〔存目〕集部276

＊柳毅傳書　〔續修〕1763

柳選四家醫案　〔續修〕1028

柳邊紀略、塞外草　〔續修〕731

柳蠶新編　〔續修〕978

柿

柿葉軒筆記　〔續修〕1158

桦

桦湖文集　〔續修〕1534

咸

咸平集　〔珍本〕四集228－229〔著錄〕集部
　2

咸平集、附田司徒墓誌銘、田司徒神道碑
　陰　〔文淵〕1085〔文津〕1089〔文瀾〕
　1115

咸陟堂詩集、文集　〔禁燬〕集部149

咸淳重修毘陵志　〔續修〕699

咸淳遺事　〔文淵〕408〔文津〕405〔文瀾〕
　407〔珍本〕別輯122

咸淳臨安志　〔文淵〕490〔文津〕489〔文
　瀾〕491－493〔珍本〕十一集73－80〔底
　本〕史部37－42〔著錄〕史部414－415

咸賓錄　〔存目〕史部255〔續修〕736

威

威鳳堂文集　〔未收〕七輯20

研

研山齋珍賞歷代名賢圖繪集覽　〔存目〕
　子部73

研山齋珍賞歷代名賢墨蹟集覽、法書集
　覽　〔存目〕子部72

研六室文鈔　〔續修〕1507

研北雜志　〔文淵〕866〔文津〕868〔文瀾〕
　886〔珍本〕十一集130〔著錄〕子部56

研枏齋文集　〔續修〕1472

研幾圖　〔存目〕子部6

研幾錄　〔存目〕子部9〔續修〕939

研經言　〔續修〕1029

研經堂春秋事義合註　〔未收〕五輯2

研寶齋遺藁　〔未收〕六輯25

研露樓琴譜　〔未收〕六輯19

厚

厚岡文集　〔續修〕1670

厚語　〔存目〕子部145

厚德錄　〔存目〕子部83〔續修〕1266

厚齋易學　〔文淵〕16〔文津〕11〔文瀾〕10
　〔珍本〕初集7－10

斫

斫桂山房詩存、抱珠軒詩存、一瓢齋詩
　存　〔續修〕1423

面

面城樓集鈔　〔續修〕1521

耐

耐俗軒詩鈔 〔存目〕集部 237
耐菴文存、耐菴詩存 〔續修〕1511

皆

皆非集、附一枝軒吟草 〔存目〕集部 187
皆春園集 〔存目〕集部 182

韭

韭溪漁唱集 〔未收〕九輯 27

貞

貞一齋集、詩説 〔未收〕九輯 23
貞一齋詩文稿 〔續修〕1323
貞一齋詩説 〔續修〕1701
貞白遺稿 〔文淵〕1235 〔文津〕1240 〔文瀾〕1272
貞白遺稿、附顯忠録 〔珍本〕三集 299
貞居詞 〔續修〕1723
貞素齋集 〔文淵〕1217 〔文津〕1221 〔文瀾〕1252 〔珍本〕二集 348
貞翁淨稿、拾遺 〔存目〕集部 51
貞觀公私畫史 〔文淵〕812 〔文津〕814 〔文瀾〕831 〔著録〕子部 52
貞觀政要 〔文淵〕407 〔文津〕404 〔文瀾〕405 〔薈要〕205 〔著録〕史部 51

虐

虐政集、邪氛集、倒戈集 〔存目〕史部 55

省

省中稿、容臺稿、符臺稿、二臺稿、許太常歸田稿 〔存目〕集部 104
省心雜言 〔文淵〕698 〔文津〕699 〔文瀾〕712 〔珍本〕別輯 161 〔著録〕子部 332
省身集要 〔未收〕五輯 14
省括編 〔存目〕子部 134
省軒考古類編 〔存目〕子部 227
省愆集 〔文淵〕1240 〔文津〕1244 〔文瀾〕1276 〔珍本〕十集 265 〔底本〕集部 143 〔著録〕集部 428

省齋集 〔文淵〕1167 〔文津〕1171 〔文瀾〕1201 〔珍本〕初集 308

是

是菴日記 〔存目〕子部 237
是程堂二集 〔續修〕1517
是程堂集 〔續修〕1517

則

則古昔齋算學十三種 〔續修〕1047
則例便覽 〔未收〕二輯 27
則堂先生春秋集傳詳説、綱領 〔著録〕經部 159
則堂集 〔文淵〕1189 〔文津〕1193 〔文瀾〕1224 〔珍本〕初集 333 〔底本〕集部 94 〔著録〕集部 28

星

星命溯源 〔文淵〕809 〔文津〕810 〔文瀾〕827 〔珍本〕初集 181
星命總括 〔文淵〕809 〔文津〕810 〔文瀾〕827 〔珍本〕初集 182
星象考 〔存目〕子部 55
星槎勝覽 〔續修〕742
星餘筆記 〔存目〕史部 249
星學大成 〔文淵〕809 〔文津〕811 〔文瀾〕828 〔珍本〕四集 184－189

昨

昨非庵日纂、二集、三集 〔存目〕子部 149－150 〔續修〕1193
昨非集 〔續修〕1543

昭

昭代名臣志鈔 〔存目〕史部 116
昭代芳摹 〔禁燬〕史部 43
昭代武功編 〔續修〕389 〔禁燬補〕15
昭代典則 〔存目〕史部 12－13 〔續修〕351
昭代詩存 〔禁燬補〕55－56
＊昭君出塞 〔續修〕1764
＊昭君夢 〔續修〕1765
昭明太子集 〔文淵〕1063 〔文津〕1067 〔文瀾〕1092

昭忠録 〔文淵〕451〔文津〕450〔文瀾〕451
　〔著録〕史部 413
昭昧詹言、續、續録 〔續修〕1705
昭陵六駿贊辯 〔存目〕史部 278
昭陵碑考 〔未收〕十輯 5
昭德先生郡齋讀書志 〔著録〕史部 265
昭德新編 〔文淵〕849〔文津〕851〔文瀾〕
　868〔珍本〕四集 195〔著録〕子部 359

畏

畏菴周先生文集 〔存目〕集部 34
畏齋周易客難 〔續修〕22
畏齋周禮客難 〔續修〕79
畏齋書經客難 〔續修〕44
畏齋集 〔文淵〕1199〔文津〕1203〔文瀾〕
　1234〔珍本〕別輯 382－383
畏齋薛先生緒言 〔續修〕1124
畏齋薛先生藝文類稿、續集 〔續修〕1340
畏壘山人詩集、乙未亭詩集、畏壘山人文
　集 〔存目補〕6
畏壘筆記 〔存目〕子部 99〔續修〕1145

毗

毗陵人品記 〔存目〕史部 110〔續修〕541
毗陵正學編 〔存目〕史部 90 　.
毗陵忠義祠録 〔存目〕史部 90
毗陵集(張守) 〔文淵〕1127〔文津〕1132
　〔文瀾〕1159〔珍本〕別輯 306－308
毗陵集(獨孤及) 〔文淵〕1072〔文津〕
　1076〔文瀾〕1102〔薈要〕361〔著録〕集
　部 366

虹

虹舟四書講義 〔存目〕經部 179
虹暎堂詩集 〔未收〕六輯 27

思

思文大紀 〔續修〕444
思古堂集 〔存目〕集部 210
思玄集 〔存目〕集部 39
思伯子堂詩集 〔續修〕1526－1527
思居堂集 〔未收〕七輯 28

思勉齋集詩集、文集 〔禁燬〕集部 163
思軒文集 〔續修〕1329
思益堂日札 〔續修〕1161
思益堂集 〔續修〕1540－1541
思陵翰墨誌 〔文淵〕812〔文津〕814〔文
　瀾〕831
思問初編 〔禁燬〕經部 4
思問録内篇、外篇 〔續修〕945
思復堂文集 〔存目〕集部 251
思誠堂集 〔存目〕集部 231
思適齋集 〔續修〕1491
思綺堂文集 〔未收〕八輯 24
思賢録、續録 〔存目〕史部 82
思辨録疑義 〔未收〕四輯 21
思辨録輯要 〔文淵〕724〔文津〕724〔文
　瀾〕738〔珍本〕四集 130－132
思聰録 〔存目〕子部 16

品

品官家儀考、士人家儀考 〔續修〕826
品茶要録 〔文淵〕844〔文津〕846〔文瀾〕
　863

咽

咽喉脈證通論 〔續修〕1018

峚

峚陽草堂文集、詩集 〔禁燬〕集部 126

峒

峒谿纖志、纖志志餘 〔存目〕史部 256

峇

峇山人詩集 〔存目補〕53

幽

幽心瑶草、學孔精舍詩鈔 〔存目〕集部
　129
幽怪録、續幽怪録 〔存目〕子部 245
幽閒鼓吹 〔文淵〕1035〔文津〕1039〔文
　瀾〕1062〔著録〕子部 217
幽溪別志 〔存目〕史部 233

幽閨記　〔續修〕1769
幽憂子集　〔著録〕集部 227
幽蘭居士東京夢華録　〔著録〕史部 252

拜

拜石山房詞鈔　〔續修〕1726
拜經日記　〔續修〕1158
拜經堂文集　〔續修〕1491
拜經樓詩集、續編、再續編　〔續修〕1454
拜經樓詩話　〔續修〕1704
拜經樓藏書題跋記　〔續修〕930
拜鵑堂詩集　〔未收〕八輯 29

看

看山閣集　〔未收〕十輯 17
看珠録　〔續修〕1112
看錢奴買冤家債主雜劇　〔續修〕1762
看鑑偶評　〔未收〕一輯 21

矩

矩山存稿　〔文淵〕1181〔文津〕1185〔文
　瀾〕1216〔珍本〕六集 258
矩洲詩集、附樗亭集　〔存目〕集部 47
矩庵詩質　〔未收〕八輯 22
矩線原本、一線表用、推步惟是、學算存
　略　〔未收〕九輯 12
矩齋雜記　〔存目〕子部 249

秕

秕言　〔存目〕子部 96

香

香山草堂集、詩集　〔未收〕七輯 19
香山集　〔文淵〕1151〔文津〕1156〔文瀾〕
　1184〔珍本〕別輯 329－330
香山詩鈔　〔存目〕集部 9
香山縣志[光緒]　〔續修〕713
香石詩話　〔續修〕1706
香宇集、拾遺　〔續修〕1354
香草居集　〔存目〕集部 252
香亭文稿　〔續修〕1451〔未收〕十輯 24
香祖筆記　〔文淵〕870〔文津〕872〔文瀾〕

890〔著録〕子部 306
香乘　〔文淵〕844〔文津〕846〔文瀾〕863
　〔珍本〕九集 220－223〔底本〕子部 25－
　26〔著録〕子部 53
香案牘　〔存目〕子部 260
香屑集　〔文淵〕1327〔文津〕1331〔文瀾〕
　1368〔珍本〕三集 378－379〔著録〕集部
　292
香域自求膺禪師内外集　〔存目〕集部 278
香雪文鈔　〔未收〕十輯 16
香雪林集　〔存目〕子部 80－81
香國　〔存目〕子部 79
香國集文録　〔續修〕1671
香葉草堂詩存　〔續修〕1453
香溪集　〔文淵〕1140〔文津〕1144〔文瀾〕
　1171
香奩四友傳　〔存目〕子部 251
香樹齋詩集、詩續集、文集、文集續鈔
　〔未收〕九輯 18－19
香蘇山館詩集　〔續修〕1489－1490
香嚴齋詩集　〔禁燬補〕75
香譜　〔文淵〕844〔文津〕846〔文瀾〕862
　〔著録〕子部 358
＊香囊怨　〔續修〕1765
香囊記　〔續修〕1773

种

种太尉傳　〔存目〕史部 81

秋

秋士史疑　〔存目〕史部 288
秋士偶編、附董劉春秋雜論　〔禁燬〕集部
　11
秋士選詩　〔禁燬補〕57
秋水堂遺集　〔存目〕集部 268
秋水庵花影集　〔存目〕集部 422〔續修〕
　1739
秋水集(馮如京)　〔存目〕集部 236
秋水集(嚴繩孫)　〔禁燬〕集部 133
秋水閣詩集、雜著　〔續修〕1472
秋水齋詩　〔存目〕集部 276
秋仙遺譜前集、後集、附碁經　〔存目〕子
　部 76〔續修〕1097

秋江集　〔存目〕集部 262

秋谷集　〔未收〕六輯 23

秋林琴雅　〔續修〕1725

秋佳軒詩餘　〔續修〕1723

秋夜梧桐雨　〔續修〕1763

＊秋夜瀟湘雨　〔續修〕1763

秋泉居士集　〔未收〕八輯 19

秋室集　〔續修〕1476

秋室學古録、梁園歸櫂録、憶漫庵賸稿
　〔續修〕1460

秋涇筆乘　〔存目〕子部 110

秋堂集　〔文淵〕1187〔文津〕1191〔文瀾〕
　1222〔珍〕五集 288

秋崖先生小稿文集、詩集　〔著録〕集部
　104

秋崖集　〔文淵〕1182〔文津〕1186〔文瀾〕
　1217〔珍本〕三集 248－251

秋笳集　〔存目補〕2〔續修〕1412

秋夢盦詞鈔、續、再續　〔續修〕1727

秋槎雜記　〔未收〕四輯 9

秋感十二詠　〔禁燬〕集部 167

秋塍文鈔、三州詩鈔　〔存目〕集部 270

秋影樓詩集　〔續修〕1421

秋澗先生大全集　〔著録〕集部 107－108

秋澗集　〔文淵〕1200－1201〔文津〕1204－
　1205〔文瀾〕1235－1236〔薈要〕400－
　401

秋曉趙先生覆瓿集　〔著録〕集部 394

秋錦山房集、外集　〔存目〕集部 251

秋盦遺稿　〔續修〕1466

秋燈叢話　〔續修〕1269

秋聲集（黃鎮成）　〔文淵〕1212〔文津〕
　1216〔文瀾〕1247〔珍本〕六集 263〔著
　録〕集部 31〔續修〕1323

秋聲集（衛宗武）　〔文淵〕1187〔文津〕
　1192〔文瀾〕1223〔珍本〕初集 332

秋蠬吟館詩鈔　〔續修〕1554

秋蟬吟草　〔未收〕十輯 27

秋巖詩集　〔文淵〕1202〔文津〕1207〔文
　瀾〕1237〔珍本〕初集 345〔底本〕集部 99
　〔著録〕集部 446

科

科場條貫　〔存目〕史部 268〔續修〕828

科場備用書義斷法　〔著録〕經部 127

重

重刊五色潮泉插科增入詩詞北曲勾欄荔
　鏡記　〔續修〕1774

重刊朱子儀禮經傳通解　〔存目〕經部
　112－114

重刊宋朝南渡十將傳　〔存目〕史部 87

重刊併音連聲韻學集成　〔存目〕經部 208

重刊革象新書　〔著録〕子部 353〔著録〕子
　部 269

重刊訂正秋蟲譜　〔續修〕1120

重刊校正笠澤叢書　〔底本〕集部 1〔著
　録〕集部 337

重刊許氏説文解字五音韻譜　〔存目〕經
　部 187

重刊巢氏諸病源候總論　〔著録〕子部 134

重刊補釘四書淺説　〔未收〕一輯 7

重刊詳校篇海　〔續修〕232

重刊蔡虛齋先生四書蒙引　〔著録〕經部
　24

重刊蔣川先生文集、外集　〔著録〕集部
　116

重刊增廣分門類林雜説　〔續修〕1219

重刊續武經總要　〔續修〕959

重刻二十五言　〔存目〕子部 93

重刻月川類草　〔未收〕五輯 19

重刻心齋王先生語録　〔存目〕子部 10
　〔續修〕938

重刻西沱吳先生蠢遇録　〔禁燬補〕22

重刻足本乾嘉詩壇點將録　〔續修〕1705

重刻完菴劉先生詩集　〔存目〕集部 34

重刻來瞿唐先生日録内篇、外篇　〔續
　修〕1128

重刻叔祖錦泉先生文集　〔未收〕五輯 21

重刻定宇陳先生增廣通略、歷代蒙求
　〔著録〕史部 437

重刻林坡先生文集　〔存目〕集部 25

重刻書法雅言　〔著録〕子部 357

重刻張鳳逵傷暑全書　〔續修〕1003

重刻巽隱先生集　〔著録〕集部 427

重刻楊復所先生家藏文集　〔禁燬〕集部
　63

重刻畸人十篇、附西琴曲意 〔存目〕子部 93

重刻翰林校正資治通鑑大全 〔禁燬補〕9

重刻曆體略 〔著錄〕子部 146

重刻雙溪類稿 〔底本〕集部 31－32

重刻襪線集、附南行紀詠、贈言 〔存目〕集部 31

重定周易費氏學、叙錄 〔續修〕40

重定齊家寶要 〔存目〕經部 115

重修三原志〔嘉靖〕 〔存目〕史部 180

重修天津府志〔光緒〕 〔續修〕690－691

重修玉篇、附玉篇反紐圖、玉篇分毫字樣 〔文淵〕224〔文津〕219〔文瀾〕216

重修正文對音捷要真傳琴譜大全 〔存目〕子部 73〔續修〕1092

重修名法指掌圖 〔未收〕九輯 9

重修安徽通志〔光緒〕 〔續修〕651－655

重修兩浙鹺志 〔存目〕史部 274

重修兩淮鹽法志 〔續修〕842－845

重修政和經史證類備用本草 〔著錄〕子部 135

重修革象新書 〔文淵〕786〔文津〕787〔文瀾〕803〔珍本〕十一集 115

重修昭覺寺志 〔未收〕九輯 7

重修毘陵志〔成化〕 〔存目〕史部 179－180

重修宣和博古圖 〔文淵〕840〔文津〕842－843〔文瀾〕859

重修廣韻 〔文淵〕236〔文津〕231〔文瀾〕229

重訂四書疑問 〔存目〕經部 158

重訂四書說叢 〔續修〕163

重訂成仁遺稿 〔存目〕集部 298

重訂批點類輯練兵諸書、傳略 〔存目〕子部 33

重訂直音篇 〔續修〕231

重訂易經疑問 〔存目〕經部 12

重訂周易小義 〔續修〕23

重訂春秋疑問 〔存目〕經部 120

重訂宣和譜牙牌彙集 〔未收〕十輯 10

重訂冠解助語辭 〔續修〕195

重訂馬氏等音外集、內集 〔存目〕經部 216

重訂書經疑問 〔存目〕經部 51

重訂詩經疑問 〔文淵〕80〔文津〕75〔文瀾〕73〔著錄〕經部 130

重訂綴白裘新集合編十二集 〔續修〕1779－1780

重訂穀梁春秋經傳古義疏、釋范、起起穀梁癈疾 〔續修〕133

重訂賦役成規 〔續修〕833

重訂選擇集要 〔存目〕子部 69

重訂禮記疑問 〔存目〕經部 91

重訂蘇紫溪先生會纂標題歷朝綱鑑紀要 〔禁燬〕史部 52－53

重校玉簪記 〔續修〕1775

重校正地理新書 〔續修〕1054

重校古周禮 〔存目〕經部 83

重校宋竇太師瘡瘍經驗全書 〔存目〕子部 40〔續修〕1012

重校鶴山先生大全文集 〔著錄〕集部 101－102

重彫足本鑑誡錄 〔著錄〕子部 217

重添校正蜀本書林事類韻會 〔續修〕1218－1219

重詳定刑統、校勘記 〔續修〕862

＊重對玉梳記 〔續修〕1763

重廣陳用之真本入經論語全解義 〔底本〕經部 9〔著錄〕經部 206

重樓玉鑰 〔續修〕1018

重論文齋筆錄 〔續修〕1262

重編王文端公文集 〔著錄〕集部 428

重編古筠洪城幸清節公松垣文集 〔存目〕集部 20〔續修〕1320

重編東坡先生外集 〔存目〕集部 11

重編使琉球錄 〔存目〕史部 49

重編張仲景傷寒論證治發明溯源集 〔續修〕986－987

重編瓊臺藁 〔文淵〕1248〔文津〕1251－1252〔文瀾〕1284〔珍本〕四集 330－333

重雕改正湘山野錄、續錄 〔著錄〕子部 218

重濬江南水利全書、總圖 〔未收〕七輯 9－10

重鎸兩崖集 〔存目〕集部 84

重鎸草堂外集 〔續修〕1445

重鐫蘇紫溪先生易經兒説 〔存目〕經部
　　13
重鐫羅經頂門針簡易圖解、新鐫徐氏家
　　藏羅經頂門針、附鄙言 〔存目〕子部
　　64

段

段氏毛詩集解 〔文淵〕74 〔文津〕69 〔文
　　瀾〕67
段氏説文注訂 〔續修〕213

便

便民圖纂 〔存目〕子部118 〔續修〕975
便宜十六策 〔存目〕子部30
便宜行事虎頭牌雜劇 〔續修〕1761

俠

俠義傳 〔續修〕1797

修

修文殿御覽 〔續修〕1212
修史試筆 〔存目〕史部125
修吉堂文稿、道貴堂類稿、耄餘殘瀋、修
　　吉堂遺稿、附徐元正撰 〔存目〕集部
　　245-246
修潔齋閑筆 〔存目〕子部98 〔續修〕1144
修辭指南 〔存目〕子部178
修辭鑑衡 〔文淵〕1482 〔文津〕1487 〔文瀾〕
　　1532 〔底本〕集部267 〔著録〕集部331
修攘通考 〔存目〕史部225
修齡要指 〔存目〕子部260

保

保甲書 〔續修〕859
保生碎事 〔存目〕子部52
保越録 〔文淵〕460 〔文津〕459 〔文瀾〕461
　　〔底本〕史部108 〔著録〕史部423

促

促織經 〔未收〕十輯12

俄

俄國疆界風俗誌 〔未收〕三輯16

俗

俗書刊 〔文淵〕228 〔文津〕223 〔文瀾〕220
俗書刊誤 〔珍本〕初集101
俗書證誤 〔續修〕236
俗務要名林(敦煌殘卷) 〔續修〕236

信

信天巢遺稿 〔底本〕集部134
信天巢遺稿、林湖遺稿、江邨遺稿、疏寮
　　小集 〔著録〕集部248
信心草 〔未收〕四輯29
信古餘論 〔存目〕子部13 〔續修〕943
信陽子卓録 〔存目〕子部23 〔續修〕949
信徵録 〔存目〕子部250

皇

皇王大紀 〔文淵〕313 〔文津〕308-309
　　〔文瀾〕306-307 〔珍本〕二集71-76 〔著
　　録〕史部403
皇王史訂 〔存目〕史部18
皇元風雅 〔續修〕1622
皇元風雅、後集 〔著録〕集部360
皇元聖武親征録 〔存目〕史部45
皇氏論語義疏參訂 〔續修〕153
皇甫少玄集、外集 〔文淵〕1276 〔文津〕
　　1280 〔文瀾〕1313 〔珍本〕三集343-344
　　〔著録〕集部403
皇甫司勳集 〔文淵〕1275 〔文津〕1279-
　　1280 〔文瀾〕1312 〔珍本〕三集339-342
　　〔著録〕集部354
皇甫持正文集 〔著録〕集部420
皇甫持正集 〔文淵〕1078 〔文瀾〕1108
皇言定聲録 〔文淵〕220 〔文津〕215 〔文
　　瀾〕213 〔珍本〕十集59 〔著録〕經部107
皇宋十朝綱要 〔續修〕347
皇宋書録、外篇 〔著録〕子部150
皇宋通鑑長編紀事本末 〔續修〕386-387
皇明二祖十四宗增補標題評斷實紀
　　〔禁燬〕史部32
皇明十六名家小品 〔存目〕集部378
皇明十六朝廣彙紀 〔禁燬〕史部42
皇明十六種小傳 〔存目〕史部107

皇明九邊考　〔存目〕史部 226

皇明三元考　〔存目〕史部 271

*皇明大事記　〔禁燬〕史部 28－29

皇明大政紀　〔存目〕史部 7－8〔續修〕353－354

*皇明大政記　〔存目〕史部 16

*皇明大訓記　〔禁燬補〕14

皇明小史摘抄、附建文遺事　〔存目〕史部 46

皇明文範　〔存目〕集部 302－303

皇明文徵　〔存目〕集部 328－329

皇明文衡　〔著錄〕集部 146

皇明玉曆祥異賦圖注類纂　〔未收〕三輯 23

皇明末造録　〔續修〕444

皇明功臣封爵考　〔存目〕史部 258

皇明世法録　〔禁燬〕史部 13－16

皇明世説新語、附釋名　〔存目〕子部 244〔續修〕1173

皇明本紀　〔存目〕史部 6

皇明平吳録　〔續修〕432

皇明史惺堂先生遺稿、書經補説、附年譜　〔存目〕集部 127

皇明史概　〔續修〕428－431

皇明史竊　〔續修〕316－317

皇明四朝成仁録　〔禁燬〕史部 50

皇明臣略纂聞　〔禁燬補〕17

皇明臣謚彙考　〔著錄〕史部 258

皇明名臣言行録前集、後集　〔存目〕史部 90

皇明名臣言行録前集、後集、續集　〔續修〕520

皇明名臣琬琰録　〔禁燬補〕24－25

皇明名臣琬琰録前集、後集、續集　〔著錄〕史部 16

皇明名臣經濟録（陳九德）　〔禁燬〕史部 9

皇明名臣經濟録（黃訓）　〔著錄〕史部 29－30

皇明孝友傳　〔存目〕史部 116

*皇明青宮樂調　〔續修〕114

皇明表忠紀　〔存目〕史部 110

皇明表程文選、皇明論程文選　〔禁燬補〕51

皇明兩朝疏抄（賈三近）　〔續修〕465

皇明兩朝疏抄（顧爾行）　〔存目〕史部 73－74

皇明典故紀聞　〔存目〕史部 52〔續修〕428

皇明典要　〔禁燬〕史部 3

皇明典禮志　〔存目〕史部 270〔續修〕824

皇明忠義存褒什　〔存目〕史部 115

皇明制書　〔續修〕788

皇明法傳録嘉隆紀、皇明續紀三朝法傳全録　〔續修〕357〔禁燬補〕10－11

皇明泳化類編、續編　〔禁燬補〕27－29

皇明奏疏類鈔　〔禁燬補〕19－21

皇明奏議備選　〔禁燬〕史部 31

皇明政要　〔存目〕史部 46〔續修〕424

皇明帝后紀略、附藩封　〔存目〕史部 29

皇明祖訓　〔存目〕史部 264

皇明紀要　〔禁燬補〕12

皇明紀略　〔存目〕子部 240〔續修〕1167

皇明貢舉考　〔續修〕828

皇明貢舉考、附貢舉紀略　〔存目〕史部 269

皇明留臺奏議　〔存目〕史部 74－75〔續修〕467

皇明書　〔存目〕史部 29〔續修〕315－316

皇明通紀述遺　〔存目〕史部 14

皇明通紀法傳全録　〔續修〕357〔禁燬補〕10

皇明通紀前編、續編　〔禁燬補〕12－13

皇明通紀集要　〔禁燬〕史部 34

皇明異姓諸侯傳、表　〔未收〕一輯 18

皇明從信録　〔續修〕355〔禁燬〕史部 1－2

皇明象胥録　〔禁燬〕史部 10

皇明將略　〔禁燬補〕25

皇明馭倭録、附略、寄語略　〔存目〕史部 53〔續修〕428

*皇明開國臣傳　〔續修〕428－431

皇明策程文選　〔禁燬補〕51

皇明策衡　〔禁燬〕集部 151－152

皇明詞林人物考　〔存目〕史部 111－112〔續修〕532

皇明詔令　〔存目〕史部 58〔續修〕457

皇明詔制 〔存目〕史部 57 〔續修〕457－458 〔禁燬〕史部 56－57

皇明疏鈔 〔續修〕463－464 〔禁燬補〕18－19

皇明疏議輯略 〔存目〕史部 71－72 〔續修〕462－463

皇明詩選 〔禁燬補〕55

皇明資治通紀 〔禁燬〕史部 12 〔禁燬補〕11

皇明肅皇外史 〔存目〕史部 52

*皇明遜國臣傳 〔續修〕428－431

皇明經世文編 〔續修〕1655－1662 〔禁燬〕集部 22－29

皇明經世實用編、續集 〔存目〕史部 267

皇明經濟文輯 〔存目〕集部 369

皇明經濟文録 〔禁燬〕集部 18－19

皇明嘉隆兩朝聞見紀 〔存目〕史部 7

皇明嘉隆疏抄 〔存目〕史部 72－73

皇明嘉隆疏抄、嘉隆新例附萬曆 〔續修〕466－467

皇明輔世編 〔存目〕史部 98 〔續修〕524

皇明廣蒙求 〔存目〕子部 199－200

皇明歷朝功德捷録註釋題評 〔禁燬〕史部 22

皇明館課 〔禁燬補〕48－49

皇明館課經世宏辭續集 〔禁燬〕集部 92－93

皇明謚紀彙編 〔著録〕史部 20

皇明職方地圖 〔禁燬補〕26

皇明繩武編擬續大學衍義 〔存目〕史部 53

皇明寶訓 〔存目〕史部 53－54

皇明續紀 〔禁燬補〕11

皇祐新樂圖記 〔文淵〕211 〔文津〕206 〔文瀾〕205 〔珍本〕十一集 23

皇祖四大法 〔存目〕史部 51

皇都水利 〔存目〕史部 222

皇華紀聞 〔存目〕子部 245

皇華集 〔存目〕集部 301

皇清文穎 〔文淵〕1449－1450 〔文津〕1453－1455 〔文瀾〕1496－1497 〔珍本〕八集 351－374 〔薈要〕463－465 〔著録〕集部 205－207

皇清文穎續編 〔續修〕1663－1667

皇清奏議、續編 〔續修〕473

皇清開國方略、御製開國方略聯句 〔文淵〕341 〔文津〕338 〔文瀾〕333

皇清開國方略、聯句詩 〔著録〕史部 189

皇清詩選 〔存目〕集部 398

皇清職貢圖（董誥） 〔著録〕史部 114

皇清職貢圖（傅恒） 〔文淵〕594 〔文津〕501 〔文瀾〕603 〔珍本〕三集 170－171 〔薈要〕183

皇朝太平治迹統類 〔著録〕史部 15

皇朝文獻通考 〔著録〕史部 381－390

皇朝文鑑 〔著録〕集部 138－140

皇朝平吳録 〔存目〕史部 46

皇朝仕學規範 〔著録〕子部 362

皇朝兵制考略 〔續修〕858

皇朝馬政記 〔著録〕史部 264

皇朝通志 〔著録〕史部 391－392

皇朝通典 〔著録〕史部 347－349

皇朝詞林典故 〔底本〕史部 20

皇朝編年備要 〔著録〕史部 188

皇朝謚法考、皇朝謚法考續編 〔續修〕827

皇朝禮器圖式 〔文淵〕656 〔文津〕655 〔文瀾〕667 〔珍本〕六集 122－129 〔薈要〕201 〔著録〕史部 262－263

皇朝藩部要略、皇朝藩部世系表 〔續修〕740

皇朝類苑 〔著録〕子部 33

皇朝續文獻通考 〔續修〕815－821

皇極經世心易發微 〔存目〕子部 57

皇極經世考 〔存目〕子部 57

皇極經世易知 〔未收〕四輯 27

皇極經世索隱 〔文淵〕804 〔文津〕805 〔文瀾〕821 〔珍本〕初集 175

皇極經世書 〔文淵〕803 〔文津〕804－805 〔文瀾〕820－821 〔著録〕子部 148

皇極經世書、觀物外篇 〔著録〕子部 73

皇極經世書發明 〔未收〕三輯 23

皇極經世書傳 〔存目〕子部 57

皇極經世書解 〔文淵〕805 〔文津〕806 〔文瀾〕822－823 〔珍本〕四集 168－171

皇極經世書説 〔存目〕子部 56－57

皇極經世通變 〔著録〕子部 356

皇極經世觀物外篇衍義 〔文淵〕804〔文津〕805〔文瀾〕821〔珍本〕初集 175

皇極經世觀物外篇釋義 〔續修〕1048

皇極圖韻 〔存目〕經部 214

皇極篇 〔禁燬〕集部 49

皇極聲音文字通 〔存目〕經部 207〔續修〕254

皇輿考 〔存目〕史部 166

皇覽 〔續修〕1212

皇霸文紀 〔文淵〕1396〔文津〕1399〔文瀾〕1440〔珍本〕六集 343－344〔著録〕集部 171

泉

泉志 〔存目〕子部 78〔續修〕1112

泉河史 〔存目〕史部 222

泉南指譜重編 〔續修〕1096

泉南雜志 〔存目〕史部 247

泉齋簡端録 〔著録〕經部 203

鬼

鬼谷子 〔文淵〕848〔文津〕850〔文瀾〕867

鬼谷子、外篇 〔著録〕子部 54

鬼谷子、篇目考 〔續修〕1121

鬼董 〔續修〕1266

禹

禹貢九州今地考 〔續修〕55

禹貢三江考 〔續修〕55

禹貢山川地理圖 〔薈要〕22

禹貢山川郡邑考 〔存目〕經部 51

禹貢山水詩 〔未收〕四輯 3

禹貢今釋 〔未收〕四輯 3

禹貢方域考、附北行草 〔存目〕經部 59

禹貢正詮 〔未收〕四輯 3

禹貢正義 〔存目〕經部 57

禹貢古今合註、圖 〔存目〕經部 55〔續修〕55

禹貢古今注通釋 〔未收〕四輯 3

禹貢古今義案 〔未收〕二輯 5

禹貢本義 〔續修〕55

禹貢長箋 〔珍本〕三集 36－37〔著録〕經部 189

禹貢長箋、圖 〔文淵〕67〔文津〕62〔文瀾〕60

禹貢易知編 〔續修〕55

禹貢指南 〔文淵〕56〔文津〕51〔文瀾〕49〔薈要〕22

禹貢要註 〔續修〕54

禹貢班義述 〔續修〕55

禹貢通解 〔存目〕經部 55

禹貢章句 〔未收〕四輯 3

禹貢備遺、書法、或問 〔存目〕經部 52

禹貢集釋、附禹貢蔡傳正誤、禹貢錐指正誤 〔續修〕55

禹貢註節讀、圖説 〔未收〕三輯 5

禹貢匯疏、圖經、神禹別録 〔存目〕經部 52〔續修〕54

禹貢匯解 〔未收〕四輯 3

禹貢會箋 〔珍本〕五集 16

禹貢會箋、圖 〔文淵〕68〔文津〕63〔文瀾〕61〔著録〕經部 59

禹貢解 〔存目〕經部 59

禹貢彙覽、總論 〔未收〕三輯 5

禹貢圖、尚書禹貢説 〔存目〕經部 49

禹貢圖註 〔存目〕經部 55

禹貢圖説 〔續修〕54

禹貢説(倪文蔚) 〔續修〕55

禹貢説(魏源) 〔續修〕55

禹貢説長箋 〔存目〕經部 49

禹貢説斷 〔文淵〕57〔文津〕52〔文瀾〕50〔薈要〕22

禹貢鄭氏略例 〔續修〕55

禹貢鄭注釋 〔續修〕55

禹貢論、禹貢後論、禹貢山川地理圖 〔文淵〕56〔文津〕51〔文瀾〕49

禹貢論、後論、山川地理圖 〔著録〕經部 46

禹貢錐指、略例、圖 〔文淵〕67〔文津〕62－63〔文瀾〕60

禹貢錐指、圖 〔著録〕經部 59

禹貢錐指節要 〔未收〕四輯 3

禹貢臆參 〔存目〕經部 59

禹貢譜 〔存目〕經部 59

禹貢釋詁、附文集摘刻 〔未收〕四輯 3

侯

侯太史遂園詩集 〔禁燬補〕78

侯鯖録 〔文淵〕1037 〔文津〕1041 〔文瀾〕1064 〔著録〕子部 218

追

追昔遊集 〔文淵〕1079 〔文津〕1083 〔文瀾〕1108 〔珍本〕九集 235 〔著録〕集部 42

俟

俟後編 〔存目〕子部 107

俟菴集 〔文淵〕1213 〔文津〕1217 〔文瀾〕1248 〔珍本〕二集 340－341

盾

盾墨 〔續修〕445

盾墨拾餘 〔續修〕1576

衍

衍石齋記事稿、續稿 〔續修〕1508－1509

待

待制集 〔文淵〕1210 〔文津〕1214 〔文瀾〕1245 〔薈要〕405

待軒詩記 〔文淵〕82 〔文津〕77 〔文瀾〕75 〔珍本〕二集 22－23

衍

衍約説 〔存目〕子部 101

衍極 〔底本〕子部 5 〔著録〕子部 150

衍極、附圖 〔文淵〕814 〔文津〕817 〔文瀾〕833

律

律、律音義 〔續修〕861

律古詞曲賦叶韻統 〔存目〕經部 211

律古續稿、集古古詩、集古絶句 〔未收〕十輯 26

律吕元音 〔續修〕116

律吕正論 〔存目〕經部 183

律吕正論、律吕質疑辨惑 〔續修〕114

律吕正聲 〔存目〕經部 183

律吕古義 〔存目〕經部 183

律吕古誼 〔續修〕115

律吕成書 〔文淵〕212 〔文津〕207 〔文瀾〕206 〔珍本〕别輯 50

律吕原音 〔未收〕一輯 5

*律吕通今圖説 〔續修〕116

律吕解註 〔存目〕經部 184

律吕新書 〔文淵〕212 〔文津〕207 〔文瀾〕206

律吕新書、八音考略 〔存目〕經部 185 〔著録〕經部 26

律吕新書分註圖算 〔存目〕經部 182

律吕新書淺釋 〔未收〕二輯 10

律吕新書註 〔存目〕經部 185

*律吕新書補註 〔續修〕114

律吕新書箋義、八音考略 〔續修〕113

律吕新義 〔續修〕114

律吕新論(江永) 〔文淵〕220 〔文津〕215 〔文瀾〕213

律吕新論(蔡元定) 〔珍本〕十集 57

律吕新編 〔珍本〕十集 59

律吕圖説 〔存目〕經部 184

律吕管見 〔著録〕經部 206

律吕質疑辨惑 〔存目〕經部 183

律吕臆説 〔續修〕115

律吕膡言 〔續修〕115

律吕闡微 〔文淵〕220 〔文津〕215 〔文瀾〕213 〔珍本〕二集 70 〔底本〕經部 10 〔著録〕經部 172

律吕纂要 〔存目〕經部 185

*律易 〔續修〕116

律例圖説辨譌、荒政瑣言 〔未收〕二輯 27

律例館校正洗冤録 〔續修〕972

律音彙考 〔未收〕一輯 5

律詩拗體、古韻圖説 〔續修〕1702

律話 〔續修〕115

後

後一紀删餘稿 〔禁燬補〕85

後山居士文集 〔著録〕集部 12

後山居士詩集、逸詩、詩餘 〔存目〕集部14

後山居士詩話 〔著録〕集部213

後山集 〔文淵〕1114〔文津〕1118〔文瀾〕1144〔薈要〕387

後山詩註 〔文淵〕1114〔文津〕1118〔文瀾〕1145〔著録〕集部340

後山詩話 〔文淵〕1478〔文津〕1482〔文瀾〕1527

後山談叢 〔文淵〕1037〔文津〕1041〔文瀾〕1064

後村長短句 〔續修〕1723

後村居士集 〔著録〕集部250

後村集 〔文淵〕1180〔文津〕1184〔文瀾〕1215

後村詩話 〔文淵〕1481〔文津〕1486〔文瀾〕1531〔著録〕集部331

後周文紀 〔文淵〕1400〔文津〕1403-1404〔文瀾〕1445〔珍本〕七集299-300〔著録〕集部174

後圃黄先生存集、附鶡明齋詩文 〔續修〕1325

後圃編年稿 〔存目〕集部234

後海書堂雜録 〔存目〕子部116

後渠庸書 〔存目〕子部7

後梁春秋 〔存目〕史部163

後漢郡國令長考 〔未收〕三輯11

後漢紀 〔文淵〕303〔文津〕299〔文瀾〕296〔薈要〕156〔著録〕史部66

後漢書 〔薈要〕93-95〔著録〕史部169-171

後漢書、附考證 〔文淵〕252-253〔文津〕246-248〔文瀾〕245

後漢書年表 〔底本〕史部31〔著録〕史部2

後漢書注補正 〔續修〕272

後漢書旁證 〔未收〕一輯13

後漢書集解、續漢志集解 〔續修〕272-273

後漢書補表 〔未收〕一輯13

後漢書補注 〔續修〕270

後漢書補逸 〔文淵〕402〔文津〕399〔文瀾〕400〔珍本〕四集101-103〔著録〕史部192

後漢書疏證 〔續修〕271

後漢書辨疑 〔續修〕272

後漢藝文志 〔續修〕914

後綸扉尺牘 〔禁燬補〕64

後樂集 〔文淵〕1169〔文津〕1173-1174〔文瀾〕1203〔珍本〕初集309-310

後鑑録 〔存目〕史部56〔續修〕432

後觀石録 〔存目〕子部79

俞

俞天池先生痧痘集解 〔未收〕十輯8

俞少卿集 〔未收〕六輯23

俞氏易集説（周易集説） 〔薈要〕9

俞寧世文集 〔未收〕九輯21

弇

弇山堂別集 〔文淵〕409-410〔文津〕406〔文瀾〕407-408〔著録〕史部27-28

弇州山人四部稿、弇州山人續稿 〔著録〕集部117-122

弇州山人四部稿選 〔存目〕集部115

弇州山人年譜 〔續修〕553

弇州山人讀書後 〔著録〕集部123

弇州史料前集 〔存目〕史部112

弇州史料前集、後集 〔禁燬〕史部48-50

弇州四部稿、續稿 〔文淵〕1279-1284〔文津〕1283-1288〔文瀾〕1316-1322

逃

逃虛子詩集、續集、逃虛類稿、逃虛子道餘録、逃虛子集補遺、詩集補遺 〔存目〕集部28〔續修〕1326

逃菴詩草 〔未收〕八輯29

逃禪詞 〔文淵〕1487〔文津〕1492〔文瀾〕1537〔著録〕集部218

逃禪閣稿 〔未收〕十輯29

卻

卻掃編 〔文淵〕863〔文津〕865〔文瀾〕883〔著録〕子部168

爰

爰始樓詩删 〔未收〕五輯27

胞

胞與堂丸散譜　〔續修〕1002

胎

胎息經　〔存目〕子部 258
胎產心法　〔續修〕1008

負

負苞堂詩選、文選　〔存目〕集部 168〔續
　修〕1361
負暄野錄　〔文淵〕871〔文津〕873〔文瀾〕
　890〔底本〕子部 29〔著錄〕子部 170

勉

勉行堂文集　〔續修〕1433
勉行堂詩集　〔續修〕1433
勉齋先生黃文肅公文集、語錄、年譜、附
　集　〔著錄〕集部 24
勉齋先生遺稿　〔存目〕集部 46
勉齋集　〔文淵〕1168〔文津〕1172〔文瀾〕
　1202〔珍本〕二集 296－300

風

風水怯惑　〔續修〕1054
＊風月牡丹仙　〔續修〕1763〔續修〕1765
風月堂詩話　〔文淵〕1479〔文津〕1483〔文
　瀾〕1528〔珍本〕九集 400
風世類編　〔未收〕三輯 29
風后握奇經　〔著錄〕子部 333
風希堂詩集、文集　〔續修〕1471
風角書　〔續修〕1052
風雨像生貨郎旦雜劇　〔續修〕1762
風俗通義　〔文淵〕862〔文津〕864〔文瀾〕
　882〔著錄〕子部 55
風俗通義校正　〔續修〕1121
＊風流塚　〔續修〕1765
風雅逸篇　〔存目〕集部 299
風雅遺音（史榮）　〔存目〕經部 79〔續修〕
　62
風雅遺音（林正大）　〔存目〕集部 422
風雅翼　〔文淵〕1370〔文津〕1374〔文瀾〕

1413〔珍本〕六集 324－325
風箏誤傳奇　〔續修〕1775
風滿樓詩稿　〔禁燬補〕83

尷

尷言六十三篇　〔續修〕953

急

急救仙方　〔文淵〕744〔文津〕744〔文瀾〕
　758〔珍本〕別輯 183〔著錄〕子部 15
急救良方　〔存目〕子部 43
急就章考異　〔續修〕243
急就篇　〔文淵〕223〔文津〕217〔文瀾〕215
　〔著錄〕經部 108

胤

胤產全書　〔續修〕1007

訂

訂正史記真本凡例　〔存目〕史部 1
訂正吳社編　〔存目〕子部 241
訂訛類編、續補　〔續修〕1148
訂譌雜錄　〔文淵〕861〔文津〕863〔文瀾〕
　881〔著錄〕子部 166

計

計然子　〔存目〕子部 94

哀

哀江南賦注　〔續修〕1304

亭

亭林文錄　〔續修〕1669
亭林詩集、文集　〔續修〕1402
亭林遺書十種　〔禁燬〕集部 118

度

度支奏議　〔續修〕483－490
度曲須知、弦索辨訛　〔存目〕集部 426
度測、開平方說、開立方說、度算解　〔續
　修〕1044

弈

弈史　〔存目〕子部 76　〔續修〕1098

弈妙、二編　〔續修〕1101

弈律　〔存目〕子部 76

弈理析疑　〔未收〕十輯 10

弈理指歸圖　〔續修〕1101–1102

弈理指歸續編　〔續修〕1102

弈程　〔續修〕1102

弈載堂古玉圖録　〔續修〕1107

弈藪、棊經註　〔續修〕1098

庭

庭立記聞　〔續修〕1157

庭幃雜録　〔存目〕子部 86

庭聞州世説　〔存目〕子部 244

疣

疣贅録、續録　〔存目〕集部 83

疫

疫疹一得　〔續修〕1004

疫喉淺論　〔續修〕1018

疫痧草　〔續修〕1018

音

音切譜　〔續修〕246

音分古義　〔續修〕116

音泲　〔續修〕258

音注全文春秋括例始末左傳句讀直解　〔續修〕118

音論　〔文淵〕241　〔文津〕236　〔文瀾〕234　〔著録〕經部 117

＊音調定程　〔續修〕116

音調定程、絃徽宣祕　〔續修〕1095

音學辨微　〔續修〕253

音聲紀元　〔存目〕經部 210　〔續修〕254

音點春秋左傳詳節句解　〔存目〕經部 116

音韻日月燈　〔存目〕經部 211　〔續修〕252

音韻正訛　〔續修〕259

音韻述微　〔底本〕經部 55–56　〔著録〕經部 117

音韻原流　〔存目〕經部 220

音韻逢源　〔續修〕258

音韻須知　〔續修〕1747

音韻輯要　〔未收〕二輯 14

音韻闡微、韻譜　〔著録〕經部 116

音釋舉要　〔續修〕202

彦

彦周詩話　〔文淵〕1478　〔文津〕1483　〔文瀾〕1528

帝

帝王世紀　〔續修〕301

帝王世紀續補、考異　〔續修〕301

帝王紀年纂要　〔存目〕史部 6　〔存目〕史部 6

帝王經世圖譜　〔文淵〕922　〔文津〕925　〔文瀾〕942　〔珍本〕別輯 228–230　〔薈要〕245　〔著録〕子部 363

帝京景物略　〔存目〕史部 248　〔續修〕729

帝京歲時紀勝　〔續修〕885

帝祖萬年金鑑録　〔續修〕937

帝範　〔文淵〕696　〔文津〕696　〔文瀾〕710　〔珍本〕別輯 160　〔薈要〕248

帝範、臣軌　〔著録〕子部 332

帝學　〔文淵〕696　〔文津〕697　〔文瀾〕710　〔珍本〕三集 181　〔薈要〕248　〔著録〕子部 249

帝闕城垣規制　〔未收〕十輯 4

帝鑑圖説　〔存目〕史部 282

施

施先生孟子發題　〔存目〕經部 154

施註蘇詩、總目、年譜、續補遺　〔薈要〕381

施註蘇詩、總目、註蘇例言、王註正譌、註蘇姓氏、宋史本傳、東坡先生墓誌銘、東坡先生年譜、蘇詩續補遺、總目　〔文淵〕1110　〔文津〕1113–1114　〔文瀾〕1140

施註蘇詩、蘇詩續補遺、王註正譌、東坡先生年譜　〔著録〕集部 239

施愚山先生學餘文集、詩集、外集、別集、

年譜、附隨村先生遺集 〔著録〕集部 129

紗

紗遠堂全集 〔存目〕集部 183 - 184

美

美芹十論 〔存目〕子部 30

姜

姜氏秘史 〔存目〕史部 46 〔續修〕432
姜鳳阿文集 〔存目〕集部 127 - 128

迷

*迷青瑣倩女離魂 〔續修〕1763
迷青瑣倩女離魂雜劇 〔續修〕1761

前

前八大家詩選 〔禁燬〕集部 138
前明忠義別傳 〔未收〕一輯 19
前定録 〔底本〕子部 30
前定録、續録 〔文淵〕1042 〔文津〕1046
〔文瀾〕1070 〔著録〕子部 243
前蒙古紀事本末、後蒙古紀事本末 〔未
收〕三輯 13
前塵夢影録 〔續修〕1186
前漢匈奴表 〔未收〕四輯 16
前漢紀 〔文淵〕303 〔文津〕299 〔文瀾〕296
〔薈要〕156 〔著録〕史部 66
前漢書 〔薈要〕90 - 92
前漢書、附考證 〔文淵〕249 - 251 〔文津〕
243 - 245 〔文瀾〕242 - 244

逆

逆旅集、奏議 〔未收〕六輯 30

炳

炳燭編 〔續修〕1155
炳燭齋隨筆 〔續修〕1133
炳燭齋稿 〔禁燬〕集部 104

洱

洱海叢談 〔存目〕史部 256

洪

洪父集 〔文淵〕1124 〔文津〕1128 〔文瀾〕
1154 〔珍本〕初集 267
洪氏春秋説 〔文淵〕156 〔文津〕151 〔文
瀾〕149
洪氏集驗方 〔續修〕1000
洪文安公遺集 〔續修〕1317
洪芳洲先生歸田稿、奏疏、讀禮稿 〔未
收〕五輯 19
洪武正韻 〔文淵〕239 〔文津〕234 〔文瀾〕
231 〔存目〕經部 207 〔著録〕經部 116
洪武正韻彙編 〔存目〕經部 191
洪季隣集 〔禁燬補〕77
洪陽張先生警心類編 〔存目〕子部 128
洪駒父老圃集 〔著録〕集部 242
洪範九疇數解 〔存目〕子部 57
洪範口義 〔文淵〕54 〔文津〕49 〔文瀾〕47
〔珍本〕別輯 14
洪範正論 〔文淵〕68 〔文津〕63 〔文瀾〕61
〔珍本〕三集 37 〔著録〕經部 9
洪範明義 〔文淵〕64 〔文津〕59 〔文瀾〕57
洪範明義、初卷、終卷 〔著録〕經部 58
洪範政鑑 〔存目〕子部 67 〔續修〕1060
洪範皇極内篇 〔文淵〕805 〔文津〕807
〔文瀾〕823 〔珍本〕四集 172
洪範淺解 〔續修〕1060
洪範註補 〔存目〕子部 57
洪範統一 〔文淵〕59 〔文津〕55 〔文瀾〕52
〔珍本〕別輯 24
洪範圖解 〔存目〕子部 57
洪範圖説、附辭 〔存目〕子部 59
洪範説 〔未收〕三輯 5

洹

洹詞 〔文淵〕1267 〔文津〕1271 〔文瀾〕1304
〔珍本〕六集 279 - 281 〔著録〕集部 274
洹詞記事抄、續抄、明良記 〔存目〕子部
143

洞

洞山九潭志 〔續修〕724
洞天清録 〔文淵〕871 〔文津〕873 〔文瀾〕

890〔著錄〕子部 362
洞天奥旨、圖 〔續修〕1013
洞天福地嶽瀆名山記 〔存目〕子部 258
洞玄靈寶三師記 〔存目〕子部 259
洞庭湖君山詩集 〔存目〕集部 297
*洞庭湖柳毅傳書 〔續修〕1763
洞庭湖柳毅傳書雜劇 〔續修〕1762
洞冥記 〔文淵〕1042〔文津〕1046〔文瀾〕
　1070
洞霄圖誌 〔文淵〕587〔文津〕587〔文瀾〕
　596
洞麓堂集 〔文淵〕1277〔文津〕1281〔文
　瀾〕1314〔珍本〕五集 359-360〔底本〕
　集部 199-200〔著錄〕集部 435

洄

洄溪醫案 〔續修〕1027

洗

洗心居雅言集 〔存目〕史部 284
洗海近事 〔存目〕史部 49
洗冤錄詳義 〔續修〕972
洗冤錄撡遺 〔續修〕972

活

活人書 〔續修〕984
活民書 〔著錄〕史部 263
活幼心法 〔續修〕1011

洛

*洛水悲 〔續修〕1764
洛如詩鈔 〔存目補〕42
洛陽九老祖龍學文集、源流始末 〔著
　錄〕集部 44
洛陽名園記 〔文淵〕587〔文津〕587〔文
　瀾〕596〔著錄〕史部 250
洛陽牡丹記 〔文淵〕845〔文津〕846〔文
　瀾〕863〔著錄〕子部 162
洛陽伽藍記 〔文淵〕587〔文津〕587〔文
　瀾〕595〔著錄〕史部 111
洛陽紳舊聞記 〔文淵〕1036〔文津〕1040
　〔文瀾〕1063
洛陽搢紳舊聞記 〔著錄〕子部 111

洛學編 〔存目〕史部 120〔續修〕515
洛學編續編 〔存目〕史部 120

洺

洺水集 〔文淵〕1171〔文津〕1175〔文瀾〕
　1205〔珍本〕三集 243-244

净

净土聖賢錄、續編、種蓮集 〔續修〕1286
净德集 〔文淵〕1098〔文津〕1101〔文瀾〕
　1127〔珍本〕別輯 274-277

洨

洨濱蔡先生文集 〔存目〕集部 93
洨濱蔡先生語錄 〔存目〕子部 10〔續修〕
　939

洴

洴澼百金方 〔續修〕967

恒

恒言錄 〔續修〕194
恒岳志 〔存目〕史部 236

恬

恬致堂詩話 〔存目〕集部 417

宣

宣大山西三鎮圖説 〔續修〕739
宣西通 〔續修〕1035
宣明方論 〔文淵〕744〔文津〕744〔文瀾〕
　759〔珍本〕十二集 51
宣和北苑貢茶錄 〔珍本〕別輯 206
宣和北苑貢茶錄、北苑別錄 〔文淵〕844
　〔文津〕846〔文瀾〕863〔底本〕子部 26
　〔著錄〕子部 27
宣和奉使高麗圖經 〔文淵〕593〔文津〕
　594〔文瀾〕602〔底本〕史部 20〔著錄〕
　史部 114
宣和書譜 〔文淵〕813〔文津〕815〔文瀾〕
　832〔著錄〕子部 275
宣和牌譜 〔續修〕1106
宣和集古印史 〔存目〕子部 75

宣和畫譜 〔文淵〕813〔文津〕815〔文瀾〕832〔著録〕子部357

宣室志 〔文淵〕1042〔文津〕1047〔文瀾〕1070〔著録〕子部243

宣德鼎彝譜、附宣爐博論 〔文淵〕840〔文津〕843〔文瀾〕860〔底本〕子部5〔著録〕子部305

宦

*宦門子弟錯立身 〔續修〕1768

宮

宮省賢聲録 〔存目〕史部128

宮室考 〔文淵〕109〔文津〕105〔文瀾〕103

宮教集 〔文淵〕1151〔文津〕1156〔文瀾〕1184〔珍本〕三集268

宮詹遺藁、外編 〔未收〕五輯17

宮閨小名録、後録、後録 〔存目〕子部230

宮巖詩集 〔未收〕九輯20

突

突星閣詩鈔 〔存目〕集部234

客

客舍偶聞 〔續修〕1175

客亭類稿 〔文淵〕1165〔文津〕1169〔文瀾〕1199〔珍本〕別輯360－361〔著録〕集部345

客座贅語 〔存目〕子部243〔續修〕1260

客問篇 〔續修〕1133

客窗閒話 〔續修〕1263

客塵醫話 〔續修〕1029

客燕詩存、粵吟 〔未收〕八輯20

冠

冠豸山堂文集 〔存目〕集部234

冠譜 〔存目〕子部79

軍

軍政事宜 〔續修〕852

軍政神機 〔未收〕四輯22

軍政條例類考 〔續修〕852

軍政備例 〔續修〕852

軍器圖説 〔禁燬〕子部29

軍興本末紀略 〔未收〕三輯13

扁

扁鵲神應鍼灸玉龍經 〔文淵〕746〔文津〕746〔文瀾〕761〔珍本〕初集172〔薈要〕254

扁鵲脈書難經 〔未收〕四輯24

祛

祛疑説 〔文淵〕865〔文津〕867〔文瀾〕885〔著録〕子部169

祐

祐山先生文集 〔存目〕集部95

祐山雜説 〔存目〕子部246

祖

祖英集 〔文淵〕1091〔文津〕1095〔文瀾〕1121

祖堂集 〔續修〕1285

神

神仙感遇傳 〔存目〕子部258

神仙傳 〔文淵〕1059〔文津〕1063〔文瀾〕1088〔著録〕子部331

神奴兒大鬧開封府雜劇 〔續修〕1761

神州古史考 〔存目〕史部249

神灸經綸 〔續修〕997

神異經 〔文淵〕1042〔文津〕1046〔文瀾〕1070〔著録〕子部242

神道大編象宗華天五星 〔續修〕1031

神道大編曆宗通議 〔續修〕1036

神道大編曆宗算會 〔續修〕1043

神農本草經百種録 〔文淵〕785〔文津〕786〔文瀾〕802〔著録〕子部353

神農本草經疏 〔文淵〕775〔文津〕776－777〔文瀾〕792〔珍本〕十二集133－136〔著録〕子部264

神農本草經讀 〔續修〕995

神農本經會通 〔未收〕七輯12

神僧傳 〔存目〕子部254〔續修〕1285

神廟留中奏疏彙要　〔續修〕470－471
神機制敵太白陰經　〔著錄〕子部 63
神隱　〔存目〕子部 260
神應經　〔存目〕子部 42

祝

祝子小言　〔存目〕子部 90
祝子志怪録　〔存目〕子部 246 〔續修〕1266
祝子罪知録　〔存目〕子部 83 〔續修〕1122
祝子遺書　〔存目〕集部 195
祝氏事偶　〔存目〕子部 196

祕

祕書監志　〔文淵〕596 〔文津〕596 〔文瀾〕
　　606 〔珍本〕五集 103－104 〔著錄〕史部
　　254
祕殿珠林　〔文淵〕823 〔文津〕826 〔文瀾〕
　　844 〔著錄〕子部 26

祠

祠部集　〔文淵〕1091 〔文津〕1094－1095
　　〔文瀾〕1120 〔珍本〕別輯 258－263

郡

郡縣釋名　〔存目〕史部 166－167
郡齋讀書志、附志、後志　〔文淵〕674 〔文
　　津〕674 〔文瀾〕687

退

退谷文集、詩集、附行述　〔存目〕集部
　　264－265
退思易話　〔續修〕24
退思堂草　〔禁燬補〕84
退菴詩存　〔續修〕1499
退菴詩集、文集　〔存目〕集部 216
退菴鄧先生遺稿　〔存目〕集部 26
退庵筆記　〔未收〕三輯 28
退庵隨筆　〔續修〕1197
退復軒詩　〔續修〕1554
退補齋詩存、文存　〔續修〕1552
退補齋詩存二編、文存二編　〔續修〕1552

咫

咫聞録　〔續修〕1270

屏

屏山集　〔文淵〕1134 〔文津〕1138 〔文瀾〕
　　1165 〔珍本〕四集 263－264 〔著錄〕集部
　　341
屏史前卷、後卷　〔未收〕六輯 19
屏巖小稿　〔文淵〕1195 〔文津〕1199 〔文
　　瀾〕1230 〔珍本〕三集 276

陣

陣紀　〔文淵〕727 〔文津〕727 〔文瀾〕741
　　〔著錄〕子部 333

韋

韋弦佩　〔存目〕子部 93
韋齋集、玉瀾集　〔著錄〕集部 341
韋齋集、行狀、附玉瀾集　〔文淵〕1133
　　〔文津〕1137 〔文瀾〕1164
韋蘇州集　〔文淵〕1072 〔文津〕1076 〔文
　　瀾〕1102
韋蘇州集、拾遺　〔著錄〕集部 229

眉

眉三子半農齋集　〔存目〕集部 224
眉山唐先生文集　〔著錄〕集部 94
眉山詩案廣證　〔未收〕十輯 2
眉山詩集、文集　〔文淵〕1124 〔文津〕1128
　　〔文瀾〕1154
眉公詩鈔　〔禁燬〕集部 67
眉菴集　〔文淵〕1230 〔文津〕1234 〔文瀾〕
　　1266 〔著錄〕集部 260

胥

胥石詩存、胥石文存　〔續修〕1447

陝

陝西通志　〔文淵〕551－556 〔文津〕551－
　　557 〔文瀾〕558－564
陝西通志［雍正］　〔著錄〕史部 332－336

姚

姚少監詩集　〔文淵〕1081〔文津〕1086〔文瀾〕1112〔著錄〕集部 234

姚氏易敦圖元　〔續修〕31

姚文公牧菴集　〔著錄〕集部 29

姚文敏公遺稿　〔存目〕集部 34

姚江逸詩　〔存目〕集部 400

姚江學辨　〔續修〕952

姚端恪公文集、詩集、外集　〔未收〕七輯 18

姚端恪公文錄　〔續修〕1671

姚樂年樂郊私語　〔著錄〕子部 242

娜

娜如山房説尤　〔未收〕十輯 11

飛

飛丸記　〔續修〕1771

飛燕外傳　〔續修〕1783

飛鴻亭集　〔存目〕集部 83-84

飛鴻堂硯譜、墨譜、瓶譜、鼎鑪譜　〔續修〕1113

盈

盈川集　〔文淵〕1065〔文津〕1069〔文瀾〕1094〔薈要〕358

癸

癸巳存稿　〔續修〕1159-1160

癸巳孟子説　〔文淵〕199〔文津〕193〔文瀾〕189

癸巳新刊御藥院方　〔續修〕1001

癸巳論語解　〔文淵〕199〔文津〕193〔文瀾〕189

癸巳膡稿　〔續修〕1160

*癸巳藁　〔續修〕1354

癸巳類稿　〔續修〕1159

癸未夏抄　〔存目〕子部 244

癸辛雜識、前集、後集、續集、別集　〔文淵〕1040〔文津〕1044〔文瀾〕1067〔著錄〕子部 241

彖

彖象論　〔續修〕22

彖傳論　〔續修〕22

紅

紅尤軒紫泥法定本　〔續修〕1092

紅杏山房聞見隨筆　〔未收〕九輯 15

紅豆樹館書畫記　〔續修〕1082

紅拂記　〔續修〕1769

紅雨樓題跋　〔續修〕923

紅雪軒稿　〔未收〕八輯 28

紅梨記　〔續修〕1771〔續修〕1781〔續修〕1782

紅葉村稿　〔未收〕八輯 16

紅蕚詞　〔未收〕十輯 30

*紅蓮債　〔續修〕1765

紅樓夢　〔續修〕1793-1794

*紅線女　〔續修〕1764

紅欄書屋詩集、雜體文稿　〔續修〕1460

約

約言　〔存目〕子部 84

約章成案匯覽　〔續修〕874-876

約齋文集　〔未收〕七輯 23

紈

紈綺集　〔存目〕集部 137

級

*級數回求　〔續修〕1047

紀

紀元要略　〔存目〕史部 273

紀元編　〔續修〕826

紀文達公文錄　〔續修〕1670

紀文達公遺集　〔續修〕1435

紀古滇説原集　〔存目〕史部 255

紀成文稿、詩稿、玉礑集、蠲音、壽壙碑辭　〔存目〕集部 211

紀效新書　〔文淵〕728〔文津〕728〔文瀾〕742〔珍本〕十二集 47-48〔著錄〕子部

352

紀琉球入太學始末　〔存目〕史部 271

紀善録　〔存目〕史部 91

十畫

耕

耕餘居士詩集　〔未收〕九輯 26

耕學齋詩集　〔文淵〕1232〔文津〕1236〔文瀾〕1268〔珍本〕三集 297〔著録〕集部 261

泰

泰山紀事　〔存目〕史部 232

泰山紀勝　〔存目〕史部 255

泰山蒐玉集　〔存目〕集部 313

泰山道里記　〔存目〕史部 242

泰西水法　〔文淵〕731〔文津〕731〔文瀾〕746〔珍本〕十二集 50〔著録〕子部 263

泰西新史攬要　〔續修〕1297

泰州志[崇禎]　〔存目〕史部 210〔存目〕史部 210

泰昌日録　〔存目〕史部 55

泰定養生主論　〔存目〕子部 41〔續修〕1029

泰泉鄉禮　〔文淵〕142〔文津〕138〔文瀾〕136〔珍本〕四集 54

泰泉集　〔文淵〕1273〔文津〕1277〔文瀾〕1310〔珍本〕二集 366〔底本〕集部 190〔著録〕集部 276

泰軒易傳　〔續修〕2

泰雲堂集　〔續修〕1495

秦

秦川焚餘草、附刻　〔續修〕1537

*秦廷筑　〔續修〕1765

*秦修然竹塢聽琴　〔續修〕1763

秦修然竹塢聽琴雜劇　〔續修〕1762

秦楚之際遊記　〔禁燬〕史部 72

秦蜀驛程後記　〔存目〕史部 128

秦漢瓦圖記　〔續修〕1111

秦漢文尤　〔存目〕集部 365

秦漢文鈔　〔存目〕集部 352

秦漢書疏　〔續修〕462

秦漢鴻文　〔存目〕集部 346

秦録　〔存目〕史部 247

秦邊紀略　〔存目〕史部 228

秦璽始末　〔存目〕史部 271

珠

珠玉詞　〔文淵〕1487〔文津〕1492〔文瀾〕1537〔著録〕集部 217

珩

珩璜新論　〔文淵〕863〔文津〕865〔文瀾〕882〔著録〕子部 167

珞

珞子三命消息賦注　〔文淵〕809〔文津〕810〔文瀾〕827〔珍本〕別輯 196

珞子賦注　〔文淵〕809〔文津〕810〔文瀾〕827〔珍本〕別輯 195－196

班

班范肪截　〔存目〕史部 292

班馬字類　〔文淵〕225〔文津〕220〔文瀾〕218〔著録〕經部 30

班馬異同　〔文淵〕251〔文津〕246〔文瀾〕244〔珍本〕八集 77－79〔存目〕史部 1〔著録〕史部 2

班餘剪燭集　〔未收〕九輯 21

班蘭臺集　〔續修〕1583

素

素吟集　〔未收〕八輯 16

素軒集　〔續修〕1329

素書　〔著録〕子部 333

素菴先生栖緑堂經史耨義　〔存目〕子部 17

*素梅玉蟾　〔續修〕1765

素問入式運氣論奧、附黄帝内經素問遺篇　〔文淵〕738〔文津〕738〔文瀾〕753〔珍本〕十二集 51

素問六氣玄珠密語　〔存目〕子部 60〔續修〕1049

素問玄機原病式　〔文淵〕744〔文津〕744

〔文瀾〕758〔著録〕子部 16

素問病機氣宜保命集 〔著録〕子部 137

素問鈔補正、附滑氏診家樞要 〔存目〕子部 38

素問懸解、附校餘偶識 〔存目〕子部 39

素問釋義 〔未收〕四輯 24

素園石譜 〔存目〕子部 79〔續修〕1112

素園存稿 〔存目〕集部 121

素履子 〔文淵〕696〔文津〕696〔文瀾〕710〔著録〕子部 41

素巖文稿 〔存目〕集部 253

素靈微蘊 〔存目〕子部 54〔續修〕982

栽

栽苧麻法略 〔續修〕977

捕

捕蝗考 〔文淵〕663〔文津〕662〔文瀾〕672〔珍本〕九集 175〔著録〕史部 393

捕蝗圖説、要説 〔未收〕十輯 4

馬

馬王堆帛書天文氣象雜占 〔續修〕1049

馬王堆帛書五星占 〔續修〕1049

馬王堆帛書周易經傳釋文 〔續修〕1

馬太史匡菴前集、馬太史匡菴集 〔未收〕五輯 29

馬氏南唐書 〔文淵〕464〔文津〕463〔文瀾〕465

馬氏等音 〔續修〕257

馬丹陽三度任風子雜劇 〔續修〕1762

馬丹陽度脱劉行首雜劇 〔續修〕1762

馬文莊公文集選 〔禁燬補〕66

馬石田文集 〔底本〕集部 99－100〔著録〕集部 254

馬東田漫稿 〔存目〕集部 41

馬政志 〔存目〕史部 276〔續修〕859

馬政紀 〔文淵〕663〔文津〕663〔文瀾〕672〔珍本〕四集 122

馬首農言、校勘記 〔續修〕976

馬師津梁 〔存目〕子部 50

馬巗志 〔未收〕十輯 3

馬端肅公三記 〔存目補〕76

馬端肅公奏議 〔底本〕史部 15〔著録〕史部 199

馬端肅奏議 〔文淵〕427〔文津〕425〔文瀾〕426〔珍本〕五集 80

馬學士文集 〔存目〕集部 32

振

振鷺集 〔存目〕集部 292

貢

貢文靖雲林集 〔著録〕集部 30

貢南湖詩集 〔著録〕集部 396

貢禮部玩齋集、拾遺 〔著録〕集部 61

埋

埋憂集、續集 〔續修〕1271

袁

袁中郎全集 〔存目〕集部 174

袁氏世範 〔文淵〕698〔文津〕699〔文瀾〕712〔珍本〕別輯 161

袁氏世範、集事詩鑑 〔著録〕子部 250

＊袁氏義父 〔續修〕1764

袁文榮公詩略 〔存目〕集部 104

袁魯望集 〔存目〕集部 137

把

把青軒稿 〔存目〕集部 267

把奎樓選稿 〔存目〕集部 230

都

都下贈僧詩 〔存目〕集部 43

都公譚纂 〔存目〕子部 246〔續修〕1266

都孔目風雨還牢末雜劇 〔續修〕1762

都官集 〔文淵〕1096〔文津〕1100〔文瀾〕1126〔珍本〕三集 237

都城紀勝 〔文淵〕590〔文津〕590〔文瀾〕598〔珍本〕九集 162〔著録〕史部 59

哲

哲匠金桴 〔存目〕子部 177

耆

耆山無爲天師峴泉集 〔著録〕集部 114

耆舊續聞 〔文淵〕1039〔文津〕1043〔文瀾〕1067〔著録〕子部 241

耄

耄餘詩話 〔續修〕1700

耿

耿天臺先生文集 〔存目〕集部 131

耿中丞楊太史批點近溪羅子全集 〔存目〕集部 129 - 130

耿巖文選 〔存目〕集部 218

恥

恥言 〔未收〕六輯 12

恥躬堂文集 〔存目〕集部 224

恥躬堂文鈔、詩鈔 〔禁燬〕集部 52

恥躬堂文録 〔續修〕1669

恥堂存稿 〔文淵〕1182〔文津〕1186〔文瀾〕1217〔珍本〕別輯 370 - 371

華

華氏中藏經 〔續修〕1018

華夷花木鳥獸珍玩考 〔存目〕子部 118〔續修〕1185

華夷譯語 〔存目〕經部 188

華夷譯語、附高昌館來文、譯文備覽 〔續修〕230

華林莊詩集 〔存目〕集部 272

華孟達詩稿 〔存目〕集部 176

華泉先生集選 〔存目〕集部 49

華泉集 〔文淵〕1264〔文津〕1268〔文瀾〕1300〔珍本〕七集 238 - 242

華亭百詠 〔文淵〕1170〔文津〕1174〔文瀾〕1203〔珍本〕九集 245

華野疏稿 〔文淵〕430〔文津〕428〔文瀾〕429〔珍本〕三集 130〔底本〕史部 18

華鄂堂詩薰、附研山十詠 〔存目補〕7

華陽貞素文集、北莊遺稿、可庵搜枯集 〔著録〕集部 257

華陽洞稿 〔存目〕集部 132

華陽陶隱居内傳 〔續修〕1294

華陽國志 〔文淵〕463〔文津〕462〔文瀾〕464〔著録〕史部 94

華陽集(王珪) 〔文淵〕1093〔文津〕1096〔文瀾〕1122〔珍本〕四集 243 - 245

華陽集(張綱) 〔文淵〕1131〔文津〕1135〔文瀾〕1162〔珍本〕三集 261 - 262〔著録〕集部 242

華陽集(顧況) 〔珍本〕五集 268

華陽集、附顧非熊詩 〔文淵〕1072〔文津〕1077〔文瀾〕1102

華陽館文集、續集 〔存目〕集部 116

華陽館詩集、文集 〔存目〕集部 116

華嶽全集 〔存目〕史部 232〔續修〕722

華禮部集 〔存目〕集部 150

莆

莆風清籟集 〔存目〕集部 411

莆陽比事 〔續修〕734

莆陽文獻、列傳 〔存目〕史部 89〔續修〕548

莆陽知稼翁集 〔著録〕集部 51

莆陽居士蔡公文集 〔著録〕集部 391

莧

莧園雜説 〔未收〕五輯 9

荷

荷亭辯論、附書 〔存目〕子部 101

荷塘詩集 〔續修〕1457〔未收〕十輯 25

荷新韻、荷新義 〔存目補〕74

荻

荻溪集 〔存目〕集部 24

真

真山人後集文、詩 〔未收〕七輯 23

真山民集 〔文淵〕1189〔文津〕1193〔文瀾〕1225〔珍本〕十一集 172

真山民詩集 〔著録〕集部 105

真文忠公政經 〔著録〕子部 351

真西山先生心經 〔著録〕子部 332

真如子醒言　〔存目〕子部 94

真松閣詞　〔續修〕1726

真定府志[嘉靖]　〔存目〕史部 192

真定奏疏　〔存目〕史部 66

真珠船　〔存目〕子部 102

*真傀儡　〔續修〕1764

真率集、續編　〔禁燬補〕83

真詮　〔存目〕子部 261

真誥　〔文淵〕1059〔文津〕1063〔文瀾〕1088
〔著録〕子部 124

真儒一脈　〔存目〕子部 15

真蹟日録　〔文淵〕817〔文津〕820〔文瀾〕
836

真蹟日録、二集、三集　〔珍本〕三集 195
〔著録〕子部 303

真臘風土記　〔文淵〕594〔文津〕594〔文
瀾〕602〔著録〕史部 252

莊

莊子　〔薈要〕275

莊子口義　〔文淵〕1056〔文津〕1060〔文
瀾〕1085

莊子注　〔文淵〕1056〔文津〕1060〔文瀾〕
1085

莊子通　〔續修〕956

莊子通義　〔存目〕子部 256〔續修〕955-
956

莊子集解　〔續修〕958

莊子集釋　〔續修〕957-958

莊子解　〔存目〕子部 257

莊子膚齋口義　〔著録〕子部 246

莊子翼、莊子闕誤、莊子翼附録　〔著録〕
子部 123

莊子翼、採摭書目、莊子闕誤　〔文淵〕
1058〔文津〕1062〔文瀾〕1087

莊氏史案本末　〔未收〕九輯 4

莊氏算學　〔文淵〕802〔文津〕803〔文瀾〕
819〔珍本〕初集 174

莊屈合詁　〔存目〕子部 164

莊渠先生門下質疑録　〔續修〕938

莊渠先生遺書　〔底本〕集部 156-157〔著
録〕集部 275

莊渠遺書　〔文淵〕1267〔文津〕1271-1272

〔文瀾〕1304〔珍本〕五集 335-337

莊靖先生遺集　〔著録〕集部 445

莊靖集　〔文淵〕1190〔文津〕1195〔文瀾〕
1226〔珍本〕十集 243-244

莊義要删　〔未收〕三輯 27

莊管集、七幅菴集、唾心集、步天集、英雄
失路集、拔劍集、箜篌集、藏樓集、鴛
鴦迴紋詩　〔未收〕六輯 26

莊簡集　〔文淵〕1128〔文津〕1132〔文瀾〕
1159〔珍本〕初集 270-271

桂

桂山堂文選　〔未收〕七輯 27

桂坡集後集　〔存目〕集部 37

桂苑叢談　〔文淵〕1042〔文津〕1046〔文
瀾〕1070

桂林春秋義　〔存目〕經部 125

桂林風土記　〔文淵〕589〔文津〕589〔文
瀾〕598〔底本〕史部 108〔著録〕史部 113

桂林詩正　〔存目〕經部 68

桂林點易丹、圖説、易解諸儒姓氏考
〔存目〕經部 25

桂洲先生奏議、外集　〔存目〕史部 60

桂洲詩集　〔續修〕1339

桂軒詩集　〔未收〕五輯 17

桂軒藁　〔續修〕1330

桂軒續稿　〔續修〕1330

桂留山房詩集、詞集　〔續修〕1516

桂海虞衡志　〔文淵〕589〔文津〕590〔文
瀾〕598〔著録〕史部 252

桂勝　〔底本〕史部 27

桂勝、桂故　〔文淵〕585〔文津〕586〔文瀾〕
594〔珍本〕四集 117〔著録〕史部 110

桂隱文集、詩集　〔文淵〕1195〔文津〕1199
〔文瀾〕1230〔珍本〕二集 317-318〔底
本〕集部 97-98〔著録〕集部 107

桂馨堂集　〔續修〕1491

栲

栲栳山人詩集　〔文淵〕1215〔文津〕1219
〔文瀾〕1250〔珍本〕五集 293〔底本〕集
部 105〔著録〕集部 396

郴

郴江百詠 〔文淵〕1136 〔文津〕1140 〔文瀾〕1167 〔珍本〕八集 157

栖

栖真志 〔存目〕史部 99
栖真館集 〔續修〕1360
栖雲閣詩、拾遺、文集 〔存目〕集部 202
栖碧先生黃楊集 〔存目〕集部 23 〔續修〕1325

桐

桐山老農集 〔文淵〕1219 〔文津〕1223 〔文瀾〕1254 〔珍本〕初集 355
桐江集 〔續修〕1322
桐江續集 〔文淵〕1193 〔文津〕1197 〔文瀾〕1228 〔珍本〕初集 337－340
桐村詩 〔存目〕集部 272 〔禁燬補〕83
桐乳齋詩集 〔存目〕集部 273
桐城吳先生文集、詩集 〔續修〕1563
桐城耆舊傳 〔續修〕547
桐陰書屋詩 〔存目〕集部 277
桐陰論畫、桐陰畫訣、續桐陰論畫 〔續修〕1085
桐陰論畫二編、三編 〔續修〕1085
桐彝、續 〔存目〕史部 95

梃

梃擊始末 〔存目〕史部 54

栝

栝蒼金石志、續栝蒼金石志 〔續修〕911－912
栝蒼彙紀 〔存目〕史部 193

桃

＊桃花人面 〔續修〕1764
桃花女破法嫁周公雜劇 〔續修〕1761
桃花泉弈譜 〔續修〕1101
桃花扇傳奇 〔續修〕1776
＊桃源三訪 〔續修〕1763

桃溪淨稿 〔存目〕集部 38
桃溪客語 〔續修〕1139

格

格古要論 〔文淵〕871 〔文津〕873 〔文瀾〕891
格物通 〔文淵〕716 〔文津〕717－718 〔文瀾〕731 〔珍本〕五集 135－146
格物問答 〔存目〕子部 95
格物麤談 〔存目〕子部 117
格致古微 〔未收〕九輯 15
格致餘論 〔文淵〕746 〔文津〕746 〔文瀾〕761 〔著錄〕子部 138
格致總學啓蒙 〔續修〕1300
格致鏡原 〔文淵〕1031－1032 〔文津〕1035－1037 〔文瀾〕1058－1059 〔著錄〕子部 109－110
格齋四六 〔文淵〕1151 〔文津〕1155 〔文瀾〕1183 〔珍本〕五集 278
格齋先生四六 〔著錄〕集部 97

校

校刊目經大成 〔續修〕1018
校正元聖武親征錄 〔續修〕423
校正孔氏大戴禮記補注 〔續修〕108
校邠廬抗議 〔續修〕952
校刻具茨先生詩集、文集、遺藁、詩集附錄、文集附錄 〔底本〕集部 201－202 〔著錄〕集部 436
校刻傷寒圖歌活人指掌 〔未收〕四輯 25
校註橘山四六 〔底本〕集部 88－89 〔著錄〕集部 57
校經廎文稿 〔續修〕1489
校蔡中郎集疏證、外集疏證、文集補 〔續修〕1303
校禮堂文集 〔續修〕1480
校禮堂詩集 〔續修〕1480
校讐通義 〔續修〕930

核

核菴集、詩餘 〔未收〕六輯 27

栟

栟櫚先生文集 〔著録〕集部 94

栟櫚集 〔文淵〕1133〔文津〕1137〔文瀾〕
 1164〔珍本〕四集 262

栩

栩栩園詩 〔未收〕五輯 29

索

索易臆説 〔存目〕經部 37

連

連文釋義 〔存目〕經部 187

連抑武雜記 〔存目〕子部 241

連陽八排風土記 〔存目〕史部 256

連雲書屋存稿 〔續修〕1482

連環記 〔續修〕1774

逋

逋齋詩、二集 〔未收〕八輯 16

鬲

鬲津草堂詩 〔存目〕集部 254

酌

酌中志 〔續修〕437

酌中志、酌中志餘 〔禁燬〕史部 71

夏

夏小正考注 〔續修〕108

夏小正校注 〔未收〕九輯 1

夏小正集解 〔未收〕三輯 8

夏小正詁 〔存目〕經部 103〔續修〕108

夏小正註 〔存目〕經部 103

夏小正補注 〔續修〕108

夏小正疏義、釋音、異字記、附天象圖
 〔續修〕108

夏小正傳箋、附大戴禮公符篇考 〔未
 收〕三輯 8

夏小正解、附徐本夏小正舉異 〔存目〕
 經部 103

夏小正戴氏傳 〔文淵〕128〔文津〕124
 〔文瀾〕122〔著録〕經部 18

夏小正釋義 〔續修〕108

夏内史集 〔續修〕1389

夏氏尚書詳解 〔文淵〕56〔文津〕51－52
 〔文瀾〕49

夏東巖先生文集 〔底本〕集部 147〔著録〕
 集部 402

夏東巖先生詩集 〔存目〕集部 67

夏忠靖公集、遺事 〔著録〕集部 38

夏忠靖公遺事 〔存目〕史部 83

夏侯常侍集 〔續修〕1584

夏侯陽算經 〔文淵〕797〔文津〕798〔文
 瀾〕814〔珍本〕別輯 187〔著録〕子部 20
 〔續修〕1041

夏桂洲先生文集、年譜 〔存目〕集部 74－
 75

夏峰先生集 〔續修〕1391－1392〔禁燬〕集
 部 118

夏書禹貢廣覽 〔存目〕經部 55

砥

砥齋文録 〔續修〕1671

砥齋集 〔續修〕1404

破

破邪論 〔續修〕945

破幽夢孤雁漢宮秋雜劇 〔續修〕1760

原

原本周易本義 〔文淵〕12〔文津〕7〔文
 瀾〕6

原本革象新書 〔文淵〕786〔文津〕787
 〔文瀾〕803

原本茶經、續茶經 〔著録〕子部 27

原本廣韻 〔文淵〕236〔文津〕231〔文瀾〕
 228

原本韓集考異 〔文淵〕1073〔文津〕1077
 〔文瀾〕1103〔珍本〕六集 242

原始祕書 〔存目〕子部 173

原圃集、塞庵詩一續、二續、三續 〔未
 收〕六輯 23

原善、緒言 〔續修〕951

原富　〔續修〕1297
原詩　〔續修〕1698

烈

烈皇小識　〔續修〕439

殊

殊域周咨錄　〔續修〕735－736

致

致曲術、致曲圖解　〔續修〕1047
致知格物解　〔存目〕子部 20
致堂胡先生斐然集　〔著錄〕集部 50
致堂讀史管見　〔存目〕史部 279－280〔續
　修〕448－449

晉

＊晉公卿禮秩　〔續修〕747
晉文紀　〔著錄〕集部 172
晉史删　〔存目〕史部 30－31
＊晉百官名　〔續修〕747
＊晉百官表注　〔續修〕747
晉安風雅　〔存目〕集部 345
晉官五種　〔續修〕747
＊晉官品令　〔續修〕747
晉政輯要　〔續修〕883－884
＊晉故事　〔續修〕747
晉泰始笛律匡謬　〔續修〕115
晉乘蒐略　〔未收〕六輯 8－9
晉記　〔存目〕史部 43
晉書　〔著錄〕史部 268－269
晉書、音義　〔薈要〕98－100
晉書、音義、附考證　〔文淵〕255－256〔文
　津〕249－252〔文瀾〕248
晉書地理志新補正　〔續修〕277
晉書校勘記　〔續修〕274
晉書鈎玄　〔未收〕三輯 16
晉書斠注　〔續修〕275－277
晉書纂、援據　〔未收〕一輯 20
晉陵先賢小傳　〔存目〕史部 111
晉略　〔未收〕二輯 20
晉義熙銅鼓考　〔續修〕1111

晉溪本兵敷奏　〔存目〕史部 59〔續修〕
　475－476
晉錄　〔存目〕史部 247

柴

柴氏古韻通、附切韻編　〔存目〕經部 217
柴氏古韻通、附正音切韻復古編　〔續
　修〕244
柴氏四隱集　〔文淵〕1364〔文津〕1369〔文
　瀾〕1408〔珍本〕二集 396〔著錄〕集部
　394〔著錄〕集部 301
柴村全集、附德滋堂歌詩附鈔　〔存目
　補〕97
柴省軒先生文鈔、外集　〔存目〕集部 210
柴菴疏集　〔禁燬〕史部 51
柴菴寤言　〔禁燬〕子部 38
柴墟文集　〔存目〕集部 42

逌

逌旃璅言　〔存目〕子部 103

逍

逍遥山萬壽宮志　〔未收〕六輯 10
逍遥集　〔文淵〕1085〔文津〕1089〔文瀾〕
　1115〔珍本〕別輯 239
＊逍遥遊　〔禁燬〕集部 186
逍遥遊、陸舫詩草、椒丘詩、丁野鶴先生
　遺稿、家政須知　〔存目〕集部 235

時

時用集、續集　〔存目〕集部 257
時物典彙　〔存目〕子部 201
時俗喪祭便覽　〔未收〕三輯 8
時疫白喉捷要　〔續修〕1018
時病論　〔續修〕1005
時務通考　〔續修〕1254－1259
時術堂遺詩　〔禁燬〕集部 144
時習新知　〔存目〕子部 90
時節氣候抄　〔未收〕十輯 4

逞

逞風流王煥百花亭雜劇　〔續修〕1762

晁

晁无咎詞 〔文淵〕1487〔文津〕1492〔文瀾〕1537〔底本〕集部 267

晁氏客語 〔文淵〕863〔文津〕865〔文瀾〕882〔底本〕子部 28〔著録〕子部 361

晁氏儒言 〔著録〕子部 11

晁氏寶文堂書目 〔存目〕史部 277〔續修〕919

晁文元公道院集要 〔著録〕子部 121

晁具茨先生詩集 〔續修〕1317

唁

唁言 〔存目〕子部 13〔續修〕941

晏

晏子春秋 〔文淵〕446〔文津〕444〔文瀾〕447〔薈要〕275〔著録〕史部 201

晏元獻公類要 〔存目〕子部 166－167

晏同叔先生集 〔著録〕集部 43

蚌

蚌孫鑑 〔續修〕1120

蚓

蚓菴瑣語 〔存目〕子部 249

蚓竅集 〔文淵〕1231〔文津〕1236〔文瀾〕1267〔珍本〕十集 262

蚓竅集、全菴記 〔底本〕集部 39〔著録〕集部 427

恩

恩福堂筆記 〔續修〕1178

恩餘堂經進初藁、續藁、三藁、策問存課、知聖道齋讀書跋尾 〔未收〕十輯 22

恩餘堂輯稿 〔續修〕1447

峽

峽石山水志 〔存目〕史部 242

峴

峴山志 〔存目〕史部 234

峴

峴泉集 〔文淵〕1236〔文津〕1240〔文瀾〕1270〔珍本〕五集 300

峴樵山房詩集 〔續修〕1559

峨

峨眉山志 〔存目〕史部 236〔續修〕726

缺

缺壺編文 〔禁燬〕集部 167

造

造命宗鏡集 〔續修〕1059－1060

秣

秣陵春傳奇 〔續修〕1775

秫

秫莊詩集 〔禁燬補〕82

秘

秘抄本地理 〔未收〕九輯 12

秘傳天禄閣寓言外史 〔存目〕子部 83

秘傳花鏡、圖 〔續修〕1117

秘傳眼科全書 〔續修〕1018

秘傳眼科龍木醫書總論、附葆光道人秘傳眼科 〔續修〕1017

秘閣元政要 〔存目〕史部 13

秘閣書目 〔存目〕史部 277

笑

笑門詩集 〔存目〕集部 284

笑笑録 〔續修〕1273

笏

笏庵詩 〔續修〕1514

倩

＊倩女離魂 〔續修〕1763

借

＊借根方法淺説 〔續修〕1046

借雲館曲譜 〔續修〕1096

借閒生詩、詞　〔續修〕1519

倚

倚松老人詩集　〔著録〕集部 46
倚松詩集　〔文淵〕1117〔文津〕1121〔文瀾〕1147〔珍本〕三集 241
倚雲閣詩集　〔禁燬補〕82
倚晴樓詩餘　〔續修〕1726
倚雉堂集　〔存目〕集部 214
倚聲初集、前編　〔續修〕1729

條

條麓堂集　〔續修〕1351

倘

倘湖樵書　〔存目〕子部 146
倘湖樵書初編、二編　〔續修〕1195－1196

倭

倭患考原、恤援朝鮮倭患考　〔存目〕史部 52
倭情考略　〔存目〕子部 31

倪

倪小野先生全集　〔存目〕集部 58
倪文正公遺稿　〔禁燬〕集部 50
倪文貞公文集、續編、奏疏、講編、詩集　〔底本〕集部 213－215〔著録〕集部 356
倪文貞集、續編、奏疏、講編、詩集　〔文淵〕1297〔文津〕1301〔文瀾〕1335
倪文僖公集　〔著録〕集部 350
倪文僖集　〔文淵〕1245〔文津〕1249〔文瀾〕1281〔珍本〕十二集 180－181
倪石陵書　〔文淵〕1152〔文津〕1156〔文瀾〕1185〔珍本〕十一集 169〔著録〕集部 21
倪高士年譜　〔續修〕552
倪雲林先生詩集　〔存目〕集部 23

倦

倦圃蒔植記、總論　〔存目〕子部 82〔續修〕1119

健

健松齋集、續集　〔存目〕集部 241
健餘先生文集　〔續修〕1424
健餘先生講習録　〔禁燬補〕31
健餘奏議　〔禁燬〕史部 40

射

射林　〔存目〕子部 109
射易淡詠　〔存目〕經部 27
射書　〔存目〕子部 76〔續修〕1106
射堂詩鈔　〔存目〕集部 194
射義新書、雜記　〔存目〕子部 76
射學指南　〔續修〕1106
射鷹樓詩話　〔續修〕1706

息

*息園存稿文　〔文淵〕1263〔文津〕1267〔文瀾〕1〔珍本〕六集 272－276
*息園存稿詩　〔文淵〕1263〔文津〕1267〔文瀾〕1〔珍本〕六集 272－276
息齋筆記　〔續修〕1132
息齋藏書　〔存目〕子部 94

島

島夷志略　〔文淵〕594〔文津〕594〔文瀾〕602〔珍本〕十集 105〔著録〕史部 114

烏

烏衣香牒、春駒小譜　〔存目〕子部 82
烏程縣志［乾隆］　〔續修〕704

師

師山先生文集、遺文　〔著録〕集部 111
師山集、遺文　〔文淵〕1217〔文津〕1221〔文瀾〕1252〔珍本〕四集 300
師子林紀勝集、圖、校勘記、續集　〔存目〕集部 352
師友詩傳録、續録　〔文淵〕1483〔文津〕1488〔文瀾〕1533〔底本〕集部 267〔著録〕集部 332
師友談記　〔文淵〕863〔文津〕865〔文瀾〕

882

師白山房講易　〔未收〕三輯 2

師竹堂集　〔未收〕五輯 23

師竹齋集　〔續修〕1475

師伏堂春秋講義　〔續修〕148

師伏堂筆記　〔續修〕1165

師伏堂詩草　〔續修〕1567

師伏堂駢文　〔續修〕1567

師宗州志［康熙］　〔存目〕史部 214

師律　〔續修〕962

師經堂集　〔存目〕集部 265

師曠禽經　〔著録〕子部 162

徑

徑山志　〔存目〕史部 244

徑山集　〔存目〕史部 243

徐

徐子卿近集　〔禁燬補〕73

徐公文集　〔著録〕集部 86

徐氏海隅集詩編、文編、外編　〔存目〕集部 124 - 125

徐氏家藏書目　〔續修〕919

徐氏筆精　〔文淵〕856 〔文津〕858 〔文瀾〕876 〔珍本〕十集 169 - 170 〔著録〕子部 55

徐文長文集、四聲猿　〔存目〕集部 145

徐文長文集、徐文長傳　〔續修〕1354 - 1355

徐文長佚草　〔續修〕1355

徐文長逸稿、附自著畸譜　〔存目〕集部 145

徐文長逸稿、畸譜　〔續修〕1355

徐文靖公謙齋文録　〔底本〕集部 114 〔著録〕集部 39

徐正字詩賦　〔文淵〕1083 〔文津〕1088 〔文瀾〕1113 〔珍本〕五集 269

徐仙翰藻　〔存目〕子部 259

徐民上先生集　〔禁燬補〕78

徐孝穆全集、附本傳、備考　〔著録〕集部 41

徐孝穆集　〔薈要〕357

徐孝穆集箋注、附陳書本傳、備考　〔文

淵〕1064 〔文津〕1069 〔文瀾〕1094

徐迪功集、談藝録　〔著録〕集部 432

徐忠烈公集　〔禁燬補〕70

徐都講詩　〔存目〕集部 251

徐海本末　〔存目〕史部 128

徐康懿公餘力稿　〔存目〕集部 37

徐幹中論　〔著録〕子部 127

徐愚齋自叙年譜　〔續修〕558

徐詩　〔禁燬補〕76

徐僕射集　〔續修〕1587

徐霞客遊記　〔文淵〕593 〔文津〕593 - 594 〔文瀾〕601 〔底本〕史部 28 - 30 〔著録〕史部 113

殷

殷強齋先生文集　〔底本〕集部 141 〔著録〕集部 427

針

針方六集　〔續修〕996

殺

殺狗記　〔續修〕1773

豹

豹留集　〔未收〕八輯 28

豹陵集　〔未收〕七輯 17

奚

奚囊寸錦　〔禁燬〕子部 1

奚囊蠹餘　〔存目〕集部 101

倉

倉頡篇、輯本、倉頡篇續本、倉頡篇補本　〔續修〕243

倉頡篇校證、附補遺　〔未收〕十輯 2

翁

翁山文外　〔續修〕1412 〔禁燬〕集部 184

翁山文鈔　〔禁燬〕集部 120

翁山易外　〔禁燬〕經部 5

翁山詩外　〔續修〕1411 〔禁燬〕集部 120 -

121

翁山詩略 〔禁燬〕集部184

翁文恭公日記 〔續修〕565-575

脈

脈要纂註 〔未收〕三輯22

脈訣刊誤、附脈書要語、矯世惑脈論
　〔文淵〕746〔文津〕746〔文瀾〕761

脈訣刊誤集解 〔著録〕子部302

脈訣彙辨 〔續修〕999

脈望 〔存目〕子部86

脈會辨 〔未收〕六輯14

留

留夷館集 〔未收〕五輯24

留青日札 〔存目〕子部105〔續修〕1129

留春草堂詩鈔 〔續修〕1475

留計東歸贈言 〔未收〕二輯23

留素堂詩刪 〔未收〕七輯19

留溪外傳 〔存目〕史部122

留臺雜記 〔存目〕史部257

留劍山莊初藁 〔未收〕十輯27

留餘堂史取 〔存目〕史部285

留餘堂集 〔存目補〕99

芻

芻言 〔文淵〕849〔文津〕851〔文瀾〕868
　〔珍本〕別輯208

芻蕘集 〔文淵〕1236〔文津〕1240〔文瀾〕
　1272〔珍本〕四集313〔著録〕集部398

託

託素齋詩集、文集、行述 〔存目〕集部223

訓

*訓俗遺規 〔存目〕子部158

記

記纂淵海 〔文淵〕930-932〔文津〕933-
　936〔文瀾〕951-953〔著録〕子部329-
　330

訒

訒葊詩存 〔續修〕1446〔未收〕十輯28

凌

凌忠清公集、凌桐窗遺詩 〔著録〕集部
　280

凍

凍蘇秦衣錦還鄉雜劇 〔續修〕1761

衷

衷聖齋文集、詩集 〔續修〕1568

高

高士傳 〔文淵〕448〔文津〕446〔文瀾〕448
　〔著録〕史部16

高子遺書 〔文淵〕1292〔文津〕1297〔文
　瀾〕1331〔著録〕集部449

高太史大全集 〔著録〕集部114

高太史鳧藻集、扣舷集 〔著録〕集部260

高氏三宴詩集、附香山九老詩 〔文淵〕
　1332〔文津〕1336〔文瀾〕1374〔珍本〕三
　集380

高氏三宴詩集、香山九老會詩 〔著録〕
　集部135

高氏春秋集註 〔文淵〕151〔文津〕146
　〔文瀾〕145〔珍本〕別輯39-43

高文襄公集 〔存目〕集部108

高令公集 〔續修〕1587

高吾靜芳亭摘稿 〔存目補〕97

高東溪先生文集 〔底本〕集部70〔著録〕
　集部50

高奇往事 〔未收〕十輯11

高宗皇帝御製翰墨志 〔著録〕子部149

高皇帝御製文集 〔著録〕集部62

高素齋集 〔存目〕集部186

高峰文集 〔文淵〕1142〔文津〕1146〔文
　瀾〕1174〔珍本〕初集295

高峰先生文集 〔底本〕集部136〔著録〕集
　部423

*高唐夢 〔續修〕1764

高宴麗春堂 〔續修〕1764

高

高常侍集　〔文淵〕1071〔文津〕1076〔文瀾〕1101〔著録〕集部2
高寄齋訂正吳船録　〔著録〕史部203
高寄齋訂正缾花譜　〔續修〕1116
高陽集　〔續修〕1370〔禁燬〕集部164
高雲堂詩集、恭和御製詩應制詩　〔未收〕八輯20
高僧傳、序録　〔續修〕1281
高漫士木天清氣集　〔存目〕集部32
高齋漫録　〔文淵〕1038〔文津〕1042〔文瀾〕1065〔珍本〕別輯236〔著録〕子部219
高麗史　〔存目〕史部159-162

亳

亳州牡丹史　〔存目〕子部80〔續修〕1116
亳州牡丹志　〔存目〕子部80

郭

郭大理遺稿　〔續修〕1510
郭中州禹門集　〔存目〕集部283
郭氏傳家易説　〔文淵〕13〔文津〕8〔文瀾〕7〔珍本〕九集1-3
郭氏傳家易説、總論　〔薈要〕7
郭文簡公文集　〔未收〕五輯19
郭弘農集　〔續修〕1585
郭侍郎奏疏　〔未收〕十輯3
郭華野先生疏稿、年譜　〔著録〕史部200
郭襄靖公遺集　〔續修〕1349

席

席上腐談　〔文淵〕1061〔文津〕1065〔文瀾〕1090
席氏讀説文記　〔續修〕223

病

病逸漫記　〔存目〕子部240〔續修〕1170
病榻夢痕録、夢痕餘録　〔續修〕555
病榻遺言　〔存目〕子部240
病機氣宜保命集　〔文淵〕745〔文津〕744〔文瀾〕759

效

效顰集　〔存目〕子部246〔續修〕1266

唐

唐人萬首絶句選　〔文淵〕1459〔文津〕1464〔文瀾〕1506〔著録〕集部210
唐三體詩　〔著録〕集部141
唐才子傳　〔文淵〕451〔文津〕450〔文瀾〕451〔珍本〕別輯126-127〔著録〕史部91
唐大詔令集　〔文淵〕426〔文津〕423〔文瀾〕424〔珍本〕十二集30-35〔底本〕史部32-34〔著録〕史部198
唐子西文録　〔續修〕1713
唐子西集(眉山集)　〔珍本〕六集257
唐女郎魚玄機詩　〔續修〕1313
唐王燾先生外臺秘要方　〔著録〕子部3-4
唐元次山文集、拾遺　〔著録〕集部83
唐太宗李衛公問對　〔著録〕子部333
唐月令注、唐月令考　〔續修〕885
唐月令注續補遺　〔續修〕885
唐月令續考　〔續修〕885
唐氏三先生集　〔著録〕集部426
唐六典　〔文淵〕595〔文津〕595〔文瀾〕604〔珍本〕六集117-119
唐文拾遺、續拾　〔續修〕1651-1652
唐文恪公文集　〔存目〕集部170
唐文粹　〔文淵〕1343-1344〔文津〕1347-1348〔文瀾〕1385-1386〔薈要〕474-476
唐文鑑　〔存目補〕11
唐石經考正　〔未收〕三輯10
唐石經考異　〔續修〕184
唐石經校文　〔續修〕184
唐史論斷　〔文淵〕685〔文津〕685〔文瀾〕700〔著録〕史部266
唐四家詩　〔存目〕集部408
唐四僧詩　〔文淵〕1332〔文津〕1336〔文瀾〕1374〔珍本〕六集289
唐皮日休文藪　〔底本〕集部55
唐百家詩選　〔文淵〕1344〔文津〕1349〔文

瀾〕1386〔珍本〕十二集 196

唐丞相曲江張先生文集 〔著錄〕集部 228

唐折衝府考 〔續修〕748

唐李義山詩集 〔著錄〕集部 234

唐李衛公通纂 〔存目〕史部 82

唐求詩集 〔續修〕1313

唐甫里先生文集 〔著錄〕集部 86

唐步天歌 〔存目〕子部 55

唐伯虎先生集、外編、續刻 〔續修〕1334－
1335

唐宋十大家全集録 〔存目〕集部 404－405

唐宋八大家文鈔 〔文淵〕1383－1384〔文
津〕1386－1388〔文瀾〕1428－1429〔著
錄〕集部 304－306

唐宋元名表 〔文淵〕1382〔文津〕1385〔文
瀾〕1426〔珍本〕六集 338〔著錄〕集部
152

唐宋白孔六帖 〔著錄〕子部 36－37

唐宋名賢歷代確論 〔著錄〕史部 160

唐宋諸賢絕妙詞選、中興以來絕妙詞
選 〔著錄〕集部 333

唐英歌詩 〔文淵〕1083〔文津〕1087〔文
瀾〕1113〔珍本〕十集 214〔著錄〕集部
234

唐兩京城坊考 〔續修〕732

唐尚書省郎官石柱題名考 〔續修〕747

＊唐明皇秋夜梧桐雨 〔續修〕1760〔續
修〕1763

唐明皇秋夜梧桐雨雜劇 〔續修〕1760

唐荆川先生傳稿 〔禁燬補〕1

唐荆川先生編纂諸儒語要 〔存目〕子部
10

唐段少卿酉陽雜俎前集、續集 〔著錄〕
子部 117

唐律通韻舉例 〔續修〕254

唐律疏義 〔文淵〕672〔文津〕672〔文瀾〕
685

唐風集 〔文淵〕1083〔文津〕1087〔文瀾〕
1113〔珍本〕九集 236〔著錄〕集部 43

唐音 〔文淵〕1368〔文津〕1372〔文瀾〕1412
〔珍本〕十二集 198－199

唐音癸籤 〔文淵〕1482〔文津〕1487〔文
瀾〕1532〔珍本〕三集 399－400〔著錄〕

集部 332

唐音統籤 〔存目補〕81－88〔續修〕1612－
1620

唐宮閨詩 〔存目補〕38〔著錄〕集部 451

唐紀、附表 〔存目〕史部 33

唐秘書省正字先輩徐公釣磯文集 〔著
錄〕集部 234〔續修〕1313

唐書（新唐書）、釋音 〔薈要〕121－125

唐書（歐陽修） 〔著錄〕史部 62－65

唐書（劉昫） 〔著錄〕史部 21－22

唐書西域傳注 〔未收〕八輯 4

唐書合鈔、唐書宰相世系表訂譌、唐書合
鈔補正 〔續修〕285－289

唐書直筆 〔文淵〕685〔文津〕685〔文瀾〕
700

唐書直筆新例、新例須知 〔著錄〕史部
266

唐書藝文志注 〔未收〕一輯 30

唐陸宣公集 〔著錄〕集部 83

唐黃先生文集 〔著錄〕集部 337

唐國史補 〔文淵〕1035〔文津〕1039〔文
瀾〕1062〔著錄〕子部 40

唐張司業詩集 〔著錄〕集部 85

唐朝名畫録 〔文淵〕812〔文津〕814〔文
瀾〕831〔著錄〕子部 52

唐雅 〔存目補〕15

唐開元占經 〔文淵〕807〔文津〕808－809
〔文瀾〕825〔珍本〕四集 172－181

唐開成石經考 〔續修〕184

唐御史臺精舍題名考 〔續修〕748

唐創業起居注 〔文淵〕303〔文津〕299
〔文瀾〕296

唐詞紀、詞名微 〔存目〕集部 422

唐賀監紀略 〔存目〕史部 86

唐賈浪仙長江集 〔著錄〕集部 232

唐碑帖跋 〔存目〕史部 278

唐愚士詩 〔文淵〕1236〔文津〕1240〔文
瀾〕1271〔珍本〕四集 311〔底本〕集部
142

唐愚士詩、會稽懷古詩 〔著錄〕集部 427

唐會要 〔文淵〕606－607〔文津〕605－607
〔文瀾〕616－617〔底本〕史部 43－48〔著
錄〕史部 119－120

唐詩二十六家 〔存目〕集部 383

唐詩近體集韻 〔存目〕集部 382

唐詩所 〔存目〕集部 326－327

唐詩始音輯註、唐詩正音輯註、唐音遺響輯註 〔著録〕集部 143

唐詩品彙、拾遺 〔珍本〕六集 326－335 〔著録〕集部 144－145

唐詩品彙、叙目、歷代叙論、姓氏爵里詳節、附唐詩拾遺 〔文淵〕1371 〔文津〕1374－1375 〔文瀾〕1414－1415

唐詩紀 〔存目補〕16－18

唐詩紀事 〔文淵〕1479 〔文津〕1483－1484 〔文瀾〕1529 〔底本〕集部 261－265 〔著録〕集部 80

唐詩捄藻 〔存目〕集部 402

唐詩畫譜八種 〔存目〕子部 72

唐詩鼓吹 〔文淵〕1365 〔文津〕1369 〔文瀾〕1408 〔著録〕集部 301 〔續修〕1611

唐詩鼓吹箋註 〔存目〕集部 289

唐詩解、詩人爵里詳節 〔存目〕集部 369－370

唐詩談叢 〔存目〕集部 420

唐詩選 〔存目〕集部 309 〔續修〕1611

唐詩歸 〔續修〕1589－1590

唐詩鏡 〔珍本〕六集 364－367

唐詩韻匯 〔存目〕集部 379－381

唐詩類苑 〔存目〕集部 316－319

唐新語 〔文淵〕1035 〔文津〕1039 〔文瀾〕1062

*唐韵四聲正 〔續修〕248

唐摭言 〔文淵〕1035 〔文津〕1039 〔文瀾〕1063 〔薈要〕278 〔底本〕子部 41 〔著録〕子部 365

唐蔣川先生纂輯武編前編、後編 〔著録〕子部 63

唐僧弘秀集 〔文淵〕1356 〔文津〕1361 〔文瀾〕1399 〔珍本〕八集 215 〔著録〕集部 412

唐語林 〔文淵〕1038 〔文津〕1042 〔文瀾〕1065 〔珍本〕別輯 232－234 〔著録〕子部 219

唐賢三昧集 〔文淵〕1459 〔文津〕1464 〔文瀾〕1506 〔著録〕集部 210

唐樂府 〔存目〕集部 347

唐餘紀傳 〔存目〕史部 162 〔續修〕333

唐劉蜕集 〔著録〕集部 86

唐寫本切韻（殘卷） 〔續修〕249

唐寫本文選集注 〔續修〕1578－1580

唐寫本唐韻（殘卷） 〔續修〕249

唐寫本説文解字木部箋異 〔續修〕227

唐闕史 〔文淵〕1042 〔文津〕1047 〔文瀾〕1070

唐韻正 〔文淵〕241 〔文津〕236－237 〔文瀾〕234 〔著録〕經部 118

唐類函 〔存目〕子部 207－210

唐鑑 〔文淵〕685 〔文津〕685 〔文瀾〕699 〔薈要〕236

唐鑑偶評 〔存目〕史部 292

唐靈一詩集、唐清塞詩集 〔著録〕集部 451

旅

旅舍備要方 〔文淵〕738 〔文津〕738 〔文瀾〕753 〔珍本〕別輯 178

旅堂詩文集 〔未收〕七輯 20

畜

畜德録（席啓圖） 〔存目〕子部 156

畜德録（陳沂） 〔存目〕史部 90

瓶

瓶花齋集 〔續修〕1367

瓶花齋雜録 〔存目〕子部 108

瓶花譜 〔存目〕子部 81

瓶廬詩稿 〔續修〕1559

拳

拳匪聞見録 〔續修〕446

益

益古演段 〔文淵〕798 〔文津〕799 〔文瀾〕815 〔珍本〕別輯 194 〔續修〕1042

益州名畫録 〔文淵〕812 〔文津〕814 〔文瀾〕831 〔著録〕子部 52

益戒堂自訂詩集、後集 〔未收〕八輯 20

益部方物略記 〔文淵〕589 〔文津〕589
〔文瀾〕598 〔著録〕史部 251
益部談資 〔文淵〕592 〔文津〕593 〔文瀾〕
598 〔著録〕史部 252
益智編 〔存目〕子部 143－144
益智録 〔存目〕史部 119
益齋詩稿 〔未收〕九輯 28

兼

兼山堂弈譜 〔續修〕1100
兼山堂集 〔存目〕集部 247
兼山集 〔禁燬〕集部 165
兼明書 〔文淵〕850 〔文津〕852 〔文瀾〕870
〔珍本〕九集 224 〔底本〕子部 16
兼濟堂文集 〔文淵〕1312 〔文津〕1316－
1317 〔文瀾〕1351 〔珍本〕四集 374－377
兼濟堂文集選 〔著録〕集部 286
兼濟堂纂刻梅勿菴先生曆算全書二十九
種 〔著録〕子部 269－270

朔

朔方備乘、圖 〔續修〕740－742
朔方備乘札記 〔續修〕742

剡

剡源文集 〔文淵〕1194 〔文津〕1198 〔文
瀾〕1229
剡源先生文鈔 〔存目〕集部 21
剡源逸稿 〔續修〕1322
剡源戴先生文集 〔著録〕集部 106
剡溪漫筆 〔續修〕1132
剡録 〔文淵〕485 〔文津〕485 〔文瀾〕487
〔珍本〕十集 80 〔著録〕史部 35

浙

浙士解經録 〔未收〕三輯 10
浙西水利書 〔文淵〕576 〔文津〕576 〔文
瀾〕585 〔珍本〕三集 164 〔著録〕史部 337
浙西六家詞 〔存目〕集部 425
浙江通志 〔文淵〕519－526 〔文津〕519－
527 〔文瀾〕525－532
浙江通志〔雍正〕 〔著録〕史部 306－312
浙學宗傳、推豪別録 〔存目〕史部 111

浙鹺紀事、玉城奏疏 〔存目〕集部 172

浦

浦江志略〔嘉靖〕 〔存目〕史部 186
浦江鄭氏家範 〔續修〕935
浦泖農咨 〔續修〕976
浦陽人物記 〔文淵〕452 〔文津〕451 〔文
瀾〕452 〔著録〕史部 16

涑

涑水司馬氏源流集略 〔存目〕史部 84
涑水記聞 〔文淵〕1036 〔文津〕1040 〔文
瀾〕1063 〔著録〕子部 111
涑水編 〔存目〕集部 212
涑亭詩略 〔存目〕集部 223

浯

浯溪考 〔存目〕史部 235

酒

酒人觴政 〔續修〕1106
酒史 〔存目〕子部 80
酒概 〔存目〕子部 80 〔續修〕1115
酒經 〔著録〕子部 162
酒邊詞（向子諲） 〔文淵〕1487 〔文津〕
1492 〔文瀾〕1537 〔著録〕集部 218
酒邊詞（謝章鋌） 〔續修〕1727
酒譜（徐炬） 〔存目〕子部 80
酒譜（竇蘋） 〔文淵〕844 〔文津〕846 〔文
瀾〕863 〔著録〕子部 162

涇

涇川詩話 〔續修〕1701
涇林詩文集 〔存目〕集部 98
涇林雜紀、涇林續紀 〔續修〕1124
涇東小藁 〔續修〕1329
涇野子内篇 〔文淵〕714 〔文津〕716 〔文
瀾〕729 〔珍本〕五集 133－134 〔著録〕子
部 351
涇野先生毛詩説序 〔存目〕經部 60
涇野先生文集 〔存目〕集部 60－61 〔續
修〕1337－1338

涇野先生四書因問 〔著録〕經部 171

涇野先生尚書説要 〔存目〕經部 49 〔續修〕43

涇野先生周易説翼 〔存目〕經部 3 〔續修〕5

涇野先生春秋説志 〔存目〕經部 117 〔續修〕133

涇野先生禮問 〔存目〕經部 114 〔續修〕108

涇皐藏稿 〔文淵〕1292 〔文津〕1296 〔文瀾〕1330 〔珍本〕八集 210－212 〔著録〕集部 127

涉

涉世雄譚 〔存目〕史部 286

涉史隨筆 〔文淵〕686 〔文津〕686 〔文瀾〕700 〔著録〕史部 266

涉江集選 〔存目〕集部 142

涉齋集 〔文淵〕1154 〔文津〕1158 〔文瀾〕1187 〔珍本〕別輯 331－332

消

消暑録 〔續修〕1161

消閒録 〔存目〕子部 17

浩

浩然齋雅談 〔文淵〕1481 〔文津〕1486 〔文瀾〕1532 〔珍本〕別輯 400

浩齋過先生語録 〔存目〕子部 3

海

海上見聞録定本 〔續修〕445

海山存稿 〔未收〕九輯 29

海内十洲記 〔文淵〕1042 〔文津〕1046 〔文瀾〕1070 〔著録〕子部 242

海石先生文集、附侍御公奏疏、遺詩 〔存目〕集部 97

海外紀事 〔存目〕史部 256 〔續修〕744

海防述略 〔存目〕史部 227

海防奏疏、撫畿奏疏、計部奏疏 〔續修〕480

海防要覽 〔續修〕969

海防纂要、圖 〔續修〕739－740 〔禁燬〕史部 17

海沂子 〔存目〕子部 84 〔續修〕1125

海東逸史 〔續修〕444

海昌外志 〔存目〕史部 212

海岱日記 〔存目〕史部 128

海岱會集 〔文淵〕1377 〔文津〕1380 〔文瀾〕1421 〔珍本〕四集 396 〔著録〕集部 361

海秋詩集 〔續修〕1529

海叟集 〔文淵〕1233 〔文津〕1237 〔文瀾〕1269 〔存目〕集部 25 〔著録〕集部 397

海叟集、集外詩 〔珍本〕六集 265

海珠小志 〔存目〕史部 85

海峰文集、詩集 〔續修〕1427

海峰先生文録 〔續修〕1670

海島算經 〔文淵〕797 〔文津〕798 〔文瀾〕814 〔珍本〕別輯 187 〔著録〕子部 146

海島算經細草圖説 〔續修〕1041

海浮山堂詞稿 〔續修〕1738

海浮山堂詩稿、文稿 〔續修〕1345

海陵集 〔文淵〕1142 〔文津〕1146 〔文瀾〕1174 〔珍本〕七集 205－207

海桑集 〔文淵〕1232 〔文津〕1236－1237 〔文瀾〕1268 〔珍本〕四集 309－310

海野詞 〔文淵〕1488 〔文津〕1492 〔文瀾〕1537 〔著録〕集部 218

海國勝遊草、天外歸帆草 〔續修〕1532

海國聞見録 〔文淵〕594 〔文津〕595 〔文瀾〕603 〔珍本〕五集 102 〔著録〕史部 253

海國圖志 〔續修〕743－744

海崖文録 〔續修〕1671

海涯文集 〔存目補〕75

海涵書鈔 〔未收〕十輯 11

海涵萬象録 〔存目〕子部 101

海寇議 〔存目〕子部 31

海陽紀略 〔未收〕七輯 28

海巢集 〔著録〕集部 257

海棠譜 〔文淵〕845 〔文津〕846 〔文瀾〕863 〔底本〕子部 33 〔著録〕子部 162

海道經 〔存目〕史部 221

海運新考 〔存目〕史部 274

海運編 〔存目〕史部 274

海運續案 〔續修〕838

海塘録 〔文淵〕583 〔文津〕583－584 〔文瀾〕592 〔珍本〕初集124－126 〔著録〕史部424

海槎餘録 〔存目〕史部255

海虞文苑 〔存目〕集部382

海虞詩話 〔續修〕1706

海愚詩鈔 〔未收〕十輯26

海語 〔文淵〕594 〔文津〕594 〔文瀾〕602

海寧經籍志備考 〔續修〕918

海樵子 〔存目〕子部7

海樵先生全集 〔存目〕集部85－86

海錯百一録 〔續修〕1120

海録碎事 〔文淵〕921 〔文津〕923－925 〔文瀾〕941 〔著録〕子部38

海螫吟稿 〔文淵〕1285 〔文津〕1289 〔文瀾〕1323 〔珍本〕二集373

海螫吟稿、文稿 〔著録〕集部278

海嶽名言 〔文淵〕813 〔文津〕815 〔文瀾〕832 〔著録〕子部149

海瓊傳道集 〔存目〕子部259

海鹽澉水志 〔文淵〕487 〔文津〕487 〔文瀾〕489 〔珍本〕五集91 〔著録〕史部423

海鹽縣圖經［天啓］ 〔存目〕史部208

涂

涂子一杯水 〔存目〕集部193

涂子類稿 〔存目〕集部60

涂水先生集 〔存目〕集部65

浮

浮山文集前編、後編、浮山此藏軒別集 〔續修〕1398 〔禁燬〕集部113

浮山集 〔文淵〕1137 〔文津〕1141 〔文瀾〕1169 〔珍本〕初集293

浮邱子 〔續修〕952

浮沚集 〔文淵〕1123 〔文津〕1127 〔文瀾〕1153 〔珍本〕別輯297

浮來先生詩集 〔禁燬〕集部160

浮物 〔存目〕子部83

浮春閣詩集 〔未收〕十輯29

浮梁陶政志、附景鎮舊事 〔存目〕史部276 〔續修〕1115

浮雲集 〔存目〕集部197 〔禁燬補〕75

*浮湘藁 〔文淵〕1263 〔文津〕1267 〔文瀾〕1 〔珍本〕六集272－276

浮湘藁、山中集、憑几集、續集、息園存稿、緩慟集 〔著録〕集部353

浮筠軒遺稿 〔未收〕八輯16

浮溪文粹 〔文淵〕1128 〔文津〕1132 〔文瀾〕1159 〔珍本〕五集275 〔著録〕集部49

浮溪集 〔文淵〕1128 〔文津〕1132 〔文瀾〕1159 〔珍本〕別輯309－313

流

流寇志 〔續修〕442

浣

浣川集 〔文淵〕1176 〔文津〕1180 〔文瀾〕1210 〔珍本〕別輯366

浣水續談 〔存目〕子部104

浣花集 〔文淵〕1083 〔文津〕1088 〔文瀾〕1114 〔著録〕集部235

浣紗記 〔續修〕1769

浪

浪跡三談 〔續修〕1179

浪跡叢談 〔續修〕1179

浪跡續談 〔續修〕1179

浪語集 〔文淵〕1159 〔文津〕1163 〔文瀾〕1193 〔珍本〕七集196－200

浚

浚川内臺集 〔續修〕1335

浚谷先生集 〔存目〕集部87

悟

悟真篇註疏、附直指詳説 〔文淵〕1061 〔文津〕1065 〔文瀾〕1090

悮

*悮入桃源 〔續修〕1763

悔

悔存詩鈔 〔未收〕十輯29

悔翁筆記 〔續修〕1162

悔翁詩鈔　〔續修〕1532

悦

悦親樓詩集、外集　〔續修〕1462－1463
悦齋文鈔　〔續修〕1318

宸

宸垣識略　〔續修〕730
宸章集録　〔存目〕集部 292

家

家山圖書　〔文淵〕709〔文津〕711〔文瀾〕724〔珍本〕初集 164
家言隨記、附退齋遺稿　〔未收〕五輯 9
家規省括　〔未收〕三輯 21
家誡要言　〔存目〕子部 17
家語（孔子家語）　〔薈要〕246
家語正義　〔存目〕子部 1
家語疏證　〔續修〕931
家語證僞　〔續修〕931
家範　〔文淵〕696〔文津〕697〔文瀾〕710
家藏集　〔文淵〕1255〔文津〕1259〔文瀾〕1292〔薈要〕413
家禮　〔文淵〕142〔文津〕138〔文瀾〕136〔著録〕經部 75
家禮辨定　〔存目〕經部 115

宵

宵練匣　〔存目〕子部 87

容

容安詩草　〔未收〕八輯 23
容甫先生遺詩　〔續修〕1465
容春堂前集、後集、續集、別集　〔底本〕集部 116－120〔著録〕集部 448
容春堂集　〔文淵〕1258〔文津〕1262〔文瀾〕1295〔珍本〕五集 317－326
容菴詩集、辛卯集　〔存目〕集部 219
容瓠軒詩鈔　〔禁燬補〕90
容臺文集、詩集、別集　〔存目〕集部 171
容臺集　〔禁燬〕集部 32
容膝居雜録　〔存目〕子部 95

容齋文鈔　〔續修〕1457
容齋四六叢談　〔存目〕集部 415
容齋詩集、附古香詞　〔續修〕1457
容齋詩話　〔存目〕集部 415
容齋隨筆、續筆、三筆、四筆、五筆　〔文淵〕851〔文津〕853－854〔文瀾〕871〔著録〕子部 54

宰

宰相守令合宙　〔存目〕史部 109
宰惠紀略　〔續修〕884

袯

袯園集文、詩、詞　〔存目補〕1

袖

袖中錦　〔存目〕子部 101
袖珍小兒方　〔存目〕子部 41

被

被褐先生詩文稿　〔存目〕集部 142

祥

祥刑要覽　〔存目〕子部 37
祥刑經解　〔未收〕七輯 12

冥

冥報記　〔續修〕1264
冥報録　〔存目〕子部 249

書

書小史　〔文淵〕814〔文津〕816〔文瀾〕833〔著録〕子部 357
書文音義便考私編、難字直音　〔存目〕經部 209〔續修〕251
書古文訓　〔存目〕經部 49〔續修〕42
書古微　〔續修〕48
書目答問　〔續修〕921
書史　〔文淵〕813〔文津〕815〔文瀾〕832
書史會要、續編　〔文淵〕814〔文津〕817〔文瀾〕833〔珍本〕十集 166－168〔著録〕子部 7

書舟詞　〔文淵〕1487〔文津〕1492〔文瀾〕
　　1537〔著録〕集部 217

書系　〔存目〕史部 33

書序述聞　〔續修〕48

書苑菁華　〔文淵〕814〔文津〕816〔文瀾〕
　　833〔著録〕子部 150

書林外集　〔存目〕集部 23〔續修〕1324

書林揚觶　〔未收〕九輯 15

書法正傳　〔文淵〕826〔文津〕828〔文瀾〕
　　845〔著録〕子部 304

書法約言　〔續修〕1065

書法雅言　〔文淵〕816〔文津〕818〔文瀾〕
　　835

書法縠　〔禁燬〕子部 37

書法精言　〔禁燬〕子部 31

＊書法論　〔續修〕1068

書法離鈎　〔文淵〕816〔文津〕819〔文瀾〕
　　835

書品　〔文淵〕812〔文津〕814〔文瀾〕831

書品、書品後　〔著録〕子部 149

書笑　〔續修〕1273

書記洞詮　〔存目〕集部 371－372

書帷別記　〔存目〕經部 51

書叙指南　〔文淵〕920〔文津〕923〔文瀾〕
　　940〔著録〕子部 60

書訣　〔文淵〕816〔文津〕818〔文瀾〕835
　　〔底本〕子部 5〔著録〕子部 150

書集傳、或問　〔續修〕42

書集傳或問　〔文淵〕60〔文津〕55〔文瀾〕
　　52

書集傳輯録纂註、朱子説書綱領輯録
　　〔著録〕經部 131

書集傳纂疏　〔文淵〕61〔文津〕56〔文瀾〕
　　53〔薈要〕19

書畫史　〔存目〕子部 72

書畫見聞表　〔文淵〕817〔文津〕820〔文
　　瀾〕836

書畫記　〔續修〕1066〔禁燬補〕34

書畫跋跋、續　〔文淵〕816〔文津〕818〔文
　　瀾〕835〔著録〕子部 7

書畫題跋記、續　〔文淵〕816〔文津〕819
　　〔文瀾〕836〔著録〕子部 7

書畫鑑影　〔續修〕1085－1086

書傳　〔文淵〕54〔文津〕49〔文瀾〕47

書傳大全、圖、書説綱領　〔著録〕經部 127

書傳補商　〔續修〕50

書傳補義　〔未收〕二輯 5

書傳會衷　〔存目〕經部 52

書傳會通、書集傳或問　〔著録〕經部 57

書傳會選　〔文淵〕63〔文津〕57－58〔文
　　瀾〕55〔珍本〕五集 11－12〔著録〕經部
　　127

書傳輯録纂注　〔薈要〕20

書傳輯録纂註　〔文淵〕61〔文津〕56〔文
　　瀾〕54

書傳鹽梅　〔未收〕三輯 4

書義主意、附群英書義　〔未收〕十輯 1

書義矜式　〔文淵〕68〔文津〕63〔文瀾〕61
　　〔珍本〕六集 9〔著録〕經部 46

書義斷法、附作義要訣　〔文淵〕62〔文
　　津〕57〔文瀾〕55〔珍本〕初集 48

書經大全　〔珍本〕七集 17－21

書經大全、圖説　〔文淵〕63〔文津〕58〔文
　　瀾〕56

書經近指　〔存目〕經部 56

書經直指　〔存目〕經部 49

書經直解　〔存目〕經部 50

書經述　〔未收〕三輯 4

書經注　〔續修〕42

書經要義　〔續修〕43

書經衷論　〔文淵〕68〔文津〕63〔文瀾〕61
　　〔珍本〕六集 8〔著録〕經部 143

書經旁注　〔存目補〕89

書經章句訓解　〔未收〕一輯 3

書經參義　〔續修〕43

書經集傳　〔文淵〕58〔文津〕53〔文瀾〕51
　　〔薈要〕19

書經疏略　〔存目〕經部 56

書經詳説　〔存目〕經部 57－59

書經彙解　〔未收〕二輯 4

書經蔡傳參義　〔存目〕經部 60

書經講義會編　〔存目〕經部 50

書蔡氏傳旁通　〔文淵〕62〔文津〕57〔文
　　瀾〕54〔著録〕經部 6

書疑　〔存目〕經部 49〔續修〕42

書説　〔著録〕經部 8

書蕉 〔存目〕子部 111
書影 〔禁燬補〕34
書儀 〔文淵〕142〔文津〕138〔文瀾〕136
書學正韻 〔存目〕經部 206〔續修〕250-251
書學會編 〔存目〕子部 71
書學彙編 〔存目〕子部 72
書錄、外篇 〔文淵〕814〔文津〕816〔文瀾〕833
書隱叢説 〔存目〕子部 116〔續修〕1137
書齋夜話 〔文淵〕865〔文津〕867〔文瀾〕885〔珍本〕九集 224〔著錄〕子部 169
書斷 〔文淵〕812〔文津〕814〔文瀾〕831
書斷列傳、雜編 〔著錄〕子部 149
書譜 〔文淵〕812〔文津〕814〔文瀾〕831〔著錄〕子部 149
書纂言 〔文淵〕61〔文津〕55〔文瀾〕53〔薈要〕20〔著錄〕經部 35
書響 〔存目〕集部 194

弱

弱水集 〔續修〕1423-1424〔禁燬補〕87

陸

陸士衡文集 〔續修〕1304
陸士龍文集 〔底本〕集部 51〔著錄〕集部 41
陸士龍集 〔文淵〕1063〔文津〕1067〔文瀾〕1092
陸子餘集 〔文淵〕1274〔文津〕1278〔文瀾〕1311〔珍本〕五集 351〔底本〕集部 195〔著錄〕集部 277
陸子學譜 〔存目〕子部 27〔續修〕950
陸太常集 〔續修〕1587
陸公紀易解 〔著錄〕經部 183
陸氏易解 〔文淵〕7〔文津〕2〔文瀾〕1
陸氏草木鳥獸蟲魚疏疏 〔續修〕65
陸氏南唐書、南唐書音釋 〔文淵〕464〔文津〕464〔文瀾〕466
陸氏家制 〔續修〕935
陸氏詩疏廣要 〔文淵〕70〔文津〕65〔文瀾〕63〔薈要〕29
陸文裕公行遠集、外集 〔存目〕集部 59

陸右丞蹈海録 〔存目〕史部 82〔續修〕550
陸平原集 〔續修〕1584-1585
陸吴州集 〔未收〕七輯 24
陸狀元增節音註精議資治通鑑 〔存目〕史部 3-5
陸桴亭思辨録輯要 〔著錄〕子部 13
陸堂文集、詩集、續集 〔存目〕集部 270-271
陸堂易學 〔存目〕經部 37〔續修〕19
陸堂詩學 〔存目〕經部 77〔續修〕62
陸清河集 〔續修〕1585
陸密菴文集、録餘、詩集、詩餘 〔存目〕集部 224
陸稼書先生年譜定本 〔續修〕554
陸稼書先生問學録 〔存目〕子部 22
陸稼書先生讀朱隨筆 〔著錄〕子部 261
陸學士先生遺稿 〔禁燬〕集部 160
陸學士雜著十種 〔存目〕子部 163
陸簣齋文集 〔存目補〕78

陵

陵川集 〔文淵〕1192〔文津〕1196〔文瀾〕1227〔珍本〕四集 283-288〔薈要〕399
陵陽先生集 〔著錄〕集部 347
陵陽先生詩 〔著錄〕集部 50
陵陽集(牟巘) 〔薈要〕397
陵陽集(韓駒) 〔文淵〕1133〔文津〕1137〔文瀾〕1165〔珍本〕三集 263

陳

陳士業先生集 〔存目補〕54
陳子性藏書 〔存目〕子部 69
陳元凱集 〔存目〕集部 179
陳太史無夢園初集 〔續修〕1381-1383〔禁燬〕集部 59-60
陳氏尚書詳解 〔文淵〕59〔文津〕54〔文瀾〕52〔珍本〕十集 13-18
陳氏易説 〔續修〕34
陳氏春秋後傳(春秋後傳) 〔薈要〕36
陳氏香譜 〔文淵〕844〔文津〕846〔文瀾〕862〔珍本〕四集 194
陳氏荷華山房詩稿 〔續修〕1368〔禁燬〕集部 8

陳氏禮記集説　〔文淵〕121〔文津〕116
　〔文瀾〕115〔薈要〕57

陳氏禮記集説補正　〔文淵〕127〔文津〕
　122〔文瀾〕121

陳文正公文集　〔存目〕集部15〔續修〕
　1317

陳文岡先生文集　〔存目〕集部103

陳文紀　〔文淵〕1399〔文津〕1403〔文瀾〕
　1445〔珍本〕六集357－358〔著録〕集部
　174

陳石閭詩　〔存目〕集部282

陳白沙集　〔文淵〕1246〔文津〕1250〔文
　瀾〕1282

陳白陽集　〔存目〕集部146

陳先生適適齋鑑鬚集　〔存目〕集部182

陳竹山先生文集内篇、外篇　〔存目〕集部
　26

陳后岡詩集、文集　〔存目〕集部90

陳克齋先生集　〔著録〕集部346

陳伯玉文集　〔著録〕集部227

陳明卿太史考古詳訂遵韻海篇朝宗
　〔未收〕八輯3

陳明卿先生評選古今文統　〔禁燬〕集部
　134

陳季卿悞上竹葉舟雜劇　〔續修〕1761

陳定宇先生文集、別集、年表　〔著録〕集
　部109

陳拾遺集　〔文淵〕1065〔文津〕1069〔文
　瀾〕1094〔薈要〕358

陳思王集　〔續修〕1584

陳後主集　〔續修〕1587

陳恪勤集　〔存目〕集部259

陳眉公考槃餘事　〔續修〕1185

陳眉公先生手評書法離鉤　〔著録〕子部
　303

陳眉公先生訂正丹淵集、拾遺、墓誌、年
　譜　〔底本〕集部3－4〔著録〕集部5

陳眉公重訂瓶史　〔續修〕1116

陳眉公訂正入蜀記　〔著録〕史部203

陳眉公訂正尚書故實　〔著録〕子部167

陳眉公訂正風月堂詩話　〔著録〕集部330

陳眉公訂正海語　〔著録〕史部253

陳眉公訂正清異録　〔著録〕子部244

陳眉公訂正朝野僉載　〔著録〕子部217

陳眉公訂正遊城南記　〔著録〕史部252

陳眉公訂正震澤長語　〔著録〕子部170

陳眉公訂正還冤志　〔著録〕子部243

陳眉公集　〔續修〕1380

陳恭介公文集　〔續修〕1352－1353

陳剛中詩集　〔文淵〕1202〔文津〕1207〔文
　瀾〕1237〔珍本〕八集159〔著録〕集部
　396

陳記室集　〔續修〕1584

陳書　〔文淵〕260〔文津〕255〔文瀾〕252
　〔薈要〕104〔著録〕史部358

陳清端公文集　〔存目補〕5

陳張事略、附方國珍本末事略　〔存目〕
　史部162

陳紫峰先生周易淺説　〔存目〕經部4

陳剩夫先生集　〔存目〕集部38

陳聘君海桑先生集　〔著録〕集部397

陳會要　〔續修〕774

陳靖質居士文集　〔禁燬〕集部14

陳履吉采芝堂文集　〔存目〕集部195

陳學士文集　〔未收〕九輯17

陳學士先生初集　〔禁燬〕集部78－79

陳學士吟窗雜録　〔存目〕集部415〔續修〕
　1694

陳檢討四六　〔文淵〕1322〔文津〕1325〔文
　瀾〕1361〔珍本〕三集371－372

陳檢討集　〔著録〕集部358

隋

隋堂摘藁　〔續修〕1342

孫

孫子　〔文淵〕726〔文津〕726〔文瀾〕740
　〔著録〕子部333

孫子參同　〔存目〕子部30

孫子彙徵　〔存目〕子部30

孫子算經　〔文淵〕797〔文津〕798〔文瀾〕
　814〔珍本〕別輯186〔著録〕子部356
　〔續修〕1041

孫公談圃　〔文淵〕1037〔文津〕1041〔文
　瀾〕1064〔著録〕子部218

孫月峰先生批評詩經、批評書經、批評禮

記 〔存目〕經部 150

孫月峰先生評文選 〔存目〕集部 287

孫氏周易集解 〔續修〕25

孫氏春秋經解 〔文淵〕147 〔文津〕143 〔文瀾〕141

孫氏唐韻考 〔文淵〕242 〔文津〕237 〔文瀾〕235 〔珍本〕十一集 38 〔著錄〕經部 183

孫氏書畫鈔 〔續修〕1065

孫文定公文錄 〔續修〕1670

孫文定公奏疏 〔未收〕一輯 22

孫文恪公集 〔存目〕集部 99

孫文簡公瀼溪草堂稿 〔著錄〕集部 433

孫可之文集 〔著錄〕集部 441

孫可之集 〔文淵〕1083 〔文津〕1087 〔文瀾〕1113

孫石臺先生遺集 〔未收〕五輯 18

孫廷尉集 〔續修〕1585

孫宇台集 〔禁燬〕集部 148-149

孫明復小集 〔文淵〕1090 〔文津〕1094 〔文瀾〕1119 〔珍本〕八集 148 〔著錄〕集部 441

孫明復先生小集 〔底本〕集部 2

孫宗伯集 〔著錄〕集部 126

孫耕閒集 〔續修〕1320

孫真人千金方衍義 〔未收〕九輯 11-12

孫真人備急千金要方 〔著錄〕子部 2

孫馮翊集 〔續修〕1584

孫淵如先生全集 〔續修〕1477

孫徵君日譜錄 〔續修〕558-559

孫毅菴奏議 〔文淵〕429 〔文津〕427 〔文瀾〕427 〔珍本〕三集 126

孫臏兵法十六篇 〔續修〕959

陰

陰符經三皇玉訣 〔存目〕子部 256

陰符經玄解正義 〔續修〕1290

陰符經考異 〔文淵〕1055 〔文津〕1059 〔文瀾〕1084

陰符經註 〔存目〕子部 256

陰符經解 〔文淵〕1055 〔文津〕1059 〔文瀾〕1084

陰符經講義 〔文淵〕1055 〔文津〕1059 〔文瀾〕1084

陰證略例 〔續修〕985

陰騭文像註 〔未收〕九輯 13

陶

陶人心語 〔未收〕十輯 21

陶士升先生萸江文錄 〔續修〕1670

陶山文錄 〔續修〕1478

陶山集 〔文淵〕1117 〔文津〕1121 〔文瀾〕1147 〔珍本〕別輯 283-285

陶山詩前錄、陶山詩錄 〔續修〕1478

陶元亮詩 〔存目〕集部 3

陶文毅公全集 〔續修〕1502-1504

陶文簡公集 〔禁燬〕集部 9

陶石簣先生四書要達 〔禁燬補〕3

陶朱新錄 〔文淵〕1047 〔文津〕1051 〔文瀾〕1075

陶韋合集 〔存目補〕14

陶莊敏公文集、蘭渚先生遺稿 〔存目〕集部 48

陶邕州小集、陶弼商翁詩 〔著錄〕集部 339

陶菴文集、詩集、自監錄 〔著錄〕集部 405

陶菴全集 〔文淵〕1297 〔文津〕1301 〔文瀾〕1335

陶菴集 〔珍本〕十二集 191-192

陶菴夢憶 〔續修〕1260

陶庵漫興 〔未收〕七輯 21

陶情藁 〔未收〕五輯 17

陶彭澤集 〔續修〕1585

陶莽雜記 〔禁燬〕集部 142

陶雲汀先生奏疏 〔續修〕498-499

陶淵明集 〔著錄〕集部 226

陶淵明集、總論 〔文淵〕1063 〔文津〕1067 〔文瀾〕1092

陶淵明詩、雜文 〔續修〕1304

陶詩彙註 〔存目〕集部 3

陶靖節先生詩注 〔續修〕1304

陶説 〔續修〕1111

陶樓文鈔 〔續修〕1552-1553

陶學士先生文集、事蹟 〔底本〕集部 35-36 〔著錄〕集部 35

陶學士集 〔文淵〕1225 〔文津〕1229 〔文

瀾]1260 〔珍本〕七集 211－213

陶學士醉寫風光好雜劇 〔續修〕1761

陶隱居集 〔續修〕1587

陶齋吉金録 〔續修〕904

陶齋吉金續録 〔續修〕904

陶齋藏石記 〔續修〕905

陶廬雜録 〔續修〕1177

姬

姬侍類偶 〔存目〕子部 168

娱

娛書堂詩話 〔文淵〕1481 〔文津〕1486 〔文瀾〕1531 〔著録〕集部 215

娛親雅言 〔續修〕175 〔續修〕1158

恕

恕谷中庸講語 〔續修〕159

恕谷後集 〔續修〕1420

恕谷後集、續刻 〔存目補〕6

通

*通天臺 〔續修〕1765

通介堂經説 〔續修〕177

通玄真經續義、釋音 〔著録〕子部 248

通玄觀志 〔存目〕史部 246 〔存目〕史部 246

通州志[萬曆] 〔存目〕史部 203

通志 〔文淵〕372－381 〔文津〕368－378 〔文瀾〕371－380 〔薈要〕212－223 〔著録〕史部 275－286

通志堂集 〔存目〕集部 247 〔續修〕1419

通甫類藁、續編、通父詩存、詩存之餘 〔續修〕1532

通祀輯略 〔存目〕史部 268

通典 〔文淵〕603－605 〔文津〕603－605 〔文瀾〕613－615 〔薈要〕224－226

通制條格存 〔續修〕787

通俗字林辨證 〔續修〕241

通俗編 〔續修〕194

通紀 〔續修〕336

通紀彙編 〔未收〕二輯 19

通紀纂 〔禁燬〕史部 74

通書述解 〔文淵〕697 〔文津〕697 〔文瀾〕711

通惠河志 〔存目〕史部 221 〔續修〕850

通雅 〔文淵〕857 〔文津〕858－859 〔文瀾〕877 〔珍本〕三集 201－210 〔著録〕子部 276

通義堂文集 〔續修〕1546

通義堂集 〔續修〕177

通漕類編 〔存目〕史部 275

通屬種棉述略 〔續修〕977

通鑑地理通釋 〔文淵〕312 〔文津〕307－308 〔文瀾〕305 〔著録〕史部 270

通鑑宋本校勘記、元本校勘記 〔未收〕三輯 12

通鑑直解 〔禁燬〕史部 55

通鑑注商 〔續修〕342

通鑑注辯正 〔續修〕342

通鑑胡註舉正 〔文淵〕312 〔文津〕308 〔文瀾〕305 〔珍本〕八集 80 〔著録〕史部 74

通鑑紀事本末 〔文淵〕346－349 〔文津〕343 〔文瀾〕344－347 〔薈要〕206－209 〔著録〕史部 76－78

通鑑紀事本末前編 〔未收〕一輯 15

通鑑問疑 〔文淵〕686 〔文津〕686 〔文瀾〕700 〔珍本〕十一集 101 〔著録〕史部 393

通鑑博論 〔存目〕史部 281

通鑑答問 〔文淵〕686 〔文津〕686 〔文瀾〕700 〔珍本〕十一集 101 〔著録〕史部 267

通鑑綱目前編 〔存目〕史部 6

通鑑綱目釋地糾謬 〔存目〕史部 6

通鑑總類 〔文淵〕461 〔文津〕460 〔文瀾〕462－463 〔珍本〕十一集 61－68 〔著録〕史部 203－204

通鑑韻書 〔未收〕一輯 15

通鑑纂 〔禁燬〕史部 68

通鑑釋文辨 〔文淵〕312 〔文津〕308 〔文瀾〕305

通鑑釋文辯誤 〔著録〕史部 373

通鑑觸緒 〔未收〕五輯 4

通鑑續編 〔文淵〕332 〔文津〕330 〔文瀾〕330 〔著録〕史部 75

能

能改齋漫録 〔文淵〕850 〔文津〕852 〔文瀾〕870 〔著録〕子部 30

能靜居日記 〔續修〕560－564

桑

桑子庸言 〔存目補〕77

桑志 〔續修〕978

桑園圍總志 〔未收〕九輯 6

桑蠶提要、桑蠶説 〔續修〕978

純

純正蒙求 〔文淵〕952 〔文津〕954 〔文瀾〕974 〔珍本〕十集 192 〔著録〕子部 363

純白齋類稿 〔文淵〕1214 〔文津〕1218 〔文瀾〕1249 〔著録〕集部 111

純常子枝語 〔續修〕1165

納

納書楹曲譜正集、續集、外集、納書楹四夢全譜 〔續修〕1756－1757

納溪奏疏 〔珍本〕九集 117

紡

紡授堂集詩集、文集、二集 〔禁燬〕集部 163

邕

邕州小集 〔文淵〕1096 〔文津〕1100 〔文瀾〕1126 〔珍本〕十一集 161

十一畫

責

責志約言、附子潔雜著 〔未收〕七輯 11

責備餘談 〔存目〕史部 282

現

現果隨録 〔存目〕子部 255

理

理虛元鑑 〔續修〕1006

理學正宗 〔存目〕子部 24

理學宗傳 〔續修〕514

理學逢源 〔續修〕947

理學備考 〔存目〕史部 121－122

理學疑問 〔存目〕子部 28

理學邇言 〔未收〕六輯 12

理學類編 〔文淵〕709 〔文津〕712 〔文瀾〕724 〔珍本〕六集 186 〔著録〕子部 62

理瀹駢文、略言、續增略言、附膏藥方、治心病方 〔續修〕997

琉

琉球國志略 〔續修〕745

琅

琅邪代醉編 〔存目〕子部 129－130

琅琊漫抄 〔存目〕子部 101

琅鹽井志〔康熙〕 〔存目〕史部 214

捧

捧腹編 〔續修〕1273

掩

掩關集 〔未收〕七輯 16

捷

捷用雲箋 〔未收〕三輯 30

捷録法原旁註 〔禁燬〕史部 33

排

排韻增廣事類氏族大全 〔珍本〕八集 138－143

排韻增廣事類氏族大全、綱目 〔文淵〕952 〔文津〕954－955 〔文瀾〕975

捫

捫蝨新話 〔存目〕子部 101 〔續修〕1122

推

推求師意 〔文淵〕765 〔文津〕766 〔文瀾〕778 〔珍本〕九集 203 〔著録〕子部 302

推步法解 〔續修〕1032

推易始末 〔文淵〕41〔文津〕36〔文瀾〕35
　〔珍本〕九集6〔著録〕經部55
推春秋日食法 〔續修〕147
推拿廣意 〔續修〕997
推篷寤語、餘録 〔存目〕子部85〔續修〕
　1128

埤

埤雅 〔薈要〕79〔著録〕經部28
埤雅、附音釋 〔文淵〕222〔文津〕216－217
　〔文瀾〕214

採

採硫日記 〔續修〕559

授

授時曆故 〔續修〕1040
授堂文鈔、續集、授堂詩鈔 〔續修〕1466
授經圖 〔著録〕史部265
授經圖義例 〔文淵〕675〔文津〕675〔文
　瀾〕688

教

*教女遺規 〔續修〕951
教坊記 〔文淵〕1035〔文津〕1039〔文瀾〕
　1062〔著録〕子部217
教要序論 〔續修〕1296
教習堂條約 〔存目〕子部23
教養全書 〔存目〕子部230
教稼書 〔續修〕975
硈溪詩話 〔文淵〕1479〔文津〕1483〔文
　瀾〕1528〔著録〕集部417

掖

掖垣人鑑 〔存目〕史部259
掖垣諫草 〔存目〕史部64
掖垣題稿 〔存目〕史部64

培

培遠堂文録 〔續修〕1671
培遠堂詩集 〔未收〕十輯20
培蔭軒詩集、文集、雜記 〔續修〕1447

執

執齋先生文集 〔續修〕1334

探

探本録 〔未收〕五輯9

掃

掃垢山房詩鈔 〔續修〕1459
掃紅亭吟稿 〔續修〕1491
掃葉莊一瓢老人醫案 〔續修〕1027
掃餘之餘、歸涂閑紀 〔存目〕集部183

聊

聊園詩略、續集、文集 〔存目〕集部232
聊齋文集 〔續修〕1416
聊齋志異 〔續修〕1787－1788

著

著老書堂集、詞 〔禁燬〕集部168
著疑録 〔存目〕子部152

菱

菱溪遺草詩、詩餘 〔存目〕集部280

萊

萊山詩集、附行狀 〔存目〕集部235

菫

菫山文集 〔存目〕集部44

黄

黄山志定本 〔續修〕723－724
黄山志定本、圖 〔存目〕史部235
黄山詩留 〔存目〕集部212
黄山導 〔禁燬〕史部73
黄子年譜 〔續修〕553
黄太史精華録 〔存目〕集部14
黄公説字 〔存目〕經部200－202
黄氏日抄 〔文淵〕707－708〔文津〕709－
　710〔文瀾〕722－723〔珍本〕二集150－
　165

黄氏逸書考 〔續修〕1206－1211

黄氏集千家註杜工部詩史補遺、集註草堂杜工部詩外集 〔續修〕1307

黄氏補千家註紀年杜工部詩史、年譜辨疑、集註杜工部詩姓氏、傳序碑銘 〔著録〕集部336

黄丹巖先生集 〔存目〕集部60

黄文簡公介菴集 〔存目〕集部26－27

黄石公三略 〔文淵〕726〔文津〕726〔文瀾〕740〔著録〕子部333

黄石公素書 〔文淵〕726〔文津〕726〔文瀾〕740

黄石齋先生文集 〔續修〕1384

黄四如先生六經四書講稿 〔著録〕經部91

黄白鏡、續黄白鏡 〔存目〕子部260

黄玄龍先生小品 〔存目〕子部111

黄玄龍詩集、小品 〔存目〕集部189

黄吾野先生詩集 〔存目〕集部189

黄谷談 〔存目〕子部103

黄門集 〔底本〕集部189－190

黄忠宣公文集、別集 〔存目〕集部27

黄忠端公文略、詩略、説略、附黄忠端公正氣録 〔禁燬〕集部185

黄河圖黄河舊險工圖黄河新險工圖衆水歸淮圖運河圖淮南諸河圖五水濟運圖 〔未收〕九輯6

黄帝内經太素 〔續修〕979

黄帝内經素問（吴崑） 〔續修〕980

黄帝内經素問（張志聰） 〔續修〕980－981

黄帝内經素問、附釋文 〔文淵〕733〔文津〕733〔文瀾〕748

黄帝内經素問注證發微、黄帝内經靈樞注證發微 〔存目〕子部38－39〔續修〕979－980

黄帝内經素問節文註釋 〔未收〕四輯24

黄帝宅經 〔著録〕子部356

黄帝金匱玉衡經 〔續修〕1054

黄帝素問直解 〔續修〕982

黄帝素問宣明論方 〔著録〕子部16

黄帝素問靈樞經 〔著録〕子部132

黄帝陰符經 〔著録〕子部122

黄帝陰符經集解 〔存目〕子部256〔續修〕1290

黄帝陰符經註（侯善淵） 〔存目〕子部256

黄帝陰符經註（俞琰） 〔存目〕子部256〔續修〕1290

黄帝陰符經註（唐淳） 〔存目〕子部256

黄帝陰符經註（張果） 〔續修〕1290

黄帝陰符經註（劉處玄） 〔存目〕子部256

黄帝陰符經解 〔存目〕子部256

黄帝陰符經講義 〔底本〕子部41

黄帝陰符經講義、圖説 〔著録〕子部331

黄帝授三子玄女經 〔存目〕子部67〔續修〕1054

黄帝龍首經 〔續修〕1054

黄海 〔存目〕史部229－230

黄書 〔續修〕945

黄雪瀑集 〔未收〕七輯23

黄淳父先生全集 〔存目〕集部186

黄葉邨莊詩集、續集、後集 〔存目〕集部237

黄葉菴詩草 〔禁燬〕集部182

黄黎洲先生年譜 〔續修〕553

黄御史集 〔文淵〕1083〔文津〕1088〔文瀾〕1113

黄運河口古今圖説 〔未收〕九輯6

黄髮翁全集、戲筆 〔未收〕五輯22

黄蕘圃先生年譜 〔續修〕557

黄潭先生讀書一得 〔存目〕子部103

＊黄豫章外紀 〔存目〕史部86

黄鍾通韻、附琴圖補遺 〔存目〕經部185

黄檗山寺志 〔續修〕719

黄嬭餘話 〔續修〕1138

黄鵠山人詩初鈔 〔續修〕1548

＊黄鶴樓 〔續修〕1765

蔽

蔽厓考古録、附校記 〔續修〕1156

菲

菲泉先生存稿 〔存目〕集部96

菽

菽園雜記 〔文淵〕1041 〔文津〕1045 〔文
瀾〕1068 〔著錄〕子部 242

菌

菌譜 〔文淵〕845 〔文津〕847 〔文瀾〕863
〔著錄〕子部 162

萩

萩林伐山 〔續修〕1143

菜

菜根堂劄記 〔存目〕經部 176
菜根譚前集、後集 〔續修〕1133

菜

菜堂節錄 〔未收〕七輯 14

菊

菊花百詠 〔存目〕集部 43
菊坡叢話 〔存目〕集部 416 〔續修〕1695
菊磵集、附林湖遺稿、江邨遺稿、疎寮小
集 〔文淵〕1170 〔文津〕1174 〔文瀾〕1204
菊譜(史正志) 〔著錄〕子部 162
菊譜(范成大) 〔著錄〕子部 162
菊譜(周履靖) 〔續修〕1116
菊譜(葉天培) 〔續修〕1116
菊譜(劉蒙) 〔著錄〕子部 162

萃

萃古名言 〔存目〕子部 149

萍

萍居集 〔未收〕五輯 26
萍洲可談 〔文淵〕1038 〔文津〕1042 〔文
瀾〕1065 〔珍本〕別輯 235

菀

菀青集 〔存目補〕6

乾

乾初先生遺集 〔續修〕1394－1395

乾

乾坤大略 〔未收〕九輯 10
乾坤清氣 〔文淵〕1370 〔文津〕1374 〔文
瀾〕1413 〔珍本〕三集 396 〔著錄〕集部
302
乾坤體義 〔文淵〕787 〔文津〕789 〔文瀾〕
805 〔珍本〕五集 201
＊乾坤鑿度 〔著錄〕經部 45
乾象通鑑 〔續修〕1050－1051
乾隆府廳州縣圖志 〔續修〕625－627
乾道四明圖經 〔續修〕704
乾道稿 〔珍本〕別輯 333
乾道稿、淳熙稿、章泉稿 〔文淵〕1155
〔文津〕1159 〔文瀾〕1188
乾道臨安志 〔文淵〕484 〔文津〕484 〔文
瀾〕486 〔著錄〕史部 423

隸

隸友蛾術編 〔續修〕1159
隸竹軒草 〔未收〕六輯 23
隸竹堂書目 〔存目〕史部 277
隸竹堂稿 〔存目〕集部 35
隸斐堂子史彙纂 〔存目〕子部 225

菰

菰中隨筆 〔存目〕子部 98

梧

梧門詩話、附八旗詩話 〔續修〕1705
梧岡文正續兩集合編 〔存目〕集部 101
梧岡集 〔文淵〕1242 〔文津〕1246 〔文瀾〕
1279 〔珍本〕八集 182－183
梧溪集 〔文淵〕1218 〔文津〕1222－1223
〔文瀾〕1254 〔珍本〕二集 345－347 〔著
錄〕集部 32

桯

桯史 〔文淵〕1039 〔文津〕1043 〔文瀾〕1066
〔著錄〕子部 241

梅

梅山續稿、雜文、長短句 〔著錄〕集部 100
梅山續藁 〔文淵〕1170 〔文津〕1174 〔文
瀾〕1204

梅山續藁　〔珍本〕二集295

梅中丞遺稿　〔未收〕五輯25

梅仙觀記　〔存目〕子部259

梅妃傳　〔續修〕1783

梅花百詠(李確)　〔存目〕集部205

梅花百詠(韋珪)　〔續修〕1325

梅花百詠(馮子振)　〔文淵〕1366〔文津〕1370〔文瀾〕1409〔珍本〕八集226

梅花百詠、中峰祖集　〔底本〕集部209〔著錄〕集部413

梅花字字香　〔文淵〕1205〔文津〕1209〔文瀾〕1240〔珍本〕九集256〔著錄〕集部254

梅花草堂集　〔續修〕1380

梅花草堂集皇明崑山人物傳　〔存目〕史部95

梅花草堂集筆談　〔存目〕子部104

梅花道人遺墨　〔文淵〕1215〔文津〕1219〔文瀾〕1250〔著錄〕集部256

梅花渡異林　〔存目〕子部105

梅村家藏藁　〔續修〕1396

梅村集　〔文淵〕1312〔文津〕1316〔文瀾〕1350〔著錄〕集部406

梅村詩話　〔續修〕1697

梅里志(吳存禮)　〔存目〕史部87

梅里志(楊謙)　〔續修〕716

梅里詞　〔續修〕1724

梅谷莊先生文集　〔存目〕集部166

梅苑　〔文淵〕1489〔文津〕1493〔文瀾〕1538〔珍本〕六集400〔著錄〕集部333

梅東草堂詩集　〔未收〕八輯18

梅季豹居諸二集　〔未收〕六輯24

梅季豹居諸集　〔未收〕六輯24

梅香騙翰林風月雜劇　〔續修〕1762

梅禹金詩草　〔存目補〕75

梅亭先生四六標準　〔著錄〕集部103

梅屋集　〔文淵〕1183〔文津〕1187〔文瀾〕1218〔珍本〕十一集169

梅屋詩稿、融春小綴、第三稿、第四稿、雜著　〔著錄〕集部27

梅莊文錄　〔續修〕1671

梅莊集、文集　〔存目補〕79

梅莊詩鈔　〔續修〕1533

梅莊雜著　〔禁燬補〕83

梅雪軒詩稿　〔存目〕集部158

梅國前集　〔存目〕集部57

梅崖居士集文錄　〔續修〕1671

梅塢貽瓊　〔存目〕集部321

梅會詩選、二集、三集、附刻　〔禁燬〕集部100

梅溪先生廷試策、奏議、文集、後集　〔底本〕集部77-80〔著錄〕集部344

梅溪集　〔文淵〕1151〔文津〕1155〔文瀾〕1184〔薈要〕395

梅溪詞　〔文淵〕1488〔文津〕1493〔文瀾〕1538〔著錄〕集部219

梅墟先生別錄　〔存目〕史部85

梅龍鎮　〔續修〕1767 |1767

梅磵詩話　〔續修〕1694

梅谿文集　〔未收〕七輯29

梅顛稿選　〔存目〕集部187

梅譜　〔著錄〕子部162

梅巖小稿　〔存目〕集部41

梅巖文集　〔文淵〕1188〔文津〕1192〔文瀾〕1224〔珍本〕初集332

梅巖胡先生文集　〔底本〕集部162〔著錄〕集部424

桴

桴亭先生文集、詩集　〔續修〕1398

桴菴詩　〔存目〕集部197

梭

梭山農譜　〔存目〕子部38〔續修〕976

救

救孝子賢母不認屍雜劇　〔續修〕1761

救狂砭語、救狂後語　〔禁燬補〕85

救荒本草　〔文淵〕730〔文津〕730〔文瀾〕744〔珍本〕十二集49-50〔著錄〕子部132

救荒事宜(周孔教)　〔存目〕史部275

救荒事宜(張陛)　〔存目〕史部275

救荒活民書、拾遺　〔文淵〕662〔文津〕661〔文瀾〕671〔底本〕史部110

救荒活民補遺書　〔存目〕史部273

救荒活民類要 〔續修〕846
救荒野譜 〔續修〕977
救荒策會 〔存目〕史部275
救荒簡易書 〔續修〕976
救偏瑣言、備用良方 〔續修〕1011

專

專治血症經驗良方論 〔續修〕1006

曹

曹大理集、石倉文稿 〔續修〕1367
曹子建文集 〔著錄〕集部226
曹子建集、附疑字音釋 〔文淵〕1063〔文津〕1067〔文瀾〕1092
曹子建集、逸文 〔續修〕1303
曹太史含齋先生文集 〔存目〕集部127
曹月川先生夜行燭 〔存目〕子部6
曹月川集 〔文淵〕1243〔文津〕1247〔文瀾〕1279〔珍本〕十二集176
曹氏墨林 〔存目〕子部79
曹文貞公詩集、後錄 〔文淵〕1202〔文津〕1206〔文瀾〕1237〔珍本〕四集298
曹司馬集 〔未收〕七輯18
曹州牡丹譜 〔續修〕1116
曹江孝女廟誌 〔存目〕史部87
曹宗伯全集 〔禁燬補〕74
曹祠部集、曹唐詩 〔文淵〕1083〔文津〕1087〔文瀾〕1113〔珍本〕十一集160
曹祠部詩集、曹唐詩集 〔著錄〕集部234
曹集考異 〔續修〕1303
曹溪通志 〔禁燬補〕27

敕

敕修百丈清規 〔續修〕1281
敕修兩浙海塘通志 〔續修〕851

副

副墨 〔存目〕集部119

區

區田編加註 〔未收〕四輯23

堅

堅瓠集、續集、廣集、補集、秘集、餘集 〔續修〕1260－1262

戚

戚少保年譜耆編 〔續修〕553

帶

帶耕堂遺詩、崇祀錄、吳中判牘 〔續修〕1545
帶經堂集 〔續修〕1414－1415
帶經堂集文錄 〔續修〕1669
帶經堂詩話 〔續修〕1698－1699

硃

硃批諭旨 〔薈要〕186－197〔著錄〕史部289－299
硃砂擔滴水浮漚記雜劇 〔續修〕1760

瓠

瓠息齋前集 〔存目〕集部281

匏

匏翁家藏集 〔著錄〕集部268
匏菴先生遺集 〔存目〕集部242

盛

盛明百家詩 〔存目〕集部304－308
盛明百家詩選 〔存目〕集部331－322
盛明雜劇二集 〔續修〕1765
盛明雜劇初集 〔續修〕1764
盛京典制備考 〔續修〕882

雪

雪山集 〔文淵〕1149〔文津〕1153〔文瀾〕1182〔著錄〕集部96
雪川詩稿 〔未收〕八輯19
雪杖山人詩集 〔未收〕九輯28
雪作鬚眉詩鈔 〔未收〕七輯24
雪坡文集 〔文淵〕1184〔文津〕1187－1188〔文瀾〕1219〔珍本〕十一集170－171

雪坡姚舍人文集 〔著錄〕集部 59
雪厓先生詩集 〔續修〕1325
雪門詩草 〔續修〕1546
雪夜詩談、附明人詩話補、國朝詩話補 〔續修〕1700
雪泥書屋雜志 〔續修〕1156
雪洲集、續集 〔存目〕集部 43
雪屋二集 〔禁燬〕集部 110
雪屋集 〔禁燬〕集部 110
雪根清墅山房詩、觀稼樓詩、吳船書屋詩、楓香集 〔存目〕集部 273
雪航膚見 〔存目補〕94
雪翁詩集 〔續修〕1393
雪浪集 〔存目〕集部 190
雪菴清史 〔存目〕子部 111
雪菴詩存 〔存目〕集部 238
雪虛聲堂詩鈔 〔續修〕1567
雪堂先生集選 〔禁燬〕集部 33
雪堂先生詩選、恥廬近集 〔禁燬補〕82
雪堂集 〔禁燬〕集部 70
雪堂隨筆 〔禁燬〕集部 80
雪堂墨品 〔存目〕子部 79
雪庵文集 〔未收〕九輯 22
雪窗集、本傳 〔文淵〕1181 〔文津〕1185 〔文瀾〕1216
雪園易義、附補 〔存目〕經部 23
雪園詩賦初集、二集 〔未收〕八輯 17
雪溪集 〔文淵〕1136 〔文津〕1140 〔文瀾〕1167 〔珍本〕四集 267
雪溪詩 〔底本〕集部 70 〔著錄〕集部 422
雪樓集、附元史本傳、年譜 〔文淵〕1202 〔文津〕1206 〔文瀾〕1237
雪履齋筆記 〔文淵〕866 〔文津〕868 〔文瀾〕886 〔珍本〕十一集 130
雪樵經解 〔未收〕二輯 15
雪窗先生文集 〔底本〕集部 91 〔著錄〕集部 250
雪磯叢稿 〔文淵〕1182 〔文津〕1186 〔文瀾〕1217 〔珍本〕九集 255 〔著錄〕集部 104
雪鴻堂文集 〔存目〕集部 261 〔存目〕集部 264
雪鴻堂文集(李蕃) 〔存目補〕55
雪鴻堂詩蒐逸 〔未收〕八輯 16
雪廬焚餘稿、續草、附客問 〔禁燬〕集部 88
雪廬讀史快編 〔存目〕史部 144－146

虛

虛大師遺集 〔未收〕十輯 20
虛白齋存藁 〔未收〕十輯 25
虛白齋詩集 〔未收〕九輯 22
虛舟集(王俌) 〔文淵〕1237 〔文津〕1241 〔文瀾〕1273 〔珍本〕四集 318 〔著錄〕集部 262
虛舟集(陳堯) 〔續修〕1124
虛舟題跋、原 〔續修〕1067
虛字說 〔續修〕195
虛谷桐江續集 〔著錄〕集部 252
虛直堂文集 〔未收〕七輯 25
虛受堂文集 〔續修〕1570
虛受堂詩存 〔續修〕1570
虛庵李公奉使錄 〔存目〕史部 46 〔續修〕433
虛窗手鏡 〔未收〕五輯 14
虛損啓微 〔續修〕1006
虛齋名畫錄、續錄 〔續修〕1090－1091
虛齋集 〔文淵〕1257 〔文津〕1261 〔文瀾〕1294 〔珍本〕七集 237－238
虛齋蔡先生文集 〔著錄〕集部 269

處

處實堂集、續集 〔存目〕集部 137
處實堂集、續集、後集 〔續修〕1353

雀

雀硯齋文錄 〔續修〕1672

堂

堂集、續、附冬錄 〔存目〕集部 271

常

常山貞石志 〔續修〕906
常州府志續集〔正德〕 〔存目〕史部 181
常建詩 〔文淵〕1071 〔文津〕1076 〔文瀾〕

1101〔珍本〕六集 242

常建詩集 〔著録〕集部 366

常郡八邑藝文志 〔續修〕917

常稅則例 〔續修〕834

常評事集、寫情集 〔存目〕集部 68

常談 〔文淵〕864〔文津〕866〔文瀾〕884
〔珍本〕別輯 214〔底本〕子部 28〔著録〕
子部 33

常談考 〔存目〕子部 96

常熟水論 〔存目〕史部 223

常熟縣志[弘治] 〔存目〕史部 185

常熟縣破山興福寺志 〔存目〕史部 244

眺

眺秋樓詩 〔存目〕集部 257

眼

*眼兒媚 〔續修〕1765

野

野古集 〔珍本〕四集 314-315

野古集、年譜 〔文淵〕1236〔文津〕1240
〔文瀾〕1272

野谷詩稿 〔文淵〕1175〔文津〕1179〔文
瀾〕1209〔珍本〕九集 254〔著録〕集部
102

野服考 〔存目〕子部 170

野香亭集 〔存目補〕50

野客齋詩集、擬賦試帖體 〔未收〕十輯 22

野客叢書、附野老紀聞 〔文淵〕852〔文
津〕854-855〔文瀾〕872〔著録〕子部 31

野航史話 〔續修〕1133

野記 〔存目〕子部 240

野菜博録 〔文淵〕731〔文津〕731〔文瀾〕
746〔珍本〕六集 189〔著録〕子部 132

野菜贊 〔續修〕977

野菜譜 〔存目〕子部 38

野處集 〔文淵〕1215〔文津〕1219〔文瀾〕
1250〔珍本〕初集 353

野處類稿 〔著録〕集部 54

野處類稿薁 〔文淵〕1158〔文津〕1162〔文
瀾〕1191

野語 〔續修〕1180

野趣有聲畫 〔文淵〕1193〔文津〕1197〔文
瀾〕1229〔珍本〕二集 318〔著録〕集部
347

野獲園詩 〔存目〕集部 194

野獲編 〔續修〕1174〔禁燬〕史部 4

野鴻詩的 〔續修〕1701

野蠶録 〔續修〕978

問

問水集 〔存目〕史部 221

問心堂温病條辨 〔續修〕1004

問心堂詩 〔未收〕八輯 18

問石先生語語 〔未收〕六輯 22

問奇集 〔存目〕經部 191〔續修〕238

問奇類林、續 〔未收〕七輯 15

問俗録 〔未收〕十輯 3

問亭詩集、也紅詞 〔未收〕八輯 23

問答録 〔存目〕子部 250

問辨録 〔文淵〕207〔文津〕201〔文瀾〕200
〔珍本〕三集 115〔著録〕經部 102

問辨牘、續問辨牘 〔存目〕子部 87-88

問義軒詩鈔 〔存目〕集部 281

婁

婁子静文集 〔存目〕集部 85

婁東詩派 〔未收〕九輯 30

晦

晦村初集 〔禁燬〕集部 132

晦明軒稿 〔續修〕1570

晦菴文鈔續集 〔存目〕集部 16

晦庵先生朱文公文集、續集、別集 〔著
録〕集部 243-247

晦庵先生朱文公易説 〔底本〕經部 14-
15〔著録〕經部 120

晦庵先生所定古文孝經句解 〔存目〕經
部 146

晦庵先生校正周易繫辭精義 〔存目〕經
部 1〔續修〕2

晦庵集、續集、別集 〔文淵〕1143-1146
〔文津〕1147-1150〔文瀾〕1175-1178

晞

晞髮集、遺集、天地間集、冬青樹引註、登
　西臺慟哭記註　〔文淵〕1188　〔文津〕
　1192　〔文瀾〕1223　〔著録〕集部 59

冕

冕服考　〔續修〕109

晚

晚邨天蓋樓偶評　〔禁燬〕經部 5-6
晚邨先生八家古文精選　〔禁燬〕集部 94
晚邨先生家訓真蹟　〔續修〕948
晚邨慙書　〔禁燬〕子部 31
晚香堂集　〔禁燬〕集部 66
晚唐詩鈔　〔存目〕集部 414
晚書訂疑　〔續修〕44
晚晴樓詩稿、詩餘、附行略　〔存目〕集部
　278
晚晴簃詩匯　〔續修〕1629-1633
晚照山居參定四書酌言　〔存目〕經部 164
晚聞存稿　〔未收〕九輯 22
晚聞堂集　〔未收〕六輯 28
晚翠軒集、外集、遺札　〔續修〕1568
晚樹樓詩稿　〔存目〕集部 252
晚學集、未谷詩集　〔續修〕1458

畦

畦樂先生詩集　〔著録〕集部 261
畦樂詩集　〔文淵〕1232　〔文津〕1237　〔文
　瀾〕1268　〔珍本〕八集 166

異

異苑　〔文淵〕1042　〔文津〕1046　〔文瀾〕1070
　〔著録〕子部 243
異林　〔存目〕子部 247
異物彙苑（王世貞）　〔存目〕子部 179
異物彙苑（閔文振）　〔存目〕子部 199
異域志　〔存目〕史部 255
異域録　〔文淵〕594　〔文津〕595　〔文瀾〕603
　〔著録〕史部 253
異魚圖贊　〔文淵〕847　〔文津〕849　〔文瀾〕

866　〔著録〕子部 10
異魚圖贊補、閏集　〔文淵〕847　〔文津〕849
　〔文瀾〕866　〔著録〕子部 53
異魚圖贊箋　〔文淵〕847　〔文津〕849　〔文
　瀾〕866　〔珍本〕三集 196　〔著録〕子部 53
異聞總録　〔存目〕子部 246

蛇

蛇譜　〔存目〕子部 82

鄂

鄂國金佗粹編、鄂國金佗續編　〔著録〕
　史部 31
鄂爾泰奏稿　〔續修〕494

國

國子監志　〔續修〕751-752
國史考異　〔續修〕452　〔禁燬補〕30
國史紀聞　〔存目〕史部 17
國史唯疑　〔續修〕432
國史經籍志　〔存目〕史部 277　〔續修〕916
國老談苑　〔文淵〕1037　〔文津〕1041　〔文
　瀾〕1065　〔著録〕子部 219
國秀集　〔文淵〕1332　〔文津〕1336　〔文瀾〕
　1374　〔著録〕集部 135
國初事蹟　〔存目〕史部 46
國初群雄事略　〔禁燬〕史部 8
國初禮賢録　〔存目〕史部 45
國風省篇　〔存目〕經部 73
國脈民天　〔續修〕976
國朝大事記　〔續修〕390
國朝文匯、甲前集、甲集、乙集、丙集、丁
　集、姓氏目録　〔續修〕1672-1676
國朝文録　〔續修〕1669-1670
國朝文録續編、附邁堂文略　〔續修〕
　1671-1672
國朝文類　〔著録〕集部 142
國朝列卿紀　〔存目〕史部 92-94　〔續修〕
　522-524
國朝先正事略　〔續修〕538-539
國朝先正事略補編　〔續修〕539
國朝名公經濟文鈔　〔存目〕集部 347
國朝名公翰藻、氏名爵里　〔存目〕集部

313－314

國朝名世宏文　〔未收〕一輯 22

國朝名世類苑　〔存目〕子部 240－241

國朝名臣事略　〔著錄〕史部 91

國朝名家詩餘　〔著錄〕集部 334

國朝吳郡丹青志　〔存目〕子部 71

國朝武功紀勝通考、補漏居寓言　〔禁燬〕史部 70

國朝典章　〔存目〕史部 268

國朝典彙　〔存目〕史部 264－266

國朝奏疏　〔續修〕471－472

國朝宮史　〔文淵〕657〔文津〕656〔文瀾〕668〔薈要〕202〔著錄〕史部 60

國朝宮史續編　〔續修〕824－825

＊國朝院畫錄　〔續修〕1082

國朝柔遠記　〔未收〕三輯 15

國朝書人輯略　〔續修〕1089

國朝常州駢體文錄、結一宧駢體文　〔續修〕1693

國朝御史題名、國朝滿洲蒙古御史題名　〔續修〕751

國朝詞綜、二集　〔續修〕1731

國朝詞綜補　〔續修〕1732

國朝詞綜續編　〔續修〕1731

國朝畫徵補錄　〔續修〕1067

國朝畫徵錄、續錄　〔存目〕子部 73〔續修〕1067

國朝畫識　〔續修〕1081

國朝詩人徵略　〔續修〕1712－1713

國朝詩人徵略二編　〔續修〕1713

國朝詩別裁集　〔禁燬〕集部 158

國朝詩的　〔禁燬〕集部 156－158

國朝詩品　〔禁燬〕集部 39

國朝詩選　〔禁燬補〕56

國朝詩鐸　〔續修〕1627－1628

國朝詩觀　〔禁燬〕集部 35

國朝詩觀二集　〔禁燬〕集部 35

國朝殿閣部院大臣年表、附年表　〔禁燬補〕25

國朝閨閣詩鈔　〔續修〕1626

國朝漢學師承記　〔續修〕179

國朝諸老先生孟子精義　〔未收〕四輯 7

國朝諸老先生論語精義、孟子精義　〔著錄〕經部 96

國朝諸臣奏議　〔著錄〕史部 302－303

國朝畿輔詩傳　〔續修〕1681

國朝駢體正宗　〔續修〕1668

國朝駢體正宗續編　〔續修〕1668

國朝謚法考　〔存目〕史部 271

國雅、續國雅、國雅品　〔存目補〕15

國雅初集　〔存目〕集部 399

國策地名考　〔續修〕422－423

國策編年　〔續修〕422

國權　〔續修〕358－363

國語（韋昭）　〔文淵〕406〔文津〕403〔文瀾〕404〔薈要〕203〔著錄〕史部 288

國語（閔齊伋）　〔未收〕一輯 16

國語正義　〔續修〕422

國語補音　〔文淵〕406〔文津〕403〔文瀾〕404〔珍本〕十二集 29〔著錄〕史部 288

國語翼解　〔續修〕422

國賦紀略　〔存目〕史部 275

國學禮樂錄　〔存目〕史部 271

國憲家猷　〔存目〕子部 183－184

國寶新編　〔存目〕史部 89

唾

唾居隨錄　〔存目〕子部 95

唯

唯室集　〔文淵〕1139〔文津〕1144〔文瀾〕1171〔珍本〕初集 294〔底本〕集部 71〔著錄〕集部 343

啜

啜墨亭集、雜著　〔禁燬〕集部 45

崧

崧菴集　〔文淵〕1135〔文津〕1139〔文瀾〕1166〔珍本〕三集 265〔底本〕集部 69〔著錄〕集部 422

崑

崑山人物志　〔存目補〕93

崑山人物傳 〔續修〕541
崑山雜咏 〔存目〕集部 315
崑林小品集 〔存目補〕78
崑崙山房集 〔存目補〕55
*崑崙奴 〔續修〕1764
崑崙河源考 〔文淵〕579 〔文津〕579 〔文
　瀾〕588 〔著錄〕史部 380

崔

崔氏春秋經解、附春秋例要 〔文淵〕148
　〔文津〕144 〔文瀾〕142
崔氏洹詞 〔存目〕集部 56
崔東洲集、續集 〔存目〕集部 72-73
崔舍人玉堂類藁、西垣類藁 〔續修〕1318
崔府君斷冤家債主雜劇 〔續修〕1762

崇

崇川詩集 〔存目補〕42
崇文總目 〔文淵〕674 〔文津〕673 〔文瀾〕
　687 〔珍本〕別輯 148-149
崇文總目輯釋 〔續修〕916
崇古文訣 〔文淵〕1354 〔文津〕1358 〔文
　瀾〕1396 〔珍本〕六集 289-292
崇百藥齋三集 〔續修〕1497
崇百藥齋文集 〔續修〕1496-1497
崇百藥齋文錄 〔續修〕1672
崇百藥齋續集 〔續修〕1497
崇相集 〔禁燬〕集部 102-103
崇素堂詩稿 〔未收〕八輯 17
崇陵傳信錄 〔續修〕446
崇雅堂文鈔、詩鈔、駢體文鈔、應制存稿、
　刪餘詩 〔續修〕1494
崇雅堂集 〔存目〕集部 167
崇雅堂稿 〔存目〕集部 272
崇禎五十宰相傳 〔存目〕史部 119
崇禎五十宰相傳、年表 〔續修〕537
崇禎內閣行略 〔存目〕史部 116
崇禎朝記事 〔禁燬〕史部 6
崇禎遺錄、殉難忠臣錄、逆賊奸臣錄
　〔禁燬〕史部 72
崇質堂集 〔存目〕集部 112
崇蘭館集 〔存目〕集部 104-105

過

過江集 〔存目〕集部 255
過伯齡先生四子譜 〔續修〕1102
過宜言 〔未收〕六輯 28
過庭私錄、泉亭外集 〔存目〕集部 75
過庭紀餘 〔存目〕子部 245
過庭詩話 〔存目〕集部 417
過庭錄(宋翔鳳) 〔續修〕1157
過庭錄(范公偁) 〔文淵〕1038 〔文津〕
　1042 〔文瀾〕1065
過庭錄(范公稱) 〔著錄〕子部 219
過夏雜錄、續錄 〔續修〕1154
過雲樓書畫記 〔續修〕1085
過嶺集 〔禁燬〕集部 117

甜

甜雪齋詩、文 〔存目〕集部 190

梨

梨岳集 〔文淵〕1083 〔文津〕1087 〔文瀾〕
　1112 〔珍本〕九集 236
梨園按試樂府新聲 〔續修〕1739
梨嶽詩集 〔著錄〕集部 86

笠

笠山詩選 〔存目〕集部 232
笠澤叢書 〔文淵〕1083 〔文津〕1087 〔文
　瀾〕1113 〔珍本〕五集 269

笴

笴河文集 〔續修〕1440
笴河文鈔 〔續修〕1440
笴河詩集 〔續修〕1439

笳

笳騷 〔續修〕1767 ‖1767

敏

敏求機要 〔存目〕子部 172 〔續修〕1218
敏齋詩草、巴塘詩鈔 〔續修〕1475

偃

偃師金石遺文補録 〔續修〕913

偃曝談餘 〔存目〕子部 111

偶

偶存草詩集 〔存目〕集部 284

偶存軒稿 〔未收〕八輯 29

偶存篇 〔未收〕八輯 23

偶更堂文集、詩稿 〔未收〕五輯 30

偶居集 〔禁燬補〕77

偶記 〔禁燬〕集部 65

偶得紺珠 〔存目〕子部 145

偶然云 〔存目〕集部 237

偶然吟 〔禁燬〕集部 168

偶齋詩草 〔續修〕1562－1563

進

進賢堂稿 〔禁燬〕集部 145－146

進藏紀程 〔續修〕737

鳥

鳥鼠山人小集、後集 〔存目〕集部 62

得

得月稿 〔存目〕集部 24 〔續修〕1325

得閒人集 〔未收〕五輯 30

從

從古堂款識學 〔續修〕902

從戎越南記 〔未收〕九輯 4

從先維俗議 〔存目〕子部 88

＊從政遺規 〔續修〕951

從政觀法録 〔未收〕四輯 17

從野堂存稿 〔續修〕1373 〔禁燬〕集部 67

船

船山公年譜 〔續修〕553

船山先生詩稿 〔續修〕1403

船山師友記 〔續修〕540

船山詩草、船山詩草補遺 〔續修〕1486

船子和尚撥棹歌 〔續修〕1722

船政 〔續修〕878

船政新書 〔續修〕878

斜

斜川集、訂、續鈔 〔續修〕1317

釣

釣臺集 〔存目〕集部 329

釣磯立談 〔文淵〕464 〔文津〕463 〔文瀾〕465 〔著録〕史部 205

釣磯詩集 〔續修〕1321

欲

欲焚草 〔禁燬〕史部 31

彩

彩雲乘新鐫樂府過雲編 〔續修〕1778

貧

貧士傳 〔存目〕史部 95

腳

腳氣治法總要 〔文淵〕738 〔文津〕738 〔文瀾〕753 〔珍本〕初集 172

腳氣集 〔文淵〕865 〔文津〕867 〔文瀾〕885 〔珍本〕十二集 142

脫

＊脫囊穎 〔續修〕1765

魚

魚山剩稿 〔禁燬補〕75

＊魚兒佛 〔續修〕1765

＊魚藏斂全本 〔續修〕1782

象

象山先生年譜 〔存目〕史部 87

象山先生全集 〔存目〕集部 19

象山先生全集、附録少湖徐先生學則辯 〔著録〕集部 21

象山集、外集、附語録 〔文淵〕1156 〔文津〕1160 〔文瀾〕1189

象臺首末 〔文淵〕446 〔文津〕445 〔文瀾〕
447 〔珍本〕九集 129 〔著錄〕史部 413
象數一原 〔續修〕1047
象數論 〔著錄〕經部 185
象數簡明錄 〔未收〕四輯 26
象緯彙編 〔存目〕子部 55

逸

逸史搜奇 〔存目〕子部 249
逸民史 〔存目〕史部 115
逸民傳 〔存目〕史部 95
逸老堂詩話 〔續修〕1695
逸周書 〔文淵〕370 〔文津〕367 〔文瀾〕369
逸孟子 〔續修〕158
逸園新詩 〔存目〕集部 185
逸語 〔存目〕子部 29
逸德軒文集、詩集 〔未收〕八輯 17
逸講箋 〔存目〕經部 173
逸禮大誼論、附逸齊論語 〔未收〕一輯 5

猗

猗覺寮雜記 〔文淵〕850 〔文津〕852 〔文瀾〕870 〔底本〕子部 27 〔著錄〕子部 10

祭

＊祭風臺 〔續修〕1782

訥

訥谿奏疏 〔文淵〕429 〔文津〕427 〔文瀾〕428 〔著錄〕史部 412

許

許子詩存、文存 〔未收〕七輯 29
許氏貽謀四則 〔續修〕938
許文肅公遺稿 〔續修〕1564
許文穆公集 〔禁燬〕集部 40
許白雲先生文集 〔底本〕集部 99 〔著錄〕集部 396
許彥周詩話 〔著錄〕集部 330
許魯齋考歲略 〔存目〕史部 82
許鍾斗文集 〔存目〕集部 179

訣

訣癡夢岬 〔禁燬補〕84

庶

庶物異名疏 〔存目〕子部 218
庶齋老學叢談 〔文淵〕866 〔文津〕868 〔文瀾〕886 〔著錄〕子部 169

麻

麻衣道者正易心法 〔存目〕子部 56
麻姑山丹霞洞天誌 〔存目〕史部 246
麻姑集 〔存目〕集部 304
麻科活人全書 〔續修〕1012

庾

庾子山全集 〔著錄〕集部 1
庾子山集、年譜、總釋 〔著錄〕集部 41
庾子山集、總釋 〔薈要〕357
庾子山集注 〔文淵〕1064 〔文津〕1068 〔文瀾〕1093
庾度支集 〔續修〕1587
庾開府集 〔續修〕1588
庾開府集箋註 〔文淵〕1064 〔文津〕1068 〔文瀾〕1093 〔珍本〕四集 209－210

痎

痎瘧論疏 〔文淵〕779 〔文津〕780 〔文瀾〕796 〔珍本〕十一集 114

康

康谷子集 〔存目〕集部 60
康南海自編年譜 〔續修〕558
康節先生觀物篇解 〔著錄〕子部 355
康熙甲子史館新刊古今通韻 〔著錄〕經部 118
康熙字典十二集、總目、檢字、辨似、等韻、備考 〔著錄〕經部 207－210
康對山先生文集 〔底本〕集部 152
康對山先生集 〔著錄〕集部 273 〔續修〕1335
康範詩集 〔珍本〕八集 155

康範詩集、附康範續録、康範實録、附録
　　外集　〔文淵〕1175〔文津〕1179〔文瀾〕
　　1209
康輶紀行　〔未收〕五輯 14
康齋先生文集　〔著録〕集部 430
康齋集　〔文淵〕1251〔文津〕1255〔文瀾〕
　　1288〔珍本〕四集 335－336
康濟譜　〔禁燬〕史部 7

庸

庸行編　〔存目〕子部 157
庸言（黄佐）　〔存目〕子部 9〔續修〕939
庸言（魏象樞）　〔續修〕946
庸書　〔存目〕集部 229
庸書文録　〔續修〕1671
庸菴集　〔文淵〕1222〔文津〕1226〔文瀾〕
　　1257〔珍本〕二集 350
庸庵文編、續編、外編、海外文編　〔續
　　修〕1562
庸閒齋筆記　〔續修〕1142
庸盦筆記　〔續修〕1182
庸齋日紀　〔存目〕子部 14
庸齋集　〔文淵〕1181〔文津〕1185〔文瀾〕
　　1216〔珍本〕初集 328

鹿

鹿皮子集　〔文淵〕1216〔文津〕1220〔文
　　瀾〕1251
鹿忠節公集　〔續修〕1373
鹿洲公案　〔存目〕史部 128
鹿洲文録　〔續修〕1670
鹿洲初集　〔文淵〕1327〔文津〕1331〔文
　　瀾〕1368〔著録〕集部 292
鹿原集　〔存目〕集部 72
鹿裘石室集　〔續修〕1378－1379〔禁燬〕集
　　部 57－58

章

章大力先生全稿　〔禁燬〕經部 7
章子留書　〔著録〕經部 103
章子留書内集、外集、散集　〔存目〕子部
　　16
章介菴文集　〔存目〕集部 81

章安雜説　〔續修〕1141
章泉稿　〔珍本〕別輯 338

竟

竟山樂録　〔文淵〕220〔文津〕215〔文瀾〕
　　213〔著録〕經部 107

産

産育寶慶集　〔文淵〕743〔文津〕743〔文
　　瀾〕757〔珍本〕別輯 181
産寶諸方　〔文淵〕743〔文津〕743〔文瀾〕
　　757〔珍本〕別輯 183
産鶴亭詩　〔存目〕集部 282

翊

翊翊齋筆記、文鈔、詩鈔　〔未收〕七輯 11
翊聖保德傳　〔存目〕子部 258

商

商子　〔文淵〕729〔文津〕729〔文瀾〕743
　　〔著録〕子部 131
商文毅公集　〔存目〕集部 35
商文毅公疏稿略　〔底本〕史部 31〔著録〕
　　史部 412
商文毅公遺行集　〔存目〕史部 83〔續修〕
　　551
商文毅疏稿　〔文淵〕427〔文津〕425〔文
　　瀾〕425〔珍本〕四集 106
商君書新校正　〔續修〕971

旌

旌義編　〔存目〕史部 87

望

望古集　〔禁燬補〕88
望古齋集　〔未收〕五輯 28
＊望江亭中秋切鱠旦　〔續修〕1763
望江亭中秋切鱠雜劇　〔續修〕1762
望都縣新志　〔禁燬〕史部 73
望雲寄廬讀史記臆説　〔未收〕六輯 5
望雲集　〔文淵〕1231〔文津〕1236〔文瀾〕
　　1267〔珍本〕四集 307〔著録〕集部 261
望診遵經　〔續修〕999

望溪先生文集、集外文、集外文補遺、年譜 〔續修〕1420-1421

望溪集 〔文淵〕1326〔文津〕1330〔文瀾〕1367〔著錄〕集部450

剪

剪桐載筆 〔存目〕子部243〔續修〕1260

敝

敝帚軒剩語 〔存目〕子部248

敝帚稿略 〔文淵〕1178〔文津〕1183〔文瀾〕1213〔珍本〕三集246〔底本〕集部90〔著錄〕集部26

清

清正存稿 〔文淵〕1178〔文津〕1183〔文瀾〕1213〔珍本〕十二集169

清平山堂話本二十七種 〔續修〕1784

清史紀事本末 〔續修〕390

清史稿 〔續修〕295-300

清代禁燬書目四種 〔續修〕921

清白堂稿 〔未收〕六輯22

清同治光緒間武英殿賣書底簿 〔未收〕二輯28

清全齋讀春秋編 〔著錄〕經部80

清江三孔集 〔文淵〕1345〔文津〕1349〔文瀾〕1387〔珍本〕五集390-393

清江貝先生文集、詩集、詩餘 〔著錄〕集部36

清江詩集、文集 〔文淵〕1228〔文津〕1232〔文瀾〕1263

清江碧嶂集 〔存目〕集部21

清江縣志［崇禎〕 〔存目〕史部212

清芬堂存稿、詩餘 〔存目〕集部247

清芬樓遺蕙 〔續修〕1424

清吟堂集、附神功聖德詩、皇帝親平漠北頌、恭奏漠北蕩平凱歌 〔未收〕七輯26

清言 〔存目〕子部244

清苑齋詩集 〔文淵〕1171〔文津〕1175〔文瀾〕1205〔著錄〕集部423

清忠堂撫粵奏疏、清忠堂署理總督奏疏 〔存目〕史部66-67

清忠譜正案 〔續修〕1767 |1767

清河秘篋書畫表 〔著錄〕子部358

清河書畫表 〔文淵〕817〔文津〕820〔文瀾〕836

清河書畫舫 〔文淵〕817〔文津〕820〔文瀾〕836〔著錄〕子部52

清河集 〔續修〕1323

清波雜志、別志 〔文淵〕1039〔文津〕1043〔文瀾〕1066〔著錄〕子部220

清泉精舍小志 〔存目〕集部304

清風亭稿 〔文淵〕1247〔文津〕1251〔文瀾〕1283〔珍本〕三集305〔底本〕集部143〔著錄〕集部399

清風堂文集 〔未收〕五輯29

清真指南 〔未收〕六輯20

清真教考 〔未收〕十輯10

清秘述聞 〔續修〕1178

清秘述聞補 〔續修〕1178

清秘述聞續 〔續修〕1178

清秘藏 〔文淵〕872〔文津〕874〔文瀾〕892〔著錄〕子部362

清流摘鏡 〔禁燬補〕17

清容居士集 〔文淵〕1203〔文津〕1207〔文瀾〕1238〔著錄〕集部253-254

清異錄 〔文淵〕1047〔文津〕1051〔文瀾〕1076

清異續錄 〔存目〕子部252

清庵先生中和集 〔存目〕子部259

清惠集 〔文淵〕1264〔文津〕1268〔文瀾〕1301〔珍本〕四集349-350

清夢盦二白詞 〔續修〕1726

清閟閣全集 〔文淵〕1220〔文津〕1224〔文瀾〕1255〔著錄〕集部62

清閟閣集 〔薈要〕408

清微仙譜、道迹靈仙記、上清後聖道君列紀 〔存目〕子部259

清詩初集 〔禁燬〕集部3

清雍正上諭八旗、上諭旗務議覆、諭行旗務奏議 〔著錄〕史部300-301

清雍正上諭內閣 〔著錄〕史部196-197

清源文獻 〔存目〕集部332

清溪弄兵錄 〔存目補〕76

清嘉錄 〔續修〕1262

清寤齋心賞編　〔存目〕子部 139
清賞録　〔存目〕子部 143
清獻堂文録　〔續修〕1670
清獻集(杜範)　〔文淵〕1175〔文津〕1179〔文瀾〕1209〔珍本〕二集 302－303
清獻集(趙抃)　〔文淵〕1094〔文津〕1098〔文瀾〕1124〔珍本〕四集 246－247〔薈要〕370
清權堂集　〔續修〕1377

渚

渚山堂詞話　〔文淵〕1494〔文津〕1498〔文瀾〕1544〔底本〕集部 182〔著録〕集部 465
渚宮舊事　〔文淵〕407〔文津〕404〔文瀾〕405〔著録〕史部 421

淩

淩忠介公集　〔文淵〕1297〔文津〕1301〔文瀾〕1335
淩忠介集　〔珍本〕三集 353
淩谿先生集　〔存目〕集部 51

淞

淞故述　〔存目〕史部 247〔續修〕730

渠

渠風集略　〔存目〕集部 411

淺

淺近録　〔未收〕六輯 12

淑

淑艾録　〔存目〕子部 29

淮

淮北票鹽志略　〔未收〕九輯 8
淮北票鹽續略　〔未收〕九輯 8
淮安府志〔乾隆〕　〔續修〕699－700
淮封日記　〔存目〕史部 127
淮南天文訓補注　〔續修〕1121
淮南水利考　〔續修〕851
淮南許注異同詁、續補　〔續修〕1121
淮南萬畢術　〔續修〕1121
淮南鴻烈閒詁　〔續修〕1121
淮南鴻烈解　〔文淵〕848〔文津〕850〔文瀾〕867〔薈要〕277〔底本〕子部 34－35〔著録〕子部 305〔未收〕四輯 29
淮軍平捻記　〔續修〕413
淮郡文獻志　〔存目〕史部 91
淮海英靈集　〔續修〕1682
淮海英靈續集　〔續修〕1682
淮海易談　〔存目〕經部 7
淮海集、後集、長短句　〔文淵〕1115〔文津〕1119〔文瀾〕1145〔薈要〕385〔著録〕集部 240
淮海詞　〔文淵〕1487〔文津〕1492〔文瀾〕1537〔著録〕集部 217
淮陽集、附録詩餘　〔文淵〕1191〔文津〕1196〔文瀾〕1227〔珍本〕三集 272
淮鹺本論　〔存目〕史部 276

涼

涼州異物志　〔續修〕732

淳

淳化祕閣法帖考正　〔文淵〕684〔文津〕684〔文瀾〕698〔著録〕史部 158
淳祐玉峰志、咸淳續志　〔續修〕696
淳熙三山志　〔文淵〕484〔文津〕484〔文瀾〕486〔珍本〕六集 108－111〔著録〕史部 19
淳熙玉堂雜紀　〔著録〕史部 254
淳熙新安志　〔著録〕史部 35
淳熙稿　〔珍本〕別輯 333－337〔底本〕集部 84－85〔著録〕集部 54
淳熙嚴州圖經　〔續修〕704

淡

淡軒稿　〔存目〕集部 33
淡然軒集　〔文淵〕1291〔文津〕1296〔文瀾〕1330〔珍本〕五集 369－370〔底本〕集部 206－207〔著録〕集部 405

淙

淙山讀周易記　〔文淵〕19〔文津〕14〔文

瀾〕14〔珍本〕初集 15－16

深

深衣考（江永） 〔文淵〕128〔文津〕123
〔文瀾〕122
深衣考（黄宗羲） 〔文淵〕127〔文津〕122
〔文瀾〕121〔珍本〕十一集 20
深衣考誤 〔著録〕經部 195
深衣解 〔續修〕107
深衣釋例 〔續修〕107
深秀亭詩集 〔存目〕集部 249
深雪偶談 〔存目〕集部 415〔續修〕1694

涵

涵有堂詩文集 〔存目〕集部 273

梁

梁上眼 〔續修〕1767｜1767
梁山泊李逵負荆雜劇 〔續修〕1762
梁元帝御製集 〔續修〕1586
梁文紀 〔文淵〕1399〔文津〕1403〔文瀾〕
1444〔珍本〕七集 293－298〔著録〕集部
173
梁江文通文集 〔著録〕集部 226
梁江文通集 〔續修〕1304
梁武帝御製集 〔續修〕1585－86
梁昭明太子文集 〔著録〕集部 226
梁昭明太子集 〔底本〕集部 121〔續修〕
1586
梁昭明文選越裁 〔存目〕集部 287－288
梁書 〔文淵〕260〔文津〕254－255〔文瀾〕
252〔薈要〕104〔著録〕史部 357
梁園風雅 〔存目〕集部 334〔續修〕1680
梁園寓稿 〔文淵〕1233〔文津〕1237〔文
瀾〕1269〔珍本〕三集 298
梁園寓藁詩集 〔著録〕集部 397
梁會要 〔續修〕772－773
梁溪先生文集 〔著録〕集部 14－15
梁溪集 〔文淵〕1125－1126〔文津〕1129－
1131〔文瀾〕1156－1157
梁谿漫志 〔文淵〕864〔文津〕866〔文瀾〕
884〔著録〕子部 361
梁谿遺稿 〔文淵〕1149〔文津〕1153〔文

瀾〕1178〔珍本〕五集 278〔著録〕集部 18
梁簡文帝御製集 〔續修〕1586

情

情田詞 〔存目〕集部 422
情采編 〔存目〕集部 347
情種 〔未收〕三輯 28

惜

惜抱軒九經説 〔續修〕172
惜抱軒文集、後集、詩集、後集 〔續修〕
1453
惜抱軒先生文選 〔續修〕1670
惜抱軒筆記 〔續修〕1152
惜香樂府 〔文淵〕1488〔文津〕1493〔文
瀾〕1538〔著録〕集部 219

惕

惕園初藁文 〔續修〕1670
惕齋經説 〔續修〕176

惟

惟清齋全集、年譜 〔續修〕1476
惟實集 〔文淵〕1206〔文津〕1210〔文瀾〕
1241〔珍本〕四集 299

寄

寄青霞館弈選、續編 〔續修〕1103－1104
寄菴詩存 〔禁燬〕集部 149
寄庵詩文鈔 〔續修〕1473
寄庵詩集 〔禁燬補〕80
寄楮備談 〔續修〕1181
寄園寄所寄 〔存目〕子部 155〔續修〕
1196－1197
寄簃文存、枕碧樓偶存稿 〔續修〕1563

密

密勿稿 〔存目〕史部 59〔續修〕476
密娱齋詩稿 〔存目〕集部 282
密菴集 〔文淵〕1228〔文津〕1232〔文瀾〕
1263〔珍本〕別輯 394－395
密菴詩稿、文稿 〔著録〕集部 36

密庵卮言 〔續修〕1132

密齋筆記、續筆記 〔文淵〕864〔文津〕866
〔文瀾〕884〔珍本〕別輯215〔底本〕子部
18〔著錄〕子部169

扈

扈從西巡日錄 〔文淵〕460〔文津〕460
〔文瀾〕461〔珍本〕十集76〔著錄〕史部
54

啓

啓雋類函 〔存目〕集部349-351

啓蒙意見 〔文淵〕30〔文津〕25〔文瀾〕25
〔珍本〕四集9

啓蒙意見、七占意見 〔著錄〕經部54

啓蒙對偶續編 〔存目〕子部194

*啓禎四書文 〔文淵〕1451〔文津〕1455
〔文瀾〕1〔珍本〕九集325-340

啓禎兩朝剝復錄 〔續修〕438

啓禎野乘一集 〔禁燬〕史部40-41

啓禎野乘二集 〔禁燬〕史部41

啓禎遺詩 〔禁燬〕集部97

視

視草餘錄 〔著錄〕史部379

視學 〔續修〕1067

畫

畫永編 〔續修〕1124

畫簾緒論 〔文淵〕602〔文津〕602〔文瀾〕
612〔著錄〕史部258

尉

尉遲恭單鞭奪槊雜劇 〔續修〕1762

尉繚子 〔文淵〕726〔文津〕726〔文瀾〕740
〔著錄〕子部333

屠

屠康僖公文集 〔存目〕集部40

屠漸山蘭暉堂集 〔存目〕集部132

屠德胤重暉堂集 〔禁燬補〕71

張

張九達先生四書尊註會意解 〔禁燬補〕2

張小山小令 〔存目補〕45

張子正蒙注 〔續修〕945

張子全書 〔文淵〕697〔文津〕697〔文瀾〕
711〔著錄〕子部61

張子抄釋 〔文淵〕715〔文津〕717〔文瀾〕
730

張子和心鏡別集 〔存目〕子部41

張子野詞 〔續修〕1722

張子遠先生爨下語 〔存目〕子部94

張天師斷風花雪月雜劇 〔續修〕1760

張水南文集 〔存目〕集部76

張氏可書 〔文淵〕1038〔文津〕1042〔文
瀾〕1066〔珍本〕別輯236

張氏拙軒集 〔文淵〕1181〔文津〕1185〔文
瀾〕1216〔珍本〕初集328

張氏春秋集注、綱領 〔文淵〕156〔文津〕
151〔文瀾〕149

張氏集註百將傳 〔存目〕子部30

張氏詩記 〔著錄〕經部190

張氏醫通 〔存目〕子部50〔續修〕1022-
1023

張文忠公文集 〔著錄〕集部347

張文定公觀光樓集、紆玉樓集、靡悔軒
集、環碧堂集、養心亭集、四友亭
集 〔續修〕1336-1337

張文貞公文錄 〔續修〕1669

張文貞集 〔文淵〕1322〔文津〕1326〔文
瀾〕1361

張文烈公軍中遺稿 〔禁燬補〕80

張文僖公文集、詩集 〔存目〕集部39-40

張文愨公遺集 〔禁燬〕集部104

張文襄公古文、書札、駢文、詩集 〔續
修〕1561

張文襄公奏議、電奏 〔續修〕510-511

張方洲奉使錄 〔存目〕集部36

張孔目智勘魔合羅雜劇 〔續修〕1762

張可菴先生書牘 〔存目〕集部166

張右史文集 〔底本〕集部131-134

張石初也足山房尤癯稿 〔禁燬〕集部161

＊張生煮海 〔續修〕1763

張司業集 〔文淵〕1078 〔文津〕1082 〔文瀾〕1107

張弘山集 〔存目〕子部 91

張光弼詩集 〔著録〕集部 259

張先生校正楊寶學易傳 〔著録〕經部 142

張伎陵集 〔存目〕集部 51

張仲景金匱要略論註 〔著録〕子部 15

張仲景注解傷寒百證歌 〔續修〕984

張仲景傷寒論貫珠集 〔續修〕987

張邱建算經 〔文淵〕797 〔文津〕798 〔文瀾〕814 〔著録〕子部 20

張君一先生毛詩微言 〔存目〕經部 63

張抱初先生印正稿 〔存目〕子部 15

張東海先生詩集、文集 〔存目〕集部 39

＊張協狀元 〔續修〕1768

張忠烈公存集 〔禁燬〕集部 77

張忠烈公集 〔續修〕1388

張忠敏公遺集 〔未收〕六輯 29

張乖崖事文録 〔存目〕史部 82

張季子詩録 〔續修〕1575

張河間集 〔續修〕1583

張承吉集 〔續修〕1311

張狀元孟子傳 〔底本〕經部 53－54 〔著録〕經部 23

張南湖先生詩集 〔存目〕集部 68

張禹山戊己吟、附作詩、附作詩續 〔存目〕集部 60

張思齋示孫編、續編 〔未收〕九輯 21

張秦亭詩集 〔存目〕集部 210

張恭懿松窗夢語 〔續修〕1171

張莊僖文集 〔文淵〕1277 〔文津〕1281 〔文瀾〕1314 〔珍本〕三集 345 〔底本〕集部 195－196 〔著録〕集部 354

張陸二先生批評戰國策抄 〔未收〕一輯 16

張異度先生自廣齋集、附周吏部紀事 〔禁燬〕集部 162

張象文詩集 〔續修〕1313

張清恪公年譜 〔續修〕554

張淮陽詩集、詩餘 〔底本〕集部 96

張淮陽詩集、樂府 〔著録〕集部 445

張陽和先生不二齋文選 〔存目〕集部 154

張散騎集 〔續修〕1587

張説之文集 〔著録〕集部 227

張燕公集 〔文淵〕1065 〔文津〕1070 〔文瀾〕1094

張龍湖先生文集 〔存目〕集部 76

張魏公集 〔續修〕1317

張襄壯奏疏 〔文淵〕430 〔文津〕428 〔文瀾〕429 〔珍本〕三集 127

隋

隋天台智者大師別傳 〔續修〕1285

隋文紀 〔文淵〕1400 〔文津〕1404 〔文瀾〕1445 〔珍本〕六集 359－360 〔著録〕集部 414

隋書 〔薈要〕109－110 〔著録〕史部 2－3

隋書、附考證 〔文淵〕264 〔文津〕259－260 〔文瀾〕256－257

隋書地理志考證 〔續修〕283

隋書經籍志考證 〔續修〕915－916

隋煬帝集 〔續修〕1588

隋經籍志考證 〔未收〕三輯 20

隋遺録 〔續修〕1783

將

將將紀 〔存目〕子部 31

將鑑論斷 〔存目〕子部 30

陽

陽山詩集 〔存目〕集部 237

陽宅大全 〔續修〕1052

陽宅正宗 〔未收〕九輯 12

＊陽宅神搜經心傳秘法 〔續修〕1052

＊陽宅真訣 〔續修〕1052

陽明先生要書 〔存目〕集部 49

陽明先生則言 〔續修〕937

陽明先生道學鈔 〔續修〕937

陽春白雪、外集 〔續修〕1728

陽春集 〔續修〕1722

陽秋館集 〔禁燬〕集部 139

陽峰家藏集 〔存目〕集部 66

陽羨名陶録、續録 〔續修〕1111

陽溪遺稿 〔存目〕集部 104

隅

隅園集、蘋川集 〔存目〕集部 160

隆

隆平集 〔文淵〕371〔文津〕367－368〔文瀾〕370〔珍本〕二集 117－118〔著録〕史部 190

隆池山樵詩集 〔存目〕集部 146

*隆萬四書文 〔文淵〕1451〔文津〕1455〔文瀾〕1〔珍本〕九集 325－340

娵

娵隅集 〔續修〕1436

婦

婦人大全良方 〔珍本〕七集 129－132

婦人大全良方、辨識修製藥物法度 〔文淵〕742〔文津〕742〔文瀾〕756

婦女雙名記 〔存目〕子部 216

婦科玉尺 〔續修〕1008

習

習苦齋畫絮 〔續修〕1084

習苦齋詩集、習苦齋古文 〔續修〕1530

習學記言 〔文淵〕849〔文津〕851〔文瀾〕869〔珍本〕三集 197－200〔著録〕子部 10

翏

翏翏集 〔存目〕集部 143

參

參同契章句 〔存目〕子部 257

參寥子詩集 〔文淵〕1116〔文津〕1120〔文瀾〕1146〔珍本〕九集 237－238〔著録〕集部 13

參籌秘書 〔存目〕子部 61〔續修〕1051－1052

參讀禮志疑 〔文淵〕129〔文津〕124〔文瀾〕123〔珍本〕四集 54〔著録〕經部 49

鄉

鄉言解頤 〔續修〕1272

鄉射禮儀節 〔存目〕經部 115

鄉園憶舊録 〔續修〕1180

鄉黨考 〔未收〕七輯 1

鄉黨圖考 〔文淵〕210〔文津〕205〔文瀾〕204〔著録〕經部 172

鄉黨圖考補證、校鄉黨圖考補證札記 〔續修〕157

紺

紺珠集 〔文淵〕872〔文津〕874〔文瀾〕892〔著録〕子部 57

紺寒亭文集、詩別集、詩集 〔存目〕集部 255

終

終南山祖庭仙真内傳 〔存目〕子部 259

終南山説經臺歷代真仙碑記 〔存目〕子部 259

絃

絃索備考 〔續修〕1096

*絃徽宣祕 〔續修〕116

紹

紹易詩集 〔未收〕五輯 21

紹定吳郡志 〔底本〕史部 25－26〔著録〕史部 380

紹陶録 〔文淵〕446〔文津〕445〔文瀾〕447〔珍本〕九集 129〔著録〕史部 31

紹聖新儀象法要 〔著録〕子部 18

紹熙州縣釋奠儀圖 〔文淵〕648〔文津〕648〔文瀾〕659〔珍本〕九集 169〔底本〕史部 49〔著録〕史部 139

紹熙雲間志 〔續修〕687

紹聞堂精選古文覺斯定本 〔禁燬〕集部 170－171

紹聞編 〔續修〕940

紹興十八年同年小録 〔文淵〕448〔文津〕446〔文瀾〕448〔珍本〕八集 82〔底本〕史部 108〔著録〕史部 16

紹興内府古器評 〔存目〕子部 77

紹興府志〔萬曆〕 〔存目〕史部 200－201

巢

巢氏諸病源候論 〔珍本〕十集158–163

巢氏諸病源候總論 〔文淵〕734〔文津〕734〔文瀾〕749

巢民詩集、巢民文集 〔續修〕1399

巢青閣集 〔未收〕八輯20

巢林筆談 〔續修〕1177

巢林筆談續編 〔續修〕1177

巢松集 〔未收〕八輯22

巢經巢文集、詩集、後集、遺詩 〔續修〕1534

巢經巢集經説 〔續修〕176

十二畫

絜

絜齋毛詩經筵講義 〔文淵〕74〔文津〕69〔文瀾〕67〔珍本〕九集35

絜齋家塾書鈔 〔文淵〕57〔文津〕53〔文瀾〕50〔珍本〕初集46–47

絜齋集 〔文淵〕1157〔文津〕1161〔文瀾〕1190〔珍本〕別輯341–346

琵

琵琶記 〔續修〕1769〔續修〕1781

琵琶譜 〔續修〕1096

琴

琴心記 〔續修〕1770

琴史 〔文淵〕839〔文津〕841〔文瀾〕858〔珍本〕七集151〔著録〕子部304

琴旨 〔文淵〕220〔文津〕215〔文瀾〕213〔珍本〕五集59〔著録〕經部107

琴律指掌(琴律揭要) 〔續修〕1095

琴律譜 〔續修〕1095

琴書大全 〔續修〕1092–1093

琴堂諭俗編 〔文淵〕865〔文津〕867〔文瀾〕885〔珍本〕初集228

琴張子螢芝集、評琴張子禪粟糅 〔禁燬〕集部108

琴趣外篇 〔著録〕集部218

琴操 〔續修〕1092

琴學内篇、外篇 〔存目〕子部75〔續修〕1095

琴學心聲諧譜 〔存目〕子部75〔續修〕1094

琴學正聲 〔未收〕三輯24

琴學圖考 〔未收〕十輯10

琴隱園詩集 〔續修〕1502

琴譜合璧 〔文淵〕839〔文津〕841〔文瀾〕858〔珍本〕二集205–207

琴譜指法 〔續修〕1094

琴譜新聲、指法、琴説、鼓琴八則 〔續修〕1095

琱

琱玉集 〔續修〕1212

瑯

瑯嬛史唾 〔存目〕子部243

瑯嬛記 〔存目〕子部120

堯

堯山堂外紀 〔存目〕子部147–148〔續修〕1194–1195

堯山堂偶雋 〔存目補〕45

堯峰文鈔 〔文淵〕1315〔文津〕1319〔文瀾〕1354〔著録〕集部357

堪

堪齋詩存 〔存目〕集部221

項

項氏家説 〔文淵〕706〔文津〕708〔文瀾〕721〔珍本〕別輯165–166

越

越女表微録 〔未收〕四輯17

越中園亭記 〔續修〕718

越史略 〔文淵〕466〔文津〕465〔文瀾〕467〔著録〕史部413

越巫雞卜 〔未收〕十輯9

越事備考 〔未收〕五輯7

越南新聞録 〔未收〕九輯4

越絶書 〔文淵〕463〔文津〕462〔文瀾〕464

〔著録〕史部 94

越語肯綮録　〔存目〕經部 187〔續修〕194

越嶠書　〔存目〕史部 162－163

越諺、賸語　〔未收〕九輯 2

越縵堂文集　〔續修〕1559

越縵堂詩續集　〔續修〕1559

越鐫　〔禁燬〕集部 104

提

提牢備考　〔續修〕867

揚

揚子法言　〔文淵〕696〔文津〕696〔文瀾〕710〔薈要〕247

揚子雲集　〔文淵〕1063〔文津〕1067〔文瀾〕1092〔著録〕集部 1

揚州十日記　〔禁燬〕史部 72

揚州芍藥譜　〔文淵〕845〔文津〕846〔文瀾〕863〔著録〕子部 162

揚州休園志　〔禁燬〕史部 41

揚州府志[康熙]　〔存目〕史部 214－215

揚州畫苑録　〔續修〕1087

揚州畫舫録　〔續修〕733

揚州瓊華集　〔存目〕子部 80

揚侍郎集　〔續修〕1583

博

博物志　〔文淵〕1047〔文津〕1051〔文瀾〕1076〔薈要〕277〔著録〕子部 243

博物志補　〔存目〕子部 251

博物典彙　〔續修〕1246〔禁燬補〕41

博物要覽　〔存目〕子部 118〔續修〕1186

博陵尹氏家譜　〔禁燬補〕25

博異志　〔著録〕子部 243

博異記　〔文淵〕1042〔文津〕1046〔文瀾〕1070

博望山人稿　〔存目〕集部 185－186

博雅備考　〔未收〕三輯 30

博趣齋藁　〔續修〕1331

博學彙書　〔存目〕子部 146－147

博齋集　〔未收〕八輯 29

博濟方　〔文淵〕738〔文津〕738〔文瀾〕753

〔珍本〕別輯 176－177

揭

揭文安公全集　〔著録〕集部 30

揭曼碩文選　〔存目〕集部 22

揭嵩菴先生文集、詩集、遺集　〔禁燬〕集部 182

彭

彭文思公文集　〔存目〕集部 36

彭文憲公集、殿試策　〔存目〕集部 35

彭城集　〔文淵〕1096〔文津〕1099〔文瀾〕1125〔珍本〕別輯 269－273

彭省廬先生文集、詩集　〔存目〕集部 209

彭惠安公文集　〔著録〕集部 351

彭惠安集　〔文淵〕1247〔文津〕1250〔文瀾〕1283〔珍本〕三集 304

彭燕又先生文集、詩集　〔存目〕集部 197

搜

搜玉小集　〔文淵〕1332〔文津〕1336〔文瀾〕1374〔珍本〕十集 278〔著録〕集部 294

搜神後記　〔文淵〕1042〔文津〕1046〔文瀾〕1070〔著録〕子部 243

搜神秘覽　〔續修〕1264

搜神記　〔文淵〕1042〔文津〕1046〔文瀾〕1070〔著録〕子部 242

煮

煮泉小品　〔存目〕子部 80

援

援鶉堂筆記　〔續修〕1148－1149

裁

裁纂類函　〔存目〕子部 171

達

達生編　〔續修〕1008

達齋春秋論　〔續修〕148

達齋書説　〔續修〕50

達齋詩説　〔續修〕73

達觀樓集　〔存目〕集部 183

揮

揮塵前録、後録、三録、餘話　〔著録〕子部 219

揮塵新譚、白醉瑣言、説圃識餘　〔存目〕子部 248

揮塵録前録、後録、三録、餘話　〔文淵〕1038〔文津〕1042〔文瀾〕1065

壹

壹齋集　〔續修〕1475

壺

壺山四六　〔文淵〕1178〔文津〕1182〔文瀾〕1212〔珍本〕初集 325

壺山先生四六　〔著録〕集部 423

壺山集　〔禁燬〕集部 72

壺天玉露、附清士　〔存目〕史部 110

壺天録　〔續修〕1271

壺史　〔存目〕子部 76〔續修〕1106

壺園詩外集　〔續修〕1516

壺園詩鈔選、五代新樂府　〔續修〕1516

壺園賦鈔　〔續修〕1516

壺譜　〔存目〕子部 76

握

握奇經　〔文淵〕726〔文津〕726〔文瀾〕740

握機經、握機緯　〔存目〕子部 30

掾

掾曹名臣録　〔存目〕史部 89

揲

揲訣　〔文淵〕839〔文津〕841〔文瀾〕858〔珍本〕別輯 205〔著録〕子部 358

揲經(佚名)　〔續修〕1097

揲經(晏天章)　〔文淵〕839〔文津〕841〔文瀾〕858〔珍本〕別輯 205

揲經(張擬)　〔著録〕子部 358

斯

斯文正統　〔存目補〕34

期

期齋呂先生集　〔存目〕集部 99

葉

葉八白易傳　〔文淵〕32〔文津〕27〔文瀾〕27〔珍本〕三集 9-10

葉氏春秋傳　〔文淵〕149〔文津〕144〔文瀾〕142

葉氏春秋傳(石林春秋傳)　〔薈要〕34

葉文莊公奏疏　〔存目〕史部 58〔續修〕475

葉文敏公集　〔著録〕集部 450〔續修〕1410

葉先生詩話　〔著録〕集部 330

葉忠節公遺稿　〔存目〕集部 232

葉海峰文集　〔存目〕集部 84

葉梧叟先生集、附葉弈武先生集　〔禁燬補〕74

葉戲原起　〔續修〕1106

葫

葫頭集　〔未收〕九輯 13

散

散花菴詞　〔文淵〕1488〔文津〕1493〔文瀾〕1538〔著録〕集部 219

散原精舍詩　〔續修〕1576

散家財天賜老生兒雜劇　〔續修〕1760

葬

葬法倒杖　〔珍本〕十二集 141

葬書　〔文淵〕808〔文津〕809〔文瀾〕826〔珍本〕十二集 141

葬經　〔著録〕子部 21

葬經箋註、圖説　〔續修〕1054

萬

萬一樓集　〔禁燬〕集部 174

萬二愚先生遺集　〔禁燬〕集部 78

萬山綱目　〔未收〕九輯 6

萬山樓詩集　〔存目〕集部 220

萬子迂談　〔存目〕集部 109

萬氏女科　〔續修〕1007

萬氏石經考　〔文淵〕683〔文津〕683〔文瀾〕697〔珍本〕九集 175

萬氏秘傳片玉心書　〔續修〕1010

萬氏家抄濟世良方　〔存目〕子部 43

萬氏家傳育嬰　〔續修〕1010

萬文恭公摘集　〔存目〕集部 109

萬世太平書　〔存目〕子部 95

萬世玉衡録　〔存目〕子部 23〔續修〕949

萬青閣全集　〔存目〕集部 220

萬青閣詩餘　〔續修〕1724

萬卷堂書目　〔續修〕919

萬姓統譜、附氏族博考　〔文淵〕956-957〔文津〕958-960〔文瀾〕979-981

萬柳溪邊舊話　〔存目〕史部 87

萬首唐人絶句　〔文淵〕1349〔文津〕1352-1353〔文瀾〕1391〔著録〕集部 74

萬峰閣指法閟箋　〔續修〕1094

萬國公法　〔續修〕1299

萬斯備詩稿　〔未收〕八輯 16

萬善花室文藁　〔續修〕1516

萬壽仙書　〔存目〕子部 261

萬壽盛典初集　〔文淵〕653-654〔文津〕652-654〔文瀾〕663-664〔著録〕史部 349-351

萬壽衢歌樂章　〔未收〕九輯 13

萬曆三大征考　〔禁燬〕史部 70

萬曆三大征考、東夷考略、東事答問　〔續修〕436

萬曆辛亥京察記事始末　〔續修〕435

萬曆武功録　〔續修〕436〔禁燬〕史部 35-36

萬曆疏鈔　〔續修〕468-469〔禁燬〕史部 58-60

萬曆會計録　〔續修〕831-833

葛

葛太史公集　〔存目〕集部 170

葛中翰遺集　〔未收〕七輯 16

葛仙翁肘後備急方　〔著録〕子部 263

葛莊分體對鈔　〔存目〕集部 260

葛莊編年詩　〔存目〕集部 260

葛端肅公文集　〔存目〕集部 93

葛震甫詩集　〔禁燬〕集部 123

董

董方立文甲集、董方立文乙集　〔續修〕1518

董司寇文集　〔未收〕五輯 22

董宗伯奏疏輯略　〔存目〕史部 62

董膠西集　〔續修〕1583

董學士泌園集　〔存目〕集部 107

葆

葆沖書屋集、外集　〔續修〕1476

葆璞堂詩集、文集　〔未收〕八輯 25

敬

敬一堂詩鈔　〔續修〕1418

敬止集　〔文淵〕577〔文津〕577〔文瀾〕586〔珍本〕二集 139〔著録〕史部 338

敬由編　〔續修〕974

敬孚類藁　〔續修〕1560-1561

敬事草　〔存目〕史部 63〔續修〕479-480

敬和堂集　〔存目〕集部 136

敬所王先生文集　〔存目〕集部 111

敬修堂講録　〔續修〕172

敬亭集、自著年譜、年譜續編　〔存目〕集部 193

敬亭詩草、文稿　〔未收〕八輯 26

敬軒文集　〔文淵〕1243〔文津〕1247〔文瀾〕1279〔珍本〕十二集 177-179

敬鄉録　〔文淵〕451〔文津〕450〔文瀾〕451〔珍本〕十一集 60

敬業堂詩集　〔文淵〕1326〔文津〕1329-1330〔文瀾〕1366

敬業堂詩集、續集　〔著録〕集部 132

敬業堂詩續集　〔未收〕八輯 24

敬齋文集　〔未收〕十輯 20

敬齋古今黈　〔文淵〕866〔文津〕868〔文瀾〕886〔珍本〕別輯 216-217

敬齋先生古今黈　〔著録〕子部 362

敬齋集　〔著録〕集部 69

落

落玄軒集選　〔未收〕六輯 25

落帆樓文集　〔續修〕1525

落落齋遺集　〔禁燬〕集部 50

朝

朝邑縣志　〔文淵〕494　〔文津〕494　〔文瀾〕497　〔珍本〕十二集 36

朝野僉載　〔文淵〕1035　〔文津〕1039　〔文瀾〕1062

朝野新聲太平樂府　〔存目〕集部 426　〔續修〕1739

朝野類要　〔文淵〕854　〔文津〕856　〔文瀾〕874　〔底本〕子部 19　〔著錄〕子部 165

朝鮮史略　〔文淵〕466　〔文津〕465　〔文瀾〕467　〔著錄〕史部 35

朝鮮史略（東國史略）　〔珍本〕十集 77－79

朝鮮志　〔文淵〕594　〔文津〕595　〔文瀾〕603　〔珍本〕十一集 91　〔著錄〕史部 253

朝鮮志、附箕田考　〔存目〕史部 255

朝鮮紀事　〔存目〕史部 46　〔續修〕744

朝鮮國紀　〔存目〕史部 163

朝鮮賦　〔文淵〕594　〔文津〕594　〔文瀾〕602　〔珍本〕十一集 91　〔著錄〕史部 114

朝鮮雜志　〔存目〕史部 255

喪

喪服表、殤服表　〔續修〕95

喪服制考　〔存目〕經部 88

喪服會通説　〔續修〕95

喪服經傳補疏　〔續修〕95

喪服鄭氏學　〔續修〕96

喪禮吾説篇　〔存目〕經部 87　〔續修〕95

葦

葦航漫遊稿　〔文淵〕1186　〔文津〕1190　〔文瀾〕1222　〔珍本〕初集 331

葦碧軒詩集　〔著錄〕集部 248

楮

楮記室　〔存目〕子部 194

植

植物名實圖考　〔續修〕1117－1118

焚

焚香記　〔續修〕1768

焚椒録　〔存目〕史部 45　〔續修〕423

焚餘詩草、玉臺詞鈔、律賦　〔未收〕十輯 29

棲

棲霞長春子丘神仙磻溪集　〔續修〕1322

椒

椒邱文集、外集　〔文淵〕1249　〔文津〕1252－1253　〔文瀾〕1285　〔著錄〕集部 39

椒邱文集三十四集　〔珍本〕五集 301－304

棉

棉書　〔續修〕977

棉陽學準　〔存目〕子部 28

棉業圖説　〔續修〕977

棕

棕亭古文鈔、駢體文鈔　〔續修〕1442

棕亭詩鈔　〔續修〕1442

棣

棣華書屋近刻　〔存目〕集部 408

極

極玄集　〔文淵〕1332　〔文津〕1336　〔文瀾〕1374　〔珍本〕十集 278　〔著錄〕集部 410

惠

惠山古今考　〔存目〕史部 233

惠氏易説　〔文淵〕47　〔文津〕42　〔文瀾〕40

惠氏春秋左傳補註　〔文淵〕181　〔文津〕176　〔文瀾〕172

惠氏春秋説　〔文淵〕178　〔文津〕173－174　〔文瀾〕171

惠氏讀説文記　〔續修〕203

惠陽山水紀勝　〔存目〕史部 241

粟

粟香隨筆、二筆、三筆、四筆、五筆　〔續

修]1183－1184

棗

棗林外索　〔續修〕1135
棗林藝簀　〔存目〕集部420
棗林雜俎　〔存目〕子部113〔續修〕1134－1135

皕

皕宋樓藏書志、續志　〔續修〕928－929

硤

硤川誌　〔存目〕史部242

硯

硯山齋雜記　〔文淵〕872〔文津〕874〔文瀾〕892〔珍本〕初集228
硯北易鈔　〔存目〕經部33
硯北雜録、剳記　〔存目〕子部158
硯史　〔文淵〕843〔文津〕845〔文瀾〕861〔著録〕子部162
硯箋　〔文淵〕843〔文津〕845〔文瀾〕861〔珍本〕三集196〔著録〕子部53
硯谿先生集　〔續修〕1421
硯譜　〔文淵〕843〔文津〕845〔文瀾〕861〔著録〕子部162

殘

殘明紀事　〔禁燬〕史部72

雄

雄雉齋選集　〔存目〕集部264

雲

雲山日記　〔續修〕558
雲山堂集　〔存目〕集部121
雲川閣詩、詞　〔存目〕集部266
雲中紀變　〔存目〕史部49
雲文集　〔文淵〕1138〔文津〕1143〔文瀾〕1170〔珍本〕初集294
雲左山房詩鈔　〔續修〕1512
雲仙雜記　〔文淵〕1035〔文津〕1039〔文瀾〕1062〔著録〕子部110
雲在詩鈔　〔存目〕集部272
雲邨先生文集　〔底本〕集部158－159
雲邨先生文集、年譜　〔著録〕集部433
雲村集　〔文淵〕1272〔文津〕1276〔文瀾〕1309〔珍本〕二集364－365
雲谷臥餘、續　〔存目〕子部114
雲谷雜記　〔文淵〕850〔文津〕853〔文瀾〕870〔珍本〕別輯209〔著録〕子部30
雲林石譜　〔文淵〕844〔文津〕846〔文瀾〕863〔著録〕子部10
雲林堂飲食製度集　〔續修〕1115
雲林集(危素)　〔文淵〕1226〔文津〕1231〔文瀾〕1262〔珍本〕三集294
雲林集(貢奎)　〔文淵〕1205〔文津〕1209〔文瀾〕1240〔珍本〕三集278
雲松巢集　〔文淵〕1220〔文津〕1225〔文瀾〕1256〔珍本〕四集301
雲臥山莊詩集　〔續修〕1552
雲門志略　〔存目〕史部230
雲南通志　〔文淵〕569－570〔文津〕569－571〔文瀾〕578－579
雲南通志[雍正]　〔著録〕史部241－242
雲南圖經志書[景泰]　〔續修〕681
雲南機務抄黃　〔存目〕史部45
雲笈七籤　〔文淵〕1060－1061〔文津〕1064－1065〔文瀾〕1089－1090〔著録〕子部125－126
雲泉詩　〔文淵〕1186〔文津〕1191〔文瀾〕1222〔珍本〕十集241〔著録〕集部443
雲起軒詞鈔　〔續修〕1727
雲莊四六餘話　〔續修〕1714
雲莊張文忠公休居自適小樂府　〔續修〕1738
雲莊集(曾協)　〔文淵〕1140〔文津〕1144〔文瀾〕1171〔珍本〕別輯327
雲莊集(劉爚)　〔文淵〕1157〔文津〕1161〔文瀾〕1191〔珍本〕二集272－273
雲莊劉文簡公文集　〔底本〕集部81－82〔著録〕集部21
雲峰胡先生文集　〔著録〕集部29
雲峰集　〔文淵〕1199〔文津〕1204〔文瀾〕1234〔珍本〕四集298

雲氣占候　〔續修〕1052

雲崗選稿　〔存目〕集部 87－88

雲陽李先生文集　〔著録〕集部 33

雲陽集　〔文淵〕1219〔文津〕1224〔文瀾〕
　　1255〔珍本〕二集 349

雲巢編　〔文淵〕1117〔文津〕1122〔文瀾〕
　　1147〔著録〕集部 340

雲間志略　〔禁燬〕史部 8

雲間雜志　〔存目〕子部 244

雲煙過眼録、續録　〔文淵〕871〔文津〕873
　　〔文瀾〕890

雲溪文集　〔存目〕集部 267

雲溪居士集　〔文淵〕1119〔文津〕1124〔文
　　瀾〕1149〔珍本〕初集 256－257〔底本〕
　　集部 60－61〔著録〕集部 94

雲溪集　〔文淵〕1134〔文津〕1138〔文瀾〕
　　1165〔珍本〕初集 284〔底本〕集部 69
　　〔著録〕集部 441

雲臺編　〔文淵〕1083〔文津〕1087〔文瀾〕
　　1113

雲邁淡墨　〔存目〕子部 145〔續修〕1192

雲谿友議　〔文淵〕1035〔文津〕1039〔文
　　瀾〕1062〔著録〕子部 110

雲謡集雜曲子　〔續修〕1728

雲齋廣録　〔存目〕子部 246

雲齋廣録、後集　〔續修〕1264

雲鴻洞續稿　〔禁燬補〕88

雲麓漫鈔　〔文淵〕864〔文津〕866〔文瀾〕
　　884〔珍本〕十集 171－173〔著録〕子部
　　56

雅

雅似堂文集、詩集、訟過録　〔存目〕集部
　　193

雅述　〔存目〕子部 84〔續修〕938

雅雨堂詩集、文集、雅雨山人出塞集
　　〔續修〕1423

雅尚齋遵生八牋　〔著録〕子部 171

雅宜山人集　〔存目〕集部 79

雅音會編　〔存目補〕12

雅笑　〔續修〕1272

雅倫　〔存目〕集部 420〔續修〕1697

雅頌正音　〔文淵〕1370〔文津〕1374〔文

瀾〕1413〔珍本〕七集 288〔底本〕集部
　　225〔著録〕集部 451

雅樂發微　〔存目〕經部 182〔續修〕113

雅餘　〔未收〕三輯 30

雅學考　〔續修〕189

斿

斿齋文存、試律、詩餘　〔未收〕十輯 29

斐

斐然集　〔文淵〕1137〔文津〕1141〔文瀾〕
　　1168〔珍本〕初集 289－292

紫

紫山大全集　〔文淵〕1196〔文津〕1200〔文
　　瀾〕1231〔珍本〕四集 291－296

紫竹山房文集　〔續修〕1670

紫竹山房文集、詩集　〔未收〕九輯 25

紫柏老人集　〔未收〕六輯 23

紫桃軒雜綴、又綴　〔存目〕子部 108

紫原文集　〔禁燬〕集部 139－140

紫峴山人全集　〔續修〕1443－1444

紫峰陳先生文集　〔存目〕集部 73

紫峰集　〔存目補〕52

紫釵記　〔續修〕1769

紫陽大指　〔存目〕子部 22

紫雲先生增修校正押韻釋疑　〔著録〕經
　　部 181

紫微集　〔文淵〕1131〔文津〕1135〔文瀾〕
　　1162〔珍本〕別輯 314－318

紫微雜説　〔文淵〕863〔文津〕865〔文瀾〕
　　883

紫幢軒詩集　〔未收〕八輯 22

紫薇山人詩鈔　〔未收〕九輯 27

紫薇詩話　〔文淵〕1478〔文津〕1483〔文
　　瀾〕1528

紫瓊巖詩鈔　〔未收〕九輯 21

紫瓊巖詩鈔續刻　〔未收〕九輯 21

紫簫記　〔續修〕1772

紫巖于先生詩選　〔著録〕集部 60

紫巖易傳　〔文淵〕10〔文津〕5〔文瀾〕4
　　〔薈要〕3

紫巖居士易傳　〔著録〕經部 32

紫巖詩選　〔文淵〕1189〔文津〕1194〔文瀾〕1225〔珍本〕十一集 172

棠

棠陵文集　〔存目〕集部 64

棠陰比事　〔文淵〕729〔文津〕729〔文瀾〕743〔著録〕子部 46

棠湖詩稿　〔存目〕集部 20

掌

掌中宇宙　〔續修〕1125

掌記　〔禁燬〕集部 110

掌録　〔存目〕子部 101〔存目〕子部 144

晴

晴川蟹録、後録、續録　〔存目〕子部 82
　〔續修〕1120

晴江閣集　〔未收〕七輯 30

晴峰詩集　〔未收〕九輯 27

暑

暑窗臆説　〔存目〕子部 114

最

最古園二編　〔存目〕集部 270

最新清國文武官制表　〔續修〕753

最樂堂文集　〔未收〕十輯 13

最樂編　〔未收〕三輯 28

鼎

鼎刻柱史閣佘崙山先生懼史大書增補經書闡義　〔未收〕四輯 20

鼎新圖像蟲經　〔續修〕1120

鼎鋟鍾伯敬訂正資治綱鑑正史大全　〔禁燬〕史部 65－67

鼎録　〔文淵〕840〔文津〕842〔文瀾〕859〔著録〕子部 27

鼎鍥幼幼集成　〔續修〕1010－1011

鼎鍥趙田了凡袁先生編纂古本歷史大方綱鑑補　〔禁燬〕史部 67－68

鼎鍥徽池雅調南北官腔樂府點板曲響大明春　〔續修〕1778

鼎鐫鄒臣虎增補魏仲雪先生詩經脈講意　〔存目〕經部 66

鼎鐫諸方家彙編皇明名公文雋　〔存目〕集部 330

戢

戢思堂詩鈔　〔未收〕九輯 28

開

開天傳信記　〔文淵〕1042〔文津〕1047〔文瀾〕1070〔著録〕子部 243

開元天寶遺事　〔文淵〕1035〔文津〕1040〔文瀾〕1063〔著録〕子部 217

開元釋教録　〔文淵〕1051〔文津〕1055〔文瀾〕1080〔珍本〕六集 235－239

開元釋教録、略出　〔著録〕子部 120

開方通釋　〔續修〕1045

*開方説　〔續修〕1045－1046

開封府志　〔存目補〕76

開慶四明續志　〔續修〕705

開禧德安守城録　〔續修〕423

開顏集　〔存目〕子部 250〔續修〕1272

閑

閑中今古　〔續修〕1122

閑存堂文集、詩集　〔未收〕八輯 21

閑者軒帖考　〔存目〕史部 278

閑居叢稿　〔文淵〕1210〔文津〕1214〔文瀾〕1245

閑家編　〔存目〕子部 158

閑閑老人滏水文集　〔底本〕集部 94－95〔底本〕集部 183－184〔著録〕集部 424

閑道録(沈壽民)　〔存目〕子部 15

閑道録(熊賜履)　〔存目〕子部 22

閑窗括異志　〔續修〕1264

閑闢録　〔存目〕子部 7

猒

猒次瑣談　〔存目〕子部 103

閒

閒青堂詩集　〔未收〕八輯 25

閒居録 〔文淵〕866〔文津〕868〔文瀾〕886
〔珍本〕十二集 143〔著録〕子部 169
閒書 〔未收〕七輯 14
閒情偶寄 〔續修〕1186
閒情集 〔禁燬〕集部 172
閒適劇談 〔存目〕子部 84〔續修〕1127

閔

閔子世譜 〔存目〕史部 78
閔莊懿公詩集 〔存目〕集部 38

遏

遏雲閣曲譜 〔續修〕1757－1758

景

景文堂詩集 〔續修〕1462
景文集 〔文淵〕1088〔文津〕1091－1092
〔文瀾〕1117〔珍本〕別輯 244－251
景印摛藻堂四庫全書薈要目録 〔薈要〕1
景迂生集 〔文淵〕1118〔文津〕1122〔文瀾〕1148〔薈要〕387
景仰撮書 〔存目〕子部 121
景岳全書 〔文淵〕777〔文津〕778－780
〔文瀾〕794－796〔珍本〕十集 134－157
〔著録〕子部 68－69
景定建康志 〔文淵〕488－489〔文津〕487－
489〔文瀾〕490－491〔珍本〕九集 143－
154〔著録〕史部 107－108
景定嚴州續志 〔文淵〕487〔文津〕487
〔文瀾〕489－491〔珍本〕八集 90
景祐太乙福應經 〔續修〕1061
景祐乾象新書 〔續修〕1050
景教流行中國碑頌 〔續修〕1296
景德傳燈録、西來年表 〔續修〕1282
景德鎮陶録 〔續修〕1111

貴

貴耳集 〔著録〕子部 169
貴耳集、二集、三集 〔文淵〕865〔文津〕
867〔文瀾〕885
貴州通志 〔文淵〕571－572〔文津〕571－
572〔文瀾〕580－581
貴州通志[嘉靖] 〔存目〕史部 193
貴州通志[乾隆] 〔著録〕史部 243－244
貴州圖經新志[弘治] 〔存目〕史部 199

蛞

蛞蜣集 〔存目〕集部 143

蛟

蛟峰文集 〔珍本〕四集 282
蛟峰文集、附山房遺文、蛟峰外集、山房
先生外集 〔文淵〕1187〔文津〕1191
〔文瀾〕1223
蛟峰先生文集、外集、山房先生遺文
〔著録〕集部 28
蛟峰批點止齋論祖、論訣 〔存目〕集部 20

郒

郒溪集 〔文淵〕1097〔文津〕1100〔文瀾〕
1126〔珍本〕三集 238－240

喉

喉科指掌 〔續修〕1018
喉科秘本、喉科附方 〔續修〕1018

喻

喻子十三種秘書兵衡 〔禁燬〕子部 29
喻林 〔文淵〕958－959〔文津〕960－962
〔文瀾〕982－983〔著録〕子部 84－85

喑

喑囈集 〔存目〕集部 23

喙

喙鳴文集、詩集 〔禁燬〕集部 176
喙鳴文集、詩集、敬事草 〔續修〕1357－
1358

買

買愁集 〔未收〕十輯 12

黑

黑旋風仗義疏財 〔續修〕1764

黑旋風雙獻功雜劇 〔續修〕1761

黑蝶齋詩鈔 〔存目〕集部263

黑龍江外記 〔續修〕731

黑龍江述略 〔續修〕731

黑韃事略 〔續修〕423

圍

圍爐詩話 〔存目〕集部421 〔續修〕1697

無

無上祕要 〔存目〕子部258 〔續修〕1292-1293

無不宜齋未定稿 〔續修〕1441

無他技堂遺稿 〔禁燬〕集部72

無邪堂答問 〔續修〕1164

無住詞 〔文淵〕1487 〔文津〕1492 〔文瀾〕1537 〔著録〕集部218

無事爲福齋隨筆 〔續修〕1181

無垢先生橫浦心傳録、橫浦日新 〔存目〕子部83

無甚高論 〔存目〕子部88

無悔齋集 〔存目〕集部277

無異堂文集 〔未收〕八輯23

無欲齋詩鈔 〔存目〕集部184

無寃録 〔存目〕子部37 〔續修〕972

無絃琴譜 〔續修〕1723

無爲集 〔文淵〕1099 〔文津〕1103 〔文瀾〕1129 〔珍本〕五集274 〔底本〕集部125 〔著録〕集部237

無夢園遺集 〔續修〕1383 〔禁燬〕集部142

無聞堂稿 〔存目〕集部112

無聞集 〔續修〕1461

無錫志[洪武] 〔底本〕史部18 〔著録〕史部211

無錫縣志 〔文淵〕492 〔文津〕492 〔文瀾〕495 〔珍本〕十二集36

無聲詩史 〔存目〕子部72 〔續修〕1065

掣

掣鯨堂詩集 〔禁燬〕集部187

鉼

鉼水齋詩集、詩別集、詩話 〔續修〕1486-

1487

短

短長 〔存目〕史部44

智

智品 〔存目〕子部134-135

智勘魔合羅 〔續修〕1764

*智賞金線池 〔續修〕1763

智囊補 〔存目〕子部135

剩

剩言 〔存目〕子部91 〔續修〕1132

剩語 〔文淵〕1194 〔文津〕1198 〔文瀾〕1229 〔珍本〕初集341 〔底本〕集部96 〔著録〕集部106

嵇

嵇中散集 〔文淵〕1063 〔文津〕1067 〔文瀾〕1092 〔著録〕集部226 〔續修〕1584

程

程子節録、文集抄 〔存目〕子部2

程子詳本 〔存目〕子部2-3

程氏春秋或問 〔文淵〕160 〔文津〕155 〔文瀾〕153

程氏家塾讀書分年日程、綱領 〔著録〕子部62

程氏經説 〔文淵〕183 〔文津〕178 〔文瀾〕175 〔珍本〕四集86

程氏演繁露、續集 〔著録〕子部30

程氏墨苑 〔存目〕子部79 〔續修〕1114

程文恭公遺稿 〔存目〕集部90

程功録 〔存目〕子部25

程朱闕里志、彙增 〔存目〕史部85

程仲權先生詩集、文集 〔存目〕集部190

程志 〔續修〕938

程侍郎遺集 〔續修〕1511

程洺水先生集 〔著録〕集部25

程書、附拾遺 〔存目〕子部3

程蒙齋性理字訓 〔存目〕子部4

程端明公洺水集 〔底本〕集部137-138

程賦統會　〔續修〕834

黎

黎園集成　〔續修〕1782

喬

喬氏易俟、圖　〔著錄〕經部55
喬夢符小令　〔續修〕1738
喬影　〔續修〕1768

等

等切元聲　〔存目〕經部219　〔續修〕258
＊等韵叢說　〔續修〕248
等韻精要　〔續修〕258
等韻學　〔續修〕258

答

答問　〔存目〕子部20　〔續修〕945

筍

筍譜　〔文淵〕845　〔文津〕847　〔文瀾〕863
　〔著錄〕子部162

筆

筆山崔先生文集　〔存目〕集部94
筆史（梁同書）　〔續修〕1115
筆史（楊思本）　〔存目〕子部253
筆玄要旨　〔存目〕子部71
筆花醫鏡　〔續修〕1025
筆峰文集　〔存目〕集部74
筆記（陳繼儒）　〔存目〕子部148
筆記（程大純）　〔存目〕子部28
筆道通會　〔存目〕子部72
筆算說略、籌算說略　〔續修〕1047
筆叢正集、續集　〔著錄〕子部34
筆疇　〔存目〕子部83
筆懺　〔未收〕六輯19

傲

傲軒吟稿　〔文淵〕1216　〔文津〕1221　〔文
瀾〕1251　〔珍本〕初集355　〔著錄〕集部
447

備

備忘集　〔文淵〕1286　〔文津〕1290　〔文瀾〕
1323　〔著錄〕集部278
備急千金要方　〔文淵〕735　〔文津〕735－
736　〔文瀾〕750
備倭記　〔存目〕子部31

傅

傅子　〔文淵〕696　〔文津〕696　〔文瀾〕710
〔珍本〕別輯160　〔薈要〕248
傅天集　〔未收〕九輯22
傅中丞集　〔續修〕1584
傅氏眼科審視瑤函、審視瑤函醫案　〔續
修〕1017
傅青主女科、附產後編　〔續修〕1007
傅忠肅公文集　〔著錄〕集部49
傅與礪詩文集　〔珍本〕三集282－283
傅與礪詩文集、詩集、文集　〔文淵〕1213
〔文津〕1217　〔文瀾〕1248
傅與礪詩集、傅與礪文集　〔著錄〕集部
256
傅鶉觚集　〔續修〕1584

牌

牌統孚玉　〔未收〕五輯13

順

順天府志〔萬曆〕　〔存目〕史部208
順天府志〔光緒〕　〔續修〕683－686
順齋先生閒居叢藁　〔底本〕集部101－102
〔著錄〕集部348

集

集千家注杜工部詩集　〔文淵〕1069　〔文
津〕1073　〔文瀾〕1099
集千家註批點杜工部詩集、年譜　〔著
錄〕集部228
集千家註杜工部詩集、文集　〔薈要〕360
集玉山房稿　〔文淵〕1296　〔文津〕1300　〔文
瀾〕1334　〔珍本〕三集351－352　〔底本〕
集部212　〔著錄〕集部449
集古文英　〔存目〕集部381

集古印譜　〔存目〕子部 75

集古官印考、集古虎符魚符考　〔續修〕
　　1109

集古梅花詩　〔存目〕集部 258

集古錄　〔文淵〕681〔文津〕680〔文瀾〕694
　　〔著錄〕史部 155

集杜句詩、詠文丞相詩　〔著錄〕集部 27

集注太玄　〔續修〕1048

集虛堂小草、餘草　〔存目〕集部 267

集虛齋文錄　〔續修〕1671

集虛齋學古文　〔存目〕集部 263

集異志　〔存目〕子部 245

集異記　〔文淵〕1042〔文津〕1046〔文瀾〕
　　1070〔著錄〕子部 331

集程朱格物法、集朱子讀書法　〔存目〕
　　子部 28

集義軒詠史詩鈔　〔續修〕1542－1543

集篆古文韻海　〔續修〕236

集韻　〔文淵〕236〔文津〕231〔文瀾〕229
　　〔薈要〕85〔著錄〕經部 114

集韻考正　〔續修〕253

集韻編雅　〔續修〕254

集鐘鼎古文韻選　〔存目〕經部 197

集驗背疽方　〔文淵〕743〔文津〕743〔文
　　瀾〕757〔珍本〕初集 172

焦

焦山古鼎考　〔存目〕子部 77

焦山鼎銘考　〔未收〕一輯 30

焦太史編輯國朝獻徵錄　〔存目〕史部
　　100－106〔續修〕525－531

焦氏四書講錄　〔續修〕162

焦氏易林　〔文淵〕808〔文津〕809〔文瀾〕
　　826

焦氏易林校略　〔續修〕1055

焦氏筆乘、續集　〔存目〕子部 107〔續修〕
　　1129

焦氏說楛　〔存目〕子部 113〔續修〕1174

焦氏澹園集　〔續修〕1364〔禁燬〕集部 61

焦氏澹園續集　〔續修〕1364－1365〔禁燬〕
　　集部 61－62

焦氏類林　〔存目〕子部 133〔續修〕1189

焦書　〔續修〕944

皋

皋軒文編　〔存目〕集部 237

衆

衆妙集　〔文淵〕1356〔文津〕1361〔文瀾〕
　　1399〔珍本〕九集 270〔著錄〕集部 412

遁

遁甲符應經　〔續修〕1060

遁甲演義　〔文淵〕810〔文津〕812〔文瀾〕
　　829〔珍本〕初集 183

街

街南文集　〔禁燬〕集部 148

街南續集　〔禁燬〕集部 148

御

御批通鑑綱目（御批資治通鑑綱目）
　　〔薈要〕166－169

御批資治通鑑綱目　〔文淵〕689－691〔文
　　津〕688－694〔文瀾〕703－706〔珍本〕六
　　集 133－172

御批資治通鑑綱目、御批資治通鑑綱目
　　前編、御批續資治通鑑綱目　〔著錄〕
　　史部 161－166

御批資治通鑑綱目前編　〔文淵〕692〔文
　　瀾〕706－707〔薈要〕165

御批歷代通鑑輯覽　〔著錄〕史部 46－49

御批歷代通鑑輯覽（御批通鑑輯覽）、附
　　明唐桂二王本末　〔薈要〕173－178

御批歷代通鑑輯覽、附明唐桂二王本
　　末　〔文淵〕335－339〔文津〕332－336
　　〔文瀾〕334－338

御批續資治通鑑綱目　〔文淵〕693－694
　　〔文瀾〕707－708

御批續資治通鑑綱目（御批續通鑑綱
　　目）　〔薈要〕170－171

御定（佩文齋）書畫譜、纂輯書籍　〔薈
　　要〕280－284

御定人臣儆心錄　〔文淵〕602〔文津〕602
　　〔文瀾〕612〔珍本〕十集 105

御定小學集註　〔文淵〕699〔文津〕699

〔文瀾〕713〔薈要〕251

御定千叟宴詩 〔文淵〕1447〔文津〕1451
〔文瀾〕1494〔珍本〕九集324

御定子史精華 〔文淵〕1008－1010〔文津〕
1011－1014〔文瀾〕1035－1036〔薈要〕
318－320

御定內則衍義 〔文淵〕719〔文津〕721
〔文瀾〕733〔珍本〕七集125－126

御定分類字錦 〔文淵〕1005－1007〔文津〕
1008－1011〔文瀾〕1031－1034〔薈要〕
314－317

御定月令輯要 〔文淵〕467〔文津〕466
〔文瀾〕468〔珍本〕八集84－89〔薈要〕
179

御定曲譜 〔文淵〕1496〔文津〕1500〔文
瀾〕1546〔珍本〕八集398－400

御定全唐詩 〔文淵〕1423－1431〔文津〕
1427－1435〔文瀾〕1468－1476〔薈要〕
431－441

御定全唐詩錄 〔文淵〕1472－1473〔文津〕
1476－1478〔文瀾〕1521－1522〔珍本〕
八集375－394

御定全唐詩錄、年表 〔著錄〕集部363－
364

御定孝經注 〔文淵〕182〔文津〕177〔文
瀾〕173〔珍本〕五集54

御定孝經注(御注孝經) 〔薈要〕68

御定孝經衍義 〔文淵〕718〔文津〕719－
720〔文瀾〕733－734〔珍本〕十集110－
133〔薈要〕69－70

御定佩文齋書畫譜、總目、纂輯書籍
〔文淵〕819－823〔文津〕822－825〔文
瀾〕838－842

御定佩文齋詠物詩選 〔文淵〕1432－1434
〔文津〕1436－1438〔文瀾〕1487－1490
〔薈要〕453－455

御定佩文齋廣群芳譜 〔文淵〕845〔文
津〕847－849〔文瀾〕864－866

御定佩文韻府 〔文淵〕1011－1028〔文津〕
1014－1032〔文瀾〕1037－1055〔薈要〕
321－343

御定星曆考原 〔文淵〕811〔文津〕812
〔文瀾〕829〔珍本〕六集200〔著錄〕子部
149

御定音韻闡微 〔文淵〕240〔文津〕235

〔文瀾〕232〔珍本〕十一集35－37〔薈
要〕86

御定康熙字典、總目、檢字、辨似、等韻、
備考 〔文淵〕229－231〔文津〕224－
226〔文瀾〕221－222〔薈要〕81－82

御定詞譜 〔文淵〕1495〔文津〕1499－1500
〔文瀾〕1545〔薈要〕496

御定道德經註 〔文淵〕1055〔文津〕1059
〔文瀾〕1084〔珍本〕四集208

御定道德經註(御註道德經) 〔薈要〕
275

御定淵鑑類函 〔文淵〕982－993〔文津〕
983－996〔文瀾〕1007－1019〔薈要〕
285－300

御定資治通鑑綱目三編 〔文淵〕340〔文
津〕337〔文瀾〕339〔珍本〕六集64－70

御定資治通鑑綱目三編(御定綱目三
編) 〔薈要〕172

御定資政要覽 〔文淵〕717〔文津〕719
〔文瀾〕732〔珍本〕六集187

御定資政要覽(御製資政要覽) 〔薈要〕
248

御定廣群芳譜(御定佩文齋廣群芳
譜) 〔薈要〕258－261

御定滿珠蒙古漢字三合切音清文鑑
〔文淵〕234〔文津〕228－229〔文瀾〕
225－226〔珍本〕十一集27－34

御定駢字類編 〔文淵〕994－1004〔文津〕
997－1008〔文瀾〕1020－1030〔薈要〕
301－313〔著錄〕子部201－212

御定歷代紀事年表、三元甲子編年 〔文
淵〕387－391〔文津〕384－388〔文瀾〕
386－389〔著錄〕史部374－378

御定歷代詩餘(御選歷代詩餘) 〔薈要〕
497－500

御定歷代賦彙 〔文淵〕1419－1422〔文津〕
1423－1427〔文瀾〕1463－1467〔珍本〕
九集272－323〔薈要〕425－430

御定歷代賦彙、外集、逸句 〔著錄〕集部
313－316

御定歷代題畫詩類 〔文淵〕1435－1436
〔文津〕1438－1440〔文瀾〕1491－1492
〔珍本〕六集368－381〔薈要〕456－457
〔著錄〕集部311－312

御定韻府拾遺 〔文淵〕1029－1030〔文津〕1033－1034〔文瀾〕1056－1057〔薈要〕344－346

御訂全金詩增補中州集 〔文淵〕1445〔文津〕1448－1449〔文瀾〕1477〔著錄〕集部309－310

御著大狩龍飛録 〔存目〕史部45

御註孝經 〔著錄〕經部23

御註道德經 〔著錄〕子部123

御試備官日記 〔續修〕558

御製人臣儆心錄 〔著錄〕史部116

御製大誥 〔續修〕862

御製大誥三編 〔續修〕862

御製大誥續編 〔續修〕862

御製日知薈説 〔文淵〕717〔文津〕719〔文瀾〕732〔珍本〕八集132

御製文初集 〔薈要〕350

御製文初集、二集、三集、四集 〔著錄〕集部281－284

御製文初集、二集、三集、餘集 〔文淵〕1301〔文津〕1305〔文瀾〕1338〔著錄〕集部73

御製正孔子祀典説 〔存目〕史部268

御製明堂或問 〔存目〕史部268

御製周顛僊人傳 〔存目〕子部259

御製官箴 〔存目〕史部261

御製律呂正義上編、下編、續編 〔著錄〕經部28

御製律呂正義上編正律審音、下編和聲定樂、續編協均度曲 〔文淵〕215〔文津〕210〔文瀾〕208〔珍本〕十一集23－24〔薈要〕266

御製律呂正義後編 〔文淵〕215－218〔文津〕210－213〔文瀾〕209－211〔薈要〕271－274

御製律呂正義後編、上諭奏義 〔著錄〕經部173－176

御製耕織圖詩 〔續修〕975

御製詩二集 〔薈要〕352－353

御製詩三集 〔薈要〕354－356

御製詩初集 〔薈要〕351

御製詩初集、二集、三集、四集、五集、餘集 〔文淵〕1302－1311〔文津〕1306－1315〔文瀾〕1339－1349〔著錄〕集部367－380

御製資政要覽 〔著錄〕子部1

御製滿珠蒙古漢字三合切音清文鑑 〔著錄〕經部179－180

御製增訂清文鑑 〔文淵〕232－233〔文津〕226－228〔文瀾〕223－224〔薈要〕83－84〔著錄〕經部111－112

御製數理精蘊上編、下編、表 〔文淵〕799－801〔文津〕799－802〔文瀾〕816－818〔珍本〕十一集115－128〔薈要〕267－269〔著錄〕子部271－273

御製樂善堂全集定本 〔文淵〕1300〔文津〕1304〔文瀾〕1338〔薈要〕350

御製曆象考成 〔著錄〕子部5－6

御製曆象考成上編、下編、表 〔文淵〕790〔文津〕791－793〔文瀾〕808－809〔珍本〕四集151－157〔薈要〕264－266

御製曆象考成後編 〔文淵〕792〔文津〕793〔文瀾〕809〔珍本〕四集162－163〔薈要〕270〔著錄〕子部146

御製繙譯易經、書經、詩經、禮記、春秋、四書 〔著錄〕經部164－168

御撰資治通鑑綱目三編 〔著錄〕史部75

御賜齊年堂文集 〔未收〕八輯25

*御選元詩、姓名爵里 〔薈要〕446－448｜446－448

御選古文淵鑑 〔文淵〕1417－1418〔文津〕1421－1422〔文瀾〕1461－1462〔薈要〕423－424

御選宋金元明四朝詩 〔文淵〕1437－1444〔文津〕1440〔文瀾〕1478－1486〔薈要〕442－452

御選宋金元明四朝詩、姓名爵里 〔著錄〕集部190－197

*御選宋詩、姓名爵里 〔薈要〕442－444｜442－444

御選明臣奏議 〔文淵〕445〔文津〕443－444〔文瀾〕446〔珍本〕九集117－128〔著錄〕史部52

*御選明詩、姓名爵里 〔薈要〕449－452｜449－452

*御選金詩、姓名爵里 〔薈要〕445｜445

御選唐宋文醇 〔文淵〕1447〔文津〕1451

〔文瀾〕1494 〔薈要〕460－461 〔著録〕集部 203

御選唐宋詩醇 〔文淵〕1448 〔文津〕1452 〔文瀾〕1495 〔薈要〕461－462 〔著録〕集部 204－205

御選唐詩 〔文淵〕1446 〔文津〕1449－1450 〔文瀾〕1493 〔珍本〕八集 339－350 〔薈要〕458－459 〔著録〕集部 201－202

御選歴代詩餘 〔文淵〕1491－1493 〔文津〕1495－1497 〔文瀾〕1541－1543 〔珍本〕十集 367－400 〔著録〕集部 221－223

御録宗鏡大綱 〔未收〕六輯 19

御膳單 〔續修〕1116

御龍子集 〔存目〕集部 162－163

御纂朱子全書 〔文淵〕720 〔文津〕721－723 〔文瀾〕735－736 〔薈要〕249－251

御纂孝經集註 〔文淵〕182 〔文津〕177 〔文瀾〕173 〔珍本〕六集 36 〔薈要〕68

御纂周易折中 〔文淵〕38 〔文津〕33 〔文瀾〕32 〔珍本〕八集 2－9 〔薈要〕14 〔著録〕經部 43

御纂周易述義 〔文淵〕38 〔文津〕33 〔文瀾〕33 〔珍本〕七集 9－10 〔薈要〕15 〔著録〕經部 44

御纂性理精義 〔文淵〕719 〔文津〕721 〔文瀾〕735 〔珍本〕七集 127－128 〔薈要〕248 〔著録〕子部 1

御纂春秋直解 〔文淵〕174 〔文津〕169 〔文瀾〕166 〔珍本〕十集 50－53 〔薈要〕45 〔著録〕經部 88

御纂詩義折中 〔文淵〕84 〔文津〕79 〔文瀾〕77 〔珍本〕十集 20－24 〔薈要〕29 〔著録〕經部 47

御纂醫宗金鑑 〔文淵〕780－782 〔文津〕781－783 〔文瀾〕797－799 〔薈要〕255－257 〔著録〕子部 48－50

御覽詩 〔文淵〕1332 〔文津〕1336 〔文瀾〕1374 〔珍本〕九集 270 〔著録〕集部 410

御覽經史講義 〔文淵〕722 〔文津〕723－724 〔文瀾〕737－738 〔珍本〕九集 177－192 〔薈要〕494－495 〔著録〕子部 260－261

復

復古詩集 〔文淵〕1222 〔文津〕1226 〔文瀾〕1257 〔薈要〕407

復古編 〔文淵〕225 〔文津〕220 〔文瀾〕218 〔著録〕經部 110

復初齋文集 〔續修〕1455

復初齋詩集 〔續修〕1454－1455

復社紀略 〔續修〕438

復莊詩問 〔續修〕1532－1533

復莊駢儷文榷、二編 〔續修〕1533

復套議 〔存目〕史部 60

復菴删詩舊集 〔未收〕五輯 26

復堂詞 〔續修〕1727

復淮故道圖説 〔續修〕848

復園文集 〔存目〕集部 239

復辟録 〔續修〕433

復齋日記 〔存目〕子部 239 〔續修〕1170

復齋先生龍圖陳公文集、拾遺 〔續修〕1319

復齋易説 〔文淵〕13 〔文津〕8 〔文瀾〕7 〔薈要〕5 〔著録〕經部 32

循

循陔纂聞 〔續修〕1138

循滄集 〔存目〕史部 251

徧

徧行堂集 〔禁燬〕集部 127－128

徧行堂續集 〔禁燬〕集部 128

須

須賈大夫范叔雜劇 〔續修〕1762

須溪四景詩集 〔文淵〕1186 〔文津〕1190 〔文瀾〕1222 〔珍本〕十一集 172

須溪先生四景詩集 〔著録〕集部 59

須溪集 〔文淵〕1186 〔文津〕1190 〔文瀾〕1221 〔珍本〕四集 280－281

艇

艇齋詩話、校譌、續校 〔續修〕1694

舒

舒文靖集 〔文淵〕1157 〔文津〕1162 〔文瀾〕1190 〔珍本〕三集 272

舒藝室詩存、續存　〔續修〕1535

舒藝室隨筆　〔續修〕1164

舒藝室餘筆　〔續修〕1164

舒藝室雜箸、賸稿、鼠壤餘蔬　〔續修〕1535

舒藝室續筆　〔續修〕1164

舒嘯閣詩集　〔未收〕九輯 20

舒雙峰先生存稿　〔存目〕集部 14

舒嬾堂詩文存　〔續修〕1316

畬

畬經堂集詩集、詩續集、文集　〔未收〕十輯 19

鉅

鉅文　〔存目補〕12

鉅鹿東觀集　〔著錄〕集部 235

鈍

鈍吟老人雜録　〔著錄〕子部 34

鈍吟雜録　〔文淵〕886〔文津〕888〔文瀾〕906〔珍本〕十集 191

鈍根雜著　〔存目〕子部 116

鈍翁前後類稿、續稿　〔存目〕集部 227 – 228

鈍齋詩選　〔續修〕1405

鈔

鈔幣論　〔續修〕838

鈐

鈐山堂集　〔存目〕集部 56〔續修〕1336

欽

欽明大獄録　〔未收〕一輯 15

欽定八旗則例　〔未收〕一輯 25

欽定八旗通志　〔文淵〕664 – 671〔文津〕663 – 671〔文瀾〕673 – 684

欽定八旗滿洲氏族通譜　〔文淵〕455 – 456〔文津〕454〔文瀾〕454

欽定大清通禮　〔文淵〕655〔文津〕654〔文瀾〕664〔珍本〕八集 125 – 130〔薈要〕200

欽定大清現行新律例　〔續修〕864 – 865

欽定大清會典　〔文淵〕619〔文津〕619 – 620〔文瀾〕630〔薈要〕198 – 199〔著錄〕史部 127〔續修〕794

欽定大清會典事例　〔續修〕798 – 814

欽定大清會典則例　〔文淵〕620 – 625〔文津〕620 – 625〔文瀾〕631 – 636〔著錄〕史部 128 – 133

欽定大清會典圖　〔續修〕795 – 797

欽定千叟宴詩　〔文淵〕1452〔文津〕1456〔文瀾〕1499〔珍本〕七集 301 – 312

欽定王公處分則例　〔續修〕866 – 867

欽定天文正義　〔續修〕1033 – 1034

欽定天禄琳琅書目　〔文淵〕675〔文津〕675〔文瀾〕688〔薈要〕242〔底本〕史部 49 – 50〔著錄〕史部 393

欽定天禄琳琅書目後編　〔續修〕917

*欽定元史語　〔文淵〕296〔文津〕291〔文瀾〕289

欽定日下舊聞考、譯語總目　〔文淵〕497 – 499〔文津〕497 – 499〔文瀾〕498 – 500〔著錄〕史部 213 – 215

欽定中樞政考　〔續修〕853 – 855

欽定中樞政考續纂　〔續修〕857

欽定户部軍需則例、續、欽定兵部軍需則例、欽定工部軍需則例　〔續修〕857

欽定户部漕運全書　〔續修〕836 – 838

欽定古今儲貳金鑑　〔文淵〕694〔文津〕694〔文瀾〕708〔珍本〕五集 116〔著錄〕史部 437

欽定石峰堡紀略　〔文淵〕362〔文津〕359〔文瀾〕360〔珍本〕初集 110 – 111〔著錄〕史部 272

欽定平苗紀略　〔未收〕四輯 14

欽定平定回疆剿捦逆裔方略　〔未收〕五輯 5 – 6

欽定平定教匪紀略　〔續修〕401 – 402

欽定叶韻彙輯　〔文淵〕240〔文津〕235 – 236〔文瀾〕233〔珍本〕十集 67 – 71〔薈要〕347〔著錄〕經部 182

欽定四庫全書考證　〔文淵〕1497 – 1500〔文瀾〕1555 – 1558

欽定四庫全書薈要分架圖　〔薈要〕1

欽定四庫全書薈要提要 〔薈要〕1

欽定四庫全書薈要總目 〔薈要〕1

欽定四書文 〔文淵〕1451 〔文津〕1455 〔文瀾〕1498 〔珍本〕九集 325－340

欽定四書文選 〔著録〕集部 208

欽定外藩蒙古回部王公表傳 〔文淵〕454 〔文津〕453 〔文瀾〕455－456 〔著録〕史部 92

欽定吏部銓選則例 〔續修〕750

欽定西域同文志 〔文淵〕235 〔文津〕230 〔文瀾〕227 〔珍本〕三集 118－120 〔薈要〕183 〔著録〕經部 113

欽定西清古鑑 〔文淵〕841－842 〔文津〕843－844 〔文瀾〕860－861

欽定西清硯譜 〔文淵〕843 〔文津〕845 〔文瀾〕862 〔珍本〕初集 224－227 〔底本〕子部 5－8 〔著録〕子部 27

欽定同文韻統 〔文淵〕240 〔文津〕235 〔文瀾〕233 〔珍本〕十集 66 〔薈要〕86 〔著録〕經部 117

欽定全唐文 〔續修〕1634－1650

欽定兵部處分則例、欽定兵部續纂處分則例 〔續修〕856

欽定武英殿聚珍版程式 〔文淵〕673 〔文津〕673 〔文瀾〕686 〔珍本〕六集 131 〔著録〕史部 393

欽定武場條例 〔未收〕九輯 9

欽定協紀辨方書、奏議 〔文淵〕811 〔文津〕813 〔文瀾〕830 〔珍本〕五集 220－229 〔著録〕子部 74

欽定明史 〔薈要〕149－155

*欽定金史語 〔文淵〕296 〔文津〕291 〔文瀾〕289

欽定周官義疏 〔文淵〕98－99 〔文津〕93－95 〔文瀾〕92 〔珍本〕五集 37－44 〔薈要〕58－59 〔著録〕經部 144－146

欽定河源紀略 〔文淵〕579 〔文津〕579 〔文瀾〕588 〔著録〕史部 59

欽定宗室王公功績表傳 〔文淵〕454 〔文津〕453 〔文瀾〕455 〔著録〕史部 202

欽定春秋傳説彙纂 〔文淵〕173 〔文津〕168－169 〔文瀾〕165 〔珍本〕八集 59－70 〔薈要〕44 〔著録〕經部 87－88

欽定南巡盛典 〔文淵〕658－659 〔文〕

657 〔文瀾〕665－666 〔珍本〕十一集 92－99

欽定科場條例 〔續修〕829－830

欽定重刻淳化閣帖釋文 〔文淵〕683 〔文津〕683 〔文瀾〕697 〔薈要〕284 〔著録〕史部 157

欽定重修兩浙鹽法志 〔續修〕840－841

欽定重訂大金國志 〔文淵〕383 〔文津〕381 〔文瀾〕383 〔珍本〕十二集 27－28

欽定重訂契丹國志 〔文淵〕383 〔文津〕380－381 〔文瀾〕382 〔珍本〕八集 80－81

欽定皇朝文獻通考 〔文淵〕632－638 〔文津〕632－638 〔文瀾〕643－650

欽定皇朝通志 〔文淵〕644－645 〔文津〕643－645 〔文瀾〕655－656

欽定皇朝通典 〔文淵〕642－643 〔文津〕641－643 〔文瀾〕653－654

欽定皇輿西域圖志 〔文淵〕500 〔文津〕500 〔文瀾〕504

欽定音韻述微 〔文淵〕241 〔文津〕236 〔文瀾〕233 〔珍本〕初集 103－104

欽定逆案 〔存目〕史部 55

欽定軍器則例 〔續修〕857

欽定祕殿珠林三編、欽定石渠寶笈三編 〔續修〕1075－1081

欽定祕殿珠林續編、欽定石渠寶笈續編 〔續修〕1069－1074

欽定書經傳説彙纂 〔文淵〕65 〔文津〕60 〔文瀾〕58 〔珍本〕八集 17－24 〔薈要〕22 〔著録〕經部 58

欽定授衣廣訓 〔續修〕977

欽定授時通考 〔薈要〕262－263 〔著録〕子部 46－47

欽定授時通考、耕織圖 〔文淵〕732 〔文津〕731 〔文瀾〕746－747 〔珍本〕五集 148－155

欽定執中成憲 〔文淵〕722 〔文津〕723 〔文瀾〕737 〔珍本〕六集 187－188 〔薈要〕251 〔著録〕子部 62

欽定盛京通志 〔文淵〕501－503 〔文津〕501－503 〔文瀾〕505－507

欽定盛京通志[乾隆] 〔著録〕史部 219－221

欽定國子監志 〔文淵〕600 〔文津〕600

〔文瀾〕610〔珍本〕五集105－110〔著錄〕史部255－256

欽定鳥譜 〔續修〕1119

欽定康濟録 〔文淵〕663〔文津〕662〔文瀾〕672〔珍本〕六集130－131〔著錄〕史部264

欽定清涼山志 〔續修〕722

欽定勝朝殉節諸臣録 〔文淵〕456〔文津〕455〔文瀾〕456〔珍本〕六集105－107〔著錄〕史部379

欽定滁陽王廟碑歲祀册、敕賜滁陽王廟碑 〔存目〕史部82

欽定補繪蕭雲從離騷全圖 〔文淵〕1062〔文津〕1066〔文瀾〕1091〔珍本〕六集241

欽定蒙古源流 〔文淵〕410〔文津〕407〔文瀾〕408〔珍本〕三集125〔著錄〕史部412

欽定詩經傳説彙纂 〔珍本〕八集25－34〔薈要〕28〔著錄〕經部10

欽定詩經傳説彙纂、朱子詩序辨説 〔文淵〕83〔文津〕78〔文瀾〕76

欽定詩經樂譜全書、欽定樂律正俗 〔文淵〕219〔文津〕214－215〔文瀾〕212〔珍本〕九集76－87

欽定福建省外海戰船則例 〔續修〕858

欽定剿平三省邪匪方略正編、續編、附編、表文 〔續修〕391－400

欽定勦平粵匪方略、表文 〔續修〕403－412

欽定勦捕臨清逆匪紀略 〔文淵〕362〔文津〕359〔文瀾〕360〔珍本〕十集74－75〔著錄〕史部25

欽定臺規 〔未收〕二輯26

欽定臺灣紀略 〔文淵〕363〔文津〕360〔文瀾〕361－362

欽定滿洲祭神祭天典禮 〔文淵〕657〔文津〕657〔文瀾〕668〔珍本〕五集111－112〔著錄〕史部140

欽定滿洲源流考 〔文淵〕499〔文津〕499〔文瀾〕503〔著錄〕史部423

欽定熱河志 〔文淵〕495－496〔文津〕494－496〔文瀾〕501－503

欽定熱河志〔乾隆〕 〔著錄〕史部216－

218

*欽定遼史語解 〔文淵〕296〔文津〕291〔文瀾〕289

欽定遼金元三史國語解 〔文淵〕296〔文津〕291〔文瀾〕289〔珍本〕九集90－97

欽定儀象考成 〔著錄〕子部6

欽定儀象考成、奏議 〔文淵〕793〔文津〕793－794〔文瀾〕810〔珍本〕四集158－161〔薈要〕270

欽定儀象考成續編 〔續修〕1035

欽定儀禮義疏 〔文淵〕106－107〔文津〕101－102〔文瀾〕100〔珍本〕十一集9－20〔薈要〕60－61〔著錄〕經部131－133

欽定樂律正俗 〔著錄〕經部206

欽定盤山志 〔文淵〕586〔文津〕586〔文瀾〕595〔珍本〕八集94－96

欽定歷代職官表 〔文淵〕601－602〔文津〕601－602〔文瀾〕611－612〔著錄〕史部256－258

欽定學政全書 〔續修〕828

欽定錢録 〔文淵〕844〔文津〕845〔文瀾〕862

欽定禮記義疏 〔文淵〕124－126〔文津〕119－122〔文瀾〕118－120〔珍本〕八集35－58〔薈要〕62－64〔著錄〕經部71－73

欽定繙譯五經四書 〔文淵〕185－189〔文津〕180－184〔文瀾〕177－179

欽定蘭州紀略 〔文淵〕362〔文津〕359〔文瀾〕360〔珍本〕六集87－88〔著錄〕史部25

欽定續文獻通考 〔文淵〕626－631〔文津〕626－631〔文瀾〕637－642〔著錄〕史部339－346

欽定續通志 〔文淵〕392－401〔文津〕389－398〔文瀾〕390－399〔著錄〕史部359－370

欽定續通典 〔文淵〕639－641〔文津〕639－641〔文瀾〕651－652〔著錄〕史部134－136

欽定續纂外藩蒙古回部王公表、傳 〔續修〕537

鈞

鈞天樂 〔續修〕1775

番

番易仲公李先生文集 〔著錄〕集部 32
番漢合時掌中珠 〔續修〕229

禽

禽星易見 〔文淵〕810 〔文津〕812 〔文瀾〕
　　829 〔珍本〕初集 183 〔底本〕子部 33 〔著
　　錄〕子部 7
禽經 〔文淵〕847 〔文津〕849 〔文瀾〕866
禽蟲述 〔存目〕子部 82 〔續修〕1120

爲

爲可堂初集 〔未收〕一輯 21
爲臣不易編 〔存目〕史部 111
爲政第一篇 〔存目〕史部 262
爲政善報事類 〔續修〕753
爲善陰騭 〔存目〕子部 121

舜

舜水先生文集 〔續修〕1384－1385
舜典補亡 〔存目〕經部 57

貂

貂璫史鑑 〔存目〕史部 98

飲

飲和堂集詩、文 〔存目〕集部 223
飲食紳言、男女紳言 〔存目〕子部 121
飲食須知 〔存目〕子部 80
飲醇堂文集、抱膝廬詩草、娛暉草、和靖
　　節集、西山紀遊、南浦詞、和昌谷
　　集 〔存目〕集部 253
飲膳正要 〔存目〕子部 80 〔續修〕1115

脾

脾胃論 〔文淵〕745 〔文津〕745 〔文瀾〕759
　　〔珍本〕九集 207 〔著錄〕子部 4

勝

勝朝彤史拾遺記 〔存目〕史部 122
勝飲編 〔存目〕子部 154

觚

觚不觚錄 〔文淵〕1041 〔文津〕1045 〔文
　　瀾〕1069 〔著錄〕子部 242
觚賸、觚賸續編 〔續修〕1177
觚賸、續編 〔存目〕子部 250

然

然後知齋答問 〔未收〕四輯 9

鄒

鄒子願學集 〔著錄〕集部 128
鄒公存真集 〔禁燬補〕76
鄒氏學脈 〔續修〕938
鄒忠介公奏疏 〔續修〕481 〔禁燬補〕23
鄒聚所先生文集、外集、易教、語録 〔存
　　目〕集部 157
鄒徵君存稿 〔續修〕1547
鄒獲翁先生集、雅笑編略 〔禁燬補〕75

評

評鑑闡要 〔文淵〕694 〔文津〕694 〔文瀾〕
　　708 〔珍本〕七集 115－116 〔薈要〕236
　　〔著錄〕史部 267

診

診家正眼 〔續修〕999

註

註陸宣公奏議 〔續修〕474
註解傷寒論、圖解運氣圖、傷寒明理論、
　　方論 〔著錄〕子部 134
註釋評點古今名將傳 〔禁燬〕子部 17

詠

詠七十二候詩 〔存目〕集部 195
詠史詩 〔文淵〕1083 〔文津〕1087 〔文瀾〕1113
詠花軒詩集 〔未收〕八輯 25
詠物詩 〔文淵〕1216 〔文津〕1220 〔文瀾〕
　　1251 〔珍本〕六集 263
詠物詩選 〔禁燬〕集部 137
詠業近集、焦桐山詩集、焦桐山文集、明

誠堂詩集、浩然堂詩集 〔續修〕1384
詠懷堂詩集、外集 〔續修〕1374

詞

詞旨 〔續修〕1733
詞苑萃編 〔續修〕1733
詞苑叢談 〔文淵〕1494 〔文津〕1499 〔文瀾〕1545 〔著録〕集部419
詞林正韻、發凡 〔續修〕1737
詞林典故(張廷玉) 〔文淵〕599 〔文津〕599 〔文瀾〕609 〔珍本〕六集 120－121 〔著録〕史部254
詞林典故(張位) 〔存目〕史部258
詞林海錯 〔未收〕四輯30
詞林逸響、崑腔原始 〔未收〕八輯30
詞林萬選 〔存目〕集部422
詞林摘艷 〔續修〕1740
詞林韻釋 〔續修〕1737
詞的 〔未收〕八輯30
詞垣日記 〔續修〕559
詞品 〔存目〕集部426
詞科掌録、餘話 〔未收〕一輯19
詞律 〔文淵〕1496 〔文津〕1500 〔文瀾〕1546 〔著録〕集部225
詞律拾遺 〔續修〕1736
詞致録 〔存目〕集部327
詞海遺珠 〔存目〕集部313
詞話 〔著録〕集部419
詞源 〔續修〕1733
詞綜 〔文淵〕1493 〔文津〕1497－1498 〔文瀾〕1544 〔薈要〕500 〔著録〕集部223
詞綜補遺 〔續修〕1730
詞選、續詞選 〔續修〕1732
詞學全書 〔存目補〕79
詞學筌蹄 〔續修〕1735
詞學集成 〔續修〕1735
詞辨、附介存齋論詞雜箸 〔續修〕1732
詞譜 〔著録〕集部224
詞韻、附古韻通略 〔存目〕集部426

詒

詒安堂詩初稿、二集、詩餘、試帖詩鈔

詒美堂集 〔禁燬〕集部101
詒晉齋集、後集、隨筆 〔續修〕1487
詒清堂集 〔存目補〕1
詒謀隨筆 〔未收〕五輯9

馮

馮元成選集 〔禁燬補〕61－64
馮少墟集 〔著録〕集部127
馮氏小集、鈍吟集、別集、餘集、遊仙詩、集外詩、文稿 〔存目〕集部216
馮氏錦囊秘録雜症大小合參、痘疹全集、雜症痘疹藥性主治合參 〔未收〕六輯15－16
馮玉蘭夜月泣江舟雜劇 〔續修〕1762
馮曲陽集 〔續修〕1583
馮汝言詩紀匡謬 〔著録〕集部414
馮舍人遺詩 〔存目〕集部252
馮秋水先生評定存雅堂遺稿、宋方節義先生遺集補刻、宋高士方韶父先生遺集補刻 〔著録〕集部251

敦

敦夙好齋詩全集初編、續編 〔續修〕1536
敦艮齋遺書 〔未收〕四輯21
敦好堂論印 〔續修〕1091
敦煌曲子譜 〔續修〕1096
敦煌周易殘卷 〔續修〕1
敦煌舞譜 〔續修〕1096

痘

痘治理辨、痘圖、附方 〔存目〕子部43
痘疹仁端録 〔著録〕子部334
痘疹世醫心法、痘疹格致要論 〔續修〕1011
痘疹定論 〔續修〕1012

痢

痢疾論 〔續修〕1004
痢證匯參 〔續修〕1004

〔續修〕1544

痧

痧喉正義　〔續修〕1018
痧脹玉衡書　〔續修〕1003
痧脹源流　〔續修〕1005

童

童山詩集、文集　〔續修〕1456
童子鳴集　〔存目〕集部 142
童蒙訓　〔文淵〕698〔文津〕699〔文瀾〕712
　〔珍本〕十集 110〔著録〕子部 1
童溪王先生易傳　〔著録〕經部 32
童溪易傳　〔文淵〕17〔文津〕12〔文瀾〕11
　〔薈要〕6

遊

遊具雅編　〔存目〕子部 118
遊城南記　〔文淵〕593〔文津〕593〔文瀾〕
　601〔底本〕史部 43
遊宦餘談　〔存目〕子部 104
遊歷記存　〔禁燬補〕26

棄

棄草詩集、文集、棄草二集　〔禁燬〕集部
　112 - 113

善

善本書室藏書志　〔續修〕927
善卷堂四六　〔存目〕集部 257
善樂堂音韻清濁鑑　〔續修〕257
善樂堂音韻清濁鑑、玉鑰匙門法、等韻
　圖　〔存目〕經部 220

普

普陀山志（周應賓）　〔存目〕史部 231
普陀山志（許琰）　〔續修〕723
普門醫品　〔存目〕子部 47
普濟方　〔珍本〕十二集 52 - 131〔著録〕子
　部 66 - 67
普濟方、附直音略　〔文淵〕747 - 761〔文
　津〕747〔文瀾〕762 - 777

尊

尊水園集略　〔續修〕1392
尊白堂集　〔文淵〕1154〔文津〕1158〔文
　瀾〕1187〔珍本〕初集 300〔底本〕集部 81
　〔著録〕集部 54
尊拙堂文集　〔存目〕集部 170 - 171
尊孟辨、續辨、別録　〔文淵〕196〔文津〕
　191〔文瀾〕187〔珍本〕別輯 48〔底本〕
　經部 46〔著録〕經部 96
尊前集　〔文淵〕1489〔文津〕1493〔文瀾〕
　1538〔著録〕集部 333
尊鄉録節要　〔存目〕史部 88
尊聞居士文録　〔續修〕1671
尊聞居士集、遺稿　〔續修〕1453

道

道一編　〔存目〕子部 6〔續修〕936
道山堂前集、後集　〔存目〕集部 201
道山清話　〔文淵〕1037〔文津〕1041〔文
　瀾〕1065〔著録〕子部 219
道山集　〔存目〕集部 32
道古堂文集、詩集、集外文、集外詩　〔續
　修〕1426 - 1427
道古録　〔續修〕1127
道門定制　〔存目〕子部 258
道命録　〔存目〕史部 82〔續修〕517
道南淵源録　〔未收〕九輯 7
道南源委　〔存目〕史部 125
道南源委録　〔存目〕史部 92〔續修〕515
道咸同光四朝詩史甲集、乙集　〔續修〕
　1628
道院集要　〔文淵〕1052〔文津〕1056〔文
　瀾〕1081〔珍本〕六集 240
道教義樞　〔續修〕1293
道教靈驗記　〔存目〕子部 258
道鄉先生鄒忠公文集、續集　〔著録〕集部
　48
道鄉集　〔文淵〕1121〔文津〕1125〔文瀾〕
　1151〔珍本〕十二集 162 - 163
道援堂詩集、詞　〔禁燬〕集部 52
道腴堂詩集　〔存目〕集部 272
道統録　〔存目〕史部 124

道園集 〔存目〕集部22

道園遺稿 〔文淵〕1207〔文津〕1212〔文瀾〕1242〔珍本〕五集292〔薈要〕403〔著錄〕集部254

道園學古錄 〔文淵〕1207〔文津〕1211〔文瀾〕1242〔薈要〕403

道齊正軌 〔未收〕三輯17

道榮堂文集 〔存目〕集部259-260

道樞 〔續修〕1293

道德玄經原旨、玄經原旨發揮 〔續修〕954

道德指歸論 〔文淵〕1055〔文津〕1059〔文瀾〕1084〔著錄〕子部246

道德真經取善集 〔續修〕954

道德真經指歸 〔續修〕954

道德真經註 〔文淵〕1055〔文津〕1059〔文瀾〕1084〔底本〕子部4〔著錄〕子部246

道德真經傳 〔續修〕954

道德真經廣聖義 〔續修〕1290-1291

道德真經藏室纂微篇 〔續修〕1291

道德經 〔存目〕子部256

道德經、陰符經 〔著錄〕子部331

道德經集義 〔未收〕六輯19

道德經註、附陰符經註 〔文淵〕1055〔文津〕1059〔文瀾〕1084

道德經論兵要義述 〔續修〕954

道德懸解 〔存目〕子部256

道德寶章 〔文淵〕1055〔文津〕1059〔文瀾〕1084

道藏目錄詳註 〔文淵〕1061〔文津〕1065〔文瀾〕1090〔著錄〕子部365

道聽錄 〔續修〕1132

道驛集、附良貴堂文鈔 〔存目〕子部115

遂

遂初草廬詩集 〔續修〕1498

遂初堂書目 〔文淵〕674〔文津〕674〔文瀾〕687〔著錄〕史部60

遂初堂詩集、文集、別集 〔存目〕集部249-250〔續修〕1417-1418

遂昌雜錄 〔文淵〕1040〔文津〕1044〔文瀾〕1067〔著錄〕子部242

曾

曾子全書 〔文淵〕703〔文津〕704〔文瀾〕718〔著錄〕子部62

曾子注釋、叙錄 〔續修〕932

曾子家語 〔續修〕932

曾子問講錄 〔存目〕經部96〔續修〕108

曾文正公年譜 〔續修〕557

曾文正公奏稿 〔續修〕500-501

曾文正公家訓 〔續修〕952

曾文正公書札 〔續修〕1538

曾文正公詩集、文集 〔續修〕1537

曾文昭公集 〔底本〕集部58

曾忠襄公文集、批牘、書札 〔續修〕1554-1555

曾茶山詩集 〔著錄〕集部50

曾庭聞詩 〔禁燬〕集部166

曾惠敏公文集、歸樸齋詩鈔 〔續修〕1562

曾惠敏公使西日記 〔續修〕577

曾惠敏公奏疏 〔續修〕510

焠

焠掌錄 〔續修〕1152

湛

湛甘泉先生文集 〔存目〕集部56-57

湛然居士文集 〔底本〕集部139〔著錄〕集部106

湛然居士集 〔文淵〕1191〔文津〕1195〔文瀾〕1227〔薈要〕399

湛然堂詩稿 〔存目〕集部146

湛淵集 〔著錄〕集部446

湛淵集、附元故湛淵先生白公墓銘 〔文淵〕1198〔文津〕1202〔文瀾〕1233

湛淵靜語 〔文淵〕866〔文津〕868〔文瀾〕886〔著錄〕子部169

湛園未定稿 〔存目〕集部261〔著錄〕集部131

湛園未定稿文錄 〔續修〕1670

湛園札記 〔文淵〕859〔文津〕861〔文瀾〕879〔珍本〕五集235〔著錄〕子部166

湛園集 〔文淵〕1323〔文津〕1327〔文瀾〕1362〔珍本〕十二集193-194〔底本〕集

部 160

湛輝閣草、附怡雲草　〔禁燬補〕74

湖

湖上草堂詩　〔存目〕集部 277

湖上集　〔續修〕1351

湖上編、白下編、蓬宅編、衰晚編　〔未收〕七輯 20

湖山集　〔文淵〕1138〔文津〕1142〔文瀾〕1169〔珍本〕別輯 321－322

湖山勝概　〔續修〕721

湖山類稿　〔珍本〕十二集 170

湖山類稿、水雲集　〔文淵〕1188〔文津〕1192〔文瀾〕1223

湖山類稿、水雲集、亡宋舊宮人詩、亡宋舊宮人詞、水雲集附録　〔著録〕集部 105

湖北金石志　〔續修〕913

湖北通志檢存稿、未成稿〔嘉慶〕　〔續修〕660

湖北詩徵傳略　〔續修〕1707

湖州府志〔弘治〕　〔存目〕史部 179

湖州府志〔萬曆〕　〔存目〕史部 191

湖南通志〔乾隆〕　〔存目〕史部 216－219

湖南通志〔光緒〕　〔續修〕661－668

湖南褒忠録初藁　〔未收〕六輯 7

湖海文傳　〔續修〕1668－1669

湖海搜奇　〔存目〕子部 248

湖海集　〔存目〕集部 257

湖海詩傳　〔續修〕1625－1626

湖海新聞夷堅續志前集、後集　〔續修〕1266

湖陵江集　〔存目補〕44

湖湘五略　〔存目〕史部 65

湖廣通志　〔文淵〕531－534〔文津〕531－535〔文瀾〕537－540

湖廣通志〔雍正〕　〔著録〕史部 317－320

湖廣總志〔萬曆〕　〔存目〕史部 194－196

湖樓筆談　〔續修〕1162

湖壖雜紀　〔存目〕史部 249

湖蠶述　〔續修〕978

湘

湘山志　〔存目〕史部 239

湘山野録、續録　〔文淵〕1037〔文津〕1041〔文瀾〕1064

湘帆堂文録　〔續修〕1669

湘帆堂集　〔禁燬〕集部 165

湘軍志　〔續修〕413

湘軍志平議　〔未收〕三輯 13

湘軍記　〔續修〕413

湘真閣稿　〔續修〕1388

湘皋集　〔存目〕集部 44

湘湖水利志　〔存目〕史部 224

湘瑟詞　〔續修〕1725

湘煙録　〔存目〕子部 145

湘薌漫録、附易經集説　〔未收〕一輯 2

湘綺樓全集　〔續修〕1568－1569

湘潭縣志〔光緒〕　〔續修〕712

湘麋閣遺詩　〔續修〕1567

測

測量法義、測量異同、句股義　〔文淵〕789〔文津〕791〔文瀾〕807〔著録〕子部 145

測圓海鏡　〔文淵〕798〔文津〕798〔文瀾〕815

測圓海鏡分類釋術　〔文淵〕798〔文津〕798〔文瀾〕815〔珍本〕二集 198〔薈要〕264〔著録〕子部 147

測圓海鏡細草　〔著録〕子部 147〔續修〕1042

測圓密率　〔續修〕1047

湯

湯子遺書　〔文淵〕1312〔文津〕1316〔文瀾〕1350〔珍本〕十一集 177〔著録〕集部 285

湯海若問棘郵草　〔續修〕1363

湯液本草　〔文淵〕745〔文津〕745〔文瀾〕760〔珍本〕十一集 112〔著録〕子部 138

湯潛菴先生文集節要　〔存目〕集部 218

温

* 温太真玉鏡臺　〔續修〕1763

溫太真玉鏡臺雜劇　〔續修〕1760

溫公年譜　〔存目〕史部85

溫公易説　〔文淵〕8〔文津〕3〔文瀾〕3

溫氏母訓　〔文淵〕717〔文津〕719〔文瀾〕732

溫州府志〔萬曆〕　〔存目〕史部210－211

溫州經籍志　〔續修〕918

溫侍讀集　〔續修〕1588

溫疫論　〔著録〕子部352

溫飛卿詩集、別集、集外詩、附録諸家詩評　〔著録〕集部85

溫飛卿詩集箋注　〔文淵〕1082〔文津〕1086〔文瀾〕1112

溫恭毅公文集　〔著録〕集部124

溫恭毅集　〔文淵〕1288〔文津〕1292〔文瀾〕1326〔珍本〕七集251－256

溫處海防圖略　〔存目〕史部226

溫國文正公文集　〔著録〕集部88

溫熱逢源　〔續修〕1005

溫熱暑疫全書　〔續修〕1004

溫熱經緯　〔續修〕1005

溫寶忠先生遺稿　〔禁燬〕集部83

渭

渭厓文集　〔存目〕集部68－69

渭南文集　〔文淵〕1163〔文津〕1167〔文瀾〕1197〔薈要〕388〔著録〕集部345

滑

滑耀編　〔存目〕集部321

淵

淵雅堂全集　〔續修〕1480－1481

淵穎吳先生集　〔著録〕集部31

淵穎集　〔文淵〕1209〔文津〕1213〔文瀾〕1243〔薈要〕405

淵鑑齋御纂朱子全書　〔著録〕子部44－45

淵鑑類函　〔著録〕子部93－104

盜

盜柄東林夥　〔存目〕史部108

渡

渡花居東籬集　〔續修〕1116

游

游仙窟　〔續修〕1783

游宦紀聞　〔文淵〕864〔文津〕866〔文瀾〕884〔著録〕子部168

游鷹山先生集　〔底本〕集部62〔著録〕集部13

游鷹山集　〔文淵〕1121〔文津〕1126〔文瀾〕1151〔珍本〕四集253

游藝塾文規　〔續修〕1718

游藝塾續文規　〔續修〕1718

渼

渼陂集、續集　〔存目〕集部48〔續修〕1334

滋

滋溪文稿　〔文淵〕1214〔文津〕1217－1218〔文瀾〕1249〔著録〕集部61

滋德堂彙纂周易淺解　〔存目〕經部33

滋蘭堂集　〔存目〕集部263

渾

渾然子　〔存目〕子部86

渾蓋通憲圖説　〔文淵〕789〔文津〕791〔文瀾〕807〔著録〕子部269

溉

溉堂前集、後集、續集、文集、詩餘　〔存目〕集部206

溉堂詩集、文集、詩餘　〔續修〕1407

溉園初集、二集　〔禁燬〕集部144

湄

湄湖吟、聽松軒遺文　〔未收〕七輯22

湧

湧幢小品　〔存目〕子部106〔續修〕1172－1173

愧

愧郯録　〔文淵〕865〔文津〕867〔文瀾〕885

〔底本〕子部 16 〔著錄〕子部 169

愧瘖集 〔續修〕1338-1339

割

割圜連比例術圖解 〔續修〕1047

割圜密率捷法 〔續修〕1045

寒

寒山曲譜 〔續修〕1750

寒山帚談、拾遺 〔著錄〕子部 150

寒山帚談、拾遺、寒山金石林甲乙表、金
石林緒論 〔文淵〕816 〔文津〕819 〔文
瀾〕835

寒山堂金石林時地考、部目、葉氏菉竹堂
碑目 〔著錄〕史部 157

寒山堂新定九宮十三攝南曲譜 〔續修〕
1750

寒山詩、豐干拾得詩 〔著錄〕集部 335

寒山詩集、附豐干拾得詩 〔文淵〕1065
〔文津〕1069 〔文瀾〕1094

寒山蔓草 〔存目〕集部 348

寒支初集、二集、附歲紀 〔禁燬〕集部 89

寒玉居集、碎金集 〔存目補〕12

寒石先生文集 〔未收〕五輯 26

寒邨集 〔存目〕集部 99

寒村詩文選 〔存目〕集部 256

寒松堂集 〔存目〕集部 213

寒松閣集 〔文淵〕1179 〔文津〕1183 〔文
瀾〕1213 〔珍本〕六集 256

寒松閣詞 〔續修〕1727

寒松閣談藝璅錄 〔續修〕1088

寒夜錄 〔續修〕1134 〔禁燬補〕37

寒香閣詩集 〔存目〕集部 270

富

富山遺稿 〔文淵〕1189 〔文津〕1193 〔文
瀾〕1224 〔珍本〕初集 334

寓

寓林集、寓林集詩 〔續修〕1368-1369

寓林集、詩集 〔禁燬〕集部 42-43

寓圃雜記 〔存目〕子部 239 〔續修〕1170

寓庵集 〔續修〕1322

寓蜀草 〔續修〕1526

寓意編 〔文淵〕814 〔文津〕817 〔文瀾〕835
〔著錄〕子部 150

寓簡 〔文淵〕864 〔文津〕866 〔文瀾〕884
〔著錄〕子部 56

運

運使復齋郭公言行錄、編類運使復齋郭
公敏行錄 〔續修〕550

運氣易覽 〔存目〕子部 43 〔續修〕983

運甓軒文集 〔未收〕九輯 22

運甓記 〔續修〕1770

運甓漫稿 〔文淵〕1242 〔文津〕1246 〔文
瀾〕1278 〔珍本〕二集 357 〔底本〕集部
113 〔著錄〕集部 429

運籌綱目、決勝綱目 〔存目〕子部 31

補

補三國疆域志 〔未收〕三輯 11

補五代史藝文志 〔續修〕916

補刊全室外集、續 〔底本〕集部 40 〔著
錄〕集部 427

補刊震川先生集 〔續修〕1353

補注杜詩 〔珍本〕十集 201-212

補注杜詩、傳序碑銘、年譜辨疑、集注杜
詩姓氏 〔文淵〕1069 〔文津〕1073 〔文
瀾〕1098

＊補修宋占天術 〔續修〕1045-1046

＊補修宋奉元術 〔續修〕1045-1046

補後漢書年表 〔文淵〕253 〔文津〕248
〔文瀾〕246 〔珍本〕十一集 39

補後漢書藝文志 〔未收〕三輯 20

補後漢書藝文志、考 〔未收〕九輯 9

補晉書藝文志 〔續修〕914

補註李滄溟先生文選 〔存目〕集部 110

補註蒙求 〔著錄〕子部 175

補勤詩存、續編 〔續修〕1548

補疑年錄 〔續修〕517

補漢兵志 〔文淵〕663 〔文津〕662 〔文瀾〕
672 〔著錄〕史部 60

補遼金元藝文志 〔續修〕916

補餘堂四書問答 〔續修〕169

補瓟存稿　〔未收〕八輯 21

補歷代史表　〔文淵〕402　〔文津〕399　〔文瀾〕400　〔珍本〕九集 113－116　〔著錄〕史部 379

補寰宇訪碑錄、失編　〔續修〕904

補饗禮　〔文淵〕109　〔文津〕104　〔文瀾〕103　〔珍本〕十二集 8

補續全蜀藝文志　〔續修〕1677

補續高僧傳　〔續修〕1283

補續群輔錄　〔未收〕一輯 17

尋

尋古齋文集、詩集　〔禁燬〕集部 168

尋樂習先生文集　〔存目補〕97

尋樂編　〔存目〕子部 94

尋樂齋集　〔禁燬補〕88

尋親記　〔續修〕1768

尋壑外言　〔存目〕集部 237

畫

畫山水賦、附筆法記　〔文淵〕812　〔文津〕814　〔文瀾〕831

畫史　〔文淵〕813　〔文津〕815　〔文瀾〕832　〔著錄〕子部 149

畫史會要　〔文淵〕816　〔文津〕819　〔文瀾〕835　〔珍本〕二集 201－202　〔著錄〕子部 358

畫志、附評畫行　〔存目〕子部 72

畫亭詩草、詞草　〔未收〕十輯 27

畫眉筆談　〔存目〕子部 82　〔續修〕1120

畫訣　〔存目〕子部 73

畫筌　〔續修〕1066

畫筌析覽　〔續修〕1083

畫墁集　〔文淵〕1117　〔文津〕1121　〔文瀾〕1147

畫墁錄　〔文淵〕1037　〔文津〕1041　〔文瀾〕1064　〔著錄〕子部 218

畫説　〔存目〕子部 72

畫論　〔續修〕1067

畫學心印　〔續修〕1085

畫禪　〔存目〕子部 72

畫禪室隨筆　〔文淵〕867　〔文津〕869　〔文瀾〕887　〔著錄〕子部 170

畫壁遺稿　〔存目〕集部 221

畫譜　〔續修〕1065

畫繼　〔文淵〕813　〔文津〕815　〔文瀾〕832　〔著錄〕子部 150

畫繼補遺　〔存目〕子部 71　〔續修〕1065

畫鑑　〔文淵〕814　〔文津〕816　〔文瀾〕833　〔著錄〕子部 303

犀

犀崖文集　〔存目〕集部 198

孱

孱守齋遺稿　〔存目〕集部 277

強

強恕堂詩集　〔存目〕集部 238

強恕齋詩鈔、文鈔　〔存目〕集部 282

強齋集　〔文淵〕1232　〔文津〕1236　〔文瀾〕1268　〔珍本〕四集 308

費

費太史市隱園集選　〔未收〕五輯 23

費氏古易訂文　〔續修〕40

費隱與知錄　〔續修〕1140

粥

粥譜、廣粥譜　〔續修〕1115

巽

巽川祁先生文集　〔存目〕集部 37

巽峰集　〔存目〕集部 67

巽隱集　〔文淵〕1236　〔文津〕1240　〔文瀾〕1272　〔珍本〕十一集 174

巽齋文集　〔文淵〕1183　〔文津〕1187　〔文瀾〕1218　〔珍本〕二集 312－313

巽齋先生四六　〔存目〕集部 20　〔續修〕1321

疎

疎影樓詞　〔續修〕1726

疏

疏草（李覺斯）　〔禁燬補〕22

疏草（黃宗昌）　〔禁燬補〕23　〔未收〕一輯
　　22
疏食譜　〔續修〕1115
疏影樓詞續鈔　〔續修〕1726
疏稿　〔存目〕史部 67

違

*違碍書目　〔續修〕921

隔

隔江鬪智　〔續修〕1764

隙

隙光亭雜識　〔續修〕1146

媿

媿林漫録　〔存目〕子部 144

嬹

嬹雅堂別集　〔未收〕十輯 26
嬹雅堂詩續集　〔未收〕十輯 26

媚

媚幽閣文娛初集、二集　〔禁燬〕集部 172

賀

賀方回詞　〔續修〕1722
賀先生文集　〔續修〕1567

登

登封縣志〔康熙〕　〔存目〕史部 214
登科記考　〔續修〕829
登壇必究　〔續修〕960－961　〔禁燬〕子部
　　34－35

發

發微論　〔文淵〕808　〔文津〕809　〔文瀾〕826
　　〔珍本〕九集 208　〔著録〕子部 356

婺

婺賢文軌、拾遺　〔存目〕集部 299

絳

絳守居園池記　〔珍本〕十二集 159　〔底本〕
　　集部 55　〔著録〕集部 420
絳守居園池記補註　〔文淵〕1078　〔文津〕
　　1082　〔文瀾〕1108
絳帖平　〔文淵〕682　〔文津〕681　〔文瀾〕695
　　〔珍本〕六集 132　〔著録〕史部 156
絳雪園古方選注　〔珍本〕五集 198－199
絳雪園古方選註、得宜本草　〔文淵〕783
　　〔文津〕785　〔文瀾〕800　〔著録〕子部 70
絳雲樓書目　〔續修〕920
絳跗閣詩稿　〔存目〕集部 274
絳綃記　〔續修〕1768

絡

*絡冰絲　〔續修〕1765
絡緯吟　〔未收〕七輯 16

絶

絶句衍義、絶句辯體、絶句附録、唐絶增
　　奇、唐絶搜奇、六言絶句、五言絶
　　句　〔續修〕1590
絶妙好詞箋　〔文淵〕1490　〔文津〕1494　〔文
　　瀾〕1539　〔著録〕集部 220

絲

絲絹全書　〔續修〕835
絲綸録　〔禁燬〕史部 74

幾

幾何原本　〔文淵〕798　〔文津〕799　〔文瀾〕
　　815　〔著録〕子部 20　〔續修〕1300
幾何論約　〔文淵〕802　〔文津〕802　〔文瀾〕
　　818　〔珍本〕三集 192　〔著録〕子部 355
幾社壬申合稿　〔禁燬〕集部 34－35
幾亭外書　〔續修〕1133
幾亭全書　〔禁燬〕集部 11－12

十三畫

瑟

瑟榭叢談　〔續修〕1139

瑟譜 〔文淵〕212 〔文津〕207 〔文瀾〕206 〔珍本〕別輯 49

瑞

瑞芝山房集 〔禁燬〕集部 141
瑞竹亭合纂 〔存目補〕30
瑞竹堂經驗方 〔文淵〕746 〔文津〕745 〔文瀾〕760 〔珍本〕五集 174 〔著錄〕子部 352
瑞陽阿集 〔存目〕集部 167
瑞榴堂詩集 〔續修〕1513

頑

頑石廬經説 〔續修〕173
頑潭詩話 〔續修〕1697

填

填詞名解 〔存目〕集部 425
填詞圖譜、續集 〔存目〕集部 426

載

載石堂尺牘、柴雪年譜 〔未收〕七輯 18
載書圖詩 〔存目〕集部 394
載詠樓重鐫硃批孟子 〔存目〕經部 154

馴

馴鶴軒詩選 〔未收〕五輯 30

鄢

鄢署雜鈔 〔存目〕子部 250

損

損傷科 〔續修〕1016
損齋備忘錄 〔存目〕子部 101
損齋詩集 〔禁燬補〕89

遠

遠山堂文稿 〔續修〕1385
遠山堂詩集 〔續修〕1385
遠山堂劇品、曲品 〔續修〕1758
*遠山戲 〔續修〕1764
遠壬文 〔存目〕子部 103

遠西奇器圖説録最、新製諸器圖説 〔著錄〕子部 359
遠香亭詩鈔 〔未收〕十輯 15

鼓

鼓山志 〔存目〕史部 235
鼓枻藁 〔著錄〕集部 397
鼓棹初集、二集 〔禁燬補〕79
鼓棹初集、鼓棹二集、瀟湘怨詞 〔續修〕1724

摛

摛文堂集 〔文淵〕1123 〔文津〕1127 〔文瀾〕1153 〔底本〕集部 63-64 〔著錄〕集部 241

塘

塘南王先生友慶堂合稿 〔存目〕集部 114

聖

聖主中興全盛兼三録附 〔禁燬〕史部 36
聖安記事 〔續修〕443
聖求詞 〔文淵〕1487 〔文津〕1492 〔文瀾〕1537 〔著錄〕集部 218
聖宋文選全集 〔著錄〕集部 296
聖宋名賢五百家播芳大全文粹 〔著錄〕集部 297-298
聖宋名賢四六叢珠 〔續修〕1213-1214
聖宋皇祐新樂圖記 〔著錄〕經部 23
聖宋高僧詩選、後集、續集 〔續修〕1621
聖武記 〔續修〕402
聖雨齋詩集、詩餘、賦集、文集 〔禁燬〕集部 86
聖門十六子書 〔續修〕931
聖門人物志 〔存目〕史部 98 〔續修〕512
聖門志 〔存目〕史部 79
聖門志考略、熙朝盛事 〔存目〕史部 80
聖門傳詩嫡冢 〔存目〕經部 66
聖門禮樂統 〔存目〕史部 272
聖門釋非録 〔存目〕經部 173
聖典 〔存目〕史部 52 〔續修〕432
聖宗集要 〔存目〕史部 123

聖政記 〔存目〕史部 45

聖祖仁皇帝庭訓格言 〔文淵〕717〔文津〕719〔文瀾〕732〔薈要〕185〔著録〕子部 1

聖祖仁皇帝御製文 〔薈要〕348〔薈要〕349

聖祖仁皇帝御製文集初集、第二集、第三集、第四集 〔文淵〕1298－1299〔文津〕1302－1304〔文瀾〕1336－1337

聖祖仁皇帝聖訓 〔文淵〕411〔文津〕408〔文瀾〕409－410〔薈要〕184〔著録〕史部 83

聖祖仁皇帝親征平定朔漠方略、聖祖仁皇帝御製親征朔漠紀略 〔文淵〕354－355〔文津〕351－352〔文瀾〕353

聖祖庭訓格言 〔珍本〕八集 132

聖朝名畫評 〔著録〕子部 52

聖朝新政要略、訪單 〔續修〕438

聖經學規纂、論學 〔續修〕947

聖壽萬年曆、律曆融通 〔珍本〕四集 149－150

聖壽萬年曆、律曆融通、音義 〔文淵〕786〔文津〕787〔文瀾〕803

聖壽萬年曆、律曆融通、萬年曆備考 〔著録〕子部 145

聖駕南巡日録、大駕北還録 〔存目〕史部 46〔續修〕433

聖學入門書 〔存目〕子部 19

聖學心法 〔存目〕子部 6〔續修〕935

聖學知統録 〔存目〕史部 120

聖學知統翼録 〔存目〕史部 120

聖學宗傳 〔存目〕史部 98－99〔續修〕513

聖學真語 〔存目〕子部 95

聖學格物通 〔著録〕子部 43

聖學嫡派 〔存目〕史部 108

聖學範圍圖説 〔存目〕子部 14

聖諭、奏疏 〔禁燬〕史部 57

聖諭廣訓 〔文淵〕717〔文津〕719〔文瀾〕732〔珍本〕十二集 46〔薈要〕185〔著録〕子部 13

聖諭樂本解説 〔文淵〕220〔文津〕215〔文瀾〕213〔珍本〕十一集 24〔著録〕經部 107

聖濟總録纂要 〔文淵〕739〔文津〕739〔文瀾〕753－754〔珍本〕十一集 107－111〔著録〕子部 65

戡

戡定新疆記 〔未收〕一輯 16

戡靖教匪述編 〔未收〕三輯 15

蓋

蓋載圖憲 〔存目〕子部 55

鄞

鄞縣志〔乾隆〕 〔續修〕706

勤

勤有堂隨録 〔文淵〕866〔文津〕868〔文瀾〕886

勤餘文牘、續編 〔續修〕1548

勤齋集 〔文淵〕1206〔文津〕1210〔文瀾〕1241〔珍本〕二集 335

蓮

蓮子居詞話 〔續修〕1734

蓮谷先生讀易索隱 〔存目〕經部 3〔續修〕6

蓮坡詩話 〔續修〕1701

蓮洋詩鈔 〔文淵〕1322〔文津〕1326〔文瀾〕1361〔珍本〕十集 274－275〔著録〕集部 359

蓮峰集 〔文淵〕1165〔文津〕1169〔文瀾〕1200〔珍本〕初集 305

蓮堂詩話、校譌、續校 〔續修〕1694

蓮鬚閣集 〔禁燬〕集部 183

蓮龕集 〔存目〕集部 222

靳

靳文襄公治河方略 〔著録〕史部 420

靳文襄公奏疏 〔著録〕史部 200

靳文襄奏疏 〔珍本〕三集 128－129

靳文襄奏疏、治河題藁、附撫皖題藁 〔文淵〕430〔文津〕428〔文瀾〕429

靳史 〔禁燬〕史部 29

靳兩城先生集 〔存目〕集部 102

墓

墓銘舉例 〔文淵〕1482 〔文津〕1487 〔文瀾〕1532 〔珍本〕十集 360 〔著錄〕集部 331

夢

夢厂雜著 〔續修〕1269

夢山存家詩稿 〔著錄〕集部 404

夢月巖詩集、詩餘 〔存目〕集部 261

夢幻居畫學簡明、續、又續 〔續修〕1086

* 夢幻緣 〔續修〕1765

夢占逸旨 〔續修〕1064

夢占類考 〔存目〕子部 70 〔續修〕1064

夢林玄解 〔存目〕子部 70 〔續修〕1063 – 1064

夢虹奏議 〔存目〕史部 60

夢堂詩稿 〔未收〕九輯 26

夢窗甲稿、乙稿、丙稿、丁稿、絶筆 〔著錄〕集部 219

夢窗稿 〔文淵〕1488 〔文津〕1493 〔文瀾〕1538

夢園書畫錄 〔續修〕1086

夢園瑣記 〔未收〕三輯 29

夢溪筆談 〔文淵〕862 〔文津〕864 〔文瀾〕882

夢粱錄 〔文淵〕590 〔文津〕590 〔文瀾〕598 〔著錄〕史部 420

夢蕉存稿 〔存目〕集部 52

夢蕉詩話 〔存目〕集部 416

夢樓詩集 〔續修〕1450

夢澤堂文集、詩集、濱江唱酬詩 〔未收〕七輯 19

夢澤集 〔文淵〕1272 〔文津〕1277 〔文瀾〕1309 〔珍本〕十二集 182 〔底本〕集部 159 – 160 〔著錄〕集部 402

夢觀集 〔文淵〕1215 〔文津〕1219 〔文瀾〕1250 〔珍本〕五集 293 〔底本〕集部 141 〔著錄〕集部 447

蒼

蒼耳齋詩集 〔存目〕集部 157

蒼谷全集 〔未收〕五輯 18

蒼峴山人文集 〔未收〕五輯 28

蒼峴山人文錄 〔續修〕1671

蒼峴山人集、微雲集 〔未收〕五輯 28

蒼梧詞 〔續修〕1725

蒼雪山房稿 〔存目補〕6

蒼雪和尚南來堂詩集 〔續修〕1393

蒼雪軒全集 〔禁燬〕集部 182

蒼崖子 〔存目〕子部 94

蒼崖先生金石例 〔著錄〕集部 418

蒼潤軒碑跋紀、續紀 〔存目〕史部 278

蒼霞草 〔禁燬〕集部 124

蒼霞詩草 〔禁燬補〕64

蒼霞餘草 〔禁燬〕集部 125

蒼霞續草 〔禁燬〕集部 124 – 125

蓬

蓬室偶吟 〔續修〕1486

蓬莊詩集 〔存目〕集部 264

蓬軒別記 〔禁燬補〕36

蓬窗日錄 〔存目〕子部 110 〔續修〕1125

蓬窗類紀 〔存目〕子部 251 〔續修〕1271

蓬廬文鈔 〔續修〕1449

蒿

蒿菴閒話 〔存目〕子部 114 〔續修〕1136

蒿菴集 〔存目〕集部 207

蓄

蓄魚雅集 〔未收〕十輯 12

蓄齋二集 〔未收〕八輯 27

蓄齋集 〔未收〕八輯 27

蒹

蒹葭堂稿 〔續修〕1354

蒲

蒲江詞 〔文淵〕1488 〔文津〕1493 〔文瀾〕1538 〔著錄〕集部 219

蒲室集 〔文淵〕1204 〔文津〕1208 〔文瀾〕1239 〔珍本〕二集 331 〔著錄〕集部 254

蓉

蓉川集、入夏錄、贈言、年譜 〔存目〕集部

67

蓉塘詩話 〔續修〕1695-1696

蓉槎蠡説 〔存目〕子部115 〔續修〕1137

蒙

蒙川先生遺稿 〔著錄〕集部443

蒙川遺稿 〔文淵〕1182 〔文津〕1186 〔文瀾〕1217 〔珍本〕十一集169

蒙古字韻 〔續修〕259

蒙古通鑑長編、附編 〔續修〕350

蒙古游牧記 〔續修〕731

蒙求 〔續修〕1213

蒙求集註 〔文淵〕892 〔文津〕894 〔文瀾〕912

蒙泉山館周易本義補説 〔未收〕一輯1

蒙泉雜言 〔存目〕子部113

蒙隱集 〔文淵〕1151 〔文津〕1156 〔文瀾〕1185 〔珍本〕三集268 〔著錄〕集部52

蒙齋中庸講義 〔文淵〕199 〔文津〕194 〔文瀾〕189 〔珍本〕初集100

蒙齋集 〔文淵〕1175 〔文津〕1179 〔文瀾〕1209 〔珍本〕別輯362-365

蒙韃備錄校注 〔續修〕423

蓀

蓀堂集 〔存目〕集部189

楳

楳埜集 〔文淵〕1181 〔文津〕1185 〔文瀾〕1216 〔珍本〕別輯367-369

禁

禁扁 〔文淵〕468 〔文津〕467 〔文瀾〕469 〔珍本〕五集91 〔著錄〕史部35

*禁書總目 〔續修〕921

禁燬書目 〔續修〕921

楚

楚南苗志 〔存目〕史部256

楚昭公疎者下船雜劇 〔續修〕1760

楚風補、前編編 〔存目〕集部403

楚紀 〔存目〕史部47-48

楚書 〔存目〕史部248

楚國文憲公雪樓程先生文集、年譜 〔著錄〕集部446

楚望閣詩集 〔續修〕1577

楚詞九歌解 〔存目〕集部2

楚詞宗旨 〔未收〕五輯16

楚詞釋 〔續修〕1302

楚蒙山房易經解 〔文淵〕49 〔文瀾〕42 〔珍本〕八集12-16 〔著錄〕經部44

楚詩紀 〔禁燬〕集部122

楚漢帝月表 〔禁燬補〕9

楚騷協韻、讀騷大旨 〔存目〕集部1

楚騷綺語 〔存目〕子部194

楚辭 〔著錄〕集部226

楚辭、九歌圖 〔未收〕五輯16

楚辭叶韻考 〔未收〕十輯13

楚辭通釋 〔續修〕1302

楚辭章句 〔文淵〕1062 〔文津〕1066 〔文瀾〕1091 〔著錄〕集部1

楚辭集註、辯證、後語 〔文淵〕1062 〔文津〕1066 〔文瀾〕1091 〔著錄〕集部365

楚辭集解 〔存目〕集部1 〔續修〕1301

楚辭評林、總評 〔存目〕集部2

楚辭評註 〔未收〕八輯16

楚辭補注 〔文淵〕1062 〔文津〕1066 〔文瀾〕1091 〔薈要〕465

楚辭疏、讀楚辭語、屈原傳、楚辭雜論 〔續修〕1301

楚辭新集註 〔存目〕集部2

楚辭新集註、附楚懷襄二王在位事蹟考 〔續修〕1302

楚辭新註求確 〔未收〕十輯13

*楚辭韵讀 〔續修〕248

楚辭箋註 〔續修〕1302

楚辭燈、附楚懷襄二王在位事蹟考 〔存目〕集部2

楚辭韻解 〔未收〕五輯16

楚辭聽直、合論 〔存目〕集部1 〔續修〕1301

楚寶、總論 〔存目〕史部118 〔續修〕548-549

棟

棟亭詩鈔、詩別集、詞鈔、詞鈔別集、文鈔 〔存目〕集部257 〔續修〕1419

楷

楷法溯源、古碑目録、集帖目録 〔續修〕241

楷園文集 〔禁燬補〕71

楊

楊大年先生武夷新集 〔著録〕集部43

楊大洪先生文集 〔禁燬〕集部10

楊子折衷 〔存目〕子部7 〔續修〕938

楊子書繹 〔存目〕經部55

楊太真外傳 〔續修〕1783

*楊公來路玄空烟火活法 〔續修〕1052

楊公政績紀 〔存目〕史部86

楊公筆録 〔文淵〕863 〔文津〕865 〔文瀾〕882 〔珍本〕十二集142 〔底本〕子部18 〔著録〕子部167

楊氏女殺狗勸夫雜劇 〔續修〕1760

楊氏五家文鈔 〔存目〕集部395

楊氏易傳 〔文淵〕14 〔文津〕9 〔文瀾〕8 〔珍本〕七集1-2 〔著録〕經部1

楊氏塾訓 〔存目〕子部152

楊文忠公三録 〔文淵〕428 〔文津〕426 〔文瀾〕426 〔珍本〕四集106

楊文定公詩集 〔續修〕1326

楊文恪公文集 〔續修〕1332-1333

楊文弱先生集 〔續修〕1372-1373 〔禁燬〕集部69-70

楊文敏公集 〔底本〕集部41-42 〔著録〕集部350

楊文懿公文集 〔未收〕五輯17

楊仲弘集 〔文淵〕1208 〔文津〕1212 〔文瀾〕1243

楊全甫諫草 〔存目〕史部64 〔續修〕482

楊東來先生批評西游記 〔續修〕1766

楊叔嶠先生詩集、文集 〔續修〕1568

楊忠介公集 〔著録〕集部434

楊忠介集 〔文淵〕1276 〔文津〕1280 〔文瀾〕1313 〔珍本〕五集356-357

楊忠烈公文集 〔續修〕1371

楊忠烈公文集、附表忠録、年譜 〔禁燬〕集部13

楊忠愍公集 〔著録〕集部71

楊忠愍集 〔文淵〕1278 〔文津〕1282 〔文瀾〕1315

楊盈川集 〔著録〕集部227

楊黄門奏疏 〔存目〕史部67

*楊救貧先師宅寶經 〔續修〕1052

楊道行集 〔存目〕集部168-169

楊園先生全集 〔存目〕子部165

楊園先生詩文 〔續修〕1399

楊誠齋詩話 〔底本〕集部266 〔著録〕集部331

楊維節先生稿 〔禁燬〕經部7

楊輝算法、札記 〔續修〕1042

楊襄毅公本兵疏議 〔存目〕史部61 〔續修〕477

楞

楞伽師資記(殘) 〔續修〕1281

槐

槐下新編雅説集 〔存目〕子部154

槐江詩鈔 〔未收〕八輯28

槐亭漫録 〔存目〕子部87

槐軒集 〔存目〕集部230

槐野先生存笥稿 〔續修〕1344

槐廳載筆 〔續修〕1178

皙

皙次齋稿 〔未收〕五輯28

榆

榆溪文録 〔續修〕1671

榆溪詩鈔 〔禁燬〕集部119

榆墩集 〔存目〕集部211

楓

楓山章先生文集、實紀 〔底本〕集部43 〔著録〕集部39

楓山章先生語録、文集、實紀、年譜 〔著録〕子部332

楓山集 〔文淵〕1254 〔文津〕1257 〔文瀾〕1291

楓山語録、附行實 〔文淵〕714 〔文津〕716

〔文瀾〕729

楓潭集鈔 〔未收〕五輯 19

楓窗小牘 〔文淵〕1038 〔文津〕1042 〔文瀾〕1065 〔著録〕子部 219

槎

槎翁文集 〔存目〕集部 24

槎翁詩 〔著録〕集部 63

槎翁詩集 〔文淵〕1227 〔文津〕1231 〔文瀾〕1262 〔珍本〕五集 294－295

槎菴小乘 〔禁燬〕子部 10

楹

楹書隅録、續編 〔續修〕926－927

楹聯叢話 〔續修〕1254

楹聯續話 〔續修〕1254

楙

楙花盦詩、外集 〔續修〕1519

楙亭文稿 〔未收〕十輯 17

裘

裘文達公文集、詩集 〔續修〕1441

裘竹齋詩集 〔著録〕集部 100

賈

賈子次詁、叙録 〔續修〕933

賈氏譚録 〔文淵〕1036 〔文津〕1040 〔文瀾〕1063 〔著録〕子部 331

賈長沙集 〔續修〕1583

賈稻孫集 〔未收〕十輯 28

感

感天動地竇娥冤雜劇 〔續修〕1762

感述録、續録 〔存目〕子部 91

感舊集 〔禁燬〕集部 74

感應類從志 〔存目〕子部 116

挈

挈經室集 〔續修〕1478－1479

碑

碑別字 〔續修〕243

碎

碎金詞譜、續譜、詞韻 〔續修〕1737

匯

匯東手談 〔禁燬〕子部 8

雷

雷峰塔傳奇 〔續修〕1776

雷塘庵主弟子記 〔續修〕557

雷翠庭先生讀書偶記 〔著録〕子部 261

雷轟薦福碑 〔續修〕1763

督

督捕則例 〔續修〕867

督師紀略 〔禁燬〕史部 36

督漕疏草 〔存目〕史部 68

督撫江西奏疏、兵部奏疏、刑部奏疏 〔著録〕史部 422

歲

歲華紀麗 〔存目〕子部 166

歲華紀麗譜、牋紙譜、蜀錦譜 〔文淵〕590 〔文津〕590 〔文瀾〕598 〔著録〕史部 252

歲時廣記 〔文淵〕467 〔文津〕466 〔文瀾〕468 〔著録〕史部 35 〔續修〕885

歲時雜詠 〔文淵〕1348 〔文津〕1352 〔文瀾〕1390 〔珍本〕三集 380－382

歲寒堂初集、存稿 〔存目〕集部 283－284

歲寒堂詩話 〔文淵〕1479 〔文津〕1483 〔文瀾〕1528 〔珍本〕別輯 398 〔著録〕集部 417

歲寒集 〔存目〕集部 31

虞

虞兮夢 〔續修〕1767 ⅼ1767

虞氏易言 〔續修〕26

虞氏易言補 〔續修〕26

虞氏易事 〔續修〕26

虞氏易候 〔續修〕26

虞氏易消息圖説 〔續修〕28

*虞氏易象彙編 〔續修〕30

虞氏易義補注 〔續修〕35
虞氏易禮 〔續修〕26
虞氏逸象考正、續纂 〔續修〕35
虞初志 〔存目〕子部 246 〔續修〕1783
虞初新志 〔續修〕1783 〔禁燬〕子部 38
虞初續志 〔續修〕1783
虞東學詩 〔珍本〕三集 61－63
虞東學詩、詩説 〔文淵〕89 〔文津〕84 〔文
　瀾〕82 〔著録〕經部 64
虞書命羲和章解 〔續修〕50
虞書箋 〔存目〕經部 52
虞淵沉 〔續修〕390
虞德園先生集 〔禁燬〕集部 43

業

業儒臆説 〔存目〕子部 29

睫

睫巢集、後集 〔存目〕集部 282

睡

睡足軒詩選 〔存目〕集部 79
睡庵稿 〔禁燬〕集部 63

賊

賊情彙纂 〔續修〕445

嗜

嗜泉詩存 〔存目〕集部 78
嗜退菴語存内編 〔存目〕子部 154

黽

黽記 〔存目〕子部 14

愚

愚山先生文録 〔續修〕1669
愚谷文存 〔續修〕1454
愚谷文存續編 〔續修〕1454
愚谷集 〔文淵〕1273 〔文津〕1278 〔文瀾〕
　1310 〔珍本〕五集 350 〔著録〕集部 276
愚谷詩蕘 〔禁燬補〕79
愚菴小集 〔珍本〕四集 384－385 〔著録〕集

部 289
愚菴小集、附傳家質言 〔文淵〕1319 〔文
　津〕1322 〔文瀾〕1357
愚慮録 〔續修〕1165
愚齋反經録 〔存目〕子部 29
愚齋存稿 〔續修〕1571－1573

歇

歇菴集 〔續修〕1365

暖

暖老齋雜記 〔續修〕1133 〔禁燬〕子部 29

暌

暌車志 〔文淵〕1047 〔文津〕1051 〔文瀾〕
　1075 〔著録〕子部 243

跨

跨鼇集 〔文淵〕1124 〔文津〕1128 〔文瀾〕
　1154 〔珍本〕初集 268－269

路

路史 〔文淵〕383 〔文津〕380 〔文瀾〕382
　〔珍本〕九集 101－108 〔著録〕史部 191

園

園冶 〔續修〕879

遣

遣睡雜言 〔未收〕六輯 20
遣愁集 〔續修〕1273

蛾

蛾術編 〔續修〕1150－1151

蜂

蜂衙小記 〔續修〕1120
蜂鬚集 〔未收〕四輯 29

蜕

蜕疣集 〔未收〕七輯 22
蜕菴集 〔文淵〕1215 〔文津〕1218 〔文瀾〕

1250〔珍本〕五集 293

蛻菴詩 〔底本〕集部 103〔底本〕集部 185
〔著録〕集部 32

蛻巖詞 〔文淵〕1488〔文津〕1493〔文瀾〕
1538〔著録〕集部 219

農

農丈人文集、詩集 〔存目〕集部 168
農田要務稿 〔未收〕三輯 22
農田餘話 〔存目〕子部 239
農具記 〔續修〕976
農政全書 〔文淵〕731〔文津〕730〔文瀾〕
745〔著録〕子部 64
農政發明、耕心農話 〔續修〕976
農候雜占 〔續修〕976
農書(王禎) 〔文淵〕730〔文津〕730〔文
瀾〕744〔珍本〕別輯 171－175〔著録〕子
部 14
農書(沈岦) 〔續修〕975
農書、蠶書 〔文淵〕730〔文津〕729〔文瀾〕
744〔著録〕子部 352
農桑衣食撮要 〔文淵〕730〔文津〕729
〔文瀾〕744
農桑易知録 〔續修〕975
農桑輯要 〔文淵〕730〔文津〕729〔文瀾〕
744〔珍本〕別輯 169－170〔薈要〕258
〔著録〕子部 14〔續修〕975
農説 〔存目〕子部 38
農學纂要 〔未收〕七輯 12

罪

罪惟録 〔續修〕321－323

蜀

蜀中廣記 〔文淵〕591－592〔文津〕590－
592〔文瀾〕599－600〔珍本〕初集 127－
136〔著録〕史部 425－426
蜀水經 〔續修〕728
＊蜀石經左傳殘字 〔續修〕184
蜀石經殘字三種 〔續修〕184
蜀丞相諸葛亮文集 〔續修〕1303
蜀典 〔續修〕735
蜀故 〔未收〕一輯 27

蜀都碎事、藝文補遺 〔存目〕史部 250
蜀都雜抄 〔續修〕735
蜀道驛程記 〔存目〕史部 128
蜀碧 〔存目〕史部 126〔續修〕442
蜀漢本末 〔存目〕史部 19
蜀龜鑑 〔未收〕三輯 15
蜀檮杌 〔文淵〕464〔文津〕463〔文瀾〕465
〔著録〕史部 205
蜀藻幽勝録 〔存目〕集部 335
蜀鑑 〔文淵〕352〔文津〕349〔文瀾〕350
〔著録〕史部 7

嵩

嵩山集 〔文淵〕1139〔文津〕1143〔文瀾〕
1170〔珍本〕二集 257－258〔著録〕集部
241
嵩厓學凡 〔存目〕子部 25
嵩書 〔存目〕史部 231－232〔續修〕725
嵩渚文集 〔存目〕集部 70－71
嵩陽石刻集記 〔文淵〕684〔文津〕684
〔文瀾〕697〔珍本〕十一集 100〔著録〕史
部 158
嵩陽集 〔存目〕集部 103
嵩嶽廟史 〔存目〕史部 238

圓

圓音正考 〔續修〕254
圓覺經略疏之鈔 〔續修〕1279

槃

槃菴集 〔文淵〕1206〔文津〕1210〔文瀾〕
1241〔珍本〕初集 350

稗

稗史集傳 〔存目〕史部 87
稗史彙編 〔存目〕子部 139－142
稗販 〔未收〕三輯 28

筠

筠軒文鈔 〔續修〕1489
筠軒集 〔文淵〕1213〔文津〕1217〔文瀾〕
1248〔珍本〕三集 284－285
筠廊偶筆、二筆 〔存目〕子部 114

筠清館金石文字 〔續修〕902

筠溪牧潛集 〔底本〕集部 96 〔著錄〕集部 446

筠谿文集 〔存目〕集部 64-65

筠谿集、樂府 〔珍本〕初集 277-278

筠谿集、樂府、附筠谿李公家傳 〔文淵〕1130 〔文津〕1134 〔文瀾〕1162-1267

筠谿樂府 〔文淵〕1487 〔文津〕1492 〔文瀾〕1537

筠齋漫録、續集、別集 〔續修〕1127

筱

筱園詩話 〔續修〕1708

節

節孝先生文集、事實、本朝名臣言行録、皇朝東都事略卓行傳序、諸君子帖 〔著錄〕集部 339

節孝先生語 〔著錄〕子部 301

節孝家訓述 〔著錄〕子部 352

節孝集 〔文淵〕1101 〔文津〕1105 〔文瀾〕1131 〔珍本〕八集 148-150

節孝語録 〔文淵〕698 〔文津〕698 〔文瀾〕712 〔珍本〕五集 117

節序日考 〔續修〕885

節序同風録 〔存目〕史部 165

節俠記 〔續修〕1773

節菴集、續稿 〔存目〕集部 29

節婦傳 〔存目〕史部 126

與

與古齋琴譜 〔續修〕1095

與我周旋集詩、文、四六、雜體、附寧武府志序 〔未收〕九輯 23

與秋集 〔禁燬補〕90

與袁堂文集 〔未收〕七輯 18

與梅堂遺集、耳書、鮓話 〔存目〕集部 272

與稽齋叢稿 〔續修〕1463

傳

傳是樓書目 〔續修〕920

傳信適用方 〔文淵〕741 〔文津〕741 〔文瀾〕755

傳信適用方、夏子益治奇疾方 〔著錄〕子部 15

*傳神秘要 〔文淵〕838 〔文津〕840 〔文瀾〕858 〔著錄〕子部 27

傳恭堂詩集 〔未收〕七輯 29

傳悟靈濟録 〔續修〕997

傳家集 〔文淵〕1094 〔文津〕1097-1098 〔文瀾〕1123 〔薈要〕375

傳習則言 〔存目〕子部 7

傳經室文集 〔續修〕1514

傳經堂詩鈔 〔續修〕1444 〔未收〕十輯 25

鼠

鼠疫抉微 〔續修〕1005

鼠璞 〔文淵〕854 〔文津〕856 〔文瀾〕874 〔著錄〕子部 165

催

催官評龍篇 〔著錄〕子部 356

催官篇 〔文淵〕808 〔文津〕809 〔文瀾〕826 〔珍本〕九集 208

傷

傷科大成 〔續修〕1017

傷科補要 〔續修〕1017

傷科彙纂、圖注 〔續修〕1017

傷寒九十論、校譌 〔續修〕984

傷寒分經 〔存目〕子部 53

傷寒六書 〔續修〕985

傷寒百問 〔續修〕984

傷寒舌鑑 〔文淵〕783 〔文津〕784 〔文瀾〕800 〔珍本〕十集 165 〔著錄〕子部 18

傷寒直格方、傷寒標本心法類萃 〔文淵〕744 〔文津〕744 〔文瀾〕759 〔珍本〕九集 202

傷寒來蘇全集 〔續修〕986

傷寒治例 〔存目〕子部 41

傷寒指歸 〔未收〕六輯 14

傷寒兼證析義 〔文淵〕783 〔文津〕784 〔文瀾〕800 〔珍本〕十一集 114 〔著錄〕子部 303

傷寒微旨論 〔文淵〕738 〔文津〕738 〔文

瀾〕753〔珍本〕别輯179

傷寒説意 〔存目〕子部40

傷寒瘟疫條辯 〔續修〕1004

傷寒論 〔續修〕985

傷寒論三註 〔未收〕四輯25

傷寒論本義 〔未收〕三輯22

傷寒論直解、傷寒附餘 〔續修〕987

傷寒論注釋、傷寒明理論、傷寒論方
〔文淵〕734〔文津〕734〔文瀾〕749

傷寒論後條辨 〔續修〕986

傷寒論條辨 〔珍本〕五集193-194

傷寒論條辨、本草鈔、或問、痙書 〔文
淵〕775〔文津〕776〔文瀾〕792〔著録〕
子部352

傷寒論條辨續註 〔存目〕子部54

傷寒論淺注補正 〔續修〕987

傷寒論集注 〔續修〕985

傷寒論集註、外篇 〔未收〕四輯25

傷寒論類方 〔著録〕子部145

傷寒總病論、音訓、修治藥法 〔文淵〕738
〔文津〕738〔文瀾〕753〔珍本〕九集201
〔著録〕子部352

傷寒類方 〔文淵〕785〔文津〕786〔文瀾〕
802〔珍本〕十一集114

傷寒懸解 〔存目〕子部40

傷寒辯證 〔續修〕985

傷寒纉論、緒論 〔存目〕子部51

像

像抄 〔存目〕經部14

像象管見 〔文淵〕33〔文津〕28〔文瀾〕28
〔珍本〕五集1-2〔著録〕經部54

備

備中人 〔續修〕1767|1767

備吹録二集 〔存目〕子部222

備吹録首集 〔存目〕子部222

鳧

鳧氏爲鍾圖説 〔續修〕85

鳧藻集 〔文淵〕1230〔文津〕1234〔文瀾〕
1266

粵

粵中蠶桑芻言 〔續修〕978

粵西偶記 〔存目〕史部128

粵西詩載、文載、叢載 〔文淵〕1465-1467
〔文津〕1470-1472〔文瀾〕1514-1516
〔珍本〕九集365-400〔著録〕集部324-
326

粵述 〔存目〕史部249

粵東金石略、附九曜石考 〔續修〕913

粵東勦匪紀略 〔未收〕三輯13

粵氛紀事 〔未收〕一輯16

粵風續 〔存目補〕79

粵匪紀略 〔續修〕446

粵海關志 〔續修〕834-835

粵遊日記 〔存目〕史部128

粵閩巡視紀略 〔文淵〕460〔文津〕459
〔文瀾〕461〔珍本〕四集113〔著録〕史部
33

微

微尚齋詩集初編 〔續修〕1553

微尚齋詩續集、適適齋文集 〔續修〕1553

嵞

嵞山集、續集、再續集 〔續修〕1400〔禁
燬〕集部71

愈

愈愚録 〔續修〕1156

會

會昌一品集 〔薈要〕366

會昌一品集、李衛公别集、李衛公外集、
附李衛公本傳 〔文淵〕1079〔文津〕
1083〔文瀾〕1109

會侯先生文鈔 〔存目〕集部229

會稽三賦 〔文淵〕589〔文津〕589〔文瀾〕
598〔底本〕史部27〔著録〕史部252

會稽志、會稽續志 〔文淵〕486〔文津〕485
〔文瀾〕488〔珍本〕七集101-106

會稽掇英總集 〔文淵〕1345〔文津〕1349
〔文瀾〕1387〔珍本〕四集388-389〔底

本〕集部 216 〔著録〕集部 390

愛

愛日吟廬書畫補録、續録、別録 〔續修〕1088

愛日吟廬書畫録 〔續修〕1088

愛日堂文集、詩集、外集 〔未收〕七輯 22

愛日堂尚書註解纂要 〔存目〕經部 60

愛日堂詩集 〔存目〕集部 254

愛日精廬藏書志、續志 〔續修〕925

愛日齋叢鈔 〔文淵〕854 〔文津〕856 〔文瀾〕874

愛秋齋詩稿 〔禁燬補〕87

愛禮先生集 〔存目〕集部 25

飴

飴山文録 〔續修〕1671

飴山詩集 〔著録〕集部 410

飴山詩餘 〔續修〕1725

頒

頒行詔書 〔續修〕458

頌

頌天臚筆 〔續修〕439 〔禁燬〕史部 5-6

詹

詹氏性理小辨 〔存目〕子部 112

詹養貞先生文集 〔存目〕集部 166 〔禁燬補〕59

詹鐵牛文集、詩集、續集 〔禁燬〕集部 167

獅

獅山掌録 〔存目〕子部 203

獅吼記 〔續修〕1772

解

解弢集 〔存目〕集部 178

解莊 〔存目〕子部 256

解春集文鈔、詩鈔 〔續修〕1418

解脱集 〔續修〕1367

解圍元藪 〔續修〕1016

解愠編 〔續修〕1272

解學士先生集 〔著録〕集部 262

詩

詩人玉屑 〔文淵〕1481 〔文津〕1485-1486 〔文瀾〕1531 〔著録〕集部 331

詩三家義集疏 〔續修〕77

詩小序翼 〔續修〕66

詩小學 〔未收〕三輯 7

詩女史、拾遺 〔存目〕集部 321

詩毛氏傳疏 〔續修〕70

詩毛氏學 〔續修〕74

詩毛鄭異同辨 〔續修〕73

詩氏族考 〔續修〕66

詩文軌範 〔存目〕集部 416

詩古音繹 〔續修〕249

詩古微 〔續修〕77

詩古韻表廿二部集説 〔續修〕248

詩本音 〔文淵〕241 〔文津〕236 〔文瀾〕234 〔著録〕經部 117

詩本義、鄭氏詩譜 〔文淵〕70 〔文津〕65 〔文瀾〕63 〔著録〕經部 46

詩本誼 〔續修〕73

詩札 〔文淵〕86 〔文津〕81 〔文瀾〕79 〔珍本〕九集 35 〔著録〕經部 39

詩史 〔存目〕史部 291

詩外傳 〔著録〕經部 65

詩式 〔存目〕集部 415

詩考 〔文淵〕75 〔文津〕70 〔文瀾〕68 〔著録〕經部 61

詩考異字箋餘 〔續修〕75

詩考異補 〔未收〕三輯 6

詩考補 〔未收〕三輯 6

詩地理考 〔文淵〕75 〔文津〕70 〔文瀾〕68 〔薈要〕29 〔著録〕經部 144

詩地理考略、圖 〔續修〕74

詩地理徵 〔續修〕72

詩存 〔續修〕1440 〔未收〕九輯 28

詩志 〔存目〕經部 71-72

詩序 〔文淵〕69 〔文津〕64 〔文瀾〕62 〔著録〕經部 36

詩序補義 〔文淵〕89 〔文津〕84 〔文瀾〕82

〔珍本〕二集 24－26

詩序辨說　〔續修〕56

詩苑天聲應制集、應試集、朝堂詩、館課集、歷代樂章　〔存目補〕38

詩林廣記　〔文淵〕1482　〔文津〕1486－1487　〔文瀾〕1532

詩所　〔文淵〕86　〔文津〕81　〔文瀾〕79　〔珍本〕九集 36－37　〔著錄〕經部 63

詩所、歷代名氏爵里　〔存目〕集部 325

詩法　〔續修〕1695

詩法正宗　〔續修〕1694

詩法易簡錄、錄餘緒論　〔續修〕1702

詩法指南　〔續修〕1702

詩法源流　〔存目〕集部 415

詩法醒言　〔未收〕六輯 30

詩宗正法眼藏　〔續修〕1694

詩持一集、二集、三集、四集　〔禁燬〕集部 38

詩故　〔文淵〕79　〔文津〕74　〔文瀾〕72　〔珍本〕十一集 6　〔著錄〕經部 144

詩品　〔文淵〕1478　〔文津〕1482　〔文瀾〕1527

詩品二十四則　〔著錄〕集部 330

詩風初集　〔禁燬補〕56－57

詩音　〔未收〕四輯 4

詩音表　〔續修〕245

詩音辯略　〔存目〕經部 216

詩逆、詩考　〔存目〕經部 66

詩紀、前集、外集、別集　〔著錄〕集部 150－151

詩紀匡謬　〔文淵〕1380　〔文津〕1384　〔文瀾〕1424

詩原一集、二集、三集、四集、五集　〔存目補〕36

詩乘初集、詩乘發凡　〔禁燬〕集部 156

詩笑　〔續修〕1273

詩倫　〔未收〕十輯 30

詩益　〔續修〕63

＊詩酒紅梨花　〔續修〕1763

＊詩酒揚州夢　〔續修〕1763

詩家直說　〔存目〕集部 417　〔續修〕1695

詩家鼎臠　〔文淵〕1362　〔文津〕1366　〔文瀾〕1404　〔珍本〕初集 373　〔著錄〕集部 412

詩書古訓　〔續修〕174

詩通　〔存目〕經部 65　〔續修〕61

詩問(牟應震)　〔續修〕65

詩問(吳蕭公)　〔存目〕經部 73

詩問(郝懿行)　〔續修〕65

詩問略　〔存目〕經部 72

詩異文錄　〔續修〕75

詩深　〔存目〕經部 79

詩宿、詩人考世　〔存目〕集部 323－324

詩貫　〔存目〕經部 78

詩筏橐說　〔未收〕八輯 30

詩集傳(朱熹)　〔著錄〕經部 129

詩集傳(蘇轍)　〔珍本〕六集 10－11　〔著錄〕經部 36　〔續修〕56

詩集傳名物鈔　〔文淵〕76　〔文津〕71　〔文瀾〕69　〔薈要〕29　〔著錄〕經部 9

詩集傳名物鈔音釋纂輯　〔續修〕57

詩集傳附錄纂疏、詩傳綱領附錄纂疏、詩序附錄纂疏　〔續修〕57

詩集傳通釋、綱領、外綱領　〔著錄〕經部 129

詩雋類函　〔存目〕子部 211－213

詩評密諦　〔未收〕七輯 30

詩詞通韻、反切定譜　〔續修〕253

詩童子問　〔文淵〕74　〔文津〕69　〔文瀾〕67　〔珍本〕四集 29－30　〔著錄〕經部 60

詩淵　〔續修〕1594－1600

詩補傳　〔文淵〕72　〔文津〕67　〔文瀾〕65　〔薈要〕25　〔著錄〕經部 47

詩概　〔未收〕十輯 28

詩傳大全　〔珍本〕五集 17－20

詩傳大全、綱領、朱子詩序辨說　〔文淵〕78　〔文津〕73－74　〔文瀾〕71

詩傳大全、綱領、圖、詩序　〔著錄〕經部 61

詩傳考　〔未收〕四輯 4

詩傳名物集覽　〔文淵〕86　〔文津〕81　〔文瀾〕79　〔珍本〕十二集 6－7　〔著錄〕經部 63

詩傳述蘊　〔存目〕經部 73

詩傳注疏　〔續修〕57

詩傳旁通　〔文淵〕76　〔文津〕72　〔文瀾〕70　〔珍本〕四集 30－31　〔著錄〕經部 189

詩傳通釋　〔文淵〕76　〔文津〕71　〔文瀾〕69

〔珍本〕三集 41－44

詩傳詩説駁義 〔文淵〕86〔文津〕81〔文瀾〕79〔珍本〕十集 25〔著録〕經部 39

詩傳遺説 〔文淵〕75〔文津〕70〔文瀾〕68〔薈要〕27〔著録〕經部 38

詩傳闡、闡餘 〔存目〕經部 65

詩傳纂義 〔存目〕經部 61

詩解鈔 〔續修〕56

詩解頤 〔文淵〕78〔文津〕73〔文瀾〕71〔著録〕經部 38

詩解頤(毛詩解頤) 〔薈要〕27

詩話(毛奇齡) 〔存目〕集部 420

詩話(楊成玉) 〔存目〕集部 416

詩話補遺 〔文淵〕1482〔文津〕1487〔文瀾〕1532〔底本〕集部 267〔著録〕集部 332

詩話總、前集、後集 〔文淵〕1478〔文津〕1482－1483〔文瀾〕1527－1528

詩話類編 〔存目〕集部 419

詩意 〔存目〕經部 72

詩義記講 〔存目〕經部 78

詩義旁通 〔未收〕六輯 2

詩義擇從 〔未收〕十輯 1

詩源初集 〔禁燬〕集部 169

詩源辯體、附後集纂要 〔續修〕1696

詩準、詩翼 〔存目〕集部 289

詩經小學 〔續修〕64

詩經比義述 〔未收〕二輯 7

詩經正解 〔存目〕經部 80

詩經正義 〔存目〕經部 61

詩經世本古義 〔文淵〕81〔文津〕76－77〔文瀾〕74〔珍本〕四集 35－40〔著録〕經部 61－62

詩經叶音辨譌 〔存目〕經部 219

詩經四家異文考 〔續修〕75

詩經考 〔存目〕經部 68

詩經朱傳翼 〔存目〕經部 72

詩經拾遺、詩經總説 〔存目〕經部 79

詩經胡傳 〔未收〕一輯 4

詩經原始 〔續修〕73

詩經逢原 〔未收〕二輯 6

詩經剖疑 〔續修〕60

詩經旁參 〔存目〕經部 77

詩經通義 〔文淵〕85〔文津〕80〔文瀾〕78〔珍本〕十一集 7－8〔著録〕經部 190

詩經通論 〔續修〕62

詩經副墨 〔存目〕經部 71

詩經異文釋 〔續修〕75

詩經偶箋 〔存目〕經部 70〔續修〕61

詩經提要録 〔存目〕經部 78

詩經備考、總論 〔存目〕經部 67

詩經集成 〔存目〕經部 74

詩經集傳 〔文淵〕72〔文津〕67〔文瀾〕65〔薈要〕26

詩經註疏大全合纂 〔存目〕經部 69－70

詩經疏略 〔存目〕經部 73

詩經疏義會通 〔文淵〕77〔文津〕72〔文瀾〕70〔珍本〕三集 45－48〔著録〕經部 9

詩經稗疏 〔文淵〕84〔文津〕79〔文瀾〕78

詩經傳説取裁 〔存目〕經部 73

詩經解頤 〔底本〕經部 24

詩經詳説 〔存目〕經部 74－77

＊詩經韵讀 〔續修〕248

詩經圖史合考 〔存目〕經部 64

詩經劄記 〔文淵〕87〔文津〕82〔文瀾〕80〔珍本〕五集 24〔著録〕經部 48

詩經疑問(朱倬) 〔文淵〕77〔文津〕72〔文瀾〕71〔薈要〕27〔著録〕經部 189

詩經疑問(姚舜牧) 〔珍本〕三集 53－55

詩經説約 〔續修〕60

詩經説通 〔存目〕經部 64

詩經説鈴 〔未收〕四輯 4

詩經廣大全 〔存目〕經部 77

詩經廣詁 〔續修〕69

詩經類考 〔存目〕經部 62－63〔續修〕59

詩經讀序私記、總論 〔著録〕經部 64

詩經蠹簡 〔未收〕三輯 6

詩管見 〔續修〕74

詩疑 〔存目〕經部 60〔續修〕57

詩疑筆記、後説 〔續修〕64

詩疑義釋 〔未收〕三輯 6

詩疑辨證 〔文淵〕88〔文津〕83〔文瀾〕81〔珍本〕初集 54－55〔著録〕經部 193

詩説(惠周惕) 〔文淵〕87〔文津〕82〔文瀾〕80〔著録〕經部 17

詩説(劉克) 〔續修〕57
詩説考略 〔續修〕71
詩説活參 〔未收〕二輯7
詩説解頤 〔文淵〕79〔文津〕74〔文瀾〕72
〔珍本〕四集32-34
詩説解頤總論、正釋、字義 〔著録〕經部194
詩誦 〔續修〕70
詩廣傳、詩譯 〔續修〕61
詩演義 〔文淵〕78〔文津〕73〔文瀾〕71
〔珍本〕初集51
詩緒餘録 〔續修〕71
詩牖 〔存目〕經部67
詩餘圖譜 〔續修〕1735
詩餘圖譜、附秦張兩先生詩餘合璧 〔存目〕集部425
詩餘譜式 〔未收〕十輯30
詩論 〔存目〕經部60
詩談 〔存目〕集部417
詩慰初集、二集、續集 〔禁燬〕集部56
詩緝 〔文淵〕75〔文津〕70〔文瀾〕68〔珍本〕七集22-27〔著録〕經部38
詩緯集證 〔續修〕77
詩輯 〔薈要〕27
詩學女爲 〔續修〕63
詩學正宗 〔存目〕集部302
詩學集成押韻淵海 〔存目〕子部172〔續修〕1222-1224
詩學權輿 〔存目〕集部292
詩學體要類編 〔續修〕1695
詩辨妄、附録四種 〔續修〕56
詩聲類、詩聲分例 〔續修〕246
詩總聞 〔文淵〕72〔文津〕67〔文瀾〕65〔薈要〕25〔著録〕經部189
詩藪 〔續修〕1696
詩藪内編、外編、雜編、續編 〔存目〕集部417-418
詩歸 〔存目〕集部337-338
詩瀋 〔文淵〕88〔文津〕83〔文瀾〕81〔珍本〕四集41〔著録〕經部63
詩譚、續録 〔存目〕集部418〔續修〕1696
詩識名解 〔文淵〕86〔文津〕81〔文瀾〕79〔珍本〕五集23-24〔著録〕經部63

詩譜補亡後訂、拾遺 〔續修〕64
詩韻考裁 〔未收〕十輯2
詩韻析 〔續修〕258
詩韻音義註 〔未收〕四輯8
詩韻輯略 〔未收〕一輯10
詩觸 〔存目〕經部72〔續修〕61
詩辯坻 〔存目補〕45
詩觀初集、二集、三集、閨秀別卷 〔存目補〕39-41〔禁燬〕集部1-3
詩纘緒 〔文淵〕77〔文津〕73〔文瀾〕71〔珍本〕初集50

誠

誠一堂琴談 〔存目〕子部75
誠正齋文集 〔存目〕集部202
誠意伯文集 〔文淵〕1225〔文津〕1229〔文瀾〕1260〔薈要〕408
誠齋四六發遣膏馥 〔存目〕子部170
誠齋易傳 〔文淵〕14〔文津〕9〔文瀾〕8
誠齋集 〔文淵〕1160-1161〔文津〕1164-1165〔文瀾〕1194-1195〔薈要〕391-393〔著録〕集部98-99
誠齋詩話 〔文淵〕1480〔文津〕1485〔文瀾〕1530
誠齋録、誠齋新録、誠齋牡丹百詠、誠齋梅花百詠、誠齋玉堂春百詠 〔續修〕1328
誠齋褋記 〔存目〕子部120

話

話墮集、二集、三集 〔未收〕十輯21

詮

詮叙管子成書 〔存目〕子部36

詢

詢蒭録 〔存目〕子部102

詳

詳明算法 〔續修〕1042
詳註周美成詞片玉集 〔續修〕1722
詳解九章算法、纂類、札記 〔續修〕1042

廓

廓爾喀案　〔未收〕三輯 18

廉

廉平録　〔存目〕子部 132

廉立堂文集　〔未收〕七輯 25

廉吏傳（黃汝亨）　〔存目〕史部 108

廉吏傳（費樞）　〔文淵〕448〔文津〕446
　〔文瀾〕448〔珍本〕初集 119

廉吏傳、傳蠹　〔續修〕515

廉吏傳、廉蠹　〔著録〕史部 304

廉矩　〔存目〕子部 10

資

資世通訓　〔續修〕935

資治通鑑　〔文淵〕304－310〔文津〕300－
　306〔文瀾〕297－303〔薈要〕157－164
　〔著録〕史部 67－73

資治通鑑目録　〔文淵〕311〔文津〕307
　〔文瀾〕304〔著録〕史部 45

資治通鑑外紀　〔文淵〕312〔文津〕308
　〔文瀾〕305〔珍本〕七集 57－59〔著録〕
　史部 74

資治通鑑考異　〔文淵〕311〔文津〕306
　〔文瀾〕304〔著録〕史部 74

資治通鑑地理今釋　〔續修〕342

資治通鑑後編　〔文淵〕342－345〔文津〕
　338〔文瀾〕340－343〔珍本〕二集 81－
　100〔著録〕史部 405－408

資治通鑑前編、舉要　〔文淵〕332〔文津〕
　329〔文瀾〕329

資治通鑑補　〔續修〕336－341

資治通鑑綱目前編（金履祥）　〔著録〕史
　部 5

資治通鑑綱目前編（南軒）　〔存目〕史部
　9

資治通鑑綱目前編竊議　〔未收〕三輯 12

資治通鑑釋例　〔著録〕史部 4

資暇集　〔文淵〕850〔文津〕852〔文瀾〕869
　〔著録〕子部 164

靖

靖炎兩朝見聞録　〔存目〕史部 44〔續修〕
423

靖逆侯少師張襄壯公奏疏　〔底本〕史部
35－36〔著録〕史部 413

靖海志　〔續修〕390

靖海紀事　〔續修〕390

靖康孤臣泣血録　〔存目〕史部 44

靖康要録　〔文淵〕329〔文津〕326〔文瀾〕
　326〔珍本〕九集 98－100〔著録〕史部 4

靖康紀聞、拾遺　〔存目〕史部 44〔續修〕
423

靖康蒙塵録、附建炎復辟録　〔存目〕史部
44

靖康緗素雜記　〔文淵〕850〔文津〕852
　〔文瀾〕870

靖節先生集、諸本評陶彙集、年譜考異
　〔續修〕1304

靖彝紀事　〔存目〕史部 49

新

新五代史、附考證　〔文淵〕279〔文津〕274
　〔文瀾〕271

新方言　〔續修〕195

新刊大元混一平宋實録　〔著録〕史部 195

新刊王氏脈經　〔續修〕997

新刊王制考　〔存目〕子部 177

新刊元本蔡伯喈琵琶記　〔續修〕1774

新刊五百家註音辯昌黎先生文集、外集、
　序傳碑記、韓文類譜、附評論詁訓音
　釋諸儒名氏　〔著録〕集部 230

新刊仁齋直指方論、小兒方論、醫脈真
　經、傷寒類書活人總括　〔著録〕子部
　137

新刊分類出像陶真選粹樂府紅珊　〔續
　修〕1778

新刊勿聽子俗解八十一難經　〔續修〕983

新刊正蒙解　〔續修〕934

新刊古今歲時雜詠　〔著録〕集部 138

新刊外科正宗　〔續修〕1013

＊新刊死生交范張雞黍　〔續修〕1760

新刊名臣碑傳琬琰之集上集　〔底本〕史
　部 22－24〔著録〕史部 201

新刊君子亭群書摘草　〔存目〕子部 129

＊新刊的本泰華山陳摶高卧　〔續修〕

1760

*新刊的本散家財天賜老生兒 〔續修〕
1760

*新刊的本薛仁貴衣錦還鄉 〔續修〕
1760

新刊河間劉守真傷寒直格、傷寒標本心
法類萃 〔著錄〕子部 137

新刊指南臺司袁天罡先生五星三命大
全 〔續修〕1059

新刊南軒先生文集 〔著錄〕集部 56

新刊相法人倫大統賦解、附大統圖 〔著
錄〕子部 149

新刊重訂出相附釋標註月亭記 〔續修〕
1774

新刊皇明名臣言行錄 〔禁燬〕史部 20

新刊素問入式運氣論奧、黃帝內經素問
遺篇 〔著錄〕子部 132

新刊校訂集註杜詩 〔著錄〕集部 365－366

新刊秘授外科百效全書 〔續修〕1013

新刊唐蔣川先生稗編 〔著錄〕子部 81－
83

新刊陳眉公先生精選古論大觀 〔存目
補〕23－24

新刊陰陽寶鑑剋擇通書前集、後集 〔續
修〕1061－1062

新刊理氣詳辯纂要三台便覽通書正宗
〔續修〕1063

新刊黃帝內經素問、亡篇 〔著錄〕子部
263

新刊晦軒林先生類纂古今名家史綱疑
辯 〔存目〕子部 96

新刊國朝二百家名賢文粹 〔續修〕1652－
1654

新刊國朝歷科翰林文選經濟宏猷、續、甲
辰 〔禁燬〕集部 153

新刊崑山周解元精選藝圃萃盤錄 〔存
目〕子部 195

新刊張小山北曲聯樂府、外集 〔續修〕
1738

新刊萬氏家傳幼科發揮 〔續修〕1010

新刊萬氏家傳養生四要 〔續修〕1030

新刊詁訓唐柳先生文集、外集、新編外
集 〔底本〕集部 52－54〔著錄〕集部 84

新刊補註得秘訣三命指迷賦 〔著錄〕子
部 356

新刊農桑撮要 〔著錄〕子部 46

新刊嵩山居士文全集 〔著錄〕集部 392

新刊詳增補註東萊先生左氏博議 〔著
錄〕經部 79

新刊經進詳註昌黎先生文集、外集、遺
文、韓文公志 〔續修〕1309－1310

新刊銅人鍼灸經 〔著錄〕子部 47

新刊鳳洲先生簽題性理精纂約義 〔續
修〕940

新刊演山省翁活幼口議 〔續修〕1009

新刊增訂的稿易經存疑 〔著錄〕經部 5

新刊標題明解聖賢語論 〔存目〕子部 6

新刊範圍數 〔續修〕1059

新刊魯府祕方 〔存目〕子部 46

新刊諸儒批點古文集成前集 〔底本〕集
部 226－227〔著錄〕集部 360

新刊履齋示兒編 〔著錄〕子部 168

新刊翰林諸書選粹 〔存目〕子部 196

新刊歷代制度詳說 〔著錄〕子部 363

新刊辨銀譜 〔未收〕十輯 12

新刊徽板合像滾調樂府官腔摘錦奇音
〔續修〕1778

新刊醫林狀元壽世保元 〔續修〕1021

*新刊關目全蕭何追韓信 〔續修〕1760

*新刊關目好酒趙元遇上皇 〔續修〕
1760

*新刊關目看錢奴買冤家債主 〔續修〕
1760

*新刊關目馬丹陽三度任風子 〔續修〕
1760

*新刊關目陳季卿悟道竹葉舟 〔續修〕
1760

*新刊關目張鼎智勘魔合羅 〔續修〕
1760

*新刊關目詐妮子調風月 〔續修〕1760

*新刊關目閨怨佳人拜月亭 〔續修〕
1760

*新刊關目漢高皇濯足氣英布 〔續修〕
1760

*新刊關目諸葛亮博望燒屯 〔續修〕
1760

＊新刊關目嚴子陵垂釣七里灘 〔續修〕1760

新刊盧陵誠齋楊萬里先生錦繡策 〔存目〕集部 15

新刊韻略 〔續修〕250

新刊耀目冠場擢奇風月錦囊正雜兩科全集 〔續修〕1776－1777

新刊纂圖元亨療馬集、圖像水黃牛經合併大全、駝經 〔存目〕子部 54 〔續修〕1030

新刊權載之文集 〔著錄〕集部 229 〔續修〕1309

新加九經字樣 〔著錄〕經部 177

新安二布衣詩 〔禁燬〕集部 155

新安文粹 〔存目〕集部 292

新安文獻志、先賢事略 〔文淵〕1375－1376 〔文津〕1379－1380 〔文瀾〕1419－1420 〔著錄〕集部 147

新安志 〔文淵〕485 〔文津〕485 〔文瀾〕487 〔珍本〕六集 112－113

新安學繫錄 〔存目〕史部 90

新序 〔文淵〕696 〔文津〕696 〔文瀾〕709 〔薈要〕247 〔著錄〕子部 127

新例要覽、附現行處份 〔未收〕一輯 26

新刻二南密旨 〔存目〕集部 415

新刻小兒推拿方㟱活嬰秘旨全書 〔續修〕997

新刻木天禁語 〔存目〕集部 416

新刻文會堂琴譜 〔存目〕子部 74

新刻世史類編 〔禁燬〕史部 54－55

新刻古杭雜記詩集 〔存目〕子部 250

新刻出像增補搜神記 〔續修〕1264

新刻耳談 〔存目〕子部 248

新刻呂涇野先生校正中秘元本 〔續修〕1214

新刻全像古城記 〔續修〕1775

新刻何氏類鎔 〔存目〕子部 197

＊新刻取南郡全本 〔續修〕1782

新刻明政統宗 〔禁燬〕史部 2－3

新刻明朝通紀會纂 〔禁燬〕史部 13

新刻易旨一覽 〔存目〕經部 27

新刻易測 〔存目〕經部 12 〔續修〕11

新刻京板青陽時調詞林一枝 〔續修〕1777

新刻官板大字評史心見 〔存目〕史部 288

新刻胡氏詩識 〔未收〕二輯 6

新刻皇明百將列傳評林、續集 〔禁燬〕子部 17

新刻皇明經世要略 〔禁燬補〕26

新刻校定脈訣指掌病式圖說 〔續修〕998

新刻徐比部燕山叢錄 〔存目〕子部 248

新刻徐玄扈先生纂輯毛詩六帖講意 〔存目〕經部 64

新刻張太岳先生文集 〔續修〕1345－1346

新刻張太岳先生詩文集 〔存目〕集部 113－114

新刻博笑記 〔續修〕1774

新刻萬法歸宗 〔續修〕1064

新刻註釋孔子家語憲 〔未收〕三輯 21

新刻瑞樟軒訂正字韻合璧 〔存目〕經部 199

新刻楊端潔公文集 〔存目〕集部 139－140

新刻詩法家數 〔存目〕集部 416

新刻詩學事類 〔存目〕子部 179

新刻詩學禁臠 〔存目〕集部 416

新刻痰火點雪 〔續修〕1005

新刻群音類選官腔、諸腔、北腔、清腔 〔續修〕1777－1778

新刻增補藝苑巵言 〔續修〕1695

新刻劉直洲先生文集 〔存目〕集部 172

新刻錦帶補註 〔存目〕子部 166

＊新刻濮陽城全部 〔續修〕1782

新刻藝圃球瑯集註 〔存目〕子部 87

新刻譚友夏合集 〔續修〕1385

新刻譚友夏合集、附旨齋詩草 〔存目〕集部 191－192

新刻韻學事類 〔存目〕子部 179

新刻釋常談 〔續修〕1142

新刻麟經統一編 〔存目〕經部 121

新法算書 〔文淵〕788 〔文津〕789－791 〔文瀾〕805－807 〔珍本〕五集 201－210

新定十二律京腔譜、新定宗北歸音、新定考正音韻大全、新定重較問奇一覽 〔續修〕1753

新定九宮大成南北詞宮譜、閏 〔續修〕1753－1756

新定九域志 〔存目〕史部 166

新定三禮圖 〔著錄〕經部 74

新定續志 〔著錄〕史部 380

新修本草 〔續修〕989

新修江寧府志［嘉慶］ 〔續修〕695

新修絫音引證群籍玉篇 〔續修〕229

新校注古本西廂記、彙考 〔續修〕1766

新校經史海篇直音 〔續修〕231

新唐書、唐書釋音、附考證 〔文淵〕272－
276〔文津〕268〔文瀾〕266－269

新唐書糾謬 〔文淵〕276〔文津〕272〔文
瀾〕269〔薈要〕279〔著錄〕史部 65

新書 〔文淵〕695〔文津〕695〔文瀾〕709
〔著錄〕子部 41

*新著大香山全本 〔續修〕1782

*新著天開榜全本 〔續修〕1782

*新著五國城全曲 〔續修〕1782

*新著反西涼全曲 〔續修〕1782

*新著火牛陣 〔續修〕1782

*新著百子圖全曲 〔續修〕1782

*新著因果報全部 〔續修〕1782

*新著自焚摘星樓全本 〔續修〕1782

*新著走雪全曲 〔續修〕1782

*新著求壽全曲 〔續修〕1782

*新著沙沱頒兵程敬思解寶曲文全本
〔續修〕1782

*新著長板坡全本 〔續修〕1782

*新著南陽關全曲 〔續修〕1782

*新著風雲會全本 〔續修〕1782

*新著姜秋蓮撿蘆柴曲文全本 〔續修〕
1782

*新著紅書劍全本 〔續修〕1782

*新著紅陽塔全曲 〔續修〕1782

*新著秦瓊戰山曲文全本 〔續修〕1782

*新著珠沙印全本 〔續修〕1782

*新著桃花洞全曲 〔續修〕1782

*新著孫猴子鬧天宮全曲 〔續修〕1782

*新著斬黄袍全本 〔續修〕1782

*新著祭風台全本 〔續修〕1782

*新著喬府求計全曲 〔續修〕1782

*新著湘江會曲文全本 〔續修〕1782

*新著楊四郎探母全曲 〔續修〕1782

*新著碧塵珠全本 〔續修〕1782

*新著鬧江州全本 〔續修〕1782

*新著蝴蝶媒全曲 〔續修〕1782

*新著摩天嶺全曲 〔續修〕1782

*新著薛仁貴回窰全曲 〔續修〕1782

*新著薛蛟觀畫曲文全本 〔續修〕1782

*新著蟒台全曲 〔續修〕1782

*新著罵曹全曲 〔續修〕1782

*新著戰皖城全曲 〔續修〕1782

*新著燒棉山全曲 〔續修〕1782

*新著臨江關全本 〔續修〕1782

*新著藥王傳全曲 〔續修〕1782

*新著雙合印全曲 〔續修〕1782

*新著雙義節全本 〔續修〕1782

*新著雙龍會全本 〔續修〕1782

*新著蘆花河全曲 〔續修〕1782

*新著麟骨床全本 〔續修〕1782

*新著觀燈全曲 〔續修〕1782

新婦譜 〔存目〕子部 95

新喻梁石門先生集 〔著錄〕集部 33

新集分類通鑑 〔存目〕史部 131

新集古文四聲韻 〔著錄〕經部 177

新註朱淑真斷腸詩集、後集 〔續修〕1316

新傳理性元雅、指法 〔存目〕子部 74

新斠注地里志 〔未收〕六輯 10

新製靈臺儀象志 〔續修〕1031－1032

新箋決科古今源流至論前集、後集、續
集、別集 〔著錄〕子部 221

新語 〔文淵〕695〔文津〕695〔文瀾〕709
〔著錄〕子部 61

新齊諧、續新齊諧 〔續修〕1788

新增刑案匯覽 〔續修〕872

新增全相湖海新奇剪燈餘話大全 〔續
修〕1787

新增素問運氣圖括定局立成 〔存目〕子
部 38

新增格古要論 〔著錄〕子部 306〔續修〕
1185

新增補相剪燈新話大全 〔續修〕1787

新儀象法要 〔文淵〕786〔文津〕787〔文
瀾〕803〔薈要〕264

新鍥抱朴子内篇、外篇 〔著錄〕子部 124

新選古今類腴 〔存目〕子部 181

新編十一經問對 〔著録〕經部 91

新編分門古今類事 〔著録〕子部 300

新編文武金鏡律例指南 〔存目〕史部 260

新編方輿勝覽 〔著録〕史部 208

新編孔子家語句解 〔續修〕931

新編古今事文類聚前集、後集、續集、別集、新集、外集、新編古今事文類聚遺集 〔著録〕子部 184－188

新編古今事林群書一覽 〔存目〕子部 172

新編古今奇聞類紀 〔存目〕子部 247

新編目連救母勸善戲文 〔續修〕1774

新編四元玉鑑 〔續修〕1042

新編四家註解經進珞琭子消息賦 〔著録〕子部 149

新編西方子明堂灸經 〔著録〕子部 15

*新編足本關目張千替殺妻 〔續修〕1760

新編直指算法統宗 〔存目〕子部 55 〔續修〕1044

新編林冲寶劍記 〔續修〕1774

新編事文類要啓劄青錢前集、後集、續集、別集、外集 〔存目〕子部 171 〔續修〕1221

新編事文類聚翰墨全書 〔存目〕子部 169－170 〔續修〕1219－1221

*新編岳孔目借錢枋李還魂 〔續修〕1760

新編佩文詩韻四聲譜廣註 〔未收〕二輯 14

新編性理三書圖解 〔存目〕子部 58

新編南詞定律 〔續修〕1751－1753

新編待問集四書疑節 〔著録〕經部 100

新編音點性理群書句解 〔著録〕子部 62

新編秘傳堪輿類纂人天共寶 〔存目〕子部 64

新編排韻增廣事類氏族大全 〔著録〕子部 222

新編婦人大全良方、辨識修製藥物法度 〔底本〕子部 31－32 〔著録〕子部 136

新編博物策會 〔未收〕三輯 30

新編詔誥章表機要 〔續修〕457

新編詩義集説 〔續修〕58

新編壽世傳真 〔續修〕1030

新編算學啓蒙、總括 〔續修〕1043

新編漢唐通鑑品藻 〔存目〕史部 282

新編醉翁談録十集 〔續修〕1266

新編篇韻貫珠集 〔存目〕經部 213

新編魯般營造正式 〔續修〕879

新編遵依司天臺經緯曆書 〔續修〕1036－1037

新編翰苑新書前集、後集、續集、別集 〔著録〕子部 189－190

新編歷代名臣芳躅 〔存目〕史部 108

新編醫學正傳 〔存目〕子部 42 〔續修〕1019

新編顔子 〔續修〕932

*新編關目晉文公火燒介子推 〔續修〕1760

新編類意集解諸子瓊林前集、後集 〔續修〕1221－1222

新編纂圖增類群書類要事林廣記 〔續修〕1218

新學僞經考 〔續修〕179

新雕注疏珞琭子三命消息賦、新雕李燕陰陽三命 〔續修〕1059

新雕註胡曾詠史詩 〔著録〕集部 234

新舊唐書互證 〔未收〕五輯 4

新舊唐書雜論 〔存目〕史部 281

新鍥李卓吾先生增補批點皇明正續合併通紀統宗 〔禁燬補〕12

新鍥官板批評註釋虞精集 〔存目〕子部 93

新鍥翰林三狀元會選二十九子品彙釋評 〔存目〕子部 133－134

新鍥徽郡原板夢學全書 〔續修〕1064

新鍥簪纓必用增補秘笈新書、別集 〔存目〕子部 200

新蘅詞、外集 〔續修〕1727

新疆回部志 〔未收〕九輯 7

新疆則例説略 〔未收〕三輯 19

新疆圖志[宣統] 〔續修〕649－650

新疆識略 〔續修〕732

新纂氏族箋釋 〔存目〕子部 227

新纂事詞類奇 〔存目〕子部 198

新纂香譜 〔著録〕子部 305

新纂乾坤寶典天文 〔禁燬〕子部 1

新鐫十名家批評易傳闡庸 〔存目〕經部 10-11

新鐫工師雕斲正式魯班木經匠家鏡 〔續修〕879

新鐫分類評註文武合編百子金丹 〔存目〕子部 153

新鐫六經纂要 〔存目〕子部 222

新鐫古今大雅北宮詞紀、新鐫古今大雅南宮詞紀 〔續修〕1741

新鐫古今名劇柳枝集 〔續修〕1763

新鐫古今名劇酹江集 〔續修〕1763-1764

新鐫古今事物原始全書 〔存目〕子部 224 〔續修〕1237-1238

新鐫古史要評 〔存目〕史部 284

新鐫出像點板怡春錦曲 〔未收〕九輯 30

新鐫出像點板纏頭百練 〔續修〕1779

新鐫全補標題音註國朝捷録 〔禁燬補〕16

新鐫批選皇明百將傳合法兵戎事類 〔禁燬〕子部 33

新鐫東厓王先生遺集 〔存目〕集部 146

新鐫注解張仲景傷寒發微論 〔續修〕984

新鐫性理奥 〔未收〕三輯 21

新鐫海内奇觀 〔續修〕721

新鐫陳太史子史經濟言 〔存目〕子部 205

新鐫張太史註釋標題綱鑑白眉 〔禁燬〕史部 52

新鐫焦太史彙選中原文獻 〔存目〕集部 330

新鐫註解武經 〔禁燬〕子部 36-37

新鐫楚曲十種 〔續修〕1782

新鐫詳訂註釋捷録評林 〔禁燬〕史部 22

新鐫彙音妙悟全集 〔續修〕260

新鐫歷代名賢事類通考 〔存目補〕96

新鐫歷朝捷録增定全編大成 〔禁燬〕史部 73

新鐫繡像旁批詳註總斷廣百將傳 〔存目〕子部 33-34

意

意見 〔存目〕子部 87

意苕山館詩稿 〔續修〕1517

意林 〔文淵〕872 〔文津〕874 〔文瀾〕892 〔底本〕子部 29 〔著録〕子部 57

意林、意林逸文、意林闕目、意林補 〔續修〕1188

意園文略、事略 〔續修〕1567

雍

雍大記 〔存目〕史部 184

雍州金石記、記餘 〔續修〕908

雍音 〔存目〕集部 292

雍益集 〔存目〕集部 227

雍野李先生快獨集 〔存目〕集部 160

雍虞先生道園類稿 〔著録〕集部 109-110

雍熙樂府 〔存目〕集部 426 〔續修〕1740-1741

雍録 〔文淵〕587 〔文津〕587 〔文瀾〕596 〔著録〕史部 20

義

義門先生集 〔續修〕1420

義門鄭氏弈葉文集 〔存目〕集部 410

義門讀書記 〔文淵〕860 〔文津〕862-863 〔文瀾〕880 〔珍本〕二集 218-227 〔著録〕子部 76

義和拳教門源流考 〔未收〕十輯 4

義府 〔文淵〕858 〔文津〕860 〔文瀾〕879

義俠記 〔續修〕1772

義烏人物記 〔存目〕史部 95

*義興蕖 〔續修〕1354

義豐文集 〔著録〕集部 344

義豐集 〔文淵〕1154 〔文津〕1158 〔文瀾〕1187 〔珍本〕十二集 168

煎

煎茶水記 〔文淵〕844 〔文津〕846 〔文瀾〕863 〔著録〕子部 162

慈

慈湖先生遺書 〔著録〕集部 54

慈湖詩傳 〔文淵〕73 〔文津〕68 〔文瀾〕66 〔珍本〕四集 26-28

慈湖遺書 〔文淵〕1156 〔文津〕1161 〔文

瀾〕1190

慈溪黄氏日鈔分類　〔著録〕子部 252－254

煙

煙草譜、題詞　〔續修〕1117

煙嶼樓文集　〔續修〕1542

煙嶼樓詩集　〔續修〕1542

煙嶼樓讀書志、筆記　〔續修〕1162

煙霞小説十三種　〔存目〕子部 125

煙霞萬古樓文集　〔續修〕1483

煙霞萬古樓詩殘藁　〔續修〕1483

煙霞萬古樓詩選、仲瞿詩録　〔續修〕1483

煙譜　〔續修〕1117

煬

煬王江上録　〔存目〕史部 45　〔續修〕423

煨

煨枞閒談　〔續修〕1181

溝

溝洫疆理小記　〔續修〕80

滇

滇考　〔文淵〕364　〔文津〕361　〔文瀾〕364
　〔珍本〕十二集 26　〔著録〕史部 12

滇行日記　〔存目〕史部 128

滇行紀程、續抄、東還紀程、續抄　〔存
　目〕史部 128

滇志[天啓]　〔續修〕681－682

滇事總録　〔未收〕三輯 13

滇南礦廠圖略　〔續修〕880

滇略　〔文淵〕494　〔文津〕494　〔文瀾〕497
　〔珍本〕三集 155　〔著録〕史部 415

滇程記　〔存目〕史部 127

滇黔紀遊　〔存目〕史部 255

漣

漣漪堂遺稿　〔存目補〕55

準

準望簡法、割圜弧矢補論、勾股割圜全義

圖、方圜比例數表　〔續修〕1045

準齋心製几漏圖式　〔續修〕1031

準齋雜説　〔文淵〕709　〔文津〕711　〔文瀾〕
　724　〔珍本〕别輯 166

滏

滏水集　〔文淵〕1190　〔文津〕1194　〔文瀾〕
　1225　〔薈要〕398

溪

溪山堂草　〔存目〕集部 149

溪堂集　〔文淵〕1122　〔文津〕1126　〔文瀾〕
　1152　〔珍本〕别輯 293－294

溪堂詞　〔文淵〕1487　〔文津〕1492　〔文瀾〕
　1537　〔著録〕集部 218

溪蠻叢笑　〔文淵〕594　〔文津〕594　〔文瀾〕
　602　〔著録〕史部 114

滄

滄洲詩集、續集　〔存目〕集部 38

滄洲塵缶編　〔文淵〕1176　〔文津〕1181　〔文
　瀾〕1210　〔珍本〕初集 316

滄海遺珠　〔文淵〕1372　〔文津〕1376　〔文
　瀾〕1416　〔珍本〕三集 398　〔著録〕集部
　465

滄海遺珠集　〔底本〕集部 247

滄浪小志　〔存目〕史部 245

滄浪軒詩集　〔續修〕1324

滄浪集　〔文淵〕1179　〔文津〕1183　〔文瀾〕
　1213　〔珍本〕十二集 170

滄浪詩話　〔文淵〕1480　〔文津〕1485　〔文
　瀾〕1531

滄浪櫂歌　〔存目〕集部 24

滄浪嚴先生吟卷　〔著録〕集部 58

滄湄詩鈔　〔未收〕八輯 23

滄溟先生集　〔著録〕集部 71

滄溟集　〔文淵〕1278　〔文津〕1282　〔文瀾〕
　1315　〔珍本〕八集 201－205　〔薈要〕422

滄漚集　〔存目補〕57

滄螺集　〔文淵〕1229　〔文津〕1233　〔文瀾〕
　1265　〔珍本〕十集 262　〔底本〕集部 111
　〔著録〕集部 260

澹

澹喜齋藏書記　〔續修〕926

溯

溯洄集　〔著録〕子部 138
溯洄集、詩論、詩話　〔存目〕集部 386
溯流史學鈔、附遊梁書院講語　〔存目〕子部 21

愫

愫菴野抄　〔禁燬〕史部 69

慎

慎子　〔文淵〕848 〔文津〕850 〔文瀾〕867 〔底本〕子部 27 〔著録〕子部 163 〔續修〕971
慎刑録　〔續修〕974
慎守編　〔未收〕五輯 10
慎言　〔存目〕子部 7 〔續修〕938
慎言集訓　〔存目〕子部 9
慎修堂集　〔未收〕五輯 21
慎修堂詩集　〔存目〕集部 242
慎柔五書　〔續修〕1005
慎疾芻言　〔續修〕1028
慎墨堂詩拾、贈答詩、筆記　〔禁燬補〕57
慎獨軒文集　〔存目〕集部 277

塞

塞北小鈔　〔存目〕史部 128
塞程別紀　〔存目〕史部 128
塞語　〔存目〕子部 31

愙

愙齋自省録　〔續修〕953
愙齋集古録、釋文賸稿　〔續修〕903

褚

褚氏遺書　〔文淵〕734 〔文津〕734 〔文瀾〕749 〔著録〕子部 65

褍

褍農最要　〔續修〕978

福

福建通志、圖　〔文淵〕527－530 〔文津〕527－530 〔文瀾〕533－536
福建通志〔乾隆〕　〔著録〕史部 313－316
福康安奏疏　〔續修〕494
福惠全書　〔未收〕三輯 19
福禄壽篆文圖、附篆文考略　〔未收〕二輯 14
福壽全書　〔存目〕子部 149

禘

禘祫問答　〔續修〕110
禘説　〔續修〕108

蕭

蕭齷集　〔存目〕集部 23

群

群己權界論　〔續修〕1298
群玉山房文集、疏草　〔未收〕五輯 24
群玉樓稿、困亨別稿　〔存目〕集部 77
群芳詩鈔　〔未收〕八輯 30
群芳譜　〔存目補〕80
群言瀝液　〔禁燬〕子部 32
群物奇制　〔續修〕1185
群書札記　〔續修〕1155
群書考索古今事文玉屑　〔存目〕子部 205
群書考索前集、後集、續集、別集　〔文淵〕936－938 〔文津〕939－942 〔文瀾〕957－960
群書典彙　〔禁燬〕子部 12－13
群書治要　〔續修〕1187
群書拾唾　〔存目〕子部 173
群書拾補　〔續修〕1149
群書通要　〔續修〕1224
群書備考古學捷　〔存目〕子部 237
群書集事淵海　〔存目〕子部 175－176
群書鈎玄　〔存目〕子部 172
群書會元截江網　〔文淵〕934 〔文津〕937－938 〔文瀾〕955 〔珍本〕二集 228－232
群書疑辨　〔續修〕1145

群書歸正集 〔存目〕子部 13
群書類編故事 〔續修〕1224
群雅集 〔存目補〕28
群經引詩大旨 〔未收〕十輯 1
群經平議 〔續修〕178
群經音辨 〔文淵〕222〔文津〕216〔文瀾〕
　　214〔薈要〕78〔著錄〕經部 107
群經宮室圖 〔續修〕173
群經補義 〔文淵〕194〔文津〕188〔文瀾〕
　　184〔著錄〕經部 204
＊群經韵讀 〔續修〕248
群經義證 〔續修〕173
群經説 〔續修〕178
群經質 〔未收〕三輯 10
群經識小 〔續修〕173
群談採餘 〔未收〕三輯 29
群學肄言 〔續修〕1298

殿

殿閣詞林記 〔文淵〕452〔文津〕451〔文
　　瀾〕452〔珍本〕九集 133－136〔著錄〕史
　　部 202

辟

辟寒部 〔存目〕子部 148
辟雍紀事、紀事述言、辟雍考、辟雍紀事
　　原始、辟雍軼事、名賢雜詠 〔存目〕
　　史部 271
辟雍紀事、辟雍考、辟雍紀事原始、辟雍
　　軼事 〔續修〕828

裝

裝潢志 〔續修〕1115

遜

遜志齋集 〔文淵〕1235〔文津〕1239〔文
　　瀾〕1271〔著錄〕集部 115
遜國正氣紀 〔存目〕史部 55
遜國君紀抄、臣事抄 〔存目〕史部 55
遜國忠紀 〔存目〕史部 117
遜國逸書四種 〔存目〕史部 55
遜敏録 〔未收〕五輯 9

遜學齋文鈔、續鈔 〔續修〕1544
遜學齋詩鈔、續鈔 〔續修〕1544

彙

彙苑詳註 〔存目〕子部 180－181
彙草堂治平類纂 〔禁燬〕史部 24－25
彙雅、後編 〔存目〕經部 186－187
彙集雅俗通十五音 〔續修〕260
彙鈔三館字例 〔續修〕243
彙輯輿圖備考全書 〔禁燬〕史部 21－22
彙纂元譜南曲九宮正始 〔續修〕1748－
　　1750
彙纂詩法度鍼 〔禁燬〕集部 170

經

經子法語 〔存目〕子部 119
經子難字 〔存目〕經部 189
經世石畫 〔存目〕子部 16
經世名言 〔存目〕子部 154
經世要談 〔存目〕子部 84
經世挈要 〔禁燬〕史部 75
經世策 〔存目〕史部 6
經世環應編 〔存目〕子部 144
經史子集合纂類語 〔禁燬〕子部 20－21
經史正音切韻指南 〔文淵〕238〔文津〕
　　234〔文瀾〕231〔著錄〕經部 115
經史析疑 〔未收〕九輯 10
經史典奧 〔存目〕子部 137－138
經史提綱、九經補韻 〔禁燬〕子部 38
經史答問 〔續修〕1159
經史慧解 〔存目〕子部 116
經史質疑録 〔續修〕1158
經史避名彙考 〔續修〕827
經史雜記 〔續修〕1156
經外雜鈔 〔文淵〕853〔文津〕855〔文瀾〕
　　873
經考 〔續修〕172
經言枝指 〔存目〕經部 158－160
經序録 〔存目〕史部 277
經玩 〔存目〕經部 152〔續修〕172
經武要略上集、正集 〔禁燬補〕31－32
經武勝略正集 〔禁燬〕子部 22

經武淵源　〔續修〕959

經述　〔續修〕179

經典文字辨正　〔續修〕239

經典集林　〔續修〕1200

經典稽疑　〔文淵〕184〔文津〕179〔文瀾〕
176〔珍本〕二集61

經典釋文　〔文淵〕182〔文津〕177〔文瀾〕
174〔薈要〕77〔著録〕經部204

經典釋文考證　〔續修〕180

經典釋文尚書(殘卷)　〔續修〕41

經咫　〔文淵〕194〔文津〕188〔文瀾〕184
〔珍本〕九集60〔著録〕經部95

經脈圖考　〔續修〕996

經訓比義　〔未收〕七輯11

經效産寶、續編　〔續修〕1006

經書性理類輯精要録　〔存目〕子部28

經書音釋　〔存目〕經部150

經問、經問補　〔文淵〕191〔文津〕184〔文
瀾〕181〔著録〕經部93

經略復國要編、圖説、後附　〔禁燬〕史部
38

經笥質疑易義原則、易義附篇　〔未收〕
五輯1

經笥質疑書義原古　〔未收〕四輯3

經進東坡文集事略　〔續修〕1314-1315

經幄管見　〔文淵〕686〔文津〕686〔文瀾〕
700〔珍本〕別輯158

經稗　〔文淵〕191〔文津〕186〔文瀾〕181
〔珍本〕二集62-63

經傳小記　〔續修〕173

經傳考證　〔未收〕四輯9

經傳禘祀通考　〔續修〕109

經傳釋詞　〔續修〕195

經鉏堂雜志　〔存目〕子部83〔續修〕1122

經解指要　〔未收〕八輯3

經韵樓集　〔續修〕1434-1435

經義考　〔文淵〕677-680〔文津〕676-680
〔文瀾〕690-693〔薈要〕237-242〔著
録〕史部152-154

經義考補正　〔未收〕二輯28

經義述聞　〔續修〕174-175

經義模範　〔文淵〕1377〔文津〕1380〔文
瀾〕1421〔珍本〕八集226〔底本〕集部

182〔著録〕集部414

經義圖説　〔未收〕六輯4

經義齋集　〔存目〕集部230

經義雜記、叙録　〔續修〕172

經説　〔著録〕經部91

經説(五經説)　〔薈要〕78

經遼疏牘　〔禁燬補〕23

經德堂文集、別集、浣月山房詩集　〔續
修〕1541-1542

經鋤堂詩稿、唱和詩、花信詩、北上録、集
唐人句、詩餘　〔禁燬〕集部147

經餕　〔未收〕四輯10

經學卮言　〔續修〕173

經學通論　〔續修〕180

經學提要　〔未收〕四輯10

經學博采録　〔續修〕179

經學質疑　〔未收〕四輯9

經學質疑録　〔未收〕四輯10

經學歷史　〔續修〕179

經濟文集　〔文淵〕1214〔文津〕1218〔文
瀾〕1249〔珍本〕十一集173〔底本〕集部
103〔著録〕集部32

經濟文衡前集、後集、續集　〔文淵〕704
〔文津〕705〔文瀾〕719〔珍本〕三集182-
185

經濟録　〔存目〕子部85

經濟類考約編　〔禁燬補〕34〔未收〕五輯
15

經濟類編　〔文淵〕960-963〔文津〕962-
966〔文瀾〕984-987〔著録〕子部86-89

經禮補逸　〔文淵〕105〔文津〕100〔文瀾〕
99〔薈要〕50〔底本〕經部25〔著録〕經
部14

經韻樓集文録　〔續修〕1671

經籍考　〔續修〕923

經籍佚文　〔續修〕1211

經籍異同　〔存目〕經部158

經籍跋文　〔續修〕923

經籍籑詁　〔續修〕198-201

經讀考異、句讀叙述　〔續修〕173

覡

覡齋詩談　〔續修〕1699

絸齋詩選 〔存目〕集部 263
絸齋論文 〔續修〕1714

綏

綏寇紀略 〔文淵〕363 〔文津〕361 〔文瀾〕
362 〔著録〕史部 12

十四畫

璉

璉川詩集 〔存目〕集部 101

静

静用堂偶編 〔存目〕子部 27
静安八詠詩集、附事蹟 〔存目〕集部 289
静志居詩話 〔續修〕1698
静匡詩初稿、後稿、續稿 〔續修〕1472
静怡齋約言録 〔存目〕子部 20 〔續修〕946
静居集 〔著録〕集部 260
静春堂詩集 〔文淵〕1206 〔文津〕1210 〔文
瀾〕1241 〔著録〕集部 447
静思先生詩集 〔著録〕集部 258
静思集 〔文淵〕1219 〔文津〕1223 〔文瀾〕
1254 〔珍本〕二集 344
静便齋集 〔存目〕集部 272
静修先生文集 〔著録〕集部 29
静修集、續集 〔文淵〕1198 〔文津〕1202
〔文瀾〕1233 〔薈要〕402
静退齋集、甜雪詞 〔未收〕十輯 18
静軒先生文集 〔續修〕1331
静娛亭筆記 〔續修〕1181－1182
静菴張先生詩集 〔存目〕集部 26
静菴集 〔文淵〕1230 〔文津〕1235 〔文瀾〕
1266
静虚齋惜陰録 〔存目〕子部 84 〔續修〕
1122
静庵文集、詩稿 〔續修〕1577
静悱集 〔禁燬〕集部 78
静惕堂詩集 〔存目〕集部 198
静遠齋詩集 〔未收〕八輯 29
静廉齋詩集 〔續修〕1440
静嘯齋存草 〔續修〕1381

静嘯齋存草、遺文 〔禁燬〕集部 108
静學文集 〔珍本〕十二集 176
静學文集、附本傳 〔文淵〕1235 〔文津〕
1240 〔文瀾〕1272
静齋至正直記 〔存目〕子部 239 〔續修〕
1166
静歡齋遺文 〔續修〕1381
静觀堂集 〔存目〕集部 48

碧

碧山詩餘 〔續修〕1723
碧山樂府 〔存目補〕45 〔續修〕1738
碧山學士集、別集 〔禁燬〕集部 30
碧川文選 〔存目〕集部 42
碧里雜存 〔存目〕子部 240
碧梧玩芳集 〔文淵〕1187 〔文津〕1191 〔文
瀾〕1222 〔珍本〕別輯 372－375
碧雲集 〔續修〕1313
＊碧蓮繡符 〔續修〕1765
碧溪叢書八種 〔存目〕史部 45
碧雞漫志 〔文淵〕1494 〔文津〕1498 〔文
瀾〕1544 〔底本〕集部 182 〔著録〕集部
465

瑤

瑤石山人詩稿 〔底本〕集部 197－198 〔著
録〕集部 447
瑤石山人稿 〔文淵〕1277 〔文津〕1281 〔文
瀾〕1314 〔珍本〕七集 248－250
瑤光閣集、外集、明夷集 〔存目〕集部 193
瑤華集 〔續修〕1730 〔禁燬〕集部 37

熬

熬波圖 〔文淵〕662 〔文津〕661 〔文瀾〕671
〔珍本〕十一集 99

髹

髹飾録 〔續修〕1115
髹飾録箋證 〔續修〕1115

駁

駁五經異義 〔文淵〕182 〔文津〕177 〔文
瀾〕174

駁五經異義疏證 〔續修〕171

駁呂留良四書講義 〔未收〕六輯 3

駁春秋名字解詁 〔續修〕128

駁案新編、駁案續編、秋審實緩比較彙案 〔續修〕873－874

駁案彙編 〔續修〕873－874

趙

趙氏易説 〔文淵〕14 〔文津〕9 〔文瀾〕8 〔珍本〕別輯 8

＊趙氏孤兒 〔續修〕1764

趙氏孤兒大報讐雜劇 〔續修〕1762

趙氏春秋集傳(春秋集傳) 〔薈要〕42

趙氏連城 〔存目〕子部 107

趙氏家藏集 〔未收〕五輯 19

趙氏鐵網珊瑚 〔文淵〕815 〔文津〕818 〔文瀾〕834 〔珍本〕九集 209－216

趙文肅公文集 〔存目〕集部 100

趙文懿公文集 〔禁燬〕集部 180

趙考古文集 〔文淵〕1229 〔文津〕1234 〔文瀾〕1265 〔珍本〕四集 306

趙考古先生文集 〔底本〕集部 142

趙考古先生遺集、續集 〔著錄〕集部 349

趙忠毅公文錄 〔續修〕1671

趙忠毅公詩文集 〔禁燬〕集部 68

趙忠毅公儕鶴先生史韻 〔存目〕史部 285

趙盼兒風月救風塵雜劇 〔續修〕1760

趙待制遺稿 〔存目〕集部 21

趙恭毅公自治官書類集 〔續修〕880－881

趙恭毅公剩稿、附趙裘萼公剩稿 〔存目〕集部 244

趙浚谷詩集、文集、附永思錄、疏案 〔存目〕集部 87

趙清獻公文集 〔著錄〕集部 420

趙徵君東山先生存稿 〔著錄〕集部 113

趙寶峰先生文集 〔存目〕集部 21 〔續修〕1321

嘉

嘉禾百詠 〔文淵〕1186 〔文津〕1191 〔文瀾〕1222

嘉禾徵獻錄、外紀 〔存目〕史部 125 〔續修〕544

嘉定縣志〔萬曆〕 〔存目〕史部 208－209

嘉祐集 〔文淵〕1104 〔文津〕1108 〔文瀾〕1135 〔薈要〕374 〔著錄〕集部 340

嘉祐雜志 〔文淵〕1036 〔文津〕1040 〔文瀾〕1064

嘉泰吳興志 〔續修〕704

嘉泰會稽志、寶慶會稽續志 〔著錄〕史部 36

嘉量算經、問答 〔續修〕1044

嘉遇堂詩 〔未收〕八輯 23

嘉靖大政類編 〔存目〕史部 55 〔續修〕433

嘉靖以來首輔傳 〔文淵〕452 〔文津〕451 〔文瀾〕452 〔珍本〕五集 86－87 〔著錄〕史部 91

嘉靖倭亂備抄 〔存目〕史部 49 〔續修〕434

嘉靖惟揚志 〔存目〕史部 184

嘉樂齋三蘇文範 〔存目〕集部 299

嘉興志補〔正德〕 〔存目〕史部 185

嘉興府志〔弘治〕 〔存目〕史部 179

嘉興府圖記〔嘉靖〕 〔存目〕史部 191

嘉應平寇紀略 〔未收〕三輯 13

臺

臺省疏稿 〔存目〕史部 62 〔續修〕478

臺海使槎錄 〔文淵〕592 〔文津〕593 〔文瀾〕601 〔著錄〕史部 252

臺灣府志〔康熙〕 〔續修〕712

臺灣府紀略 〔存目〕史部 214

臺灣鄭氏始末 〔續修〕390

臺灣隨筆 〔存目〕史部 249 〔續修〕734

臺灣雜記 〔存目〕史部 249

摭

摭古遺文、再增摭古遺文 〔存目〕經部 191

墉

墉城集仙錄 〔存目〕子部 258

壽

壽世青編 〔續修〕1030

壽世秘典 〔存目〕子部 156

壽親養老新書 〔文淵〕738 〔文津〕738
　〔文瀾〕753 〔珍本〕十集 164－165 〔著
　錄〕子部 15
壽櫟廬儀禮奭固 〔續修〕93
壽櫟廬儀禮奭固禮事圖 〔續修〕94
壽櫟廬儀禮奭固禮器圖 〔續修〕93

慕

慕蓼王先生樗全集 〔存目〕集部 178

蔡

蔡中郎文集、外傳 〔著錄〕集部 81
蔡中郎集 〔文淵〕1063 〔文津〕1067 〔文
　瀾〕1092 〔續修〕1583
蔡氏九儒書 〔存目〕集部 346
蔡文莊公集 〔存目〕集部 42－43
蔡忠烈公遺集、續編 〔未收〕五輯 26
蔡恭靖公遺稿 〔存目〕集部 132
＊蔡福州外紀 〔存目〕史部 86

蔗

蔗山筆塵 〔存目〕史部 281
蔗尾詩集、文集 〔存目補〕8

熙

熙朝名臣實錄 〔存目〕史部 107 〔續修〕
　532
熙朝新語 〔續修〕1178
熙朝樂事 〔續修〕885

蔣

蔣氏游藝秘錄九種 〔續修〕1068
蔣氏藋經 〔未收〕九輯 15
蔣南冷集 〔存目〕集部 70
蔣道林先生文粹 〔存目〕集部 96
蔣慎齋遇集、苞楚學記、日懷堂奏疏
　〔存目〕集部 215

蓼

蓼花詞 〔存目〕集部 422
蓼村集 〔存目〕集部 264
蓼溪怡雲集 〔禁燬補〕89

蓼齋集、後集 〔禁燬〕集部 111

榴

榴館初函集選 〔存目〕集部 194－195

榕

榕村四書說 〔文淵〕210 〔文津〕204 〔文
　瀾〕203 〔珍本〕九集 64－65
榕村全集、別集 〔著錄〕集部 290
榕村全集文錄 〔續修〕1669－1670
榕村字畫辨訛 〔續修〕239
榕村集 〔文淵〕1324 〔文津〕1328 〔文瀾〕
　1364
榕村語錄 〔文淵〕725 〔文津〕725 〔文瀾〕
　739 〔珍本〕九集 193－200 〔著錄〕子部
　130
榕村語錄續集 〔未收〕四輯 21
榕村講授 〔存目補〕37
榕城詩話 〔存目〕集部 421 〔續修〕1701
榕陰新檢 〔存目〕史部 111 〔續修〕547
榕園詞韻 〔續修〕1737
榕壇問業 〔文淵〕717 〔文津〕719 〔文瀾〕
　732 〔珍本〕三集 186－188 〔著錄〕子部
　130

權

權政紀略、奏疏、蒞政八箴 〔續修〕834

輔

輔臣贊和詩集 〔存目〕集部 302

歌

歌麻古韻考 〔未收〕九輯 3

監

監本附音春秋公羊註疏 〔著錄〕經部 77
監本附音春秋穀梁註疏 〔著錄〕經部 77

碩

碩果錄 〔禁燬〕子部 38
碩園詩稿、詞稿 〔未收〕九輯 16
碩薖園集 〔禁燬〕集部 161－162

碩輔寶鑑要覽　〔存目〕史部 95

碣

碣石調幽蘭　〔續修〕1092

衉

衉史　〔續修〕1251－1252

爾

爾疋舊注考證　〔續修〕188
爾雅　〔著録〕經部 28
爾雅、爾雅音釋　〔續修〕185
爾雅一切註音　〔續修〕188
爾雅小箋　〔續修〕188
爾雅正郭　〔續修〕188
爾雅正義　〔續修〕187
爾雅古注斠　〔續修〕188
爾雅古義（胡承珙）　〔續修〕188
爾雅古義（錢坫）　〔續修〕187
爾雅匡名　〔續修〕188
爾雅注疏　〔薈要〕79〔著録〕經部 177
爾雅注疏、附考證　〔文淵〕221〔文津〕216
　　〔文瀾〕214
爾雅注疏本正誤　〔續修〕187
爾雅注疏箋補　〔續修〕186
爾雅郝注刊　〔續修〕188
爾雅校議　〔續修〕185
爾雅郭注佚存補訂　〔續修〕189
爾雅郭注義疏　〔續修〕187
爾雅郭註補正　〔續修〕186
爾雅堂家藏詩説　〔禁燬補〕1
爾雅啓蒙　〔未收〕三輯 10
爾雅註　〔文淵〕221〔文津〕216〔文瀾〕214
爾雅註疏參義　〔存目〕經部 186
爾雅註疏參議　〔續修〕185
爾雅補注　〔續修〕185
爾雅補郭　〔續修〕185
爾雅疏　〔續修〕185
爾雅蒙求　〔未收〕三輯 10
爾雅稗疏　〔續修〕189
爾雅新義、叙録　〔續修〕185
爾雅經注集證　〔續修〕188

爾雅翼　〔文淵〕222〔文津〕217〔文瀾〕214
　　〔著録〕經部 28
爾雅翼、序釋　〔薈要〕79
爾雅釋地四篇注　〔續修〕187
爾雅釋例　〔續修〕188
爾爾書屋文鈔　〔續修〕1541
爾爾書屋詩草　〔續修〕1541

需

需時眇言　〔續修〕35

霆

霆軍紀略　〔未收〕七輯 4

裴

裴子言醫　〔續修〕1028
裴少俊墻頭馬上雜劇　〔續修〕1760

雌

＊雌木蘭　〔續修〕1764
＊雌木蘭替父從軍　〔續修〕1764

睿

睿親王端恩詩稿　〔未收〕十輯 29

對

對山集　〔文淵〕1266〔文津〕1270〔文瀾〕
　　1303〔珍本〕四集 351－352〔存目〕集部
　　52
對床夜語　〔文淵〕1481〔文津〕1486〔文
　　瀾〕1532〔著録〕集部 215
對制談經　〔存目〕子部 201
對問編　〔存目〕子部 104
＊對數尖錐變法釋　〔續修〕1047
＊對數探源　〔續修〕1047
對類　〔存目〕子部 225

夥

夥壞封疆録　〔存目〕史部 107〔續修〕537

賑

賑紀　〔未收〕一輯 25

墅

墅談 〔存目〕子部 102

閨

閨秀集、詩餘 〔存目〕集部 414
閨房集 〔存目〕集部 280
閨訓新編 〔存目〕子部 157

聞

聞一齋詩藁 〔未收〕五輯 17
聞人氏痘疹論 〔續修〕1011
聞見近錄 〔文淵〕1037 〔文津〕1041 〔文瀾〕1064
聞見後錄 〔文淵〕1039 〔文津〕1043 〔文瀾〕1066
聞見錄（邵伯溫） 〔文淵〕1038 〔文津〕1042 〔文瀾〕1066
聞見錄（姚宣） 〔存目〕子部 249
聞音室詩集、遺文附刻 〔續修〕1447
聞過齋集 〔文淵〕1217 〔文津〕1221 〔文瀾〕1252 〔著錄〕集部 111
聞雁齋筆談 〔存目〕子部 104 〔續修〕1131
聞鍾集 〔存目〕子部 156

閩

閩小記 〔續修〕734 〔禁燬補〕37
閩川閨秀詩話 〔續修〕1705
閩中十子詩 〔文淵〕1372 〔文津〕1376 〔文瀾〕1415 〔珍本〕六集 336–337 〔著錄〕集部 302
閩中十子詩集 〔底本〕集部 244–245
閩中金石志 〔續修〕912
閩中荔支通譜 〔存目〕子部 81 〔續修〕1116
閩中海錯疏 〔文淵〕590 〔文津〕590 〔文瀾〕598 〔著錄〕史部 380
閩中書畫錄 〔續修〕1068
閩中理學淵源考 〔文淵〕460 〔文津〕458–459 〔文瀾〕461 〔珍本〕二集 131–136
閩南唐雅 〔存目〕集部 345
閩南道學源流 〔存目〕史部 92
閩部疏 〔存目〕史部 247 〔續修〕734

閩海紀要 〔禁燬〕史部 35
閩海紀略 〔續修〕445
閩書 〔存目〕史部 204–207
閩詩録甲集、乙集、丙集、丁集、戊集 〔續修〕1687

間

間邱詩集、味蔗詩集 〔存目〕集部 266

閣

閣皁山志 〔存目〕史部 235

蜩

蜩笑偶言 〔存目〕子部 101

團

* 團花鳳 〔續修〕1764

鳴

鳴玉堂稿 〔續修〕1348
鳴春小草、茶山詩鈔、文鈔 〔未收〕十輯 14
鳴秋集 〔存目〕集部 36
鳴盛集 〔文淵〕1231 〔文津〕1235 〔文瀾〕1266 〔珍本〕五集 297 〔著錄〕集部 427
鳴野山房彙刻帖目 〔未收〕三輯 24
鳴鳳記 〔續修〕1771 〔續修〕1774 〔續修〕1781
鳴鶴餘音 〔存目〕集部 422

嘹

嘹嘹言 〔未收〕七輯 11

幔

幔亭集 〔文淵〕1296 〔文津〕1300 〔文瀾〕1334 〔珍本〕五集 378–379 〔著錄〕集部 280

圖

圖注八十一難經辨真 〔續修〕983
圖書衍 〔存目〕經部 167
圖書質疑 〔存目〕經部 3

圖書編 〔珍本〕五集 244－267〔著録〕子部 294－299

圖書編、附章斗津先生行狀 〔文淵〕 968－972〔文津〕971－975〔文瀾〕993－ 997

圖註八十一難經 〔存目〕子部 39

圖註脈訣辨真、脈訣附方 〔存目〕子部 40 〔續修〕998

圖畫見聞誌 〔文淵〕812〔文津〕814〔文 瀾〕831〔著録〕子部 149

圖繪寶鑑、續補 〔著録〕子部 150

圖繪寶鑑、續編 〔文淵〕814〔文津〕817 〔文瀾〕833

種

種玉記 〔續修〕1772

種芋法 〔續修〕1117

種桑成法 〔未收〕四輯 23

種桑説、養蠶説 〔續修〕978

種菊菴詩 〔著録〕集部 465

＊種菊庵集 〔文淵〕1372〔文津〕1376〔文 瀾〕1

種棉實驗説 〔續修〕977

種痘新書 〔續修〕1012

稱

稱謂録 〔續修〕1253

箐

箐齋讀書録 〔存目〕子部 96〔續修〕1143

箋

箋卉 〔存目〕子部 81

箋註唐賢絶句三體詩法 〔存目〕集部 289

箋註陶淵明集、總論 〔續修〕1304

箋註評點李長吉歌詩、外集 〔文淵〕1078 〔文津〕1082〔文瀾〕1108〔珍本〕四集 225

算

算七政交食淩犯法 〔續修〕1040

算迪 〔未收〕五輯 13

算法 〔續修〕1043

算法全能集 〔續修〕1043

算海詳説 〔續修〕1044

算牖 〔未收〕十輯 8

管

管子 〔文淵〕729〔文津〕728〔文瀾〕743 〔薈要〕252〔著録〕子部 131

管子地員篇注 〔續修〕970

管子校正 〔續修〕970

管子集注 〔續修〕971

管子補注 〔文淵〕729〔文津〕728〔文瀾〕 743〔著録〕子部 14

管子義證 〔續修〕970

管子權 〔存目〕子部 36〔續修〕970

管氏指蒙 〔續修〕1052

管色考 〔續修〕115〔續修〕1096

管見所及 〔續修〕1181

管見舉隅 〔續修〕1159

管城碩記 〔文淵〕861〔文津〕863〔文瀾〕 881〔珍本〕七集 152－155〔著録〕子部 166

管窺外篇 〔文淵〕709〔文津〕711〔文瀾〕 724〔珍本〕八集 131

管窺外編 〔著録〕子部 351

管窺輯要 〔存目〕子部 61－62

管蠡匯占 〔未收〕四輯 27

僑

僑吳集 〔文淵〕1216〔文津〕1220〔文瀾〕 1251〔底本〕集部 104〔著録〕集部 257

僞

僞齊録 〔存目〕史部 128

傚

傚寮集 〔存目〕集部 146

僧

僧王奏稿 〔續修〕508

銅

銅人腧穴鍼灸圖經、附穴腧都數、修明堂

訣式、避鍼灸訣 〔續修〕995

銅人鍼灸經 〔文淵〕738〔文津〕738〔文瀾〕752〔珍本〕五集 200

銅政便覽 〔續修〕880

銅馬編 〔存目〕集部 184

銅梁山人詩集、芸籠偶存 〔續修〕1461 - 1462

銅壺漏箭制度 〔續修〕1031

銅鼓書堂遺稿 〔續修〕1431

銅劍讃 〔存目〕子部 77

銅熨斗齋隨筆 〔續修〕1158

銓

銓曹儀注 〔續修〕749

銀

銀海精微 〔文淵〕735〔文津〕736〔文瀾〕751〔珍本〕五集 156〔著録〕子部 15

鄱

鄱陽五先生合集 〔著録〕集部 417

鄱陽五家集 〔文淵〕1476〔文津〕1480〔文瀾〕1525〔珍本〕十集 357 - 359

鄱陽先生文集 〔著録〕集部 46

鄱陽集(洪皓) 〔文淵〕1133〔文津〕1137〔文瀾〕1164〔珍本〕別輯 319〔底本〕集部 67〔著録〕集部 341

鄱陽集(彭汝礪) 〔文淵〕1101〔文津〕1104〔文瀾〕1130〔珍本〕二集 248

餉

餉撫疏草 〔禁燬〕史部 75

遯

遯世編 〔存目〕子部 132

遯言 〔存目〕子部 102

遯庵全集、遯庵駢語、續駢語 〔禁燬補〕60

遯園漫稿 〔禁燬〕集部 104

鳳

鳳川子克已示兒編 〔續修〕938

鳳池吟稿 〔文淵〕1225〔文津〕1229〔文瀾〕1260〔珍本〕三集 291〔著録〕集部 63

鳳池集 〔存目〕集部 402

鳳池園詩集、文集 〔未收〕七輯 26

鳳林先生文集 〔存目〕集部 84

鳳洲筆記、續集、後集 〔存目〕集部 114

鳳臺縣志[嘉慶] 〔續修〕710

疑

疑仙傳 〔存目〕子部 258

疑年録、續 〔續修〕517

疑獄集 〔文淵〕729〔文津〕729〔文瀾〕743〔珍本〕五集 147〔著録〕子部 46

疑獄箋 〔存目〕子部 37〔續修〕974

疑辨録 〔存目〕經部 147

疑龍經 〔珍本〕十二集 141

疑耀 〔文淵〕856〔文津〕858〔文瀾〕876〔著録〕子部 54

疑辯録 〔續修〕171

雒

雒閩源流録 〔存目〕史部 123〔續修〕536

�

鄧峰真隱漫録 〔文淵〕1141〔文津〕1146〔文瀾〕1173〔珍本〕二集 259 - 262〔底本〕集部 74 - 76〔著録〕集部 51

誠

誠崨淺言 〔存目〕子部 14

語

語石 〔續修〕905

說

說文二徐箋異 〔續修〕228

說文五翼 〔續修〕212

說文分韻易知録 〔未收〕九輯 3

說文引經考(吳玉) 〔續修〕203

說文引經考(程際盛) 〔續修〕212

說文引經考異 〔續修〕223

說文引經考證、互異說 〔續修〕227

說文引經例辨 〔續修〕227

説文引經異字 〔續修〕220

說文引經證例 〔續修〕222

說文正俗 〔續修〕228

說文古本考 〔續修〕222

說文古語考 〔續修〕212

說文古籀補 〔續修〕243

說文古籀疏證 〔續修〕243

說文外編 〔續修〕227

說文字原 〔文淵〕228〔文津〕223〔文瀾〕220

說文字原、六書正譌 〔珍本〕六集57〔著錄〕經部110

說文字原考略 〔未收〕三輯10

*說文字原表 〔續修〕1068

說文字原集註、表説、表 〔未收〕六輯4

說文字通 〔續修〕222

說文佚字考 〔續修〕227

說文長箋、解題 〔存目〕經部195-196

說文拈字 〔未收〕九輯2

說文段注訂補 〔續修〕213

說文訂訂 〔續修〕213

說文校定本 〔續修〕214

說文校議 〔續修〕213

說文校議議 〔續修〕214

說文通訓定聲 〔續修〕220-221

說文理董後編 〔續修〕204

說文偏旁考 〔未收〕三輯10

說文假借義證 〔續修〕214-215

說文逸字 〔續修〕223

說文淺説 〔續修〕227

說文答問疏證 〔續修〕204

說文發疑 〔續修〕227

說文統釋序 〔未收〕八輯3

說文楬原 〔未收〕九輯2

說文解字 〔文淵〕223〔文津〕218〔文瀾〕215〔薈要〕80〔著錄〕經部108

說文解字句讀、句讀補正 〔續修〕216-219

說文解字述誼、附說文新坿通誼 〔未收〕九輯2

說文解字注 〔續修〕204-208

說文解字注匡謬 〔續修〕214

說文解字注箋 〔續修〕225-227

說文解字段注考正 〔續修〕223-225

說文解字音均表 〔續修〕247

說文解字校勘記 〔續修〕212

說文解字校録 〔續修〕212

說文解字理董 〔續修〕204

說文解字補義 〔續修〕202

說文解字義證 〔續修〕209-210

說文解字群經正字 〔續修〕211

說文解字斠詮 〔續修〕211

說文解字篆韻譜 〔文淵〕223〔文津〕219〔文瀾〕216

說文解字舊音、經典文字辨證書、音同義異辨 〔續修〕239

說文解字繫傳 〔著錄〕經部108

說文解字韻譜 〔著錄〕經部177

說文新附考 〔續修〕223

說文新附考、續考 〔續修〕213

說文經字正誼 〔續修〕228

說文經字考、第一樓叢書坿考 〔續修〕227

說文經典異字釋 〔續修〕222

說文經斠 〔續修〕228

說文廣義 〔存目〕經部204

說文諧聲孳生述 〔續修〕248

說文諧聲舉要 〔未收〕二輯14

說文辨疑 〔續修〕215

說文聲系 〔續修〕246

說文聲統 〔續修〕248

說文聲類 〔續修〕247

說文檢字、説文重文檢字、説文疑難檢字、今文檢字 〔續修〕227

說文繫傳考異 〔著錄〕經部177

說文雙聲 〔未收〕十輯2

說文繫傳 〔文淵〕223〔文津〕218〔文瀾〕216

說文繫傳考異 〔文淵〕223〔文津〕218〔文瀾〕216〔珍本〕九集88

說文繫傳校録 〔續修〕215

說文韻譜校 〔未收〕九輯3

說文釋例 〔續修〕215-216

說文蠡箋 〔續修〕211

説文疊韻 〔未收〕九輯 2
説安堂集 〔未收〕五輯 27
説苑 〔文淵〕696 〔文津〕696 〔文瀾〕710 〔薈要〕247 〔著録〕子部 127
説易 〔存目〕經部 25 〔續修〕16
説郛 〔文淵〕876－882 〔文津〕877－884 〔文瀾〕896－902 〔著録〕子部 278－287
説郛續 〔續修〕1189－1192
説原 〔存目〕子部 107
説書偶筆 〔存目〕經部 153
説理會編 〔存目〕子部 9 〔續修〕938－939
説略 〔文淵〕964 〔文津〕967 〔文瀾〕988 〔珍本〕十二集 150－153 〔著録〕子部 40
説蛇 〔續修〕1120
説嵩 〔存目〕史部 238
説詩堂集 〔存目〕集部 211
説詩章義 〔續修〕73
説詩晬語 〔續修〕1701
説詩樂趣、附偶咏草續集 〔存目〕集部 421
説經劄記 〔存目〕經部 149
説經囈語 〔未收〕十輯 2
説篆 〔續修〕1091
説頤 〔存目〕子部 105
説學齋稿 〔文淵〕1226 〔文津〕1230 〔文瀾〕1262 〔珍本〕三集 293 〔著録〕集部 260
説儲、二集 〔存目〕子部 110
説禮約 〔存目〕經部 94
説疇 〔存目〕子部 59
説類 〔存目〕子部 132
説鱄諸伍員吹簫雜劇 〔續修〕1761

認

認字測 〔存目〕子部 111

廣

廣川書跋 〔文淵〕813 〔文津〕815 〔文瀾〕832 〔著録〕子部 303
廣川畫跋 〔文淵〕813 〔文津〕815 〔文瀾〕832 〔著録〕子部 357
廣元遺山年譜 〔續修〕552
廣仁品 〔存目〕子部 150－151

廣文選 〔存目〕集部 297－298
廣平先生舒文靖公類藁 〔著録〕集部 423
廣弘明集 〔著録〕子部 244
廣弘明集、音釋 〔文淵〕1048 〔文津〕1052 〔文瀾〕1077
廣西名勝志 〔續修〕735
廣西通志 〔文淵〕565－568 〔文津〕565－569 〔文瀾〕574－577
廣西通志［嘉靖〕 〔存目〕史部 187
廣西通志［雍正〕 〔著録〕史部 38－40
廣西通志［嘉慶〕 〔續修〕677－680
廣成集 〔文淵〕1084 〔文津〕1088 〔文瀾〕1114 〔珍本〕五集 270 〔著録〕集部 338
廣州人物傳 〔存目〕史部 90 〔續修〕549
廣州四先生詩 〔文淵〕1372 〔文津〕1376 〔文瀾〕1415 〔珍本〕八集 226
廣州永康等砲臺工程 〔續修〕860
廣州遊覽小志 〔存目〕史部 254
廣州駐防事宜 〔續修〕860
廣字義 〔存目〕子部 27
廣志繹、雜志 〔存目〕史部 251
廣近思録 〔存目〕子部 24
廣社 〔存目〕子部 119 〔續修〕1186
廣祀典議 〔存目〕子部 20
廣東文選 〔禁燬〕集部 136－137
廣東通志 〔文淵〕562－564 〔文津〕562－565 〔文瀾〕570－573
廣東通志［萬曆〕 〔存目〕史部 197－198
廣東通志［雍正〕 〔著録〕史部 56－58
廣東通志［道光〕 〔續修〕669－675
廣東通志初藁［嘉靖〕 〔存目〕史部 189
廣東詩粹 〔存目〕集部 411
廣東新語 〔續修〕734 〔禁燬補〕37
廣事類賦 〔存目〕子部 234 〔續修〕1248
廣卓異記 〔存目〕史部 87
廣金石韻府、字略 〔存目〕經部 199 〔續修〕238
廣治平略 〔禁燬〕史部 23－24
廣修辭指南 〔存目〕子部 196
廣信府志［嘉靖〕 〔存目〕史部 185－186
廣皇輿考 〔禁燬〕史部 17
＊廣陵月 〔續修〕1764

廣陵史稿　〔未收〕四輯 16

廣陵先生文集、拾遺　〔著録〕集部 46

廣陵事略[嘉慶]　〔續修〕699

廣陵集　〔文淵〕1106〔文津〕1110〔文瀾〕1136〔珍本〕七集 194 - 195

廣象徹微　〔未收〕九輯 12

廣博物志　〔文淵〕980 - 981〔文津〕982 - 983〔文瀾〕1005 - 1006〔著録〕子部 199 - 200

廣雅　〔文淵〕221〔文津〕216〔文瀾〕214〔薈要〕79〔著録〕經部 28

廣雅疏義　〔續修〕190

廣雅疏證、博雅音　〔續修〕191

廣雅疏證補正　〔續修〕191

廣筆記、炮炙大法、用藥凡例　〔著録〕子部 18

廣滑稽　〔存目〕子部 251

廣嗣要方、呂純陽房術秘訣、孫真人金丹妙訣、宮選經驗奇妙春方　〔未收〕九輯 10

廣群輔録　〔存目〕子部 227

廣廣文選　〔存目補〕19 - 20

廣瘟疫論　〔續修〕1003

廣潛研堂説文答問疏證　〔續修〕221

廣輯詞隱先生增定南九宮詞譜　〔續修〕1747 - 1748

廣諧史　〔存目〕子部 252

廣輿記　〔禁燬〕史部 18

廣輿記、圖　〔存目〕史部 173

廣輿圖　〔續修〕586

廣輿圖叙　〔存目〕史部 166

廣藝舟雙楫　〔續修〕1089

廣艷異編　〔續修〕1267

廣韻　〔著録〕經部 114〔著録〕經部 113

廣韻(重修廣韻)　〔薈要〕85

廣韻藻　〔存目〕子部 223

廣釋名　〔續修〕190

廣續方言、拾遺　〔續修〕194

廣鹽桑説輯補　〔續修〕978

瘍

瘍科臨證心得集、方彙、方彙補遺、家用

膏丹丸散方、景岳新方歌　〔續修〕1016

瘍醫大全　〔續修〕1013 - 1016

瘟

瘟疫明辨、方　〔續修〕1003

瘟疫論　〔文淵〕779〔文津〕780〔文瀾〕796〔珍本〕十一集 113

彰

彰德府志[嘉靖]　〔存目〕史部 184

韶

韶舞九成樂補　〔文淵〕212〔文津〕207〔文瀾〕206〔珍本〕別輯 49

端

端平詩雋　〔文淵〕1185〔文津〕1189〔文瀾〕1220〔珍本〕三集 252

端明集　〔文淵〕1090〔文津〕1094〔文瀾〕1120〔珍本〕四集 235 - 236〔薈要〕373

端峰先生松菊堂集　〔存目〕集部 147

端峰詩選　〔未收〕八輯 22

端峰詩續選　〔未收〕八輯 22

端溪研志　〔續修〕1113

端溪硯譜　〔文淵〕843〔文津〕845〔文瀾〕861〔著録〕子部 162

端簡鄭公文集　〔存目〕集部 85

適

適可軒詩集、文集　〔未收〕九輯 16

適可齋記言、適可齋記行　〔續修〕1565

適菴韻對　〔未收〕六輯 20

適情雅趣　〔續修〕1105

適情録　〔存目〕子部 76〔續修〕1097

齊

齊民要術　〔文淵〕730〔文津〕729〔文瀾〕744〔薈要〕258〔著録〕子部 131

齊東野語　〔文淵〕865〔文津〕867〔文瀾〕885〔底本〕子部 28 - 29〔著録〕子部 277

* 齊東絶倒　〔續修〕1764

齊物論齋文集　〔續修〕1507

齊物論齋詞 〔續修〕1726

齊乘 〔珍本〕四集 114－115

齊乘、釋音 〔文淵〕491〔文津〕491〔文瀾〕494〔著録〕史部 19

齊雲山志 〔存目〕史部 231

齊會要 〔續修〕770－771

＊齊詩遺説考、叙録 〔續修〕76

齊詩翼氏學 〔續修〕75

齊詩翼氏學疏證、叙録 〔續修〕75

旗

＊旗亭讌 〔續修〕1765

養

養一齋文集、續編、詩集 〔續修〕1495

養一齋文録 〔續修〕1672

養一齋集 〔續修〕1510－1511

養一齋詩話 〔續修〕1706

養一齋剳記 〔未收〕四輯 21

養正圖解 〔續修〕943

＊養正遺規 〔續修〕951

養生月覽 〔存目〕子部 119

養生膚語 〔存目〕子部 260

養生雜類 〔存目〕子部 119

養生類要前後集 〔存目〕子部 43

養生類纂、養生月覽 〔續修〕1029

養吉齋叢録、餘録 〔續修〕1158

養吾齋集 〔文淵〕1199〔文津〕1203〔文瀾〕1234〔珍本〕初集 343－344

養知書屋詩集、文集 〔續修〕1547

養知録 〔存目〕子部 160

養性延命録 〔續修〕1292

養素居畫學鉤深 〔續修〕1068

養素堂文集 〔續修〕1506－1507

養素堂詩集 〔續修〕1506

養浩齋詩稿、續稿、惇裕堂文集 〔續修〕1510

養蒙文集 〔文淵〕1194〔文津〕1198〔文瀾〕1229〔珍本〕三集 275

養蒙先生文集 〔著録〕集部 107

養餘月令 〔存目〕史部 165

養默山房詩藁 〔續修〕1511－1512

養鼈秘訣 〔續修〕978

頖

頖宮禮樂全書 〔存目〕史部 271

頖宮禮樂疏 〔文淵〕651〔文津〕651〔文瀾〕661〔著録〕史部 59

精

精忠記 〔續修〕1769

精華録 〔文淵〕1315〔文津〕1319〔文瀾〕1353

精選古今名賢叢話詩林廣記、後集 〔著録〕集部 417

精選名儒草堂詩餘 〔續修〕1728

精選治痢神書 〔未收〕十輯 8

精選當代各名公短札字字珠 〔禁燬補〕53

精選增入文筌諸儒奧論策學統宗前集 〔存目〕集部 289

精鐫海若湯先生校訂音釋五侯鯖字海、四書五經難字 〔存目〕經部 192

鄭

鄭山齋先生文集 〔著録〕集部 69

鄭少谷先生全集 〔著録〕集部 432

鄭中丞公益樓集 〔未收〕六輯 22

鄭氏爻辰補 〔續修〕33

鄭氏易譜 〔未收〕三輯 1

鄭氏周易、爻辰圖 〔著録〕經部 41

鄭氏家儀 〔存目〕經部 114

鄭氏詩譜考正 〔續修〕71

鄭氏箋考徵 〔續修〕70

鄭孔目風雪酷寒亭雜劇 〔續修〕1761

鄭守愚文集 〔著録〕集部 234

鄭志 〔文淵〕182〔文津〕177〔文瀾〕174〔珍本〕十一集 22〔著録〕經部 203

鄭志疏證、鄭記考證、答臨孝存周禮難 〔續修〕171

鄭易小學、鄭易馬氏學、鄭易京氏學 〔續修〕38

鄭忠肅公奏議遺集、鄭忠肅公年譜 〔底本〕集部 71〔著録〕集部 343

鄭忠肅奏議遺集 〔文淵〕1140〔文津〕

1144〔文瀾〕1171〔珍本〕初集294

鄭忠愍公北山文集 〔著録〕集部342

鄭侯升集 〔禁燬〕集部75

鄭堂札記 〔續修〕1158

鄭堂讀書記 〔續修〕924-925

鄭開陽雜著 〔文淵〕584〔文津〕584-585
〔文瀾〕593〔著録〕史部420

鄭節度殘唐再創 〔續修〕1764

鄭静菴先生詩集、文集、蓉渚別集、醒世
格言 〔存目〕集部231

鄭静庵先生文録 〔續修〕1669

鄭端簡公年譜 〔存目〕史部83

鄭端簡公奏議 〔續修〕476-477

鄭端簡公徵吾録 〔存目〕史部23

鄭敷文景望書説 〔著録〕經部12

鄭學録 〔續修〕515

榮

榮木堂合集 〔禁燬〕集部85

榮性堂集 〔續修〕1464

榮進集 〔文淵〕1233〔文津〕1237〔文瀾〕
1269〔珍本〕三集298

滎

滎陽外史集 〔文淵〕1234〔文津〕1238〔文
瀾〕1270〔珍本〕初集362-367

漬

漬槻堂近詩、燕南日征草、落花詩、漬槻
堂集唐 〔未收〕七輯23

漢

*漢三統術 〔續修〕1045-1046

漢上易傳、卦圖、叢説 〔文淵〕11〔文津〕
6〔文瀾〕5〔薈要〕3〔底本〕經部11-13
〔著録〕經部183

*漢元帝孤鴈漢宮秋 〔續修〕1763

漢太初曆考 〔續修〕1036

漢文歸 〔禁燬補〕43

漢甘泉宮瓦記 〔存目〕子部79〔續修〕
1111

漢世説 〔存目〕子部245

漢石刻考 〔未收〕十輯5

漢史億 〔存目〕史部290

*漢四分術 〔續修〕1045-1046

漢州郡縣吏制考 〔續修〕746

漢武故事 〔文淵〕1042〔文津〕1046〔文
瀾〕1070〔著録〕子部112

漢武帝内傳 〔文淵〕1042〔文津〕1046〔文
瀾〕1070

漢武帝内傳、外傳 〔著録〕子部242

漢武帝別國洞冥記 〔著録〕子部242

漢制考 〔文淵〕609〔文津〕609〔文瀾〕619
〔著録〕史部258

*漢官 〔續修〕746

漢官六種 〔續修〕746

*漢官典職儀式選用 〔續修〕746

漢官答問 〔續修〕746

*漢官解詁 〔續修〕746

*漢官儀 〔續修〕1106

漢官舊儀 〔文淵〕646〔文津〕646〔文瀾〕
656〔珍本〕別輯147

漢泉曹文貞公詩集、後録 〔底本〕集部
140〔著録〕集部29

漢律考 〔未收〕九輯9

漢晉迄明謚彙考、皇朝謚彙考 〔續修〕
827

漢高皇濯足氣英布雜劇 〔續修〕1762

漢唐秘史 〔存目〕史部45

漢書 〔著録〕史部352-354

漢書引經異文録證 〔未收〕三輯11

漢書考正、後漢書考正 〔續修〕265

漢書地理志水道圖説、附考正德清胡氏
禹貢圖 〔未收〕八輯4

漢書地理志校本 〔未收〕三輯11

漢書地理志校注 〔未收〕三輯11

漢書地理志補注 〔未收〕四輯11

漢書地理志稽疑 〔未收〕三輯11

漢書西域傳補注 〔續修〕270

漢書注校補 〔續修〕267

漢書補注 〔續修〕268-270〔未收〕三輯11

漢書疏證 〔續修〕265〔續修〕266-267

漢書辨疑 〔續修〕267

漢書藝文志拾補 〔續修〕914

漢書藝文志條理　〔續修〕914

＊漢乾象術　〔續修〕1045－1046

漢雋　〔存目〕史部 131

漢擊室文鈔　〔續修〕1567

＊漢碑隸體舉要　〔續修〕1068

漢詩音註　〔存目〕集部 401

漢詩説　〔存目〕集部 409

漢溪書法通解　〔存目〕子部 73〔續修〕
　　1067

＊漢儀　〔續修〕746

漢學商兑　〔續修〕951

漢學諧聲、説文補考、説文又考　〔續修〕
　　245

漢儒易義針度、附近科文式、諸法指明
　　〔未收〕一輯 1

漢儒通義　〔續修〕952

漢儒傳易源流　〔續修〕35

＊漢舊儀　〔續修〕746

漢隸分韻　〔文淵〕228〔文津〕223〔文瀾〕
　　220〔珍本〕十一集 26〔著録〕經部 207

漢隸字源　〔文淵〕225〔文津〕221〔文瀾〕
　　218〔薈要〕80

漢隸字源、碑目、附字　〔著録〕經部 29

漢隸異同　〔續修〕240

漢隸辨體　〔續修〕243

漢魏六朝二十一名家集　〔存目補〕27－
　　28

漢魏六朝百三家集　〔文淵〕1412〔文津〕
　　1416－1420〔文瀾〕1457－1460〔薈要〕
　　468－472〔著録〕集部 174－179

漢魏石經考　〔續修〕184

漢魏名文乘　〔存目補〕31－33

漢魏音　〔續修〕245

漢魏詩乘、附吳詩　〔存目補〕34

漢魏遺書鈔　〔續修〕1199－1200

漢濱集　〔文淵〕1139〔文津〕1144〔文瀾〕
　　1171〔珍本〕別輯 323－326

漢藝文志考證　〔文淵〕675〔文津〕674
　　〔文瀾〕688〔著録〕史部 265

滿

滿洲四禮集　〔續修〕824

漆

漆園厄言　〔存目〕集部 184

漸

漸西村人初集　〔續修〕1565

漸齋詩草　〔存目〕集部 68

漕

漕河圖志　〔續修〕835

漕運則例纂　〔未收〕一輯 23

漕運通志　〔存目〕史部 275〔續修〕836

漱

漱玉詞　〔文淵〕1487〔文津〕1492〔文瀾〕
　　1537〔著録〕集部 218〔續修〕1722

漱石山房集　〔禁燬補〕71

漱石閒談　〔存目〕子部 248

潯

潯南集、續編詩　〔文淵〕1190〔文津〕1194
　　〔文瀾〕1226〔薈要〕397

潯南遺老王先生文集、續編詩　〔著録〕
　　集部 251

漫

漫叟拾遺　〔存目〕集部 3

漫堂年譜　〔續修〕554

漫堂説詩　〔存目〕集部 421〔續修〕1699

漫堂墨品　〔存目〕子部 79

漫塘集　〔文淵〕1170〔文津〕1174－1175
　　〔文瀾〕1204〔珍本〕九集 246－253

漫塘劉先生文前集　〔著録〕集部 57

漁

漁山詩草　〔未收〕八輯 23

漁石集　〔存目〕集部 65

漁郎詩集　〔禁燬補〕79

漁洋山人文略　〔存目〕集部 227

漁洋山人自撰年譜註補　〔續修〕554

漁洋山人精華録　〔著録〕集部 406〔禁燬〕
　　集部 53

漁洋山人精華録訓纂、總目、年譜註補、金氏精華録箋註辨訛、訓纂補　〔存目〕集部 225－226
漁洋詩集、續集　〔存目〕集部 226
漁洋詩話　〔文淵〕1483〔文津〕1488〔文瀾〕1533〔著録〕集部 332
*漁陽三劃　〔續修〕1764
漁墅類稿　〔文淵〕1176〔文津〕1180〔文瀾〕1210〔珍本〕初集 316〔底本〕集部 91〔著録〕集部 26
漁隱叢話、前集、後集　〔文淵〕1480〔文津〕1484－1485〔文瀾〕1530〔著録〕集部 214

滸
滸東先生文集　〔存目〕集部 132

漉
漉籬集、遺集　〔禁燬〕集部 107

演
演山先生文集　〔著録〕集部 47
演山集　〔文淵〕1120〔文津〕1124〔文瀾〕1150〔珍本〕初集 258－260
演禽通纂　〔文淵〕809〔文津〕810〔文瀾〕827〔珍本〕初集 182
演繁露、續集　〔文淵〕852〔文津〕854〔文瀾〕872

慟
慟餘雜記　〔禁燬〕史部 72

賓
賓退録　〔文淵〕853〔文津〕856〔文瀾〕873〔著録〕子部 165
賓萌集、外集、春在堂襍文、續編、三編、四編、五編、六編、春在堂詩編　〔續修〕1550－1551
賓實録　〔文淵〕920〔文津〕923〔文瀾〕940

察
察病指南　〔續修〕998

寧
寧古塔山水記　〔續修〕731
寧古塔紀略　〔續修〕731
寧波府簡要志　〔存目〕史部 174
寧都三魏全集　〔禁燬〕集部 4－6
寧夏新志〔嘉靖〕　〔續修〕649
寧海將軍固山貝子功績録　〔文淵〕447〔文津〕445〔文瀾〕448〔珍本〕十一集 53〔著録〕史部 32
寧國府志〔嘉慶〕　〔續修〕710－711
寧極齋稿　〔珍本〕三集 256〔底本〕集部 182
寧極齋稿、附慎獨叟遺稿　〔文淵〕1189〔文津〕1194〔文瀾〕1225
寧極齋稿、慎獨叟遺稿、方叔淵先生遺稿　〔底本〕集部 94〔著録〕集部 251
寧壽鑑古　〔續修〕1107
寧澹齋全集文、留芳録、附疏稿、詩　〔禁燬〕集部 65

寤
寤硯齋集　〔未收〕九輯 27

寥
寥天一閣文、莽蒼蒼齋詩、遠遺堂集外文　〔續修〕1568

實
實事求是齋經義　〔續修〕176
實政録　〔續修〕753
實賓録　〔珍本〕初集 233〔著録〕子部 363

肇
肇域志　〔續修〕586－595
肇論中吳集解　〔續修〕1274
肇論新疏游刃　〔未收〕四輯 28
肇慶府志〔道光〕　〔續修〕713－714

褉
褉帖綜聞　〔存目〕史部 278

盡

盡言集 〔文淵〕427 〔文津〕425 〔文瀾〕425
　〔珍本〕六集 97 〔著録〕史部 199
盡節録 〔未收〕二輯 23

隨

隨山館猥稿、續稿、隨山館叢稿、隨山館
　尺牘 〔續修〕1557－1558
隨手雜録、附甲申聞見二録補遺 〔文
　淵〕1037 〔文津〕1041 〔文瀾〕1064
隨志 〔存目〕史部 186
隨村先生遺集 〔存目〕集部 272
隨何賺風魔蒯通雜劇 〔續修〕1760
隨息居重訂霍亂論 〔續修〕1005
隨園食單 〔續修〕1115
隨園詩草、禪家公案頌 〔存目〕集部 280
隨園詩話 〔續修〕1701
隨園隨筆 〔續修〕1148
隨輦集、續集、經進文稿 〔未收〕九輯 16
隨録 〔著録〕子部 169
隨隱漫録 〔文淵〕1040 〔文津〕1044 〔文
　瀾〕1067 〔著録〕子部 241

翠

翠岩偶集 〔未收〕五輯 27
翠屏筆談 〔存目補〕77
翠屏集 〔文淵〕1226 〔文津〕1230 〔文瀾〕
　1261 〔珍本〕二集 351 〔底本〕集部 37
　〔著録〕集部 426
翠紅鄉兒女兩團圓雜劇 〔續修〕1761
翠娛閣近言 〔續修〕1389
翠娛閣評選鍾伯敬先生合集 〔續修〕
　1371
翠娛閣評選鍾伯敬先生合集文、詩 〔禁
　燬〕集部 140－141
翠渠摘稿 〔珍本〕二集 361 〔底本〕集部 45
　〔著録〕集部 40
翠渠摘稿、續編 〔文淵〕1254 〔文津〕1258
　〔文瀾〕1291
*翠鄉夢 〔續修〕1764
翠寒集 〔文淵〕1208 〔文津〕1212 〔文瀾〕
　1243 〔珍本〕十一集 172 〔底本〕集部 135

〔著録〕集部 396
翠筠亭集 〔禁燬〕集部 83
翠微先生北征録 〔續修〕959
翠微南征録 〔文淵〕1176 〔文津〕1180 〔文
　瀾〕1210 〔珍本〕十集 239 〔著録〕集部
　102
*翠鈿緣 〔續修〕1765
翠滴樓詩集 〔存目〕集部 247
翠樓集 〔存目〕集部 395
翠巖雜稿 〔未收〕十輯 26

熊

熊氏後漢書年表校補、附補遺 〔未收〕
　六輯 5
熊勿軒先生文集 〔著録〕集部 394
熊峰先生文集 〔存目補〕78
熊峰先生詩集、文集 〔底本〕集部 48－49
　〔著録〕集部 352
熊峰集 〔文淵〕1259 〔文津〕1263 〔文瀾〕
　1296 〔珍本〕三集 328－329
熊學士文集録 〔續修〕1669
熊學士詩文集 〔存目〕集部 217

鄧

鄧子 〔文淵〕729 〔文津〕729 〔文瀾〕743
　〔底本〕子部 31 〔著録〕子部 334 〔續修〕
　971
鄧伯言玉笥集 〔著録〕集部 33
鄧析子、通考 〔續修〕971
鄧東垣集 〔禁燬補〕80
鄧定宇先生文集 〔存目〕集部 156
鄧尉聖恩寺志 〔存目〕史部 244 〔續修〕
　719

綺

綺詠、續集 〔存目〕集部 192
綺樹閣賦稿、詩稿、青社先賢詠 〔存目〕
　集部 255

綱

綱目分註拾遺 〔文淵〕323 〔文津〕320
　〔文瀾〕318 〔珍本〕三集 121
綱目訂 〔珍本〕六集 61

綱目訂誤 〔文淵〕323〔文津〕320〔文瀾〕319〔著錄〕史部74

綱目續麟、綱目校正凡例、綱目續麟附錄、綱目續麟彙覽 〔文淵〕323〔文津〕320〔文瀾〕318〔珍本〕二集77-80

綱常懿範 〔存目〕子部121

綱鑑正史約 〔存目〕史部17-18

綱鑑會編、歷代統系表略 〔未收〕二輯17-19

網

網山集 〔文淵〕1149〔文津〕1154〔文瀾〕1182〔珍本〕初集299〔著錄〕集部97

維

維禎錄 〔存目〕史部47

綸

綸扉奏草 〔續修〕481-482〔禁燬〕史部36-37

綸扉簡牘 〔禁燬〕集部161

綵

綵毫記 〔續修〕1770

綰

綰秀園詩選、詞選 〔未收〕七輯30

綠

綠天耕舍燕鈔 〔存目補〕45

綠天書舍存草 〔續修〕1483

綠杉野屋集 〔存目〕集部281

*綠苔軒集 〔文淵〕1372〔文津〕1376〔文瀾〕1

綠波樓詩集 〔存目〕集部128

綠萍灣史論初集、二集 〔存目〕史部291

綠雪亭雜言 〔存目〕子部102

綠雪樓集□□種 〔禁燬〕集部185

綠畦晤言 〔未收〕四輯21

綠滋館稿、考信編、徵信編 〔存目〕集部173

綠筠軒詩 〔存目〕集部280

綠筠書屋詩鈔 〔續修〕1444〔未收〕十輯15

綠漪草堂文集、外集、別集、詩集、研華館詞 〔續修〕1530-1531

綠蘿山房詩集、文集 〔存目〕集部268-269

緇

緇衣集傳 〔文淵〕122〔文津〕118〔文瀾〕117〔著錄〕經部155

十五畫

慧

慧山記 〔存目〕史部229

耦

耦耕堂集詩、文 〔續修〕1386〔禁燬補〕67

璇

璇璣碎錦 〔存目〕集部238

璇璣圖詩讀法 〔文淵〕1063〔文津〕1067〔文瀾〕1092〔珍本〕三集232

璇璣遺述 〔存目〕子部55〔續修〕1033

駐

駐粵八旗志 〔續修〕859-860

撫

撫江集 〔未收〕七輯21

撫安東夷記 〔續修〕433

撫吳疏草(張國維) 〔禁燬〕史部39

撫吳疏草(韓世琦) 〔未收〕八輯5-8

撫郡農產考略 〔續修〕977

撫寧縣志[光緒] 〔續修〕691

撫遼疏稿 〔禁燬〕史部69

撫豫宣化錄 〔存目〕史部69

撫黔奏疏 〔存目〕史部67

熱

熱河志略 〔續修〕730

撙

撙齋先生緣督集　〔存目〕集部 19　〔著録〕
　　集部 341

增

增入名儒講義皇宋中興兩朝聖政、分類
　　事目　〔續修〕348

增入諸儒議論杜氏通典詳節、圖譜　〔存
　　目〕史部 263

增刊校正王狀元集註分類東坡先生詩、
　　東坡紀年録　〔著録〕集部 91

增刻埤雅廣要　〔存目〕子部 250

增定二十一史韻　〔存目〕史部 292

增定本草備要　〔續修〕993

增定國朝館課經世宏辭　〔存目補〕18
　　〔禁燬〕集部 92

增定雅俗稽言　〔存目〕子部 97

增城集　〔禁燬補〕79

增修互註禮部韻略　〔文淵〕237　〔文津〕
　　232　〔文瀾〕230　〔著録〕經部 181

增修東萊書説　〔文淵〕57　〔文津〕52　〔文
　　瀾〕50　〔薈要〕18　〔著録〕經部 34

增修校正押韻釋疑　〔文淵〕237　〔文津〕
　　232　〔文瀾〕230　〔珍本〕初集 102

增修埤雅廣要　〔續修〕1271

增修雲林寺志　〔存目〕史部 247　〔續修〕
　　719

增修復古編　〔存目〕經部 188

增修詩話總龜、後集　〔著録〕集部 213

增修箋註妙選群英草堂詩餘前集、後
　　集　〔續修〕1728

增訂二三場群書備考　〔禁燬補〕42

增訂周易本義補　〔未收〕二輯 1

增訂春秋世族源流圖考　〔續修〕148

增訂盛世危言新編　〔續修〕953

增訂端溪硯坑志　〔續修〕1113

增訂論語外篇　〔存目〕子部 15

增註東萊呂成公古文關鍵　〔著録〕集部
　　140　〔續修〕1602

增註周易神應六親百章海底眼前集、後
　　集　〔續修〕1055

增註唐策　〔文淵〕1361　〔文津〕1365　〔文

瀾〕1404　〔珍本〕八集 216－217　〔著録〕
　　集部 77

增補武林舊事　〔文淵〕590　〔文津〕593
　　〔珍本〕十二集 39　〔存目〕史部 248

增補星平會海命學全書　〔存目〕子部 67

增補貢舉考略　〔續修〕830－831

增補鄭氏周易　〔文淵〕7　〔文津〕2　〔文瀾〕1

增廣大生要旨　〔續修〕1008

增廣註釋音辯唐柳先生集、別集、外集
　　〔著録〕集部 232

增廣箋註簡齋詩集、無住詞、簡齋先生年
　　譜、詩箋正誤　〔著録〕集部 242　〔續
　　修〕1317

增廣鐘鼎篆韻　〔續修〕237

增輯易象圖説　〔存目〕經部 48

增默菴詩遺集　〔續修〕1510

穀

穀山筆麈　〔存目〕子部 87　〔續修〕1128

穀玉類編　〔未收〕五輯 15

穀城山館文集　〔存目〕集部 147－148

穀城山館集　〔珍本〕七集 257－259

穀城山館詩集　〔文淵〕1291　〔文津〕1295
　　〔文瀾〕1329　〔著録〕集部 126

穀原文草　〔存目〕集部 89

穀原詩集　〔存目〕集部 89

穀梁大義述　〔續修〕132

穀梁申義　〔續修〕133

*穀梁折諸　〔文淵〕177　〔文津〕172　〔文
　　瀾〕169

穀梁廢疾申何　〔續修〕132

穀梁禮證　〔續修〕132

蕙

蕙風詞　〔續修〕1727

蕙風詞話　〔續修〕1735

蕙楮褾記　〔續修〕1158

戢

戢山先生人譜、人譜類記　〔著録〕子部 62

邁

邁堂文略　〔續修〕1672

蕉

蕉林詩集　〔存目〕集部 204
蕉帕記　〔續修〕1772
蕉軒隨録　〔續修〕1141
蕉軒續録　〔續修〕1141
蕉庵琴譜　〔未收〕十輯 10
蕉廊脞録　〔續修〕1264
*蕉鹿夢　〔續修〕1765
蕉窗九録　〔存目〕子部 118　〔續修〕1185

蕊

蕊雲集、晚唱　〔存目〕集部 211

槿

槿園集　〔未收〕八輯 25

横

横山初集、易皆軒二集、横山文鈔　〔未收〕九輯 18
横浦先生文集、附家傳　〔著録〕集部 392
横浦集　〔文淵〕1138　〔文津〕1142　〔文瀾〕1169　〔珍本〕四集 268－269
横渠先生易説、行狀　〔著録〕經部 41
横渠易説　〔薈要〕2
横渠易説、附横渠先生行狀　〔文淵〕8　〔文津〕4　〔文瀾〕3
横渠張子鈔釋　〔著録〕子部 333
横雲山人集　〔續修〕1416－1417
横塘集　〔文淵〕1127　〔文津〕1131　〔文瀾〕1158　〔珍本〕別輯 298－300
横谿録、附谿上咏　〔存目〕史部 234

樞

樞垣記略　〔續修〕751
樞垣題名　〔續修〕751

標

標孟　〔續修〕157
標題補注蒙求　〔存目補〕77
標題詳注史略補遺大成　〔存目〕史部 23

樗

樗林閒筆、偶筆、續筆、附演連珠五十首　〔存目〕子部 113
樗林摘稿　〔存目〕集部 55
樗莊文稿、尺牘、詩稿　〔未收〕十輯 21
樗菴類藁　〔文淵〕1232　〔文津〕1236　〔文瀾〕1267　〔珍本〕初集 361
樗園銷夏録　〔續修〕1179
樗隱集　〔文淵〕1221　〔文津〕1225　〔文瀾〕1256　〔珍本〕二集 344
樗齋漫録　〔續修〕1133
樗繭譜　〔續修〕978

樓

樓山堂集　〔禁燬〕集部 11
樓山堂集、遺文、遺詩　〔續修〕1388－1389
樓邨詩集　〔存目補〕6
樓居雜著、野航詩稿、野航文稿　〔文淵〕1251　〔文津〕1255　〔文瀾〕1288　〔珍本〕八集 183

樊

樊山集　〔續修〕1574
樊山續集　〔續修〕1574－1575
樊川文集　〔文淵〕1081　〔文津〕1085　〔文瀾〕1111
樊川文集、外集、別集　〔薈要〕365　〔著録〕集部 233
樊川文集夾註、外集　〔續修〕1312
樊川詩集、別集、外集　〔續修〕1312
樊南文集補編　〔續修〕1312
樊南文集詳註　〔續修〕1312
樊紹述集　〔存目〕集部 9　〔續修〕1311
樊榭山房集、文集、續集　〔著録〕集部 133
樊榭山房集、續集　〔文淵〕1328　〔文津〕1332　〔文瀾〕1368

甆

甆缸笑　〔續修〕1767｜1767

橡

橡繭圖説　〔續修〕978

橢

*橢圓正術解　〔續修〕1047
*橢圓拾遺　〔續修〕1047
*橢圓新術　〔續修〕1047

輪

輪輿私箋、圖　〔續修〕85

輟

輟耕録　〔文淵〕1040　〔文津〕1044　〔文瀾〕
　1068
輟耰述　〔續修〕1125

甌

甌北集　〔續修〕1446－1447
甌北詩話　〔續修〕1704
甌江逸志　〔存目〕史部249

毆

毆蠱燃犀録　〔續修〕1006

歐

歐陽文忠公集、年譜　〔著録〕集部89－90
歐陽文粹　〔文淵〕1103　〔文津〕1107　〔文
　瀾〕1133　〔珍本〕六集247－248
歐陽先生文粹　〔底本〕集部59　〔著録〕集
　部340
歐陽先生遺粹　〔存目〕集部11
歐陽行周文集　〔文淵〕1078　〔文津〕1082
　〔文瀾〕1108　〔著録〕集部232
歐陽南野先生文集　〔存目〕集部80　〔存
　目〕集部81
歐陽修撰集　〔文淵〕1136　〔文津〕1140　〔文
　瀾〕1167　〔珍本〕四集267　〔底本〕集部
　163　〔著録〕集部95
歐陽恭簡公文集　〔存目〕集部64
歐陽論範　〔存目〕集部23
歐虞部集十五種　〔禁燬〕集部47－48
歐餘漫録　〔存目〕子部110

賢

賢識録　〔存目〕子部240

醉

醉思鄉王粲登樓雜劇　〔續修〕1761
醉翁琴趣外篇　〔續修〕1722
醉翁談録　〔續修〕1166
*醉新豐　〔續修〕1765

確

確庵文藁　〔禁燬〕集部184

鴈

鴈山志　〔存目〕史部229　〔存目〕史部242
鴈門集　〔文淵〕1212　〔文津〕1216　〔文瀾〕
　1247　〔薈要〕406　〔著録〕集部60
鴈門集、附詩餘、倡和録、別録　〔續修〕
　1324

遼

遼大臣年表、金將相大臣年表　〔存目〕
　史部43
遼小史、金小史　〔禁燬〕史部33
遼中書牘　〔禁燬〕集部122
遼史　〔文淵〕289　〔文津〕283－284　〔文瀾〕
　281－282　〔薈要〕140　〔著録〕史部41
遼史地理志考　〔未收〕七輯4
遼史拾遺　〔文淵〕289　〔文津〕284　〔文瀾〕
　282　〔珍本〕七集53－56　〔底本〕史部1
　〔著録〕史部66
遼史拾遺補　〔續修〕292
遼史紀事本末　〔續修〕388
遼東行部志　〔續修〕731
遼東志[嘉靖]　〔續修〕646
遼東疏稿　〔未收〕一輯22
遼事砭矕　〔禁燬補〕22
遼紀　〔存目〕史部49
遼詩話　〔續修〕1710
遼籌、遼夷略、奏草、陳謠雜詠　〔禁燬〕
　集部105

震

震川先生集、別集　〔著録〕集部125
震川集、別集　〔文淵〕1289　〔文津〕1293

〔文瀾〕1327 〔薈要〕421

震澤先生集 〔著錄〕集部 68

震澤長語 〔文淵〕867 〔文津〕869 〔文瀾〕887

震澤紀聞 〔續修〕1167

震澤集 〔文淵〕1256 〔文津〕1260 〔文瀾〕1293 〔珍本〕五集 305－308 〔薈要〕414

震澤編 〔存目〕史部 228

鴉

鴉片事略 〔續修〕445

鬧

*鬧門神 〔續修〕1765

劇

劇説 〔續修〕1758－1759

劇談録 〔文淵〕1042 〔文津〕1046 〔文瀾〕1070 〔著錄〕子部 243

慮

慮得集 〔存目〕子部 83 〔續修〕1122

鄴

鄴中記 〔文淵〕463 〔文津〕462 〔文瀾〕464 〔珍本〕別輯 128 〔著錄〕史部 204

賞

賞心樂事 〔續修〕885

賞雨茅屋詩集、外集 〔續修〕1484

賦

賦苑 〔存目〕集部 383

賦清草堂詩鈔 〔存目〕集部 261

賦話 〔續修〕1715

賦鏡録、明賦考 〔續修〕834

賭

賭棋山莊所著書 〔續修〕1545

賭棋山莊詞話、續編 〔續修〕1735

賜

賜曲園今是堂集 〔禁燬〕集部 80

賜書堂詩鈔 〔存目〕集部 274

賜書樓嶢山集、補刻、詩集 〔存目〕集部 256

賜閒堂集 〔存目〕集部 134

賜誠堂文集 〔未收〕六輯 26

賜綺堂集 〔續修〕1484

賜餘堂集 〔存目〕集部 157

賜餘堂集、年譜 〔禁燬〕集部 10

瞎

瞎堂詩集 〔禁燬〕集部 116

閲

閲史郄視、續 〔續修〕450

閲史津逮 〔存目〕史部 173

閲史約書 〔存目〕史部 32

閲耕餘録 〔存目〕子部 110

閲微草堂筆記 〔續修〕1269

閲藏知津 〔續修〕1290

閭

閭風集 〔文淵〕1187 〔文津〕1191 〔文瀾〕1222 〔珍本〕三集 252－253 〔底本〕集部 93 〔著錄〕集部 27

數

數度衍 〔文淵〕802 〔文津〕803 〔文瀾〕819 〔珍本〕二集 199－200 〔著錄〕子部 274

數馬堂答問 〔存目補〕95

數馬集 〔禁燬〕集部 180

數書九章 〔著錄〕子部 20

數術記遺 〔文淵〕797 〔文津〕798 〔文瀾〕814 〔珍本〕別輯 187 〔著錄〕子部 355

數學、續數學 〔文淵〕796 〔文津〕797 〔文瀾〕814

數學九章 〔文淵〕797 〔文津〕798 〔文瀾〕814 〔珍本〕別輯 188－193

數學精詳 〔未收〕十輯 9

數學鑰 〔文淵〕802 〔文津〕802 〔文瀾〕818 〔珍本〕三集 193 〔著錄〕子部 147

影

影梅庵憶語 〔續修〕1272

遺

遺山先生文集　〔著録〕集部 105
遺山先生詩集　〔存目〕集部 21
遺山先生新樂府　〔續修〕1723
遺山集　〔文淵〕1191〔文津〕1195〔文瀾〕
　1226〔薈要〕398
遺民詩、附近青堂詩　〔禁燬〕集部 21
遺事瑣談、附紀　〔禁燬補〕16

蝶

蝶几譜　〔續修〕1111

嶠

嶠南瑣記　〔存目〕子部 243
嶠雅　〔禁燬〕集部 10

墨

墨子　〔文淵〕848〔文津〕850〔文瀾〕867
　〔薈要〕275〔著録〕子部 163
墨子閒詁、後語　〔續修〕1121
墨井畫跋　〔續修〕1066
墨史　〔文淵〕843〔文津〕845〔文瀾〕862
　〔著録〕子部 358
墨池璅録　〔文淵〕816〔文津〕818〔文瀾〕
　835〔珍本〕四集 193〔著録〕子部 150
墨池編　〔文淵〕812〔文津〕814〔文瀾〕831
墨池編、續編　〔著録〕子部 22
墨君題語　〔存目〕子部 72
墨林快事　〔存目〕子部 118
墨法集要　〔文淵〕843〔文津〕845〔文瀾〕
　862〔珍本〕別輯 206〔薈要〕284
墨客揮犀　〔文淵〕1037〔文津〕1041〔文
　瀾〕1065〔著録〕子部 219
墨莊漫録　〔文淵〕864〔文津〕866〔文瀾〕
　883〔著録〕子部 56
墨卿談乘　〔未收〕三輯 28
墨梅人名録　〔續修〕1068
墨經　〔文淵〕843〔文津〕845〔文瀾〕862
　〔著録〕子部 162
墨緣彙觀録　〔續修〕1067
墨藪、法帖音釋刊誤　〔文淵〕812〔文津〕
　814〔文瀾〕831〔著録〕子部 149

墨譜　〔著録〕子部 27
墨譜法式　〔文淵〕843〔文津〕845〔文瀾〕
　862〔珍本〕四集 193
墨瀾亭文集　〔存目〕集部 265
墨麟詩　〔存目〕集部 270

稽

稽古日鈔　〔未收〕二輯 15
稽古堂訂正子夏易傳　〔著録〕經部 31
稽古堂詩集　〔未收〕十輯 20
稽古緒論　〔續修〕1123
稽古篇　〔存目〕史部 34
稽古録　〔文淵〕312〔文津〕308〔文瀾〕305
稽古齋全集　〔未收〕九輯 21
稽神録　〔文淵〕1042〔文津〕1047〔文瀾〕
　1070
稽神録、拾遺　〔著録〕子部 243
稽留山人集　〔存目〕集部 233

稻

稻香吟館詩藁　〔續修〕1477
稻香樓集　〔禁燬補〕85

黎

黎子雜釋　〔存目〕子部 83
黎文僖公集　〔續修〕1330
黎陽王太傅詩文集　〔存目〕集部 36
黎陽王襄敏公疏議詩文輯略　〔存目〕集
　部 36

稼

稼村先生類稿　〔著録〕集部 106
稼村類藁　〔文淵〕1193〔文津〕1197〔文
　瀾〕1228〔珍本〕初集 335－336
稼門文鈔、稼門詩鈔　〔續修〕1464
稼軒長短句　〔著録〕集部 219〔續修〕1723
稼軒詞　〔文淵〕1488〔文津〕1493〔文瀾〕
　1538
稼軒詞補遺　〔續修〕1723
稼圃輯　〔續修〕977

箧

箧中集　〔文淵〕1332〔文津〕1336〔文瀾〕

1374〔珍本〕十一集 191〔著錄〕集部 410
篋中詞、續 〔續修〕1732－1733
篋衍集 〔禁燬〕集部 39

範

範身集略 〔存目補〕96
範東文集 〔續修〕1339
範衍 〔存目〕子部 58〔續修〕1048
範家集略 〔存目〕子部 158
範圍數 〔存目補〕95

箴

箴膏肓、起廢疾、發墨守 〔文淵〕145〔文津〕141〔文瀾〕140〔著錄〕經部 157

篁

篁墩文集 〔珍本〕三集 311－322
篁墩文集、拾遺 〔文淵〕1252－1253〔文津〕1256－1257〔文瀾〕1289－1290
篁墩程先生文集、拾遺 〔著錄〕集部 67

篇

篇海類編 〔存目〕經部 188〔續修〕229－230

篆

篆文纂要全宗 〔存目〕經部 203
篆印發微 〔續修〕1091
篆字彙 〔存目〕經部 204－205
篆刻十三略 〔續修〕1091
篆刻鍼度 〔續修〕1091
篆學指南 〔續修〕1091
篆學瑣著三十種 〔續修〕1091－1092
篆隸考異 〔文淵〕235〔文津〕230〔文瀾〕227〔珍本〕初集 101〔著錄〕經部 206
篆鏤心得 〔續修〕1091
篆韻 〔存目〕經部 199

牖

牖景錄 〔存目〕子部 106

儉

儉重堂詩、詩餘 〔未收〕八輯 26

儀

儀禮（武威漢簡殘編）附釋文九篇 〔續修〕85
儀禮大要 〔未收〕一輯 5
儀禮小疏 〔文淵〕109〔文津〕105〔文瀾〕103
儀禮正義 〔續修〕91－92
儀禮古今文異同 〔續修〕90
儀禮古今文疏義 〔續修〕91
儀禮古今文疏證 〔續修〕91
儀禮古今考 〔續修〕89
儀禮肊測、叙錄 〔續修〕89
儀禮私箋 〔續修〕93
儀禮析疑 〔文淵〕109〔文津〕104〔文瀾〕102〔著錄〕經部 151
儀禮述註 〔文淵〕108〔文津〕103〔文瀾〕102〔珍本〕三集 72－75〔著錄〕經部 151
儀禮易讀 〔存目〕經部 88
儀禮注疏、正義序、原目 〔薈要〕49
儀禮注疏、原目、附考證 〔文淵〕102〔文津〕97－98〔文瀾〕96
儀禮注疏詳校 〔續修〕88
儀禮要義 〔文淵〕104〔文津〕99〔文瀾〕98〔珍本〕六集 12－18〔著錄〕經部 149
儀禮恒解 〔續修〕91
儀禮紃解 〔續修〕88
儀禮通論 〔續修〕86－87
儀禮探本 〔禁燬補〕1
儀禮逸經 〔文淵〕105〔文津〕100〔文瀾〕98
儀禮逸經、傳 〔著錄〕經部 17
儀禮章句 〔文淵〕109〔文津〕104〔文瀾〕103〔著錄〕經部 152
儀禮商 〔文淵〕108〔文津〕103〔文瀾〕102〔珍本〕七集 30〔著錄〕經部 151
儀禮喪服文足徵記 〔續修〕95
儀禮集說 〔文淵〕105〔文津〕100〔文瀾〕99〔薈要〕50〔著錄〕經部 150
儀禮集編 〔文淵〕110－111〔文津〕105－107〔文瀾〕104〔珍本〕二集 34－43〔著錄〕經部 152－153
儀禮集釋 〔文淵〕103〔文津〕98〔文瀾〕97

〔珍本〕別輯 28－33

儀禮註疏 〔著錄〕經部 148

儀禮節略、圖 〔存目〕經部 110－111

儀禮節解、讀儀禮 〔存目〕經部 87 〔續修〕85

儀禮彙説 〔續修〕89

儀禮經注一隅 〔續修〕93

儀禮經注疏正譌 〔續修〕89

儀禮經傳內編、外編 〔存目〕經部 112 〔續修〕87

儀禮經傳通解、續 〔文淵〕131－132 〔文津〕126－128 〔文瀾〕124－125 〔珍本〕十集 26－49 〔著錄〕經部 75

儀禮圖 〔續修〕90－91

儀禮圖、旁通圖 〔文淵〕104 〔文津〕99 〔文瀾〕97 〔著錄〕經部 193

儀禮管見 〔續修〕88

儀禮精義 〔續修〕90

儀禮鄭註句讀 〔薈要〕50

儀禮鄭註句讀、監本正誤、石本誤字 〔文淵〕108 〔文津〕103 〔文瀾〕102 〔珍本〕七集 28－30 〔著錄〕經部 150

儀禮鄭註監本刊誤、儀禮小疏 〔著錄〕經部 152

儀禮學 〔續修〕89

儀禮識 〔珍本〕別輯 28

儀禮識誤 〔文淵〕103 〔文津〕98 〔文瀾〕96

儀禮釋例 〔存目〕經部 87 〔續修〕88

儀禮釋注 〔續修〕93

儀禮釋官 〔續修〕89

儀禮釋宮 〔文淵〕103 〔文津〕98 〔文瀾〕97 〔珍本〕別輯 33

儀禮釋宮增注 〔文淵〕109 〔文津〕105 〔文瀾〕103

儀禮蠡測 〔續修〕89

儀顧堂集 〔續修〕1560

儀顧堂題跋、續跋 〔續修〕930

縣

縣津山人詩集、楓香詞、附緯蕭草堂詩 〔存目〕集部 225

樂

樂全先生文集、行狀 〔底本〕集部 127－130 〔著錄〕集部 6

樂全集 〔文淵〕1104 〔文津〕1107－1108 〔文瀾〕1134 〔珍本〕初集 252－255

樂志堂文集、續集 〔續修〕1528

樂志堂詩集(李明鼇) 〔未收〕七輯 28

樂志堂詩集(譚瑩) 〔續修〕1528

樂典 〔存目〕經部 182 〔續修〕113

樂府 〔存目〕集部 195

樂府古題要解 〔存目〕集部 415

樂府英華 〔存目補〕33

樂府指迷 〔著錄〕集部 223

樂府原 〔存目〕集部 303

樂府雅詞、拾遺 〔文淵〕1489 〔文津〕1494 〔文瀾〕1539 〔著錄〕集部 333

樂府補題 〔文淵〕1490 〔文津〕1494 〔文瀾〕1539 〔著錄〕集部 419

樂府傳聲 〔續修〕1758

樂府詩集 〔文淵〕1347－1348 〔文津〕1351 〔文瀾〕1389－1390 〔薈要〕473－474 〔著錄〕集部 137

樂府新編陽春白雪前集、後集 〔續修〕1739

樂府廣序 〔存目〕集部 385

樂府廣序、詩集廣序 〔續修〕1590

樂府遺音 〔存目〕集部 422 〔續修〕1723

樂府雜錄 〔文淵〕839 〔文津〕841 〔文瀾〕858 〔著錄〕子部 358

樂郊私語 〔文淵〕1040 〔文津〕1044 〔文瀾〕1067

樂律心得 〔續修〕115

樂律古義 〔存目〕經部 185

樂律全書 〔文淵〕213－214 〔文津〕208－209 〔文瀾〕207

樂律全書十二種 〔著錄〕經部 26－27

樂律表微 〔文淵〕220 〔文津〕215 〔文瀾〕213 〔珍本〕三集 117 〔著錄〕經部 107

樂律明真立表 〔續修〕116

樂律明真明算 〔續修〕116

樂律明真解義 〔續修〕116

樂律舉要 〔存目〕經部 182

樂律擬答 〔續修〕116

樂律纂要 〔存目〕經部 182 〔續修〕113

樂軒先生集 〔著錄〕集部 423

樂軒集　〔文淵〕1152〔文津〕1156〔文瀾〕
　　1185〔珍本〕二集294

樂圃集　〔存目〕集部218

樂圃餘藁　〔文淵〕1119〔文津〕1123〔文
　　瀾〕1149

樂圃餘藁　〔珍本〕二集249

樂記異文考　〔續修〕116

*樂記補説　〔續修〕114

樂書　〔文淵〕211〔文津〕206-207〔文瀾〕
　　205〔珍本〕九集66-75〔著録〕經部106

樂書内編　〔存目〕經部184-185

樂書要録　〔續修〕113

樂陶吟草　〔存目〕集部158

樂菴先生遺書、後題　〔著録〕子部54

樂菴語録　〔珍本〕初集228〔珍本〕別輯
　　208

樂菴語録、附宋史李衡傳　〔文淵〕849
　　〔文津〕851〔文瀾〕868

樂章集　〔文淵〕1487〔文津〕1492〔文瀾〕
　　1537〔著録〕集部217

樂章集、續添曲子　〔續修〕1722

樂善堂全集定本　〔著録〕集部285

樂善録　〔存目〕子部83〔續修〕1266

樂經元義　〔存目〕經部182〔續修〕113

樂經以俟録　〔存目〕經部184

樂經或問　〔續修〕114

樂經律呂通解　〔續修〕115

樂經集註　〔存目〕經部184

樂静先生李公文集　〔著録〕集部13

樂静集　〔文淵〕1122〔文津〕1126〔文瀾〕
　　1152〔珍本〕初集261

樂賢堂詩鈔　〔未收〕十輯13

樂器三事能言　〔續修〕115

質

質亡集　〔禁燬補〕1

質菴文集　〔未收〕九輯29

質園詩集　〔存目補〕9

德

德壯果公年譜　〔續修〕556

德星堂文集、續集、河工集、詩集　〔存
　　目〕集部253

德音堂琴譜　〔未收〕四輯28

德隅齋畫品　〔文淵〕812〔文津〕815〔文
　　瀾〕832〔著録〕子部357

德蔭堂集、年譜　〔續修〕1423

徵

徵緯堂詩　〔未收〕七輯28

衛

衛生家寶産科備要　〔續修〕1007

衛生寶鑑　〔續修〕1019

*衛花符　〔續修〕1765

衛陽先生集　〔存目〕集部136

衛道編　〔未收〕六輯12

衛藏通志〔嘉慶〕　〔續修〕683

衛濟寶書　〔文淵〕741〔文津〕742〔文瀾〕
　　755〔珍本〕三集189

盤

盤山志　〔著録〕史部111

盤洲文集　〔文淵〕1158〔文津〕1162-1163
　　〔文瀾〕1192〔薈要〕394〔著録〕集部248

銷

銷夏　〔存目〕子部148

鋤

鋤經餘草　〔存目〕集部274

劍

劍南詩稿　〔文淵〕1162-1163〔文津〕
　　1166-1167〔文瀾〕1196-1197〔薈要〕
　　389-390〔著録〕集部22-23

劍俠傳　〔存目〕子部245

劍津集　〔禁燬補〕78

劍莢　〔續修〕1110

劍筴　〔存目〕子部77

劍谿説詩、又編、附詩　〔續修〕1701

貓

貓苑　〔未收〕十輯12

貓乘 〔續修〕1119

餓

* 餓方朔 〔續修〕1765

餘

餘山先生遺書 〔存目〕子部 28

餘冬序録 〔存目〕子部 101－102

餘年閒話 〔未收〕十輯 11

餘杭縣志［萬曆］ 〔存目〕史部 210

餘姚海隄集 〔存目〕集部 289

餘師録 〔文淵〕1480 〔文津〕1485 〔文瀾〕
1531 〔珍本〕別輯 399 〔底本〕集部 266
〔著録〕集部 417

餘菴雜録 〔存目〕子部 113

餘暨叢書 〔未收〕十輯 18

餘慶堂詩文集 〔未收〕八輯 29

滕

* 滕王閣 〔續修〕1765

滕王閣全集、徵彙詩文 〔存目〕集部 393

滕王閣集 〔存目〕集部 301

滕王閣續集 〔存目〕集部 370

魯

魯大夫秋胡戲妻雜劇 〔續修〕1761

魯之春秋、校勘記 〔續修〕444

魯文恪公文集 〔存目〕集部 53

魯詩世學、子夏序 〔存目〕經部 60－61

* 魯詩遺説考、叙録 〔續修〕76

魯齋王文憲公文集 〔著録〕集部 104

魯齋心法 〔存目〕子部 6

魯齋集 〔文淵〕1186 〔文津〕1190 〔文瀾〕
1221

魯齋遺書 〔文淵〕1198 〔文津〕1202 〔文
瀾〕1233 〔珍本〕四集 297 〔著録〕集部 29

魯禮禘祫義疏證 〔續修〕112

潁

潁川語小 〔文淵〕853 〔文津〕855 〔文瀾〕
873 〔珍本〕別輯 212

潁陽琴譜 〔未收〕四輯 28

潁濱先生春秋集解 〔著録〕經部 157

潁濱先生道德經解 〔著録〕子部 331

劉

劉大司成文集 〔禁燬補〕73

劉子 〔文淵〕848 〔文津〕850 〔文瀾〕868
〔著録〕子部 163

劉子威集 〔存目〕集部 119－120

劉子威雜俎 〔存目〕子部 182

劉子遺書、聖學宗要、學言 〔文淵〕717
〔文津〕718 〔文瀾〕732

劉氏春秋傳 〔文淵〕147 〔文津〕143 〔文
瀾〕141

劉氏春秋意林 〔文淵〕147 〔文津〕143
〔文瀾〕141

劉氏菊譜 〔文淵〕845 〔文津〕846 〔文瀾〕
863

劉氏鴻書 〔存目〕子部 214－215 〔續修〕
1238－1239

劉氏類山 〔存目〕子部 214 〔續修〕1237

劉文烈公全集 〔禁燬〕集部 144

劉文清公遺集、應制詩集 〔續修〕1433

劉文靖公遺事 〔存目〕史部 82

劉户曹集 〔續修〕1587

劉左史文集 〔著録〕集部 441 〔著録〕集部
94

劉左史集 〔文淵〕1124 〔文津〕1128 〔文
瀾〕1154

劉西陂集 〔未收〕五輯 18

劉先生邇言 〔著録〕子部 351

劉仲修先生詩文集 〔續修〕1326

劉向古列女傳、續 〔著録〕史部 53

劉尚賓文集、續集 〔續修〕1326

劉忠宣公遺集、附年譜 〔未收〕六輯 29

劉忠肅集 〔著録〕集部 45

劉知遠諸宮調 〔續修〕1738

劉攽貢父詩話 〔著録〕集部 213

劉河間傷寒醫鑑 〔存目〕子部 41

劉孟塗集前集、後集、文集、駢體文 〔續
修〕1510

劉彦昺集 〔文淵〕1229 〔文津〕1234 〔文
瀾〕1265 〔珍本〕二集 352

劉祕書集 〔續修〕1587

劉原父公是先生集　〔著錄〕集部 44
劉涓子鬼遺方　〔續修〕1012
＊劉晨阮肇悮入天台　〔續修〕1760
劉晨阮肇悮入桃源雜劇　〔續修〕1762
劉庶子集　〔續修〕1587
劉清惠公集　〔著錄〕集部 432
劉寄庵文錄　〔續修〕1670
劉堯誨先生全集　〔存目〕集部 128
劉須溪先生記鈔　〔存目〕集部 20
劉給事文集　〔底本〕集部 66
劉給事集　〔文淵〕1124〔文津〕1128〔文
　瀾〕1154〔珍本〕八集 157
劉聘君全集　〔存目〕集部 154
劉夢得文集、外集　〔著錄〕集部 85
劉賓客文集、外集　〔文淵〕1077〔文津〕
　1081〔文瀾〕1107〔薈要〕363
劉賓客嘉話錄　〔文淵〕1035〔文津〕1039
　〔文瀾〕1062〔著錄〕子部 217
劉隨州文集、外集　〔著錄〕集部 229
劉隨州集　〔文淵〕1072〔文津〕1076〔文
　瀾〕1102
劉蕺山先生奏疏　〔禁燬〕史部 38
劉蕺山先生集十種　〔著錄〕集部 355
劉蕺山集　〔文淵〕1294〔文津〕1299〔文
　瀾〕1333〔珍本〕十二集 189－190
劉豫事迹　〔存目〕史部 128〔續修〕550
劉豫章集　〔續修〕1587
劉練江先生集、附離騷經纂註、年譜
　〔存目〕集部 179
劉禮部集　〔續修〕1501
劉繼莊先生廣陽雜記　〔續修〕1176
劉蘦石先生詩文集　〔禁燬補〕84

　　請

請纓日記　〔續修〕577

　　諸

諸子平議　〔續修〕1161－1162
諸子品節　〔存目〕子部 122－123
諸子彙函、附諸子評林姓氏、諸子彙函談
　藪　〔存目〕子部 126
諸子褒異　〔存目〕子部 153

諸子纂要　〔存目〕子部 122
諸史考異　〔續修〕455
諸史夷語解義　〔未收〕十輯 7
諸史拾遺　〔續修〕455
諸史品節　〔存目〕史部 132
諸史異彙　〔禁燬〕史部 32
諸史提要　〔存目〕史部 131
諸史瑣言　〔續修〕451
諸司職掌　〔續修〕748
諸夷考　〔續修〕742
諸城劉氏三世奏稿　〔續修〕494
＊諸家易象別錄　〔續修〕30
諸書考略　〔存目〕子部 201
諸書字考略　〔存目〕經部 192
諸葛丞相集　〔存目〕集部 3〔續修〕1583
諸葛武侯心書　〔存目〕子部 30〔續修〕959
諸葛忠武侯全書　〔存目〕史部 84
諸葛忠武書　〔文淵〕447〔文津〕445〔文
　瀾〕448〔珍本〕六集 100〔著錄〕史部 31
諸經品節　〔存目〕子部 130－131
諸經紀數　〔存目〕子部 201
諸經纂註　〔存目〕子部 204
諸蕃志　〔文淵〕594〔文津〕594〔文瀾〕602
　〔著錄〕史部 427
諸儒文要　〔存目〕集部 384
諸儒奧論前集、續集　〔著錄〕集部 451
諸儒學案　〔存目〕子部 12〔續修〕512
諸繼明析理編　〔未收〕七輯 2

　　課

課子隨筆節鈔、續編　〔未收〕五輯 9
課業餘談　〔存目〕子部 160
課歸地丁全案　〔未收〕六輯 11

　　論

論世八編　〔存目〕史部 290
論印絶句　〔續修〕1092
論性書　〔存目〕子部 20
論孟集註考證　〔文淵〕202〔文津〕195
　〔文瀾〕192
論孟精義　〔文淵〕198〔文津〕192－193
　〔文瀾〕188

論對、勅諭録　〔存目〕史部 57

論語孔注證僞　〔續修〕156

論語正義　〔續修〕156

論語古注集箋、論語考　〔續修〕154

論語古訓　〔續修〕154

論語全解　〔文淵〕196〔文津〕191〔文瀾〕187〔珍本〕三集 108

論語注疏　〔文淵〕195〔文津〕190〔文瀾〕186〔薈要〕70

論語拾遺　〔文淵〕196〔文津〕191〔文瀾〕186〔著録〕經部 96

論語後案　〔續修〕155

論語後録　〔續修〕154

論語旁證　〔續修〕155

*論語通　〔文淵〕203〔文津〕196‒197〔文瀾〕

論語通釋　〔續修〕155

論語異文考證　〔續修〕155

論語偶記　〔續修〕155

論語逸編　〔存目〕子部 15

論語商　〔文淵〕207〔文津〕201〔文瀾〕200〔珍本〕四集 89〔著録〕經部 171

論語雅言　〔未收〕三輯 9

論語筆解　〔文淵〕196〔文津〕191〔文瀾〕186〔著録〕經部 23

*論語集注　〔文淵〕197〔文津〕191〔文瀾〕187

*論語集註大全　〔文淵〕205〔文津〕199‒200〔文瀾〕

*論語集註考證　〔文淵〕202〔文津〕195〔文瀾〕192

論語集註考證、孟子集註考證　〔著録〕經部 171

*論語集註通證　〔文淵〕203〔文津〕197〔文瀾〕194

論語集解義疏　〔文淵〕195〔文津〕190〔文瀾〕186〔著録〕經部 169

論語集説　〔文淵〕200〔文津〕194〔文瀾〕190〔薈要〕70〔著録〕經部 170

*論語集編　〔文淵〕200〔文津〕194〔文瀾〕190

論語註疏解經　〔著録〕經部 169

論語温知録　〔存目〕經部 176

論語傳註、大學傳註、中庸傳註、傳註問　〔存目〕經部 173

論語解（癸巳論語解）　〔薈要〕70

論語詳解、讀論語　〔續修〕153

論語意原　〔文淵〕199〔文津〕193〔文瀾〕189

論語義府　〔存目〕經部 161

論語經正録　〔續修〕156

論語説　〔續修〕153

論語説義　〔續修〕155

*論語精義　〔文淵〕198〔文津〕192‒193〔文瀾〕

論語稽　〔續修〕157

論語稽求篇　〔文淵〕210〔文津〕205〔文瀾〕203〔著録〕經部 105

論語魯讀考　〔續修〕155

論語駢枝　〔續修〕154

論語學案　〔文淵〕207〔文津〕202〔文瀾〕200〔著録〕經部 171

論語類考　〔文淵〕207〔文津〕201〔文瀾〕200〔珍本〕九集 61‒63〔著録〕經部 103

*論語纂疏　〔文淵〕201〔文津〕195〔文瀾〕191

*論語纂箋　〔文淵〕204〔文津〕197‒198〔文瀾〕

論篆　〔續修〕1091

論學小記　〔續修〕951

論學酬答　〔續修〕946

論學繩尺　〔文淵〕1358〔文津〕1362〔文瀾〕1400〔珍本〕六集 293‒297

論衡　〔文淵〕862〔文津〕864〔文瀾〕881〔薈要〕277〔著録〕子部 167

調

調象菴稿　〔存目〕集部 159‒160

調運齋詩、和陶詩、調運齋文鈔、調運齋集　〔未收〕七輯 23

誶

誶范叔　〔續修〕1764

談

談天、附表　〔續修〕1300

談苑　〔文淵〕1037〔文津〕1041〔文瀾〕1064
談往　〔存目〕史部 55
談往録　〔續修〕442
談資　〔存目〕子部 123
談經　〔存目〕經部 150〔續修〕171
談龍録　〔文淵〕1483〔文津〕1488〔文瀾〕
　　1533〔著録〕集部 332
談藝録　〔薈要〕418

廟

廟制考議　〔存目〕經部 105
廟制折衷　〔存目〕經部 108
廟制圖考　〔文淵〕662〔文津〕661〔文瀾〕
　　671〔珍本〕六集 129〔底本〕史部 109
　　〔著録〕史部 60
廟學典禮　〔文淵〕648〔文津〕649〔文瀾〕
　　659〔珍本〕初集 158〔底本〕史部 109
　　〔著録〕史部 139

摩

摩尼光佛教法儀略　〔續修〕1296
摩訶止觀　〔續修〕1279
摩麟近詩　〔未收〕五輯 26

褒

褒賢集、褒賢祠記、諸賢贊頌論疏、諸賢詩
　　頌、諸賢論頌、祭文　〔存目〕史部 82

瘞

瘞鶴銘考（汪士鋐）　〔存目〕史部 278
瘞鶴銘考（顧元慶）　〔存目〕史部 278
瘞鶴銘辯　〔存目〕史部 278

廣

廣和録　〔存目〕經部 185

慶

慶元府雪竇明覺大師祖英集、瀑泉集、雪
　　竇顯和尚明覺大師頌古集、雪竇和
　　尚拈古　〔著録〕集部 338
慶元條法事類、開禧重修尚書吏部侍郎
　　右選格　〔續修〕861

慶元黨禁　〔文淵〕451〔文津〕449〔文瀾〕
　　451〔珍本〕別輯 124
慶湖遺老詩集　〔珍本〕八集 155 - 156
慶湖遺老詩集、拾遺　〔文淵〕1123〔文津〕
　　1127〔文瀾〕1153〔著録〕集部 49

毅

毅菴奏議　〔底本〕史部 35〔著録〕史部 200
毅堂詩鈔　〔禁燬補〕83
毅齋王先生文集　〔底本〕集部 112〔著録〕
　　集部 428
毅齋查先生闡道集　〔未收〕七輯 16
毅齋集　〔文淵〕1237〔文津〕1241〔文瀾〕
　　1273
毅齋詩文集　〔珍本〕初集 368

羯

羯鼓録　〔文淵〕839〔文津〕841〔文瀾〕858

翦

翦勝野聞　〔存目〕子部 240
翦綃集　〔存目〕集部 20〔續修〕1321

遵

遵生八牋　〔文淵〕871〔文津〕873 - 874
　　〔文瀾〕891〔珍本〕九集 225 - 232
遵道録　〔存目補〕96
遵義府志〔道光〕　〔續修〕715 - 716
遵巖先生文集　〔底本〕集部 191 - 194〔著
　　録〕集部 434
遵巖集　〔文淵〕1274〔文津〕1278〔文瀾〕
　　1311〔珍本〕八集 195 - 200〔薈要〕420

潭

潭西詩集　〔禁燬補〕85

潛

潛山集　〔文淵〕1186〔文津〕1190〔文瀾〕
　　1218〔珍本〕初集 331〔底本〕集部 92
　　〔著録〕集部 423
潛夫論　〔文淵〕696〔文津〕696〔文瀾〕710
　　〔薈要〕277〔著録〕子部 61〔續修〕933
潛邱劄記　〔文淵〕859〔文津〕861〔文瀾〕

879〔珍本〕四集 207〔著錄〕子部 55

潛研堂文集、詩集、續集 〔續修〕1438－1439

潛研堂文錄 〔續修〕1670

潛研堂金石文跋尾、續、又續、三續 〔續修〕891

潛室陳先生木鐘集 〔著錄〕子部 301

潛室劄記 〔存目〕子部 20〔續修〕945

潛書(金蓉鏡) 〔未收〕八輯 15

潛書(唐甄) 〔存目〕子部 95

潛書、附西蜀唐圃亭先生行略 〔續修〕945

潛菴先生擬明史稿 〔未收〕六輯 5

潛虛、潛虛發微論 〔文淵〕803〔文津〕804〔文瀾〕820〔著錄〕子部 51

潛虛述義、附考異 〔續修〕1048

潛庵先生遺稿文錄 〔續修〕1669

潛滄集 〔存目〕集部 216

潛確居類書 〔禁燬〕子部 13－16

潛學編 〔存目〕集部 130

潛齋文集 〔珍本〕五集 289－290

潛齋先生文集、鐵牛翁遺稿 〔著錄〕集部 424

潛齋集、附家傳、鐵牛翁遺稿 〔文淵〕1188〔文津〕1192〔文瀾〕1223

潛齋簡效方 〔續修〕1003

潤

潤州先賢錄 〔存目〕史部 88〔續修〕541

澗

澗于集 〔續修〕1566

澗谷精選陸放翁詩集前集、須溪精選陸放翁詩集後集、陸放翁詩別集 〔著錄〕集部 24

澗谷遺集 〔續修〕1320

澗泉日記 〔文淵〕864〔文津〕866〔文瀾〕884〔珍本〕別輯 215

澗泉集 〔文淵〕1180〔文津〕1184－1185〔文瀾〕1215〔珍本〕初集 323－324

澂

澂景堂史測、附閩溪紀略 〔存目〕史部

291

澳

澳門記略 〔存目〕史部 221〔續修〕676

潘

潘子求仁錄輯要 〔存目〕子部 19〔續修〕950

潘太常集 〔續修〕1584

潘中丞文集 〔存目〕集部 257

潘司空奏疏 〔文淵〕430〔文津〕428〔文瀾〕428〔珍本〕四集 110－111

潘孝子鐵廬先生遺集、外集、年譜、後錄 〔著錄〕集部 450

潘黃門集 〔續修〕1584

潘笠江先生集、近稿 〔存目〕集部 81

潘象安詩集 〔存目〕集部 189

潘景齋弈譜約選 〔續修〕1105

潘默成公文集 〔底本〕集部 67〔著錄〕集部 16

潯

潯陽蹠醢 〔存目〕史部 249

潠

潠書 〔存目〕集部 210

澄

澄江集 〔存目〕集部 237

澄秋閣集、二集、三集 〔未收〕十輯 21

澄遠堂三世詩存 〔存目〕集部 394

澄懷書屋詩鈔 〔續修〕1507

澄懷園文存、載賡集、詩選、澄懷園語、自訂年譜 〔存目〕集部 262

澄懷錄 〔存目〕子部 119〔續修〕1188

澄蘭室古緣萃錄 〔續修〕1088

潏

潏水集 〔文淵〕1121〔文津〕1125〔文瀾〕1151〔珍本〕二集 249－250

憤

憤助編 〔存目〕子部 22

寫

*寫風情　〔續修〕1765

審

審音鑑古録　〔續修〕1781－1782

審齋詞　〔文淵〕1488　〔文津〕1492　〔文瀾〕
　1537　〔著録〕集部218

憨

憨山大師夢遊全集　〔未收〕三輯25

憨山老人夢遊集　〔續修〕1377－1378

憨休和尚敲空遺響　〔存目補〕10

遲

遲菴先生集、詩集　〔未收〕五輯19

履

履坦幽懷鈔、履坦幽懷集　〔存目補〕99

履園叢話　〔續修〕1139

履齋先生遺集　〔底本〕集部89　〔著録〕集
　部250

履齋遺稿　〔文淵〕1178　〔文津〕1182　〔文
　瀾〕1212　〔珍本〕二集306

履巉巖本草　〔續修〕990

彈

彈指詞　〔續修〕1725

彈園雜志　〔禁燬補〕35

選

選校范文白公詩集、續選　〔存目〕集部22

選雅　〔未收〕四輯8

選詩、詩人世次爵里　〔存目〕集部340

選詩補註、續編　〔著録〕集部144

選學膠言　〔未收〕八輯30

選聲集、附詞韻簡　〔存目〕集部424

選鐫石堂先生遺集　〔存目〕集部20

豫

豫軍紀略　〔未收〕六輯7

豫章文集　〔珍本〕四集265－266

豫章文集、年譜　〔文淵〕1135　〔文津〕1139
　〔文瀾〕1166

豫章古今記　〔存目補〕76

豫章先生論畫山水賦、筆法記　〔著録〕
　子部357

豫章黃先生文集、外集、別集、簡尺、詞、
　山谷先生年譜、別傳　〔著録〕集部11

豫章詩話　〔存目〕集部417

豫章熊先生家集　〔著録〕經部23

豫章羅先生文集、年譜　〔著録〕集部342

豫變紀略　〔禁燬〕史部74

練

練中丞金川集、遺事録　〔著録〕集部262

練江詩鈔　〔未收〕九輯27

練兵節要　〔未收〕六輯13

練兵實紀、雜紀　〔文淵〕728　〔文津〕728
　〔文瀾〕742　〔著録〕子部334

練音集補、附卷、外卷　〔存目〕集部395

練閱火器陣記　〔存目〕子部35

緝

緝玉録　〔存目〕集部335

緝古算經　〔文淵〕797　〔文津〕798　〔文瀾〕
　814　〔著録〕子部20

緝古算經考注　〔續修〕1041

緝齋文集、詩稿　〔未收〕九輯29

緱

緱山先生集　〔存目〕集部178－179

緩

*緩慟集　〔文淵〕1263　〔文津〕1267　〔文瀾〕
　1　〔珍本〕六集272－276

編

編年通載　〔續修〕336

編珠　〔底本〕子部38

編珠、續編珠　〔文淵〕887　〔文津〕888　〔文
　瀾〕907　〔珍本〕四集208　〔著録〕子部174

緯

緯弢　〔禁燬〕子部29

緯略 〔文淵〕852 〔文津〕854 〔文瀾〕872
　　〔著録〕子部 30
緯蕭草堂詩 〔存目〕集部 263
緯學原流興廢考 〔續修〕184
緯攟 〔續修〕184

緣

緣督集 〔文淵〕1156 〔文津〕1160 〔文瀾〕
　　1189 〔珍本〕二集 270－271
緣督廬日記抄 〔續修〕576

畿

畿輔人物志 〔存目〕史部 119 〔續修〕540
畿輔水利議 〔續修〕851
畿輔安瀾志 〔續修〕848－849
畿輔通志 〔文淵〕504－506 〔文津〕504－
　　507 〔文瀾〕508－511
畿輔通志〔雍正〕 〔著録〕史部 222－225
畿輔通志〔光緒〕 〔續修〕628－640

十六畫

墻

墻東類稿 〔文淵〕1194 〔文津〕1198 〔文
　　瀾〕1229 〔珍本〕別輯 377－381
*墻頭馬上 〔續修〕1763

駱

駱太史澹然齋存稿 〔禁燬補〕66
駱先生文集 〔存目〕集部 177
駱丞集 〔文淵〕1065 〔文津〕1069 〔文瀾〕
　　1094 〔珍本〕四集 211 〔薈要〕358
駱兩溪集 〔存目〕集部 100
駱賓王文集 〔著録〕集部 227
駱臨海集 〔續修〕1305

駁

駁四書改錯 〔續修〕169

駢

駢字分箋 〔續修〕192
駢字馮霄 〔存目〕子部 204－205

駢志 〔文淵〕973 〔文津〕976 〔文瀾〕998
　　〔珍本〕二集 233－238 〔著録〕子部 222
駢雅 〔文淵〕222 〔文津〕217 〔文瀾〕215
　　〔著録〕經部 29
駢雅訓纂 〔續修〕192
駢語雕龍 〔存目〕子部 179
駢語類鑑 〔存目〕子部 238
駢儷文 〔續修〕1476
駢體文鈔 〔續修〕1610

撼

撼龍經 〔珍本〕十二集 141
撼龍經、疑龍經、葬法倒杖 〔文淵〕808
　　〔文津〕809 〔文瀾〕826 〔著録〕子部 356

據

據梧詩集、都門贈行詩、萬里小遊仙集
　　〔存目〕集部 267

操

操齋集詩部、文部、駢部 〔未收〕九輯 20
操縵録 〔存目〕子部 74

熹

熹廟拾遺雜詠 〔禁燬〕集部 55

擇

擇執録 〔存目〕子部 155

擔

擔峰詩 〔未收〕八輯 18

壇

壇廟祀典 〔未收〕一輯 23

磬

磬折古義 〔續修〕85

薑

薑齋文集 〔續修〕1403 〔禁燬補〕79
薑齋詩話 〔續修〕1698

燕

燕山草堂集　〔未收〕八輯 17

燕川集　〔存目補〕10

燕川漁唱詩集　〔存目補〕78

燕日堂録七種　〔禁燬〕集部 133

燕丹子　〔存目〕子部 239〔續修〕1260

燕石集　〔文淵〕1212〔文津〕1216〔文瀾〕
　　1247〔珍本〕二集 336–337〔著録〕集部
　　31

燕市雜詩　〔禁燬補〕76

燕在閣知新録　〔存目〕子部 100〔續修〕
　　1146–1147

燕青博魚　〔續修〕1764

燕林藏稿、附楚風　〔禁燬〕集部 125

燕居功課　〔存目〕子部 110

燕香齋詩集、文集　〔存目〕集部 195

燕堂詩鈔、賦稿、兗東集、小紅詞集　〔存
　　目〕集部 258

燕堂詩稿　〔文淵〕1142〔文津〕1146〔文
　　瀾〕1174〔珍本〕五集 278

燕閒四適　〔續修〕1186

燕詒録　〔存目〕集部 90

燕臺文選初集　〔禁燬〕集部 122

燕對録　〔續修〕433

燕寢考　〔續修〕110

燕樂考原　〔續修〕115

燕翼詒謀録　〔文淵〕407〔文津〕404〔文
　　瀾〕405

薛

薛子條貫篇、續篇　〔未收〕四輯 21

薛子庸語　〔存目〕子部 10〔續修〕940

薛仁貴榮歸故里雜劇　〔續修〕1760

薛氏醫案　〔文淵〕763〔文津〕764–766
　　〔文瀾〕780–781

薛氏醫書十六種　〔著録〕子部 335–337

薛文介公文集　〔存目〕集部 182

薛文清公年譜、行實　〔存目〕史部 84

薛文清公行實録　〔存目〕史部 83〔續修〕
　　551

薛文清公要言　〔續修〕935

薛文清公從政名言　〔存目補〕77

薛方山紀述　〔存目〕子部 10

薛司隸集　〔續修〕1588

薛考功集　〔著録〕集部 276

薛米譚史廣　〔存目〕史部 85

薛濤李冶詩集　〔文淵〕1332〔文津〕1336
　　〔文瀾〕1374〔珍本〕十一集 191

薇

薇香集、燕香集、燕香二集　〔存目〕集部
　　278

薪

薪櫵集、附年譜、行略　〔存目〕集部 283

薪齋初集、二集、三集　〔存目〕集部 200

薄

薄遊草　〔存目〕集部 177

翰

翰村詩稿　〔存目〕集部 277

翰苑集　〔文淵〕1072〔文津〕1077〔文瀾〕
　　1103〔薈要〕495

翰苑新書　〔文淵〕949–950〔文津〕953
　　〔文瀾〕973–974

翰苑群書　〔文淵〕595〔文津〕595〔文瀾〕
　　604〔珍本〕十二集 40〔著録〕史部 433

翰林志　〔文淵〕595〔文津〕595〔文瀾〕604
　　〔著録〕史部 380

*翰林風月　〔續修〕1763

翰林記　〔文淵〕596〔文津〕597〔文瀾〕606
　　〔著録〕史部 433

翰林集　〔續修〕1313

翰林楊仲弘詩　〔著録〕集部 111

翰林學士耐軒王先生天游雜稿　〔存目〕
　　集部 27

翰林學士集　〔續修〕1611

翰林羅圭峰先生文集、續集　〔著録〕集部
　　68

翰海　〔禁燬〕集部 20

蕭

蕭山水利、續刻、三刻、附蕭山諸湖水
　　利　〔存目〕史部 225

蕭山縣志刊 〔存目〕史部 214
蕭氏世集 〔存目補〕99
蕭氏續後漢書、義例、附續後漢書音義
　　〔文淵〕384〔文津〕382〔文瀾〕383
蕭冰崖詩集拾遺 〔續修〕1321
蕭茂挺文集 〔文淵〕1072〔文津〕1077〔文
　　瀾〕1102〔珍本〕十一集 160
蕭茂挺集 〔著録〕集部 441
蕭林初集 〔未收〕六輯 28
蕭亭詩選 〔存目〕集部 234
蕭爽齋樂府 〔續修〕1738
＊蕭淑蘭 〔續修〕1763
＊蕭淑蘭情寄菩薩蠻 〔續修〕1763
蕭淑蘭情寄菩薩蠻雜劇 〔續修〕1762
蕭閑老人明秀集注 〔續修〕1723
蕭然吟 〔禁燬〕集部 116
蕭輝山存稿、附葦菴稿 〔存目補〕79

噩

噩夢 〔續修〕945

頤

頤山私稿 〔存目〕集部 70
頤山詩話 〔文淵〕1482〔文津〕1487〔文
　　瀾〕1532〔珍本〕初集 400〔著録〕集部
　　332
頤志齋文鈔、感舊詩 〔續修〕1523
頤菴文集 〔珍本〕四集 318
頤菴居士集 〔文淵〕1164〔文津〕1168〔文
　　瀾〕1198〔著録〕集部 55
頤堂先生文集 〔續修〕1317
頤堂先生糖霜譜 〔著録〕子部 10
頤庵文選 〔文淵〕1237〔文津〕1241〔文
　　瀾〕1273〔底本〕集部 40〔著録〕集部 37
頤情館聞過集 〔未收〕十輯 4
頤道堂詩選、外集、文鈔 〔續修〕1504-
　　1506
頤園論畫 〔續修〕1088
頤綵堂文集、劍舟律賦 〔續修〕1458
頤綵堂文録 〔續修〕1672
頤綵堂詩鈔 〔續修〕1458

薜

薜荔山房藏稿 〔續修〕1359
薜荔園詩集 〔文淵〕1288〔文津〕1292〔文
　　瀾〕1325〔珍本〕八集 206-207
薜篆吟館鈔存、賦 〔續修〕1521

薩

薩真人夜斷碧桃花雜劇 〔續修〕1762

樹

樹人堂詩、多博唫、蒐遺 〔存目〕集部 273
樹桑養蠶要略 〔未收〕四輯 23
樹經堂詠史詩 〔未收〕四輯 20
樹經堂詩初集、續集、文集 〔續修〕1458
樹藝篇 〔續修〕977

樸

樸村文集、詩集 〔禁燬〕集部 167-168
樸庭詩稿 〔存目〕集部 277
樸巢詩集、續集 〔禁燬〕集部 145
樸學齋文録 〔續修〕1504
樸學齋詩稿 〔存目〕集部 262

橋

橋西雜記 〔續修〕1181

檇

檇李往哲列傳 〔存目補〕93
檇李往哲續編 〔存目補〕93
檇李曹太史評鐫古今全史一覽 〔禁燬
　　補〕9
檇李詩繫 〔文淵〕1475〔文津〕1479〔文
　　瀾〕1524〔珍本〕七集 389-400

樵

樵川二家詩、附滄浪詩話 〔存目〕集部
　　394
樵史 〔禁燬〕史部 71
樵香小記 〔文淵〕859〔文津〕861〔文瀾〕
　　881
樵風樂府 〔續修〕1727

樵雲獨唱　〔文淵〕1219　〔文津〕1223　〔文瀾〕1254

樵雲獨唱集　〔著錄〕集部 61

樵歌　〔續修〕1722

樵談　〔存目〕子部 83

樵隱詞　〔文淵〕1488　〔文津〕1493　〔文瀾〕1538　〔著錄〕集部 219

橘

橘山四六　〔文淵〕1169　〔文津〕1173　〔文瀾〕1203　〔珍本〕五集 284－287

橘中秘　〔續修〕1105

橘洲文集　〔續修〕1318

橘洲詩集　〔存目〕集部 198

橘録　〔文淵〕845　〔文津〕847　〔文瀾〕863　〔著錄〕子部 162

橘譜　〔續修〕1116

輶

輶寥館集　〔禁燬〕集部 101

輶

輶軒使者絕代語釋別國方言　〔文淵〕221　〔文津〕216　〔文瀾〕214　〔著錄〕經部 177

輶軒使者絕代語釋別國方言疏證補　〔續修〕193

輶軒使者絕代語釋別國方言箋疏　〔續修〕193

輶軒使者絕代語釋別國方言類聚　〔存目〕經部 187

整

整菴存稿　〔文淵〕1261　〔文津〕1265　〔文瀾〕1298　〔珍本〕四集 345－346

整庵先生存稿　〔著錄〕集部 270

賴

賴古堂名賢尺牘新鈔、二選藏弄集、三選結隣集　〔禁燬〕集部 36

賴古堂集　〔續修〕1400　〔禁燬〕集部 184

融

融堂四書管見　〔文淵〕183　〔文津〕178　〔文瀾〕175　〔珍本〕初集 89　〔著錄〕經部 23

融堂書解　〔文淵〕59　〔文津〕54　〔文瀾〕52　〔珍本〕別輯 23－24

瓢

瓢泉吟稿　〔文淵〕1213　〔文津〕1217　〔文瀾〕1248　〔珍本〕初集 353

醒

醒世一斑録、附編、雜述　〔續修〕1139－1140

醒世恒言　〔續修〕1785－1786

醒後集、續集　〔存目〕集部 149

歷

歷世真仙體道通鑑、續篇、後集　〔續修〕1294－1295

歷仕録　〔存目〕史部 127

歷代十八史略　〔存目〕史部 19

歷代三寶紀　〔續修〕1288

歷代山陵考　〔存目〕史部 243

歷代不知姓名録　〔禁燬補〕36

歷代内侍考　〔存目〕史部 107　〔續修〕517

歷代古文國瑋集　〔存目〕集部 366－368

歷代石經略　〔續修〕183

歷代史論一編、二編　〔存目〕史部 289

歷代史纂左編　〔存目〕史部 133－137

歷代刑法考　〔續修〕877

歷代地理志韻編今釋、皇朝輿地韻編　〔續修〕294

歷代地理指掌圖　〔存目〕史部 166　〔續修〕585

歷代臣鑑　〔存目〕子部 120

歷代名臣奏疏　〔續修〕461

歷代名臣奏議　〔文淵〕433－442　〔文津〕431－441　〔文瀾〕433－443　〔著錄〕史部 84－90

歷代名臣傳、續編、歷代名儒傳、歷代循吏傳　〔著錄〕史部 93－94

歷代名吏録　〔存目〕史部 126

歷代名畫記　〔文淵〕812　〔文津〕814　〔文瀾〕831　〔著錄〕子部 52

歷代名賢確論 〔文淵〕687〔文津〕687〔文瀾〕701〔珍本〕三集172-179

歷代名醫蒙求、釋音 〔續修〕1030

歷代守令傳 〔存目〕史部97

歷代宅京記 〔著録〕史部424

歷代兵制 〔文淵〕663〔文津〕662〔文瀾〕672〔著録〕史部393

歷代君鑑 〔存目〕子部121

歷代武舉考 〔存目〕史部276〔續修〕859

歷代長術輯要、古今推步諸術考 〔續修〕1041

歷代忠義録 〔存目補〕93

歷代制度詳説 〔文淵〕923〔文津〕927〔文瀾〕944〔珍本〕三集215

歷代河防類要、圖 〔未收〕九輯5

歷代河渠考 〔存目〕史部224

歷代建元考 〔文淵〕662〔文津〕661〔文瀾〕671〔著録〕史部263

歷代相臣傳 〔存目〕史部96-97

歷代帝王宅京記 〔文淵〕572〔文津〕572〔文瀾〕582〔珍本〕十二集37-38

歷代帝王曆祚考、歷代紹運國系之圖、歷代年號考同、歷代紹統年表、音釋（吳繼安） 〔續修〕826

歷代帝王曆祚考、歷代紹運國系之圖、歷代年號考同、歷代紹統年表、音釋（程揚） 〔未收〕九輯4

歷代帝系年號考 〔存目〕史部273

歷代宮殿名 〔續修〕718

歷代神仙通紀 〔未收〕八輯11-14

歷代紀元彙考 〔續修〕826

歷代紀年 〔續修〕826

歷代紀年備考 〔未收〕九輯8

歷代馬政志 〔續修〕859

歷代貢舉志 〔存目〕史部270

歷代宰輔彙考 〔存目〕史部260〔續修〕746

歷代通略 〔珍本〕三集180

歷代通略、附歷代通略蒙求 〔文淵〕688〔文津〕688〔文瀾〕702

歷代通鑑纂要 〔未收〕四輯12-13

歷代黃河變遷圖考 〔未收〕四輯18

歷代道學統宗淵源問對 〔續修〕936-937

歷代畫史彙傳 〔續修〕1083-1084

歷代蒙求 〔續修〕1218

歷代詩話 〔文淵〕1483〔文津〕1487-1488〔文瀾〕1533〔著録〕集部418

歷代銓選志 〔存目〕史部260

歷代賦話、續集、附復小齋賦話 〔續修〕1716

歷代儒學存真録 〔未收〕五輯7

歷代錢法備考 〔續修〕838

歷代諱名考 〔續修〕828

歷代職源撮要 〔續修〕746

歷代鐘鼎彝器款識法帖 〔文淵〕225〔文津〕220〔文瀾〕217〔著録〕經部29

歷年二十一傳殘本 〔存目〕史部18

歷城縣志〔乾隆〕 〔續修〕694

歷科廷試狀元策、總考 〔禁燬〕集部19-20

歷朝史印 〔未收〕一輯30

歷朝茶馬奏議 〔續修〕461

歷朝閨雅 〔未收〕十輯30

歷朝賦格 〔存目〕集部399

歷朝賦楷 〔存目〕集部404

歷朝翰墨選註 〔存目〕集部324

歷朝應制詩選、唐應試詩 〔禁燬補〕54

歷朝鑑譜 〔禁燬補〕9

曆

曆志 〔續修〕1037-1039〔禁燬補〕15

曆法 〔著録〕子部354

曆象本要 〔續修〕1040

曆測、附曆元布算法 〔續修〕1039

曆算全書 〔文淵〕794-795〔文津〕794-796〔文瀾〕811-812〔珍本〕七集139-150

曆學假如 〔續修〕1040

曆學會通致用 〔未收〕八輯11

曆體略 〔珍本〕四集150

曆體略、圖 〔文淵〕789〔文津〕791〔文瀾〕807

霏

霏雪録 〔文淵〕866〔文津〕868〔文瀾〕886

〔著録〕子部 169
霏雲居集　〔禁燬補〕59

霓

霓裳續譜　〔續修〕1744

冀

冀越集記　〔續修〕1166
冀越集記、後集、附相宅管説　〔存目〕子部 239

頻

頻伽園文集　〔禁燬補〕89
頻陽集　〔存目〕集部 327
頻羅庵遺集　〔續修〕1445

餐

餐菊齋棋評　〔續修〕1102

膚

膚齋考工記解　〔文淵〕95　〔文津〕89　〔文瀾〕88

盧

盧武陽集　〔續修〕1588
盧昇之集　〔文淵〕1065　〔文津〕1069　〔文瀾〕1094　〔薈要〕358
盧忠烈公集　〔著録〕集部 280
盧溪文集　〔珍本〕三集 263 – 264
盧溪文集、脱藁　〔文淵〕1134　〔文津〕1138　〔文瀾〕1165
盧溪先生文集、脱藁　〔底本〕集部 29　〔著録〕集部 16

曉

曉亭詩鈔、附鶴鳴集　〔未收〕十輯 18
曉菴新法　〔文淵〕793　〔文津〕794　〔文瀾〕810
曉讀書齋雜録　〔續修〕1155

曇

曇花記　〔續修〕1773

曇雲閣集　〔續修〕1514

鴨

鴨江行部志　〔續修〕731

閻

閻潛丘先生年譜　〔續修〕554

器

器説　〔續修〕1111

戰

戰守全書　〔禁燬〕子部 36
戰國人才言行録　〔存目〕史部 98
戰國紀年、地輿、年表　〔續修〕347
戰國策（高誘）　〔文淵〕406　〔文津〕403　〔文瀾〕404　〔著録〕史部 288
戰國策（閔齊伋）　〔未收〕一輯 16
戰國策（鮑氏戰國策）　〔薈要〕253
戰國策（鮑彪）　〔珍本〕六集 95 – 96　〔著録〕史部 195
戰國策去毒、附編年　〔存目〕史部 44
戰國策校注　〔文淵〕407　〔文津〕404　〔文瀾〕405
戰國策補釋　〔續修〕422
戰國策譚㮣　〔存目〕史部 44

嘯

嘯古堂詩集、遺集　〔續修〕1535
嘯亭雜録、續録　〔續修〕1179
嘯雪菴詩集、題咏、新集、題咏二集　〔未收〕七輯 23
嘯堂集古録　〔文淵〕840　〔文津〕842　〔文瀾〕859　〔著録〕子部 9
嘯餘譜　〔存目〕集部 425　〔續修〕1736

還

還山遺稿、考歲略　〔文淵〕1198　〔文津〕1202　〔文瀾〕1233　〔著録〕集部 29
還冤志　〔文淵〕1042　〔文津〕1046　〔文瀾〕1070　〔珍本〕十一集 158
還硯齋易漢學擬旨　〔續修〕34

還硯齋周易述 〔續修〕34
還魂記 〔續修〕1769 〔續修〕1771

嶧

嶧桐文集、詩集 〔禁燬〕集部 121

圜

圜天圖説、續編 〔未收〕四輯 26
圜容較義 〔文淵〕789 〔文津〕791 〔文瀾〕807 〔珍本〕十二集 139 〔著録〕子部 73

默

默成文集 〔文淵〕1133 〔文津〕1137 〔文瀾〕1164 〔珍本〕四集 262
默記 〔文淵〕1038 〔文津〕1042 〔文瀾〕1065 〔著録〕子部 219
默菴遺藁 〔禁燬〕集部 87
默堂先生文集 〔著録〕集部 95
默堂集 〔文淵〕1139 〔文津〕1143 〔文瀾〕1170 〔珍本〕三集 266－267
默庵安先生文集 〔著録〕集部 396
默庵集 〔文淵〕1199 〔文津〕1204 〔文瀾〕1234 〔珍本〕三集 278
默齋遺稿 〔文淵〕1178 〔文津〕1182 〔文瀾〕1212 〔珍本〕三集 246 〔著録〕集部 443
默鏡居文集 〔禁燬〕集部 133

黔

黔類 〔存目〕子部 196

憩

憩園詞話 〔續修〕1734

積

積山先生遺集 〔未收〕九輯 26
積古齋鐘鼎彝器款識 〔續修〕901
積書巖宋詩選 〔存目補〕41
積書巖詩集 〔存目〕集部 233
積經堂增訂課兒鑑略妥注善本 〔禁燬補〕18
積翠軒詩集 〔未收〕九輯 20
積齋集 〔文淵〕1212 〔文津〕1216 〔文瀾〕

1247 〔珍本〕別輯 390 〔底本〕集部 102 〔著録〕集部 348

穆

穆天子傳 〔文淵〕1042 〔文津〕1046 〔文瀾〕1070 〔著録〕子部 112
穆考功逍遥園集選 〔存目〕集部 137
穆堂別稿 〔禁燬補〕86－87
穆堂初稿 〔禁燬補〕86
穆堂初稿、別稿 〔續修〕1421－1422
穆參軍集 〔文淵〕1086 〔文津〕1090 〔文瀾〕1116 〔珍本〕十集 214

築

築圩圖説 〔續修〕976
築圍説 〔續修〕975

篔

篔谷詩鈔、文鈔 〔續修〕1494
篔窗集 〔文淵〕1178 〔文津〕1182 〔文瀾〕1212 〔珍本〕初集 325

篷

篷底浮談 〔續修〕1126
篷窗隨録、續録 〔續修〕1197－1198

興

興復哈密記 〔續修〕433
＊興樂要論 〔續修〕114

學

學文堂集 〔存目補〕47－48
學古堂詩集 〔存目〕集部 255
學古適用編 〔存目〕子部 136－137
學古緒言 〔文淵〕1295 〔文津〕1299 〔文瀾〕1333 〔珍本〕七集 260－263 〔著録〕集部 128
學古編 〔文淵〕839 〔文津〕841 〔文瀾〕858 〔著録〕子部 358 〔續修〕1091
學史 〔文淵〕688 〔文津〕688 〔文瀾〕702 〔珍本〕三集 181 〔著録〕史部 267
學仕要箴 〔存目〕子部 157
學仕録 〔未收〕二輯 26

學言、續　〔存目〕子部 19

學言稿　〔文淵〕1217〔文津〕1221〔文瀾〕
　　1252〔珍本〕三集 290〔著錄〕集部 257

學宋齋詞韻　〔續修〕1737

學范　〔存目〕子部 121

學林　〔文淵〕851〔文津〕853〔文瀾〕871
　　〔底本〕子部 17 - 18〔著錄〕子部 359

學林就正　〔存目〕子部 96

學易五種　〔續修〕28

＊學易初津　〔文淵〕49〔文瀾〕42

學易居筆錄　〔存目〕子部 101

學易討原　〔未收〕一輯 2

學易記(李簡)　〔文淵〕25〔文津〕20〔文
　　瀾〕20〔著錄〕經部 53

學易記(金賁亨)　〔續修〕6

學易記、綱領、圖說　〔薈要〕10

學易菴詩集　〔未收〕七輯 21

學易堂三筆、滴露軒雜著　〔存目〕子部
　　164

學易集　〔文淵〕1121〔文津〕1126〔文瀾〕
　　1151〔珍本〕別輯 286 - 287

學易慎餘錄　〔續修〕24

學易闡微　〔存目〕經部 38

學典　〔存目〕史部 271

學的　〔存目〕子部 6〔續修〕936

學治臆說、續說、說贅　〔續修〕755

學春秋理辯　〔續修〕148

學春秋隨筆　〔存目〕經部 132〔續修〕139

學科考略　〔存目〕史部 270

學宮備考、餘說　〔存目〕史部 272

學宮輯略　〔存目〕史部 126

學校問　〔存目〕經部 108

學圃雜疏　〔存目〕子部 81

學圃蕙蘇　〔存目〕子部 123

學記箋證　〔續修〕107

學案　〔存目〕子部 20

學案小識　〔續修〕539

＊學書雜論　〔續修〕1068

學規類編　〔存目〕子部 24〔續修〕948 - 949

學庸切己錄　〔存目〕經部 169

學庸正說　〔文淵〕207〔文津〕201〔文瀾〕
　　200〔珍本〕四集 89

學道紀言　〔存目〕子部 85

＊學畫雜論　〔續修〕1068

學統　〔存目〕史部 124〔續修〕513 - 514

學蔀通辨前編、後編、續編、終編　〔存
　　目〕子部 11〔續修〕939

學詩毛鄭異同籤　〔續修〕71

學詩詳說、學詩正詁　〔續修〕72

學詩闕疑　〔存目〕經部 77

學源堂文集、詩集　〔存目〕集部 221

學福齋文錄　〔續修〕1672

學福齋集、詩集　〔續修〕1428

學箕初稿　〔存目〕集部 257

學餘堂文集、詩集、外集　〔文淵〕1313
　　〔文津〕1317 - 1318〔文瀾〕1351 - 1352
　　〔珍本〕三集 354 - 359

學餘園初集　〔禁燬補〕69

學彊恕齋筆算、附測量淺說　〔未收〕十
　　輯 9

學齋佔畢　〔文淵〕854〔文津〕856〔文瀾〕
　　874〔著錄〕子部 165

學禮　〔存目〕經部 115

學禮管釋　〔續修〕93

學禮質疑　〔文淵〕129〔文津〕124〔文瀾〕
　　122〔著錄〕經部 74

學禮闕疑　〔存目〕經部 102〔續修〕108

儒

儒行集傳　〔文淵〕122〔文津〕118〔文瀾〕
　　117〔著錄〕經部 156

儒志編　〔文淵〕696〔文津〕697〔文瀾〕710
　　〔珍本〕四集 125〔著錄〕子部 41

儒言　〔文淵〕698〔文津〕698〔文瀾〕712
　　〔珍本〕五集 117

儒林公議　〔文淵〕1036〔文津〕1040〔文
　　瀾〕1063〔著錄〕子部 217

儒林外史　〔續修〕1795

儒林全傳　〔存目〕史部 97

儒林宗派　〔文淵〕458〔文津〕457〔文瀾〕
　　459〔珍本〕九集 137〔著錄〕史部 202

儒林傳稿　〔續修〕537

儒門事親　〔文淵〕745〔文津〕745〔文瀾〕
　　759〔珍本〕八集 133 - 135〔著錄〕子部
　　65

儒門法語集　〔存目〕子部 23

儒宗理要　〔存目〕子部 21　〔續修〕944

儒函數類　〔存目〕子部 216

衡

衡門芹　〔存目〕子部 15

衡門晤語　〔存目〕史部 117

衡門集　〔存目〕集部 315

衡湘稽古　〔存目〕史部 56

衡嶽志　〔存目〕史部 229

衡齋算學　〔續修〕1045

衡藩重刻胥臺先生集　〔存目〕集部 86

衡廬精舍藏稿、衡廬續稿　〔文淵〕1287
〔文津〕1291　〔文瀾〕1325

衡廬精舍藏稿、續稿　〔珍本〕四集 366－
370　〔著錄〕集部 123

錯

*錯轉輪　〔續修〕1765

錢

*錢大尹智勘緋衣夢　〔續修〕1763

錢大尹智寵謝天香雜劇　〔續修〕1760

錢太史鶴灘稿、紀事、遺事　〔存目〕集部
46

錢公良測語　〔存目〕子部 84

錢氏私誌　〔文淵〕1036　〔文津〕1041　〔文
瀾〕1064　〔著錄〕子部 218

錢文敏公全集　〔續修〕1442－1443

錢吉士先生全稿　〔禁燬〕經部 7

錢考功集　〔著錄〕集部 229

錢仲文集　〔文淵〕1072　〔文津〕1077　〔文
瀾〕1102

錢志新編　〔續修〕1113

錢南園先生遺集　〔續修〕1461

錢神志　〔未收〕二輯 28

錢通　〔文淵〕662　〔文津〕661　〔文瀾〕671
〔珍本〕二集 142－144　〔著錄〕史部 434

錢塘先賢傳贊　〔文淵〕451　〔文津〕449
〔文瀾〕451

錢塘韋先生文集　〔著錄〕集部 44

錢塘集　〔文淵〕1097　〔文津〕1101　〔文瀾〕

1127　〔珍本〕五集 271－272

錢塘遺事　〔文淵〕408　〔文津〕406　〔文瀾〕
407　〔著錄〕史部 16

錢幣芻言、續刻、再續　〔續修〕838

錢穀刑名便覽　〔未收〕二輯 26

錢穀金針　〔續修〕834

錢穀視成　〔續修〕834

錢遵王述古堂藏書目錄　〔存目〕史部 277
〔續修〕920

錢錄　〔薈要〕245

錢錄（梁詩正）　〔著錄〕子部 359

錢錄（張端木）　〔著錄〕史部 276

錢臨江先生集　〔存目〕集部 64

錫

錫山景物略　〔存目〕史部 234

錦

錦帆集、去吳七牘　〔續修〕1367

錦衣志　〔續修〕749

錦里耆舊傳　〔著錄〕史部 205

錦里耆舊傳（成都理亂記）　〔文淵〕464
〔文津〕463　〔文瀾〕465　〔珍本〕四集 113

錦雲堂暗定連環計雜劇　〔續修〕1762

錦瑟詞　〔續修〕1725

錦箋記　〔續修〕1772

*錦樹集　〔文淵〕1372　〔文津〕1376　〔文瀾〕1

錦繡萬花谷別集　〔續修〕1217

錦繡萬花谷前集、後集、續集　〔文淵〕924
〔文津〕927－928　〔文瀾〕944－945　〔著
錄〕子部 79－80

錄

錄鬼簿、續編　〔續修〕1759

錄異記　〔存目〕子部 245　〔續修〕1264

歙

歙州硯譜　〔文淵〕843　〔文津〕845　〔文瀾〕
861　〔著錄〕子部 162

歙硯說、辨歙石說　〔文淵〕843　〔文津〕845
〔文瀾〕861　〔著錄〕子部 162

歙硯輯考　〔續修〕1113

館

館閣漫録 〔存目〕史部 258-259

膳

膳夫經手録 〔續修〕1115

雕

雕丘雜録 〔存目〕子部 113 〔續修〕1135
雕菰集 〔續修〕1489
雕菰集文録 〔續修〕1672

鮑

鮑氏國策 〔著録〕史部 288
鮑氏集 〔著録〕集部 226
鮑氏戰國策注 〔文淵〕406 〔文津〕403
　〔文瀾〕404
鮑明遠集 〔文淵〕1063 〔文津〕1067 〔文
　瀾〕1092
鮑參軍集 〔續修〕1585
鮑溶詩集、集外集 〔珍本〕九集 235
鮑溶詩集、集外詩 〔文淵〕1081 〔文津〕
　1085 〔文瀾〕1111 〔著録〕集部 42

獨

獨旦集 〔未收〕七輯 26
獨笑齋金石考略 〔續修〕901
獨異志 〔續修〕1264
獨漉堂詩集、文集 〔禁燬〕集部 183
獨漉堂詩集、文集、續編 〔續修〕1413
獨醉亭集 〔文淵〕1233 〔文津〕1237 〔文
　瀾〕1269 〔珍本〕初集 361
獨醒子 〔續修〕943
獨醒雜志 〔文淵〕1039 〔文津〕1043 〔文
　瀾〕1067 〔著録〕子部 241
獨學廬初稿、獨學廬二稿、獨學廬三稿、獨
　學廬四稿、獨學廬五稿、獨學廬餘稿、
　獨學廬文稿附録 〔續修〕1466-1467
獨斷 〔文淵〕850 〔文津〕852 〔文瀾〕869
　〔底本〕子部 27 〔著録〕子部 164

獪

獪園 〔存目〕子部 247 〔續修〕1267

諫

諫垣奏草 〔禁燬補〕22
諫垣疏草 〔禁燬補〕23

諧

*諧聲表 〔續修〕248
諧聲指南 〔存目〕經部 194
諧聲品字箋 〔存目〕經部 217-218
諧聲補逸 〔續修〕247
諧聲譜、校記 〔續修〕247
諧聲韻學 〔續修〕257

謔

謔菴文飯小品 〔續修〕1368

諤

諤崖脞説 〔存目〕子部 116 〔續修〕1137

憑

*憑几集 〔文淵〕1263 〔文津〕1267 〔文瀾〕
　1 〔珍本〕六集 272-276
*憑几集續編 〔文淵〕1263 〔文津〕1267
　〔文瀾〕1 〔珍本〕六集 272-276
憑山閣留青二集選 〔禁燬〕集部 155
憑山閣留青廣集 〔禁燬補〕53
憑山閣增輯留青新集 〔禁燬〕集部 54-
　55

瘴

瘴瘧指南 〔續修〕1003

塵

塵史 〔文淵〕862 〔文津〕864 〔文瀾〕882
　〔底本〕子部 36 〔著録〕子部 32
塵餘 〔續修〕1130

凝

凝園讀詩管見 〔未收〕三輯 6
凝齋先生遺集 〔存目〕集部 281
凝齋筆語 〔存目〕子部 101

親

親征平定朔漠方略、御製親征朔漠紀略　〔著録〕史部 79 - 80

親屬記　〔續修〕110

辨

辨字通考　〔續修〕239

辨言　〔珍本〕別輯 214

辨定祭禮通俗譜　〔文淵〕142　〔文津〕138　〔文瀾〕136　〔珍本〕九集 55　〔著録〕經部 75

辨定嘉靖大禮議　〔存目〕史部 271

辨惑編　〔文淵〕709　〔文津〕711　〔文瀾〕724　〔著録〕子部 351

辨惑續編　〔存目〕子部 9

辨證録、洞垣全書脈訣闡微　〔續修〕1023 - 1024

龍

*龍山宴　〔續修〕1765

龍川文集　〔著録〕集部 25

龍川略志、別志　〔文淵〕1037　〔文津〕1041　〔文瀾〕1064　〔著録〕子部 218

龍川集　〔文淵〕1171　〔文津〕1176　〔文瀾〕1205　〔薈要〕396

龍川詞　〔文淵〕1488　〔文津〕1492　〔文瀾〕1538　〔著録〕集部 219

龍井見聞録、附宋僧元浄外傳　〔未收〕二輯 24

龍江船廠志　〔續修〕878

龍江集　〔續修〕1334

龍江夢餘録　〔續修〕1122

龍沙紀略　〔文淵〕592　〔文津〕593　〔文瀾〕601　〔著録〕史部 252

龍沙學録　〔存目〕子部 15

龍虎風雲會　〔續修〕1764

龍虎經註　〔未收〕十輯 10

龍門子凝道記　〔存目〕子部 260

龍門志　〔存目〕史部 233

龍門綱鑑正編、潘氏總論　〔禁燬〕史部 44

龍岡山人古文尚書四種　〔續修〕50

龍性堂易史參録　〔存目〕經部 29

龍城札記　〔續修〕1149

龍洲集　〔文淵〕1172　〔文津〕1176　〔文瀾〕1205

龍洲詞　〔文淵〕1488　〔文津〕1493　〔文瀾〕1538　〔著録〕集部 219

龍洲道人詩文集、劉龍洲墓詩　〔著録〕集部 393

龍飛紀略　〔存目〕史部 9

龍眠風雅　〔禁燬〕集部 98 - 99

龍眠風雅續集　〔禁燬〕集部 99 - 100

龍雲先生文集　〔著録〕集部 47

龍雲集　〔文淵〕1119　〔文津〕1123　〔文瀾〕1149　〔珍本〕十二集 160 - 161

龍筋鳳髓判　〔文淵〕889　〔文津〕891　〔文瀾〕910　〔著録〕子部 60

龍皐文稿　〔存目〕集部 39

龍輔女紅餘志　〔存目〕子部 120

龍膏記　〔續修〕1773

龍學文集　〔珍本〕五集 273

龍學文集、附源流始末　〔文淵〕1098　〔文津〕1102　〔文瀾〕1128

龍學孫公春秋經解　〔著録〕經部 157

龍壁山房文集　〔續修〕1545

龍壁山房詩草　〔續修〕1545

龍谿王先生全集　〔存目〕集部 98

龍龕手鑑　〔文淵〕226　〔文津〕222　〔文瀾〕219　〔著録〕經部 30

羲

羲經十一翼　〔存目〕經部 12

糖

糖霜譜　〔文淵〕844　〔文津〕846　〔文瀾〕863

瞥

瞥記　〔續修〕1157

燃

燃脂集例　〔存目〕集部 420

螢

螢窗異草　〔續修〕1789

營

營平二州史事記 〔著録〕史部 112

營平二州地名記 〔文淵〕588 〔文津〕588 〔文瀾〕597

營田四局摘要、圖説 〔未收〕四輯 23

營田輯要内篇、外篇 〔續修〕976

營造法式 〔文淵〕673 〔文津〕673 〔文瀾〕686 〔著録〕史部 264

燈

燈月閒情十七種 〔續修〕1766－1767

燈窗末藝、攢眉集 〔存目〕集部 43

澠

澠水燕談録 〔文淵〕1036 〔文津〕1040 〔文瀾〕1063 〔著録〕子部 217

潞

潞水客談 〔存目〕史部 222 〔續修〕851

潞公文集 〔文淵〕1100 〔文津〕1104 〔文瀾〕1130 〔珍本〕六集 245－246

潞藩輯纂萬彙仙機碁譜 〔續修〕1099－1100

澡

澡修堂集 〔存目〕集部 230

澤

澤雅堂文集 〔續修〕1560

澤雅堂詩二集 〔續修〕1560

澤雅堂詩集 〔續修〕1560

澤農要録 〔未收〕四輯 23

激

激書、附校勘記 〔存目〕子部 94

澹

澹友軒文集 〔存目〕集部 197

澹生堂集 〔禁燬補〕71

澹生堂藏書目、藏書約、庚申整書小記、庚申整書例略 〔續修〕919

澹初詩稿 〔存目〕集部 263

澹泉筆述 〔續修〕1171

澹軒集 〔文淵〕1152 〔文津〕1156 〔文瀾〕1185 〔珍本〕初集 300 〔底本〕集部 80 〔著録〕集部 52

澹菴文集 〔文淵〕1137 〔文津〕1141 〔文瀾〕1168 〔珍本〕十一集 165

澹然先生文集 〔存目〕集部 29

澹游集 〔續修〕1622

澹静齋文鈔、外篇、詩鈔 〔續修〕1474

澹寧居文集、詩集 〔禁燬〕集部 113

澹齋内言、外言 〔存目〕子部 113

澹齋集 〔文淵〕1133 〔文津〕1137 〔文瀾〕1164 〔珍本〕二集 255－256 〔底本〕集部 67－68 〔著録〕集部 242

澥

澥陸詩鈔 〔未收〕十輯 21

濂

濂亭文集、遺文、遺詩 〔續修〕1544

濂洛風雅 〔存目〕集部 403

濂洛關閩書 〔存目〕子部 24

濂溪先生周元公年表 〔存目〕史部 82

濂溪志 〔存目〕史部 83 〔續修〕550

憺

憺園文集 〔存目〕集部 242－243 〔續修〕1412

憺園文録 〔續修〕1671

憶

憶山堂詩録 〔續修〕1504

憶江南館詞 〔續修〕1726

憶記 〔禁燬〕史部 71

憶雪樓詩集 〔禁燬〕集部 150

憶雲詞、删存 〔續修〕1726

憲

憲世前編、憲世編 〔存目〕子部 12 〔續修〕941

憲章外史續編 〔續修〕353 〔禁燬〕史部 5

憲章録 〔存目〕史部 11 〔續修〕352
憲章類編 〔禁燬補〕29－30

寰

寰有詮 〔存目〕子部 94
寰宇分合志 〔禁燬〕史部 3
寰宇通衢 〔存目〕史部 166 〔續修〕586
寰宇訪碑録 〔續修〕904

窺

窺天外乘 〔存目〕子部 103
窺園詩鈔 〔未收〕八輯 16
窺園稿 〔未收〕七輯 28

禪

禪月集 〔文淵〕1083 〔文津〕1088 〔文瀾〕
1114 〔著録〕集部 235
禪林僧寶傳 〔文淵〕1052 〔文津〕1056 〔文
瀾〕1081 〔珍本〕七集 169－170 〔著録〕
子部 121
禪林寶訓 〔續修〕1281
禪宗精義 〔未收〕九輯 13
禪寄筆談 〔存目〕子部 103
禪源諸詮集都序 〔續修〕1279

避

避戎夜話 〔續修〕423
避暑録話 〔文淵〕863 〔文津〕865 〔文瀾〕
883 〔著録〕子部 168
避園擬存詩集、游唤集、王季重歷游紀
〔禁燬補〕78

彊

彊邨語業、詞賸稿、集外詞 〔續修〕1727
彊識略 〔存目〕子部 181－182 〔續修〕1232
彊識編、續 〔續修〕1160

隝

隝言 〔禁燬〕史部 23

隰

隰西草堂詩集、文集、邂渚唱和集、隰西

草堂拾遺 〔續修〕1394

隱

隱秀軒集 〔禁燬〕集部 48
隱拙齋集、續集 〔存目補〕10
隱居通議 〔文淵〕866 〔文津〕868 〔文瀾〕
886 〔著録〕子部 362

縉

縉雲先生文集 〔著録〕集部 51

十七畫

麗

麗濩薈録 〔未收〕八輯 9

環

環谷集 〔文淵〕1220 〔文津〕1225 〔文瀾〕
1256 〔珍本〕七集 209－210 〔著録〕集部
258
環遊地球新録 〔續修〕737
環溪集 〔存目〕集部 92
環溪詩話 〔文淵〕1480 〔文津〕1484 〔文
瀾〕1530 〔珍本〕別輯 398 〔底本〕集部
265 〔著録〕集部 331
環碧齋詩、尺牘 〔存目〕集部 94

擣

擣堅録 〔存目補〕77

趨

趨庭集 〔未收〕五輯 20

戴

戴中丞遺集 〔存目〕集部 74
戴氏注論語 〔續修〕157
戴氏集 〔存目〕集部 63
戴東原集、覆校札記 〔續修〕1434
戴東埜詩集 〔著録〕集部 103
戴禮緒言 〔存目〕經部 102
戴簡恪公遺集 〔未收〕十輯 28

擬

擬山園選集　〔禁燬〕集部 87－88
擬故宮詞　〔存目〕集部 216
擬寒山詩　〔未收〕六輯 27
擬漢樂府　〔存目〕集部 62

蟄

蟄菴日録　〔存目〕集部 177

聲

聲律通考　〔續修〕116
聲律發蒙　〔存目〕子部 172
聲律關鍵　〔續修〕1717
聲畫集　〔文淵〕1349〔文津〕1353〔文瀾〕
　　1391〔珍本〕八集 213－214〔著録〕集部
　　138
聲説　〔續修〕249
聲調前譜、後譜、續譜　〔著録〕集部 332
聲調譜　〔文淵〕1483〔文津〕1488〔文瀾〕
　　1533
聲譜　〔續修〕249
聲韻考、聲類表　〔續修〕244
聲韻襍箸、文韻考衷六聲會編　〔續修〕
　　255
聲韻叢説、韻問　〔存目〕經部 217

聰

聰山文録　〔續修〕1671
聰山集、荆園小語、荆園進語、申鳧盟先
　　生年譜略、崇祀鄉賢録　〔存目〕集部
　　207

聯

聯句私抄　〔存目〕集部 292
聯句録　〔存目〕集部 292
聯新事備詩學大成　〔續修〕1221

藂

藂桂軒詩　〔存目〕集部 182

鞠

鞠通樂府　〔續修〕1739

藍

藍山先生詩集　〔著録〕集部 427
藍山集　〔文淵〕1229〔文津〕1234〔文瀾〕
　　1265〔珍本〕別輯 396〔底本〕集部 38
藍户部集　〔存目補〕8
藍司寇公勞山遺稿　〔未收〕五輯 18
藍侍御集、北泉草堂詩集、北泉文集
　　〔存目〕集部 83
藍澗集　〔文淵〕1229〔文津〕1234〔文瀾〕
　　1265〔珍本〕別輯 397〔底本〕集部 38
藍澗詩集　〔著録〕集部 447

藏

藏一話腴　〔文淵〕865〔文津〕867〔文瀾〕
　　885〔珍本〕十二集 142〔著録〕子部 361
藏山閣集、田間尺牘　〔續修〕1400－1401
藏春集　〔文淵〕1191〔文津〕1196〔文瀾〕
　　1227〔珍本〕六集 258
藏春詩集　〔著録〕集部 252
藏海居士集　〔文淵〕1135〔文津〕1139〔文
　　瀾〕1166〔珍本〕五集 276〔底本〕集部
　　163〔著録〕集部 422
藏海詩話　〔文淵〕1479〔文津〕1483〔文
　　瀾〕1528〔珍本〕別輯 398〔底本〕集部
　　182〔著録〕集部 465
藏書　〔存目〕史部 23－24〔續修〕301－302
藏密齋集　〔續修〕1374－1375〔禁燬〕集部
　　45

舊

舊五代史　〔珍本〕別輯 53－67〔薈要〕
　　126－127〔著録〕史部 371－373
舊五代史、附考證　〔文淵〕277－278〔文
　　津〕272－274〔文瀾〕270－271
舊五代史考異　〔續修〕290
舊史内篇　〔未收〕六輯 7
舊雨草堂詩、詩餘　〔未收〕十輯 13
舊京詞林志　〔存目〕史部 259
舊京遺事、帝京紀聞　〔禁燬〕史部 33
舊唐書　〔薈要〕116－120
舊唐書、附考證　〔文淵〕268－271〔文津〕
　　264〔文瀾〕262－265

舊唐書校勘記 〔續修〕283-284

舊唐書逸文 〔續修〕285

舊聞證 〔珍本〕別輯 159

舊聞證誤 〔文淵〕686〔文津〕686〔文瀾〕
　700〔著録〕史部 267

韓

韓大中丞奏議 〔續修〕498

韓山人詩集、續集 〔存目〕集部 23〔續
　修〕1325

韓子迂評 〔存目〕子部 36

韓五泉詩 〔存目〕集部 62

韓内翰别集 〔珍本〕十二集 159〔著録〕集
　部 234

韓内翰别集、附新唐書本傳 〔文淵〕1083
　〔文津〕1087〔文瀾〕1113

韓文杜律 〔存目〕集部 327

韓文恪公文集、詩集 〔禁燬補〕70

韓文類譜 〔續修〕552

韓非子 〔文淵〕729〔文津〕729〔文瀾〕743
　〔薈要〕252〔著録〕子部 46

韓非子集解 〔續修〕972

韓昌黎詩集編年箋注 〔續修〕1310

韓門綴學、續編、談書録 〔續修〕1147

韓城縣志〔乾隆〕 〔續修〕693

韓集箋正、年譜 〔續修〕1310

韓集舉正、外集舉正、叙録 〔珍本〕初集
　243〔著録〕集部 2

韓集舉正、外集舉正、韓集舉正叙録
　〔文淵〕1073〔文津〕1077〔文瀾〕1103
　〔底本〕集部 51

韓集點勘 〔珍本〕九集 234〔著録〕集部
　337

韓集點勘、附文道先生墓誌銘、文道先生
　傳 〔文淵〕1075〔文津〕1079〔文瀾〕
　1105

韓詩内傳徵、疑義、叙録 〔續修〕75

韓詩外傳 〔文淵〕89〔文津〕84〔文瀾〕82

韓詩外傳疏證 〔未收〕九輯 1

＊韓詩遺説考、叙録 〔續修〕76

韓襄毅公家藏文集 〔底本〕集部 146-147
　〔著録〕集部 38

隸

隸八分辨 〔續修〕239

隸書正譌 〔續修〕238

隸通 〔續修〕241

隸經文、續 〔續修〕173

隸樣 〔續修〕242

隸篇、續、再續 〔續修〕241-242

隸辨 〔文淵〕235〔文津〕230〔文瀾〕228
　〔珍本〕五集 60-61〔著録〕經部 181

隸韻、碑目、隸韻考證、碑目考證 〔續
　修〕236

隸釋 〔文淵〕681〔文津〕681〔文瀾〕694
　〔著録〕史部 155

隸續 〔文淵〕681〔文津〕681〔文瀾〕695
　〔著録〕史部 156

樫

樫華館全集 〔續修〕1509

檢

檢蠹隨筆 〔存目〕子部 144

檜

檜亭集 〔文淵〕1208〔文津〕1212〔文瀾〕
　1243〔珍本〕三集 281

檜亭稿 〔著録〕集部 111

檀

檀弓 〔存目〕經部 95

檀弓批點 〔存目〕經部 88

檀弓述註 〔存目〕經部 91

檀弓原 〔存目〕經部 92

檀弓通 〔存目〕經部 94

檀弓疑問 〔文淵〕128〔文津〕123〔文瀾〕
　122〔珍本〕三集 75〔著録〕經部 49

檀弓論文 〔存目〕經部 102

檀弓輯註 〔存目〕經部 91

檀弓辨誣 〔續修〕107

檀弓叢訓 〔存目〕經部 88

檀雪齋集 〔存目〕集部 191

檀園集 〔文淵〕1295〔文津〕1299〔文瀾〕

1333〔珍本〕六集 288〔著録〕集部 279

樾

樾溪居士集 〔文淵〕1130〔文津〕1134〔文瀾〕1161〔珍本〕初集 275－276

擊

擊壤集 〔文淵〕1101〔文津〕1104〔文瀾〕1130

擊鐵集 〔未收〕七輯 20

臨

臨川文集 〔文淵〕1105〔文津〕1109〔文瀾〕1135

臨川文獻 〔存目〕集部 393

臨川先生文集 〔底本〕集部 5－8

臨川吳文正公年譜 〔存目〕史部 82

臨川吳文正公集、外集、年譜 〔著録〕集部 394－395

臨川集（臨川文集） 〔薈要〕376－377

臨川夢 〔續修〕1776

臨汀考言 〔未收〕八輯 21

＊臨江驛瀟湘夜雨 〔續修〕1763

臨江驛瀟湘秋夜雨雜劇 〔續修〕1760

臨安集 〔文淵〕1229〔文津〕1233〔文瀾〕1265〔珍本〕三集 294〔底本〕集部 38〔著録〕集部 64

＊臨春閣 〔續修〕1765

臨症辨似、附察舌辨症歌 〔續修〕999

臨野堂文集、詩集、詩餘、尺牘 〔存目〕集部 245

臨皐文集 〔文淵〕1291〔文津〕1296〔文瀾〕1329〔珍本〕二集 375－376

臨皐先生文集 〔底本〕集部 198〔著録〕集部 404

臨漢隱居詩話 〔文淵〕1478〔文津〕1482〔文瀾〕1527〔著録〕集部 213

＊臨潼鬭寶 〔續修〕1782

臨證指南醫案 〔存目〕子部 53〔續修〕1027

磯

磯園稗史 〔續修〕1170

邁

邁言（劉炎） 〔文淵〕703〔文津〕704〔文瀾〕718〔珍本〕四集 125

邁言（錢大昭） 〔續修〕195

邁訓 〔存目〕子部 241

霜

霜紅龕集、年譜 〔續修〕1395－1396

霜鏡集 〔禁燬〕集部 143

霞

霞外詩集 〔文淵〕1204〔文津〕1208〔文瀾〕1239〔珍本〕十集 245－246〔著録〕集部 60

霞外麈談 〔存目〕子部 131

霞外雜俎 〔存目〕子部 260

霞外攟屑 〔續修〕1163

霞光集 〔未收〕九輯 17

霞城集 〔存目〕集部 59

霞箋記 〔續修〕1769

豳

豳風廣義 〔存目〕子部 38〔續修〕978

壑

壑雲篇文集 〔禁燬〕187

戲

戲瑕 〔存目〕子部 97〔續修〕1143

嬰

嬰童百問 〔續修〕1009

闇

闇然堂類纂 〔存目〕子部 242

螺

螺江日記 〔存目〕子部 100

螺峰説録、附稚黃子文沜 〔存目〕子部 95

蟂

蟂磯山志 〔存目〕史部 237

蟋

蟋蟀軒草　〔存目〕集部 182

嶺

嶺內荔支譜　〔續修〕1116
嶺外代答　〔文淵〕589〔文津〕590〔文瀾〕598
嶺西水陸兵紀、附拙政編　〔存目〕子部 32
嶺表錄異　〔文淵〕589〔文津〕589〔文瀾〕598〔珍本〕別輯 138－139
嶺南三家詩選　〔禁燬〕集部 39
嶺南五朝詩選　〔存目〕集部 409
嶺南文獻　〔存目補〕21－22
嶺南文獻軌範補遺　〔存目〕集部 335
嶺南林睡廬詩選　〔禁燬〕集部 53
嶺南風物記　〔文淵〕592〔文津〕593〔文瀾〕601〔珍本〕四集 121〔著錄〕史部 427
嶺南詩集　〔續修〕1449〔未收〕十輯 24
嶺南群雅初集、二集　〔續修〕1693
嶺南雜記　〔存目〕史部 249
嶺海見聞　〔存目〕史部 250
嶺海焚餘　〔禁燬補〕24
嶺海輿圖　〔文淵〕494〔文津〕494〔文瀾〕497
嶺雲海日樓詩鈔、選外集　〔續修〕1576

嶽

嶽雪樓書畫錄　〔續修〕1085
嶽歸堂合集　〔存目〕集部 191

點

點蒼山人詩鈔　〔續修〕1483

矯

矯亭存稿、續稿　〔存目〕集部 61－62

魏

魏子敬遺集　〔禁燬補〕76
魏氏家藏方　〔續修〕1000
魏氏樂譜　〔續修〕1096
魏文帝集　〔續修〕1583－1584

魏伯子文錄　〔續修〕1671
魏武帝集　〔續修〕1583
魏叔子文集外篇、日錄、詩集　〔續修〕1408－1409
魏特進集　〔續修〕1588
魏書　〔薈要〕105－107〔著錄〕史部 173－175
魏書、附考證　〔文淵〕261－262〔文津〕255－257〔文瀾〕253－254
魏書官氏志疏證　〔未收〕十輯 3
魏鄭公諫錄　〔文淵〕446〔文津〕444〔文瀾〕447〔珍本〕五集 86〔著錄〕史部 30
魏鄭公諫續錄　〔文淵〕447〔文津〕445〔文瀾〕447〔珍本〕別輯 124

繁

繁露園集　〔存目〕集部 174

輿

輿地紀勝　〔續修〕584－585
輿地碑記目　〔文淵〕682〔文津〕682〔文瀾〕696〔著錄〕史部 156
輿地圖考　〔禁燬〕史部 72
輿地廣記　〔文淵〕471〔文津〕470〔文瀾〕472〔著錄〕史部 205

優

優古堂詩話　〔文淵〕1478〔文津〕1482〔文瀾〕1527〔著錄〕集部 213

儲

儲光羲集　〔著錄〕集部 42
儲光羲詩集　〔文淵〕1071〔文津〕1076〔文瀾〕1101〔珍本〕八集 144
儲遯菴文集　〔未收〕七輯 26

龜

龜山先生集　〔著錄〕集部 13
龜山集　〔珍本〕四集 255－258
龜巢稿　〔文淵〕1218〔文津〕1222〔文瀾〕1253〔珍本〕十集 250－255〔著錄〕集部 112
龜溪集　〔文淵〕1133〔文津〕1137〔文瀾〕

1164

徽

徽州府志[弘治] 〔存目〕史部 180–181

徽言秘旨 〔未收〕四輯 28

徽郡詩 〔存目補〕22

禦

禦倭軍事條款 〔續修〕852

鍥

鍥兩狀元編次皇明人物要考 〔禁燬〕史部 20

鍥旁注事類捷録 〔禁燬補〕40

鍼

鍼灸大成 〔存目〕子部 45 〔續修〕996

鍼灸甲乙經 〔文淵〕733 〔文津〕733 〔文瀾〕748 〔珍本〕十一集 105–106 〔著録〕子部 132

鍼灸問對 〔文淵〕765 〔文津〕766 〔文瀾〕782 〔珍本〕八集 136 〔著録〕子部 16

鍼灸節要 〔存目〕子部 48

鍼灸資生經 〔文淵〕742 〔文津〕742 〔文瀾〕756 〔珍本〕二集 182–183 〔著録〕子部 302

鍼灸聚英 〔存目〕子部 48 〔續修〕996

鍾

鍾山札記 〔續修〕1149

鍾水堂詩 〔存目〕集部 273

鍾台先生文集 〔存目〕集部 150

鍾惺文鈔 〔禁燬〕集部 160

鍾嶸詩品 〔著録〕集部 330

鴿

鴿經 〔續修〕1119

邈

邈雲樓集六種 〔未收〕十輯 13

谿

谿山卧游録 〔續修〕1082

谿山琴況 〔存目〕子部 74

谿田文集 〔存目〕集部 69

谿先生集 〔存目〕集部 116

谿音 〔未收〕十輯 20

甂

甂甀洞稿 〔續修〕1350

甂甀洞稿、續稿 〔存目〕集部 122–123

甂甀洞續稿詩部、文部 〔續修〕1350–1351

鮚

鮚埼亭集、年譜 〔續修〕1428–1429

鮚埼亭集文録 〔續修〕1670

鮚埼亭集外編 〔續修〕1429–1430

鮚埼亭詩集 〔續修〕1429

講

講武全書兵占 〔未收〕六輯 13

講學 〔存目〕子部 29

謨

謨觴詩集、二集 〔未收〕八輯 26

謝

謝山存稿 〔存目〕集部 138

謝文貞公文集 〔禁燬補〕58

謝石渠先生詩集 〔禁燬〕集部 181

謝幼槃文集 〔著録〕集部 341

謝耳伯先生初集、全集 〔存目〕集部 190

謝光禄集 〔續修〕1585

謝金吾詐拆清風府雜劇 〔續修〕1761

＊謝金蓮詩酒紅梨花 〔續修〕1763

謝金蓮詩酒紅梨花雜劇 〔續修〕1762

謝法曹集 〔續修〕1585

謝宣城集 〔文淵〕1063 〔文津〕1067 〔文瀾〕1092 〔續修〕1585

謝宣城詩集 〔著録〕集部 81

謝華啓秀 〔存目〕子部 177

謝康樂集 〔續修〕1304 〔續修〕1585

謝程山集、年譜 〔存目〕集部 209

謝皋羽年譜 〔存目〕史部 86

謚

謚忠文古廉文集　〔底本〕集部 144－145
謚法（劉熙）　〔續修〕826
謚法（蘇洵）　〔文淵〕646〔文津〕647〔文瀾〕657
謚法通考　〔存目〕史部 269〔續修〕826－827
謚法備考　〔未收〕二輯 27
謚法纂　〔存目〕史部 270

謙

謙光堂詩集　〔存目〕集部 60
謙谷集　〔未收〕十輯 21
謙齋文録　〔文淵〕1248〔文津〕1252〔文瀾〕1284〔珍本〕四集 334
謙齋詩稿　〔存目〕集部 274

襄

襄陵文集　〔文淵〕1123〔文津〕1127〔文瀾〕1153〔珍本〕初集 264
襄陽守城録　〔存目〕史部 45
襄陽府志［萬曆］　〔存目〕史部 211－212
襄陽耆舊記　〔續修〕548
襄勤伯鄂文端公年譜　〔續修〕554
襄毅文集　〔文淵〕1245〔文津〕1249〔文瀾〕1281〔珍本〕四集 327－329

應

應天府志［萬曆］　〔存目〕史部 203
應菴隨録　〔存目〕子部 104
應試詩法淺説　〔續修〕1718
應齋雜著　〔文淵〕1159〔文津〕1163〔文瀾〕1192〔珍本〕別輯 350

甕

甕牖閒評　〔文淵〕852〔文津〕854〔文瀾〕872〔珍本〕別輯 210
甕牖餘談　〔續修〕1263

燭

燭湖集　〔文淵〕1166〔文津〕1170〔文瀾〕

1199〔珍本〕四集 271－273

鴻

鴻苞　〔存目〕子部 88－90
鴻泥堂小稿、續稿　〔存目〕集部 78
鴻洲先生家則、野志　〔存目〕子部 106
鴻逸堂稿　〔存目〕集部 233
鴻猷録　〔存目〕史部 19〔續修〕389
鴻慶居士文集　〔著録〕集部 17
鴻慶居士集　〔文淵〕1135〔文津〕1139〔文瀾〕1166〔珍本〕十二集 164－166
鴻寶應本　〔禁燬補〕77

濬

濬元　〔存目〕子部 59

濕

濕熱條辨　〔續修〕1005

濮

濮川詩鈔　〔存目〕集部 414

濟

濟北晁先生雞肋集　〔著録〕集部 93
濟生方　〔文淵〕743〔文津〕743〔文瀾〕757〔珍本〕別輯 182
濟生方、濟生方續　〔著録〕子部 302
濟南先生師友談記　〔著録〕子部 167
濟南集　〔文淵〕1115〔文津〕1120〔文瀾〕1146〔珍本〕別輯 281－282
濟美堂集、粵西疏稿、留都疏稿　〔存目〕集部 131
濟美録　〔存目〕史部 95
濟陰綱目　〔存目〕子部 52

濯

濯舊稿　〔存目〕子部 83
濯纓亭筆記　〔存目〕子部 103
濯纓亭筆記、附禮記集説辯疑　〔續修〕1170

謇

謇齋瑣綴録　〔存目〕子部 239

邃

邃古記 〔存目〕史部 29
邃雅堂文集續編 〔續修〕1482
邃雅堂文録 〔續修〕1672
邃雅堂集 〔續修〕1482
邃懷堂全集 〔續修〕1515

鴶

鴶鵃譜全集 〔續修〕1119

禮

禮山園詩集、文集、後編、續集 〔存目〕集部 246
禮白嶽紀、篷櫳夜話 〔存目〕史部 128
禮俗權衡 〔未收〕三輯 8
禮庭吟 〔存目〕集部 37
禮耕堂五經撮要 〔未收〕三輯 10
禮記大全 〔文淵〕122 〔文津〕117 〔文瀾〕116 〔珍本〕六集 19－26
禮記子思子言鄭注補正 〔續修〕932
禮記日録、圖解 〔存目〕經部 89
禮記中説 〔存目〕經部 90
禮記手説 〔存目〕經部 94
禮記附記 〔續修〕103
禮記析疑 〔文淵〕128 〔文津〕123 〔文瀾〕122 〔著録〕經部 74
禮記述註 〔文淵〕127 〔文津〕122－123 〔文瀾〕121 〔珍本〕二集 44－47 〔著録〕經部 156
禮記明音 〔存目〕經部 88
禮記注疏、正義序、原目、傳述人 〔薈要〕51－52
禮記要義 〔續修〕96
禮記思 〔續修〕97
禮記恒解 〔續修〕105
禮記約選 〔未收〕四輯 5
禮記訓義擇言 〔文淵〕128 〔文津〕123 〔文瀾〕122 〔珍本〕九集 53
禮記訓纂 〔續修〕105
禮記陳氏集説補正 〔著録〕經部 74
禮記通解、讀禮記 〔存目〕經部 91－92

〔續修〕97
禮記偶箋 〔存目〕經部 96 〔續修〕98
禮記章句(王夫之) 〔續修〕98
禮記章句(任啓運) 〔存目〕經部 102－103 〔續修〕99
禮記章句(汪紱) 〔續修〕100
禮記章義 〔存目〕經部 101 〔續修〕98
禮記淺説 〔未收〕四輯 5
禮記敬業 〔存目〕經部 95
禮記集註 〔存目〕經部 88
禮記集解 〔續修〕103－104
禮記集説(陳澔) 〔珍本〕九集 38－42 〔著録〕經部 155
禮記集説(衛湜) 〔文淵〕117－120 〔文津〕111－115 〔文瀾〕111－114 〔薈要〕53－56
禮記集説、統説 〔底本〕經部 26－45 〔著録〕經部 67－69
禮記集説大全 〔著録〕經部 17
禮記集説辯疑 〔存目〕經部 88
禮記註疏、附考證 〔文淵〕115－116 〔文津〕110－111 〔文瀾〕109
禮記補注 〔續修〕103
禮記補疏 〔續修〕105
禮記疏略 〔存目〕經部 95
禮記摘藻 〔未收〕十輯 1
禮記會解新裁 〔存目〕經部 92
禮記詳説 〔存目〕經部 96－100
禮記新義 〔存目〕經部 91
禮記意評 〔存目〕經部 94
禮記箋 〔續修〕104
禮記疑義 〔續修〕99－100
禮記説義纂訂 〔存目〕經部 93
禮記鄭讀考(俞樾) 〔續修〕106
禮記鄭讀考(陳壽祺) 〔續修〕106
禮記質疑 〔續修〕106
禮記擇言 〔著録〕經部 195
禮記輯覽 〔存目〕經部 89
禮記鼇編 〔續修〕103
禮記識 〔續修〕106
禮記類編 〔存目〕經部 102
禮記纂言 〔文淵〕121 〔文津〕115－116

〔文瀾〕115〔珍本〕五集 31－36〔存目〕經部 101〔著録〕經部 154－155

禮記纂註 〔存目〕經部 93

禮記釋注 〔續修〕106

禮部志稿 〔文淵〕597－598〔文津〕597－599〔文瀾〕606－608〔珍本〕初集 137－148

禮部集 〔文淵〕1212〔文津〕1215－1216〔文瀾〕1247〔珍本〕十二集 173－174〔薈要〕406

禮書 〔文淵〕130〔文津〕125〔文瀾〕123〔珍本〕五集 25－30〔著録〕經部 49

禮書附録 〔未收〕三輯 8

禮書通故 〔續修〕111－112

禮書綱目 〔珍本〕十二集 8－17〔著録〕經部 196－197

禮書綱目、附論律呂、深衣考誤 〔文淵〕133－134〔文津〕128－129〔文瀾〕126－127

禮經凡例、附容經學凡例 〔續修〕93

禮經本義 〔文淵〕109〔文津〕104－105〔文瀾〕103〔珍本〕初集 58－60〔著録〕經部 195

禮經宮室答問 〔續修〕110

禮經校釋 〔續修〕94

禮經奧旨 〔存目〕經部 103

禮經會元 〔文淵〕92〔文津〕87〔文瀾〕85〔薈要〕49〔著録〕經部 12

禮經學 〔續修〕94

禮經類編 〔存目〕經部 108

禮經釋例 〔續修〕90

禮箋 〔續修〕109

禮説（黄以周） 〔續修〕112

禮説（淩曙） 〔續修〕110

禮説（惠士奇） 〔文淵〕101〔文津〕97〔文瀾〕95〔著録〕經部 13

禮樂合編 〔存目〕經部 109

禮樂通考 〔存目〕經部 111

禮學卮言 〔續修〕110

禮學彙編 〔存目〕經部 110

檗

檗菴集 〔存目〕集部 146

甓

甓湖草堂文集、近詩、近集 〔未收〕八輯 18

甓湖聯吟集 〔禁燬〕集部 6

甓餘雜集 〔存目〕集部 78

孺

孺廬先生文録 〔續修〕1671

翼

翼玄 〔存目〕子部 56〔續修〕1048

翼教叢編 〔未收〕九輯 15

翼學編 〔存目〕子部 123

翼藝典略 〔存目〕經部 178

績

績學堂文鈔、詩鈔 〔存目〕集部 263〔續修〕1413

縹

縹緗對類大全 〔存目〕子部 196－197

縱

縱釣居文集 〔存目〕集部 242

縮

縮齋文集 〔未收〕五輯 26

十八畫

瓊

瓊州府志［乾隆］ 〔續修〕676

瓊林雅韻 〔存目〕集部 426

瓊臺詩文會稿重編 〔著録〕集部 264

瓊臺詩話 〔存目〕集部 416

釐

釐正按摩要術 〔續修〕997

擷

擷芙蓉集 〔禁燬〕集部 147

騎

騎省集 〔文淵〕1085 〔文津〕1089 〔文瀾〕
　1114〔薈要〕367

藕

藕居士詩話 〔存目〕集部418
藕灣詩集、文集、續補存歿四詠 〔存目〕
　集部208

職

職方外紀 〔文淵〕594 〔文津〕594 〔文瀾〕
　603 〔著錄〕史部430
職官分紀 〔文淵〕923 〔文津〕926－927
　〔文瀾〕943 〔珍本〕初集234－238〔著
　錄〕子部39

藝

藝文類聚 〔文淵〕887 〔文津〕888－890
　〔文瀾〕907－908〔著錄〕子部174－175
藝舟雙楫 〔續修〕1082
藝林彙考 〔文淵〕859 〔文津〕861 〔文瀾〕
　879 〔珍本〕二集213－216〔著錄〕子部
　361
＊藝林彙考服飾篇 〔文淵〕859 〔文津〕861
　〔文瀾〕879 〔珍本〕二集213－216
＊藝林彙考植物篇 〔文淵〕859 〔文津〕861
　〔文瀾〕879 〔珍本〕二集213－216
＊藝林彙考棟宇篇 〔文淵〕859 〔文津〕861
　〔文瀾〕879 〔珍本〕二集213－216
＊藝林彙考飲食篇 〔文淵〕859 〔文津〕861
　〔文瀾〕879 〔珍本〕二集213－216
＊藝林彙考稱號篇 〔文淵〕859 〔文津〕861
　〔文瀾〕879 〔珍本〕二集213－216
藝風堂文集、外篇 〔續修〕1574
藝風堂文續集、外集 〔續修〕1574
藝圃擷餘 〔文淵〕1482 〔文津〕1487 〔文
　瀾〕1532 〔珍本〕三集399〔著錄〕集部
　332
藝菊志 〔存目〕子部81 〔續修〕1116
藝麻輯要 〔續修〕977
藝游録 〔未收〕十輯9
藝彀 〔文淵〕856 〔文津〕857 〔文瀾〕876

〔珍本〕二集208
藝概 〔續修〕1714
藝藪談宗 〔存目〕集部417

鞭

＊鞭歌妓 〔續修〕1764

藥

藥地炮莊 〔存目〕子部257
藥地炮莊、總論 〔續修〕957
藥性通考 〔續修〕994
藥房樵唱 〔文淵〕1215 〔文津〕1219 〔文
　瀾〕1250 〔珍本〕三集287 〔底本〕集部
　104 〔著錄〕集部396
藥要便蒙新編 〔未收〕六輯14
藥品化義 〔續修〕990
藥鏡 〔存目〕子部42

藤

藤花亭鏡譜 〔續修〕1111
藤香館詞 〔續修〕1727
藤陰劄記 〔存目〕子部19 〔續修〕944
藤陰雜記 〔續修〕1177
藤塢詩集 〔未收〕五輯30

蘊

蘊素閣文集 〔續修〕1494
蘊素閣別集 〔續修〕1493
蘊素閣詩集 〔續修〕1493
蘊素閣詩續集 〔續修〕1493

轉

轉天心 〔續修〕1766｜1766
轉注古音略 〔文淵〕239 〔文津〕234 〔文
　瀾〕232 〔著錄〕經部182
轉注古義考 〔續修〕204
轉漕日記 〔續修〕559

覆

覆盆明鏡照占真經 〔續修〕1055
覆瓿集(朱同) 〔文淵〕1227 〔文津〕1232
　〔文瀾〕1263 〔珍本〕初集359〔著錄〕集

部 349

覆瓿集（趙必瑑） 〔文淵〕1187〔文津〕1191〔文瀾〕1222〔珍本〕八集 158

覆甕集刑名、餘集 〔續修〕974

醫

醫方集解 〔續修〕1002

醫方論 〔續修〕1003

醫方選要 〔存目〕子部 41

醫方叢話 〔未收〕十輯 8

醫史 〔存目〕子部 42〔續修〕1030

醫旨緒餘 〔文淵〕766〔文津〕768〔文瀾〕784〔珍本〕四集 147〔著録〕子部 18

醫林大觀書目 〔未收〕十輯 4

醫林改錯 〔續修〕1026

醫門法律、寓意草 〔文淵〕783〔文津〕784〔文瀾〕800〔珍本〕二集 194－196〔著録〕子部 268

醫門棒喝 〔續修〕1029

醫門棒喝二集傷寒論本旨 〔續修〕987－988

醫宗必讀 〔續修〕1022

醫故 〔續修〕1030

醫品補遺 〔存目〕子部 47

醫津一筏 〔存目〕子部 54

醫悟 〔未收〕十輯 8

醫案 〔存目〕子部 48〔續修〕1026

醫貫 〔續修〕1019〔禁燬〕子部 1

醫貫砭 〔存目〕子部 53〔續修〕1028

醫經正本書 〔續修〕1028

醫經原旨 〔續修〕982

醫經溯洄集 〔文淵〕746〔文津〕746〔文瀾〕761

醫碥 〔續修〕1025

醫閭先生集 〔底本〕集部 44〔底本〕集部 186〔著録〕集部 267

醫閭集 〔文淵〕1254〔文津〕1258〔文瀾〕1291〔珍本〕九集 264

醫說 〔文淵〕742〔文津〕742〔文瀾〕756〔珍本〕六集 193－194〔著録〕子部 302

醫醇賸義 〔續修〕1006

醫學三字經 〔續修〕1026

醫學六要 〔存目〕子部 45－46

醫學心悟、附華佗外科十法 〔續修〕1024

醫學啓源 〔續修〕1019

醫學發明 〔續修〕1005

醫學源流論 〔文淵〕785〔文津〕786〔文瀾〕802〔珍本〕八集 137〔著録〕子部 145

醫學綱目 〔續修〕1020－1021

醫學讀書記、續記、附静香樓醫案 〔續修〕1027

醫燈續焰 〔續修〕998

醫壘元戎 〔文淵〕745〔文津〕745〔文瀾〕760〔珍本〕四集 140－142〔著録〕子部 138

顧

顧頷集 〔未收〕五輯 27

礛庵槧 〔存目〕子部 59

豐

豐川今古文尚書質疑 〔存目〕經部 59

豐川全集正編、續編 〔存目〕集部 278－279

豐川易説 〔文淵〕51〔文津〕46〔文瀾〕44〔珍本〕三集 28－29

豐川詩説 〔存目〕經部 79

豐川禮記彙編 〔存目〕經部 103

豐川續集 〔存目〕集部 279

豐正元先生詩 〔存目〕集部 190

豐草菴詩集、文集、寶雲詩集、禪樂府 〔續修〕1403－1404

豐草菴詩集、前集、後集、寶雲詩集、禪樂府 〔禁燬〕集部 33

豐清敏公遺事 〔存目〕史部 81〔續修〕550

豐陽人文紀略 〔存目〕集部 412

豐陽先生集 〔存目〕集部 122

豐暇觀頤 〔存目〕子部 154

豐溪存稿 〔存目〕集部 10

豐對樓詩選 〔存目〕集部 144

豐潤縣志[隆慶] 〔存目〕史部 201

叢

叢桂堂文録 〔續修〕1671

叢桂堂全集 〔存目〕集部 193

叢碧山房詩初集、二集、三集、四集、五集、文集、雜著 〔存目補〕52

叢語 〔存目〕子部 90

瞿

瞿山詩略 〔存目〕集部 222

瞿文懿公集、制科集、制勅稿 〔存目〕集部 109

瞿冏卿集 〔存目〕集部 187

瞿忠宣公集 〔續修〕1375

鼃

鼃采館清課 〔存目〕子部 118

闕

闕史 〔著録〕子部 243

闕里文獻考 〔續修〕512

闕里書 〔存目補〕93

闕里誌 〔存目〕史部 76

闕里廣誌 〔存目〕史部 80

曠

曠園雜志 〔存目〕子部 250

蟫

蟫史集 〔存目〕子部 216 〔續修〕1237

蟫香館使黔日記 〔續修〕582－583

蟫精雋 〔文淵〕867 〔文津〕869 〔文瀾〕887 〔珍本〕二集 209 〔著録〕子部 170

蟲

蟲天志 〔存目〕子部 82

蟲薈 〔續修〕1120

顓

顓頊曆考 〔續修〕1036

鵝

鵝湖集 〔文淵〕1233 〔文津〕1237 〔文瀾〕1269 〔珍本〕二集 353

鵝湖講學會編 〔存目〕史部 247

穄

穄經堂初藁 〔未收〕十輯 28

簪

*簪花髻 〔續修〕1764

簪雲樓雜說 〔存目〕子部 250

簡

簡平儀說 〔文淵〕787 〔文津〕789 〔文瀾〕805 〔珍本〕十二集 139 〔著録〕子部 51

簡松草堂文集、詩集 〔續修〕1471

簡明中西匯參醫學圖說 〔續修〕1026

簡明醫殼 〔存目〕子部 48

簡莊文鈔、續編、河莊詩鈔 〔續修〕1487

簡莊疏記 〔續修〕1157

簡端録 〔文淵〕184 〔文津〕179 〔文瀾〕176 〔珍本〕三集 101－102

簡學齋詩存、簡學齋詩删 〔續修〕1512

簡齋先生集詩選、文選 〔禁燬〕集部 46

簡齋集 〔文淵〕1129 〔文津〕1133 〔文瀾〕1161 〔薈要〕388

簣

簣齋雜著 〔存目〕子部 102

雙

*雙合歡 〔續修〕1765

雙江先生困辯録 〔存目〕子部 9 〔續修〕939

雙江聶先生文集 〔存目〕集部 72

雙池文集 〔續修〕1425

雙柏廬集 〔禁燬補〕88

雙珠記 〔續修〕1768

雙桂堂文録 〔續修〕1671

雙桂堂稿、續編 〔續修〕1470

雙烈記 〔續修〕1772

雙峰先生內外服制通釋 〔底本〕經部 47 〔著録〕經部 195

雙峰先生存藁 〔續修〕1318

雙釘案 〔續修〕1767 11767

雙崖文集 〔未收〕六輯 30

雙硯齋詩鈔　〔續修〕1499

雙雲堂文稿、詩稿、行述　〔存目〕集部 256

雙湖先生文集　〔續修〕1322

雙槐歲抄　〔存目〕子部 239　〔續修〕1166

雙溪草堂詩集、西山草　〔存目〕集部 252

雙溪集(王炎)　〔著錄〕集部 443

雙溪集(杭淮)　〔文淵〕1266〔文津〕1270〔文瀾〕1303〔珍本〕三集 334

雙溪集(蘇籀)　〔文淵〕1136〔文津〕1140〔文瀾〕1167

雙溪集、欒城遺言　〔著錄〕集部 342

雙溪醉隱集　〔文淵〕1199〔文津〕1203〔文瀾〕1234〔珍本〕二集 330

雙溪雜記　〔存目〕子部 239

雙溪類藁　〔文淵〕1155〔文津〕1159〔文瀾〕1188〔珍本〕三集 269－271

雙薇園集　〔禁燬補〕90

雙樹堂詩鈔　〔存目補〕97

雙橋隨筆　〔文淵〕724〔文津〕725〔文瀾〕739〔珍本〕初集 165

*雙鶯傳　〔續修〕1765

邊

邊事小紀　〔禁燬補〕16

邊事彙鈔　〔未收〕三輯 15

邊政考　〔續修〕738

邊華泉集、集稿　〔著錄〕集部 69

邊略　〔禁燬〕史部 72

邊塞考　〔禁燬補〕26

歸

歸田集、扈從東巡日録　〔未收〕九輯 16

歸田詩話　〔存目〕集部 416〔續修〕1694

歸田瑣記　〔續修〕1179

歸田稿　〔文淵〕1256〔文津〕1260〔文瀾〕1293〔珍本〕四集 339

歸田稿、年譜　〔著錄〕集部 431

歸田録　〔文淵〕1036〔文津〕1040〔文瀾〕1064〔著錄〕子部 218

歸田類稿　〔文淵〕1192〔文津〕1196〔文瀾〕1228〔珍本〕三集 273－274

歸玄恭遺著、詩鈔　〔續修〕1401

歸有園稿　〔存目〕集部 125－126

歸先生文集　〔存目〕集部 138

歸閒述夢　〔存目〕史部 127

歸愚文録　〔續修〕1671

歸愚詞　〔文淵〕1488〔文津〕1492〔文瀾〕1537〔著錄〕集部 218

歸愚詩鈔　〔續修〕1424

歸愚詩鈔餘集　〔續修〕1424

歸潛志　〔文淵〕1040〔文津〕1044〔文瀾〕1067〔著錄〕子部 242

歸錢尺牘　〔禁燬〕集部 111

鎮

鎮江志[嘉定]　〔續修〕698

鎮海縣志[光緒]　〔續修〕707

饅飩亭集、饅飩亭後集　〔續修〕1521－1522

雞

雞土集詩、文　〔存目〕集部 106

雞肋　〔文淵〕948〔文津〕951〔文瀾〕955〔著錄〕子部 330

雞肋集　〔文淵〕1118〔文津〕1122－1123〔文瀾〕1148〔薈要〕386

雞肋編　〔文淵〕1039〔文津〕1043〔文瀾〕1066〔著錄〕子部 220

雞足山志　〔存目〕史部 238

雞峰普濟方　〔續修〕1000

雞譜　〔續修〕1119

鯁

*鯁詩識　〔續修〕1765

觴

觴政　〔存目〕子部 80

謫

謫麟堂遺集　〔續修〕1561

癖

癖談、附清白士集校補　〔未收〕三輯 20

雜

雜毒海　〔未收〕五輯 13

雜病治例　〔存目〕子部 41

雜病源流犀燭　〔續修〕1024

雜著十種　〔存目〕子部 165

雜劇三集　〔續修〕1765

雜學辨　〔著録〕子部 61

雜學辨、附記疑　〔文淵〕699　〔文津〕699　〔文瀾〕713

離

離六堂二集、潮行近艸　〔禁燬〕集部 186

離六堂集　〔禁燬〕集部 186

離垢集　〔未收〕八輯 29

離憂集　〔禁燬補〕47

離騷九歌釋　〔未收〕六輯 21

離騷中正、讀騷管見　〔存目〕集部 2

離騷草木史　〔續修〕1302

離騷草木疏　〔文淵〕1062　〔文津〕1066　〔文瀾〕1091　〔著録〕集部 335

離騷草木疏補　〔存目〕集部 1

離騷集傳　〔續修〕1301

離騷節解、附節指、本韻、正音　〔未收〕五輯 16

離騷解　〔存目〕集部 2

離騷彙訂、屈子雜文箋略　〔未收〕五輯 16

離騷經註、附九歌註　〔存目〕集部 2

離騷經解略　〔存目〕集部 2

離騷圖　〔著録〕集部 41

顔

顔山雜記　〔文淵〕592　〔文津〕593　〔文瀾〕601　〔珍本〕五集 101－102　〔著録〕史部 252

顔子繹　〔存目〕子部 17

顔氏家訓　〔文淵〕848　〔文津〕851　〔文瀾〕868　〔薈要〕277

顔氏家訓、附考證　〔著録〕子部 305

顔氏家訓、補校注　〔續修〕1121

顔氏學記　〔續修〕952

顔光禄集　〔續修〕1585

顔習齋先生四書正誤　〔續修〕166

顔習齋先生年譜　〔續修〕554

顔魯公文集、年譜、附行狀、碑銘、新史本傳、舊史本傳　〔著録〕集部 83

顔魯公集、年譜、行狀、神道碑　〔文淵〕1071　〔文津〕1076　〔文瀾〕1101

瀑

瀑音、附碧濤芨逸存　〔禁燬〕集部 110

瀠

瀠函　〔未收〕七輯 21

瀠源問答　〔續修〕1164　〔未收〕七輯 11

瀏

瀏陽麻利述　〔續修〕977

懮

懮患集偶鈔、子遺録　〔禁燬〕集部 187

禱

禱雨雜紀　〔存目〕子部 122

璧

璧水群英待問會元　〔存目〕子部 168　〔續修〕1217－1218

韞

韞山堂文録　〔續修〕1672

隴

隴首集　〔存目〕集部 193

隴蜀餘聞　〔存目〕子部 245

彝

彝軍紀略　〔未收〕三輯 13

彝壽軒詩鈔、煙波漁唱　〔續修〕1517

彝齋文編　〔文淵〕1181　〔文津〕1185　〔文瀾〕1216　〔珍本〕三集 247

繙

* 繙譯四書　〔文淵〕185－189　〔文津〕180－184

* 繙譯易經、周易圖説、筮儀、周易上下篇義　〔文淵〕185－189　〔文津〕180－

184

* 繙譯春秋、綱領 〔文淵〕185－189〔文津〕180－184

* 繙譯書經 〔文淵〕185－189〔文津〕180－184

* 繙譯詩經 〔文淵〕185－189〔文津〕180－184

* 繙譯禮記 〔文淵〕185－189〔文津〕180－184

織

織水齋集 〔存目〕集部 208

織錦廻文詩 〔著録〕集部 335

織簾書屋詩鈔 〔續修〕1492

繕

繕部紀略 〔續修〕878

斷

斷腸詞 〔文淵〕1488〔文津〕1493〔文瀾〕1538〔著録〕集部 219

斷腸詩集、後集 〔存目〕集部 20

十九畫

騄

騄粟暇筆 〔未收〕六輯 20

騷

騷苑 〔存目〕子部 179

騷略 〔存目〕集部 20

騷筏 〔未收〕十輯 13

攄

攄古録 〔續修〕895

攄古録金文 〔續修〕902

擇

擇石齋文集 〔未收〕十輯 15

擇石齋詩集 〔未收〕十輯 16

擇石齋詩集、擇石齋文集 〔續修〕1443

難

難經正義、圖 〔續修〕983

難經本義 〔文淵〕733〔文津〕733〔文瀾〕748〔薈要〕254〔著録〕子部 263

難經直解 〔未收〕三輯 22

難經經釋 〔存目〕子部 39〔續修〕983

難經懸解 〔存目〕子部 39〔續修〕983

蘋

蘋洲漁笛譜、集外詞 〔續修〕1723

蘧

蘧編 〔禁燬補〕25

蘧廬詩、詞 〔存目〕集部 210

蘧廬稿選 〔禁燬〕集部 78

蘆

蘆川詞 〔文淵〕1487〔文津〕1492〔文瀾〕1537〔著録〕集部 218

蘆川歸來集 〔文淵〕1136〔文津〕1140〔文瀾〕1167〔珍本〕五集 277〔存目〕集部 15〔著録〕集部 50

蘆中集 〔未收〕八輯 22

蘆花絮 〔續修〕1767 ‖1767

蘆浦筆記 〔文淵〕852〔文津〕854〔文瀾〕872〔著録〕子部 164

勸

勸農書 〔續修〕975

勸種洋棉説 〔續修〕977

勸學篇 〔續修〕953

孽

孽海花 〔續修〕1800

蘅

蘅華館日記 〔續修〕576

蘅華館詩録、附存 〔續修〕1558

蘇

蘇山選集 〔存目〕集部 124

蘇氏易傳 〔著錄〕經部 141

蘇氏春秋集解 〔文淵〕148 〔文津〕143
〔文瀾〕142 〔薈要〕34

蘇氏詩集傳 〔文淵〕70〔文津〕65〔文瀾〕
63

蘇氏演義 〔文淵〕850〔文津〕852〔文瀾〕
870〔底本〕子部 27〔著錄〕子部 359

蘇文奇賞 〔存目〕集部 12

蘇文忠公詩編註集成、總案、諸家雜綴酌
存、蘇海識餘、箋詩圖 〔續修〕1315–
1316

蘇文忠公膠西集 〔存目〕集部 11

蘇平仲文集 〔文淵〕1228〔文津〕1233〔文
瀾〕1264〔著錄〕集部 36

蘇米志林 〔存目〕史部 85

蘇州府纂修識略 〔存目〕史部 46

蘇沈內翰良方 〔著錄〕子部 134

蘇沈良方 〔文淵〕738〔文津〕738〔文瀾〕
753〔珍本〕別輯 178

蘇松歷代財賦考、請減蘇松浮糧疏稿
〔存目〕史部 276

蘇松歷代財賦考、請減蘇松浮糧疏稿、居
官備覽 〔續修〕833

蘇門山人詩鈔 〔未收〕十輯 20

蘇門六君子文粹 〔文淵〕1361〔文津〕
1365〔文瀾〕1403〔著錄〕集部 300

蘇門集 〔文淵〕1273〔文津〕1278〔文瀾〕
1310〔珍本〕六集 282〔薈要〕418〔著
錄〕集部 276

蘇黃門龍川別志 〔底本〕子部 40

＊蘇園翁 〔續修〕1765

蘇詩補註、附年表、採輯書目 〔文淵〕
1111〔文津〕1114–1115〔文瀾〕1141
〔珍本〕五集 380–389

蘇詩摘律 〔存目〕集部 14

蘇臺麋鹿記 〔續修〕446

蘇穎濱年表 〔存目〕史部 81

蘇談 〔禁燬補〕37

蘇學士集 〔文淵〕1092〔文津〕1095〔文
瀾〕1121〔著錄〕集部 87

蘇魏公文集 〔文淵〕1092〔文津〕1095–
1096〔文瀾〕1121〔珍本〕四集 237–242
〔底本〕集部 2〔著錄〕集部 4

蘇齋筆記 〔未收〕四輯 9

蘇齋題跋、附銕函齋書跋補 〔續修〕1068

警

警世通言 〔續修〕1784–1785

警語類抄 〔存目〕子部 130

蘂

蘂棲詞 〔禁燬補〕82

蘂閣集 〔存目〕集部 16

麓

麓堂詩話 〔著錄〕集部 331

麓臺題畫稿 〔續修〕1066

攀

攀古小廬雜著 〔續修〕1160

攀古樓彝器款識 〔續修〕903

繫

繫辭十篇書 〔存目〕經部 22

繫辭傳論 〔續修〕22

麗

麗句集 〔存目〕子部 224

麗則遺音 〔文淵〕1222〔文津〕1226〔文
瀾〕1257〔珍本〕四集 301〔薈要〕407
〔著錄〕集部 62

麗崎軒詩、詩餘 〔禁燬〕集部 182

麗澤論説集錄 〔文淵〕703〔文津〕704
〔文瀾〕718〔珍本〕十一集 102〔著錄〕子
部 250

礦

礦學心要新編 〔未收〕三輯 19

願

願學堂集、使交紀事、使交吟、安南世系
略、南交好音 〔存目〕集部 219

願學集 〔文淵〕1294〔文津〕1298〔文瀾〕
1332〔珍本〕五集 376–377

願學編 〔存目〕子部 7〔續修〕938

璽

璽召録 〔存目〕史部 128

黼

黼菴遺稿 〔存目〕集部 67

贈

贈書記 〔續修〕1773

曝

曝書亭集、附葉兒樂府 〔文淵〕1317 –
　　1318〔文津〕1321 – 1322〔文瀾〕1356
曝書亭集、笛漁小薲 〔著録〕集部 439
曝書亭集詞註 〔續修〕1724
曝書雜記 〔續修〕926

關

關中石刻文字新編 〔續修〕909
關中金石文字存逸考 〔續修〕908
關中金石記 〔續修〕908
關中奏題稿 〔著録〕史部 421
關中奏議 〔文淵〕428〔文津〕426〔文瀾〕
　　426〔珍本〕五集 81 – 84
關中陵墓志 〔存目〕史部 243〔續修〕720
關中集 〔存目〕集部 173
關中勝蹟圖志 〔文淵〕588〔文津〕588 –
　　589〔文瀾〕597〔珍本〕十集 99 – 104〔著
　　録〕史部 251
關氏易傳 〔存目〕經部 1〔續修〕1
關尹子 〔文淵〕1055〔文津〕1059〔文瀾〕
　　1084〔薈要〕276
關尹子文始真經 〔著録〕子部 246〔續修〕
　　1292
關尹子闡玄 〔續修〕958
關洛紀遊稿 〔存目〕集部 133
關學編 〔存目〕史部 126〔續修〕515

疇

疇人傳 〔續修〕516
疇人傳三編 〔續修〕516
疇人傳四編 〔續修〕516

疇齋文稿 〔續修〕1324

蹴

蹴踘譜 〔續修〕1106

蠖

蠖齋詩話 〔存目〕集部 420

蟻

蟻術詞選 〔續修〕1723
蟻術詩選 〔續修〕1324

嚴

嚴太僕先生集 〔未收〕八輯 19
嚴文靖公集、詩 〔存目〕集部 107
嚴石谿詩稿 〔禁燬〕集部 101
嚴白雲詩集 〔未收〕七輯 21
嚴東有詩集 〔續修〕1450
嚴陵集 〔文淵〕1348〔文津〕1352〔文瀾〕
　　1390〔珍本〕三集 383
嚴逸山先生文集、附家乘後編 〔禁燬〕
　　集部 90

獸

獸經 〔續修〕1119

羅

羅司勳文集、外集 〔存目〕集部 94
羅江東外紀 〔存目〕史部 86
羅李郎大鬧相國寺雜劇 〔續修〕1762
羅昭諫集 〔文淵〕1083〔文津〕1088〔文
　　瀾〕1114〔珍本〕三集 234
羅浮山志會編 〔存目〕史部 240〔續修〕725
羅浮石洞葉絧齋先生文集、詩集 〔著
　　録〕集部 404
羅浮外史 〔存目〕史部 240
羅浮野乘 〔存目〕史部 232
羅浮㑞鶴山人詩草、外集 〔續修〕1570
羅紋山先生全集 〔禁燬〕集部 84
羅鄂州小集 〔文淵〕1142〔文津〕1147〔文
　　瀾〕1174〔珍本〕十二集 167
羅鄂州小集、羅鄖州遺文 〔著録〕集部 96

羅湖野録　〔文淵〕1052〔文津〕1056〔文瀾〕1083〔珍本〕十一集 158

贊

贊靈集　〔存目〕子部 259

籀

籀史　〔文淵〕681〔文津〕681〔文瀾〕694〔著録〕史部 393

籀述林　〔續修〕1164

籀經堂類藁　〔續修〕1522-1523

籀遺文　〔續修〕1567

簪

簪曝雜記　〔續修〕1138

牘

牘雋　〔存目〕集部 385

鏡

鏡山庵集　〔禁燬〕集部 30-31

鏡花緣　〔續修〕1795-1796

鏡庵詩選　〔未收〕八輯 16

辭

辭品、拾遺　〔續修〕1733

辭榮録　〔存目〕史部 59

鯤

鯤溟先生詩集、奏疏　〔底本〕集部 194〔著録〕集部 71

鯤溟詩集　〔文淵〕1288〔文津〕1292〔文瀾〕1326〔珍本〕五集 366

鯨

鯨背吟集　〔文淵〕1214〔文津〕1218〔文瀾〕1249〔珍本〕十集 246

蟹

蟹略　〔文淵〕847〔文津〕849〔文瀾〕866〔著録〕子部 53

蟹譜　〔文淵〕847〔文津〕849〔文瀾〕866

〔著録〕子部 163

譚

譚子雕蟲　〔存目〕子部 113

譚苑醍醐　〔文淵〕855〔文津〕857〔文瀾〕876〔著録〕子部 359

譚輅　〔續修〕1127

譚賓録　〔續修〕1260

譚襄敏公奏議　〔底本〕史部 16-17〔著録〕史部 422

譚襄敏公遺集　〔未收〕五輯 20

譚襄敏奏議　〔文淵〕429〔文津〕427〔文瀾〕428〔珍本〕六集 98-99

譙

譙子五行志　〔續修〕1049

識

識大録　〔存目〕史部 35-37

識小編　〔文淵〕861〔文津〕863〔文瀾〕881〔著録〕子部 360

識匡齋全集　〔禁燬〕集部 108

識字略　〔未收〕二輯 14

識病捷法　〔續修〕998

識遺　〔文淵〕854〔文津〕856〔文瀾〕874〔珍本〕十一集 129〔著録〕子部 31

譔

譔集傷寒世驗精法、修補傷寒金鏡録辨舌世驗精法　〔未收〕四輯 25

證

證人社約言　〔存目〕子部 15

證山堂集　〔存目〕集部 233

證治大還六種　〔存目〕子部 49

證治準繩　〔文淵〕767-771〔文津〕768-773〔文瀾〕785-789

證治準繩六種　〔著録〕子部 139-144

證俗文　〔續修〕192

證類本草　〔文淵〕740〔文津〕739〔文瀾〕754

譎

譎觚十事　〔存目〕史部 248

廬

廬山志　〔存目〕史部 239-240

廬山紀事　〔存目〕史部 229

廬山記、廬山記略　〔文淵〕585〔文津〕585〔文瀾〕593〔底本〕史部 19〔著録〕史部 249

廬山集、英溪集　〔文淵〕1189〔文津〕1193〔文瀾〕1224〔珍本〕初集 333〔底本〕集部 92〔著録〕集部 28

廬州府志〔嘉慶〕　〔續修〕709-710

廬陽周忠愍先生垂光集　〔著録〕史部 52

廬陽客記　〔存目〕史部 247

癡

癡山集　〔禁燬〕集部 49

龐

龐居士放來生債雜劇　〔續修〕1760

龐眉生集　〔存目〕集部 148

龐涓夜走馬陵道雜劇　〔續修〕1761

韻

韻石齋筆談　〔文淵〕872〔文津〕874〔文瀾〕892〔著録〕子部 57

韻史　〔未收〕四輯 16

韻白　〔存目〕經部 217

*韻母　〔續修〕252

韻字辨同　〔未收〕一輯 10

韻表、聲表　〔存目〕經部 210〔續修〕255

韻歧　〔存目〕經部 220

韻府拾遺　〔著録〕子部 239-240

韻府群玉　〔文淵〕951〔文津〕953-954〔文瀾〕971-972〔著録〕子部 80

韻通　〔續修〕257

韻略易通（李棠馥）　〔未收〕一輯 10

韻略易通（蘭廷秀）　〔存目〕經部 208〔續修〕259

韻雅、附古蹟詩鈔　〔未收〕八輯 3

韻雅、雜論、識餘　〔存目〕經部 218

韻補　〔文淵〕237〔文津〕232〔文瀾〕229〔著録〕經部 114

韻補正　〔文淵〕241〔文津〕237〔文瀾〕234

〔著録〕經部 183

韻經　〔存目〕經部 206

韻語陽秋　〔文淵〕1479〔文津〕1483〔文瀾〕1528〔著録〕集部 331

韻粹　〔存目〕子部 230

韻徵　〔續修〕245

韻學　〔存目〕經部 219

韻學要指　〔存目〕經部 218

韻學原委　〔未收〕一輯 10

韻學通指　〔存目〕經部 217

韻學臆説　〔存目〕經部 219

韻學驪珠　〔續修〕1747

韻鏡　〔續修〕254

韻譜　〔續修〕247

韻譜本義　〔存目〕經部 212

韻譜匯編　〔未收〕二輯 14

韻籟　〔續修〕258

*韻鑰　〔續修〕252

類

類次書肆説鈴　〔存目〕子部 110

類姓登科考　〔存目〕子部 226

類音　〔存目〕經部 218〔續修〕258

類書纂要　〔存目〕子部 237-238〔續修〕1250-1251

類博稿　〔文淵〕1246〔文津〕1250〔文瀾〕1282〔珍本〕三集 303〔底本〕集部 113〔著録〕集部 66

類雋　〔存目〕子部 194-195〔續修〕1236-1237

類腋　〔續修〕1248-1249

類經　〔珍本〕五集 182-191

類經、圖翼、附翼　〔文淵〕776〔文津〕777-778〔文瀾〕793〔著録〕子部 265-266

類聚古今韻府續編　〔存目〕子部 173-174

類箋唐王右丞詩集、文集、外編、年譜、唐諸家同詠集、贈題集、歷朝諸家評王右丞詩畫鈔　〔存目〕集部 9

類説　〔文淵〕873〔文津〕875〔文瀾〕893-894〔著録〕子部 57-58

類篇　〔文淵〕225〔文津〕220〔文瀾〕217〔珍本〕六集 48-51〔著録〕經部 109

類選箋釋草堂詩餘、續選草堂詩餘、國朝

詩餘　〔續修〕1728

類編長安志　〔續修〕732

類編草堂詩餘　〔著錄〕集部 333

類編皇朝大事記講義　〔著錄〕史部 266

類編標註文公先生經濟文衡前集、後集、續集　〔著錄〕子部 251

類編曆法通書大全　〔存目〕子部 68〔續修〕1062

類證治裁　〔續修〕1026

類證普濟本事方　〔文淵〕741〔文津〕741〔文瀾〕755〔珍本〕五集 166－167〔著錄〕子部 4

類證普濟本事方續集　〔續修〕999

類纂古文字考　〔存目〕經部 193－194

瀟

瀟湘聽雨録　〔存目〕子部 116〔續修〕1138

瀟碧堂集　〔續修〕1367

瀟碧堂集、續集　〔禁燬〕集部 67

瀨

瀨園詩初集、後集、文集、談史　〔禁燬〕集部 147

瀕

瀕湖脈學　〔文淵〕774〔文津〕776〔文瀾〕792〔珍本〕五集 192

瀕湖脈學、脈訣考證　〔著錄〕子部 265

瀛

瀛奎律髓　〔文淵〕1366〔文津〕1370〔文瀾〕1409〔珍本〕八集 218－225〔著錄〕集部 412

瀛涯勝覽　〔存目〕史部 255

瀛環志略　〔續修〕743

懶

懶蠶居士遺稿、附月當樓詩稿　〔禁燬補〕69

懷

懷古田舍詩節鈔　〔續修〕1518

懷古堂詩選　〔未收〕八輯 25

懷星堂全集　〔著錄〕集部 270

懷星堂集　〔文淵〕1260〔文津〕1264－1265〔文瀾〕1297〔珍本〕六集 268－271

懷香記　〔續修〕1770

懷舫詩集、續集、別集、懷舫詞、別集、懷舫雜著、恭紀聖恩詩、懷舫集、續彈詞、懷舫自述、雜曲　〔存目補〕4

懷陵流寇始終録　〔續修〕441－442

懷清堂集　〔文淵〕1325〔文津〕1329〔文瀾〕1365〔珍本〕三集 373－374〔著錄〕集部 291

懷葛堂文集　〔存目〕集部 236

懷遠堂批點燕子箋　〔續修〕1775

懷謝軒遺詠、沈母宋太孺人旌節録　〔禁燬補〕75

懷麓堂集　〔文淵〕1250〔文津〕1253－1254〔文瀾〕1286－1287〔薈要〕411－412〔著錄〕集部 265－266

懷麓堂詩話　〔文淵〕1482〔文津〕1487〔文瀾〕1532

寵

寵壽堂詩集　〔存目〕集部 238

襪

襪線集　〔禁燬〕集部 174

韜

韜光菴紀遊集　〔存目〕集部 410

韜略世法存十六種　〔未收〕三輯 22

嬾

嬾真子　〔文淵〕863〔文津〕865〔文瀾〕883〔底本〕子部 16〔著錄〕子部 361

嬾真草堂集詩、文　〔禁燬補〕68－69

嬾園漫稿　〔存目補〕53

嬾齋別集　〔存目補〕1

繹

繹史、世系圖、年表　〔文淵〕365－368〔文津〕362－366〔文瀾〕365－367〔著錄〕史部 12－14

繹志　〔續修〕945

繪

繪林題識 〔存目〕子部 72

繪事備考 〔文淵〕826〔文津〕828〔文瀾〕845〔珍本〕二集 203-204〔著録〕子部 53

繪事發微 〔續修〕1067

繪事微言 〔文淵〕816〔文津〕818〔文瀾〕835〔珍本〕初集 184〔著録〕子部 303

繪事瑣言 〔續修〕1068

繪聲圖 〔未收〕十輯 10

繡

繡虎軒尺牘、二集、三集 〔禁燬〕集部 73

繡譜 〔續修〕1115

繡襦記 〔續修〕1772

二十畫

攘

攘書 〔續修〕953

蘭

蘭汀存藁 〔續修〕1348

蘭江集、楚篇 〔禁燬補〕66

蘭易、蘭史 〔存目〕子部 81〔續修〕1116

蘭亭考 〔文淵〕682〔文津〕682〔文瀾〕695

蘭亭考、附群公帖跋 〔著録〕史部 156

蘭亭志 〔續修〕718

*蘭亭會 〔續修〕1765

蘭亭續考 〔文淵〕682〔文津〕682〔文瀾〕695〔著録〕史部 156

蘭庭集 〔文淵〕1244〔文津〕1248〔文瀾〕1280〔珍本〕初集 369〔著録〕集部 263

蘭室秘藏 〔文淵〕745〔文津〕745〔文瀾〕759〔著録〕子部 66

蘭肩前集 〔未收〕八輯 29

蘭軒集 〔文淵〕1202〔文津〕1207〔文瀾〕1237〔珍本〕初集 345-346

蘭曹讀史日記 〔存目〕史部 286

蘭雪堂古事苑定本 〔存目〕子部 231〔續修〕1247

蘭雪堂集 〔禁燬〕集部 105

蘭葉筆存 〔存目〕子部 113

蘭皋集 〔文淵〕1186〔文津〕1190〔文瀾〕1222〔珍本〕三集 252〔著録〕集部 423

蘭臺奏疏 〔存目〕史部 64

蘭臺軌範 〔文淵〕785〔文津〕786〔文瀾〕802〔珍本〕十二集 137-138〔著録〕子部 145

蘭韻堂詩集、御覽集、經進文稿、文集 〔未收〕十輯 23

醝

醝政全書 〔續修〕839

獻

獻醜集 〔存目〕集部 20

耀

耀塵集 〔未收〕十輯 20

懸

懸榻編 〔禁燬〕集部 86

闡

闡義 〔禁燬〕子部 11

鶡

鶡冠子 〔文淵〕848〔文津〕850〔文瀾〕867〔薈要〕276〔底本〕子部 33〔著録〕子部 359

蠔

蠔蠓集 〔文淵〕1289〔文津〕1294〔文瀾〕1327〔珍本〕五集 368〔底本〕集部 205〔著録〕集部 125

蠕

蠕範 〔未收〕十輯 12

蠨

蠨衣生馬記 〔存目〕子部 82

蠨衣生晉草 〔禁燬補〕65

蠨衣生粵草、蜀草 〔存目〕集部 154

蠨衣生劍記 〔存目〕子部 77

蠨衣生黔草、傳草 〔存目〕集部 155-156

籌

籌兵三略 〔禁燬〕子部 22
*籌表開諸乘方捷法 〔續修〕1046
籌海重編 〔存目〕史部 227
籌海圖編 〔文淵〕584〔文津〕584〔文瀾〕
　　593〔珍本〕五集 92-94〔著錄〕史部 338
籌辦夷務始末 〔續修〕414-421

纂

纂圖互註四子書 〔存目〕子部 162
纂圖分門類題五臣註揚子法言 〔著錄〕
　　子部 127

覺

覺山先生緒言 〔續修〕1124
覺山洪先生史說 〔存目〕史部 283
覺非集 〔存目〕集部 29-30
覺非盦筆記 〔續修〕1154
覺非齋文集 〔續修〕1327
覺迷要錄 〔未收〕二輯 21
覺迷蠡測、剩言 〔存目補〕96
覺庵存稿 〔禁燬補〕58
覺顛冥齋内言 〔續修〕1568

斅

斅藝齋文存、詩存 〔續修〕1534

鐔

鐔津文集 〔著錄〕集部 391
鐔津集 〔文淵〕1091〔文津〕1095〔文瀾〕
　　1120〔珍本〕十集 215-218
鐔墟堂摘稿 〔續修〕1342

鐫

鐫王鳳洲先生會纂綱鑑歷朝正史全編
　　〔禁燬〕史部 53
鐫五侯鯖 〔存目〕子部 216
鐫地理參補評林圖訣全備平沙玉尺經
　　〔續修〕1054
鐫補雷公炮製藥性解 〔存目〕子部 46
　　〔續修〕990

鐘

鐘律陳數 〔存目〕經部 184
鐘律通考 〔文淵〕212〔文津〕208〔文瀾〕
　　206〔珍本〕二集 69〔著錄〕經部 172
鐘鼎字源 〔存目〕經部 205
鐘鼎款識 〔續修〕901

鐙

鐙窗叢録 〔續修〕1139

釋

釋大 〔續修〕191
釋毛詩音 〔續修〕70
釋氏稽古略 〔文淵〕1054〔文津〕1058〔文
　　瀾〕1083〔珍本〕三集 223-224〔著錄〕
　　子部 122
釋文紀 〔文淵〕1400-1401〔文津〕1404-
　　1405〔文瀾〕1446〔珍本〕初集 388-398
　　〔著錄〕集部 415-416
釋名 〔文淵〕221〔文津〕216〔文瀾〕214
　　〔薈要〕79〔著錄〕經部 107
釋名疏證、續釋名、釋名補遺 〔續修〕189
釋名疏證補、續釋名、釋名補遺、釋名疏
　　證補附 〔續修〕190
釋服 〔續修〕108
*釋弧 〔續修〕1045
釋草小記 〔續修〕191
釋穀 〔續修〕193
*釋橢 〔續修〕1045
*釋輪 〔續修〕1045
釋蟲小記 〔續修〕191
釋鑑稽古略續集 〔續修〕1288

饒

饒南九三府總圖說 〔存目〕史部 196
饒雙峰講義 〔未收〕二輯 15

饌

饌史 〔存目〕子部 80

譯

譯古含奇 〔未收〕六輯 18

議

議處安南事宜 〔存目〕史部 49

爐

爐火監戒録 〔存目〕子部 259

灌

灌畦暇語 〔文淵〕862 〔文津〕864 〔文瀾〕
882 〔珍本〕十一集 130 〔著録〕子部 361

灌園草木識 〔續修〕1119

灌園記 〔續修〕1772

灌園集 〔文淵〕1123 〔文津〕1127 〔文瀾〕
1153 〔珍本〕初集 262-263

灌園餘事、悼往詩、附問花樓遺稿 〔禁
燬補〕89

寶

寶日堂初集 〔禁燬〕集部 76-77

寶制堂録 〔存目〕集部 58

寶刻叢編 〔文淵〕682 〔文津〕682 〔文瀾〕
695 〔著録〕史部 437

寶刻類編 〔文淵〕682 〔文津〕682 〔文瀾〕
696 〔珍本〕別輯 156-157

寶奎堂集、篁村集、續編 〔續修〕1451

寶泉新牘 〔續修〕838

寶祐四年登科録 〔著録〕史部 413

寶祐仙溪志 〔續修〕660

寶祐重修琴川志 〔續修〕698

寶華山志 〔存目〕史部 236

寶真齋法書贊 〔文淵〕813 〔文津〕816
〔文瀾〕832 〔珍本〕別輯 201-203

寶晉英光集 〔文淵〕1116 〔文津〕1120 〔文
瀾〕1146 〔著録〕集部 13

寶訓 〔續修〕976

寶菴集 〔存目補〕55 〔禁燬補〕58

寶菌堂遺詩 〔存目〕集部 252

寶章待訪録 〔文淵〕813 〔文津〕815 〔文
瀾〕832 〔著録〕子部 357

寶閑堂集 〔禁燬〕集部 168

寶善堂稿 〔存目〕集部 140

寶綸堂文鈔、詩鈔 〔續修〕1428

寶綸堂集 〔存目〕集部 218

寶綸堂稿 〔續修〕1409-1410

寶慶四明志 〔續修〕705

寶慶四明志、開慶四明續志 〔文淵〕487
〔文津〕486 〔文瀾〕489 〔著録〕史部 37

寶顏堂井觀瑣言 〔著録〕子部 170

寶顏堂訂正王氏談録 〔著録〕子部 167

寶顏堂訂正丙丁鑑、續 〔存目〕子部 67

寶顏堂訂正雨航雜録 〔著録〕子部 170

寶顏堂訂正後山談叢 〔著録〕子部 218

寶顏堂訂正桂苑叢談 〔著録〕子部 243

寶顏堂訂正脈望 〔續修〕1128

寶顏堂訂正席上腐談 〔著録〕子部 365

寶顏堂訂正兼明書 〔著録〕子部 164

寶顏堂訂正道德寶章 〔著録〕子部 246

寶顏堂訂正靖康緗素雜記 〔著録〕子部
164

寶顏堂訂正蔣溪林下偶談 〔著録〕集部
331

寶顏堂訂正樂府指迷 〔存目〕集部 425

寶顏堂訂正談苑 〔著録〕子部 218

寶顏堂訂正羯鼓録 〔著録〕子部 358

寶顏堂訂正羅湖野録 〔著録〕子部 331

寶顏堂訂正鶴山渠陽經外雜鈔 〔著録〕
子部 165

寶繪録 〔存目〕子部 72

寶

寶子紀聞類編 〔存目〕子部 93

寶氏聯珠集 〔文淵〕1332 〔文津〕1336 〔文
瀾〕1374 〔底本〕集部 148 〔著録〕集部
294

寶娥冤 〔續修〕1764

饗

饗禮補亡 〔著録〕經部 193

響

響泉集 〔續修〕1451

繼

繼世紀聞 〔存目〕史部 46 〔續修〕433

繼志齋集 〔文淵〕1234 〔文津〕1238 〔文瀾〕

1271〔珍本〕四集312〔著録〕集部398

906〔著録〕子部34

二十一畫

攝

攝生要語 〔存目〕子部260

攝生消息論 〔存目〕子部259

攝生衆妙方 〔存目〕子部43

驂

驂鸞録 〔文淵〕460〔文津〕459〔文瀾〕461
〔著録〕史部203

權

權文公集 〔文淵〕1072〔文津〕1077〔文
瀾〕1103〔薈要〕360

權制 〔未收〕五輯10

權衡一書 〔存目〕子部159

櫻

* 櫻桃宴 〔續修〕1765

* 櫻桃園 〔續修〕1765

霸

* 霸亭秋 〔續修〕1764

露

露書 〔存目〕子部111〔續修〕1132

疊

疊菴雜述 〔存目〕子部19

囂

囂囂子樂原 〔存目〕經部185

囂囂子曆鏡 〔續修〕1040

籐

籐谿詩、記、附籐谿寄贈 〔未收〕五輯21

儼

儼山文集、續集 〔著録〕集部70

儼山外集 〔文淵〕885〔文津〕886〔文瀾〕

儼山集、續集 〔文淵〕1268〔文津〕1272
〔文瀾〕1304－1305〔珍本〕五集338－347

鐵

鐵立文起 〔續修〕1714

鐵立文起前編、後編 〔存目〕集部421

鐵拐李 〔續修〕1764

鐵拐李度金童玉女雜劇 〔續修〕1762

鐵冠圖 〔續修〕1781〔續修〕1782

鐵菴集 〔文淵〕1178〔文津〕1182〔文瀾〕
1212〔珍本〕二集304－305

鐵堂詩草 〔未收〕五輯30

鐵崖古樂府 〔文淵〕1222〔文津〕1226〔文
瀾〕1257〔薈要〕407

鐵崖先生古樂府 〔著録〕集部62

鐵崖先生復古詩集 〔著録〕集部62

鐵崖賦藁 〔續修〕1325

鐵崖樂府註、詠史註、逸編註 〔續修〕
1325

鐵崖樂府補 〔薈要〕407

鐵琴銅劍樓藏書目録 〔續修〕926

鐵雲藏 〔續修〕906

鐵圍山叢談 〔文淵〕1037〔文津〕1041〔文
瀾〕1064

鐵網珊瑚 〔存目〕子部117

鐵網珊瑚書品、畫品 〔著録〕子部275

鐵橋漫稿 〔續修〕1488－1489

鐵廬集、外集 〔文淵〕1323〔文津〕1327
〔文瀾〕1362〔珍本〕十一集186

癧

癧科全書 〔續修〕1016

辯

辯言 〔文淵〕863〔文津〕866〔文瀾〕883

辯誣筆録 〔續修〕423

辯學遺牘 〔存目〕子部93

爛

爛柯山洞志 〔存目補〕94

爛喉痧輯要 〔續修〕1018

瀠

瀠山集　〔文淵〕1133　〔文津〕1137　〔文瀾〕
　1165　〔珍本〕別輯 319

顧

顧太史文集　〔禁燬〕集部 9

顧氏詩史　〔存目〕史部 288

顧氏譜系考　〔存目〕史部 119

顧文康公文草、詩草、續稿、三集　〔存
　目〕集部 56

顧文康公續稿　〔禁燬〕集部 59

顧曲雜言　〔文淵〕1496　〔文津〕1500　〔文
　瀾〕1546　〔著録〕集部 419

顧亭林先生年譜　〔續修〕553

顧亭林先生詩箋注、校補、顧詩箋註校
　補　〔續修〕1402

顧華玉集　〔文淵〕1263　〔文津〕1267　〔文
　瀾〕1300　〔珍本〕六集 272 – 276

顧華陽集、顧非熊詩　〔著録〕集部 419

顧景行詩集、楚游詩、匏園詞　〔未收〕八
　輯 23

顧與治詩　〔禁燬〕集部 51

顧與治詩集　〔存目補〕1

顧誤録　〔續修〕1759

顧端文公年譜　〔續修〕553

顧端文公遺書　〔續修〕943

顧端文公遺書、附年譜　〔存目〕子部 14

鶴

鶴山渠陽讀書雜鈔　〔存目〕子部 95

鶴山集　〔文淵〕1172 – 1173　〔文津〕1176 –
　1177　〔文瀾〕1206 – 1207

鶴田草堂集　〔存目〕集部 91

鶴汀集　〔未收〕八輯 22

鶴汀詩集　〔禁燬〕集部 80

鶴年詩集、附丁孝子傳　〔文淵〕1217　〔文
　津〕1221　〔文瀾〕1252

鶴林玉露　〔文淵〕865　〔文津〕867　〔文瀾〕
　885　〔著録〕子部 33

鶴林集　〔文淵〕1176　〔文津〕1180　〔文瀾〕
　1210　〔珍本〕初集 312 – 314

鶴侶齋詩、文稿　〔存目〕集部 254

鶴泉文鈔　〔續修〕1462

鶴泉文鈔續選　〔續修〕1462

鶴巢經箋　〔未收〕三輯 10

鶴静堂集　〔存目〕集部 219

鶴鳴集　〔未收〕五輯 22

鶴徵録、後録　〔未收〕二輯 23

鶴嶺山人詩集　〔存目補〕53

鶴關詩集　〔未收〕九輯 28

蠡

蠡勺編　〔續修〕1155

蠡海集　〔文淵〕866　〔文津〕868　〔文瀾〕886
　〔著録〕子部 170

續

續三十五舉、再續三十五舉、重定續三十
　五舉　〔續修〕1091

續大唐内典録　〔續修〕1289

續小學　〔存目〕子部 25

續山東考古録　〔續修〕733

續千文　〔存目〕經部 187

續友聲集　〔續修〕1627

續文章正宗　〔文淵〕1356　〔文津〕1360　〔文
　瀾〕1398

續文選　〔存目〕集部 334

續文獻通考　〔存目〕子部 185 – 189　〔續
　修〕761 – 767

續方言（杭世駿）　〔文淵〕222　〔文津〕217
　〔文瀾〕215　〔著録〕經部 108

續方言（戴震）　〔續修〕193

續方言、續方言補　〔底本〕經部 10

續方言又補　〔續修〕194

續方言補正　〔續修〕194

續方言疏證　〔續修〕194

續世説　〔續修〕1166

續古今考（元好問）　〔存目〕子部 96

續古今考（方回）　〔珍本〕四集 195 – 200

續古文苑　〔續修〕1609

續古文辭類纂　〔續修〕1610

續古篆韻　〔續修〕237

續仙傳　〔文淵〕1059　〔文津〕1064　〔文瀾〕
　1088　〔珍本〕十一集 158　〔著録〕子部 365

續印人傳 〔續修〕1092

續弘簡錄元史類編 〔續修〕313

續刑法叙略 〔存目〕子部37

*續西廂 〔續修〕1765

續夷堅志、附遺山年譜略 〔續修〕1266

續夷堅志前集、後集 〔存目〕子部246

續同書 〔未收〕十輯11

續呂氏家塾讀詩記 〔文淵〕73〔文津〕68
〔文瀾〕67〔珍本〕別輯25

續自警編 〔存目〕子部124–125

續行水金鑑、圖 〔未收〕七輯6–8

續名醫類案 〔文淵〕784〔文津〕785–786
〔文瀾〕801–802〔珍本〕二集184–191

續羊棗集 〔續修〕1127

續安丘縣志〔康熙〕 〔存目〕史部213

續吳先賢讚 〔存目〕史部95

續近思錄 〔存目〕子部23

續宋宰輔編年錄 〔存目〕史部259〔續修〕
748

續宋編年資治通鑑 〔文淵〕328〔文津〕
326〔文瀾〕325

續表忠記 〔存目〕史部120〔存目〕史部120

續垂棘編初集、二集、三集、四集 〔存目
補〕35

續刻麻姑山丹霞洞天誌 〔存目〕史部231

續刻楊復所先生家藏文集 〔存目〕集部
167

續河南通志〔乾隆〕 〔存目〕史部220

續孟子 〔文淵〕696〔文津〕696〔文瀾〕710
〔珍本〕十一集102

續指月錄、附尊宿集 〔未收〕七輯14

續茶經 〔文淵〕844〔文津〕846〔文瀾〕863
〔珍本〕五集232

續幽怪錄 〔存目〕子部245

續修雲林寺志 〔續修〕719

續修龍虎山志 〔存目〕史部228

續修嚴州府志〔萬曆〕 〔存目〕史部209

續泉匯、首集 〔續修〕1113

續後漢書（郝經） 〔珍本〕別輯108–121

續後漢書（蕭常） 〔珍本〕九集109–112

續姚江逸詩 〔存目〕集部410

續耆舊 〔續修〕1682–1683

續軒渠集 〔文淵〕1205〔文津〕1209〔文

瀾〕1239〔珍本〕六集259

續軒渠詩集 〔著錄〕集部446

續高士傳 〔存目〕史部121〔續修〕516

續高僧傳 〔續修〕1281–1282

續唐三體詩 〔存目〕集部402

續唐書 〔未收〕二輯20

續家訓 〔續修〕1122

*續書法論 〔續修〕1068

續書譜 〔文淵〕813〔文津〕815〔文瀾〕832
〔著錄〕子部150

續博物志 〔文淵〕1047〔文津〕1051〔文
瀾〕1076〔著錄〕子部300

續朝邑縣志〔萬曆〕 〔存目〕史部196

續葦齋易義虛裁 〔存目補〕89

續復古編 〔續修〕237

續畫品 〔文淵〕812〔文津〕814〔文瀾〕831
〔著錄〕子部149

續會稽掇英集 〔續修〕1682

續詩傳鳥名 〔文淵〕86〔文津〕81〔文瀾〕
79〔著錄〕經部39

續詩話 〔文淵〕1478〔文津〕1482〔文瀾〕
1527〔著錄〕集部330

續資治通鑑（李燾） 〔存目〕史部3

續資治通鑑（畢沅） 〔續修〕343–346

續資治通鑑（劉時舉） 〔著錄〕史部188

續資治通鑑長編 〔文淵〕314–322〔文
津〕310–319〔文瀾〕308–317〔底本〕史
部51–107〔著錄〕史部186–187

續資治通鑑長編拾補 〔續修〕349

續廣博物志 〔續修〕1272

續廣雅 〔續修〕191

續齊諧記 〔文淵〕1042〔文津〕1046〔文
瀾〕1070〔著錄〕子部331

續漢書辨疑 〔續修〕272

續澉水誌 〔存目〕史部186

續綸扉奏草 〔續修〕482〔禁燬〕史部37

續震澤紀聞 〔續修〕1167

續墨客揮犀 〔續修〕1166

續編綏寇紀略 〔續修〕390

續樸麗子 〔未收〕七輯14

續黔書 〔續修〕735

續學古編 〔續修〕1091

續藏書 〔存目〕史部24〔續修〕303

續禮記集説 〔續修〕101－102
續纂淮關統志 〔存目〕史部 273－274
續觀感録 〔存目〕子部 122 〔續修〕1188

二十二畫

懿

懿言日録、乙丑禮闈分校日記 〔存目〕
子部 95

聽

聽心齋客問 〔存目〕子部 93
聽雨先生詩選、雪篷先生詩選、易菴先生
詩選、臨清先生詩選 〔著録〕集部
465
聽雨紀談 〔存目〕子部 102
聽雨樓隨筆 〔續修〕1180
聽秋聲館詞話 〔續修〕1734
聽潮居存業 〔存目〕子部 114
聽嚶堂四六新書 〔禁燬〕集部 135－136
聽嚶堂翰苑英華 〔禁燬補〕52

蘿

蘿石山房文鈔 〔未收〕六輯 26
蘿摩亭札記 〔續修〕1159

鷗

鷗陂漁話 〔續修〕1163

霽

霽山文集 〔文淵〕1188 〔文津〕1193 〔文
瀾〕1224 〔珍本〕五集 291
霽山先生文集 〔著録〕集部 105
霽軒詩鈔 〔未收〕七輯 27

疊

疊山先生批點文章軌範 〔著録〕集部 360
疊山集 〔文淵〕1184 〔文津〕1188 〔文瀾〕
1220 〔著録〕集部 104
疊雅 〔續修〕193

巖

巖下放言 〔文淵〕863 〔文津〕865 〔文瀾〕

883 〔珍本〕十一集 130 〔著録〕子部 33

穰

穰梨館過眼録、續録 〔續修〕1087

鑑

鑑止水齋文録 〔續修〕1672
鑑止水齋集 〔續修〕1492
鑑古齋日記 〔未收〕十輯 7
鑑評別録、附兩漢史斷、三國書法 〔未
收〕二輯 29－30
鑑勞録 〔存目〕史部 128
鑑誡録 〔文淵〕1035 〔文津〕1040 〔文瀾〕
1063
鑑語經世編 〔存目〕史部 290

臞

臞仙肘後經 〔存目〕子部 68
臞仙神奇秘譜 〔續修〕1092
臞軒先生四六 〔存目〕集部 20
臞軒集 〔文淵〕1178 〔文津〕1182 〔文瀾〕
1213 〔珍本〕初集 326－327

讀

讀小戴日記 〔續修〕106
讀中庸叢説 〔續修〕159
讀左日鈔 〔珍本〕四集 82 〔著録〕經部 50
讀左日鈔、讀左日鈔補 〔文淵〕175 〔文
津〕170 〔文瀾〕166
讀左補義 〔存目〕經部 143－144 〔續修〕122
讀左漫筆 〔存目〕經部 121
讀史方輿紀要 〔續修〕598－612
讀史正氣録 〔未收〕一輯 17
讀史札記、坿論學劄説十則 〔續修〕452
讀史吟評 〔存目〕史部 290
讀史兵略 〔續修〕967－968
讀史兵略續編 〔續修〕968－969
讀史糾謬 〔續修〕451
讀史亭詩集、文集 〔存目〕集部 200－201
讀史津逮 〔存目〕史部 41
讀史記十表 〔文淵〕248 〔文津〕243 〔文瀾〕
241 〔珍本〕六集 58－59 〔著録〕史部 268

讀史商語　〔存目〕史部 287　〔續修〕449

讀史提要錄　〔未收〕二輯 30

讀史備忘　〔存目〕史部 19

讀史集　〔存目〕史部 148

讀史蒙拾　〔存目〕史部 151

讀史稗語　〔未收〕三輯 28

讀史漢翹　〔存目〕史部 148

讀史漫筆　〔存目〕史部 286

讀史漫錄　〔存目〕史部 285

讀史舉正　〔續修〕455

讀史關鍵　〔未收〕八輯 4

讀史蠡疑　〔存目〕史部 290

讀四書大全説　〔續修〕164

讀四書叢説　〔文淵〕202〔文津〕196〔文瀾〕192〔著錄〕經部 99

讀白華草堂詩初集　〔續修〕1516

讀白華草堂詩二集　〔續修〕1516

讀白華草堂詩苜蓿集　〔續修〕1516

讀朱隨筆　〔文淵〕725〔文津〕725〔文瀾〕739〔珍本〕十二集 46

讀孝經、附年譜　〔存目〕經部 146

讀杜心解　〔存目〕集部 8-9

讀杜詩愚得、重定杜子年譜詩史目録　〔存目〕集部 4

讀宋史偶識　〔存目〕史部 1

讀宋鑑論　〔續修〕451

讀尚書日記　〔未收〕四輯 3

讀尚書略記　〔存目〕經部 55

讀易大旨　〔文淵〕39〔文津〕34〔文瀾〕33〔珍本〕八集 10-11〔著錄〕經部 123

讀易日鈔　〔文淵〕42〔文津〕37〔文瀾〕36〔珍本〕二集 18-19

讀易考原　〔文淵〕25〔文津〕20〔文瀾〕21〔珍本〕五集 1

讀易私言　〔文淵〕22〔文津〕17〔文瀾〕17〔著錄〕經部 33

讀易近解　〔存目〕經部 29

讀易述　〔文淵〕33〔文津〕28〔文瀾〕28〔珍本〕三集 11-14〔著錄〕經部 4

讀易便解　〔續修〕20

讀易約編　〔存目〕經部 35

讀易紀聞　〔文淵〕32〔文津〕27〔文瀾〕27〔珍本〕四集 14〔著錄〕經部 185

讀易記　〔續修〕6

讀易略記　〔存目〕經部 24

讀易偶鈔　〔未收〕二輯 3

讀易隅通　〔存目〕經部 25〔續修〕17

讀易蒐　〔存目〕經部 27

讀易詳説　〔文淵〕10〔文津〕5〔文瀾〕4〔珍本〕初集 2

讀易管見　〔續修〕20

讀易管窺　〔存目〕經部 35

讀易漢學私記　〔續修〕34

讀易緒言　〔存目〕經部 25

讀易質疑　〔存目〕經部 38

讀易餘言　〔文淵〕30〔文津〕25〔文瀾〕25〔珍本〕四集 9〔著錄〕經部 3

讀易舉要　〔文淵〕21〔文津〕16〔文瀾〕16〔珍本〕初集 16〔底本〕經部 51〔著錄〕經部 184

讀易録　〔未收〕九輯 1

讀易叢記　〔未收〕六輯 1

讀易韻考　〔存目〕經部 209

讀易纂　〔續修〕8

讀金石萃編條記　〔續修〕891

讀周易　〔著錄〕經部 2

讀周禮日記　〔續修〕85

讀周禮略記　〔存目〕經部 84

*讀孟子劄記　〔存目〕經部 176

讀春秋存稿　〔續修〕141

讀春秋略記　〔文淵〕171〔文津〕166〔文瀾〕163〔珍本〕初集 86-87〔著錄〕經部 201

讀春秋管見　〔續修〕141

讀春秋編　〔文淵〕158〔文津〕153〔文瀾〕151〔薈要〕39

讀律佩觿　〔存目〕子部 37

讀風偶識　〔續修〕64

讀風臆評　〔存目〕經部 61

讀風臆補　〔續修〕58

讀素問鈔　〔存目〕子部 38〔續修〕981

讀書小記　〔存目〕子部 29

讀書小記、因柳閣讀書録　〔續修〕1140

讀書止觀録　〔存目〕子部 150

讀書日記　〔存目〕子部 26

讀書分年日程　〔文淵〕709〔文津〕711

〔文瀾〕724

讀書正音 〔存目〕經部 203

讀書考定 〔存目〕子部 97

讀書後 〔文淵〕1285〔文津〕1289〔文瀾〕
1323〔珍本〕六集 285

讀書紀數略 〔文淵〕1033〔文津〕1037〔文
瀾〕1060〔珍本〕十一集 153－157〔著
録〕子部 60

讀書記疑(王懋竑) 〔續修〕1146

讀書記疑(張諧之) 〔未收〕七輯 11

讀書堂西征隨筆 〔續修〕1177

讀書堂杜工部詩集註解、文集註解、杜工
部編年詩史譜目 〔存目〕集部 5－6

讀書堂綵衣全集 〔存目〕集部 239－240

讀書堂稿 〔禁燬〕集部 185

讀書敏求記 〔存目〕史部 277〔續修〕923

讀書偶記(雷鋐) 〔文淵〕725〔文津〕725
〔文瀾〕739〔珍本〕三集 188

讀書偶記(趙紹祖) 〔續修〕1161

讀書偶然録 〔存目〕子部 113

讀書偶識 〔續修〕176

讀書脞録、續編 〔續修〕1152

讀書筆記 〔存目〕子部 83

讀書劄記(徐問) 〔文淵〕714〔文津〕716
〔文瀾〕729

讀書劄記(孫希朱) 〔未收〕七輯 11

讀書劄記(喬可聘) 〔存目〕子部 17

讀書劄記、續記、答朋友書 〔著録〕子部
333

讀書管見 〔文淵〕62〔文津〕57〔文瀾〕55

讀書蕞殘 〔存目〕史部 277

讀書樂趣 〔存目〕子部 157

讀書論世 〔禁燬〕子部 21

讀書録、續録 〔文淵〕711〔文津〕713〔文
瀾〕726〔著録〕子部 254

讀書齋偶存稿 〔文淵〕1316〔文津〕1320
〔文瀾〕1355〔珍本〕二集 377

讀書叢説 〔文淵〕61〔文津〕55〔文瀾〕54
〔著録〕經部 7

讀書叢録 〔續修〕1157

讀書雜志、餘編 〔續修〕1152－1153

讀書雜述 〔續修〕1135

讀書雜録 〔存目〕子部 109〔續修〕1132

讀書雜識 〔續修〕1163

讀書雜釋 〔續修〕1161

讀書鏡 〔存目〕史部 288

讀書囈語 〔續修〕1143

讀通鑑綱目條記 〔續修〕342

讀通鑑綱目劄記 〔未收〕三輯 12

讀通鑑論 〔續修〕449－450

＊讀畫紀聞 〔續修〕1068

讀畫録(王槩) 〔存目〕子部 73

讀畫録(周亮工) 〔續修〕1065〔禁燬補〕
34

讀詩日録 〔未收〕二輯 7

讀詩考字 〔續修〕72

讀詩私記 〔文淵〕79〔文津〕74〔文瀾〕72
〔珍本〕七集 27

讀詩略記 〔文淵〕82〔文津〕77〔文瀾〕75
〔珍本〕初集 52

讀詩略記、論小序 〔著録〕經部 190

讀詩傳譌 〔未收〕二輯 7

讀詩劄記、詩章句考、詩樂存亡譜、詩經
集傳校勘記 〔續修〕70

讀詩質疑 〔文淵〕87〔文津〕82〔文瀾〕80
〔珍本〕三集 56－60〔著録〕經部 12

讀詩韻新訣 〔未收〕二輯 14

讀詩釋物 〔未收〕三輯 7

讀爾雅日記 〔續修〕188

讀儀禮日記 〔續修〕93

讀儀禮記 〔續修〕90

讀儀禮略記 〔存目〕經部 87

＊讀論語劄記 〔文淵〕210〔文津〕204〔文
瀾〕203〔珍本〕九集 64－65

讀論語叢説 〔續修〕153

讀論質疑 〔續修〕155

讀韓記疑 〔續修〕1310

讀禮日知 〔續修〕97

讀禮志疑 〔文淵〕129〔文津〕124〔文瀾〕
123

讀禮條考 〔未收〕一輯 5

讀禮記略記、附讀三禮略記 〔存目〕經部
95

讀禮通考 〔著録〕經部 15－16

讀禮通考、引用書目、目録 〔文淵〕112－

114 〔文津〕107－109 〔文瀾〕106－108
讀禮問 〔存目〕經部 88
讀禮偶見 〔存目〕經部 115
讀禮疑圖 〔存目〕經部 81
讀醫隨筆 〔續修〕1029
＊讀離騷 〔續修〕1765
讀騷列論 〔存目〕集部 2

瘦

瘦暈山房詩删、續編 〔未收〕十輯 18

龔

龔安節公野古集、上周文襄公書、安節先
生年譜 〔著録〕集部 428
龔安節先生畫訣 〔續修〕1065
龔定盦全集 〔續修〕1520
龔端毅公奏疏 〔禁燬補〕23

竊

竊憤録、續録 〔存目〕史部 44

鬻

鬻子 〔文淵〕848 〔文津〕850 〔文瀾〕867
鬻子註 〔著録〕子部 30

二十三畫

鼇

鼇峰集 〔續修〕1381
鼇峰類稿 〔存目〕集部 45

曬

曬書堂集 〔續修〕1481

顯

顯志堂稿、附夢柰詩稿 〔續修〕1535－1536

籤

籤易 〔存目〕子部 66

欒

欒城先生遺言 〔著録〕子部 168

欒城集、後集、三集、應詔集 〔文淵〕1112
〔文津〕1115－1116 〔文瀾〕1142 〔薈要〕
382－383 〔著録〕集部 92
欒城遺言 〔文淵〕864 〔文津〕866 〔文瀾〕
884
欒城藁 〔未收〕五輯 22

變

變雅堂文集、附推枕吟、杜陵七歌 〔禁
燬〕集部 72
變雅堂文録 〔續修〕1671
變雅堂遺集 〔續修〕1394

癰

癰疽神秘灸經 〔續修〕1012

麟

麟旨明微 〔未收〕一輯 6
麟旨定 〔存目〕經部 124
麟角集 〔文淵〕1083 〔文津〕1087 〔文瀾〕
1113 〔著録〕集部 234
麟指嚴 〔未收〕三輯 9
麟原王先生文集 〔著録〕集部 112
麟原文集 〔文淵〕1220 〔文津〕1224 〔文
瀾〕1255 〔珍本〕初集 356－357
麟傳統宗 〔存目〕經部 127
麟溪、別篇 〔存目〕集部 289
麟經指月 〔未收〕二輯 10
麟臺故事 〔文淵〕595 〔文津〕595 〔文瀾〕
604 〔珍本〕別輯 141 〔著録〕史部 253
＊麟德術解 〔續修〕1047
麟寶 〔存目〕經部 121－122

孅

孅窟詞 〔文淵〕1487 〔文津〕1492 〔文瀾〕
1537 〔著録〕集部 218

二十四畫

觀

觀化集 〔存目補〕77
觀老莊影響論 〔存目〕子部 257
觀妙齋藏金石文考略 〔著録〕史部 158

觀林詩話 〔文淵〕1480 〔文津〕1484 〔文瀾〕1530 〔底本〕集部 265 〔著録〕集部 455

觀物篇解、附皇極經世解起數訣 〔文淵〕805 〔文津〕806 〔文瀾〕822 〔珍本〕初集 179-180

觀政集 〔存目〕集部 71

觀象玩占 〔存目〕子部 59 〔續修〕1049

觀象居易傳箋 〔續修〕22

觀樹堂詩集 〔存目〕集部 258

蠹

蠹言 〔未收〕四輯 21

蠹齋先生鉛刀編、拾遺詩 〔底本〕集部 83 〔著録〕集部 21

蠹齋鉛刀編 〔珍本〕二集 269

蠹齋鉛刀編、拾遺詩 〔文淵〕1154 〔文津〕1158 〔文瀾〕1187

鹽

鹽政志 〔存目〕史部 273 〔續修〕839

鹽梅志 〔存目〕史部 99

鹽鐵論 〔文淵〕695 〔文津〕695 〔文瀾〕709 〔薈要〕246 〔著録〕子部 1

鹽鐵論考 〔未收〕五輯 9

釀

釀川集 〔存目〕集部 258

靈

靈山藏 〔禁燬〕集部 175

靈芬館詞四種 〔續修〕1725

靈芬館詞話 〔續修〕1733

靈芬館詩話、續 〔續修〕1705

靈言蠡勺 〔存目〕子部 93

靈城精義 〔文淵〕808 〔文津〕809 〔文瀾〕826 〔珍本〕三集 194

靈洞山房集 〔存目〕集部 321

靈棋經（東方朔） 〔文淵〕808 〔文津〕809 〔文瀾〕826

靈棋經（顏幼明） 〔著録〕子部 303

靈臺祕苑 〔文淵〕807 〔文津〕808 〔文瀾〕824 〔珍本〕五集 218 〔著録〕子部 149

靈樞經（王冰） 〔文淵〕733 〔文津〕733 〔文瀾〕748

靈樞經（張志聰） 〔續修〕981

靈樞懸解 〔存目〕子部 39

靈衛廟志 〔存目〕史部 86

靈護閣集 〔存目補〕98

靈巖山人詩集 〔續修〕1450

靈巖集 〔文淵〕1181 〔文津〕1185 〔文瀾〕1216 〔珍本〕三集 247

蠶

蠶尾集、續集、後集 〔存目〕集部 227

蠶事要略 〔續修〕978

蠶桑合編、附蠶桑説略 〔未收〕四輯 23

蠶桑萃編 〔未收〕四輯 23

蠶桑備要、醫蠶病方 〔續修〕978

蠶桑説 〔續修〕978

蠶桑樂府 〔存目〕集部 277

蠶桑輯要（沈秉成） 〔續修〕978

蠶桑輯要（高銓） 〔續修〕978

蠶桑輯要（鄭文同） 〔續修〕978

蠶桑簡明輯説 〔未收〕四輯 23

蠶桑簡易法 〔未收〕四輯 23

禜

禜祀紀蹟 〔存目〕史部 126

讕

讕言長語 〔文淵〕867 〔文津〕869 〔文瀾〕887 〔珍本〕十二集 143 〔著録〕子部 170

讒

讒書、附校 〔續修〕1122

贛

贛州府志〔天啓〕 〔存目〕史部 202

二十五畫

顱

顱顖經 〔文淵〕738 〔文津〕738 〔文瀾〕752 〔珍本〕別輯 176

蠻

蠻司合志　〔存目〕史部 227　〔續修〕735
蠻書　〔文淵〕464　〔文津〕463　〔文瀾〕465
　〔珍本〕別輯 128

二十六畫

灤

灤京襍詠　〔文淵〕1219　〔文津〕1224　〔文瀾〕1255　〔著録〕集部 396

二十七畫

讜

讜論集　〔文淵〕427　〔文津〕425　〔文瀾〕425
　〔珍本〕初集 118

灩

灩澦囊　〔未收〕二輯 21

二十八畫

鑿

* 鑿井圖經　〔續修〕1052

鸚

* 鸚鵡洲　〔續修〕1765

戀

戀叟詩鈔　〔未收〕七輯 30

二十九畫

驪

驪山集　〔存目〕集部 101－102
驪珠隨録、續録　〔存目〕集部 304

鬱

鬱岡齋筆塵　〔存目〕子部 107　〔續修〕1130
鬱洲遺稿　〔文淵〕1256　〔文津〕1260　〔文瀾〕1293　〔珍本〕四集 340　〔著録〕集部 431
鬱華閣遺集　〔續修〕1567
* 鬱輪袍　〔續修〕1764
鬱儀樓集　〔存目〕集部 158

三十畫

鸞

鸞鎞記　〔續修〕1770

著者索引

著者索引凡例

一、本索引爲檢索新編四庫系列叢書所收各叢書子目著者姓名及其著述而編製,例:

實子偁(明)

敬由編　〔續修〕974

實文照(明)

實子紀聞類編　〔存目〕子部93

(實子偁《敬由編》載《續修四庫全書》第974冊,實文照《實子紀聞類編》載《四庫存目叢書》第93冊)

一、著者索引依"筆畫檢字法"編製,前冠"著者首字筆畫檢字表",後附"書名及著者首字拼音檢字表"輔助檢索;

一、各著者姓名後分別注明其朝代,所著書名及所屬叢書(簡稱)、分部(經史子集叢)、分集及冊次,例:

丁大任(明)

永曆紀事　〔禁燬〕史部74

(丁大任《永曆紀事》載《四庫禁燬書叢刊》史部74冊)

一、相同著者姓名見於一種或多種叢書者,依次著録,例:

丁度(宋)

附釋文互注禮部韻略、貢舉條式　〔文淵〕237〔文津〕232〔文瀾〕229

(丁度《附釋文互注禮部韻略》《貢舉條式》分別載景印文淵閣、文津閣、文瀾閣本《四庫全書》相應冊次)

丁元吉(明)

陸右丞蹈海録　〔存目〕史部82〔續修〕550

(丁元吉《陸右丞蹈海録》分別載《四庫存目叢書》史部第82、《續修四庫全書》第550冊)

一、相同著者有多種著作收入,依次著録,例:

丁元薦(明)

西山日記　〔存目〕子部242〔續修〕1172

尊拙堂文集　〔存目〕集部170－171

廣筆記、炮炙大法、用藥凡例　〔著録〕子部18

一、著者姓名因避諱、字號、改名等原因歧出者,如有所據,採用互見方法,例:

徐宏祖 見 徐弘祖

徐弘祖(徐宏祖)

　　徐霞客遊記　〔文淵〕593〔文津〕593－594〔文瀾〕601〔底本〕史部 28－30〔著錄〕史部 113

唐元素　見　震鈞

震鈞(唐元素)

　　天咫偶聞　〔續修〕730

一、外國著者姓名後酌注其國籍,例:

　　利瑪竇(明西洋)

　　天主實義　〔存目〕子部 93〔續修〕1296

　　南懷仁(清西洋)

　　交食曆書　〔續修〕1040

一、僧人著者,法名前均冠以"釋"字,例:

　　釋彥悰(唐)

　　大唐大慈恩寺三藏法師傳　〔續修〕1286

　　釋洪恩(明)

　　雪浪集　〔存目〕集部 190

一、歷代帝王著者,姓名外或著錄其廟號,例:

　　朱元璋(明太祖)

　　大誥武臣　〔續修〕862

　　皇明祖訓　〔存目〕史部 264

　　弘曆(清高宗)

　　日知薈説　〔薈要〕251〔著錄〕子部 1

　　世宗憲皇帝聖訓(編)　〔文淵〕412〔文津〕409〔文瀾〕410

著者首字筆畫檢字表

二畫

丁…………… 347
卜…………… 349
刁…………… 349

三畫

三…………… 349
于…………… 349
干…………… 350
上…………… 350
小…………… 350
山…………… 350

四畫

王…………… 350
天…………… 374
元…………… 374
扎…………… 374
木…………… 374
支…………… 374
太…………… 375
尤…………… 375
戈…………… 375
中…………… 375
午…………… 375
牛…………… 375
毛…………… 376
仁…………… 378
仇…………… 378
公…………… 379
勾…………… 379
卞…………… 379

文…………… 379
亢…………… 380
方…………… 380
火…………… 384
尹…………… 384
孔…………… 385
允…………… 386
幻…………… 387

五畫

玉…………… 387
甘…………… 387
艾…………… 387
左…………… 387
石…………… 388
平…………… 388
申…………… 388
田…………… 389
史…………… 389
冉…………… 391
丘…………… 391
白…………… 391
令…………… 392
印…………… 392
句…………… 392
外…………… 392
包…………… 392
玄…………… 392
永…………… 393
司…………… 393
弘…………… 394
皮…………… 395

六畫

邢…………… 395
吉…………… 396
托…………… 396
西…………… 396
百…………… 396
存…………… 396
列…………… 396
成…………… 396
同…………… 397
呂…………… 397
年…………… 400
朱…………… 400
先…………… 410
竹…………… 410
伍…………… 410
伏…………… 411
延…………… 411
仲…………… 411
任…………… 411
伊…………… 412
向…………… 412
全…………… 412
危…………… 412
多…………… 412
米…………… 412
江…………… 413
池…………… 414
宇…………… 414
安…………… 414
祁…………… 415
那…………… 415

阮…………… 415
牟…………… 416

七畫

芮…………… 416
花…………… 416
杜…………… 416
杞…………… 418
李…………… 418
車…………… 437
吾…………… 437
吳…………… 437
貝…………… 448
岑…………… 448
利…………… 448
邱…………… 448
何…………… 448
但…………… 451
伯…………… 451
伶…………… 451
佟…………… 451
佘…………… 451
余…………… 451
希…………… 453
谷…………… 453
狄…………… 453
冷…………… 453
辛…………… 453
汪…………… 453
沐…………… 458
沙…………… 458
沖…………… 458
沈…………… 458

宋	464	法	489	風	504	根	523
初	467	河	489	逢	504	索	523
改	467	況	489	昝	504	連	523
阿	467	怡	489	胤	504	栗	523
邵	467	宗	489	計	504	夏	523
		官	489	度	504	破	525
八畫		郎	490	奕	504	原	525
		房	490	施	504	柴	525
武	469	屈	490	姜	506	時	525
長	469	承	490	洪	507	畢	525
幸	469	孟	490	津	508	晁	526
耶	469	亟	491	恒	508	晏	526
苗	469			宣	509	員	527
英	470	**九畫**		宦	509	剛	527
苟	470			宮	509	特	527
茆	470	封	491	祖	509	倭	527
范	470	郝	491	祝	509	倪	527
茅	472	荊	492	退	510	息	528
林	473	荀	492	韋	510	烏	528
枚	477	胡	492	胥	510	師	528
來	477	茹	498	姚	510	徐	528
松	477	南	498	紀	513	殷	537
杭	477	柯	498			奚	537
東	477	查	498	**十畫**		翁	537
郁	478	柏	499			留	538
卓	478	柳	499	秦	513	凌	538
尚	478	迺	500	珞	514	袁	538
門	478	耐	500	班	514	高	538
明	478	皆	500	敖	515	郭	541
易	478	冒	500	素	515	席	544
迮	479	昭	500	馬	515	庫	544
物	479	骨	500	貢	517	唐	544
和	479	拜	500	袁	517	浦	547
季	479	郜	500	都	519	浩	547
侍	479	秋	500	耿	520	海	547
岳	479	段	500	華	520	涂	547
金	480	保	501	莽	521	浣	547
郄	482	皇	501	莫	521	家	547
服	482	鬼	501	莎	521	陸	547
周	482	侯	501	真	521	陳	552
忽	489	帥	502	莊	522	孫	569
京	489	律	502	桂	522	陰	574
於	489	俞	502	桓	523		

陶 …………… 574
桑 …………… 576
納 …………… 577

十一畫

理 …………… 577
堵 …………… 577
勒 …………… 577
黃 …………… 577
梅 …………… 585
麥 …………… 586
曹 …………… 586
區 …………… 589
戚 …………… 589
盛 …………… 590
雪 …………… 590
虛 …………… 590
常 …………… 590
婁 …………… 590
鄂 …………… 591
國 …………… 591
崑 …………… 591
崔 …………… 591
崇 …………… 592
過 …………… 592
笪 …………… 593
符 …………… 593
偶 …………… 593
偉 …………… 593
脫 …………… 593
魚 …………… 593
訥 …………… 593
許 …………… 593
麻 …………… 596
庾 …………… 596
康 …………… 597
鹿 …………… 597
章 …………… 597
商 …………… 598
清 …………… 599
淩 …………… 599
淳 …………… 600

涵 …………… 600
梁 …………… 600
寇 …………… 602
扈 …………… 602
尉 …………… 602
屠 …………… 602
張 …………… 603
陽 …………… 621
習 …………… 621
巢 …………… 621

十二畫

項 …………… 622
越 …………… 622
揚 …………… 622
博 …………… 622
揭 …………… 623
彭 …………… 623
揆 …………… 624
斯 …………… 624
葉 …………… 624
萬 …………… 627
葛 …………… 629
董 …………… 629
葆 …………… 632
惠 …………… 632
覃 …………… 633
雲 …………… 633
閔 …………… 633
喇 …………… 633
景 …………… 633
單 …………… 633
喻 …………… 634
無 …………… 634
稽 …………… 634
程 …………… 634
稅 …………… 638
喬 …………… 638
傅 …………… 639
焦 …………… 641
舒 …………… 642
欽 …………… 642

鈕 …………… 642
爲 …………… 643
鄒 …………… 643
馮 …………… 644
斌 …………… 646
童 …………… 646
曾 …………… 647
勞 …………… 649
湛 …………… 649
湯 …………… 649
溫 …………… 650
滑 …………… 651
游 …………… 651
惲 …………… 651
富 …………… 651
裕 …………… 651
強 …………… 651
費 …………… 651
賀 …………… 652

十三畫

載 …………… 652
鄢 …………… 653
蓮 …………… 653
靳 …………… 653
夢 …………… 653
蒯 …………… 653
蒲 …………… 653
蒙 …………… 653
楚 …………… 653
楊 …………… 653
槐 …………… 661
裘 …………… 661
甄 …………… 662
賈 …………… 662
雷 …………… 662
虞 …………… 663
愚 …………… 663
路 …………… 663
農 …………… 663
嵩 …………… 664
圓 …………… 664

愛 …………… 664
詹 …………… 664
解 …………… 664
靖 …………… 664
滄 …………… 664
慎 …………… 664
塞 …………… 665
褚 …………… 665
福 …………… 665
經 …………… 665

十四畫

趙 …………… 665
赫 …………… 672
壽 …………… 672
綦 …………… 672
慕 …………… 672
蔡 …………… 672
蔣 …………… 674
輔 …………… 676
厲 …………… 676
碩 …………… 677
臧 …………… 677
裴 …………… 677
聞 …………… 677
幔 …………… 677
圖 …………… 677
管 …………… 677
僧 …………… 678
鳳 …………… 678
廖 …………… 678
端 …………… 679
齊 …………… 679
鄭 …………… 679
榮 …………… 684
漆 …………… 684
慵 …………… 684
察 …………… 684
翟 …………… 684
熊 …………… 685
鄧 …………… 686

十五畫

慧⋯⋯⋯⋯ 688
翬⋯⋯⋯⋯ 688
摯⋯⋯⋯⋯ 688
增⋯⋯⋯⋯ 688
穀⋯⋯⋯⋯ 688
邁⋯⋯⋯⋯ 688
樓⋯⋯⋯⋯ 688
樊⋯⋯⋯⋯ 688
歐⋯⋯⋯⋯ 689
震⋯⋯⋯⋯ 690
墨⋯⋯⋯⋯ 690
黎⋯⋯⋯⋯ 690
樂⋯⋯⋯⋯ 690
德⋯⋯⋯⋯ 691
衛⋯⋯⋯⋯ 691
滕⋯⋯⋯⋯ 691
魯⋯⋯⋯⋯ 691
劉⋯⋯⋯⋯ 692
諸⋯⋯⋯⋯ 704
談⋯⋯⋯⋯ 704
慶⋯⋯⋯⋯ 704
潛⋯⋯⋯⋯ 704
潘⋯⋯⋯⋯ 704
練⋯⋯⋯⋯ 706

十六畫

駱⋯⋯⋯⋯ 706

薛⋯⋯⋯⋯ 707
蕭⋯⋯⋯⋯ 708
薩⋯⋯⋯⋯ 710
樸⋯⋯⋯⋯ 710
賴⋯⋯⋯⋯ 710
霍⋯⋯⋯⋯ 710
盧⋯⋯⋯⋯ 710
曉⋯⋯⋯⋯ 712
閻⋯⋯⋯⋯ 712
穆⋯⋯⋯⋯ 712
錢⋯⋯⋯⋯ 712
錫⋯⋯⋯⋯ 716
鮑⋯⋯⋯⋯ 716
獨⋯⋯⋯⋯ 717
廩⋯⋯⋯⋯ 717
龍⋯⋯⋯⋯ 717
燃⋯⋯⋯⋯ 717
隱⋯⋯⋯⋯ 717

十七畫

戴⋯⋯⋯⋯ 717
藍⋯⋯⋯⋯ 720
韓⋯⋯⋯⋯ 720
檀⋯⋯⋯⋯ 722
魏⋯⋯⋯⋯ 722
儲⋯⋯⋯⋯ 724
鍾⋯⋯⋯⋯ 725

鮮⋯⋯⋯⋯ 726
謝⋯⋯⋯⋯ 726
應⋯⋯⋯⋯ 728
濮⋯⋯⋯⋯ 728
蹇⋯⋯⋯⋯ 728
禮⋯⋯⋯⋯ 729
繆⋯⋯⋯⋯ 729

十八畫

聶⋯⋯⋯⋯ 729
醫⋯⋯⋯⋯ 729
豐⋯⋯⋯⋯ 729
瞿⋯⋯⋯⋯ 730
顒⋯⋯⋯⋯ 730
簡⋯⋯⋯⋯ 730
邊⋯⋯⋯⋯ 730
歸⋯⋯⋯⋯ 730
鎦⋯⋯⋯⋯ 731
顏⋯⋯⋯⋯ 731

十九畫

蘧⋯⋯⋯⋯ 731
蘇⋯⋯⋯⋯ 731
闞⋯⋯⋯⋯ 733
關⋯⋯⋯⋯ 733
嚴⋯⋯⋯⋯ 734
羅⋯⋯⋯⋯ 735

譚⋯⋯⋯⋯ 737
龐⋯⋯⋯⋯ 738
懷⋯⋯⋯⋯ 738
繡⋯⋯⋯⋯ 738

二十畫

蘭⋯⋯⋯⋯ 738
覺⋯⋯⋯⋯ 738
釋⋯⋯⋯⋯ 738
饒⋯⋯⋯⋯ 743
灌⋯⋯⋯⋯ 743
寶⋯⋯⋯⋯ 744
竇⋯⋯⋯⋯ 744

二十一畫

權⋯⋯⋯⋯ 744
酈⋯⋯⋯⋯ 744
醫⋯⋯⋯⋯ 744
鐵⋯⋯⋯⋯ 744
顧⋯⋯⋯⋯ 744

二十二畫

龔⋯⋯⋯⋯ 748
鷟⋯⋯⋯⋯ 749

二十三畫

麟⋯⋯⋯⋯ 750

著者筆畫索引

二畫

丁

丁大任（明）
　永曆紀事〔禁燬〕史部 74
丁子復（清）
　唐書合鈔、唐書宰相世系表訂譌、唐書合鈔
　　補正〔續修〕285－289
丁元吉（明）
　陸右丞蹈海録〔存目〕史部 82〔續修〕550
丁元薦（明）
　西山日記〔存目〕子部 242〔續修〕1172
　尊拙堂文集〔存目〕集部 170－171
　廣筆記、炮炙大法、用藥凡例〔著録〕子部
　　18
丁巨（元）
　丁巨算法〔續修〕1042
丁日昌（清）
　牧令書輯要〔續修〕755
　海防要覽〔續修〕969
丁曰健（清）
　治臺必告録〔續修〕882
丁仁（清）
　八千卷樓書目〔續修〕921
丁允和（明）
　皇明十六名家小品〔存目〕集部 378
丁丙（清）
　八千卷樓書目〔續修〕921
　松夢寮詩稿〔續修〕1559
　善本書室藏書志〔續修〕927
丁有煜（清）
　與秋集〔禁燬補〕90
　雙薇園集〔禁燬補〕90
丁芮樸（清）

風水祛惑〔續修〕1054
丁辰（清）
　補晉書藝文志〔續修〕914
丁奉（明）
　南湖先生文選〔存目〕集部 65
丁其譽（清）
　壽世秘典〔存目〕子部 156
丁杰後（清）
　周易鄭注〔續修〕1
丁明登（明）
　古今長者録〔存目〕子部 143
丁易東（宋）
　大衍索隱〔文淵〕806〔文津〕807〔文瀾〕
　　824〔珍本〕初集 181
　易象義、易統論〔文淵〕21〔文津〕16〔文
　　瀾〕16
　周易象義〔珍本〕二集 6－7〔著録〕經部 52
丁佩（清）
　繡譜〔續修〕1115
丁宜曾（清）
　西石梁農圃便覽〔續修〕976
丁度（宋）
　附釋文互註禮部韻略、貢舉條式〔文淵〕237
　　〔文津〕232〔文瀾〕229
　武經總要〔文淵〕726〔文津〕726〔文瀾〕
　　740〔珍本〕初集 166－171
　武經總要前集、後集〔底本〕子部 1－3〔底
　　本〕子部 21－23〔著録〕子部 262
　集韻〔文淵〕236〔文津〕231〔文瀾〕229
　　〔薈要〕85〔著録〕經部 114
丁晏（清）
　毛詩草木鳥獸蟲魚疏〔續修〕71
　毛鄭詩釋〔續修〕71
　左傳杜解集正〔續修〕128
　北宋汴學二體石經記〔續修〕184

孝經述註　〔續修〕152

投壺考原　〔續修〕1106

佚禮扶微　〔續修〕110

枚叔集　〔續修〕1303

尚書餘論　〔續修〕48

易林釋文　〔續修〕1055

易經象類　〔續修〕31

周易述傳、續録　〔續修〕31

周易解故　〔續修〕31

周禮釋注　〔續修〕81

禹貢集釋、附禹貢蔡傳正誤、禹貢錐指正誤
　　〔續修〕55

曹子建集、逸文　〔續修〕1303

淮南萬畢術　〔續修〕1121

鄭氏詩譜考正　〔續修〕71

儀禮釋注　〔續修〕93

論語孔注證僞　〔續修〕156

頤志齋文鈔、感舊詩　〔續修〕1523

禮記釋注　〔續修〕106

丁特起(宋)

　靖康孤臣泣血録　〔存目〕史部 44

　靖康紀聞、拾遺　〔續修〕423

丁國鈞(清)

　補晉書藝文志　〔續修〕914

丁進(明)

　新鐫性理奧　〔未收〕三輯 21

丁宿章(清)

　湖北詩徵傳略　〔續修〕1707

丁紹軾(明)

　丁文遠集、外集　〔未收〕五輯 25

丁紹儀(清)

　國朝詞綜補　〔續修〕1732

　聽秋聲館詞話　〔續修〕1734

丁敬(清)

　武林金石記、附碑刻目　〔續修〕910

丁復(元)

　檜亭集　〔文淵〕1208〔文津〕1212〔文瀾〕
　　1243〔珍本〕三集 281

　檜亭稿　〔著録〕集部 111

丁裕彦(清)

　周易述傳　〔未收〕四輯 1

丁嗣澂(清)

　雪菴詩存　〔存目〕集部 238

丁義方(清)

　石鐘山志　〔未收〕一輯 28

丁愷曾(清)

　説書偶筆　〔存目〕經部 153

丁壽徵(清)

　春秋異地同名考　〔續修〕128

丁養浩(明)

　西軒效唐集録　〔存目〕集部 44

丁賓(明)

　丁清惠公遺集　〔禁燬〕集部 44

丁澎(清)

　扶荔詞　〔續修〕1724

丁履恒(清)

　形聲類篇、餘論、校勘　〔續修〕247

丁錦(清)

　古本難經闡注　〔續修〕984

丁謂(宋)

　丁晉公談録　〔續修〕1166

丁澤安(清)

　易學節解　〔續修〕38

丁謙(清)

　西遼立國本末考、西遼疆域考、西遼都城考
　　〔續修〕387

丁韙良(美國)

　西學考略　〔續修〕1299

　萬國公法　〔續修〕1299

丁耀亢(清)

　天史、問天亭放言　〔續修〕1176

　逍遥遊　〔禁燬〕集部 186

　逍遥遊、陸舫詩草、椒丘詩、丁野鶴先生遺
　　稿、家政須知　〔存目〕集部 235

丁寶楨(清)

　丁文誠公奏稿　〔續修〕509

　四川鹽法志　〔續修〕842

丁寶銓(清)

　霜紅龕集、年譜　〔續修〕1395－1396

丁鶴年(明)

　蚓竅集、全菴記　〔底本〕集部 39〔著録〕集
　　部 427

　海巢集　〔著録〕集部 257

　鶴年詩集、附丁孝子傳　〔文淵〕1217〔文津〕
　　1221〔文瀾〕1252

丁瓚(明)

　素問鈔補正、附滑氏診家樞要　〔存目〕子部
　　38

丁顯(清)

　復淮故道圖説　〔續修〕848

卜

卜大有(明)
　皇明續紀〔禁燬補〕11
　新鍥李卓吾先生增補批點皇明正續合併通
　　紀統宗〔禁燬補〕12

卜大同(明)
　備倭記〔存目〕子部 31

卜子夏(周)
　子夏易傳〔文淵〕7〔文津〕2〔文瀾〕1

卜世昌(明)
　皇明通紀述遺〔存目〕史部 14
　皇明資治通紀〔禁燬補〕11

卜商(周)
　詩序〔文淵〕69〔文津〕64〔文瀾〕62
　稽古堂訂正子夏易傳〔著錄〕經部 31

刁

刁包(清)
　四書翊註〔存目〕經部 170
　用六集〔存目〕集部 196
　易酌〔文淵〕39〔文津〕34〔文瀾〕33〔珍
　　本〕四集 15－17〔著錄〕經部 34
　斯文正統〔存目補〕34
　潛室劄記〔存目〕子部 20〔續修〕945

三畫

三

三泰(清)
　大清律例〔文淵〕672－673〔文津〕672－
　　673〔文瀾〕685－686

三餘氏(清)
　明末紀事補遺〔禁燬〕史部 13

于

于石(元)
　紫巖于先生詩選〔著錄〕集部 60
　紫巖詩選〔文淵〕1189〔文津〕1194〔文
　　瀾〕1225〔珍本〕十一集 172

于成龍(清)
　于山奏牘、附詩詞合選〔存目〕史部 67
　于清端公政書、外集編〔著錄〕集部 289
　于清端政書〔文淵〕1318〔文津〕1322〔文

瀾〕1357〔珍本〕九集 267－269

于光華(清)
　心簡齋集錄〔未收〕五輯 14

于若瀛(明)
　弗告堂集〔禁燬〕集部 46

于宗瑛(清)
　來鶴堂詩鈔〔未收〕十輯 18

于奕正(明)
　天下金石志〔存目〕史部 278〔續修〕886
　帝京景物略〔存目〕史部 248

于鬯(清)
　讀小戴日記〔續修〕106
　讀周禮日記〔續修〕85
　讀儀禮日記〔續修〕93

于恕(宋)
　無垢先生橫浦心傳錄、橫浦日新〔存目〕子
　　部 83

于敏中(清)
　國朝宮史〔薈要〕202〔著錄〕史部 60
　御製文初集、二集、三集、餘集〔文淵〕1301
　　〔文津〕1305〔文瀾〕1338
　御製詩初集、二集、三集、四集、五集、餘集
　　〔文淵〕1302－1311〔文津〕1306－1315
　　〔文瀾〕1339－1349
　欽定天祿琳琅書目〔文淵〕675〔文津〕675
　　〔文瀾〕688〔底本〕史部 49－50〔著
　　錄〕史部 393
　欽定日下舊聞考、譯語總目〔文淵〕497－
　　499〔文津〕497－499〔文瀾〕498－500
　　〔著錄〕史部 213－215
　欽定西清硯譜〔文淵〕843〔文津〕845〔文
　　瀾〕862〔珍本〕初集 224－227〔底本〕
　　子部 5－8〔著錄〕子部 27
　欽定重刻淳化閣帖釋文〔文淵〕683〔文津〕
　　683〔文瀾〕697〔著錄〕史部 157
　欽定皇輿西域圖志〔文淵〕500〔文津〕500
　　〔文瀾〕504
　欽定勝朝殉節諸臣錄〔文淵〕456〔文津〕
　　455〔文瀾〕456〔珍本〕六集 105－107
　　〔著錄〕史部 379
　欽定勦捕臨清逆匪紀略〔文淵〕362〔文津〕
　　359〔文瀾〕360〔珍本〕十集 74－75
　　〔著錄〕史部 25
　欽定滿洲祭神祭天典禮〔文淵〕657〔文津〕
　　657〔文瀾〕668
　欽定滿洲源流考〔文淵〕499〔文津〕499

〔文瀾〕503

于萬川（清）
　〔光緒〕鎮海縣志〔續修〕707

于欽（元）
　齊乘〔珍本〕四集 114－115
　齊乘、釋音〔文淵〕491〔文津〕491〔文瀾〕
　　494〔著録〕史部 19

于準（清）
　先儒正修録、先儒齊治録〔存目〕子部 23

于慎行（明）
　詞林典故〔存目〕史部 258
　穀山筆麈〔存目〕子部 87〔續修〕1128
　穀城山館文集〔存目〕集部 147－148
　穀城山館集〔珍本〕七集 257－259
　穀城山館詩集〔文淵〕1291〔文津〕1295
　　〔文瀾〕1329〔著録〕集部 126
　讀史漫録〔存目〕史部 285

于慎思（明）
　龐眉生集〔存目〕集部 148

于鳳喈（明）
　〔正德〕嘉興志補〔存目〕史部 185

于潛（元）
　齊乘、釋音〔著録〕史部 19

于燕芳（明）
　燕市雜詩〔禁燬補〕76

于學謐（清）
　焚餘詩草、玉臺詞鈔、律賦〔未收〕十輯 29

于謙（明）
　于忠肅公集〔著録〕集部 429
　忠肅集〔文淵〕1244〔文津〕1248〔文瀾〕
　　1280〔珍本〕四集 324－325

于鑑（明）
　契翁中説録〔續修〕937

干

干寶（晉）
　搜神記〔文淵〕1042〔文津〕1046〔文瀾〕
　　1070〔著録〕子部 242

上

上官鉉（清）
　誠正齋文集〔存目〕集部 202

上官融（宋）
　友會談叢〔續修〕1260

小

小厂（清）
　促織經〔未收〕十輯 12

小徹辰薩囊台吉（清）
　欽定蒙古源流〔文淵〕410〔文津〕407〔文瀾〕408〔珍本〕三集 125

山

山井鼎（日本）
　七經孟子考文〔著録〕經部 92－93
　七經孟子考文補遺〔文淵〕190〔文津〕185－186〔文瀾〕180

四畫

王

王一化（明）
　〔萬曆〕應天府志〔存目〕史部 203

王一清（明）
　化書新聲〔存目〕子部 83

王一槐（明）
　玉唾壺〔存目〕子部 96〔續修〕1143

王十朋（宋）
　東坡詩集註〔文淵〕1109〔文津〕1112－1113〔文瀾〕1139〔珍本〕十一集 162－164
　梅溪先生廷試策、奏議、文集、後集〔底本〕集部 77－80〔著録〕集部 344
　梅溪集〔文淵〕1151〔文津〕1155〔文瀾〕1184〔薈要〕395
　會稽三賦〔文淵〕589〔文津〕589〔文瀾〕598〔底本〕史部 27〔著録〕史部 252
　增刊校正王狀元集註分類東坡先生詩、東坡紀年録〔著録〕集部 91

王九思（明）
　王翰林集注黃帝八十一難經〔續修〕983
　沽酒遊春〔續修〕1764
　渼陂集、續集〔存目〕集部 48〔續修〕1334
　碧山詩餘〔續修〕1723
　碧山樂府〔存目補〕45〔續修〕1738

王又華（清）
　古今詞論〔存目〕集部 425
　詞韻、附古韻通略〔存目〕集部 426

王又槐（清）

刑錢必覽、錢穀備要〔未收〕四輯 19

王又樸（清）

　易翼述信〔文淵〕50〔文津〕45〔文瀾〕43
　　〔珍本〕五集 9 － 10〔著録〕經部 56

王三聘（明）

　事物考〔存目〕子部 222〔續修〕1232

王士性（明）

　王太初先生五岳遊草〔存目〕史部 251〔續
　　修〕737

　廣志繹、雜志〔存目〕史部 251

王士俊（清）

　河南通志〔文淵〕535 － 538〔文津〕535 －
　　538〔文瀾〕541 － 544

　閑家編〔存目〕子部 158

王士祐（清）

　古鉢集選〔存目〕集部 245

王士陵（清）

　經書性理類輯精要録〔存目〕子部 28

王士琦（明）

　三雲籌俎考〔續修〕739

王士雄（清）

　王氏醫案、續編、霍亂論〔續修〕1027

　温熱經緯〔續修〕1005

　隨息居重訂霍亂論〔續修〕1005

　潛齋簡效方〔續修〕1003

王士禄（清）

　十笏草堂詩選、辛甲集、上浮集〔存目補〕79

　炊聞詞〔存目〕集部 422

　焦山古鼎考〔存目〕子部 77

　燃脂集例〔存目〕集部 420

　讀史蒙拾〔存目〕史部 151

王士源（唐）

　亢倉子〔文淵〕1059〔文津〕1063〔文瀾〕
　　1088

王士禎（王士禛）（清）

　二家詩選〔文淵〕1459〔文津〕1464〔文
　　瀾〕1506〔珍本〕十一集 200〔著録〕集
　　部 210

　十種唐詩選〔存目〕集部 394

　五代詩話〔存目〕集部 420〔著録〕集部 332

　分甘餘話〔文淵〕870〔文津〕872〔文瀾〕
　　890〔著録〕子部 170

　古夫于亭雜録〔文淵〕870〔文津〕872〔文
　　瀾〕890〔珍本〕十二集 143〔著録〕子
　　部 306

古鉢集選〔存目〕集部 245

古懽録〔存目〕史部 121

北歸志〔存目〕史部 128

光嶽英華〔存目〕集部 289

池北偶談〔文淵〕870〔文津〕872〔文瀾〕
　890〔著録〕子部 78

阮亭選古詩五言詩、七言詩〔存目補〕42

花草蒙拾〔續修〕1733

居易録〔文淵〕869〔文津〕871 － 872〔文
　瀾〕889〔著録〕子部 56

南來志〔存目〕史部 128

南海集〔存目〕集部 227

香祖筆記〔文淵〕870〔文津〕872〔文瀾〕
　890〔著録〕子部 306

皇華紀聞〔存目〕子部 245

紀琉球入太學始末〔存目〕史部 271

秦蜀驛程後記〔存目〕史部 128

倚聲初集、前編〔續修〕1729

唐人萬首絕句選〔文淵〕1459〔文津〕1464
　〔文瀾〕1506〔著録〕集部 210

唐賢三昧集〔文淵〕1459〔文津〕1464〔文
　瀾〕1506〔著録〕集部 210

浯溪考〔存目〕史部 235

帶經堂集〔續修〕1414 － 1415

帶經堂集文録〔續修〕1669

帶經堂詩話〔續修〕1698 － 1699

國朝謚法考〔存目〕史部 271

笠山詩選〔存目〕集部 232

御定淵鑑類函〔文淵〕982 － 993〔文津〕
　983 － 996〔文瀾〕1007 － 1019

淵鑑類函〔著録〕子部 93 － 104

載書圖詩〔存目〕集部 394

感舊集〔禁燬〕集部 74

睡足軒詩選〔存目〕集部 79

蜀道驛程記〔存目〕史部 128

雍益集〔存目〕集部 227

廣州遊覽小志〔存目〕史部 254

精華録〔文淵〕1315〔文津〕1319〔文瀾〕
　1353

漁洋山人文略〔存目〕集部 227

漁洋山人精華録〔著録〕集部 406〔禁燬〕
　集部 53

漁洋詩集、續集〔存目〕集部 226

漁洋詩話〔文淵〕1483〔文津〕1488〔文
　瀾〕1533〔著録〕集部 332

蕭亭詩選〔存目〕集部 234

隴蜀餘聞〔存目〕子部 245

鼉尾集、續集、後集〔存目〕集部 227

王士禧(清)
　抱山集選〔存目〕集部 227

王士駿(清)
　求古録禮説〔續修〕110

王士點(元)
　祕書監志〔文淵〕596〔文津〕596〔文瀾〕
　　606〔珍本〕五集 103-104〔著録〕史部
　　254
　禁扁〔文淵〕468〔文津〕467〔文瀾〕469
　　〔珍本〕五集 91〔著録〕史部 35

王士翹(明)
　慎刑録〔續修〕974

王士騏(明)
　皇明馭倭録、附略、寄語略〔存目〕史部 53
　　〔續修〕428
　諸葛忠武侯全書〔存目〕史部 84

王士驌(明)
　中弇山人稿〔禁燬〕集部 32

王士讓(清)
　儀禮紃解〔續修〕88

王千仞(清)
　詩經比義述〔未收〕二輯 7

王千秋(宋)
　審齋詞〔文淵〕1488〔文津〕1492〔文瀾〕
　　1537〔著録〕集部 218

王之春(清)
　防海紀略〔續修〕445
　國朝柔遠記〔未收〕三輯 15
　船山公年譜〔續修〕553

王之垣(明)
　歷仕録〔存目〕史部 127

王之望(宋)
　漢濱集〔文淵〕1139〔文津〕1144〔文瀾〕
　　1171〔珍本〕別輯 323-326

王之道(宋)
　相山集〔文淵〕1132〔文津〕1136〔文瀾〕
　　1163〔珍本〕初集 282-283

王之樞(清)
　御定歷代紀事年表、三元甲子編年〔文淵〕
　　387-391〔文津〕384-388〔文瀾〕
　　386-389〔著録〕史部 374-378

王之績(清)
　鐵立文起〔續修〕1714
　鐵立文起前編、後編〔存目〕集部 421

王子一(明)
　劉晨阮肇悮入桃源雜劇〔續修〕1762

王子俊(宋)
　格齋四六〔文淵〕1151〔文津〕1155〔文
　　瀾〕1183〔珍本〕五集 278
　格齋先生四六〔著録〕集部 97

王子音(清)
　今古地理述〔未收〕四輯 18

王子接(清)
　絳雪園古方選注〔珍本〕五集 198-199
　絳雪園古方選註、得宜本草〔文淵〕783〔文
　　津〕785〔文瀾〕800〔著録〕子部 70

王天與(元)
　尚書纂傳〔文淵〕62〔文津〕57〔文瀾〕55
　　〔薈要〕21〔著録〕經部 35

王夫之(清)
　七十自定稿〔禁燬補〕79
　夕堂永日緒論内編、外編〔禁燬補〕79
　夕堂戲墨七種〔禁燬補〕79
　五十自定稿〔禁燬補〕79
　六十自定稿〔禁燬補〕79
　四書訓義〔未收〕二輯 13
　四書稗疏、附考異〔續修〕164
　四書箋解〔續修〕164
　永曆實録〔續修〕444
　宋論〔續修〕450
　尚書引義〔存目〕經部 56〔續修〕43
　尚書稗疏〔文淵〕66〔文津〕61〔文瀾〕59
　周易大象解〔續修〕18
　周易内傳、内傳發例、周易外傳〔續修〕18
　周易稗疏、考異〔文淵〕39〔文津〕34〔文
　　瀾〕33〔著録〕經部 185
　春秋家説〔存目〕經部 131〔續修〕139
　春秋稗疏〔文淵〕174〔文津〕169〔文瀾〕
　　166
　思問録内篇、外篇〔續修〕945
　船山先生詩稿〔續修〕1403
　張子正蒙注〔續修〕945
　黄書〔續修〕945
　鼓棹初集、二集〔禁燬補〕79
　鼓棹初集、二集、瀟湘怨詞〔續修〕1724
　楚辭通釋〔續修〕1302
　詩經稗疏〔文淵〕84〔文津〕79〔文瀾〕78
　詩廣傳、詩譯〔續修〕61
　薑齋文集〔續修〕1403〔禁燬補〕79
　薑齋詩話〔續修〕1698

噩夢〔續修〕945

禮記章句〔續修〕98

讀四書大全說〔續修〕164

讀通鑑論〔續修〕449－450

王元杰(元)

春秋讞義〔文淵〕162〔文津〕156〔文瀾〕154〔珍本〕二集52〔著錄〕經部197

王元恭(元)

至正四明續志〔續修〕705

王元啓(清)

祇平居士集〔續修〕1430

讀韓記疑〔續修〕1310

王元善(元)

四書輯釋〔存目〕經部155－156〔續修〕160

王元綖(清)

野鹽録〔續修〕978

王元翰(明)

王諫議全集〔未收〕五輯25

王太岳(清)

欽定四庫全書考證〔文淵〕1497－1500〔文瀾〕1555－1558

王曰高(清)

槐軒集〔存目〕集部230

王仁俊(清)

玉函山房輯佚書補編〔續修〕1206

玉函山房輯佚書續編〔續修〕1206

格致古微〔未收〕九輯15

經籍佚文〔續修〕1211

管子集注〔續修〕971

王仁裕(後周)

開元天寶遺事〔文淵〕1035〔文津〕1040〔文瀾〕1063〔著錄〕子部217

王仁煦(唐)

刊謬補缺切韻〔續修〕249〔續修〕250〔續修〕250

王化貞(明)

普門醫品〔存目〕子部47

王化隆(明)

真如子醒言〔存目〕子部94

王化醇(明)

古今名公百花鼓吹唐詩、宋元名家梅花鼓吹、附明詩梅花百詠、牡丹百詠〔存目補〕13

王介(宋)

履巉巖本草〔續修〕990

王介之(明)

春秋四傳質〔文淵〕171〔文津〕166〔文瀾〕163〔珍本〕五集48

王文光(明)

日本國考略〔存目〕史部255

王文郁(金)

新刊韻略〔續修〕250

王文治(清)

夢樓詩集〔續修〕1450

王文清(清)

考古原始〔存目〕子部236

考古略〔存目〕子部235－236

新五代史、附考證〔文淵〕279〔文津〕274〔文瀾〕271

鋤經餘草〔存目〕集部274

王文禄(明)

文脈〔存目〕集部417

竹下寱言〔存目〕子部84

海沂子〔存目〕子部84〔續修〕1125

廉矩〔存目〕子部10

王文源(清)

春秋世族輯略、春秋列國輯略〔續修〕124

王文誥(清)

陶菴夢憶〔續修〕1260

蘇文忠公詩編註集成、總案、諸家雜綴酌存、蘇海識餘、箋詩圖〔續修〕1315－1316

王文濤(明)

玉光劍氣集〔禁燬〕子部30

王方慶(唐)

魏鄭公諫録〔文淵〕446〔文津〕444〔文瀾〕447〔珍本〕五集86〔著錄〕史部30

王心一(明)

蘭雪堂集〔禁燬〕集部105

王心敬(清)

四禮寧儉編〔存目〕經部115

豐川今古文尚書質疑〔存目〕經部59

豐川全集正編、續編〔存目〕集部278－279

豐川易說〔文淵〕51〔文津〕46〔文瀾〕44〔珍本〕三集28－29

豐川詩說〔存目〕經部79

豐川禮記彙編〔存目〕經部103

豐川續集〔存目〕集部279

關學編〔存目〕史部126〔續修〕515

王引之(清)

王文簡公文集〔續修〕1490
字典考證〔未收〕九輯3
經傳釋詞〔續修〕195
經義述聞〔續修〕174-175
廣雅疏證、博雅音〔續修〕191
廣雅疏證補正〔續修〕191
王以旂(明)
王襄敏公集〔存目〕集部68
王以寧(明)
西臺疏草、北畿疏草、東粵疏草、南國疏草〔禁燬〕史部69
王允嘉(明)
正音攟言〔存目〕子部193
王玉峰(明)
焚香記〔續修〕1768
王玉樹(清)
退思易話〔續修〕24
經史雜記〔續修〕1156
説文拈字〔未收〕九輯2
王正功(清)
中書典故彙紀〔續修〕746
王正祥(清)
新定十二律京腔譜、新定宗北歸音、新定考正音韻大全、新定重較問奇一覽〔續修〕1753
王正德(宋)
餘師録〔文淵〕1480〔文津〕1485〔文瀾〕1531〔珍本〕別輯399〔底本〕集部266〔著録〕集部417
王世茂(明)
車書樓選刻翰墨鼎彝〔存目〕集部383
王世貞(明)
王氏書苑、書苑補益〔存目〕子部71
王氏畫苑、畫苑補益〔存目〕子部71
尺牘清裁〔存目〕集部309
玉茗堂摘評王弇州先生艷異編〔續修〕1267
世説新語補〔存目〕子部242
全唐詩説、詩評、文評〔存目〕集部417
使琉球録〔續修〕742
皇明名臣琬琰録〔禁燬補〕24-25
弇山堂別集〔文淵〕409-410〔文津〕406〔文瀾〕407-408〔著録〕史部27-28
弇州山人四部稿、弇州山人續稿〔著録〕集部117-122〔著録〕集部117-122
弇州山人四部稿選〔存目〕集部115
弇州山人讀書後〔著録〕集部123
弇州史料前集〔存目〕史部112
弇州史料前集、後集〔禁燬〕史部48-50
弇州四部稿、續稿〔文淵〕1279-1284〔文津〕1283-1288〔文瀾〕1316-1322
異物彙苑〔存目〕子部179
觚不觚録〔文淵〕1041〔文津〕1045〔文瀾〕1069〔著録〕子部242
新刊鳳洲先生籤題性理精纂約義〔續修〕940
新刻世史類編〔禁燬〕史部54-55
新刻明朝通紀會纂〔禁燬〕史部13
新刻增補藝苑卮言〔續修〕1695
彙苑詳註〔存目〕子部180-181
嘉靖以來首輔傳〔文淵〕452〔文津〕451〔文瀾〕452〔珍本〕五集86-87〔著録〕史部91
鳴鳳記〔續修〕1771〔續修〕1774
鳳洲筆記、續集、後集〔存目〕集部114
錦衣志〔續修〕749
鐫王鳳洲先生會纂綱鑑歷朝正史全編〔禁燬〕史部53
讀書後〔文淵〕1285〔文津〕1289〔文瀾〕1323〔珍本〕六集285
王世睿(清)
進藏紀程〔續修〕737
王世德(明)
崇禎遺録、殉難忠臣録、逆賊奸臣録〔禁燬〕史部72
王世懋(明)
王氏父子卻金傳〔存目〕史部127
王奉常集詩、文〔存目〕集部133
名山游記〔續修〕737〔存目〕史部251
遠壬文〔存目〕子部103
新選古今類腴〔存目〕子部181
閩部疏〔存目〕史部247〔續修〕734
學圃雜疏〔存目〕子部81
窺天外乘〔存目〕子部103
藝圃擷餘〔文淵〕1482〔文津〕1487〔文瀾〕1532〔珍本〕三集399〔著録〕集部332
關洛紀遊稿〔存目〕集部133
饒南九三府總圖説〔存目〕史部196
王古(宋)
道院集要〔文淵〕1052〔文津〕1056〔文瀾〕1081

王可大(明)
　國憲家猷　〔存目〕子部 183－184
王申子(元)
　大易緝說　〔著錄〕經部 52
　大易緝說(周易緝說)　〔薈要〕11
　大易緝說、附續刊大易緝說始末　〔文淵〕24
　　〔文津〕19〔文瀾〕19
王伋(宋)
　管氏指蒙　〔續修〕1052
王令(宋)
　廣陵先生文集、拾遺　〔著錄〕集部 46
　廣陵集　〔文淵〕1106〔文津〕1110〔文瀾〕
　　1136〔珍本〕七集 194－195
王令(清)
　古雪堂文集　〔存目〕集部 283
　念西堂詩集　〔存目〕集部 283
王用章(明)
　詩法源流　〔存目〕集部 415
王立道(明)
　具茨集詩集、文集、遺藁　〔珍本〕六集 283－
　　284
　具茨詩集、文集、遺藁　〔文淵〕1277〔文津〕
　　1282〔文瀾〕1314
　校刻具茨先生詩集、文集、遺藁、詩集附錄、
　　文集附錄　〔底本〕集部 201－202〔著
　　錄〕集部 436
王永吉(清)
　御定人臣儆心錄　〔文淵〕602〔文津〕602
　　〔文瀾〕612
王永光(明)
　冰玉堂詩草　〔未收〕五輯 24
王永命(清)
　有懷堂筆　〔未收〕五輯 30
王永積(明)
　心遠堂遺集　〔存目〕集部 194
　錫山景物略　〔存目〕史部 234
王弘誨(明)
　太子少保王忠銘先生文集天池草重編　〔存
　　目〕集部 138
王弘撰(清)
　山志　〔存目〕子部 115〔續修〕1136
　砥齋文錄　〔續修〕1671
　砥齋集　〔續修〕1404
王邦直(明)
　律呂正聲　〔存目〕經部 183

王邦采(清)
　離騷彙訂、屈子雜文箋略　〔未收〕五輯 16
王邦畿(清)
　耳鳴集　〔禁燬〕集部 87
王式丹(清)
　樓邨詩集　〔存目補〕6
王芑孫(清)
　淵雅堂全集　〔續修〕1480－1481
王朴(後周)
　太清神鑑　〔文淵〕810〔文津〕812〔文瀾〕
　　829〔珍本〕別輯 199－200
王在晉(明)
　三朝遼事實錄　〔續修〕437〔禁燬〕史部 70
　海防纂要、圖　〔續修〕739－740〔禁燬〕史部
　　17
　通漕類編　〔存目〕史部 275
　越鐫　〔禁燬〕集部 104
　歷代山陵考　〔存目〕史部 243
　龍沙學錄　〔存目〕子部 15
　蘭江集、楚篇　〔禁燬補〕66
王在鎬(清)
　辨字通考　〔續修〕239
王有光(清)
　吳下諺聯　〔續修〕1272
王有年(清)
　缺壺編文　〔禁燬〕集部 167
王有忠(清)
　簡明中西匯參醫學圖說　〔續修〕1026
王存(宋)
　元豐九域志　〔文淵〕471〔文津〕470〔文
　　瀾〕472〔著錄〕史部 35
　新定九域志　〔存目〕史部 166
王存善(清)
　寄青霞館弈選、續編　〔續修〕1103－1104
王光祖(明)
　涇野子内篇　〔著錄〕子部 351
王光魯(明)
　古今官制沿革圖　〔存目〕史部 260〔續修〕
　　746
　閱史約書　〔存目〕史部 32
王光蘊(明)
　〔萬曆〕溫州府志　〔存目〕史部 210－211
王同軌(明)
　耳談類增　〔續修〕1268
　新刻耳談　〔存目〕子部 248

王先慎
　韓非子集解〔續修〕972
王先謙（清）
　五洲地理志略〔未收〕八輯4-5
　日本源流考〔未收〕八輯4
　水經注〔未收〕三輯18
　東華録、東華續録〔續修〕369-375
　東華續録（咸豐朝）〔續修〕376-378
　東華續録（同治朝）〔續修〕379-382
　尚書孔傳參正〔續修〕51
　荀子集解、考證〔續修〕932
　後漢書旁證〔未收〕一輯13
　後漢書集解、續漢志集解〔續修〕272-273
　莊子集解〔續修〕958
　虛受堂文集〔續修〕1570
　虛受堂詩存〔續修〕1570
　蒙古通鑑長編、附編〔續修〕350
　詩三家義集疏〔續修〕77
　漢書補注〔續修〕268-270
　釋名疏證補、續釋名、釋名補遺、釋名疏證補
　　附〔續修〕190
　續古文辭類纂〔續修〕1610
王廷光（宋）
　新編四家註解經進琭球子消息賦〔著録〕子
　　部149
王廷相（明）
　王氏家藏集、喪禮備纂、浚川公移集、駁稿、
　　奏議集〔存目〕集部52-53
　内臺集〔存目〕集部53〔續修〕1335
　浚川内臺集〔續修〕1335
　雅述〔存目〕子部84〔續修〕938
　慎言〔存目〕子部7〔續修〕938
王廷陳（明）
　夢澤集〔文淵〕1272〔文津〕1277〔文瀾〕
　　1309〔珍本〕十二集182〔底本〕集部
　　159-160〔著録〕集部402
王廷掄（清）
　臨汀考言〔未收〕八輯21
王廷紱（清）
　越南新聞録〔未收〕九輯4
王廷紹（清）
　霓裳續譜〔續修〕1744
王廷燦（清）
　同姓名録〔存目〕子部231
　似齋詩存〔未收〕七輯28
　湯子遺書〔文淵〕1312〔文津〕1316〔文

瀾〕1350
王仲文（元）
　救孝子賢母不認屍雜劇〔續修〕1761
王仲儒（清）
　西齋集〔禁燬〕集部73
王行（明）
　半軒集〔文淵〕1231〔文津〕1235〔文瀾〕
　　1267〔珍本〕三集295-296〔著録〕集
　　部396
　墓銘舉例〔文淵〕1482〔文津〕1487〔文
　　瀾〕1532〔珍本〕十集360〔著録〕集部
　　331
王兆符
　望溪集〔著録〕集部450
王兆雲（明）
　皇明詞林人物考〔存目〕史部111-112
　　〔續修〕532
　揮麈新譚、白醉瑣言、説圃識餘〔存目〕子部
　　248
　湖海搜奇〔存目〕子部248
　漱石閒談〔存目〕子部248
王企埥（清）
　四家詩鈔〔存目〕集部403
王旭（元）
　蘭軒集〔文淵〕1202〔文津〕1207〔文瀾〕
　　1237〔珍本〕初集345-346
王冰（唐）
　内經素問〔薈要〕254
　素問六氣玄珠密語〔存目〕子部60〔續修〕
　　1049
　新刊黄帝内經素問、亡篇〔著録〕子部263
　靈樞經〔文淵〕733〔文津〕733〔文瀾〕748
王冰次（唐）
　黄帝内經素問、附釋文〔文淵〕733〔文津〕
　　733〔文瀾〕748
王充（漢）
　論衡〔文淵〕862〔文津〕864〔文瀾〕881
　　〔薈要〕277〔著録〕子部167
王充耘（元）
　王耕野先生讀書管見〔著録〕經部35
　四書經疑貫通〔文淵〕203〔文津〕197〔文
　　瀾〕194〔珍本〕五集57〔底本〕經部54
　　〔著録〕經部205
　書義主意、附群英書義〔未收〕十輯1
　書義矜式〔文淵〕68〔文津〕63〔文瀾〕61

〔珍本〕六集 9〔著録〕經部 46

讀書管見〔文淵〕62〔文津〕57〔文瀾〕55

王汝南(清)

明紀編年〔禁燬〕史部 35

新刻明朝通紀會纂〔禁燬〕史部 13

王汝璧(清)

銅梁山人詩集、芸籠偶存〔續修〕1461－1462

王宇(明)

四書也足園初告〔未收〕一輯 7

刪補古今文致〔存目〕集部 373

王守仁(明)

大學古本傍釋、大學古本問〔續修〕159

王文成公全書〔著録〕集部 271－272

王文成全書〔文淵〕1265－1266〔文津〕1269－1270〔文瀾〕1301－1302〔薈要〕415－416

王陽明先生文鈔〔存目〕集部 49－50

王陽明先生全集、附年譜〔存目〕集部 50－51

陽明先生要書〔存目〕集部 49

陽明先生則言〔續修〕937

陽明先生道學鈔〔續修〕937

傳習則言〔存目〕子部 7

新刻世史類編〔禁燬〕史部 54－55

王守誠(明)

周南太史王公遺集〔未收〕五輯 22

王安中(宋)

初寮集〔文淵〕1127〔文津〕1131〔文瀾〕1158〔珍本〕二集 251

初寮詞〔文淵〕1487〔文津〕1492〔文瀾〕1537〔著録〕集部 218

王安石(宋)

王文公文集〔著録〕集部 238

王荆公詩注〔珍本〕六集 249－252

王荆公詩集注、文集注〔續修〕1313－1314

王荆文公詩、年譜〔著録〕集部 7

王蔣公唐百家詩選〔著録〕集部 296

周官新義、考工記解〔文淵〕91〔文津〕86〔文瀾〕84〔珍本〕別輯 26－27

唐百家詩選〔文淵〕1344〔文津〕1349〔文瀾〕1386〔珍本〕十二集 196

臨川文集〔文淵〕1105〔文津〕1109〔文瀾〕1135

臨川先生文集〔底本〕集部 5－8

臨川集(臨川文集)〔薈要〕376－377

王安禮(宋)

王魏公集〔文淵〕1100〔文津〕1103〔文瀾〕1129〔珍本〕別輯 280〔底本〕集部 58〔著録〕集部 420

靈臺祕苑〔文淵〕807〔文津〕808〔文瀾〕824〔著録〕子部 149

王艮(明)

重刻心齋王先生語録〔存目〕子部 10〔續修〕938

王艮(清)

不菴易贅〔存目〕經部 30

鴻逸堂稿〔存目〕集部 233

王阮(宋)

義豐文集〔著録〕集部 344

義豐集〔文淵〕1154〔文津〕1158〔文瀾〕1187〔珍本〕十二集 168

王如錫(清)

東坡養生集〔存目〕集部 13

王好古(元)

此事難知〔文淵〕745〔文津〕745〔文瀾〕760

東垣先生此事難知集〔著録〕子部 302

陰證略例〔續修〕985

湯液本草〔文淵〕745〔文津〕745〔文瀾〕760〔珍本〕十一集 112〔著録〕子部 138

醫壘元戎〔文淵〕745〔文津〕745〔文瀾〕760〔珍本〕四集 140－142〔著録〕子部 138

王好問(明)

王西塘春煦軒集〔禁燬〕集部 159

王圻(明)

三才圖會〔存目〕子部 190－192〔續修〕1232－1236

王侍御類稿〔存目〕集部 140

東吳水利考〔存目〕史部 222

重修兩浙鹺志〔存目〕史部 274

稗史彙編〔存目〕子部 139－142

謚法通考〔存目〕史部 269〔續修〕826－827

續文獻通考〔存目〕子部 185－189〔續修〕761－767

王孝通(唐)

緝古算經〔文淵〕797〔文津〕798〔文瀾〕814〔著録〕子部 20

緝古算經考注〔續修〕1041

王孝詠(清)
　後海書堂雜録〔存目〕子部116
王抃(清)
　巢松集〔未收〕八輯22
王志長(明)
　周禮註疏刪翼〔文淵〕97〔文津〕92－93
　　〔文瀾〕91〔珍本〕四集47－53〔著録〕
　　經部48
王志堅(明)
　古文瀆編〔存目〕集部336－337
　四六法海〔文淵〕1394〔文津〕1398〔文
　　瀾〕1439〔珍本〕六集339－342〔著
　　録〕集部170
　讀史商語〔存目〕史部287〔續修〕449
王志慶(明)
　古儷府〔文淵〕979〔文津〕981－982〔文
　　瀾〕1004〔珍本〕二集239－244〔著
　　録〕子部364
王芷(明)
　稼圃輯〔續修〕977
王芮(宋)
　歷代蒙求〔續修〕1218
王甫白(清)
　古文未曾有集〔禁燬〕集部155
王辰(清)
　筆懺〔未收〕六輯19
王步青(清)
　已山先生文集、別集〔存目〕集部273
　四書本義匯參〔存目〕經部176－177
王秀楚(清)
　揚州十日記〔禁燬〕史部72
王佐(明)
　新增格古要論〔著録〕子部306〔續修〕
　　1185
王佑賢(清)
　醫燈續焰〔續修〕998
王伯大(宋)
　朱文公校昌黎先生文集、外集、遺文、傳〔著
　　録〕集部84
　別本韓文考異、外集〔文淵〕1073〔文津〕
　　1078〔文瀾〕1103
王伯稠(明)
　王世周先生詩集〔存目〕集部142〔禁燬〕
　　集部139
王伯薦(明)

石西集、附崇禮堂詩〔存目〕集部146
王希明(唐)
　太乙金鏡式經〔文淵〕810〔文津〕812〔文
　　瀾〕829〔珍本〕初集182〔著録〕子部
　　357
　唐步天歌〔存目〕子部55
王奐曾(清)
　旭華堂文集〔存目〕集部247
王言(清)
　金石萃編補略〔續修〕891
　連文釋義〔存目〕經部187
王灼(宋)
　碧雞漫志〔文淵〕1494〔文津〕1498〔文
　　瀾〕1544〔底本〕集部182〔著録〕集部
　　465
　頤堂先生文集〔續修〕1317
　頤堂先生糖霜譜〔著録〕子部10
　糖霜譜〔文淵〕844〔文津〕846〔文瀾〕863
王沛恂(清)
　匡山集〔存目〕集部255
王沂(元)
　伊濱集〔文淵〕1208〔文津〕1212〔文瀾〕
　　1243〔珍本〕初集351－352
王沂孫(宋)
　花外集〔續修〕1723
王宏撰(清)
　正學隅見述〔文淵〕724〔文津〕725〔文
　　瀾〕738〔珍本〕五集146
　周易筮述〔文淵〕41〔文津〕36〔文瀾〕35
　　〔珍本〕三集20－21
王宏翰(清)
　古今醫史、續增〔續修〕1030
　四診脈鑑大全〔續修〕999
王良臣(明)
　詩評密諦〔未收〕七輯30
王初桐(清)
　奩史〔續修〕1251－1252
　貓乘〔續修〕1119
王君玉(宋)
　國老談苑〔文淵〕1037〔文津〕1041〔文
　　瀾〕1065〔著録〕子部219
王坦(清)
　琴旨〔文淵〕220〔文津〕215〔文瀾〕213
　　〔珍本〕五集59〔著録〕經部107
王劼(清)

毛詩讀〔未收〕六輯2
尚書後案駁正〔未收〕六輯2
王若之(明)
　王湘客集〔禁燬補〕67
王若虛(金)
　滹南集、續編詩〔文淵〕1190〔文津〕1194
　〔文瀾〕1226〔薈要〕397
　滹南遺老王先生文集、續編詩〔著錄〕集部
　251
王茂蔭(清)
　王侍郎奏議〔續修〕500
王英(明)
　王文安公詩文集〔續修〕1327
王英明(明)
　重刻曆體略〔著錄〕子部146
　曆體略〔珍本〕四集150
　曆體略、圖〔文淵〕789〔文津〕791〔文瀾〕
　807
王直(明)
　抑菴文集、後集〔文淵〕1241-1242〔文津〕
　1245〔文瀾〕1277-1278〔珍本〕八集
　168-181
　重編王文端公文集〔著錄〕集部428
王松年(唐)
　仙苑編珠〔存目〕子部258〔續修〕1293
王杰(清)
　西清續鑑乙編〔續修〕1108-1109
　西清續鑑甲編〔續修〕1107-1108
　御製詩初集、二集、三集、四集、五集、餘集
　〔文淵〕1302-1311〔文津〕1306-1315
　〔文瀾〕1339-1349
　欽定祕殿珠林續編、欽定石渠寶笈續編〔續
　修〕1069-1074
王叔英(明)
　王靜學先生文集〔著錄〕集部398
　靜學文集〔珍本〕十二集176
　靜學文集、附本傳〔文淵〕1235〔文津〕1240
　〔文瀾〕1272
王叔和(晉)
　傷寒論注釋、傷寒明理論、傷寒論方〔文淵〕
　734〔文津〕734〔文瀾〕749
　新刊王氏脈經〔續修〕997
　圖註脈訣辨真、脈訣附方〔存目〕子部40
王肯堂(明)
　王儀部先生箋釋〔未收〕一輯25

尚書要旨〔存目〕經部51-52
治譜、續集〔續修〕753
胤産全書〔續修〕1007
論語義府〔存目〕經部161
證治準繩〔文淵〕767-771〔文津〕768-
　773〔文瀾〕785-789
證治準繩六種〔著錄〕子部139-144
鬱岡齋筆麈〔存目〕子部107〔續修〕1130
王尚絅(明)
　蒼谷全集〔未收〕五輯18
王昊(清)
　碩園詩稿、詞稿〔未收〕九輯16
王昌曾(明)
　詩話類編〔存目〕集部419
王明清(宋)
　玉照新志〔文淵〕1038〔文津〕1042〔文
　瀾〕1066〔著錄〕子部219
　投轄錄〔文淵〕1038〔文津〕1042〔文瀾〕
　1066〔著錄〕子部220
　揮麈前錄、後錄、三錄、餘話〔著錄〕子部
　219
　揮麈錄前錄、後錄、三錄、餘話〔文淵〕1038
　〔文津〕1042〔文瀾〕1065
王明嶅(明)
　宋四六叢珠彙選〔存目〕子部172
王明德(清)
　讀律佩觽〔存目〕子部37
王季烈
　明史考證攟逸〔續修〕294
王佶(元)
　荻溪集〔存目〕集部24
王佶(清)
　韻譜匯編〔未收〕二輯14
王岱(清)
　了菴詩集、文集〔禁燬〕集部91
　了莽文集〔存目〕集部199
　且園近詩、且園近集〔存目補〕52
王命岳(清)
　恥躬堂文集〔存目〕集部224
王受白(清)
　研露樓琴譜〔未收〕六輯19
王念孫(清)
　王石臞先生遺文、丁亥詩鈔〔續修〕1466
　古韻譜〔續修〕245
　列女傳補注、校正、敘錄〔續修〕515

爾雅郝注刊 〔續修〕188

說文解字校勘記 〔續修〕212

廣雅疏證、博雅音 〔續修〕191

廣雅疏證補正 〔續修〕191

輶軒使者絕代語釋別國方言疏證補 〔續修〕193

釋大 〔續修〕191

讀書雜志、餘編 〔續修〕1152－1153

王朋壽（金）

重刊增廣分門類林雜說 〔續修〕1219

王周（明）

竹齋集、續集 〔文淵〕1233 〔文津〕1237 〔文瀾〕1268

王育（明）

易說 〔續修〕15

王炎（宋）

重刻雙溪類稿 〔底本〕集部 31－32

雙溪集 〔著錄〕集部 443

雙溪類藁 〔文淵〕1155 〔文津〕1159 〔文瀾〕1188 〔珍本〕三集 269－271

王炎午（宋）

吾汶稿 〔文淵〕1189 〔文津〕1193 〔文瀾〕1225 〔珍本〕九集 256 〔著錄〕集部 60

王宗沐（明）

宋元資治通鑑 〔未收〕一輯 14

敬所王先生文集 〔存目〕集部 111

王宗涑（清）

考工記考辨 〔續修〕85

王宗敬（清）

我暇編 〔續修〕1179

王宗傳（宋）

童溪王先生易傳 〔著錄〕經部 32

童溪易傳 〔文淵〕17 〔文津〕12 〔文瀾〕11 〔薈要〕6

王宗稷（宋）

東坡集、後集、奏議、內制集、樂語、外制集、應詔集、續集、年譜 〔著錄〕集部 7－9

施註蘇詩、蘇詩續補遺、王註正譌、東坡先生年譜 〔著錄〕集部 239

王定安（清）

求闕齋弟子記 〔續修〕551

重修兩淮鹽法志 〔續修〕842－845

曾子家語 〔續修〕932

湘軍記 〔續修〕413

王定保（五代）

唐摭言 〔文淵〕1035 〔文津〕1039 〔文瀾〕1063 〔薈要〕278 〔底本〕子部 41 〔著錄〕子部 365

王建（唐）

王司馬集 〔文淵〕1078 〔文津〕1082 〔文瀾〕1108 〔珍本〕十集 213

王建詩集 〔著錄〕集部 337

王建常（清）

小學句讀記 〔存目〕子部 4

律呂圖說 〔存目〕經部 184

書經要義 〔續修〕43

王承裕（明）

唐李衛公通纂 〔存目〕史部 82

王政敏（明）

新刻明朝通紀會纂 〔禁燬〕史部 13

王拯（清）

龍壁山房文集 〔續修〕1545

龍壁山房詩草 〔續修〕1545

王荔（明）

正音攟言 〔存目〕子部 193

王南珍（清）

二十一史精義 〔未收〕二輯 22

王相（清）

友聲集 〔續修〕1627

王柏（宋）

研幾圖 〔存目〕子部 6

書疑 〔存目〕經部 49 〔續修〕42

詩疑 〔存目〕經部 60 〔續修〕57

魯齋王文憲公文集 〔著錄〕集部 104

魯齋集 〔文淵〕1186 〔文津〕1190 〔文瀾〕1221

王柏心（清）

百柱堂全集 〔續修〕1527－1528

王栐（宋）

宋朝燕翼詒謀錄 〔著錄〕史部 195

燕翼詒謀錄 〔文淵〕407 〔文津〕404 〔文瀾〕405

王勃（唐）

王子安集 〔文淵〕1065 〔文津〕1069 〔文瀾〕1094 〔薈要〕358 〔著錄〕集部 227

王子安集註 〔續修〕1305

王厚之（宋）

鐘鼎款識 〔續修〕901

王昱（清）

東莊論畫 〔續修〕1067

王昭禹(宋)
　王昭禹周禮詳解〔著録〕經部192
　周禮詳解〔文淵〕91〔文津〕86〔文瀾〕84
　　〔珍本〕初集56－57
王思任(明)
　弈律〔存目〕子部76
　謔菴文飯小品〔續修〕1368
　避園擬存詩集、游唤集、王季重歷游紀〔禁
　　燬補〕78
王思義(明)
　三才圖會〔續修〕1232－1236
　香雪林集〔存目〕子部80－81
王重民
　日本訪書志補〔續修〕930
王俅(宋)
　嘯堂集古録〔文淵〕840〔文津〕842〔文
　　瀾〕859〔著録〕子部9
王修玉(清)
　歷朝賦楷〔存目〕集部404
王禹偁(宋)
　小畜集〔文淵〕1086〔文津〕1090〔文瀾〕
　　1115〔薈要〕367
　王黄州小畜集、外集〔著録〕集部87〔著
　　録〕集部87
　五代史闕文〔文淵〕407〔文津〕404〔文
　　瀾〕405〔珍本〕七集75〔著録〕史部27
王禹聲(明)
　續震澤紀聞〔續修〕1167
王俊臣(清)
　唐詩鼓吹箋註〔存目〕集部289
王亮(元)
　刑統賦解〔續修〕972
王奕(元)
　玉斗山人文集〔著録〕集部347
　玉斗山人集〔文淵〕1195〔文津〕1199〔文
　　瀾〕1230〔珍本〕十一集172
王奕清(清)
　曲譜〔著録〕集部225
　萬壽盛典初集〔文淵〕653－654〔文津〕
　　652－654〔文瀾〕663－664
　御定曲譜〔文淵〕1496〔文津〕1500〔文
　　瀾〕1546〔珍本〕八集398－400
　御定詞譜〔文淵〕1495〔文津〕1499－1500
　　〔文瀾〕1545〔薈要〕496
　御定歷代詩餘(御選歷代詩餘)〔薈要〕

　　497－500
　御選歷代詩餘〔文淵〕1491－1493〔文津〕
　　1495－1497〔文瀾〕1541－1543〔珍
　　本〕十集367－400〔著録〕集部221－
　　223
　詞譜〔著録〕集部224
王庭珪(宋)
　盧溪文集〔珍本〕三集263－264
　盧溪文集、脱藥〔文淵〕1134〔文津〕1138
　　〔文瀾〕1165
　盧溪先生文集、脱藥〔底本〕集部29〔著
　　録〕集部16
王庭曾(清)
　宗忠簡集〔文淵〕1125〔文津〕1129〔文
　　瀾〕1155
王庭譔(明)
　松門稿〔存目〕集部167
王彦威(清)
　西巡大事記〔續修〕446
王洪(明)
　毅齋王先生文集〔底本〕集部112〔著録〕
　　集部428
　毅齋集〔文淵〕1237〔文津〕1241〔文瀾〕
　　1273
　毅齋詩文集〔珍本〕初集368
王洙(宋)
　分門集註杜工部詩、年譜〔續修〕1306
　崇文總目〔文淵〕674〔文津〕673〔文瀾〕
　　687
　寶顔堂訂正王氏談録〔著録〕子部167
王洙(明)
　史質、舊宋史目録〔存目〕史部20
王洋(宋)
　東牟集〔文淵〕1132〔文津〕1136〔文瀾〕
　　1163〔珍本〕初集280－281
王祐(明)
　王文安公詩文集〔續修〕1327
王祖庚(清)
　元史〔文淵〕292－295〔文津〕287－290
　　〔文瀾〕285－289
　南齊書、附考證〔文淵〕259〔文津〕254〔文
　　瀾〕251
王祖嫡(明)
　師竹堂集〔未收〕五輯23
王祚禎(清)

善樂堂音韻清濁鑑〔續修〕257
善樂堂音韻清濁鑑、玉鑰匙門法、等韻圖
　〔存目〕經部220
王昶(清)
　〔嘉慶〕直隸太倉州志〔續修〕697－698
　明詞綜〔續修〕1730
　金石萃編〔續修〕886－891
　金石萃編未刻稿〔續修〕891
　春融堂集〔續修〕1437－1438
　國朝詞綜、二集〔續修〕1731
　湖海文傳〔續修〕1668－1669
　湖海詩傳〔續修〕1625－1626
王韋(明)
　南原家藏集〔存目〕集部59
王耕心(清)
　賈子次詁、叙録〔續修〕933
王珪(宋)
　華陽集〔文淵〕1093〔文津〕1096〔文瀾〕
　　1122〔珍本〕四集243－245
王珪(元)
　泰定養生主論〔存目〕子部41〔續修〕1029
王琪(明)
　竹居集〔存目〕集部25
王珣(明)
　〔弘治〕湖州府志〔存目〕史部179
王素(宋)
　文正王公遺事〔存目〕史部81〔續修〕550
王恭(明)
　王皆山先生白雲樵唱集〔底本〕集部112
　　〔著録〕集部427
　白雲樵唱集〔文淵〕1231〔文津〕1235〔文
　　瀾〕1266〔珍本〕四集306－307
　草澤狂歌〔文淵〕1231〔文津〕1235〔文
　　瀾〕1266〔珍本〕初集360〔著録〕集部
　　349
王真(唐)
　道德經論兵要義述〔續修〕954
王格(明)
　少泉詩集〔存目〕集部89
王軒(清)
　〔光緒〕山西通志〔續修〕641－646
王逋(清)
　蚓菴瑣語〔存目〕子部249
王原(清)
　于野集〔存目補〕50

王原祁(清)
　雨窗漫筆〔續修〕1066
　萬壽盛典初集〔文淵〕653－654〔文津〕
　　652－654〔文瀾〕663－664〔著録〕史
　　部349－351
　麓臺題畫稿〔續修〕1066
王翃(清)
　二槐草存〔存目〕集部205
王致遠(宋)
　開禧德安守城録〔續修〕423
王晉徵(清)
　雙溪草堂詩集、西山草〔存目〕集部252
王時敏(明)
　王奉常書畫題跋〔續修〕1065
王時翔(清)
　小山詩文全稿〔存目〕集部275
　小山詩餘〔續修〕1725
王時槐(明)
　塘南王先生友慶堂合稿〔存目〕集部114
王時憲(清)
　性影集〔存目〕集部265
王峻(清)
　王艮齋詩集、文集〔存目〕集部274
王甡(清)
　學案〔存目〕子部20
王特選(清)
　竹嘯餘音〔未收〕八輯26
王隼(清)
　大樗堂初集〔禁燬〕集部166
　嶺南三家詩選〔禁燬〕集部39
王梟(明)
　遲菴先生集、詩集〔未收〕五輯19
王逢(元)
　梧溪集〔文淵〕1218〔文津〕1222－1223
　　〔文瀾〕1254〔珍本〕二集345－347
　　〔著録〕集部32
王訓(清)
　二酉彙删〔存目〕子部228
　〔康熙〕續安丘縣志〔存目〕史部213
王衮(宋)
　博濟方〔文淵〕738〔文津〕738〔文瀾〕753
　　〔珍本〕別輯176－177
王益之(宋)
　西漢年紀〔文淵〕329〔文津〕326〔文瀾〕
　　325〔珍本〕別輯101－105〔底本〕史部

2-4〔著録〕史部 404
歷代職源撮要〔續修〕746

王泾(唐)
大唐郊祀録〔續修〕821

王涣(明)
兩晉南北奇談〔存目〕史部 131

王家相(清)
清秘述聞續〔續修〕1178

王家彦(明)
王忠端公文集〔禁燬〕集部 162

王家屏(明)
王文端公詩集、奏疏、尺牘〔存目〕集部 149

王家啓(清)
擇執録〔存目〕子部 155

王家弼(清)
天學闡微〔續修〕1035

王孫錫(清)
范文忠公初集、年譜〔著録〕集部 280

王恕(明)
王端毅公文集〔存目〕集部 36
王端毅奏議〔文淵〕427〔文津〕425〔文瀾〕425〔珍本〕五集 78-79
太師王端毅公奏議〔著録〕史部 199
石渠意見〔存目〕經部 147〔續修〕171
石鐘山集〔存目補〕75
玩易意見〔續修〕5

王通(隋)
元經〔文淵〕303〔文津〕299〔文瀾〕296〔珍本〕十一集 40
中說〔文淵〕696〔文津〕696〔文瀾〕710〔薈要〕248〔著録〕子部 249

王納言(明)
〔隆慶〕豐潤縣志〔存目〕史部 201

王珝(清)
王石和文集〔存目〕集部 264

王逵(明)
蠡海集〔文淵〕866〔文津〕868〔文瀾〕886〔著録〕子部 170

王教(明)
中川遺稿〔存目〕集部 84

王培荀(清)
鄉園憶舊録〔續修〕1180
寓蜀草〔續修〕1526
管見寡隅〔續修〕1159
聽雨樓隨筆〔續修〕1180

王執中(宋)
鍼灸資生經〔文淵〕742〔文津〕742〔文瀾〕756〔珍本〕二集 182-183〔著録〕子部 302

王掞(清)
朱註發明〔未收〕四輯 7
萬壽盛典初集〔文淵〕653-654〔文津〕652-654〔文瀾〕663-664
欽定春秋傳說彙纂〔文淵〕173〔文津〕168-169〔文瀾〕165〔珍本〕八集 59-70〔薈要〕44〔著録〕經部 87-88

王萌(清)
楚辭評註〔未收〕八輯 16

王棻(清)
〔光緒〕永嘉縣志〔續修〕708-709
台學統〔續修〕545-546

王梓材(清)
宋元學案〔續修〕518-519

王處一(金)
西嶽華山志〔存目〕子部 259

王常(明)
集古印譜〔存目〕子部 75

王冕(明)
竹齋集、續集〔文淵〕1233〔文津〕1237〔文瀾〕1268
竹齋詩集、續集〔著録〕集部 261

王國瑚(清)
四書窮鈔六補定本〔存目〕經部 181

王國瑞(元)
扁鵲神應鍼灸玉龍經〔文淵〕746〔文津〕746〔文瀾〕761〔珍本〕初集 172

王國端(元)
扁鵲神應鍼灸玉龍經〔薈要〕254

王國賓(明)
新刊君子亭群書摘草〔存目〕子部 129

王國維
人間詞話〔續修〕1735
校正元聖武親征録〔續修〕423
靜庵文集、詩稿〔續修〕1577

王崇炳(清)
金華文略〔存目〕集部 395-396
金華徵獻略〔存目〕史部 119-120〔續修〕547

王崇慶(明)
山海經釋義、圖〔存目〕子部 245

元城語録解、附行録〔文淵〕863〔文津〕865
　〔文瀾〕883
周易議卦〔存目〕經部 3〔續修〕6
海樵子〔存目〕子部 7
王崇簡(清)
冬夜箋記〔存目〕子部 113
青箱堂詩集、文集、遺稿續刻、年譜〔存目〕
　集部 203
王符(漢)
潛夫論〔文淵〕696〔文津〕696〔文瀾〕710
　〔薈要〕277〔著録〕子部 61
王偁(明)
友石山人遺稿〔文淵〕1217〔文津〕1221
　〔文瀾〕1252
虛舟集〔文淵〕1237〔文津〕1241〔文瀾〕
　1273〔珍本〕四集 318〔著録〕集部 262
聞過齋集〔文淵〕1217〔文津〕1221〔文
　瀾〕1252
王得臣(宋)
麈史〔文淵〕862〔文津〕864〔文瀾〕882
　〔底本〕子部 36〔著録〕子部 32
王從善(明)
鳳林先生文集〔存目〕集部 84
王象之(宋)
輿地紀勝〔續修〕584-585
輿地碑記目〔文淵〕682〔文津〕682〔文
　瀾〕696〔著録〕史部 156
王象坤(明)
海墅吟稿、文稿〔著録〕集部 278
王象晉(明)
剪桐載筆〔存目〕子部 243〔續修〕1260
清寤齋心賞編〔存目〕子部 139
詩餘圖譜、附秦張兩先生詩餘合璧〔存目〕
　集部 425
群芳譜〔存目補〕80
王逸(漢)
楚辭〔著録〕集部 226
楚辭章句〔文淵〕1062〔文津〕1066〔文
　瀾〕1091〔著録〕集部 1
王逸蚪(清)
稽古日鈔〔未收〕二輯 15
王訢(清)
青煙録〔未收〕十輯 12
王清任(清)
醫林改錯〔續修〕1026

王清賢(清)
〔康熙〕武定府志〔續修〕715
王涯(唐)
太玄經、説玄、釋文〔著録〕子部 147
王淑(清)
易經一説〔存目〕經部 40
王惟一(宋)
銅人腧穴鍼灸圖經、附穴腧都數、修明堂訣
　式、避鍼灸訣〔續修〕995
王惟儉(明)
史通訓故〔存目〕史部 279〔續修〕447
王寅(明)
十嶽山人詩集、王十嶽樂府〔存目〕集部 79
王寂(金)
拙軒集〔文淵〕1190〔文津〕1194〔文瀾〕
　1225〔珍本〕別輯 376
遼東行部志〔續修〕731
鴨江行部志〔續修〕731
王啓原(清)
求闕齋日記類鈔〔續修〕559
王紱(明)
王舍人詩集〔文淵〕1237〔文津〕1241〔文
　瀾〕1273〔珍本〕八集 167
友石先生詩集〔底本〕集部 45〔著録〕集部
　37
王紳(明)
繼志齋集〔文淵〕1234〔文津〕1238〔文
　瀾〕1271〔珍本〕四集 312〔著録〕集部
　398
王紹思(明)
黎陽王襄敏公疏議詩文輯略〔存目〕集部
　36
王紹徽(明)
東林點將録〔存目〕史部 107
王紹蘭(清)
王氏經説〔續修〕173
周人經説〔續修〕173
管子地員篇注〔續修〕970
説文段注訂補〔續修〕213
漢書地理志校注〔未收〕三輯 11
王瑛(明)
王侍御集〔存目〕集部 99
王琦(清)
李太白文集〔著録〕集部 81
李太白集註〔文淵〕1067〔文津〕1071〔文

瀾〕1096
　李長吉歌詩彙解 〔存目〕集部 10 〔續修〕
　　1311
王琨（明）
　林下吟、篋餘集 〔未收〕五輯 25
王堯臣（宋）
　宋崇文總目 〔著錄〕史部 437
　崇文總目 〔文淵〕674 〔文津〕673 〔文瀾〕
　　687 〔珍本〕別輯 148－149
　崇文總目輯釋 〔續修〕916
王越（明）
　黎陽王太傅詩文集 〔存目〕集部 36
　黎陽王襄敏公疏議詩文輯略 〔存目〕集部
　　36
王喆生（清）
　素巖文稿 〔存目〕集部 253
　懿言日録、乙丑禮闈分校日記 〔存目〕子部
　　95
王喜（元）
　治河圖略 〔文淵〕576 〔文津〕576 〔文瀾〕
　　585
王達（明）
　景仰撮書 〔存目〕子部 121
　筆疇 〔存目〕子部 83
　翰林學士耐軒王先生天游雜稿 〔存目〕集部
　　27
王萬象（明）
　巡按江西監察御史王萬象題本 〔未收〕四輯
　　19
王萬澍（清）
　衡湘稽古 〔存目〕史部 56
王敬臣（明）
　俟後編 〔存目〕子部 107
王朝佐（明）
　東嘉録 〔存目〕史部 89 〔續修〕547
王朝梧（清）
　四庫全書辨正通俗文字 〔續修〕239
王朝栗（清）
　十三經拾遺 〔未收〕一輯 9
　唐石經考正 〔未收〕三輯 10
　饒雙峰講義 〔未收〕二輯 15
王植（清）
　正蒙初義 〔文淵〕697 〔文津〕697－698 〔文
　　瀾〕711 〔珍本〕二集 148－149 〔著錄〕
　　子部 127

四書參註 〔存目〕經部 176
朱子註釋濂關三書 〔存目〕子部 2
皇極經世書 〔著錄〕子部 148
皇極經世書解 〔文淵〕805 〔文津〕806 〔文
　　瀾〕822－823 〔珍本〕四集 168－171
崇雅堂稿 〔存目〕集部 272
韻學 〔存目〕經部 219
韻學原委 〔未收〕一輯 10
韻學臆説 〔存目〕經部 219
權衡一書 〔存目〕子部 159
王棟（明）
　一菴王先生遺集 〔存目〕子部 10
王雲鳳（明）
　博趣齋藁 〔續修〕1331
王雯燿（清）
　全桐紀略 〔未收〕二輯 21
王雱（宋）
　南華真經新傳、拾遺 〔文淵〕1056 〔文津〕
　　1060 〔文瀾〕1085 〔著錄〕子部 123
王棠（清）
　燕在閣知新録 〔存目〕子部 100 〔續修〕
　　1146－1147
王貺（宋）
　全生指迷方 〔文淵〕741 〔文津〕740 〔文
　　瀾〕755 〔珍本〕別輯 179
王鼎（遼）
　焚椒録 〔存目〕史部 45 〔續修〕423
王晫（清）
　今世説 〔存目〕子部 245 〔續修〕1175
　雜著十種 〔存目〕子部 165
王開祖（宋）
　儒志編 〔文淵〕696 〔文津〕697 〔文瀾〕710
　　〔珍本〕四集 125 〔著錄〕子部 41
王晦（清）
　御賜齊年堂文集 〔未收〕八輯 25
王隽（宋）
　北溪字義、嚴陵講義 〔文淵〕709 〔文津〕711
　　〔文瀾〕724
王復（清）
　偃師金石遺文補録 〔續修〕913
王復禮（清）
　三子定論 〔存目〕子部 23
　武夷九曲志 〔存目〕史部 241
　季漢五志 〔存目〕史部 42
　家禮辨定 〔存目〕經部 115

王欽臣(宋)
　　王氏談録〔文淵〕862〔文津〕864〔文瀾〕882
王欽若(宋)
　　册府元龜〔文淵〕902－919〔文津〕904〔文瀾〕922－939〔著録〕子部307－328
　　翊聖保德傳〔存目〕子部258
王善(清)
　　治心齋琴學練要〔續修〕1095
王翔(明)
　　芳洲文集、附再和東行百詠集句、芳洲先生年譜〔存目〕集部31
王道(宋)
　　古文龍虎經註疏〔文淵〕1061〔文津〕1065〔文瀾〕1090
　　金丹正理大全金碧古文龍虎上經〔著録〕子部365
王道(清)
　　江湖閒吟〔存目補〕9
王道純(清)
　　本草品彙精要、續集、脈訣〔續修〕990－991
王道焜(明)
　　左傳杜林合注〔珍本〕四集79－81
　　左傳杜林合注、春秋提要〔文淵〕171〔文津〕166〔文瀾〕163
王道端(明)
　　皇明名臣琬琰録前集、後集、續集〔著録〕史部16
王曾(宋)
　　王文正公筆録〔著録〕子部111
　　王文正筆録〔文淵〕1036〔文津〕1040〔文瀾〕1063
王曾祥(清)
　　静便齋集〔存目〕集部272
王曾翼(清)
　　居易堂詩集〔續修〕1453
王焕(清)
　　憶雪樓詩集〔禁燬〕集部150
王湜(宋)
　　易學〔文淵〕805〔文津〕807〔文瀾〕823〔著録〕子部21
王惲(元)
　　玉堂嘉話〔文淵〕866〔文津〕868〔文瀾〕886〔著録〕子部277
　　秋澗先生大全集〔著録〕集部107－108

秋澗集〔文淵〕1200－1201〔文津〕1204－1205〔文瀾〕1235－1236〔薈要〕400－401
王棨(唐)
　　麟角集〔文淵〕1083〔文津〕1087〔文瀾〕1113〔著録〕集部234
王弼(三國魏)
　　老子道德真經〔著録〕子部331
　　老子道德經〔文淵〕1055〔文津〕1059〔文瀾〕1084〔薈要〕275
　　周易、略例〔底本〕經部11〔底本〕經部11〔著録〕經部141〔著録〕經部141
　　周易注〔文淵〕7〔文津〕2〔文瀾〕1
　　周易注疏〔著録〕經部41〔續修〕1
　　周易註疏、周易略例、考證〔文淵〕7〔文津〕2〔文瀾〕1
　　周易經傳注疏、附原目、傳述人、正義序、略例〔薈要〕2
　　敦煌周易殘卷〔續修〕1
王弼(明)
　　尊鄉録節要〔存目〕史部88
王結(元)
　　文忠集〔文淵〕1206〔文津〕1210〔文瀾〕1241〔珍本〕初集349
王頊齡(清)
　　世恩堂詩集、詞集、經進集〔存目補〕5
　　欽定書經傳説彙纂〔文淵〕65〔文津〕60〔文瀾〕58〔珍本〕八集17－24〔薈要〕22〔著録〕經部58
王聘珍(清)
　　大戴禮記解詁〔續修〕107
　　周禮學〔續修〕81
　　儀禮學〔續修〕89
王蓍(清)
　　天發神讖碑考、續考〔存目〕史部278
王褒(明)
　　大儒心學語録〔存目〕子部7
　　草廬吳先生輯粹〔存目〕集部21
　　歷代忠義録〔存目補〕93
王械(清)
　　秋燈叢話〔續修〕1269
王槐植(清)
　　毅堂詩鈔〔禁燬補〕83
王晳(宋)
　　春秋皇綱論〔文淵〕147〔文津〕142〔文

瀾〕141〔著録〕經部 78

王概(明)
　王恭毅公駁稿〔存目〕子部 37〔續修〕974

王概(清)
　太嶽太和山紀略〔存目〕史部 242

王楙(宋)
　野客叢書、附野老紀聞〔文淵〕852〔文津〕
　　854－855〔文瀾〕872〔著録〕子部 31

王軾(明)
　平蠻録〔存目〕史部 46

王粲(漢)
　王侍中集〔續修〕1584

王當(宋)
　春秋臣傳〔文淵〕448〔文津〕446〔文瀾〕
　　448〔著録〕史部 91
　春秋臣傳(春秋列國臣傳)〔薈要〕34

王煦(清)
　小爾雅疏〔續修〕189
　説文五翼〔續修〕212

王暐(宋)
　道山清話〔文淵〕1037〔文津〕1041〔文
　　瀾〕1065

王照圓(清)
　列女傳補注、校正、叙録〔續修〕515

王路(明)
　花史左編〔存目〕子部 82〔續修〕1117

王嗣槐(清)
　太極圖説論〔存目〕子部 1〔續修〕933－
　　934
　桂山堂文選〔未收〕七輯 27

王嗣奭(明)
　杜臆、附管天筆記外編〔續修〕1307

王筠(南朝梁)
　王詹事集〔續修〕1587

王筠(清)
　毛詩重言〔續修〕69
　毛詩雙聲疊韻説〔續修〕69
　文字蒙求〔續修〕220
　正字略定本〔續修〕240
　馬首農言、校勘記〔續修〕976
　菉友蛾術編〔續修〕1159
　説文解字句讀、句讀補正〔續修〕216－219
　説文繫傳校録〔續修〕215
　説文韻譜校〔未收〕九輯 3
　説文釋例〔續修〕215－216

王與(元)
　無冤録〔存目〕子部 37〔續修〕972

王與之(宋)
　東巖周禮訂義〔著録〕經部 40
　周禮訂義〔文淵〕93－94〔文津〕87－89
　　〔文瀾〕86〔薈要〕47－48

王與胤(明)
　隴首集〔存目〕集部 193

王鉞(清)
　世德堂集〔存目〕集部 231
　朱子語類纂〔存目〕子部 4
　星餘筆記〔存目〕史部 249
　暑窗臆説〔存目〕子部 114
　粤遊日記〔存目〕史部 128
　讀書蕞殘〔存目〕史部 277

王愈融(清)
　瑞竹亭合藁〔存目補〕30

王愈擴(清)
　瑞竹亭合藁〔存目補〕30

王頌蔚(清)
　明史考證攟逸〔續修〕294

王諍(明)
　大學衍義通略〔存目〕子部 5

王義山(元)
　稼村先生類稿〔著録〕集部 106
　稼村類藁〔文淵〕1193〔文津〕1197〔文
　　瀾〕1228〔珍本〕初集 335－336

王猷定(清)
　四照堂文集、詩集〔未收〕五輯 27
　四照堂文録〔續修〕1669

王溥(宋)
　五代會要〔文淵〕607〔文津〕607〔文瀾〕
　　618〔著録〕史部 120
　唐會要〔文淵〕606－607〔文津〕605－607
　　〔文瀾〕616－617〔底本〕史部 43－48
　　〔著録〕史部 119－120

王源(清)
　公羊傳、穀梁傳〔存目〕經部 139
　左傳評〔存目〕經部 139
　居業堂文集〔續修〕1418

王滌心(清)
　賣志約言、附子潔雜著〔未收〕七輯 11

王慎中(明)
　玩芳堂摘稿〔存目〕集部 88
　遵巖先生文集〔底本〕集部 191－194〔著

錄〕集部 434

遵巖集 〔文淵〕1274 〔文津〕1278 〔文瀾〕
1311 〔珍本〕八集 195－200 〔薈要〕420

王慎餘(清)

綠畦晤言 〔未收〕四輯 21

王禎(元)

農書 〔文淵〕730 〔文津〕730 〔文瀾〕744
〔珍本〕別輯 171－175 〔著錄〕子部 14

王褘(明)

大事記續編 〔文淵〕333－334 〔文津〕330
〔文瀾〕331－332 〔珍本〕五集 62－71
〔著錄〕史部 5－6

王忠文公文集 〔底本〕集部 107－109 〔著
錄〕集部 259

王忠文集 〔文淵〕1226 〔文津〕1230 〔文
瀾〕1261

元史 〔文淵〕292－295 〔文津〕287－290
〔文瀾〕285－289 〔著錄〕史部 42－44

重修革象新書 〔文淵〕786 〔文津〕787 〔文
瀾〕803 〔珍本〕十一集 115

王肅(三國魏)

孔子家語 〔文淵〕695 〔文津〕695 〔文瀾〕
709 〔著錄〕子部 61

家語(孔子家語) 〔薈要〕246

王際華(清)

欽定天祿琳琅書目 〔文淵〕675 〔文津〕675
〔文瀾〕688

欽定重刻淳化閣帖釋文 〔文淵〕683 〔文津〕
683 〔文瀾〕697

王彙征(明)

壺譜 〔存目〕子部 76

王嘉(前秦)

拾遺記 〔文淵〕1042 〔文津〕1046 〔文瀾〕
1070 〔薈要〕278 〔著錄〕子部 242

王嘉曾(清)

聞音室詩集、遺文附刻 〔續修〕1447

王熙(清)

王文靖公集、年譜 〔存目〕集部 214

王構(元)

修辭鑑衡 〔文淵〕1482 〔文津〕1487 〔文
瀾〕1532 〔底本〕集部 267 〔著錄〕集部
331

王輔銘(清)

明練音續集、國朝練音初集 〔存目〕集部
395

練音集補、附卷、外卷 〔存目〕集部 395

王霆震(宋)

古文集成前集 〔文淵〕1359 〔文津〕1363
〔文瀾〕1401 〔珍本〕二集 391－395

新刊諸儒批點古文集成前集 〔底本〕集部
226－227 〔著錄〕集部 360

王戩(清)

突星閣詩鈔 〔存目〕集部 234

王曄(元)

桃花女破法嫁周公雜劇 〔續修〕1761

王聞遠(清)

潛書、附西蜀唐圃亭先生行略 〔續修〕945

王聞詩(宋)

梅溪集 〔文淵〕1151 〔文津〕1155 〔文瀾〕
1184 〔薈要〕395

王聞禮(宋)

梅溪集 〔文淵〕1151 〔文津〕1155 〔文瀾〕
1184 〔薈要〕395

王鳴盛(清)

十七史商榷 〔續修〕452－453

西莊始存稿 〔續修〕1434

尚書後案、尚書後辨附 〔續修〕45

周禮軍賦説 〔續修〕80

蛾術編 〔續修〕1150－1151

王鳴鶴(明)

登壇必究 〔續修〕960－961 〔禁燬〕子部
34－35

王稱(宋)

東都事略 〔文淵〕382 〔文津〕379－380 〔文
瀾〕381 〔著錄〕史部 287

王毓賢(清)

繪事備考 〔文淵〕826 〔文津〕828 〔文瀾〕
845 〔珍本〕二集 203－204 〔著錄〕子部
53

王僧孺(南朝梁)

王左丞集 〔續修〕1587

王銍(宋)

王公四六話 〔著錄〕集部 330

四六話 〔文淵〕1478 〔文津〕1483 〔文瀾〕
1528

雪溪集 〔文淵〕1136 〔文津〕1140 〔文瀾〕
1167 〔珍本〕四集 267

雪溪詩 〔底本〕集部 70 〔著錄〕集部 422

默記 〔文淵〕1038 〔文津〕1042 〔文瀾〕1065
〔著錄〕子部 219

王鳳靈（明）
　　筆峰文集〔存目〕集部74
王廣謀（元）
　　新刊標題明解聖賢語論〔存目〕子部6
王端履（清）
　　重論文齋筆錄〔續修〕1262
王榮商（清）
　　漢書補注〔未收〕三輯11
王漸逵（明）
　　讀易記〔續修〕6
王漸鴻（清）
　　鄉黨圖考補證、校鄉黨圖考補證札記〔續
　　　修〕157
王演疇（明）
　　古學齋文集〔未收〕五輯17
王賓（明）
　　光菴集、吳中古蹟詩〔存目〕集部28
王實甫（元）
　　四丞相高會麗春堂雜劇〔續修〕1761
　　奇妙全相註釋西廂記〔續修〕1765
　　高宴麗春堂〔續修〕1764
王肇晉（清）
　　論語經正錄〔續修〕156
王禕（明）
　　重刊革象新書〔著錄〕子部353〔著錄〕子
　　　部269
王維（唐）
　　王右丞集〔著錄〕集部83
　　王右丞集箋注〔文淵〕1071〔文津〕1075
　　　〔文瀾〕1101
　　王右丞詩集、文集、年譜、外編〔薈要〕359
　　類箋唐王右丞詩集、文集、外編、年譜、唐諸
　　　家同詠集、贈題集、歷朝諸家評王右丞
　　　詩畫鈔〔存目〕集部9
王維楨（明）
　　王氏存笥稿〔存目〕集部103
　　王槐野先生存笥稿續集〔禁燬〕集部75
　　司成遺翰〔續修〕1344
　　槐野先生存笥稿〔續修〕1344
王維德（清）
　　外科證治全生、附金瘡鐵扇散方〔續修〕
　　　1013
　　林屋民風、附見聞錄〔存目〕史部239
王維翰（清）
　　尺牘蘭言〔禁燬〕集部35

王綸（明）
　　本草集要〔續修〕990
王鞏（宋）
　　甲申雜記〔文淵〕1037〔文津〕1041〔文
　　　瀾〕1064
　　甲申雜記、聞見近錄、隨手雜錄〔著錄〕子部
　　　218
　　聞見近錄〔文淵〕1037〔文津〕1041〔文
　　　瀾〕1064
　　隨手雜錄、附甲申聞見二錄補遺〔文淵〕
　　　1037〔文津〕1041〔文瀾〕1064
　　樂全先生文集、行狀〔著錄〕集部6
王邁（宋）
　　臞軒先生四六〔存目〕集部20
　　臞軒集〔文淵〕1178〔文津〕1182〔文瀾〕
　　　1213〔珍本〕初集326－327
王蓬（宋）
　　清江三孔集〔文淵〕1345〔文津〕1349〔文
　　　瀾〕1387〔珍本〕五集390－393
王鼏（宋）
　　增註周易神應六親百章海底眼前集、後集
　　　〔續修〕1055
王樑（清）
　　讀畫錄〔存目〕子部73
王賢儀（清）
　　家言隨記、附退齋遺稿〔未收〕五輯9
王震（明）
　　春秋左翼〔存目〕經部122
王箴聽（清）
　　白田草堂存稿、附行狀、崇祀鄉賢錄〔存目〕
　　　集部268
王篆（明）
　　江防考〔存目〕史部226
　　張陸二先生批評戰國策抄〔未收〕一輯16
王皞（清）
　　六經圖〔存目〕經部153
王質（宋）
　　林泉結契〔存目〕集部15
　　雪山集〔文淵〕1149〔文津〕1153〔文瀾〕
　　　1182〔著錄〕集部96
　　紹陶錄〔文淵〕446〔文津〕445〔文瀾〕447
　　　〔珍本〕九集129〔著錄〕史部31
　　詩總聞〔文淵〕72〔文津〕67〔文瀾〕65
　　　〔薈要〕25〔著錄〕經部189
王德信（明）

西廂記(北)〔續修〕1770

王德暉(清)
　顧誤録〔續修〕1759

王徵(明)
　西儒耳目資、附釋疑〔存目〕經部213
　奇器圖説、諸器圖説〔文淵〕842〔文津〕844
　　〔文瀾〕861
　遠西奇器圖説録最、新製諸器圖説〔著録〕
　　子部359〔著録〕子部359

王徽(明)
　春秋詞命〔存目〕集部292

王磐(明)
　王西樓先生樂府〔續修〕1738
　野菜譜〔存目〕子部38

王餘祐(清)
　五公山人集〔存目〕集部207
　乾坤大略〔未收〕九輯10

王褒(漢)
　王諫議集〔續修〕1583

王褒(北周)
　王司空集〔續修〕1588

王褒(明)
　三山王養静先生集〔續修〕1326

王慶雲(清)
　石渠餘紀〔續修〕815

王慶勳(清)
　詒安堂詩初稿、二集、詩餘、試帖詩鈔〔續
　　修〕1544

王毅(元)
　木訥齋文集〔續修〕1324

王澍(清)
　大學中庸本義〔存目〕經部173
　大學困學録〔續修〕159
　大學困學録、中庸困學録〔存目〕經部173
　中庸困學録〔續修〕159
　朱子白鹿洞規條目〔存目〕子部27
　竹雲題跋〔文淵〕684〔文津〕684〔文瀾〕
　　698〔珍本〕十一集100〔著録〕史部
　　159
　禹貢譜〔存目〕經部59
　虛舟題跋、原〔續修〕1067
　淳化祕閣法帖考正〔文淵〕684〔文津〕684
　　〔文瀾〕698〔著録〕史部158
　集程朱格物法、集朱子讀書法〔存目〕子部
　　28

王埁(清)
　四書地理考〔續修〕170
　錢幣芻言、續刻、再續〔續修〕838

王履(元)
　溯洄集〔著録〕子部138
　醫經溯洄集〔文淵〕746〔文津〕746〔文
　　瀾〕761

王履泰(清)
　畿輔安瀾志〔續修〕848-849

王翬(清)
　畫筌〔續修〕1066

王豫(清)
　淮海英靈續集〔續修〕1682

王畿(明)
　卓吾先生批評龍谿王先生語録鈔〔存目〕集
　　部99〔續修〕943
　慕蓼王先生樗全集〔存目〕集部178
　龍谿王先生全集〔存目〕集部98

王璞(明)
　王無瑕先生詩集、文集〔未收〕六輯29

王璲(明)
　青城山人集〔文淵〕1237〔文津〕1242〔文
　　瀾〕1273
　青城山人詩集〔著録〕集部38

王熹儒(清)
　勿齋集〔禁燬補〕83

王褧之(清)
　續友聲集〔續修〕1627

王翰(元)
　友石山人遺稿〔文淵〕1217〔文津〕1221
　　〔文瀾〕1252〔珍本〕八集166〔著録〕
　　集部257

王翰(明)
　梁園寓稿〔文淵〕1233〔文津〕1237〔文
　　瀾〕1269〔珍本〕三集298
　梁園寓藥詩集〔著録〕集部397

王樹枏
　尚書商誼〔續修〕53
　周易釋貞〔續修〕40
　校正孔氏大戴禮記補注〔續修〕108
　費氏古易訂文〔續修〕40
　〔宣統〕新疆圖志〔續修〕649-650
　爾雅郭注佚存補訂〔續修〕189
　學記箋證〔續修〕107

王樵(明)

方麓居士集〔著録〕集部 436

方麓居士集、戊申筆記、紫薇堂剳記〔底本〕集部 203－204

方麓集〔文淵〕1285〔文津〕1289〔文瀾〕1323〔珍本〕三集 346－348

尚書日記〔文淵〕64〔文津〕59〔文瀾〕57〔珍本〕三集 30－33〔著録〕經部 128

春秋凡例〔續修〕120

春秋輯傳、凡例〔珍本〕初集 82－85

春秋輯傳、凡例、宗旨〔著録〕經部 160

春秋輯傳、宗旨、春秋凡例〔文淵〕168〔文津〕162－163〔文瀾〕160

書帷別記〔存目〕經部 51

紹聞編〔續修〕940

王融（南朝齊）

　王寧朔集〔續修〕1585

王曇（清）

　煙霞萬古樓文集〔續修〕1483

　煙霞萬古樓詩殘藁〔續修〕1483

　煙霞萬古樓詩選、仲瞿詩録〔續修〕1483

王學曾

　〔宣統〕新疆圖志〔續修〕649－650

王學謨（明）

　〔萬曆〕續朝邑縣志〔存目〕史部 196

王儔（宋）

　新刊經進詳註昌黎先生文集、外集、遺文、韓文公志〔續修〕1309－1310

王衡（明）

　緱山先生集〔存目〕集部 178－179

　鬱輪袍〔續修〕1764

王錡（明）

　寓圃雜記〔存目〕子部 239〔續修〕1170

王錫侯（清）

　字貫提要〔禁燬〕經部 10

　書法精言〔禁燬〕子部 31

　國朝詩觀〔禁燬〕集部 35

　國朝詩觀二集〔禁燬〕集部 35

　望都縣新志〔禁燬〕史部 73

王錫純（清）

　遏雲閣曲譜〔續修〕1757－1758

王錫爵（明）

　王文肅公文集〔禁燬〕集部 7－8

　王文肅公全集〔存目〕集部 135－136

　皇明館課經世宏辭續集〔禁燬〕集部 92－93

增定國朝館課經世宏辭〔存目補〕18〔禁燬〕集部 92

歷代名臣奏疏〔續修〕461

王錫闡（清）

　曆法〔著録〕子部 354

　曉菴新法〔文淵〕793〔文津〕794〔文瀾〕810

王鈇（明）

　宗譜纂要〔存目〕史部 98

王鈇（清）

　四書繹註〔禁燬〕經部 8

王燧（明）

　青城山人集〔珍本〕三集 300

王鎣（明）

　群書類編故事〔續修〕1224

王澤弘（清）

　鶴嶺山人詩集〔存目補〕53

王寰洽（明）

　嫩園漫稿〔存目補〕53

王璲（明）

　王文肅公集〔存目〕集部 36

　思軒文集〔續修〕1329

王懋竑（清）

　白田草堂文録〔續修〕1671

　白田草堂存稿、附行狀、崇祀鄉賢録〔存目〕集部 268

　白田雜著〔文淵〕859〔文津〕861〔文瀾〕879〔珍本〕二集 217〔著録〕子部 305

　朱子年譜、朱子年譜考異、朱子論學切要語〔文淵〕447〔文津〕446〔文瀾〕448〔珍本〕九集 138－140〔著録〕史部 53〔著録〕史部 53

　讀書記疑〔續修〕1146

王懋德（明）

　〔萬曆〕金華府志〔存目〕史部 176－177

王穉登（明）

　王百穀集十九種〔禁燬〕集部 175

　虎苑〔續修〕1119

　訂正吳社編〔存目〕子部 241

　弈史〔存目〕子部 76〔續修〕1098

　唐詩選〔續修〕1611

　國朝吳郡丹青志〔存目〕子部 71

王鎡（宋）

　月洞吟〔文淵〕1189〔文津〕1193〔文瀾〕1225〔珍本〕九集 255

月洞詩集、附二十一世祖皞如公詩〔著錄〕集部 424

王謨(清)

　江西考古録〔未收〕一輯 27

　夏小正傳箋、附大戴禮公符篇考〔未收〕三輯 8

　漢魏遺書鈔〔續修〕1199 - 1200

王應斗(明)

　湛輝閣草、附怡雲草〔禁燬補〕74

王應奎(清)

　柳南隨筆、續筆〔續修〕1147

王應電(明)

　同文備考、附聲韻會通、韻要粗釋〔存目〕經部 189

　周禮傳、圖説、翼傳〔文淵〕96〔文津〕91〔文瀾〕89〔珍本〕三集 64 - 67〔著錄〕經部 13

王應龍(宋)

　翠屏筆談〔存目補〕77

王應麟(宋)

　小學紺珠〔文淵〕948〔文津〕951〔文瀾〕971〔著錄〕子部 221

　六經天文編〔文淵〕786〔文津〕787〔文瀾〕803〔著錄〕子部 145

　玉海、辭學指南〔文淵〕943 - 948〔文津〕946 - 951〔文瀾〕965 - 970〔著錄〕子部 345 - 350

　四明文獻集〔文淵〕1187〔文津〕1191〔文瀾〕1222〔薈要〕397〔著錄〕集部 59

　困學紀聞〔文淵〕854〔文津〕856〔文瀾〕874〔薈要〕279〔著錄〕子部 165

　周易鄭注〔薈要〕7〔續修〕1

　周易鄭康成註〔文淵〕7〔文津〕2〔文瀾〕1〔著錄〕經部 51

　姓氏急就篇〔文淵〕948〔文津〕951〔文瀾〕971〔著錄〕子部 221

　急就篇〔文淵〕223〔文津〕217〔文瀾〕215〔著錄〕經部 108

　通鑑地理通釋〔文淵〕312〔文津〕307 - 308〔文瀾〕305〔著錄〕史部 270

　通鑑答問〔文淵〕686〔文津〕686〔文瀾〕700〔珍本〕十一集 101〔著錄〕史部 267

　詩考〔文淵〕75〔文津〕70〔文瀾〕68〔著錄〕經部 61

　詩地理考〔文淵〕75〔文津〕70〔文瀾〕68

〔薈要〕29〔著錄〕經部 144

　鄭氏周易、爻辰圖〔著錄〕經部 41

　漢制考〔文淵〕609〔文津〕609〔文瀾〕619〔著錄〕史部 258

　漢藝文志考證〔文淵〕675〔文津〕674〔文瀾〕688〔著錄〕史部 265

　增補鄭氏周易〔文淵〕7〔文津〕2〔文瀾〕1

王鴻(明)

　薛文清公行實録〔存目〕史部 83〔續修〕551

王鴻緒(清)

　欽定詩經傳説彙纂〔珍本〕八集 25 - 34〔薈要〕28〔著錄〕經部 10

　欽定詩經傳説彙纂、朱子詩序辨説〔文淵〕83〔文津〕78〔文瀾〕76

　橫雲山人集〔續修〕1416 - 1417

王鴻儒(明)

　凝齋筆語〔存目〕子部 101

王禮(元)

　麟原王先生文集〔著錄〕集部 112

　麟原文集〔文淵〕1220〔文津〕1224〔文瀾〕1255〔珍本〕初集 356 - 357

王彌大(宋)

　清溪弄兵録〔存目補〕76

王績(唐)

　王無功文集〔續修〕1304

　東皋子集〔珍本〕九集 233〔著錄〕集部 419

　東皋子集、附東皋子集傳〔文淵〕1065〔文津〕1069〔文瀾〕1094

王瓊(明)

　北虜事跡〔存目〕子部 31

　西番事蹟〔存目〕子部 31

　晉溪本兵敷奏〔存目〕史部 59〔續修〕475 - 476

　掾曹名臣録〔存目〕史部 89

　漕河圖志〔續修〕835

　雙溪雜記〔存目〕子部 239

王鏊(明)

　[正德]姑蘇志〔著錄〕史部 211 - 212

　姑蘇志〔文淵〕493〔文津〕492〔文瀾〕496 - 497〔珍本〕十集 81 - 94

　春秋詞命〔存目〕集部 292

　陳眉公訂正震澤長語〔著錄〕子部 170

　震澤先生集〔著錄〕集部 68

　震澤長語〔文淵〕867〔文津〕869〔文瀾〕887

震澤紀聞〔續修〕1167

震澤集〔文淵〕1256〔文津〕1260〔文瀾〕
1293〔珍本〕五集 305 - 308〔薈要〕414

震澤編〔存目〕史部 228

王撝（清）

蘆中集〔未收〕八輯 22

王贄（清）

丘海二公文集合編〔存目〕集部 406

王燾（唐）

外臺祕要方〔文淵〕736 - 737〔文津〕736 -
737〔文瀾〕751 - 752〔珍本〕五集
156 - 165

唐王燾先生外臺秘要方〔著錄〕子部 3 - 4

王闓運

八代詩選〔續修〕1593

尚書大傳補注〔續修〕55

尚書箋〔續修〕51

周易說〔續修〕40

春秋公羊傳箋〔續修〕131

哀江南賦注〔續修〕1304

湘軍志〔續修〕413

湘綺樓全集〔續修〕1568 - 1569

〔光緒〕湘潭縣志〔續修〕712

楚詞釋〔續修〕1302

穀梁申義〔續修〕133

王曜南（清）

讀禮條考〔未收〕一輯 5

王鵁（清）

中州音韻輯要〔續修〕1747

音韻輯要〔未收〕二輯 14

王彝（明）

王常宗集〔著錄〕集部 427

王常宗集、續補遺〔文淵〕1229〔文津〕1233
〔文瀾〕1264〔珍本〕三集 294

王蘋（宋）

王著作集〔文淵〕1136〔文津〕1140〔文
瀾〕1167〔珍本〕三集 265

宋著作王先生文集〔著錄〕集部 94

王蘋（清）

蓼村集〔存目〕集部 264

王藻（清）

茶山老人遺集〔存目〕集部 23

王黼（宋）

至大重修宣和博古圖錄〔著錄〕子部 160

重修宣和博古圖〔文淵〕840〔文津〕842 -

843〔文瀾〕859

王鵬運（清）

半塘定稿、半塘賸稿〔續修〕1727

皇朝謚法考、皇朝謚法考續編〔續修〕827

王寵（明）

雅宜山人集〔存目〕集部 79

王襞（明）

新鐫東厓王先生遺集〔存目〕集部 146

王韜（清）

西學圖說〔續修〕1036

弢園文錄外編〔續修〕1558

春秋日食辨正〔續修〕148

春秋朔至表〔續修〕148

春秋朔閏至日考〔續修〕148

甕牖餘談〔續修〕1263

蘅華館日記〔續修〕576

蘅華館詩錄、附存〔續修〕1558

王繩曾（清）

春秋經傳類聯〔存目〕子部 236

王甗（清）

學易五種〔續修〕28

王懸河（唐）

三洞珠囊〔續修〕1293

王鶚（元）

汝南遺事〔文淵〕408〔文津〕406〔文瀾〕
407〔珍本〕別輯 123

王譽昌（清）

含星集〔未收〕九輯 17

王覺（明）

禮記明音〔存目〕經部 88

王鐺（清）

王叔聞先生詩鈔〔禁燬〕集部 165

王寶仁（清）

周官參證〔未收〕四輯 5

王闢之（宋）

澠水燕談錄〔文淵〕1036〔文津〕1040〔文
瀾〕1063〔著錄〕子部 217

王鐸（清）

擬山園選集〔禁燬〕集部 87 - 88

王懿榮（清）

王文敏公遺集〔續修〕1565

王巖叟（宋）

忠獻韓魏王別錄〔存目〕史部 81

忠獻韓魏王家傳〔續修〕550

王鑑（明）

禹貢山川郡邑考〔存目〕經部 51

王觀(宋)
　揚州芍藥譜〔文淵〕845〔文津〕846〔文瀾〕863〔著録〕子部 162

王觀(明)
　王著作集〔文淵〕1136〔文津〕1140〔文瀾〕1167
　宋著作王先生文集〔著録〕集部 94

王觀國(宋)
　學林〔文淵〕851〔文津〕853〔文瀾〕871〔底本〕子部 17-18〔著録〕子部 359

王鑨(清)
　大愚集、諸同人尺牘〔未收〕七輯 24

王灝(清)
　娜如山房説尤〔未收〕十輯 11

王驥德(秦漢外史)(明)
　古雜劇〔續修〕1763
　曲律〔續修〕1758
　新校注古本西廂記、彙考〔續修〕1766

王讜(宋)
　唐語林〔文淵〕1038〔文津〕1042〔文瀾〕1065〔珍本〕別輯 232-234〔著録〕子部 219

天

天中星垣主人(明)
　地理醒心録〔未收〕三輯 24

天都山臣(明)
　女直考〔禁燬〕史部 36

元

元好問(金)
　中州集〔薈要〕479
　中州集、樂府〔文淵〕1365〔文津〕1369〔文瀾〕1408〔著録〕集部 301
　唐詩鼓吹〔文淵〕1365〔文津〕1369〔文瀾〕1408〔著録〕集部 301〔續修〕1611
　唐詩鼓吹箋註〔存目〕集部 289
　御訂全金詩增補中州集〔著録〕集部 309-310
　遺山先生文集〔著録〕集部 105
　遺山先生詩集〔存目〕集部 21
　遺山先生新樂府〔續修〕1723
　遺山集〔文淵〕1191〔文津〕1195〔文瀾〕1226〔薈要〕398

續古今考〔存目〕子部 96
續夷堅志、附遺山年譜略〔續修〕1266
續夷堅志前集、後集〔存目〕子部 246

元明善(元)
　清河集〔續修〕1323
　續修龍虎山志〔存目〕史部 228

元革(唐)
　五木經〔存目〕子部 76

元帝蕭繹(南朝梁)
　古今同姓名録〔文淵〕887〔文津〕888〔文瀾〕907〔珍本〕別輯 218
　金樓子〔文淵〕848〔文津〕850〔文瀾〕868〔珍本〕別輯 207-208
　梁元帝御製集〔續修〕1586

元淮(元)
　水鏡元公詩集〔存目〕集部 21

元結(唐)
　次山集〔文淵〕1071〔文津〕1076〔文瀾〕1101〔薈要〕360
　唐元次山文集、拾遺〔著録〕集部 83
　漫叟拾遺〔存目〕集部 3
　篋中集〔文淵〕1332〔文津〕1336〔文瀾〕1374〔珍本〕十一集 191〔著録〕集部 410

元稹(唐)
　元氏長慶集〔文淵〕1080〔文津〕1083〔文瀾〕1109〔薈要〕363〔著録〕集部 2

扎

扎拉芬(清)
　南陔遺草〔續修〕1474

木

木增(明)
　雲薖淡墨〔存目〕子部 145〔續修〕1192

支

支大綸(明)
　支華平先生集〔存目〕集部 162
　明永陵編年信史、昭陵編年信史〔存目補〕76

支允堅(明)
　梅花渡異林〔存目〕子部 105

支立(明)
　十處士傳〔存目〕子部 251

太

太乙真人(□)

内傳天皇鰲極鎭世神書〔存目〕子部 63

太平老人(宋)

袖中錦〔存目〕子部 101

太宰純(日本)

古文孝經孔氏傳、附宋本古文孝經〔文淵〕182〔文津〕177〔文瀾〕173〔著錄〕經部 91

太醫院(清)

藥性通考〔續修〕994

尤

尤世求(清)

南園詩鈔〔存目補〕7

尤玘(元)

萬柳溪邊舊話〔存目〕史部 87

尤侗(清)

尤太史西堂全集三種、附湘中草〔禁燬〕集部 129－130

西堂文集、詩集、樂府〔續修〕1406－1407

百末詞〔續修〕1724

艮齋雜説〔續修〕1136

明史擬稿〔未收〕五輯 6

看鑑偶評〔未收〕一輯 21

宮閨小名錄、後錄、後錄〔存目〕子部 230

梁谿遺稿〔文淵〕1149〔文津〕1153〔文瀾〕1178

鈞天樂〔續修〕1775

尤怡(清)

金匱心典〔續修〕989

金匱翼〔續修〕1006

張仲景傷寒論貫珠集〔續修〕987

醫學讀書記、續記、附靜香樓醫案〔續修〕1027

尤珍(清)

滄湄詩鈔〔未收〕八輯 23

尤時熙(明)

尤西川先生擬學小記、續錄〔存目〕子部 9

尤乘(清)

喉科秘本、喉科附方〔續修〕1018

壽世青編〔續修〕1030

尤袤(宋)

全唐詩話〔存目〕集部 415

梁谿遺稿〔文淵〕1149〔文津〕1153〔文瀾〕1178〔珍本〕五集 278〔著錄〕集部 18

遂初堂書目〔文淵〕674〔文津〕674〔文瀾〕687〔著錄〕史部 60

戈

戈九疇(明)

杭郡新刊禮記要旨〔存目〕經部 90

戈汕(明)

蝶几譜〔續修〕1111

戈守智(清)

漢溪書法通解〔存目〕子部 73〔續修〕1067

戈直(元)

貞觀政要〔文淵〕407〔文津〕404〔文瀾〕405〔薈要〕205〔著錄〕史部 51

戈載(清)

詞林正韻、發凡〔續修〕1737

戈頌平(清)

傷寒指歸〔未收〕六輯 14

中

中立(明)

兩垣奏議〔文淵〕430〔文津〕428〔文瀾〕428〔珍本〕九集 117

周易劄記〔文淵〕34〔文津〕29〔文瀾〕29〔珍本〕初集 29

午

午榮(明)

新鐫工師雕斲正式魯班木經匠家鏡〔續修〕879

牛

牛天宿(清)

百僚金鑑〔存目〕史部 262〔續修〕755

牛斗星(明)

四書名物考〔存目〕經部 160

檀弓〔存目〕經部 95

牛弘(隋)

牛奇章集〔續修〕1588

牛衷(明)

增刻埤雅廣要〔存目〕子部 250

增修埤雅廣要〔續修〕1271

牛鈕(清)

　　日講易經解義〔文淵〕37〔文津〕32〔文瀾〕32〔珍本〕七集 3 - 8〔薈要〕13〔著録〕經部 33

牛運震(清)

　　金石經眼録〔文淵〕684〔文津〕684〔文瀾〕698〔珍本〕十集 109〔著録〕史部 159

　　金石圖〔存目〕史部 278

　　周易解〔存目〕經部 40〔續修〕21

　　空山堂春秋傳〔存目〕經部 142

　　春秋傳〔續修〕140

　　讀史糾謬〔續修〕451

牛僧孺(唐)

　　幽怪録、續幽怪録〔存目〕子部 245

毛

毛一公(明)

　　歷代内侍考〔存目〕史部 107〔續修〕517

毛一豐(清)

　　易用〔續修〕29

毛九苞(明)

　　重編東坡先生外集〔存目〕集部 11

毛元淳(明)

　　尋樂編〔存目〕子部 94

毛邦翰(宋)

　　六經圖〔文淵〕183〔文津〕178〔文瀾〕175〔著録〕經部 50

毛开(宋)

　　樵隱詞〔文淵〕1488〔文津〕1493〔文瀾〕1538〔著録〕集部 219

毛在(明)

　　先進遺風〔文淵〕1041〔文津〕1045〔文瀾〕1068

毛在增

　　先進遺風〔著録〕子部 242

毛先舒(清)

　　小匡文鈔〔存目〕集部 211

　　匡林〔存目〕子部 114

　　東苑文鈔、詩鈔〔存目〕集部 211

　　南曲入聲客問〔存目〕集部 426

　　南唐拾遺記〔存目〕史部 163

　　思古堂集〔存目〕集部 210

　　格物問答〔存目〕子部 95

　　詞韻、附古韻通略〔存目〕集部 426

　　填詞名解〔存目〕集部 425

　　聖學真語〔存目〕子部 95

　　詩辯坻〔存目補〕45

　　蕊雲集、晚唱〔存目〕集部 211

　　潠書〔存目〕集部 210

　　聲韻叢説、韻問〔存目〕經部 217

　　螺峰説録、附稚黃子文洴〔存目〕子部 95

　　韻白〔存目〕經部 217

　　韻學通指〔存目〕經部 217

毛利貞齋(日本)

　　重訂冠解助語辭〔續修〕195

毛伯温(明)

　　毛襄懋先生文集、別集、附年譜、御書世彙、榮哀録、幽光集、附書、行狀、墓志銘〔存目〕集部 63

　　毛襄懋先生奏議〔存目〕史部 59

　　東塘集〔存目〕集部 63

毛亨(漢)

　　毛詩正義〔著録〕經部 143

　　毛詩注疏〔文淵〕69〔文津〕64〔文瀾〕62 - 63

毛奇齡(清)

　　大小宗通繹〔存目〕經部 108

　　大學知本圖説〔存目〕經部 173〔續修〕159

　　大學問〔存目〕經部 173

　　大學證文〔文淵〕210〔文津〕205〔文瀾〕203〔珍本〕九集 65〔著録〕經部 172

　　王文成傳本〔存目〕史部 87〔續修〕551

　　天問補註〔存目〕集部 2〔續修〕1302

　　中庸説〔存目〕經部 173

　　毛詩寫官記〔文淵〕86〔文津〕81〔文瀾〕79〔珍本〕九集 35〔著録〕經部 39

　　古今通韻〔文淵〕242〔文津〕237〔文瀾〕235〔珍本〕十集 72 - 73

　　古文尚書寃詞〔文淵〕66〔文津〕61〔文瀾〕59〔珍本〕十集 19〔著録〕經部 36

　　北郊配位尊西向議〔文淵〕662〔文津〕661〔文瀾〕671〔著録〕史部 263

　　四書改錯〔續修〕165

　　四書索解〔存目〕經部 173

　　四書賸言〔文淵〕210〔文津〕205〔文瀾〕203〔著録〕經部 105

　　白鷺洲主客説詩〔存目〕經部 73〔續修〕61

　　西河合集文集〔著録〕集部 407 - 410

　　西河集〔文淵〕1320 - 1321〔文津〕1323 - 1325〔文瀾〕1359 - 1360〔珍本〕十一

集 178－185

西河詞話〔文淵〕1494〔文津〕1499〔文瀾〕1545

仲氏易〔文淵〕41〔文津〕36〔文瀾〕35〔著録〕經部124

孝經問〔文淵〕182〔文津〕177〔文瀾〕173〔著録〕經部91

何御史孝子祠主復位録〔存目〕史部128

武宗外紀〔存目〕史部56

杭志三詰三辨〔存目〕史部214

尚書廣聽録〔文淵〕66〔文津〕61〔文瀾〕59〔珍本〕九集34〔著録〕經部59

明堂問〔存目〕經部108

易小帖〔文淵〕41〔文津〕36〔文瀾〕35〔珍本〕九集6〔著録〕經部34

易韻〔文淵〕242〔文津〕237〔文瀾〕235〔珍本〕九集89〔著録〕經部183

制科雜録〔存目〕史部271

周禮問〔存目〕經部85〔續修〕78

昏禮辨正〔存目〕經部108〔續修〕95

郊社禘祫問〔文淵〕129〔文津〕124〔文瀾〕123〔著録〕經部74

河圖洛書原舛編〔存目〕經部32〔續修〕40

春秋毛氏傳〔文淵〕176〔文津〕171〔文瀾〕168〔著録〕經部50

春秋占筮書〔文淵〕41〔文津〕36〔文瀾〕35〔珍本〕十集12〔著録〕經部44

春秋條貫篇〔存目〕經部136〔續修〕139

春秋簡書刊誤〔文淵〕176〔文津〕171〔文瀾〕168〔著録〕經部89

春秋屬辭比事記〔文淵〕176〔文津〕171〔文瀾〕168〔著録〕經部89

皇言定聲録〔文淵〕220〔文津〕215〔文瀾〕213〔珍本〕十集59〔著録〕經部107

後鑑録〔存目〕史部56〔續修〕432

後觀石録〔存目〕子部79

推易始末〔文淵〕41〔文津〕36〔文瀾〕35〔珍本〕九集6〔著録〕經部55

國風省篇〔存目〕經部73

逸講箋〔存目〕經部173

康熙甲子史館新刊古今通韻〔著録〕經部118

竟山樂録〔文淵〕220〔文津〕215〔文瀾〕213〔著録〕經部107

越語肯綮録〔存目〕經部187〔續修〕194

喪禮吾説篇〔存目〕經部87〔續修〕95

舜典補亡〔存目〕經部57

勝朝彤史拾遺記〔存目〕史部122

詞話〔著録〕集部419

曾子問講録〔存目〕經部96〔續修〕108

湘湖水利志〔存目〕史部224

聖門釋非録〔存目〕經部173

聖諭樂本解説〔文淵〕220〔文津〕215〔文瀾〕213〔珍本〕十一集24〔著録〕經部107

詩札〔文淵〕86〔文津〕81〔文瀾〕79〔珍本〕九集35〔著録〕經部39

詩傳詩説駁義〔文淵〕86〔文津〕81〔文瀾〕79〔珍本〕十集25〔著録〕經部39

詩話〔存目〕集部420

經問、經問補〔文淵〕191〔文津〕184〔文瀾〕181〔著録〕經部93〔著録〕經部93

論語稽求篇〔文淵〕210〔文津〕205〔文瀾〕203〔著録〕經部105

廟制折衷〔存目〕經部108

蕭山縣志刊〔存目〕史部214

學校問〔存目〕經部108

辨定祭禮通俗譜〔文淵〕142〔文津〕138〔文瀾〕136〔珍本〕九集55〔著録〕經部75

辨定嘉靖大禮議〔存目〕史部271

韻學要指〔存目〕經部218

續詩傳鳥名〔文淵〕86〔文津〕81〔文瀾〕79〔著録〕經部39

蠻司合志〔存目〕史部227〔續修〕735

毛居正（宋）

六經正〔文淵〕183〔文津〕178〔文瀾〕175〔薈要〕78

六經正誤〔著録〕經部23

增修互註禮部韻略〔文淵〕237〔文津〕232〔文瀾〕230〔著録〕經部181

毛紀（明）

密勿稿〔存目〕史部59〔續修〕476

聯句私抄〔存目〕集部292

辭榮録〔存目〕史部59

鼇峰類稿〔存目〕集部45

毛晉（明）

二家宮詞〔文淵〕1416〔文津〕1420〔文瀾〕1460〔著録〕集部417

三家宮詞〔文淵〕1416〔文津〕1420〔文瀾〕1460〔著録〕集部416

元四大家詩集〔存目〕集部375

毛詩草木鳥獸蟲魚疏廣要 〔著録〕經部 128
六十種曲 〔續修〕1768 – 1773
宋名家詞 〔存目〕集部 422 – 424
宋名家詞六十一種 〔續修〕1719 – 1720
香國 〔存目〕子部 79
陸氏詩疏廣要 〔文淵〕70 〔文津〕65 〔文瀾〕63 〔薈要〕29
蘇米志林 〔存目〕史部 85

毛晃(宋)
禹貢指南 〔文淵〕56 〔文津〕51 〔文瀾〕49 〔薈要〕22
增修互註禮部韻略 〔文淵〕237 〔文津〕232 〔文瀾〕230 〔著録〕經部 181

毛師柱(清)
端峰詩選 〔未收〕八輯 22
端峰詩續選 〔未收〕八輯 22

毛扆(清)
汲古閣珍藏秘本書目 〔續修〕920

毛堪(明)
台中疏略 〔禁燬〕史部 57

毛曾(明)
併音連聲字學集要 〔存目〕經部 209 〔續修〕259

毛遠宗(清)
四書賸言 〔文淵〕210 〔文津〕205 〔文瀾〕203
經問、經問補 〔文淵〕191 〔文津〕184 〔文瀾〕181 〔著録〕經部 93

毛滂(宋)
東堂集 〔文淵〕1123 〔文津〕1127 〔文瀾〕1153 〔珍本〕初集 265
東堂詞 〔文淵〕1487 〔文瀾〕1537 〔著録〕集部 218

毛際可(清)
安序堂文鈔 〔存目〕集部 229
會侯先生文鈔 〔存目〕集部 229

毛際盛(清)
説文解字述誼、附説文新坿通誼 〔未收〕九輯 2

毛鳳枝(清)
關中石刻文字新編 〔續修〕909
關中金石文字存逸考 〔續修〕908

毛鳳韶(明)
倪石陵書 〔文淵〕1152 〔文津〕1156 〔文瀾〕1185

[嘉靖]浦江志略 〔存目〕史部 186

毛德琦(清)
白鹿書院志 〔續修〕720
廬山志 〔存目〕史部 239 – 240

毛澄(明)
三江遺稿 〔存目〕集部 46

毛錫繢(清)
四書五經字考 〔未收〕一輯 9

毛憲(明)
古菴毛先生文集 〔存目〕集部 67
毘陵人品記 〔存目〕史部 110 〔續修〕541
毘陵正學編 〔存目〕史部 90
諫垣奏草 〔禁燬補〕22

毛曙(清)
野客齋詩集、擬賦試帖體 〔未收〕十輯 22

毛應龍(元)
周官集傳 〔文淵〕95 〔文津〕90 〔文瀾〕89 〔珍本〕四集 46

毛濟美(清)
妥先類纂 〔未收〕十輯 9

毛孺初(明)
毛孺初先生評選即山集 〔禁燬〕集部 41

毛霦(清)
平叛記 〔存目〕史部 55

仁

仁孝文皇后徐氏(明)
大明仁孝皇后内訓 〔著録〕子部 13
大明仁孝皇后勸善書 〔存目〕子部 120
内訓 〔文淵〕709 〔文津〕711 〔文瀾〕724 〔珍本〕十一集 103

仇

仇廷模(清)
古今韻表新編、後編 〔存目〕經部 219

仇兆鰲(清)
杜詩詳註 〔文淵〕1070 〔文津〕1074 – 1075 〔文瀾〕1099 – 1100 〔珍本〕七集 181 – 192

仇兆鼇(清)
杜詩詳註 〔著録〕集部 82

仇遠(元)
山村遺集 〔文淵〕1198 〔文津〕1202 〔文瀾〕1233 〔珍本〕十一集 172

山村遺稿 〔續修〕1322

仇山村遺集 〔著録〕集部 446

金淵集 〔文淵〕1198 〔文津〕1202 〔文瀾〕1233

無絃琴譜 〔續修〕1723

公

公羊高（周）

春秋公羊傳注疏、附考證 〔文淵〕145 〔文津〕140－141 〔文瀾〕139

公孫弘（漢）

風后握奇經 〔著録〕子部 333

握奇經 〔文淵〕726 〔文津〕726 〔文瀾〕740

公孫龍（周）

公孫龍子 〔文淵〕848 〔文津〕850 〔文瀾〕867 〔著録〕子部 30

公鼐（明）

浮來先生詩集 〔禁燬〕集部 160

勾

勾延慶（宋）

錦里耆舊傳 〔著録〕史部 205

卞

卞永譽（清）

式古堂書畫彙考 〔文淵〕827－829 〔文津〕828－831 〔文瀾〕846－849 〔珍本〕六集 201－223 〔著録〕子部 342－344

卞斌（清）

尚書集解 〔續修〕48

周易通解、釋義 〔續修〕28

卞榮（明）

卞郎中詩集 〔存目〕集部 35

卞寶第（清）

〔光緒〕湖南通志 〔續修〕661－668

文

文天祥（宋）

文山先生文集、指南文集、別集、遺墨 〔底本〕集部 179－181

文山先生全集 〔著録〕集部 393

文山集 〔文淵〕1184 〔文津〕1188 〔文瀾〕1219

文信國集杜詩（文山詩史）〔文淵〕1184

〔文津〕1188 〔文瀾〕1220 〔珍本〕八集 158

集杜句詩、詠文丞相詩 〔著録〕集部 27

文同（宋）

丹淵集、拾遺 〔文淵〕1096 〔文津〕1100 〔文瀾〕1126 〔薈要〕377

陳眉公先生訂正丹淵集、拾遺、墓誌、年譜 〔底本〕集部 3－4 〔著録〕集部 5

文廷式（清）

大元官制雜記 〔續修〕748

文道希先生遺詩 〔續修〕1568

純常子枝語 〔續修〕1165

雲起軒詞鈔 〔續修〕1727

文行遠（清）

潯陽蹠醢 〔存目〕史部 249

文安之（明）

易備 〔存目〕經部 22

文含（清）

篆隸考異 〔文淵〕235 〔文津〕230 〔文瀾〕227

文林（明）

文温州集 〔存目〕集部 40

琅琊漫抄 〔存目〕子部 101

文秉（明）

甲乙事案 〔禁燬〕史部 72

先撥志始 〔存目〕史部 55

文秉（清）

甲乙事案 〔續修〕443

先撥志始 〔續修〕437

烈皇小識 〔續修〕439

文昭（清）

紫幢軒詩集 〔未收〕八輯 22

文彥博（宋）

文潞公文集 〔底本〕集部 126 〔著録〕集部 45

潞公文集 〔文淵〕1100 〔文津〕1104 〔文瀾〕1130 〔珍本〕六集 245－246

文洪（明）

文氏五家集 〔文淵〕1382 〔文津〕1385 〔文瀾〕1427 〔珍本〕初集 375－376

文淶水詩、遺文 〔存目〕集部 39

文彪（宋）

賓賓録 〔文淵〕920 〔文津〕923 〔文瀾〕940

文康（清）

兒女英雄傳 〔續修〕1796－1797

文翔鳳(明)
　太微經〔存目〕子部 58
　文太青先生文集〔存目〕集部 184
　東極篇〔存目〕集部 184
　南極篇〔禁燬〕子部 11
　皇極篇〔禁燬〕集部 49
文肇祉(明)
　文氏五家集〔文淵〕1382〔文津〕1385〔文
　　瀾〕1427〔珍本〕初集 375－376
　文氏家藏詩集七種〔底本〕集部 250〔著
　　錄〕集部 152
文震亨(明)
　文生小草〔禁燬〕集部 183
　長物志〔文淵〕872〔文津〕874〔文瀾〕892
　　〔著錄〕子部 56
文震孟(明)
　姑蘇名賢小紀〔存目〕史部 115〔續修〕541
文德翼(明)
　求是堂文集〔禁燬〕集部 141
　雅似堂文集、詩集、訟過錄〔存目〕集部 193
　僞吹錄二集〔存目〕子部 222
　僞吹錄首集〔存目〕子部 222
文徵明(明)
　文氏五家集〔文淵〕1382〔文津〕1385〔文
　　瀾〕1427〔珍本〕初集 375－376
　甫田集〔薈要〕419〔著錄〕集部 403
　甫田集、附先君行略〔文淵〕1273〔文津〕
　　1277〔文瀾〕1310
文慶(清)
　國子監志〔續修〕751－752
　籌辦夷務始末〔續修〕414－421
文藻翔(清)
　律呂新書淺釋〔未收〕二輯 10
文儻(宋)
　新刊經進詳註昌黎先生文集、外集、遺文、韓
　　文公志〔續修〕1309－1310

亢
亢思謙(明)
　慎修堂集〔未收〕五輯 21

方
方一夔(宋)
　青溪富山先生遺稿〔著錄〕集部 424
方于魯(明)

方氏墨譜〔存目〕子部 79〔續修〕1114
　方建元集、佳日樓詞、續集師心草〔存目〕集
　　部 146
方干(唐)
　玄英先生詩集〔著錄〕集部 43
　玄英集〔文淵〕1083〔文津〕1088〔文瀾〕
　　1113〔珍本〕三集 233
方大琮(宋)
　宋寶章閣直學士忠惠鐵庵方公文集〔著錄〕
　　集部 26
　鐵菴集〔文淵〕1178〔文津〕1182〔文瀾〕
　　1212〔珍本〕二集 304－305
方大湜(清)
　桑蠶提要、桑蠶說〔續修〕978
方大鎮(明)
　田居乙記〔存目〕子部 134
　荷新韻、荷新義〔存目補〕74
方千里(宋)
　和清真詞〔文淵〕1487〔文津〕1492〔文
　　瀾〕1537〔著錄〕集部 218
方勺(宋)
　青溪寇軌〔續修〕423
　泊宅編〔文淵〕1037〔文津〕1041〔文瀾〕
　　1064〔著錄〕子部 218
方日升(明)
　古今韻會舉要小補〔存目〕經部 212－213
方中通(清)
　心學宗、續編〔存目〕子部 12
　數度衍〔文淵〕802〔文津〕803〔文瀾〕819
　　〔珍本〕二集 199－200〔著錄〕子部 274
方中發(清)
　白鹿山房詩集〔禁燬〕集部 17
方中德(清)
　古事比〔存目〕子部 233－234
方中履(清)
　古今釋疑〔存目〕子部 99〔續修〕1145
方仁榮(宋)
　景定嚴州續志〔文淵〕487〔文津〕487〔文
　　瀾〕489－491〔珍本〕八集 90
　新定續志〔著錄〕史部 380
方文(清)
　嵞山集、續集、再續集〔續修〕1400〔禁燬〕
　　集部 71
方文沂(明)
　柯子答問〔續修〕939

方孔炤(明)
　全邊略記〔續修〕738〔禁燬〕史部 11
　周易時論合編〔續修〕15
　周易時論合編圖象幾表、周易時論合編〔存目〕經部 21
方以智(清)
　方子流寓草〔禁燬〕集部 50
　印章考〔續修〕1091
　東西均〔續修〕1134
　物理小識〔珍本〕十一集 131－132〔著錄〕子部 77
　物理小識、總論〔文淵〕867〔文津〕870〔文瀾〕887
　浮山文集前編、後編、浮山此藏軒別集〔續修〕1398〔禁燬〕集部 113
　通雅〔文淵〕857〔文津〕858－859〔文瀾〕877〔珍本〕三集 201－210〔著錄〕子部 276
　藥地炮莊〔存目〕子部 257
　藥地炮莊、總論〔續修〕957
方玉潤(清)
　詩經原始〔續修〕73
方正瑗(清)
　方齋補莊七篇〔存目〕子部 95
方世舉(清)
　春及堂初集、二集、三集、四集〔未收〕十輯 26
　韓昌黎詩集編年箋注〔續修〕1310
方申(清)
　方氏易學五書〔續修〕30
方民悅(明)
　交黎剿平事略〔存目〕史部 49
方弘靜(明)
　千一錄〔續修〕1126
　素園存稿〔存目〕集部 121
方式濟(清)
　述本堂詩集、續集〔存目補〕30
　龍沙紀略〔文淵〕592〔文津〕593〔文瀾〕601〔著錄〕史部 252
方有執(明)
　傷寒論條辨〔珍本〕五集 193－194
　傷寒論條辨、本草鈔、或問、痙書〔文淵〕775〔文津〕776〔文瀾〕792〔著錄〕子部 352
　傷寒論條辨續註〔存目〕子部 54

方成珪(清)
　干常侍易注疏證、集證〔續修〕28
　集韻考正〔續修〕253
　韓集箋正、年譜〔續修〕1310
方成培(清)
　雷峰塔傳奇〔續修〕1776
方回(元)
　文選顏鮑謝詩評〔文淵〕1331〔文津〕1335〔文瀾〕1373〔珍本〕四集 387〔底本〕集部 200〔著錄〕集部 135
　古今考〔著錄〕子部 31
　桐江集〔續修〕1322
　桐江續集〔文淵〕1193〔文津〕1197〔文瀾〕1228〔珍本〕初集 337－340
　虛谷桐江續集〔著錄〕集部 252
　瀛奎律髓〔文淵〕1366〔文津〕1370〔文瀾〕1409〔珍本〕八集 218－225〔著錄〕集部 412
　續古今考〔珍本〕四集 195－200
方旭(清)
　蟲薈〔續修〕1120
方江(清)
　囂囂子曆鏡〔續修〕1040
方孝標(清)
　光啓堂文集〔續修〕1405
　鈍齋詩選〔續修〕1405
方孝孺(明)
　遜志齋集〔文淵〕1235〔文津〕1239〔文瀾〕1271〔著錄〕集部 115
方芬(明)
　周易補義、圖説〔存目〕經部 27
方芳佩(清)
　在璞堂吟稿〔未收〕十輯 20
　在璞堂續稿〔未收〕十輯 20
方良永(明)
　方簡肅公文集〔底本〕集部 148〔著錄〕集部 353
　方簡肅文集〔文淵〕1260〔文津〕1264〔文瀾〕1297〔珍本〕三集 332
方其義(明)
　時術堂遺詩〔禁燬〕集部 144
方苞(清)
　朱子詩義補正〔續修〕62
　周官析疑、考工記析疑〔存目〕經部 86〔續修〕79

周官集註 〔文淵〕101 〔文津〕96 〔文瀾〕95
　　〔著録〕經部 147
周官辨 〔存目〕經部 86 〔續修〕79
春秋比事目録 〔存目〕經部 139
春秋直解 〔續修〕140
春秋通論 〔文淵〕178 〔文津〕173 〔文瀾〕
　　170 〔著録〕經部 203
望溪先生文集、集外文、集外文補遺、年譜
　　〔續修〕1420－1421
望溪集 〔文淵〕1326 〔文津〕1330 〔文瀾〕
　　1367 〔著録〕集部 450
欽定四書文 〔文淵〕1451 〔文津〕1455 〔文
　　瀾〕1498 〔珍本〕九集 325－340
欽定四書文選 〔著録〕集部 208
儀禮析疑 〔文淵〕109 〔文津〕104 〔文瀾〕
　　102 〔著録〕經部 151
禮記析疑 〔文淵〕128 〔文津〕123 〔文瀾〕
　　122 〔著録〕經部 74
方東樹（清）
　　大意尊聞 〔未收〕六輯 12
　　考槃集文録 〔續修〕1497
　　昭昧詹言、續、續録 〔續修〕1705
　　書林揚觶 〔未收〕九集 15
　　漢學商兌 〔續修〕951
方昕（宋）
　　袁氏世範、集事詩鑑 〔著録〕子部 250
方岳（宋）
　　秋崖先生小稿文集、詩集 〔著録〕集部 104
　　秋崖集 〔文淵〕1182 〔文津〕1186 〔文瀾〕
　　　1217 〔珍本〕三集 248－251
方岳貢（明）
　　歷代古文國瑋集 〔存目〕集部 366－368
方宗誠（清）
　　柏堂師友言行記 〔續修〕540
　　書傳補義 〔未收〕二輯 5
　　說詩章義 〔續修〕73
　　讀宋鑑論 〔續修〕451
方承訓（明）
　　方郊復初集 〔存目〕集部 187－188
方拱乾（清）
　　何陋居集、甦庵集 〔禁燬補〕79
方貞觀（清）
　　方貞觀詩集 〔禁燬補〕83
方祖範（清）
　　四書解瑣言 〔續修〕170

方都秦（清）
　　梅谿文集 〔未收〕七輯 29
方夏（明）
　　廣韻藻 〔存目〕子部 223
方逢辰（宋）
　　蛟峰文集 〔珍本〕四集 282
　　蛟峰文集、附山房遺文、蛟峰外集、山房先生
　　　外集 〔文淵〕1187 〔文津〕1191 〔文
　　　瀾〕1223
　　蛟峰先生文集、外集、山房先生遺文 〔著録〕
　　　集部 28
　　蛟峰批點止齋論祖、論訣 〔存目〕集部 20
方逢振（宋）
　　蛟峰先生文集、外集、山房先生遺文 〔著録〕
　　　集部 28
方逢時（明）
　　大隱樓集 〔未收〕五輯 19
方虛名（明）
　　南華真經旁注 〔續修〕956
方問孝（明）
　　蒼耳齋詩集 〔存目〕集部 157
方崧卿（宋）
　　韓集舉正、外集舉正、叙録 〔珍本〕初集 243
　　　〔著録〕集部 2
　　韓集舉正、外集舉正、韓集舉正叙録 〔文淵〕
　　　1073 〔文津〕1077 〔文瀾〕1103 〔底本〕
　　　集部 51
方象瑛（清）
　　封長白山記 〔存目〕史部 56
　　健松齋集、續集 〔存目〕集部 241
方深道（宋）
　　老杜詩評 〔存目〕集部 415
方揚（明）
　　方初菴先生集 〔存目〕集部 156
方鼎祚（明）
　　梅禹金詩草 〔存目補〕75
方寔孫（宋）
　　讀周易 〔著録〕經部 2
方登嶧（清）
　　述本堂詩集、續集 〔存目補〕30
方琠（清）
　　讀詩釋物 〔未收〕三輯 7
方煒（清）
　　明史 〔文淵〕297－302 〔文津〕291－298
　　　〔文瀾〕290－295

方殿元(清)
　九谷集〔存目〕集部 240
方椸如(清)
　集虛齋文錄〔續修〕1671
　集虛齋學古文〔存目〕集部 263
　離騷經解略〔存目〕集部 2
方輔(清)
　隸八分辨〔續修〕239
方聞一(宋)
　大易粹言〔文淵〕15〔文津〕10〔文瀾〕9
　〔珍本〕二集 1-5〔薈要〕5
方鳳(宋)
　存雅堂遺稿〔文淵〕1189〔文津〕1193〔文
　瀾〕1225
　野服考〔存目〕子部 170
　馮秋水先生評定存雅堂遺稿、宋方節義先生
　遺集補刻、宋高士方韶父先生遺集補刻
　〔著錄〕集部 251〔著錄〕集部 251〔著
　錄〕集部 251
方鳳(明)
　改亭存稿、續稿〔續修〕1338
　改亭奏草〔存目〕史部 60
方豪(明)
　棠陵文集〔存目〕集部 64
方廣(明)
　丹溪心法附餘〔存目〕子部 44
方實孫(宋)
　淙山讀周易記〔文淵〕19〔文津〕14〔文
　瀾〕14〔珍本〕初集 15-16
方熊(清)
　文章緣起〔文淵〕1478〔文津〕1482〔文
　瀾〕1527〔底本〕集部 261
方賢(明)
　太醫院經驗奇效良方大全〔續修〕1001-
　1002
方履亨(清)
　日食細草〔未收〕四輯 26
方履籛(清)
　金石萃編補正〔續修〕891
　萬善花室文稾〔續修〕1516
方頤孫(宋)
　太學新編黼藻文章百段錦〔存目〕集部 416
　〔續修〕1717
方學漸(明)
　心學宗、續編〔存目〕子部 12

東遊紀〔未收〕四輯 21
桐彝、續〔存目〕史部 95
邇訓〔存目〕子部 241
方薰(清)
　山靜居畫論〔續修〕1068
方嶽(宋)
　深雪偶談〔存目〕集部 415〔續修〕1694
方應祥(明)
　青來閣初集〔禁燬〕集部 40
　青萊閣二集〔禁燬〕集部 78
方應選(明)
　方衆甫集〔存目〕集部 170
方濬師(清)
　蕉軒隨錄〔續修〕1141
　蕉軒續錄〔續修〕1141
方濬頤(清)
　二知軒文存〔續修〕1556-1557
　二知軒詩鈔〔續修〕1555
　二知軒詩續鈔〔續修〕1556
　夢園書畫錄〔續修〕1086
　夢園瑣記〔未收〕三輯 29
方績(清)
　屈子正音〔未收〕十輯 13
方覲(清)
　石川詩鈔〔存目〕集部 265
方鵬(明)
　責備餘談〔存目〕史部 282
　崑山人物志〔存目補〕93
　矯亭存稿、續稿〔存目〕集部 61-62
　續觀感錄〔存目〕子部 122〔續修〕1188
方鯤(清)
　易盨〔存目〕經部 35
方獻夫(明)
　古文周易傳義約說〔存目補〕89
　西樵遺稿〔存目〕集部 59
方瀾(元)
　寧極齋稿、慎獨叟遺稿、方叔淵先生遺稿
　〔底本〕集部 94〔著錄〕集部 251
方夔(宋)
　富山遺稿〔文淵〕1189〔文津〕1193〔文
　瀾〕1224〔珍本〕初集 334
方觀旭(清)
　論語偶記〔續修〕155
方觀承(清)
　述本堂詩集、續集〔存目補〕30

救修兩浙海塘通志〔續修〕851

賑紀〔未收〕一輯 25

薇香集、燕香集、燕香二集〔存目〕集部 278

火

火原潔(明)

華夷譯語、附高昌館來文、譯文備覽〔續修〕230

火源潔(明)

華夷譯語〔存目〕經部 188

尹

尹元貢(清)

步堂全集〔禁燬補〕84

尹太鉉(清)

龍虎經註〔未收〕十輯 10

尹文(尹文子)(周)

尹文子〔文淵〕848〔文津〕850〔文瀾〕867

古迂陳氏家塾尹文子〔續修〕1121

尹廷高(元)

玉井樵唱〔文淵〕1202〔文津〕1207〔文瀾〕1237〔珍本〕初集 347〔底本〕集部 138〔著錄〕集部 30

尹守衡(明)

明史竊〔禁燬〕史部 64

皇明史竊〔續修〕316-317

尹直(明)

名相贊〔存目〕史部 88

明良交泰錄〔存目〕子部 6

南宋名臣言行錄〔存目補〕93

謇齋瑣綴錄〔存目〕子部 239

尹昌隆(明)

尹訥菴先生遺稿〔存目〕集部 26

尹畊(明)

塞語〔存目〕子部 31

尹洪(明)

書經章句訓解〔未收〕一輯 3

尹洙(宋)

河南先生文集〔著錄〕集部 43

河南集〔文淵〕1090〔文津〕1094〔文瀾〕1119

尹耕雲(清)

豫軍紀略〔未收〕六輯 7

尹商(明)

三立堂新編闈外春秋〔禁燬〕子部 27

尹喜(周)

關尹子文始真經〔著錄〕子部 246

尹彭壽(清)

漢隸辨體〔續修〕243

尹焞(宋)

和靖尹先生文集〔底本〕集部 70〔著錄〕集部 422

和靖集〔文淵〕1136〔文津〕1139-1140〔文瀾〕1167〔珍本〕十一集 165

孟子解〔存目〕經部 154

尹會一(清)

女鑑錄、臣鑑錄、士鑑錄〔未收〕五輯 9

北學編〔續修〕515〔禁燬〕史部 63

近思錄〔禁燬補〕31

洛學編續編〔存目〕史部 120

健餘先生文集〔續修〕1424

健餘先生講習錄〔禁燬補〕31

健餘奏議〔禁燬〕史部 40

博陵尹氏家譜〔禁燬補〕25

尹嘉銓(清)

小學考證〔禁燬補〕3

小學或問〔禁燬補〕3

小學後編〔禁燬補〕3

小學義疏〔禁燬補〕3

小學釋文〔禁燬補〕3

表揚錄續編〔禁燬〕史部 63

真率集、續編〔禁燬補〕83

偶然吟〔禁燬〕集部 168

儀禮探本〔禁燬補〕1

尹臺(明)

洞麓堂集〔文淵〕1277〔文津〕1281〔文瀾〕1314〔珍本〕五集 359-360〔底本〕集部 199-200〔著錄〕集部 435

尹曄(清)

徽言秘旨〔未收〕四輯 28

尹襄(明)

巽峰集〔存目〕集部 67

尹繼美(清)

詩地理考略、圖〔續修〕74

詩管見〔續修〕74

尹繼善(清)

尹文端公詩集〔續修〕1426

〔乾隆〕江南通志〔著錄〕史部 226-231

〔雍正〕雲南通志〔著錄〕史部 241-242

孔

孔天胤(明)

　孔文谷集、續集、詩集、文谷漁嬉稿〔存目〕
　集部 95

孔文仲(宋)

　三孔先生清江文集〔著錄〕集部 136

　清江三孔集〔文淵〕1345〔文津〕1349〔文
　瀾〕1387〔珍本〕五集 390－393

孔平仲(宋)

　三孔先生清江文集〔著錄〕集部 136

　珩璜新論〔文淵〕863〔文津〕865〔文瀾〕
　882〔著錄〕子部 167

　清江三孔集〔文淵〕1345〔文津〕1349〔文
　瀾〕1387〔珍本〕五集 390－393

　談苑〔文淵〕1037〔文津〕1041〔文瀾〕1064

　寶顏堂訂正談苑〔著錄〕子部 218

　續世說〔續修〕1166

孔伋(周)

　子思子全書〔著錄〕子部 41

孔延之(宋)

　會稽掇英總集〔文淵〕1345〔文津〕1349
　〔文瀾〕1387〔珍本〕四集 388－389
　〔底本〕集部 216〔著錄〕集部 390

孔安國(漢)

　古文孝經(敦煌殘卷)〔續修〕151

　古文孝經孔氏傳〔珍本〕十二集 19

　古文孝經孔氏傳、附宋本古文孝經〔文淵〕
　182〔文津〕177〔文瀾〕173〔著錄〕經
　部 91

　古文尚書〔續修〕41

　尚書注疏〔文淵〕54〔文津〕49〔文瀾〕47
　〔薈要〕16

孔武仲(宋)

　三孔先生清江文集〔著錄〕集部 136

　清江三孔集〔文淵〕1345〔文津〕1349〔文
　瀾〕1387〔珍本〕五集 390－393

孔尚任(清)

　人瑞錄〔存目〕史部 125

　桃花扇傳奇〔續修〕1776

　湖海集〔存目〕集部 257

孔尚質(清)

　十六國年表〔存目〕史部 163

孔承慶(明)

　禮庭吟〔存目〕集部 37

孔貞時(明)

　在魯齋文集〔禁燬〕集部 16

孔貞運(明)

　皇明詔制〔續修〕457－458〔禁燬〕史部
　56－57

孔貞瑄(清)

　大成樂律全書〔存目〕經部 184〔續修〕114

　泰山紀勝〔存目〕史部 255

　聊園詩略、續集、文集〔存目〕集部 232

孔衍栻(清)

　畫訣〔存目〕子部 73

孔胤植(明)

　闕里誌〔存目〕史部 76

孔晁(晉)

　汲冢周書〔著錄〕史部 189

　逸周書〔文淵〕370〔文津〕367〔文瀾〕369

　謚法〔續修〕826

孔鼎(明)

　楷園文集〔禁燬補〕71

孔傳(宋)

　東家雜記〔文淵〕446〔文津〕444〔文瀾〕
　447〔著錄〕史部 200

孔傳鐸(清)

　紅蕚詞〔未收〕十輯 30

　禮記摘藻〔未收〕十輯 1

孔傳續(宋)

　白孔六帖〔文淵〕891〔文津〕892－894〔文
　瀾〕911－912

　唐宋白孔六帖〔著錄〕子部 36－37

孔毓圻(清)

　幸魯盛典〔文淵〕652〔文津〕652〔文瀾〕
　662〔珍本〕九集 169－174〔著錄〕史部
　139

孔毓埏(清)

　拾籟餘閒〔續修〕1177

孔毓禮(清)

　痢疾論〔續修〕1004

孔廣林(清)

　北海經學七錄〔未收〕四輯 9

　周官肊測、叙錄〔續修〕80

　儀禮肊測、叙錄〔續修〕89

孔廣陶(清)

　三十有三萬卷堂書目略〔未收〕十輯 5

　嶽雪樓書畫錄〔續修〕1085

孔廣森(清)

大戴禮記補注、序録〔續修〕107

公羊春秋經傳通義、叙〔續修〕129

詩聲類、詩聲分例〔續修〕246

經學卮言〔續修〕173

駢儷文〔續修〕1476

禮學卮言〔續修〕110

孔齊(元)

静齋至正直記〔存目〕子部 239〔續修〕1166

孔融(漢)

孔少府集〔著録〕集部 335〔續修〕1583

孔北海集〔文淵〕1063〔文津〕1067〔文瀾〕1092

孔鮒(漢)

小爾雅〔存目〕經部 186

孔叢子〔薈要〕248

孔叢子、附連叢子〔文淵〕695〔文津〕695〔文瀾〕709

孔叢子、釋文〔著録〕子部 249〔續修〕932

孔穎達(唐)

毛詩正義〔著録〕經部 143

毛詩注疏〔薈要〕23

附釋音春秋左傳註疏〔著録〕經部 76

附釋音禮記註疏〔著録〕經部 66

尚書正義〔著録〕經部 45〔續修〕41

尚書注疏〔文淵〕54〔文津〕49〔文瀾〕47〔薈要〕16

周易正義〔續修〕1

周易注疏〔著録〕經部 41〔續修〕1

周易註疏、周易略例、考證〔文淵〕7〔文津〕2〔文瀾〕1

周易經傳注疏、附原目、傳述人、正義序、略例〔薈要〕2

春秋左氏傳注疏、正義序、左傳序、原目、傳述人〔薈要〕30-31

春秋左傳正義〔續修〕117-118

春秋左傳注疏、諸家序、春秋三傳注解傳述人考證〔文淵〕143-144〔文津〕139-140〔文瀾〕137-138

禮記注疏、正義序、原目、傳述人〔薈要〕51-52

禮記註疏、附考證〔文淵〕115-116〔文津〕110-111〔文瀾〕109

孔穎達(清)

毛詩注疏〔文淵〕69〔文津〕64〔文瀾〕62-63

孔繼汾(清)

孔氏家儀、家儀答問〔禁燬補〕31

勸儀糾謬集〔未收〕三輯 8

喪服表、殤服表〔續修〕95

闕里文獻考〔續修〕512

孔繼浩(清)

篆鏤心得〔續修〕1091

耀塵集〔未收〕十輯 20

孔繼涵(清)

五經文字疑、九經字樣疑〔未收〕二輯 14

同度記〔續修〕1045

紅榈書屋詩集、雜體文稿〔續修〕1460

允

允祁(清)

千叟宴詩〔著録〕集部 209

允祉(清)

御製律吕正義上編、下編、續編〔著録〕經部 28

允祹(清)

欽定大清會典〔文淵〕619〔文津〕619-620〔文瀾〕630〔著録〕史部 127

欽定大清會典則例〔著録〕史部 128-133

允禄(清)

世宗憲皇帝上諭八旗、上諭旗務議覆、諭行旗務奏議〔文淵〕413〔文津〕409-410〔文瀾〕423

世宗憲皇帝上諭內閣〔文淵〕414-415〔文津〕410-412〔文瀾〕411-412

皇朝禮器圖式〔文淵〕656〔文津〕655〔文瀾〕667〔珍本〕六集 122-129〔薈要〕201〔著録〕史部 262-263

清雍正上諭八旗、上諭旗務議覆、諭行旗務奏議〔著録〕史部 300-301

清雍正上諭內閣〔著録〕史部 196-197

御製律吕正義後編〔文淵〕215-218〔文津〕210-213〔文瀾〕209-211〔薈要〕271-274

御製律吕正義後編、上諭奏義〔著録〕經部 173-176

御製數理精蘊上編、下編、表〔著録〕子部 271-273

御製曆象考成〔著録〕子部 5-6

欽定同文韻統〔文淵〕240〔文津〕235〔文瀾〕233〔珍本〕十集 66〔薈要〕86〔著録〕經部 117

欽定協紀辨方書、奏議〔文淵〕811〔文津〕813〔文瀾〕830〔珍本〕五集220－229
欽定周官義疏〔著録〕經部144－146
欽定滿洲祭神祭天典禮〔文淵〕657〔文津〕657〔文瀾〕668〔珍本〕五集111－112〔著録〕史部140
欽定儀象考成〔著録〕子部6
欽定儀禮義疏〔著録〕經部131－133
欽定禮記義疏〔著録〕經部71－73
聖祖仁皇帝御製文集初集、第二集、第三集、第四集〔文淵〕1298－1299〔文津〕1302－1304〔文瀾〕1336－1337

允禧（清）
花間堂詩鈔〔未收〕九輯22
紫瓊巖詩鈔〔未收〕九輯21
紫瓊巖詩鈔續刻〔未收〕九輯21

允禮（清）
工程做法〔續修〕879－880
西藏日記〔續修〕559
〔乾隆〕西藏志〔續修〕682
自得園文鈔〔未收〕八輯29
春和堂紀恩詩〔未收〕八輯30
春和堂詩集〔未收〕八輯30
靜遠齋詩集〔未收〕八輯29

幻

幻真先生（□）
胎息經〔存目〕子部258

五畫

玉

玉峰道人（明）
性理群書大全〔存目〕子部8－9

甘

甘汝來（清）
甘莊恪公全集〔未收〕八輯25

甘雨（明）
古今韻分注撮要〔存目〕經部209

甘揚聲（清）
漢隸異同〔續修〕240

甘復（元）
山窗餘稿〔文淵〕1218〔文津〕1222〔文瀾〕1253〔珍本〕十二集176〔底本〕集部35〔著録〕集部426

甘暘（明）
印章集說〔續修〕1091

艾

艾元英（元）
如宜方〔存目〕子部41

艾性夫（元）
剩語〔文淵〕1194〔文津〕1198〔文瀾〕1229〔珍本〕初集341〔底本〕集部96〔著録〕集部106

艾南英（明）
天傭子集、附依歸草〔禁燬補〕72
艾千子先生全稿〔禁燬〕經部7
禹貢圖註〔存目〕經部55

艾穆（明）
艾熙亭先生文集〔未收〕五輯21

艾儒略（明西洋）
西學凡、附景教流行中國碑頌〔存目〕子部93
職方外紀〔文淵〕594〔文津〕594〔文瀾〕603〔著録〕史部430

左

左丘明（周）
春秋左傳注疏、諸家序、春秋三傳注解傳述人考證〔文淵〕143－144〔文津〕139－140〔文瀾〕137－138

左光斗（明）
左忠毅公集〔續修〕1370〔禁燬〕集部46
經武淵源〔續修〕959

左光先（明）
宋李忠定公奏議選、文集選〔存目〕集部14－15

左克明（元）
古樂府〔文淵〕1368〔文津〕1372〔文瀾〕1412〔珍本〕十二集200〔著録〕集部302

左宗郔（明）
續刻麻姑山丹霞洞天誌〔存目〕史部231

左宗棠（清）
左文襄公文集、詩集、聯語〔續修〕1541
左恪靖侯奏稿初編、續編、三編〔續修〕502－504

左眉（清）

尚書蔡傳正訛 〔續修〕43

左宰(清)

　左忠毅公年譜 〔存目〕史部 87

左祥(元)

　琴堂諭俗編 〔文淵〕865 〔文津〕867 〔文瀾〕885

左欽敏(清)

　大學申義 〔未收〕八輯 2

左懋第(明)

　左忠貞公剩蓽 〔未收〕六輯 26

　蘿石山房文鈔 〔未收〕六輯 26

左贊(明)

　盱江集、李直講年譜、外集 〔文淵〕1095 〔文津〕1098 〔文瀾〕1124

　桂坡集後集 〔存目〕集部 37

左寶森(清)

　說經囈語 〔未收〕十輯 2

石

石子章(元)

　秦修然竹塢聽琴雜劇 〔續修〕1762

石介(宋)

　徂徠石先生全集 〔著錄〕集部 3

　徂徠集 〔文淵〕1090 〔文津〕1094 〔文瀾〕1119 〔珍本〕四集 233－234

石文器(明)

　翠筠亭集 〔禁燬〕集部 83

石玉崑(清)

　俠義傳 〔續修〕1797

石邦政(明)

　〔隆慶〕豐潤縣志 〔存目〕史部 201

石存禮(明)

　海岱會集 〔文淵〕1377 〔文津〕1380 〔文瀾〕1421 〔珍本〕四集 396 〔著錄〕集部 361

石光霽(明)

　春秋書法鉤元 〔文淵〕165 〔文津〕159 〔文瀾〕157 〔珍本〕二集 53

　春秋書法鉤玄 〔著錄〕經部 22

石延年(宋)

　五胡十六國考鏡 〔存目〕史部 159

石君寶(元)

　李亞仙花酒曲江池雜劇 〔續修〕1760

　魯大夫秋胡戲妻雜劇 〔續修〕1761

石茂良(宋)

避戎夜話 〔續修〕423

石英中(明)

　石比部集 〔存目〕集部 83

石卓槐(清)

　留劍山莊初藁 〔未收〕十輯 27

石香村居士(清)

　戡靖教匪述編 〔未收〕三輯 15

石室道人(明)

　二六功課 〔存目〕子部 260

石珤(明)

　熊峰先生文集 〔存目補〕78

　熊峰先生詩集、文集 〔底本〕集部 48－49 〔著錄〕集部 352

　熊峰集 〔文淵〕1259 〔文津〕1263 〔文瀾〕1296 〔珍本〕三集 328－329

石華(清)

　古玩正宗秘論 〔未收〕六輯 20

石球(清)

　有蘭書屋存稿 〔存目補〕79

石璜(清)

　匏菴先生遺集 〔存目〕集部 242

石𡮉(宋)

　中庸輯略 〔文淵〕198 〔文津〕193 〔文瀾〕189 〔著錄〕經部 97

石濤(清)

　畫譜 〔續修〕1065

石韞玉(清)

　獨學廬初稿、獨學廬二稿、獨學廬三稿、獨學廬四稿、獨學廬五稿、獨學廬餘稿、獨學廬文稿附錄 〔續修〕1466－1467

　讀論質疑 〔續修〕155

石龐(清)

　天外談初集 〔存目〕集部 239

　晦村初集 〔禁燬〕集部 132

平

平步青(清)

　霞外攟屑 〔續修〕1163

平漢英(清)

　國朝名世宏文 〔未收〕一輯 22

平翰(清)

　〔道光〕遵義府志 〔續修〕715－716

申

申佳胤(明)

申忠愍詩集　〔文淵〕1297　〔文津〕1301　〔文瀾〕1335

申時行(明)

　大明會典　〔續修〕789－792

　召對録　〔存目〕史部49　〔續修〕434

　書經講義會編　〔存目〕經部50

　綸扉簡牘　〔禁燬〕集部161

　賜閒堂集　〔存目〕集部134

申涵光(清)

　聰山文録　〔續修〕1671

　聰山集、荊園小語、荊園進語、申鳬盟先生年譜略、崇祀鄉賢録　〔存目〕集部207

申涵盼(清)

　聰山集、荊園小語、荊園進語、申鳬盟先生年譜略、崇祀鄉賢録　〔存目〕集部207

申涵煜(清)

　聰山集、荊園小語、荊園進語、申鳬盟先生年譜略、崇祀鄉賢録　〔存目〕集部207

申頲(清)

　耐俗軒詩鈔　〔存目〕集部237

田

田一儁(明)

　鍾台先生文集　〔存目〕集部150

田文鏡(清)

　〔雍正〕河南通志　〔著録〕史部417－419

　河南通志　〔文淵〕535－538　〔文津〕535－538　〔文瀾〕541－544

　撫豫宣化録　〔存目〕史部69

田同之(清)

　西圃文説、西圃詩説　〔續修〕1714

　西圃叢辨　〔存目〕子部101

田汝成(明)

　田叔禾小集　〔存目〕集部88

　西湖遊覽志、志餘　〔文淵〕585　〔文津〕585　〔文瀾〕594　〔珍本〕五集95－100　〔著録〕史部250

　炎徼紀聞　〔文淵〕352　〔文津〕349　〔文瀾〕350　〔著録〕史部189

　熙朝樂事　〔續修〕885

　遼紀　〔存目〕史部49

田吳炤

　説文二徐箋異　〔續修〕228

田茂遇(清)

　十五國風高言集　〔存目補〕41

水西近詠、紅鶴軒詩草、水西高逸詠、南帆唱和詩　〔未收〕七輯23

　燕臺文選初集　〔禁燬〕集部122

田明曜(清)

　〔光緒〕香山縣志　〔續修〕713

田易(清)

　畿輔通志　〔文淵〕504－506　〔文津〕504－507　〔文瀾〕508－511

田況(宋)

　儒林公議　〔文淵〕1036　〔文津〕1040　〔文瀾〕1063　〔著録〕子部217

田倓(清)

　歷代儒學存真録　〔未收〕五輯7

田從典(清)

　賜書樓嶢山集、補刻、詩集　〔存目〕集部256

田雯(清)

　古歡堂集　〔珍本〕二集384－388

　古歡堂集、黔書、長河志籍考　〔文淵〕1324　〔文津〕1327　〔文瀾〕1363　〔著録〕集部131

田肇麗(清)

　有懷堂文集、詩集　〔存目〕集部272

田錫(宋)

　咸平集　〔珍本〕四集228－229　〔著録〕集部2

　咸平集、附田司徒墓誌銘、田司徒神道碑陰　〔文淵〕1085　〔文津〕1089　〔文瀾〕1115

田藝蘅(明)

　大明同文集舉要　〔存目〕經部191

　香宇集、拾遺　〔續修〕1354

　留青日札　〔存目〕子部105　〔續修〕1129

　煮泉小品　〔存目〕子部80

　詩女史、拾遺　〔存目〕集部321

田霡(清)

　鬲津草堂詩　〔存目〕集部254

田蘭芳(清)

　逸德軒文集、詩集　〔未收〕八輯17

田寶臣(清)

　小學駢支　〔續修〕193

史

史正志(宋)

　史氏菊譜　〔文淵〕845　〔文津〕846　〔文瀾〕863

　菊譜　〔著録〕子部162

史可法（明）
　　史忠正公集〔續修〕1387
史申義（清）
　　使滇集〔未收〕九輯 17
　　過江集〔存目〕集部 255
史玄（明）
　　舊京遺事、帝京紀聞〔禁燬〕史部 33
史伯璿（元）
　　四書管窺〔文淵〕204〔文津〕198〔文瀾〕
　　　195〔珍本〕二集 67－68〔著錄〕經部
　　　206
　　管窺外篇〔文淵〕709〔文津〕711〔文瀾〕
　　　724〔珍本〕八集 131
　　管窺外編〔著錄〕子部 351
史季溫（宋）
　　山谷內集詩註、山谷外集詩註、山谷別集詩
　　　註〔著錄〕集部 442
史珥（清）
　　胡忠烈遺事〔存目〕史部 87
　　匯東手談〔禁燬〕子部 8
史起蟄（明）
　　兩淮鹽法志〔存目〕史部 274
史桂芳（明）
　　皇明史惺堂先生遺稿、書經補說、附年譜
　　　〔存目〕集部 127
史浩（宋）
　　尚書講義〔文淵〕56〔文津〕51〔文瀾〕49
　　　〔珍本〕二集 20－21
　　鄮峰真隱漫録〔文淵〕1141〔文津〕1146
　　　〔文瀾〕1173〔珍本〕二集 259－262
　　　〔底本〕集部 74－76〔著錄〕集部 51
史容（宋）
　　山谷內集詩註、山谷外集詩註、山谷別集詩
　　　註〔著錄〕集部 442
史能之（宋）
　　咸淳重修毗陵志〔續修〕699
史崧（宋）
　　黃帝素問靈樞經〔著錄〕子部 132
　　靈樞經〔文淵〕733〔文津〕733〔文瀾〕748
史惇（明）
　　慟餘雜記〔禁燬〕史部 72
史堯弼（宋）
　　蓮峰集〔文淵〕1165〔文津〕1169〔文瀾〕
　　　1200〔珍本〕初集 305
史堪（宋）

史載之方〔續修〕999
史達祖（宋）
　　梅溪詞〔文淵〕1488〔文津〕1493〔文瀾〕
　　　1538〔著錄〕集部 219
史朝富（明）
　　〔隆慶〕永州府志〔存目〕史部 201
史傑（明）
　　襪線集〔禁燬〕集部 174
史游（漢）
　　急就篇〔文淵〕223〔文津〕217〔文瀾〕215
　　　〔著錄〕經部 108
史夢蘭（清）
　　止園筆談〔續修〕1141
　　全史宮詞〔未收〕二輯 30
　　爾爾書屋文鈔〔續修〕1541
　　爾爾書屋詩草〔續修〕1541
　　〔光緒〕撫寧縣志〔續修〕691
　　疊雅〔續修〕193
史榮（清）
　　風雅遺音〔存目〕經部 79〔續修〕62
史維堡（明）
　　尚書晚訂〔存目〕經部 53
史徵（唐）
　　周易口訣義〔文淵〕8〔文津〕3〔文瀾〕2
　　　〔珍本〕別輯 1－2
史調（清）
　　史復齋文集〔存目〕集部 281
史彌寧（宋）
　　友林乙稿〔文淵〕1178〔文津〕1182〔文
　　　瀾〕1212〔珍本〕四集 278〔著錄〕集部
　　　393
史簡（清）
　　鄱陽五先生合集〔著錄〕集部 417
　　鄱陽五家集〔文淵〕1476〔文津〕1480〔文
　　　瀾〕1525〔珍本〕十集 357－359
史謹（明）
　　獨醉亭集〔文淵〕1233〔文津〕1237〔文
　　　瀾〕1269〔珍本〕初集 361
史繩祖（宋）
　　學齋佔畢〔文淵〕854〔文津〕856〔文瀾〕
　　　874〔著錄〕子部 165
史鑄（宋）
　　百菊集譜〔文淵〕845〔文津〕846〔文瀾〕
　　　863〔珍本〕五集 231〔著錄〕子部 162
　　會稽三賦〔文淵〕589〔文津〕589〔文瀾〕

598〔底本〕史部 27〔著錄〕史部 252

史鑑（明）

西村集〔文淵〕1259〔文津〕1264〔文瀾〕
1296〔珍本〕三集 300－331〔著錄〕集
部 69

冉

冉覲祖（清）

孝經詳説〔存目〕經部 146〔續修〕152

易經詳説〔存目〕經部 33－34

性理纂要〔存目〕子部 25

春秋詳説〔存目〕經部 137－139

書經詳説〔存目〕經部 57－59

詩經詳説〔存目〕經部 74－77

禮記詳説〔存目〕經部 96－100

丘

丘光庭（五代）

兼明書〔文淵〕850〔文津〕852〔文瀾〕870
〔珍本〕九集 224〔底本〕子部 16

寶顏堂訂正兼明書〔著錄〕子部 164

丘兆麟（明）

鼎鐫諸方家彙編皇明名公文雋〔存目〕集部
330

學餘園初集〔禁燬補〕69

丘明傳（南朝梁）

碣石調幽蘭〔續修〕1092

丘逢甲

嶺雲海日樓詩鈔、選外集〔續修〕1576

丘處機（金）

棲霞長春子丘神仙磻溪集〔續修〕1322

丘象升（清）

李長吉昌谷集句解定本〔續修〕1311

丘象隨辯（清）

李長吉昌谷集句解定本〔續修〕1311

丘葵（元）

周禮補亡〔存目〕經部 81

丘雲霄（明）

止山集〔文淵〕1277〔文津〕1281〔文瀾〕
1314〔珍本〕五集 358

丘雍（宋）

重修玉篇、附玉篇反紐圖、玉篇分毫字樣
〔文淵〕224〔文津〕219〔文瀾〕216

重修廣韻〔文淵〕236〔文津〕231〔文瀾〕
229

丘爾穀（明）

重編瓊臺藁〔文淵〕1248〔文津〕1251－
1252〔文瀾〕1284

丘濬（明）

大學衍義補〔文淵〕712－713〔文津〕714－
715〔文瀾〕727－728〔珍本〕二集
166－177〔薈要〕66－67〔著錄〕子部
255－257

文公家禮儀節〔存目〕經部 114

世史正綱〔存目〕史部 6

丘海二公文集合編〔存目〕集部 406

重編瓊臺藁〔文淵〕1248〔文津〕1251－
1252〔文瀾〕1284〔珍本〕四集 330－
333

學的〔存目〕子部 6〔續修〕936

瓊臺詩文會稿重編〔著錄〕集部 264

丘璿（宋）

牡丹榮辱志〔存目〕子部 250

白

白仁甫（元）

秋夜梧桐雨〔續修〕1763

白玉蟾（宋）

武夷集〔續修〕1319

寶顏堂訂正道德寶章〔著錄〕子部 246

白居易（唐）

白氏文集〔著錄〕集部 233

白氏長慶集〔文淵〕1080〔文津〕1084〔文
瀾〕1110〔薈要〕364－365

白孔六帖〔文淵〕891〔文津〕892－894〔文
瀾〕911－912

白香山詩長慶集、後集、別集、年譜、年譜舊
本〔著錄〕集部 42

白香山詩集、附舊唐書白居易本傳、白香山
年譜、舊本白文公年譜〔文淵〕1081
〔文津〕1085〔文瀾〕1111

香山詩鈔〔存目〕集部 9

高氏三宴詩集、香山九老會詩〔著錄〕集部
135

唐宋白孔六帖〔著錄〕子部 36－37

白胤謙（清）

東谷集詩、續刻詩、文、續刻文、歸庸齋詩録、
文録、桑榆集詩、文〔存目〕集部 204

學言、續〔存目〕子部 19

白珽（元）

湛淵集 〔著録〕集部 446

湛淵集、附元故湛淵先生白公墓銘 〔文淵〕
　1198〔文津〕1202〔文瀾〕1233

湛淵静語 〔文淵〕866〔文津〕868〔文瀾〕
　886〔著録〕子部 169

白悦(明)
　白洛原遺稿 〔存目〕集部 96

白雲霽(明)
　道藏目録詳註 〔文淵〕1061〔文津〕1065
　　〔文瀾〕1090〔著録〕子部 365

白瑜(明)
　夷齊志 〔存目〕史部 78

白樸(元)
　天籟集 〔文淵〕1488〔文津〕1493〔文瀾〕
　　1538〔底本〕集部 267〔著録〕集部 465
　唐明皇秋夜梧桐雨雜劇 〔續修〕1760
　裴少俊墻頭馬上雜劇 〔續修〕1760

令

令狐楚(唐)
　御覽詩 〔文淵〕1332〔文津〕1336〔文瀾〕
　　1374〔珍本〕九集 270〔著録〕集部 410

令狐德棻(唐)
　周書 〔薈要〕108〔著録〕史部 371
　周書、附考證 〔文淵〕263〔文津〕258〔文
　　瀾〕255

印

印光任(清)
　澳門記略 〔存目〕史部 221〔續修〕676

句

句曲山農(清)
　金魚圖譜 〔續修〕1120

句延慶(宋)
　錦里耆舊傳(成都理亂記) 〔文淵〕464〔文
　　津〕463〔文瀾〕465〔珍本〕四集 113

外

外史氏(□)
　聖朝新政要略、訪單 〔續修〕438

包

包世臣(清)

小倦遊閣集 〔續修〕1500
藝舟雙楫 〔續修〕1082

包世榮(清)
　毛詩禮徵 〔續修〕69

包希魯(元)
　説文解字補義 〔續修〕202

包拯(宋)
　包孝肅奏議集 〔文淵〕427〔文津〕425〔文
　　瀾〕425
　孝肅包公奏議集 〔著録〕史部 28

包恢(宋)
　敝帚稿略 〔文淵〕1178〔文津〕1183〔文
　　瀾〕1213〔珍本〕三集 246〔底本〕集部
　　90〔著録〕集部 26

包瑜(明)
　類聚古今韻府續編 〔存目〕子部 173-174

包節(明)
　包侍御集 〔存目〕集部 96

包慎言(清)
　春秋公羊傳曆譜 〔續修〕131

包儀(清)
　易原就正 〔文淵〕43〔文津〕38〔文瀾〕37
　　〔珍本〕初集 32-33〔著録〕經部 8

包衡(明)
　清賞録 〔存目〕子部 143

玄

玄燁(清聖祖)
　千叟宴詩 〔著録〕集部 202
　太宗文皇帝聖訓 〔文淵〕411〔文津〕408
　　〔文瀾〕409
　太祖高皇帝聖訓 〔文淵〕411〔文津〕408
　　〔文瀾〕409
　世祖章皇帝聖訓 〔文淵〕411〔文津〕408
　　〔文瀾〕409
　御批資治通鑑綱目 〔文淵〕689-691〔文
　　津〕688-694〔文瀾〕703-706
　御批資治通鑑綱目前編 〔文淵〕692〔文瀾〕
　　706-707
　御批續資治通鑑綱目 〔文淵〕693-694〔文
　　瀾〕707-708
　御定千叟宴詩 〔文淵〕1447〔文津〕1451
　　〔文瀾〕1494〔珍本〕九集 324
　御定全唐詩 〔文淵〕1423-1431〔文津〕
　　1427-1435〔文瀾〕1468-1476

御定歷代詩餘（御選歷代詩餘）〔薈要〕497－500

御定歷代題畫詩類〔薈要〕456－457

御定韻府拾遺〔文淵〕1029－1030〔文津〕1033－1034〔文瀾〕1056－1057

御製文初集、二集、三集、四集〔著錄〕集部281－284

御製律呂正義上編正律審音、下編和聲定樂、續編協均度曲〔文淵〕215〔文津〕210〔文瀾〕208〔珍本〕十一集23－24〔薈要〕266

御製耕織圖詩〔續修〕975

御製數理精蘊上編、下編、表〔文淵〕799－801〔文津〕799－802〔文瀾〕816－818〔珍本〕十一集115－128〔薈要〕267－269

御製曆象考成上編、下編、表〔文淵〕790〔文津〕791－793〔文瀾〕808－809〔珍本〕四集151－157〔薈要〕264－266

御選古文淵鑒〔文淵〕1417－1418〔文津〕1421－1422〔文瀾〕1461－1462〔薈要〕423－424

御選宋金元明四朝詩〔文淵〕1437－1444〔文津〕1440〔文瀾〕1478－1486〔薈要〕442－452

御選唐詩〔文淵〕1446〔文津〕1449－1450〔文瀾〕1493〔珍本〕八集339－350〔薈要〕458－459

御選歷代詩餘〔文淵〕1491－1493〔文津〕1495－1497〔文瀾〕1541－1543〔珍本〕十集367－400

聖祖仁皇帝御製文〔薈要〕348〔薈要〕349

聖祖仁皇帝御製文集初集、第二集、第三集、第四集〔文淵〕1298－1299〔文津〕1302－1304〔文瀾〕1336－1337

聖祖仁皇帝聖訓〔著錄〕史部83

聖諭廣訓〔文淵〕717〔文津〕719〔文瀾〕732〔著錄〕子部13

親征平定朔漠方略、御製親征朔漠紀略〔著錄〕史部79－80

永

永恩（清）

律呂原音〔未收〕一輯5

永貴（清）

新疆回部志〔未收〕九輯7

永瑆（清）

詒晉齋集、後集、隨筆〔續修〕1487

永瑢（清）

欽定詩經樂譜全書、欽定樂律正俗〔文淵〕219〔文津〕214－215〔文瀾〕212〔珍本〕九集76－87

欽定樂律正俗〔著錄〕經部206

欽定歷代職官表〔文淵〕601－602〔文津〕601－602〔文瀾〕611－612

舊五代史、附考證〔文淵〕277－278〔文津〕272－274〔文瀾〕270－271

永璇（清）

益齋詩稿〔未收〕九輯28

司

司空圖（唐）

司空表聖文集〔文淵〕1083〔文津〕1087〔文瀾〕1113〔著錄〕集部337

詩品二十四則〔著錄〕集部330

司馬光（宋）

切韻指掌圖、切韻指掌圖檢例〔著錄〕經部181

切韻指掌圖、附檢圖之例〔文淵〕237〔文津〕232〔文瀾〕229〔珍本〕別輯52

司馬氏書儀〔著錄〕經部19

司馬溫公稽古錄〔著錄〕史部74

孝經指解〔文淵〕182〔文津〕177〔文瀾〕173

孝經註解〔著錄〕經部91

宋司馬溫國文正公家範〔著錄〕子部351

易說〔珍本〕別輯3

涑水記聞〔文淵〕1036〔文津〕1040〔文瀾〕1063〔著錄〕子部111

家範〔文淵〕696〔文津〕697〔文瀾〕710

書儀〔文淵〕142〔文津〕138〔文瀾〕136

揚子法言〔文淵〕696〔文津〕696〔文瀾〕710〔薈要〕247

集注太玄〔續修〕1048

集韻〔文淵〕236〔文津〕231〔文瀾〕229

傳家集〔文淵〕1094〔文津〕1097－1098〔文瀾〕1123〔薈要〕375

資治通鑒〔文淵〕304－310〔文津〕300－306〔文瀾〕297－303〔薈要〕157－164〔著錄〕史部67－73

資治通鑒目錄〔文淵〕311〔文津〕307〔文瀾〕304〔著錄〕史部45

資治通鑑考異〔文淵〕311〔文津〕306〔文瀾〕304〔著録〕史部74

資治通鑑釋例〔著録〕史部4

温公易説〔文淵〕8〔文津〕3〔文瀾〕3

温國文正公文集〔著録〕集部88

稽古録〔文淵〕312〔文津〕308〔文瀾〕305

潛虚、潛虚發微論〔文淵〕803〔文津〕804〔文瀾〕820〔著録〕子部51

類篇〔文淵〕225〔文津〕220〔文瀾〕217〔珍本〕六集48－51〔著録〕經部109

纂圖分門類題五臣註揚子法言〔著録〕子部127

續詩話〔文淵〕1478〔文津〕1482〔文瀾〕1527〔著録〕集部330

司馬相如(漢)

司馬文園集〔續修〕1583

司馬貞(唐)

史記〔文淵〕243－244〔文津〕238－239〔文瀾〕236－237〔薈要〕87－89〔著録〕史部167－168〔續修〕261－262

史記索隱〔文淵〕246〔文津〕241〔文瀾〕239〔著録〕史部2

司馬彪(晉)

後漢書〔薈要〕93－95〔著録〕史部169－171

後漢書、附考證〔文淵〕252－253〔文津〕246－248〔文瀾〕245

司馬晰(明)

涑水司馬氏源流集略〔存目〕史部84

司馬遷(漢)

史記〔文淵〕243－244〔文津〕238－239〔文瀾〕236－237〔薈要〕87－89〔著録〕史部167－168〔著録〕史部1〔續修〕261－262

司馬穰苴(周)

司馬法〔文淵〕726〔文津〕726〔文瀾〕740〔著録〕子部63

司農司(元)

農桑輯要〔文淵〕730〔文津〕729〔文瀾〕744〔珍本〕别輯169－170〔薈要〕258〔著録〕子部14〔續修〕975

弘

弘晝(清)

世宗憲皇帝上諭内閣〔文淵〕414－415〔文津〕410－412〔文瀾〕411－412

清雍正上諭内閣〔著録〕史部196－197

稽古齋全集〔未收〕九輯21

弘曆(清高宗)

日知薈説〔薈要〕251〔著録〕子部1

世宗憲皇帝聖訓〔文淵〕412〔文津〕409〔文瀾〕410

平定臺灣紀略〔著録〕史部26

國朝宫史〔文淵〕657〔文津〕656〔文瀾〕668

御批歷代通鑑輯覽、附明唐桂二王本末〔文淵〕335－339〔文津〕332－336〔文瀾〕334－338

御製日知薈説〔文淵〕717〔文津〕719〔文瀾〕732〔珍本〕八集132

御製文初集〔薈要〕350

御製文初集、二集、三集、餘集〔文淵〕1301〔文津〕1305〔文瀾〕1338〔著録〕集部73

御製詩二集〔薈要〕352－353

御製詩三集〔薈要〕354－356

御製詩初集〔薈要〕351

御製詩初集、二集、三集、四集、五集、餘集〔文淵〕1302－1311〔文津〕1306－1315〔文瀾〕1339－1349〔著録〕集部367－380

御製樂善堂全集定本〔文淵〕1300〔文津〕1304〔文瀾〕1338〔薈要〕350

御製繙譯易經、書經、詩經、禮記、春秋、四書〔著録〕經部164－168

御選唐宋文醇〔著録〕集部203

御選唐宋詩醇〔著録〕集部204－205

欽定八旗通志〔文淵〕664－671〔文津〕663－671〔文瀾〕673－684

欽定八旗滿洲氏族通譜〔文淵〕455－456〔文津〕454〔文瀾〕454

欽定大清會典則例〔文淵〕620－625〔文津〕620－625〔文瀾〕631－636

欽定千叟宴詩〔文淵〕1452〔文津〕1456〔文瀾〕1499〔珍本〕七集301－312

欽定外藩蒙古回部王公表傳〔文淵〕454〔文津〕453〔文瀾〕455－456

欽定周官義疏〔文淵〕98－99〔文津〕93－95〔文瀾〕92

欽定宗室王公功績表傳〔文淵〕454〔文津〕453〔文瀾〕455

欽定皇朝文獻通考〔文淵〕632－638〔文津〕632－638〔文瀾〕643－650

欽定皇朝通志〔文淵〕644－645〔文津〕643－645〔文瀾〕655－656

欽定皇朝通典〔文淵〕642－643〔文津〕641－643〔文瀾〕653－654

欽定臺灣紀略〔文淵〕363〔文津〕360〔文瀾〕361－362

欽定遼金元三史國語解〔文淵〕296〔文津〕291〔文瀾〕289〔珍本〕九集90－97

欽定禮記義疏〔文淵〕124－126〔文津〕119－122〔文瀾〕118－120〔珍本〕八集35－58

欽定繙譯五經四書〔文淵〕185－189〔文津〕180－184〔文瀾〕177－179

評鑑闡要〔文淵〕694〔文津〕694〔文瀾〕708

寧壽鑑古〔續修〕1107

樂善堂全集定本〔著錄〕集部285

弘曉（清）

明善堂詩集〔未收〕九輯21

明善堂詩集、文集〔續修〕1444－1445

皮

皮日休（唐）

文藪〔文淵〕1083〔文津〕1087〔文瀾〕1113

皮日休文集〔著錄〕集部234

松陵集〔文淵〕1332〔文津〕1336〔文瀾〕1374〔珍本〕十二集195〔著錄〕集部136

唐皮日休文藪〔底本〕集部55

皮錫瑞（清）

王制箋〔續修〕107

今文尚書考證〔續修〕51

六藝論疏證〔續修〕171

古文尚書冤詞平議〔未收〕四輯3

左傳淺説〔未收〕八輯2

尚書大傳疏證〔續修〕55

尚書中候疏證〔續修〕55

尚書古文疏證辨正〔續修〕51

師伏堂春秋講義〔續修〕148

師伏堂詩草〔續修〕1567

師伏堂駢文〔續修〕1567

經學通論〔續修〕180

經學歷史〔續修〕179

駁五經異義疏證〔續修〕171

鄭志疏證、鄭記考證、答臨孝存周禮難〔續修〕171

魯禮禘祫義疏證〔續修〕112

禮記淺説〔未收〕四輯5

鑑古齋日記〔未收〕十輯7

皮錫瑞（清）

師伏堂筆記〔續修〕1165

六畫

邢

邢大道（明）

白雲巢集〔未收〕六輯25

邢址（明）

〔嘉靖〕邵武府志〔存目〕史部191

邢邵（北魏）

邢特進集〔續修〕1588

邢昉（清）

石臼前集、後集〔禁燬〕集部51

邢侗（明）

來禽館集〔存目〕集部161

邢昺（宋）

孝經注疏、附考證〔文淵〕182〔文津〕177〔文瀾〕173

孝經注疏、傳述人、注疏序、原序〔薈要〕68

孝經註疏〔著錄〕經部91

爾雅注疏〔薈要〕79

爾雅注疏、附考證〔文淵〕221〔文津〕216〔文瀾〕214

爾雅註疏〔著錄〕經部177

爾雅疏〔續修〕185

論語注疏〔文淵〕195〔文津〕190〔文瀾〕186〔薈要〕70

論語註疏解經〔著錄〕經部169

邢雲路（明）

古今律曆考〔文淵〕787〔文津〕788〔文瀾〕804〔著錄〕子部19

戊申立春考證〔存目〕子部55

邢凱（宋）

坦齋通編〔文淵〕853〔文津〕855〔文瀾〕874〔珍本〕別輯212〔著錄〕子部360

邢準（金）

新修絫音引證群籍玉篇〔續修〕229

邢澍（清）

金石文字辨異〔續修〕239－240

寰宇訪碑録 〔續修〕904

邢璹(唐)

　周易、略例〔底本〕經部11〔著録〕經部141

吉

吉雅謨丁(元)

　海巢集〔著録〕集部257

托

托克托(元)　參見 脱脱

托津(清)

　欽定平定教匪紀略〔續修〕401-402

托渾布(清)

　瑞榴堂詩集〔續修〕1513

西

西川正休(日本)

　天經或問〔著録〕子部146

西方子(□)

　明堂灸經〔文淵〕738〔文津〕738〔文瀾〕
　　752〔珍本〕五集200

　新編西方子明堂灸經〔著録〕子部15

西清(清)

　黑龍江外記〔續修〕731

西湖老人(宋)

　西湖繁勝録〔續修〕733

百

百一居士(清)

　壺天録〔續修〕1271

百齡(清)

　守意龕詩集〔續修〕1474

存

存之堂(清)

　圓音正考〔續修〕254

列

列禦寇(周)

　列子〔文淵〕1055〔文津〕1059〔文瀾〕1084
　　〔薈要〕276

　沖虚至德真經〔著録〕子部123

成

成文(清)

　玉汝堂詩集、附題詞、年譜〔未收〕十輯15

成文昭(清)

　謨觴詩集、二集〔未收〕八輯26

成本璞(清)

　九經今義〔未收〕四輯10

成玄英(唐)

　南華真經注疏〔續修〕955

成廷珪(元)

　居竹軒詩集〔文淵〕1216〔文津〕1220〔文
　　瀾〕1251〔珍本〕三集290〔著録〕集部
　　257

成克鞏(清)

　御定道德經註〔文淵〕1055〔文津〕1059
　　〔文瀾〕1084〔珍本〕四集208

成伯瑜(成伯璵)(唐)

　毛詩指説〔文淵〕70〔文津〕65〔文瀾〕63
　　〔薈要〕24〔著録〕經部17

成矩(明)

　別本周易本義〔文淵〕12〔文津〕7〔文瀾〕
　　6

成勇(明)

　消閒録〔存目〕子部17

成書(清)

　多歲堂詩集、載賡集、附試律詩集、賦集〔續
　　修〕1483

成無己(金)

　註解傷寒論、圖解運氣圖、傷寒明理論、方論
　　〔著録〕子部134〔著録〕子部134

成無已(金)

　傷寒論注釋、傷寒明理論、傷寒論方〔文淵〕
　　734〔文津〕734〔文瀾〕749

成蓉鏡(清)

　切韵表〔續修〕253

　尚書曆譜〔續修〕50

　周易釋爻例〔續修〕34

　春秋日南至譜〔續修〕148

　春秋世族譜拾遺〔續修〕148

　禹貢班義述〔續修〕55

　唐月令注續補遺〔續修〕885

　唐月令續考〔續修〕885

　漢太初曆考〔續修〕1036

成僎(清)

詩説考略 〔續修〕71

成德(納喇性德)(清)

　合訂删補大易集義粹言 〔文淵〕45－46〔文津〕40－41〔文瀾〕38－39〔著録〕經部124－125

　陳氏禮記集説補正 〔文淵〕127〔文津〕122〔文瀾〕121

同

同恕(元)

　榘菴集 〔文淵〕1206〔文津〕1210〔文瀾〕1241〔珍本〕初集350

吕

吕一奏(明)

　古今字考 〔未收〕四輯8

吕一經(明)

　古今好議論 〔存目〕子部221

吕士雄(清)

　新編南詞定律 〔續修〕1751－1753

吕大圭(宋)

　吕氏春秋或問 〔文淵〕157〔文津〕152〔文瀾〕150

　春秋或問、五論 〔薈要〕38

　春秋或問、春秋五論 〔著録〕經部158

吕大防(宋)

　分門集註杜工部詩、年譜 〔續修〕1306

吕大鈞(宋)

　吕氏鄉約、鄉儀 〔續修〕934

吕大臨(宋)

　考古圖 〔存目〕子部77

　考古圖、續考古圖、釋文 〔文淵〕840〔文津〕842〔文瀾〕859〔著録〕子部358〔著録〕子部358

　横渠先生易説、行狀 〔著録〕經部41

吕天成(明)

　曲品 〔續修〕1758

吕元素(宋)

　道門定制 〔存目〕子部258

吕元善(明)

　三遷志 〔存目〕史部79

　聖門志 〔存目〕史部79

吕不用(元)

　得月稿 〔存目〕集部24〔續修〕1325

吕不韋(秦朝)

吕氏春秋 〔文淵〕848〔文津〕850〔文瀾〕867

吕中(宋)

　宋大事記講義 〔文淵〕686〔文津〕686〔文瀾〕700〔珍本〕二集146－147

　類編皇朝大事記講義 〔著録〕史部266

吕午(宋)

　左史諫草 〔文淵〕427〔文津〕425〔文瀾〕425〔珍本〕初集118〔著録〕史部199

　竹坡類藁 〔續修〕1320

吕世宜(清)

　古今文字通釋 〔續修〕236

吕本(明)

　皇明寶訓 〔存目〕史部53－54

　期齋吕先生集 〔存目〕集部99

吕本中(宋)

　吕氏春秋集解 〔文淵〕150〔文津〕145－146〔文瀾〕144

　東萊先生詩集 〔著録〕集部95

　東萊吕紫微詩話 〔著録〕集部330

　東萊吕紫微雜説 〔著録〕子部361

　東萊詩集 〔文淵〕1136〔文津〕1140〔文瀾〕1168〔珍本〕九集241－243

　官箴 〔文淵〕602〔文津〕602〔文瀾〕612〔著録〕史部116

　春秋集解 〔薈要〕35

　紫微雜説 〔文淵〕863〔文津〕865〔文瀾〕883

　紫薇詩話 〔文淵〕1478〔文津〕1483〔文瀾〕1528

　童蒙訓 〔文淵〕698〔文津〕699〔文瀾〕712〔珍本〕十集110〔著録〕子部1

吕邦燿(明)

　續宋宰輔編年録 〔存目〕史部259〔續修〕748

吕延濟(唐)

　六臣註文選 〔文淵〕1330－1331〔文津〕1334－1335〔文瀾〕1372－1373〔著録〕集部134－135

吕向(宋)

　六臣註文選 〔著録〕集部134－135

吕兆祥(明)

　三遷志 〔存目〕史部79

　東野志 〔存目〕史部79

　宗聖志 〔存目〕史部79

　陋巷志 〔存目〕史部79

呂希周（明）
　東匯詩集〔存目〕集部 88
呂希哲（宋）
　呂氏雜記〔文淵〕863〔文津〕865〔文瀾〕
　　883〔珍本〕別輯 212
呂坤（明）
　四禮疑、喪禮餘言〔存目〕經部 115
　四禮翼〔存目〕經部 115〔續修〕108
　交泰韻〔存目〕經部 210〔續修〕251
　呂公實政錄〔存目〕子部 164
　呂新吾先生去偽齋文集〔存目〕集部 161
　呂新吾先生閨範圖説〔存目〕子部 129
　明職〔存目〕史部 262
　呻吟語〔存目〕子部 13
　呻吟語摘〔文淵〕717〔文津〕718〔文瀾〕
　　732〔珍本〕十二集 46〔著錄〕子部 301
　實政錄〔續修〕753
呂昌期（明）
　〔萬曆〕續修嚴州府志〔存目〕史部 209
呂祉（宋）
　東南防守利便〔存目〕史部 225
呂南公（宋）
　灌園集〔文淵〕1123〔文津〕1127〔文瀾〕
　　1153〔珍本〕初集 262－263
呂枏（明）
　二程子抄釋〔文淵〕715〔文津〕717〔文
　　瀾〕730〔著錄〕子部 333
　四書因問〔文淵〕206〔文津〕201〔文瀾〕
　　200〔珍本〕四集 88
　朱子抄釋〔文淵〕715〔文津〕717〔文瀾〕
　　730〔著錄〕子部 333
　周子抄釋〔文淵〕715〔文津〕717〔文瀾〕
　　730〔著錄〕子部 333
　涇野子内篇〔文淵〕714〔文津〕716〔文
　　瀾〕729〔珍本〕五集 133－134〔著錄〕
　　子部 351
　涇野先生毛詩説序〔存目〕經部 60
　涇野先生四書因問〔著錄〕經部 171
　涇野先生尚書説要〔存目〕經部 49〔續修〕
　　43
　涇野先生周易説翼〔存目〕經部 3〔續修〕5
　涇野先生春秋説志〔存目〕經部 117〔續
　　修〕133
　涇野先生禮問〔存目〕經部 114〔續修〕108
　張子抄釋〔文淵〕715〔文津〕717〔文瀾〕
　　730

　橫渠張子鈔釋〔著錄〕子部 333
呂毖（明）
　事物初略〔存目〕子部 98
　明宮史〔文淵〕651〔文津〕651〔文瀾〕662
　　〔珍本〕五集 111〔底本〕史部 110〔著
　　錄〕史部 139
　明朝小史〔禁燬〕史部 19
呂彥貞（元）
　滄浪軒詩集〔續修〕1324
呂宮（清）
　御定資政要覽〔文淵〕717〔文津〕719〔文
　　瀾〕732
　御製資政要覽〔著錄〕子部 1
呂祖儉（宋）
　東萊集、別集、外集〔文淵〕1150〔文津〕
　　1154〔文瀾〕1182－1183
　麗澤論説集錄〔文淵〕703〔文津〕704〔文
　　瀾〕718〔著錄〕子部 250
呂祖謙（宋）
　十七史詳節〔存目〕史部 129－131
　大事紀、通釋、解題〔著錄〕史部 4
　大事記、大事記通釋、大事記解題〔文淵〕
　　324〔文津〕321〔文瀾〕319〔珍本〕十
　　二集 22－24
　少儀外傳〔文淵〕703〔文津〕704〔文瀾〕
　　718〔珍本〕別輯 164
　古文關鍵〔文淵〕1351〔文津〕1355〔文
　　瀾〕1393
　古易音訓〔續修〕2
　古周易〔文淵〕15〔文津〕10〔文瀾〕10
　　〔著錄〕經部 32
　左氏博議〔文淵〕152〔文津〕147〔文瀾〕
　　146
　左氏傳説〔文淵〕152〔文津〕147〔文瀾〕
　　145〔著錄〕經部 79
　左氏傳續説〔文淵〕152〔文津〕147〔文
　　瀾〕145〔珍本〕別輯 44－45〔底本〕經
　　部 20〔著錄〕經部 195
　李迃仲黃實夫毛詩集解〔著錄〕經部 37
　呂氏家塾讀詩記〔文淵〕73〔文津〕68〔文
　　瀾〕66〔薈要〕26〔著錄〕經部 60
　近思錄〔文淵〕699〔文津〕699〔文瀾〕713
　　〔禁燬補〕31
　宋文鑑〔文淵〕1350－1351〔文津〕1353－
　　1355〔文瀾〕1392－1393〔薈要〕477－
　　479

東萊先生分門詩律武庫、後集〔存目〕子部
　　167〔續修〕1216
東萊先生音註唐鑑〔著録〕史部 266
東萊呂太史文集、別集、外集、附録、附録拾
　　遺〔著録〕集部 343
東萊呂氏西漢精華、東漢精華〔存目〕史部
　　131
東萊集〔珍本〕十一集 166－168
東萊集、別集、外集〔文淵〕1150〔文津〕
　　1154〔文瀾〕1182－1183
臥游録〔存目〕子部 119
易説〔底本〕子部 30
春秋左氏傳説(左氏傳説)〔薈要〕32
春秋集解〔著録〕經部 78
皇朝文鑑〔著録〕集部 138－140
唐鑑〔文淵〕685〔文津〕685〔文瀾〕699
晦庵先生校正周易繫辭精義〔存目〕經部 1
　　〔續修〕2
新刊詳增補註東萊先生左氏博議〔著録〕經
　　部 79
新刊歷代制度詳説〔著録〕子部 363
增修東萊書説〔文淵〕57〔文津〕52〔文
　　瀾〕50〔薈要〕18〔著録〕經部 34
增註東萊呂成公古文關鍵〔著録〕集部 140
　　〔續修〕1602
歷代制度詳説〔文淵〕923〔文津〕927〔文
　　瀾〕944〔珍本〕三集 215
麗澤論説集録〔文淵〕703〔文津〕704〔文
　　瀾〕718〔珍本〕十一集 102
呂飛鵬(清)
　　周禮補注〔續修〕81
呂桂孫(元)
　　大德南海志〔續修〕713
呂夏卿(宋)
　　唐書直筆〔文淵〕685〔文津〕685〔文瀾〕
　　700
　　唐書直筆新例、新例須知〔著録〕史部 266
呂時(明)
　　甬東山人稿〔存目〕集部 187
呂逢時(明)
　　三遷志〔存目〕史部 79
呂留良(清)
　　天蓋樓四書語録〔禁燬〕經部 1
　　四書朱子語類〔禁燬〕經部 4
　　呂子評語正編、餘編〔續修〕948〔禁燬〕經
　　部 7－8

呂晚邨先生古文〔禁燬〕子部 36
呂晚邨先生四書講義〔續修〕165〔禁燬〕經
　　部 1
呂晚邨先生家訓真蹟〔禁燬〕子部 36
呂晚邨先生評選四書文〔禁燬補〕1
呂晚邨先生論文彙鈔〔禁燬〕子部 36
呂晚村先生文集、附行略、續集〔續修〕1411
　　〔禁燬〕集部 148
呂晚村詩、硏銘〔續修〕1411
何求老人詩稿、集外詩〔禁燬補〕82
宋詩鈔初集〔著録〕集部 319－321
唐荆川先生傳稿〔禁燬補〕1
晚邨天蓋樓偶評〔禁燬〕經部 5－6
晚邨先生八家古文精選〔禁燬〕集部 94
晚邨先生家訓真蹟〔續修〕948
晚邨慙書〔禁燬〕子部 31
章大力先生全稿〔禁燬〕經部 7
楊維節先生稿〔禁燬〕經部 7
質亡集〔禁燬補〕1
錢吉士先生全稿〔禁燬〕經部 7
醫貫〔續修〕1019
呂海寰
　　庚子海外紀事〔續修〕446
呂陶(宋)
　　浄德集〔文淵〕1098〔文津〕1101〔文瀾〕
　　1127〔珍本〕別輯 274－277
呂純如(明)
　　學古適用編〔存目〕子部 136－137
呂從慶(唐)
　　豐溪存稿〔存目〕集部 10
呂望(周)
　　六韜〔文淵〕726〔文津〕726〔文瀾〕740
　　〔著録〕子部 63
呂陽(清)
　　薪齋初集、二集、三集〔存目〕集部 200
呂琨(清)
　　東山草、滇遊草、燕邸草、附伯兄遺草〔未
　　收〕八輯 18
呂葆中(清)
　　晚邨先生八家古文精選〔禁燬〕集部 94
呂喬年(宋)
　　東萊集、別集、外集〔文淵〕1150〔文津〕
　　1154〔文瀾〕1182－1183
　　麗澤論説集録〔文淵〕703〔文津〕704〔文
　　瀾〕718〔珍本〕十一集 102

呂温(唐)
　呂和叔文集 〔著録〕集部 85
　呂衡州集 〔文淵〕1077 〔文津〕1082 〔文
　　瀾〕1107
呂瑋(清)
　東山草、滇遊草、燕邸草、附伯兄遺草 〔未
　　收〕八輯 18
呂楠(明)
　涇野先生文集 〔存目〕集部 60-61 〔續修〕
　　1337-1338
呂誠(元)
　來鶴亭集 〔文淵〕1220 〔文津〕1225 〔文
　　瀾〕1255 〔珍本〕八集 166
　來鶴亭詩集 〔底本〕集部 106 〔著録〕集部
　　33
呂種玉(清)
　言鯖 〔存目〕子部 98
呂維祜(明)
　孝經大全、或問、孝經翼 〔續修〕151
　音韻日月燈 〔續修〕252
呂維祺(明)
　四禮約言 〔存目〕經部 115
　四譯館增訂館則、新增館則 〔續修〕749
　存古約言 〔存目〕子部 15
　孝經大全、或問、孝經翼 〔續修〕151
　明德先生文集、制藝、附新安定變全城記、明
　　德先生年譜 〔存目〕集部 185
　音韻日月燈 〔存目〕經部 211 〔續修〕252
呂璜(清)
　初月樓古文緒論 〔續修〕1714
呂震(明)
　宣德鼎彝譜、附宣爐博論 〔文淵〕840 〔文
　　津〕843 〔文瀾〕860 〔底本〕子部 5 〔著
　　録〕子部 305
呂調陽(清)
　考工記考、圖 〔續修〕85
　西藏方輿與各國各省連界暨各要隘情況解
　　説 〔未收〕十輯 3
　帝鑑圖説 〔存目〕史部 282
呂履恒(清)
　冶古堂文集 〔存目〕集部 261
　夢月巖詩集、詩餘 〔存目〕集部 261
呂燕昭(清)
　〔嘉慶〕新修江寧府志 〔續修〕695
呂頤浩(宋)

忠穆集 〔文淵〕1131 〔文津〕1135 〔文瀾〕
　　1162 〔珍本〕初集 279
呂熾(清)
　論語注疏 〔文淵〕195 〔文津〕190 〔文瀾〕
　　186
呂臨(清)
　安居金鏡 〔續修〕1052
呂謙恒(清)
　青要集 〔存目〕集部 265
呂濱老(宋)
　聖求詞 〔文淵〕1487 〔文津〕1492 〔文瀾〕
　　1537 〔著録〕集部 218
呂醫山人(清)
　醫貫 〔禁燬〕子部 1
呂懷(明)
　古樂經傳全書 〔存目〕經部 182
　律呂古義 〔存目〕經部 183
呂巖(唐)
　呂子易説、圖解 〔未收〕三輯 1
　金丹詩訣 〔存目〕子部 258

年

年希堯(清)
　五方元音 〔存目〕經部 219
　視學 〔續修〕1067
年羹堯(清)
　治平勝算全書 〔續修〕967

朱

朱一是(清)
　梅里詞 〔續修〕1724
　爲可堂初集 〔未收〕一輯 21
朱一新(清)
　佩弦齋文存、駢文存、詩存 〔續修〕1565
　無邪堂答問 〔續修〕1164
朱士立(宋)
　三易備遺 〔薈要〕9
朱士端(清)
　説文校定本 〔續修〕214
　説文諧聲舉要 〔未收〕二輯 14
　彊識編、續 〔續修〕1160
朱大韶(清)
　春秋傳禮徵 〔續修〕128
　實事求是齋經義 〔續修〕176

朱之俊（清）

朱太史吴越遊草、峪園近草、排青樓詩、賦、硯廬詩〔未收〕七輯 16

周易纂〔存目〕經部 23

春秋纂、提要、叢説〔存目〕經部 124

朱之棟（清）

所見偶鈔〔未收〕六輯 19

朱之瑜（明）

舜水先生文集〔續修〕1384－1385

朱之蕃（明）

奉使朝鮮稿、附東方和音〔存目〕集部 176

盛明百家詩選〔存目〕集部 331－322

新鐫焦太史彙選中原文獻〔存目〕集部 330

朱之錫（清）

河防疏略〔續修〕493

河防疏略、附崇祀録、墓誌銘〔存目〕史部 69

朱元英（清）

左傳拾遺〔存目〕經部 140

朱元昇（宋）

三易備遺〔文淵〕20〔文津〕15〔文瀾〕15〔薈要〕9〔著録〕經部 142

朱元璋（明太祖）

大誥武臣〔續修〕862

明太祖文集〔文淵〕1223〔文津〕1227〔文瀾〕1258

皇明祖訓〔存目〕史部 264

高皇帝御製文集〔著録〕集部 62

御製大誥〔續修〕862

御製大誥三編〔續修〕862

御製大誥續編〔續修〕862

御製周顛僊人傳〔存目〕子部 259

資世通訓〔續修〕935

朱曰藩（明）

山帶閣集〔存目〕集部 110

朱升（明）

朱楓林集〔存目〕集部 24

周易旁註、卦傳、前圖〔續修〕4

周易旁註前圖、周易旁註、卦傳〔存目〕經部 2

書經旁注〔存目補〕89

朱公遷（元）

四書通旨〔文淵〕204〔文津〕198〔文瀾〕195〔薈要〕75〔著録〕經部 101

詩經疏義會通〔文淵〕77〔文津〕72〔文

瀾〕70〔珍本〕三集 45－48〔著録〕經部 9

朱文治（明）

文字會寶〔存目補〕28

朱方增（清）

求聞過齋文集〔續修〕1501

求聞過齋詩集〔續修〕1501

從政觀法録〔未收〕四輯 17

朱孔陽（明）

新刻瑞樟軒訂正字韻合璧〔存目〕經部 199

朱孔彰（清）

中興將帥別傳〔未收〕二輯 23

朱玉（清）

朱子文集大全類編〔存目〕集部 16－19

朱玉岑（清）

韻史〔未收〕四輯 16

朱玉振（清）

增訂端溪硯坑志〔續修〕1113

朱玉蛟（清）

白松草堂詩鈔〔未收〕十輯 22

朱正色（明）

涉世雄譚〔存目〕史部 286

朱世傑（元）

新編四元玉鑑〔續修〕1042

新編算學啓蒙、總括〔續修〕1043

朱右（明）

白雲稿〔文淵〕1228〔文津〕1232〔文瀾〕1263〔底本〕集部 37〔著録〕集部 63〔續修〕1326

朱右曾（清）

汲冢紀年存真、周年表〔續修〕336

周書集訓校釋、逸文〔續修〕301

詩地理徵〔續修〕72

朱申（元）

周禮句解〔文淵〕95〔文津〕89〔文瀾〕88〔珍本〕四集 42〔著録〕經部 14

音點春秋左傳詳節句解〔存目〕經部 116

晦庵先生所定古文孝經句解〔存目〕經部 146

朱仕玠（清）

谿音〔未收〕十輯 20

朱仕琇（清）

梅崖居士集文録〔續修〕1671

朱用行（清）

大易參訂折中講義補象〔存目〕經部 41

朱弘祚（清）

　　清忠堂撫粵奏疏、清忠堂署理總督奏疏〔存目〕史部 66－67

朱弁（宋）

　　文子〔續修〕958

　　曲洧舊聞〔文淵〕863〔文津〕865〔文瀾〕883〔薈要〕277〔著錄〕子部 167

　　風月堂詩話〔文淵〕1479〔文津〕1483〔文瀾〕1528〔珍本〕九集 400

　　陳眉公訂正風月堂詩話〔著錄〕集部 330

朱吉（明）

　　三畏齋集〔存目〕集部 26

朱朴（明）

　　西村詩集〔文淵〕1273〔文津〕1277〔文瀾〕1310〔珍本〕八集 194〔著錄〕集部 276

朱有燉（周藩憲王）（明）

　　黑旋風仗義疏財〔續修〕1764

　　誠齋錄、誠齋新錄、誠齋牡丹百詠、誠齋梅花百詠、誠齋玉堂春百詠〔續修〕1328

朱百谷（清）

　　太學坊表〔未收〕一輯 17

朱存孝（清）

　　回文類聚〔文淵〕1351〔文津〕1355〔文瀾〕1393

朱存理（明）

　　存悔齋詩〔著錄〕集部 396

　　存悔齋稿〔文淵〕1199〔文津〕1203〔文瀾〕1234

　　珊瑚木難〔文淵〕815〔文津〕817〔文瀾〕834〔著錄〕子部 22

　　趙氏鐵網珊瑚〔文淵〕815〔文津〕818〔文瀾〕834〔珍本〕九集 209－216

　　樓居雜著、野航詩稿、野航文稿〔文淵〕1251〔文津〕1255〔文瀾〕1288〔珍本〕八集 183

　　鐵網珊瑚書品、畫品〔著錄〕子部 275

朱存禮（明）

　　存悔齋稿〔珍本〕三集 277

朱光家（明）

　　字學指南〔存目〕經部 192〔續修〕238

朱同（明）

　　覆瓿集〔文淵〕1227〔文津〕1232〔文瀾〕1263〔珍本〕初集 359〔著錄〕集部 349

朱廷旦（明）

　　擣堅錄〔存目補〕77

朱廷立（明）

　　重鐫兩崖集〔存目〕集部 84

　　鹽政志〔存目〕史部 273〔續修〕839

朱廷焕（明）

　　增補武林舊事〔文淵〕590〔文津〕593〔珍本〕十二集 39〔存目〕史部 248

朱廷模（清）

　　〔乾隆〕三水縣志〔續修〕693

朱休度（清）

　　小木子詩三刻〔續修〕1452

朱仲福（明）

　　折中曆法〔存目〕子部 55〔續修〕1039

朱亦棟（清）

　　群書札記〔續修〕1155

朱次琦（清）

　　朱九江先生集〔續修〕1535

朱幷（宋）

　　古清涼傳、廣清涼傳、續清涼傳〔續修〕718

朱江（清）

　　讀易約編〔存目〕經部 35

朱祁鈺（明代宗）

　　歷代君鑑〔存目〕子部 121

朱孝純（清）

　　海愚詩鈔〔未收〕十輯 26

朱茞煜（明）

　　文嘻堂詩集〔存目〕集部 194

朱克敬（清）

　　邊事彙鈔〔未收〕三輯 15

朱克裕（明）

　　射林〔存目〕子部 109

朱吾弼（明）

　　皇明留臺奏議〔存目〕史部 74－75〔續修〕467

朱里（明）

　　青萊續史〔禁燬〕史部 25

朱希祖

　　魯之春秋、校勘記〔續修〕444

朱希晦（元）

　　雲松巢集〔文淵〕1220〔文津〕1225〔文瀾〕1256〔珍本〕四集 301

朱長文（宋）

　　元豐吳郡圖經續記〔著錄〕史部 380

　　吳郡圖經續記〔文淵〕484〔文津〕484〔文

瀾〕486

吳郡樂圃朱先生餘稿、附編〔著録〕集部 47

易經解〔續修〕1

琴史〔文淵〕839〔文津〕841〔文瀾〕858
〔珍本〕七集 151〔著録〕子部 304

墨池編〔文淵〕812〔文津〕814〔文瀾〕831

墨池編、續編〔著録〕子部 22

樂圃餘藁〔文淵〕1119〔文津〕1123〔文
瀾〕1149

樂圃餘藁〔珍本〕二集 249

朱長春(明)

朱太復文集〔續修〕1361-1362〔禁燬〕集
部 82-83

周易參同契解箋〔續修〕1292

管子榷〔存目〕子部 36〔續修〕970

朱長祚(明)

玉鏡新譚〔禁燬〕史部 71

朱坤(清)

餘暨叢書〔未收〕十輯 18

朱直(清)

緑萍灣史論初集、二集〔存目〕史部 291

朱松(宋)

韋齋集、玉瀾集〔著録〕集部 341

韋齋集、行狀、附玉瀾集〔文淵〕1133〔文
津〕1137〔文瀾〕1164

朱東觀(明)

聖諭、奏疏〔禁燬〕史部 57

朱奇齡(清)

拙齋集〔存目〕集部 251

春秋測微〔存目〕經部 140

朱昆田(清)

三體摭韻〔存目〕子部 235〔續修〕1247-
1248

南史識小録〔珍本〕九集 141

南史識小録、北史識小録〔文淵〕462〔文
津〕461〔文瀾〕463〔著録〕史部 413

曝書亭集、笛漁小藁〔著録〕集部 439

韻粹〔存目〕子部 230

朱昌壽(清)

漢儒易義針度、附近科文式、諸法指明〔未
收〕一輯 1

朱明鎬(明)

史糾〔文淵〕688〔文津〕688〔文瀾〕702
〔珍本〕十一集 101〔著録〕史部 267

朱肱(宋)

活人書〔續修〕984

傷寒百問〔續修〕984

朱宗文(元)

蒙古字韻〔續修〕259

朱宗洛(清)

周易觀玩篇〔存目〕經部 47

朱建子(清)

喪服制考〔存目〕經部 88

朱承爵(明)

存餘堂詩話〔存目〕集部 417

灼薪劇談〔存目〕子部 96

朱孟震(明)

玉笥詩談、續〔存目〕集部 417

朱秉器詩集、文集〔存目補〕57

汾上續談〔存目〕子部 104〔續修〕1128

河上楮談〔存目〕子部 104〔續修〕1128

浣水續談〔存目〕子部 104

遊宦餘談〔存目〕子部 104

朱荃(清)

北齊書、附考證〔文淵〕263〔文津〕258〔文
瀾〕255

朱荃宰(明)

文通〔存目〕集部 418〔續修〕1713-1714

朱厚熜(明世宗)

火警或問〔存目〕史部 57

御著大狩龍飛録〔存目〕史部 45

御製正孔子祀典説〔存目〕史部 268

御製明堂或問〔存目〕史部 268

輔臣贊和詩集〔存目〕集部 302

論對、勅諭録〔存目〕史部 57

朱奎(清)

詩韻音義註〔未收〕四輯 8

朱昱(明)

〔嘉靖〕重修三原志〔存目〕史部 180

〔成化〕重修毘陵志〔存目〕史部 179-180

朱思(宋)

吳郡樂圃朱先生餘稿、附編〔著録〕集部 47

樂圃餘藁〔文淵〕1119〔文津〕1123〔文
瀾〕1149

朱思本(元)

貞一齋詩文稿〔續修〕1323

廣輿圖〔續修〕586

朱庭珍(清)

筱園詩話〔續修〕1708

朱祖文(明)

丙寅北行日譜 〔存目〕史部 128

朱祖義(元)
直音傍訓尚書句解 〔著録〕經部 57
尚書句解 〔文淵〕62 〔文津〕57 〔文瀾〕55
〔薈要〕19

朱祖榮
通屬種棉述略 〔續修〕977
勸種洋棉説 〔續修〕977

朱祖謀
彊邨語業、詞賸稿、集外詞 〔續修〕1727

朱約佶(明)
觀化集 〔存目補〕77

朱約淳(清)
閲史津逮 〔存目〕史部 173

朱紈(明)
茂邊紀事 〔存目〕史部 47
甓餘雜集 〔存目〕集部 78

朱泰禎(明)
禮記意評 〔存目〕經部 94

朱珪(清)
名蹟録 〔文淵〕683 〔文津〕682 〔文瀾〕696
〔珍本〕二集 145 〔著録〕史部 393
知足齋詩集、續集、知足齋文集、進呈文稿、
年譜 〔續修〕1451 - 1452

朱珔(清)
説文假借義證 〔續修〕214 - 215

朱素臣(清)
音韻須知 〔續修〕1747

朱彧(宋)
可談 〔著録〕子部 219
萍洲可談 〔文淵〕1038 〔文津〕1042 〔文
瀾〕1065 〔珍本〕別輯 235

朱晉楨(明)
橘中秘 〔續修〕1105

朱倬(元)
詩經疑問 〔文淵〕77 〔文津〕72 〔文瀾〕71
〔薈要〕27 〔著録〕經部 189

朱倫瀚(清)
閒青堂詩集 〔未收〕八輯 25

朱健(明)
古今治平略 〔續修〕756 - 757
蒼崖子 〔存目〕子部 94
彙草堂治平類纂 〔禁燬〕史部 24 - 25

朱徑(清)
燕堂詩鈔、賦稿、兗東集、小紅詞集 〔存目〕

集部 258

朱豹(明)
朱福州集 〔存目〕集部 75

朱浩文(清)
奇門旨歸 〔未收〕四輯 27

朱海(清)
妄妄録 〔續修〕1270

朱書(清)
杜谿文稿、附白柴古文稿 〔禁燬〕集部 130
遊歷記存 〔禁燬補〕26

朱純嘏(清)
痘疹定論 〔續修〕1012

朱彬(清)
經傳考證 〔未收〕四輯 9
禮記訓纂 〔續修〕105

朱梅臣(清)
駁案彙編 〔續修〕873 - 874

朱虛(清)
古今疏 〔存目〕子部 228

朱常淓(明)
古今宗藩懿行考 〔存目〕史部 117
潞藩輯纂萬彙仙機碁譜 〔續修〕1099 - 1100

朱晞顏(元)
瓢泉吟稿 〔文淵〕1213 〔文津〕1217 〔文
瀾〕1248 〔珍本〕初集 353
鯨背吟集 〔文淵〕1214 〔文津〕1218 〔文
瀾〕1249 〔珍本〕十集 246

朱國盛(明)
南河全考 〔續修〕729
南河志 〔存目〕史部 223 〔續修〕728

朱國達(明)
地圖綜要 〔禁燬〕史部 18

朱國楨(明)
朱文肅公集 〔續修〕1366
朱文肅公詩集 〔續修〕1366
皇明大事記 〔禁燬〕史部 28 - 29
皇明大政記 〔存目〕史部 16
皇明大訓記 〔禁燬補〕14
皇明史概 〔續修〕428 - 431
湧幢小品 〔存目〕子部 106 〔續修〕1172 -
1173

朱國標(清)
明鑑易知録 〔禁燬補〕15
明鑑會纂 〔禁燬〕史部 74

朱崇正(明)

仁齋直指、仁齋傷寒類書〔文淵〕744〔文津〕743〔文瀾〕758

朱崇道(清)
　湖上草堂詩〔存目〕集部277

朱崇勳(清)
　桐陰書屋詩〔存目〕集部277

朱術(明)
　汝水巾譜〔存目〕子部79

朱得之(明)
　列子〔未收〕八輯14
　莊子通義〔存目〕子部256〔續修〕955－956
　宵練匣〔存目〕子部87

朱從延(清)
　蚟孫鑑〔續修〕1120

朱象先(元)
　終南山說經臺歷代真仙碑記〔存目〕子部259

朱象賢(清)
　印典〔文淵〕839〔文津〕841〔文瀾〕858〔珍本〕九集218－219〔著錄〕子部305

朱象衡(明)
　筆道通會〔存目〕子部72

朱翊清(清)
　埋憂集、續集〔續修〕1271

朱淑真(宋)
　新註朱淑真斷腸詩集、後集〔續修〕1316
　斷腸詞〔文淵〕1488〔文津〕1493〔文瀾〕1538〔著錄〕集部219
　斷腸詩集、後集〔存目〕集部20

朱淛(明)
　天馬山房遺稿〔文淵〕1273〔文津〕1277〔文瀾〕1310〔珍本〕四集365〔著錄〕集部276

朱隗(明)
　明詩平論二集〔禁燬〕集部169

朱翌(宋)
　猗覺寮雜記〔文淵〕850〔文津〕852〔文瀾〕870〔底本〕子部27〔著錄〕子部10
　灊山集〔文淵〕1133〔文津〕1137〔文瀾〕1165〔珍本〕別輯319

朱琦(清)
　怡志堂文初編〔續修〕1530
　怡志堂詩初編〔續修〕1530

朱琰(清)

明人詩鈔正集、續集〔禁燬〕集部37
　陶說〔續修〕1111

朱敬鑑(明)
　梅雪軒詩稿〔存目〕集部158

朱朝瑛(明)
　疊菴雜述〔存目〕子部19
　讀尚書略記〔存目〕經部55
　讀易略記〔存目〕經部24
　讀周禮略記〔存目〕經部84
　讀春秋略記〔文淵〕171〔文津〕166〔文瀾〕163〔珍本〕初集86－87〔著錄〕經部201
　讀詩略記〔文淵〕82〔文津〕77〔文瀾〕75〔珍本〕初集52
　讀詩略記、論小序〔著錄〕經部190
　讀儀禮略記〔存目〕經部87
　讀禮記略記、附讀三禮略記〔存目〕經部95

朱朝瞳(明)
　青藜齋集〔禁燬〕集部104

朱棣(明成祖)
　神僧傳〔存目〕子部254〔續修〕1285
　爲善陰騭〔存目〕子部121
　聖學心法〔存目〕子部6〔續修〕935

朱雲(明)
　廣金石韻府、字略〔續修〕238

朱雲龍(清)
　河圖道原、率性修道論〔未收〕四輯27

朱紫(清)
　同聲千字文、續〔未收〕一輯9

朱鼎(明)
　玉鏡臺記〔續修〕1770

朱景玄(唐)
　唐朝名畫錄〔文淵〕812〔文津〕814〔文瀾〕831〔著錄〕子部52

朱景英(清)
　畬經堂集詩集、詩續集、文集〔未收〕十輯19

朱凱(元)
　昊天塔孟良盜骨雜劇〔續修〕1761

朱智(清)
　樞垣記略〔續修〕751

朱勝非(宋)
　紺珠集〔文淵〕872〔文津〕874〔文瀾〕892

朱敦儒(宋)
　樵歌〔續修〕1722

朱善(明)
　　朱一齋先生文集前、後、廣游文集〔存目〕集部 25
　　詩解頤(毛詩解頤)〔薈要〕27
　　詩解頤〔文淵〕78〔文津〕73〔文瀾〕71〔著録〕經部 38
　　詩經解頤〔底本〕經部 24
朱滋年(清)
　　南州詩略〔禁燬〕集部 100
朱絳(清)
　　棣華書屋近刻〔存目〕集部 408
朱載堉(明)
　　古周髀算經〔續修〕1031
　　律呂正論〔存目〕經部 183
　　律呂正論、律呂質疑辨惑〔續修〕114
　　律呂質疑辨惑〔存目〕經部 183
　　聖壽萬年曆、律曆融通〔珍本〕四集 149－150
　　聖壽萬年曆、律曆融通、音義〔文淵〕786〔文津〕787〔文瀾〕803
　　聖壽萬年曆、律曆融通、萬年曆備考〔著録〕子部 145
　　嘉量算經、問答〔續修〕1044
　　樂律全書〔文淵〕213－214〔文津〕208－209〔文瀾〕207
　　樂律全書十二種〔著録〕經部 26－27
朱載壄(明)
　　紹易詩集〔未收〕五輯 21
朱載震(清)
　　京華集〔未收〕九輯 17
朱勤(明)
　　王國典禮〔存目〕史部 270〔續修〕824
朱楓(清)
　　古金待問録、餘〔續修〕1109
　　秦漢瓦圖記〔續修〕1111
　　雍州金石記、記餘〔續修〕908
朱軾(清)
　　大清律集解附例、圖、服制、律例總類〔未收〕一輯 26
　　史傳三編〔文淵〕459〔文津〕457－458〔文瀾〕460〔珍本〕七集 78－85
　　朱文端公文集〔續修〕1670
　　孝經〔存目〕經部 146
　　周易傳義合訂〔文淵〕47〔文津〕42〔文瀾〕40〔珍本〕九集 9－10〔著録〕經部 186

春秋鈔〔存目〕經部 139
駁呂留良四書講義〔未收〕六輯 3
儀禮節略、圖〔存目〕經部 110－111
歷代名臣傳、續編、歷代名儒傳、歷代循吏傳〔著録〕史部 93－94
禮記纂言〔存目〕經部 101
朱當(明)
　　改元考〔存目〕史部 268
朱睦㮮(明)
　　五經稽疑〔文淵〕184〔文津〕179〔文瀾〕176〔珍本〕初集 90
　　春秋諸傳辨疑〔存目〕經部 120
　　革除逸史〔文淵〕410〔文津〕407〔文瀾〕408〔珍本〕四集 103
　　授經圖〔著録〕史部 265
　　授經圖義例〔文淵〕675〔文津〕675〔文瀾〕688
　　萬卷堂書目〔續修〕919
　　聖典〔存目〕史部 52〔續修〕432
　　經序録〔存目〕史部 277
朱稑(清)
　　希有録春集、夏集、秋集、冬集、閏集〔未收〕一輯 17
朱筠(清)
　　風俗通義校正〔續修〕1121
　　笥河文集〔續修〕1440
　　笥河文鈔〔續修〕1440
　　笥河詩集〔續修〕1439
朱誠泳(明)
　　小鳴稿〔文淵〕1260〔文津〕1264〔文瀾〕1297〔珍本〕二集 362－363〔底本〕集部 50〔著録〕集部 352
朱慎鍾(明)
　　寶善堂稿〔存目〕集部 140
朱嘉徵(清)
　　樂府廣序〔存目〕集部 385
　　樂府廣序、詩集廣序〔續修〕1590
朱壽朋(清)
　　東華續録(光緒朝)〔續修〕383－385
朱輔(宋)
　　溪蠻叢笑〔文淵〕594〔文津〕594〔文瀾〕602〔著録〕史部 114
朱銘盤(清)
　　南朝宋會要〔續修〕767－769
　　陳會要〔續修〕774

梁會要 〔續修〕772－773
齊會要 〔續修〕770－771

朱鳳台(清)
退思堂草 〔禁燬補〕84

朱端章(宋)
衛生家寶産科備要 〔續修〕1007

朱察卿(明)
朱邦憲集 〔存目〕集部145

朱熊(明)
救荒活民補遺書 〔存目〕史部273

朱緒曾(清)
曹集考異 〔續修〕1303

朱綱(清)
棣華書屋近刻 〔存目〕集部408
蒼雪山房稿 〔存目補〕6

朱維陛(明)
東方先生類語 〔存目〕史部84

朱槔(宋)
韋齋集、玉瀾集 〔著錄〕集部341

朱樟(清)
觀樹堂詩集 〔存目〕集部258

朱震(宋)
漢上易傳、卦圖、叢說 〔文淵〕11 〔文津〕6
〔文瀾〕5 〔薈要〕3 〔底本〕經部11－13
〔著錄〕經部183

朱震亨(元)
丹溪先生胎産秘書 〔續修〕1007
丹谿先生金匱鉤玄 〔著錄〕子部138
局方發揮 〔文淵〕746 〔文津〕746 〔文瀾〕
761 〔著錄〕子部302
金匱鉤玄 〔文淵〕746 〔文津〕746 〔文瀾〕
761 〔珍本〕十一集113
格致餘論 〔文淵〕746 〔文津〕746 〔文瀾〕
761 〔著錄〕子部138
新刻校定脈訣指掌病式圖說 〔續修〕998

朱霈(清)
經學質疑 〔未收〕四輯9

朱雘(清)
十五貫 〔續修〕1775
窺園詩鈔 〔未收〕八輯16

朱德潤(元)
存復齋文集 〔存目〕集部22 〔續修〕1324
存復齋續集 〔續修〕1324

朱徵輿(清)
林屋文稿、詩稿 〔存目〕集部215

朱鋐(清)
河漕備考、歷代黄河指掌圖說 〔續修〕838

朱賡(明)
朱文懿公文集 〔存目〕集部149

朱慶餘(唐)
朱慶餘詩集 〔續修〕1311

朱潮遠(清)
四本堂座右編 〔存目〕子部157
四本堂座右編二集 〔未收〕三輯21

朱寯瀛(清)
金粟山房詩鈔 〔續修〕1564

朱豫(清)
詩乘初集、詩乘發凡 〔禁燬〕集部156

朱緗(清)
雪根清壑山房詩、觀稼樓詩、吳船書屋詩、楓
香集 〔存目〕集部273
棣華書屋近刻 〔存目〕集部408

朱璘(清)
明紀全載 〔禁燬補〕14
諸葛丞相集 〔存目〕集部3

朱熹(宋)
二程外書 〔文淵〕698 〔文津〕698 〔文瀾〕
712
二程語錄 〔存目〕子部3
二程遺書 〔文淵〕698 〔文津〕698 〔文瀾〕
712
上蔡先生語錄 〔著錄〕子部250
上蔡語錄 〔文淵〕698 〔文津〕699 〔文瀾〕
712
五朝名臣言行錄、三朝名臣言行錄、五朝名
臣言行錄續集、別集、外集、新集 〔著
錄〕史部304－305
中庸輯略 〔文淵〕198 〔文津〕193 〔文瀾〕
189 〔著錄〕經部97
四書或問 〔文淵〕197 〔文津〕192 〔文瀾〕
188
四書章句集注 〔文淵〕197 〔文津〕191 〔文
瀾〕187
四書集注章句 〔薈要〕72
四書集註 〔著錄〕經部170
外書 〔著錄〕子部250
朱子五經語類 〔珍本〕三集103－107
朱子文集大全類編 〔存目〕集部16－19
朱子四書或問 〔著錄〕經部96
朱子周易參同契考異 〔著錄〕子部124
朱子陰符經考異 〔著錄〕子部122

朱子語類 〔著録〕經部 94

朱文公易説(文公易説) 〔薈要〕6

朱文公政訓、真西山政訓 〔存目〕子部 121

朱文公校昌黎先生文集、外集、遺文、傳 〔著録〕集部 84

延平李先生答問 〔著録〕子部 11

延平答問 〔文淵〕698 〔文津〕699 〔文瀾〕712

伊洛淵源録 〔文淵〕448 〔文津〕447 〔文瀾〕448 〔著録〕史部 16

孝經刊 〔文淵〕182 〔文津〕177 〔文瀾〕173

孝經刊誤 〔著録〕經部 23

李延平先生文集 〔存目〕集部 15

別本周易本義 〔文淵〕12 〔文津〕7 〔文瀾〕6

別本韓文考異、外集 〔文淵〕1073 〔文津〕1078 〔文瀾〕1103

近思録 〔文淵〕699 〔文津〕699 〔文瀾〕713 〔禁燬補〕31

宋名臣言行録 〔文淵〕449 〔文津〕448 〔文瀾〕449

昌黎先生集考異 〔著録〕集部 336

周易本義 〔珍本〕六集 1－2 〔薈要〕5

周易本義、易圖、五贊、筮儀 〔著録〕經部 141

周易參同契考異 〔文淵〕1058 〔文津〕1062 〔文瀾〕1087

周易程朱先生傳義附録、程子上下篇義、朱子易圖説、周易五贊、筮儀 〔著録〕經部 51

河南程氏遺書 〔著録〕子部 61

孟子要略 〔續修〕157

南軒集 〔文淵〕1167 〔文津〕1171 〔文瀾〕1201

南嶽倡酬集 〔文淵〕1348 〔文津〕1352 〔文瀾〕1390 〔珍本〕初集 369

南嶽唱酬集 〔著録〕集部 451

原本周易本義 〔文淵〕12 〔文津〕7 〔文瀾〕6

原本韓集考異 〔文淵〕1073 〔文津〕1077 〔文瀾〕1103 〔珍本〕六集 242

家禮 〔文淵〕142 〔文津〕138 〔文瀾〕136 〔著録〕經部 75

陰符經考異 〔文淵〕1055 〔文津〕1059 〔文瀾〕1084

晦庵先生朱文公文集、續集、別集 〔著録〕集部 243－247

晦庵先生朱文公易説 〔底本〕經部 14－15 〔著録〕經部 120

晦庵集、續集、別集 〔文淵〕1143－1146 〔文津〕1147－1150 〔文瀾〕1175－1178

國朝諸老先生論語精義、孟子精義 〔著録〕經部 96

張子全書 〔著録〕子部 61

紹熙州縣釋奠儀圖 〔文淵〕648 〔文津〕648 〔文瀾〕659 〔珍本〕九集 169 〔底本〕史部 49 〔著録〕史部 139

御批通鑑綱目(御批資治通鑑綱目) 〔薈要〕166－169

御批資治通鑑綱目 〔文淵〕689－691 〔文津〕688－694 〔文瀾〕703－706 〔珍本〕六集 133－172

御批資治通鑑綱目、御批資治通鑑綱目前編、御批續資治通鑑綱目 〔著録〕史部 161－166

御定小學集註 〔文淵〕699 〔文津〕699 〔文瀾〕713 〔薈要〕251

御纂朱子全書 〔文淵〕720 〔文津〕721－723 〔文瀾〕735－736

楚辭集註、辯證、後語 〔文淵〕1062 〔文津〕1066 〔文瀾〕1091 〔著録〕集部 365

楚辭評林、總評 〔存目〕集部 2

詩序 〔文淵〕69 〔文津〕64 〔文瀾〕62 〔著録〕經部 36

詩序辨説 〔續修〕56

詩集傳 〔著録〕經部 129

詩經集傳 〔文淵〕72 〔文津〕67 〔文瀾〕65 〔薈要〕26

經濟文衡前集、後集、續集 〔文淵〕704 〔文津〕705 〔文瀾〕719

儀禮經傳通解、續 〔文淵〕131－132 〔文津〕126－128 〔文瀾〕124－125 〔珍本〕十集 26－49 〔著録〕經部 75

論孟精義 〔文淵〕198 〔文津〕192－193 〔文瀾〕188

雜學辨 〔著録〕子部 61

雜學辨、附記疑 〔文淵〕699 〔文津〕699 〔文瀾〕713

朱栶(清)

國朝奏疏 〔續修〕471－472

朱衡(明)

道南源委録 〔存目〕史部 92 〔續修〕515

朱錦(明)

古今紆籌〔禁燬〕子部9

朱穎(清)
　秋蟬吟草〔未收〕十輯27

朱謀垔(明)
　書史會要、續編〔文淵〕814〔文津〕817〔文瀾〕833〔著錄〕子部7
　畫史會要〔文淵〕816〔文津〕819〔文瀾〕835〔珍本〕二集201-202〔著錄〕子部358

朱謀㙔(明)
　水經注箋〔未收〕九輯4-5
　古文奇字〔未收〕二輯14
　玄覽〔未收〕六輯19
　周易象通〔存目〕經部12〔續修〕12
　異林〔存目〕子部247
　詩故〔文淵〕79〔文津〕74〔文瀾〕72〔珍本〕十一集6〔著錄〕經部144
　駢雅〔文淵〕222〔文津〕217〔文瀾〕215〔著錄〕經部29
　駢雅訓纂〔續修〕192
　邃古記〔存目〕史部29

朱諫(明)
　李詩選註、辯疑〔續修〕1305-1306
　鴈山志〔存目〕史部229

朱澤澐(清)
　朱子聖學考略〔存目〕子部20
　朱止泉先生文集〔存目〕集部233
　朱止泉先生朱子聖學考略、提要、正訛、宗朱要法、校勘記〔續修〕946

朱隱老(元)
　皇極經世書說〔存目〕子部56-57

朱璐(清)
　防守集成〔未收〕七輯12

朱駿聲(清)
　小爾雅約注〔續修〕189
　六十四卦經解〔續修〕29
　六書假借經徵〔未收〕九輯2
　尚書古注便讀〔未收〕六輯2
　春秋三家異文覈〔續修〕148
　春秋左傳識小録〔續修〕125
　春秋平議〔續修〕148
　春秋亂賊考〔續修〕148
　傳經室文集〔續修〕1514
　經史答問〔續修〕1159
　說文通訓定聲〔續修〕220-221
　儀禮經注一隅〔續修〕93

朱橚(明)
　救荒本草〔文淵〕730〔文津〕730〔文瀾〕744〔珍本〕十二集49-50〔著錄〕子部132
　普濟方〔珍本〕十二集52-131〔著錄〕子部66-67
　普濟方、附直音略〔文淵〕747-761〔文津〕747〔文瀾〕762-777

朱霞(清)
　樵川二家詩、附滄浪詩話〔存目〕集部394

朱曙(清)
　杜谿文稿、附白柴古文稿〔禁燬〕集部130

朱燮元(明)
　少師朱襄毅公督蜀疏草〔存目〕史部65〔續修〕491
　朱少師奏疏鈔〔存目〕史部65

朱應奎(明)
　翼學編〔存目〕子部123

朱應登(明)
　淩谿先生集〔存目〕集部51

朱鴻(明)
　五經孝語、四書孝語〔存目〕子部15
　孝經總類〔續修〕151

朱彌鉗(明)
　謙光堂詩集〔存目〕集部60

朱翼中(宋)
　北山酒經〔文淵〕844〔文津〕846〔文瀾〕863
　酒經〔著錄〕子部162

朱橚(明)
　文章類選〔存目〕集部290

朱瞻基(明宣宗)
　大明宣宗皇帝御製集〔存目〕集部24
　五倫書〔續修〕935-936
　御製官箴〔存目〕史部261
　歷代臣鑑〔存目〕子部120

朱簡(清)
　印章要論〔續修〕1091
　印經〔續修〕1091

朱翺(南唐)
　說文繫傳〔文淵〕223〔文津〕218〔文瀾〕216

朱彝尊(清)
　竹垞文類〔存目〕集部248
　明詞綜〔續修〕1730

明詩綜 〔文淵〕1459－1460 〔文津〕1464－
1466 〔文瀾〕1506－1508 〔薈要〕491－
493 〔著録〕集部 317－319
洛如詩鈔 〔存目補〕42
詞綜 〔文淵〕1493 〔文津〕1497－1498 〔文
瀾〕1544 〔薈要〕500 〔著録〕集部 223
經義考 〔文淵〕677－680 〔文津〕676－680
〔文瀾〕690－693 〔薈要〕237－242 〔著
録〕史部 152－154
静志居詩話 〔續修〕1698
曝書亭集、附葉兒樂府 〔文淵〕1317－1318
〔文津〕1321－1322 〔文瀾〕1356
曝書亭集、笛漁小藁 〔著録〕集部 439
曝書亭集詞註 〔續修〕1724
朱黼（宋）
永嘉朱先生三國六朝五代紀年總辨 〔存目〕
史部 280
朱黼（清）
畫亭詩草、詞草 〔未收〕十輯 27
朱懷幹（明）
嘉靖惟揚志 〔存目〕史部 184
朱纁（清）
盡節録 〔未收〕二輯 23
朱權（明）
太和正音譜 〔續修〕1747
荊釵記 〔續修〕1768
神隱 〔存目〕子部 260
原始祕書 〔存目〕子部 173
通鑑博論 〔存目〕史部 281
漢唐秘史 〔存目〕史部 45
瓊林雅韻 〔存目〕集部 426
臞仙肘後經 〔存目〕子部 68
臞仙神奇秘譜 〔續修〕1092
朱鶴齡（清）
左氏春秋集説 〔續修〕120
杜工部詩集、集外詩、文集、年譜 〔禁燬補〕
81
李義山詩集、李義山詩譜、諸家詩評 〔著録〕
集部 234
李義山詩集註 〔薈要〕366
李義山詩集註、詩譜 〔文淵〕1082 〔文津〕
1086 〔文瀾〕1112
尚書埤傳 〔文淵〕66 〔文津〕61－62 〔文瀾〕
60 〔珍本〕三集 34－35 〔著録〕經部 8
春秋凡例 〔續修〕120
禹貢長箋 〔珍本〕三集 36－37 〔著録〕經部

189
禹貢長箋、圖 〔文淵〕67 〔文津〕62 〔文瀾〕
60
愚菴小集 〔珍本〕四集 384－385 〔著録〕集
部 289
愚菴小集、附傳家質言 〔文淵〕1319 〔文津〕
1322 〔文瀾〕1357
詩經通義 〔文淵〕85 〔文津〕80 〔文瀾〕78
〔珍本〕十一集 7－8 〔著録〕經部 190
讀左日鈔 〔珍本〕四集 82 〔著録〕經部 50
讀左日鈔、讀左日鈔補 〔文淵〕175 〔文津〕
170 〔文瀾〕166
朱鑑（宋）
文公易説 〔文淵〕18 〔文津〕13 〔文瀾〕13
朱文公易説（文公易説） 〔薈要〕6
晦庵先生朱文公易説 〔底本〕經部 14－15
〔著録〕經部 120
詩傳遺説 〔文淵〕75 〔文津〕70 〔文瀾〕68
〔薈要〕27 〔著録〕經部 38
朱顯祖（清）
希賢録 〔存目〕史部 120
朱觀㶒（明）
樓居雜著、野航詩稿、野航文稿 〔文淵〕1251
〔文津〕1255 〔文瀾〕1288 〔珍本〕八集
183
朱鷺（明）
建文書法儗前編、正編、附編 〔存目〕史部
53 〔續修〕433
朱讓栩（明）
長春競辰藁、餘藁 〔未收〕五輯 18

先

先著（清）
之溪老生集、勸影堂詞 〔未收〕八輯 28

竹

竹林寺僧（清）
竹林寺女科秘傳 〔續修〕1008

伍

伍袁萃（明）
林居漫録前集、別集、畸集、多集 〔存目〕子
部 242 〔續修〕1172
彌園雜志 〔禁燬補〕35
伍涵芬（清）

説詩樂趣、附偶咏草續集〔存目〕集部 421
讀書樂趣〔存目〕子部 157

伍餘福（明）

三吳水利論〔存目〕史部 221
苹野纂聞〔存目〕子部 240

伏

伏勝（漢）

尚書大傳〔文淵〕68〔文津〕63〔文瀾〕61

延

延昌（清）

知府須知〔未收〕四輯 19

延豐（清）

欽定重修兩浙鹽法志〔續修〕840 - 841

仲

仲弘道（清）

增定二十一史韻〔存目〕史部 292

仲并（宋）

浮山集〔文淵〕1137〔文津〕1141〔文瀾〕
1169〔珍本〕初集 293

仲長統（三國魏）

尹文子〔文淵〕848〔文津〕850〔文瀾〕867

仲昰保（清）

翰村詩稿〔存目〕集部 277

仲恒（清）

詞韻、附古韻通略〔存目〕集部 426

仲瑠（清）

詞韻、附古韻通略〔存目〕集部 426

仲學輅（清）

廣蠶桑説輯補〔續修〕978

任

任士林（元）

元松鄉先生文集〔底本〕集部 98〔著錄〕集
部 445
松鄉集〔文淵〕1196〔文津〕1200〔文瀾〕
1231〔珍本〕二集 329

任大椿（清）

小學鈎沈〔續修〕201
弁服釋例、表〔續修〕109
字林考逸〔續修〕236
倉頡篇、輯本、倉頡篇續本、倉頡篇補本〔續

修〕243
深衣釋例〔續修〕107

任仁發（元）

水利集〔存目〕史部 221〔續修〕851

任兆麟（清）

毛詩通説〔未收〕二輯 6
述記〔未收〕九輯 15
夏小正補注〔續修〕108
儀禮大要〔未收〕一輯 5
襄陽耆舊記〔續修〕548

任昉（南朝梁）

文章緣起〔文淵〕1478〔文津〕1482〔文
瀾〕1527〔底本〕集部 261
文章緣起、續文章緣起〔著錄〕集部 417
任中丞集〔續修〕1587
述異記〔文淵〕1047〔文津〕1051〔文瀾〕
1076〔薈要〕278〔著錄〕子部 243

任洛（明）

〔嘉靖〕遼東志〔續修〕646

任陳晉（清）

易象大意存解〔文淵〕52〔文津〕47〔文
瀾〕45〔珍本〕三集 29〔著錄〕經部 126

任基振（清）

爾雅注疏箋補〔續修〕186

任啓運（清）

天子肆獻祼饋食禮〔文淵〕109〔文津〕105
〔文瀾〕103〔珍本〕十二集 8〔著錄〕經
部 152
史要〔未收〕三輯 16
四書約旨〔存目〕經部 178
孝經章句〔存目〕經部 146
尚書内篇、外篇〔未收〕三輯 4
尚書約注〔未收〕二輯 5
周易洗心〔文淵〕51〔文津〕46〔文瀾〕44
〔珍本〕四集 21〔底本〕經部 4〔著錄〕
經部 191
宮室考〔文淵〕109〔文津〕105〔文瀾〕103
清芬樓遺藁〔續修〕1424
禮記章句〔存目〕經部 102 - 103〔續修〕99

任雲倬（清）

周易互體卦變考〔續修〕31
周易諸卦合象考〔續修〕31

任淵（宋）

山谷内集詩注、山谷外集詩注、山谷別集詩
注〔文淵〕1114〔文津〕1118〔文瀾〕
1143 - 1144

山谷内集詩註、山谷外集詩註、山谷別集詩
　　註〔著録〕集部 442
後山詩註〔文淵〕1114〔文津〕1118〔文
　　瀾〕1145〔著録〕集部 340
黄太史精華録〔存目〕集部 14

任廣（宋）
書叙指南〔文淵〕920〔文津〕923〔文瀾〕
　　940〔著録〕子部 60
新刻呂涇野先生校正中秘元本〔續修〕1214

任端書（清）
南屏山人集〔續修〕1441
南屏山人詩集、賦〔未收〕九輯 29

任錫庚（清）
太醫院志、附同寅録〔續修〕1030

任環（明）
山海漫談〔文淵〕1278〔文津〕1282〔文
　　瀾〕1315〔珍本〕五集 362〔著録〕集部
　　403

伊

伊世珍（元）
瑯嬛記〔存目〕子部 120

伊秉綬（清）
留春草堂詩鈔〔續修〕1475

伊都禮（清）
曉亭詩鈔、附鶴鳴集〔未收〕十輯 18

向

向子諲（宋）
酒邊詞〔文淵〕1487〔文津〕1492〔文瀾〕
　　1537〔著録〕集部 218

向程（明）
薛子庸語〔存目〕子部 10〔續修〕940

全

全士潮（清）
駁案新編、駁案續編、秋審實緩比較彙案
　　〔續修〕873 – 874

全祖望（清）
全校水經注〔未收〕二輯 24
全謝山先生經史問答〔續修〕1147
宋元學案〔續修〕518 – 519
南雷詩曆〔續修〕1397
漢書地理志稽疑〔未收〕三輯 11
鮚埼亭集、年譜〔續修〕1428 – 1429

鮚埼亭集文録〔續修〕1670
鮚埼亭集外編〔續修〕1429 – 1430
鮚埼亭詩集〔續修〕1429
續耆舊〔續修〕1682 – 1683

危

危亦林（元）
世醫得效方〔文淵〕746〔文津〕745〔文
　　瀾〕760 – 761〔珍本〕四集 143 – 147
　　〔著録〕子部 133

危昭德（宋）
巽齋先生四六〔存目〕集部 20〔續修〕1321

危素（明）
危太樸雲林集〔著録〕集部 113
危學士全集〔存目〕集部 24
雲林集〔文淵〕1226〔文津〕1231〔文瀾〕
　　1262〔珍本〕三集 294
説學齋稿〔文淵〕1226〔文津〕1230〔文
　　瀾〕1262〔珍本〕三集 293〔著録〕集部
　　260
臨川吳文正公年譜〔存目〕史部 82
臨川吳文正公集、外集、年譜〔著録〕集部
　　394 – 395

多

多隆阿（清）
毛詩多識〔續修〕72

米

米芾（宋）
米元章書史〔著録〕子部 149
海嶽名言〔文淵〕813〔文津〕815〔文瀾〕
　　832〔著録〕子部 149
書史〔文淵〕813〔文津〕815〔文瀾〕832
硯史〔文淵〕843〔文津〕845〔文瀾〕861
　　〔著録〕子部 162
畫史〔文淵〕813〔文津〕815〔文瀾〕832
　　〔著録〕子部 149
寶晉英光集〔文淵〕1116〔文津〕1120〔文
　　瀾〕1146〔著録〕集部 13
寶章待訪録〔文淵〕813〔文津〕815〔文
　　瀾〕832〔著録〕子部 357

米崇吉（□）
新雕註胡曾詠史詩〔著録〕集部 234

江

江八斗(清)
　湖陵江集〔存目補〕44
江上蹇叟(清)　參見　夏燮
江之蘭(清)
　醫津一筏〔存目〕子部54
江天一(明)
　江止庵遺集〔未收〕六輯28
江元祚(明)
　五經孝語、四書孝語〔存目〕子部15
　玉臺文菀、續玉臺文菀〔存目〕集部375
　墨君題語〔存目〕子部72
江元禧(明)
　玉臺文菀、續玉臺文菀〔存目〕集部375
江少虞(宋)
　事實類苑〔文淵〕874〔文津〕876〔文瀾〕
　　894-895〔珍本〕十一集133-136
　皇朝類苑〔著錄〕子部33
江以達(明)
　午坡文集〔存目〕集部89
江用世(明)
　史評小品〔未收〕一輯21
江永(清)
　古韻標準〔文淵〕242〔文津〕237〔文瀾〕
　　235〔著錄〕經部183
　四書古人典林〔續修〕166
　四書按稿〔續修〕166
　四聲切韻表〔存目〕經部219〔續修〕253
　考訂朱子世家〔存目〕史部87
　近思錄、考訂朱子世家〔著錄〕子部351
　　〔著錄〕子部351
　近思錄集註〔文淵〕699〔文津〕699〔文瀾〕713
　周禮疑義舉要〔文淵〕101〔文津〕97〔文瀾〕95〔著錄〕經部193
　河洛精蘊〔未收〕三輯23
　春秋地理考實〔文淵〕181〔文津〕176〔文瀾〕172〔著錄〕經部90
　律呂新義〔續修〕114
　律呂新論〔文淵〕220〔文津〕215〔文瀾〕213
　律呂新編〔珍本〕十集59
　律呂管見〔著錄〕經部206
　律呂闡微〔文淵〕220〔文津〕215〔文瀾〕

　　213〔珍本〕二集70〔底本〕經部10〔著錄〕經部172
　音學辨微〔續修〕253
　推步法解〔續修〕1032
　深衣考〔文淵〕128〔文津〕123〔文瀾〕122
　深衣考誤〔著錄〕經部195
　鄉黨圖考〔文淵〕210〔文津〕205〔文瀾〕204〔著錄〕經部172
　群經補義〔文淵〕194〔文津〕188〔文瀾〕184〔著錄〕經部204
　數學、續數學〔文淵〕796〔文津〕797〔文瀾〕814
　儀禮釋例〔存目〕經部87〔續修〕88
　儀禮釋宮增注〔文淵〕109〔文津〕105〔文瀾〕103
　禮記訓義擇言〔文淵〕128〔文津〕123〔文瀾〕122〔珍本〕九集53
　禮記擇言〔著錄〕經部195
　禮書綱目〔珍本〕十二集8-17〔著錄〕經部196-197
　禮書綱目、附論律呂、深衣考誤〔文淵〕133-134〔文津〕128-129〔文瀾〕126-127
江有誥(清)
　江氏音學十書〔續修〕248
江休復(宋)
　江鄰幾雜志〔著錄〕子部331
　嘉祐雜志〔文淵〕1036〔文津〕1040〔文瀾〕1064
江旭奇(明)
　朱翼〔存目〕子部206
　皇明通紀集要〔禁燬〕史部34
江汝璧(明)
　〔嘉靖〕廣信府志〔存目〕史部185-186
江沅(清)
　説文解字音均表〔續修〕247
江東之(明)
　瑞陽阿集〔存目〕集部167
江昉(清)
　學宋齋詞韻〔續修〕1737
江楠(明)
　周易會通〔存目〕經部18-19
江昱(清)
　山中白雲詞疏證〔續修〕1723
　松泉詩集〔存目〕集部280
　尚書私學〔存目〕經部60

蘋洲漁笛譜、集外詞〔續修〕1723

韻歧〔存目〕經部 220

瀟湘聽雨録〔存目〕子部 116〔續修〕1138

江盈科(明)

　　皇明十六種小傳〔存目〕史部 107

江淹(南朝梁)

　　江文通集〔文淵〕1063〔文津〕1067〔文瀾〕1092

　　江醴陵集〔續修〕1586

　　梁江文通文集〔著録〕集部 226

　　梁江文通集〔續修〕1304

　　銅劍讚〔存目〕子部 77

江涵暾(清)

　　筆花醫鏡〔續修〕1025

江鼎金(清)

　　問心堂詩〔未收〕八輯 18

江順詒(清)

　　詞學集成〔續修〕1735

江爲龍(清)

　　朱子六經圖〔存目〕經部 152

江湛然(明)

　　少室山房集〔文淵〕1290〔文津〕1294－1295〔文瀾〕1328

　　少室山房類藥〔著録〕集部 437－438

江源(明)

　　桂軒藁〔續修〕1330

　　桂軒續稿〔續修〕1330

江端禮(宋)

　　節孝先生語〔著録〕子部 301

　　節孝語録〔文淵〕698〔文津〕698〔文瀾〕712

江標(清)

　　宋元本行格表〔未收〕九輯 9

　　黄蕘圃先生年譜〔續修〕557

江遹(宋)

　　沖虛至德真經解〔文淵〕1055〔文津〕1059〔文瀾〕1084〔珍本〕十二集 154〔著録〕子部 246

江聲(清)

　　六書説〔續修〕203

　　尚書集注音疏、外編〔續修〕44

　　惠氏讀説文記〔續修〕203

江應宿(明)

　　名醫類案〔文淵〕765〔文津〕766－767〔文瀾〕782

江應曉(明)

　　對問編〔存目〕子部 104

江濬源(清)

　　介亭文集、外集、詩鈔〔續修〕1453

江總(南朝陳)

　　江令君集〔續修〕1587

江贄(宋)

　　少微通鑑節要、外紀〔存目〕史部 2

江藩(清)

　　周易述補〔續修〕27

　　國朝漢學師承記〔續修〕179

　　爾雅小箋〔續修〕188

　　〔道光〕肇慶府志〔續修〕713－714

　　隸經文、續〔續修〕173

江闓(清)

　　江辰六文集〔禁燬〕集部 130

　　嶺南風物記〔文淵〕592〔文津〕593〔文瀾〕601

江蘩(清)

　　太常紀要〔存目〕史部 273

　　四譯館考〔存目〕史部 272

江瓘(明)

　　名醫類案〔文淵〕765〔文津〕766－767〔文瀾〕782〔珍本〕六集 195－199〔著録〕子部 353

　　江山人集〔存目〕集部 143

池

池上餐華生(明)

　　詩笑〔續修〕1273

池本理(明)

　　禽星易見〔文淵〕810〔文津〕812〔文瀾〕829〔珍本〕初集 183〔底本〕子 33〔著録〕子部 7

宇

宇文紹奕(宋)

　　石林燕語、考異〔文淵〕863〔文津〕865〔文瀾〕883

宇文懋昭(宋)

　　大金國志〔著録〕史部 26

　　欽定重訂大金國志〔文淵〕383〔文津〕381〔文瀾〕383〔珍本〕十二集 27－28

安

安正齋(元)

詳明算法〔續修〕1042

安世鳳（明）

　墨林快事〔存目〕子部 118

　燕居功課〔存目〕子部 110

安吉（清）

　韻徵〔續修〕245

安岐（清）

　墨緣彙觀録〔續修〕1067

安念祖（清）

　古韻溯原〔未收〕十輯 2

安致遠（清）

　紀成文稿、詩稿、玉碪集、蠹音、壽壙碑辭〔存目〕集部 211

安清翹（清）

　矩線原本、一線表用、推步惟是、學算存略〔未收〕九輯 12

　樂律心得〔續修〕115

安熙（元）

　默庵安先生文集〔著録〕集部 396

　默庵集〔文淵〕1199〔文津〕1204〔文瀾〕1234〔珍本〕三集 278

安磐（明）

　頤山詩話〔文淵〕1482〔文津〕1487〔文瀾〕1532〔珍本〕初集 400〔著録〕集部 332

安頤（清）

　晉政輯要〔續修〕883-884

安箕（清）

　綺樹閣賦稿、詩稿、青社先賢詠〔存目〕集部 255

祁

祁光宗（明）

　關中陵墓志〔存目〕史部 243〔續修〕720

祁承㸁（明）

　宋西事案〔續修〕423〔禁燬〕史部 48

　牧津〔存目〕史部 261〔續修〕754

　澹生堂集〔禁燬補〕71

　澹生堂藏書目、藏書約、庚申整書小記、庚申整書例略〔續修〕919

祁彪佳（明）

　宜焚全稿〔續修〕492

　越中園亭記〔續修〕718

　遠山堂文稿〔續修〕1385

　遠山堂詩集〔續修〕1385

　遠山堂劇品、曲品〔續修〕1758

祁順（明）

　巽川祁先生文集〔存目〕集部 37

祁寯藻（清）

　馬首農言、校勘記〔續修〕976

　䅀欨亭集、䅀欨亭後集〔續修〕1521-1522

祁韻士（清）

　皇朝藩部要略、皇朝藩部世系表〔續修〕740

那

那彦成（清）

　那文毅公奏議〔續修〕495-497

　阿文成公年譜〔續修〕554-555

阮

阮大鋮（明）

　詠懷堂詩集、外集〔續修〕1374

　懷遠堂批點燕子箋〔續修〕1775

阮元（清）

　十三經注疏校勘記〔續修〕180-183

　三家詩補遺〔續修〕76

　山左金石志〔續修〕909-910

　文選樓藏書記〔未收〕一輯 30

　石渠隨筆〔續修〕1081

　四庫未收書提要〔續修〕921

　考工記車制圖解〔續修〕85

　地球圖説〔續修〕1035

　兩浙金石志〔續修〕910-911

　兩浙輶軒録〔續修〕1683-1684

　兩浙輶軒録補遺〔續修〕1684

　定香亭筆談〔續修〕1138

　浙士解經録〔未收〕三輯 10

　淮海英靈集〔續修〕1682

　曾子注釋、叙録〔續修〕932

　揅經室集〔續修〕1478-1479

　詩書古訓〔續修〕174

　經籍籑詁〔續修〕198-201

　〔道光〕廣東通志〔續修〕669-675

　積古齋鐘鼎彝器款識〔續修〕901

　儒林傳稿〔續修〕537

　疇人傳〔續修〕516

阮元聲（明）

　金華詩粹、姓氏傳略〔存目〕集部 371

阮光寧（明）

　選鑴石堂先生遺集〔存目〕集部 20

阮孝緒（南朝梁）
　阮氏七録、附考〔續修〕919
阮亨（清）
　淮海英靈續集〔續修〕1682
阮旻錫（清）
　海上見聞録定本〔續修〕445
阮逸（宋）
　元經〔文淵〕303〔文津〕299〔文瀾〕296
　元經薛氏傳〔著録〕史部4
　中説〔文淵〕696〔文津〕696〔文瀾〕710
　　〔薈要〕248〔著録〕子部249
　文中子〔存目〕子部162
　皇祐新樂圖記〔文淵〕211〔文津〕206〔文
　　瀾〕205〔珍本〕十一集23
　聖宋皇祐新樂圖記〔著録〕經部23
阮葵生（清）
　七録齋詩鈔、文鈔〔續修〕1445－1446〔未
　　收〕十輯19
　茶餘客話〔續修〕1138
阮福（清）
　四庫未收書提要〔續修〕921
　孝經義疏補〔續修〕152
　兩浙金石志〔續修〕910－911
阮閲（宋）
　郴江百詠〔文淵〕1136〔文津〕1140〔文
　　瀾〕1167〔珍本〕八集157
　詩話總、前集、後集〔文淵〕1478〔文津〕
　　1482－1483〔文瀾〕1527－1528
　增修詩話總龜、後集〔著録〕集部213
阮應韶（清）
　阮氏筆訓〔未收〕七輯11
阮鶚（明）
　楓山章先生語録、文集、實紀、年譜〔著録〕
　　子部332
阮籍（三國魏）
　阮步兵集〔續修〕1584

牟

牟允中（清）
　庸行編〔存目〕子部157
牟庭（清）
　同文尚書〔續修〕47
牟庭相（清）
　雪泥書屋雜志〔續修〕1156
牟應震（清）

毛詩古韻〔續修〕247
毛詩古韻雜論〔續修〕247
毛詩奇句韻考〔續修〕247
毛詩物名考〔續修〕65
詩問〔續修〕65
韻譜〔續修〕247
牟巘（宋）
　牟氏陵陽集〔文淵〕1188〔文津〕1192〔文
　　瀾〕1223
　陵陽先生集〔著録〕集部347
　陵陽集〔薈要〕397

七畫

芮

芮日松（清）
　禹貢今釋〔未收〕四輯3
芮長恤（清）
　綱目分註拾遺〔文淵〕323〔文津〕320〔文
　　瀾〕318〔珍本〕三集121
芮挺章（唐）
　國秀集〔文淵〕1332〔文津〕1336〔文瀾〕
　　1374〔著録〕集部135

花

花村看行侍者（清）
　談往〔存目〕史部55
　談往録〔續修〕442
花沙納（清）
　德壯果公年譜〔續修〕556

杜

杜大珪（宋）
　名臣碑傳琬琰集〔文淵〕450〔文瀾〕450
　　〔珍本〕十一集53－59
　新刊名臣碑傳琬琰之集上集〔底本〕史部
　　22－24〔著録〕史部201
杜公瞻（隋）
　編珠〔底本〕子部38
　編珠、續編珠〔文淵〕887〔文津〕888〔文
　　瀾〕907〔珍本〕四集208〔著録〕子部
　　174
杜文瀾（清）
　古謠諺〔續修〕1601－1602
　平定粵匪紀略〔續修〕413

采香詞 〔續修〕1727
憩園詞話 〔續修〕1734
杜本(元)
　元敖氏傷寒金鏡録 〔續修〕998
　谷音 〔文淵〕1365 〔文津〕1369 〔文瀾〕1409
　　〔著録〕集部 301
　清江碧嶂集 〔存目〕集部 21
杜光庭(前蜀)
　洞天福地嶽瀆名山記 〔存目〕子部 258
　神仙感遇傳 〔存目〕子部 258
　道教靈驗記 〔存目〕子部 258
　道德真經廣聖義 〔續修〕1290－1291
　墉城集仙録 〔存目〕子部 258
　廣成集 〔文淵〕1084 〔文津〕1088 〔文瀾〕
　　1114 〔珍本〕五集 270 〔著録〕集部 338
　録異記 〔存目〕子部 245 〔續修〕1264
杜甫(唐)
　九家集注杜詩 〔文淵〕1068 〔文津〕1072
　　〔文瀾〕1097 〔珍本〕四集 212－214
　分門集註杜工部詩、年譜 〔續修〕1306
　杜工部七言律詩 〔存目〕集部 3
　杜工部草堂詩箋 〔續修〕1307
　杜工部集、年譜、諸家詩話、唱酬題詠附録
　　〔續修〕1308 〔禁燬〕集部 40
　杜工部詩集、集外詩、文集、年譜 〔禁燬補〕
　　81
　杜律意箋 〔存目〕集部 5
　杜詩分類 〔存目〕集部 5
　杜詩會粹、年譜 〔存目〕集部 6
　杜詩詳註 〔著録〕集部 82
　黄氏補千家註紀年杜工部詩史、年譜辨疑、
　　集註杜工部詩姓氏、傳序碑銘 〔著録〕
　　集部 336
　集千家注杜工部詩集 〔文淵〕1069 〔文津〕
　　1073 〔文瀾〕1099
　集千家註批點杜工部詩集、年譜 〔著録〕集
　　部 228
　集千家註杜工部詩集、文集 〔薈要〕360
　補注杜詩、傳序碑銘、年譜辨疑、集注杜詩姓
　　氏 〔文淵〕1069 〔文津〕1073 〔文瀾〕
　　1098
　新刊校訂集註杜詩 〔著録〕集部 365－366
　讀書堂杜工部詩集註解、文集註解、杜工部
　　編年詩史譜目 〔存目〕集部 5－6
杜佑(唐)
　杜氏通典 〔著録〕史部 116－118

通典 〔文淵〕603－605 〔文津〕603－605
　　〔文瀾〕613－615 〔薈要〕224－226
杜門(宋)
　新刻錦帶補註 〔存目〕子部 166
杜知耕(清)
　幾何論約 〔文淵〕802 〔文津〕802 〔文瀾〕
　　818 〔珍本〕三集 192 〔著録〕子部 355
　數學鑰 〔文淵〕802 〔文津〕802 〔文瀾〕818
　　〔珍本〕三集 193 〔著録〕子部 147
杜牧(唐)
　十一家注孫子 〔續修〕959
　樊川文集 〔文淵〕1081 〔文津〕1085 〔文
　　瀾〕1111
　樊川文集、外集、別集 〔薈要〕365 〔著録〕集
　　部 233
　樊川文集夾註、外集 〔續修〕1312
　樊川詩集、別集、外集 〔續修〕1312
杜受田(清)
　欽定科場條例 〔續修〕829－830
杜宗嶽(清)
　周易用初 〔未收〕五輯 1
杜荀鶴(唐)
　唐風集 〔文淵〕1083 〔文津〕1087 〔文瀾〕
　　1113 〔珍本〕九集 236 〔著録〕集部 43
杜思(明)
　考信編 〔存目〕史部 12
杜庭珠(清)
　中晚唐詩叩彈集、續集 〔存目〕集部 406
杜首昌(清)
　綰秀園詩選、詞選 〔未收〕七輯 30
杜涇(明)
　對制談經 〔存目〕子部 201
杜從古(宋)
　集篆古文韻海 〔續修〕236
杜琳(清)
　續纂淮關統志 〔存目〕史部 273－274
杜越(清)
　紫峰集 〔存目補〕52
杜堮(清)
　石畫龕論述 〔未收〕九輯 13－14
　遂初草廬詩集 〔續修〕1498
杜詔(清)
　〔雍正〕山東通志 〔著録〕史部 321－323
　山東通志 〔文淵〕539－541 〔文津〕539－
　　541 〔文瀾〕545－548

中晚唐詩叩彈集、續集〔存目〕集部 406
雲川閣詩、詞〔存目〕集部 266
杜道堅(元)
　文子〔續修〕958
　文子纘義〔文淵〕1058〔文津〕1062〔文瀾〕1087〔珍本〕別輯 237－238
　通玄真經纘義、釋音〔著録〕子部 248
　道德玄經原旨、玄經原旨發揮〔續修〕954
　關尹子闡玄〔續修〕958
杜巽才(明)
　霞外雜俎〔存目〕子部 260
杜詮(清)
　〔乾隆〕貴州通志〔著録〕史部 243－244
杜預(晉)
　左傳杜林合注、春秋提要〔文淵〕171〔文津〕166〔文瀾〕163
　附釋音春秋左傳註疏〔著録〕經部 76
　春秋左氏傳注疏、正義序、左傳序、原目、傳述人〔薈要〕30－31
　春秋左傳〔存目〕經部 126
　春秋左傳、春秋提要〔著録〕經部 86
　春秋左傳注疏、諸家序、春秋三傳注解傳述人考證〔文淵〕143－144〔文津〕139－140〔文瀾〕137－138
　春秋釋例〔文淵〕146〔文津〕141－142〔文瀾〕140〔珍本〕別輯 34－37〔著録〕經部 18
杜臺卿(隋)
　玉燭寶典〔續修〕885
杜濚(清)
　湄湖吟、聽松軒遺文〔未收〕七輯 22
杜綰(宋)
　雲林石譜〔文淵〕844〔文津〕846〔文瀾〕863〔著録〕子部 10
杜蕙(清)
　歧疑韻辨、口音辨訛、韻字旁通、轉音撮要、字形彙考〔未收〕一輯 10
杜範(宋)
　杜清獻公集〔著録〕集部 102
　清獻集〔文淵〕1175〔文津〕1179〔文瀾〕1209〔珍本〕二集 302－303
杜璥(明)
　紀善録〔存目〕史部 91
杜臻(清)
　海防述略〔存目〕史部 227

粵閩巡視紀略〔文淵〕460〔文津〕459〔文瀾〕461〔珍本〕四集 113〔著録〕史部 33
杜應芳(明)
　補續全蜀藝文志〔續修〕1677
杜濬(清)
　變雅堂文集、附推枕吟、杜陵七歌〔禁燬〕集部 72
　變雅堂文録〔續修〕1671
　變雅堂遺集〔續修〕1394
杜瓊(明)
　東原集〔存目〕集部 78
杜騏徵(明)
　幾社壬申合稿〔禁燬〕集部 34－35

杞

杞廬主人(清)
　時務通考〔續修〕1254－1259

李

李士宣(清)
　延慶衛志略〔續修〕718
李士鉁(清)
　周易注〔續修〕39
李士瞻(元)
　經濟文集〔文淵〕1214〔文津〕1218〔文瀾〕1249〔珍本〕十一集 173〔底本〕集部 103〔著録〕集部 32
李大誥(清)
　海涵書鈔〔未收〕十輯 11
李上交(宋)
　近事會元〔文淵〕850〔文津〕852〔文瀾〕870〔著録〕子部 164
李之世(明)
　鶴汀詩集〔禁燬〕集部 80
李之芳(清)
　李文襄公別録〔存目〕集部 216
　李文襄公奏議、奏疏、別録、年譜〔存目〕史部 66〔續修〕493
李之素(清)
　孝經内外傳、孝經正文〔續修〕152
　孝經正文、孝經内外傳〔存目〕經部 146
李之澍(清)
　叩缽齋應酬全書〔禁燬補〕38

叩缽齋纂行廚集〔禁燬補〕38－39

李之純(元)

　周易尚占〔存目〕子部 65

李之儀(宋)

　姑溪居士文集、後集〔著録〕集部 48

　姑溪居士前集、後集〔文淵〕1120〔文津〕

　　1124－1125〔文瀾〕1150〔珍本〕十集

　　225－230

　姑溪詞〔文淵〕1487〔文津〕1492〔文瀾〕

　　1537〔著録〕集部 218

李之藻(明)

　同文算指前編、通編〔文淵〕798〔文津〕799

　　〔文瀾〕815〔著録〕子部 20

　泰西水法〔著録〕子部 263

　渾蓋通憲圖説〔文淵〕789〔文津〕791〔文

　　瀾〕807〔著録〕子部 269

　頖宮禮樂疏〔文淵〕651〔文津〕651〔文

　　瀾〕661〔著録〕史部 59

　圜容較義〔文淵〕789〔文津〕791〔文瀾〕

　　807〔珍本〕十二集 139〔著録〕子部 73

　寰有詮〔存目〕子部 94

李子願(宋)

　象山先生年譜〔存目〕史部 87

李天植(清)

　李介節先生全集〔未收〕七輯 19

李天馥(清)

　古宮詞〔未收〕八輯 16

李天麟(明)

　詞致録〔存目〕集部 327

李元(清)

　大樂律吕元聲、大樂律吕考註〔存目〕經部

　　182〔續修〕113

　音切譜〔續修〕246

　蜀水經〔續修〕728

　蠕範〔未收〕十輯 12

李元吉(明)

　讀書囈語〔續修〕1143

李元春(清)

　學宮輯略〔存目〕史部 126

李元度(清)

　天岳山館文鈔〔續修〕1549

　國朝先正事略〔續修〕538－539

　國朝先正事略補編〔續修〕539

李元音(清)

　十三經西學通義〔未收〕四輯 10

李元鼎(清)

　石園全集〔存目〕集部 196

李元弼(宋)

　作邑自箴〔續修〕753

李元弼(明)

　江皋小築集〔存目〕集部 327

李元綱(宋)

　厚德録〔存目〕子部 83〔續修〕1266

李日(清)

　國朝諸老先生孟子精義〔未收〕四輯 7

李日華(明)

　六研齋筆記、二筆、三筆〔文淵〕867〔文津〕

　　869〔文瀾〕887〔珍本〕七集 156－158

　　〔著録〕子部 277

　四六全書五種〔禁燬補〕35－36

　西廂記(南)〔續修〕1769

　竹懶畫賸、續畫賸〔存目〕子部 72

　李太仆恬致堂集〔禁燬〕集部 64－65

　味水軒日記〔續修〕558

　官制備考〔存目〕史部 259

　姓氏譜纂〔存目〕子部 201

　恬致堂詩話〔存目〕集部 417

　時物典彚〔存目〕子部 201

　梅墟先生别録〔存目〕史部 85

　紫桃軒雜綴、又綴〔存目〕子部 108

　墨君題語〔存目〕子部 72

　禮白嶽紀、篷欓夜話〔存目〕史部 128

　璽召録〔存目〕史部 128

李曰滐(清)

　竹裕園筆語集〔存目〕子部 165

李中(唐)

　碧雲集〔續修〕1313

李中(明)

　谷平先生文集〔存目〕集部 71

李中正(宋)

　泰軒易傳〔續修〕2

李中立(明)

　本草原始〔續修〕992－993

李中梓(明)

　本草通玄〔續修〕993

　删補頤生微論〔存目〕子部 46

　診家正眼〔續修〕999

　壽世青編〔續修〕1030

　醫宗必讀〔續修〕1022

　鐫補雷公炮製藥性解〔存目〕子部 46〔續

修]990

李中簡(清)
　李文園先生全集〔未收〕十輯 15

李化龍(明)
　平播全書〔存目〕史部 50〔續修〕434－435
　李于田詩集〔存目〕集部 163
　撫遼疏稿〔禁燬〕史部 69

李介(清)
　天香閣隨筆〔續修〕1175

李公柱(明)
　雪園易義、附補〔存目〕經部 23

李公煥(元)
　箋註陶淵明集、總論〔續修〕1304

李公凱(元)
　直音傍訓毛詩句解〔續修〕57

李文田(清)
　元史地名考〔續修〕294
　元祕史注〔續修〕312
　西遊錄注〔續修〕736
　朔方備乘札記〔續修〕742

李文仲(元)
　字鑑〔文淵〕228〔文津〕223〔文瀾〕220
　〔珍本〕九集 89〔著錄〕經部 30

李文利(明)
　大樂律呂元聲、大樂律呂考註〔存目〕經部
　182〔續修〕113

李文來(清)
　李氏醫鑑、續補〔存目〕子部 52

李文炤(清)
　近思錄集解〔存目〕子部 4
　周易本義拾遺、周易序例、周易拾遺〔存目〕
　經部 36〔續修〕19
　周禮集傳〔存目〕經部 86
　春秋集傳〔存目〕經部 140

李文淵(清)
　左傳評〔存目〕經部 145

李文蔚(元)
　同樂院燕青博魚雜劇〔續修〕1760
　燕青博魚〔續修〕1764

李文鳳(明)
　越嶠書〔存目〕史部 162－163

李文察(明)
　李氏樂書六種〔存目〕經部 183〔續修〕114

李文燭(明)
　黃白鏡、續黃白鏡〔存目〕子部 260

李文藻(清)
　南澗文集〔續修〕1449
　〔乾隆〕歷城縣志〔續修〕694
　嶺南詩集〔續修〕1449〔未收〕十輯 24

李亢(唐)
　獨異志〔續修〕1264

李方膺(清)
　山東水利管窺略〔續修〕851

李斗(清)
　揚州畫舫錄〔續修〕733

李心傳(宋)
　丙子學易編〔文淵〕17〔文津〕12〔文瀾〕
　12〔薈要〕9〔著錄〕經部 33
　建炎以來朝野雜記、甲集、乙集〔文淵〕608
　〔文津〕608〔文瀾〕618
　建炎以來朝野雜記甲集、建炎以來朝野雜記
　乙集〔著錄〕史部 20〔著錄〕史部 20
　建炎以來繫年要錄〔文淵〕325－327〔文
　津〕321－324〔文瀾〕320－323〔珍本〕
　別輯 74－100
　道命錄〔存目〕史部 82〔續修〕517
　舊聞證〔珍本〕別輯 159
　舊聞證誤〔文淵〕686〔文津〕686〔文瀾〕
　700〔著錄〕史部 267

李允升(清)
　詩義旁通〔未收〕六輯 2

李予望(清)
　宮巖詩集〔未收〕九輯 20

李玉(清)
　一笠菴新編一捧雪傳奇〔續修〕1775
　一笠菴彙編清忠譜傳奇〔續修〕1775

李玉更(清)
　一笠菴北詞廣正譜、附南戲北詞正謬〔續
　修〕1748

李玉鳴(清)
　大清通禮〔著錄〕史部 140
　欽定大清通禮〔文淵〕655〔文津〕654〔文
　瀾〕664

李正民(宋)
　大隱集〔文淵〕1133〔文津〕1136〔文瀾〕
　1164〔珍本〕四集 261

李世民(唐太宗)
　帝範〔文淵〕696〔文津〕696〔文瀾〕710
　〔珍本〕別輯 160〔薈要〕248
　帝範、臣軌〔著錄〕子部 332

晉書、音義〔薈要〕98－100
李世忠(清)
　梨園集成〔續修〕1782
李世熊(清)
　寒支初集、二集、附歲紀〔禁燬〕集部89
　錢神志〔未收〕二輯28
李本固(明)
　汝南遺事〔存目〕子部243
　周易古本全書彙編〔存目〕經部16〔續修〕12
李本緯(明)
　古唐選屑〔未收〕五輯15
李石(宋)
　方舟集〔文淵〕1149〔文津〕1153〔文瀾〕1182〔珍本〕初集297－298
　續博物志〔文淵〕1047〔文津〕1051〔文瀾〕1076〔著錄〕子部300
李生光(清)
　西山閣筆〔未收〕八輯16
李生寅(明)
　李山人詩〔存目〕集部187
李仕學(清)
　初學藝引〔存目〕子部119
李仙根(清)
　安南使事紀要〔存目〕史部56
李白(唐)
　分類補註李太白詩、分類編次李太白文〔著錄〕集部335〔著錄〕集部335
　李太白文集〔文淵〕1066〔文津〕1070〔文瀾〕1095〔珍本〕十一集159－160〔著錄〕集部419〔著錄〕集部81
　李太白集分類補注〔文淵〕1066〔文津〕1070〔文瀾〕1095
　李太白集分類補註(分類補註李太白集)〔薈要〕359
　李太白集註〔文淵〕1067〔文津〕1071〔文瀾〕1096
　李詩選註、辯疑〔續修〕1305－1306
李全(宋)
　新編四家註解經進珞琭子消息賦〔著錄〕子部149
　新雕注疏珞子三命消息賦、新雕李燕陰陽三命〔續修〕1059
李永昌(明)
　書響〔存目〕集部194

李幼武(宋)
　五朝名臣言行錄、三朝名臣言行錄、五朝名臣言行錄續集、別集、外集、新集〔著錄〕史部304－305
李匡乂(唐)
　資暇集〔文淵〕850〔文津〕852〔文瀾〕869〔著錄〕子部164
李邦華(明)
　文水李忠肅先生集〔禁燬〕集部81
李邦獻(宋)
　省心雜言〔文淵〕698〔文津〕699〔文瀾〕712〔珍本〕別輯161〔著錄〕子部332
李式穀(清)
　五經衷要〔未收〕七輯3－4
李圭(清)
　鴉片事略〔續修〕445
　環遊地球新錄〔續修〕737
李吉甫(唐)
　元和郡縣志〔文淵〕468〔文津〕467〔文瀾〕469
　元和郡縣圖志〔著錄〕史部96
李耳(周)
　老子〔續修〕954
　老子道德真經〔著錄〕子部331
　老子道德經〔薈要〕275〔著錄〕子部331
李朴(宋)
　豐清敏公遺事〔存目〕史部81〔續修〕550
李有棠(清)
　金史紀事本末〔續修〕388－389
　遼史紀事本末〔續修〕388
李百藥(唐)
　北齊書〔薈要〕108〔著錄〕史部358
　北齊書、附考證〔文淵〕263〔文津〕258〔文瀾〕255
李存(元)
　俟菴集〔文淵〕1213〔文津〕1217〔文瀾〕1248〔珍本〕二集340－341
　番易仲公李先生文集〔著錄〕集部32
李成謀(清)
　石鐘山志〔未收〕一輯28
李光(宋)
　莊簡集〔文淵〕1128〔文津〕1132〔文瀾〕1159〔珍本〕初集270－271
　讀易詳說〔文淵〕10〔文津〕5〔文瀾〕4〔珍本〕初集2

李光(明)
　　史記萃寶評林〔未收〕二輯 29
　　兩漢萃寶評林〔未收〕一輯 21
李光元(明)
　　市南子、制敕〔禁燬〕集部 105
李光地(清)
　　日講春秋解義〔文淵〕172〔文津〕167〔文瀾〕164〔珍本〕七集 31－40〔薈要〕43〔著錄〕經部 161－162
　　月令輯要、圖説〔著錄〕史部 18
　　古文精藻〔存目〕集部 400
　　古樂經傳〔文淵〕220〔文津〕215 213〔珍本〕十集 58〔著錄〕經部 107
　　四書解義〔著錄〕經部 105
　　朱子禮纂〔文淵〕142〔文津〕138〔文瀾〕136〔珍本〕九集 54〔著錄〕經部 156
　　安溪先生註解正蒙〔著錄〕子部 249
　　尚書七篇解義〔文淵〕68〔文津〕63〔文瀾〕61〔珍本〕九集 34〔著錄〕經部 59
　　周易通論〔文淵〕42〔文津〕37〔文瀾〕36〔珍本〕十二集 5〔著錄〕經部 55
　　周易觀象〔文淵〕42〔文津〕37〔文瀾〕36〔珍本〕九集 7－8〔著錄〕經部 55
　　注解正蒙〔文淵〕697〔文津〕697〔文瀾〕711〔珍本〕九集 176
　　音韻闡微、韻譜〔著錄〕經部 116
　　洪範説〔未收〕三輯 5
　　陰符經註〔存目〕子部 256
　　參同契章句〔存目〕子部 257
　　御定月令輯要〔文淵〕467〔文津〕466〔文瀾〕468〔珍本〕八集 84－89〔薈要〕179
　　御定星曆考原〔文淵〕811〔文津〕812〔文瀾〕829〔珍本〕六集 200〔著錄〕子部 149
　　御定音韻闡微〔文淵〕240〔文津〕235〔文瀾〕232〔珍本〕十一集 35－37〔薈要〕86
　　御纂朱子全書〔文淵〕720〔文津〕721－723〔文瀾〕735－736〔薈要〕249－251
　　御纂周易折中〔文淵〕38〔文津〕33〔文瀾〕32〔珍本〕八集 2－9〔薈要〕14〔著錄〕經部 43
　　御纂性理精義〔文淵〕719〔文津〕721〔文瀾〕735〔珍本〕七集 127－128〔薈要〕248〔著錄〕子部 1

　　淵鑑齋御纂朱子全書〔著錄〕子部 44－45
　　詩所〔文淵〕86〔文津〕81〔文瀾〕79〔珍本〕九集 36－37〔著錄〕經部 63
　　榕村四書説〔文淵〕210〔文津〕204〔文瀾〕203〔珍本〕九集 64－65
　　榕村全集、別集〔著錄〕集部 290
　　榕村全集文錄〔續修〕1669－1670
　　榕村字畫辨訛〔續修〕239
　　榕村集〔文淵〕1324〔文津〕1328〔文瀾〕1364
　　榕村語錄〔文淵〕725〔文津〕725〔文瀾〕739〔珍本〕九集 193－200〔著錄〕子部 130
　　榕村語錄續集〔未收〕四輯 21
　　榕村講授〔存目補〕37
　　離騷經註、附九歌註〔存目〕集部 2
李光廷(清)
　　廣元遺山年譜〔續修〕552
李光坡(清)
　　周禮述註〔文淵〕100〔文津〕95〔文瀾〕94〔珍本〕二集 30－33〔著錄〕經部 146
　　皐軒文編〔存目〕集部 237
　　儀禮述註〔文淵〕108〔文津〕103〔文瀾〕102〔珍本〕三集 72－75〔著錄〕經部 151
　　禮記述註〔文淵〕127〔文津〕122－123〔文瀾〕121〔珍本〕二集 44－47〔著錄〕經部 156
李光庭(清)
　　鄉言解頤〔續修〕1272
李光國(清)
　　定齋詩鈔〔禁燬〕集部 168
　　甓湖聯吟集〔禁燬〕集部 6
李光暎(清)
　　金石文考略〔文淵〕684〔文津〕684〔文瀾〕698〔珍本〕五集 113－115
　　觀妙齋藏金石文考略〔著錄〕史部 158
李光壂(明)
　　守汴日志〔存目〕史部 55
李呂(宋)
　　澹軒集〔文淵〕1152〔文津〕1156〔文瀾〕1185〔珍本〕初集 300〔底本〕集部 80〔著錄〕集部 52
李因篤(清)
　　受祺堂詩〔存目〕集部 248
　　漢詩音註〔存目〕集部 401

李先芳（明）
　李氏山房詩選〔存目〕集部 119
　東岱山房詩録、外集、江右稿〔存目〕集部
　　119
　讀詩私記〔文淵〕79〔文津〕74〔文瀾〕72
　　〔珍本〕七集 27
李廷忠（宋）
　校註橘山四六〔底本〕集部 88－89〔著録〕
　　集部 57
　橘山四六〔文淵〕1169〔文津〕1173〔文
　　瀾〕1203〔珍本〕五集 284－287
李廷樟（清）
　區田編加註〔未收〕四輯 23
李廷機（明）
　史記萃寶評林〔未收〕二輯 29
　李文節先生燕居録、家禮、李文節集〔禁燬〕
　　史部 44
　宋賢事彙〔存目〕子部 131〔續修〕1189
　兩漢萃寶評林〔未收〕一輯 21
　刻漢唐宋名臣録〔存目〕史部 99
　積經堂增訂課兒鑑略妥注善本〔禁燬補〕18
李廷耀（清）
　欽定協紀辨方書、奏議〔著録〕子部 74
李伍漢（清）
　壑雲篇文集〔禁燬〕187
李延是（清）
　脈訣彙辨〔續修〕999
　藥品化義〔續修〕990
李延罡（清）
　靖海志〔續修〕390
李延壽（唐）
　北史〔薈要〕113－115〔著録〕史部 177－
　　178
　北史、附考證〔文淵〕266－267〔文津〕
　　262－264〔文瀾〕260－261
　南史〔文淵〕265〔文津〕260－261〔文瀾〕
　　258－259〔薈要〕111－112〔著録〕史
　　部 176
李自滋（明）
　〔崇禎〕泰州志〔存目〕史部 210
李自蕃（明）
　練兵節要〔未收〕六輯 13
李似之（宋）
　太學新增合璧聯珠聲律、菁華前集、後集
　　〔續修〕1214－1216

李兆元（清）
　律詩拗體、古韻圖説〔續修〕1702
李兆先（明）
　李徵伯存稿、東行稿〔存目〕集部 78
李兆洛（清）
　〔嘉慶〕東流縣志〔續修〕712
　紀元編〔續修〕826
　〔嘉慶〕鳳臺縣志〔續修〕710
　養一齋文集、續編、詩集〔續修〕1495
　養一齋文録〔續修〕1672
　駢體文鈔〔續修〕1610
　歷代地理志韻編今釋、皇朝輿地韻編〔續
　　修〕294
李兆齡（清）
　舒嘯閣詩集〔未收〕九輯 20
李江（唐）
　元包經傳、元包數總義〔文淵〕803〔文津〕
　　804〔文瀾〕820〔著録〕子部 147
李汝珍（清）
　李氏音鑑〔續修〕260
　鏡花緣〔續修〕1795－1796
李安仁（明）
　石鼓書院志〔存目〕史部 243〔續修〕720
李祁（元）
　雲陽李先生文集〔著録〕集部 33
　雲陽集〔文淵〕1219〔文津〕1224〔文瀾〕
　　1255〔珍本〕二集 349
李聿求（清）
　桑志〔續修〕978
　魯之春秋、校勘記〔續修〕444
李迅（宋）
　集驗背疽方〔文淵〕743〔文津〕743〔文
　　瀾〕757〔珍本〕初集 172
李如圭（宋）
　儀禮集釋〔文淵〕103〔文津〕98〔文瀾〕97
　　〔珍本〕別輯 28－33
　儀禮釋宮〔文淵〕103〔文津〕98〔文瀾〕97
　　〔珍本〕別輯 33
李如枚（清）
　續纂淮關統志〔存目〕史部 273－274
李如篪（宋）
　東園叢説〔文淵〕864〔文津〕866〔文瀾〕
　　884〔著録〕子部 168
李好文（元）
　長安志圖〔文淵〕587〔文津〕587〔文瀾〕

596〔珍本〕九集 162〔著録〕史部 250

李好古(元)

　沙門島張生煮海雜劇〔續修〕1762

李孝光(元)

　五峰集〔文淵〕1215〔文津〕1219〔文瀾〕
　　1250〔珍本〕七集 208

　李五峰集〔著録〕集部 111

李孝美(宋)

　墨譜〔著録〕子部 27

　墨譜法式〔文淵〕843〔文津〕845〔文瀾〕
　　862〔珍本〕四集 193

李志常(元)

　長春真人游記〔續修〕736

李克家(元)

　戎事類占〔存目〕子部 60〔續修〕1051

李材(明)

　見羅先生書〔存目〕子部 11-12〔續修〕
　　941

　見羅先生敦學録要〔未收〕六輯 12

　將將紀〔存目〕子部 31

　經武淵源〔續修〕959

李杞(宋)

　用易詳解〔文淵〕19〔文津〕14〔文瀾〕14
　　〔底本〕經部 2〔著録〕經部 184

　周易詳解〔珍本〕初集 14

李甫林(唐)

　唐六典〔珍本〕六集 117-119

李呈祥(清)

　東村集、附刊〔存目〕集部 203

李秀成(太平天國)

　李秀成自述原稿〔續修〕445

李秀雲(清)

　遏雲閣曲譜〔續修〕1757-1758

李佐賢(清)

　古泉匯〔續修〕1112

　石泉書屋詩鈔〔續修〕1534

　石泉書屋類稿、附尺牘〔續修〕1534

　書畫鑑影〔續修〕1085-1086

　續泉匯、首集〔續修〕1113

李攸(宋)

　宋朝事實〔文淵〕608〔文津〕607〔文瀾〕
　　618〔珍本〕別輯 145-147

李伸(明)

　一山文集〔文淵〕1217〔文津〕1221〔文
　　瀾〕1252

白雲集〔文淵〕1199〔文津〕1203〔文瀾〕
　　1234

　經濟文集〔文淵〕1214〔文津〕1218〔文
　　瀾〕1249

李伯璵(明)

　文翰類選大成〔存目〕集部 293-296

李希聖(清)

　庚子國變記〔續修〕446

李孚青(清)

　野香亭集〔存目補〕50

李言恭(明)

　日本考〔存目〕史部 255〔續修〕744

　青蓮閣集〔未收〕五輯 23

李彣(清)

　金匱要略廣注〔續修〕989

李冶(唐)

　薛濤李冶詩集〔文淵〕1332〔文津〕1336
　　〔文瀾〕1374〔珍本〕十一集 191

李冶(元)

　益古演段〔文淵〕798〔文津〕799〔文瀾〕
　　815〔珍本〕別輯 194〔續修〕1042

　敬齋古今黈〔文淵〕866〔文津〕868〔文
　　瀾〕886〔珍本〕別輯 216-217

　敬齋先生古今黈〔著録〕子部 362

　測圓海鏡〔文淵〕798〔文津〕798〔文瀾〕
　　815

　測圓海鏡分類釋術〔文淵〕798〔文津〕798
　　〔文瀾〕815〔薈要〕264

　測圓海鏡細草〔著録〕子部 147〔續修〕
　　1042

李灼(清)

　至聖編年世紀〔存目〕史部 81

李沛霖(清)

　四書朱子異同條辨〔禁燬〕經部 2-4

李沖昭(唐)

　南嶽小録〔文淵〕585〔文津〕585〔文瀾〕
　　593〔著録〕史部 249

李宏(清)

　戢思堂詩鈔〔未收〕九輯 28

李良年(清)

　秋錦山房集、外集〔存目〕集部 251

李良翰(明)

　皇明歷朝功德捷録註釋題評〔禁燬〕史部
　　22

李長茂(清)

算海詳説〔續修〕1044
李長科(明)
　　金湯借箸〔存目〕子部 34
　　廣仁品〔存目〕子部 150－151
李長祥(明)
　　天問閣文集、附海棠居初集〔禁燬〕集部 11
李拔式(清)
　　爾雅蒙求〔未收〕三輯 10
李若水(宋)
　　忠愍集〔文淵〕1124〔文津〕1128〔文瀾〕1154〔珍本〕四集 253
李若訥(明)
　　四品稿〔禁燬〕集部 10
李茂春(明)
　　鹽梅志〔存目〕史部 99
李尚(明)
　　墨池編、續編〔著録〕子部 22
李苞(清)
　　敏齋詩草、巴塘詩鈔〔續修〕1475
李直夫(元)
　　便宜行事虎頭牌雜劇〔續修〕1761
李林甫(唐)
　　大唐六典〔著録〕史部 253
　　唐月令注、唐月令考〔續修〕885
　　唐六典〔文淵〕595〔文津〕595〔文瀾〕604
李林松(清)
　　周易述補〔續修〕26
李來泰(清)
　　蓮龕集〔存目〕集部 222
李來章(清)
　　連陽八排風土記〔存目〕史部 256
　　禮山園詩集、文集、後編、續集〔存目〕集部 246
李述來(清)
　　讀通鑑綱目條記〔續修〕342
李東陽(明)
　　明會典〔文淵〕617－618〔文津〕617－619〔文瀾〕628－629
　　新舊唐書雜論〔存目〕史部 281
　　燕對録〔續修〕433
　　歷代通鑑纂要〔未收〕四輯 12－13
　　聯句録〔存目〕集部 292
　　麓堂詩話〔著録〕集部 331
　　類博稿〔文淵〕1246〔文津〕1250〔文瀾〕1282

懷麓堂集〔文淵〕1250〔文津〕1253－1254〔文瀾〕1286－1287〔薈要〕411－412〔著録〕集部 265－266
　　懷麓堂詩話〔文淵〕1482〔文津〕1487〔文瀾〕1532
李奇玉(明)
　　雪園易義、附補〔存目〕經部 23
李杲(元)
　　内外傷辨〔著録〕子部 4
　　内外傷辯惑論〔文淵〕745〔文津〕745〔文瀾〕759
　　珍珠囊指掌補遺藥性賦〔存目〕子部 41
　　脾胃論〔文淵〕745〔文津〕745〔文瀾〕759〔珍本〕九集 207〔著録〕子部 4
　　醫學發明〔續修〕1005
　　蘭室秘藏〔文淵〕745〔文津〕745〔文瀾〕759〔著録〕子部 66
李果(清)
　　在亭叢藁、詠歸亭詩鈔〔存目補〕9
李昌祚(清)
　　真山人後集文、詩〔未收〕七輯 23
李昌祺(明)
　　運甓漫稿〔文淵〕1242〔文津〕1246〔文瀾〕1278〔珍本〕二集 357〔底本〕集部 113〔著録〕集部 429
　　新增全相湖海新奇剪燈餘話大全〔續修〕1787
李昌齡(宋)
　　樂善録〔存目〕子部 83〔續修〕1266
李明復(宋)
　　春秋集義、綱領〔珍本〕初集 76－79
　　春秋集義、諸家姓氏事略、綱領〔文淵〕155〔文津〕150〔文瀾〕148
李明嶅(清)
　　樂志堂詩集〔未收〕七輯 28
李明徹(清)
　　圜天圖説、續編〔未收〕四輯 26
李昉(宋)
　　太平御覽〔文淵〕893－901〔文津〕895－903〔文瀾〕913－921〔著録〕子部 176－183
　　太平廣記〔文淵〕1043－1046〔文津〕1047－1050〔文瀾〕1071－1074〔著録〕子部 113－115
　　文苑英華〔文淵〕1333－1342〔文津〕1337－

1347〔文瀾〕1375－1384〔著録〕集部
381－390

歷代宮殿名〔續修〕718

李迪(清)

〔雍正〕甘肅通志〔著録〕史部54－55

甘肅通志〔文淵〕557－558〔文津〕557－
559〔文瀾〕565－566

李季(宋)

乾象通鑑〔續修〕1050－1051

李季可(宋)

松窗百說〔續修〕1122

李侗(宋)

李延平先生文集〔存目〕集部15

李侃(明)

〔成化〕山西通志〔存目〕史部174

李念慈(清)

谷口山房詩集、文集〔存目〕集部232

李周望(清)

國學禮樂録〔存目〕史部271

李周翰(唐)

六臣註文選〔著録〕集部134－135

李京(清)

字學正本〔存目〕經部205

李郊(清)

穎陽琴譜〔未收〕四輯28

李庚(宋)

天台前集、前集別編、拾遺、續集、續集拾遺、
續集別編〔著録〕集部451

天台前集、前集別編、續集、續集別編〔文
淵〕1356〔文津〕1360〔文瀾〕1398〔珍
本〕初集370－371

李宗木(明)

六李集〔存目補〕14

李宗渭(清)

瓦缶集〔存目〕集部267

李建勳(南唐)

李丞相詩集〔續修〕1313

李承芳(明)

東嶠先生集〔存目補〕75

李承勛(明)

名馬記、續〔續修〕1119

李承箕(明)

大厓李先生詩集、文集〔存目〕集部43

李春芳(明)

李文定公貽安堂集〔存目〕集部113

李春熙(明)

玄居集〔存目〕集部177

宋李忠定公奏議選、文集選〔存目〕集部
14－15

道聽録〔續修〕1132

李茹旻(清)

李鷺洲詩集、文集〔存目〕集部266

李柏(清)

太白山人槲葉集、南遊草〔禁燬〕集部89

李軌(晉)

揚子法言〔文淵〕696〔文津〕696〔文瀾〕
710〔薈要〕247

纂圖分門類題五臣註揚子法言〔著録〕子部
127

李星沅(清)

李文恭公遺集、行述〔續修〕1523－1525

李昴英(宋)

文溪集〔文淵〕1181〔文津〕1185〔文瀾〕
1216〔珍本〕四集279

李忠簡公文溪存稿〔著録〕集部103

李昭玘(宋)

太學新增合璧聯珠聲律、菁華前集、後集
〔續修〕1214－1216

樂静先生李公文集〔著録〕集部13

樂静集〔文淵〕1122〔文津〕1126〔文瀾〕
1152〔珍本〕初集261

李昭祥(明)

龍江船廠志〔續修〕878

李重華(清)

三經附義〔存目〕經部152

貞一齋集、詩説〔未收〕九輯23

貞一齋詩説〔續修〕1701

李修吉(明)

理學邇言〔未收〕六輯12

李俊民(金)

莊靖先生遺集〔著録〕集部445

莊靖集〔文淵〕1190〔文津〕1195〔文瀾〕
1226〔珍本〕十集243－244

李俊甫(宋)

莆陽比事〔續修〕734

李垕(唐)

南北史續世説〔存目〕子部239

李衎(元)

竹譜〔文淵〕814〔文津〕816〔文瀾〕833

〔珍本〕別輯 204－205
竹譜詳録 〔著録〕子部 150

李庭（元）
寓庵集 〔續修〕1322

李彥章（清）
江南催耕課稻編 〔續修〕977

李洪（宋）
芸庵類藁 〔文淵〕1159 〔文津〕1163 〔文
瀾〕1192
芸庵類藁 〔珍本〕初集 305

李祖陶（清）
國朝文録 〔續修〕1669－1670
國朝文録續編、附邁堂文略 〔續修〕1671－
1672
邁堂文略 〔續修〕1672

李祖菜（清）
南北派十三套大曲琵琶新譜 〔續修〕1096

李祖堯（宋）
内簡尺牘 〔文淵〕1135 〔文津〕1139 〔文
瀾〕1166
李學士新註孫尚書内簡尺牘 〔著録〕集部
341

李祖惠（清）
虹舟四書講義 〔存目〕經部 179

李紀（明）
標題詳注史略補遺大成 〔存目〕史部 23

李泰（明）
四時氣候 〔存目〕史部 164
四時氣候集解 〔續修〕885

李振裕（清）
白石山房文稿 〔存目〕集部 243
白石山房文録 〔續修〕1671
白石山房集 〔存目〕集部 243
群雅集 〔存目補〕28

李耆卿（宋）
文章精義 〔文淵〕1481 〔文津〕1486 〔文
瀾〕1531 〔珍本〕別輯 400

李華（唐）
李遐叔文集 〔文淵〕1072 〔文津〕1077 〔文
瀾〕1102 〔珍本〕三集 233 〔著録〕集部
419

李栻（明）
困學纂言 〔存目〕子部 127 〔續修〕1188

李桂林（清）
〔光緒〕吉林通志 〔續修〕647－648

李格非（宋）
洛陽名園記 〔文淵〕587 〔文津〕587 〔文
瀾〕596 〔著録〕史部 250

李根（清）
尤西川先生擬學小記、續録 〔存目〕子部 9
廣金石韻府、字略 〔存目〕經部 199 〔續修〕
238

李致遠（元）
都孔目風雨還牢末雜劇 〔續修〕1762

李時（明）
南城召對 〔存目〕史部 46

李時珍（明）
本草綱目、附圖 〔文淵〕772－774 〔文津〕
773－775 〔文瀾〕790－791 〔著録〕子
部 337－339
奇經八脈考 〔文淵〕774 〔文津〕776 〔文
瀾〕792 〔珍本〕五集 192 〔著録〕子部
352
瀕湖脈學 〔文淵〕774 〔文津〕776 〔文瀾〕
792 〔珍本〕五集 192
瀕湖脈學、脈訣考證 〔著録〕子部 265

李時勉（明）
古廉文集 〔文淵〕1242 〔文津〕1246－1247
〔文瀾〕1278 〔珍本〕三集 301－302
古廉李先生詩集 〔著録〕集部 66
謚忠文古廉文集 〔底本〕集部 144－145

李時漸（明）
三台文獻録 〔存目補〕14

李唐賓（元）
李雲英風送梧桐葉雜劇 〔續修〕1762

李淶（清）
陶庵漫興 〔未收〕七輯 21

李流芳（明）
檀園集 〔文淵〕1295 〔文津〕1299 〔文瀾〕
1333 〔珍本〕六集 288 〔著録〕集部 279

李流謙（宋）
澹齋集 〔文淵〕1133 〔文津〕1137 〔文瀾〕
1164 〔珍本〕二集 255－256 〔底本〕集
部 67－68 〔著録〕集部 242

李書雲（清）
音韻須知 〔續修〕1747

李陳玉（清）
楚辭箋註 〔續修〕1302

李恕（明）
易經旁訓 〔續修〕5

李翀(明)
　天文書〔續修〕1063
　日聞錄〔文淵〕866〔文津〕868〔文瀾〕886
　　〔珍本〕別輯217
李純仁(元)
　新編顏子〔續修〕932
李純卿(明)
　新刻世史類編〔禁燬〕史部54-55
李邕(唐)
　李北海集〔文淵〕1066〔文津〕1070〔文
　　瀾〕1095〔珍本〕四集212〔著錄〕集部
　　335
李培(清)
　水西全集〔未收〕六輯24
　講學〔存目〕子部29
李燾(宋)
　皇宋十朝綱要〔續修〕347
李虛中(唐)
　李虛中命書〔文淵〕809〔文津〕810〔文
　　瀾〕827〔珍本〕別輯195
李處權(宋)
　崧菴集〔文淵〕1135〔文津〕1139〔文瀾〕
　　1166〔珍本〕三集265〔底本〕集部69
　　〔著錄〕集部422
李堂(明)
　菫山文集〔存目〕集部44
李國(明)
　李文敏公遺集定本〔存目〕集部185
李國木(明)
　地理大全一集、二集〔存目〕子部63-64
李國祥(明)
　古今濡削選章〔存目補〕29-30
李過(宋)
　西谿易說〔文淵〕17〔文津〕12〔文瀾〕11
　　〔珍本〕初集11
李符(清)
　香草居集〔存目〕集部252
李笠(清)
　史記訂補〔未收〕六輯5
李敏(明)
　徽郡詩〔存目補〕22
李從周(宋)
　字通〔文淵〕226〔文津〕221〔文瀾〕218
　　〔著錄〕經部30
李逸民(宋)

　忘憂清樂集、附棊經、棊訣〔續修〕1097
李商隱(唐)
　玉谿生詩詳註〔續修〕1312
　李義山文集〔著錄〕集部43
　李義山文集箋註〔文淵〕1082〔文津〕1086
　　〔文瀾〕1112〔珍本〕四集226-227
　　〔薈要〕366
　李義山詩集〔文淵〕1082〔文津〕1086〔文
　　瀾〕1112
　李義山詩集、李義山詩譜、諸家詩評〔著錄〕
　　集部234
　李義山詩集註〔薈要〕366
　李義山詩集註、詩譜〔文淵〕1082〔文津〕
　　1086〔文瀾〕1112
　唐李義山詩集〔著錄〕集部234
　樊南文集補編〔續修〕1312
　樊南文集詳註〔續修〕1312
李煥章(清)
　織水齋集〔存目〕集部208
李清(清)
　三垣筆記〔續修〕440〔禁燬〕史部19
　折獄新語〔續修〕972
　南北史合注〔續修〕278-282〔禁燬補〕4-
　　8
　南唐書合訂〔禁燬補〕8
　南渡紀事〔禁燬〕史部19
　南渡錄〔續修〕443
　諸史異彙〔禁燬〕史部32
　歷代不知姓名錄〔禁燬補〕36
　諫垣疏草〔禁燬補〕23
李清植(清)
　孝經注疏、附考證〔文淵〕182〔文津〕177
　　〔文瀾〕173
　榕村語錄〔文淵〕725〔文津〕725〔文瀾〕
　　739
　儀禮注疏、原目、附考證〔文淵〕102〔文津〕
　　97-98〔文瀾〕96
李清照(宋)
　漱玉詞〔文淵〕1487〔文津〕1492〔文瀾〕
　　1537〔著錄〕集部218〔續修〕1722
李清馥(清)
　閩中理學淵源考〔文淵〕460〔文津〕458-
　　459〔文瀾〕461〔珍本〕二集131-136
李淑通(明)
　五行類事占徵驗〔存目〕子部68
李淦(元)

性學李先生古今文章精義〔著録〕集部 215

李淳風（唐）

乙巳占〔續修〕1049

九章筭經〔續修〕1041

九章算術、音義〔文淵〕797〔文津〕797〔文瀾〕814〔底本〕子部 24〔著録〕子部 146

五曹算經、算學源流〔著録〕子部 147

五曹算經、數術記遺、算學源流〔續修〕1041

五經算術〔文淵〕797〔文津〕798〔文瀾〕814〔薈要〕264

玉曆通政經〔存目〕子部 59

周髀算經、音義〔文淵〕786〔文津〕787〔文瀾〕803〔珍本〕別輯 184〔薈要〕264〔著録〕子部 18〔續修〕1031

海島算經〔文淵〕797〔文津〕798〔文瀾〕814〔著録〕子部 146

孫子算經〔珍本〕別輯 186〔著録〕子部 356〔續修〕1041

張邱建算經〔文淵〕797〔文津〕798〔文瀾〕814〔著録〕子部 20

觀象玩占〔存目〕子部 59〔續修〕1049

李涪（唐）

刊誤〔文淵〕850〔文津〕852〔文瀾〕869〔珍本〕十二集 142〔底本〕子部 27

李涪刊誤〔著録〕子部 164

李惇（清）

左傳通釋〔續修〕123

群經識小〔續修〕173

李寅（清）

易説要旨〔存目〕經部 35

李陽冰（唐）

論篆〔續修〕1091

李隆基（唐玄宗）

大唐六典〔著録〕史部 253

孝經注疏、附考證〔文淵〕182〔文津〕177〔文瀾〕173

孝經注疏、傳述人、注疏序、原序〔薈要〕68

孝經指解〔文淵〕182〔文津〕177〔文瀾〕173

孝經註疏〔著録〕經部 91

孝經註解〔著録〕經部 91

李紱（清）

朱子晚年全論〔存目〕子部 27

陸子學譜〔存目〕子部 27〔續修〕950

象山先生年譜〔存目〕史部 87

穆堂別稿〔禁燬補〕86-87

穆堂初稿〔禁燬補〕86

穆堂初稿、別稿〔續修〕1421-1422

李紳（唐）

追昔遊集〔文淵〕1079〔文津〕1083〔文瀾〕1108〔珍本〕九集 235〔著録〕集部 42

李紹文（明）

皇明世説新語、附釋名〔存目〕子部 244〔續修〕1173

李琪（宋）

春秋王霸列國世紀編〔文淵〕156〔文津〕151〔文瀾〕149〔薈要〕45〔著録〕經部 195

李堯民（明）

雍野李先生快獨集〔存目〕集部 160

李超孫（清）

詩氏族考〔續修〕66

李提摩太（英國）

列國變通興盛記〔續修〕1297

泰西新史攬要〔續修〕1297

李彭（宋）

日涉園集〔文淵〕1122〔文津〕1127〔文瀾〕1152〔珍本〕別輯 295-296〔底本〕集部 135〔著録〕集部 49

李萬實（明）

崇質堂集〔存目〕集部 112

李敬（清）

退菴詩集、文集〔存目〕集部 216

李雲翔（明）

彙輯輿圖備考全書〔禁燬〕史部 21-22

李雲鵠（明）

皇明留臺奏議〔續修〕467

李雯（清）

蓼齋集、後集〔禁燬〕集部 111

李棠馥（清）

古字彙編〔未收〕二輯 14

韻略易通〔未收〕一輯 10

李貽德（清）

春秋左氏傳賈服注輯述〔續修〕125

李鼎元（清）

師竹齋集〔續修〕1475

李鼎祚（唐）

周易集解〔文淵〕7〔文津〕2-3〔文瀾〕2〔著録〕經部 41

李開先(明)
　　中麓畫品 〔存目〕子部 71 〔續修〕1065
　　李中麓閒居集〔存目〕集部 92－93 〔續修〕
　　　　1340－1341
　　改定元賢傳奇 〔續修〕1760
　　周易六十四卦辨疑 〔存目〕經部 28
　　張小山小令 〔存目補〕45
　　喬夢符小令 〔續修〕1738
　　新編林冲寶劍記 〔續修〕1774
李遇孫(清)
　　尚書隸古定釋文 〔續修〕48
　　金石學錄 〔續修〕894
　　栝蒼金石志、續栝蒼金石志 〔續修〕911－
　　　　912
　　意林、意林逸文、意林闕目、意林補 〔續修〕
　　　　1188
李蛟禎(明)
　　增城集 〔禁燬補〕79
李畯(清)
　　詩筏囊説 〔未收〕八輯 30
李筌(唐)
　　太白陰經 〔文淵〕726 〔文津〕726 〔文瀾〕
　　　　740
　　神機制敵太白陰經 〔著錄〕子部 63
　　陰符經解 〔文淵〕1055 〔文津〕1059 〔文
　　　　瀾〕1084
　　黃帝陰符經 〔著錄〕子部 122
李集(清)
　　梅會詩選、二集、三集、附刻 〔禁燬〕集部
　　　　100
　　鶴徵錄、後錄 〔未收〕二輯 23
李集鳳(清)
　　春秋輯傳辨疑 〔存目〕經部 133－135
李復(宋)
　　潏水集 〔文淵〕1121 〔文津〕1125 〔文瀾〕
　　　　1151 〔珍本〕二集 249－250
李復言(唐)
　　幽怪錄、續幽怪錄 〔存目〕子部 245
　　續幽怪錄 〔存目〕子部 245
李鈞(清)
　　轉漕日記 〔續修〕559
李鈞簡(清)
　　周易引經通釋 〔續修〕25
李爲稷(明)
　　萍居集 〔未收〕五輯 26

李舜臣(宋)
　　江東十鑑 〔存目〕子部 30 〔續修〕959
李舜臣(明)
　　愚谷集 〔文淵〕1273 〔文津〕1278 〔文瀾〕
　　　　1310 〔珍本〕五集 350 〔著錄〕集部 276
李詒經(清)
　　詩經蠹簡 〔未收〕三輯 6
　　蠹言 〔未收〕四輯 21
李善(唐)
　　六臣註文選 〔文淵〕1330－1331 〔文津〕
　　　　1334－1335 〔文瀾〕1372－1373 〔著
　　　　錄〕集部 134－135
　　文選 〔薈要〕466－467 〔著錄〕集部 293－
　　　　294
　　文選註 〔文淵〕1329 〔文津〕1333－1334
　　　　〔文瀾〕1370－1371
　　唐寫本文選集注 〔續修〕1578－1580
李善蘭(清)
　　則古昔齋算學十三種 〔續修〕1047
　　幾何原本 〔續修〕1300
　　談天、附表 〔續修〕1300
李道平(清)
　　周易集解纂疏 〔續修〕30
李道純(元)
　　清庵先生中和集 〔存目〕子部 259
李道謙(元)
　　甘水仙源錄 〔存目〕子部 259
　　終南山祖庭仙真内傳 〔存目〕子部 259
李遂(明)
　　李襄敏公奏議 〔存目〕史部 61
　　禦倭軍事條款 〔續修〕852
李曾白(清)
　　爾定舊注考證 〔續修〕188
李曾伯(宋)
　　可齋雜稿、續稿前、續稿後 〔文淵〕1179 〔文
　　　　津〕1183－1184 〔文瀾〕1214 〔珍本〕初
　　　　集 318－322 〔著錄〕集部 58
　　班馬字類 〔著錄〕經部 30
李湯卿(明)
　　心印紺珠經 〔存目〕子部 43
李滋然(清)
　　爾定舊注考證 〔續修〕188
李惺(清)
　　冰言、冰言補 〔未收〕九輯 15
李富孫(清)

李氏易解謄義〔續修〕27

易經異文釋〔續修〕27

春秋三傳異文釋〔續修〕144

校經廎文稿〔續修〕1489

梅里志〔續修〕716

詩經異文釋〔續修〕75

曝書亭集詞註〔續修〕1724

鶴徵錄、後錄〔未收〕二輯23

李賀（唐）

李長吉文集〔著錄〕集部420

李長吉昌谷集句解定本〔續修〕1311

李長吉歌詩、外卷〔著錄〕集部232

李長吉歌詩彙解、外集〔存目〕集部10〔續
修〕1311

協律鈎玄、外集〔續修〕1311

昌谷集、外集、附李長吉小傳〔文淵〕1078
〔文津〕1082〔文瀾〕1108-1201

箋註評點李長吉歌詩、外集〔文淵〕1078
〔文津〕1082〔文瀾〕1108〔珍本〕四集
225

李登（明）

重刊詳校篇海〔續修〕232

書文音義便考私編、難字直音〔存目〕經部
209〔續修〕251

摭古遺文、再增摭古遺文〔存目〕經部191

李絳（唐）

李相國論事集〔文淵〕446〔文津〕444〔文
瀾〕447

李深之文集〔著錄〕史部31

李塨（清）

大學辨業〔續修〕159

大學辨業、聖經學規纂、論學〔存目〕子部
24

小學稽業〔存目〕子部25〔續修〕947

中庸傳注、中庸傳注問〔續修〕159

平書訂〔續修〕947

李氏學樂錄〔文淵〕220〔文津〕215〔文
瀾〕213〔著錄〕經部107

周易傳註〔著錄〕經部185

周易傳註、附周易筮考〔文淵〕47〔文津〕41
〔文瀾〕40〔珍本〕五集5-6

郊社考辨〔存目〕經部108〔續修〕108

春秋傳注〔續修〕139

恕谷中庸講語〔續修〕159

恕谷後集〔續修〕1420

恕谷後集、續刻〔存目補〕6

聖經學規纂、論學〔續修〕947

閱史郤視、續〔續修〕450

論語傳註、大學傳註、中庸傳註、傳註問〔存
目〕經部173

學禮〔存目〕經部115

顏習齋先生年譜〔續修〕554

李夢陽（明）

空同子集〔著錄〕集部40

空同集〔文淵〕1262〔文津〕1266-1267
〔文瀾〕1299〔珍本〕八集184-191
〔薈要〕417

李濂（明）

元藝圃集〔文淵〕1382〔文津〕1386〔文
瀾〕1427〔珍本〕四集400

宋藝圃集〔文淵〕1382〔文津〕1386〔文
瀾〕1427〔珍本〕四集397-399

宋藝圃集、續集〔著錄〕集部303

黃谷談〔存目〕子部103

李楨（明）

濂溪志〔存目〕史部83〔續修〕550

李楨宸（明）

尚書解意〔存目〕經部55

李嗣京（明）

滕王閣續集〔存目〕集部370

李嗣真（唐）

書品、書品後〔著錄〕子部149

李誠（清）

萬山綱目〔未收〕九輯6

李誠父（宋）

批點分類誠齋先生文膾前集、後集〔存目〕
集部16

李詳（清）

顧亭林先生詩箋注、校補、顧詩箋註校補
〔續修〕1402

李詡（明）

戒菴老人漫筆〔存目〕子部111〔續修〕
1173

李廉（元）

春秋會通、春秋諸傳序、讀春秋綱領〔文淵〕
162〔文津〕156〔文瀾〕154

春秋諸傳會通〔著錄〕經部83

春秋諸傳會通、諸家傳序、綱領〔薈要〕40

李廌（宋）

師友談記〔文淵〕863〔文津〕865〔文瀾〕
882

德隅齋畫品 〔文淵〕812 〔文津〕815 〔文
　　瀾〕832 〔著錄〕子部 357
濟南先生師友談記 〔著錄〕子部 167
濟南集 〔文淵〕1115 〔文津〕1120 〔文瀾〕
　　1146 〔珍本〕別輯 281-282
李靖(唐)
　　李衛公問對 〔文淵〕726 〔文津〕726 〔文
　　　瀾〕740 〔珍本〕十二集 47
　　李衛公望江南 〔存目〕子部 30
　　唐太宗李衛公問對 〔著錄〕子部 333
李新(宋)
　　跨鰲集 〔文淵〕1124 〔文津〕1128 〔文瀾〕
　　　1154 〔珍本〕初集 268-269
李雍熙(清)
　　翠岩偶集 〔未收〕五輯 27
李慈銘(清)
　　文選樓藏書記 〔未收〕一輯 30
　　白華絳柎閣詩集 〔續修〕1559
　　重訂周易小義 〔續修〕23
　　越縵堂文集 〔續修〕1559
　　越縵堂詩續集 〔續修〕1559
李煜(南唐)
　　南唐二主詞 〔續修〕1722
李慎儒(清)
　　禹貢易知編 〔續修〕55
　　遼史地理志考 〔未收〕七輯 4
李禎(清)
　　四書朱子異同條辨 〔禁燬〕經部 2-4
李群玉(唐)
　　李群玉詩集、後集 〔文淵〕1083 〔文津〕1087
　　　〔文瀾〕1112 〔底本〕集部 1 〔著錄〕集
　　　部 86
李遜之(清)
　　三朝野紀 〔續修〕438
　　崇禎朝記事 〔禁燬〕史部 6
李經綸(明)
　　大學稽中傳 〔存目〕經部 157
　　禮經類編 〔存目〕經部 108
李嘉樂(清)
　　仿潛齋詩鈔 〔續修〕1559-1560
李壽卿(元)
　　月明和尚度柳翠雜劇 〔續修〕1762
　　說鱄諸伍員吹簫雜劇 〔續修〕1761
李曄(明)
　　李草閣詩集、拾遺、文集、笛谷詩集 〔著錄〕

集部 261
　　草閣詩集、拾遺、文集、附笛谷詩集 〔文淵〕
　　　1232 〔文津〕1236 〔文瀾〕1267
李槃(明)
　　新刻世史類編 〔禁燬〕史部 54-55
李鳳彩(清)
　　孔子文昌孝經合刻 〔未收〕三輯 9
李鳳雛(清)
　　春秋紀傳、附世系圖 〔存目〕史部 41
李誡(宋)
　　營造法式 〔文淵〕673 〔文津〕673 〔文瀾〕
　　　686 〔著錄〕史部 264
李榮陛(清)
　　尚書考 〔續修〕45
　　易考、易續考 〔續修〕24
　　周易篇第 〔續修〕24
　　厚岡文集 〔續修〕1670
李漢(唐)
　　東雅堂昌黎集註、遺文、朱子校昌黎集傳、外
　　　集註 〔文淵〕1075 〔文津〕1079 〔文
　　　瀾〕1105
李潢(清)
　　九章算術細草圖說 〔續修〕1041
　　海島算經細草圖說 〔續修〕1041
　　緝古算經考注 〔續修〕1041
李漁(清)
　　一家言文集、詩集 〔禁燬補〕85
　　尺牘初徵 〔禁燬〕集部 153
　　古今史略、殉難錄 〔禁燬補〕16
　　四六初徵 〔禁燬〕集部 134-135
　　風箏誤傳奇 〔續修〕1775
　　閒情偶寄 〔續修〕1186
李濚(清)
　　質菴文集 〔未收〕九輯 29
李賓(明)
　　八代文鈔 〔存目〕集部 341-345
李實(明)
　　虛庵李公奉使錄 〔存目〕史部 46 〔續修〕
　　　433
李肇(唐)
　　唐國史補 〔文淵〕1035 〔文津〕1039 〔文
　　　瀾〕1062 〔著錄〕子部 40
　　翰林志 〔文淵〕595 〔文津〕595 〔文瀾〕604
　　　〔著錄〕史部 380
李肇亨(明)

清異續録〔存目〕子部 252
婦女雙名記〔存目〕子部 216
墨君題語〔存目〕子部 72

李綽（唐）
　　尚書故實〔文淵〕862〔文津〕864〔文瀾〕
　　　882
　　陳眉公訂正尚書故實〔著録〕子部 167

李綱（宋）
　　宋丞相李忠定公奏議〔續修〕474－475
　　宋李忠定公奏議選、文集選〔存目〕集部
　　　14－15
　　梁溪先生文集〔著録〕集部 14－15
　　梁溪集〔文淵〕1125－1126〔文津〕1129－
　　　1131〔文瀾〕1156－1157

李維楨（明）
　　大泌山房集〔存目〕集部 150－153
　　史通〔存目〕史部 279

李維樾（明）
　　忠貞録〔文淵〕447〔文津〕445〔文瀾〕448
　　　〔珍本〕初集 119〔著録〕史部 413

李熭火（清）
　　禮耕堂五經撮要〔未收〕三輯 10

李璋（明）
　　嗜泉詩存〔存目〕集部 78

李增階（清）
　　外海紀要〔續修〕860

李蕃（清）
　　雪鴻堂文集〔存目補〕55

李標（清）
　　穹窿山志〔存目〕史部 237

李樗（宋）
　　毛詩李黄集解〔文淵〕71〔文津〕65－66
　　　〔文瀾〕64〔薈要〕24
　　李迂仲黄實夫毛詩集解〔著録〕經部 37

李賢（唐）
　　後漢書〔薈要〕93－95〔著録〕史部 169－
　　　171
　　後漢書、附考證〔文淵〕252－253〔文津〕
　　　246－248〔文瀾〕245

李賢（明）
　　大明一統志〔著録〕史部 205－207
　　天順日録〔續修〕433
　　古穰文集〔著録〕集部 263
　　古穰集〔文淵〕1244〔文津〕1248〔文瀾〕
　　　1280〔珍本〕二集 358－360

明一統志〔文淵〕472〔文津〕471〔文瀾〕
　　473－475〔珍本〕七集 87－100

李確（清）
　　九山游草〔存目〕集部 204
　　乍浦九山補志〔存目〕史部 235
　　梅花百詠〔存目〕集部 205

李鄴（清）
　　切韻考〔續修〕258

李鄴嗣（清）
　　杲堂文鈔、詩鈔〔存目〕集部 235

李嶠（唐）
　　李嶠雜詠〔續修〕1305

李嶰瑞（清）
　　後圃編年稿〔存目〕集部 234

李稻塍（清）
　　梅會詩選、二集、三集、附刻〔禁燬〕集部
　　　100

李樂（明）
　　見聞雜紀〔續修〕1171
　　見聞雜紀、續〔存目〕子部 242

李德林（隋）
　　李懷州集〔續修〕1588

李德裕（唐）
　　次柳氏舊聞〔文淵〕1035〔文津〕1039〔文
　　　瀾〕1062〔著録〕子部 110
　　李文饒文集、別集、外集〔著録〕集部 232
　　李衛公集別集、外集〔薈要〕366
　　會昌一品集〔薈要〕366
　　會昌一品集、李衛公別集、李衛公外集、附李
　　　衛公本傳〔文淵〕1079〔文津〕1083
　　　〔文瀾〕1109

李衛（清）
　　〔雍正〕浙江通志〔著録〕史部 306－312
　　畿輔通志〔文淵〕504－506〔文津〕504－
　　　507〔文瀾〕508－511

李盤（明）
　　李小有詩紀、葭園唱和、牧懷詩紀、媚獨齋詩
　　　集〔未收〕六輯 29
　　金湯借箸十二籌〔禁燬〕子部 33

李鋭（清）
　　召誥日名考〔續修〕55
　　李氏遺書十一種〔續修〕1045－1046
　　周易虞氏略例〔續修〕28

李劉（宋）
　　四六標準〔文淵〕1177〔文津〕1181－1182

〔文瀾〕1211

梅亭先生四六標準 〔著錄〕集部 103

李調元(清)

左傳官名考 〔續修〕123

奇字名 〔續修〕191

制義科瑣記 〔續修〕829

周禮摘箋 〔續修〕80

春秋三傳比 〔續修〕144

春秋左傳會要 〔續修〕123

逸孟子 〔續修〕158

童山詩集、文集 〔續修〕1456

賦話 〔續修〕1715

儀禮古今考 〔續修〕89

禮記補注 〔續修〕103

李賡芸(清)

炳燭編 〔續修〕1155

稻香吟館詩彙 〔續修〕1477

李潛夫(元)

包待制智賺灰蘭記雜劇 〔續修〕1762

李澄(明)

清風亭稿 〔文淵〕1247 〔文津〕1251 〔文瀾〕1283 〔底本〕集部 143 〔著錄〕集部399

李澄中(清)

白雲村文集、臥象山房詩正集 〔存目〕集部250

艮齋文選、臥象山房賦集、文集、滇南集、臥象山房詩集、滇行日記 〔存目〕集部250

滇行日記 〔存目〕史部 128

李豫亨(明)

三事遡真 〔存目〕子部 85

推蓬寤語、餘錄 〔存目〕子部 85 〔續修〕1128

李璟(南唐)

南唐二主詞 〔續修〕1722

李璣(明)

西野李先生遺稿 〔存目〕集部 100

李翰(唐)

蒙求 〔續修〕1213

李頤(明)

李及泉先生奏議 〔存目〕史部 64

李霖(宋)

道德真經取善集 〔續修〕954

李頻(唐)

梨岳集 〔文淵〕1083 〔文津〕1087 〔文瀾〕1112 〔珍本〕九集 236

梨嶽詩集 〔著錄〕集部 86

李噉(清)

松梧閣詩集、二集、三集、四集 〔未收〕九輯27

李默(明)

吏部職掌 〔存目〕史部 258

建寧人物傳 〔存目〕史部 90

孤樹裒談 〔存目〕子部 240 〔續修〕1170

群玉樓稿、困亨別稿 〔存目〕集部 77

李學孔(清)

皇王史訂 〔存目〕史部 18

李衡(宋)

周易義海撮要 〔文淵〕13 〔文津〕8 〔文瀾〕7 〔薈要〕4 〔底本〕經部 21 〔著錄〕經部 1

樂菴先生遺書、後題 〔著錄〕子部 54

樂菴語録 〔珍本〕初集 228

樂菴語録、附宋史李衡傳 〔文淵〕849 〔文津〕851 〔文瀾〕868

李鋏(清)

詩法易簡録、録餘緒論 〔續修〕1702

李龍官(清)

三國志 〔文淵〕254 〔文津〕248－249 〔文瀾〕247

李濂(明)

李氏居室記 〔存目補〕95

汴京遺蹟志 〔文淵〕587 〔文津〕587 〔文瀾〕596 〔珍本〕十集 95－98 〔著錄〕史部 112

嵩渚文集 〔存目〕集部 70－71

醫史 〔存目〕子部 42 〔續修〕1030

觀政集 〔存目〕集部 71

李壁(宋)

王荊公詩注 〔文淵〕1106 〔文津〕1110 〔文瀾〕1136 〔珍本〕六集 249－252

王荊文公詩、年譜 〔著錄〕集部 7

李覯(宋)

直講李先生文集、外集、年譜、門人録 〔著錄〕集部 236

盱江集、李直講年譜、外集 〔文淵〕1095 〔文津〕1098 〔文瀾〕1124

李轅(明)

李草閣詩集、拾遺、文集、筠谷詩集 〔著錄〕

集部 261

李鍇(清)
尚史〔文淵〕404-405〔文津〕401〔文瀾〕
402-403〔珍本〕二集 119-130
尚史、世系圖〔著録〕史部 193-194
睫巢集、後集〔存目〕集部 282

李鍾峩(清)
雪鴻堂文集〔存目〕集部 264

李鍾倫(清)
周禮纂訓〔文淵〕100〔文津〕96〔文瀾〕94
〔珍本〕五集 45-46〔著録〕經部 147

李鍾壁(清)
雪鴻堂文集〔存目〕集部 261

李鍾麟(清)
李文襄公奏議、奏疏、別録、年譜〔續修〕493

李應昇(明)
落落齋遺集〔禁燬〕集部 50

李應魁(明)
陳眉公先生訂正丹淵集、拾遺、墓誌、年譜
〔底本〕集部 3-4〔著録〕集部 5

李鴻(明)
賦苑〔存目〕集部 383

李鴻章(清)
李文忠公朋僚函稿〔續修〕1553-1554
李文忠公奏稿〔續修〕505-508
海防要覽〔續修〕969
〔光緒〕畿輔通志〔續修〕628-640

李濬(唐)
松窗雜録〔文淵〕1035〔文津〕1039〔文
瀾〕1062〔著録〕子部 110

李彌遜(宋)
竹谿先生文集、樂府〔著録〕集部 421
竹谿樂府〔著録〕集部 465
筠谿集、樂府〔珍本〕初集 277-278
筠谿集、樂府、附筠谿李公家傳〔文淵〕1130
〔文津〕1134〔文瀾〕1162-1267
筠谿樂府〔文淵〕1487〔文津〕1492〔文
瀾〕1537

李翹(清)
屈宋方言考〔未收〕十輯 13

李贄(明)
九正易因〔存目〕經部 6-7〔續修〕9
三異人文集〔存目補〕13
大雅堂訂枕中十書〔禁燬補〕35
山中一夕話〔續修〕1272

四書評〔續修〕161
李氏焚書〔禁燬〕集部 140
李氏續焚書〔續修〕1352〔禁燬補〕72
李卓吾先生批評西遊記〔續修〕1792-1793
李卓吾先生批評忠義水滸傳、引首〔續修〕
1791-1792
李卓吾先生遺書〔禁燬補〕72
李卓吾先生讀升菴集〔存目〕子部 124
李温陵集〔存目〕集部 126〔續修〕1352
初潭集〔存目〕子部 124〔續修〕1188-1189
卓吾先生批評龍谿王先生語録鈔〔續修〕
943
雅笑〔續修〕1272
道古録〔續修〕1127
藏書〔存目〕史部 23-24〔續修〕301-302
續藏書〔存目〕史部 24〔續修〕303

李燾(宋)
六朝通鑑博議〔文淵〕686〔文津〕686〔文
瀾〕700〔珍本〕初集 160
李侍郎經進六朝通鑑博議〔著録〕史部 266
重刊許氏説文解字五音韻譜〔存目〕經部
187
續資治通鑑〔存目〕史部 3
續資治通鑑長編〔文淵〕314-322〔文津〕
310-319〔文瀾〕308-317〔底本〕史
部 51-107〔著録〕史部 186-187

李顒(清)
二曲集〔存目〕集部 207〔續修〕1410
四書反身録、續補〔存目〕經部 173
四書反身録、續録〔續修〕165

李馥榮(清)
灩澦囊〔未收〕二輯 21

李簡(元)
學易記〔文淵〕25〔文津〕20〔文瀾〕20
〔著録〕經部 53
學易記、綱領、圖説〔薈要〕10

李翱(唐)
五木經〔存目〕子部 76
李文公集〔文淵〕1078〔文津〕1082〔文
瀾〕1108〔著録〕集部 85
卓異記〔文淵〕448〔文津〕446〔文瀾〕448
〔著録〕史部 53
論語筆解〔文淵〕196〔文津〕191〔文瀾〕
186〔著録〕經部 23

李鎧(清)
讀書雜述〔續修〕1135

李謹之(元)
　檜亭集〔文淵〕1208〔文津〕1212〔文瀾〕
　　1243
李攀龍(明)
　古今詩删〔文淵〕1382〔文津〕1385〔文
　　瀾〕1426〔珍本〕八集243-246〔著
　　録〕集部152
　白雪樓詩集〔存目〕集部110〔續修〕1345
　李于鱗唐詩廣選〔存目補〕34
　唐詩選〔存目〕集部309〔續修〕1611
　補註李滄溟先生文選〔存目〕集部110
　新刻詩學事類〔存目〕子部179
　新刻韻學事類〔存目〕子部179
　滄溟先生集〔著録〕集部71
　滄溟集〔文淵〕1278〔文津〕1282〔文瀾〕
　　1315〔珍本〕八集201-205〔薈要〕422
李璽(明)
　雲文集〔文淵〕1138〔文津〕1143〔文瀾〕
　　1170
李霨(清)
　心遠堂詩集〔存目〕集部212
李黼(明)
　二禮集解〔存目〕經部107
　新刊王制考〔存目〕子部177
李黼平(清)
　毛詩紬義〔續修〕68
李贊元(清)
　出門吟、悔齋詩集、又新集、怡老篇、集外録
　　〔未收〕五輯28
李鵬飛(元)
　三元延壽參贊書〔存目〕子部259
李龏(宋)
　汶陽端平詩雋〔著録〕集部423
　唐僧弘秀集〔文淵〕1356〔文津〕1361〔文
　　瀾〕1399〔珍本〕八集215〔著録〕集部
　　412
　端平詩雋〔文淵〕1185〔文津〕1189〔文
　　瀾〕1220
　翦綃集〔存目〕集部20〔續修〕1321
李瀚(唐)
　補註蒙求〔著録〕子部175
　蒙求集註〔文淵〕892〔文津〕894〔文瀾〕
　　912
　標題補注蒙求〔存目補〕77
李瀚章(清)
　〔光緒〕湖南通志〔續修〕661-668
李韡(明)
　海珠小志〔存目〕史部85
李繩遠(清)
　尋壑外言〔存目〕集部237
　澄遠堂三世詩存〔存目〕集部394
李齡(明)
　宮詹遺藁、外編〔未收〕五輯17
李獻民(宋)
　雲齋廣録〔存目〕子部246
　雲齋廣録、後集〔續修〕1264
李籍(唐)
　九章算術、音義〔文淵〕797〔文津〕797〔文
　　瀾〕814
　周髀算經、音義〔文淵〕786〔文津〕787〔文
　　瀾〕803〔珍本〕別輯184〔薈要〕264
李籍(宋)
　九章算術、音義〔底本〕子部24〔著録〕子
　　部146
　周髀算經、音義〔著録〕子部18〔續修〕
　　1031
李覺斯(明)
　疏草〔禁燬補〕22
李騰芳(明)
　李宮保湘洲先生集〔存目〕集部173
李寶嘉(清)
　官場現形記〔續修〕1800
李繼本(元)
　一山文集〔文淵〕1217〔文津〕1221〔文
　　瀾〕1252〔珍本〕十一集173〔著録〕集
　　部32
李繼白(清)
　望古齋集〔未收〕五輯28
李繼聖(清)
　尋古齋文集、詩集〔禁燬〕集部168
李驎(清)
　虬峰文集〔禁燬〕集部131
李巖(清)
　本草新編〔未收〕十輯8
李瓚(周)
　韓非子〔薈要〕252
李觀(唐)
　李元賓文集〔底本〕集部161
　李元賓文編、外編〔文淵〕1078〔文津〕1082
　　〔文瀾〕1108〔底本〕集部55〔著録〕集

部 2

李灝(清)

詩說活參〔未收〕二輯 7

車

車若水(宋)

玉峰先生脚氣集〔著錄〕子部 169

脚氣集〔文淵〕865〔文津〕867〔文瀾〕885〔珍本〕十二集 142

車垓(宋)

內外服制通釋〔文淵〕111〔文津〕107〔文瀾〕105

雙峰先生內外服制通釋〔底本〕經部 47〔著錄〕經部 195

車鼎豐(清)

呂子評語正編、餘編〔續修〕948〔禁燬〕經部 7-8

車璽(明)

治河總考〔存目〕史部 221

吾

吾丘衍(元)

竹素山房詩集〔文淵〕1195〔文津〕1199〔文瀾〕1230〔珍本〕十二集 171〔著錄〕集部 394

周秦刻石釋音〔文淵〕228〔文津〕223〔文瀾〕219〔珍本〕十二集 21〔著錄〕經部 207

閒居錄〔文淵〕866〔文津〕868〔文瀾〕886〔珍本〕十二集 143〔著錄〕子部 169

學古編〔文淵〕839〔文津〕841〔文瀾〕858〔著錄〕子部 358〔續修〕1091

續古篆韻〔續修〕237

續學古編〔續修〕1091

吾丘瑞(明)

運甓記〔續修〕1770

吳

吳士元(明)

市南子、制救〔禁燬〕集部 105

吳士玉(清)

子史精華〔著錄〕子部 213-215

御定子史精華〔文淵〕1008-1010〔文津〕1011-1014〔文瀾〕1035-1036

御定駢字類編〔文淵〕994-1004〔文津〕997-1008〔文瀾〕1020-1030

吳士奇(明)

史裁〔存目〕史部 144

綠滋館稿、考信編、徵信編〔存目〕集部 173

吳士鑑

晉書斠注〔續修〕275-277

吳大有(宋)

千古功名鏡、拾遺〔存目〕子部 83

吳大揚(明)

柯子答問〔續修〕939

吳大經(明)

蘂桂軒詩〔存目〕集部 182

吳大震(明)

廣艷異編〔續修〕1267

吳大澂(清)

古玉圖考〔續修〕1107

愙齋自省錄〔續修〕953

愙齋集古錄、釋文賸稿〔續修〕903

說文古籀補〔續修〕243

吳山(明)

治河通考〔存目〕史部 221

吳之(清)

孝經類解〔存目〕經部 146

吳之甲(明)

靜悱集〔禁燬〕集部 78

吳之英

壽櫟廬儀禮奭固〔續修〕93

壽櫟廬儀禮奭固禮事圖〔續修〕94

壽櫟廬儀禮奭固禮器圖〔續修〕93

吳之俊(明)

彩雲乘新鐫樂府過雲編〔續修〕1778

獅山掌錄〔存目〕子部 203

吳之振(清)

八家詩選〔禁燬補〕57

宋詩鈔〔文淵〕1461-1462〔文津〕1466-1468〔文瀾〕1509-1511〔珍本〕九集 341-364〔薈要〕483-485

宋詩鈔初集〔著錄〕集部 319-321

黃葉邨莊詩集、續集、後集〔存目〕集部 237

吳之章(清)

泛梗集〔禁燬補〕82

吳之鯨(明)

武林梵志〔文淵〕588〔文津〕588〔文瀾〕597〔珍本〕四集 118-120〔著錄〕史部 112

吳子玉（明）
　　大鄣山人集〔存目〕集部 141
吳子孝（明）
　　玉霄仙明珠集〔存目〕集部 422
吳子良（宋）
　　荆溪林下偶談〔文淵〕1481〔文津〕1486
　　　〔文瀾〕1531〔底本〕集部 266
　　寶顔堂訂正蔣溪林下偶談〔著録〕集部 331
吳元音（清）
　　葬經箋註、圖説〔續修〕1054
吳元滿（明）
　　六書正義〔存目〕經部 194〔續修〕203
　　六書訴原直音、分部備考〔存目〕經部 194
　　六書總要、附正小篆之訛〔存目〕經部 194
　　諧聲指南〔存目〕經部 194
　　隸書正訛〔續修〕238
吳曰慎（清）
　　周易本義爻徵〔續修〕17
吳中行（明）
　　賜餘堂集〔存目〕集部 157
吳升（清）
　　大觀録〔續修〕1066
吳仁度（明）
　　吳繼疏先生遺集〔存目〕集部 172
吳仁傑（宋）
　　兩漢刊補遺〔文淵〕253〔文津〕248〔文
　　　瀾〕246
　　兩漢刊誤補遺〔著録〕史部 357
　　易圖説〔文淵〕15〔文津〕10〔文瀾〕9〔著
　　　録〕經部 32
　　離騷草木疏〔文淵〕1062〔文津〕1066〔文
　　　瀾〕1091〔著録〕集部 335
　　離騷草木疏補〔存目〕集部 1
吳氏（清）
　　喉科秘本、喉科附方〔續修〕1018
吳殳（清）
　　懷陵流寇始終録〔續修〕441 - 442
吳文英（宋）
　　夢窗甲稿、乙稿、丙稿、丁稿、絶筆〔著録〕集
　　　部 219
　　夢窗稿〔文淵〕1488〔文津〕1493〔文瀾〕
　　　1538
吳文奎（明）
　　蓀堂集〔存目〕集部 189
吳文華（明）

濟美堂集、粵西疏稿、留都疏稿〔存目〕集部
　　　131
吳文鎔（清）
　　吳文節公遺集〔續修〕1520
吳允嘉（清）
　　吳越順存集〔存目〕史部 123
　　浮梁陶政志、附景鎮舊事〔存目〕史部 276
　　　〔續修〕1115
吳玉（明）
　　吳侍御奏疏〔存目〕史部 66
吳玉（清）
　　金石存〔未收〕一輯 30
　　説文引經考〔續修〕203
　　潛邱劄記〔文淵〕859〔文津〕861〔文瀾〕
　　　879
吳玉搢（清）
　　別雅〔文淵〕222〔文津〕217〔文瀾〕215
　　　〔著録〕經部 29
吳玉綸（清）
　　香亭文稿〔續修〕1451〔未收〕十輯 24
吳正子（宋）
　　李長吉歌詩、外卷〔著録〕集部 232
吳正倫（明）
　　養生類要前後集〔存目〕子部 43
吳甘來（明）
　　吳莊介公遺集〔禁燬〕集部 142
吳世杰（清）
　　甓湖草堂文集、近詩、近集〔未收〕八輯 18
吳世尚（清）
　　莊子解〔存目〕子部 257
吳世忠（明）
　　重刻西沱吳先生蠢遇録〔禁燬補〕22
吳本泰（明）
　　吳吏部集〔禁燬〕集部 84
吳可（宋）
　　藏海居士集〔文淵〕1135〔文津〕1139〔文
　　　瀾〕1166〔珍本〕五集 276〔底本〕集部
　　　163〔著録〕集部 422
　　藏海詩話〔文淵〕1479〔文津〕1483〔文
　　　瀾〕1528〔珍本〕別輯 398〔底本〕集部
　　　182〔著録〕集部 465
吳平（漢）
　　越絶書〔文淵〕463〔文津〕462〔文瀾〕464
吳仕（明）
　　頤山私稿〔存目〕集部 70

吳邦治(清)
　　鶴關詩集〔未收〕九輯 28
吳邦慶(清)
　　澤農要録〔未收〕四輯 23
吳式芬(清)
　　封泥考略〔續修〕1109－1110
　　攈古録〔續修〕895
　　攈古録金文〔續修〕902
吳开(宋)
　　優古堂詩話〔文淵〕1478〔文津〕1482〔文瀾〕1527〔著録〕集部 213
吳朴(明)
　　龍飛紀略〔存目〕史部 9
吳有性(明)
　　温疫論〔著録〕子部 352
　　瘟疫論〔文淵〕779〔文津〕780〔文瀾〕796〔珍本〕十一集 113
吳存禮(清)
　　梅里志〔存目〕史部 87
吳光酉(清)
　　陸稼書先生年譜定本〔續修〕554
吳光耀(清)
　　五代史記纂續補〔續修〕292
　　古文尚書正辭〔未收〕二輯 5
吳先聲(清)
　　敦好堂論印〔續修〕1091
吳廷華(清)
　　儀禮章句〔文淵〕109〔文津〕104〔文瀾〕103〔著録〕經部 152
　　禮記疑義〔續修〕99－100
吳廷楨(清)
　　古劍書屋詩鈔、詩餘、文鈔〔存目〕集部 263
　　御選唐詩〔著録〕集部 201－202
吳仲(明)
　　通惠河志〔存目〕史部 221〔續修〕850
吳任臣(清)
　　十國春秋〔文淵〕465〔文津〕464〔文瀾〕466－467〔珍本〕三集 147－154〔薈要〕204－205
　　十國春秋、拾遺、備考、拾遺備考補〔著録〕史部 95
　　山海經廣注〔文淵〕1042〔文津〕1046〔文瀾〕1069〔珍本〕三集 221－222
　　山海經廣註、讀山海經語、雜述、圖〔著録〕子部 112

元音統韻〔存目〕經部 215－216
　　字彙補〔續修〕233
吳仰賢(清)
　　小匏庵詩存〔續修〕1548
　　小匏庵詩話〔續修〕1707
吳自牧(宋)
　　夢粱録〔文淵〕590〔文津〕590〔文瀾〕598〔著録〕史部 420
吳自高(清)
　　善卷堂四六〔存目〕集部 257
吳兆(明)
　　新安二布衣詩〔禁燬〕集部 155
吳兆宜(清)
　　玉臺新詠〔存目〕集部 288〔續修〕1588
　　徐孝穆全集、附本傳、備考〔著録〕集部 41
　　徐孝穆集〔薈要〕357
　　徐孝穆集箋注、附陳書本傳、備考〔文淵〕1064〔文津〕1069〔文瀾〕1094
　　庚子山全集〔著録〕集部 1
　　庚開府集箋註〔文淵〕1064〔文津〕1068〔文瀾〕1093
吳兆騫(清)
　　秋笳集〔存目補〕2〔續修〕1412
吳亦鼎(清)
　　神灸經綸〔續修〕997
吳汝綸(清)
　　李文忠公奏稿〔續修〕505－508
　　尚書故〔續修〕50
　　易説〔續修〕38
　　桐城吳先生文集、詩集〔續修〕1563
吳守一(清)
　　春秋日食質疑〔存目〕經部 145〔續修〕144
吳守忠(明)
　　三峽通志〔續修〕848
吳聿(宋)
　　觀林詩話〔文淵〕1480〔文津〕1484〔文瀾〕1530〔底本〕集部 265〔著録〕集部 455
吳如愚(宋)
　　準齋雜説〔文淵〕709〔文津〕711〔文瀾〕724〔珍本〕別輯 166
吳孝章(明)
　　昭代名臣志鈔〔存目〕史部 116
吳孝銘(清)
　　樞垣題名〔續修〕751

吳均(南朝梁)
　　吳朝請集〔續修〕1587
　　續齊諧記〔文淵〕1042〔文津〕1046〔文瀾〕1070〔著錄〕子部331
吳均(元)
　　增修復古編〔存目〕經部188
吳志忠(清)
　　校蔡中郎集疏證、外集疏證、文集補〔續修〕1303
吳芾(宋)
　　姑溪居士前集、後集〔文淵〕1120〔文津〕1124-1125〔文瀾〕1150
　　湖山集〔文淵〕1138〔文津〕1142〔文瀾〕1169〔珍本〕別輯321-322
吳辰燦(清)
　　瘍科臨證心得集、方彙、方彙補遺、家用膏丹丸散方、景岳新方歌〔續修〕1016
吳見思(清)
　　杜詩論文〔存目〕集部7
吳伯宗(明)
　　天文書〔續修〕1063
　　吳狀元榮進集〔著錄〕集部397
　　榮進集〔文淵〕1233〔文津〕1237〔文瀾〕1269〔珍本〕三集298
吳伯與(明)
　　南華經因然〔未收〕三輯27
　　宰相守令合宙〔存目〕史部109
吳希哲(明)
　　麟旨明微〔未收〕一輯6
吳沛(明)
　　西墅草堂遺集〔未收〕六輯25
吳汶(明)
　　歷朝應制詩選、唐應試詩〔禁燬補〕54
吳沆(宋)
　　易璇璣〔文淵〕11〔文津〕6〔文瀾〕5〔薈要〕3〔著錄〕經部32
　　環溪詩話〔底本〕集部265〔著錄〕集部331
吳宏基(明)
　　史拾載補、衆斷〔存目補〕94
吳宏道(元)
　　中州啓劄〔存目補〕79
吳長元(清)
　　宸垣識略〔續修〕730
　　詩傳注疏〔續修〕57
吳坤修(清)

〔光緒〕重修安徽通志〔續修〕651-655
吳坰(宋)
　　五總志〔文淵〕863〔文津〕865〔文瀾〕883〔著錄〕子部33
吳其貞(清)
　　書畫記〔續修〕1066〔禁燬補〕34
吳其濬(清)
　　植物名實圖考〔續修〕1117-1118
　　滇南礦廠圖略〔續修〕880
吳若(宋)
　　東南防守利便〔存目〕史部225
吳英(明)
　　歷朝應制詩選、唐應試詩〔禁燬補〕54
吳苑(清)
　　北黔山人詩〔禁燬〕集部46
吳林(清)
　　吳蕈譜〔續修〕1117
吳雨(明)
　　毛詩鳥獸草木考〔存目〕經部67
吳非(清)
　　三唐傳國編年〔禁燬補〕9
　　楚漢帝月表〔禁燬補〕9
吳卓信(清)
　　漢書地理志補注〔未收〕四輯11
吳昌宗(清)
　　四書經注集證〔續修〕168
吳昌祺(清)
　　刪訂唐詩解〔續修〕1612
吳昌碩
　　缶廬詩、別存〔續修〕1570
吳昌綬(清)
　　定盦先生年譜〔續修〕557
吳昌齡(元)
　　花間四友東坡夢雜劇〔續修〕1762
　　張天師斷風花雪月雜劇〔續修〕1760
吳采(清)
　　韻雅、附古蹟詩鈔〔未收〕八輯3
吳炎(清)
　　今樂府〔禁燬〕集部74
吳泳(宋)
　　鶴林集〔文淵〕1176〔文津〕1180〔文瀾〕1210〔珍本〕初集312-314
吳怡(元)
　　玉笥集〔著錄〕集部348

吳定璋(清)
　七十二峰足徵集、文集〔存目補〕43-44
吳承恩(明)
　李卓吾先生批評西遊記〔續修〕1792-1793
吳荃(清)
　詩經正解〔存目〕經部80
吳貞吉(清)
　不古編〔續修〕1100
吳省欽(清)
　白華後稿〔續修〕1448
　白華前稿〔續修〕1447-1448〔未收〕十輯
　　23
　白華詩鈔〔續修〕1448
吳則禮(宋)
　北湖集〔文淵〕1122〔文津〕1126〔文瀾〕
　　1152〔珍本〕別輯292〔底本〕集部62
　　〔著錄〕集部340
吳易(明)
　客問篇〔續修〕1133
吳昭明(明)
　五車霏玉〔存目〕子部178
吳思孝(清)
　勾股割圜記〔續修〕1045
吳秋士(清)
　天下名山記鈔〔存目〕史部254
吳重憙
　石蓮菴詩、詞、樂府〔續修〕1570
吳修(清)
　疑年錄、續〔續修〕517
吳俊(清)
　榮性堂集〔續修〕1464
吳勉學(明)
　唐樂府〔存目〕集部347
吳風翔(清)
　天瓢文鈔〔未收〕七輯24
吳亮(元)
　忍經〔存目〕子部120〔續修〕1188
吳亮(明)
　名世編〔存目〕史部110
　毘陵人品記〔存目〕史部110〔續修〕541
　萬曆疏鈔〔續修〕468-469〔禁燬〕史部
　　58-60
吳彥夔(宋)
　傳信適用方〔文淵〕741〔文津〕741〔文

瀾〕755
　傳信適用方、夏子益治奇疾方〔著錄〕子部
　　15
吳炳文(清)
　春秋左傳彙輯〔未收〕四輯5-6
吳炯(明)
　叢語〔存目〕子部90
吳祖修(清)
　柳塘詩集〔存目〕集部262
吳祕(宋)
　纂圖分門類題五臣註揚子法言〔著錄〕子部
　　127
吳琠(明)
　三才廣志〔續修〕1225-1231
吳振(清)
　月令精鈔〔未收〕三輯18
吳振臣(清)
　寧古塔紀略〔續修〕731
吳振棫(清)
　花宜館詩鈔、續存、無腔村笛〔續修〕1521
　養吉齋叢錄、餘錄〔續修〕1158
吳起(周)
　吳子〔文淵〕726〔文瀾〕740〔著錄〕子部
　　45
吳莊(清)
　豹留集〔未收〕八輯28
　偶存篇〔未收〕八輯23
吳桂森(明)
　周易像象述〔文淵〕34〔文津〕29〔文瀾〕
　　29〔珍本〕初集29-30〔底本〕經部3
　　〔著錄〕經部7
　真儒一脈〔存目〕子部15
　息齋筆記〔續修〕1132
吳時行(明)
　兩洲集〔禁燬補〕72
吳時來(明)
　江防考〔存目〕史部226
吳峻(清)
　弈妙、二編〔續修〕1101
吳甡(明)
　安危注〔存目〕史部110
　柴菴疏集〔禁燬〕史部51
　柴菴疏言〔禁燬〕子部38
　憶記〔禁燬〕史部71
吳乘權(清)

明鑑易知録〔禁燬補〕15

吳秘(宋)
　揚子法言〔文淵〕696〔文津〕696〔文瀾〕
　　710

吳師道(元)
　吳禮部文集〔著録〕集部31
　吳禮部詩話〔續修〕1694
　敬鄉録〔文淵〕451〔文津〕450〔文瀾〕451
　　〔珍本〕十一集60
　紫巖于先生詩選〔著録〕集部60
　紫巖詩選〔文淵〕1189〔文津〕1194〔文
　　瀾〕1225
　絳守居園池記〔底本〕集部55〔著録〕集部
　　420
　絳守居園池記補註〔文淵〕1078〔文津〕
　　1082〔文瀾〕1108
　戰國策〔著録〕史部195
　戰國策校注〔文淵〕407〔文津〕404〔文
　　瀾〕405
　戰國策譚棷〔存目〕史部44
　禮部集〔文淵〕1212〔文津〕1215-1216
　　〔文瀾〕1247〔珍本〕十二集173-174
　　〔薈要〕406

吳師機(清)
　理瀹駢文、略言、續增略言、附膏藥方、治心
　　病方〔續修〕997

吳脈邕(清)
　增輯易象圖説〔存目〕經部48

吳高(清)
　蘭亭志〔續修〕718

吳高增(清)
　玉亭集〔未收〕十輯20
　敬齋文集〔未收〕十輯20

吳烜(清)
　種桑説、養蠶説〔續修〕978

吳浩(清)
　十三經義疑〔文淵〕191〔文津〕185〔文
　　瀾〕181〔珍本〕初集91

吳海(元)
　聞過齋集〔文淵〕1217〔文津〕1221〔文
　　瀾〕1252〔著録〕集部111

吳悌(明)
　吳疎山先生遺集〔存目〕史部83

吳陳琰(清)
　春秋三傳異同考〔存目〕經部140〔續修〕

139
　通玄觀志〔存目〕史部246〔存目〕史部246
　鳳池集〔存目〕集部402
　曠園雜志〔存目〕子部250

吳恕(元)
　校刻傷寒圖歌活人指掌〔未收〕四輯25

吳萊(元)
　淵穎吳先生集〔著録〕集部31
　淵穎集〔文淵〕1209〔文津〕1213〔文瀾〕
　　1243〔薈要〕405

吳菘(清)
　箋卉〔存目〕子部81

吳盛藻(清)
　天門集、文集〔存目〕集部283

吳處厚(宋)
　青箱雜記〔文淵〕1036〔文津〕1040〔文
　　瀾〕1064〔著録〕子部218

吳趼人(清)
　二十年目睹之怪現狀〔續修〕1798-1799

吳國仕(明)
　造命宗鏡集〔續修〕1059-1060

吳國倫(明)
　秦漢書疏〔續修〕462
　陳張事略、附方國珍本末事略〔存目〕史部
　　162
　甔甀洞稿〔續修〕1350
　甔甀洞稿、續稿〔存目〕集部122-123
　甔甀洞續稿詩部、文部〔續修〕1350-1351

吳國輔(明)
　今古輿地圖〔存目〕史部170〔禁燬補〕26

吳崑(明)
　針方六集〔續修〕996
　黃帝内經素問〔續修〕980

吳崇節(明)
　狎鷗子摘稿〔存目〕集部137
　新鐫古史要評〔存目〕史部284

吳敏樹(清)
　柈湖文集〔續修〕1534

吳偉業(灌隱主人)(清)
　太倉十子詩選〔存目〕集部384
　吳詩集覽〔續修〕1396-1397
　秣陵春傳奇〔續修〕1775
　梅村家藏藁〔續修〕1396
　梅村集〔文淵〕1312〔文津〕1316〔文瀾〕
　　1350〔著録〕集部406

梅村詩話〔續修〕1697

虞淵沉〔續修〕390

綏寇紀略〔文淵〕363〔文津〕361〔文瀾〕362〔著錄〕史部 12

吳從先(明)

小窗自紀、艷紀、清紀、別紀〔存目〕子部 252－253

吳訥(宋)

棠陰比事〔文淵〕729〔文津〕729〔文瀾〕743

吳訥(明)

文章辨體、外集、總論〔存目〕集部 291〔續修〕1602

祥刑要覽〔存目〕子部 37

吳翊寅(清)

易漢學考〔續修〕39

易漢學師承表〔續修〕39

周易消息升降爻例〔續修〕39

吳塈安(清)

臨症辨似、附察舌辨症歌〔續修〕999

吳烺(清)

五聲反切正均〔續修〕258

學宋齋詞韻〔續修〕1737

吳清鵬(清)

笏庵詩〔續修〕1514

吳淇(清)

六朝選詩定論〔存目補〕11

粵風續〔存目補〕79

吳淑(宋)

江淮異人録〔文淵〕1042〔文津〕1047〔文瀾〕1070〔珍本〕別輯 236〔著錄〕子部 243

事類賦〔文淵〕892〔文津〕894〔文瀾〕912〔著錄〕子部 363

騎省集〔文淵〕1085〔文津〕1089〔文瀾〕1114

吳惟順(明)

兵鏡、兵鏡吳子十三篇綱目〔續修〕966

兵鏡、綱目〔禁燬〕子部 33

吳惟善(元)

海巢集〔著錄〕集部 257

吳啓昆(清)

索易臆説〔存目〕經部 37

吳隆元(清)

孝經三本管窺〔存目〕經部 146

讀易管窺〔存目〕經部 35

吳翌鳳(清)

與稽齋叢稿〔續修〕1463

鐙窗叢録〔續修〕1139

吳琠(清)

思誠堂集〔存目〕集部 231

吳琯(明)

唐詩紀〔存目補〕16－18

吳敬(明)

九章詳註比類算法大全、乘除開方起例〔續修〕1043

吳敬梓(清)

文木山房集〔續修〕1428

儒林外史〔續修〕1795

吳棫(宋)

韻補〔文淵〕237〔文津〕232〔文瀾〕229〔著錄〕經部 114

吳雲蒸(清)

説文引經異字〔續修〕220

吳雯(清)

別本蓮洋集、年譜〔存目補〕5

蓮洋詩鈔〔文淵〕1322〔文津〕1326〔文瀾〕1361〔珍本〕十集 274－275〔著錄〕集部 359

吳鼎(明)

過庭私録、泉亭外集〔存目〕集部 75

吳鼎(清)

易堂問目〔未收〕四輯 9

吳景旭(清)

南山堂自訂詩、續訂詩、三訂詩〔未收〕七輯 20

歷代詩話〔文淵〕1483〔文津〕1487－1488〔文瀾〕1533〔著錄〕集部 418

吳景奎(元)

藥房樵唱〔文淵〕1215〔文津〕1219〔文瀾〕1250〔珍本〕三集 287〔底本〕集部 104〔著錄〕集部 396

吳喬(清)

西崑發微〔存目〕集部 10

圍爐詩話〔存目〕集部 421〔續修〕1697

吳皋(元)

吾吾類稿〔文淵〕1219〔文津〕1223〔文瀾〕1254〔珍本〕別輯 393

吳復(元)

鐵崖古樂府〔文淵〕1222〔文津〕1226〔文

瀾〕1257
　　鐵崖先生古樂府〔著録〕集部 62
吳道行(明)
　　不愧堂刻奏疏〔禁燬補〕22
吳道長(明)
　　重訂直音篇〔續修〕231
吳道南(明)
　　吳文恪公文集〔禁燬〕集部 31
　　新鍥簪纓必用增補秘笈新書、別集〔存目〕
　　子部 200
吳道源(清)
　　痢證匯參〔續修〕1004
吳道邇(明)
　　〔萬曆〕襄陽府志〔存目〕史部 211－212
吳曾(宋)
　　能改齋漫録〔文淵〕850〔文津〕852〔文
　　瀾〕870〔著録〕子部 30
吳曾(清)
　　太湖備考、湖程紀略〔存目〕史部 225
吳焯(清)
　　馮秋水先生評定存雅堂遺稿、宋方節義先生
　　遺集補刻、宋高士方韶父先生遺集補刻
　　〔著録〕集部 251
吳渭(宋)
　　月泉吟社〔著録〕集部 360
　　月泉吟社詩〔文淵〕1359〔文津〕1364〔文
　　瀾〕1402
吳運焜(清)
　　補續群輔録〔未收〕一輯 17
吳裕垂(清)
　　史案〔未收〕四輯 20
吳瑞登(明)
　　兩朝憲章録〔存目〕史部 16〔續修〕352
　　皇明繩武編擬續大學衍義〔存目〕史部 53
吳蓮(清)
　　愛日堂尚書註解纂要〔存目〕經部 60
吳夢暘(明)
　　射堂詩鈔〔存目〕集部 194
吳楚材(明)
　　彊識略〔存目〕子部 181－182〔續修〕1232
吳楷(清)
　　含薰詩、丹橘林詩〔未收〕十輯 27
吳槇(明)
　　皇明通紀法傳全録〔續修〕357
吳當(元)

吳文正集〔文淵〕1197〔文津〕1201〔文
　　瀾〕1232
　　學言稿〔文淵〕1217〔文津〕1221〔文瀾〕
　　1252〔珍本〕三集 290〔著録〕集部 257
吳照(清)
　　説文字原考略〔未收〕三輯 10
　　説文偏旁考〔未收〕三輯 10
吳嵩梁(清)
　　香蘇山館詩集〔續修〕1489－1490
吳筠(唐)
　　宗玄先生文集、玄綱論、南統大君內丹九章
　　經〔著録〕集部 42
　　宗玄集、玄綱論、南統大君內丹九章經、吳尊
　　師傳〔文淵〕1071〔文津〕1076〔文
　　瀾〕1101〔珍本〕九集 233
吳節(明)
　　吳竹坡先生文集、詩集〔存目〕集部 33
吳與弼(明)
　　康齋先生文集〔著録〕集部 430
　　康齋集〔文淵〕1251〔文津〕1255〔文瀾〕
　　1288〔珍本〕四集 335－336
吳會(元)
　　吳書山先生遺集〔存目〕集部 23〔續修〕
　　1325
吳禎(明)
　　皇明通紀法傳全録〔禁燬補〕10
吳肅公(清)
　　天官考異〔續修〕1032
　　明語林〔存目〕子部 245〔續修〕1175
　　街南文集〔禁燬〕集部 148
　　街南續集〔禁燬〕集部 148
　　詩問〔存目〕經部 73
　　廣祀典議〔存目〕子部 20
　　闡義〔禁燬〕子部 11
　　讀書論世〔禁燬〕子部 21
　　讀禮問〔存目〕經部 88
吳綃(清)
　　嘯雪菴詩集、題咏、新集、題咏二集〔未收〕
　　七輯 23
吳綏(清)
　　廿二史紀事提要〔存目〕史部 40
吳瑭(清)
　　吳鞠通先生醫案〔續修〕1028
　　問心堂溫病條辨〔續修〕1004
吳嘉紀(清)

陌軒詩〔存目補〕56〔續修〕1403
陌軒詩、續〔禁燬補〕81

吳嘉賓(清)
喪服會通説〔續修〕95

吳壽昌(清)
虛白齋存藁〔未收〕十輯25

吳壽暘(清)
公羊經傳異文集解〔續修〕129
拜經樓藏書題跋記〔續修〕930

吳熙載(清)
資治通鑑地理今釋〔續修〕342

吳蔚文(清)
古學記問録〔未收〕十輯10

吳兢(唐)
貞觀政要〔文淵〕407〔文津〕404〔文瀾〕
　　405〔薈要〕205〔著録〕史部51
樂府古題要解〔存目〕集部415

吳爾堯(清)
宋詩鈔初集〔著録〕集部319-321

吳鳴球(明)
兵鏡、兵鏡吳子十三篇綱目〔續修〕966
兵鏡、綱目〔禁燬〕子部33

吳箕(宋)
常談〔文淵〕864〔文津〕866〔文瀾〕884
　　〔珍本〕別輯214〔底本〕子部28〔著
　　録〕子部33

吳儆(宋)
竹洲文集〔著録〕集部51
竹洲集〔文淵〕1142〔文津〕1146〔文瀾〕
　　1174〔珍本〕四集270

吳銘道(清)
古雪山民詩後〔未收〕九輯27

吳鳳來(清)
春秋集義〔未收〕二輯11

吳廣成(清)
西夏書事〔續修〕334

吳榮光(清)
石雲山人詩集、文集〔續修〕1497-1498
吾學録初編〔續修〕815
辛丑銷夏記〔續修〕1082
筠清館金石文字〔續修〕902

吳寬(明)
皇明平吳録〔續修〕432
皇朝平吳録〔存目〕史部46
家藏集〔文淵〕1255〔文津〕1259〔文瀾〕

1292〔薈要〕413
匏翁家藏集〔著録〕集部268

吳寧(清)
榕園詞韻〔續修〕1737

吳玭(清)
三正考〔文淵〕181〔文津〕176〔文瀾〕172
　　〔珍本〕九集59〔著録〕經部203

吳熊光(清)
伊江筆録〔續修〕1177

吳綺(清)
宋金元詩永〔存目〕集部393-394
林蕙堂全集〔著録〕集部286-287
林蕙堂集〔文淵〕1314〔文津〕1318-1319
　　〔文瀾〕1353〔珍本〕三集362-366
選聲集、附詞韻簡〔存目〕集部424
嶺南風物記〔文淵〕592〔文津〕593〔文
　　瀾〕601〔珍本〕四集121〔著録〕史部
　　427

吳維嶽(明)
天目山齋歲編〔存目〕集部105

吳增僅(清)
三國郡縣表〔未收〕六輯5

吳蕃昌(清)
祇欠庵集〔未收〕七輯20

吳翯(清)
吳學士詩集、文集〔續修〕1487

吳震方(清)
朱子論定文鈔〔存目〕集部402
晚樹樓詩稿〔存目〕集部252
嶺南雜記〔存目〕史部249
讀書正音〔存目〕經部203

吳閶(清)
十國宮詞〔未收〕四輯20

吳稼竳(明)
玄蓋副草〔存目〕集部186

吳儀洛(清)
本草從新〔續修〕994
成方切用〔存目〕子部52〔續修〕1002-
　　1003
傷寒分經〔存目〕子部53

吳德信(清)
周易象義合參〔存目〕經部35-36

吳德旋(清)
初月樓古文緒論〔續修〕1714
初月樓聞見録〔未收〕一輯17

吳慶坻
　　蕉廊脞録〔續修〕1264
吳潛(宋)
　　宋特進左丞相許國公奏議〔續修〕475
　　履齋先生遺集〔底本〕集部89〔著録〕集部250
　　履齋遺稿〔文淵〕1178〔文津〕1182〔文瀾〕1212〔珍本〕二集306
吳澄(元)
　　三禮考註〔存目〕經部103-104
　　月令七十二候集解〔存目〕經部88
　　月令纂言〔續修〕885
　　孝經定本〔文淵〕182〔文津〕177〔文瀾〕173
　　吳文正集〔文淵〕1197〔文津〕1201〔文瀾〕1232〔珍本〕二集319-328
　　易纂言〔文淵〕22〔文津〕17〔文瀾〕17〔薈要〕10〔著録〕經部184
　　易纂言外翼〔文淵〕22〔文津〕17〔文瀾〕17〔珍本〕別輯10〔著録〕經部120
　　春秋纂言〔文淵〕159〔文津〕154〔文瀾〕152
　　春秋纂言、總例〔珍本〕三集80-83〔底本〕經部47-50〔著録〕經部81
　　草廬吳先生輯粹〔存目〕集部21
　　草廬校定古今文孝經〔著録〕經部23
　　書纂言〔文淵〕61〔文津〕55〔文瀾〕53〔薈要〕20〔著録〕經部35
　　葬書〔文淵〕808〔文津〕809〔文瀾〕826
　　道德真經註〔文淵〕1055〔文津〕1059〔文瀾〕1084〔底本〕子部4〔著録〕子部246
　　儀禮逸經〔文淵〕105〔文津〕100〔文瀾〕98
　　儀禮逸經、傳〔著録〕經部17
　　臨川吳文正公集、外集、年譜〔著録〕集部394-395
　　禮記纂言〔文淵〕121〔文津〕115-116〔文瀾〕115〔珍本〕五集31-36〔存目〕經部101〔著録〕經部154-155
吳履震(清)
　　五茸志逸隨筆、附説夢〔未收〕十輯12
吳樹梅(清)
　　欽定大清會典〔續修〕794
吳樹聲(清)
　　詩小學〔未收〕三輯7

歌麻古韻考〔未收〕九輯3
吳融(唐)
　　唐英歌詩〔文淵〕1083〔文津〕1087〔文瀾〕1113〔珍本〕十集214〔著録〕集部234
吳歷(清)
　　墨井畫跋〔續修〕1066
吳暻(清)
　　左司筆記〔存目〕史部276
吳簏(清)
　　〔嘉慶〕東流縣志〔續修〕712
吳衡照(清)
　　蓮子居詞話〔續修〕1734
吳鋌(清)
　　浮筠軒遺稿〔未收〕八輯16
吳錫疇(宋)
　　蘭皋集〔文淵〕1186〔文津〕1190〔文瀾〕1222〔珍本〕三集252〔著録〕集部423
吳錫麒(清)
　　有正味齋詞集、續集、外集〔續修〕1725
　　有正味齋詩集、續集、駢體文、續集〔續修〕1468-1469
吳錦章(清)
　　六書類簒、讀篆臆存雜説、字學尋源〔續修〕242
吳穎芳(清)
　　説文理董後編〔續修〕204
　　説文解字理董〔續修〕204
吳龍翰(宋)
　　古梅遺稿〔文淵〕1188〔文津〕1193〔文瀾〕1224〔珍本〕三集254〔著録〕集部394
吳熾昌(清)
　　客窗閒話〔續修〕1263
吳縝(宋)
　　五代史纂〔文淵〕279〔文津〕274〔文瀾〕271〔珍本〕別輯67
　　新唐書糾謬〔文淵〕276〔文津〕272〔文瀾〕269〔薈要〕279〔著録〕史部65
吳懋清(清)
　　毛詩復古録〔未收〕五輯2
吳懋謙(清)
　　苧蓭二集〔存目〕集部207
吳嶽(明)
　　清流摘鏡〔禁燬補〕17

吳鍾巒(明)
　　十願齋全集易説、易箋〔存目〕經部 24
吳謙(清)
　　御纂醫宗金鑑〔文淵〕780－782〔文津〕
　　781－783〔文瀾〕797－799〔薈要〕
　　255－257〔著録〕子部 48－50
吳襄(清)
　　子史精華〔著録〕子部 213－215
　　御定子史精華〔文淵〕1008－1010〔文津〕
　　1011－1014〔文瀾〕1035－1036
吳應逵(清)
　　嶺内荔支譜〔續修〕1116
吳應箕(明)
　　東林本末〔禁燬補〕16
　　東林事略〔續修〕438
　　兩朝剥復録〔禁燬〕史部 19
　　啓禎兩朝剥復録〔續修〕438
　　樓山堂集〔禁燬〕集部 11
　　樓山堂集、遺文、遺詩〔續修〕1388－1389
　　讀書止觀録〔存目〕子部 150
吳應賓(明)
　　宗一聖論〔存目〕子部 90
吳翼先(清)
　　新疆則例説略〔未收〕三輯 19
吳騏(清)
　　顐頷集〔未收〕五輯 27
吳瞻泰(清)
　　陶詩彙註〔存目〕集部 3
吳鵠(清)
　　卜葳恒言〔續修〕976
吳鎮(元)
　　梅花道人遺墨〔文淵〕1215〔文津〕1219
　　〔文瀾〕1250〔著録〕集部 256
吳鎮(清)
　　松花菴詩草、遊草、逸草、詩餘、韻史、蘭山詩
　　草、松厓文稿次稿〔未收〕十輯 24
　　律古續稿、集古古詩、集古絶句〔未收〕十輯
　　26
吳藹(清)
　　名家詩選、閨秀〔禁燬〕集部 170
吳藻(清)
　　喬影〔續修〕1768
吳鵬(明)
　　飛鴻亭集〔存目〕集部 83－84
吳繩年(清)

端溪研志〔續修〕1113
吳蘭修(清)
　　南漢紀〔續修〕334
吳蘭庭(清)
　　五代史記纂補〔續修〕292
　　胥石詩存、胥石文存〔續修〕1447
吳闡思(清)
　　匡廬紀游〔存目〕史部 255
吳寶芝(清)
　　花木鳥獸集類〔文淵〕1034〔文津〕1038
　　〔文瀾〕1061〔珍本〕二集 245
吳寶謨(清)
　　經義圖説〔未收〕六輯 4
吳騫(清)
　　子夏易傳釋〔續修〕24
　　尖陽叢筆、續筆〔續修〕1139
　　拜經樓詩集、續編、再續編〔續修〕1454
　　拜經樓詩話〔續修〕1704
　　皇氏論語義疏參訂〔續修〕153
　　桃溪客語〔續修〕1139
　　唐開成石經考〔續修〕184
　　海寧經籍志備考〔續修〕918
　　陽羨名陶録、續録〔續修〕1111
　　惠陽山水紀勝〔存目〕史部 241
　　愚谷文存〔續修〕1454
　　愚谷文存續編〔續修〕1454
　　詩譜補亡後訂、拾遺〔續修〕64
吳繼仕(明)
　　七經圖〔存目〕經部 150
　　音聲紀元〔存目〕經部 210〔續修〕254
吳繼安(明)
　　歷代帝王曆祚考、歷代紹運國系之圖、歷代
　　年號考同、歷代紹統年表、音釋〔續修〕
　　826
吳儼(明)
　　吳文肅公摘稿〔底本〕集部 145〔著録〕集
　　部 399
　　吳文肅摘稿〔文淵〕1259〔文津〕1263〔文
　　瀾〕1296〔珍本〕三集 327
吳爡文(清)
　　樸庭詩稿〔存目〕集部 277
吳麟徵(明)
　　吳忠節公遺集、附年譜〔禁燬〕集部 81
　　家誡要言〔存目〕子部 17

447

貝

貝青喬(清)
半行庵詩存稿 〔續修〕1537
咄咄吟 〔續修〕1536

貝琳(明)
七政推步 〔文淵〕786 〔文津〕787 〔文瀾〕
803 〔珍本〕初集 173 〔著録〕子部 353
回回曆法釋例 〔續修〕1036

貝瓊(明)
清江貝先生文集、詩集、詩餘 〔著録〕集部
36
清江詩集、文集 〔文淵〕1228 〔文津〕1232
〔文瀾〕1263

岑

岑安卿(元)
栲栳山人詩集 〔文淵〕1215 〔文津〕1219
〔文瀾〕1250 〔珍本〕五集 293 〔底本〕
集部 105 〔著録〕集部 396

岑建功(清)
舊唐書逸文 〔續修〕285

岑參(唐)
岑嘉州詩 〔續修〕1309

利

利瑪竇(明西洋)
天主實義 〔存目〕子部 93 〔續修〕1296
同文算指前編、通編 〔著録〕子部 20
交友論 〔存目〕子部 93
重刻二十五言 〔存目〕子部 93
重刻畸人十篇、附西琴曲意 〔存目〕子部 93
〔存目〕子部 93
乾坤體義 〔文淵〕787 〔文津〕789 〔文瀾〕
805 〔珍本〕五集 201
測量法義、測量異同、句股義 〔著録〕子部
145
幾何原本 〔文淵〕798 〔文津〕799 〔文瀾〕
815 〔著録〕子部 20 〔續修〕1300
圜容較義 〔著録〕子部 73
辯學遺牘 〔存目〕子部 93

利類思(清西洋)
西方要紀 〔存目〕史部 256

邱

邱之稑(清)

律音彙考 〔未收〕一輯 5

邱仰文(清)
楚辭韻解 〔未收〕五輯 16

邱志廣(清)
柴村全集、附德滋堂歌詩附鈔 〔存目補〕97

邱處機(元)
攝生消息論 〔存目〕子部 259

邱惟毅(清)
瀏陽麻利述 〔續修〕977

邱葵(宋)
釣磯詩集 〔續修〕1321

邱煒萲(清)
五百石洞天揮麈 〔續修〕1708

邱嘉穗(清)
東山草堂文集、詩集、續編、迴言 〔存目〕集
部 259
東山草堂陶詩箋 〔存目〕集部 3

邱維屏(清)
邱邦士文集 〔禁燬〕集部 52
易義選參 〔未收〕三輯 1
河東文録 〔續修〕1671

邱學敏(清)
百十二家墨録題詞 〔未收〕十輯 12

邱熺(清)
引痘略 〔續修〕1012

何

何三畏(明)
雲間志略 〔禁燬〕史部 8
新刻何氏類鎔 〔存目〕子部 197

何士信(宋)
增修箋註妙選群英草堂詩餘前集、後集 〔續
修〕1728

何士泰(元)
類編曆法通書大全 〔存目〕子部 68 〔續修〕
1062

何士晉(明)
工部廠庫須知 〔續修〕878

何大成(明)
唐伯虎先生集、外編、續刻 〔續修〕1334 –
1335

何大任(宋)
小兒衛生總微論方 〔文淵〕741 〔文津〕741
〔文瀾〕755

太醫局諸科程文格 〔文淵〕743 〔文津〕743
〔文瀾〕757

何中(元)
知非堂稿 〔文淵〕1205 〔文津〕1209 〔文
瀾〕1240 〔珍本〕五集 291 〔著録〕集部
30

何去非(宋)
何博士備論 〔文淵〕727 〔文津〕727 〔文
瀾〕741 〔著録〕子部 14

何石安(清)
豐桑合編、附豐桑説略 〔未收〕四輯 23

何白(明)
汲古堂集 〔禁燬〕集部 177

何光遠(後蜀)
重彫足本鑑誡録 〔著録〕子部 217
鑑誡録 〔文淵〕1035 〔文津〕1040 〔文瀾〕
1063

何光顯(明)
聖主中興全盛兼三録附 〔禁燬〕史部 36

何休(漢)
春秋公羊傳注疏 〔薈要〕32
春秋公羊傳注疏、附考證 〔文淵〕145 〔文
津〕140-141 〔文瀾〕139
監本附音春秋公羊註疏 〔著録〕經部 77

何兆聖(明)
十三經類語、附十三經序論選 〔存目〕子部
217

何汝賓(明)
兵録 〔禁燬〕子部 9

何宇度(明)
益部談資 〔文淵〕592 〔文津〕593 〔文瀾〕
598 〔著録〕史部 252

何志高(清)
易經本意 〔續修〕33

何希之(宋)
何希之先生雞肋集 〔存目〕集部 20 〔續修〕
1320

何犿(元)
韓非子 〔文淵〕729 〔文津〕729 〔文瀾〕743

何良臣(明)
陣紀 〔文淵〕727 〔文津〕727 〔文瀾〕741
〔著録〕子部 333

何良俊(明)
世説新語補 〔存目〕子部 242
四友齋叢説 〔存目〕子部 103 〔續修〕1125

何氏語林 〔文淵〕1041 〔文津〕1045 〔文
瀾〕1069 〔珍本〕三集 217-220 〔著
録〕子部 112
何翰林集 〔存目〕集部 142

何其傑(清)
周易經典證略 〔續修〕38

何若瑶(清)
春秋公羊注疏質疑 〔續修〕129

何東序(明)
九愚山房詩集 〔存目〕集部 126

何佽(宋)
增註周易神應六親百章海底眼前集、後集
〔續修〕1055

何承天(宋)
靈棋經 〔著録〕子部 303

何孟春(明)
孔子家語 〔存目〕子部 1
何文簡公疏議 〔著録〕史部 421
何文簡疏議 〔文淵〕429 〔文津〕427 〔文
瀾〕427 〔珍本〕四集 107-108
何燕泉詩集 〔存目〕集部 46
餘冬序録 〔存目〕子部 101-102

何秋濤(清)
一鐙精舍甲部藁 〔續修〕1554
王會篇箋釋 〔續修〕301
周易爻辰申鄭義 〔續修〕34
禹貢鄭氏略例 〔續修〕55
校正元聖武親征録 〔續修〕423
朔方備乘、圖 〔續修〕740-742
蒙古游牧記 〔續修〕731

何炯(明)
清源文獻 〔存目〕集部 332

何栔(清)
晴江閣集 〔未收〕七輯 30

何晏(三國魏)
論語注疏 〔文淵〕195 〔文津〕190 〔文瀾〕
186 〔薈要〕70
論語集解義疏 〔文淵〕195 〔文津〕190 〔文
瀾〕186 〔著録〕經部 169
論語註疏解經 〔著録〕經部 169

何剛德(清)
撫郡農産考略 〔續修〕977

何通(明)
印史 〔存目〕子部 75

何琇(清)

樵香小記〔文淵〕859〔文津〕861〔文瀾〕881

何基(宋)

何北山先生遺集〔續修〕1320

何異(宋)

宋中興學士院題名、中興東宮官寮題名、中興行在雜買務雜賣場提轄官題名〔續修〕748

何異孫(元)

十一經問對〔文淵〕184〔文津〕179〔文瀾〕176〔薈要〕78

新編十一經問對〔著録〕經部91

何國宗(清)

地球圖説〔續修〕1035

御製曆象考成〔著録〕子部5－6

欽定協紀辨方書、奏議〔文淵〕811〔文津〕813〔文瀾〕830〔珍本〕五集220－229

何偉然(明)

四六霞肆〔存目〕子部223

皇明十六名家小品〔存目〕集部378

何紹基(清)

東洲草堂文鈔〔續修〕1529

東洲草堂詩鈔、東洲草堂詩餘〔續修〕1528－1529

〔光緒〕重修安徽通志〔續修〕651－655

何超(唐)

晉書、音義〔薈要〕98－100

何棟如(明)

何太僕集〔禁燬補〕66

皇祖四大法〔存目〕史部51

夢林玄解〔存目〕子部70〔續修〕1063－1064

何景明(明)

大復集〔文淵〕1267〔文津〕1271〔文瀾〕1303〔珍本〕七集243－247〔薈要〕418

何大復先生集〔底本〕集部154－156〔著録〕集部274

雍大記〔存目〕史部184

何景福(元)

潛齋先生文集、鐵牛翁遺稿〔著録〕集部424

何無適(宋)

詩準、詩翼〔存目〕集部289

何喬遠(明)

名山藏〔續修〕425－427〔禁燬〕史部46－48

何氏萬曆集〔禁燬補〕65

皇明文徵〔存目〕集部328－329

閩書〔存目〕史部204－207

何喬新(明)

何文肅椒丘先生策府群玉文集〔存目〕子部174

周禮集註〔存目〕經部81

椒邱文集、外集〔文淵〕1249〔文津〕1252－1253〔文瀾〕1285〔著録〕集部39

椒邱文集三十四集〔珍本〕五集301－304

新刻皇明百將列傳評林、續集〔禁燬〕子部17

何焯(清)

分類字錦〔著録〕子部105－108

御定分類字錦〔文淵〕1005－1007〔文津〕1008－1011〔文瀾〕1031－1034

義門先生集〔續修〕1420

義門讀書記〔文淵〕860〔文津〕862－863〔文瀾〕880〔珍本〕二集218－227〔著録〕子部76

韻府拾遺〔著録〕子部239－240

何夢桂(宋)

潛齋文集〔珍本〕五集289－290

潛齋先生文集、鐵牛翁遺稿〔著録〕集部424

潛齋集、附家傳、鐵牛翁遺稿〔文淵〕1188〔文津〕1192〔文瀾〕1223

何夢瑶(清)

皇極經世易知〔未收〕四輯27

算迪〔未收〕五輯13

賡和録〔存目〕經部185

醫碥〔續修〕1025

何楷(明)

古周易訂詁〔文淵〕36〔文津〕31〔文瀾〕30〔珍本〕三集17－19〔著録〕經部7

詩經世本古義〔文淵〕81〔文津〕76－77〔文瀾〕74〔珍本〕四集35－40〔著録〕經部61－62

何粲(唐)

亢倉子〔著録〕子部365

亢倉子注〔文淵〕1059〔文津〕1063〔文瀾〕1088

何溱(清)

蘇齋題跋、附銕函齋書跋補〔續修〕1068

何溥(南唐)

靈城精義〔文淵〕808〔文津〕809〔文瀾〕826〔珍本〕三集194

何遜(南朝梁)

何水部集〔文淵〕1063〔文津〕1068〔文瀾〕1093

何記室集〔著録〕集部226〔續修〕1587

何瑭(明)

何文定公文集〔底本〕集部186-187〔著録〕集部400

柏齋集〔文淵〕1266〔文津〕1270〔文瀾〕1303〔珍本〕六集277-278

何爾健(明)

按遼饟璫疏稿〔禁燬補〕22

何維柏(明)

天山草堂存稿〔存目〕集部103

何震(明)

續學古編〔續修〕1091

何慶元(明)

何長人集〔禁燬〕集部77

何薳(宋)

春渚紀聞〔文淵〕863〔文津〕865〔文瀾〕883〔著録〕子部168

何谿汶(宋)

竹莊詩話〔文淵〕1481〔文津〕1486〔文瀾〕1531〔珍本〕初集399-400

何鏜(明)

古今游名山記、總綠〔續修〕736

古今游名山記、總錄、附游名山記〔存目〕史部250

修攘通考〔存目〕史部225

栝蒼彙紀〔存目〕史部193

高奇往事〔未收〕十輯11

但

但明倫(清)

詁謀隨筆〔未收〕五輯9

伯

伯麟(清)

欽定兵部處分則例、欽定兵部續纂處分則例〔續修〕856

伶

伶玄(漢)

飛燕外傳〔續修〕1783

佟

佟世男(清)

篆字彙〔存目〕經部204-205

佟世南(清)

東白堂詞選初集、附詞論〔存目〕集部424

佟世思(清)

與梅堂遺集、耳書、鮓話〔存目〕集部272

佟國維(清)

周易彙統〔未收〕一輯1

佟賦偉(清)

二樓紀略〔存目〕子部115〔續修〕1176

佘

佘一元(清)

潛滄集〔存目〕集部216

佘自强(明)

治譜、續集〔續修〕753

佘雲祚(清)

鼎刻柱史閣佘崙山先生懼史大書增補經書闡義〔未收〕四輯20

佘翔(明)

薛荔園詩集〔文淵〕1288〔文津〕1292〔文瀾〕1325〔珍本〕八集206-207

余

余子俊(明)

余肅敏公奏議〔禁燬〕史部57

余元熹(明)

漢魏名文乘〔存目補〕31-33

余曰德(明)

余德甫先生集〔存目〕集部122

余文龍(明)

大明天元玉曆祥異圖説〔禁燬〕子部12

史纘〔存目〕史部146

〔天啓〕贛州府志〔存目〕史部202

余心孺(清)

詅癡夢艸〔禁燬補〕84

余允文(宋)

尊孟辨、續辨、別録〔文淵〕196〔文津〕191〔文瀾〕187〔珍本〕別輯48〔底本〕經部46〔著録〕經部96

余本(明)

皇極經世觀物外篇釋義〔續修〕1048
余丙(清)
學宫輯略〔存目〕史部 126
余永麟(明)
北窗瑣語〔存目〕子部 240
余有丁(明)
余文敏公文集〔續修〕1352〔禁燬補〕58
余光令(清)
漁郎詩集〔禁燬補〕79
余光耿(清)
一溉堂詩集〔存目〕集部 237
蓼花詞〔存目〕集部 422
余廷燦(清)
存吾文集録〔續修〕1672
存吾文稿〔續修〕1456
余仲荀(宋)
武溪集〔文淵〕1089〔文津〕1093〔文瀾〕1118
余宏淦(清)
讀尚書日記〔未收〕四輯 3
余知古(唐)
渚宫舊事〔文淵〕407〔文津〕404〔文瀾〕405〔著録〕史部 421
余金(清)
熙朝新語〔續修〕1178
余思復(清)
中邨逸稿〔未收〕七輯 21
余祐(余祜)(明)
文公先生經世大訓〔存目〕子部 6－7
胡文敬集〔文淵〕1260〔文津〕1264〔文瀾〕1297
敬齋集〔著録〕集部 69
余紉蘭(明)
燕林藏稿、附楚風〔禁燬〕集部 125
余國禎(清)
見聞記憶録〔存目〕子部 113
余寅(明)
同姓名録、録補〔文淵〕964〔文津〕967〔文瀾〕988〔珍本〕七集 160－163〔著録〕子部 331
農丈人文集、詩集〔存目〕集部 168
余寀(清)
塞程别紀〔存目〕史部 128
余紹祉(明)
晚聞堂集〔未收〕六輯 28
余景和(清)
外證醫案彙編〔續修〕1016
余集(清)
秋室學古録、梁園歸櫂録、憶漫庵賸稿〔續修〕1460
余爲霖(清)
石松堂集〔禁燬〕集部 90
余載(元)
韶舞九成樂補〔文淵〕212〔文津〕207〔文瀾〕206〔珍本〕别輯 49
余夢鯉(明)
大明會典抄略〔存目〕史部 268
余楙(清)
梅里志〔續修〕716
余靖(宋)
武溪集〔文淵〕1089〔文津〕1093〔文瀾〕1118〔珍本〕六集 243－244〔薈要〕369〔著録〕集部 3
余熫(明)
强齋集〔文淵〕1232〔文津〕1236〔文瀾〕1268
余敷中(明)
麟寶〔存目〕經部 121－122
余德壎(清)
鼠疫抉微〔續修〕1005
余蕭客(清)
文選音義〔存目〕集部 288
古經解鈎沈〔珍本〕五集 54－56
古經解鈎沉〔文淵〕194〔文津〕189〔文瀾〕185〔底本〕經部 60－61〔著録〕經部 95
余霖(清)
疫疹一得〔續修〕1004
余學夔(明)
北軒集〔未收〕五輯 17
余縉(清)
大觀堂文集〔存目〕史部 67〔未收〕九輯 16
余懋孳(明)
荑言〔存目補〕99
余懋學(明)
仁獄類編〔續修〕973
説頤〔存目〕子部 105
余懋衡(明)
古方略、續編〔禁燬〕子部 31－32
關中集〔存目〕集部 173

余闕(元)
　青陽先生文集〔著録〕集部 256
　青陽集〔文淵〕1214〔文津〕1218〔文瀾〕
　　1249
余鵬年(清)
　曹州牡丹譜〔續修〕1116
余懷(清)
　玉琴齋詞〔續修〕1724
　板橋雜記〔存目〕子部 253〔續修〕733〔續
　　修〕1272
　茶史〔存目〕子部 79〔續修〕1115
　宮閨小名録、後録、後録〔存目〕子部 230
余繼登(明)
　皇明典故紀聞〔存目〕史部 52〔續修〕428
　淡然軒集〔文淵〕1291〔文津〕1296〔文
　　瀾〕1330〔珍本〕五集 369-370〔底
　　本〕集部 206-207〔著録〕集部 405

希

希元(清)
　荆州駐防八旗志〔續修〕859

谷

谷子敬(明)
　吕洞賓三度城南柳雜劇〔續修〕1762
谷中虛(明)
　薛文清公要言〔續修〕935
谷神子(唐)
　博異記〔文淵〕1042〔文津〕1046〔文瀾〕
　　1070
谷泰(明)
　博物要覽〔存目〕子部 118〔續修〕1186
谷應泰(清)
　明史紀事本末補遺〔續修〕390
　明史紀事本末〔文淵〕364〔文津〕361-362
　　〔文瀾〕363〔薈要〕211
　明朝紀事本末〔著録〕史部 272-273
谷繼宗(明)
　吴中水利書〔著録〕史部 59

狄

狄子奇(清)
　周易推〔續修〕32
　國策地名考〔續修〕422-423

冷

冷士嵋(清)
　江泠閣文集、續〔存目〕集部 236
　江泠閣詩集〔存目〕集部 236
冷謙(明)
　修齡要指〔存目〕子部 260

辛

辛文房(元)
　唐才子傳〔文淵〕451〔文津〕450〔文瀾〕
　　451〔珍本〕別輯 126-127〔著録〕史部
　　91
辛全(明)
　四書説〔未收〕六輯 3
　經世石畫〔存目〕子部 16
　衡門芹〔存目〕子部 15
辛紹業(清)
　冬官旁求〔續修〕85
　易圖存是〔續修〕26
辛棄疾(宋)
　南渡録〔存目〕史部 44
　美芹十論〔存目〕子部 30
　稼軒長短句〔著録〕集部 219〔續修〕1723
　稼軒詞〔文淵〕1488〔文津〕1493〔文瀾〕
　　1538
　稼軒詞補遺〔續修〕1723
　藥闌集〔存目〕集部 16
　竊憤録、續録〔存目〕史部 44
辛鈃(周)
　文子〔文淵〕1058〔文津〕1062〔文瀾〕1087
　　〔薈要〕276〔著録〕子部 248

汪

汪三益(明)
　參籌秘書〔存目〕子部 61〔續修〕1051-
　　1052
汪士漢(清)
　古今記林〔存目〕子部 236
汪士賢(明)
　漢魏六朝二十一名家集〔存目補〕27-28
汪士鋐(清)
　秋泉居士集〔未收〕八輯 19
　瘞鶴銘考〔存目〕史部 278
汪士鐸(清)

水經注圖〔未收〕六輯 10
汪梅村先生集、外集〔續修〕1531
南北史補志〔未收〕五輯 4
悔翁筆記〔續修〕1162
悔翁詩鈔〔續修〕1532
汪大淵(元)
島夷志略〔文淵〕594〔文津〕594〔文瀾〕602〔珍本〕十集 105〔著錄〕史部 114
汪之珩(清)
東皋詩存、詩餘〔存目〕集部 413
汪子祜(明)
石西集、附崇禮堂詩〔存目〕集部 146
汪天榮(清)
德音堂琴譜〔未收〕四輯 28
汪元量(宋)
水雲集〔珍本〕十二集 170
汪水雲詩鈔〔存目〕集部 20
湖山類稿〔珍本〕十二集 170
湖山類稿、水雲集〔文淵〕1188〔文津〕1192〔文瀾〕1223
湖山類稿、水雲集、亡宋舊宮人詩、亡宋舊宮人詞、水雲集附錄〔著錄〕集部 105
汪少泉(明)
皇明奏疏類鈔〔禁燬補〕19-21
汪日暐(清)
京省水道考〔未收〕九輯 5
汪曰楨(清)
玉鑑堂詩集〔續修〕1543
如積引蒙〔續修〕1046
南潯鎮志〔續修〕717
湖蠶述〔續修〕978
歷代長術輯要、古今推步諸術考〔續修〕1041
汪中(清)
大戴禮記正〔續修〕107
述學、附春秋述義〔續修〕1465
春秋列國官名異同考〔續修〕144
容甫先生遺詩〔續修〕1465
汪文柏(清)
杜韓詩句集韻〔存目〕子部 236
柯庭餘習〔未收〕八輯 21
汪文臺(清)
十三經注疏校勘記識語〔續修〕183
汪可進(明)
公餘草就〔未收〕五輯 24

汪由敦(清)
日講禮記解義〔文淵〕123〔文津〕118-119〔文瀾〕117〔珍本〕九集 43-52〔薈要〕57
松泉文錄〔續修〕1671
松泉集、詩集〔珍本〕十一集 187-190
松泉集、詩集、文集〔文淵〕1328〔文津〕1332〔文瀾〕1369
松泉詩集、文集〔著錄〕集部 133
欽定盤山志〔文淵〕586〔文津〕586〔文瀾〕595
汪立名(清)
白香山詩長慶集、後集、別集、年譜、年譜舊本〔著錄〕集部 42
白香山詩集、附舊唐書白居易本傳、白香山年譜、舊本白文公年譜〔文淵〕1081〔文津〕1085〔文瀾〕1111
唐四家詩〔存目〕集部 408
鐘鼎字源〔存目〕經部 205
汪邦柱(明)
周易會通〔存目〕經部 18-19
汪芝(明)
西麓堂琴統〔續修〕1094
汪有光(清)
標孟〔續修〕157
汪有典(清)
史外〔禁燬〕史部 20
前明忠義別傳〔未收〕一輯 19
望古集〔禁燬補〕88
汪廷訥(明)
文壇列俎〔存目〕集部 348
坐隱先生全集〔存目〕集部 188
坐隱先生精訂梨雲寄傲、秋碧軒稿、可雪齋稿、月香亭稿、滑稽餘韻〔續修〕1738
獅吼記〔續修〕1772
種玉記〔續修〕1772
汪仲洋(清)
心知堂詩稿〔續修〕1502
汪兆舒(清)
穀玉類編〔未收〕五輯 15
汪汝謙(明)
綺詠、續集〔存目〕集部 192
汪如洋(清)
葆沖書屋集、外集〔續修〕1476
汪孝嬰(清)

列子、列子盧注考證〔續修〕958

汪志伊（清）
　稼門文鈔、稼門詩鈔〔續修〕1464

汪克寬（元）
　春秋胡氏傳纂疏〔著錄〕經部 84
　春秋胡傳附錄纂疏〔文淵〕165〔文津〕
　　158-159〔文瀾〕157〔珍本〕四集 57-
　　63
　經禮補逸〔文淵〕105〔文津〕100〔文瀾〕
　　99〔薈要〕50〔底本〕經部 25〔著錄〕
　　經部 14
　環谷集〔文淵〕1220〔文津〕1225〔文瀾〕
　　1256〔珍本〕七集 209-210〔著錄〕集
　　部 258

汪佃（明）
　東麓遺稿〔存目〕集部 73

汪近聖（清）
　汪氏鑑古齋墨藪〔續修〕1114

汪宏（清）
　望診遵經〔續修〕999

汪坦（明）
　石孟集〔存目補〕54

汪尚廣（明）
　管氏指蒙〔續修〕1052

汪昂（清）
　勿藥玄詮〔續修〕1030
　增定本草備要〔續修〕993
　醫方集解〔續修〕1002

汪炎昶（宋）
　古逸民先生集〔續修〕1321

汪洯（清）
　周易衷翼集解〔未收〕三輯 1
　祥刑經解〔未收〕七輯 12
　穆經堂初藁〔未收〕十輯 28

汪宗沂（清）
　逸禮大誼論、附逸齋論語〔未收〕一輯 5
　雲氣占候〔續修〕1052

汪宗姬（明）
　儒函數類〔存目〕子部 216

汪定國（明）
　諸子襃異〔存目〕子部 153

汪建封（清）
　叩缽齋應酬全書〔禁燬補〕38
　叩缽齋纂行廚集〔禁燬補〕38-39

汪孟鋗（清）

龍井見聞録、附宋僧元凈外傳〔未收〕二輯
　24

汪柏（明）
　青峰先生存稿〔存目〕集部 106

汪俊（明）
　濯舊稿〔存目〕子部 83

汪彦石（清）
　禹貢錐指節要〔未收〕四輯 3

汪陞（清）
　四書辯訛〔未收〕八輯 2

汪泰亨（宋）
　紹定吳郡志〔底本〕史部 25-26〔著錄〕史
　　部 380

汪莘（宋）
　方壺存稿〔文淵〕1178〔文津〕1182〔文
　　瀾〕1212〔珍本〕四集 279〔著錄〕集部
　　423

汪砢玉（明）
　古今鹾略〔存目〕史部 275〔續修〕839
　汪氏珊瑚網名畫題跋、法書題跋〔著錄〕子
　　部 75
　珊瑚網〔文淵〕818〔文津〕820-821〔文
　　瀾〕837

汪師韓（清）
　上湖紀歲詩編、上湖分類文編〔續修〕1430
　文選理學權輿〔續修〕1581
　葉戲原起〔續修〕1106
　韓門綴學、續編、談書録〔續修〕1147
　觀象居易傳箋〔續修〕22

汪翁儀（明）
　〔弘治〕湖州府志〔存目〕史部 179

汪烜（清）
　詩韻析〔續修〕258

汪宸晟（清）
　半帆詩鈔〔禁燬補〕83

汪基（清）
　三禮約編〔存目〕經部 108

汪萊（清）
　衡齋算學〔續修〕1045

汪梧鳳（清）
　松溪文集〔未收〕十輯 28
　屈原賦戴氏注、通釋、音義〔續修〕1302
　詩學女爲〔續修〕63

汪淇（清）
　分類尺牘新語〔存目〕集部 396

保生碎事〔存目〕子部 52
濟陰綱目〔存目〕子部 52

汪惟憲(清)
積山先生遺集〔未收〕九輯 26

汪啓淑(清)
水曹清暇錄〔續修〕1138
飛鴻堂硯譜、墨譜、瓶譜、鼎鑪譜〔續修〕1113
訒菴詩存〔續修〕1446〔未收〕十輯 28
焠掌錄〔續修〕1152
續印人傳〔續修〕1092

汪紱(清)
戊笈談兵〔未收〕十輯 7
易經如話〔續修〕21
春秋集傳〔續修〕140
理學逢源〔續修〕947
參讀禮志疑〔文淵〕129〔文津〕124〔文瀾〕123〔珍本〕四集 54〔著錄〕經部 49
樂經或問〔續修〕114
樂經律呂通解〔續修〕115
禮記章句〔續修〕100
雙池文集〔續修〕1425

汪琬(清)
堯峰文鈔〔文淵〕1315〔文津〕1319〔文瀾〕1354〔著錄〕集部 357
鈍翁前後類稿、續稿〔存目〕集部 227－228

汪越(清)
二樓小志〔存目〕史部 245
讀史記十表〔文淵〕248〔文津〕243〔文瀾〕241〔珍本〕六集 58－59〔著錄〕史部 268

汪敬(明)
易學象數舉隅〔存目〕經部 2〔續修〕5

汪森(清)
詞綜〔著錄〕集部 223
粵西詩載、文載、叢載〔文淵〕1465－1467〔文津〕1470－1472〔文瀾〕1514－1516〔珍本〕九集 365－400〔著錄〕集部 324－326

汪雲程(明)
逸史搜奇〔存目〕子部 249

汪晫(宋)
子思子全書〔文淵〕703〔文津〕704〔文瀾〕718〔著錄〕子部 41
西園康範詩集、實錄、續錄、附錄外集〔著錄〕集部 58

康範詩集〔珍本〕八集 155
康範詩集、附康範續錄、康範實錄、附錄外集〔文淵〕1175〔文津〕1179〔文瀾〕1209
曾子全書〔文淵〕703〔文津〕704〔文瀾〕718〔著錄〕子部 62

汪景祺(清)
讀書堂西征隨筆〔續修〕1177

汪循(明)
汪仁峰先生文集、外集〔存目〕集部 47
帝祖萬年金鑑錄〔續修〕937

汪爲熹(清)
鄩署雜鈔〔存目〕子部 250

汪舜民(明)
靜軒先生文集〔續修〕1331
〔弘治〕徽州府志〔存目〕史部 180－181

汪道昆(明)
五車霏玉〔存目〕子部 178
太函集〔存目〕集部 117－118〔續修〕1346－1348
春秋左傳節文〔存目〕經部 116
春秋左傳節文註略〔未收〕二輯 10
副墨〔存目〕集部 119
群書拾唾〔存目〕子部 173

汪曾保(清)
藝麻輯要〔續修〕977

汪琦(清)
隨山館猥稿、續稿、隨山館叢稿、隨山館尺牘〔續修〕1557－1558

汪瑗(明)
楚辭集解〔存目〕集部 1〔續修〕1301

汪遠孫(清)
玉臺畫史、別錄〔續修〕1084
借閒生詩、詞〔續修〕1519
漢書地理志校本〔未收〕三輯 11

汪夢斗(宋)
北遊集〔文淵〕1187〔文津〕1191〔文瀾〕1222〔珍本〕七集 207
北游詩集、續錄〔著錄〕集部 59

汪楫(清)
中山沿革志〔存目〕史部 163

汪照(清)
大戴禮注補〔續修〕107
天發神讖碑考、續考〔存目〕史部 278

汪筠(清)
汪伯子菁莪遺稿〔存目〕集部 255

謙谷集〔未收〕十輯 21

汪禔(明)

檗菴集〔存目〕集部 146

汪廣洋(明)

鳳池吟稿〔文淵〕1225〔文津〕1229〔文瀾〕1260〔珍本〕三集 291〔著録〕集部 63

汪榮寶

法言義疏〔續修〕933

汪綺石(明)

理虛元鑑〔續修〕1006

汪瑾(清)

黃山導〔禁燬〕史部 73

汪鋆(清)

揚州畫苑録〔續修〕1087

汪輝祖(清)

九史同姓名略〔未收〕三輯 17

元史本證〔續修〕293

佐治藥言、續〔續修〕755

病榻夢痕録、夢痕餘録〔續修〕555

越女表微録〔未收〕四輯 17

學治臆説、續説、説贅〔續修〕755

汪稷(明)

蟻術詩選〔續修〕1324

汪價(清)

中州雜俎〔存目〕史部 249

汪璲(清)

讀易質疑〔存目〕經部 38

汪薇(清)

詩倫〔未收〕十輯 30

汪機(明)

石山醫案〔著録〕子部 16

外科理例、附方〔文淵〕765〔文津〕766〔文瀾〕782〔珍本〕九集 204－206〔著録〕子部 16

脈訣刊誤、附脈書要語、矯世惑脈論〔文淵〕746〔文津〕746〔文瀾〕761

脈訣刊誤集解〔著録〕子部 302〔著録〕子部 302

推求師意〔文淵〕765〔文津〕766〔文瀾〕778

痘治理辨、痘圖、附方〔存目〕子部 43

運氣易覽〔存目〕子部 43〔續修〕983

鍼灸問對〔文淵〕765〔文津〕766〔文瀾〕782〔珍本〕八集 136〔著録〕子部 16

讀素問鈔〔存目〕子部 38〔續修〕981

汪學金(清)

井福堂文稿〔續修〕1472

婁東詩派〔未收〕九輯 30

静厓詩初稿、後稿、續稿〔續修〕1472

汪錂(明)

春蕪記〔續修〕1770

汪澤民(元)

宛陵群英集〔文淵〕1366〔文津〕1371〔文瀾〕1410

宛陵群英集十二集〔珍本〕二集 396

汪憲(清)

苔譜〔存目〕子部 81

易説存悔〔存目〕經部 44

説文繫傳考異〔著録〕經部 177

説文繫傳考異〔文淵〕223〔文津〕218〔文瀾〕216〔珍本〕九集 88

汪縉(清)

汪子二録、録後、三録〔續修〕1437

汪子文録〔續修〕1437

汪子詩録〔續修〕1437

汪懋麟(清)

百尺梧桐閣文録〔續修〕1671

百尺梧桐閣集詩、文、遺稿〔存目〕集部 241

笠山詩選〔存目〕集部 232

錦瑟詞〔續修〕1725

汪膺(明)

寸碧堂詩集、外集〔存目〕集部 192

汪應辰(宋)

文定集〔文淵〕1138〔文津〕1142－1143〔文瀾〕1170〔珍本〕十集 231－234

汪文定公集〔存目〕集部 15〔著録〕集部 17

汪應軫(明)

青湖先生文集〔存目〕集部 73

汪應蛟(明)

古今彝語〔存目〕史部 141

汪子中詮〔存目〕子部 13〔續修〕941

海防奏疏、撫畿奏疏、計部奏疏〔續修〕480

汪鎬京(清)

紅朮軒紫泥法定本〔續修〕1092

汪藻(宋)

世説新語、世説叙録〔著録〕子部 216

浮溪文粹〔文淵〕1128〔文津〕1132〔文瀾〕1159〔珍本〕五集 275〔著録〕集部 49

浮溪集 〔文淵〕1128 〔文津〕1132 〔文瀾〕
　　1159 〔珍本〕別輯 309－313

汪霦(清)
　御定佩文齋詠物詩選 〔文淵〕1432－1434
　　　〔文津〕1436－1438 〔文瀾〕1487－1490

汪繹(清)
　秋影樓詩集 〔續修〕1421

汪繼培(清)
　尸子、存疑 〔續修〕1121
　元史本證 〔續修〕293
　潛夫論 〔續修〕933

汪顯節(明)
　繪林題識 〔存目〕子部 72

汪灝(清)
　佩文齋廣群芳譜 〔著錄〕子部 28－29
　御定佩文齋廣群芳譜 〔文淵〕845 〔文津〕
　　847－849 〔文瀾〕864－866
　御定廣群芳譜(御定佩文齋廣群芳譜) 〔薈
　　要〕258－261
　韻府拾遺 〔著錄〕子部 239－240

沐

沐昂(明)
　素軒集 〔續修〕1329
　滄海遺珠 〔文淵〕1372 〔文津〕1376 〔文
　　瀾〕1416 〔珍本〕三集 398 〔著錄〕集部
　　465
　滄海遺珠集 〔底本〕集部 247

沙

沙克什(元)
　河防通議 〔文淵〕576 〔文津〕576 〔文瀾〕
　　585 〔珍本〕四集 115

沙張白(清)
　定峰樂府、甲子定峰山左雜詠、附諸公論樂
　　府書 〔存目〕集部 234

沙琛(清)
　點蒼山人詩鈔 〔續修〕1483

沙圖穆蘇(元)
　瑞竹堂經驗方 〔文淵〕746 〔文津〕745 〔文
　　瀾〕760 〔珍本〕五集 174 〔著錄〕子部
　　352

沖

沖和居士(明)

新鐫出像點板怡春錦曲 〔未收〕九輯 30
新鐫出像點板纏頭百練 〔續修〕1779

沈

沈一貫(明)
　易學 〔存目〕經部 10 〔續修〕10
　弇州山人四部稿選 〔存目〕集部 115
　莊子通 〔續修〕956
　敬事草 〔存目〕史部 63 〔續修〕479－480
　喙鳴文集、詩集 〔禁燬〕集部 176
　喙鳴文集、詩集、敬事草 〔續修〕1357－1358
　新刊國朝歷科翰林文選經濟宏猷、續、甲辰
　　〔禁燬〕集部 153
　增定國朝館課經世宏辭 〔存目補〕18

沈又彭(清)
　女科輯要 〔續修〕1007

沈大成(清)
　學福齋文錄 〔續修〕1672
　學福齋集、詩集 〔續修〕1428

沈之奇(清)
　大清律集解附例、大清律續纂條例、大清律
　　例校正條款 〔續修〕863

沈之問(明)
　解圍元藪 〔續修〕1016

沈元滄(清)
　滋蘭堂集 〔存目〕集部 263
　禮記類編 〔存目〕經部 102

沈心(清)
　孤石山房詩集 〔存目〕集部 277
　論印絕句 〔續修〕1092

沈玉亮(清)
　鳳池集 〔存目〕集部 402

沈世良(清)
　倪高士年譜 〔續修〕552

沈可培(清)
　濼源問答 〔續修〕1164 〔未收〕七輯 11

沈用濟(清)
　漢詩說 〔存目〕集部 409

沈弘正(明)
　蟲天志 〔存目〕子部 82

沈光邦(清)
　易律通解 〔存目〕經部 185

沈光裕(明)
　絳守居園池記 〔底本〕集部 55 〔著錄〕集部
　　420

沈廷芳(清)
　　十三經注疏正字〔文淵〕192〔文津〕186－187〔文瀾〕182－183〔珍本〕初集92－97
　　隱拙齋集、續集〔存目補〕10
沈廷勘(清)
　　身易實義〔存目〕經部32
沈廷璐(清)
　　二樓小志〔存目〕史部245
沈自南(清)
　　藝林彙考〔文淵〕859〔文津〕861〔文瀾〕879〔珍本〕二集213－216〔著録〕子部361
沈自晉(清)
　　廣輯詞隱先生增定南九宮詞譜〔續修〕1747－1748
　　鞠通樂府〔續修〕1739
沈自徵(明)
　　鞭歌妓〔續修〕1764
沈兆澐(清)
　　篷窗隨録、續録〔續修〕1197－1198
　　纖簾書屋詩鈔〔續修〕1492
沈名蓀(清)
　　北史識小録〔珍本〕九集141－142
　　南史識小録〔珍本〕九集141
　　南史識小録、北史識小録〔文淵〕462〔文津〕461〔文瀾〕463〔著録〕史部413
沈守正(明)
　　四書説叢〔存目〕經部163
　　重訂四書説叢〔續修〕163
　　雪堂集〔禁燬〕集部70
　　詩經説通〔存目〕經部64
沈赤然(清)
　　五研齋詩鈔、文鈔〔續修〕1465
　　公羊穀梁異同合評〔未收〕三輯9
沈志禮(清)
　　曹江孝女廟誌〔存目〕史部87
沈辰垣(清)
　　御定歷代詩餘(御選歷代詩餘)〔薈要〕497－500
　　御選歷代詩餘〔文淵〕1491－1493〔文津〕1495－1497〔文瀾〕1541－1543〔珍本〕十集367－400〔著録〕集部221－223
沈作喆(宋)
　　寓簡〔文淵〕864〔文津〕866〔文瀾〕884〔著録〕子部56
沈作賓(宋)
　　嘉泰會稽志、寶慶會稽續志〔著録〕史部36
沈彤(清)
　　尚書小疏〔存目〕經部60〔續修〕43
　　果堂文録〔續修〕1671
　　果堂集〔文淵〕1328〔文津〕1332〔文瀾〕1369〔珍本〕四集386〔著録〕集部133
　　周官禄田考〔文淵〕101〔文津〕97〔文瀾〕95〔底本〕經部24〔著録〕經部14
　　春秋左傳小疏〔文淵〕181〔文津〕176〔文瀾〕172〔著録〕經部90
　　儀禮小疏〔文淵〕109〔文津〕105〔文瀾〕103
　　儀禮鄭註監本刊誤、儀禮小疏〔著録〕經部152
沈汾(南唐)
　　續仙傳〔文淵〕1059〔文津〕1064〔文瀾〕1088〔珍本〕十一集158〔著録〕子部365
沈沈(明)
　　酒概〔存目〕子部80〔續修〕1115
沈良才(明)
　　大司馬鳳岡沈先生文集〔存目〕集部103
沈初(清)
　　蘭韻堂詩集、御覽集、經進文稿、文集〔未收〕十輯23
沈青崖(清)
　　毛詩明辨録〔未收〕二輯6
　　〔雍正〕陝西通志〔著録〕史部332－336
　　陝西通志〔文淵〕551－556〔文津〕551－557〔文瀾〕558－564
沈長卿(明)
　　沈氏弋説〔續修〕1131〔禁燬〕子部21
　　沈氏日旦〔續修〕1131〔禁燬〕子部12
沈亞之(唐)
　　沈下賢文集〔著録〕集部85
　　沈下賢集〔文淵〕1079〔文津〕1083〔文瀾〕1108
沈叔埏(清)
　　頤綵堂文集、劍舟律賦〔續修〕1458
　　頤綵堂文録〔續修〕1672
　　頤綵堂詩鈔〔續修〕1458
沈尚仁(清)

通鑑韻書〔未收〕一輯 15

沈昌基(清)
　易經釋義〔存目〕經部 36

沈明臣(明)
　〔萬曆〕通州志〔存目〕史部 203
　豐對樓詩選〔存目〕集部 144

沈明宗(清)
　金匱要略編注〔續修〕988

沈易(明)
　幼學日誦五倫詩選〔存目〕集部 290

沈岸登(清)
　黑蝶齋詩鈔〔存目〕集部 263

沈季友(清)
　沈南疑先生檇李詩繫〔著録〕集部 211
　檇李詩繫〔文淵〕1475〔文津〕1479〔文
　　瀾〕1524〔珍本〕七集 389－400
　學古堂詩集〔存目〕集部 255

沈秉成(清)
　蠶桑輯要〔續修〕978

沈佳(清)
　明儒言行録、續編〔文淵〕458〔文津〕457
　　〔文瀾〕459
　明儒言行録、續録〔珍本〕三集 143－146

沈佳胤(明)
　翰海〔禁燬〕集部 20

沈金鰲(清)
　沈氏尊生書傷寒論綱目、幼科釋謎、要藥分
　　劑〔未收〕六輯 16
　婦科玉尺〔續修〕1008
　痧脹源流〔續修〕1005
　雜病源流犀燭〔續修〕1024

沈采(明)
　千金記〔續修〕1773

沈受先(明)
　三元記〔續修〕1771

沈受宏(清)
　白漊先生文集〔存目〕集部 237

沈周(明)
　石田先生詩鈔、文鈔、附事略〔存目〕集部
　　37
　石田翁客座新聞〔續修〕1167
　石田詩選〔文淵〕1249〔文津〕1253〔文
　　瀾〕1285〔薈要〕414〔著録〕集部 430
　石田稿〔續修〕1333
　石田雜記〔存目〕子部 239

江南春詞〔存目〕集部 292

沈泓(明)
　易憲〔存目〕經部 25

沈性(明)
　玩齋集、拾遺〔文淵〕1215〔文津〕1219〔文
　　瀾〕1250
　貢禮部玩齋集、拾遺〔著録〕集部 61

沈宗敬(清)
　御定駢字類編〔文淵〕994－1004〔文津〕
　　997－1008〔文瀾〕1020－1030

沈宗騫(清)
　芥舟學畫編〔續修〕1068

沈定之(明)
　今古輿地圖〔存目〕史部 170

沈宜修(明)
　已畦集、原詩、詩集、詩集殘餘、附午夢堂詩
　　鈔三種〔存目〕集部 244

沈承(明)
　毛孺初先生評選即山集〔禁燬〕集部 41

沈垚(清)
　落帆樓文集〔續修〕1525
　臺灣鄭氏始末〔續修〕390

沈括(宋)
　古迂陳氏家藏夢溪筆談、夢溪筆談補筆談、
　　續筆談〔著録〕子部 76〔著録〕子部 76
　長興集〔文淵〕1117〔文津〕1121〔文瀾〕
　　1147〔著録〕集部 93
　夢溪筆談〔文淵〕862〔文津〕864〔文瀾〕
　　882
　蘇沈内翰良方〔著録〕子部 134
　蘇沈良方〔文淵〕738〔文津〕738〔文瀾〕
　　753〔珍本〕別輯 178

沈貞(元)
　茶山老人遺集〔存目〕集部 23〔續修〕1325

沈虹(清)
　蓬莊詩集〔存目〕集部 264

沈思孝(明)
　秦録〔存目〕史部 247
　晉録〔存目〕史部 247
　溪山堂草〔存目〕集部 149

沈度(宋)
　默堂先生文集〔著録〕集部 95
　默堂集〔文淵〕1139〔文津〕1143〔文瀾〕
　　1170

沈奕琛(明)

寄庵詩集〔禁燬補〕80

沈庠(明)
　〔弘治〕貴州圖經新志〔存目〕史部 199

沈炳巽(清)
　水經注集釋訂訛〔文淵〕574〔文津〕574
　〔文瀾〕583〔珍本〕初集 120－123

沈炳震(清)
　九經辨字瀆蒙〔文淵〕194〔文津〕189〔文
　瀾〕185〔珍本〕初集 98－99〔著録〕經
　部 205
　廿一史四譜〔未收〕七輯 5
　唐書合鈔、唐書宰相世系表訂訛、唐書合鈔
　補正〔續修〕285－289
　蠶桑樂府〔存目〕集部 277

沈炯(南朝陳)
　沈侍中集〔續修〕1587

沈津(明)
　百家類纂〔存目〕子部 127－128

沈約(南朝梁)
　竹書紀年〔文淵〕303〔文津〕298〔文瀾〕
　296〔著録〕史部 45
　沈隱侯集〔續修〕1586
　宋書〔薈要〕101－102〔著録〕史部 354－
　356
　宋書、附考證〔文淵〕257－258〔文津〕
　252－253〔文瀾〕250－251
　韻經〔存目〕經部 206

沈泰(明)
　盛明雜劇二集〔續修〕1765
　盛明雜劇初集〔續修〕1764

沈珩(清)
　耿巖文選〔存目〕集部 218

沈起(清)
　查東山先生年譜〔續修〕553

沈起元(清)
　周易孔義集説〔文淵〕50〔文津〕45〔文
　瀾〕43〔珍本〕三集 22－25〔著録〕經
　部 45
　敬亭詩草、文稿〔未收〕八輯 26

沈起潛(清)
　筧園雜説〔未收〕五輯 9

沈峻曾(清)
　漣漪堂遺稿〔存目補〕55

沈乘麟(清)
　韻學驪珠〔續修〕1747

沈家本
　〔光緒〕重修天津府志〔續修〕690－691
　寄簃文存、枕碧樓偶存稿〔續修〕1563
　欽定大清現行新律例〔續修〕864－865
　諸史瑣言〔續修〕451
　歷代刑法考〔續修〕877

沈書城(清)
　則例便覽〔未收〕二輯 27

沈彬(明)
　沈蘭軒集〔存目〕集部 34

沈梧(清)
　石鼓文定本、今文釋音、辨證、地名考〔未
　收〕十輯 5

沈敕(明)
　荊溪外紀〔存目〕集部 382

沈國元(明)
　二十一史論贊〔存目〕史部 148－149
　大事記〔禁燬補〕14
　兩朝從信録〔續修〕356〔禁燬〕史部 29－
　30
　皇明從信録〔續修〕355〔禁燬〕史部 1－2

沈焕(宋)
　定川遺書〔續修〕1318

沈清(明)
　花溪集〔文淵〕1221〔文津〕1225〔文瀾〕
　1256

沈清佐(清)
　沈箢邨選抄印學四種〔續修〕1092

沈淑(清)
　經玩〔存目〕經部 152〔續修〕172

沈惟賢(清)
　前漢匈奴表〔未收〕四輯 16
　唐書西域傳注〔未收〕八輯 4

沈啓原(明)
　謝康樂集〔續修〕1304

沈啓(明)
　吳江水考〔存目〕史部 221
　沈氏農書、補農書〔存目補〕80
　南船紀〔存目〕史部 276〔續修〕878
　農書〔續修〕975

沈紹勳(清)
　周易易解、周易示兒録、周易説餘〔續修〕38

沈琯(清)
　琴學正聲〔未收〕三輯 24

沈堯中(明)

沈氏學弢 〔存目〕子部 131

沈堯咨(清)

濮川詩鈔 〔存目〕集部 414

沈越(明)

皇明嘉隆兩朝聞見紀 〔存目〕史部 7

沈揆(宋)

顏氏家訓、附考證 〔著録〕子部 305

沈萬鈳(明)

詩經類考 〔存目〕經部 62-63 〔續修〕59

沈葆楨(清)

〔光緒〕重修安徽通志 〔續修〕651-655

沈朝宣(明)

〔嘉靖〕仁和縣志 〔存目〕史部 194

沈朝陽(明)

通鑑紀事本末前編 〔未收〕一輯 15

闕里書 〔存目補〕93

沈雄(清)

古今詞話 〔存目補〕45 〔續修〕1733

沈雲(清)

臺灣鄭氏始末 〔續修〕390

沈雲翔(明)

楚辭評林、總評 〔存目〕集部 2

沈棐(宋)

沈先生春秋比事 〔著録〕經部 18

春秋比事 〔文淵〕153 〔文津〕148 〔文瀾〕
146 〔珍本〕初集 64-65

沈斐(宋)

嘉祐集 〔文淵〕1104 〔文津〕1108 〔文瀾〕
1135

沈景運(清)

浮春閣詩集 〔未收〕十輯 29

沈復粲(清)

鳴野山房彙刻帖目 〔未收〕三輯 24

沈鈇(明)

明太祖文集 〔文淵〕1223 〔文津〕1227 〔文
瀾〕1258

沈欽韓(清)

王荆公詩集注、文集注 〔續修〕1313-1314

幼學堂詩稿、幼學堂文稿 〔續修〕1498-
1499

范石湖詩集注 〔續修〕1318

春秋左氏傳地名補注 〔續修〕125

春秋左氏傳補註 〔續修〕125

後漢書疏證 〔續修〕271

漢書疏證 〔續修〕266-267

讀金石萃編條記 〔續修〕891

沈詔(明)

石鐘山集 〔存目補〕75

沈善登(清)

需時眇言 〔續修〕35

沈善寶(清)

名媛詩話、續集 〔續修〕1706

沈遘(宋)

西溪文集 〔著録〕集部 88

西溪集 〔文淵〕1097 〔文津〕1100 〔文瀾〕
1126

沈夢蘭(清)

周禮學 〔續修〕81

沈夢麟(元)

花溪集 〔文淵〕1221 〔文津〕1225 〔文瀾〕
1256 〔珍本〕九集 257

吳興沈夢麟先生花谿集 〔著録〕集部 258

沈與文(明)

畫志、附評畫行 〔存目〕子部 72

沈與求(宋)

沈忠敏公龜谿集 〔底本〕集部 66 〔著録〕集
部 421

龜溪集 〔文淵〕1133 〔文津〕1137 〔文瀾〕
1164

沈傳桂(清)

清夢盦二白詞 〔續修〕1726

沈該(宋)

易小傳 〔文淵〕10 〔文津〕5 〔文瀾〕4 〔薈
要〕4 〔著録〕經部 51

沈義父(宋)

沈氏樂府指迷 〔文淵〕1494 〔文津〕1498
〔文瀾〕1544

樂府指迷 〔著録〕集部 223

沈愷(明)

環溪集 〔存目〕集部 92

沈愷曾(清)

東南水利 〔存目〕史部 224

沈嘉客(清)

西溪先生文集 〔未收〕五輯 26

沈嘉轍(清)

南宋襍事詩 〔文淵〕1476 〔文津〕1480 〔文
瀾〕1525 〔珍本〕五集 400 〔著録〕集部
330

沈壽世(清)

遺事瑣談、附紀 〔禁燬補〕16

沈壽民(清)
　姑山遺集、昔者詩　〔禁燬〕集部 119
　閑道録　〔存目〕子部 15
沈壽榕(清)
　玉笙樓詩録、續録　〔續修〕1557
沈廣興(清)
　嘉遇堂詩　〔未收〕八輯 23
沈端節(宋)
　克齋詞　〔文淵〕1488　〔文津〕1492　〔文瀾〕
　　1537　〔著録〕集部 218
沈粹芬(清)
　國朝文匯、甲前集、甲集、乙集、丙集、丁集、
　　姓氏目録　〔續修〕1672–1676
沈冪(清)
　[康熙]琅鹽井志　〔存目〕史部 214
沈維材(清)
　樗莊文稿、尺牘、詩稿　〔未收〕十輯 21
沈維基(清)
　紫薇山人詩鈔　〔未收〕九輯 27
沈樞(宋)
　通鑑總類　〔文淵〕461　〔文津〕460　〔文瀾〕
　　462–463　〔珍本〕十一集 61–68　〔著
　　録〕史部 203–204
沈遼(宋)
　雲巢編　〔文淵〕1117　〔文津〕1122　〔文瀾〕
　　1147　〔著録〕集部 340
沈稼叟(清)
　重修名法指掌圖　〔未收〕九輯 9
沈德符(明)
　秦璽始末　〔存目〕史部 271
　野獲編　〔續修〕1174　〔禁燬〕史部 4
　敝帚軒剩語　〔存目〕子部 248
　清權堂集　〔續修〕1377
　顧曲雜言　〔文淵〕1496　〔文津〕1500　〔文
　　瀾〕1546　〔著録〕集部 419
沈德涓(清)
　聖門志考略、熙朝盛事　〔存目〕史部 80
沈德潛(清)
　[乾隆]元和縣志　〔續修〕696
　西湖志纂　〔文淵〕586　〔文津〕586　〔文瀾〕
　　595　〔珍本〕八集 97–98　〔著録〕史部
　　111
　明詩別裁集　〔禁燬〕集部 97
　國朝詩別裁集　〔禁燬〕集部 158
　新唐書、唐書釋音、附考證　〔文淵〕272–276

　〔文津〕268　〔文瀾〕266–269
　説詩晬語　〔續修〕1701
　舊唐書、附考證　〔文淵〕268–271　〔文津〕
　　264　〔文瀾〕262–265
　歸愚文録　〔續修〕1671
　歸愚詩鈔　〔續修〕1424
　歸愚詩鈔餘集　〔續修〕1424
沈練(清)
　廣鹽桑説輯補　〔續修〕978
沈璟(明)
　新刻博笑記　〔續修〕1774
　義俠記　〔續修〕1772
沈學淵(清)
　桂留山房詩集、詞集　〔續修〕1516
沈學詩(清)
　歷代錢法備考　〔續修〕838
沈聯芳(清)
　邦畿水利集説、九十九淀考　〔續修〕851
沈懋中(清)
　清真教考　〔未收〕十輯 10
沈懋孝(明)
　長水先生文鈔　〔禁燬〕集部 159–160
沈懋學(明)
　郊居遺稿　〔存目〕集部 163
沈儲(清)
　舌擊編　〔未收〕二輯 21
沈鍊(明)
　青霞沈公遺集　〔著録〕集部 436
　青霞集、年譜　〔文淵〕1278　〔文津〕1282　〔文
　　瀾〕1315　〔珍本〕五集 361
沈鍾(清)
　霞光集　〔未收〕九輯 17
沈謙(明)
　東江集鈔、別集　〔存目〕集部 195
沈應文(明)
　[萬曆]順天府志　〔存目〕史部 208
沈應明(明)
　新鐫註解武經　〔禁燬〕子部 36–37
沈濤(清)
　交翠軒筆記　〔續修〕1158
　常山貞石志　〔續修〕906
　瑟榭叢談　〔續修〕1139
　銅熨斗齋隨筆　〔續修〕1158
　説文古本考　〔續修〕222
沈翼機(清)

〔雍正〕浙江通志〔著録〕史部 306－312
浙江通志〔文淵〕519－526〔文津〕519－
527〔文瀾〕525－532
澹初詩稿〔存目〕集部 263

沈鎬（清）
毛詩傳箋異義解〔續修〕73

沈鯉（明）
文雅社約〔存目〕子部 86
亦玉堂稿〔文淵〕1288〔文津〕1292〔文
瀾〕1326〔珍本〕五集 367〔著録〕集部
124

沈鯨（明）
雙珠記〔續修〕1768

沈寵綏（明）
度曲須知、弦索辨訛〔存目〕集部 426

沈齡（清）
續方言疏證〔續修〕194

沈繼孫（明）
墨法集要〔文淵〕843〔文津〕845〔文瀾〕
862〔珍本〕別輯 206〔薈要〕284

沈鑅彪（清）
續修雲林寺志〔續修〕719

沈麟（明）
廣輯詞隱先生增定南九宮詞譜〔續修〕
1747－1748

宋

宋大勺（明）
中庸説要〔續修〕159

宋大樽（清）
爾雅新義、叙録〔續修〕185

宋之繩（清）
載石堂尺牘、柴雪年譜〔未收〕七輯 18

宋子安（宋）
東溪試茶録〔文淵〕844〔文津〕846〔文
瀾〕863〔著録〕子部 162

宋旡（元）
嚘嚘集〔存目〕集部 23
翠寒集〔文淵〕1208〔文津〕1212〔文瀾〕
1243〔珍本〕十一集 172〔底本〕集部
135〔著録〕集部 396

宋公傳（明）　參見 宋緒

宋玉（周）
宋大夫集〔續修〕1583

宋世犖（清）

周禮故書疏證〔續修〕81
儀禮古今文疏證〔續修〕91

宋生（清）
蓼溪怡雲集〔禁燬補〕89

宋邦綏（清）
才調集補注〔續修〕1611
易讀〔存目〕經部 43

宋在衡（清）
歷代神仙通紀〔未收〕八輯 11－14

宋存標（明）
秋士史疑〔存目〕史部 288
秋士偶編、附董劉春秋雜論〔禁燬〕集部 11
秋士選詩〔禁燬補〕57
情種〔未收〕三輯 28

宋至（清）
施註蘇詩、蘇詩續補遺、王註正譌、東坡先生
年譜〔著録〕集部 239
縣津山人詩集、楓香詞、附緯蕭草堂詩〔存
目〕集部 225
緯蕭草堂詩〔存目〕集部 263

宋廷佐（明）
還山遺稿、考歲略〔文淵〕1198〔文津〕1202
〔文瀾〕1233〔著録〕集部 29〔著録〕集
部 29

宋兆淇（清）
南病別鑑、附節録辨證要略〔續修〕1005

宋祁（宋）
宋景文公筆記〔著録〕子部 167
宋景文公集〔著録〕集部 235
宋景文筆記〔文淵〕862〔文津〕864〔文
瀾〕882
唐書（新唐書）、釋音〔薈要〕121－125
唐書〔著録〕史部 62－65
益部方物略記〔文淵〕589〔文津〕589〔文
瀾〕598〔著録〕史部 251
景文集〔文淵〕1088〔文津〕1091－1092
〔文瀾〕1117〔珍本〕別輯 244－251
新唐書、唐書釋音、附考證〔文淵〕272－276
〔文津〕268〔文瀾〕266－269

宋如林（清）
〔嘉慶〕松江府志〔續修〕687－689

宋伯仁（宋）
西塍集〔文淵〕1183〔文津〕1187〔文瀾〕
1218〔珍本〕九集 255〔著録〕集部 423

宋長白（清）

柳亭詩話〔存目〕集部 421〔續修〕1700
宋岳(明)
　畫永編〔續修〕1124
宋宗元(清)
　識字略〔未收〕二輯 14
宋孟清(明)
　詩學體要類編〔續修〕1695
宋咸(宋)
　小爾雅〔存目〕經部 186
　孔叢子、釋文〔著録〕子部 249〔續修〕932
　揚子法言〔文淵〕696〔文津〕696〔文瀾〕710
　纂圖分門類題五臣註揚子法言〔著録〕子部 127
宋咸熙(清)
　古易音訓〔續修〕2
宋奎光(明)
　徑山志〔存目〕史部 244
宋保(清)
　諧聲補逸〔續修〕247
宋俊(清)
　嶺南風物記〔文淵〕592〔文津〕593〔文瀾〕601
宋庠(宋)
　元憲集〔文淵〕1087〔文津〕1091〔文瀾〕1117〔珍本〕別輯 240-243
　國語補音〔文淵〕406〔文津〕403〔文瀾〕404〔珍本〕十二集 29〔著録〕史部 288
宋彦(明)
　山行雜記〔存目〕史部 251
宋祖駿(明)
　補註李滄溟先生文選〔存目〕集部 110
宋祖驊(明)
　補註李滄溟先生文選〔存目〕集部 110
宋振麟(清)
　中巖文介先生文集〔存目〕集部 233
宋起鳳(清)
　大茂山房合薬〔未收〕七輯 19
宋衷(漢)
　世本〔續修〕301
宋書升(清)
　夏小正釋義〔續修〕108
宋恕(清)
　六齋卑議〔續修〕953
宋曹(清)

書法約言〔續修〕1065
宋敏求(宋)
　長安志〔文淵〕587〔文津〕587〔文瀾〕596〔珍本〕十一集 91〔著録〕史部 338
　孟東野詩集〔文淵〕1078〔文津〕1082〔文瀾〕1108
　春明退朝録〔文淵〕862〔文津〕864〔文瀾〕882〔著録〕子部 167
　唐大詔令集〔文淵〕426〔文津〕423〔文瀾〕424〔珍本〕十二集 30-35〔底本〕史部 32-34〔著録〕史部 198
　劉賓客文集、外集〔文淵〕1077〔文津〕1081〔文瀾〕1107
　顔魯公集、年譜、行狀、神道碑〔文淵〕1071〔文津〕1076〔文瀾〕1101
宋訥(明)
　西隱文稿〔著録〕集部 63
　西隱集〔文淵〕1225〔文津〕1230〔文瀾〕1261〔珍本〕三集 292
宋清壽(清)
　鶴巢經籛〔未收〕三輯 10
宋琬(清)
　〔康熙〕永平府志〔存目〕史部 213
　安雅堂文集〔續修〕1404-1405
　安雅堂未刻稿、入蜀集〔續修〕1405
　安雅堂詩〔續修〕1404
　安雅堂詩、文集、重刻安雅堂文集、安雅堂書啓、安雅堂未刻稿、入蜀集、二郷亭詞、祭皋陶〔存目補〕2
宋景昌(清)
　楊輝算法、札記〔續修〕1042
　詳解九章算法、纂類、札記〔續修〕1042
宋翔鳳(清)
　大學古義説〔續修〕159
　小爾雅訓纂〔續修〕189
　四書釋地辨證〔續修〕170
　尚書略説〔續修〕48
　尚書譜〔續修〕48
　周易考異〔續修〕28
　孟子趙注補正〔續修〕159
　帝王世紀〔續修〕301
　過庭録〔續修〕1157
　論語説義〔續修〕155
　樸學齋文録〔續修〕1504
　憶山堂詩録〔續修〕1504
宋弼(清)

山左明詩鈔〔存目〕集部 412

宋登春(明)

宋布衣集〔文淵〕1296〔文津〕1301〔文瀾〕1334

宋布衣詩集〔著錄〕集部 405

宋林澄(明)

九籥別集〔續修〕1374〔禁燬〕集部 177

九籥集〔續修〕1373-1374〔禁燬〕集部 177

宋雷(明)

西吳里語〔存目〕子部 241

宋詡(明)

竹嶼山房雜部〔文淵〕871〔文津〕873〔文瀾〕891〔珍本〕二集 211-212

宋氏養生部、宋氏樹畜部、宋氏家要部、宋氏家儀部、宋氏家規部、宋氏燕閒部〔著錄〕子部 362

宋慈(宋)

宋提刑洗冤集錄〔存目〕子部 37〔續修〕972

宋際(清)

闕里廣誌〔存目〕史部 80

宋鳳翔(明)

秋涇筆乘〔存目〕子部 110

宋廣業(清)

羅浮山志會編〔存目〕史部 240〔續修〕725

宋端儀(明)

立齋閒錄〔存目〕子部 239〔續修〕1167

考亭淵源錄〔存目〕史部 88〔續修〕517

宋齊邱(南唐)

玉管照神局〔文淵〕810〔文津〕812〔文瀾〕829〔珍本〕別輯 198〔著錄〕子部 303

宋犖(清)

西陂類稿〔文淵〕1323〔文津〕1326〔文瀾〕1362〔著錄〕集部 130

西陂類稿文錄〔續修〕1670

江左十五子詩選〔存目〕集部 386

迎鑾日記〔續修〕559

林泉結契〔存目〕集部 15

怪石贊〔存目〕子部 79

筠廊偶筆、二筆〔存目〕子部 114

滄浪小志〔存目〕史部 245

漫堂年譜〔續修〕554

漫堂說詩〔存目〕集部 421〔續修〕1699

漫堂墨品〔存目〕子部 79

縣津山人詩集、楓香詞、附緯蕭草堂詩〔存目〕集部 225

宋緒(公傳)(明)

元詩體要〔文淵〕1372〔文津〕1376〔文瀾〕1416〔珍本〕三集 397-398〔底本〕集部 246-247〔著錄〕集部 303

宋綿初(清)

韓詩內傳徵、疑義、叙錄〔續修〕75

釋服〔續修〕108

宋儀望(明)

華陽館文集、續集〔存目〕集部 116

華陽館詩集、文集〔存目〕集部 116

宋徵璧(明)

左氏兵法測要〔存目〕子部 34

宋魯珍(元)

類編曆法通書大全〔存目〕子部 68〔續修〕1062

宋諾(明)

宋金齋文集〔存目補〕97

宋廣平(清)

礦學心要新編〔未收〕三輯 19

宋慶長(清)

闕里廣誌〔存目〕史部 80

宋褧(元)

燕石集〔文淵〕1212〔文津〕1216〔文瀾〕1247〔珍本〕二集 336-337〔著錄〕集部 31

宋濂(明)

元史〔文淵〕292-295〔文津〕287-290〔文瀾〕285-289〔薈要〕144-148〔著錄〕史部 42-44

文憲集〔文淵〕1223-1224〔文津〕1227-1228〔文瀾〕1258-1259〔薈要〕409-410

宋景濂未刻集〔文淵〕1224〔文津〕1228〔文瀾〕1259〔珍本〕四集 302

宋景濂先生未刻集〔底本〕集部 106〔著錄〕集部 34

宋學士文集〔著錄〕集部 34

待制集〔文淵〕1210〔文津〕1214〔文瀾〕1245

洪武正韻〔文淵〕239〔文津〕234〔文瀾〕231〔存目〕經部 207〔著錄〕經部 116

浦陽人物記〔文淵〕452〔文津〕451〔文瀾〕452〔著錄〕史部 16

淵穎吳先生集 〔著録〕集部 31

淵穎集 〔文淵〕1209 〔文津〕1213 〔文瀾〕
1243

篇海類編 〔存目〕經部 188 〔續修〕229 -
230

龍門子凝道記 〔存目〕子部 260

宋禧(元)

庸菴集 〔文淵〕1222 〔文津〕1226 〔文瀾〕
1257 〔珍本〕二集 350

宋應昌(明)

經略復國要編、圖説、後附 〔禁燬〕史部 38

宋應昇(明)

方玉堂集 〔禁燬〕集部 165

宋應星(明)

天工開物 〔續修〕1115

宋燾(明)

泰山紀事 〔存目〕史部 232

宋纁(明)

四禮初稿 〔存目〕經部 114

宋鑑(清)

尚書考辨 〔續修〕44

初

初尚齡(清)

吉金所見録 〔未收〕二輯 28

改

改師立(清)

醫林大觀書目 〔未收〕十輯 4

改琦(清)

玉壺山房詞選 〔續修〕1725

阿

阿克敦(清)

德蔭堂集、年譜 〔續修〕1423

阿思哈(清)

〔乾隆〕續河南通志 〔存目〕史部 220

阿桂(清)

八旬萬壽盛典 〔文淵〕660 - 661 〔文津〕
659 - 661 〔文瀾〕669 - 670 〔著録〕史
部 141 - 142

平定兩金川方略 〔文淵〕360 - 361 〔文津〕
357 - 359 〔文瀾〕358 - 359 〔著録〕史
部 81 - 82

皇清開國方略、御製開國方略聯句 〔文淵〕
341 〔文津〕338 〔文瀾〕333

皇清開國方略、聯句詩 〔著録〕史部 189

御定滿珠蒙古漢字三合切音清文鑑 〔文淵〕
234 〔文津〕228 - 229 〔文瀾〕225 - 226
〔珍本〕十一集 27 - 34

御製滿珠蒙古漢字三合切音清文鑑 〔著録〕
經部 179 - 180

欽定户部軍需則例、續、欽定兵部軍需則例、
欽定工部軍需則例 〔續修〕857

欽定南巡盛典 〔文淵〕658 - 659 〔文津〕657
〔文瀾〕665 - 666 〔珍本〕十一集 92 - 99

〔乾隆〕欽定盛京通志 〔著録〕史部 219 -
221

欽定盛京通志 〔文淵〕501 - 503 〔文津〕
501 - 503 〔文瀾〕505 - 507

欽定滿洲祭神祭天典禮 〔文淵〕657 〔文津〕
657 〔文瀾〕668

欽定滿洲源流考 〔文淵〕499 〔文津〕499
〔文瀾〕503 〔著録〕史部 423

欽定蘭州紀略 〔文淵〕362 〔文津〕359 〔文
瀾〕360 〔珍本〕六集 87 - 88 〔著録〕史
部 25

阿發滿(美國)

冶金録 〔續修〕1300

邵

邵一儒(明)

六朝聲偶删補 〔存目補〕23

邵平軒(宋)

玉靈照膽經、心傳要訣 〔續修〕1055

邵圭潔(明)

北虞先生遺文 〔存目〕集部 119

邵光祖(明)

切韻指掌圖、切韻指掌圖檢例 〔著録〕經部
181

切韻指掌圖、附檢圖之例 〔文淵〕237 〔文
津〕232 〔文瀾〕229 〔珍本〕別輯 52

邵廷采(清)

西南紀事 〔續修〕332

東南紀事 〔續修〕332

思復堂文集 〔存目〕集部 251

邵伯温(宋)

易學辨惑 〔文淵〕9 〔文津〕4 〔文瀾〕3 〔珍
本〕二集 1 〔底本〕經部 1 〔著録〕經部
183

河南邵氏聞見前録 〔著録〕子部 220
聞見録 〔文淵〕1038 〔文津〕1042 〔文瀾〕
1066
邵亨貞(元)
野處集 〔文淵〕1215 〔文津〕1219 〔文瀾〕
1250 〔珍本〕初集 353
蟻術詞選 〔續修〕1723
蟻術詩選 〔續修〕1324
邵長蘅(清)
二家詩鈔 〔存目補〕36
古今韻略 〔未收〕一輯 10
邵子湘全集 〔存目〕集部 247－248
邵青門文録 〔續修〕1670
施註蘇詩、總目、年譜、續補遺 〔薈要〕381
施註蘇詩、總目、註蘇例言、王註正譌、註蘇
姓氏、宋史本傳、東坡先生墓誌銘、東坡
先生年譜、蘇詩續補遺、總目 〔文淵〕
1110 〔文津〕1113－1114 〔文瀾〕1140
施註蘇詩、蘇詩續補遺、王註正譌、東坡先生
年譜 〔著録〕集部 239 〔著録〕集部 239
〔著録〕集部 239
邵松年(清)
澄蘭室古緣萃録 〔續修〕1088
邵思(宋)
姓解 〔續修〕1213
邵泰衢(清)
史記疑問 〔文淵〕248 〔文津〕243 〔文瀾〕
241 〔珍本〕三集 121 〔著録〕史部 41
檀弓疑問 〔文淵〕128 〔文津〕123 〔文瀾〕
122 〔珍本〕三集 75 〔著録〕經部 49
邵晉涵(清)
〔乾隆〕杭州府志 〔續修〕701－703
南江文鈔、南江詩鈔 〔續修〕1463
南江札記 〔續修〕1152
爾雅正義 〔續修〕187
舊五代史 〔著録〕史部 371－373
舊五代史、附考證 〔文淵〕277－278 〔文津〕
272－274 〔文瀾〕270－271 〔文淵〕
277－278 〔文津〕272－274 〔文瀾〕
270－271
舊五代史考異 〔續修〕290
邵浩(宋)
坡門酬唱 〔底本〕集部 217 〔著録〕集部 297
坡門酬唱集 〔文淵〕1346 〔文津〕1350 〔文
瀾〕1388 〔珍本〕七集 264－266
邵捷春(明)

劍津集 〔禁燬補〕78
邵瑛(清)
説文解字群經正字 〔續修〕211
邵博(宋)
河南邵氏聞見後録 〔著録〕子部 220
聞見後録 〔文淵〕1039 〔文津〕1043 〔文
瀾〕1066
邵遠平(清)
戒山文存、詩存、熙朝聖德詩、河工見聞録
〔存目〕集部 240
續弘簡録元史類編 〔續修〕313
邵嗣堯(清)
易圖定本 〔存目〕經部 30
邵雍(宋)
伊川擊壤集、集外詩 〔著録〕集部 6
河洛真數 〔存目〕子部 65 〔續修〕1061
皇極經世書 〔文淵〕803 〔文津〕804－805
〔文瀾〕820－821 〔著録〕子部 148
皇極經世書、觀物外篇 〔著録〕子部 73
皇極經世書傳 〔存目〕子部 57
夢林玄解 〔續修〕1063－1064
擊壤集 〔文淵〕1101 〔文津〕1104 〔文瀾〕
1130
邵經邦(明)
弘藝録 〔存目〕集部 77
弘簡録 〔續修〕304－308
邵經濟(明)
西浙泉厓邵先生文集、詩集 〔續修〕1339－
1340
邵銅(明)
鳴盛集 〔文淵〕1231 〔文津〕1235 〔文瀾〕
1266
邵齊燾(清)
玉芝堂文集、詩集 〔存目〕集部 281
邵瑛(清)
禹貢通解 〔存目〕經部 55
邵璨(明)
香囊記 〔續修〕1773
邵儲(明)
古樂義 〔存目〕經部 184
邵璸(清)
情田詞 〔存目〕集部 422
邵寶(明)
大儒大奏議 〔存目〕史部 69
左觿 〔存目〕經部 117

春秋諸名臣傳 〔存目〕史部 98
泉齋簡端録 〔著録〕經部 203
容春堂前集、後集、續集、別集 〔底本〕集部
　116－120 〔著録〕集部 448
容春堂集 〔文淵〕1258 〔文津〕1262 〔文
　瀾〕1295 〔珍本〕五集 317－326
慧山記 〔存目〕史部 229
學史 〔文淵〕688 〔文津〕688 〔文瀾〕702
　〔珍本〕三集 181 〔著録〕史部 267
簡端録 〔文淵〕184 〔文津〕179 〔文瀾〕176
　〔珍本〕三集 101－102
邵懿辰(清)
半巖廬遺集 〔續修〕1536
尚書傳授同異考 〔續修〕50

八畫

武

武士選(清)
尚書因文 〔未收〕四輯 3
武之望(明)
濟陰綱目 〔存目〕子部 52
武文斌(清)
歷代紀年備考 〔未收〕九輯 8
武陵逸史(明)
類編草堂詩餘 〔著録〕集部 333
武漢臣(元)
天賜老生兒 〔續修〕1764
包待制智賺生金閣雜劇 〔續修〕1762
李素蘭風月玉壺春雜劇 〔續修〕1761
散家財天賜老生兒雜劇 〔續修〕1760
武億(清)
三禮義證 〔續修〕110
安陽縣金石録 〔續修〕913
金石三跋、授堂金石文字續跋 〔續修〕892
授堂文鈔、續集、授堂詩鈔 〔續修〕1466
偃師金石遺文補録 〔續修〕913
群經義證 〔續修〕173
經讀考異、句讀叙述 〔續修〕173
武曌(唐)
臣軌 〔續修〕753
帝範、臣軌 〔著録〕子部 332
樂書要録 〔續修〕113

長

長谷真逸(明)

農田餘話 〔存目〕子部 239
長孫訥言(唐)
刊謬補缺切韻 〔續修〕250
長孫無忌(唐)
故唐律疏義 〔著録〕史部 149
唐律疏義 〔文淵〕672 〔文津〕672 〔文瀾〕
　685
長順(清)
〔光緒〕吉林通志 〔續修〕647－648
長善(清)
駐粵八旗志 〔續修〕859－860
長齡(清)
長文襄公自定年譜 〔續修〕557
欽定中樞政考續纂 〔續修〕857
欽定兵部處分則例、欽定兵部續纂處分則例
　〔續修〕856

幸

幸元龍(宋)
重編古筠洪城幸清節公松垣文集 〔存目〕集
　部 20 〔續修〕1320

耶

耶律有尚(元)
許魯齋考歲略 〔存目〕史部 82
耶律純(遼)
星命總括 〔文淵〕809 〔文津〕810 〔文瀾〕
　827 〔珍本〕初集 182
耶律楚材(元)
西遊録注 〔續修〕736
湛然居士文集 〔底本〕集部 139 〔著録〕集
　部 106
湛然居士集 〔文淵〕1191 〔文津〕1195 〔文
　瀾〕1227 〔薈要〕399
耶律鑄(元)
雙溪醉隱集 〔文淵〕1199 〔文津〕1203 〔文
　瀾〕1234 〔珍本〕二集 330

苗

苗蕃(清)
瀑音、附碧濤芨逸存 〔禁燬〕集部 110
苗夔(清)
毛詩韻訂 〔續修〕69

英

英和(清)
恩福堂筆記 〔續修〕1178
欽定祕殿珠林三編、欽定石渠寶笈三編 〔續修〕1075－1081

英善(清)
廓爾喀案 〔未收〕三輯 18

英匯(清)
欽定科場條例 〔續修〕829－830

英廉(清)
欽定日下舊聞考、譯語總目 〔文淵〕497－499 〔文津〕497－499 〔文瀾〕498－500
夢堂詩稿 〔未收〕九輯 26

苟

苟宗道(元)
郝氏續後漢書 〔文淵〕385－386 〔文津〕382－383 〔文瀾〕384

茆

茆泮林(清)
玄中記 〔續修〕1264
唐月令注、唐月令考 〔續修〕885
唐月令注續補遺 〔續修〕885
唐月令續考 〔續修〕885

范

范士楫(清)
元明詩家 〔禁燬補〕54
橘洲詩集 〔存目〕集部 198

范士齡(清)
左傳釋地 〔續修〕125

范王孫(明)
詩志 〔存目〕經部 71－72

范公偁(宋)
過庭錄 〔文淵〕1038 〔文津〕1042 〔文瀾〕1065

范公稱(宋)
過庭錄 〔著錄〕子部 219

范方(清)
默鏡居文集 〔禁燬〕集部 133

范允臨(明)
輪寥館集 〔禁燬〕集部 101

范世勳(清)
桃花泉弈譜 〔續修〕1101

范邦甸(清)
天一閣書目、天一閣碑目 〔續修〕920

范百禄(宋)
陳眉公先生訂正丹淵集、拾遺、墓誌、年譜 〔底本〕集部 3－4 〔著錄〕集部 5

范成大(宋)
石湖居士詩集 〔著錄〕集部 97
石湖詩集 〔文淵〕1159 〔文津〕1164 〔文瀾〕1193 〔薈要〕388
吳郡志 〔文淵〕485 〔文津〕484 〔文瀾〕487
吳船錄 〔文淵〕460 〔文津〕459 〔文瀾〕461
范石湖詩集注 〔續修〕1318
范村菊譜 〔文淵〕845 〔文津〕846 〔文瀾〕863
范村梅譜 〔文淵〕845 〔文津〕846 〔文瀾〕863
桂海虞衡志 〔文淵〕589 〔文津〕590 〔文瀾〕598 〔著錄〕史部 252
高寄齋訂正吳船錄 〔著錄〕史部 203
菊譜 〔著錄〕子部 162
梅譜 〔著錄〕子部 162
紹定吳郡志 〔底本〕史部 25－26 〔著錄〕史部 380
驂鸞錄 〔文淵〕460 〔文津〕459 〔文瀾〕461 〔著錄〕史部 203

范光宙(明)
史評 〔存目〕史部 281

范光陽(清)
雙雲堂文稿、詩稿、行述 〔存目〕集部 256

范廷彥(清)
雙雲堂文稿、詩稿、行述 〔存目〕集部 256

范仲淹(宋)
文正公尺牘 〔存目〕集部 10
范文正公文集 〔續修〕1313
范文正公政府奏議 〔著錄〕史部 198
范文正公集、別集、尺牘、遺文、年譜、年譜補遺、祭文、諸賢贊頌論疏、論頌、詩頌、朝廷優崇、言行拾遺事錄、鄱陽遺事錄、遺跡、褒賢祠記、義莊規矩 〔著錄〕集部 338
范文正奏議 〔文淵〕427 〔文津〕425 〔文瀾〕425
范文正集 〔文淵〕1089 〔文津〕1093 〔文瀾〕1119 〔薈要〕369

范守己（明）
　　皇明大政紀〔續修〕353－354
　　皇明肅皇外史〔存目〕史部 52
　　御龍子集〔存目〕集部 162－163
范礽（清）
　　廬山紀事〔存目〕史部 229
范坰（宋）
　　吳越備史、雜考〔著録〕史部 423
范述譽（清）
　　雙雲堂文稿、詩稿、行述〔存目〕集部 256
范明泰（明）
　　米襄陽志林、米襄陽遺集、海嶽名言、寶章待
　　　　訪録、研史〔存目〕史部 84
范泓（明）
　　典籍便覽〔存目〕子部 174
范承勳（清）
　　雞足山志〔存目〕史部 238
范承謨（清）
　　范忠貞公集〔著録〕集部 357
　　范忠貞集〔文淵〕1314〔文津〕1318〔文
　　　　瀾〕1352〔珍本〕三集 360－361
　　畫壁遺稿〔存目〕集部 221
范咸（清）
　　周易原始〔存目〕經部 39
　　〔乾隆〕湖南通志〔存目〕史部 216－219
范祖禹（宋）
　　太史范公文集〔著録〕集部 45
　　孝經指解〔文淵〕182〔文津〕177〔文瀾〕
　　　　173
　　孝經註解〔著録〕經部 91
　　范太史集〔文淵〕1100〔文津〕1103－1104
　　　　〔文瀾〕1129〔珍本〕初集 248－251
　　東萊先生音註唐鑑〔著録〕史部 266
　　帝學〔文淵〕696〔文津〕697〔文瀾〕710
　　　　〔珍本〕三集 181〔薈要〕248〔著録〕子
　　　　部 249
　　唐鑑〔文淵〕685〔文津〕685〔文瀾〕699
　　　　〔薈要〕236
范泰恒（清）
　　燕川集〔存目補〕10
范致明（宋）
　　岳陽風土記〔文淵〕589〔文津〕589〔文
　　　　瀾〕598〔著録〕史部 252
范浚（宋）
　　范香溪先生文集、范蒙齋先生遺文、范楊溪

先生遺文〔著録〕集部 95
　　香溪集〔文淵〕1140〔文津〕1144〔文瀾〕
　　　　1171
范家相（清）
　　三家詩拾遺〔文淵〕88〔文津〕83〔文瀾〕
　　　　81〔著録〕經部 12
　　家語證僞〔續修〕931
　　詩瀋〔文淵〕88〔文津〕83〔文瀾〕81〔珍
　　　　本〕四集 41〔著録〕經部 63
范能濬（清）
　　范忠宣集〔文淵〕1104〔文津〕1108〔文
　　　　瀾〕1134
范純仁（宋）
　　范文正公集、別集、尺牘、遺文、年譜、年譜補
　　　　遺、祭文、諸賢贊頌論疏、論頌、詩頌、朝
　　　　廷優崇、言行拾遺事録、鄱陽遺事録、遺
　　　　跡、褒賢祠記、義莊規矩〔著録〕集部
　　　　338
　　范忠宣公集〔著録〕集部 91
　　范忠宣集〔文淵〕1104〔文津〕1108〔文
　　　　瀾〕1134〔珍本〕八集 151－154
范純粹（宋）
　　范文正公集、別集、尺牘、遺文、年譜、年譜補
　　　　遺、祭文、諸賢贊頌論疏、論頌、詩頌、朝
　　　　廷優崇、言行拾遺事録、鄱陽遺事録、遺
　　　　跡、褒賢祠記、義莊規矩〔著録〕集部
　　　　338
范理（明）
　　讀史備忘〔存目〕史部 19
范梈（元）
　　范德機詩集〔文淵〕1208〔文津〕1212〔文
　　　　瀾〕1243〔著録〕集部 255
　　選校范文白公詩集、續選〔存目〕集部 22
范處義（宋）
　　詩補傳〔文淵〕72〔文津〕67〔文瀾〕65
　　　　〔薈要〕25〔著録〕經部 47
范晞文（宋）
　　對床夜語〔文淵〕1481〔文津〕1486〔文
　　　　瀾〕1532〔著録〕集部 215
范康（元）
　　陳季卿悞上竹葉舟雜劇〔續修〕1761
范望（晉）
　　太玄經〔薈要〕247
　　太玄經、説玄、釋文〔著録〕子部 147
　　太玄經、釋音〔文淵〕803〔文津〕804〔文

瀾〕820

范淶(明)

兩浙海防類考續編〔存目〕史部226〔續修〕739

典籍便覽〔存目〕子部174

嗟言〔存目〕子部13〔續修〕941

范寅(清)

越諺、賸語〔未收〕九輯2

范景文(明)

文忠集〔文淵〕1295〔文津〕1300〔文瀾〕1334

范文忠公初集、年譜〔著錄〕集部280

昭代武功編〔續修〕389〔禁燬補〕15

師律〔續修〕962

戰守全書〔禁燬〕子部36

范欽(明)

天一閣書目、天一閣碑目〔續修〕920

天一閣集〔續修〕1341

兩同書〔著錄〕子部164

周易古占法〔著錄〕經部191

周易古占法、周易章句外編〔底本〕經部13

范�鼎(清)

五經堂文集〔存目〕集部242

理學備考〔存目〕史部121-122

續垂棘編初集、二集、三集、四集〔存目補〕35

范善溱(明)

中州全韻〔續修〕1747

范甯(晉)

春秋穀梁傳注疏、正義序、原目〔薈要〕33

春秋穀梁傳注疏、附考證〔文淵〕145〔文津〕141〔文瀾〕139

監本附音春秋穀梁註疏〔著錄〕經部77

范當世(清)

范伯子詩集〔續修〕1568

范照藜(清)

春秋左傳釋人〔續修〕124

范與良(清)

詩苑天聲應制集、應試集、朝堂詩、館課集、歷代樂章〔存目補〕38

范雍(宋)

忠愍集〔文淵〕1085〔文津〕1089〔文瀾〕1115

范爾梅(清)

中庸札記〔續修〕159

孟子札記〔續修〕158

雪庵文集〔未收〕九輯22

讀書小記〔存目〕子部29

范曄(南朝宋)

後漢書〔薈要〕93-95〔著錄〕史部169-171

後漢書、附考證〔文淵〕252-253〔文津〕246-248〔文瀾〕245

范銅(清)

布經〔未收〕三輯30

范鳳翼(明)

范勛卿詩集、文集〔禁燬〕集部112

范端臣(宋)

范香溪先生文集、范蒙齋先生遺文、范楊溪先生遺文〔著錄〕集部95

范端杲(宋)

范香溪先生文集、范蒙齋先生遺文、范楊溪先生遺文〔著錄〕集部95

范德機(元)

新刻木天禁語〔存目〕集部416

新刻詩學禁臠〔存目〕集部416

范凝鼎(清)

四書句讀釋義〔存目〕經部180

范檟(明)

洗心居雅言集〔存目〕史部284

范懋敏(清)

天一閣書目、天一閣碑目〔續修〕920

范應元(宋)

老子道德經古本集注〔續修〕954

范攄(唐)

雲谿友議〔文淵〕1035〔文津〕1039〔文瀾〕1062〔著錄〕子部110

范鎮(宋)

東齋記事〔文淵〕1036〔文津〕1040〔文瀾〕1064〔珍本〕別輯231

范纘(清)

四香樓詩鈔〔存目補〕56

范驤(清)

春秋歸義〔續修〕136

茅

茅大方(明)

希董先生集〔未收〕七輯16

茅元儀(明)

三戍叢譚〔續修〕1133

石民又峴集〔禁燬〕集部110

石民未出集三種〔禁燬補〕73

石民四十集〔續修〕1386－1387〔禁燬〕集部109－110

石民西崦集〔禁燬補〕73

石民江村集〔禁燬〕集部70

石民渝水集〔禁燬〕集部110

石民賞心集〔禁燬〕集部110

石民橫塘集〔禁燬〕集部110

平巢事蹟考〔存目〕史部55

西峰淡話〔存目〕子部244

戍樓閑話〔禁燬補〕34

武備志〔續修〕963－966〔禁燬〕子部23－26

青油史漫〔存目〕史部288

律古詞曲賦叶韻統〔存目〕經部211

野航史話〔續修〕1133

掌記〔禁燬〕集部110

督師紀略〔禁燬〕史部36

暖老齋雜記〔續修〕1133〔禁燬〕子部29

遼事硾囈〔禁燬補〕22

茅坤（明）

史記抄〔存目〕史部138

白華樓藏稿、續稿、吟稿、玉芝山房稿、耄年錄〔存目〕集部105－106

茅鹿門先生文集〔續修〕1344－1345

徐海本末〔存目〕史部128

唐宋八大家文鈔〔文淵〕1383－1384〔文津〕1386－1388〔文瀾〕1428－1429〔著錄〕集部304－306

茅星來（清）

近思錄集註〔文淵〕699〔文津〕699〔文瀾〕713〔珍本〕初集162－163

茅國（明）

晉史删〔存目〕史部30－31

茅暎（明）

詞的〔未收〕八輯30

茅瑞徵（明）

東夷考略、東事答問〔禁燬補〕17

皇明象胥錄〔禁燬〕史部10

禹貢匯疏、圖經、神禹別錄〔存目〕經部52〔續修〕54

萬曆三大征考〔禁燬〕史部70

萬曆三大征考、東夷考略、東事答問〔續修〕436

虞書箋〔存目〕經部52

茅溱（明）

韻譜本義〔存目〕經部212

茅維（明）

皇明策衡〔禁燬〕集部151－152

林

林大桂（明）

新刻藝圃球瑯集註〔存目〕子部87

林大輅（明）

愧瘝集〔續修〕1338－1339

林之奇（宋）

三山拙齋林先生尚書全解〔著錄〕經部6

拙齋文集〔珍本〕二集263

拙齋文集、拾遺〔文淵〕1140〔文津〕1144〔文瀾〕1172〔底本〕集部72〔著錄〕集部443

尚書全解〔文淵〕55〔文津〕50〔文瀾〕48－49〔薈要〕17

林之蒨（清）

偶存草詩集〔存目〕集部284

林之翰（清）

四診抉微、管窺附餘〔續修〕999

林子長（宋）

批點分格類意句解論學繩尺、諸先生論訣〔著錄〕集部141

論學繩尺〔文淵〕1358〔文津〕1362〔文瀾〕1400

林文（明）

淡軒稿〔存目〕集部33

林文俊（明）

方齋存稿〔文淵〕1271〔文津〕1276〔文瀾〕1308〔珍本〕四集362－363〔底本〕集部188〔著錄〕集部402

林正大（宋）

風雅遺音〔存目〕集部422

林世遠（明）

〔正德〕姑蘇志〔著錄〕史部211－212

林世勤（明）

騈語雕龍〔存目〕子部179

林右（明）

天台林公輔先生文集〔存目〕集部27

林用中（宋）

南嶽倡酬集〔文淵〕1348〔文津〕1352〔文瀾〕1390

南嶽唱酬集 〔著錄〕集部 451
林式之(宋)
　竹溪鬳齋十一稿續集 〔文淵〕1185 〔文津〕
　　1189 〔文瀾〕1221
林有望(明)
　新刊晦軒林先生類纂古今名家史綱疑辯
　　〔存目〕子部 96
林有麟(明)
　青蓮舫琴雅 〔存目〕子部 74
　法教佩珠 〔存目〕子部 144
　素園石譜 〔存目〕子部 79 〔續修〕1112
林至(宋)
　易裨傳 〔薈要〕7
　易裨傳、外篇 〔文淵〕15 〔文津〕10 〔文瀾〕
　　10 〔著錄〕經部 32
林光世(宋)
　水村易鏡 〔存目〕經部 1
林光朝(宋)
　艾軒先生文集 〔著錄〕集部 96
　艾軒集 〔文淵〕1142 〔文津〕1147 〔文瀾〕
　　1174 〔珍本〕初集 296
林同(宋)
　孝詩 〔文淵〕1183 〔文津〕1187 〔文瀾〕1218
　　〔著錄〕集部 104
林仲懿(清)
　南華本義 〔存目〕子部 257
　離騷中正、讀騷管見 〔存目〕集部 2
林兆珂(明)
　考工記述註、圖 〔存目〕經部 82
　多識編 〔存目〕經部 62
　杜詩鈔述註 〔存目〕集部 4
　李詩鈔述註 〔存目〕集部 3
　宙合編 〔存目〕子部 106
　檀弓述註 〔存目〕經部 91
林兆恩(明)
　林子三教正宗統論 〔禁燬〕子部 17－19
　林子全集元部、亨部、利部、貞部 〔存目〕子
　　部 91－92
林旭(清)
　晚翠軒集、外集、遺札 〔續修〕1568
林亦之(宋)
　網山集 〔文淵〕1149 〔文津〕1154 〔文瀾〕
　　1182 〔珍本〕初集 299 〔著錄〕集部 97
林伯桐(清)
　毛詩通考 〔續修〕68

品官家儀考、士人家儀考 〔續修〕826
林近龍(明)
　翠渠摘稿、續編 〔文淵〕1254 〔文津〕1258
　　〔文瀾〕1291
林希元(明)
　同安林次崖先生文集 〔存目〕集部 76
　東溪集 〔文淵〕1136 〔文津〕1140 〔文瀾〕
　　1167
　易經存疑 〔文淵〕30 〔文津〕25 〔文瀾〕25
　　〔珍本〕三集 6－8
　新刊增訂的稿易經存疑 〔著錄〕經部 5
林希逸(宋)
　考工記解 〔薈要〕49
　老子鬳齋口義 〔續修〕954
　列子鬳齋口義 〔續修〕958
　竹溪鬳齋十一稿續集 〔文淵〕1185 〔文津〕
　　1189 〔文瀾〕1221 〔著錄〕集部 27
　竹溪鬳齋文集 〔珍本〕二集 314－316
　莊子口義 〔文淵〕1056 〔文津〕1060 〔文
　　瀾〕1085
　莊子鬳齋口義 〔著錄〕子部 246
　樂軒集 〔文淵〕1152 〔文津〕1156 〔文瀾〕
　　1185
　鬳齋考工記解 〔文淵〕95 〔文津〕89 〔文
　　瀾〕88
林良銓(清)
　嶺南林睡廬詩選 〔禁燬〕集部 53
林君陞(清)
　舟師繩墨 〔續修〕967
林岊(宋)
　毛詩講義 〔文淵〕74 〔文津〕69 〔文瀾〕67
　　〔珍本〕初集 49
林表民(宋)
　天台前集、前集別編、拾遺、續集、續集拾遺、
　　續集別編 〔著錄〕集部 451
　天台前集、前集別編、續集、續集別編 〔文
　　淵〕1356 〔文津〕1360 〔文瀾〕1398
　玉溪吟草 〔續修〕1321
　赤城集 〔文淵〕1356 〔文津〕1360 〔文瀾〕
　　1398 〔珍本〕十集 278－280 〔底本〕集
　　部 218－219 〔著錄〕集部 76
林坤(元)
　誠齋襍記 〔存目〕子部 120
林茂槐(明)
　說類 〔存目〕子部 132
　諸書字考略 〔存目〕經部 192

林直(清)
　　壯懷堂詩二集、三集〔續修〕1557
　　壯懷堂詩初稿〔續修〕1557
林尚葵(清)
　　廣金石韻府、字略〔存目〕經部199〔續修〕
　　　238
林昌彝(清)
　　三禮通釋〔未收〕二輯8-9
　　小石渠閣文集〔續修〕1530
　　衣讔山房詩集〔續修〕1530
　　射鷹樓詩話〔續修〕1706
林季仲(宋)
　　竹軒雜著〔文淵〕1140〔文津〕1144〔文
　　　瀾〕1171〔珍本〕別輯328〔底本〕集部
　　　71〔著錄〕集部96
林佶(清)
　　漢甘泉宮瓦記〔存目〕子部79〔續修〕1111
　　樸學齋詩稿〔存目〕集部262
林侗(清)
　　來齋金石刻考略〔文淵〕684〔文津〕684
　　　〔文瀾〕697〔珍本〕七集114〔著錄〕史
　　　部266
林春溥(清)
　　古史考年異同表、後說〔續修〕336
　　古史紀年〔續修〕336
　　春秋經傳比事〔續修〕147
　　戰國紀年、地輿、年表〔續修〕347
林春澤(明)
　　人瑞翁詩集〔存目〕集部71
林昺(明)
　　群書歸正集〔存目〕子部13
林則徐(清)
　　林文忠公政書三集〔續修〕500
　　官子譜〔續修〕1101
　　俄國疆界風俗誌〔未收〕三輯16
　　雲左山房詩鈔〔續修〕1512
　　畿輔水利議〔續修〕851
林禹(宋)
　　吳越備史、雜考〔著錄〕史部423
林俊(明)
　　見素集、奏議、續集〔文淵〕1257〔文津〕
　　　1260-1261〔文瀾〕1294〔珍本〕五集
　　　309-316〔著錄〕集部269
林胤昌(明)
　　素菴先生栖綠堂經史耨義〔存目〕子部17

林庭(明)
　　〔嘉靖〕江西通志〔存目〕史部182-183
林垐(明)
　　居易堂詩集〔未收〕六輯26
林珮琴(清)
　　類證治裁〔續修〕1026
林華皖(清)
　　治鮮集〔續修〕880
林逋(宋)
　　宋林和靖先生詩集〔著錄〕集部87
　　林和靖集〔文淵〕1086〔文津〕1090〔文
　　　瀾〕1116
林栗(宋)
　　周易經傳集解〔文淵〕12〔文津〕7〔文瀾〕
　　　6〔珍本〕初集4-6〔著錄〕經部31
林烈(明)
　　鄉射禮儀節〔存目〕經部115
林時益(清)
　　寧都三魏全集〔禁燬〕集部4-6
林師蒧(宋)
　　天台前集、前集別編、拾遺、續集、續集拾遺、
　　　續集別編〔著錄〕集部451
　　天台前集、前集別編、續集、續集別編〔文
　　　淵〕1356〔文津〕1360〔文瀾〕1398
林虙(宋)
　　兩漢詔令〔文淵〕426〔文津〕424〔文瀾〕
　　　425〔珍本〕四集104-105〔著錄〕史
　　　部412
林欲楫(明)
　　易經勺解〔存目〕經部19
林章(明)
　　林初文先生詩選〔存目補〕56
　　林初文詩文全集〔續修〕1358
林紹周(明)
　　新刊理氣詳辯纂要三台便覽通書正宗〔續
　　　修〕1063
林堯光(清)
　　涑亭詩略〔存目〕集部223
林堯叟(宋)
　　左傳杜林合注、春秋提要〔文淵〕171〔文
　　　津〕166〔文瀾〕163
　　春秋左傳、春秋提要〔著錄〕經部86
　　音注全文春秋括例始末左傳句讀直解〔續
　　　修〕118
林堯俞(明)

禮部志稿 〔文淵〕597－598 〔文津〕597－
　　599〔文瀾〕606－608

林越(林鉞)(宋)
　　兩漢雋言 〔存目〕史部 139
　　漢雋 〔存目〕史部 131

林雲程(明)
　　〔萬曆〕通州志〔存目〕史部 203

林雲銘(清)
　　吳山敫音〔存目補〕3
　　挹奎樓選稿〔存目〕集部 230
　　楚辭燈、附楚懷襄二王在位事蹟考〔存目〕
　　　集部 2

林景暘(明)
　　玉恩堂集〔存目〕集部 148

林景熙(宋)
　　霽山文集 〔文淵〕1188 〔文津〕1193 〔文
　　　瀾〕1224〔珍本〕五集 291
　　霽山先生文集〔著錄〕集部 105

林喬蔭(清)
　　三禮陳數求義〔續修〕109

林富(明)
　　〔嘉靖〕廣西通志〔存目〕史部 187

林弼(明)
　　林登州集 〔文淵〕1227 〔文津〕1231 〔文
　　　瀾〕1262〔珍本〕四集 304－305
　　林登州遺集〔著錄〕集部 113

林瑀(宋)
　　太玄經、説玄、釋文〔著錄〕子部 147

林蒲封(清)
　　宋史、附考證 〔文淵〕280－288 〔文津〕
　　　275－283〔文瀾〕272

林楨(元)
　　聯新事備詩學大成〔續修〕1221

林圓(宋)
　　勉齋先生黃文肅公文集、語録、年譜、附集
　　　〔著錄〕集部 24

林鉞(宋)　參見 林越

林慎思(唐)
　　伸蒙子〔文淵〕696〔文津〕696〔文瀾〕710
　　　〔著錄〕子部 332
　　伸蒙續孟子〔著錄〕子部 41
　　續孟子〔文淵〕696〔文津〕696〔文瀾〕710
　　　〔珍本〕十一集 102

林壽圖(清)
　　黃鵠山人詩初鈔〔續修〕1548

林維松(明)
　　新刊理氣詳辯纂要三台便覽通書正宗〔續
　　　修〕1063

林駉(宋)
　　古今源流至論前集、後集、續集、別集 〔文
　　　淵〕942 〔文津〕945 〔文瀾〕964 〔珍
　　　本〕十二集 146－149

林增志(明)
　　忠貞録 〔文淵〕447 〔文津〕445 〔文瀾〕448
　　　〔珍本〕初集 119 〔著錄〕史部 413

林億(宋)
　　外臺祕要方 〔文淵〕736－737 〔文津〕736－
　　　737〔文瀾〕751－752
　　金匱玉函經〔續修〕984
　　孫真人備急千金要方〔著錄〕子部 2
　　黃帝内經素問、附釋文 〔文淵〕733 〔文津〕
　　　733〔文瀾〕748
　　備急千金要方 〔文淵〕735 〔文津〕735－736
　　　〔文瀾〕750
　　新刊黃帝内經素問、亡篇〔著錄〕子部 263
　　鍼灸甲乙經 〔文淵〕733 〔文津〕733 〔文
　　　瀾〕748

林樂知(美國)
　　列國陸軍制〔續修〕1299

林德謀(明)
　　古今議論參〔禁燬〕集部 20－21

林慶炳(清)
　　周易述聞〔續修〕39

林澍蕃(清)
　　南陔草〔未收〕十輯 26

林駉(宋)
　　新箋決科古今源流至論前集、後集、續集、別
　　　集〔著錄〕子部 221

林頤山(清)
　　經述〔續修〕179

林璐(清)
　　歲寒堂初集、存稿〔存目〕集部 283－284

林聰彝(清)
　　文忠公年譜草稿〔續修〕557

林謙光(清)
　　臺灣府紀略〔存目〕史部 214

林應龍(明)
　　適情録〔存目〕子部 76〔續修〕1097

林爌(明)
　　林學士詩集、文集〔存目〕集部 115

林鴻(明)
　泉南指譜重編〔續修〕1096
　鳴盛集〔文淵〕1231〔文津〕1235〔文瀾〕
　　1266〔珍本〕五集 297〔著録〕集部 427
林寶(唐)
　元和姓纂〔文淵〕890〔文津〕892〔文瀾〕
　　910〔珍本〕別輯 218 - 221
林麟焻(清)
　玉巖詩集〔存目〕集部 244

枚

枚乘(漢)
　枚叔集〔續修〕1303

來

來行學(明)
　宣和集古印史〔存目〕子部 75
來汝賢(明)
　菲泉先生存稿〔存目〕集部 96
來知德(明)
　來瞿唐先生日録〔存目〕子部 85 - 86
　周易集註〔文淵〕32〔文津〕26〔文瀾〕27
　　〔珍本〕四集 11 - 13〔著録〕經部 122
　重刻來瞿唐先生日録内篇、外篇〔續修〕
　　1128
來保(清)
　大清通禮〔著録〕史部 140
　平定金川方略〔文淵〕356〔文津〕352 - 353
　　〔文瀾〕354〔著録〕史部 25
　欽定大清通禮〔文淵〕655〔文津〕654〔文
　　瀾〕664〔珍本〕八集 125 - 130
來斯行(明)
　槎菴小乘〔禁燬〕子部 10
　經史典奧〔存目〕子部 137 - 138
來集之(清)
　卦義一得〔存目〕經部 25〔續修〕17
　易圖親見〔存目〕經部 25〔續修〕17
　倘湖樵書〔存目〕子部 146
　倘湖樵書初編、二編〔續修〕1195 - 1196
　博學彙書〔存目〕子部 146 - 147
　讀易隅通〔存目〕經部 25〔續修〕17
來欽之(明)
　楚辭、九歌圖〔未收〕五輯 16
來濬(明)
　金石備考〔存目〕史部 278

來儼然(明)
　自愉堂集〔存目〕集部 177

松

松年(清)
　頤園論畫〔續修〕1088
松筠(清)
　新疆識略〔續修〕732

杭

杭世駿(清)
　三國志補注〔文淵〕254〔文津〕249〔文
　　瀾〕247
　三國志補註〔著録〕史部 41
　石經考異〔文淵〕684〔文津〕684〔文瀾〕
　　698〔珍本〕十一集 100〔著録〕史部
　　159
　史記考證〔續修〕263
　訂訛類編、續補〔續修〕1148
　〔乾隆〕烏程縣志〔續修〕704
　詞科掌録、餘話〔未收〕一輯 19
　道古堂文集、詩集、集外文、集外詩〔續修〕
　　1426 - 1427
　榕城詩話〔存目〕集部 421〔續修〕1701
　續方言〔文淵〕222〔文津〕217〔文瀾〕215
　　〔著録〕經部 108
　續方言、續方言補〔底本〕經部 10
　續禮記集説〔續修〕101 - 102
杭永年(清)
　古文快筆貫通解〔禁燬〕集部 34
杭淮(明)
　杭雙溪先生詩集〔著録〕集部 273
　雙溪集〔文淵〕1266〔文津〕1270〔文瀾〕
　　1303〔珍本〕三集 334

東

東方明(宋)
　新雕注疏珞子三命消息賦、新雕李燕陰陽三
　　命〔續修〕1059
東方朔(漢)
　東方大中集〔續修〕1583
　神異經〔文淵〕1042〔文津〕1046〔文瀾〕
　　1070〔著録〕子部 242
　海内十洲記〔文淵〕1042〔文津〕1046〔文
　　瀾〕1070〔著録〕子部 242

靈棋經 〔文淵〕808〔文津〕809〔文瀾〕826
東邨八十一老人(明)
明季甲乙彙編 〔禁燬〕史部 33
東軒主人(清)
述異記 〔存目〕子部 250
東軒居士(宋)
衛濟寶書 〔文淵〕741〔文津〕742〔文瀾〕
755〔珍本〕三集 189

郁

郁文初(清)
郁溪易紀 〔存目〕經部 29-30
郁永河(清)
採硫日記 〔續修〕559
郁逢慶(明)
書畫題跋記、續 〔文淵〕816〔文津〕819〔文瀾〕836〔著錄〕子部 7
郁袞(明)
革朝遺忠錄 〔存目〕史部 90
郁濬(明)
石品 〔存目補〕95

卓

卓人月(明)
古今詞統、雜説 〔續修〕1728-1729
卓明卿(明)
卓氏藻林 〔存目〕子部 214
卓光禄集 〔存目〕集部 158
卓澂甫詩續集 〔存目〕集部 158
卓從之(元)
中州樂府音韻類編 〔續修〕1739
卓發之(明)
漉籬集、遺集 〔禁燬〕集部 107
卓爾康(明)
表度説 〔著錄〕子部 51
易學全書 〔存目補〕90-91
春秋辯義 〔文淵〕170〔文津〕165〔文瀾〕162〔珍本〕三集 90-96
春秋辯義、經義、傳義、書義、不書義、時義、地義 〔著錄〕經部 21
卓爾堪(清)
遺民詩、附近青堂詩 〔禁燬〕集部 21

尚

尚仲賢(元)

洞庭湖柳毅傳書雜劇 〔續修〕1762
尉遲恭單鞭奪槊雜劇 〔續修〕1762
漢高皇濯足氣英布雜劇 〔續修〕1762
尚秉和(清)
辛壬春秋 〔未收〕五輯 6
尚書省(金)
大金德運圖説 〔珍本〕四集 121
尚鎔(清)
三國志辨微、續 〔未收〕六輯 5

門

門無子(明)
韓子迂評 〔存目〕子部 36

明

明之綱(清)
桑園圍總志 〔未收〕九輯 6
明安圖(清)
割圜密率捷法 〔續修〕1045
明亮(清)
欽定中樞政考 〔續修〕853-855

易

易本烺(清)
字辨證篆 〔續修〕240
易其霈(清)
資治通鑑綱目前編竊議 〔未收〕三輯 12
易佩紳(清)
通鑑觸緒 〔未收〕五輯 4
詩義擇從 〔未收〕十輯 1
易恒(明)
陶情藁 〔未收〕五輯 17
易祓(宋)
周易總義 〔文淵〕17〔文津〕12〔文瀾〕11〔珍本〕三集 4-5〔著錄〕經部 2
周官總義 〔文淵〕92〔文津〕87〔文瀾〕85〔珍本〕二集 27-29
易順鼎
丁戊之閒行卷 〔續修〕1576
盾墨拾餘 〔續修〕1576
易震吉(明)
秋佳軒詩餘 〔續修〕1723
易學實(清)
犀崖文集 〔存目〕集部 198

迗

迗朗(清)

　繪事瑣言〔續修〕1068

迗鶴壽(清)

　蛾術編〔續修〕1150-1151

　齊詩翼氏學〔續修〕75

　鍾山札記〔續修〕1149

物

物觀(日本)

　七經孟子考文〔著錄〕經部 92-93

　七經孟子考文補遺〔文淵〕190〔文津〕
　　185-186〔文瀾〕180

和

和珅(清)

　大清一統志〔文淵〕474-483〔文津〕474-
　　483〔文瀾〕476-485〔著錄〕史部 97-
　　106

　欽定户部軍需則例、續、欽定兵部軍需則例、
　　欽定工部軍需則例〔續修〕857

　〔乾隆〕欽定熱河志〔著錄〕史部 216-218

　欽定熱河志〔文淵〕495-496〔文津〕494-
　　496〔文瀾〕501-503

和素(清)

　琴譜合璧〔文淵〕839〔文津〕841〔文瀾〕
　　858〔珍本〕二集 205-207

和瑛(清)

　易簡齋詩鈔〔續修〕1460

　熱河志略〔續修〕730

和琳(清)

　芸香堂詩集〔未收〕十輯 28

和凝(五代)

　疑獄集〔文淵〕729〔文津〕729〔文瀾〕743
　　〔文淵〕729〔文津〕729〔文瀾〕743
　　〔珍本〕五集 147〔著錄〕子部 46〔著
　　錄〕子部 46

季

季本(明)

　孔孟事蹟圖譜〔存目〕史部 77

　易學四同〔續修〕6

　易學四同、別錄〔存目〕經部 3

　易學四同別錄〔續修〕6

　春秋私考〔存目〕經部 117〔續修〕134

　詩説解頤〔文淵〕79〔文津〕74〔文瀾〕72
　　〔珍本〕四集 32-34

　詩説解頤總論、正釋、字義〔著錄〕經部 194

　説理會編〔存目〕子部 9〔續修〕938-939

　樂律纂要〔存目〕經部 182〔續修〕113

　廟制考議〔存目〕經部 105

　讀禮疑圖〔存目〕經部 81

季芝昌(清)

　丹魁堂詩集〔續修〕1517

季步驥(清)

　懶鹽居士遺稿、附月當樓詩稿〔禁燬補〕69

季孟蓮(明)

　懶鹽居士遺稿、附月當樓詩稿〔禁燬補〕69

季振宜(清)

　季滄葦藏書目〔續修〕920

季嫻(清)

　閨秀集、詩餘〔存目〕集部 414

季麒光(清)

　臺灣雜記〔存目〕史部 249

侍

侍其良器(宋)

　續千文〔存目〕經部 187

岳

岳元聲(明)

　方言據〔存目〕經部 187

　方言據、續錄〔續修〕193

　皇明資治通紀〔禁燬〕史部 12

　聖學範圍圖説〔存目〕子部 14

岳正(明)

　蒙泉雜言〔存目〕子部 113

　類博稿〔文淵〕1246〔文津〕1250〔文瀾〕
　　1282〔珍本〕三集 303〔底本〕集部 113
　　〔著錄〕集部 66

岳伯川(元)

　呂洞賓度鐵拐李岳雜劇〔續修〕1761

　鐵拐李〔續修〕1764

岳珂(宋)

　九經三傳沿革例〔文淵〕183〔文津〕178
　　〔文瀾〕175

　三命指迷賦〔文淵〕809〔文津〕810〔文
　　瀾〕827〔珍本〕別輯 197

　玉楮集〔文淵〕1181〔文津〕1185〔文瀾〕

1216〔珍本〕十集 240

玉楮詩稿〔著錄〕集部 27

金佗稡編、續編〔文淵〕446〔文津〕445〔文瀾〕447

春秋名號歸一圖〔文淵〕146〔文津〕142〔文瀾〕140

相臺書塾刊正九經三傳沿革例〔著錄〕經部 23

桯史〔文淵〕1039〔文津〕1043〔文瀾〕1066〔著錄〕子部 241

鄂國金佗稡編、鄂國金佗續編〔著錄〕史部 31

棠湖詩稿〔存目〕集部 20

愧郯錄〔文淵〕865〔文津〕867〔文瀾〕885〔底本〕子部 16〔著錄〕子部 169

新刊補註得秘訣三命指迷賦〔著錄〕子部 356

寶真齋法書贊〔文淵〕813〔文津〕816〔文瀾〕832〔珍本〕別輯 201－203

岳飛(宋)

　岳武穆遺文〔文淵〕1136〔文津〕1140〔文瀾〕1167

　岳集〔著錄〕集部 95

岳熙載(元)

　天文精義賦〔續修〕1031

岳濬(清)

　〔雍正〕山東通志〔著錄〕史部 321－323

　山東通志〔文淵〕539－541〔文津〕539－541〔文瀾〕545－548

金

金士升(清)

　易內傳、易傳外篇〔續修〕18

金之俊(清)

　金文通公集、奏疏、詩集、外集〔續修〕1392－1393

　金文通公集、疏草、詩集、外集〔存目補〕56

金友理(清)

　太湖備考、湖程紀略〔存目〕史部 225

金日升(明)

　頌天臚筆〔續修〕439〔禁燬〕史部 5－6

金曰追(清)

　儀禮經注疏正譌〔續修〕89

金文淳(清)

　周書、附考證〔文淵〕263〔文津〕258〔文

瀾〕255

金正煒

　戰國策補釋〔續修〕422

金永森(清)

　三湘從事錄〔未收〕二輯 21

　西陲考略〔未收〕三輯 16

金尼閣(明西洋)

　西儒耳目資〔續修〕259

　西儒耳目資、附釋疑〔存目〕經部 213

金弘勳(清)

　仁山金先生文集〔著錄〕集部 251

金幼孜(明)

　北征錄〔禁燬補〕16

　金文靖公前北征錄、後北征錄〔續修〕433

　金文靖公集、外集〔著錄〕集部 38

　金文靖集〔文淵〕1240〔文津〕1244〔文瀾〕1276〔珍本〕二集 354－356

金光辰(明)

　金雙巖中丞集〔禁燬〕史部 38

金兆清(明)

　麟指嚴〔未收〕三輯 9

金兆燕(清)

　棕亭古文鈔、駢體文鈔〔續修〕1442

　棕亭詩鈔〔續修〕1442

金江(明)

　義烏人物記〔存目〕史部 95

金汝諧(明)

　新編歷代名臣芳躅〔存目〕史部 108

金守正(元)

　雪厓先生詩集〔續修〕1325

金志章(清)

　江聲草堂詩集〔存目〕集部 274

金杏園(清)

　重訂宣和譜牙牌彙集〔未收〕十輯 10

金君卿(宋)

　金氏文集〔文淵〕1095〔文津〕1098〔文瀾〕1124〔珍本〕四集 247〔底本〕集部 57〔著錄〕集部 339

金武祥

　粟香隨筆、二筆、三筆、四筆、五筆〔續修〕1183－1184

金和(清)

　秋蟪吟館詩鈔〔續修〕1554

金居敬(清)

　幸魯盛典〔文淵〕652〔文津〕652〔文瀾〕

662 〔著録〕史部 139

金春亭(清)

繪聲圖 〔未收〕十輯 10

金盈之(宋)

醉翁談録 〔續修〕1166

金桂馨(清)

逍遥山萬壽宮志 〔未收〕六輯 10

金甡(清)

静廉齋詩集 〔續修〕1440

金涓(元)

青村遺稿 〔文淵〕1217 〔文津〕1221 〔文
瀾〕1252 〔著録〕集部 61

金埴(清)

不下帶編 〔續修〕1262

金象豫(清)

國朝大事記 〔續修〕390

金湘(明)

讀禮日知 〔續修〕97

金張(清)

岕老編年詩鈔、續鈔 〔存目〕集部 254

金賁亨(明)

台學源流 〔存目〕史部 90 〔續修〕515

學易記 〔續修〕6

金敞(清)

金閣齋先生集 〔存目補〕8

金堡(清)

徧行堂集 〔禁燬〕集部 127－128

徧行堂續集 〔禁燬〕集部 128

嶺海焚餘 〔禁燬補〕24

金蓉鏡(清)

潛書 〔未收〕八輯 15

金榏(清)

石泉詩集、文集 〔禁燬補〕83

金梂志(清)

近譜 〔未收〕十輯 10

金農(清)

冬心先生自度曲 〔續修〕1739

冬心先生集 〔存目〕集部 282 〔續修〕1424

冬心先生續集、續補遺、三體詩、甲戌近詩
〔續修〕1424

金魁(明)

青村遺稿 〔文淵〕1217 〔文津〕1221 〔文
瀾〕1252

金鉉(明)

金忠節公文集 〔未收〕六輯 26

金誠(清)

易經貫一 〔存目〕經部 41－42

金瑶(明)

金栗齋先生文集 〔存目補〕78 〔續修〕1342

周禮述註、周禮二氏改官改文議 〔存目〕經
部 82

金榜(清)

禮箋 〔續修〕109

金鉷(清)

〔雍正〕廣西通志 〔著録〕史部 38－40

廣西通志 〔文淵〕565－568 〔文津〕565－
569 〔文瀾〕574－577

金實(明)

覺非齋文集 〔續修〕1327

金維寧(清)

垂世芳型 〔存目〕史部 291

金甌(清)

春秋正業經傳删本 〔存目〕經部 132

金德玹(明)

新安文粹 〔存目〕集部 292

金德瑛(清)

詩存 〔續修〕1440 〔未收〕九輯 28

金德嘉(清)

居業齋文録 〔續修〕1670

居業齋詩鈔、文稿、別集 〔存目〕集部 252

金德鑑(清)

爛喉痧輯要 〔續修〕1018

金履祥(元)

大學疏義 〔文淵〕202 〔文津〕195 〔文瀾〕
192 〔珍本〕十二集 20

仁山文集 〔文淵〕1189 〔文津〕1194 〔文
瀾〕1225

仁山金先生文集 〔著録〕集部 251

宋金仁山先生大學疏義 〔著録〕經部 170

宋金仁山先生選輯濂洛風雅 〔存目〕集部
289

尚書表注 〔文淵〕60 〔文津〕55 〔文瀾〕53
〔著録〕經部 57

書經注 〔續修〕42

御批資治通鑑綱目、御批資治通鑑綱目前
編、御批續資治通鑑綱目 〔著録〕史部
161－166

御批資治通鑑綱目前編 〔文淵〕692 〔文瀾〕
706－707 〔薈要〕165

資治通鑑前編、舉要 〔文淵〕332〔文津〕329
〔文瀾〕329
資治通鑑綱目前編 〔著録〕史部 5
論孟集註考證 〔文淵〕202〔文津〕195〔文
瀾〕192
論語集註考證、孟子集註考證 〔著録〕經部
171

金聲(明)
金正希先生文集輯略 〔禁燬〕集部 50
金正希先生燕詒閣集 〔禁燬〕集部 85

金蟠(明)
鹽鐵論考 〔未收〕五輯 9

金簡(清)
武英殿聚珍版程式 〔薈要〕284
欽定武英殿聚珍版程式 〔文淵〕673〔文津〕
673〔文瀾〕686〔珍本〕六集 131〔著
録〕史部 393

金鶚(清)
求古録禮説 〔續修〕110

金鑪(清)
皇明末造録 〔續修〕444

金鑾(明)
蕭爽齋樂府 〔續修〕1738

郄

郄□(元)
刑統賦 〔存目〕子部 37
刑統賦解 〔續修〕972

服

服虔(漢)
春秋傳服氏注 〔續修〕117

周

周人甲(清)
管蠡匯占 〔未收〕四輯 27

周人麒(清)
孟子讀法附記 〔未收〕四輯 7

周乃祺(明)
曆志 〔禁燬補〕15

周于漆(清)
三才實義天集 〔續修〕1033

周士儀(清)
史貫 〔禁燬〕史部 73

秋感十二詠 〔禁燬〕集部 167

周大韶(明)
三吴水考 〔文淵〕577〔文津〕577－578〔文
瀾〕586〔珍本〕三集 164－168〔著録〕
史部 420

周大樞(清)
周易井觀 〔存目〕經部 46

周之方(清)
希砭齋集 〔未收〕八輯 29

周之琦(清)
心日齋詞集 〔續修〕1726

周之翰(明)
周元公世系遺芳集 〔存目〕史部 86

周之夔(明)
棄草詩集、文集、棄草二集 〔禁燬〕集部
112－113

周之鱗(清)
宋四名家詩鈔 〔存目〕集部 394

周子文(明)
藝藪談宗 〔存目〕集部 417

周子冶(明)
蚓竅集、全菴記 〔底本〕集部 39〔著録〕集
部 427

周子愚(明)
表度説 〔文淵〕787〔文津〕789〔文瀾〕805
〔著録〕子部 51

周天佐(明)
周忠愍先生文集 〔未收〕五輯 19

周元孚(明)
何之子 〔存目〕子部 88

周日用(宋)
博物志 〔著録〕子部 243

周中孚(清)
鄭堂札記 〔續修〕1158
鄭堂讀書記 〔續修〕924－925

周公恕(宋)
誠齋四六發遣膏馥 〔存目〕子部 170

周文玘(宋)
開顔集 〔存目〕子部 250〔續修〕1272

周文郁(明)
邊事小紀 〔禁燬補〕16

周文采(明)
醫方選要 〔存目〕子部 41

周文華(明)

汝南圃史 〔存目〕子部 81 〔續修〕1119

周文源(清)

天文揭要 〔續修〕1300

周文璞(宋)

方泉先生詩集 〔著録〕集部 58

方泉詩集 〔文淵〕1174 〔文津〕1179 〔文瀾〕1209 〔珍本〕四集 278

周孔教(明)

周中丞疏稿 〔存目〕史部 64

周中丞疏稿、救荒事宜、勸施迂談 〔續修〕481

救荒事宜 〔存目〕史部 275

周去非(宋)

嶺外代答 〔文淵〕589 〔文津〕590 〔文瀾〕598

周世金(清)

易解拾遺、附周易讀本 〔存目〕經部 47

周世則(宋)

會稽三賦 〔文淵〕589 〔文津〕589 〔文瀾〕598 〔底本〕史部 27 〔著録〕史部 252

周世樟(清)

五經類編 〔存目〕子部 233

周世澄(清)

淮軍平捻記 〔續修〕413

周世選(明)

衛陽先生集 〔存目〕集部 136

周用(明)

周恭肅公集 〔存目〕集部 54－55

周用錫(清)

尚書證義 〔續修〕48

周玄暐(明)

涇林雜紀、涇林續紀 〔續修〕1124

周必大(宋)

二老堂詩話 〔文淵〕1480 〔文津〕1485 〔文瀾〕1530 〔著録〕集部 331

文忠集 〔文淵〕1147－1149 〔文津〕1151－1153 〔文瀾〕1179－1181 〔珍本〕二集 274－293

文忠集、本傳、年譜 〔文淵〕1102－1103 〔文津〕1105－1107 〔文瀾〕1131－1133

玉堂雜記 〔文淵〕595 〔文津〕595 〔文瀾〕604

周益公文集、年譜 〔著録〕集部 18－20

周益文忠公集、年譜 〔底本〕集部 9－18 〔底本〕集部 163－177

淳熙玉堂雜紀 〔著録〕史部 254

周永年(清)

先正讀書訣 〔未收〕六輯 12

吳都法乘 〔存目〕子部 255

林汲山房遺文 〔續修〕1449

鄧尉聖恩寺志 〔存目〕史部 244 〔續修〕719

周永春(明)

絲綸録 〔禁燬〕史部 74

周弘祖(明)

皇明將略 〔禁燬補〕25

周召(清)

雙橋隨筆 〔文淵〕724 〔文津〕725 〔文瀾〕739 〔珍本〕初集 165

周邦彦(宋)

片玉詞 〔文淵〕1487 〔文津〕1492 〔文瀾〕1537 〔著録〕集部 218

詳註周美成詞片玉集 〔續修〕1722

周在延(清)

天蓋樓四書語録 〔禁燬〕經部 1

朱子四書語類 〔存目〕經部 155

周在浚(清)

天發神讖碑考、續考 〔存目〕史部 278

南唐書注 〔續修〕333

賴古堂名賢尺牘新鈔、二選藏弆集、三選結隣集 〔禁燬〕集部 36

周光鎬(明)

春秋左傳節文註略 〔未收〕二輯 10

周廷用(明)

八厓集 〔存目補〕57

周廷祚(明)

周忠毅公奏議 〔續修〕492

周行己(宋)

浮沚集 〔文淵〕1123 〔文津〕1127 〔文瀾〕1153 〔珍本〕別輯 297

周池(清)

唐鑑偶評 〔存目〕史部 292

鈍根雜著 〔存目〕子部 116

駢語類鑑 〔存目〕子部 238

周汝登(明)

王門宗旨 〔存目〕子部 13 〔續修〕942

東越證學録 〔存目〕集部 165

周海門先生文録 〔存目〕集部 165

聖學宗傳 〔存目〕史部 98－99 〔續修〕513

周汝礪(明)

新刊崑山周解元精選藝圃萃盤録 〔存目〕子

部 195
周宇(明)
　字考啓蒙 〔存目〕經部 190
　認字測 〔存目〕子部 111
周守忠(宋)
　姬侍類偶 〔存目〕子部 168
　養生月覽 〔存目〕子部 119
　養生雜類 〔存目〕子部 119
　養生類纂、養生月覽 〔續修〕1029
　歷代名醫蒙求、釋音 〔續修〕1030
周如砥(明)
　周季平先生青藜館集 〔存目〕集部 172
　道德經集義 〔未收〕六輯 19
周羽翀(宋)
　三楚新錄 〔文淵〕464 〔文津〕463 〔文瀾〕
　　465 〔著錄〕史部 205
周克開(清)
　念貽臟紀、續編 〔存目〕史部 128
周伯畦(明)
　新鍥官板批評註釋虞精集 〔存目〕子部 93
周伯琦(元)
　六書正譌 〔文淵〕228 〔文津〕223 〔文瀾〕
　　220
　近光集、扈從集 〔文淵〕1214 〔文津〕1218
　　〔文瀾〕1249 〔珍本〕二集 342
　周翰林近光集、扈從詩 〔著錄〕集部 256
　說文字原 〔文淵〕228 〔文津〕223 〔文瀾〕
　　220
　說文字原、六書正譌 〔珍本〕六集 57 〔著
　　錄〕經部 110 〔著錄〕經部 110
周希夔(明)
　姑蘇雜詠合刻 〔存目〕集部 290
周孚(宋)
　蠹齋先生鉛刀編、拾遺詩 〔底本〕集部 83
　　〔著錄〕集部 21
　蠹齋鉛刀編 〔珍本〕二集 269
　蠹齋鉛刀編、拾遺詩 〔文淵〕1154 〔文津〕
　　1158 〔文瀾〕1187
周沈珂(清)
　周元公世系遺芳集 〔存目〕史部 86
　周元公集 〔文淵〕1101 〔文津〕1105 〔文
　　瀾〕1130
周忱(明)
　雙崖文集 〔未收〕六輯 30
周宏道(元)

裁纂類函 〔存目〕子部 171
周邵蓮(清)
　詩考異字箋餘 〔續修〕75
周長發(清)
　遼史 〔文淵〕289 〔文津〕283－284 〔文瀾〕
　　281－282
　賜書堂詩鈔 〔存目〕集部 274
周茂源(清)
　鶴静堂集 〔存目〕集部 219
周枝林(清)
　姑蘇楊柳枝詞 〔存目〕集部 395
周述(明)
　東墅詩集 〔存目補〕97
周述學(明)
　神道大編曆宗通議 〔續修〕1036
　神道大編曆宗算會 〔續修〕1043
周昌晉(明)
　鹾政全書 〔續修〕839
周昂(清)
　十國春秋、拾遺、備考、拾遺備考補 〔著錄〕
　　史部 95 〔著錄〕史部 95
　元季伏莽志 〔續修〕520
　中州全韻 〔未收〕十輯 30
周季鳳(明)
　豫章黃先生文集、外集、別集、簡尺、詞、山谷
　　先生年譜、別傳 〔著錄〕集部 11
周金然(清)
　飲醇堂文集、抱膝廬詩草、娛暉草、和靖節
　　集、西山紀遊、南浦詞、和昌谷集 〔存
　　目〕集部 253
周念祖(明)
　萬曆辛亥京察記事始末 〔續修〕435
周京(清)
　無悔齋集 〔存目〕集部 277
周怡(明)
　納溪奏疏 〔珍本〕九集 117
　訥谿奏疏 〔文淵〕429 〔文津〕427 〔文瀾〕
　　428 〔著錄〕史部 412
周宗建(明)
　周忠毅公奏議 〔續修〕492 〔禁燬〕史部 38
　論語商 〔文淵〕207 〔文津〕201 〔文瀾〕200
　　〔珍本〕四集 89 〔著錄〕經部 171
周宗濂(清)
　文獻通考節貫 〔存目〕子部 235
周祈(明)

名義考〔文淵〕856〔文津〕858〔文瀾〕876
　〔珍本〕五集233－234〔著録〕子部55

周春(清)
　古文尚書寃詞補正〔續修〕45
　西夏書〔續修〕334
　耄餘詩話〔續修〕1700
　爾雅補注〔續修〕185
　遼詩話〔續修〕1710

周拱辰(清)
　公羊墨史〔續修〕128
　聖雨齋詩集、詩餘、賦集、文集〔禁燬〕集部86
　離騷草木史〔續修〕1302

周城(清)
　宋東京考〔存目〕史部247〔續修〕734

周南(宋)
　山房集〔珍本〕三集242
　山房集、後稿〔文淵〕1169〔文津〕1173〔文瀾〕1203〔底本〕集部87〔著録〕集部56

周南(清)
　安居金鏡〔續修〕1052
　脈要纂註〔未收〕三輯22

周南瑞(元)
　天下同文前甲集〔底本〕集部211〔著録〕集部301
　天下同文集〔文淵〕1366〔文津〕1370〔文瀾〕1409〔珍本〕五集398－399

周柄中(清)
　四書典故辨正〔續修〕167
　四書典故辨正續〔續修〕167

周是修(明)
　芻蕘集〔文淵〕1236〔文津〕1240〔文瀾〕1272〔珍本〕四集313〔著録〕集部398
　綱常懿範〔存目〕子部121

周星(黃周星)(清)
　九煙先生遺集〔續修〕1399

周星譽(清)
　東鷗草堂詞〔續修〕1727

周思兼(明)
　周叔夜先生集〔存目〕集部114
　學道紀言〔存目〕子部85

周亮工(清)
　印人傳〔續修〕1092〔禁燬補〕25
　同書〔禁燬補〕37

因樹屋書影〔續修〕1134
字觸〔未收〕三輯24
書影〔禁燬補〕34
閩小記〔續修〕734〔禁燬補〕37
賴古堂集〔續修〕1400〔禁燬〕集部184
讀畫録〔續修〕1065〔禁燬補〕34

周亮輔(明)
　新鐫繡像旁批詳註總斷廣百將傳〔存目〕子部33－34

周洪謨(明)
　箐齋讀書録〔存目〕子部96〔續修〕1143
　疑辨録〔存目〕經部147
　疑辯録〔續修〕171

周宣智(清)
　念貽牘紀、續編〔存目〕史部128

周泰(明)
　存存稿、續編〔存目〕集部291

周珽(明)
　刪補唐詩選脈箋釋會通評林〔存目補〕25－26

周起元(明)
　周忠愍公傳疏〔底本〕史部108〔著録〕史部421
　周忠愍奏疏〔文淵〕430〔文津〕428〔文瀾〕428〔珍本〕五集85

周砥(元)
　荊南倡和詩集〔文淵〕1370〔文津〕1374〔文瀾〕1413〔珍本〕五集400〔底本〕集部205〔著録〕集部144

周致中(元)
　異域志〔存目〕史部255

周時雍(清)
　古學彙纂〔禁燬補〕40－41

周倫(明)
　貞翁浄稿、拾遺〔存目〕集部51

周益祥(明)
　陳履吉采芝堂文集〔存目〕集部195

周家棟(明)
　洪武正韻彙編〔存目〕經部191

周家禄(清)
　晉書校勘記〔續修〕274

周家楣(清)
　〔光緒〕順天府志〔續修〕683－686

周家賢(明)
　新鍥官板批評註釋虞精集〔存目〕子部93

周容(清)
　春酒堂文集〔禁燬補〕76
周祥鈺(清)
　新定九宮大成南北詞宮譜、閏〔續修〕
　　1753－1756
周叙(明)
　石溪周先生文集〔存目〕集部31
周象明(清)
　事物考辯〔存目〕子部98－99
周旋(明)
　畏菴周先生文集〔存目〕集部34
周清原(清)
　御定歷代紀事年表、三元甲子編年〔文淵〕
　　387－391〔文津〕384－388〔文瀾〕
　　386－389
周清源
　御定歷代紀事年表、三元甲子編年〔著録〕
　　史部374－378
周淙(宋)
　乾道臨安志〔文淵〕484〔文津〕484〔文
　　瀾〕486〔著録〕史部423
周惇頤(宋)
　周元公集〔文淵〕1101〔文津〕1105〔文
　　瀾〕1130
周案(明)
　存存稿、續編〔存目〕集部291
周密(宋)
　志雅堂雜鈔〔存目〕子部101
　宋周公瑾雲煙過眼録、續録〔著録〕子部
　　362
　武林舊事〔文淵〕590〔文津〕590〔文瀾〕
　　598〔底本〕史部19〔著録〕史部113
　癸辛雜識、前集、後集、續集、別集〔文淵〕
　　1040〔文津〕1044〔文瀾〕1067〔著録〕
　　子部241
　浩然齋雅談〔文淵〕1481〔文津〕1486〔文
　　瀾〕1532〔珍本〕別輯400
　雲煙過眼録、續録〔文淵〕871〔文津〕873
　　〔文瀾〕890
　絶妙好詞箋〔文淵〕1490〔文津〕1494〔文
　　瀾〕1539〔著録〕集部220
　齊東野語〔文淵〕865〔文津〕867〔文瀾〕
　　885〔底本〕子部28－29〔著録〕子部
　　277
　增補武林舊事〔文淵〕590〔文津〕593〔珍

本〕十二集39〔存目〕史部248
　澄懷録〔存目〕子部119〔續修〕1188
　蘋洲漁笛譜、集外詞〔續修〕1723
周瑛(明)
　詞學筌蹄〔續修〕1735
　翠渠摘稿〔珍本〕二集361〔底本〕集部45
　　〔著録〕集部40
　翠渠摘稿、續編〔文淵〕1254〔文津〕1258
　　〔文瀾〕1291
周琦(明)
　東溪日談録〔文淵〕714〔文津〕716〔文
　　瀾〕729〔珍本〕二集178〔著録〕子部
　　333
周堪賡(明)
　治河奏疏〔存目〕史部66
周揚俊(清)
　金匱玉函經二注〔續修〕989
　温熱暑疫全書〔續修〕1004
周達觀(元)
　真臘風土記〔文淵〕594〔文津〕594〔文
　　瀾〕602〔著録〕史部252
周斯盛(清)
　證山堂集〔存目〕集部233
周朝俊(明)
　玉茗堂批評紅梅記〔續修〕1774
周雲(明)
　神道大編象宗華天五星〔續修〕1031
周紫芝(宋)
　太倉稊米集〔文淵〕1141〔文津〕1145〔文
　　瀾〕1172－1173〔珍本〕二集264－268
　　〔著録〕集部422
　竹坡老人詩話〔著録〕集部331
　竹坡詞〔文淵〕1487〔文津〕1492〔文瀾〕
　　1537〔著録〕集部218
　竹坡詩話〔文淵〕1480〔文津〕1485〔文
　　瀾〕1530
周鼎(清)
　仲志〔存目〕史部78
　餐菊齋棋評〔續修〕1102
周順昌(明)
　忠介燼餘集〔文淵〕1295〔文津〕1299〔文
　　瀾〕1334
　周忠介公燼餘集〔著録〕集部405
周復元(明)
　樂城薁〔未收〕五輯22

周復俊(明)
　玉峰詩纂〔存目補〕13
　全蜀藝文志〔文淵〕1381〔文津〕1384-
　　1385〔文瀾〕1425-1426
　東吳名賢記〔存目〕史部92
　涇林詩文集〔存目〕集部98
　涇林雜紀、涇林續紀〔續修〕1124
周敦頤(宋)
　元公周先生濂溪集、年表〔著錄〕集部339
周道仁(明)
　樂府〔存目〕集部195
周弼(宋)
　三體唐詩〔文淵〕1358〔文津〕1362〔文
　　瀾〕1400〔珍本〕七集277
　汶陽端平詩雋〔著錄〕集部423
　唐三體詩〔著錄〕集部141
　箋註唐賢絕句三體詩法〔存目〕集部289
　端平詩雋〔文淵〕1185〔文津〕1189〔文
　　瀾〕1220〔珍本〕三集252
周巽(元)
　性情集〔文淵〕1221〔文津〕1225〔文瀾〕
　　1256〔珍本〕初集357
周賀(唐)
　周賀詩集〔續修〕1311
周統(明)
　春秋三傳通經合纂〔續修〕134
周聖楷(明)
　楚寶、總論〔存目〕史部118〔續修〕548-
　　549
周夢暘(明)
　常談考〔存目〕子部96
周夢熊(清)
　合例判慶雲集〔未收〕四輯19
周夢齡(清)
　春秋三傳通經合纂〔續修〕134
周暉(明)
　金陵瑣事〔禁燬補〕37
周詩雅(明)
　南北史鈔〔存目〕史部147
周廉(清)
　艸亭先生集、年譜〔續修〕1416
周靖(清)
　忠介燼餘集〔文淵〕1295〔文津〕1299〔文
　　瀾〕1334
　姑蘇楊柳枝詞〔存目〕集部395

篆隸考異〔文淵〕235〔文津〕230〔文瀾〕
　　227〔珍本〕初集101〔著錄〕經部206
周煌(清)
　海山存稿〔未收〕九輯29
　琉球國志略〔續修〕745
周煇(宋)
　清波雜志、別志〔文淵〕1039〔文津〕1043
　　〔文瀾〕1066〔著錄〕子部220〔著錄〕
　　子部220
周準(宋)
　海陵集〔文淵〕1142〔文津〕1146〔文瀾〕
　　1174
周準(清)
　明詩別裁集〔禁燬〕集部97
周福山(清)
　孔子文昌孝經合刻〔未收〕三輯9
周嘉冑(明)
　香乘〔文淵〕844〔文津〕846〔文瀾〕863
　　〔珍本〕九集220-223〔底本〕子部
　　25-26〔著錄〕子部53
　裝潢志〔續修〕1115
周嘉猷(清)
　南北史表〔續修〕283
周嘉錫(清)
　周懶予先生圍棋譜〔續修〕1103
周壽昌(清)
　五代史記纂補續〔續修〕292
　思益堂日札〔續修〕1161
　思益堂集〔續修〕1540-1541
　後漢書注補正〔續修〕272
　漢書注校補〔續修〕267
周模(清)
　律呂新書註〔存目〕經部185
周碩勳(清)
　延慶衛志略〔續修〕718
周霆震(元)
　石初集〔文淵〕1218〔文津〕1222〔文瀾〕
　　1253〔珍本〕十二集175〔著錄〕集部
　　258
周毓齡(清)
　春秋三傳通經合纂〔續修〕134
周銘(清)
　林下詞選〔存目補〕2〔續修〕1729
周廣(明)
　玉巖先生文集〔存目〕集部58

〔嘉靖〕江西通志〔存目〕史部 182－183

周廣業(清)

季漢官爵考〔續修〕747

孟子四考〔續修〕158

過夏雜録、續録〔續修〕1154

循陔纂聞〔續修〕1138

蓬廬文鈔〔續修〕1449

意林、意林逸文、意林闕目、意林補〔續修〕1188

經史避名彙考〔續修〕827

周綸(宋)

文忠集〔文淵〕1147－1149〔文津〕1151－1153〔文瀾〕1179－1181

周益公文集、年譜〔著録〕集部 18－20

周益文忠公集、年譜〔底本〕集部 9－18〔底本〕集部 163－177

周綸(清)

石樓臆編〔存目〕子部 232

周震榮(清)

〔乾隆〕永清縣志〔續修〕692

周篆(清)

艸亭先生集、年譜〔續修〕1416

周儀(明)

剡源文集〔文淵〕1194〔文津〕1198〔文瀾〕1229

周德清(元)

中原音韻〔文淵〕1496〔文津〕1500〔文瀾〕1546〔著録〕集部 419

周魯(清)

類書纂要〔存目〕子部 237－238〔續修〕1250－1251

周履靖(明)

菊譜〔續修〕1116

梅塢貽瓊〔存目〕集部 321

梅顛稿選〔存目〕集部 187

群物奇制〔續修〕1185

錦箋記〔續修〕1772

周學健(清)

儀禮注疏、原目、附考證〔文淵〕102〔文津〕97－98〔文瀾〕96

周學海(清)

讀醫隨筆〔續修〕1029

周錫珪(明)

唐碑帖跋〔存目〕史部 278

周錫溥(清)

安愚齋集〔續修〕1467

周韓瑞(清)

擷芙蓉集〔禁燬〕集部 147

周嬰(明)

卮林〔文淵〕858〔文津〕859〔文瀾〕878〔底本〕子部 19－20〔著録〕子部 10

周應合(宋)

景定建康志〔文淵〕488－489〔文津〕487－489〔文瀾〕490－491〔珍本〕九集 143－154〔著録〕史部 107－108

周應治(明)

廣廣文選〔存目補〕19－20

霞外塵談〔存目〕子部 131

周應賓(明)

九經考異、附九經逸語〔存目〕經部 150

同姓名録、録補〔文淵〕964〔文津〕967〔文瀾〕988〔珍本〕七集 160－163〔著録〕子部 331

普陀山志〔存目〕史部 231

舊京詞林志〔存目〕史部 259

周燦(清)

願學堂集、使交紀事、使交吟、安南世系略、南交好音〔存目〕集部 219

周濟(清)

存審軒詞〔續修〕1726

宋四家詞選〔續修〕1732

味雋齋史義〔續修〕451

晉略〔未收〕二輯 20

詞辨、附介存齋論詞雜箸〔續修〕1732

周禮(清)

月巖集〔存目〕集部 219

御批續資治通鑑綱目〔文淵〕693－694〔文瀾〕707－708

周藩憲王(明)　參見　朱有燉

周彝(清)

華鄂堂詩蕖、附研山十詠〔存目補〕7

周璽(明)

垂光集〔文淵〕429〔文津〕427〔文瀾〕427〔珍本〕五集 85

廬陽周忠愍先生垂光集〔著録〕史部 52

周耀藻(清)

春秋世系表〔續修〕149

周瓘(明)

兩漢書疏〔續修〕462

周權(元)

此山詩集〔文淵〕1204〔文津〕1208〔文瀾〕1238〔珍本〕三集 278

周此山先生詩集〔著録〕集部 109

周鑄(宋)

鄞峰真隱漫録〔底本〕集部 74－76〔著録〕集部 51

周鑑(明)

金湯借箸〔存目〕子部 34

周鑣(明)

琴張子螢芝集、評琴張子禪粟林〔禁燬〕集部 108

遜國忠紀〔存目〕史部 117

周麟之(宋)

海陵集〔文淵〕1142〔文津〕1146〔文瀾〕1174〔珍本〕七集 205－207

忽

忽思慧(元)

飲膳正要〔存目〕子部 80〔續修〕1115

京

京房(漢)

京氏易傳〔文淵〕808〔文津〕809〔文瀾〕826〔薈要〕264〔著録〕子部 21

京師大學堂(清)

京師大學堂章程〔續修〕831

於

於倫(明)

智品〔存目〕子部 134－135

法

法式善(清)

存素堂文集、續集〔續修〕1476

存素堂詩初集録存〔續修〕1476

同館試律彙鈔〔未收〕七輯 30

明李文正公年譜〔續修〕553

陶廬雜録〔續修〕1177

梧門詩話、附八旗詩話〔續修〕1705

清秘述聞〔續修〕1178

槐廳載筆〔續修〕1178

法坤宏(清)

春秋取義測〔續修〕140

法若真(清)

黃山詩留〔存目〕集部 212

法偉堂(清)

山左訪碑録〔續修〕910

河

河上公(漢)

老子道德經〔著録〕子部 331

老子道德經、篇目〔文淵〕1055〔文津〕1059〔文瀾〕1084

況

況叔祺(明)

大雅堂摘稿〔存目〕集部 121

考古辭宗〔存目〕子部 182

況周頤

蕙風詞〔續修〕1727

蕙風詞話〔續修〕1735

怡

怡良(清)

兩江總督怡良奏稿〔未收〕二輯 25

宗

宗人府(清)

欽定王公處分則例〔續修〕866－867

宗元鼎(清)

芙蓉集〔存目〕集部 238

宗臣(明)

子相文選〔存目〕集部 126

宗子相集〔文淵〕1287〔文津〕1291〔文瀾〕1324〔珍本〕六集 286－287〔著録〕集部 279

宗源瀚(清)

頤情館聞過集〔未收〕十輯 4

宗澤(宋)

宋宗忠簡公集、雜録、始末徵〔著録〕集部 49

宗忠簡集〔文淵〕1125〔文津〕1129〔文瀾〕1155

宗懍(南朝梁)

荊楚歲時記〔文淵〕589〔文津〕589〔文瀾〕598〔著録〕史部 113

官

官府(明)

皇華集〔存目〕集部 301

官撫辰（清）
　　雲鴻洞續稿〔禁燬補〕88

官獻瑤（清）
　　石谿讀周官〔續修〕79

郎

郎廷極（清）
　　文廟從祀先賢先儒考〔存目〕史部 271
　　勝飲編〔存目〕子部 154

郎廷槐（清）
　　師友詩傳録、續録〔文淵〕1483〔文津〕1488
　　　〔文瀾〕1533〔底本〕集部 267〔著録〕
　　　集部 332

郎廷模（清）
　　醫品補遺〔存目〕子部 47

郎兆玉（明）
　　注釋古周禮、考工記〔存目〕經部 83

郎知本（唐）
　　正名要録附字樣（敦煌殘卷）〔續修〕236

郎瑛（明）
　　七修類藁〔存目〕子部 102〔續修〕1123
　　七修續藁〔續修〕1123

郎遂（清）
　　〔康熙〕杏花邨志〔存目〕史部 245
　　杏花邨志〔續修〕717

郎曄（宋）
　　註陸宣公奏議〔續修〕474
　　經進東坡文集事略〔續修〕1314－1315
　　横浦集〔文淵〕1138〔文津〕1142〔文瀾〕
　　　1169

房

房正（宋）
　　玉髓真經、後卷〔續修〕1053

房可壯（明）
　　房海客侍御疏〔禁燬〕史部 38

房玄齡（唐）
　　删補晉書〔存目〕史部 31－32
　　晉書〔著録〕史部 268－269
　　晉書、音義、附考證〔文淵〕255－256〔文
　　　津〕249－252〔文瀾〕248
　　詮叙管子成書〔存目〕子部 36
　　管子〔文淵〕729〔文津〕728〔文瀾〕743
　　　〔薈要〕252〔著録〕子部 131

房祺（元）
　　河汾諸老詩集〔文淵〕1365〔文津〕1369
　　　〔文瀾〕1409〔底本〕集部 182〔著録〕
　　　集部 301

屈

屈大均（清）
　　安龍逸史〔禁燬〕史部 19
　　屈翁山詩集、詞〔禁燬〕集部 120
　　皇明四朝成仁録〔禁燬〕史部 50
　　翁山文外〔續修〕1412〔禁燬〕集部 184
　　翁山文鈔〔禁燬〕集部 120
　　翁山易外〔禁燬〕經部 5
　　翁山詩外〔續修〕1411〔禁燬〕集部 120－
　　　121
　　翁山詩略〔禁燬〕集部 184
　　道援堂詩集、詞〔禁燬〕集部 52
　　廣東文選〔禁燬〕集部 136－137
　　廣東新語〔續修〕734〔禁燬補〕37

屈復（清）
　　弱水集〔續修〕1423－1424〔禁燬補〕87
　　楚辭新集註〔存目〕集部 2
　　楚辭新集註、附楚懷襄二王在位事蹟考〔續
　　　修〕1302

屈曾發（清）
　　數學精詳〔未收〕十輯 9

承

承培元（清）
　　説文引經證例〔續修〕222
　　廣潛研堂説文答問疏證〔續修〕221

孟

孟元老（宋）
　　東京夢華録〔文淵〕589〔文津〕589〔文
　　　瀾〕598
　　幽蘭居士東京夢華録〔著録〕史部 252

孟化鯉（明）
　　孟雲浦先生集〔存目〕集部 167

孟安排（唐）
　　道教義樞〔續修〕1293

孟郊（唐）
　　孟東野詩集〔文淵〕1078〔文津〕1082〔文
　　　瀾〕1108〔著録〕集部 337

孟思（明）

孟龍川文集 〔未收〕六輯 21

孟保(清)

西藏奏疏、附西藏碑文 〔未收〕四輯 19

孟衍泰(清)

三遷志 〔存目〕史部 80

孟洋(明)

孟有涯集 〔存目〕集部 58

孟珙(宋)

蒙韃備録校注 〔續修〕423

孟浩然(唐)

孟浩然集 〔文淵〕1071 〔文津〕1076 〔文
瀾〕1101

孟浩然詩集 〔著録〕集部 229

孟紱(明)

啓蒙對偶續編 〔存目〕子部 194

孟喬芳(清)

孟忠毅公奏議 〔未收〕四輯 19

孟棨(唐)

本事詩 〔文淵〕1478 〔文津〕1482 〔文瀾〕
1527 〔著録〕集部 330

孟稱舜(清)

新鐫古今名劇柳枝集 〔續修〕1763

新鐫古今名劇酹江集 〔續修〕1763-1764

鄭節度殘唐再創 〔續修〕1764

孟漢卿(元)

張孔目智勘魔合羅雜劇 〔續修〕1762

智勘魔合羅 〔續修〕1764

孟德斯鳩(法國)

法意 〔續修〕1298-1299

孟楳(清)

刺字統纂 〔未收〕九輯 8

叿

叿齋居士(清)

達生編 〔續修〕1008

九畫

封

封演(唐)

封氏聞見記 〔文淵〕862 〔文津〕864 〔文
瀾〕882 〔著録〕子部 167

郝

郝天挺(元)

唐詩鼓吹 〔文淵〕1365 〔文津〕1369 〔文
瀾〕1408 〔著録〕集部 301 〔續修〕1611

唐詩鼓吹箋註 〔存目〕集部 289

郝玉麟(清)

〔乾隆〕福建通志 〔著録〕史部 313-316

福建通志、圖 〔文淵〕527-530 〔文津〕
527-530 〔文瀾〕533-536

〔雍正〕廣東通志 〔著録〕史部 56-58

廣東通志 〔文淵〕562-564 〔文津〕562-
565 〔文瀾〕570-573

郝杰(明)

日本考 〔存目〕史部 255 〔續修〕744

郝浴(清)

中山集詩鈔 〔未收〕七輯 23

郝敬(明)

小山草 〔存目補〕53

毛詩序説 〔續修〕58

毛詩原解 〔存目〕經部 62 〔續修〕58

批點史記琐琐 〔存目〕史部 1

尚書辨解 〔存目〕經部 52 〔續修〕43

易領 〔存目〕經部 15

周易正解、讀易 〔存目〕經部 15 〔續修〕11

周禮完解 〔存目〕經部 83 〔續修〕78

孟子説解 〔存目〕經部 161

春秋直解、讀春秋 〔存目〕經部 121 〔續修〕
136

時習新知 〔存目〕子部 90

儀禮節解、讀儀禮 〔存目〕經部 87 〔續修〕
85

論語詳解、讀論語 〔續修〕153

談經 〔存目〕經部 150 〔續修〕171

禮記通解、讀禮記 〔存目〕經部 91-92 〔續
修〕97

郝經(元)

郝氏續後漢書 〔文淵〕385-386 〔文津〕
382-383 〔文瀾〕384

郝文忠公陵川文集 〔著録〕集部 28

陵川集 〔文淵〕1192 〔文津〕1196 〔文瀾〕
1227 〔珍本〕四集 283-288 〔薈要〕399

續後漢書 〔珍本〕別輯 108-121

郝錦(明)

九公山房易問 〔續修〕16

郝懿行(清)

山海經箋疏、圖贊、訂譌、叙録 〔續修〕1264

易説、便録 〔續修〕26

春秋説略、春秋比 〔續修〕144

荀子補注〔未收〕六輯 12

蜂衙小記〔續修〕1120

詩問〔續修〕65

爾雅郭注義疏〔續修〕187

禮記箋〔續修〕104

證俗文〔續修〕192

寶訓〔續修〕976

曬書堂集〔續修〕1481

荆

荆浩(後唐)

畫山水賦、附筆法記〔文淵〕812〔文津〕814
〔文瀾〕831

豫章先生論畫山水賦、筆法記〔著録〕子部
357

荀

荀况(周)

荀子〔文淵〕695〔文津〕695〔文瀾〕709
〔薈要〕246

荀悦(漢)

申鑑〔文淵〕696〔文津〕696〔文瀾〕710
〔底本〕子部 31〔著録〕子部 61

前漢紀〔文淵〕303〔文津〕299〔文瀾〕296
〔薈要〕156〔著録〕史部 66

胡

胡一中(元)

定正洪範集説〔存目〕經部 49〔續修〕55

胡一桂(元)

十七史纂古今通要〔文淵〕688〔文津〕688
〔文瀾〕702

十七史纂古今通要(史纂通要)〔珍本〕四
集 123 - 124

十七史纂古今通要、圖、史纂通要後集〔著
録〕史部 267

易附録纂註〔文淵〕22〔文津〕17〔文瀾〕
17

周易本義附録纂註〔薈要〕11〔著録〕經部
120

周易本義啓蒙翼傳〔著録〕經部 184

周易啓蒙翼傳〔文淵〕22〔文津〕17〔文
瀾〕17〔薈要〕11

詩集傳附録纂疏、詩傳綱領附録纂疏、詩序
附録纂疏〔續修〕57

雙湖先生文集〔續修〕1322

胡三省(元)

通鑑釋文辨〔文淵〕312〔文津〕308〔文
瀾〕305

通鑑釋文辯誤〔著録〕史部 373

資治通鑑〔文淵〕304 - 310〔文津〕300 -
306〔文瀾〕297 - 303〔薈要〕157 - 164
〔著録〕史部 67 - 73

胡士行(宋)

尚書詳解〔薈要〕19〔著録〕經部 46

胡氏尚書詳解〔文淵〕60〔文津〕55〔文
瀾〕53

胡大時(宋)

五峰集〔文淵〕1137〔文津〕1141〔文瀾〕
1168〔珍本〕初集 288

胡之燦(清)

玉梅絃歌集〔未收〕三輯 24

胡之驥(明)

梁江文通集〔續修〕1304

胡天游(元)

傲軒吟稿〔文淵〕1216〔文津〕1221〔文
瀾〕1251〔珍本〕初集 355〔著録〕集部
447

胡天游(清)

石笥山房集〔續修〕1425

胡元玉(清)

雅學考〔續修〕189

駁春秋名字解詁〔續修〕128

胡元儀(清)

北海三考〔續修〕549

詞旨〔續修〕1733

胡元質(宋)

左氏摘奇〔續修〕118

胡元慶(元)

癰疽神秘灸經〔續修〕1012

胡太初(宋)

晝簾緒論〔文淵〕602〔文津〕602〔文瀾〕
612〔著録〕史部 258

胡介(清)

旅堂詩文集〔未收〕七輯 20

胡介祉(清)

茨村咏史新樂府〔未收〕八輯 26

胡文英(清)

吳下方言考〔續修〕195

屈騷指掌〔續修〕1302

詩考補〔未收〕三輯 6
詩經逢原〔未收〕二輯 6
詩疑義釋〔未收〕三輯 6

胡文炳(清)
　折獄鑑補〔續修〕973

胡文煥(明)
　古器具名、附古器總説〔存目〕子部 78
　新刻文會堂琴譜〔存目〕子部 74
　新刻胡氏詩識〔未收〕二輯 6
　新刻群音類選官腔、諸腔、北腔、清腔〔續
　　修〕1777－1778

胡文學(清)
　李贄〔存目〕史部 128
　甬上耆舊詩〔文淵〕1474〔文津〕1478〔文
　　瀾〕1523〔珍本〕六集 382－387〔著
　　録〕集部 210
　淮釐本論〔存目〕史部 276
　疏稿〔存目〕史部 67
　適可軒詩集、文集〔未收〕九輯 16

胡方(清)
　周易本義註〔續修〕19
　周易本義闡旨〔未收〕一輯 1

胡方平(宋)
　易學啓蒙通釋〔文淵〕20〔文津〕15〔文
　　瀾〕15〔薈要〕9
　易學啓蒙通釋、圖〔著録〕經部 52

胡正言(清)
　千文六書統要、附篆法偏旁正譌歌、千字文
　　〔未收〕八輯 3
　印存玄覽〔存目〕子部 75〔續修〕1091
　印存初集〔存目〕子部 75〔續修〕1091

胡世安(清)
　大易則通、閏〔存目〕經部 28〔續修〕17
　秀巖集〔存目〕集部 196
　異魚圖贊補、閏集〔文淵〕847〔文津〕849
　　〔文瀾〕866〔著録〕子部 53
　異魚圖贊箋〔文淵〕847〔文津〕849〔文
　　瀾〕866〔珍本〕三集 196〔著録〕子部
　　53
　禊帖綜聞〔存目〕史部 278
　操縵録〔存目〕子部 74

胡世寧(明)
　少保胡端敏公奏議〔著録〕史部 412
　胡端敏奏議〔文淵〕428〔文津〕426〔文
　　瀾〕426〔珍本〕七集 76－77

胡古愚(元)
　樹藝篇〔續修〕977

胡布(元)
　元音遺響〔文淵〕1369〔文津〕1373〔文
　　瀾〕1413〔珍本〕三集 394－395〔著
　　録〕集部 413

胡仔(宋)
　孔子編年〔文淵〕446〔文津〕444〔文瀾〕
　　447〔珍本〕六集 100〔著録〕史部 413
　漁隱叢話、前集、後集〔文淵〕1480〔文津〕
　　1484－1485〔文瀾〕1530〔著録〕集部
　　214

胡匡衷(清)
　周禮畿内授田考實〔續修〕81
　儀禮釋官〔續修〕89

胡吉豫(清)
　四六纂組〔未收〕四輯 30

胡光大(元)
　周易衍義〔文淵〕23〔文津〕18〔文瀾〕19

胡廷光(清)
　傷科彙纂、圖注〔續修〕1017

胡仲弓(宋)
　葦航漫遊稿〔文淵〕1186〔文津〕1190〔文
　　瀾〕1222〔珍本〕初集 331

胡任興(清)
　歷科廷試狀元策、總考〔禁燬〕集部 19－20

胡行簡(元)
　樗隱集〔文淵〕1221〔文津〕1225〔文瀾〕
　　1256〔珍本〕二集 344

胡亦堂(清)
　元獻遺文〔文淵〕1087〔文津〕1090〔文
　　瀾〕1116
　臨川文獻〔存目〕集部 393

胡次焱(宋)
　梅巖文集〔文淵〕1188〔文津〕1192〔文
　　瀾〕1224〔珍本〕初集 332
　梅巖胡先生文集〔底本〕集部 162〔著録〕
　　集部 424

胡汝寧(明)
　鴈山志〔存目〕史部 229

胡安(明)
　趨庭集〔未收〕五輯 20

胡安國(宋)
　二程文集〔文淵〕1345〔文津〕1350〔文
　　瀾〕1387
　上蔡語録〔文淵〕698〔文津〕699〔文瀾〕

712

春秋胡氏傳、諸國興廢説、綱領、提要〔薈要〕36

春秋傳〔著録〕經部 158

胡氏春秋傳、春秋諸國興廢説、春秋提要〔文淵〕151〔文津〕146〔文瀾〕144

胡助(元)

純白齋類稿〔文淵〕1214〔文津〕1218〔文瀾〕1249〔著録〕集部 111

胡我琨(明)

錢通〔文淵〕662〔文津〕661〔文瀾〕671〔珍本〕二集 142－144〔著録〕史部 434

胡作柄(清)

荆門耆舊紀略、荆門烈女紀略〔存目〕史部 124

胡序(清)

春秋簡融〔未收〕八輯 2

胡忻(明)

欲焚草〔禁燬〕史部 31

胡宏(宋)

五峰胡先生文集〔著録〕集部 50

五峰集〔文淵〕1137〔文津〕1141〔文瀾〕1168〔珍本〕初集 288

知言〔文淵〕703〔文津〕704〔文瀾〕718〔珍本〕別輯 162

胡子知言、附録、疑義〔著録〕子部 41

皇王大紀〔文淵〕313〔文津〕308－309〔文瀾〕306－307〔珍本〕二集 71－76〔著録〕史部 403

胡直(明)

胡子衡齊〔存目〕子部 11〔續修〕939

衡廬精舍藏稿、衡廬續稿〔文淵〕1287〔文津〕1291〔文瀾〕1325

衡廬精舍藏稿、續稿〔珍本〕四集 366－370〔著録〕集部 123

胡林翼(清)

胡文忠公遺集〔續修〕1539－1540

胡林翼奏議〔續修〕505

讀史兵略〔續修〕967－968

讀史兵略續編〔續修〕968－969

胡松(明)

胡壯肅公文集〔存目〕集部 91

唐宋元名表〔文淵〕1382〔文津〕1385〔文瀾〕1426〔珍本〕六集 338〔著録〕集部 152

廣輿圖〔續修〕586

續文章正宗〔文淵〕1356〔文津〕1360〔文瀾〕1398

胡尚洪(明)

子史類語〔存目〕子部 145

胡知柔(宋)

象臺首末〔文淵〕446〔文津〕445〔文瀾〕447〔珍本〕九集 129〔著録〕史部 413

胡季堂(清)

培蔭軒詩集、文集、雜記〔續修〕1447

胡秉虔(清)

古韻論〔未收〕九輯 3

卦本圖考〔續修〕28

尚書序録〔續修〕48

胡侍(明)

胡蒙谿文集、續集〔未收〕五輯 19

真珠船〔存目〕子部 102

墅談〔存目〕子部 102

胡宗洵(明)

省身集要〔未收〕五輯 14

胡宗緒(清)

禹貢備遺、書法、或問〔存目〕經部 52

胡宗憲(明)

籌海圖編〔文淵〕584〔文津〕584〔文瀾〕593〔珍本〕五集 92－94〔著録〕史部 338

胡定(清)

雙柏廬集〔禁燬補〕88

胡居仁(明)

易像鈔〔文淵〕31〔文津〕26〔文瀾〕26〔珍本〕初集 27－28

居業録〔文淵〕714〔文津〕716〔文瀾〕729〔著録〕子部 332

胡文敬集〔文淵〕1260〔文津〕1264〔文瀾〕1297

敬齋集〔著録〕集部 69

胡承珙(清)

小爾雅義證〔續修〕189

毛詩後箋〔續修〕67

求是堂文集、駢體文〔續修〕1500

求是堂詩集〔續修〕1500

爾雅古義〔續修〕188

儀禮古今文疏義〔續修〕91

胡承詔(明)

補續全蜀藝文志〔續修〕1677

胡承諾(清)

繹志〔續修〕945

胡垣(清)

　古今中外音韻通例〔未收〕十輯 2

胡柯(宋)

　歐陽文忠公集、年譜〔著錄〕集部 89 - 90

胡奎(明)

　斗南老人集〔文淵〕1233〔文津〕1237〔文瀾〕1269〔珍本〕五集 298 - 299

　斗南先生詩集〔著錄〕集部 397

胡思敬

　戊戌履霜錄〔續修〕446

　激書、附校勘記〔存目〕子部 94

胡彥昇(清)

　樂律表微〔文淵〕220〔文津〕215〔文瀾〕213〔珍本〕三集 117〔著錄〕經部 107

胡炳文(元)

　大學通、中庸通、論語通、孟子通〔著錄〕經部 99

　四書通〔文淵〕203〔文津〕196 - 197〔文瀾〕193〔薈要〕74

　周易本義通釋〔文淵〕24〔文津〕19〔文瀾〕20〔薈要〕10

　周易本義通釋、輯錄雲峰文集易義〔著錄〕經部 2

　純正蒙求〔文淵〕952〔文津〕954〔文瀾〕974〔珍本〕十集 192〔著錄〕子部 363

　雲峰胡先生文集〔著錄〕集部 29

　雲峰集〔文淵〕1199〔文津〕1204〔文瀾〕1234〔珍本〕四集 298

胡祇遹(元)

　紫山大全集〔文淵〕1196〔文津〕1200〔文瀾〕1231〔珍本〕四集 291 - 296

胡珽(清)

　艇齋詩話、校譌、續校〔續修〕1694

　蓮堂詩話、校譌、續校〔續修〕1694

　傷寒九十論、校譌〔續修〕984

胡桂奇(明)

　胡公行實〔存目〕史部 83

胡栩然(清)

　臥山詩鈔〔未收〕九輯 27

胡夏客(清)

　谷水集〔存目〕集部 234

胡虔(清)

　柿葉軒筆記〔續修〕1158

　〔嘉慶〕廣西通志〔續修〕677 - 680

胡時化(明)

　孝經本義〔續修〕151

胡時忠(清)

　孔庭神在錄〔存目〕史部 119

胡袞(明)

　東水質疑〔存目〕子部 87

胡浚(清)

　綠蘿山房詩集、文集〔存目〕集部 268 - 269

胡祥麟(清)

　虞氏易消息圖説〔續修〕28

胡掄(清)

　禮樂通考〔存目〕經部 111

胡培翬(清)

　研六室文鈔〔續修〕1507

　禘祫問答〔續修〕110

　儀禮正義〔續修〕91 - 92

　燕寢考〔續修〕110

胡接輝(明)

　里先忠三先生文選〔存目〕集部 375

胡寅(宋)

　宋儒胡致堂先生崇正辯〔存目補〕77

　致堂胡先生斐然集〔著錄〕集部 50

　致堂讀史管見〔存目〕史部 279 - 280〔續修〕448 - 449

　斐然集〔文淵〕1137〔文津〕1141〔文瀾〕1168〔珍本〕初集 289 - 292

胡宿(宋)

　文恭集〔文淵〕1088〔文津〕1092〔文瀾〕1118〔珍本〕別輯 252 - 257〔著錄〕集部 87

胡紹曾(明)

　詩經胡傳〔未收〕一輯 4

胡紹煐(清)

　文選箋證〔續修〕1582

胡堯臣(明)

　浮溪文粹〔文淵〕1128〔文津〕1132〔文瀾〕1159

胡敬(清)

　大元海運記〔續修〕835

　胡氏書畫考三種〔續修〕1082

　崇雅堂文鈔、詩鈔、駢體文鈔、應制存稿、删餘詩〔續修〕1494

胡敬辰(明)

　檀雪齋集〔存目〕集部 191

胡舜陟(宋)

胡少師總集 〔續修〕1317

胡翔瀛（清）

　易經徵實解 〔續修〕19

胡道南（清）

　風滿樓詩稿 〔禁燬補〕83

胡道問（清）

　周易原篇解 〔未收〕十輯 1

胡曾（唐）

　詠史詩 〔文淵〕1083 〔文津〕1087 〔文瀾〕
　　1113

　新雕註胡曾詠史詩 〔著録〕集部 234

胡渭（清）

　大學翼真 〔文淵〕208 〔文津〕203 〔文瀾〕
　　201 〔珍本〕三集 116

　易圖明辨 〔文淵〕44 〔文津〕39 〔文瀾〕38
　　〔著録〕經部 55

　禹貢錐指、略例、圖 〔文淵〕67 〔文津〕62 -
　　63 〔文瀾〕60

　禹貢錐指、圖 〔著録〕經部 59

　洪範正論 〔文淵〕68 〔文津〕63 〔文瀾〕61
　　〔珍本〕三集 37 〔著録〕經部 9

胡禄（明）

　象臺首末 〔著録〕史部 413

胡統宗（明）

　可泉擬涯翁擬古樂府 〔存目〕集部 62

胡統虞（清）

　此庵講録 〔存目〕子部 20 〔續修〕944

胡瑗（宋）

　安定先生周易口義、繫辭、説卦、序卦、雜卦
　　〔著録〕經部 51

　周易口義 〔珍本〕三集 1 - 3 〔薈要〕2

　周易口義、繫辭、説卦、序卦、雜卦 〔文淵〕8
　　〔文津〕3 〔文瀾〕2

　皇祐新樂圖記 〔文淵〕211 〔文津〕206 〔文
　　瀾〕205 〔珍本〕十一集 23

　洪範口義 〔文淵〕54 〔文津〕49 〔文瀾〕47
　　〔珍本〕別輯 14

　聖宋皇祐新樂圖記 〔著録〕經部 23

胡聘之（清）

　山右石刻叢編 〔續修〕907 - 908

胡虞繼（清）

　後一紀删餘稿 〔禁燬補〕85

胡煦（清）

　卜法詳考 〔文淵〕808 〔文津〕810 〔文瀾〕
　　827 〔珍本〕五集 219 〔著録〕子部 357

　周易函書約存、約註、別集 〔文淵〕48 〔文
　　津〕42 - 43 〔文瀾〕41 〔珍本〕九集 11 -
　　24 〔底本〕經部 57 - 59 〔著録〕經部
　　186 - 187

　葆璞堂詩集、文集 〔未收〕八輯 25

　農田要務稿 〔未收〕三輯 22

胡嗣廉（明）

　加減靈秘十八方 〔存目〕子部 43

胡榘（宋）

　寶慶四明志 〔續修〕705

　寶慶四明志、開慶四明續志 〔著録〕史部 37

胡與宗（清）

　道德經 〔存目〕子部 256

胡與高（清）

　道德經 〔存目〕子部 256

胡會恩（清）

　清芬堂存稿、詩餘 〔存目〕集部 247

胡亶（清）

　中星譜 〔文淵〕793 〔文津〕794 〔文瀾〕810
　　〔珍本〕四集 164

胡慎柔（明）

　慎柔五書 〔續修〕1005

胡經（明）

　胡子易演 〔存目〕經部 6 〔續修〕7

胡璉（明）

　梅巖文集 〔文淵〕1188 〔文津〕1192 〔文
　　瀾〕1224

胡鳴玉（清）

　訂譌雜録 〔文淵〕861 〔文津〕863 〔文瀾〕
　　881 〔著録〕子部 166

胡銓（宋）

　胡澹菴先生文集 〔底本〕集部 30

　胡澹菴先生文集、傳 〔著録〕集部 441

　澹菴文集 〔文淵〕1137 〔文津〕1141 〔文
　　瀾〕1168 〔珍本〕十一集 165

胡鳳丹（清）

　石洞貽芳集、附考異 〔存目〕集部 300

　退補齋詩存、文存 〔續修〕1552

　退補齋詩存二編、文存二編 〔續修〕1552

　馬嵬志 〔未收〕十輯 3

胡廣（明）

　四書大全 〔文淵〕205 〔文津〕199 - 200 〔文
　　瀾〕196 - 197 〔珍本〕六集 36 - 45

　四書集註大全 〔著録〕經部 101 - 102

　周易傳義大全 〔文淵〕28 〔文津〕23 〔文

瀾〕23〔珍本〕十集2-12

周易傳義大全、圖說、綱領〔著錄〕經部3

性理大全書〔文淵〕710-711〔文津〕712-713〔文瀾〕725-726〔珍本〕五集118-131〔著錄〕子部41-42

春秋大全〔珍本〕六集27-35

春秋大全、序論、諸國興廢說、列國圖說、二十國年表〔文淵〕166〔文津〕160〔文瀾〕158

春秋集傳大全、序論、春秋二十國年表、諸國興廢說、圖說〔著錄〕經部20

胡文穆公文集〔存目〕集部28-29

胡文穆公雜著〔著錄〕子部362

胡文穆雜著〔文淵〕867〔文津〕869〔文瀾〕886〔珍本〕二集208

書傳大全、圖、書說綱領〔著錄〕經部127

書經大全〔珍本〕七集17-21

書經大全、圖說〔文淵〕63〔文津〕58〔文瀾〕56

詩傳大全〔珍本〕五集17-20

詩傳大全、綱領、朱子詩序辨說〔文淵〕78〔文津〕73-74〔文瀾〕71

詩傳大全、綱領、圖、詩序〔著錄〕經部61

禮記大全〔文淵〕122〔文津〕117〔文瀾〕116〔珍本〕六集19-26

禮記集說大全〔著錄〕經部17

胡粹中(明)

元史續編〔文淵〕334〔文津〕331〔文瀾〕333〔珍本〕六集62-63〔著錄〕史部404

胡榮(清)

容安詩草〔未收〕八輯23

胡維霖(明)

胡維霖集〔禁燬〕集部164-165

胡震(元)

周易衍義〔文淵〕23〔文津〕18〔文瀾〕19〔珍本〕初集21-24〔著錄〕經部191

胡震亨(明)

唐音癸籤〔文淵〕1482〔文津〕1487〔文瀾〕1532〔珍本〕三集399-400〔著錄〕集部332

唐音統籤〔存目補〕81-88〔續修〕1612-1620

唐詩談叢〔存目〕集部420

〔天啟〕海鹽縣圖經〔存目〕史部208

讀書雜錄〔存目〕子部109〔續修〕1132

胡德琳(清)

〔乾隆〕歷城縣志〔續修〕694

胡慶豫(清)

東坪詩集〔存目〕集部282

胡翰(明)

胡仲子集〔文淵〕1229〔文津〕1233〔文瀾〕1264〔著錄〕集部349

胡錫燕(清)

詩古音繹〔續修〕249

胡澤順(清)

大易觀玩錄〔未收〕六輯1

胡澤漳(清)

易學一得錄、附猶賢編〔未收〕二輯3

胡璩(唐)

譚賓錄〔續修〕1260

胡穉(宋)

增廣箋註簡齋詩集、無住詞、簡齋先生年譜、詩箋正誤〔著錄〕集部242〔著錄〕集部242〔續修〕1317

胡謐(明)

〔成化〕山西通志〔存目〕史部174

胡應麟(明)

少室山房筆叢正集〔文淵〕886〔文津〕887〔文瀾〕906

少室山房集〔文淵〕1290〔文津〕1294-1295〔文瀾〕1328〔珍本〕十二集183-188

少室山房類藁〔著錄〕集部437-438

筆叢正集、續集〔著錄〕子部34

詩藪〔續修〕1696

詩藪內編、外編、雜編、續編〔存目〕集部417-418

胡濬源(清)

楚辭新註求確〔未收〕十輯13

胡翹元(清)

周禮會通〔未收〕一輯5

胡爌(明)

拾遺錄〔文淵〕858〔文津〕860〔文瀾〕878〔珍本〕十一集130〔底本〕子部36〔著錄〕子部360

胡蘇雲(清)

芥浦詩刪〔禁燬〕集部133

胡獻忠(明)

大統皇曆經世〔存目〕子部69

天文秘略〔存目〕子部60

胡儼（明）

　頤菴文集　〔珍本〕四集 318

　頤庵文選　〔文淵〕1237　〔文津〕1241　〔文
　　瀾〕1273　〔底本〕集部 40　〔著録〕集部
　　37

胡襄（清）

　醫醫子曆鏡　〔續修〕1040

胡瓚（明）

　泉河史　〔存目〕史部 222

　禹貢備遺、書法、或問　〔存目〕經部 52

胡纘宗（明）

　可泉擬涯翁擬古樂府　〔存目〕集部 62

　〔正德〕安慶府志　〔存目〕史部 185

　鳥鼠山人小集、後集　〔存目〕集部 62

　雍音　〔存目〕集部 292

　擬漢樂府　〔存目〕集部 62

　願學編　〔存目〕子部 7　〔續修〕938

茹

茹敦和（清）

　竹香齋文録　〔續修〕1672

　竹香齋古文　〔未收〕十輯 18

　周易二閭記　〔續修〕23

　周易象考、周易辭考、周易占考　〔續修〕23

　周易證籤　〔續修〕23

　重訂周易小義　〔續修〕23

茹綸常（清）

　容齋文鈔　〔續修〕1457

　容齋詩集、附古香詞　〔續修〕1457

南

南卓（唐）

　羯鼓録　〔文淵〕839　〔文津〕841　〔文瀾〕858

　寶顔堂訂正羯鼓録　〔著録〕子部 358

南宮靖一（宋）

　小學史斷　〔存目〕史部 280

南軒（明）

　資治通鑑綱目前編　〔存目〕史部 9

南懷仁（清西洋）

　交食曆書　〔續修〕1040

　坤輿圖説　〔文淵〕594　〔文津〕595　〔文瀾〕
　　603　〔著録〕史部 433

　教要序論　〔續修〕1296

　新製靈臺儀象志　〔續修〕1031 - 1032

柯

柯九思（元）

　丹邱生集　〔續修〕1324

柯尚遷（明）

　周禮全經釋原　〔文淵〕96　〔文津〕91 - 92
　　〔文瀾〕90　〔珍本〕三集 68 - 71　〔著録〕
　　經部 14

柯琴（清）

　傷寒來蘇全集　〔續修〕986

柯維騏（明）

　宋史新編　〔存目〕史部 20 - 22　〔續修〕308 -
　　311

　柯子答問　〔續修〕939

柯暹（明）

　東岡集　〔存目〕集部 30

柯潛（明）

　竹巖集　〔文淵〕1246　〔文津〕1250　〔文瀾〕
　　1282　〔珍本〕四集 329　〔著録〕集部 66
　　〔續修〕1329

柯願（清）

　螺磯山志　〔存目〕史部 237

查

查元偁（清）

　莼齋文存、試律、詩餘　〔未收〕十輯 29

查志隆（明）

　山東鹽法志　〔存目〕史部 274

　宋文鈔　〔存目〕集部 314

　岱史　〔續修〕722　〔禁燬〕史部 11

查克弘（清）

　晚唐詩鈔　〔存目〕集部 414

查秉彝（明）

　覺庵存稿　〔禁燬補〕58

查祥（清）

　敕修兩浙海塘通志　〔續修〕851

　雲在詩鈔　〔存目〕集部 272

查彬（清）

　湘薌漫録、附易經集説　〔未收〕一輯 2

查揆（清）

　筼谷詩鈔、文鈔　〔續修〕1494

查爲仁（清）

　絕妙好詞箋　〔文淵〕1490　〔文津〕1494　〔文
　　瀾〕1539　〔著録〕集部 220

蓮坡詩話〔續修〕1701

查嗣瑮(清)

　查浦詩鈔〔未收〕八輯 20

　查浦輯聞〔存目〕子部 158

查慎行(清)

　人海記〔續修〕1177

　東坡先生編年詩、年表、采輯書目〔著録〕集部 10

　周易玩辭集解〔文淵〕47〔文津〕42〔文瀾〕40〔珍本〕十一集 4-5〔著録〕經部 186

　敬業堂詩集〔文淵〕1326〔文津〕1329-1330〔文瀾〕1366

　敬業堂詩集、續集〔著録〕集部 132

　敬業堂詩續集〔未收〕八輯 24

　蘇詩補註、附年表、採輯書目〔文淵〕1111〔文津〕1114-1115〔文瀾〕1141〔珍本〕五集 380-389

查穀(清)

　查東山先生年譜〔續修〕553

查應光(明)

　靳史〔禁燬〕史部 29

　麗崎軒詩、詩餘〔禁燬〕集部 182

查禮(清)

　銅鼓書堂遺稿〔續修〕1431

查繼佐(清)

　敬修堂講録〔續修〕172

　罪惟録〔續修〕321-323

查繼超(清)

　詞學全書〔存目補〕79

查鐸(明)

　毅齋查先生闡道集〔未收〕七輯 16

柏

柏葰(清)

　薜篆吟館鈔存、賦〔續修〕1521

柳

柳永(宋)

　樂章集〔文淵〕1487〔文津〕1492〔文瀾〕1537〔著録〕集部 217

　樂章集、續添曲子〔續修〕1722

柳如是(清)

　河東君尺牘、湖上草、我聞室賸稿〔續修〕1391

柳宗元(唐)

　五百家注柳先生文集〔珍本〕初集 244-245

　五百家注柳先生集〔文淵〕1077〔文津〕1081〔文瀾〕1107

　五百家註音辯唐柳先生文集〔著録〕集部 337

　河東先生龍城録〔續修〕1264

　柳河東集〔珍本〕四集 220-224

　柳河東集、外集、外集補遺〔薈要〕361

　柳河東集、外集、新編外集〔文淵〕1076〔文津〕1080〔文瀾〕1106

　柳河東集注、別集注、外集注〔文淵〕1076〔文津〕1080-1081〔文瀾〕1106

　揚子法言〔文淵〕696〔文津〕696〔文瀾〕710〔薈要〕247

　新刊詁訓唐柳先生文集、外集、新編外集〔底本〕集部 52-54〔著録〕集部 84

　增廣註釋音辯唐柳先生集、別集、外集〔著録〕集部 232

　纂圖分門類題五臣註揚子法言〔著録〕子部 127

柳根(朝鮮)

　奉使朝鮮稿、附東方和音〔存目〕集部 176

柳堂(清)

　宰惠紀略〔續修〕884

柳貫(元)

　柳待制文集〔著録〕集部 256

　待制集〔文淵〕1210〔文津〕1214〔文瀾〕1245〔薈要〕405

柳瑛(明)

　〔成化〕中都志〔存目〕史部 176

柳琰(明)

　〔弘治〕嘉興府志〔存目〕史部 179

柳開(宋)

　河東先生集〔著録〕集部 86

　河東柳仲塗先生文集〔底本〕集部 1

　河東集、附行狀〔文淵〕1085〔文津〕1089〔文瀾〕1115

柳榮宗(清)

　説文引經考異〔續修〕223

柳興恩(清)

　穀梁大義述〔續修〕132

柳寶詒(清)

　柳選四家醫案〔續修〕1028

　温熱逢源〔續修〕1005

迺

迺賢（元）
　金臺集〔著録〕集部 61

耐

耐修子（清）
　白喉治法忌表抉微〔續修〕1018
耐得翁（灌圃耐得翁）（宋）
　都城紀勝〔文淵〕590〔文津〕590〔文瀾〕
　　598〔珍本〕九集 162〔著録〕史部 59

皆

皆春居士（□）
　飲食紳言、男女紳言〔存目〕子部 121

冒

冒日乾（明）
　存笥小草、附遺稿雜集〔禁燬〕集部 60
冒守遇（明）
　存笥小草、附遺稿雜集〔禁燬〕集部 60
冒襄（清）
　同人集〔存目〕集部 385
　巢民詩集、巢民文集〔續修〕1399
　影梅庵憶語〔續修〕1272

昭

昭槤（清）
　嘯亭雜録、續録〔續修〕1179

骨

骨勒（西夏）
　番漢合時掌中珠〔續修〕229

拜

拜柱（元）
　通制條格存〔續修〕787

郘

郘坦（清）
　春秋集古傳註、或問〔存目〕經部 143
郘相（明）
　〔嘉靖〕河間府志〔存目〕史部 192

秋

秋郊子（明）
　飛丸記〔續修〕1771

段

段公路（唐）
　北户録〔文淵〕589〔文津〕589〔文瀾〕598
　　〔著録〕史部 113
段玉裁（清）
　毛詩故訓傳定本〔續修〕64
　六書音均表〔續修〕244
　古文尚書撰異〔續修〕46
　汲古閣説文訂〔續修〕204
　明史十二論〔續修〕450
　周禮漢讀考〔續修〕80
　春秋左氏古經〔續修〕123
　詩經小學〔續修〕64
　經韵樓集〔續修〕1434－1435
　經韻樓集文録〔續修〕1671
　説文解字注〔續修〕204－208
　戴東原集、覆校札記〔續修〕1434
段成己（金）
　二妙集〔文淵〕1365〔文津〕1369〔文瀾〕
　　1409〔珍本〕九集 271〔著録〕集部 451
段成式（唐）
　酉陽雜俎、續集〔文淵〕1047〔文津〕1051
　　〔文瀾〕1076〔薈要〕278
　唐段少卿酉陽雜俎前集、續集〔著録〕子部
　　117
段汝霖（清）
　楚南苗志〔存目〕史部 256
段安節（唐）
　樂府雜録〔文淵〕839〔文津〕841〔文瀾〕
　　858〔著録〕子部 358
段克己（金）
　二妙集〔文淵〕1365〔文津〕1369〔文瀾〕
　　1409〔珍本〕九集 271〔著録〕集部 451
段昌武（宋）
　毛詩集解〔珍本〕三集 38－40
　毛詩集解、學詩總説〔著録〕經部 5
　段氏毛詩集解〔文淵〕74〔文津〕69〔文瀾〕67
段復昌（清）
　周易補註、周易例表〔續修〕39

段嘉謨(清)
　幼基〔未收〕十輯 7

保

保八(元)
　周子通書訓義〔續修〕934
　周易繫辭述〔著錄〕經部 191
保巴(元)
　易源奧義〔珍本〕初集 17
　易源奧義、周易原旨〔文淵〕22〔文津〕17
　　〔文瀾〕18
　周易原旨〔珍本〕初集 17
保培基(清)
　西垣次集〔未收〕十輯 18
　西垣集〔未收〕十輯 18

皇

皇甫冉(唐)
　二皇甫集〔文淵〕1332〔文津〕1336〔文
　　瀾〕1374
　大曆二皇甫詩集〔底本〕集部 202〔著錄〕
　　集部 136
皇甫汸(明)
　皇甫司勳集〔文淵〕1275〔文津〕1279－
　　1280〔文瀾〕1312〔珍本〕三集 339－
　　342〔著錄〕集部 354
皇甫枚(唐)
　三水小牘〔續修〕1260
皇甫涍(明)
　支道林集、外集〔續修〕1304
　皇甫少玄集、外集〔文淵〕1276〔文津〕1280
　　〔文瀾〕1313〔珍本〕三集 343－344
　　〔著錄〕集部 403
　逸民傳〔存目〕史部 95
皇甫曾(唐)
　二皇甫集〔文淵〕1332〔文津〕1336〔文
　　瀾〕1374
　大曆二皇甫詩集〔底本〕集部 202〔著錄〕
　　集部 136
皇甫湜(唐)
　皇甫持正文集〔著錄〕集部 420
　皇甫持正集〔文淵〕1078〔文瀾〕1108
皇甫錄(明)
　下陴記談〔存目〕子部 240
　近峰聞略〔存目〕子部 240

皇明紀略〔存目〕子部 240〔續修〕1167
皇甫謐(晉)
　帝王世紀〔續修〕301
　高士傳〔文淵〕448〔文津〕446〔文瀾〕448
　　〔著錄〕史部 16
　鍼灸甲乙經〔文淵〕733〔文津〕733〔文
　　瀾〕748〔珍本〕十一集 105－106〔著
　　錄〕子部 132
皇侃(南朝梁)
　論語集解義疏〔文淵〕195〔文津〕190〔文
　　瀾〕186〔著錄〕經部 169

鬼

鬼谷子(周)
　李虛中命書〔文淵〕809〔文津〕810〔文
　　瀾〕827〔珍本〕別輯 195
　鬼谷子〔文淵〕848〔文津〕850〔文瀾〕867

侯

侯一元(明)
　二谷讀書記〔存目〕子部 11
侯七乘(清)
　孝思堂文集、詩集、聯集〔未收〕五輯 29
侯方域(清)
　壯悔堂文集、遺稿、四憶堂詩集、遺稿〔續
　　修〕1405－1406〔禁燬〕集部 51
　壯悔堂文錄〔續修〕1669
侯失勒(英國)
　談天、附表〔續修〕1300
侯克中(元)
　艮齋詩集〔文淵〕1205〔文津〕1209〔文
　　瀾〕1240〔珍本〕初集 349〔著錄〕集部
　　446
侯甸(明)
　西樵野記〔存目〕子部 246〔續修〕1266
侯昌言(清)
　草韻彙編〔存目〕子部 73
侯恪(明)
　侯太史遂園詩集〔禁燬補〕78
侯康(清)
　春秋古經說〔續修〕148
　補後漢書藝文志〔未收〕三輯 20
　穀梁禮證〔續修〕132
侯善淵(元)
　黃帝陰符經註〔存目〕子部 256

侯登岸(清)
　兩漢碎金〔未收〕三輯 16
侯楨(清)
　禹貢古今注通釋〔未收〕四輯 3
侯寘(宋)
　嬾窟詞〔文淵〕1487〔文津〕1492〔文瀾〕
　　1537〔著錄〕集部 218
侯銓(清)
　三魚堂文集〔文淵〕1325〔文津〕1328〔文
　　瀾〕1365
侯繼高(明)
　全浙兵制〔存目〕子部 31

帥

帥方蔚(清)
　詞垣日記〔續修〕559
帥我(清)
　墨瀾亭文集〔存目〕集部 265
帥念祖(清)
　樹人堂詩、多博唫、蒐遺〔存目〕集部 273
帥家相(清)
　卓山詩集〔存目〕集部 281
帥機(明)
　陽秋館集〔禁燬〕集部 139

律

律例館(清)
　律例館校正洗冤録〔續修〕972

俞

俞大猷(明)
　正氣堂集、近稿、餘集、續集、鎮閩議稿〔未
　　收〕五輯 20
　重刊續武經總要〔續修〕959
　洗海近事〔存目〕史部 49
俞天倬(清)
　太倉州儒學志〔未收〕二輯 26
俞文豹(宋)
　吹劍録外集〔文淵〕865〔文津〕867〔文
　　瀾〕885〔珍本〕十一集 130〔著録〕子
　　部 361
俞文龍(明)
　史異編〔存目〕史部 151
俞允文(明)

仲蔚先生集〔存目〕集部 140〔續修〕1354
　崑山雜咏〔存目〕集部 315
俞正燮(清)
　癸巳存稿〔續修〕1159－1160
　癸巳賸稿〔續修〕1160
　癸巳類稿〔續修〕1159
俞弁(明)
　山樵暇語〔存目〕子部 152
　逸老堂詩話〔續修〕1695
俞汝言(清)
　春秋平義〔文淵〕174〔文津〕169〔文瀾〕
　　166〔珍本〕三集 97－98〔底本〕經部
　　51－52〔著録〕經部 201
　春秋四傳糾正〔文淵〕174〔文津〕169〔文
　　瀾〕166〔珍本〕九集 59
俞汝爲(明)
　荒政要覽〔續修〕846
俞汝楫(明)
　禮部志稿〔文淵〕597－598〔文津〕597－
　　599〔文瀾〕606－608〔珍本〕初集
　　137－148
俞安期(明)
　唐類函〔存目〕子部 207－210
　啓雋類函〔存目〕集部 349－351
　寥寥集〔存目〕集部 143
　詩雋類函〔存目〕子部 211－213
俞希魯(元)
　至順鎮江志〔續修〕698
俞長城(清)
　俞寧世文集〔未收〕九輯 21
俞茂鯤(清)
　俞天池先生痧痘集解〔未收〕十輯 8
俞松(宋)
　蘭亭續考〔文淵〕682〔文津〕682〔文瀾〕
　　695〔著録〕史部 156
俞庭椿(宋)
　周禮復古編〔文淵〕91〔文津〕86〔文瀾〕
　　85〔珍本〕三集 64〔著録〕經部 11
俞彦(明)
　俞少卿集〔未收〕六輯 23
俞炳然(明)
　〔萬曆〕續修嚴州府志〔存目〕史部 209
俞益謨(清)
　青銅自考〔禁燬〕集部 17
俞浩(清)

西域考古録〔未收〕九輯 7

俞聃(清)
兩孤存〔禁燬〕集部 91

俞琰(元)
林屋山人漫稿〔存目〕集部 21〔續修〕1321
易外別傳〔文淵〕1061〔文津〕1065〔文瀾〕1090〔珍本〕十一集 158〔著録〕子部 365
金丹正理大全玄學正宗〔存目〕子部 259
周易參同契發揮、釋疑〔文淵〕1058〔文津〕1062〔文瀾〕1087〔珍本〕十集 199－200〔著録〕子部 124
周易集説〔文淵〕21〔文津〕16〔文瀾〕16〔珍本〕十一集 1－3〔著録〕經部 2
俞氏易集説(周易集説)〔薈要〕9
席上腐談〔文淵〕1061〔文津〕1065〔文瀾〕1090
書齋夜話〔文淵〕865〔文津〕867〔文瀾〕885〔珍本〕九集 224〔著録〕子部 169
黄帝陰符經註〔存目〕子部 256〔續修〕1290
爐火監戒録〔存目〕子部 259
寶顏堂訂正席上腐談〔著録〕子部 365
讀易舉要〔文淵〕21〔文津〕16〔文瀾〕16〔珍本〕初集 16〔底本〕經部 51〔著録〕經部 184

俞琰(清)
詠物詩選〔禁燬〕集部 137

俞森(清)
荒政叢書〔文淵〕663〔文津〕662〔文瀾〕672〔珍本〕十集 106－108〔著録〕史部 393

俞蛟(清)
夢厂雜著〔續修〕1269

俞策(明)
閣皁山志〔存目〕史部 235

俞皐(元)
春秋集傳釋義大成〔著録〕經部 82
春秋集傳釋義大成、原序、凡例、綱領、春秋世次圖説〔文淵〕159〔文津〕153〔文瀾〕151－152
春秋集傳釋義大成、諸家傳序、綱領、世次〔薈要〕40

俞塞(清)
兩孤存〔禁燬〕集部 91

俞寧世(清)
可儀堂文録〔續修〕1671

俞嶙(清)
王陽明先生全集、附年譜〔存目〕集部 50－51

俞德鄰(宋)
佩韋齋文集〔著録〕集部 251
佩韋齋集〔文淵〕1189〔文津〕1193〔文瀾〕1224〔珍本〕三集 254－255
佩韋齋輯聞〔文淵〕865〔文津〕867〔文瀾〕885〔著録〕子部 169

俞樾(清)
古書疑義舉例〔續修〕1162
右台仙館筆記〔續修〕1270
四書辨疑辨〔續修〕170
艮宧易説〔續修〕34
卦氣直日考〔續修〕34
易貫〔續修〕34
周易互體徵〔續修〕34
春在堂隨筆〔續修〕1141
春秋名字解詁補義〔續修〕128
茶香室經説〔續修〕177
茶香室叢鈔、續鈔、三鈔、四鈔〔續修〕1198－1199
達齋春秋論〔續修〕148
達齋書説〔續修〕50
達齋詩説〔續修〕73
湖樓筆談〔續修〕1162
群經平議〔續修〕178
説文經字考、第一樓叢書坿考〔續修〕227
賓萌集、外集、春在堂褱文、續編、三編、四編、五編、六編、春在堂詩編〔續修〕1550－1551
樂記異文考〔續修〕116
諸子平議〔續修〕1161－1162
禮記鄭讀考〔續修〕106
〔光緒〕鎮海縣志〔續修〕707

俞憲(明)
盛明百家詩〔存目〕集部 304－308

俞檀(清)
易學管窺、易文言傳〔續修〕29

俞鎮(元)
學易居筆録〔存目〕子部 101

俞鵬程(清)
群芳詩鈔〔未收〕八輯 30

俞顯卿(明)
古詩類苑〔存目〕集部 320－321

風

風后（□）
握奇經〔文淵〕726〔文津〕726〔文瀾〕740

逢

逢行珪（唐）
鬻子〔文淵〕848〔文津〕850〔文瀾〕867
鬻子註〔著録〕子部30

昝

昝殷（唐）
經效産寶、續編〔續修〕1006

胤

胤禛（清世宗）
大義覺迷録〔禁燬〕史部22
世宗憲皇帝硃批諭旨〔文淵〕416－425〔文津〕412－423〔文瀾〕413－422
世宗憲皇帝御製文集〔文淵〕1300〔文津〕1304〔文瀾〕1337〔薈要〕350〔著録〕集部72
世宗憲皇帝聖訓〔著録〕史部51
孝經集註〔著録〕經部23
硃批諭旨〔薈要〕186－197
御纂孝經集註〔文淵〕182〔文津〕177〔文瀾〕173〔珍本〕六集36〔薈要〕68
欽定執中成憲〔文淵〕722〔文津〕723〔文瀾〕737〔珍本〕六集187－188〔著録〕子部62
聖祖仁皇帝庭訓格言〔文淵〕717〔文津〕719〔文瀾〕732〔薈要〕185〔著録〕子部1
聖祖仁皇帝聖訓〔文淵〕411〔文津〕408〔文瀾〕409－410
聖祖庭訓格言〔珍本〕八集132
聖諭廣訓〔文淵〕717〔文津〕719〔文瀾〕732〔珍本〕十二集46〔薈要〕185〔著録〕子部13

計

計大受（清）
史林測義〔續修〕451
計六奇（清）
明季北略〔續修〕440
明季南略〔續修〕443
計有功（計敏夫）（宋）
唐詩紀事〔文淵〕1479〔文津〕1483－1484〔文瀾〕1529〔底本〕集部261－265〔著録〕集部80
計成（明）
園冶〔續修〕879
計東（清）
改亭文集、詩集〔存目〕集部228
改亭文録〔續修〕1671
改亭詩集、文集〔續修〕1408
計敏夫（宋）　參見 計有功
計楠（清）
客塵醫話〔續修〕1029

度

度正（宋）
性善堂稿〔文淵〕1170〔文津〕1174〔文瀾〕1204〔珍本〕初集311
濂溪先生周元公年表〔存目〕史部82

奕

奕訢（清）
欽定勦平粵匪方略、表文〔續修〕403－412
奕賡（清）
侍衛瑣言〔續修〕1181
括談〔續修〕1181
寄楮備談〔續修〕1181
煨柮閒談〔續修〕1181
管見所及〔續修〕1181

施

施天遇（明）
春秋三傳衷考〔存目〕經部128
施元之（宋）
施註蘇詩、總目、年譜、續補遺〔薈要〕381
施註蘇詩、總目、註蘇例言、王註正譌、註蘇姓氏、宋史本傳、東坡先生墓誌銘、東坡先生年譜、蘇詩續補遺、總目〔文淵〕1110〔文津〕1113－1114〔文瀾〕1140
施註蘇詩、蘇詩續補遺、王註正譌、東坡先生年譜〔著録〕集部239
施仁（明）
左粹類纂〔存目〕子部178
施化遠（清）

明德先生文集、制藝、附新安定變全城記、明
　　德先生年譜〔存目〕集部 185
施世杰(清)
　　元祕史山川地名考〔續修〕312
施永圖(明)
　　武備天文、水火攻、地利〔禁燬〕子部 28－
　　29
　　武備水火攻、地利〔未收〕五輯 10
施男(清)
　　邛竹杖〔續修〕1176
施何牧(清)
　　韻雅、雜論、識餘〔存目〕經部 218
施沛(明)
　　南京都察院志〔存目補〕73－74
施念曾(清)
　　宛雅初編、二編、三編〔存目〕集部 373〔存
　　目〕集部 373
　　施愚山先生學餘文集、詩集、外集、別集、年
　　譜、附隨村先生遺集〔著錄〕集部 129
施肩吾(唐)
　　西山群仙會真記〔存目〕子部 258
施耐庵(元)
　　李卓吾先生批評忠義水滸傳、引首〔續修〕
　　1791－1792
施重光(明)
　　唐詩近體集韻〔存目〕集部 382
施奕簪(清)
　　少林寺志〔未收〕九輯 6
施彥士(清)
　　孟子外書集證〔未收〕六輯 12
　　春秋朔閏表發覆〔續修〕147
　　推春秋日食法〔續修〕147
施晉(清)
　　〔嘉慶〕寧國府志〔續修〕710－711
施峻(明)
　　璉川詩集〔存目〕集部 101
施琅(清)
　　靖海紀事〔續修〕390
施國祁(清)
　　元遺山詩集箋注〔續修〕1322
　　金史詳校〔續修〕293
施清臣(宋)
　　東洲几上語、枕上語〔續修〕1122
　　東洲几上語、東洲枕上語〔存目〕子部 83
施宿(宋)

施註蘇詩、總目、年譜、續補遺〔薈要〕381
　　會稽志、會稽續志〔文淵〕486〔文津〕485
　　〔文瀾〕488〔珍本〕七集 101－106
　　嘉泰會稽志、寶慶會稽續志〔著錄〕史部 36
施紹莘(明)
　　秋水庵花影集〔存目〕集部 422〔續修〕
　　1739
施惠(明)
　　幽閨記〔續修〕1769
　　新刊重訂出相附釋標註月亭記〔續修〕1774
施閏章(清)
　　青原志略〔存目〕史部 245
　　宛雅初編、二編、三編〔存目〕集部 373
　　矩齋雜記〔存目〕子部 249
　　施愚山先生學餘文集、詩集、外集、別集、年
　　譜、附隨村先生遺集〔著錄〕集部 129
　　愚山先生文錄〔續修〕1669
　　學餘堂文集、詩集、外集〔文淵〕1313〔文
　　津〕1317－1318〔文瀾〕1351－1352
　　〔珍本〕三集 354－359
　　蠖齋詩話〔存目〕集部 420
施補華(清)
　　澤雅堂文集〔續修〕1560
　　澤雅堂詩二集〔續修〕1560
　　澤雅堂詩集〔續修〕1560
施發(宋)
　　察病指南〔續修〕998
施琭(清)
　　施愚山先生學餘文集、詩集、外集、別集、年
　　譜、附隨村先生遺集〔著錄〕集部 129
　　隨村先生遺集〔存目〕集部 272
施端教(清)
　　唐詩韻匯〔存目〕集部 379－381
　　賦鏡錄、明賦考〔續修〕834
　　讀史漢翹〔存目〕史部 148
施綸(清)
　　澄景堂史測、附閩溪紀略〔存目〕史部 291
施樞(宋)
　　芸隱勸游藁、橫舟藁〔著錄〕集部 423
　　芸隱橫舟稿、倦遊稿〔文淵〕1182〔文津〕
　　1186〔文瀾〕1217〔珍本〕九集 255
施德操(宋)
　　北窗炙輠錄〔文淵〕1039〔文津〕1043〔文
　　瀾〕1066〔著錄〕子部 220
　　施先生孟子發題〔存目〕經部 154

施襄夏(清)
　弈理指歸圖〔續修〕1101-1102
　弈理指歸續編〔續修〕1102
施鴻(清)
　澂景堂史測、附閩溪紀略〔存目〕史部291
施顯卿(明)
　新編古今奇聞類紀〔存目〕子部247

姜

姜文燦(清)
　詩經正解〔存目〕經部80
姜兆翀(清)
　孟子篇叙、年表〔續修〕158
姜兆錫(清)
　孔叢子正義〔存目〕子部1
　孝經本義〔存目〕經部146
　周易述蘊〔存目〕經部33
　周禮輯義〔存目〕經部87〔續修〕78
　春秋公羊穀梁諸傳彙義〔存目〕經部136
　春秋事義慎考〔存目〕經部136
　春秋胡傳參義〔存目〕經部136
　家語正義〔存目〕子部1
　書經參義〔續修〕43
　書經蔡傳參義〔存目〕經部60
　詩傳述蘊〔存目〕經部73
　爾雅註疏參義〔存目〕經部186
　爾雅註疏參議〔續修〕185
　儀禮經傳內編、外編〔存目〕經部112〔續
　　修〕87
　禮記章義〔存目〕經部101〔續修〕98
姜安節(清)
　敬亭集、自著年譜、年譜續編〔存目〕集部
　　193
姜虬緑(清)
　金井志〔存目〕史部242
姜希轍(清)
　左傳統箋〔存目〕經部131
　曆學假如〔續修〕1040
姜南(明)
　通玄觀志〔存目〕史部246
　蓉塘詩話〔續修〕1695-1696
姜炳璋(清)
　詩序補義〔文淵〕89〔文津〕84〔文瀾〕82
　　〔珍本〕二集24-26
　詩經讀序私記、總論〔著録〕經部64

讀左補義〔存目〕經部143-144〔續修〕
　　122
姜特立(宋)
　梅山續稿、雜文、長短句〔著録〕集部100
　梅山續藁〔文淵〕1170〔文津〕1174〔文
　　瀾〕1204
　梅山續藁〔珍本〕二集295
姜宸英(清)
　江防總論、海防總論〔存目〕史部227
　湛園未定稿〔存目〕集部261〔著録〕集部
　　131
　湛園未定稿文録〔續修〕1670
　湛園札記〔文淵〕859〔文津〕861〔文瀾〕
　　879〔珍本〕五集235〔著録〕子部166
　湛園集〔文淵〕1323〔文津〕1327〔文瀾〕
　　1362〔珍本〕十二集193-194〔底本〕
　　集部160
姜埰(明)
　敬亭集、自著年譜、年譜續編〔存目〕集部
　　193
姜清(明)
　姜氏秘史〔存目〕史部46〔續修〕432
姜紹書(清)
　無聲詩史〔存目〕子部72〔續修〕1065
　韻石齋筆談〔文淵〕872〔文津〕874〔文
　　瀾〕892〔著録〕子部57
姜皋(清)
　浦泖農咨〔續修〕976
姜震陽(明)
　新鐫十名家批評易傳闡庸〔存目〕經部10-
　　11
姜寶(明)
　周易傳義補疑〔存目〕經部7〔續修〕8
　春秋事義全考〔文淵〕169〔文津〕163〔文
　　瀾〕161〔珍本〕四集70-72〔著録〕經
　　部200
　姜鳳阿文集〔存目〕集部127-128
姜夔(宋)
　白石詞集〔存目〕集部422
　白石道人詩集、集外詩、詩説、白石詩詞評
　　論、白石道人集事、諸賢酬贈詩、投贈詩
　　詞補遺〔著録〕集部102
　白石道人詩集、集外詩、諸賢酬贈詩〔文淵〕
　　1175〔文津〕1179〔文瀾〕1209
　白石道人歌曲、別集〔文淵〕1488〔文津〕
　　1493〔文瀾〕1538〔著録〕集部219

絳帖平 〔文淵〕682 〔文津〕681 〔文瀾〕695
〔珍本〕六集 132 〔著録〕史部 156

續書譜 〔文淵〕813 〔文津〕815 〔文瀾〕832
〔著録〕子部 150

洪

洪仁玕(太平天國)
太平天日 〔續修〕445

洪正治(清)
蕺山先生人譜、人譜類記 〔著録〕子部 62

洪弘緒(清)
大清律集解附例、大清律續纂條例、大清律
例校正條款 〔續修〕863

洪在(元)
杏庭摘稿 〔文淵〕1212 〔文津〕1216 〔文
瀾〕1247

洪自誠(明)
菜根譚前集、後集 〔續修〕1133

洪兆雲(清)
禹貢匯解 〔未收〕四輯 3

洪守美(明)
易經解醒 〔續修〕16

洪希文(元)
續軒渠集 〔文淵〕1205 〔文津〕1209 〔文
瀾〕1239〔珍本〕六集 259
續軒渠詩集 〔著録〕集部 446

洪良品(清)
龍岡山人古文尚書四種〔續修〕50

洪若皋(清)
南沙文集 〔存目〕集部 225
梁昭明文選越裁 〔存目〕集部 287－288

洪昇(清)
長生殿傳奇 〔續修〕1775

洪知常(宋)
海瓊傳道集 〔存目〕子部 259

洪朋(宋)
洪父集 〔文淵〕1124 〔文津〕1128 〔文瀾〕
1154〔珍本〕初集 267

洪炎(宋)
西渡集 〔文淵〕1127 〔文津〕1131 〔文瀾〕
1158〔珍本〕九集 238
西渡詩集 〔著録〕集部 441

洪垣(明)
覺山先生緒言 〔續修〕1124
覺山洪先生史說 〔存目〕史部 283

洪思(清)
石秋子敬身録 〔禁燬〕集部 53
黃子年譜 〔續修〕553

洪适(宋)
盤洲文集 〔文淵〕1158 〔文津〕1162－1163
〔文瀾〕1192 〔薈要〕394 〔著録〕集部
248
隸釋 〔文淵〕681 〔文津〕681 〔文瀾〕694
〔著録〕史部 155
隸續 〔文淵〕681 〔文津〕681 〔文瀾〕695
〔著録〕史部 156

洪亮吉(清)
比雅 〔續修〕192
毛詩天文考 〔續修〕65
北江詩話 〔續修〕1705
四史發伏 〔未收〕四輯 20
更生齋文録 〔續修〕1672
更生齋集 〔續修〕1468
更生齋詩餘 〔續修〕1725
弟子職箋釋 〔未收〕六輯 12
卷施閣集 〔續修〕1467
春秋左傳詁 〔續修〕124
乾隆府廳州縣圖志 〔續修〕625－627
補三國疆域志 〔未收〕三輯 11
漢魏音 〔續修〕245
〔嘉慶〕寧國府志 〔續修〕710－711
曉讀書齋雜録 〔續修〕1155

洪咨夔(宋)
平齋文集 〔文淵〕1175 〔文津〕1179 〔文
瀾〕1209 〔珍本〕十集 236－238 〔著
録〕集部 346
平齋詞 〔文淵〕1488 〔文津〕1493 〔文瀾〕
1538 〔著録〕集部 219
春秋說 〔珍本〕三集 78－79
洪氏春秋說 〔文淵〕156 〔文津〕151 〔文
瀾〕149

洪芻(宋)
老圃集 〔文淵〕1127 〔文津〕1131 〔文瀾〕
1158 〔珍本〕別輯 301
香譜 〔文淵〕844 〔文津〕846 〔文瀾〕862
〔著録〕子部 358
洪駒父老圃集 〔著録〕集部 242

洪基(明)
胞與堂丸散譜 〔續修〕1002

洪啓初(明)
易學管見 〔存目〕經部 20

洪朝選(明)
　　洪芳洲先生歸田稿、奏疏、讀禮稿〔未收〕五
　　　輯19
洪皓(宋)
　　松漠紀聞、續〔文淵〕407〔文津〕404〔文
　　　瀾〕405〔珍本〕十二集29
　　松漠記聞、續〔底本〕史部31〔著錄〕史部
　　　15
　　鄱陽集〔文淵〕1133〔文津〕1137〔文瀾〕
　　　1164〔珍本〕別輯319〔底本〕集部67
　　　〔著錄〕集部341
洪鈞(清)
　　元史譯文證補〔續修〕293
洪焱祖(元)
　　杏庭摘稿〔文淵〕1212〔文津〕1216〔文
　　　瀾〕1247〔珍本〕三集281〔著錄〕集部
　　　348
　　爾雅翼〔文淵〕222〔文津〕217〔文瀾〕214
　　爾雅翼、序釋〔薈要〕79
洪楩(明)
　　清平山堂話本二十七種〔續修〕1784
洪飴孫(清)
　　三國職官表〔續修〕747
洪焯(清)
　　虛損啓微〔續修〕1006
洪嘉植(清)
　　大蔭堂集〔禁燬補〕85
洪榜(清)
　　四聲均和表、示兒切語〔續修〕258
洪蕭(明)
　　蓮谷先生讀易索隱〔存目〕經部3〔續修〕6
洪蕙(清)
　　〔嘉慶〕延安府志〔續修〕693
洪邁(宋)
　　史記法語〔存目〕史部129
　　夷堅支志〔文淵〕1047〔文津〕1051〔文
　　　瀾〕1075－1076
　　夷堅志〔著錄〕子部116－117〔續修〕
　　　1264－1266
　　南朝史精語〔存目〕史部129
　　唐人萬首絕句選〔文淵〕1459〔文津〕1464
　　　〔文瀾〕1506
　　容齋四六叢談〔存目〕集部415
　　容齋詩話〔存目〕集部415
　　容齋隨筆、續筆、三筆、四筆、五筆〔文淵〕

　　　851〔文津〕853－854〔文瀾〕871〔著
　　　錄〕子部54
　　野處類稿〔著錄〕集部54
　　野處類稿藥〔文淵〕1158〔文津〕1162〔文
　　　瀾〕1191
　　萬首唐人絕句〔文淵〕1349〔文津〕1352－
　　　1353〔文瀾〕1391〔著錄〕集部74
　　經子法語〔存目〕子部119
洪震煊(清)
　　夏小正疏義、釋音、異字記、附天象圖〔續
　　　修〕108
洪遵(宋)
　　泉志〔存目〕子部78〔續修〕1112
　　訂正史記真本凡例〔存目〕史部1
　　洪氏集驗方〔續修〕1000
　　洪文安公遺集〔續修〕1317
　　翰苑群書〔文淵〕595〔文津〕595〔文瀾〕
　　　604〔珍本〕十二集40〔著錄〕史部433
洪頤煊(清)
　　孔子三朝記〔續修〕108
　　平津讀碑記、續記、再續、三續〔續修〕905
　　台州札紀〔續修〕734
　　筠軒文鈔〔續修〕1489
　　經典集林〔續修〕1200
　　管子義證〔續修〕970
　　諸史考異〔續修〕455
　　禮經宮室答問〔續修〕110
　　讀書叢錄〔續修〕1157
洪興祖(宋)
　　楚辭〔著錄〕集部226
　　楚辭補注〔文淵〕1062〔文津〕1066〔文
　　　瀾〕1091〔薈要〕465
洪應明(明)
　　仙佛奇踪〔存目〕子部247
洪翼聖(明)
　　洪季隣集〔禁燬補〕77
洪巖虎(元)
　　續軒渠集〔文淵〕1205〔文津〕1209〔文
　　　瀾〕1239

津

津門佟氏(清)
　　士庶備覽〔未收〕三輯19

恒

恒仁(清)

月山詩集〔未收〕十輯 18
月山詩話〔續修〕1702

宣

宣鼎（清）
　夜雨秋燈録、續録〔續修〕1789
宣穎（清）
　南華經解〔續修〕957

宦

宦懋庸（清）
　論語稽〔續修〕157

宮

宮天挺（元）
　死生交范張雞黍雜劇〔續修〕1761
　范張雞黍〔續修〕1763
宮偉鏐（清）
　庭闈州世説〔存目〕子部 244
宮夢仁（清）
　讀書紀數略〔文淵〕1033〔文津〕1037〔文
　　瀾〕1060〔珍本〕十一集 153－157〔著
　　録〕子部 60

祖

祖行（宋）
　龍學文集、附源流始末〔文淵〕1098〔文津〕
　　1102〔文瀾〕1128
祖珽（北齊）
　修文殿御覽〔續修〕1212
祖無擇（宋）
　洛陽九老祖龍學文集、源流始末〔著録〕集
　　部 44
　龍學文集〔珍本〕五集 273
　龍學文集、附源流始末〔文淵〕1098〔文津〕
　　1102〔文瀾〕1128

祝

祝以豳（明）
　詒美堂集〔禁燬〕集部 101
祝允明（明）
　成化間蘇材小纂〔存目〕史部 89
　祝子志怪録〔存目〕子部 246〔續修〕1266
　祝子罪知録〔存目〕子部 83〔續修〕1122

浮物〔存目〕子部 83
野記〔存目〕子部 240
懷星堂全集〔著録〕集部 270
懷星堂集〔文淵〕1260〔文津〕1264－1265
　〔文瀾〕1297〔珍本〕六集 268－271
讀書筆記〔存目〕子部 83
祝世禄（明）
　祝子小言〔存目〕子部 90
　環碧齋詩、尺牘〔存目〕集部 94
祝明（元）
　聲律發蒙〔存目〕子部 172
祝泌（宋）
　康節先生觀物篇解〔著録〕子部 355
　觀物篇解、附皇極經世解起數訣〔文淵〕805
　　〔文津〕806〔文瀾〕822〔珍本〕初集
　　179－180
祝彦（明）
　侶崔堂詩集〔禁燬〕集部 82
　祝氏事偶〔存目〕子部 196
祝洤（清）
　下學編〔存目〕子部 29
　淑艾録〔存目〕子部 29
祝時泰（明）
　西湖八社詩帖、春社詩、秋社詩〔存目〕集部
　　315
祝淇（明）
　履坦幽懷鈔、履坦幽懷集〔存目補〕99
祝堯（元）
　古賦辯體〔文淵〕1366〔文津〕1370〔文
　　瀾〕1410〔著録〕集部 413
　古賦辯體、外集〔珍本〕六集 323
祝淵（明）
　祝子遺書〔存目〕集部 195
　新編古今事文類聚前集、後集、續集、別集、
　　新集、外集、新編古今事文類聚遺集
　　〔著録〕子部 184－188
祝祺（明）
　樸巢詩集、續集〔禁燬〕集部 145
祝誠（元）
　蓮堂詩話、校譌、續校〔續修〕1694
祝鳳喈（清）
　與古齋琴譜〔續修〕1095
祝德麟（清）
　悦親樓詩集、外集〔續修〕1462－1463
祝慶祺（清）

刑案匯覽、拾遺備考、續增刑案匯覽 〔續修〕
867－872

祝穆（宋）

方輿勝覽 〔文淵〕471 〔文津〕470 〔文瀾〕
472

古今事文類聚前集、後集、續集、別集、附古
今事文類聚新集、外集、古今事文類聚
遺集 〔文淵〕925－929 〔文津〕928－
933 〔文瀾〕946－950

新編方輿勝覽 〔著録〕史部 208

新編古今事文類聚前集、後集、續集、別集、
新集、外集、新編古今事文類聚遺集
〔著録〕子部 184－188

新編古今事林群書一覽 〔存目〕子部 172

退

退庵居士（清）

弔譜集成、緒餘 〔續修〕1106

韋

韋述（唐）

兩京新記 〔續修〕732

韋協夢（清）

儀禮蠡測 〔續修〕89

韋居安（宋）

梅磵詩話 〔續修〕1694

韋昭（三國吳）

國語 〔文淵〕406 〔文津〕403 〔文瀾〕404
〔薈要〕203 〔著録〕史部 288

韋珏（元）

梅花百詠 〔續修〕1325

韋莊（唐）

浣花集 〔文淵〕1083 〔文津〕1088 〔文瀾〕
1114 〔著録〕集部 235

韋絢（唐）

劉賓客嘉話録 〔文淵〕1035 〔文津〕1039
〔文瀾〕1062 〔著録〕子部 217

韋漢卿（宋）

元包經傳、元包數總義 〔文淵〕803 〔文津〕
804 〔文瀾〕820

韋調鼎（明）

詩經備考、總論 〔存目〕經部 67

韋毅（三國蜀）

才調集 〔文淵〕1332 〔文津〕1336 〔文瀾〕
1374 〔存目〕集部 288 〔著録〕集部 451

才調集補注 〔續修〕1611

韋謙恒（清）

傳經堂詩鈔 〔續修〕1444 〔未收〕十輯 25

韋應物（唐）

韋蘇州集 〔文淵〕1072 〔文津〕1076 〔文
瀾〕1102

韋蘇州集、拾遺 〔著録〕集部 229

韋藹（唐）

浣花集 〔文淵〕1083 〔文津〕1088 〔文瀾〕
1114

韋續（唐）

墨藪、法帖音釋刊誤 〔文淵〕812 〔文津〕814
〔文瀾〕831 〔著録〕子部 149

韋驤（宋）

錢塘韋先生文集 〔著録〕集部 44

錢塘集 〔文淵〕1097 〔文津〕1101 〔文瀾〕
1127 〔珍本〕五集 271－272

胥

胥文相（明）

洞庭湖君山詩集 〔存目〕集部 297

姚

姚士粦（明）

後梁春秋 〔存目〕史部 163

陸氏易解 〔文淵〕7 〔文津〕2 〔文瀾〕1

姚士觀（明）

明太祖文集 〔文淵〕1223 〔文津〕1227 〔文
瀾〕1258

姚之駰（清）

元明事類鈔 〔文淵〕884 〔文津〕885－886
〔文瀾〕905 〔珍本〕初集 229－232

後漢書補逸 〔文淵〕402 〔文津〕399 〔文
瀾〕400 〔珍本〕四集 101－103 〔著録〕
史部 192

姚元之（清）

竹葉亭雜記 〔續修〕1139

姚文田（清）

古音諧 〔續修〕246

説文校議 〔續修〕213

説文聲系 〔續修〕246

〔嘉慶〕廣陵事略 〔續修〕699

學易討原 〔未收〕一輯 2

邃雅堂文集續編 〔續修〕1482

邃雅堂文録 〔續修〕1672

遼雅堂集〔續修〕1482

姚文然(清)
　姚端恪公文集、詩集、外集〔未收〕七輯 18
　姚端恪公文録〔續修〕1671

姚文蔚(明)
　右編補〔存目〕史部 75〔續修〕460－461
　周易旁註會通〔存目〕經部 15
　省括編〔存目〕子部 134

姚文燮(清)
　無異堂文集〔未收〕八輯 23

姚文灝(明)
　浙西水利書〔文淵〕576〔文津〕576〔文
　　瀾〕585〔珍本〕三集 164〔著録〕史部
　　337

姚孔(清)
　華林莊詩集〔存目〕集部 272

姚允明(明)
　史書〔存目〕史部 150

姚正父(清)
　爾雅啓蒙〔未收〕三輯 10

姚世鈺(清)
　孱守齋遺稿〔存目〕集部 277

姚可成(明)
　救荒野譜〔續修〕977

姚永樸
　尚書誼略〔續修〕53

姚光祚(明)
　皇明廣蒙求〔存目〕子部 199－200

姚合(唐)
　姚少監詩集〔文淵〕1081〔文津〕1086〔文
　　瀾〕1112〔著録〕集部 234
　極玄集〔文淵〕1332〔文津〕1336〔文瀾〕
　　1374〔珍本〕十集 278〔著録〕集部 410

姚汝能(唐)
　安禄山事迹〔存目〕史部 128
　安禄山事迹、校記〔續修〕550

姚志仁(清)
　瘍科臨證心得集、方彙、方彙補遺、家用膏丹
　　丸散方、景岳新方歌〔續修〕1016

姚希孟(明)
　公槐集、響玉集、餘、棘門集、沆瀣集、松癭
　　集、文遠集〔禁燬〕集部 178－179
　循滄集〔存目〕史部 251

姚宏(宋)
　戰國策〔文淵〕406〔文津〕403〔文瀾〕404

〔著録〕史部 288

姚宏緒(清)
　松風餘韻〔存目補〕37

姚茂良(明)
　精忠記〔續修〕1769

姚佺(清)
　李長吉昌谷集句解定本〔續修〕1311
　詩源初集〔禁燬〕集部 169

姚宗儀(明)
　花編〔未收〕三輯 30

姚承輿(清)
　陽宅正宗〔未收〕九輯 12

姚思廉(唐)
　陳書〔文淵〕260〔文津〕255〔文瀾〕252
　　〔薈要〕104〔著録〕史部 358
　梁書〔文淵〕260〔文津〕254－255〔文瀾〕
　　252〔薈要〕104〔著録〕史部 357

姚勉(宋)
　雪坡文集〔文淵〕1184〔文津〕1187－1188
　　〔文瀾〕1219〔珍本〕十一集 170－171
　雪坡姚舍人文集〔著録〕集部 59

姚咨(明)
　春秋諸名臣傳〔存目〕史部 98

姚彦渠(清)
　禹貢正詮〔未收〕四輯 3

姚炳(清)
　詩識名解〔文淵〕86〔文津〕81〔文瀾〕79
　　〔珍本〕五集 23－24〔著録〕經部 63

姚宣(明)
　聞見録〔存目〕子部 249

姚祖恩(清)
　静志居詩話〔續修〕1698

姚振宗(清)
　七略別録佚文、七略佚文〔續修〕916
　三國藝文志〔續修〕914
　後漢藝文志〔續修〕914
　隋書經籍志考證〔續修〕915－916
　漢書藝文志拾補〔續修〕914
　漢書藝文志條理〔續修〕914

姚桐壽(元)
　姚樂年樂郊私語〔著録〕子部 242
　樂郊私語〔文淵〕1040〔文津〕1044〔文
　　瀾〕1067

姚配中(清)
　周易姚氏學〔續修〕30

周易通論月令〔續修〕30
姚氏易斅闡元〔續修〕31
姚旅(明)
露書〔存目〕子部 111〔續修〕1132
姚孫棐(明)
亦園全集〔禁燬〕集部 86
姚球(清)
本草經解要、附餘〔續修〕995
姚培謙(清)
松桂讀書堂文集、詩集〔存目〕集部 277
春秋左傳杜注〔續修〕121
類腋〔續修〕1248－1249
姚堂(明)
潤州先賢録〔存目〕史部 88〔續修〕541
姚國禎(清)
新刻小兒推拿方峽活嬰秘旨全書〔續修〕997
姚康(明)
太白劍〔禁燬〕集部 106
姚章(清)
周易本義引蒙〔未收〕二輯 1
姚淑(明)
天問閣文集、附海棠居初集〔禁燬〕集部 11
姚張斌(明)
尚絅生小語〔存目〕子部 94
姚最(南朝陳)
續畫品〔文淵〕812〔文津〕814〔文瀾〕831〔著録〕子部 149
姚舜牧(明)
孝經疑問〔存目〕經部 146
來恩堂草〔禁燬〕集部 107
性理指歸〔續修〕942
春秋疑問〔續修〕135
重訂四書疑問〔存目〕經部 158
重訂易經疑問〔存目〕經部 12
重訂春秋疑問〔存目〕經部 120
重訂書經疑問〔存目〕經部 51
重訂詩經疑問〔文淵〕80〔文津〕75〔文瀾〕73〔著録〕經部 130
重訂禮記疑問〔存目〕經部 91
詩經疑問〔珍本〕三集 53－55
樂陶吟草〔存目〕集部 158
姚虞(明)
嶺海輿圖〔文淵〕494〔文津〕494〔文瀾〕497

姚鉉(宋)
文粹〔著録〕集部 295
唐文粹〔文淵〕1343－1344〔文津〕1347－1348〔文瀾〕1385－1386〔薈要〕474－476
姚福(明)
青溪暇筆〔存目〕子部 109〔續修〕1167
姚際恒(清)
春秋通論、論旨、春秋無例詳考〔續修〕139
詩經通論〔續修〕62
儀禮通論〔續修〕86－87
姚際隆(明)
卜筮全書〔續修〕1059
姚廣孝(明)
永樂大典〔存目補〕58－72〔存目補〕58－72
逃虛子詩集、續集、逃虛類稿、逃虛子道餘録、逃虛子集補遺、詩集補遺〔存目〕集部 28〔續修〕1326
姚寬(宋)
西溪叢語〔文淵〕850〔文津〕853〔文瀾〕871〔珍本〕十二集 142〔底本〕子部 36〔著録〕子部 164
姚鼐(清)
古文辭類纂〔續修〕1609－1610
老子章義〔續修〕954
惜抱軒九經説〔續修〕172
惜抱軒文集、後集、詩集、後集〔續修〕1453
惜抱軒先生文選〔續修〕1670
惜抱軒筆記〔續修〕1152
〔嘉慶〕新修江寧府志〔續修〕695
姚範(清)
北齊書、附考證〔文淵〕263〔文津〕258〔文瀾〕255
援鶉堂筆記〔續修〕1148－1149
姚德鈞(清)
讀史正氣録〔未收〕一輯 17
姚瑩(清)
東溟文集、外集、文後集、文外集、後湘詩集、二集、續集、中復堂遺稿、續編〔續修〕1512－1513
俄國疆界風俗誌〔未收〕三輯 16
康輶紀行〔未收〕五輯 14
姚履旋(明)
方正學先生遜志齋外紀、續集〔存目〕史部

85
撼古遺文、再增撼古遺文 〔存目〕經部 191

姚錫光(清)
　東方兵事紀略 〔續修〕446

姚龍起(宋)
　雪坡文集 〔文淵〕1184 〔文津〕1187－1188 〔文瀾〕1219

姚燧(元)
　牧庵集 〔珍本〕別輯 384－389
　牧庵集、附年譜 〔文淵〕1201 〔文津〕1205－1206 〔文瀾〕1236
　姚文公牧菴集 〔著錄〕集部 29

姚燮(清)
　今樂考證 〔續修〕1759
　復莊詩問 〔續修〕1532－1533
　復莊駢儷文榷、二編 〔續修〕1533
　疎影樓詞 〔續修〕1726
　疏影樓詞續鈔 〔續修〕1726

姚應仁(明)
　檀弓原 〔存目〕經部 92

姚翼(明)
　玩畫齋雜著編 〔存目〕集部 188

姚覲元(清)
　清代禁燬書目四種 〔續修〕921

姚鏌(明)
　東泉文集 〔存目〕集部 46

姚夔(清)
　姚文敏公遺稿 〔存目〕集部 34
　飲和堂集詩、文 〔存目〕集部 223

紀

紀大奎(清)
　古律經傳附考 〔未收〕三輯 9
　考訂河洛理數便覽 〔未收〕七輯 13
　雙桂堂文錄 〔續修〕1671
　雙桂堂稿、續編 〔續修〕1470

紀君祥(元)
　趙氏孤兒 〔續修〕1764
　趙氏孤兒大報讐雜劇 〔續修〕1762

紀坤(明)
　花王閣賸稿 〔存目〕集部 193

紀昀(清)
　史通削繁 〔續修〕448
　紀文達公文錄 〔續修〕1670
　紀文達公遺集 〔續修〕1435

欽定四庫全書薈要提要 〔薈要〕1
欽定西域同文志 〔珍本〕三集 118－120
欽定周官義疏 〔珍本〕五集 37－44
欽定河源紀略 〔文淵〕579 〔文津〕579 〔文瀾〕588 〔著錄〕史部 59
欽定歷代職官表 〔文淵〕601－602 〔文津〕601－602 〔文瀾〕611－612 〔著錄〕史部 256－258
閱微草堂筆記 〔續修〕1269

紀映鍾(清)
　戇叟詩鈔 〔未收〕七輯 30

紀昭(清)
　養知錄 〔存目〕子部 160

紀容舒(清)
　玉臺新詠考異 〔文淵〕1331 〔文津〕1335 〔文瀾〕1374
　杜律詳解 〔存目〕集部 8
　孫氏唐韻考 〔文淵〕242 〔文津〕237 〔文瀾〕235 〔珍本〕十一集 38 〔著錄〕經部 183

紀許國(明)
　焦書 〔續修〕944

紀邁宜(清)
　儉重堂詩、詩餘 〔未收〕八輯 26

紀磊(清)
　九家逸象辨證 〔續修〕35
　周易本義辨證補訂 〔續修〕34
　周易消息 〔續修〕34
　虞氏易義補注 〔續修〕35
　虞氏逸象考正、續纂 〔續修〕35
　漢儒傳易源流 〔續修〕35

十畫

秦

秦九韶(宋)
　數書九章 〔著錄〕子部 20
　數學九章 〔文淵〕797 〔文津〕798 〔文瀾〕814 〔珍本〕別輯 188－193

秦元方(明)
　熹廟拾遺雜詠 〔禁燬〕集部 55

秦坊(清)
　範身集略 〔存目補〕96
　範家集略 〔存目〕子部 158

秦松齡(清)

毛詩日箋 〔存目〕經部 73 〔續修〕61
蒼岷山人文集 〔未收〕五輯 28
蒼岷山人文錄 〔續修〕1671
蒼岷山人集、微雲集 〔未收〕五輯 28

秦金(明)
　安楚錄 〔存目〕史部 46 〔續修〕433

秦祖永(清)
　桐陰論畫、桐陰畫訣、續桐陰論畫 〔續修〕
　　1085
　桐陰論畫二編、三編 〔續修〕1085
　畫學心印 〔續修〕1085

秦時昌(清)
　韭溪漁唱集 〔未收〕九輯 27

秦恩復(清)
　鬼谷子、篇目考 〔續修〕1121

秦偶僧(清)
　王孫經補遺 〔續修〕1120
　功蟲錄 〔續修〕1120

秦淮墨客(明)
　新刊分類出像陶真選粹樂府紅珊 〔續修〕
　　1778

秦雲爽(清)
　紫陽大指 〔存目〕子部 22
　閨訓新編 〔存目〕子部 157

秦嘉謨(清)
　月令粹編 〔續修〕885
　世本 〔未收〕三輯 14

秦鳴雷(明)
　談資 〔存目〕子部 123

秦漢外史(明)　參見 王驥德

秦維瀚(清)
　蕉庵琴譜 〔未收〕十輯 10

秦蕙田(清)
　五禮通考 〔文淵〕135－142 〔文津〕130－
　　138 〔文瀾〕128－136 〔著錄〕經部
　　134－140

秦緗業(清)
　平浙紀略 〔未收〕七輯 4
　續資治通鑑長編拾補 〔續修〕349

秦篤輝(清)
　易象通義 〔續修〕33
　經學質疑錄 〔未收〕四輯 10

秦駿生(明)
　皇明奏議備選 〔禁燬〕史部 31

秦簡夫(元)

東堂老 〔續修〕1764
東堂老勸破家子弟雜劇 〔續修〕1760
宜秋山趙禮讓肥雜劇 〔續修〕1761

秦鐘(明)
　樗林摘稿 〔存目〕集部 55

秦鏞(明)
　易序圖説 〔存目〕經部 24
　〔崇禎〕清江縣志 〔存目〕史部 212

秦鏡(清)
　刪訂通鑑感應錄 〔存目〕史部 291

秦瀛(清)
　小峴山人詩文集 〔續修〕1464－1465
　己未詞科錄 〔續修〕537

秦瀹(明)
　戰國人才言行録 〔存目〕史部 98

秦繼宗(明)
　書經彙解 〔未收〕二輯 4

秦夔(明)
　五峰遺稿 〔續修〕1330

秦觀(宋)
　淮海集、後集、長短句 〔文淵〕1115 〔文津〕
　　1119 〔文瀾〕1145 〔薈要〕385 〔著錄〕
　　集部 240
　淮海詞 〔文淵〕1487 〔文津〕1492 〔文瀾〕
　　1537 〔著錄〕集部 217
　農書、蠶書 〔文淵〕730 〔文津〕729 〔文瀾〕
　　744 〔著錄〕子部 352

珞

珞琭子(宋)
　新刊補註得秘訣三命指迷賦 〔著錄〕子部
　　356

班

班固(漢)
　白虎通義 〔文淵〕850 〔文津〕852 〔文瀾〕
　　869 〔薈要〕247
　白虎通德論 〔著錄〕子部 164
　前漢書 〔薈要〕90－92
　前漢書、附考證 〔文淵〕249－251 〔文津〕
　　243－245 〔文瀾〕242－244
　班蘭臺集 〔續修〕1583
　漢武故事 〔文淵〕1042 〔文津〕1046 〔文
　　瀾〕1070 〔著錄〕子部 112
　漢武帝內傳 〔文淵〕1042 〔文津〕1046 〔文

瀾]1070
漢書〔著録〕史部 352－354

敖

敖文禎(明)
薛荔山房藏稿〔續修〕1359
敖英(明)
東谷贅言〔存目〕子部 102
慎言集訓〔存目〕子部 9
緑雪亭雜言〔存目〕子部 102
敖繼公(元)
儀禮集説〔文淵〕105〔文津〕100〔文瀾〕
99〔薈要〕50〔著録〕經部 150

素

素爾訥(清)
欽定學政全書〔續修〕828

馬

馬一龍(明)
農説〔存目〕子部 38
馬大莊(明)
天都載〔存目〕子部 105
馬之瑛(清)
秋莊詩集〔禁燬補〕82
馬之駿(明)
玅遠堂全集〔存目〕集部 183－184
馬之騄(清)
古調堂初集〔未收〕七輯 24
馬元(清)
曹溪通志〔禁燬補〕27
馬元儀(清)
馬師津梁〔存目〕子部 50
馬中錫(明)
東田集〔存目〕集部 41
馬東田漫稿〔存目〕集部 41
馬文升(明)
馬端肅公三記〔存目補〕76
馬端肅公奏議〔底本〕史部 15〔著録〕史部
199
馬端肅奏議〔文淵〕427〔文津〕425〔文
瀾〕426〔珍本〕五集 80
馬文昇(明)
西征石城記〔續修〕433

撫安東夷記〔續修〕433
興復哈密記〔續修〕433
馬文煒(明)
〔萬曆〕安丘縣志〔存目〕史部 200
馬玉麟(元)
東臯先生詩集〔續修〕1324
馬世奇(明)
澹寧居文集、詩集〔禁燬〕集部 113
馬世俊(清)
馬太史匡菴前集、馬太史匡菴集〔未收〕五
輯 29
馬丕瑶(清)
蠶桑簡易法〔未收〕四輯 23
馬令(宋)
南唐書〔著録〕史部 94
馬氏南唐書〔文淵〕464〔文津〕463〔文
瀾〕465
馬永易(宋)
實賓録〔文淵〕920〔文津〕923〔文瀾〕940
實賓録〔珍本〕初集 233〔著録〕子部 363
馬永卿(宋)
元城先生語録、行録〔著録〕子部 33
元城語録解、附行録〔文淵〕863〔文津〕865
〔文瀾〕883
嬾真子〔文淵〕863〔文津〕865〔文瀾〕883
〔底本〕子部 16〔著録〕子部 361
馬光祖(宋)
景定建康志〔著録〕史部 107－108
馬廷鸞(宋)
碧梧玩芳集〔文淵〕1187〔文津〕1191〔文
瀾〕1222〔珍本〕別輯 372－375
馬自援(清)
馬氏等音〔續修〕257
馬自强(明)
馬文莊公文集選〔禁燬補〕66
馬汝驥(明)
西玄詩集〔存目〕集部 74
馬宏衛(明)
采菊雜咏〔存目〕集部 194
馬長淑(清)
渠風集略〔存目〕集部 411
馬其昶
抱潤軒文集〔續修〕1575
尚書誼詁〔續修〕53
屈賦微〔續修〕1302

重定周易費氏學、叙録〔續修〕40

桐城耆舊傳〔續修〕547

詩毛氏學〔續修〕74

馬明衡(明)

尚書疑義〔文淵〕64〔文津〕58〔文瀾〕56〔珍本〕初集48

馬注(清)

清真指南〔未收〕六輯20

馬治(明)

荆南倡和詩集〔文淵〕1370〔文津〕1374〔文瀾〕1413〔珍本〕五集400〔底本〕集部205〔著録〕集部144

馬宗素(元)

劉河間傷寒醫鑑〔存目〕子部41

馬宗璉(清)

春秋左傳補註〔續修〕124

馬建忠(清)

文通〔續修〕196

適可齋記言、適可齋記行〔續修〕1565

馬俊良(清)

禹貢註節讀、圖説〔未收〕三輯5

馬冠群(清)

醫悟〔未收〕十輯8

馬祖常(元)

石田文集〔文淵〕1206〔文津〕1210〔文瀾〕1241〔珍本〕六集260－261〔薈要〕402

馬石田文集〔底本〕集部99－100〔著録〕集部254

馬致遠(元)

三渡任風子〔續修〕1763

半夜雷轟薦福碑雜劇〔續修〕1761

西華山陳摶高卧雜劇〔續修〕1761

江州司馬青衫淚雜劇〔續修〕1761

邯鄲道省悟黄粱夢雜劇〔續修〕1761

吕洞賓三醉岳陽樓雜劇〔續修〕1761

孤雁漢宫秋〔續修〕1763

馬丹陽三度任風子雜劇〔續修〕1762

破幽夢孤雁漢宫秋雜劇〔續修〕1760

雷轟薦福碑〔續修〕1763

馬時芳(清)

續樸麗子〔未收〕七輯14

馬時敏(明)

禮記中説〔存目〕經部90

馬純(宋)

陶朱新録〔文淵〕1047〔文津〕1051〔文瀾〕1075

馬理(明)

周易贊義〔存目〕經部3〔續修〕5

谿田文集〔存目〕集部69

馬國翰(清)

月令七十二候詩〔未收〕四輯5

玉函山房輯佚書〔續修〕1200－1205

馬符録(清)

西樵志〔存目〕史部241

馬從聘(明)

蘭臺奏疏〔存目〕史部64

馬惟敏(清)

半處士詩集〔未收〕九輯17

馬隆(晉)

握奇經〔文淵〕726〔文津〕726〔文瀾〕740

馬愉(明)

馬學士文集〔存目〕集部32

馬瑞辰(清)

毛詩傳箋通釋〔續修〕68

馬蒔(明)

黄帝内經素問注證發微、黄帝内經靈樞注證發微〔存目〕子部38－39〔續修〕979－980

難經正義、圖〔續修〕983

馬嘉松(明)

十可篇〔存目〕子部143

馬端臨(元)

文獻通考〔文淵〕610－616〔文津〕609－616〔文瀾〕620－627〔薈要〕227－235〔著録〕史部122－126

馬榮祖(清)

力本文集〔未收〕九輯26

力本時文〔未收〕九輯26

馬熒(明)

閩中十子詩〔文淵〕1372〔文津〕1376〔文瀾〕1415〔珍本〕六集336－337〔著録〕集部302

閩中十子詩集〔底本〕集部244－245

馬維銘(明)

史書纂略〔存目〕史部141－143

馬維翰(清)

墨麟詩〔存目〕集部270

馬駉(清)

碩果録〔禁燬〕子部38

儀禮易讀〔存目〕經部88

馬德(清)
　廣象徹微〔未收〕九輯12

馬融(漢)
　忠經〔存目〕子部1
　忠經詳解〔續修〕933

馬翮飛(清)
　翊翊齋筆記、文鈔、詩鈔〔未收〕七輯11

馬臻(元)
　霞外詩集〔文淵〕1204〔文津〕1208〔文瀾〕1239〔珍本〕十集245－246〔著錄〕集部60

馬縞(後唐)
　古今注、中華古今注〔著錄〕子部164

馬蓋臣(明)
　五代史吳越世家疑辯〔存目〕史部163

馬懇西(英國)
　泰西新史攬要〔續修〕1297

馬總(唐)
　通紀〔續修〕336
　意林〔文淵〕872〔文津〕874〔文瀾〕892〔底本〕子部29〔著錄〕子部57
　意林、意林逸文、意林闕目、意林補〔續修〕1188

馬歡(明)
　亦政堂訂正瀛涯勝覽〔續修〕742
　瀛涯勝覽〔存目〕史部255

馬權奇(明)
　尺木堂學易誌〔存目〕經部24

馬巒(明)
　溫公年譜〔存目〕史部85

馬驌(清)
　左傳事緯〔文淵〕175〔文津〕170〔文瀾〕167〔珍本〕五集48－53〔著錄〕經部89
　繹史、世系圖、年表〔文淵〕365－368〔文津〕362－366〔文瀾〕365－367〔著錄〕史部12－14

馬麟(明)
　續纂淮關統志〔存目〕史部273－274

貢

貢元禮(明)
　雲林集〔文淵〕1205〔文津〕1209〔文瀾〕1240

貢汝成(明)
　三禮纂註〔存目〕經部105－106

貢性之(元)
　南湖集〔文淵〕1220〔文津〕1224〔文瀾〕1255〔珍本〕七集209
　貢南湖詩集〔著錄〕集部396

貢奎(元)
　貢文靖雲林集〔著錄〕集部30
　雲林集〔文淵〕1205〔文津〕1209〔文瀾〕1240〔珍本〕三集278

貢修齡(明)
　斗酒堂集〔禁燬〕集部80

貢師泰(元)
　玩齋集、拾遺〔文淵〕1215〔文津〕1219〔文瀾〕1250〔珍本〕三集288－289〔薈要〕407
　貢禮部玩齋集、拾遺〔著錄〕集部61

貢渭濱(清)
　易見、附易見啓蒙〔存目〕經部48

袁

袁三俊(清)
　篆刻十三略〔續修〕1091

袁于令(幔亭僊史)(明)
　西樓記〔續修〕1771

袁士元(元)
　書林外集〔存目〕集部23〔續修〕1324

袁大化
　〔宣統〕新疆圖志〔續修〕649－650

袁子讓(明)
　五先堂文市榷酤〔續修〕1132
　五先堂字學元元〔存目〕經部210〔續修〕255

袁中道(明)
　珂雪齋近集〔續修〕1376
　珂雪齋近集、附楚狂之歌、小袁幼稿、近遊草〔禁燬〕集部103
　珂雪齋前集〔禁燬〕集部181
　珂雪齋前集、外集〔續修〕1375－1376

袁仁(明)
　毛詩或問〔存目〕經部60
　尚書砭蔡編〔文淵〕64〔文津〕59〔文瀾〕57〔珍本〕十二集5
　尚書蔡註考誤〔著錄〕經部193
　春秋胡傳考誤〔文淵〕169〔文津〕164〔文

瀾]161〔珍本〕十二集 18〔著錄〕經部
200

袁仁林(清)
　古文周易參同契註〔存目〕子部 258〔續
　　修〕1292
　虛字説〔續修〕195

袁文(宋)
　甕牖閒評〔文淵〕852〔文津〕854〔文瀾〕
　　872〔珍本〕別輯 210

袁守定(清)
　佔畢叢談、附勸學卮言、時文蠡測〔未收〕六
　　輯 12

袁孝政(唐)
　劉子〔文淵〕848〔文津〕850〔文瀾〕868
　　〔著錄〕子部 163

袁甫(宋)
　蒙齋中庸講義〔文淵〕199〔文津〕194〔文
　　瀾〕189〔珍本〕初集 100
　蒙齋集〔文淵〕1175〔文津〕1179〔文瀾〕
　　1209〔珍本〕別輯 362－365

袁佑(清)
　霽軒詩鈔〔未收〕七輯 27

袁宏(晉)
　後漢紀〔文淵〕303〔文津〕299〔文瀾〕296
　　〔薈要〕156〔著錄〕史部 66

袁宏道(明)
　珊瑚林、金屑編〔續修〕1131
　袁中郎全集〔存目〕集部 174
　徐文長文集、徐文長傳〔續修〕1354－1355
　瓶花齋集〔續修〕1367
　瓶花齋雜録〔存目〕子部 108
　陳眉公重訂瓶史〔續修〕1116
　鼎鐫諸方家彙編皇明名公文雋〔存目〕集部
　　330
　解脱集〔續修〕1367
　錦帆集、去吳七牘〔續修〕1367
　觴政〔存目〕子部 80
　瀟碧堂集〔續修〕1367
　瀟碧堂集、續集〔禁燬〕集部 67

袁表(明)
　閩中十子詩〔文淵〕1372〔文津〕1376〔文
　　瀾〕1415〔珍本〕六集 336－337〔著
　　錄〕集部 302
　閩中十子詩集〔底本〕集部 244－245

袁枚(清)

小倉山房文録〔續修〕1671
小倉山房詩集、文集、外集〔續修〕1431－
　1432
新齊諧、續新齊諧〔續修〕1788
隨園食單〔續修〕1115
隨園詩話〔續修〕1701
隨園隨筆〔續修〕1148

袁易(元)
　静春堂詩集〔文淵〕1206〔文津〕1210〔文
　　瀾〕1241〔著錄〕集部 447

袁忠徹(明)
　古今識鑑、人象賦〔存目〕子部 67

袁采(宋)
　袁氏世範〔文淵〕698〔文津〕699〔文瀾〕
　　712〔珍本〕別輯 161
　袁氏世範、集事詩鑑〔著錄〕子部 250

袁郊(唐)
　甘澤謠〔著錄〕子部 243
　甘澤謠、附東坡删改圓澤傳〔文淵〕1042
　　〔文津〕1047〔文瀾〕1070

袁宗道(明)
　白蘇齋類集〔續修〕1363〔禁燬〕集部 48

袁定遠(清)
　歷代銓選志〔存目〕史部 260

袁祈年(明)
　珂雪齋近集、附楚狂之歌、小袁幼稿、近遊草
　　〔禁燬〕集部 103

袁俊翁(元)
　四書疑節〔文淵〕203〔文津〕197〔文瀾〕
　　194〔珍本〕二集 66
　新編待問集四書疑節〔著錄〕經部 100

袁昶(清)
　于湖小集、金陵褉事詩〔續修〕1565
　安般簃詩續鈔〔續修〕1565
　漸西村人初集〔續修〕1565

袁華(明)
　玉山紀游〔文淵〕1369〔文津〕1373〔文
　　瀾〕1413〔著錄〕集部 143
　可傳集〔文淵〕1232〔文津〕1236〔文瀾〕
　　1268〔珍本〕初集 361〔著錄〕集部 397
　耕學齋詩集〔文淵〕1232〔文津〕1236〔文
　　瀾〕1268〔珍本〕三集 297〔著錄〕集部
　　261

袁黄(明)
　祈嗣真詮〔存目〕子部 90

皇都水利 〔存目〕史部 222

鼎鍥趙田了凡袁先生編纂古本歷史大方綱鑑補 〔禁燬〕史部 67－68

游藝塾文規 〔續修〕1718

游藝塾續文規 〔續修〕1718

新鍥李卓吾先生增補批點皇明正續合併通紀統宗 〔禁燬補〕12

增訂二三場群書備考 〔禁燬補〕42

勸農書 〔續修〕975

袁彬（明）

北征事蹟 〔存目〕史部 46 〔續修〕433

袁桷（元）

延祐四明志 〔文淵〕491 〔文津〕490 〔文瀾〕494 〔珍本〕六集 114－116 〔著錄〕史部 209

清容居士集 〔文淵〕1203 〔文津〕1207 〔文瀾〕1238 〔著錄〕集部 253－254

袁袠（明）

世緯 〔文淵〕717 〔文津〕718 〔文瀾〕732

衡藩重刻胥臺先生集 〔存目〕集部 86

袁康（漢）

越絕書 〔文淵〕463 〔文津〕462 〔文瀾〕464 〔著錄〕史部 94

袁淑真（宋）

黃帝陰符經集解 〔存目〕子部 256 〔續修〕1290

袁啓（明）

天文圖說 〔續修〕1031

袁終彩（清）

陶石簣先生四書要達 〔禁燬補〕3

袁瑛（清）

河東君尺牘、湖上草、我聞室賸稿 〔續修〕1391

袁達（明）

禽蟲述 〔存目〕子部 82 〔續修〕1120

袁棟（清）

書隱叢說 〔存目〕子部 116 〔續修〕1137

袁凱（明）

海叟集 〔文淵〕1233 〔文津〕1237 〔文瀾〕1269 〔存目〕集部 25 〔著錄〕集部 397

海叟集、集外詩 〔珍本〕六集 265

袁鈞（清）

春秋傳服氏注 〔續修〕117

袁尊尼（明）

袁魯望集 〔存目〕集部 137

袁煒（明）

袁文榮公詩略 〔存目〕集部 104

袁銛（明）

〔景泰〕建陽縣志、雜志、續集 〔存目〕史部 176

袁說友（宋）

東塘集 〔文淵〕1154 〔文津〕1158 〔文瀾〕1187 〔珍本〕初集 301－302

袁韶（宋）

錢塘先賢傳贊 〔文淵〕451 〔文津〕449 〔文瀾〕451

袁寧珍（清）

主客圖、附圖考 〔續修〕1694

袁樞（宋）

通鑑紀事本末 〔文淵〕346－349 〔文津〕343 〔文瀾〕344－347 〔薈要〕206－209 〔著錄〕史部 76－78

袁稽（明）

泰山蒐玉集 〔存目〕集部 313

袁褧（宋）

楓窗小牘 〔文淵〕1038 〔文津〕1042 〔文瀾〕1065 〔著錄〕子部 219

袁褧（明）

奉天刑賞錄 〔存目〕史部 49

袁學淵（明）

秘傳眼科全書 〔續修〕1018

袁學謨（清）

居易堂浙中新集 〔禁燬〕集部 133

袁燮（宋）

絜齋毛詩經筵講義 〔文淵〕74 〔文津〕69 〔文瀾〕67 〔珍本〕九集 35

絜齋家塾書鈔 〔文淵〕57 〔文津〕53 〔文瀾〕50 〔珍本〕初集 46－47

絜齋集 〔文淵〕1157 〔文津〕1161 〔文瀾〕1190 〔珍本〕別輯 341－346

袁應兆（明）

大樂嘉成 〔存目〕經部 184

袁翼（清）

邃懷堂全集 〔續修〕1515

袁繼咸（明）

六柳堂遺集 〔禁燬〕集部 116

都

都卬（明）

三餘贅筆〔存目〕子部 101

都四德(清)

黃鍾通韻、附琴圖補遺〔存目〕經部 185

都俞(明)

類纂古文字考〔存目〕經部 193－194

都絜(宋)

易變體義〔文淵〕11〔文津〕6〔文瀾〕5
〔珍本〕初集 3

都穆(明)

王常宗集、續補遺〔文淵〕1229〔文津〕1233
〔文瀾〕1264

壬午功臣爵賞錄、壬午功賞別錄〔存目〕史
部 46

吳下冢墓遺文〔存目〕史部 278

使西日記〔存目〕史部 127

金薤琳琅〔文淵〕683〔文津〕683〔文瀾〕
696〔著錄〕史部 156

南濠居士文跋〔續修〕922

南濠詩話〔存目〕集部 416

都公譚纂〔存目〕子部 246〔續修〕1266

寓意編〔文淵〕814〔文津〕817〔文瀾〕835
〔著錄〕子部 150

鐵網珊瑚〔存目〕子部 117

聽雨紀談〔存目〕子部 102

耿

耿介(清)

中州道學編〔存目〕史部 121

孝經易知〔未收〕三輯 9

耿汝愚(明)

江汝社稿〔未收〕六輯 24

耿志煒(明)

逸園新詩〔存目〕集部 185

耿定向(明)

先進遺風〔文淵〕1041〔文津〕1045〔文
瀾〕1068〔著錄〕子部 242

耿天臺先生文集〔存目〕集部 131

耿中丞楊太史批點近溪羅子全集〔存目〕集
部 129－130

碩輔寶鑑要覽〔存目〕史部 95

耿南仲(宋)

周易新講義〔文淵〕9〔文津〕5〔文瀾〕4
〔珍本〕初集 1

耿蔭樓(明)

國脈民天〔續修〕976

耿隨朝(明)

名物類考〔存目〕子部 179

華

華文桂(清)

琵琶譜〔續修〕1096

華文彬(清)

借雲館曲譜〔續修〕1096

華幼武(元)

栖碧先生黃楊集〔存目〕集部 23〔續修〕
1325

華兆登(明)

周易古本、附周易古本辨、周易古本記疑
〔存目〕經部 22

華汝德(明)

石田詩選〔文淵〕1249〔文津〕1253〔文
瀾〕1285〔著錄〕集部 430

華佗(漢)

華氏中藏經〔續修〕1018

華希閔(清)

訓俗遺規〔存目〕子部 158

華希閎(清)

延綠閣集〔未收〕九輯 17

廣事類賦〔存目〕子部 234〔續修〕1248

華長忠(清)

韻籟〔續修〕258

華長卿(清)

梅莊詩鈔〔續修〕1533

華叔陽(明)

華禮部集〔存目〕集部 150

華岫雲(清)

臨證指南醫案〔續修〕1027

華岳(宋)

翠微先生北征錄〔續修〕959

翠微南征錄〔文淵〕1176〔文津〕1180〔文
瀾〕1210〔珍本〕十集 239〔著錄〕集部
102

華泉(清)

周禮集解〔存目〕經部 85

華夏(明)

過宜言〔未收〕六輯 28

華浣芳(清)

挹青軒稿〔存目〕集部 267

華國才(明)

文清娛〔存目〕集部 333

華淑(明)
明詩選〔禁燬〕集部 1

華悰韡(明)
廬得集〔存目〕子部 83〔續修〕1122

華嵒(清)
離垢集〔未收〕八輯 29

華善述(明)
被褐先生詩文稿〔存目〕集部 142

華善繼(明)
華孟達詩稿〔存目〕集部 176

華湛恩(清)
古韻溯原〔未收〕十輯 2

華廣生(清)
白雪遺音〔續修〕1745

華慶遠(清)
論世八編〔存目〕史部 290

華學泉(清)
春秋疑義〔存目〕經部 133

華學瀾(清)
辛丑日記〔續修〕583

華鎮(宋)
雲溪居士集〔文淵〕1119〔文津〕1124〔文瀾〕1149〔珍本〕初集 256－257〔底本〕集部 60－61〔著録〕集部 94

莽

莽鵠立(清)
山東鹽法志〔未收〕一輯 24

莫

莫友芝(清)
宋元舊本書經眼録〔續修〕926
郘亭遺文〔續修〕1537
郘亭遺詩〔續修〕1537
唐寫本説文解字木部箋異〔續修〕227
樗繭譜〔續修〕978
〔道光〕遵義府志〔續修〕715－716

莫文泉(清)
研經言〔續修〕1029

莫旦(明)
大明一統賦〔禁燬〕史部 21
石湖志〔續修〕729

莫休符(唐)

桂林風土記〔文淵〕589〔文津〕589〔文瀾〕598〔底本〕史部 108〔著録〕史部 113

莫如忠(明)
崇蘭館集〔存目〕集部 104－105

莫君陳(宋)
月河所聞集〔存目〕子部 239

莫是龍(明)
石秀齋集〔存目〕集部 188
畫説〔存目〕子部 72

莫栻(清)
小爾雅廣注〔續修〕189

莫晉(清)
〔嘉慶〕松江府志〔續修〕687－689

莫震(明)
石湖志〔續修〕729

莫熺(清)
脈會辨〔未收〕六輯 14
難經直解〔未收〕三輯 22

莎

莎彝尊(清)
正音切韻指掌〔續修〕258

真

真山民(真桂芳)(宋)
真山民集〔文淵〕1189〔文津〕1193〔文瀾〕1225〔珍本〕十一集 172
真山民詩集〔著録〕集部 105

真德秀(宋)
三禮考〔存目〕經部 103
大學衍義〔文淵〕704〔文津〕706〔文瀾〕719〔薈要〕65〔著録〕子部 13
大學集編、中庸集編、論語集編、孟子集編〔著録〕經部 97
文章正宗〔文淵〕1355〔文津〕1359〔文瀾〕1397
文章正宗、續集〔珍本〕十一集 191－196
心經〔文淵〕706〔文津〕708〔文瀾〕721
心經附註〔存目〕子部 4
四書集編〔文淵〕200〔文津〕194〔文瀾〕190〔薈要〕72
西山文集〔文淵〕1174〔文津〕1178〔文瀾〕1208
西山先生真文忠公文章正宗、續〔著録〕集

部 75－76
西山先生真文忠公文集〔著録〕集部 249
西山先生真文忠公讀書記甲集、乙集下、丁集〔著録〕子部 128－129
西山讀書記〔文淵〕705〔文津〕706－708〔文瀾〕720－721〔珍本〕六集 174－185
朱文公政訓、真西山政訓〔存目〕子部 121
政經〔文淵〕706〔文津〕708〔文瀾〕721
真文忠公政經〔著録〕子部 351
真西山先生心經〔著録〕子部 332
續文章正宗〔文淵〕1356〔文津〕1360〔文瀾〕1398

莊

莊士敏（清）
滇事總録〔未收〕三輯 13

莊元臣（明）
三才考略〔存目〕子部 195

莊有可（清）
毛詩説、詩藴〔續修〕64
周官指掌〔續修〕81
春秋小學〔續修〕144
春秋慎行義、春秋刑法義、春秋使師義〔續修〕144

莊存與（清）
八卦觀象解、二篇卦氣解〔續修〕23
尚書既見〔續修〕44
周官記〔續修〕80
周官説〔續修〕80
春秋正辭、春秋舉例、春秋要指〔續修〕141
象象論〔續修〕22
彖傳論〔續修〕22
繫辭傳論〔續修〕22

莊廷鑨（清）
明史鈔略〔續修〕323

莊亨陽（清）
秋水堂遺集〔存目〕集部 268
莊氏算學〔文淵〕802〔文津〕803〔文瀾〕819〔珍本〕初集 174

莊若華（明）
信心草〔未收〕四輯 29

莊述祖（清）
五經小學述〔續修〕173
弟子職集解、附句讀、考證、補音〔未收〕六輯 12

尚書今古文考證〔續修〕46
珍執宧文鈔、詩鈔〔續修〕1475
説文古籀疏證〔續修〕243

莊忠棫（清）
易緯通義〔續修〕40
周易通義〔續修〕38
周易繁露〔續修〕40

莊季裕（宋）　參見 莊綽

莊周（周）
莊子〔薈要〕275

莊昶（明）
定山先生集〔底本〕集部 46〔著録〕集部 399
定山集〔文淵〕1254〔文津〕1258〔文瀾〕1291〔珍本〕九集 261－263

莊起元（明）
漆園卮言〔存目〕集部 184

莊翊昆（清）
常郡八邑藝文志〔續修〕917

莊棫（清）
中白詞〔續修〕1727

莊肅（元）
畫繼補遺〔存目〕子部 71〔續修〕1065

莊綽（莊季裕）（宋）
雞肋編〔文淵〕1039〔文津〕1043〔文瀾〕1066〔著録〕子部 220

莊綸渭（清）
問義軒詩鈔〔存目〕集部 281

莊綏光（明）
廣筆記、炮炙大法、用藥凡例〔著録〕子部 18

莊履豐（明）
梅谷莊先生文集〔存目〕集部 166

莊臻鳳（清）
松風閣琴譜、指法、抒懷操〔著録〕子部 304
琴學心聲諧譜〔存目〕子部 75〔續修〕1094

莊應會（明）
經武要略上集、正集〔禁燬補〕31－32
經武勝略正集〔禁燬〕子部 22

桂

桂文燦（清）
毛詩釋地〔續修〕73
孝經集證〔續修〕152
孟子趙注考證〔續修〕159

經學博采録 〔續修〕179

桂華(明)

古山先生文集 〔存目〕集部 68

桂超萬(清)

養浩齋詩稿、續稿、惇裕堂文集 〔續修〕1510

桂萬榮(宋)

棠陰比事 〔文淵〕729 〔文津〕729 〔文瀾〕
743 〔著録〕子部 46

桂蕚(明)

文襄公奏議 〔存目〕史部 60

廣輿圖叙 〔存目〕史部 166

桂馥(清)

札樸 〔續修〕1156

晚學集、未谷詩集 〔續修〕1458

説文解字義證 〔續修〕209－210

歷代石經略 〔續修〕183

續三十五舉、再續三十五舉、重定續三十五
舉 〔續修〕1091

桓

桓寬(漢)

鹽鐵論 〔文淵〕695 〔文津〕695 〔文瀾〕709
〔薈要〕246 〔著録〕子部 1

根

根遜志(日本)

論語集解義疏 〔著録〕經部 169

索

索寧安(清)

滿洲四禮集 〔續修〕824

連

連文鳳(宋)

百正集 〔文淵〕1189 〔文津〕1193 〔文瀾〕
1225 〔珍本〕別輯 375 〔底本〕集部 93
〔著録〕集部 28

連斗山(清)

周易辨畫 〔文淵〕53 〔文津〕48 〔文瀾〕46
〔珍本〕四集 22－25 〔著録〕經部 56

周官精義 〔未收〕四輯 5

連鑛(明)

連抑武雜記 〔存目〕子部 241

栗

栗祁(明)

〔萬曆〕湖州府志 〔存目〕史部 191

夏

夏一駒(清)

古印考略 〔續修〕1091

夏力恕(清)

菜根堂劄記 〔存目〕經部 176

〔雍正〕湖廣通志 〔著録〕史部 317－320

湖廣通志 〔文淵〕531－534 〔文津〕531－
535 〔文瀾〕537－540

夏大霖(清)

屈騷心印 〔存目〕集部 2

夏之芳(清)

禹貢彙覽、總論 〔未收〕三輯 5

夏之蓉(清)

半舫齋古文 〔未收〕九輯 26

半舫齋編年詩 〔未收〕九輯 25

讀史提要録 〔未收〕二輯 30

夏子羽(明)

皇明史惺堂先生遺稿、書經補説、附年譜
〔存目〕集部 127

夏子陽(明)

使琉球録 〔續修〕742

夏元彬(明)

麟傳統宗 〔存目〕經部 127

夏元鼎(宋)

陰符經講義 〔文淵〕1055 〔文津〕1059 〔文
瀾〕1084

黃帝陰符經講義 〔底本〕子部 41

黃帝陰符經講義、圖説 〔著録〕子部 331

夏文彥(元)

圖繪寶鑑、續補 〔著録〕子部 150

圖繪寶鑑、續編 〔文淵〕814 〔文津〕817 〔文
瀾〕833

夏允彝(明)

幸存録、續幸存録 〔續修〕440 〔禁燬補〕16

禹貢古今合註、圖 〔存目〕經部 55 〔續修〕
55

夏言(明)

南宮奏稿 〔文淵〕429 〔文津〕427 〔文瀾〕
427 〔珍本〕四集 109

桂洲先生奏議、外集 〔存目〕史部 60

桂洲詩集〔續修〕1339

夏桂洲先生文集、年譜〔存目〕集部 74-75

夏完淳(明)

幸存録、續幸存録〔續修〕440〔禁燬補〕16

夏内史集〔續修〕1389

夏良勝(明)

中庸衍義〔文淵〕715〔文津〕717〔文瀾〕730〔珍本〕七集 120-124

東洲初稿〔文淵〕1269〔文津〕1274〔文瀾〕1306〔珍本〕三集 336-338〔著録〕集部 400

夏尚樸(明)

東巖集〔文淵〕1271〔文津〕1275〔文瀾〕1308〔珍本〕二集 364

夏東巖先生文集〔底本〕集部 147〔著録〕集部 402

夏東巖先生詩集〔存目〕集部 67

夏味堂(清)

三百篇原聲七篇〔未收〕二輯 6

拾雅〔續修〕192

詩疑筆記、後説〔續修〕64

夏炘(清)

述朱質疑〔續修〕952

詩古韻表廿二部集説〔續修〕248

學禮管釋〔續修〕93

檀弓辨誣〔續修〕107

讀詩劄記、詩章句考、詩樂存亡譜、詩經集傳校勘記〔續修〕70

夏治源(清)

〔康熙〕師宗州志〔存目〕史部 214

夏宗瀾(清)

易卦劄記、附六十四卦詩〔存目〕經部 37

易義隨記〔存目〕經部 37

詩義記講〔存目〕經部 78

夏荃(清)

退庵筆記〔未收〕三輯 28

夏侯陽(□)

夏侯陽算經〔文淵〕797〔文津〕798〔文瀾〕814〔珍本〕別輯 187〔著録〕子部 20〔續修〕1041

夏侯湛(晉)

夏侯常侍集〔續修〕1584

夏庭芝(元)

青樓集〔續修〕1758

夏洪基(明)

孔子年譜綱目、傳略〔存目〕史部 80

夏原吉(明)

忠靖集〔文淵〕1240〔文津〕1244〔文瀾〕1276〔珍本〕四集 323

夏忠靖公集、遺事〔著録〕集部 38

夏時正(明)

成化杭州府志〔存目〕史部 175

夏浚(明)

重刻月川類草〔未收〕五輯 19

夏基(清)

西湖覽勝詩志〔存目〕史部 243〔禁燬〕史部 41

夏崇文(明)

夏忠靖公遺事〔存目〕史部 83

夏寅(明)

政監〔存目〕史部 281

夏琳(明)

閩海紀要〔禁燬〕史部 35

夏雲(清)

疫喉淺論〔續修〕1018

夏雲鼎(明)

前八大家詩選〔禁燬〕集部 138

夏鼎(清)

幼科鐵鏡〔續修〕1010

夏竦(宋)

文莊集〔文淵〕1087〔文津〕1090〔文瀾〕1116〔珍本〕初集 246-247

古文四聲韻〔珍本〕十一集 25

新集古文四聲韻〔著録〕經部 177

夏僎(宋)

尚書詳解〔珍本〕九集 25-32

夏氏尚書詳解〔文淵〕56〔文津〕51-52〔文瀾〕49

夏賓(明)

靈衛廟志〔存目〕史部 86

夏德(宋)

傳信適用方、夏子益治奇疾方〔著録〕子部 15

夏馹(清)

交山平寇本末、附詳文、書牘、詩〔存目〕史部 56

夏樹芳(明)

奇姓通〔存目〕子部 199

法喜志、續法喜志〔存目〕子部 255

茶董〔存目〕子部 79

栖真志〔存目〕史部 99
詞林海錯〔未收〕四輯 30
夏鍭(明)
明夏赤城先生文集〔存目〕集部 45
夏燮(江上蹇叟)(清)
五服釋例〔續修〕95
中西紀事〔續修〕402
述均〔續修〕249
明通鑑、前編、附編〔續修〕364-366
忠節吳次尾先生年譜、附錄樓山遺事〔續修〕553
夏鸞翔(清)
致曲術、致曲圖解〔續修〕1047

破
破慳道人(明)　參見 徐復祚

原
原良(清)
聽潮居存業〔存目〕子部 114

柴
柴升(清)
宋四名家詩鈔〔存目〕集部 394
柴奇(明)
黼菴遺稿〔存目〕集部 67
柴望(宋)
秋堂集〔文淵〕1187〔文津〕1191〔文瀾〕1222〔珍本〕五集 288
柴氏四隱集〔文淵〕1364〔文津〕1369〔文瀾〕1408〔珍本〕二集 396〔著錄〕集部 394〔著錄〕集部 301
寶顏堂訂正丙丁鑑、續〔存目〕子部 67
柴惟道(明)
玩梅亭集稿〔存目〕集部 193
柴紹炳(清)
省軒考古類編〔存目〕子部 227
柴氏古韻通、附切韻編〔存目〕經部 217
柴氏古韻通、附正音切韻復古編〔續修〕244
柴省軒先生文鈔、外集〔存目〕集部 210
詞韻、附古韻通略〔存目〕集部 426
柴復貞(明)
柴氏四隱集〔文淵〕1364〔文津〕1369〔文瀾〕1408

時
時庸勱(清)
聲説〔續修〕249
聲譜〔續修〕249
時瀾(宋)
增修東萊書説〔文淵〕57〔文津〕52〔文瀾〕50〔薈要〕18〔著錄〕經部 34

畢
畢大琛(清)
離騷九歌釋〔未收〕六輯 21
畢木(明)
黃髮翁全集、戲筆〔未收〕五輯 22
畢方濟(明西洋)
靈言蠡勺〔存目〕子部 93
畢弘述(清)
六書通〔存目〕經部 200
畢仲游(宋)
西臺集〔文淵〕1122〔文津〕1126〔文瀾〕1152〔珍本〕別輯 288-291
畢自寅(明)
留計東歸贈言〔未收〕二輯 23
畢自肅(明)
遼東疏稿〔未收〕一輯 22
畢自嚴(明)
石隱園藏稿〔文淵〕1293〔文津〕1298〔文瀾〕1332〔珍本〕五集 374-375〔底本〕集部 208-209〔著錄〕集部 438
度支奏議〔續修〕483-490
餉撫疏草〔禁燬〕史部 75
畢沅(清)
山左金石志〔續修〕909-910
中州金石記〔續修〕912
夏小正考注〔續修〕108
晉書地理志新補正〔續修〕277
説文解字舊音、經典文字辨證書、音同義異辨〔續修〕239
關中金石記〔續修〕908
關中勝蹟圖志〔文淵〕588〔文津〕588-589〔文瀾〕597〔珍本〕十集 99-104〔著錄〕史部 251
釋名疏證、續釋名、釋名補遺〔續修〕189
續資治通鑑〔續修〕343-346
靈巖山人詩集〔續修〕1450

畢法(清)
　外科證治全書〔續修〕1016
畢星海(清)
　六書通摭遺〔未收〕十輯 2
畢振姬(清)
　西北文集〔存目〕集部 211
畢華珍(清)
　律吕元音〔續修〕116
畢恭(明)
　〔嘉靖〕遼東志〔續修〕646
畢懋康(明)
　軍器圖說〔禁燬〕子部 29

晁

晁子健(宋)
　景迂生集〔文淵〕1118〔文津〕1122〔文瀾〕1148
晁公武(宋)
　昭德先生郡齋讀書志〔著録〕史部 265
　郡齋讀書志、附志、後志〔文淵〕674〔文津〕674〔文瀾〕687
晁公遡(宋)
　嵩山集〔文淵〕1139〔文津〕1143〔文瀾〕1170〔珍本〕二集 257 - 258
　新刊嵩山居士文全集〔著録〕集部 392
晁公邁(宋)
　歷代紀年〔續修〕826
晁沖之(宋)
　具茨晁先生詩集〔存目〕集部 15
　晁具茨先生詩集〔續修〕1317
晁迥(宋)
　法藏碎金録〔文淵〕1052〔文津〕1056〔文瀾〕1081〔珍本〕十集 195 - 198〔著録〕子部 300
　昭德新編〔文淵〕849〔文津〕851〔文瀾〕868〔珍本〕四集 195〔著録〕子部 359
　晁文元公道院集要〔著録〕子部 121
　道院集要〔文淵〕1052〔文津〕1056〔文瀾〕1081〔珍本〕六集 240
晁貫之(宋)
　墨經〔文淵〕843〔文津〕845〔文瀾〕862〔著録〕子部 162
晁補之(宋)
　晁无咎詞〔文淵〕1487〔文津〕1492〔文瀾〕1537〔底本〕集部 267

　琴趣外篇〔著録〕集部 218
　濟北晁先生雞肋集〔著録〕集部 93
　雞肋集〔文淵〕1118〔文津〕1122 - 1123〔文瀾〕1148〔薈要〕386
晁瑮(明)
　晁氏寶文堂書目〔存目〕史部 277〔續修〕919
晁説之(宋)
　晁氏客語〔文淵〕863〔文津〕865〔文瀾〕882〔底本〕子部 28〔著録〕子部 361
　晁氏儒言〔著録〕子部 11
　景迂生集〔文淵〕1118〔文津〕1122〔文瀾〕1148〔薈要〕387
　嵩山集〔著録〕集部 241
　儒言〔文淵〕698〔文津〕698〔文瀾〕712〔珍本〕五集 117
晁謙之(宋)
　雞肋集〔文淵〕1118〔文津〕1122 - 1123〔文瀾〕1148

晏

晏天章(宋)
　棊經〔文淵〕839〔文津〕841〔文瀾〕858〔珍本〕别輯 205
晏彦文(明)
　小學史斷〔存目〕史部 280
晏殊(宋)
　元獻遺文〔文淵〕1087〔文津〕1090〔文瀾〕1116〔珍本〕七集 193
　珠玉詞〔文淵〕1487〔文津〕1492〔文瀾〕1537〔著録〕集部 217
　晏元獻公類要〔存目〕子部 166 - 167
　晏同叔先生集〔著録〕集部 43
晏斯盛(清)
　禹貢解〔存目〕經部 59
　楚蒙山房易經解〔文淵〕49〔文瀾〕42〔珍本〕八集 12 - 16〔著録〕經部 44
晏幾道(宋)
　小山詞〔文淵〕1487〔文津〕1492〔文瀾〕1537〔著録〕集部 217
晏聯奎(清)
　中西算學合訂〔未收〕三輯 23
晏嬰(周)
　晏子春秋〔文淵〕446〔文津〕444〔文瀾〕447〔薈要〕275

晏璧（明）
　史鉞　〔續修〕449

員

員興宗（宋）
　九華集　〔文淵〕1158　〔文津〕1162　〔文瀾〕
　　1191　〔珍本〕初集 303－304
　辯言　〔文淵〕863　〔文津〕866　〔文瀾〕883

剛

剛毅（清）
　晉政輯要　〔續修〕883－884

特

特通保（清）
　欽定軍器則例　〔續修〕857

倭

倭仁（清）
　吏治輯要　〔續修〕755

倪

倪士毅（元）
　四書輯釋　〔存目〕經部 155－156　〔續修〕
　　160
　作義要訣　〔文淵〕1482　〔文津〕1487　〔文
　　瀾〕1532　〔珍本〕五集 400　〔著錄〕集部
　　331
　書義斷法、附作義要訣　〔文淵〕62　〔文津〕57
　　〔文瀾〕55　〔珍本〕初集 48

倪天隱（宋）
　周易口義　〔珍本〕三集 1－3　〔薈要〕2
　周易口義、繫辭、說卦、序卦、雜卦　〔文淵〕8
　　〔文津〕3　〔文瀾〕2

倪元璐（明）
　兒易內儀以　〔珍本〕九集 4
　兒易內儀以、兒易外儀　〔文淵〕35　〔文津〕30
　　〔文瀾〕30　〔著錄〕經部 43
　兒易外儀　〔珍本〕九集 4－5
　奏牘　〔禁燬〕史部 69
　秦漢文尤　〔存目〕集部 365
　倪文正公遺稿　〔禁燬〕集部 50
　倪文貞公文集、續編、奏疏、講編、詩集　〔底
　　本〕集部 213－215　〔著錄〕集部 356

倪文貞集、續編、奏疏、講編、詩集　〔文淵〕
　　1297　〔文津〕1301　〔文瀾〕1335
　國賦紀略　〔存目〕史部 275
　鴻寶應本　〔禁燬補〕77

倪文蔚（清）
　禹貢說　〔續修〕55

倪朴（宋）
　倪石陵書　〔文淵〕1152　〔文津〕1156　〔文
　　瀾〕1185　〔珍本〕十一集 169　〔著錄〕集
　　部 21

倪朱謨（明）
　本草彙言　〔續修〕992

倪守約（宋）
　赤松山誌　〔文淵〕585　〔文津〕585　〔文瀾〕
　　593
　金華赤松山志　〔著錄〕史部 249

倪希程（宋）
　詩準、詩翼　〔存目〕集部 289

倪岳（明）
　青谿漫稿　〔文淵〕1251　〔文津〕1255　〔文
　　瀾〕1288　〔珍本〕十集 266－271　〔著
　　錄〕集部 430

倪宗正（明）
　倪小野先生全集　〔存目〕集部 58

倪思（宋）
　班馬異同　〔文淵〕251　〔文津〕246　〔文瀾〕
　　244　〔珍本〕八集 77－79　〔存目〕史部 1
　　〔著錄〕史部 2
　經鉏堂雜志　〔存目〕子部 83　〔續修〕1122

倪思寬（清）
　二初齋讀書記　〔續修〕1156

倪國璉（清）
　春及堂詩集　〔存目〕集部 275
　欽定康濟錄　〔文淵〕663　〔文津〕662　〔文
　　瀾〕672　〔珍本〕六集 130－131

倪象占（清）
　周易索詁　〔未收〕三輯 3

倪湅（明）
　船政新書　〔續修〕878

倪復（明）
　詩傳纂義　〔存目〕經部 61
　鐘律通考　〔文淵〕212　〔文津〕208　〔文瀾〕
　　206　〔珍本〕二集 69　〔著錄〕經部 172

倪輅（明）
　南詔野史　〔存目〕史部 163

倪模(清)
　古今錢略 〔未收〕六輯 11
倪縉(明)
　群談採餘 〔未收〕三輯 29
倪澄(宋)
　續文章正宗 〔文淵〕1356 〔文津〕1360 〔文瀾〕1398
倪瑤(清)
　神州古史考 〔存目〕史部 249
　庚子山集、年譜、總釋 〔著錄〕集部 41 〔著錄〕集部 41
　庚子山集、總釋 〔薈要〕357
　庚子山集注 〔文淵〕1064 〔文津〕1068 〔文瀾〕1093
倪璐(清)
　新編佩文詩韻四聲譜廣註 〔未收〕二輯 14
倪謙(明)
　倪文僖公集 〔著錄〕集部 350
　倪文僖集 〔文淵〕1245 〔文津〕1249 〔文瀾〕1281 〔珍本〕十二集 180－181
　朝鮮紀事 〔存目〕史部 46 〔續修〕744
倪燦(清)
　宋史藝文志補 〔續修〕916
　補遼金元藝文志 〔續修〕916
倪濤(清)
　六藝之一録 〔珍本〕初集 184－223
　六藝之一録、續編 〔文淵〕830－838 〔文津〕832－840 〔文瀾〕850－857 〔著錄〕子部 151－159
倪繼宗(清)
　續姚江逸詩 〔存目〕集部 410
倪瓚(元)
　倪雲林先生詩集 〔存目〕集部 23
　清閟閣全集 〔文淵〕1220 〔文津〕1224 〔文瀾〕1255 〔著錄〕集部 62
　清閟閣集 〔薈要〕408
　雲林堂飲食製度集 〔續修〕1115

息

息齋居士(明)
　攝生要語 〔存目〕子部 260

烏

烏斯道(明)
　春草齋文集、詩集、附名公讚春草集歌詠

〔著錄〕集部 261
　春草齋集 〔文淵〕1232 〔文津〕1236 〔文瀾〕1268 〔珍本〕十集 263－264
　春草齋詩集、文集、附名公讚春草集歌詠 〔底本〕集部 39
烏獻明(明)
　春草齋文集、詩集、附名公讚春草集歌詠 〔著錄〕集部 261
　春草齋詩集、文集、附名公讚春草集歌詠 〔底本〕集部 39

師

師曠(周)
　禽經 〔文淵〕847 〔文津〕849 〔文瀾〕866

徐

徐一夔(明)
　大明集禮 〔著錄〕史部 435－436
　明集禮 〔文淵〕649－650 〔文津〕649－650 〔文瀾〕659－660 〔珍本〕八集 113－124
　始豐稿 〔文淵〕1229 〔文津〕1233 〔文瀾〕1264 〔珍本〕十集 258－261 〔著錄〕集部 114
徐乃昌
　續方言又補 〔續修〕194
徐三重(明)
　采芹録 〔文淵〕867 〔文津〕869 〔文瀾〕887 〔珍本〕二集 210 〔著錄〕子部 170
　信古餘論 〔存目〕子部 13 〔續修〕943
　庸齋日紀 〔存目〕子部 14
　牖景録 〔存目〕子部 106
　鴻洲先生家則、野志 〔存目〕子部 106
徐士俊(清)
　分類尺牘新語 〔存目〕集部 396
　古今詞統、雜説 〔續修〕1728－1729
徐士鑾(清)
　醫方叢話 〔未收〕十輯 8
徐大椿(清)
　洄溪醫案 〔續修〕1027
　神農本草經百種録 〔文淵〕785 〔文津〕786 〔文瀾〕802 〔著錄〕子部 353
　道德經、陰符經 〔著錄〕子部 331
　道德經註、附陰符經註 〔文淵〕1055 〔文津〕1059 〔文瀾〕1084
　傷寒論類方 〔著錄〕子部 145

傷寒類方 〔文淵〕785 〔文津〕786 〔文瀾〕802 〔珍本〕十一集 114

慎疾芻言 〔續修〕1028

樂府傳聲 〔續修〕1758

醫貫砭 〔存目〕子部 53 〔續修〕1028

醫學源流論 〔文淵〕785 〔文津〕786 〔文瀾〕802 〔珍本〕八集 137 〔著錄〕子部 145

難經經釋 〔存目〕子部 39 〔續修〕983

蘭臺軌範 〔文淵〕785 〔文津〕786 〔文瀾〕802 〔珍本〕十二集 137－138 〔著錄〕子部 145

徐之鏌(明)

重鐫羅經頂門針簡易圖解、新鐫徐氏家藏羅經頂門針、附鄙言 〔存目〕子部 64

鐫地理參補評林圖訣全備平沙玉尺經 〔續修〕1054

徐子平(宋)

珞子三命消息賦注 〔文淵〕809 〔文津〕810 〔文瀾〕827 〔珍本〕別輯 196

新刊補註得秘訣三命指迷賦 〔著錄〕子部 356

新編四家註解經進珞琭子消息賦 〔著錄〕子部 149

徐子光(宋)

補註蒙求 〔著錄〕子部 175

蒙求集註 〔文淵〕892 〔文津〕894 〔文瀾〕912

標題補注蒙求 〔存目補〕77

徐子默(清)

吊腳痧方論 〔續修〕1005

徐天祐(徐天祜)(元)

吳越春秋 〔文淵〕463 〔文津〕462 〔文瀾〕464 〔薈要〕203 〔著錄〕史部 204

徐天璋(清)

楚辭叶韻考 〔未收〕十輯 13

徐天麟(宋)

西漢會要 〔文淵〕609 〔文津〕608 〔文瀾〕619 〔著錄〕史部 121

東漢會要 〔文淵〕609 〔文津〕609 〔文瀾〕619 〔著錄〕史部 121

徐元(明)

八義記 〔續修〕1771

徐元太(明)

全史吏鑑 〔未收〕二輯 26

喻林 〔文淵〕958－959 〔文津〕960－962

〔文瀾〕982－983 〔著錄〕子部 84－85

徐元文(清)

含經堂集、別集 〔續修〕1413

徐元杰(宋)

楳埜集 〔文淵〕1181 〔文津〕1185 〔文瀾〕1216 〔珍本〕別輯 367－369

徐元瑞(元)

吏學指南 〔續修〕973

徐日久(明)

五邊典則 〔禁燬〕史部 25－26

徐子卿近集 〔禁燬補〕73

隨言 〔禁燬〕史部 23

徐日炅(明)

爛柯山洞志 〔存目補〕94

徐中行(明)

天目先生集 〔存目〕集部 121 〔續修〕1349

青蘿館詩 〔存目〕集部 122

徐文昭(明)

新刊耀目冠場擢奇風月錦囊正雜兩科全集 〔續修〕1776－1777

徐文炳(清)

徐孝穆集 〔薈要〕357

徐文弨(清)

新編壽世傳真 〔續修〕1030

彙纂詩法度鍼 〔禁燬〕集部 170

徐文靖(清)

天下山河兩戒考、圖 〔存目〕史部 173

竹書紀年統箋 〔著錄〕史部 45

竹書統箋 〔文淵〕303 〔文津〕298 〔文瀾〕296 〔珍本〕六集 60－61

志寧堂稿 〔未收〕九輯 23

皇極經世考 〔存目〕子部 57

禹貢會箋 〔珍本〕五集 16

禹貢會箋、圖 〔文淵〕68 〔文津〕63 〔文瀾〕61 〔著錄〕經部 59

管城碩記 〔文淵〕861 〔文津〕863 〔文瀾〕881 〔珍本〕七集 152－155 〔著錄〕子部 166

徐文駒(清)

明文遠 〔存目〕集部 406－407

師經堂集 〔存目〕集部 265

徐以升(清)

南陔堂詩集 〔存目〕集部 273

徐以泰(清)

綠杉野屋集 〔存目〕集部 281

徐允禄(明)
　　思勉齋集詩集、文集〔禁燬〕集部 163
徐世沐(清)
　　周禮惜陰録、附周禮諸儒叙〔存目〕經部 85
徐世昌
　　晚晴簃詩匯〔續修〕1629-1633
徐世溥(清)
　　江變紀略〔禁燬〕史部 6
　　夏小正解、附徐本夏小正舉異〔存目〕經部
　　　103
　　榆溪文録〔續修〕1671
　　榆溪詩鈔〔禁燬〕集部 119
　　榆墩集〔存目〕集部 211
徐本(清)
　　三流道里表〔續修〕867
　　大清律例〔文淵〕672-673〔文津〕672-
　　　673〔文瀾〕685-686
　　督捕則例〔續修〕867
徐本立(清)
　　詞律拾遺〔續修〕1736
徐石麒(清)
　　可經堂集〔禁燬〕集部 72
　　花傭月令〔續修〕1119
　　坦庵樂府黍香集〔續修〕1739
　　官爵志〔存目〕史部 260〔續修〕749
徐用宣(明)
　　袖珍小兒方〔存目〕子部 41
徐用誠(徐彦純)(明)
　　玉機微義〔文淵〕762〔文津〕763〔文瀾〕
　　　778〔珍本〕七集 133-138〔著録〕子部
　　　16
徐用錫(清)
　　圭美堂集〔存目補〕7
　　榕村語録〔文淵〕725〔文津〕725〔文瀾〕
　　　739
徐用檢(明)
　　三先生類要〔存目〕子部 11
徐立方(清)
　　師子林紀勝集、圖、校勘記、續集〔存目〕集
　　　部 352
徐必達(明)
　　正蒙釋〔存目〕子部 1
　　合刻周張兩先生全書〔存目〕子部 2
徐弘祖(徐宏祖)(明)
　　徐霞客遊記〔文淵〕593〔文津〕593-594

　　〔文瀾〕601〔底本〕史部 28-30〔著
　　　録〕史部 113
徐邦佐(明)
　　四書經學考、續考〔存目〕經部 166
徐芝(清)
　　適情雅趣〔續修〕1105
徐在漢(清)
　　易或〔存目〕經部 31
徐有壬(清)
　　測圓密率〔續修〕1047
徐有貞(明)
　　天全翁集〔著録〕集部 447
　　武功集〔文淵〕1245〔文津〕1249〔文瀾〕
　　　1281〔珍本〕四集 326
徐光啓(明)
　　西洋新法曆書二十九種〔著録〕子部 70-
　　　72
　　泰西水法〔著録〕子部 263
　　測量法義、測量異同、句股義〔文淵〕789
　　　〔文津〕791〔文瀾〕807〔著録〕子部
　　　145〔著録〕子部 145
　　幾何原本〔文淵〕798〔文津〕799〔文瀾〕
　　　815〔著録〕子部 20〔續修〕1300
　　農政全書〔文淵〕731〔文津〕730〔文瀾〕
　　　745〔著録〕子部 64
　　新刻徐玄扈先生纂輯毛詩六帖講意〔存目〕
　　　經部 64
　　新法算書〔文淵〕788〔文津〕789-791〔文
　　　瀾〕805-807〔珍本〕五集 201-210
　　簡平儀説〔著録〕子部 51
　　靈言蠡勺〔存目〕子部 93
徐光溥(宋)
　　自號録〔續修〕1218
徐同柏(清)
　　從古堂款識學〔續修〕902
徐廷垣(清)
　　春秋管窺〔珍本〕初集 88
徐廷槐(清)
　　南華經簡鈔〔存目〕子部 257
徐自明(宋)
　　宋宰輔編年録〔文淵〕596〔文津〕596〔文
　　　瀾〕605〔珍本〕十二集 40-45〔著録〕
　　　史部 115
徐旭旦(清)
　　世經堂初集〔未收〕七輯 29

徐赤(清)
　傷寒論集註、外篇〔未收〕四輯 25
徐孝(明)
　合併字學篇韻便覽〔存目〕經部 193
徐芳(清)
　宋忠武岳鄂王精忠類編〔存目〕史部 84
　懸榻編〔禁燬〕集部 86
徐克范(清)
　讀史記十表〔文淵〕248〔文津〕243〔文瀾〕241〔珍本〕六集 58－59〔著録〕史部 268
徐作肅(清)
　偶更堂文集、詩稿〔未收〕五輯 30
徐伯齡(明)
　蟫精雋〔文淵〕867〔文津〕869〔文瀾〕887〔珍本〕二集 209〔著録〕子部 170
徐汧(明)
　新刻譚友夏合集〔續修〕1385
　新刻譚友夏合集、附旨齋詩草〔存目〕集部 191－192
徐沅澂(清)
　顧誤録〔續修〕1759
徐汾(清)
　廣群輔録〔存目〕子部 227
徐沁(清)
　明畫録〔續修〕1065
　徐文長佚草〔續修〕1355
　謝皋羽年譜〔存目〕史部 86
徐宏祖(明)　參見 徐弘祖
徐即登(明)
　周禮説〔存目〕經部 82
徐表然(明)
　武夷志略〔存目〕史部 230
徐來復(明)
　徐民上先生集〔禁燬補〕78
徐松(清)
　中興禮書〔續修〕822－823
　中興禮書續編〔續修〕823
　西域水道記〔續修〕728
　宋會要、校記〔續修〕775－786
　明氏實録〔續修〕350
　唐兩京城坊考〔續修〕732
　登科記考〔續修〕829
　新斠注地里志〔未收〕六輯 10
　漢書西域傳補注〔續修〕270

徐枋(清)
　居易堂集〔續修〕1404
　讀史稗語〔未收〕三輯 28
徐東(元)
　運使復齋郭公言行録、編類運使復齋郭公敏行録〔續修〕550
徐卓(清)
　節序日考〔續修〕885
徐昌治(明)
　明朝破邪集〔未收〕十輯 4
　昭代芳摹〔禁燬〕史部 43
徐昌祚(明)
　新刻徐比部燕山叢録〔存目〕子部 248
徐明彬(明)
　摩麟近詩〔未收〕五輯 26
徐明善(元)
　芳谷文集〔底本〕集部 185〔著録〕集部 446
　芳谷集〔文淵〕1202〔文津〕1206〔文瀾〕1237
徐昂發(清)
　畏壘山人詩集、乙未亭詩集、畏壘山人文集〔存目補〕6
　畏壘筆記〔存目〕子部 99〔續修〕1145
徐岳(漢)
　五曹算經、數術記遺、算學源流〔續修〕1041
　數術記遺〔文淵〕797〔文津〕798〔文瀾〕814〔珍本〕別輯 187〔著録〕子部 355
徐岳(清)
　見聞録〔存目〕子部 250〔續修〕1268
徐金生(清)
　滇南礦廠圖略〔續修〕880
徐夜(清)
　徐詩〔禁燬補〕76
　睡足軒詩選〔存目〕集部 79
徐炬(明)
　酒譜〔存目〕子部 80
　新鐫古今事物原始全書〔存目〕子部 224〔續修〕1237－1238
徐泌(清)
　湘山志〔存目〕史部 239
徐宗亮(清)
　〔光緒〕重修天津府志〔續修〕690－691
　黑龍江述略〔續修〕731
徐官(明)
　六書精藴、音釋舉要〔存目〕經部 189

古今印史 〔存目〕子部 75 〔續修〕1091
音釋舉要 〔續修〕202
徐建寅(清)
兵學新書 〔續修〕969
談天、附表 〔續修〕1300
徐承慶(清)
説文解字注匡謬 〔續修〕214
徐承禮(清)
小腆紀傳 〔續修〕332－333
徐珊(明)
卯洞集 〔存目〕集部 146
徐咸(明)
皇明名臣言行録前集、後集 〔存目〕史部 90
皇明名臣言行録前集、後集、續集 〔續修〕520
新刊皇明名臣言行録 〔禁燬〕史部 20
徐貞明(明)
潞水客談 〔存目〕史部 222 〔續修〕851
徐星友(清)
兼山堂弈譜 〔續修〕1100
徐昭華(清)
徐都講詩 〔存目〕集部 251
徐昭慶(明)
考工記通 〔存目〕經部 83
檀弓通 〔存目〕經部 94
徐度(宋)
卻掃編 〔文淵〕863 〔文津〕865 〔文瀾〕883 〔著録〕子部 168
徐庭垣(清)
春秋管窺 〔文淵〕176 〔文津〕171 〔文瀾〕168
徐彦(唐)
春秋公羊傳注疏 〔薈要〕32
春秋公羊傳注疏、附考證 〔文淵〕145 〔文津〕140－141 〔文瀾〕139
監本附音春秋公羊註疏 〔著録〕經部 77
徐彦純(明) 參見 徐用誠
徐炯(清)
李義山文集 〔著録〕集部 43
李義山文集箋註 〔文淵〕1082 〔文津〕1086 〔文瀾〕1112 〔薈要〕366
徐泰(明)
詩談 〔存目〕集部 417
徐桐(清)
課子隨筆節鈔、續編 〔未收〕五輯 9

徐晉卿(宋)
春秋類對賦 〔存目〕子部 167
徐時作(清)
菜堂節録 〔未收〕七輯 14
徐時進(明)
啜墨亭集、雜著 〔禁燬〕集部 45
徐時棟(清)
尚書逸湯誓考、書後 〔續修〕55
烟嶼樓文集 〔續修〕1542
烟嶼樓詩集 〔續修〕1542
煙嶼樓讀書志、筆記 〔續修〕1162
徐倬(清)
修吉堂文稿、道貴堂類稿、耄餘殘瀋、修吉堂遺稿、附徐元正撰 〔存目〕集部 245－246
萊山詩集、附行狀 〔存目〕集部 235
御定全唐詩録 〔文淵〕1472－1473 〔文津〕1476－1478 〔文瀾〕1521－1522 〔珍本〕八集 375－394
御定全唐詩録、年表 〔著録〕集部 363－364
徐師曾(明)
今文周易演義 〔存目〕經部 7 〔續修〕9
文體明辯 〔存目〕集部 310－312
湖上集 〔續修〕1351
禮記集註 〔存目〕經部 88
徐釚(清)
本事詩 〔續修〕1699 〔禁燬〕集部 94
南州草堂集 〔續修〕1415
詞苑叢談 〔文淵〕1494 〔文津〕1499 〔文瀾〕1545 〔著録〕集部 419
徐益之
魯之春秋、校勘記 〔續修〕444
徐浦(明)
春秋四傳私考 〔存目〕經部 119 〔續修〕135
徐陵(南朝陳)
玉臺新詠 〔文淵〕1331 〔文津〕1335 〔文瀾〕1373 〔薈要〕468 〔存目〕集部 288 〔存目〕集部 288 〔底本〕集部 207 〔著録〕集部 135 〔續修〕1588
徐孝穆全集、附本傳、備考 〔著録〕集部 41
徐孝穆集 〔薈要〕357
徐孝穆集箋注、附陳書本傳、備考 〔文淵〕1064 〔文津〕1069 〔文瀾〕1094
徐僕射集 〔續修〕1587
徐陶璋(清)

立命編、格言纂要〔未收〕八輯 14

徐通久(清)

周易輯説〔未收〕五輯 1

徐紘(明)

明名臣琬琰録、續録〔文淵〕453〔文津〕
451－452〔文瀾〕453〔珍本〕六集
101－104

皇明名臣琬琰録前集、後集、續集〔著録〕史
部 16

徐基(清)

十峰集〔存目〕集部 264

徐乾學(清)

古文淵鑑〔著録〕集部 180－181

教習堂條約〔存目〕子部 23

御選古文淵鑑〔文淵〕1417－1418〔文津〕
1421－1422〔文瀾〕1461－1462〔薈
要〕423－424

傳是樓書目〔續修〕920

資治通鑑後編〔文淵〕342－345〔文津〕338
〔文瀾〕340－343〔珍本〕二集 81－100
〔著録〕史部 405－408

憺園文集〔存目〕集部 242－243〔續修〕
1412

憺園文録〔續修〕1671

讀禮通考〔著録〕經部 15－16

讀禮通考、引用書目、目録〔文淵〕112－114
〔文津〕107－109〔文瀾〕106－108

徐彬(清)

金匱要略論註〔文淵〕734〔文津〕733〔文
瀾〕748〔珍本〕四集 136

張仲景金匱要略論註〔著録〕子部 15

徐堅(唐)

初學記〔文淵〕890〔文津〕891〔文瀾〕910
〔著録〕子部 175

徐堅(清)

印箋説〔續修〕1091

徐堂(清)

周易考異〔續修〕33

徐常吉(明)

六經類雅〔存目〕子部 198

新纂事詞類奇〔存目〕子部 198

徐常遇(清)

琴譜指法〔續修〕1094

徐問(明)

山堂萃稿、續稿〔存目〕集部 54

讀書劄記〔文淵〕714〔文津〕716〔文瀾〕
729

讀書劄記、續記、答朋友書〔著録〕子部 333

徐崧(清)

百城烟水〔存目〕史部 237〔續修〕733

詩風初集〔禁燬補〕56－57

徐從治(明)

徐忠烈公集〔禁燬補〕70

徐象梅(明)

兩浙名賢録、外録〔存目〕史部 113－115
〔續修〕542－544

瑯嬛史唾〔存目〕子部 243

徐康(清)

前塵夢影録〔續修〕1186

徐鹿卿(宋)

宋宗伯徐清正公存稿〔著録〕集部 103

清正存稿〔文淵〕1178〔文津〕1183〔文
瀾〕1213〔珍本〕十二集 169

徐寅(唐)

徐正字詩賦〔文淵〕1083〔文津〕1088〔文
瀾〕1113〔珍本〕五集 269

徐階(明)

少湖先生文集〔存目〕集部 80

世經堂集〔存目〕集部 79－80

明太保費文憲公文集選要〔存目〕集部 43

岳武穆遺文〔文淵〕1136〔文津〕1140〔文
瀾〕1167

岳集〔存目〕史部 83〔著録〕集部 95

象山先生全集,附録少湖徐先生學則辯〔著
録〕集部 21

徐貫(明)

徐康懿公餘力稿〔存目〕集部 37

徐琳(明)

山東鹽法志〔存目〕史部 274

徐賁(明)

北郭集〔文淵〕1230〔文津〕1235〔文瀾〕
1266〔著録〕集部 260

徐達左(明)

金蘭集〔存目〕集部 290

徐葆光(清)

中山傳信録,附中山贈送詩文〔存目〕史部
256〔續修〕745

徐敬儀(明)

天象儀全圖〔續修〕1031

徐棟(清)

牧令書輯要 〔續修〕755
保甲書 〔續修〕859
徐鼎(清)
　毛詩名物圖説 〔續修〕62
徐開任(清)
　明名臣言行録 〔續修〕520－521
　愚谷詩藁 〔禁燬補〕79
徐無黨(宋)
　五代史(新五代史) 〔薈要〕128
　五代史記 〔著録〕史部 270
　新五代史、附考證 〔文淵〕279 〔文津〕274
　　〔文瀾〕271
徐復祚(破慳道人)(明)
　投梭記 〔續修〕1771
　花當閣叢談 〔續修〕1175
　南北詞廣韻選 〔續修〕1742－1743
　紅梨記 〔續修〕1771
徐鈞(宋)
　史詠詩集 〔續修〕1321
徐善述(明)
　書經直指 〔存目〕經部 49
徐渭(明)
　古今振雅雲箋 〔禁燬〕集部 18
　四聲猿 〔續修〕1766
　狂鼓史漁陽三弄 〔續修〕1764
　青藤山人路史 〔存目〕子部 104
　刻徐文長先生秘集 〔存目〕子部 129
　南詞叙録 〔續修〕1758
　徐文長文集、四聲猿 〔存目〕集部 145
　徐文長文集、徐文長傳 〔續修〕1354－1355
　徐文長佚草 〔續修〕1355
　徐文長逸稿、附自著畸譜 〔存目〕集部 145
　徐文長逸稿、畸譜 〔續修〕1355
　筆玄要旨 〔存目〕子部 71
　湯海若問棘郵草 〔續修〕1363
　雌木蘭替父從軍 〔續修〕1764
徐渭仁(清)
　煙霞萬古樓詩選、仲瞿詩録 〔續修〕1483
徐祺(清)
　五知齋琴譜 〔續修〕1094－1095
徐媛(明)
　絡緯吟 〔未收〕七輯 16
徐發(清)
　天元曆理全書 〔續修〕1032 〔禁燬補〕33
徐夢莘(宋)

三朝北盟會編 〔文淵〕350－352 〔文津〕
　347－349 〔文瀾〕348 〔珍本〕六集 71－
　86 〔底本〕史部 5－14 〔著録〕史部
　409－411
徐幹(漢)
　中論 〔文淵〕696 〔文津〕696 〔文瀾〕710
　　〔薈要〕247
　徐幹中論 〔著録〕子部 127
徐楚(明)
　青溪詩集 〔存目〕集部 315
　〔萬曆〕續修嚴州府志 〔存目〕史部 209
徐照(宋)
　芳蘭軒集 〔文淵〕1171 〔文津〕1175 〔文
　　瀾〕1205 〔珍本〕十一集 169 〔底本〕集
　　部 83 〔著録〕集部 423
徐與參(明)
　本朝生氣録 〔禁燬〕史部 40
徐鉉(宋)
　徐公文集 〔著録〕集部 86
　説文解字 〔文淵〕223 〔文津〕218 〔文瀾〕
　　215
　稽神録 〔文淵〕1042 〔文津〕1047 〔文瀾〕
　　1070
　稽神録、拾遺 〔著録〕子部 243
　騎省集 〔文淵〕1085 〔文津〕1089 〔文瀾〕
　　1114 〔薈要〕367
徐祺(清)
　大還閣琴譜、谿山琴況 〔續修〕1094
　萬峰閣指法閟箋 〔續修〕1094
　谿山琴況 〔存目〕子部 74
徐𤊺(明)
　宋四家外紀 〔存目〕史部 86
　紅雨樓題跋 〔續修〕923
　徐氏家藏書目 〔續修〕919
　徐氏筆精 〔文淵〕856 〔文津〕858 〔文瀾〕
　　876 〔珍本〕十集 169－170 〔著録〕子部
　　55
　殺狗記 〔續修〕1773
　榕陰新檢 〔存目〕史部 111 〔續修〕547
　閩中海錯疏 〔著録〕史部 380
　鼇峰集 〔續修〕1381
徐溥(明)
　大明會典 〔著録〕史部 427－429
　明會典 〔文淵〕617－618 〔文津〕617－619
　　〔文瀾〕628－629
　徐文靖公謙齋文録 〔底本〕集部 114 〔著

録〕集部 39

謙齋文録 〔文淵〕1248 〔文津〕1252 〔文瀾〕1284 〔珍本〕四集 334

徐禎卿(明)

迪功集 〔薈要〕418

迪功集、附談藝録 〔文淵〕1268 〔文津〕1273 〔文瀾〕1305

徐迪功集、談藝録 〔著録〕集部 432

談藝録 〔薈要〕418

翦勝野聞 〔存目〕子部 240

徐禎稷(明)

恥言 〔未收〕六輯 12

徐經孫(宋)

宋學士徐文惠公存稿 〔著録〕集部 103

矩山存稿 〔文淵〕1181 〔文津〕1185 〔文瀾〕1216 〔珍本〕六集 258

徐璈(清)

詩經廣詁 〔續修〕69

歷代河防類要、圖 〔未收〕九輯 5

徐嘉(清)

顧亭林先生詩箋注、校補、顧詩箋註校補 〔續修〕1402

徐嘉炎(清)

抱經齋詩集、文集、附焚餘草 〔存目〕集部 250

海岱日記 〔存目〕史部 128

徐嘉泰(明)

天目山志 〔存目〕史部 233

徐壽基(清)

續廣博物志 〔續修〕1272

徐兢(宋)

宣和奉使高麗圖經 〔文淵〕593 〔文津〕594 〔文瀾〕602 〔底本〕史部 20 〔著録〕史部 114

徐碩(元)

至元嘉禾志 〔文淵〕491 〔文津〕490 〔文瀾〕493 〔珍本〕八集 91－93 〔著録〕史部 209

徐爾鉉(明)

核菴集、詩餘 〔未收〕六輯 27

詩韻考裁 〔未收〕十輯 2

徐霆(宋)

黑韃事略 〔續修〕423

徐鳴時(明)

橫谿録、附谿上咏 〔存目〕史部 234

徐寅(唐)

唐秘書省正字先輩徐公釣磯文集 〔著録〕集部 234 〔續修〕1313

徐養元(明)

白菊齋訂四書本義集説 〔存目〕經部 166－167

徐養相(明)

禮記輯覽 〔存目〕經部 89

徐養原(清)

周官故書考 〔續修〕81

荀勗笛律圖注 〔續修〕115

律呂臆説 〔續修〕115

頑石廬經説 〔續修〕173

管色考 〔續修〕115 〔續修〕1096

儀禮古今文異同 〔續修〕90

論語魯讀考 〔續修〕155

徐榮(清)

懷古田舍詩節鈔 〔續修〕1518

徐熥(明)

晉安風雅 〔存目〕集部 345

幔亭集 〔文淵〕1296 〔文津〕1300 〔文瀾〕1334 〔珍本〕五集 378－379 〔著録〕集部 280

徐肇台(明)

甲乙記政録、續丙丁記政録 〔續修〕438 〔禁燬〕史部 6

徐肇森(清)

抱經齋詩集、文集、附焚餘草 〔存目〕集部 250

徐增(清)

而菴詩話 〔續修〕1698

而庵説唐詩 〔存目〕集部 396

武林靈隱寺志 〔存目〕史部 245

徐蕭(清)

小腆紀年附考 〔續修〕367－368

小腆紀傳 〔續修〕332－333

周易舊注 〔未收〕八輯 1

讀書雜釋 〔續修〕1161

徐樞(明)

寰宇分合志 〔禁燬〕史部 3

徐標(明)

南河全考 〔續修〕729

南河志 〔存目〕史部 223 〔續修〕728

徐慶(清)

信徵録 〔存目〕子部 250

徐慶卿(清)

　一笠菴北詞廣正譜、附南戲北詞正謬 〔續修〕1748

　彙纂元譜南曲九宮正始 〔續修〕1748－1750

徐毅(清)

　歙硯輯考 〔續修〕1113

徐潤(清)

　徐愚齋自叙年譜 〔續修〕558

徐潤第(清)

　敦艮齋遺書 〔未收〕四輯 21

徐豫貞(清)

　逃荒詩草 〔未收〕八輯 29

徐璣(宋)

　二薇亭詩集 〔文淵〕1171 〔文津〕1175 〔文瀾〕1205 〔珍本〕十一集 169 〔底本〕集部 90 〔著錄〕集部 25

徐樾(清)

　説文檢字、説文重文檢字、説文疑難檢字、今文檢字 〔續修〕227

徐樹穀(清)

　李義山文集 〔著錄〕集部 43

徐樹穀(清)

　李義山文集箋註 〔文淵〕1082 〔文津〕1086 〔文瀾〕1112 〔薈要〕366

徐奮鵬(明)

　古今治統 〔禁燬〕子部 29－30

　新鍥官板批評註釋虞精集 〔存目〕子部 93

徐霖(明)

　繡襦記 〔續修〕1772

徐積(宋)

　節孝先生文集、事實、本朝名臣言行錄、皇朝東都事略卓行傳序、諸君子帖 〔著錄〕集部 339

　節孝先生語 〔著錄〕子部 301

　節孝集 〔文淵〕1101 〔文津〕1105 〔文瀾〕1131 〔珍本〕八集 148－150

　節孝語錄 〔文淵〕698 〔文津〕698 〔文瀾〕712 〔珍本〕五集 117

徐學詩(明)

　石龍菴詩草 〔存目〕集部 110

徐學聚(明)

　國朝典彙 〔存目〕史部 264－266

徐學謨(明)

　世廟識餘錄 〔存目〕史部 49 〔續修〕433

　春明稿、附填郚續稿 〔存目補〕97

春秋億 〔文淵〕169 〔文津〕163 〔文瀾〕161 〔珍本〕三集 89 〔著錄〕經部 85

徐氏海隅集詩編、文編、外編 〔存目〕集部 124－125

〔萬曆〕湖廣總志 〔存目〕史部 194－196

歸有園稿 〔存目〕集部 125－126

徐駿(元)

　詩文軌範 〔存目〕集部 416

徐駿(清)

　石帆軒詩集 〔未收〕八輯 25

徐鍇(南唐)

　説文解字篆韻譜 〔文淵〕223 〔文津〕219 〔文瀾〕216

　説文解字繫傳 〔著錄〕經部 108

　説文解字韻譜 〔著錄〕經部 177

　説文繫傳 〔文淵〕223 〔文津〕218 〔文瀾〕216

徐鍾郎(清)

　讀詩韻新訣 〔未收〕二輯 14

徐邈(晉)

　毛詩音(敦煌殘卷) 〔續修〕56

徐謙(明)

　仁端錄 〔文淵〕762 〔文津〕763－764 〔文瀾〕779 〔珍本〕三集 189－191

　痘疹仁端錄 〔著錄〕子部 334

徐應秋(明)

　玉芝堂談薈 〔文淵〕883 〔文津〕884－885 〔文瀾〕904 〔珍本〕十集 175－190 〔著錄〕子部 172－173

　駢字馮宵 〔存目〕子部 204－205

徐燦(清)

　陶石簣先生四書要達 〔禁燬補〕3

　陽溪遺稿 〔存目〕集部 104

徐總幹(宋)

　易傳燈 〔文淵〕15 〔文津〕10 〔文瀾〕10 〔珍本〕別輯 9

徐爌(明)

　古太極測 〔續修〕1048

徐瀚(明)

　張乖崖事文錄 〔存目〕史部 82

徐懷祖(清)

　臺灣隨筆 〔存目〕史部 249 〔續修〕734

徐獻忠(明)

　水品 〔存目〕子部 79

　六朝聲偶集 〔存目〕集部 304

吳興掌故集〔存目〕史部 188
長谷集〔存目〕集部 86
樂府原〔存目〕集部 303

徐寶善（清）
壺園詩外集〔續修〕1516
壺園詩鈔選、五代新樂府〔續修〕1516
壺園賦鈔〔續修〕1516

徐繼畬（清）
松龕先生文集、詩集〔續修〕1523
瀛環志略〔續修〕743

徐鐸（清）
詩經提要録〔存目〕經部 78

徐體乾（明）
周易不我解〔存目〕經部 4〔續修〕7

徐鑑（清）
音泲〔續修〕258
諸書考略〔存目〕子部 201
諸經紀數〔存目〕子部 201

徐顯（元）
稗史集傳〔存目〕史部 87

徐顯卿（明）
天遠樓集〔存目補〕98

徐靈府（唐）
文子〔續修〕958

徐灝（清）
重修名法指掌圖〔未收〕九輯 9
通介堂經説〔續修〕177
説文解字注箋〔續修〕225－227

殷
殷士儋（明）
金輿山房稿〔存目〕集部 115

殷元勳（清）
才調集補注〔續修〕1611

殷奎（明）
殷强齋先生文集〔底本〕集部 141〔著録〕集部 427
强齋集〔文淵〕1232〔文津〕1236〔文瀾〕1268〔珍本〕四集 308

殷雲霄（明）
石川瀛洲遺集、文稿、芝田遺集、芝田稿文、附金陵稿〔存目〕集部 58

殷璠（唐）
河嶽英靈集〔文淵〕1332〔文津〕1336〔文瀾〕1374〔著録〕集部 294

奚
奚誠（清）
農政發明、耕心農話〔續修〕976

翁
翁元圻（清）
困學紀聞注〔續修〕1142－1143

翁介眉（清）
清詩初集〔禁燬〕集部 3

翁方綱（清）
天下金石志〔續修〕886
石洲詩話〔續修〕1704
石經殘字考〔續修〕184
杜詩附記〔續修〕1704
兩漢金石記〔續修〕892
焦山鼎銘考〔未收〕一輯 30
復初齋文集〔續修〕1455
復初齋詩集〔續修〕1454－1455
粵東金石略、附九曜石考〔續修〕913
經義考補正〔未收〕二輯 28
隸韻、碑目、隸韻考證、碑目考證〔續修〕236
禮記附記〔續修〕103
蘇齋筆記〔未收〕四輯 9
蘇齋題跋、附銕函齋書跋補〔續修〕1068
韻字辨同〔未收〕一輯 10

翁心存（清）
知止齋詩集〔續修〕1519

翁正春（明）
鍥兩狀元編次皇明人物要考〔禁燬〕史部 20

翁同爵（清）
皇朝兵制考略〔續修〕858

翁同龢（清）
翁文恭公日記〔續修〕565－575
瓶廬詩稿〔續修〕1559

翁卷（宋）
西巖集〔文淵〕1171〔文津〕1175〔文瀾〕1205〔珍本〕九集 254
葦碧軒詩集〔著録〕集部 248

翁洲老民（清）
海東逸史〔續修〕444

翁葆光（宋）
金丹正理大全悟真篇註疏、金丹正理大全悟真註疏直指詳説三乘祕要〔著録〕子部

365〔著録〕子部 365

悟真篇註疏、附直指詳説 〔文淵〕1061〔文津〕1065〔文瀾〕1090

翁澍（清）

　具區志〔存目〕史部 223

留

留元剛（宋）

　顔魯公文集、年譜、附行狀、碑銘、新史本傳、舊史本傳〔著録〕集部 83

留正（宋）

　增入名儒講義皇宋中興兩朝聖政、分類事目〔續修〕348

凌

凌迪知（明）

　古今萬姓統譜、歴代帝王姓系統譜、氏族博考〔著録〕子部 191－193

　兩漢雋言〔存目〕史部 139

凌紹雯（清）

　康熙字典十二集、總目、檢字、辨似、等韻、備考〔著録〕經部 207－210

凌雲翰（明）

　柘軒集、詞〔底本〕集部 110〔著録〕集部 36

凌義渠（明）

　凌忠清公集、凌桐窻遺詩〔著録〕集部 280

凌義業（明）

　凌忠清公集、凌桐窻遺詩〔著録〕集部 280

衷

衷仲孺（明）

　武夷山志〔存目〕史部 228

高

高一志（明西洋）

　空際格致〔存目〕子部 93

高一麟（清）

　矩庵詩質〔未收〕八輯 22

高士奇（清）

　三體唐詩〔文淵〕1358〔文津〕1362〔文瀾〕1400

　天禄識餘〔存目〕子部 99

　左傳紀事本末〔文淵〕369〔文津〕366〔文瀾〕368〔珍本〕七集 70－75〔著録〕史部 274

　北墅抱甕録〔存目〕子部 82〔續修〕1119

　竹窻詞、蔬香詞〔未收〕九輯 30

　江邨銷夏録〔文淵〕826〔文津〕828〔文瀾〕845〔著録〕子部 304

　苑西集〔未收〕七輯 26

　松亭行紀〔文淵〕460〔文津〕460〔文瀾〕461〔著録〕史部 94

　金鰲退食筆記〔文淵〕588〔文津〕588〔文瀾〕597〔著録〕史部 112

　春秋左傳姓名同異考〔存目〕經部 140〔續修〕121

　春秋地名考略〔文淵〕176〔文津〕171〔文瀾〕168〔珍本〕四集 83〔著録〕經部 22

　城北集〔未收〕七輯 26

　信天巢遺稿〔底本〕集部 134

　信天巢遺稿、林湖遺稿、江邨遺稿、疏寮小集〔著録〕集部 248〔著録〕集部 248

　唐三體詩〔著録〕集部 141

　唐詩掞藻〔存目〕集部 402

　菊磵集、附林湖遺稿、江邨遺稿、疎寮小集〔文淵〕1170〔文津〕1174〔文瀾〕1204

　清吟堂集、附神功聖德詩、皇帝親平漠北頌、恭奏漠北蕩平凱歌〔未收〕七輯 26

　扈從西巡日録〔文淵〕460〔文津〕460〔文瀾〕461〔珍本〕十集 76〔著録〕史部 54

　塞北小鈔〔存目〕史部 128

　隨輦集、續集、經進文稿〔未收〕九輯 16

　編珠、續編珠〔文淵〕887〔文津〕888〔文瀾〕907〔珍本〕四集 208〔著録〕子部 174

　獨旦集〔未收〕七輯 26

　歸田集、扈從東巡日録〔未收〕九輯 16

　續唐三體詩〔存目〕集部 402

高之騵（清）

　强恕堂詩集〔存目〕集部 238

高元濬（明）

　茶乘、拾遺〔續修〕1115

高不騫（清）

　傅天集〔未收〕九輯 22

高曰化（明）

　宮省賢聲録〔存目〕史部 128

高文秀（元）

　黑旋風雙獻功雜劇〔續修〕1761

　須賈大夫范叔雜劇〔續修〕1762

　諕范叔〔續修〕1764

高斗樞(明)
　守鄖紀略〔存目〕史部55
高允(北魏)
　高令公集〔續修〕1587
高正臣(唐)
　高氏三宴詩集、附香山九老詩〔文淵〕1332
　　〔文津〕1336〔文瀾〕1374〔珍本〕三集
　　380
　高氏三宴詩集、香山九老會詩〔著錄〕集部
　　135
高世栻(清)
　黃帝素問直解〔續修〕982
高弘圖(明)
　太古堂集〔存目〕集部183
高出(明)
　鏡山庵集〔禁燬〕集部30-31
高廷珍(清)
　東林書院志〔存目〕史部246-247
高仲武(唐)
　中興間氣集〔文淵〕1332〔文津〕1336〔文
　　瀾〕1374〔著錄〕集部135
高似孫(宋)
　子略〔文淵〕674〔文津〕674〔文瀾〕687
　　〔著錄〕史部393
　文苑英華纂要〔存目〕子部119〔續修〕
　　1582
　文選詩句圖〔存目〕集部285
　信天巢遺稿、林湖遺稿、江邨遺稿、疏寮小集
　　〔著錄〕集部248
　剡錄〔文淵〕485〔文津〕485〔文瀾〕487
　　〔珍本〕十集80〔著錄〕史部35
　握奇經〔文淵〕726〔文津〕726〔文瀾〕740
　硯箋〔文淵〕843〔文津〕845〔文瀾〕861
　　〔珍本〕三集196〔著錄〕子部53
　緯略〔文淵〕852〔文津〕854〔文瀾〕872
　　〔著錄〕子部30
　騷略〔存目〕集部20
　蟹略〔文淵〕847〔文津〕849〔文瀾〕866
　　〔著錄〕子部53
　蘭亭考〔文淵〕682〔文津〕682〔文瀾〕695
高兆(清)
　續高士傳〔存目〕史部121〔續修〕516
高汝栻(明)
　皇明法傳錄嘉隆紀、皇明續紀三朝法傳全錄
　　〔續修〕357〔禁燬補〕10-11
　皇明通紀法傳全錄〔續修〕357〔禁燬補〕10
高守元(宋)
　沖虛至德真經四解〔續修〕958
高孝本(清)
　固哉叟詩鈔〔存目〕集部260
高岑(清)
　眺秋樓詩〔存目〕集部257
高武(明)
　鍼灸節要〔存目〕子部48
　鍼灸聚英〔存目〕子部48〔續修〕996
高其倬(清)
　味和堂詩集〔未收〕八輯19
高述明(清)
　積翠軒詩集〔未收〕九輯20
高叔嗣(明)
　蘇門集〔文淵〕1273〔文津〕1278〔文瀾〕
　　1310〔珍本〕六集282〔薈要〕418〔著
　　錄〕集部276
高明(明)
　琵琶記〔續修〕1769
高秉(清)
　指頭畫說〔續修〕1067
高秉鈞(清)
　瘍科臨證心得集、方彙、方彙補遺、家用膏丹
　　丸散方、景岳新方歌〔續修〕1016
高岱(明)
　鴻猷錄〔存目〕史部19〔續修〕389
高宗(宋)
　思陵翰墨誌〔文淵〕812〔文津〕814〔文
　　瀾〕831
高承(明)
　事物紀原〔文淵〕920〔文津〕923〔文瀾〕
　　940〔珍本〕十二集144-145〔著錄〕子
　　部60
　事物紀原集類〔底本〕子部39-40
高拱(明)
　日進直講〔存目〕經部157
　本語〔文淵〕849〔文津〕851〔文瀾〕869
　　〔著錄〕子部54
　春秋正旨〔文淵〕168〔文津〕162〔文瀾〕
　　160〔珍本〕四集69〔著錄〕經部22
　高文襄公集〔存目〕集部108
　病榻遺言〔存目〕子部240
　問辨錄〔文淵〕207〔文津〕201〔文瀾〕200
　　〔珍本〕三集115〔著錄〕經部102

靖虁紀事 〔存目〕史部 49

　邊略 〔禁燬〕史部 72

高則誠(元)

新刊元本蔡伯喈琵琶記 〔續修〕1774

高昂光(明)

最樂編 〔未收〕三輯 28

高保衡(宋)

備急千金要方 〔文淵〕735 〔文津〕735－736 〔文瀾〕750

鍼灸甲乙經 〔文淵〕733 〔文津〕733 〔文瀾〕748

高彥休(唐)

唐闕史 〔文淵〕1042 〔文津〕1047 〔文瀾〕1070

闕史 〔著録〕子部 243

高珩(清)

栖雲閣詩、拾遺、文集 〔存目〕集部 202

高恥傳(元)

群書鈎玄 〔存目〕子部 172

高晉(清)

南巡盛典 〔著録〕史部 259－261

欽定南巡盛典 〔文淵〕658－659 〔文津〕657 〔文瀾〕665－666 〔珍本〕十一集 92－99

高晦叟(宋)

珍席放談 〔文淵〕1037 〔文津〕1041 〔文瀾〕1064 〔珍本〕別輯 231

高得暘(明)

節菴集、續稿 〔存目〕集部 29

高啓(明)

大全集 〔文淵〕1230 〔文津〕1234 〔文瀾〕1265 〔薈要〕410

高太史大全集 〔著録〕集部 114

高太史鳧藻集、扣舷集 〔著録〕集部 260

鳧藻集 〔文淵〕1230 〔文津〕1234 〔文瀾〕1266

高斯得(宋)

恥堂存稿 〔文淵〕1182 〔文津〕1186 〔文瀾〕1217 〔珍本〕別輯 370－371

高棅(明)

高漫士木天清氣集 〔存目〕集部 32

唐詩品彙、拾遺 〔珍本〕六集 326－335 〔著録〕集部 144－145

唐詩品彙、叙目、歷代叙論、姓氏爵里詳節、附唐詩拾遺 〔文淵〕1371 〔文津〕1374－1375 〔文瀾〕1414－1415

高閱(宋)

高氏春秋集註 〔文淵〕151 〔文津〕146 〔文瀾〕145 〔珍本〕別輯 39－43

高景芳(清)

紅雪軒稿 〔未收〕八輯 28

高崟(清)

東林書院志 〔續修〕721

高爲表(明)

廉平録 〔存目〕子部 132

高翔麟(清)

説文字通 〔續修〕222

説文經典異字釋 〔續修〕222

高登(宋)

東溪集 〔文淵〕1136 〔文津〕1140 〔文瀾〕1167

高東溪先生文集 〔底本〕集部 70 〔著録〕集部 50

高楚芳(元)

集千家注杜工部詩集 〔文淵〕1069 〔文津〕1073 〔文瀾〕1099

集千家註杜工部詩集、文集 〔薈要〕360

高愈(清)

小學纂註、附小學總論 〔存目〕子部 4

周禮集解 〔存目〕經部 85

高翥(宋)

信天巢遺稿 〔底本〕集部 134

信天巢遺稿、林湖遺稿、江邨遺稿、疎寮小集 〔著録〕集部 248

菊磵集、附林湖遺稿、江邨遺稿、疎寮小集 〔文淵〕1170 〔文津〕1174 〔文瀾〕1204

高爾儼(清)

古處堂集 〔存目〕集部 199

高銓(清)

王恭毅公駁稿 〔存目〕子部 37 〔續修〕974

鹽桑輯要 〔續修〕978

高鳳翰(清)

南阜山人詩集類稿 〔存目〕集部 282

高誘(漢)

吕氏春秋 〔文淵〕848 〔文津〕850 〔文瀾〕867 〔著録〕子部 163

淮南鴻烈解 〔文淵〕848 〔文津〕850 〔文瀾〕867 〔薈要〕277 〔底本〕子部 34－35 〔著録〕子部 305

戰國策 〔文淵〕406 〔文津〕403 〔文瀾〕404 〔著録〕史部 288

高適(唐)
　高常侍集　〔文淵〕1071　〔文津〕1076　〔文瀾〕1101　〔著録〕集部 2

高邁(宋)
　信天巢遺稿、林湖遺稿、江邨遺稿、疏寮小集〔著録〕集部 248

高德基(元)
　平江記事　〔文淵〕590　〔文津〕590　〔文瀾〕598　〔底本〕史部 109　〔著録〕史部 252

高澍然(清)
　詩音　〔未收〕四輯 4

高選(宋)
　信天巢遺稿、林湖遺稿、江邨遺稿、疏寮小集〔著録〕集部 248

高積厚(清)
　印述　〔續修〕1091
　印辨　〔續修〕1091

高儒(明)
　百川書志　〔續修〕919

高濂(明)
　玉簪記　〔續修〕1769
　重校玉簪記　〔續修〕1775
　雅尚齋遵生八牋　〔著録〕子部 171
　遵生八牋　〔文淵〕871　〔文津〕873－874　〔文瀾〕891　〔珍本〕九集 225－232

高璪(清)
　不視草　〔未收〕五輯 26

高興(清)
　佩文齋詠物詩選　〔著録〕集部 198－200

高濙(明)
　石門集　〔存目〕集部 146

高攀龍(明)
　正蒙釋　〔存目〕子部 1
　周易孔義　〔著録〕經部 192
　周易易簡説　〔文淵〕34　〔文津〕29　〔文瀾〕29　〔珍本〕三集 14
　春秋孔義　〔文淵〕170　〔文津〕164　〔文瀾〕162　〔珍本〕九集 57－59　〔著録〕經部 200
　高子遺書　〔文淵〕1292　〔文津〕1297　〔文瀾〕1331　〔著録〕集部 449
　程子節録、文集抄　〔存目〕子部 2

高鵬飛(宋)
　信天巢遺稿、林湖遺稿、江邨遺稿、疏寮小集〔著録〕集部 248

高鶚(清)
　紅樓夢　〔續修〕1793－1794

高寶銓(清)
　元祕史李注補正　〔續修〕312
　元祕史注補正續編　〔續修〕312

高鶴(明)
　〔嘉靖〕定遠縣志　〔存目〕史部 196

高觀國(宋)
　竹屋癡語　〔文淵〕1488　〔文津〕1493　〔文瀾〕1538　〔著録〕集部 219

郭

郭一經(明)
　字學三正　〔未收〕二輯 14

郭大有(明)
　新刻官板大字評史心見　〔存目〕史部 288

郭之奇(明)
　宛在堂文集　〔未收〕六輯 27
　稽古篇　〔存目〕史部 34

郭子章(明)
　六語　〔存目〕子部 251
　名馬記、續　〔續修〕1119
　明州阿育王山志、續志　〔存目〕史部 230
　郡縣釋名　〔存目〕史部 166－167
　聖門人物志　〔存目〕史部 98　〔續修〕512
　豫章詩話　〔存目〕集部 417
　黔類　〔存目〕子部 196
　蠙衣生馬記　〔存目〕子部 82
　蠙衣生晉草　〔禁燬補〕65
　蠙衣生粵草、蜀草　〔存目〕集部 154
　蠙衣生劍記　〔存目〕子部 77
　蠙衣生黔草、傳草　〔存目〕集部 155－156

郭元釪(清)
　御訂全金詩增補中州集　〔文淵〕1445　〔文津〕1448－1449　〔文瀾〕1477　〔著録〕集部 309－310

郭元鴻(明)
　壺史　〔存目〕子部 76　〔續修〕1106

郭化(明)
　薛米譚史廣　〔存目〕史部 85

郭孔(明)
　史通　〔存目〕史部 279

郭孔延(明)
　史通評釋　〔續修〕447

郭孔建(明)

垂楊館集〔未收〕六輯 29

郭允蹈(宋)

蜀鑑〔文淵〕352〔文津〕349〔文瀾〕350
〔著錄〕史部 7

郭正中(明)

孝友傳〔存目〕史部 116

皇明孝友傳〔存目〕史部 116

郭正域(明)

考工記〔存目〕經部 82

合併黃離草〔禁燬〕集部 13－14

皇明典禮志〔存目〕史部 270〔續修〕824

解莊〔存目〕子部 256

選詩、詩人世次爵里〔存目〕集部 340

韓文杜律〔存目〕集部 327

郭世霖(明)

重編使琉球錄〔存目〕史部 49

郭印(宋)

雲溪集〔文淵〕1134〔文津〕1138〔文瀾〕
1165〔珍本〕初集 284〔底本〕集部 69
〔著錄〕集部 441

郭朴(明)

郭文簡公文集〔未收〕五輯 19

郭光復(明)

倭情考略〔存目〕子部 31

郭廷翼(清)

郭華野先生疏稿、年譜〔著錄〕史部 200

郭兆奎(清)

心園書經知新〔存目〕經部 60

郭汝霖(明)

石泉山房文集〔存目〕集部 129

郭守正(宋)

紫雲先生增修校正押韻釋疑〔著錄〕經部
181

增修校正押韻釋疑〔文淵〕237〔文津〕232
〔文瀾〕230

郭志邃(清)

痧脹玉衡書〔續修〕1003

郭良翰(明)

明諡記彙編〔文淵〕651〔文津〕651〔文
瀾〕661〔珍本〕二集 141

周禮古本訂註、考工記〔存目〕經部 83

皇明諡紀彙編〔著錄〕史部 20

問奇類林、續〔未收〕七輯 15

郭若虛(宋)

圖畫見聞誌〔文淵〕812〔文津〕814〔文

瀾〕831〔著錄〕子部 149

郭茂倩(宋)

樂府詩集〔文淵〕1347－1348〔文津〕1351
〔文瀾〕1389－1390〔薈要〕473－474
〔著錄〕集部 137

郭尚友(明)

繕部紀略〔續修〕878

郭尚先(清)

郭大理遺稿〔續修〕1510

增默菴詩遺集〔續修〕1510

郭明如(金)

新編詔誥章表機要〔續修〕457

郭畀(元)

元郭髥手寫日記〔存目〕史部 127

雲山日記〔續修〕558

郭忠恕(宋)

汗簡〔著錄〕經部 29

汗簡、目錄叙略〔文淵〕224〔文津〕219〔文
瀾〕217

佩觿〔文淵〕224〔文津〕219〔文瀾〕217
〔著錄〕經部 177

郭知達(宋)

九家集注杜詩〔文淵〕1068〔文津〕1072
〔文瀾〕1097〔珍本〕四集 212－214

新刊校訂集註杜詩〔著錄〕集部 365－366

郭佩蘭(清)

本草匯、源流〔未收〕六輯 14

郭金臺(清)

石村詩集、文集〔禁燬〕集部 84

郭京(唐)

周易舉正〔文淵〕8〔文津〕3〔文瀾〕2〔珍
本〕九集 1〔著錄〕經部 183

郭宗昌(明)

金石史〔文淵〕683〔文津〕683〔文瀾〕697
〔著錄〕史部 157

郭柏蒼(清)

海錯百一錄〔續修〕1120

郭柏蔭(清)

嘐嘐言〔未收〕七輯 11

郭柏蔚(清)

東越文苑〔續修〕547

郭奎(明)

望雲集〔文淵〕1231〔文津〕1236〔文瀾〕
1267〔珍本〕四集 307〔著錄〕集部 261

郭思(宋)

林泉高致集〔文淵〕812〔文津〕814〔文瀾〕831

郭象（宋）
暌車志〔文淵〕1047〔文津〕1051〔文瀾〕1075〔著録〕子部243

郭振遐（清）
郭中州禹門集〔存目〕集部283

郭振墉（清）
湘軍志平議〔未收〕三輯13

郭起元（清）
介石堂水鑑〔存目〕史部225
介石堂集詩、古文〔未收〕十輯20

郭倫（清）
晉記〔存目〕史部43

郭祥正（宋）
青山集〔文淵〕1116〔文津〕1121〔文瀾〕1147〔薈要〕383〔著録〕集部46
青山集、續集〔珍本〕六集253－255
青山續集〔文淵〕1116〔文津〕1121〔文瀾〕1147

郭琇（清）
華野疏稿〔文淵〕430〔文津〕428〔文瀾〕429〔珍本〕三集130〔底本〕史部18
郭華野先生疏稿、年譜〔著録〕史部200

郭棻（清）
學源堂文集、詩集〔存目〕集部221

郭崑燾（清）
雲臥山莊詩集〔續修〕1552

郭偉（明）
新鐫分類評註文武合編百子金丹〔存目〕子部153

郭象（晉）
南華真經〔著録〕子部365
南華真經注疏〔續修〕955
莊子〔薈要〕275
莊子注〔文淵〕1056〔文津〕1060〔文瀾〕1085

郭階（清）
周易漢讀考〔續修〕39

郭雲陞（清）
救荒簡易書〔續修〕976

郭雲鵬（明）
歐陽先生遺粹〔存目〕集部11

郭棐（明）
〔萬曆〕四川總志〔存目〕史部199－200

〔萬曆〕廣東通志〔存目〕史部197－198

郭景昌（清）
吉州人文紀略〔存目〕史部127

郭勛（明）
三家世典〔存目〕史部91
雍熙樂府〔續修〕1740－1741

郭程先（清）
周易平説〔未收〕二輯2

郭鈇（明）
石洞貽芳集、附考異〔存目〕集部300

郭善鄰（清）
春山先生文集〔未收〕九輯26

郭夢星（清）
午窗隨筆〔續修〕1165

郭嵩燾（清）
大學章句質疑〔續修〕159
中庸章句質疑〔續修〕159
玉池老人自叙〔續修〕552
使西紀程〔續修〕577
周易異同商〔未收〕二輯3
郭侍郎奏疏〔未收〕十輯3
〔光緒〕湖南通志〔續修〕661－668
養知書屋詩集、文集〔續修〕1547
禮記質疑〔續修〕106

郭鈺（元）
静思先生詩集〔著録〕集部258
静思集〔文淵〕1219〔文津〕1223〔文瀾〕1254〔珍本〕二集344

郭雍（宋）
仲景傷寒補亡論〔續修〕984
郭氏傳家易説〔文淵〕13〔文津〕8〔文瀾〕7〔珍本〕九集1－3
郭氏傳家易説、總論〔薈要〕7

郭雍（清）
集虛堂小草、餘草〔存目〕集部267

郭熙（宋）
林泉高致集〔文淵〕812〔文津〕814〔文瀾〕831〔著録〕子部357

郭維藩（明）
杏東先生文集〔存目〕集部68

郭鞏（清）
詩餘譜式〔未收〕十輯30

郭增光（明）
緯弢〔禁燬〕子部29

郭稷中（宋）

産育寶慶集 〔文淵〕743 〔文津〕743 〔文瀾〕757 〔珍本〕別輯 181

郭慶藩（清）
莊子集釋 〔續修〕957－958
説文經字正誼 〔續修〕228

郭豫亨（元）
梅花字字香 〔文淵〕1205 〔文津〕1209 〔文瀾〕1240 〔珍本〕九集 256 〔著録〕集部 254

郭璞（晉）
山海經 〔文淵〕1042 〔文津〕1046 〔文瀾〕1069 〔薈要〕180 〔著録〕子部 242
方言 〔珍本〕別輯 51
玉照定真經 〔文淵〕809 〔文津〕810 〔文瀾〕827 〔珍本〕初集 181
玄中記 〔續修〕1264
郭弘農集 〔續修〕1585
葬書 〔文淵〕808 〔文津〕809 〔文瀾〕826 〔珍本〕十二集 141
葬經 〔著録〕子部 21
爾雅、爾雅音釋 〔續修〕185
爾雅注疏 〔薈要〕79
爾雅注疏、附考證 〔文淵〕221 〔文津〕216 〔文瀾〕214
爾雅註疏 〔著録〕經部 177
輶軒使者絶代語釋別國方言 〔文淵〕221 〔文津〕216 〔文瀾〕214 〔著録〕經部 177
穆天子傳 〔文淵〕1042 〔文津〕1046 〔文瀾〕1070 〔著録〕子部 112

郭薦（元）
昌國州圖志 〔珍本〕五集 91

郭諫臣（明）
鯤溟先生詩集、奏疏 〔底本〕集部 194 〔著録〕集部 71
鯤溟詩集 〔文淵〕1288 〔文津〕1292 〔文瀾〕1326 〔珍本〕五集 366

郭憲（漢）
洞冥記 〔文淵〕1042 〔文津〕1046 〔文瀾〕1070
漢武帝別國洞冥記 〔著録〕子部 242

郭應聘（明）
西南紀事 〔存目〕史部 49
郭襄靖公遺集 〔續修〕1349

郭濬（明）
虹暎堂詩集 〔未收〕六輯 27

郭翼（元）
林外野言 〔文淵〕1216 〔文津〕1220 〔文瀾〕1251 〔珍本〕四集 299 〔著録〕集部 257
雪履齋筆記 〔文淵〕866 〔文津〕868 〔文瀾〕886 〔珍本〕十一集 130

郭麟（清）
樗園銷夏録 〔續修〕1179
靈芬館詞四種 〔續修〕1725
靈芬館詞話 〔續修〕1733
靈芬館詩話、續 〔續修〕1705

席

席世昌（清）
席氏讀説文記 〔續修〕223

席吳鏊（清）
内閣志 〔續修〕751

席居中（清）
昭代詩存 〔禁燬補〕55－56

席啓圖（清）
畜德録 〔存目〕子部 156

席鏊（清）
竹香詩集選 〔存目〕集部 280

庫

庫勒納（清）
日講四書解義 〔文淵〕208 〔文津〕202 〔文瀾〕201 〔珍本〕七集 41－48 〔薈要〕76
日講春秋解義 〔文淵〕172 〔文津〕167 〔文瀾〕164 〔珍本〕七集 31－40 〔薈要〕43
日講書經解義 〔文淵〕65 〔文津〕59－60 〔文瀾〕58 〔珍本〕五集 13－15 〔薈要〕21 〔著録〕經部 36

唐

唐一麟（清）
周易曉義 〔存目〕經部 46

唐士恥（宋）
靈巖集 〔文淵〕1181 〔文津〕1185 〔文瀾〕1216 〔珍本〕三集 247

唐才常（清）
覺顛冥齋内言 〔續修〕1568

唐大烈（清）
吳醫彙講 〔續修〕1028

唐大章(明)
　書系〔存目〕史部 33
唐千頃(清)
　增廣大生要旨〔續修〕1008
唐之淳(明)
　唐愚士詩〔文淵〕1236〔文津〕1240〔文瀾〕1271〔珍本〕四集 311〔底本〕集部142
　唐愚士詩、會稽懷古詩〔著録〕集部 427〔著録〕集部 427
唐之鳳(清)
　天香閣文集、詩集、詞集、附碎玉合編、碎玉〔存目〕集部 284
唐元(元)
　唐氏三先生集〔著録〕集部 426
　筠軒集〔文淵〕1213〔文津〕1217〔文瀾〕1248〔珍本〕三集 284-285
唐元竑(明)
　杜詩攟〔文淵〕1070〔文津〕1074〔文瀾〕1099〔珍本〕三集 232
唐元素(清)　參見 震鈞
唐文鳳(明)
　唐氏三先生集〔著録〕集部 426
　梧岡集〔文淵〕1242〔文津〕1246〔文瀾〕1279〔珍本〕八集 182-183
唐文獻(明)
　唐文恪公文集〔存目〕集部 170
唐玄度(唐)
　九經字樣〔文淵〕224〔文津〕219〔文瀾〕216〔薈要〕78
　新加九經字樣〔著録〕經部 177
唐仲友(宋)
　帝王經世圖譜〔文淵〕922〔文津〕925〔文瀾〕942〔珍本〕別輯 228-230〔薈要〕245〔著録〕子部 363
　悦齋文鈔〔續修〕1318
　詩解鈔〔續修〕56
唐仲冕(清)
　陶山文録〔續修〕1478
　陶山詩前録、陶山詩録〔續修〕1478
唐汝楫(明)
　小漁先生遺稿〔存目〕集部 124
唐汝詢(明)
　酉陽山人編蓬集、後集〔存目〕集部 192
　删訂唐詩解〔續修〕1612

唐詩解、詩人爵里詳節〔存目〕集部 369-370
　顧氏詩史〔存目〕史部 288
唐汝諤(明)
　古詩解〔存目〕集部 370
唐宇昭(清)
　擬故宮詞〔存目〕集部 216
唐志契(明)
　繪事微言〔文淵〕816〔文津〕818〔文瀾〕835〔珍本〕初集 184〔著録〕子部 303
唐求(唐)
　唐求詩集〔續修〕1313
唐伯元(明)
　銓曹儀注〔續修〕749
唐英(清)
　陶人心語〔未收〕十輯 21
　燈月閒情十七種〔續修〕1766-1767
唐秉鈞(清)
　文房肆考圖説〔續修〕1113
唐岱(清)
　繪事發微〔續修〕1067
唐庚(宋)
　三國雜事〔文淵〕686〔文津〕686〔文瀾〕700〔底本〕史部 50〔著録〕史部 266
　文録〔存目〕集部 415
　眉山唐先生文集〔著録〕集部 94
　眉山詩集、文集〔文淵〕1124〔文津〕1128〔文瀾〕1154
　唐子西文録〔續修〕1713
　唐子西集(眉山集)〔珍本〕六集 257
唐宗海(清)
　中西匯通醫經精義〔續修〕982
　血證論、醫學一見能〔續修〕1006
　傷寒論淺注補正〔續修〕987
唐桂芳(明)
　白雲集〔文淵〕1226〔文津〕1231〔文瀾〕1262〔珍本〕二集 352〔珍本〕四集 302-303
　唐氏三先生集〔著録〕集部 426
唐時(清)
　如來香〔未收〕七輯 13
唐時升(明)
　三易集〔禁燬〕集部 178
唐孫華(清)
　東江詩鈔〔禁燬〕集部 187

唐執玉（清）

　　〔雍正〕畿輔通志〔著録〕史部 222－225

　　畿輔通志〔文淵〕504－506〔文津〕504－507〔文瀾〕508－511

唐焕（清）

　　尚書辨僞〔未收〕三輯 4

唐清塞（唐）

　　唐靈一詩集、唐清塞詩集〔著録〕集部 451

唐淳（唐）

　　黄帝陰符經註〔存目〕子部 256

唐寅（明）

　　唐伯虎先生集、外編、續刻〔續修〕1334－1335

唐紹祖（清）

　　三流道里表〔續修〕867

　　改堂先生文鈔〔存目〕集部 265

　　督捕則例〔續修〕867

唐雲禎（清）

　　天香閣文集、詩集、詞集、附碎玉合編、碎玉〔存目〕集部 284

唐景崧（清）

　　請纓日記〔續修〕577

唐順之（明）

　　文編〔文淵〕1377－1378〔文津〕1380－1382〔文瀾〕1421－1422〔珍本〕八集 227－242〔底本〕集部 268－277〔著録〕集部 148－149

　　奉使集〔存目〕集部 90

　　武編〔珍本〕四集 133－135

　　武編、前集、後集〔文淵〕727〔文津〕727〔文瀾〕741

　　兩晉解疑〔存目〕史部 282

　　兩漢解疑〔存目〕史部 282

　　荊川先生右編〔存目〕史部 70－71〔續修〕459－460

　　荊川集〔文淵〕1276〔文津〕1280〔文瀾〕1313〔薈要〕419

　　荊川稗編〔文淵〕953〔文津〕955－958〔文瀾〕976－978

　　重刊蔣川先生文集、外集〔著録〕集部 116

　　重刻翰林校正資治通鑑大全〔禁燬補〕9

　　唐荊川先生傳稿〔禁燬補〕1

　　唐荊川先生編纂諸儒語要〔存目〕子部 10

　　唐蔣川先生纂輯武編前編、後編〔著録〕子部 63

　　新刊唐蔣川先生稗編〔著録〕子部 81－83

　　歷代史纂左編〔存目〕史部 133－137

唐夢賚（清）

　　志壑堂詩集、文集、詩後集、文後集、辛酉同遊倡和詩餘後集、阮亭選志壑堂詩〔存目〕集部 217

唐甄（清）

　　潛書〔存目〕子部 95

　　潛書、附西蜀唐圃亭先生行略〔續修〕945

唐慎微（宋）

　　重修政和經史證類備用本草〔著録〕子部 135

　　證類本草〔文淵〕740〔文津〕739〔文瀾〕754

唐肅（明）

　　丹崖集〔續修〕1326

唐樞（明）

　　一庵雜問録〔存目〕子部 84

　　木鐘臺集初集十種、再集十種、雜集十種〔存目〕子部 162－163

　　周禮因論〔續修〕78

　　政問録〔續修〕880

　　〔萬曆〕湖州府志〔存目〕史部 191

唐德遠（清）

　　天香閣文集、詩集、詞集、附碎玉合編、碎玉〔存目〕集部 284

唐積（宋）

　　歙州硯譜〔文淵〕843〔文津〕845〔文瀾〕861

唐錦（明）

　　龍江集〔續修〕1334

　　龍江夢餘録〔續修〕1122

唐龍（明）

　　漁石集〔存目〕集部 65

唐壎（清）

　　通俗字林辨證〔續修〕241

唐臨（唐）

　　冥報記〔續修〕1264

唐鶴徵（明）

　　周易象義〔存目〕經部 10

　　皇明輔世編〔存目〕史部 98〔續修〕524

　　憲世前編、憲世編〔存目〕子部 12〔續修〕941

唐鑑（清）

　　學案小識〔續修〕539

浦

浦南金（明）
　修辭指南　〔存目〕子部 178
　詩學正宗　〔存目〕集部 302
浦起龍（清）
　史通通釋　〔文淵〕685〔文津〕685〔文瀾〕
　　699〔著錄〕史部 159
　讀杜心解　〔存目〕集部 8－9
浦銑（清）
　歷代賦話、續集、附復小齋賦話　〔續修〕1716
浦龍淵（清）
　周易通　〔存目〕經部 31
　周易辯　〔存目〕經部 32

浩

浩歌子（清）
　螢窗異草　〔續修〕1789

海

海西廣氏（□）
　雍熙樂府　〔存目〕集部 426
海廷芳（清）
　備忘集　〔文淵〕1286〔文津〕1290〔文瀾〕
　　1323
海達兒（明）
　天文書　〔續修〕1063
海瑞（明）
　元祐黨籍碑考、慶元偽學逆黨籍　〔存目〕史
　　部 95〔續修〕517
　丘海二公文集合編　〔存目〕集部 406
　備忘集　〔文淵〕1286〔文津〕1290〔文瀾〕
　　1323〔著錄〕集部 278

涂

涂山（明）
　新刻明政統宗　〔禁燬〕史部 2－3
涂天相（清）
　八旗通志初集　〔著錄〕史部 143－148
　靜用堂偶編　〔存目〕子部 27
涂生（元）
　周易經疑　〔續修〕4
涂伯昌（明）
　涂子一杯水　〔存目〕集部 193

涂宗濬（明）
　續葦齋易義虛裁　〔存目補〕89
涂國鼎（清）
　性餘堂集　〔禁燬補〕69
涂幾（明）
　涂子類稿　〔存目〕集部 60
涂慶瀾（清）
　荔隱山房文略　〔續修〕1561
　荔隱山房詩草　〔續修〕1561

浣

浣花逸士（清）
　鴛鶉譜全集　〔續修〕1119

家

家鉉翁（宋）
　春秋集傳詳說、綱領　〔文淵〕158〔文津〕
　　152－153〔文瀾〕151
　春秋詳說、綱領　〔薈要〕38
　則堂先生春秋集傳詳說、綱領　〔著錄〕經部
　　159
　則堂集　〔文淵〕1189〔文津〕1193〔文瀾〕
　　1224〔珍本〕初集 333〔底本〕集部 94
　　〔著錄〕集部 28
家誠之（宋）
　丹淵集、拾遺　〔文淵〕1096〔文津〕1100〔文
　　瀾〕1126
　陳眉公先生訂正丹淵集、拾遺、墓誌、年譜
　　〔底本〕集部 3－4〔著錄〕集部 5

陸

陸九淵（宋）
　象山先生全集　〔存目〕集部 19
　象山先生全集、附錄少湖徐先生學則辯　〔著
　　錄〕集部 21
　象山集、外集、附語錄　〔文淵〕1156〔文津〕
　　1160〔文瀾〕1189
陸九韶（宋）
　陸氏家制　〔續修〕935
陸子虞（宋）
　劍南詩稿　〔文淵〕1162－1163〔文津〕1166－
　　1167〔文瀾〕1196－1197
陸元鋐（清）
　青芙蓉閣詩鈔　〔續修〕1475〔未收〕十輯 28
陸友（元）

研北雜志 〔文淵〕866〔文津〕868〔文瀾〕886〔珍本〕十一集130〔著録〕子部56

墨史 〔文淵〕843〔文津〕845〔文瀾〕862〔著録〕子部358

陸友仁(元)

吳中舊事 〔文淵〕590〔文津〕590〔文瀾〕598〔珍本〕別輯140〔著録〕史部252

陸化熙(明)

目營小輯 〔存目〕史部167

詩通 〔存目〕經部65〔續修〕61

陸文圭(元)

墙東類稿 〔文淵〕1194〔文津〕1198〔文瀾〕1229〔珍本〕別輯377-381

陸心源(清)

三續疑年録 〔續修〕517

千甓亭磚録、續録 〔續修〕1111

元祐黨人傳 〔續修〕517

李氏易傳校 〔續修〕38

吳興金石記 〔續修〕911

宋史翼 〔續修〕311

宋詩紀事補遺、宋詩紀事小傳補正 〔續修〕1708-1709

金石學録補 〔續修〕901

唐文拾遺、續拾 〔續修〕1651-1652

䀃宋樓藏書志、續志 〔續修〕928-929

儀顧堂集 〔續修〕1560

儀顧堂題跋、續跋 〔續修〕930

穰梨館過眼録、續録 〔續修〕1087

陸以湉(清)

冷廬醫話 〔續修〕1029

冷廬雜識、續編 〔續修〕1140

陸世楷(清)

閒情集 〔禁燬〕集部172

陸世儀(清)

思辨録輯要 〔文淵〕724〔文津〕724〔文瀾〕738〔珍本〕四集130-132

陸桴亭思辨録輯要 〔著録〕子部13

桴亭先生文集、詩集 〔續修〕1398

復社紀略 〔續修〕438

論學酬答 〔續修〕946

陸可教(明)

陸學士先生遺稿 〔禁燬〕集部160

陸玄宇(明)

仙機武庫 〔續修〕1098-1099

陸弘定(清)

爰始樓詩删 〔未收〕五輯27

陸西星(明)

南華真經副墨 〔存目〕子部256-257

南華真經副墨、讀南華真經雜説 〔續修〕1291

陸廷燦(清)

南村隨筆 〔存目〕子部116〔續修〕1137

原本茶經、續茶經 〔著録〕子部27

藝菊志 〔存目〕子部81〔續修〕1116

續茶經 〔文淵〕844〔文津〕846〔文瀾〕863〔珍本〕五集232

陸次雲(清)

八紘荒史 〔存目〕史部256

八紘譯史、譯史紀餘 〔存目〕史部256

北墅緒言 〔存目〕集部237

尚論持平、析疑待正、事文標異 〔存目〕子部115〔續修〕1136

峒谿纖志、纖志志餘 〔存目〕史部256

湖壖雜紀 〔存目〕史部249

澄江集 〔存目〕集部237

陸羽(唐)

茶經 〔文淵〕844〔文津〕846〔文瀾〕863〔著録〕子部162

原本茶經、續茶經 〔著録〕子部27

陸圻(清)

威鳳堂文集 〔未收〕七輯20

冥報録 〔存目〕子部249

新婦譜 〔存目〕子部95

陸求可(清)

陸密菴文集、録餘、詩集、詩餘 〔存目〕集部224

陸秀夫(宋)

宋左丞相陸公全書、續編 〔續修〕1321

陸佃(宋)

陶山集 〔文淵〕1117〔文津〕1121〔文瀾〕1147〔珍本〕別輯283-285

埤雅 〔薈要〕79〔著録〕經部28

埤雅、附音釋 〔文淵〕222〔文津〕216-217〔文瀾〕214

爾雅新義、叙録 〔續修〕185

增修埤雅廣要 〔續修〕1271

鶡冠子 〔文淵〕848〔文津〕850〔文瀾〕867〔薈要〕276〔底本〕子部33〔著録〕子部359

陸位(明)

新編遵依司天臺經緯曆書 〔續修〕1036-

1037

陸希聲(唐)
　李元賓文編、外編〔文淵〕1078〔文津〕1082
　　〔文瀾〕1108
　道德真經傳〔續修〕954

陸完(明)
　在懲錄〔未收〕五輯 26

陸君弼(明)
　〔萬曆〕江都縣志〔存目〕史部 202

陸秉笏(清)
　晚晴樓詩稿、詩餘、附行略〔存目〕集部 278

陸采(明)
　天池山人小稿五種〔續修〕1354
　冶城客論〔存目〕子部 246
　明珠記〔續修〕1769
　都公譚纂〔存目〕子部 246〔續修〕1266
　懷香記〔續修〕1770

陸法言(隋)
　唐寫本切韻(殘卷)〔續修〕249

陸宗楷(清)
　孟子注疏、附考證〔文淵〕195〔文津〕190
　　〔文瀾〕186
　論語注疏〔文淵〕195〔文津〕190〔文瀾〕
　　186

陸坤(明)
　陸篔齋文集〔存目補〕78
　篔齋雜著〔存目〕子部 102

陸持之(宋)
　象山集、外集、附語錄〔文淵〕1156〔文津〕
　　1160〔文瀾〕1189

陸奎章(明)
　香奩四友傳〔存目〕子部 251

陸奎勳(清)
　今文尚書說〔存目〕經部 59
　春秋義存錄〔存目〕經部 142〔續修〕139
　陸堂文集、詩集、續集〔存目〕集部 270－271
　陸堂易學〔存目〕經部 37〔續修〕19
　陸堂詩學〔存目〕經部 77〔續修〕62
　戴禮緒言〔存目〕經部 102

陸祚蕃(清)
　粵西偶記〔存目〕史部 128

陸振奇(明)
　易芥〔存目〕經部 19

陸起龍(明)
　陸文裕公行遠集、外集〔存目〕集部 59

陸時化(清)
　吳越所見書畫錄、書畫說鈴〔續修〕1068

陸時雍(明)
　古詩鏡〔珍本〕六集 361－363
　古詩鏡、詩鏡總論、唐詩鏡〔文淵〕1411〔文
　　津〕1415－1416〔文瀾〕1456
　古詩鏡、總論、唐詩鏡〔著錄〕集部 361－362
　唐詩鏡〔珍本〕六集 364－367
　楚辭疏、讀楚辭語、屈原傳、楚辭雜論〔續
　　修〕1301

陸倕(南朝梁)
　陸太常集〔續修〕1587

陸唐老(宋)
　陸狀元增節音註精議資治通鑑〔存目〕史部
　　3－5

陸浩(清)
　左繡〔存目〕經部 141

陸容(明)
　菽園雜記〔文淵〕1041〔文津〕1045〔文
　　瀾〕1068〔著錄〕子部 242

陸翀之(明)
　皇明館課經世宏辭續集〔禁燬〕集部 92－
　　93

陸崑曾(清)
　李義山詩解〔續修〕1701

陸進(清)
　巢青閣集〔未收〕八輯 20

陸�(明)
　〔嘉靖〕山東通志〔存目〕史部 187－188
　少石集〔存目〕集部 76
　病逸漫記〔存目〕子部 240〔續修〕1170
　賢識錄〔存目〕子部 240

陸淳(唐)
　春秋啖趙二先生集傳辯疑〔底本〕經部 25
　　〔著錄〕經部 77
　春秋集傳微旨〔文淵〕146〔文津〕142〔文
　　瀾〕140〔著錄〕經部 157
　春秋集傳辨疑〔文淵〕146〔文津〕142〔文
　　瀾〕140
　春秋集傳纂例〔文淵〕146〔文津〕142〔文
　　瀾〕140〔著錄〕經部 18

陸深(明)
　南遷日記〔存目〕史部 127
　科場條貫〔存目〕史部 268〔續修〕828
　陸文裕公行遠集、外集〔存目〕集部 59

淮封日記〔存目〕史部 127
聖駕南巡日録、大駕北還録〔存目〕史部 46
〔續修〕433
蜀都雜抄〔續修〕735
儼山文集、續集〔著録〕集部 70
儼山外集〔文淵〕885〔文津〕886〔文瀾〕
906〔著録〕子部 34
儼山集、續集〔文淵〕1268〔文津〕1272〔文
瀾〕1304 - 1305〔珍本〕五集 338 - 347

陸紹曾(清)
古今名扇録〔續修〕1111

陸菜(清)
歷朝賦格〔存目〕集部 399

陸森(元)
玉靈聚義總録〔存目〕子部 66

陸雲(晉)
陸士龍文集〔底本〕集部 51〔著録〕集部 41
陸士龍集〔文淵〕1063〔文津〕1067〔文
瀾〕1092
陸清河集〔續修〕1585

陸雲龍(明)
皇明十六名家小品〔存目〕集部 378
翠娛閣近言〔續修〕1389
翠娛閣評選鍾伯敬先生合集〔續修〕1371
翠娛閣評選鍾伯敬先生合集文、詩〔禁燬〕
集部 140 - 141

陸貽孫(明)
煙霞小説十三種〔存目〕子部 125

陸舜(清)
陸吳州集〔未收〕七輯 24

陸曾禹(清)
欽定康濟録〔文淵〕663〔文津〕662〔文
瀾〕672〔著録〕史部 264

陸游(宋)
入蜀記〔文淵〕460〔文津〕459〔文瀾〕461
老學菴筆記〔文淵〕865〔文津〕867〔文
瀾〕884〔薈要〕278〔著録〕子部 169
放翁逸稿〔薈要〕390
放翁詞〔文淵〕1488〔文津〕1493〔文瀾〕
1538〔著録〕集部 219
放翁詩選前集、後集、別集〔文淵〕1163〔文
津〕1168〔文瀾〕1198
南唐書、音釋〔著録〕史部 205
陸氏南唐書、南唐書音釋〔文淵〕464〔文
津〕464〔文瀾〕466
陳眉公訂正入蜀記〔著録〕史部 203

渭南文集〔文淵〕1163〔文津〕1167〔文
瀾〕1197〔薈要〕388〔著録〕集部 345
劍南詩稿〔文淵〕1162 - 1163〔文津〕1166 -
1167〔文瀾〕1196 - 1197〔薈要〕389 -
390〔著録〕集部 22 - 23
澗谷精選陸放翁詩集前集、須溪精選陸放翁
詩集後集、陸放翁詩別集〔著録〕集部
24〔著録〕集部 24〔著録〕集部 24

陸費墀(清)
四庫全書辨正通俗文字〔續修〕239
欽定四庫全書薈要總目〔薈要〕1

陸夢龍(明)
易略〔存目〕經部 19
梃擊始末〔存目〕史部 54

陸蒙(唐)
甫里集〔文淵〕1083〔文津〕1087〔文瀾〕
1113〔薈要〕367
松陵集〔文淵〕1332〔文津〕1336〔文瀾〕
1374〔珍本〕十二集 195
笠澤叢書〔文淵〕1083〔文津〕1087〔文
瀾〕1113〔珍本〕五集 269

陸楫(明)
古今説海〔文淵〕885〔文津〕886 - 887〔文
瀾〕903〔著録〕子部 59
兼葭堂稿〔續修〕1354

陸賈(漢)
新語〔文淵〕695〔文津〕695〔文瀾〕709
〔著録〕子部 61

陸粲(明)
左氏春秋鐫〔存目〕經部 119〔續修〕119
左傳附註〔文淵〕167〔文津〕161〔文瀾〕
159〔珍本〕二集 53〔著録〕經部 200
春秋胡氏傳辨疑〔文淵〕167〔文津〕161
〔文瀾〕159〔珍本〕五集 47〔著録〕經
部 199
陸子餘集〔文淵〕1274〔文津〕1278〔文
瀾〕1311〔珍本〕五集 351〔底本〕集部
195〔著録〕集部 277

陸嵩(清)
意苕山館詩稿〔續修〕1517

陸輔之(元)
詞旨〔續修〕1733

陸鳳池(清)
四焉齋詩集、附梯仙閣餘課、拂珠樓偶鈔
〔存目〕集部 275

陸鳳儀(明)

　〔萬曆〕金華府志〔存目〕史部 176－177

陸廣微(唐)

　吳地記、後集〔文淵〕587〔文津〕587〔文瀾〕595〔著録〕史部 250

陸增祥(清)

　八瓊室金石補正、札記、祛僞、元金石偶存〔續修〕896－899

陸德明(唐)

　毛詩注疏〔文淵〕69〔文津〕64〔文瀾〕62－63〔薈要〕23

　孝經注疏、附考證〔文淵〕182〔文津〕177〔文瀾〕173

　孝經注疏、傳述人、注疏序、原序〔薈要〕68

　附釋音周禮註疏〔著録〕經部 65

　附釋音春秋左傳註疏〔著録〕經部 76

　附釋音禮記註疏〔著録〕經部 66

　尚書注疏〔文淵〕54〔文津〕49〔文瀾〕47〔薈要〕16

　周易、略例〔底本〕經部 11〔著録〕經部 141

　周易註疏、周易略例、考證〔文淵〕7〔文津〕2〔文瀾〕1

　周易經典釋文殘卷〔續修〕1

　周易經傳注疏、附原目、傳述人、正義序、略例〔薈要〕2

　周禮註疏〔文淵〕90〔文津〕85〔文瀾〕83〔薈要〕46

　春秋公羊傳注疏、附考證〔文淵〕145〔文津〕140－141〔文瀾〕139

　春秋左氏傳注疏、正義序、左傳序、原目、傳述人〔薈要〕30－31

　春秋左傳、春秋提要〔著録〕經部 86

　春秋左傳注疏、諸家序、春秋三傳注解傳述人考證〔文淵〕143－144〔文津〕139－140〔文瀾〕137－138

　春秋穀梁傳注疏、正義序、原目〔薈要〕33

　春秋穀梁傳注疏、附考證〔文淵〕145〔文津〕141〔文瀾〕139

　南華真經〔著録〕子部 365

　莊子〔薈要〕275

　經典釋文〔文淵〕182〔文津〕177〔文瀾〕174〔薈要〕77〔著録〕經部 204

　經典釋文尚書(殘卷)〔續修〕41

　監本附音春秋公羊註疏〔著録〕經部 77

　爾雅、爾雅音釋〔續修〕185

　爾雅注疏〔薈要〕79

　爾雅注疏、附考證〔文淵〕221〔文津〕216〔文瀾〕214

　儀禮注疏、正義序、原目〔薈要〕49

　儀禮注疏、原目、附考證〔文淵〕102〔文津〕97－98〔文瀾〕96

　儀禮註疏〔著録〕經部 148

　論語注疏〔文淵〕195〔文津〕190〔文瀾〕186〔薈要〕70

　禮記注疏、正義序、原目、傳述人〔薈要〕51－52

　禮記註疏、附考證〔文淵〕115－116〔文津〕110－111〔文瀾〕109

陸毅(清)

　自知録〔禁燬補〕35

陸璣(三國吳)

　毛詩草木鳥獸蟲魚疏〔文淵〕70〔文津〕65〔文瀾〕63〔著録〕經部 128

　陸氏詩疏廣要〔文淵〕70〔文津〕65〔文瀾〕63〔薈要〕29

陸樹聲(明)

　茶寮記〔存目〕子部 79

　陸學士雜著十種〔存目〕子部 163

陸機(晉)

　陸士衡文集〔續修〕1304

　陸平原集〔續修〕1584－1585

陸勳(唐)

　集異志〔存目〕子部 245

陸錫熊(清)

　欽定河源紀略〔文淵〕579〔文津〕579〔文瀾〕588〔著録〕史部 59

　寶奎堂集、篁村集、續編〔續修〕1451

陸鍵(明)

　尚書傳翼〔存目〕經部 53

陸懋修(清)

　內經運氣病釋、附內經遺篇病釋〔續修〕983

陸繁弨(清)

　善卷堂四六〔存目〕集部 257

陸龜蒙(唐)

　小名録〔文淵〕892〔文津〕894〔文瀾〕912〔著録〕子部 38

　松陵集〔著録〕集部 136

　重刊校正笠澤叢書〔底本〕集部 1〔著録〕集部 337

　唐甫里先生文集〔著録〕集部 86

陸應陽(清)

廣輿記 〔禁燬〕史部 18

廣輿記、圖〔存目〕史部 173

樵史〔禁燬〕史部 71

陸應穀(清)

　地理或問〔未收〕五輯 13

　抱真書屋詩鈔〔續修〕1532

陸績(三國吳)

　京氏易傳〔文淵〕808〔文津〕809〔文瀾〕
　　826〔薈要〕264〔著錄〕子部 21

　陸公紀易解〔著錄〕經部 183

　陸氏易解〔文淵〕7〔文津〕2〔文瀾〕1

陸贄(唐)

　唐陸宣公集〔著錄〕集部 83

　註陸宣公奏議〔續修〕474

　翰苑集〔文淵〕1072〔文津〕1077〔文瀾〕
　　1103〔薈要〕495

陸簡(明)

　龍皋文稿〔存目〕集部 39

陸燿(清)

　切問齋文錄〔續修〕1671

　切問齋集〔未收〕十輯 19

　烟譜〔續修〕1117

陸隴其(清)

　三魚堂日記〔續修〕559

　三魚堂文集〔文淵〕1325〔文津〕1328〔文
　　瀾〕1365〔著錄〕集部 359

　三魚堂文錄〔續修〕1671

　三魚堂四書集註大全〔存目〕經部 170-172

　三魚堂賸言〔文淵〕725〔文津〕725〔文
　　瀾〕739〔珍本〕十一集 104〔著錄〕子
　　部 63

　古文尚書考〔存目〕經部 57

　四書講義困勉錄〔文淵〕209〔文津〕203-
　　204〔文瀾〕202〔珍本〕四集 91-96

　四書講義困勉錄、續〔著錄〕經部 104-105

　四書講義續困勉錄〔存目〕經部 172

　松陽鈔存〔文淵〕725〔文津〕725〔文瀾〕
　　739〔著錄〕子部 63

　松陽講義〔文淵〕209〔文津〕204〔文瀾〕
　　203〔珍本〕十集 54-56〔著錄〕經部
　　105

　陸稼書先生問學錄〔存目〕子部 22

　陸稼書先生讀朱隨筆〔著錄〕子部 261

　戰國策去毒、附編年〔存目〕史部 44

　讀朱隨筆〔文淵〕725〔文津〕725〔文瀾〕
　　739〔珍本〕十二集 46

讀禮志疑〔文淵〕129〔文津〕124〔文瀾〕
　123

陸翽(晉)

　鄴中記〔文淵〕463〔文津〕462〔文瀾〕464
　　〔珍本〕別輯 128〔著錄〕史部 204

陸耀遹(清)

　金石續編〔續修〕893

陸寶(明)

　霜鏡集〔禁燬〕集部 143

陸繼輅(清)

　合肥學舍札記〔續修〕1157

　崇百藥齋三集〔續修〕1497

　崇百藥齋文集〔續修〕1496-1497

　崇百藥齋文錄〔續修〕1672

　崇百藥齋續集〔續修〕1497

陸繼煇(清)

　八瓊室金石補正續編〔續修〕899-901

陳

陳一元(明)

　漱石山房集〔禁燬補〕71

陳九川(明)

　明水陳先生文集〔存目〕集部 72

陳九德(明)

　皇明名臣經濟錄〔禁燬〕史部 9

陳三立

　散原精舍詩〔續修〕1576

陳于廷(明)

　寶泉新牘〔續修〕838

陳于陛(明)

　意見〔存目〕子部 87

陳于鼎(明)

　麟旨定〔存目〕經部 124

陳士元(明)

　五經異文〔存目〕經部 149

　古今韻分注撮要〔存目〕經部 209

　古俗字略〔存目〕經部 190

　古俗字略、漢碑用字、俗用雜字〔續修〕238

　名疑〔文淵〕952〔文津〕955〔文瀾〕975
　　〔珍本〕十集 193-194〔著錄〕子部 330

　江漢叢談〔文淵〕590〔文津〕590〔文瀾〕
　　598〔著錄〕史部 252

　易象鈎解〔文淵〕31〔文津〕26〔文瀾〕26
　　〔著錄〕經部 54

　易象彙解〔續修〕8

孟子雜記〔文淵〕207〔文津〕201〔文瀾〕
　200〔著錄〕經部103
姓匯〔存目〕子部179
姓觿〔存目〕子部179
荒史〔存目〕史部23
夢占逸旨〔續修〕1064
夢林玄解〔續修〕1063－1064
諸史夷語解義〔未收〕十輯7
論語類考〔文淵〕207〔文津〕201〔文瀾〕
　200〔珍本〕九集61－63〔著錄〕經部
　103

陳士芳（明）
　春秋四傳通辭〔存目〕經部123

陳士珂（清）
　韓詩外傳疏證〔未收〕九輯1

陳士鳳（明）
　太乙山房文集、附孝威論、陳孝逸論〔禁燬
　補〕67

陳士鐸（清）
　本草新編〔未收〕十輯8
　石室秘錄〔存目〕子部51〔續修〕1025
　洞天奧旨、圖〔續修〕1013
　辨證錄、洞垣全書脈訣闡微〔續修〕1023－
　1024

陳士鑛（清）
　折獄巵言〔存目〕子部37
　明江南治水記〔存目〕史部224

陳士驥（明）
　太乙山房文集、附孝威論、陳孝逸論〔禁燬
　補〕67

陳大庚（清）
　周禮序官考〔續修〕81

陳大章（清）
　玉照亭詩鈔〔未收〕八輯18
　詩傳名物集覽〔文淵〕86〔文津〕81〔文
　瀾〕79〔珍本〕十二集6－7〔著錄〕經
　部63

陳大猷（宋）
　書集傳、或問〔續修〕42
　書集傳或問〔文淵〕60〔文津〕55〔文瀾〕
　52
　書傳會通、書集傳或問〔著錄〕經部57

陳大震（元）
　大德南海志〔續修〕713

陳大聲（明）

坐隱先生精訂草堂餘意〔續修〕1723

陳山毓（明）
　陳靖質居士文集〔禁燬〕集部14

陳之伸（明）
　闕里書〔存目補〕93

陳之遴（清）
　浮雲集〔存目〕集部197〔禁燬補〕75

陳之蘭（清）
　香國集文錄〔續修〕1671

陳子壯（明）
　新鐫陳太史子史經濟言〔存目〕子部205

陳子昂（唐）
　陳伯玉文集〔著錄〕集部227
　陳拾遺集〔文淵〕1065〔文津〕1069〔文
　瀾〕1094〔薈要〕358

陳子龍（明）
　安雅堂稿〔續修〕1387－1388
　皇明詩選〔禁燬補〕55
　皇明經世文編〔續修〕1655－1662〔禁燬〕
　集部22－29
　湘真閣稿〔續修〕1388
　詩問略〔存目〕經部72

陳天定（明）
　古今小品〔禁燬〕集部56

陳天祥（元）
　四書辨疑〔文淵〕202〔文津〕196〔文瀾〕
　192〔薈要〕76〔著錄〕經部171

陳元素（明）
　註釋評點古今名將傳〔禁燬〕子部17

陳元晉（宋）
　漁墅類稿〔文淵〕1176〔文津〕1180〔文
　瀾〕1210〔珍本〕初集316〔底本〕集部
　91〔著錄〕集部26

陳元靚（宋）
　歲時廣記〔文淵〕467〔文津〕466〔文瀾〕
　468〔著錄〕史部35〔續修〕885
　新編纂圖增類群書類要事林廣記〔續修〕
　1218

陳元龍（清）
　格致鏡原〔文淵〕1031－1032〔文津〕1035－
　1037〔文瀾〕1058－1059〔著錄〕子部
　109－110
　御定歷代賦彙〔文淵〕1419－1422〔文津〕
　1423－1427〔文瀾〕1463－1467〔珍
　本〕九集272－323〔薈要〕425－430

御定歷代賦彙、外集、逸句〔著録〕集部
313－316
愛日堂詩集〔存目〕集部 254
詳註周美成詞片玉集〔續修〕1722
陳元齡(明)
思問初編〔禁燬〕經部 4
陳友仁(元)
周禮集説〔文淵〕95〔文津〕90〔文瀾〕88
〔珍本〕四集 43－45
周禮集説、綱領〔著録〕經部 11
陳中州(明)
玉斗山人文集〔著録〕集部 347
陳仁子(宋)
文選補遺〔文淵〕1360〔文津〕1364〔文
瀾〕1402〔珍本〕七集 278－287〔著
録〕集部 77
牧萊脞語、二稿〔存目〕集部 20〔續修〕
1320
陳仁玉(宋)
菌譜〔文淵〕845〔文津〕847〔文瀾〕863
〔著録〕子部 162
陳仁錫(明)
八編類纂、圖、六經圖〔續修〕1240－1246
〔禁燬〕子部 2－8
古文奇賞、續古文奇賞、奇賞齋廣文苑英華、
四續古文奇賞、明文奇賞〔存目〕集部
352－358
史品赤函〔存目〕史部 148
四書考、考異〔存目〕經部 164－165
丘瓊山先生大學衍義補贊英華〔未收〕三輯
21
奇賞齋古文彙編〔存目〕集部 359－365
性理標題綜要〔存目〕子部 16
重校古周禮〔存目〕經部 83
皇明世法録〔禁燬〕史部 13－16
皇明表程文選、皇明論程文選〔禁燬補〕51
皇明策程文選〔禁燬補〕51
陳太史無夢園初集〔續修〕1381－1383〔禁
燬〕集部 59－60
陳明卿太史考古詳訂遵韻海篇朝宗〔未收〕
八輯 3
無夢園遺集〔續修〕1383〔禁燬〕集部 142
潛確居類書〔禁燬〕子部 13－16
蘇文奇賞〔存目〕集部 12
繫辭十篇書〔存目〕經部 22
類選箋釋草堂詩餘、續選草堂詩餘、國朝詩

餘〔續修〕1728
陳介祺(清)
封泥考略〔續修〕1109－1110
陳公亮(宋)
淳熙嚴州圖經〔續修〕704
陳文(明)
〔景泰〕雲南圖經志書〔續修〕681
陳文在(清)
玉華洞志、附慶玉華詩〔存目〕史部 240
陳文述(清)
頤道堂詩選、外集、文鈔〔續修〕1504－1506
陳文蔚(宋)
克齋集〔文淵〕1171〔文津〕1175〔文瀾〕
1205〔珍本〕二集 301
陳克齋先生集〔著録〕集部 346
陳文燭(明)
二酉園文集、詩集、續集〔存目〕集部 139
陳文藻(清)
南園後五先生詩、附刻南園花信詩〔存目
補〕38
陳以剛(清)
國朝詩品〔禁燬〕集部 39
陳允衡(清)
古人幾部〔存目〕史部 119
涉江集選〔存目〕集部 142
國雅初集〔存目〕集部 399
詩慰初集、二集、續集〔禁燬〕集部 56
陳允錫(清)
史緯〔存目〕史部 151－158
陳玉瑄(清)
農具記〔續修〕976
學文堂集〔存目補〕47－48
陳玉輝(明)
陳先生適適齋鑑鬚集〔存目〕集部 182
陳玉澍(清)
爾雅釋例〔續修〕188
陳玉樹(清)
毛詩異文箋〔續修〕74
陳正琜(清)
五峰集、集字詩〔禁燬〕集部 167
陳正學(明)
灌園草木識〔續修〕1119
陳去病
詞旨〔續修〕1733

陳世元(清)

　金薯傳習録〔續修〕977

陳世仁(清)

　少廣補遺〔文淵〕802〔文津〕803〔文瀾〕
　　819〔珍本〕四集166

陳世英(清)

　丹霞山志〔禁燬〕史部51

陳世崇(宋)

　隨隱漫録〔文淵〕1040〔文津〕1044〔文
　　瀾〕1067〔著録〕子部241

陳世隆(元)

　北軒筆記〔文淵〕866〔文津〕868〔文瀾〕
　　886

　宋詩拾遺〔續修〕1621

　宋僧詩補遺〔續修〕1621

　兩宋名賢小集〔文淵〕1362-1364〔文津〕
　　1366-1369〔文瀾〕1404-1407〔底
　　本〕集部228-243〔著録〕集部452-
　　455

陳世鎔(清)

　周易廓〔未收〕四輯2

陳本禮(清)

　太玄闡秘、外編、附編〔續修〕1048

　協律鈎玄、外集〔續修〕1311

　屈辭精義〔續修〕1302

陳田

　明詩紀事〔續修〕1710-1712

陳田夫(宋)

　南嶽總勝集〔續修〕725

陳用光(清)

　太乙舟文集〔續修〕1493

　太乙舟詩集〔續修〕1493

陳立(清)

　公羊義疏〔續修〕130

　白虎通疏證〔續修〕1142

　句溪雜著〔續修〕176

　説文諧聲孳生述〔續修〕248

　舊唐書校勘記〔續修〕283-284

陳永(明)

　法家裒集〔存目〕子部37

陳弘緒(清)

　江城名蹟記〔著録〕史部251

　陳士業先生集〔存目補〕54

　寒夜録〔續修〕1134〔禁燬補〕37

陳弘謀(清)

　五種遺規〔續修〕951

　在官法戒録〔未收〕一輯23

　培遠堂文録〔續修〕1671

陳邦俊(明)

　廣諧史〔存目〕子部252

陳邦彦(清)

　烏衣香牒、春駒小譜〔存目〕子部82

　御定歷代題畫詩類〔文淵〕1435-1436〔文
　　津〕1438-1440〔文瀾〕1491-1492
　　〔珍本〕六集368-381〔薈要〕456-457
　　〔著録〕集部311-312

陳邦瞻(明)

　元史紀事本末〔文淵〕353〔文津〕350〔文
　　瀾〕352〔珍本〕十二集25〔薈要〕210
　　〔著録〕史部79〔續修〕389

　宋史紀事本末〔文淵〕353〔文津〕349-350
　　〔文瀾〕351〔薈要〕210〔著録〕史部50

　陳氏荷華山房詩稿〔續修〕1368〔禁燬〕集
　　部8

陳臣忠(明)

　尺牘雋言〔存目〕集部334

陳有年(明)

　陳恭介公文集〔續修〕1352-1353

陳有守(明)

　徽郡詩〔存目補〕22

陳存禮(元)

　麗則遺音〔文淵〕1222〔文津〕1226〔文
　　瀾〕1257

陳至言(清)

　菀青集〔存目補〕6

陳光裕(清)

　濮川詩鈔〔存目〕集部414

陳廷敬(清)

　日講四書解義〔著録〕經部25

　午亭文編〔文淵〕1316〔文津〕1320〔文
　　瀾〕1354-1355〔珍本〕四集378-383
　　〔著録〕集部288

　午亭文録〔續修〕1669

　午亭集〔存目補〕78

　皇清文穎〔文淵〕1449-1450〔文津〕1453-
　　1455〔文瀾〕1496-1497

　御定佩文韻府〔文淵〕1011-1028〔文津〕
　　1014-1032〔文瀾〕1037-1055

　御定康熙字典、總目、檢字、辨似、等韻、備考
　　〔文淵〕229-231〔文津〕224-226〔文

瀾〕221－222
御選唐詩 〔文淵〕1446〔文津〕1449－1450
〔文瀾〕1493〔珍本〕八集 339－350
〔薈要〕458－459
陳廷焯(清)
白雨齋詞話 〔續修〕1735
陳仲子(南朝齊)
於陵子 〔存目〕子部 83
陳自明(宋)
婦人大全良方 〔珍本〕七集 129－132
婦人大全良方、辨識修製藥物法度 〔文淵〕
742〔文津〕742〔文瀾〕756
新編婦人大全良方、辨識修製藥物法度 〔底
本〕子部 31－32〔著録〕子部 136
陳全之(明)
蓬窗日録 〔存目〕子部 110〔續修〕1125
輟耰述 〔續修〕1125
陳兆崙(清)
紫竹山房文集 〔續修〕1670
紫竹山房文集、詩集 〔未收〕九輯 25
陳名夏(清)
石雲居文集 〔存目補〕55
石雲居詩集、詞 〔存目〕集部 201
陳次升(宋)
讜論集 〔文淵〕427〔文津〕425〔文瀾〕425
〔珍本〕初集 118
陳汝元(明)
金蓮記 〔續修〕1771
陳汝瑒(明)
湛然堂詩稿 〔存目〕集部 146
陳汝錡(明)
甘露園短書 〔存目〕子部 87
陳如綸(明)
冰玉堂綴逸稿、蘭舟漫稿、附二餘詞 〔存目〕
集部 96
陳孝威(明)
壺山集 〔禁燬〕集部 72
陳孝逸(明)
癡山集 〔禁燬〕集部 49
陳均(宋)
九朝編年備要 〔文淵〕328〔文津〕325〔文
瀾〕324〔珍本〕七集 60－69
皇朝編年備要 〔著録〕史部 188
陳均(清)
畫眉筆談 〔存目〕子部 82〔續修〕1120

陳芳生(清)
捕蝗考 〔文淵〕663〔文津〕662〔文瀾〕672
〔珍本〕九集 175〔著録〕史部 393
疑獄箋 〔存目〕子部 37〔續修〕974
陳克(宋)
東南防守利便 〔存目〕史部 225
陳克昌(明)
麻姑集 〔存目〕集部 304
陳克恕(清)
篆刻鍼度 〔續修〕1091
陳克緒(清)
讀易録 〔未收〕九輯 1
陳束(明)
陳后岡詩集、文集 〔存目〕集部 90
陳吾德(明)
謝山存稿 〔存目〕集部 138
陳虯(清)
治平通議 〔續修〕952
陳秀民(元)
東坡文談録 〔存目〕集部 416
東坡詩話録 〔存目〕集部 416
陳作霖
可園文存、詩存、詞存 〔續修〕1569
陳孚(元)
陳剛中詩集 〔文淵〕1202〔文津〕1207〔文
瀾〕1237〔珍本〕八集 159〔著録〕集部
396
陳孚(清)
詩傳考 〔未收〕四輯 4
陳奐(清)
毛詩傳義類 〔續修〕70
毛詩説 〔續修〕70
公羊逸禮考徵 〔續修〕129
詩毛氏傳疏 〔續修〕70
鄭氏箋考徵 〔續修〕70
釋毛詩音 〔續修〕70
陳言(宋)
三因極一病證方論 〔文淵〕743〔文津〕743
〔文瀾〕757〔珍本〕四集 137－139〔著
録〕子部 137
陳言(明)
易疑、圖説、繫辭下傳、説卦傳、序卦傳、雜卦
傳 〔存目〕經部 9
陳沂(明)
拘虚晤言 〔存目〕子部 84

金陵世紀〔存目〕史部 186

金陵古今圖考〔存目〕史部 186

〔嘉靖〕南畿志〔存目〕史部 190

畜德録〔存目〕史部 90

詢蒭録〔存目〕子部 102

維禎録〔存目〕史部 47

陳沆（清）

近思録補注〔續修〕934-935

簡學齋詩存、簡學齋詩删〔續修〕1512

陳完（明）

皆春園集〔存目〕集部 182

陳宏緒（清）

石莊先生文録〔續修〕1669

江城名蹟〔文淵〕588〔文津〕588〔文瀾〕597〔珍本〕五集 101

陳宏謀（清）

大學衍義補輯要〔存目〕子部 5

大學衍義輯要〔存目〕子部 5

訓俗遺規〔存目〕子部 158

〔乾隆〕湖南通志〔存目〕史部 216-219

陳良珍（明）

〔隆慶〕永州府志〔存目〕史部 201

陳良弼（清）

水師輯要〔續修〕860

陳良謨（明）

見聞紀訓〔存目〕子部 246〔續修〕1266

陳長方（宋）

步里客談〔文淵〕1039〔文津〕1043〔文瀾〕1066〔珍本〕別輯 236

唯室集〔文淵〕1139〔文津〕1144〔文瀾〕1171〔珍本〕初集 294〔底本〕集部 71〔著録〕集部 343

陳坤（清）

粤東勦匪紀略〔未收〕三輯 13

陳其力（明）

芸心識餘、續〔存目〕子部 125

陳其元（清）

庸閒齋筆記〔續修〕1142

陳其晟（明）

布衣陳先生存稿〔續修〕1330

陳其愫（明）

皇明經濟文輯〔存目〕集部 369

陳其德（明）

垂訓樸語〔存目〕子部 94

陳直（宋）

壽親養老新書〔文淵〕738〔文津〕738〔文瀾〕753〔珍本〕十集 164-165〔著録〕子部 15

陳枚（清）

憑山閣留青二集選〔禁燬〕集部 155

憑山閣留青廣集〔禁燬補〕53

憑山閣增輯留青新集〔禁燬〕集部 54-55

陳松（清）

天文算學纂要、附國朝萬年書、推測易知〔未收〕六輯 17-18

陳杰（宋）

自堂存稿〔文淵〕1189〔文津〕1194〔文瀾〕1225〔珍本〕十二集 170〔底本〕集部 183〔著録〕集部 424

陳東（宋）

少陽集〔文淵〕1136〔文津〕1140〔文瀾〕1167〔珍本〕七集 204

宋少陽公文集〔底本〕集部 30

宋陳少陽先生文集〔著録〕集部 17

靖炎兩朝見聞録〔存目〕史部 44〔續修〕423

陳郁（宋）

藏一話腴〔文淵〕865〔文津〕867〔文瀾〕885〔珍本〕十二集 142〔著録〕子部 361

陳叔方（宋）

潁川語小〔文淵〕853〔文津〕855〔文瀾〕873〔珍本〕別輯 212

陳叔寶（南朝陳）

陳後主集〔續修〕1587

陳尚古（清）

簪雲樓雜説〔存目〕子部 250

陳昌（清）

霆軍紀略〔未收〕七輯 4

陳昌圖（清）

南屏山房集〔未收〕十輯 24

陳昌齊（清）

〔道光〕廣東通志〔續修〕669-675

陳昂（明）

白雲集〔存目〕集部 189

陳侃（明）

使琉球録〔續修〕742

陳所聞（明）

新鐫古今大雅北宮詞紀、新鐫古今大雅南宮詞紀〔續修〕1741

陳所蘊(明)
　　竹素堂藏稿 〔存目〕集部 172
陳金鑑(清)
　　宋黄宣獻公周禮説 〔續修〕78
陳念祖(清)
　　神農本草經讀 〔續修〕995
　　傷寒論淺注補正 〔續修〕987
　　醫學三字經 〔續修〕1026
陳庚焕(清)
　　惕園初藁文 〔續修〕1670
陳法(清)
　　易箋 〔文淵〕49 〔文津〕44 〔文瀾〕42 〔珍本〕五集 7－8
　　定齋易箋 〔著録〕經部 55
陳治(清)
　　證治大還六種 〔存目〕子部 49
陳性定(元)
　　仙都志 〔存目〕史部 228 〔續修〕723
陳宗起(清)
　　丁戊筆記 〔續修〕1161
　　考工記鳥獸蟲魚釋 〔續修〕85
陳宜甫(元)
　　秋巖詩集 〔文淵〕1202 〔文津〕1207 〔文瀾〕1237 〔珍本〕初集 345 〔底本〕集部 99 〔著録〕集部 446
陳宓(宋)
　　復齋先生龍圖陳公文集、拾遺 〔續修〕1319
陳建(明)
　　皇明二祖十四宗增補標題評斷實紀 〔禁燬〕史部 32
　　皇明十六朝廣彙紀 〔禁燬〕史部 42
　　皇明典要 〔禁燬〕史部 3
　　皇明紀要 〔禁燬補〕12
　　皇明通紀法傳全録 〔續修〕357 〔禁燬補〕10
　　皇明通紀前編、續編 〔禁燬補〕12－13
　　皇明通紀集要 〔禁燬〕史部 34
　　皇明從信録 〔續修〕355 〔禁燬〕史部 1－2
　　皇明資治通紀 〔禁燬〕史部 12 〔禁燬補〕11
　　新鍥李卓吾先生增補批點皇明正續合併通紀統宗 〔禁燬補〕12
　　學部通辨前編、後編、續編、終編 〔存目〕子部 11 〔續修〕939
陳函煇(明)
　　小寒山子集 〔禁燬〕集部 185
陳相(元)

　　爲政善報事類 〔續修〕753
陳相(明)
　　〔弘治〕赤城新志 〔存目〕史部 177
陳柏(明)
　　蘇山選集 〔存目〕集部 124
陳威(明)
　　〔正德〕松江府志 〔存目〕史部 181
陳厚耀(清)
　　春秋世族譜 〔文淵〕178 〔文津〕173 〔文瀾〕170 〔珍本〕四集 86 〔著録〕經部 22
　　春秋長曆 〔文淵〕178 〔文津〕173 〔文瀾〕170 〔珍本〕十一集 21－22 〔著録〕經部 22
　　春秋戰國異辭、春秋戰國通表、摭遺 〔文淵〕403 〔文津〕399 〔文瀾〕400－401
　　春秋戰國異辭、通表 〔珍本〕初集 112－117
陳則通(元)
　　春秋提綱 〔文淵〕159 〔文津〕154 〔文瀾〕151 〔薈要〕36 〔著録〕經部 19
陳思(宋)
　　小字録 〔文淵〕948 〔文津〕951 〔文瀾〕955 〔珍本〕五集 236 〔著録〕子部 330
　　兩宋名賢小集 〔文淵〕1362－1364 〔文津〕1366－1369 〔文瀾〕1404－1407 〔珍本〕六集 301－322 〔底本〕集部 228－243 〔著録〕集部 452－455
　　海棠譜 〔文淵〕845 〔文津〕846 〔文瀾〕863 〔底本〕子部 33 〔著録〕子部 162
　　書小史 〔文淵〕814 〔文津〕816 〔文瀾〕833 〔著録〕子部 357
　　書苑菁華 〔文淵〕814 〔文津〕816 〔文瀾〕833 〔著録〕子部 150
　　寶刻叢編 〔文淵〕682 〔文津〕682 〔文瀾〕695 〔著録〕史部 437
陳禹謨(明)
　　左氏兵略 〔存目〕子部 32－33
　　北堂書鈔 〔文淵〕889 〔文津〕890－891 〔文瀾〕909 〔著録〕子部 35
　　四書名物考 〔存目〕經部 160
　　經言枝指 〔存目〕經部 158－160
　　經籍異同 〔存目〕經部 158
　　説儲、二集 〔存目〕子部 110
　　廣滑稽 〔存目〕子部 251
　　駢志 〔文淵〕973 〔文津〕976 〔文瀾〕998 〔珍本〕二集 233－238 〔著録〕子部 222
陳衍

元詩紀事〔續修〕1710
石遺室詩集、文集〔續修〕1576
閩詩録甲集、乙集、丙集、丁集、戊集〔續修〕1687

陳亮(宋)
歐陽文粹〔文淵〕1103〔文津〕1107〔文瀾〕1133〔珍本〕六集247-248
歐陽先生文粹〔底本〕集部59〔著録〕集部340
龍川文集〔著録〕集部25
龍川集〔文淵〕1171〔文津〕1176〔文瀾〕1205〔薈要〕396
龍川詞〔文淵〕1488〔文津〕1492〔文瀾〕1538〔著録〕集部219

陳美訓(清)
餘慶堂詩文集〔未收〕八輯29

陳炳(清)
陽山詩集〔存目〕集部237

陳洪書(清)
望都縣新志〔禁燬〕史部73

陳洪綬(明)
楚辭、九歌圖〔未收〕五輯16

陳洪謨(明)
治世餘聞録〔存目〕史部46〔續修〕433
高吾静芳亭摘稿〔存目補〕97
繼世紀聞〔存目〕史部46〔續修〕433

陳恢吾(清)
農學纂要〔未收〕七輯12

陳恂(明)
餘菴雜録〔存目〕子部113

陳祖范(清)
司業文集、司業詩集〔存目〕集部274
掌録〔存目〕子部101
經咫〔文淵〕194〔文津〕188〔文瀾〕184〔珍本〕九集60〔著録〕經部95

陳祖念(明)
易用〔文淵〕35〔文津〕30〔文瀾〕29〔珍本〕初集31

陳祖法(清)
古處齋詩集〔禁燬〕集部128-129

陳祖銘(清)
講學〔存目〕子部29

陳祖綬(明)
皇明職方地圖〔禁燬補〕26

陳祚明(清)

采菽堂古詩選〔續修〕1590-1591
稽留山人集〔存目〕集部233

陳耕道(清)
疫痧草〔續修〕1018

陳泰(元)
所安遺集〔文淵〕1210〔文津〕1214〔文瀾〕1245〔珍本〕九集257〔著録〕集部348

陳泰交(明)
尚書注考〔文淵〕64〔文津〕59〔文瀾〕57〔珍本〕十一集6〔著録〕經部193

陳珮(清)
閨房集〔存目〕集部280

陳振孫(宋)
白香山詩長慶集、後集、別集、年譜、年譜舊本〔著録〕集部42
直齋書録解題〔文淵〕674〔文津〕674〔文瀾〕687〔珍本〕別輯150-155〔薈要〕237〔著録〕史部265

陳起(宋)
江湖小集〔文淵〕1357〔文津〕1361〔文瀾〕1399〔珍本〕七集267-276〔底本〕集部219-223〔著録〕集部299
江湖後集〔文淵〕1357〔文津〕1362〔文瀾〕1400〔珍本〕十一集197-198
芸居乙藁〔續修〕1318
聖宋高僧詩選、後集、續集〔續修〕1621

陳耆卿(宋)
〔嘉定〕赤城志〔著録〕史部36-37
赤城志〔文淵〕486〔文津〕486〔文瀾〕488〔珍本〕十一集70-72
篔窗集〔文淵〕1178〔文津〕1182〔文瀾〕1212〔珍本〕初集325

陳恭尹(清)
獨漉堂詩集、文集〔禁燬〕集部183
獨漉堂詩集、文集、續編〔續修〕1413

陳真晟(明)
陳剩夫先生集〔存目〕集部38

陳致虛(元)
金丹正理大全金丹大要〔存目〕子部259
周易參同契分章註〔文淵〕1058〔文津〕1063〔文瀾〕1088〔珍本〕十二集154〔著録〕子部124

陳造(宋)
江湖長翁文集〔著録〕集部55

江湖長翁集〔文淵〕1166〔文津〕1170〔文
瀾〕1200〔珍本〕五集279-283

陳倫炯(清)

海國聞見録〔文淵〕594〔文津〕595〔文
瀾〕603〔珍本〕五集102〔著録〕史部
253

陳師(明)

禪寄筆談〔存目〕子部103

陳師文(宋)

太平惠民和劑局方、指南總論〔文淵〕741
〔文津〕741〔文瀾〕755

太平惠民和劑局方、指南總論、增廣和劑局
方圖經本草藥性總論〔著録〕子部133

陳師凱(元)

書蔡氏傳旁通〔文淵〕62〔文津〕57〔文
瀾〕54〔著録〕經部6

靈棋經〔著録〕子部303

陳師道(宋)

後山居士文集〔著録〕集部12

後山居士詩集、逸詩、詩餘〔存目〕集部14

後山居士詩話〔著録〕集部213

後山集〔文淵〕1114〔文津〕1118〔文瀾〕
1144〔薈要〕387

後山詩註〔文淵〕1114〔文津〕1118〔文
瀾〕1145〔著録〕集部340

後山詩話〔文淵〕1478〔文津〕1482〔文
瀾〕1527

後山談叢〔文淵〕1037〔文津〕1041〔文
瀾〕1064

寶顏堂訂正後山談叢〔著録〕子部218

陳師聖(宋)

產育寶慶集〔文淵〕743〔文津〕743〔文
瀾〕757

陳逢衡(清)

竹書紀年集證、集說、叙略〔續修〕335

陳訐(清)

句股引蒙〔文淵〕802〔文津〕803〔文瀾〕
819〔珍本〕四集165

句股引蒙、象限線度〔著録〕子部355

句股述〔存目〕子部55

宋十五家詩選〔存目〕集部410〔續修〕
1621

時用集、續集〔存目〕集部257

陳高(元)

不繫舟漁集〔文淵〕1216〔文津〕1220〔文
瀾〕1251〔珍本〕十集247-249〔著

録〕集部349

陳旅(元)

此山詩集〔文淵〕1204〔文津〕1208〔文
瀾〕1238

安雅堂集〔文淵〕1213〔文津〕1216〔文
瀾〕1248〔珍本〕二集338-339〔薈
要〕407〔著録〕集部60

陳浩(清)

生香書屋文集〔未收〕九輯23

春秋公羊傳注疏、附考證〔文淵〕145〔文
津〕140-141〔文瀾〕139

春秋穀梁傳注疏、附考證〔文淵〕145〔文
津〕141〔文瀾〕139

後漢書、附考證〔文淵〕252-253〔文津〕
246-248〔文瀾〕245

陳悦道(元)

科場備用書義斷法〔著録〕經部127

書義斷法、附作義要訣〔文淵〕62〔文津〕57
〔文瀾〕55〔珍本〕初集48

陳祥道(宋)

重廣陳用之真本入經論語全解義〔底本〕經
部9〔著録〕經部206

論語全解〔文淵〕196〔文津〕191〔文瀾〕
187〔珍本〕三集108

禮書〔文淵〕130〔文津〕125〔文瀾〕123
〔珍本〕五集25-30〔著録〕經部49

陳祥裔(清)

蜀都碎事、藝文補遺〔存目〕史部250

陳恕可(宋)

樂府補題〔文淵〕1490〔文津〕1494〔文
瀾〕1539〔著録〕集部419

陳規(宋)

守城録〔珍本〕別輯167〔著録〕子部14

守城録、靖康朝野僉言後序、守城機要、建炎
德安守禦録〔文淵〕727〔文津〕727
〔文瀾〕741

陳埴(宋)

木鐘集〔文淵〕703〔文津〕704-705〔文
瀾〕718〔珍本〕四集126-127

潛室陳先生木鐘集〔著録〕子部301

陳基(元)

夷白齋藁、外集〔文淵〕1222〔文津〕1226
〔文瀾〕1257〔珍本〕九集258-260
〔著録〕集部113

陳萇(清)

雪川詩稿〔未收〕八輯 19

陳著(宋)

　本堂陳先生文集〔著録〕集部 444

　本堂集〔文淵〕1185〔文津〕1189〔文瀾〕
　　1220〔珍本〕二集 308－311

陳黄中(清)

　東莊遺集〔未收〕十輯 21

　紀元要略〔存目〕史部 273

陳桱(明)

　通鑑續編〔文淵〕332〔文津〕330〔文瀾〕
　　330〔著録〕史部 75

　御批資治通鑑綱目、御批資治通鑑綱目前
　　編、御批續資治通鑑綱目〔著録〕史部
　　161－166

陳桷(明)

　石山醫案〔文淵〕765〔文津〕766〔文瀾〕
　　782〔珍本〕十二集 132〔著録〕子部 16

陳梓(清)

　毛詩正本〔未收〕二輯 6

　刪後詩存、文集〔未收〕九輯 28

陳旉(宋)

　農書、蠶書〔文淵〕730〔文津〕729〔文瀾〕
　　744〔著録〕子部 352

陳盛韶(清)

　問俗録〔未收〕十輯 3

陳第(明)

　一齋集〔禁燬〕集部 57

　毛詩古音考〔文淵〕239〔文津〕234〔文
　　瀾〕232

　毛詩古音考、附讀詩拙言〔著録〕經部 182

　世善堂藏書目録〔續修〕919

　伏羲圖贊、附雜卦傳古音考〔存目〕經部 22

　兩粤遊草、寄心集、五嶽遊草〔存目〕集部
　　178

　尚書疏衍〔文淵〕64〔文津〕59〔文瀾〕57
　　〔珍本〕五集 12〔著録〕經部 57

　屈宋古音義〔文淵〕239〔文津〕234〔文
　　瀾〕232〔著録〕經部 210

陳偉(清)

　愚慮録〔續修〕1165

陳許廷(明)

　春秋左傳典略〔存目〕經部 124〔續修〕119

陳康伯(宋)

　陳文正公文集〔存目〕集部 15〔續修〕1317

陳康祺(清)

郎潛紀聞、二筆、三筆〔續修〕1182

陳淏子(清)

　秘傳花鏡、圖〔續修〕1117

陳淳(宋)

　北溪大全集、外集〔文淵〕1168〔文津〕
　　1172－1173〔文瀾〕1202〔珍本〕四集
　　274－277

　北溪先生大全文集、外集〔著録〕集部 56

　北溪先生字義、嚴陵講義〔著録〕子部 62

　北溪字義、嚴陵講義〔文淵〕709〔文津〕711
　　〔文瀾〕724

陳淳(明)

　陳白陽集〔存目〕集部 146

陳淳(清)

　〔康熙〕武定府志〔續修〕715

陳深(宋)

　寧極齋稿〔珍本〕三集 256〔底本〕集部 182

　寧極齋稿、附慎獨叟遺稿〔文淵〕1189〔文
　　津〕1194〔文瀾〕1225

　寧極齋稿、慎獨叟遺稿、方叔淵先生遺稿
　　〔底本〕集部 94〔著録〕集部 251

　讀春秋編〔文淵〕158〔文津〕153〔文瀾〕
　　151〔薈要〕39

陳深(明)

　十三經解詁〔存目〕經部 147－148

　周禮訓雋〔存目〕經部 82

　清全齋讀春秋編〔著録〕經部 80

　諸子品節〔存目〕子部 122－123

　諸史品節〔存目〕史部 132

陳悰(明)

　天啓宮詞百詠〔存目〕集部 192

陳啓光(清)

　望都縣新志〔禁燬〕史部 73

陳啓源(清)

　毛詩稽古編〔文淵〕85〔文津〕80〔文瀾〕
　　78〔著録〕經部 11

陳組綬(明)

　存古類函〔禁燬〕子部 19

　詩經副墨〔存目〕經部 71

陳紹夫(宋)

　古靈集〔文淵〕1093〔文津〕1097〔文瀾〕
　　1122

陳紹箕(清)

　鑑古齋日記〔未收〕十輯 7

陳琳(漢)

陳記室集 〔續修〕1584

陳琮(清)
永定河志 〔續修〕850
烟草譜、題詞 〔續修〕1117

陳琛(明)
重刊補釘四書淺説 〔未收〕一輯 7
陳紫峰先生周易淺説 〔存目〕經部 4
紫峰陳先生文集 〔存目〕集部 73

陳堯(明)
梧岡文正續兩集合編 〔存目〕集部 101
虛舟集 〔續修〕1124

陳堯道(清)
傷寒辯證 〔續修〕985

陳堦(明)
日涉編 〔存目〕史部 165

陳彭年(宋)
大廣益會玉篇、玉篇廣韻指南 〔著錄〕經部 29
江南別録 〔文淵〕464 〔文津〕463 〔文瀾〕465 〔著錄〕史部 205
重修玉篇、附玉篇反紐圖、玉篇分毫字樣 〔文淵〕224 〔文津〕219 〔文瀾〕216
重修廣韻 〔文淵〕236 〔文津〕231 〔文瀾〕229
廣韻 〔著錄〕經部 113
廣韻(重修廣韻) 〔薈要〕85

陳達叟(宋)
疏食譜 〔續修〕1115

陳萬策(清)
近道齋文集、詩集 〔存目〕集部 268

陳葆光(宋)
三洞群仙録 〔存目〕子部 258 〔續修〕1294

陳葆善(清)
白喉條辨 〔續修〕1018

陳敬(宋)
陳氏香譜 〔文淵〕844 〔文津〕846 〔文瀾〕862 〔珍本〕四集 194
新纂香譜 〔著錄〕子部 305

陳敬(清)
山舟紉蘭集 〔未收〕十輯 21

陳敬宗(明)
澹然先生文集 〔存目〕集部 29

陳朝輔(明)
四明文獻集 〔文淵〕1187 〔文津〕1191 〔文瀾〕1222 〔著錄〕集部 59

陳葵(明)
仁端録 〔文淵〕762 〔文津〕763-764 〔文瀾〕779

陳植(元)
寧極齋稿 〔底本〕集部 182
寧極齋稿、慎獨叟遺稿、方叔淵先生遺稿 〔底本〕集部 94 〔著錄〕集部 251

陳棣(宋)
蒙隱集 〔文淵〕1151 〔文津〕1156 〔文瀾〕1185 〔珍本〕三集 268 〔著錄〕集部 52

陳惠疇(清)
經脈圖考 〔續修〕996

陳棐(明)
陳文岡先生文集 〔存目〕集部 103

陳貽範(宋)
范文正公郡陽遺事録 〔存目〕史部 82

陳鼎(清)
竹譜 〔存目〕子部 81 〔續修〕1117
東林列傳 〔珍本〕五集 88-90 〔著錄〕史部 53
東林列傳、附熹宗原本本紀 〔文淵〕458 〔文津〕456 〔文瀾〕459
留溪外傳 〔存目〕史部 122
蛇譜 〔存目〕子部 82
滇黔紀遊 〔存目〕史部 255

陳開沚(清)
裨農最要 〔續修〕978

陳景元(宋)
莊子翼、莊子闕誤、莊子翼附録 〔著錄〕子部 123
道德真經藏室纂微篇 〔續修〕1291

陳景元(清)
陳石閭詩 〔存目〕集部 282

陳景沂(宋)
天台陳先生類編花果卉木全芳備祖前集、後集 〔著錄〕子部 330
全芳備祖集 〔文淵〕935 〔文津〕938 〔文瀾〕956 〔珍本〕五集 236-243

陳景雲(清)
柳集點勘 〔續修〕1311
紀元要略 〔存目〕史部 273
通鑑胡註舉正 〔文淵〕312 〔文津〕308 〔文瀾〕305 〔珍本〕八集 80 〔著錄〕史部 74
綱目訂 〔珍本〕六集 61
綱目訂誤 〔文淵〕323 〔文津〕320 〔文瀾〕

319〔著録〕史部 74

韓集點勘〔珍本〕九集 234〔著録〕集部 337

韓集點勘、附文道先生墓誌銘、文道先生傳
〔文淵〕1075〔文津〕1079〔文瀾〕1105

陳景塤(清)

〔乾隆〕瓊州府志〔續修〕676

陳喬樅(清)

三家詩遺説考〔續修〕76

毛詩鄭箋改字説〔續修〕72

今文尚書經説考、叙録〔續修〕49

詩經四家異文考〔續修〕75

詩緯集證〔續修〕77

齊詩翼氏學疏證、叙録〔續修〕75

禮記鄭讀考〔續修〕106

陳策(清)

篆文纂要全宗〔存目〕經部 203

陳傅良(宋)

八面鋒〔文淵〕923〔文津〕927〔文瀾〕944

止齋先生文集〔著録〕集部 392

止齋先生春秋後傳〔著録〕經部 79

止齋集〔文淵〕1150〔文津〕1154－1155
〔文瀾〕1183〔薈要〕396

永嘉先生八面鋒〔著録〕子部 363

春秋後傳〔文淵〕151〔文津〕147〔文瀾〕
145

陳氏春秋後傳(春秋後傳)〔薈要〕36

蛟峰批點止齋論祖、論訣〔存目〕集部 20

歷代兵制〔文淵〕663〔文津〕662〔文瀾〕
672〔著録〕史部 393

陳復正(清)

鼎鍥幼幼集成〔續修〕1010－1011

陳循(明)

芳洲文集、附再和東行百詠集句、芳洲先生
年譜〔存目〕集部 31

芳洲文集、詩集〔續修〕1327

芳洲文集續編〔續修〕1328

東行百詠集句〔存目〕集部 31

陳舜俞(宋)

都官集〔文淵〕1096〔文津〕1100〔文瀾〕
1126〔珍本〕三集 237

廬山記、廬山記略〔文淵〕585〔文津〕585
〔文瀾〕593〔底本〕史部 19〔著録〕史
部 249

陳善(宋)

捫蝨新話〔存目〕子部 101〔續修〕1122

陳普(宋)

石堂先生遺集〔續修〕1321

選鐫石堂先生遺集〔存目〕集部 20

陳道(清)

〔弘治〕八閩通志〔存目〕史部 177－178

凝齋先生遺集〔存目〕集部 281

陳曾(清)

詩經廣大全〔存目〕經部 77

陳焯(清)

宋元詩會〔文淵〕1463－1464〔文津〕1468－
1470〔文瀾〕1512－1513〔珍本〕十集
303－326〔著録〕集部 322－323

陳淵(宋)

默堂先生文集〔著録〕集部 95

默堂集〔文淵〕1139〔文津〕1143〔文瀾〕
1170〔珍本〕三集 266－267

陳絳(明)

金罍子〔存目〕子部 85〔續修〕1124

陳瑚(清)

頑潭詩話〔續修〕1697

聖學入門書〔存目〕子部 19

確庵文藁〔禁燬〕集部 184

築圍説〔續修〕975

離憂集〔禁燬補〕47

陳琭(清)

國語翼解〔續修〕422

説文引經考證、互異説〔續修〕227

陳塏(明)

名家表選〔存目補〕13

陳蓋(□)

新雕註胡曾詠史詩〔著録〕集部 234

陳夢根(元)

徐仙翰藻〔存目〕子部 259

陳夢雷(清)

松鶴山房詩集、文集〔續修〕1415－1416

周易淺述〔文淵〕43〔文津〕38〔文瀾〕36
〔珍本〕二集 16－17

陳椿(元)

熬波圖〔文淵〕662〔文津〕661〔文瀾〕671
〔珍本〕十一集 99

陳軾(清)

道山堂前集、後集〔存目〕集部 201

陳暘(宋)

樂書〔文淵〕211〔文津〕206－207〔文瀾〕
205〔珍本〕九集 66－75〔著録〕經部
106

陳盟（明）

　崇禎内閣行略〔存目〕史部 116

陳暐（明）

　吴中金石新編〔文淵〕683〔文津〕683〔文瀾〕696〔珍本〕初集 159〔著録〕史部 156

陳槩（宋）

　北溪大全集、外集〔文淵〕1168〔文津〕1172－1173〔文瀾〕1202

陳槩（清）

　佚禮扶微〔續修〕110

陳與郊（明）

　文選章句〔存目〕集部 285－286

　隅園集、蕭川集〔存目〕集部 160

　廣修辭指南〔存目〕子部 196

　輶軒使者絶代語釋别國方言類聚〔存目〕經部 187

　檀弓輯註〔存目〕經部 91

陳與義（宋）

　無住詞〔文淵〕1487〔文津〕1492〔文瀾〕1537〔著録〕集部 218

　增廣箋註簡齋詩集、無住詞、簡齋先生年譜、詩箋正誤〔著録〕集部 242〔續修〕1317

　墨藪、法帖音釋刊誤〔文淵〕812〔文津〕814〔文瀾〕831〔著録〕子部 149

　簡齋集〔文淵〕1129〔文津〕1133〔文瀾〕1161〔薈要〕388

陳僅（清）

　竹林答問〔未收〕九輯 30

　詩誦〔續修〕70

　群經質〔未收〕三輯 10

陳頎（明）

　閑中今古〔續修〕1122

陳會（明）

　神應經〔存目〕子部 42

陳詩（清）

　竹書紀年〔未收〕三輯 12

陳詩教（明）

　花裏活〔存目〕子部 82

陳誠（明）

　使西域記〔存目〕史部 127

　陳竹山先生文集内篇、外篇〔存目〕集部 26

陳詵（清）

　四書述〔存目〕經部 172

地理述、附地理述發明、貴陽省城移向説〔未收〕九輯 12

　易經述〔存目〕經部 30

陳殿桂（清）

　與袁堂文集〔未收〕七輯 18

陳殿蘭（清）

　岡城枕戈記〔未收〕三輯 15

陳際泰（明）

　已吾集〔禁燬〕集部 9

　五經讀〔存目〕經部 151

　太乙山房文集、附孝威論、陳孝逸論〔禁燬補〕67

　四書讀〔存目〕經部 166

　易經説意〔存目〕經部 24

　新刻註釋孔子家語憲〔未收〕三輯 21

陳際新（清）

　割圜密率捷法〔續修〕1045

陳經（宋）

　陳氏尚書詳解〔文淵〕59〔文津〕54〔文瀾〕52〔珍本〕十集 13－18

陳經邦（明）

　皇明館課〔禁燬補〕48－49

陳搏（宋）

　河洛真數〔存目〕子部 65〔續修〕1061

陳嘉榆（清）

　〔光緒〕湘潭縣志〔續修〕712

陳嘉穀（清）

　福禄壽篆文圖、附篆文考略〔未收〕二輯 14

陳嘉謨（明）

　本草蒙筌〔續修〕991

陳壽（晉）

　三國志〔文淵〕254〔文津〕248－249〔文瀾〕247〔薈要〕96－97〔著録〕史部 61

陳壽祺（清）

　三家詩遺説考〔續修〕76

　五經異義疏證〔續修〕171

　左海文集、乙編、絳柎草堂詩集〔續修〕1496

　左海文録〔續修〕1672

　左海經辨〔續修〕175

　説文經字考、第一樓叢書柎考〔續修〕227

　禮記鄭讀考〔續修〕106

陳壽熊（清）

　陳氏易説〔續修〕34

　讀易漢學私記〔續修〕34

陳熙晉（清）

駱臨海集〔續修〕1305
陳蔚(清)
　九華紀勝〔未收〕一輯 28
陳模(宋)
　東宮備覽〔文淵〕709〔文津〕711〔文瀾〕
　　724〔著録〕子部 13
陳霆(明)
　水南稿〔存目〕集部 54
　兩山墨談〔存目〕子部 96〔續修〕1143
　唐餘紀傳〔存目〕史部 162〔續修〕333
　渚山堂詞話〔文淵〕1494〔文津〕1498〔文
　　瀾〕1544〔底本〕集部 182〔著録〕集部
　　465
陳睿謨(明)
　皇明輔世編〔存目〕史部 98
陳曄(宋)
　古靈先生文集、年譜〔底本〕集部 56－57
　　〔著録〕集部 236
陳鳴鶴(明)
　東越文苑〔存目〕史部 115〔續修〕547
陳僖(清)
　燕山草堂集〔未收〕八輯 17
陳銘珪(清)
　長春道教源流〔續修〕1295
陳銘續(明)
　治河總考〔存目〕史部 221
陳端生(清)
　再生緣全傳〔續修〕1745－1747
陳漢章
　尚書誼詁〔續修〕53
陳潢(清)
　天一遺書〔續修〕847
陳實(明)
　大藏一覽集〔存目〕子部 254
陳實功(明)
　新刊外科正宗〔續修〕1013
陳維崧(清)
　四六金鍼〔存目〕集部 420
　迦陵詞全集〔續修〕1724
　陳檢討四六〔文淵〕1322〔文津〕1325〔文
　　瀾〕1361〔珍本〕三集 371－372
　陳檢討集〔著録〕集部 358
　篋衍集〔禁燬〕集部 39
陳增新(清)
　柳洲詩集〔存目〕集部 386

陳撰(清)
　玉几山房吟卷〔存目〕集部 267
陳蕃(清)
　經史析疑〔未收〕九輯 10
陳橒(宋)
　負暄野録〔文淵〕871〔文津〕873〔文瀾〕
　　890〔底本〕子部 29〔著録〕子部 170
陳確(清)
　大學辨〔續修〕159
　乾初先生遺集〔續修〕1394－1395
陳儀(清)
　直隸河渠志〔文淵〕579〔文津〕580〔文
　　瀾〕588
　陳學士文集〔未收〕九輯 17
　營田四局摘要、附圖説〔未收〕四輯 23
陳德文(明)
　孤竹賓談〔存目〕子部 104
陳德裕(清)
　憑山閣增輯留青新集〔禁燬〕集部 54－55
陳鋐(清)
　四書晰疑〔存目〕經部 179
陳慶鏞(清)
　籀經堂類藁〔續修〕1522－1523
陳毅(清)
　詩概〔未收〕十輯 28
　魏書官氏志疏證〔未收〕十輯 3
陳澔(元)
　陳氏禮記集説〔文淵〕121〔文津〕116〔文
　　瀾〕115〔薈要〕57
　禮記集説〔珍本〕九集 38－42〔著録〕經部
　　155
陳履中(清)
　〔乾隆〕河套志〔存目〕史部 215
陳選(明)
　小學集註〔著録〕子部 250
　御定小學集註〔文淵〕699〔文津〕699〔文
　　瀾〕713〔薈要〕251
陳璞(清)
　尺岡草堂遺集〔續修〕1547
陳燕翼(明)
　思文大紀〔續修〕444
陳薦夫(明)
　水明樓集〔存目〕集部 176
　幔亭集〔著録〕集部 280
陳樹華(清)

春秋經傳集解考正〔續修〕142－143

陳樹鏞（清）

　　漢官答問〔續修〕746

陳樵（元）

　　元鹿皮子集〔著錄〕集部61

　　鹿皮子集〔文淵〕1216〔文津〕1220〔文
　　瀾〕1251

陳樽（清）

　　古衡山房詩集〔未收〕十輯24

陳勳（明）

　　陳元凱集〔存目〕集部179

陳錫（明）

　　易原〔續修〕10

陳錫路（清）

　　黃嬭餘話〔續修〕1138

陳錫嘏（清）

　　兼山堂集〔存目〕集部247

陳錦（清）

　　補勤詩存、續編〔續修〕1548

　　勤餘文牘、續編〔續修〕1548

陳龍正（明）

　　高子遺書〔文淵〕1292〔文津〕1297〔文
　　瀾〕1331〔著錄〕集部449

　　救荒策會〔存目〕史部275

　　陽明先生要書〔存目〕集部49

　　程子詳本〔存目〕子部2－3

　　幾亭外書〔續修〕1133

　　幾亭全書〔禁燬〕集部11－12

陳龍可（明）

　　皇明二祖十四宗增補標題評斷實紀〔禁燬〕
　　史部32

陳龍昌（清）

　　中西兵略指掌〔續修〕969

陳澧（清）

　　三統術詳說〔續修〕1041

　　切韻考、切韻考外篇〔續修〕253

　　公孫龍子注、校勘記、篇目考〔續修〕1121

　　東塾集〔續修〕1537

　　東塾讀書記〔續修〕1160

　　〔光緒〕香山縣志〔續修〕713

　　琴律譜〔續修〕1095

　　說文聲統〔續修〕248

　　漢書地理志水道圖說、附考正德清胡氏禹貢
　　圖〔未收〕八輯4

　　漢儒通義〔續修〕952

憶江南館詞〔續修〕1726

　　聲律通考〔續修〕116

陳澹然（清）

　　權制〔未收〕五輯10

陳憲章（明）

　　白沙先生詩教解、詩教外傳〔存目〕集部35

陳藎謨（明）

　　元音統韻〔存目〕經部215－216

　　皇極圖韻〔存目〕經部214

　　度測、開平方說、開立方說、度算解〔續修〕
　　1044

　　礦庵檕〔存目〕子部59

陳懋仁（明）

　　文章緣起〔文淵〕1478〔文津〕1482〔文
　　瀾〕1527〔底本〕集部261

　　文章緣起、續文章緣起〔著錄〕集部417
　　〔著錄〕集部417

　　年號韻編〔存目〕史部271

　　析酲漫錄〔存目〕子部97

　　泉南雜志〔存目〕史部247

　　庶物異名疏〔存目〕子部218

　　藕居士詩話〔存目〕集部418

陳懋侯（清）

　　知非齋易注〔續修〕38

　　知非齋易釋〔續修〕38

　　周易明報〔未收〕八輯1

陳懋學（明）

　　事言要玄天集、地集、人集、事集、物集〔存
　　目〕子部202－203

陳懋齡（清）

　　古今樂律工尺圖〔續修〕115

陳徽言（清）

　　武昌紀事〔續修〕446

陳鍊（清）

　　印言〔續修〕1092

　　印說〔續修〕1092

陳鍾英（清）

　　平浙紀略〔未收〕七輯4

陳講（明）

　　馬政志〔存目〕史部276〔續修〕859

陳謨（宋）

　　東宮備覽〔珍本〕十一集103

陳謨（明）

　　海桑集〔文淵〕1232〔文津〕1236－1237
　　〔文瀾〕1268〔珍本〕四集309－310

陳聘君海桑先生集 〔著録〕集部 397

陳襄(宋)

　古靈先生文集、年譜 〔底本〕集部 56－57
　　〔著録〕集部 236

　古靈集 〔文淵〕1093 〔文津〕1097 〔文瀾〕
　　1122 〔珍本〕三集 235－236

陳應行(宋)

　陳學士吟窗雜録 〔存目〕集部 415 〔續修〕
　　1694

陳應芳(明)

　敬止集 〔文淵〕577 〔文津〕577 〔文瀾〕586
　　〔珍本〕二集 139 〔著録〕史部 338

陳應潤(元)

　周易爻變易緼 〔文淵〕27 〔文津〕22 〔文
　　瀾〕22 〔珍本〕四集 1－2

陳應選(清)

　陳子性藏書 〔存目〕子部 69

陳應麟(清)

　地理述、附地理述發明、貴陽省城移向説
　　〔未收〕九輯 12

　群書備考古學捷 〔存目〕子部 237

陳鴻恩(明)

　禮記手説 〔存目〕經部 94

陳鴻墀(清)

　全唐文紀事 〔續修〕1716－1717

陳濟(清)

　三魚堂賸言 〔文淵〕725 〔文津〕725 〔文
　　瀾〕739

陳濟生(清)

　啓禎遺詩 〔禁燬〕集部 97

陳翼飛(明)

　文儷 〔存目補〕25

陳璸(清)

　陳清端公文集 〔存目補〕5

陳贄(明)

　西湖百詠 〔文淵〕1189 〔文津〕1193 〔文
　　瀾〕1224 〔著録〕集部 424

陳鵠(宋)

　耆舊續聞 〔文淵〕1039 〔文津〕1043 〔文
　　瀾〕1067 〔著録〕子部 241

陳簡(清)

　史談補 〔存目〕史部 286 〔存目〕史部 286

　江東樂府 〔禁燬補〕57

陳鎬(明)

　振鷺集 〔存目〕集部 292

　闕里誌 〔存目〕史部 76

陳鎰(元)

　午溪集 〔文淵〕1215 〔文津〕1219 〔文瀾〕
　　1250 〔珍本〕初集 354 〔珍本〕三集 287

陳鎏(明)

　已寬堂集 〔存目〕集部 105

陳騤(宋)

　中興館閣録 〔著録〕史部 254

　文則 〔文淵〕1480 〔文津〕1485 〔文瀾〕1530
　　〔底本〕集部 266 〔著録〕集部 331

　南宋館閣録、續録 〔文淵〕595 〔文津〕595
　　〔文瀾〕604 〔珍本〕別輯 142－144

陳藻(宋)

　樂軒先生集 〔著録〕集部 423

　樂軒集 〔文淵〕1152 〔文津〕1156 〔文瀾〕
　　1185 〔珍本〕二集 294

陳櫟(元)

　尚書集傳纂疏 〔著録〕經部 188

　定宇集、年表、別集 〔文淵〕1205 〔文津〕
　　1209 〔文瀾〕1240

　定宇集、別集 〔珍本〕二集 332－334

　重刻定宇陳先生增廣通略、歷代蒙求 〔著
　　録〕史部 437

　書集傳纂疏 〔文淵〕61 〔文津〕56 〔文瀾〕
　　53 〔薈要〕19

　陳定宇先生文集、別集、年表 〔著録〕集部
　　109

　勤有堂隨録 〔文淵〕866 〔文津〕868 〔文
　　瀾〕886

　隨録 〔著録〕子部 169

　歷代通略 〔珍本〕三集 180

　歷代通略、附歷代通略蒙求 〔文淵〕688 〔文
　　津〕688 〔文瀾〕702

陳鵬年(清)

　分類字錦 〔著録〕子部 105－108

　陳恪勤集 〔存目〕集部 259

　御定分類字錦 〔文淵〕1005－1007 〔文津〕
　　1008－1011 〔文瀾〕1031－1034

　道榮堂文集 〔存目〕集部 259－260

陳鵬霄(明)

　四書經學考、續考 〔存目〕經部 166

陳繹曾(元)

　文式、古文矜式 〔續修〕1713

　文筌 〔存目〕集部 416 〔續修〕1713

　文説 〔文淵〕1482 〔文津〕1487 〔文瀾〕1532
　　〔珍本〕三集 399 〔底本〕集部 182 〔著

録〕集部 418

諸儒奧論前集、續集〔著録〕集部 451

陳獻章（明）

白沙子〔著録〕集部 66

白沙先生至言〔續修〕936

陳白沙集〔文淵〕1246〔文津〕1250〔文瀾〕1282

陳耀文（明）

天中記〔文淵〕965－967〔文津〕968－971〔文瀾〕989－992〔珍本〕十一集137－152〔著録〕子部 90－92

正楊〔文淵〕856〔文津〕858〔文瀾〕876〔珍本〕四集206〔著録〕子部 165

花草粹編〔文淵〕1490〔文津〕1494－1495〔文瀾〕1540

花草粹編〔著録〕集部 220

經典稽疑〔文淵〕184〔文津〕179〔文瀾〕176〔珍本〕二集 61

學林就正〔存目〕子部 96

學圃藼蘇〔存目〕子部 123

陳寶泉（清）

禮書附録〔未收〕三輯 8

陳繼揆（清）

讀風臆補〔續修〕58

陳繼儒（明）

太平清話〔存目〕子部 244

文奇豹斑〔存目〕子部 219

古今韻史〔存目〕子部 148

古文品外録〔存目〕集部 351

白石樵真稿〔禁燬〕集部 66

先秦兩漢文膾〔存目〕集部 352

安得長者言〔存目〕子部 94

見聞録〔存目〕子部 244

佘山詩話〔存目〕集部 418

狂夫之言、續〔存目〕子部 94

邵康節先生外紀〔存目〕史部 85

枕譚〔存目〕子部 111

虎薈〔存目〕子部 82

岩棲幽事〔存目〕子部 118

妮古録〔存目〕子部 118

珍珠船〔存目〕子部 148

香案牘〔存目〕子部 260

眉公詩鈔〔禁燬〕集部 67

書畫史〔存目〕子部 72

書蕉〔存目〕子部 111

陳眉公先生手評書法離鈎〔著録〕子部 303

陳眉公集〔續修〕1380

捷用雲箋〔未收〕三輯 30

梅顛稿選〔存目〕集部 187

晚香堂集〔禁燬〕集部 66

偃曝談餘〔存目〕子部 111

逸民史〔存目〕史部 115

筆記〔存目〕子部 148

新刊陳眉公先生精選古論大觀〔存目補〕23－24

福壽全書〔存目〕子部 149

辟寒部〔存目〕子部 148

養生膚語〔存目〕子部 260

銷夏〔存目〕子部 148

讀書鏡〔存目〕史部 288

陳瓘（宋）

了齋易説〔文淵〕9〔文津〕4〔文瀾〕3〔珍本〕初集1〔著録〕經部 31

宋忠肅陳了齋四明尊堯集〔存目〕史部 279〔續修〕448

陳鐸（明）

坐隱先生精訂梨雲寄傲、秋碧軒稿、可雪齋稿、月香亭稿、滑稽餘韻〔續修〕1738

陳夔龍

松壽堂詩鈔〔續修〕1577

陳鶴（清）

明紀〔未收〕六輯 6－7

海樵先生全集〔存目〕集部 85－86

陳鶴齡（清）

十三經字辨〔存目〕經部 153

陳懿典（明）

玉堂校傳如崗陳先生二經精解全編〔未收〕三輯 27

陳學士先生初集〔禁燬〕集部 78－79

讀左漫筆〔存目〕經部 121

讀史漫筆〔存目〕史部 286

陳巖（宋）

九華詩集〔珍本〕三集 256

九華詩集、附釋希坦詩〔文淵〕1189〔文津〕1194〔文瀾〕1225〔著録〕集部 251

陳巖肖（宋）

庚溪詩話〔文淵〕1479〔文津〕1483〔文瀾〕1528〔著録〕集部 330

陳鑑（清）

江南魚鮮品〔續修〕1120

陳顯微（宋）

周易參同契解 〔文淵〕1058 〔文津〕1062
〔文瀾〕1087 〔著錄〕子部 124
關尹子文始真經 〔續修〕1292

陳鱣(清)
四書疏記 〔續修〕169
孝經 〔續修〕151
經籍跋文 〔續修〕923
論語古訓 〔續修〕154
簡莊文鈔、續編、河莊詩鈔 〔續修〕1487
簡莊疏記 〔續修〕1157
續唐書 〔未收〕二輯 20

陳讓(明)
成化杭州府志 〔存目〕史部 175
〔嘉靖〕邵武府志 〔存目〕史部 191

陳鑾(清)
重濬江南水利全書、總圖 〔未收〕七輯 9-10

陳籥(元)
安雅堂集 〔文淵〕1213 〔文津〕1216 〔文瀾〕1248

孫

孫一元(明)
太白山人漫藁 〔文淵〕1268 〔文津〕1273
〔文瀾〕1305 〔珍本〕三集 335 〔著錄〕集部 400

孫一奎(明)
赤水玄珠 〔文淵〕766 〔文津〕767-768 〔文瀾〕783-784 〔珍本〕五集 174-181
〔著錄〕子部 17-18
醫旨緒餘 〔文淵〕766 〔文津〕768 〔文瀾〕784 〔珍本〕四集 147 〔著錄〕子部 18
醫案 〔存目〕子部 48 〔續修〕1026

孫七政(明)
刻孫齊之先生松韻堂集 〔存目〕集部 142

孫人龍(清)
北史、附考證 〔文淵〕266-267 〔文津〕262-264 〔文瀾〕260-261
晉書、音義、附考證 〔文淵〕255-256 〔文津〕249-252 〔文瀾〕248
陳書 〔文淵〕260 〔文津〕255 〔文瀾〕252
梁書 〔文淵〕260 〔文津〕254-255 〔文瀾〕252
新五代史、附考證 〔文淵〕279 〔文津〕274 〔文瀾〕271

魏書、附考證 〔文淵〕261-262 〔文津〕255-257 〔文瀾〕253-254

孫三錫(清)
昭陵碑考 〔未收〕十輯 5

孫士毅(清)
百一山房詩集 〔續修〕1433

孫之騄(清)
二申野録 〔存目〕史部 56
玉川子詩集 〔存目〕集部 10 〔續修〕1311
考定竹書 〔存目〕史部 2
枝語 〔存目〕子部 116
松源經説 〔存目〕經部 152
尚書大傳 〔文淵〕68 〔文津〕63 〔文瀾〕61
〔著錄〕經部 189
南漳子 〔存目〕史部 250
晴川蟹録、後録、續録 〔存目〕子部 82 〔續修〕1120
樊紹述集 〔存目〕集部 9 〔續修〕1311

孫元衡(清)
赤嵌集 〔存目補〕53

孫升(宋)
孫公談圃 〔文淵〕1037 〔文津〕1041 〔文瀾〕1064 〔著錄〕子部 218

孫仁(明)
〔成化〕重修毘陵志 〔存目〕史部 179-180

孫仁孺(明)
東郭記 〔續修〕1768

孫允中(明)
雲中紀變 〔存目〕史部 49

孫允賢(元)
南北經驗醫方大成 〔存目〕子部 41

孫丕顯(明)
文苑彙雋 〔存目〕子部 224
燕閒四適 〔續修〕1186

孫永祚(明)
雪屋二集 〔禁燬〕集部 110
雪屋集 〔禁燬〕集部 110

孫在豐(清)
日講易經解義 〔文淵〕37 〔文津〕32 〔文瀾〕32

孫存吾(元)
元風雅前集、後集 〔文淵〕1368 〔文津〕1372 〔文瀾〕1411
皇元風雅、後集 〔著錄〕集部 360

孫光祖(清)

六書緣起 〔續修〕1091
古今印制 〔續修〕1091
篆印發微 〔續修〕1091
孫光憲(宋)
　北夢瑣言 〔文淵〕1036 〔文津〕1040 〔文瀾〕1063 〔薈要〕278 〔著録〕子部 217
　通紀 〔續修〕336
孫廷銓(清)
　沚亭删定文集 〔存目〕集部 200
　南征紀略 〔存目〕史部 128
　漢史億 〔存目〕史部 290
　顔山雜記 〔文淵〕592 〔文津〕593 〔文瀾〕601 〔珍本〕五集 101－102 〔著録〕史部 252
孫仲章(元)
　河南府張鼎勘頭巾雜劇 〔續修〕1761
孫兆(宋)
　外臺祕要方 〔文淵〕736－737 〔文津〕736－737 〔文瀾〕751－752
　新刊黄帝内經素問、亡篇 〔著録〕子部 263
孫旬(明)
　皇明疏鈔 〔續修〕463－464 〔禁燬補〕18－19
孫衣言(清)
　遜學齋文鈔、續鈔 〔續修〕1544
　遜學齋詩鈔、續鈔 〔續修〕1544
孫汝聽(宋)
　蘇潁濱年表 〔存目〕史部 81
孫宅揆(清)
　教稼書 〔續修〕975
孫志宏(明)
　簡明醫彀 〔存目〕子部 48
孫志祖(清)
　文選考異 〔續修〕1581
　文選理學權輿 〔續修〕1581
　家語疏證 〔續修〕931
　讀書脞録、續編 〔續修〕1152
孫克弘(明)
　古今石刻碑帖目、備考古今石刻碑帖目 〔存目〕史部 278
孫甫(宋)
　唐史論斷 〔文淵〕685 〔文津〕685 〔文瀾〕700 〔著録〕史部 266
孫見龍(清)
　五華纂訂四書大全 〔存目〕經部 174－175

孫作(明)
　滄螺集 〔文淵〕1229 〔文津〕1233 〔文瀾〕1265 〔珍本〕十集 262 〔底本〕集部 111 〔著録〕集部 260
孫希旦(清)
　禮記集解 〔續修〕103－104
孫希朱(清)
　讀書劄記 〔未收〕七輯 11
孫彤(清)
　謚法 〔續修〕826
孫武(周)
　孫子 〔文淵〕726 〔文津〕726 〔文瀾〕740 〔著録〕子部 333
孫枝蔚(清)
　溉堂前集、後集、續集、文集、詩餘 〔存目〕集部 206
　溉堂詩集、文集、詩餘 〔續修〕1407
孫奇逢(清)
　中州人物考 〔文淵〕458 〔文津〕456 〔文瀾〕458 〔珍本〕八集 82－83 〔著録〕史部 413
　四書近指 〔文淵〕208 〔文津〕203 〔文瀾〕201 〔珍本〕六集 46－47 〔著録〕經部 103
　夏峰先生集 〔續修〕1391－1392 〔禁燬〕集部 118
　書經近指 〔存目〕經部 56
　孫徵君日譜録 〔續修〕558－559
　理學宗傳 〔續修〕514
　答問 〔存目〕子部 20 〔續修〕945
　讀易大旨 〔文淵〕39 〔文津〕34 〔文瀾〕33 〔珍本〕八集 10－11 〔著録〕經部 123
孫明攀(明)
　古周禮釋評 〔存目〕經部 84
孫和相(清)
　〔乾隆〕汾州府志 〔續修〕692
孫岳頒(清)
　佩文齋書畫譜 〔著録〕子部 23－26
　御定(佩文齋)書畫譜、纂輯書籍 〔薈要〕280－284
　御定佩文齋書畫譜、總目、纂輯書籍 〔文淵〕819－823 〔文津〕822－825 〔文瀾〕838－842
孫念劬(清)
　孝經彙纂 〔未收〕二輯 12

孫治(清)
　武林靈隱寺志〔存目〕史部 245
　孫宇台集〔禁燬〕集部 148－149
孫宗彝(清)
　易宗〔存目〕經部 32
　愛日堂文集、詩集、外集〔未收〕七輯 22
孫宜(明)
　邇言〔存目〕子部 102
孫承宗(明)
　車營叩答合編〔續修〕962
　高陽集〔續修〕1370〔禁燬〕集部 164
孫承恩(明)
　文簡集〔文淵〕1271〔文津〕1275－1276
　　〔文瀾〕1308〔珍本〕二集 367－372
　孫文簡公灊溪草堂稿〔著錄〕集部 433
孫承澤(清)
　九州山水考〔存目〕經部 56
　山書〔續修〕367〔禁燬〕史部 71
　天府廣紀〔存目〕史部 248－249〔續修〕
　　729－730
　元朝典故編年考〔文淵〕645〔文津〕645
　　〔文瀾〕656〔珍本〕二集 140
　五經翼〔存目〕經部 151－152
　孔易〔未收〕一輯 1
　考正晚年定論〔存目補〕95
　兩朝典故編年考〔著錄〕史部 430－432
　尚書集解〔存目〕經部 56
　庚子銷夏記〔文淵〕826〔文津〕828〔文
　　瀾〕845〔著錄〕子部 304
　河紀〔存目〕史部 223〔續修〕728
　春明夢餘錄〔文淵〕868－869〔文津〕870－
　　871〔文瀾〕888－889〔珍本〕六集
　　224－234〔薈要〕181－182〔著錄〕子
　　部 77－78
　春秋程傳補〔存目〕經部 130
　研山齋珍賞歷代名賢圖繪集覽〔存目〕子部
　　73
　研山齋珍賞歷代名賢墨蹟集覽、法書集覽
　　〔存目〕子部 72
　益智錄〔存目〕史部 119
　硯山齋雜記〔文淵〕872〔文津〕874〔文
　　瀾〕892〔珍本〕初集 228
　閑者軒帖考〔存目〕史部 278
　詩經朱傳翼〔存目〕經部 72
　畿輔人物志〔存目〕史部 119〔續修〕540
　學典〔存目〕史部 271

藤陰劄記〔存目〕子部 19〔續修〕944
孫柚(明)
　琴心記〔續修〕1770
　籐谿詩、記、附籐谿寄贈〔未收〕五輯 21
孫星衍(清)
　〔乾隆〕三水縣志〔續修〕693
　孔子集語〔續修〕931
　平津館鑑藏書籍記、續編〔續修〕923
　〔嘉慶〕松江府志〔續修〕687－689
　尚書今古文注疏〔續修〕46
　明堂考〔續修〕110
　京畿金石考〔續修〕906
　急就章考異〔續修〕243
　倉頡篇、輯本、倉頡篇續本、倉頡篇補本〔續
　　修〕243
　孫氏周易集解〔續修〕25
　孫淵如先生全集〔續修〕1477
　琴操〔續修〕1092
　黃帝金匱玉衡經〔續修〕1054
　黃帝授三子玄女經〔續修〕1054
　黃帝龍首經〔續修〕1054
　漢官六種〔續修〕746
　燕丹子〔續修〕1260
　寰宇訪碑錄〔續修〕904
　〔嘉慶〕廬州府志〔續修〕709－710
　續古文苑〔續修〕1609
孫思邈(唐)
　孫真人備急千金要方〔著錄〕子部 2
　備急千金要方〔文淵〕735〔文津〕735－736
　　〔文瀾〕750
　銀海精微〔文淵〕735〔文津〕736〔文瀾〕
　　751〔珍本〕五集 156〔著錄〕子部 15
孫奕(宋)
　九經直音〔著錄〕經部 91
　示兒編〔文淵〕864〔文津〕866〔文瀾〕884
　新刊履齋示兒編〔著錄〕子部 168
孫洤(清)
　擔峰詩〔未收〕八輯 18
孫陞(明)
　孫文恪公集〔存目〕集部 99
孫真湛(清)
　琴學圖考〔未收〕十輯 10
孫原理(明)
　元音〔文淵〕1370〔文津〕1374〔文瀾〕1413
　　〔珍本〕十一集 200〔底本〕集部 244
　　〔著錄〕集部 144

孫原湘（清）
　天真閣集、外集〔續修〕1487－1488
孫致彌（清）
　杕左堂集詩、詞〔存目〕集部 255
　林左堂續集〔存目補〕56
孫峻（清）
　築圩圖說〔續修〕976
孫逢吉（宋）
　準齋心製几漏圖式〔續修〕1031
　職官分紀〔文淵〕923〔文津〕926－927〔文
　　瀾〕943〔珍本〕初集 234－238〔著錄〕
　　子部 39
孫益謙（清）
　禪宗精義〔未收〕九輯 13
孫能傳（明）
　內閣藏書目錄〔續修〕917
　益智編〔存目〕子部 143－144
　剡溪漫筆〔續修〕1132
　謚法纂〔存目〕史部 270
孫梅（清）
　四六叢話、附選詩叢話〔續修〕1715
孫爽（清）
　容菴詩集、辛卯集〔存目〕集部 219
孫國敉（清）
　天下金石志〔續修〕886
孫過庭（唐）
　書譜〔文淵〕812〔文津〕814〔文瀾〕831
　　〔著錄〕子部 149
孫從添（清）
　春秋經傳類求〔存目〕經部 144
孫從龍（明）
　易意參疑首編、外編〔續修〕10
孫望雅（清）
　得閒人集〔未收〕五輯 30
孫紹遠（宋）
　聲畫集〔文淵〕1349〔文津〕1353〔文瀾〕
　　1391〔珍本〕八集 213－214〔著錄〕集
　　部 138
孫琮（清）
　山曉閣詩〔存目〕集部 251
　山曉閣選明文全集〔禁燬補〕49－50
　山曉閣選明文續集〔禁燬補〕50
孫揚（明）
　孫石臺先生遺集〔未收〕五輯 18
孫雄

道咸同光四朝詩史甲集、乙集〔續修〕1628
孫雲翼（明）
　四六標準〔文淵〕1177〔文津〕1181－1182
　　〔文瀾〕1211
　校註橘山四六〔底本〕集部 88－89〔著錄〕
　　集部 57
　橘山四六〔文淵〕1169〔文津〕1173〔文
　　瀾〕1203〔珍本〕五集 284－287
孫鼎（明）
　新編詩義集說〔續修〕58
孫景烈（清）
　對山集〔文淵〕1266〔文津〕1270〔文瀾〕
　　1303
孫喬年（清）
　七經讀法〔未收〕三輯 10
　尚書古文證疑〔未收〕三輯 5
　禹貢釋詁、附文集摘刻〔未收〕四輯 3
孫復（宋）
　春秋尊王發微〔文淵〕147〔文津〕142〔文
　　瀾〕141〔薈要〕33〔著錄〕經部 157
　孫明復小集〔文淵〕1090〔文津〕1094〔文
　　瀾〕1119〔珍本〕八集 148〔著錄〕集部
　　441
　孫明復先生小集〔底本〕集部 2
孫詒讓（清）
　九旗古義述〔續修〕85
　大戴禮記斠補〔續修〕107
　古籀拾遺〔續修〕904
　古籀拾遺、坿宋政和禮器文字考〔續修〕243
　古籀餘論〔續修〕243〔續修〕904
　札迻〔續修〕1164
　〔光緒〕永嘉縣志〔續修〕708－709
　名原〔未收〕十輯 2
　東甌金石志〔續修〕911
　尚書駢枝〔續修〕51
　周書斠補〔續修〕301
　周禮三家佚注〔未收〕四輯 5
　周禮正義〔續修〕82－84
　周禮政要〔未收〕四輯 5
　契文舉例〔續修〕906
　溫州經籍志〔續修〕918
　墨子閒詁、後語〔續修〕1121
　籀述林〔續修〕1164
　籀遺文〔續修〕1567
孫馮翼（清）
　皇覽〔續修〕1212

孫翔（清）
　崇川詩集〔存目補〕42
孫道易（明）
　東園客談〔續修〕1166
孫道恕（清）
　續樸麗子〔未收〕七輯 14
孫愐（唐）
　唐寫本唐韻（殘卷）〔續修〕249
孫運錦（清）
　隙西草堂詩集、文集、遯渚唱和集、隙西草堂
　　拾遺〔續修〕1394
孫强（唐）
　大廣益會玉篇、玉篇廣韻指南〔著録〕經部
　　29
　重修玉篇、附玉篇反紐圖、玉篇分毫字樣
　　〔文淵〕224〔文津〕219〔文瀾〕216
孫瑀（明）
　歲寒集〔存目〕集部 31
孫夢觀（宋）
　雪窗集、本傳〔文淵〕1181〔文津〕1185〔文
　　瀾〕1216
　雪窗先生文集〔底本〕集部 91〔著録〕集部
　　250
孫楚（晉）
　孫馮翊集〔續修〕1584
孫傳庭（明）
　白谷山人詩鈔〔著録〕集部 356
　白谷集〔文淵〕1296〔文津〕1300〔文瀾〕
　　1334〔珍本〕十集 272－273
　鑑勞録〔存目〕史部 128
孫慎行（明）
　玄晏齋困思抄、玄晏齋詩〔存目〕經部 162
　玄晏齋集五種〔禁燬〕集部 123
　事編内篇〔存目〕史部 108
孫經世（清）
　惕齋經説〔續修〕176
孫嘉淦（清）
　武英殿本二十三史考證〔未收〕十輯 5－6
　春秋義〔存目〕經部 140
　南華通〔存目〕子部 257
　孫文定公文録〔續修〕1670
　孫文定公奏疏〔未收〕一輯 22
孫穀（明）
　古微書〔文淵〕194〔文津〕189〔文瀾〕185
　　〔珍本〕十二集 19－20

删微〔著録〕經部 169
孫爾準（清）
　泰雲堂集〔續修〕1495
孫鳳（明）
　孫氏書畫鈔〔續修〕1065
孫榮（清）
　古今法制表〔續修〕761
孫肇興（明）
　四書約説〔續修〕164
孫緒（明）
　沙溪集〔文淵〕1264〔文津〕1268〔文瀾〕
　　1301〔珍本〕八集 192－194〔著録〕集
　　部 399
孫綽（晉）
　孫廷尉集〔續修〕1585
孫維城（明）
　皇明奏疏類鈔〔禁燬補〕19－21
孫維祺（清）
　明文得〔禁燬〕經部 10
孫奭（宋）
　孟子注疏、附考證〔文淵〕195〔文津〕190
　　〔文瀾〕186
　孟子注疏、音義序、題辭解、原目〔薈要〕71
　孟子音義〔文淵〕196〔文津〕191〔文瀾〕
　　186〔著録〕經部 96
　孟子註疏解經〔著録〕經部 95
　律、律音義〔續修〕861
孫愨（明）
　唐紀、附表〔存目〕史部 33
孫賁（明）
　西菴集〔文淵〕1231〔文津〕1235〔文瀾〕
　　1267〔珍本〕六集 264〔著録〕集部 37
孫蕙（清）
　笠山詩選〔存目〕集部 232
孫樓（明）
　刻孫百川先生文集〔存目〕集部 112
孫鋭（宋）
　孫耕閒集〔續修〕1320
孫鋐（清）
　皇清詩選〔存目〕集部 398
　爲政第一篇〔存目〕史部 262
孫樵（唐）
　孫可之文集〔著録〕集部 441
　孫可之集〔文淵〕1083〔文津〕1087〔文
　　瀾〕1113

孫默（清）
　十五家詞　〔文淵〕1494　〔文津〕1498　〔文瀾〕1544
　國朝名家詩餘〔著録〕集部 334
孫錫蕃（清）
　復菴删詩舊集　〔未收〕五輯 26
孫濩孫（清）
　檀弓論文　〔存目〕經部 102
孫懋（明）
　孫毅菴奏議　〔文淵〕429　〔文津〕427　〔文瀾〕427　〔珍本〕三集 126
　毅菴奏議　〔底本〕史部 35　〔著録〕史部 200
孫鍾齡（明）
　東郭記　〔續修〕1775
孫應奎（明）
　燕詒録　〔存目〕集部 90
孫應科（清）
　四書説苑　〔續修〕170
孫應時（宋）
　燭湖集　〔文淵〕1166　〔文津〕1170　〔文瀾〕1199　〔珍本〕四集 271－273
　寶祐重修琴川志　〔續修〕698
孫應鰲（明）
　四書近語　〔續修〕160
　幽心瑤草、學孔精舍詩鈔　〔存目〕集部 129
　莊義要删　〔未收〕三輯 27
　淮海易談　〔存目〕經部 7
孫鑿（明）
　端峰先生松菊堂集　〔存目〕集部 147
孫燾（清）
　毛詩説　〔未收〕四輯 4
孫臏（戰國）
　孫臏兵法十六篇　〔續修〕959
孫璧文（清）
　考古録　〔未收〕十輯 7
孫勷（清）
　鶴侶齋詩、文稿　〔存目〕集部 254
孫耀（明）
　音韻正訛　〔續修〕259
孫覺（宋）
　孫氏春秋經解　〔文淵〕147　〔文津〕143　〔文瀾〕141
　龍學孫公春秋經解　〔著録〕經部 157
孫寶瑄
　忘山廬日記　〔續修〕579－582

孫繼芳（明）
　磯園稗史　〔續修〕1170
孫繼皋（明）
　宗伯集　〔文淵〕1291　〔文津〕1295　〔文瀾〕1329　〔珍本〕四集 371－372
　孫宗伯集　〔著録〕集部 126
孫覿（宋）
　内簡尺牘　〔文淵〕1135　〔文津〕1139　〔文瀾〕1166　〔珍本〕九集 239－240
　李學士新註孫尚書内簡尺牘　〔著録〕集部 341
　鴻慶居士文集　〔著録〕集部 17
　鴻慶居士集　〔文淵〕1135　〔文津〕1139　〔文瀾〕1166　〔珍本〕十二集 164－166
孫鑛（明）
　今文選　〔存目〕集部 322
　月峰先生居業次編　〔禁燬〕集部 126
　文子　〔續修〕958
　書畫跋跋、續　〔文淵〕816　〔文津〕818　〔文瀾〕835　〔著録〕子部 7
　孫月峰先生批評詩經、批評書經、批評禮記　〔存目〕經部 150
　孫月峰先生評文選　〔存目〕集部 287
孫灝（清）
　〔雍正〕河南通志　〔著録〕史部 417－419
　河南通志　〔文淵〕535－538　〔文津〕535－538　〔文瀾〕541－544

陰

陰中夫（宋）
　韻府群玉　〔著録〕子部 80
陰化陽（明）
　四六鴛鴦譜、新集　〔禁燬補〕39－40
陰時夫（陰勁弦）（元）
　韻府群玉　〔文淵〕951　〔文津〕953－954　〔文瀾〕971－972　〔著録〕子部 80
陰復春（元）
　韻府群玉　〔文淵〕951　〔文津〕953－954　〔文瀾〕971－972

陶

陶士偰（清）
　運甓軒文集　〔未收〕九輯 22
陶大眉（清）
　經解指要　〔未收〕八輯 3

陶元珍（清）
　三國志注補　〔續修〕274
陶元淳（清）
　南崖集　〔未收〕八輯 18
陶元藻（清）
　全浙詩話　〔續修〕1703
　泊鷗山房集　〔續修〕1441－1442
陶方琦（清）
　字林考逸　〔續修〕236
　倉頡篇、輯本、倉頡篇續本、倉頡篇補本　〔續修〕243
　淮南許注異同詁、續補　〔續修〕1121
　湘麋閣遺詩　〔續修〕1567
　鄭易小學、鄭易馬氏學、鄭易京氏學　〔續修〕38
　漢孳室文鈔　〔續修〕1567
陶允淳（明）
　陶莊敏公文集、蘭渚先生遺稿　〔存目〕集部 48
陶正靖（清）
　晚聞存稿　〔未收〕九輯 22
陶必銓（清）
　陶士升先生英江文録　〔續修〕1670
陶弘景（南朝梁）
　古今刀劍録　〔文淵〕840　〔文津〕842　〔文瀾〕859　〔著録〕子部 358
　肘後備急方　〔文淵〕734　〔文津〕734　〔文瀾〕749
　周氏冥通記　〔存目〕子部 258
　鬼谷子、篇目考　〔續修〕1121
　真誥　〔文淵〕1059　〔文津〕1063　〔文瀾〕1088　〔著録〕子部 124
　陶隱居集　〔續修〕1587
　養性延命録　〔續修〕1292
陶式玉（清）
　官子譜　〔續修〕1101
陶成（清）
　〔雍正〕江西通志　〔著録〕史部 232－237
　江西通志　〔文淵〕513　〔文津〕513　〔文瀾〕518－524
　吾廬先生遺書　〔存目補〕7
陶汝鼐（明）
　榮木堂合集　〔禁燬〕集部 85
陶安（明）
　陶學士先生文集、事蹟　〔底本〕集部 35－36

　〔著録〕集部 35
陶學士集　〔文淵〕1225　〔文津〕1229　〔文瀾〕1260　〔珍本〕七集 211－213
陶坼（清）
　業儒臆説　〔存目〕子部 29
陶孚尹（清）
　欣然堂集　〔存目補〕3
陶叔獻（宋）
　兩漢策要　〔未收〕三輯 16
陶季（清）
　舟車集、後集、集唐　〔存目〕集部 258
陶岳（宋）
　五代史補　〔文淵〕407　〔文津〕404　〔文瀾〕405　〔著録〕史部 27
陶宗儀（明）
　古刻叢鈔　〔文淵〕683　〔文津〕682　〔文瀾〕696　〔著録〕史部 393
　草莽私乘　〔存目〕史部 87
　南村詩集　〔文淵〕1231　〔文津〕1235　〔文瀾〕1267　〔珍本〕十一集 174　〔著録〕集部 261
　南村輟耕録　〔著録〕子部 111
　書史會要、續編　〔文淵〕814　〔文津〕817　〔文瀾〕833　〔珍本〕十集 166－168　〔著録〕子部 7
　滄浪櫂歌　〔存目〕集部 24
　説郛　〔文淵〕876－882　〔文津〕877－884　〔文瀾〕896－902　〔著録〕子部 278－287
　輟耕録　〔文淵〕1040　〔文津〕1044　〔文瀾〕1068
陶承慶（明）
　大明一統文武諸司衙門官制　〔存目〕史部 260　〔續修〕748
陶承學（明）
　併音連聲字學集要　〔續修〕259
陶南望（清）
　草韻彙編　〔存目〕子部 73
陶保廉（清）
　辛卯侍行記　〔續修〕737
陶珽（明）
　説郛續　〔續修〕1189－1192
陶華（明）
　傷寒六書　〔續修〕985
陶原良（明）
　忠經詳解　〔續修〕933

陶晉英（明）
　　楚書〔存目〕史部 248
陶望齡（明）
　　徐文長文集、徐文長傳〔續修〕1354－1355
　　陶文簡公集〔禁燬〕集部 9
　　陶石簣先生四書要達〔禁燬補〕3
　　歇菴集〔續修〕1365
　　解莊〔存目〕子部 256
　　新鐫焦太史彙選中原文獻〔存目〕集部 330
陶涵中（明）
　　男子雙名記〔存目〕子部 200
陶越（清）
　　過庭紀餘〔存目〕子部 245
陶滋（明）
　　石鼓文正誤〔存目〕經部 189
陶弼（宋）
　　陶邕州小集、陶弼商翁詩〔著錄〕集部 339
　　邕州小集〔文淵〕1096〔文津〕1100〔文
　　　瀾〕1126〔珍本〕十一集 161
陶夢桂（宋）
　　平塘陶先生詩〔續修〕1320
陶煦（清）
　　周莊鎮志〔續修〕717
陶煊（清）
　　石谿詩鈔〔禁燬〕集部 183
　　國朝詩的〔禁燬〕集部 156－158
陶燁（清）
　　課業餘談〔存目〕子部 160
陶穀（宋）
　　陳眉公訂正清異錄〔著錄〕子部 244
陶奭齡（明）
　　歇菴集〔續修〕1365
　　賜曲園今是堂集〔禁燬〕集部 80
陶穀（宋）
　　清異錄〔文淵〕1047〔文津〕1051〔文瀾〕
　　　1076
陶樑（清）
　　紅豆樹館書畫記〔續修〕1082
　　國朝畿輔詩傳〔續修〕1681
　　詞綜補遺〔續修〕1730
陶澍（清）
　　陶文毅公全集〔續修〕1502－1504
　　陶雲汀先生奏疏〔續修〕498－499
　　靖節先生集、諸本評陶彙集、年譜考異〔續
　　　修〕1304

陶潛（晉）
　　陶元亮詩〔存目〕集部 3
　　陶彭澤集〔續修〕1585
　　陶淵明集〔著錄〕集部 226
　　陶淵明集、總論〔文淵〕1063〔文津〕1067
　　　〔文瀾〕1092
　　陶淵明詩、雜文〔續修〕1304
　　陶靖節先生詩注〔續修〕1304
　　搜神後記〔文淵〕1042〔文津〕1046〔文
　　　瀾〕1070〔著錄〕子部 243
　　靖節先生集、諸本評陶彙集、年譜考異〔續
　　　修〕1304
　　箋註陶淵明集、總論〔續修〕1304
　　廣群輔錄〔存目〕子部 227
陶諧（明）
　　南川漫遊稿〔存目〕集部 48
　　陶莊敏公文集、蘭渚先生遺稿〔存目〕集部
　　　48

桑

桑世昌（宋）
　　回文類聚〔文淵〕1351〔文津〕1355〔文
　　　瀾〕1393〔珍本〕七集 266〔著錄〕集部
　　　75
　　蘭亭考〔文淵〕682〔文津〕682〔文瀾〕695
　　蘭亭考、附群公帖跋〔著錄〕史部 156
桑春榮（清）
　　駁案新編、駁案續編、秋審實緩比較彙案
　　　〔續修〕873－874
桑拱陽（明）
　　四書則〔存目〕經部 166
桑悅（明）
　　思玄集〔存目〕集部 39
　　桑子庸言〔存目補〕77
桑紹良（明）
　　青郊雜著、文韻考衷六聲會編〔存目〕經部
　　　216
　　聲韻襍箸、文韻考衷六聲會編〔續修〕255
桑喬（明）
　　真詮〔存目〕子部 261
　　廬山紀事〔存目〕史部 229
桑瑜（明）
　　〔弘治〕常熟縣志〔存目〕史部 185
桑調元（清）
　　弢甫集詩、文、五嶽集、續集〔存目〕集部

275－276

桑霦直(清)
　字觸補〔未收〕六輯 18

納

納喇性德(清)　參見 成德
納新(納延)(元)
　金臺集〔文淵〕1215〔文津〕1219〔文瀾〕
　　1250〔珍本〕十一集 173〔薈要〕407
　河朔訪古記〔文淵〕593〔文津〕593〔文
　　瀾〕601〔珍本〕別輯 140
納蘇泰(清)
　欽定中樞政考〔續修〕853－855
納蘭成德(清)
　禮記陳氏集説補正〔著錄〕經部 74
納蘭性德(清)
　今詞初集〔續修〕1729
　通志堂集〔存目〕集部 247〔續修〕1419
納蘭常安(清)
　受宜堂集〔未收〕九輯 22
　班餘剪燭集〔未收〕九輯 21

十一畫

理

理閚和(明)
　寒石先生文集〔未收〕五輯 26

堵

堵胤錫(明)
　權政紀略、奏疏、范政八箴〔續修〕834

勒

勒德洪(清)
　平定三逆方略〔文淵〕354〔文津〕351〔文
　　瀾〕352〔珍本〕初集 107－109〔著錄〕
　　史部 7

黃

黃一正(明)
　事物紺珠〔存目〕子部 200－201
黃一鳳(明)
　重訂選擇集要〔存目〕子部 69
黃人(清)

國朝文匯、甲前集、甲集、乙集、丙集、丁集、
　姓氏目錄〔續修〕1672－1676
黃大輿(宋)
　梅苑〔文淵〕1489〔文津〕1493〔文瀾〕1538
　　〔珍本〕六集 400〔著錄〕集部 333
黃山
　後漢書集解、續漢志集解〔續修〕272－273
黃之雋(清)
　〔乾隆〕江南通志〔著錄〕史部 226－231
　江南通志〔文淵〕507〔文津〕507－513〔文
　　瀾〕512－517
　香屑集〔文淵〕1327〔文津〕1331〔文瀾〕
　　1368〔珍本〕三集 378－379〔著錄〕集
　　部 292
　堂集、續、附冬錄〔存目〕集部 271
黃子雲(清)
　野鴻詩的〔續修〕1701
黃天全(明)
　九鯉湖志〔存目〕史部 233
黃元御(清)
　玉楸藥解〔存目〕子部 54
　四聖心源〔存目〕子部 54〔續修〕1025
　四聖懸樞〔存目〕子部 54
　長沙藥解〔存目〕子部 40
　金匱懸解〔存目〕子部 40〔續修〕988
　素問懸解、附校餘偶識〔存目〕子部 39
　素靈微蘊〔存目〕子部 54〔續修〕982
　道德懸解〔存目〕子部 256
　傷寒説意〔存目〕子部 40
　傷寒懸解〔存目〕子部 40
　難經懸解〔存目〕子部 39〔續修〕983
　靈樞懸解〔存目〕子部 39
黃元會(明)
　仙愚館雜帖〔存目補〕95
黃中(清)
　黃雪瀑集〔未收〕七輯 23
黃中松(清)
　詩疑辨證〔文淵〕88〔文津〕83〔文瀾〕81
　　〔珍本〕初集 54－55〔著錄〕經部 193
黃中堅(清)
　蓄齋二集〔未收〕八輯 27
　蓄齋集〔未收〕八輯 27
黃仁溥(明)
　新刻皇明經世要略〔禁燬補〕26
黃公度(宋)

知稼翁集 〔文淵〕1139 〔文津〕1144 〔文瀾〕1171 〔珍本〕十二集 167

知稼翁詞 〔文淵〕1488 〔文津〕1493 〔文瀾〕1538 〔著録〕集部 219

莆陽知稼翁集 〔著録〕集部 51

黄公紹(元)

古今韻會舉要、禮部韻略七音三十六母通考 〔著録〕經部 115

古今韻會舉要、韻母 〔文淵〕238 〔文津〕233 〔文瀾〕231 〔薈要〕86

在軒集 〔文淵〕1189 〔文津〕1194 〔文瀾〕1225 〔珍本〕初集 334 〔著録〕集部 445

黄六鴻(清)

福惠全書 〔未收〕三輯 19

黄文華(明)

新刻京板青陽時調詞林一枝 〔續修〕1777

黄文焕(明)

陶元亮詩 〔存目〕集部 3

楚辭聽直、合論 〔存目〕集部 1 〔續修〕1301

詩經考 〔存目〕經部 68

黄文蓮(清)

老子道德經訂注 〔未收〕六輯 19

書傳鹽梅 〔未收〕三輯 4

黄文暘(清)

掃垢山房詩鈔 〔續修〕1459

黄孔昭(明)

赤城論諫録 〔存目〕史部 69

黄以周(清)

十翼後録 〔續修〕36－37

子思子 〔續修〕932

尚書講義 〔續修〕50

周易注疏賸本 〔續修〕35

周易故訓訂 〔續修〕35

群經説 〔續修〕178

經訓比義 〔未收〕七輯 11

禮書通故 〔續修〕111－112

禮説 〔續修〕112

續資治通鑑長編拾補 〔續修〕349

黄以陞(清)

史説萱蘇 〔存目補〕96

黄正憲(明)

易象管窺 〔存目〕經部 10 〔續修〕11

春秋翼附 〔存目〕經部 120 〔續修〕135

黄世本(清)

蠶桑簡明輯説 〔未收〕四輯 23

黄世發(清)

越巫雞卜 〔未收〕十輯 9

黄本騏(清)

三十六灣草廬稿 〔續修〕1507

黄本驥(清)

三長物齋詩略、文略 〔續修〕1511

三禮從今 〔未收〕三輯 8

黄丕烈(清)

士禮居藏書題跋記 〔續修〕923

百宋一廛書録 〔續修〕923

黄石公(漢)

素書 〔著録〕子部 333

黄石公三略 〔文淵〕726 〔文津〕726 〔文瀾〕740 〔著録〕子部 333

黄石公素書 〔文淵〕726 〔文津〕726 〔文瀾〕740

黄石麟(清)

半蕪園集、附澂湖集遺文 〔禁燬〕集部 150

黄生(清)

一木堂詩藁 〔禁燬補〕85

字詁 〔文淵〕222 〔文津〕217 〔文瀾〕215 〔珍本〕十一集 25

杜工部詩説、杜詩概説 〔存目〕集部 5

義府 〔文淵〕858 〔文津〕860 〔文瀾〕879

黄永年(清)

南莊類稿、白雲詩鈔、奉使集、静子日記 〔存目〕集部 280

南莊類稿文録 〔續修〕1670

黄式三(清)

尚書啓幪 〔續修〕48

易釋 〔續修〕30

周季編略 〔續修〕347

春秋釋 〔續修〕148

論語後案 〔續修〕155

黄百家(清)

句股矩測解原 〔文淵〕802 〔文津〕803 〔文瀾〕819 〔珍本〕四集 166 〔著録〕子部 356

學箕初稿 〔存目〕集部 257

黄成(明)

髹飾録 〔續修〕1115

黄光昇(明)

昭代典則 〔存目〕史部 12－13 〔續修〕351

黄廷桂(清)

〔雍正〕四川通志 〔著録〕史部 238－240

四川通志〔文淵〕559－561〔文津〕559－561〔文瀾〕567－569

黃廷鵠（明）
　爲臣不易編〔存目〕史部 111

黃休復（宋）
　茅亭客話〔文淵〕1042〔文津〕1047〔文瀾〕1075〔著録〕子部 243
　益州名畫録〔文淵〕812〔文津〕814〔文瀾〕831〔著録〕子部 52

黃仲元（宋）
　四如集〔珍本〕十集 242
　四如集、拾遺〔文淵〕1188〔文津〕1192〔文瀾〕1224
　四如講稿〔文淵〕183〔文津〕178〔文瀾〕175〔珍本〕三集 101
　有宋福建莆陽黃仲元四如先生文稿〔著録〕集部 105
　黃四如先生六經四書講稿〔著録〕經部 91

黃仲炎（宋）
　春秋通説〔文淵〕156〔文津〕151〔文瀾〕149〔薈要〕37〔著録〕經部 80

黃仲昭（明）
　〔弘治〕八閩通志〔存目〕史部 177－178
　未軒公文集〔底本〕集部 115〔著録〕集部 267
　未軒文集〔文淵〕1254〔文津〕1258〔文瀾〕1291〔珍本〕三集 323－324

黃任（清）
　秋江集〔存目〕集部 262

黃自麟（清）
　退谷文集、詩集、附行述〔存目〕集部 264－265

黃名甌（清）
　數馬堂答問〔存目補〕95

黃汝成（清）
　日知録集釋、刊誤、續刊誤〔續修〕1143－1144

黃汝亨（明）
　天目遊紀〔存目〕史部 251
　古奏議〔存目〕史部 75〔續修〕461
　寓林集、寓林集詩〔續修〕1368－1369
　寓林集、詩集〔禁燬〕集部 42－43
　廉吏傳〔存目〕史部 108
　廉吏傳、傳蠧〔續修〕515
　廉吏傳、廉蠧〔著録〕史部 304〔著録〕史部

304

黃汝良（明）
　冰署筆談〔禁燬補〕34

黃守平（清）
　易象集解〔續修〕35

黃守儕（清）
　鄉黨考〔未收〕七輯 1

黃均宰（清）
　金壺七墨〔續修〕1183

黃志述（清）
　兩當軒全集、附考異〔續修〕1474

黃芹（明）
　易圖識漏〔存目〕經部 2

黃克晦（明）
　黃吾野先生詩集〔存目〕集部 189

黃克纘（明）
　古今疏治黃河全書、附酌議迦黃便宜疏〔存目〕史部 222
　數馬集〔禁燬〕集部 180

黃佐（明）
　六藝流別〔存目〕集部 300
　革除遺事〔存目〕史部 47〔續修〕432
　南廱志〔存目〕史部 257〔續修〕749
　泰泉鄉禮〔文淵〕142〔文津〕138〔文瀾〕136〔珍本〕四集 54
　泰泉集〔文淵〕1273〔文津〕1277〔文瀾〕1310〔珍本〕二集 366〔底本〕集部 190〔著録〕集部 276
　庸言〔存目〕子部 9〔續修〕939
　殿閣詞林記〔文淵〕452〔文津〕451〔文瀾〕452
　〔嘉靖〕廣西通志〔存目〕史部 187
　廣州人物傳〔存目〕史部 90〔續修〕549
　樂典〔存目〕經部 182〔續修〕113
　翰林記〔文淵〕596〔文津〕597〔文瀾〕606〔著録〕史部 433

黃伯思（宋）
　東觀餘論〔文淵〕850〔文津〕852〔文瀾〕870〔著録〕子部 164
　法帖刊〔文淵〕681〔文津〕681〔文瀾〕694
　法帖刊誤〔著録〕史部 393

黃位清（清）
　詩異文録〔續修〕75
　詩緒餘録〔續修〕71

黃希（宋）

黃氏補千家註紀年杜工部詩史、年譜辨疑、
　　集註杜工部詩姓氏、傳序碑銘〔著錄〕
　　集部 336
　補注杜詩〔珍本〕十集 201－212
黃希旦(宋)
　支離子詩〔存目〕集部 14
黃希原(宋)
　補注杜詩、傳序碑銘、年譜辨疑、集注杜詩姓
　　氏〔文淵〕1069〔文津〕1073〔文瀾〕
　　1098
黃希憲(明)
　續自警編〔存目〕子部 124－125
黃兊(明)
　黃玄龍先生小品〔存目〕子部 111
　黃玄龍詩集、小品〔存目〕集部 189
黃汴(明)
　一統路程圖記〔存目〕史部 166
黃君聘(清)
　半蕪園集、附澂湖集遺文〔禁燬〕集部 150
黃玠(元)
　弁山小隱吟錄〔文淵〕1205〔文津〕1209
　　〔文瀾〕1239〔底本〕集部 140〔著錄〕
　　集部 426
　演山集〔文淵〕1120〔文津〕1124〔文瀾〕
　　1150
黃叔琳(清)
　文心雕龍〔著錄〕集部 213
　文心雕龍輯註〔文淵〕1478〔文津〕1482
　　〔文瀾〕1527
　史通訓故補〔存目〕史部 279〔續修〕447
　周禮節訓〔存目〕經部 85
　夏小正註〔存目〕經部 103
　硯北易鈔〔存目〕經部 33
　硯北雜錄、劄記〔存目〕子部 158
　湛園集〔文淵〕1323〔文津〕1327〔文瀾〕
　　1362
黃叔璥(清)
　中州金石考〔存目〕史部 278〔續修〕912
　南征記程〔存目〕史部 128
　南臺舊聞〔存目〕史部 261〔續修〕746
　國朝御史題名、國朝滿洲蒙古御史題名〔續
　　修〕751
　臺海使槎錄〔文淵〕592〔文津〕593〔文
　　瀾〕601〔著錄〕史部 252
　廣字義〔存目〕子部 27

黃昇(宋)
　花菴詞選、續集〔文淵〕1489〔文津〕1494
　　〔文瀾〕1539
　唐宋諸賢絕妙詞選、中興以來絕妙詞選〔著
　　錄〕集部 333〔著錄〕集部 333
　散花菴詞〔文淵〕1488〔文津〕1493〔文
　　瀾〕1538〔著錄〕集部 219
黃易(清)
　秋盦遺稿〔續修〕1466
黃秉石(明)
　偶得紺珠〔存目〕子部 145
黃金(明)
　東遊集〔存目〕集部 85
黃金璽(明)
　宋四六叢珠彙選〔存目〕子部 172
黃周星(清)　參見 周星
黃庚(元)
　月屋漫稿〔文淵〕1193〔文津〕1197〔文
　　瀾〕1229〔珍本〕八集 159〔著錄〕集部
　　106
黃宗昌(明)
　疏草〔禁燬補〕23〔未收〕一輯 22
黃宗炎(清)
　周易象辭、周易尋門餘論、圖學辯惑〔文淵〕
　　40〔文津〕35－36〔文瀾〕34〔珍本〕七
　　集 11－16
黃宗堅(清)
　種棉實驗說〔續修〕977
黃宗會(清)
　縮齋文集〔未收〕五輯 26
黃宗漢(清)
　朔方備乘、圖〔續修〕740－742
黃宗羲(清)
　今水經〔存目〕史部 224
　今水經、表〔續修〕727
　四明山志〔存目〕史部 236〔續修〕723
　弘光實錄鈔、附弘光大臣月表〔續修〕367
　行朝錄〔續修〕442
　行朝錄、附三藩偶記〔禁燬〕史部 44
　宋元學案〔續修〕518－519
　明文海〔文淵〕1453－1458〔文津〕1457－
　　1464〔文瀾〕1500－1505〔珍本〕七集
　　313－388〔著錄〕集部 456－465
　明文案〔禁燬補〕44－47
　明文授讀〔存目〕集部 400－401

明夷待訪録〔續修〕945

明儒學案、師説〔著録〕史部 17

明儒學案、發凡〔文淵〕457〔文津〕455－456〔文瀾〕457－458

易學象數論〔文淵〕40〔文津〕35〔文瀾〕34〔珍本〕六集 3－4

金石要例〔文淵〕1483〔文津〕1488〔文瀾〕1532〔著録〕集部 332

孟子師説〔文淵〕208〔文津〕203〔文瀾〕201〔珍本〕五集 57〔著録〕經部 172

南雷文定、後集、黄梨洲先生南雷文約〔存目〕集部 205

南雷文定五集〔續修〕1397

南雷文定前集、後集、三集、四集〔續修〕1397

南雷文録〔續修〕1669

南雷集外文〔續修〕1397

南雷詩曆〔續修〕1397

姚江逸詩〔存目〕集部 400

破邪論〔續修〕945

剡源先生文鈔〔存目〕集部 21

授時曆故〔續修〕1040

象數論〔著録〕經部 185

深衣考〔文淵〕127〔文津〕122〔文瀾〕121〔珍本〕十一集 20

曆學假如〔續修〕1040

黄居中(明)

千頃齋初集〔續修〕1363

黄承玄(明)

河漕通考〔存目〕史部 222

黄承昊(明)

折肱漫録〔存目〕子部 48〔續修〕1028

黄始(清)

聽嚶堂四六新書〔禁燬〕集部 135－136

聽嚶堂翰苑英華〔禁燬補〕52

黄厚裕(清)

栽苧麻法略〔續修〕977

黄省曾(明)

五嶽山人集〔存目〕集部 94

申鑑〔文淵〕696〔文津〕696〔文瀾〕710〔底本〕子部 31〔著録〕子部 61

西洋朝貢典録〔存目〕史部 255〔續修〕742

吳風録〔續修〕733

種芋法〔續修〕1117

騷苑〔存目〕子部 179

黄俅(明)

黄帝内經素問節文註釋〔未收〕四輯 24

黄俁卿(明)

倭患考原、恤援朝鮮倭患考〔存目〕史部 52

黄俊(明)

周易通略〔續修〕5

黄訒(宋)

東觀餘論〔文淵〕850〔文津〕852〔文瀾〕870

豫章黄先生文集、外集、別集、簡尺、詞、山谷先生年譜、別傳〔著録〕集部 11

黄度(宋)

宋黄宣獻公周禮説〔續修〕78

尚書説〔文淵〕57〔文津〕52〔文瀾〕50〔薈要〕18

書説〔著録〕經部 8

黄庭堅(宋)

山谷内集詩注、山谷外集詩注、山谷別集詩注〔文淵〕1114〔文津〕1118〔文瀾〕1143－1144

山谷内集詩註、山谷外集詩註、山谷別集詩註〔著録〕集部 442〔著録〕集部 442〔著録〕集部 442

山谷老人刀筆〔存目〕集部 14

山谷年譜〔薈要〕385

山谷集〔文淵〕1113〔文津〕1117〔文瀾〕1143〔薈要〕384－385

山谷詞〔文淵〕1487〔文津〕1492〔文瀾〕1537〔薈要〕385〔著録〕集部 217

黄太史精華録〔存目〕集部 14

豫章黄先生文集、外集、別集、簡尺、詞、山谷先生年譜、別傳〔著録〕集部 11

黄庭鏡(清)

校刊目經大成〔續修〕1018

黄彦平(宋)

三餘集〔文淵〕1132〔文津〕1136〔文瀾〕1164〔珍本〕五集 276〔底本〕集部 130〔著録〕集部 441

黄帝(□)

宅經〔文淵〕808〔文津〕809〔文瀾〕826

陰符經解〔文淵〕1055〔文津〕1059〔文瀾〕1084

黄炳垕(清)

交食捷算〔未收〕四輯 26

黄梨洲先生年譜〔續修〕553

黄洪憲(明)

春秋左傳釋附 〔未收〕七輯 1
朝鮮國紀 〔存目〕史部 163
碧山學士集、別集 〔禁燬〕集部 30
黃宮繡（清）
本草求真 〔續修〕995
黃晟（清）
至聖編年世紀 〔存目〕史部 81
黃恩彤（清）
鑑評別錄、附兩漢史斷、三國書法 〔未收〕二
輯 29－30
黃倫（宋）
尚書精義 〔文淵〕58 〔文津〕53－54 〔文瀾〕
51 〔珍本〕別輯 15－22
黃師憲（清）
夢澤堂文集、詩集、濱江唱酬詩 〔未收〕七輯
19
黃釗（清）
經餕 〔未收〕四輯 10
讀白華草堂詩二集 〔續修〕1516
讀白華草堂詩初集 〔續修〕1516
讀白華草堂詩首蓿集 〔續修〕1516
黃訓（明）
名臣經濟錄 〔文淵〕443 〔文津〕442 〔文
瀾〕444－445 〔珍本〕三集 131－140
皇明名臣經濟錄 〔著錄〕史部 29－30
黃潭先生讀書一得 〔存目〕子部 103
黃衷（明）
矩洲詩集、附樗亭集 〔存目〕集部 47
海語 〔文淵〕594 〔文津〕594 〔文瀾〕602
陳眉公訂正海語 〔著錄〕史部 253
黃家遴（清）
楊公政續紀 〔存目〕史部 86
黃容（清）
尺牘蘭言 〔禁燬〕集部 35
卓行錄 〔存目〕史部 123
黃姬水（明）
白下集 〔存目〕集部 186
高素齋集 〔存目〕集部 186
貧士傳 〔存目〕史部 95
黃淳父先生全集 〔存目〕集部 186
黃培芳（清）
香石詩話 〔續修〕1706
黃乾行（明）
禮記日錄、圖解 〔存目〕經部 89
黃崇蘭（清）

增補貢舉考略 〔續修〕830－831
黃庶（宋）
伐檀集 〔文淵〕1092 〔文津〕1096 〔文瀾〕
1122 〔珍本〕十二集 159 〔薈要〕385
青社黃先生伐檀集 〔著錄〕集部 44
黃康弼（宋）
續會稽掇英集 〔續修〕1682
黃淮（明）
省愆集 〔文淵〕1240 〔文津〕1244 〔文瀾〕
1276 〔珍本〕十集 265 〔底本〕集部 143
〔著錄〕集部 428
黃文簡公介菴集 〔存目〕集部 26－27
歷代名臣奏議 〔文淵〕433－442 〔文津〕
431－441 〔文瀾〕433－443 〔著錄〕史
部 84－90
黃淦（清）
儀禮精義 〔續修〕90
黃淳耀（明）
山左筆談 〔存目〕史部 248
陶菴文集、詩集、自監錄 〔著錄〕集部 405
陶菴全集 〔文淵〕1297 〔文津〕1301 〔文
瀾〕1335
陶菴集 〔珍本〕十二集 191－192
黃貫曾（明）
唐詩二十六家 〔存目〕集部 383
黃越（清）
退谷文集、詩集、附行述 〔存目〕集部 264－
265
黃超然（元）
周易通義、發例、識蒙、或問 〔續修〕2
黃彭年（清）
弟子職集解、附句讀、考證、補音 〔未收〕六
輯 12
陶樓文鈔 〔續修〕1552－1553
〔光緒〕畿輔通志 〔續修〕628－640
黃達（清）
一樓集 〔未收〕十輯 15
黃朝英（宋）
靖康緗素雜記 〔文淵〕850 〔文津〕852 〔文
瀾〕870
寶顏堂訂正靖康緗素雜記 〔著錄〕子部 164
黃雲（明）
黃丹巖先生集 〔存目〕集部 60
黃雲鵠（清）
粥譜、廣粥譜 〔續修〕1115

群經引詩大旨〔未收〕十輯1
黃掌綸(清)
　長蘆鹽法志、援證〔續修〕840
黃鼎(清)
　管窺輯要〔存目〕子部61-62
黃景仁(清)
　兩當軒全集、附考異〔續修〕1474
　悔存詩鈔〔未收〕十輯29
黃景昉(明)
　國史唯疑〔續修〕432
黃凱鈞(清)
　遣睡雜言〔未收〕六輯20
黃尊素(明)
　黃忠端公文略、詩略、說略、附黃忠端公正氣
　錄〔禁燬〕集部185
黃道周(明)
　三易洞璣〔文淵〕806〔文津〕807〔文瀾〕
　824〔珍本〕十二集140-141〔著錄〕子
　部274
　月令明義〔文淵〕122〔文津〕118〔文瀾〕
　116
　月令明義、圖〔著錄〕經部69
　西曹秋思〔存目〕集部352
　孝經集傳〔文淵〕182〔文津〕177〔文瀾〕
　173〔著錄〕經部91
　孝經贊義〔續修〕151
　坊記集傳、坊記春秋問業〔文淵〕122〔文
　津〕118〔文瀾〕116〔著錄〕經部69
　表記集傳、春秋表記問業〔文淵〕122〔文
　津〕118〔文瀾〕116〔著錄〕經部69
　易象正〔文淵〕35〔文津〕30〔文瀾〕30
　〔珍本〕十二集1-3〔著錄〕經部142
　春秋揆略〔存目〕經部124
　洪範明義〔文淵〕64〔文津〕59〔文瀾〕57
　洪範明義、初卷、終卷〔著錄〕經部58
　博物典彙〔續修〕1246〔禁燬補〕41
　黃石齋先生文集〔續修〕1384
　詠業近集、焦桐山詩集、焦桐山文集、明誠堂
　詩集、浩然堂詩集〔續修〕1384
　新鐫繡像旁批詳註總斷廣百將傳〔存目〕子
　部33-34
　群書典彙〔禁燬〕子部12-13
　榕壇問業〔文淵〕717〔文津〕719〔文瀾〕
　732〔珍本〕三集186-188〔著錄〕子部
　130
　緇衣集傳〔文淵〕122〔文津〕118〔文瀾〕

117〔著錄〕經部155
　儒行集傳〔文淵〕122〔文津〕118〔文瀾〕
　117〔著錄〕經部156
黃道時(明)
　天文三十六全圖〔續修〕1031
黃淵耀(明)
　谷簾先生遺書〔續修〕1134
黃登(清)
　嶺南五朝詩選〔存目〕集部409
黃瑜(明)
　書學會編〔存目〕子部71
　雙槐歲抄〔存目〕子部239〔續修〕1166
黃夢白(清)
　詩經廣大全〔存目〕經部77
黃虞稷(清)
　千頃堂書目〔文淵〕676〔文津〕675〔文
　瀾〕689〔著錄〕史部151
黃暐(明)
　蓬窗類紀〔存目〕子部251〔續修〕1271
黃鉞(清)
　二十四畫品〔續修〕1068
　壹齋集〔續修〕1475
黃溍(元)
　日損齋筆記〔文淵〕854〔文津〕856〔文
　瀾〕874〔著錄〕子部364
　金華黃先生文集〔著錄〕集部255〔續修〕
　1323
黃溥(明)
　詩學權輿〔存目〕集部292
黃滔(唐)
　唐黃先生文集〔著錄〕集部337
　黃御史集〔文淵〕1083〔文津〕1088〔文
　瀾〕1113
黃慎(明)
　新編秘傳堪輿類纂人天共寶〔存目〕子部
　64
黃福(明)
　黃忠宣公文集、別集〔存目〕集部27
黃榦(宋)
　勉齋先生黃文肅公文集、語錄、年譜、附集
　〔著錄〕集部24
　勉齋集〔文淵〕1168〔文津〕1172〔文瀾〕
　1202〔珍本〕二集296-300
　儀禮經傳通解、續〔珍本〕十集26-49〔著
　錄〕經部75

黃輔辰(清)
　營田輯要內篇、外篇〔續修〕976
黃裳(宋)
　演山先生文集〔著錄〕集部47
　演山集〔文淵〕1120〔文津〕1124〔文瀾〕
　　1150〔珍本〕初集258-260
黃圖珌(清)
　看山閣集〔未收〕十輯17
黃毓祺(明)
　大愚老人遺集〔未收〕六輯27
黃鳳池(明)
　唐詩畫譜八種〔存目〕子部72
黃鳳翔(明)
　田亭草〔續修〕1356〔禁燬〕集部44
　嘉靖大政類編〔存目〕史部55〔續修〕433
黃廣(明)
　禮樂合編〔存目〕經部109
黃端伯(明)
　易疏、圖説〔存目〕經部23
　瑤光閣集、外集、明夷集〔存目〕集部193
黃養蒙(明)
　吏部職掌〔存目〕史部258
黃漢(清)
　貓苑〔未收〕十輯12
黃維天(明)
　後圃黃先生存集、附嚮明齋詩文〔續修〕
　　1325
黃奭(清)
　晉官五種〔續修〕747
　黃氏逸書考〔續修〕1206-1211
黃樞(元)
　後圃黃先生存集、附嚮明齋詩文〔續修〕
　　1325
黃標(明)
　平夏錄〔續修〕432
黃震(宋)
　古今紀要〔文淵〕384〔文津〕381〔文瀾〕
　　383〔珍本〕三集122-124〔著錄〕史部
　　192
　黃氏日抄〔文淵〕707-708〔文津〕709-
　　710〔文瀾〕722-723〔珍本〕二集
　　150-165
　慈溪黃氏日鈔分類〔著錄〕子部252-254
黃德水(明)
　唐詩紀〔存目補〕16-18

黃徹(宋)
　䂬溪詩話〔文淵〕1479〔文津〕1483〔文
　　瀾〕1528〔著錄〕集部417
黃魯曾(明)
　吳中往哲記、續〔存目〕史部89
　南華合璧集〔存目〕集部300
黃遵憲(清)
　人境廬詩草〔續修〕1566
　日本國志〔續修〕745
　求一術通解〔續修〕1047
黃溍(元)
　文獻集〔文淵〕1209〔文津〕1213〔文瀾〕
　　1244〔薈要〕404
黃潤玉(明)
　海涵萬象錄〔存目〕子部101
　寧波府簡要志〔存目〕史部174
黃履翁(宋)
　古今源流至論前集、後集、續集、別集〔文
　　淵〕942〔文津〕945〔文瀾〕964
　新箋決科古今源流至論前集、後集、續集、別
　　集〔著錄〕子部221
黃畿(明)
　皇極經世書傳〔存目〕子部57
黃褧(明)
　矩洲詩集、附樗亭集〔存目〕集部47
黃機(宋)
　竹齋詩餘〔文淵〕1488〔文津〕1493〔文
　　瀾〕1538〔著錄〕集部219
黃學圯(清)
　歷朝史印〔未收〕一輯30
黃學海(明)
　筠齋漫錄、續集、別集〔續修〕1127
黃學準(明)
　海語〔文淵〕594〔文津〕594〔文瀾〕602
黃儒(宋)
　茶品要錄〔著錄〕子部162
　品茶要錄〔文淵〕844〔文津〕846〔文瀾〕
　　863
黃錫蕃(清)
　閩中書畫錄〔續修〕1068
黃錫齡(清)
　今水經注要覽〔未收〕九輯5
黃諫(明)
　从古正文、字原釋義〔存目〕經部189
　亢倉子〔著錄〕子部365

亢倉子注 〔文淵〕1059 〔文津〕1063 〔文瀾〕1088

帝王紀年纂要〔存目〕史部 6 〔存目〕史部 6

黃澤(元)
易學濫觴 〔文淵〕24 〔文津〕19 〔文瀾〕19 〔珍本〕十集 2

黃憲(漢)
秘傳天禄閣寓言外史〔存目〕子部 83

黃鍾駿
疇人傳四編〔續修〕516

黃爵滋(清)
仙屏書屋初集〔續修〕1521

黃謙(清)
新鐫彙音妙悟全集〔續修〕260

黃燮清(清)
倚晴樓詩餘〔續修〕1726
國朝詞綜續編〔續修〕1731
絳綃記〔續修〕1768

黃應麒(清)
周易述翼〔續修〕31

黃鴻壽
清史紀事本末〔續修〕390

黃濤(清)
家規省括〔未收〕三輯 21

黃璿(明)
〔景泰〕建陽縣志、雜志、續集 〔存目〕史部 176

黃櫄(宋)
毛詩李黃集解 〔文淵〕71 〔文津〕65－66 〔文瀾〕64〔薈要〕24
李迁仲黃實夫毛詩集解〔著録〕經部 37

黃鎮成(元)
尚書通考 〔文淵〕62 〔文津〕56 〔文瀾〕54 〔著録〕經部 57
秋聲集 〔文淵〕1212 〔文津〕1216 〔文瀾〕1247 〔珍本〕六集 263 〔著録〕集部 31 〔續修〕1323

黃鵬揚(清)
讀史吟評〔存目〕史部 290

黃繼善(宋)
史學提要〔存目〕史部 280

黃鶴(宋)
黃氏集千家註杜工部詩史補遺、集註草堂杜工部詩外集〔續修〕1307
黃氏補千家註紀年杜工部詩史、年譜辨疑、

集註杜工部詩姓氏、傳序碑銘〔著録〕集部 336〔著録〕集部 336
集千家註批點杜工部詩集、年譜〔著録〕集部 228
補注杜詩〔珍本〕十集 201－212
補注杜詩、傳序碑銘、年譜辨疑、集注杜詩姓氏 〔文淵〕1069 〔文津〕1073 〔文瀾〕1098

黃巖孫(宋)
寶祐仙溪志〔續修〕660

黃體仁(明)
四然齋藏稿〔存目〕集部 182

黃瓚(清)
周易漢學通義、略例〔續修〕31
雪洲集、續集〔存目〕集部 43

梅

梅一科(明)
二梅公年譜〔存目〕史部 82

梅士享(明)
詮叙管子成書〔存目〕子部 36

梅之煥(明)
梅中丞遺稿〔未收〕五輯 25

梅之熉(明)
春秋因是〔存目〕經部 128

梅文鼎(清)
大統曆志 〔文淵〕795 〔文津〕796 〔文瀾〕813〔珍本〕二集 197
中西經星同異考 〔文淵〕795 〔文津〕796 〔文瀾〕813
勿菴曆書目〔著録〕子部 355
勿菴曆算書記 〔文淵〕795 〔文津〕796 〔文瀾〕813
兼濟堂纂刻梅勿菴先生曆算全書二十九種〔著録〕子部 269－270
曆算全書 〔文淵〕794－795 〔文津〕794－796 〔文瀾〕811－812 〔珍本〕七集 139－150
續學堂文鈔、詩鈔〔存目〕集部 263〔續修〕1413

梅守箕(明)
梅季豹居諸二集〔未收〕六輯 24
梅季豹居諸集〔未收〕六輯 24

梅沖(清)
然後知齋答問〔未收〕四輯 9

梅建(清)
　　重訂馬氏等音外集、内集〔存目〕經部 216
梅純(明)
　　損齋備忘録〔存目〕子部 101
梅清(清)
　　天延閣删後詩、敬亭倡和集、敬亭唱和詩、天
　　　延閣聯句唱和詩、天延閣後集、天延閣
　　　贈言集〔存目〕集部 222
　　瞿山詩略〔存目〕集部 222
梅淳(明)
　　岳陽紀勝彙編〔存目〕集部 321
梅啓照(清)
　　學彊恕齋筆算、附測量淺説〔未收〕十輯 9
梅堯臣(宋)
　　宛陵先生集、拾遺〔著録〕集部 237
　　宛陵集〔文淵〕1099〔文津〕1102〔文瀾〕
　　　1128〔薈要〕373
梅鼎祚(清)
　　才鬼記〔存目〕子部 249
　　玉合記〔續修〕1770
　　古樂苑〔珍本〕八集 319 - 326
　　古樂苑、衍録〔文淵〕1395〔文津〕1398 -
　　　1399〔文瀾〕1440
　　古樂苑、前卷、衍録、目録〔著録〕集部 307
　　北齊文紀〔文淵〕1400〔文津〕1403〔文
　　　瀾〕1445〔珍本〕六集 358〔著録〕集部
　　　170
　　西晉文紀〔文淵〕1398〔文津〕1401 - 1402
　　　〔文瀾〕1443〔珍本〕八集 333 - 338
　　西漢文紀〔文淵〕1396〔文津〕1399 - 1400
　　　〔文瀾〕1441〔珍本〕八集 327 - 332
　　　〔著録〕集部 171
　　宋文紀〔文淵〕1398〔文津〕1402〔文瀾〕
　　　1443〔珍本〕六集 353 - 356〔著録〕集
　　　部 173
　　青泥蓮花記〔存目〕子部 253〔續修〕1271
　　東漢文紀〔文淵〕1397〔文津〕1400 - 1401
　　　〔文瀾〕1442〔珍本〕六集 345 - 352
　　　〔著録〕集部 308
　　宛雅初編、二編、三編〔存目〕集部 373
　　南齊文紀〔文淵〕1399〔文津〕1402 - 1403
　　　〔文瀾〕1444〔珍本〕七集 289 - 292
　　　〔著録〕集部 172
　　皇霸文紀〔文淵〕1396〔文津〕1399〔文
　　　瀾〕1440〔珍本〕六集 343 - 344〔著
　　　録〕集部 171

　　後周文紀〔文淵〕1400〔文津〕1403 - 1404
　　　〔文瀾〕1445〔珍本〕七集 299 - 300
　　　〔著録〕集部 174
　　晉文紀〔著録〕集部 172
　　書記洞詮〔存目〕集部 371 - 372
　　陳文紀〔文淵〕1399〔文津〕1403〔文瀾〕
　　　1445〔珍本〕六集 357 - 358〔著録〕集
　　　部 174
　　鹿裘石室集〔續修〕1378 - 1379〔禁燬〕集
　　　部 57 - 58
　　梁文紀〔文淵〕1399〔文津〕1403〔文瀾〕
　　　1444〔珍本〕七集 293 - 298〔著録〕集
　　　部 173
　　隋文紀〔文淵〕1400〔文津〕1404〔文瀾〕
　　　1445〔珍本〕六集 359 - 360〔著録〕集
　　　部 414
　　詩雋類函〔存目〕子部 211 - 213
　　漢魏詩乘、附吳詩〔存目補〕34
　　履齋遺稿〔文淵〕1178〔文津〕1182〔文
　　　瀾〕1212〔珍本〕二集 306
　　釋文紀〔文淵〕1400 - 1401〔文津〕1404 -
　　　1405〔文瀾〕1446〔珍本〕初集 388 -
　　　398〔著録〕集部 415 - 416
梅曾亮(清)
　　柏梘山房全集〔續修〕1513 - 1514
梅毅成(清)
　　欽定協紀辨方書、奏議〔文淵〕811〔文津〕
　　　813〔文瀾〕830〔珍本〕五集 220 - 229
梅膺祚(明)
　　字彙、附韻法直圖、韻法橫圖〔續修〕232 -
　　　233
梅應發(宋)
　　開慶四明續志〔續修〕705
　　寶慶四明志、開慶四明續志〔著録〕史部 37
梅鷟(明)
　　古易考原〔存目〕經部 3
　　尚書考異〔文淵〕64〔文津〕58〔文瀾〕56
　　　〔珍本〕九集 33〔著録〕經部 46
　　尚書譜〔存目〕經部 49〔續修〕43

麥

麥仲華
　　戊戌奏稿〔續修〕511

曹

曹一士(清)

四焉齋文集 〔存目〕集部 275

四焉齋詩集、附梯仙閣餘課、拂珠樓偶鈔
〔存目〕集部 275

曹于汴(明)

共發編 〔存目〕子部 91

仰節堂集 〔文淵〕1293 〔文津〕1298 〔文
瀾〕1332 〔珍本〕三集 349－350 〔底
本〕集部 210－211 〔著錄〕集部 355

曹士冕(宋)

法帖譜系 〔文淵〕682 〔文津〕682 〔文瀾〕
695 〔著錄〕史部 393

曹大章(明)

曹太史含齋先生文集 〔存目〕集部 127

曹元忠(清)

蒙韃備錄校注 〔續修〕423

曹元弼

古文尚書鄭氏注箋釋 〔續修〕53－54

孝經學 〔續修〕152

禮經校釋 〔續修〕94

禮經學 〔續修〕94

曹仁虎(清)

七十二候考 〔續修〕885

宛委山房集 〔續修〕1449

皇朝通志 〔著錄〕史部 391－392

欽定續文獻通考 〔文淵〕626－631 〔文津〕
626－631 〔文瀾〕637－642 〔著錄〕史
部 339－346

欽定續通志 〔文淵〕392－401 〔文津〕389－
398 〔文瀾〕390－399 〔著錄〕史部
359－370

欽定續通典 〔文淵〕639－641 〔文津〕639－
641 〔文瀾〕651－652 〔著錄〕史部
134－136

轉注古義考 〔續修〕204

曹本(元)

續復古編 〔續修〕237

曹本榮(清)

古文輯略 〔存目〕集部 387－392

易經通注 〔文淵〕37 〔文津〕32 〔文瀾〕31
〔珍本〕十二集 4

曹丕(三國魏)

魏文帝集 〔續修〕1583－1584

曹臣(明)

舌華錄 〔存目〕子部 143

曹廷杰(清)

東三省輿地圖説 〔續修〕646

曹自守(明)

〔嘉靖〕吳邑志 〔存目〕史部 181

曹安(明)

讕言長語 〔文淵〕867 〔文津〕869 〔文瀾〕
887 〔珍本〕十二集 143 〔著錄〕子部
170

曹孝忠(宋)

證類本草 〔文淵〕740 〔文津〕739 〔文瀾〕
754

曹志(元)

拱和詩集 〔存目〕集部 24

曹伯啓(元)

曹文貞公詩集、後錄 〔文淵〕1202 〔文津〕
1206 〔文瀾〕1237 〔珍本〕四集 298

漢泉曹文貞公詩集、後錄 〔底本〕集部 140
〔著錄〕集部 29

曹叔遠(宋)

止齋集 〔文淵〕1150 〔文津〕1154－1155
〔文瀾〕1183

曹尚絅(清)

琴譜新聲、指法、琴説、鼓琴八則 〔續修〕
1095

曹金(明)

開封府志 〔存目補〕76

曹金籛(清)

春秋鑽燧 〔未收〕八輯 2

曹定遠(清)

潘默成公文集 〔底本〕集部 67 〔著錄〕集部
16

曹荃(清)

四言史徵 〔存目〕史部 291

曹貞吉(清)

珂雪集、珂雪二集、珂雪詞、朝天集、鴻爪集、
黄山紀遊詩 〔存目〕集部 240

珂雪詞 〔文淵〕1488 〔文津〕1493 〔文瀾〕
1538 〔著錄〕集部 333

曹昭(明)

格古要論 〔文淵〕871 〔文津〕873 〔文瀾〕
891

新增格古要論 〔著錄〕子部 306 〔續修〕
1185

曹胤儒(明)

握機經、握機緯 〔存目〕子部 30

曹亮武(清)

南耕詞、歲寒詞〔存目〕集部 422〔續修〕1725

曹庭棟（清）
　永宇溪莊識略、續識略〔未收〕十輯 21
　老老恒言〔存目〕子部 119
　孝經通釋、總論〔存目〕經部 146
　宋百家詩存〔文淵〕1477〔文津〕1481〔文瀾〕1526〔珍本〕六集 388－399〔著錄〕集部 212
　易準〔存目〕經部 48
　昏禮通考〔存目〕經部 115
　逸語〔存目〕子部 29
　産鶴亭詩〔存目〕集部 282
　琴學内篇、外篇〔存目〕子部 75〔續修〕1095

曹庭樞（清）
　謙齋詩稿〔存目〕集部 274

曹彦約（宋）
　昌谷集〔文淵〕1167〔文津〕1171〔文瀾〕1108〔珍本〕初集 306－307
　經幄管見〔文淵〕686〔文津〕686〔文瀾〕700〔珍本〕別輯 158

曹炳曾（清）
　放言居詩集〔存目〕集部 272

曹飛（明）
　籌兵三略〔禁燬〕子部 22

曹振鏞（清）
　欽定平定回疆剿捗逆裔方略〔未收〕五輯 5－6

曹唐（唐）
　曹祠部詩集、曹唐詩集〔著錄〕集部 234

曹家駒（清）
　五茸志逸隨筆、附説夢〔未收〕十輯 12

曹培廉（清）
　清閟閣全集〔文淵〕1220〔文津〕1224〔文瀾〕1255

曹基（清）
　左氏條貫〔續修〕121

曹雪芹（清）
　紅樓夢〔續修〕1793－1794

曹寅（清）
　全唐詩〔著錄〕集部 182－189
　棟亭詩鈔、詩別集、詞鈔、詞鈔別集、文鈔〔存目〕集部 257〔續修〕1419

曹參芳（明）
　遜國正氣紀〔存目〕史部 55

曹斯棟（清）
　稗販〔未收〕三輯 28

曹植（三國魏）
　陳思王集〔續修〕1584
　曹子建文集〔著錄〕集部 226
　曹子建集、附疑字音釋〔文淵〕1063〔文津〕1067〔文瀾〕1092
　曹子建集、逸文〔續修〕1303
　曹集考異〔續修〕1303

曹勛（宋）
　北狩見聞録〔文淵〕407〔文津〕404〔文瀾〕405〔珍本〕十二集 29〔著錄〕史部 15
　松隱文集〔底本〕集部 64－65〔底本〕集部 161－162〔著錄〕集部 441
　松隱集〔文淵〕1129〔文津〕1133〔文瀾〕1160〔珍本〕七集 201－204

曹無極（清）
　萬壽仙書〔存目〕子部 261

曹道振（元）
　豫章文集、年譜〔文淵〕1135〔文津〕1139〔文瀾〕1166
　豫章羅先生文集、年譜〔著錄〕集部 342

曹焜曾（清）
　長嘯軒詩集〔存目〕集部 272

曹聖臣（清）
　曹氏墨林〔存目〕子部 79

曹林堅（清）
　曇雲閣集〔續修〕1514

曹煜（清）
　繡虎軒尺牘、二集、三集〔禁燬〕集部 73

曹煜曾（清）
　道腴堂詩集〔存目〕集部 272

曹溶（清）
　四譯館增訂館則、新增館則〔續修〕749
　金石表〔存目〕史部 278
　倦圃蒔植記、總論〔存目〕子部 82〔續修〕1119
　崇禎五十宰相傳〔存目〕史部 119
　崇禎五十宰相傳、年表〔續修〕537
　劉豫事迹〔存目〕史部 128〔續修〕550
　靜惕堂詩集〔存目〕集部 198

曹熙衡（清）
　峨眉山志〔存目〕史部 236

曹爾成（清）
　禹貢正義 〔存目〕經部 57
曹端（明）
　太極圖説述解 〔文淵〕697〔文津〕697〔文瀾〕711
　太極圖説述解、附通書述解、西銘述解 〔珍本〕六集 173
　月川語録 〔存目〕子部 6
　西銘述解 〔文淵〕697〔文瀾〕711
　通書述解 〔文淵〕697〔文津〕697〔文瀾〕711
　曹月川先生夜行燭 〔存目〕子部 6
　曹月川集 〔文淵〕1243〔文津〕1247〔文瀾〕1279〔珍本〕十二集 176
曹粹中（宋）
　放齋詩説 〔續修〕56
曹燁（清）
　曹司馬集 〔未收〕七輯 18
曹鄴（唐）
　曹祠部集、曹唐詩 〔文淵〕1083〔文津〕1087〔文瀾〕1113〔珍本〕十一集 160
　曹祠部詩集、曹唐詩集 〔著録〕集部 234
曹履吉（明）
　博望山人稿 〔存目〕集部 185－186
曹操（漢）
　十一家注孫子 〔續修〕959
　魏武帝集 〔續修〕1583
曹勳（清）
　曹宗伯全集 〔禁燬補〕74
曹學佺（明）
　大明一統名勝志 〔存目〕史部 167－170
　石倉十二代詩選 〔著録〕集部 153－169
　石倉集 〔禁燬補〕80
　石倉詩稿 〔禁燬〕集部 143
　石倉歷代詩選 〔文淵〕1387－1394〔文津〕1390－1397〔文瀾〕1432－1439〔珍本〕八集 247－318
　西峰字説 〔存目〕子部 108－109
　易經通論 〔存目〕經部 16
　周易可説 〔續修〕13
　周易可説、總論 〔存目〕經部 16
　書傳會衷 〔存目〕經部 52
　曹大理集、石倉文稿 〔續修〕1367
　蜀中廣記 〔文淵〕591－592〔文津〕590－592〔文瀾〕599－600〔珍本〕初集 127－136〔著録〕史部 425－426

　詩經剖疑 〔續修〕60
　廣西名勝志 〔續修〕735
曹學詩（清）
　香雪文鈔 〔未收〕十輯 16
曹錫圭（清）
　四焉齋詩集、附梯仙閣餘課、拂珠樓偶鈔 〔存目〕集部 275
曹錫淑（清）
　晚晴樓詩稿、詩餘、附行略 〔存目〕集部 278
曹憲（隋）
　廣雅 〔薈要〕79〔著録〕經部 28

區

區仕衡（宋）
　九峰先生集 〔續修〕1320

戚

戚大英（明）
　龍門志 〔存目〕史部 233
戚元佐（明）
　檇李往哲列傳 〔存目補〕93
戚光（元）
　南唐書、音釋 〔著録〕史部 205
戚玾（清）
　笑門詩集 〔存目〕集部 284
戚祚國（明）
　戚少保年譜耆編 〔續修〕553
戚雄（明）
　婺賢文軌、拾遺 〔存目〕集部 299
戚學標（清）
　毛詩證讀、讀詩或問 〔續修〕64
　方音 〔續修〕195
　四書偶談内編、外編、續編内編、外編 〔續修〕168
　四書續談内編、外編 〔續修〕169
　景文堂詩集 〔續修〕1462
　漢學諧聲、説文補考、説文又考 〔續修〕245
　鶴泉文鈔 〔續修〕1462
　鶴泉文鈔續選 〔續修〕1462
戚繼光（明）
　止止堂集 〔存目〕集部 146
　紀效新書 〔文淵〕728〔文津〕728〔文瀾〕742〔珍本〕十二集 47－48〔著録〕子部 352
　練兵實紀、雜紀 〔文淵〕728〔文津〕728〔文

澜〕742 〔著録〕子部 334

盛

盛大士（清）
　谿山卧游録 〔續修〕1082
　蘊素閣文集 〔續修〕1494
　蘊素閣別集 〔續修〕1493
　蘊素閣詩集 〔續修〕1493
　蘊素閣詩續集 〔續修〕1493

盛子鄴（清）
　類姓登科考 〔存目〕子部 226

盛以進（明）
　四溟集 〔文淵〕1289 〔文津〕1293 〔文瀾〕
　　1327

盛世佐（清）
　儀禮集編 〔文淵〕110－111 〔文津〕105－
　　107 〔文瀾〕104 〔珍本〕二集 34－43
　　〔著録〕經部 152－153

盛百二（清）
　尚書釋天 〔續修〕44
　柚堂筆談 〔續修〕1154

盛如林（明）
　易林元籥十測 〔未收〕六輯 18

盛如梓（元）
　西遊録注 〔續修〕736
　庶齋老學叢談 〔文淵〕866 〔文津〕868 〔文
　　瀾〕886 〔著録〕子部 169

盛昱（清）
　意園文略、事略 〔續修〕1567
　鬱華閣遺集 〔續修〕1567

盛宣懷
　愚齋存稿 〔續修〕1571－1573

盛時泰（明）
　牛首山志 〔存目補〕94
　蒼潤軒碑跋紀、續紀 〔存目〕史部 278

盛萬年（明）
　嶺西水陸兵紀、附拙政編 〔存目〕子部 32

盛敬（清）
　成仁譜 〔未收〕一輯 18

盛曾（清）
　易經釋義 〔存目〕經部 36

盛楓（清）
　嘉禾徵獻録、外紀 〔存目〕史部 125 〔續修〕
　　544

盛熙明（元）

法書考 〔文淵〕814 〔文津〕817 〔文瀾〕833
　〔珍本〕九集 217 〔著録〕子部 150

盛儀（明）
　嘉靖惟揚志 〔存目〕史部 184

盛錦（清）
　青崱詩鈔、遺照手卷題辭 〔未收〕九輯 27

雪

雪疇子（□）
　綠天耕舍燕鈔 〔存目補〕45

虚

虚中子（明）
　虚窗手鏡 〔未收〕五輯 14

常

常茂徠（清）
　春秋女譜 〔續修〕148
　增訂春秋世族源流圖考 〔續修〕148

常建（唐）
　常建詩 〔文淵〕1071 〔文津〕1076 〔文瀾〕
　　1101 〔珍本〕六集 242
　常建詩集 〔著録〕集部 366

常倫（明）
　常評事集、寫情集 〔存目〕集部 68

常棠（宋）
　海鹽澉水志 〔文淵〕487 〔文津〕487 〔文
　　瀾〕489 〔珍本〕五集 91 〔著録〕史部
　　423

常鼐（清）
　大清律集解附例、圖、服制、律例總類 〔未
　　收〕一輯 26

常增（清）
　四書緯 〔續修〕170

常德（元）
　張子和心鏡別集 〔存目〕子部 41

常璩（晉）
　華陽國志 〔文淵〕463 〔文津〕462 〔文瀾〕
　　464 〔著録〕史部 94

婁

婁元禮（明）
　田家五行、拾遺、東方朔探春曆記、紀曆撮要
　　〔續修〕975

婁性（明）
　皇明政要〔存目〕史部46〔續修〕424

婁堅（明）
　吳歙小草〔禁燬〕集部49
　學古緒言〔文淵〕1295〔文津〕1299〔文瀾〕1333〔珍本〕七集260-263〔著録〕集部128

婁啓衍（清）
　琴律指掌（琴律揭要）〔續修〕1095

婁樞（明）
　婁子静文集〔存目〕集部85

婁機（宋）
　班馬字類〔文淵〕225〔文津〕220〔文瀾〕218〔著録〕經部30
　漢隸字源〔文淵〕225〔文津〕221〔文瀾〕218〔薈要〕80
　漢隸字源、碑目、附字〔著録〕經部29

鄂

鄂容安（清）
　襄勤伯鄂文端公年譜〔續修〕554

鄂爾泰（清）
　八旗通志初集〔著録〕史部143-148
　八旗滿洲氏族通譜〔著録〕史部32-33
　日講禮記解義〔文淵〕123〔文津〕118-119〔文瀾〕117〔珍本〕九集43-52〔薈要〕57
　鄂爾泰奏稿〔續修〕494
　〔雍正〕雲南通志〔著録〕史部241-242
　雲南通志〔文淵〕569-570〔文津〕569-571〔文瀾〕578-579
　〔乾隆〕貴州通志〔著録〕史部243-244
　貴州通志〔文淵〕571-572〔文津〕571-572〔文瀾〕580-581
　欽定八旗則例〔未收〕一輯25
　欽定授時通考〔薈要〕262-263〔著録〕子部46-47
　欽定授時通考、耕織圖〔文淵〕732〔文津〕731〔文瀾〕746-747〔珍本〕五集148-155
　詞林典故〔文淵〕599〔文津〕599〔文瀾〕609

鄂輝（清）
　欽定平苗紀略〔未收〕四輯14

國

國史館（清）
　欽定外藩蒙古回部王公表傳〔著録〕史部92

崑

崑石山人（明）
　類編草堂詩餘〔著録〕集部333

崑岡（清）
　欽定大清會典〔續修〕794
　欽定大清會典事例〔續修〕798-814
　欽定大清會典圖〔續修〕795-797

崔

崔子方（宋）
　西疇居士春秋本例〔著録〕經部158
　春秋本例〔文淵〕148〔文津〕144〔文瀾〕142〔薈要〕34
　春秋經解、附春秋例要〔珍本〕初集61
　崔氏春秋經解、附春秋例要〔文淵〕148〔文津〕144〔文瀾〕142

崔子璲（明）
　宋丞相崔清獻公全録〔存目〕史部82〔續修〕550

崔世召（明）
　秋谷集〔未收〕六輯23

崔旦（明）
　海運編〔存目〕史部274

崔令欽（唐）
　教坊記〔文淵〕1035〔文津〕1039〔文瀾〕1062〔著録〕子部217

崔述（清）
　五服異同彙考〔續修〕95
　古文尚書辨偽〔續修〕46
　考信録〔續修〕455
　易卦圖説〔續修〕24
　無聞集〔續修〕1461
　經傳禘祀通考〔續修〕109
　讀風偶識〔續修〕64

崔紀（清）
　成均課講周易〔存目〕經部37
　成均課講學庸〔存目〕經部176
　論語温知録〔存目〕經部176
　讀孟子劄記〔存目〕經部176

崔華(清)
　[康熙]揚州府志 〔存目〕史部 214－215
崔桐(明)
　崔東洲集、續集 〔存目〕集部 72－73
崔豹(晉)
　古今注、中華古今注 〔文淵〕850 〔文津〕852
　　〔文瀾〕869 〔著錄〕子部 164
崔冕(清)
　千家姓增補註釋 〔存目〕子部 229
　素吟集 〔未收〕八輯 16
崔國因(清)
　出使美日秘國日記 〔續修〕578
崔涯(明)
　筆山崔先生文集 〔存目〕集部 94
崔啓晦(清)
　禹貢山水詩 〔未收〕四輯 3
崔敦詩(宋)
　崔舍人玉堂類藁、西垣類藁 〔續修〕1318
崔敦禮(宋)
　芻言 〔文淵〕849 〔文津〕851 〔文瀾〕868
　　〔珍本〕別輯 208
　宮教集 〔文淵〕1151 〔文津〕1156 〔文瀾〕
　　1184 〔珍本〕三集 268
崔與之(宋)
　宋丞相崔清獻公全錄 〔續修〕550 〔續修〕
　　1319
崔圖(唐)
　北户錄 〔文淵〕589 〔文津〕589 〔文瀾〕598
崔銑(明)
　士翼 〔文淵〕714 〔文津〕716 〔文瀾〕729
　　〔珍本〕五集 132 〔著錄〕子部 301
　小爾雅 〔存目〕經部 186
　元城先生語錄、行錄 〔著錄〕子部 33
　中説考 〔續修〕933
　文苑春秋 〔存目〕集部 298
　後渠庸書 〔存目〕子部 7
　洹詞 〔文淵〕1267 〔文津〕1271 〔文瀾〕1304
　　〔珍本〕六集 279－281 〔著錄〕集部 274
　洹詞記事抄、續抄、明良記 〔存目〕子部 143
　晦菴文鈔續集 〔存目〕集部 16
　崔氏洹詞 〔存目〕集部 56
　程志 〔續修〕938
　[嘉靖]彰德府志 〔存目〕史部 184
　讀易餘言 〔文淵〕30 〔文津〕25 〔文瀾〕25
　　〔珍本〕四集 9 〔著錄〕經部 3

崔適(清)
　史記探源 〔續修〕264
　四禘通釋 〔未收〕一輯 5
　春秋復始 〔續修〕131
崔維雅(清)
　河防芻議 〔存目〕史部 224 〔續修〕847
崔曉增(明)
　宋丞相崔清獻公全錄 〔存目〕史部 82 〔續
　　修〕550
崔龜圖
　北户錄 〔著錄〕史部 113
崔謨(清)
　灌園餘事、悼往詩、附問花樓遺稿 〔禁燬補〕
　　89
崔應階(清)
　研露樓琴譜 〔未收〕六輯 19
　黃河圖黃河舊險工圖黃河新險工圖衆水歸
　　淮圖運河圖淮南諸河圖五水濟運圖
　　〔未收〕九輯 6
崔鴻(北魏)
　十六國春秋 〔文淵〕463 〔文津〕462 〔文
　　瀾〕464－465 〔珍本〕十一集 69 〔薈
　　要〕203 〔著錄〕史部 34 〔著錄〕史部
　　204
　別本十六國春秋 〔文淵〕463 〔文津〕463
　　〔文瀾〕465 〔珍本〕十一集 69

崇

崇厚(清)
　盛京典制備考 〔續修〕882

過

過元晹(清)
　廿二史言行略 〔未收〕四輯 16
過文年(清)
　過伯齡先生四子譜 〔續修〕1102
過庭訓(明)
　本朝分省人物考 〔續修〕533－536
　本朝京省人物考 〔禁燬〕史部 60－63
　聖學嫡派 〔存目〕史部 108
過瑛(清)
　紹聞堂精選古文覺斯定本 〔禁燬〕集部
　　170－171
過源(宋)
　浩齋過先生語錄 〔存目〕子部 3

過臨汾(清)
　春秋經傳類求〔存目〕經部144

笪

笪重光(清)
　畫筌〔續修〕1066

符

符驗(明)
　留臺雜記〔存目〕史部257

偶

偶桓(明)
　乾坤清氣〔文淵〕1370〔文津〕1374〔文瀾〕1413〔珍本〕三集396〔著錄〕集部302

偉

偉烈亞力(英國)
　幾何原本〔續修〕1300
　談天、附表〔續修〕1300

脫

脫脫(托克托)(元)
　宋史〔薈要〕129-139〔著錄〕史部394-402
　宋史、附考證〔文淵〕280-288〔文津〕275-283〔文瀾〕272
　金史〔薈要〕141-143〔著錄〕史部23-24
　金史、附考證〔文淵〕290-291〔文津〕285-286〔文瀾〕283-284
　遼史〔文淵〕289〔文津〕283-284〔文瀾〕281-282〔薈要〕140〔著錄〕史部41

魚

魚玄機(唐)
　唐女郎魚玄機詩〔續修〕1313

訥

訥齋道人(清)
　酒人觴政〔續修〕1106

許

許三禮(清)
　天中許子政學合一集〔存目〕子部165
　讀禮偶見〔存目〕經部115
許之吉(明)
　麗句集〔存目〕子部224
許天贈(明)
　詩經正義〔存目〕經部61
許中麗(元)
　光嶽英華〔存目〕集部289
許月卿(宋)
　山屋百官箴〔著錄〕史部434
　百官箴〔文淵〕602〔文津〕602〔文瀾〕612〔珍本〕五集103
　先天集、山屋許先生事錄〔續修〕1320
許以忠(明)
　精選當代各名公短札字字珠〔禁燬補〕53
許弘綱(明)
　群玉山房文集、疏草〔未收〕五輯24
許有壬(元)
　圭塘小稿、別集、續集〔文淵〕1211〔文津〕1215〔文瀾〕1246〔珍本〕六集262-263〔薈要〕402〔著錄〕集部60
　圭塘欸乃集〔文淵〕1366〔文津〕1370〔文瀾〕1410〔著錄〕集部360
　至正集〔珍本〕八集160-165〔著錄〕集部425
　至正集、附元史本傳〔文淵〕1211〔文津〕1214-1215〔文瀾〕1246
許有孚(元)
　圭塘小稿、別集、續集〔文淵〕1211〔文津〕1215〔文瀾〕1246
許有穀(明)
　古今貞烈維風什〔存目〕史部115
　皇明忠義存褒什〔存目〕史部115
許光祚(明)
　筆道通會〔存目〕子部72
許自昌(明)
　水滸記〔續修〕1772
　捧腹編〔續修〕1273
　樗齋漫錄〔續修〕1133
許全治(清)
　稽古堂詩集〔未收〕十輯20
許兆金(明)
　說禮約〔存目〕經部94
許兆椿(清)
　秋水閣詩集、雜著〔續修〕1472

許兆熊(清)
　東籬中正〔續修〕1116
許次紓(明)
　茶疏〔存目〕子部 79
許汝霖(清)
　德星堂文集、續集、河工集、詩集〔存目〕集部 253
許宇(明)
　詞林逸響、崑腔原始〔未收〕八輯 30
許克昌(清)
　外科證治全書〔續修〕1016
許虬(清)
　萬山樓詩集〔存目〕集部 220
許伯政(清)
　全史日至源流〔文淵〕796〔文津〕796－797〔文瀾〕813〔珍本〕五集 211－217〔著錄〕子部 354
　易深〔存目〕經部 43
　春秋深〔存目補〕92
　詩深〔存目〕經部 79
許孚遠(明)
　敬和堂集〔存目〕集部 136
許宏(明)
　金鏡内臺方議〔續修〕985
許奉恩(清)
　里乘〔續修〕1270
許叔微(宋)
　張仲景注解傷寒百證歌〔續修〕984
　傷寒九十論、校譌〔續修〕984
　新鐫注解張仲景傷寒發微論〔續修〕984
　類證普濟本事方〔文淵〕741〔文津〕741〔文瀾〕755〔珍本〕五集 166－167〔著錄〕子部 4
　類證普濟本事方續集〔續修〕999
許尚(宋)
　華亭百詠〔文淵〕1170〔文津〕1174〔文瀾〕1203〔珍本〕九集 245
許尚質(清)
　釀川集〔存目〕集部 258
許昌國(清)
　薪樵集、附年譜、行略〔存目〕集部 283
許治(清)
　〔乾隆〕元和縣志〔續修〕696
許宗彥(清)
　鑑止水齋文録〔續修〕1672

鑑止水齋集〔續修〕1492
許承宣(清)
　金臺集〔未收〕七輯 26
許珍(明)
　律吕新書分註圖算〔存目〕經部 182
許玿(清)
　鐵堂詩草〔未收〕五輯 30
許相卿(明)
　史漢方駕〔存目〕史部 1
　革朝志〔存目〕史部 47
　許氏貽謀四則〔續修〕938
　黄門集〔底本〕集部 189－190
　雲邨先生文集〔底本〕集部 158－159
　雲邨先生文集、年譜〔著錄〕集部 433
　雲村集〔文淵〕1272〔文津〕1276〔文瀾〕1309〔珍本〕二集 364－365
許重炎(清)
　潘孝子鐵廬先生遺集、外集、年譜、後録〔著録〕集部 450
　薪樵集、附年譜、行略〔存目〕集部 283
　鐵廬集、外集〔文淵〕1323〔文津〕1327〔文瀾〕1362〔珍本〕十一集 186
許重熙(清)
　明季甲乙兩年彙略〔續修〕441
　國朝殿閣部院大臣年表、附年表〔禁燬補〕25
　賜餘堂集、年譜〔禁燬〕集部 10
　憲章外史續編〔續修〕353〔禁燬〕史部 5
許負(漢)
　相法十六篇〔續修〕1059
許洪(宋)
　太平惠民和劑局方、指南總論、增廣和劑局方圖經本草藥性總論〔著録〕子部 133
許洞(宋)
　虎鈐經〔文淵〕727〔文津〕727〔文瀾〕741〔薈要〕253〔著録〕子部 46
許祖京(清)
　書經述〔未收〕三輯 4
許胥臣(明)
　夏書禹貢廣覽〔存目〕經部 55
　蓋載圖憲〔存目〕子部 55
許珩(清)
　周禮經注節鈔、周禮注疏獻疑〔未收〕三輯 8
許起(清)

珊瑚舌雕談初筆 〔續修〕1263
許桂林(清)
　易確 〔未收〕三輯 2
　宣西通 〔續修〕1035
　算牖 〔未收〕十輯 8
許浩(明)
　元史闡幽 〔存目〕史部 281
　宋史闡幽 〔存目〕史部 281
　復齋日記 〔存目〕子部 239 〔續修〕1170
許容(清)
　[雍正]甘肅通志 〔著錄〕史部 54-55
　甘肅通志 〔文淵〕557-558 〔文津〕557-
　　559 〔文瀾〕565-566
　石鼓文鈔 〔未收〕四輯 20
　説篆 〔續修〕1091
許恕(元)
　北郭集 〔珍本〕十二集 175
　北郭集、述古齋集 〔文淵〕1217 〔文津〕1221
　　〔文瀾〕1252
　北郭詩集 〔著錄〕集部 257
許培榮(清)
　丁卯集箋註 〔續修〕1311
許國(明)
　許文穆公集 〔禁燬〕集部 40
許國禎(元)
　癸巳新刊御藥院方 〔續修〕1001
許進(明)
　平番始末 〔續修〕433
　平藩始末 〔存目〕史部 46
許琰(清)
　普陀山志 〔續修〕723
許敬宗(唐)
　文館詞林 〔續修〕1582
許惠(清)
　等韻學 〔續修〕258
許棐(宋)
　梅屋集 〔文淵〕1183 〔文津〕1187 〔文瀾〕
　　1218 〔珍本〕十一集 169
　梅屋詩稿、融春小綴、第三稿、第四稿、雜著
　　〔著錄〕集部 27
　樵談 〔存目〕子部 83
　獻醜集 〔存目〕集部 20
許景澄(清)
　西北邊界圖地名譯漢考證 〔未收〕十輯 3
　許文肅公遺稿 〔續修〕1564

許景衡(宋)
　橫塘集 〔文淵〕1127 〔文津〕1131 〔文瀾〕
　　1158 〔珍本〕別輯 298-300
許順義(明)
　六經三註粹抄 〔存目〕經部 151
許渾(唐)
　丁卯集、丁卯續集、再續 〔著錄〕集部 2 〔著
　　錄〕集部 2
　丁卯集箋註 〔續修〕1311
　丁卯詩集 〔文淵〕1082 〔文津〕1086 〔文
　　瀾〕1112
許巽行(清)
　説文分韻易知錄 〔未收〕九輯 3
許登逢(清)
　青笠山房詩鈔、文鈔 〔未收〕八輯 27
許楚(清)
　青巖集 〔未收〕五輯 27
許楣(清)
　鈔幣論 〔續修〕838
許嵩(唐)
　建康實錄 〔文淵〕370 〔文津〕367 〔文瀾〕
　　369 〔珍本〕六集 89-91 〔著錄〕史部
　　190
許節(明)
　北郭集、述古齋集 〔文淵〕1217 〔文津〕1221
　　〔文瀾〕1252
許慎(漢)
　淮南鴻烈閒詁 〔續修〕1121
　駁五經異義 〔文淵〕182 〔文津〕177 〔文
　　瀾〕174
　説文解字 〔文淵〕223 〔文津〕218 〔文瀾〕
　　215 〔薈要〕80 〔著錄〕經部 108
許瑤光(清)
　雪門詩草 〔續修〕1546
許槤(清)
　六朝文絜箋注 〔續修〕1611
　刑部比照加減成案 〔續修〕865
　刑部比照加減成案續編 〔續修〕866
　洗冤錄詳義 〔續修〕972
許聞造(明)
　雲邨先生文集、年譜 〔著錄〕集部 433
許鳴遠(明)
　天台詩選、續補遺 〔存目補〕35
許遜翁(清)
　韻史 〔未收〕四輯 16

許誥(明)
　　通鑑綱目前編 〔存目〕史部 6
許歉(元)
　　絳守居園池記補註 〔文淵〕1078 〔文津〕
　　　1082 〔文瀾〕1108
許綸(宋)
　　涉齋集 〔文淵〕1154 〔文津〕1158 〔文瀾〕
　　　1187 〔珍本〕別輯 331－332
許穀(明)
　　省中稿、容臺稿、符臺稿、二臺稿、許太常歸
　　　田稿 〔存目〕集部 104
許論(明)
　　九邊圖論 〔禁燬〕史部 21
許翰(宋)
　　太玄解 〔續修〕1048
　　襄陵文集 〔文淵〕1123 〔文津〕1127 〔文
　　　瀾〕1153 〔珍本〕初集 264
許學夷(明)
　　詩源辯體、附後集纂要 〔續修〕1696
許衡(元)
　　魯齋心法 〔存目〕子部 6
　　魯齋遺書 〔文淵〕1198 〔文津〕1202 〔文
　　　瀾〕1233 〔珍本〕四集 297 〔著録〕集部
　　　29
　　讀易私言 〔文淵〕22 〔文津〕17 〔文瀾〕17
　　　〔著録〕經部 33
許獬(明)
　　許鍾斗文集 〔存目〕集部 179
許謙(元)
　　白雲集 〔文淵〕1199 〔文津〕1203 〔文瀾〕
　　　1234
　　許白雲先生文集 〔底本〕集部 99 〔著録〕集
　　　部 396
　　詩集傳名物鈔 〔文淵〕76 〔文津〕71 〔文
　　　瀾〕69 〔薈要〕29 〔著録〕經部 9
　　讀中庸叢説 〔續修〕159
　　讀四書叢説 〔文淵〕202 〔文津〕196 〔文
　　　瀾〕192 〔著録〕經部 99
　　讀書叢説 〔文淵〕61 〔文津〕55 〔文瀾〕54
　　　〔著録〕經部 7
　　讀論語叢説 〔續修〕153
許應元(明)
　　隝堂摘藁 〔續修〕1342
許應龍(宋)
　　東澗集 〔文淵〕1176 〔文津〕1180 〔文瀾〕

　　　1210 〔珍本〕初集 315
許濬(清)
　　許子詩存、文存 〔未收〕七輯 29
許顒(明)
　　圭塘小稿、別集、續集 〔文淵〕1211 〔文津〕
　　　1215 〔文瀾〕1246
許顗(宋)
　　彦周詩話 〔文淵〕1478 〔文津〕1483 〔文
　　　瀾〕1528
　　許彦周詩話 〔著録〕集部 330
許鵬翊(清)
　　柳鼉新編 〔續修〕978
許瀚(清)
　　別雅訂 〔續修〕193
　　攀古小廬雜著 〔續修〕1160
許寶書(清)
　　淮北票鹽續略 〔未收〕九輯 8
許權(清)
　　灌園餘事、悼往詩、附問花樓遺稿 〔禁燬補〕
　　　89
許纘曾(清)
　　滇行紀程、續抄、東還紀程、續抄 〔存目〕史
　　　部 128
　　寶綸堂集 〔存目〕集部 218
　　寶綸堂稿 〔續修〕1409－1410

麻

麻衣道者(宋)
　　麻衣道者正易心法 〔存目〕子部 56

庾

庾天錫(元)
　　朱太守風雪漁樵記雜劇 〔續修〕1761
庾季才(北周)
　　靈臺祕苑 〔文淵〕807 〔文津〕808 〔文瀾〕
　　　824 〔珍本〕五集 218
庾肩吾(南朝梁)
　　書品 〔文淵〕812 〔文津〕814 〔文瀾〕831
　　書品、書品後 〔著録〕子部 149
　　庾度支集 〔續修〕1587
庾信(北周)
　　哀江南賦注 〔續修〕1304
　　庾子山全集 〔著録〕集部 1
　　庾子山集、年譜、總釋 〔著録〕集部 41
　　庾子山集、總釋 〔薈要〕357

庾子山集注 〔文淵〕1064 〔文津〕1068 〔文瀾〕1093

庾開府集 〔續修〕1588

庾開府集箋註 〔文淵〕1064 〔文津〕1068 〔文瀾〕1093 〔珍本〕四集 209－210

康

康有爲
大同書 〔續修〕953

戊戌奏稿 〔續修〕511

康南海自編年譜 〔續修〕558

新學僞經考 〔續修〕179

廣藝舟雙楫 〔續修〕1089

康海(明)
中山狼 〔續修〕1764

沜東樂府 〔續修〕1738

[正德]武功縣志 〔著録〕史部 212

武功縣志 〔文淵〕494 〔文津〕494 〔文瀾〕497 〔珍本〕九集 155

康對山先生文集 〔底本〕集部 152

康對山先生集 〔著録〕集部 273 〔續修〕1335

對山集 〔文淵〕1266 〔文津〕1270 〔文瀾〕1303 〔珍本〕四集 351－352 〔存目〕集部 52

康基田(清)
河渠紀聞 〔未收〕一輯 28－29

晉乘蒐略 〔未收〕六輯 8－9

康進之(元)
李逵負荆 〔續修〕1764

梁山泊李逵負荆雜劇 〔續修〕1762

康偉然(清)
贊祀紀蹟 〔存目〕史部 126

康萬民(明)
璇璣圖詩讀法 〔文淵〕1063 〔文津〕1067 〔文瀾〕1092 〔珍本〕三集 232

織錦廻文詩 〔著録〕集部 335

康發祥(清)
三國志補義 〔未收〕三輯 11

康熙(清)
御定全唐詩 〔薈要〕431－441

御定佩文齋詠物詩選 〔薈要〕453－455

康敷鎔(清)
青海志 〔續修〕649

康駢(唐)

劇談録 〔文淵〕1042 〔文津〕1046 〔文瀾〕1070 〔著録〕子部 243

康濬(清)
孟子文説 〔續修〕158

康麟(明)
雅音會編 〔存目補〕12

鹿

鹿善繼(明)
四書説約 〔存目〕經部 164 〔續修〕162

鹿忠節公集 〔續修〕1373

無欲齋詩鈔 〔存目〕集部 184

章

章一陽(明)
金華四先生四書正學淵源 〔存目〕經部 162－163

章士純(明)
三垣七政二十八宿週天精鑑 〔續修〕1031

章世純(明)
己未留 〔存目補〕96

四書留書 〔文淵〕207 〔文津〕202 〔文瀾〕200 〔珍本〕四集 90

章大力先生全稿 〔禁燬〕經部 7

章子留書 〔著録〕經部 103

章子留書内集、外集、散集 〔存目〕子部 16

章邦元(清)
讀通鑑綱目劄記 〔未收〕三輯 12

章芝楣(清)
潘景齋弈譜約選 〔續修〕1105

章如愚(宋)
山堂先生群書考索 〔著録〕子部 288－289

群書考索前集、後集、續集、别集 〔文淵〕936－938 〔文津〕939－942 〔文瀾〕957－960

章甫(宋)
自鳴集 〔文淵〕1165 〔文津〕1169 〔文瀾〕1199 〔珍本〕别輯 359

章沖(宋)
春秋左氏傳事類始末 〔文淵〕349 〔文津〕346 〔文瀾〕347 〔薈要〕32 〔著録〕史部 79

章金牧(清)
萊山詩集、附行狀 〔存目〕集部 235

章宗源(清)

隋經籍志考證〔未收〕三輯 20

章定(宋)

名賢氏族言行類稿〔文淵〕933〔文津〕936－937〔文瀾〕954〔珍本〕初集239－242

章炳文(宋)

搜神秘覽〔續修〕1264

章炳麟

太炎文錄初編〔續修〕1577

春秋左傳讀叙錄、鎦子政左氏説〔續修〕128

訄言六十三篇〔續修〕953

新方言〔續修〕195

章祖程(元)

霧山文集〔文淵〕1188〔文津〕1193〔文瀾〕1224

章袞(明)

章介菴文集〔存目〕集部 81

章陶(清)

季漢書、附辨異〔未收〕三輯 14

章接(明)

楓山章先生語録、文集、實紀、年譜〔著録〕子部 332

章琬(元)

復古詩集〔文淵〕1222〔文津〕1226〔文瀾〕1257

鐵崖先生復古詩集〔著録〕集部 62

章達(明)

五經圖〔存目〕經部 147

章敞(明)

明永樂甲申會魁禮部左侍郎會稽質菴章公詩文集〔存目〕集部 30

章楠(清)

醫門棒喝〔續修〕1029

醫門棒喝二集傷寒論本旨〔續修〕987－988

章楹(清)

諤崖脞説〔存目〕子部 116〔續修〕1137

章鈺

胡刻通鑑正文校宋記〔續修〕342

章潢(明)

周易象義、讀易雜記〔存目〕經部 18〔續修〕9

圖書編〔珍本〕五集 244－267〔著録〕子部 294－299

圖書編、附章斗津先生行狀〔文淵〕968－972〔文津〕971－975〔文瀾〕993－997

章撫功(清)

漢世説〔存目〕子部 245

章履仁(清)

姓史人物考〔未收〕四輯 17

章樵(宋)

古文苑〔文淵〕1332〔文津〕1336〔文瀾〕1374〔著録〕集部 294

章學誠(清)

文史通義〔續修〕448

〔乾隆〕永清縣志〔續修〕692

校讎通義〔續修〕930

〔嘉慶〕湖北通志檢存稿、未成稿〔續修〕660

章衡(宋)

編年通載〔續修〕336

章穎(宋)

重刊宋朝南渡十將傳〔存目〕史部 87

章懋(明)

楓山章先生文集、實紀〔底本〕集部 43〔著録〕集部 39

楓山章先生語録、文集、實紀、年譜〔著録〕子部 332

楓山集〔文淵〕1254〔文津〕1257〔文瀾〕1291

楓山語録、附行實〔文淵〕714〔文津〕716〔文瀾〕729

章藻功(清)

思綺堂文集〔未收〕八輯 24

章黼(明)

重刊併音連聲韻學集成〔存目〕經部 208

重訂直音篇〔續修〕231

章儼(明)

新鐫工師雕斲正式魯班木經匠家鏡〔續修〕879

商

商企翁(元)

祕書監志〔文淵〕596〔文津〕596〔文瀾〕606〔珍本〕五集 103－104〔著録〕史部 254

商汝頤(明)

商文毅公遺行集〔存目〕史部 83〔續修〕551

商挺(元)

藏春集〔文淵〕1191〔文津〕1196〔文瀾〕

1227

商振倫（明）
　明三元太傅商文毅公年譜　〔存目〕史部 83
商輅（明）
　商文毅公集　〔存目〕集部 35
　商文毅公疏稿略　〔底本〕史部 31〔著録〕史部 412
　商文毅疏稿　〔文淵〕427〔文津〕425〔文瀾〕425〔珍本〕四集 106
　御批資治通鑑綱目、御批資治通鑑綱目前編、御批續資治通鑑綱目　〔著録〕史部 161-166
　御批續資治通鑑綱目　〔文淵〕693-694〔文瀾〕707-708
　御批續資治通鑑綱目（御批續通鑑綱目）〔薈要〕170-171
　蔗山筆塵　〔存目〕史部 281
商鞅（秦朝）
　商子　〔文淵〕729〔文津〕729〔文瀾〕743
商盤（清）
　質園詩集　〔存目補〕9

清

清虛子（明）
　金丹正理大全群仙珠玉集成　〔存目〕子部 260

淩

淩廷堪（清）
　校禮堂文集　〔續修〕1480
　校禮堂詩集　〔續修〕1480
　晉泰始笛律匡謬　〔續修〕115
　燕樂考原　〔續修〕115
　禮經釋例　〔續修〕90
淩旭（清）
　臨症辨似、附察舌辨症歌　〔續修〕999
淩宏憲（明）
　李于鱗唐詩廣選　〔存目補〕34
淩迪知（明）
　太史華句　〔存目〕史部 138
　文選錦字録　〔存目〕子部 184
　左國腴詞　〔存目〕史部 138
　兩漢雋言　〔存目〕史部 139
　國朝名公翰藻、氏名爵里　〔存目〕集部 313-314

　國朝名世類苑　〔存目〕子部 240-241
　萬姓統譜、附氏族博考　〔文淵〕956-957〔文津〕958-960〔文瀾〕979-981
淩堃（清）
　學春秋理辯　〔續修〕148
淩紹乾（清）
　晚唐詩鈔　〔存目〕集部 414
淩揚藻（清）
　蠹勺編　〔續修〕1155
淩萬頃（宋）
　淳祐玉峰志、咸淳續志　〔續修〕696
淩雲翰（明）
　柘軒集　〔文淵〕1227〔文津〕1232〔文瀾〕1263〔珍本〕十集 256-257
淩稚隆（明）
　五車韻瑞、附洪武正韻　〔存目〕子部 219-220
　史記評林　〔未收〕一輯 11-12
　春秋左傳註評測義　〔存目〕經部 126-127
淩義渠（明）
　奏牘　〔續修〕493
　淩忠介公集　〔文淵〕1297〔文津〕1301〔文瀾〕1335
　淩忠介集　〔珍本〕三集 353
　湘煙録　〔存目〕子部 145
淩鳴喈（清）
　東林粹語　〔未收〕四輯 21
淩銘麟（清）
　新編文武金鏡律例指南　〔存目〕史部 260
淩霄（清）
　快園詩話　〔續修〕1705
淩樹屏（清）
　瓠息齋前集　〔存目〕集部 281
淩濛初（明）
　二刻拍案驚奇、雜劇　〔續修〕1787
　孔門兩弟子言詩翼　〔存目〕經部 66
　拍案驚奇　〔續修〕1786
　東坡禪喜集　〔存目〕集部 13
　南音三籟　〔續修〕1744
　陶韋合集　〔存目補〕14
　聖門傳詩嫡冢　〔存目〕經部 66
　詩逆、詩考　〔存目〕經部 66
　選詩、詩人世次爵里　〔存目〕集部 340
淩曙（清）
　四書典故覈　〔續修〕169

春秋公羊問答 〔續修〕129
春秋公羊禮疏 〔續修〕129
春秋繁露注、題跋附錄 〔續修〕150
禮說 〔續修〕110

凌燽(清)
西江視臬紀事、續補 〔續修〕882

淳

淳于鴻恩(清)
公羊方言疏箋 〔未收〕二輯 10

涵

涵虛子(元)
詞品 〔存目〕集部 426

涵蟾子(□)
金丹正理大全諸真玄奧集成 〔存目〕子部 260 〔續修〕1295

梁

梁上國(清)
古文尚書條辨 〔續修〕46

梁子璠(明)
增訂論語外篇 〔存目〕子 15

梁文濂(清)
桐乳齋詩集 〔存目〕集部 273

梁以壯(清)
蘭扃前集 〔未收〕八輯 29

梁允植(清)
藤塢詩集 〔未收〕五輯 30

梁玉瑜(清)
舌鑑辨正 〔續修〕999

梁玉繩(清)
史記志疑 〔續修〕262－263
瞥記 〔續修〕1157

梁本之(明)
坦菴先生文集 〔存目〕集部 27

梁禾(明)
可知編 〔存目〕子部 177

梁有譽(明)
蘭汀存稾 〔續修〕1348

梁同書(清)
直語補證、日貫齋塗說、筆史 〔續修〕194
筆史 〔續修〕1115
頻羅庵遺集 〔續修〕1445

梁廷枏(清)
夷氛聞記 〔續修〕445
南漢書、考異、南漢叢錄、南漢文字略 〔續修〕334
粵海關志 〔續修〕834－835
藤花亭鏡譜 〔續修〕1111

梁份(清)
西陲今略 〔續修〕740
懷葛堂文集 〔存目〕集部 236

梁汝元(明)
何心隱先生爨桐集 〔續修〕1355

梁克家(宋)
淳熙三山志 〔文淵〕484 〔文津〕484 〔文瀾〕486 〔珍本〕六集 108－111 〔著錄〕史部 19

梁辰魚(明)
江東白苧、續江東白苧 〔續修〕1739
紅線女 〔續修〕1764
浣紗記 〔續修〕1769

梁希曾(清)
瘰科全書 〔續修〕1016

梁佩蘭(清)
六瑩堂集、二集、詞評 〔存目〕集部 255

梁益(元)
詩傳旁通 〔文淵〕76 〔文津〕72 〔文瀾〕70 〔珍本〕四集 30－31 〔著錄〕經部 189

梁國治(清)
皇清開國方略、御製開國方略聯句 〔文淵〕341 〔文津〕338 〔文瀾〕333
音韻述微 〔底本〕經部 55－56 〔著錄〕經部 117
御製文初集、二集、三集、餘集 〔文淵〕1301 〔文津〕1305 〔文瀾〕1338
欽定天祿琳琅書目 〔文淵〕675 〔文津〕675 〔文瀾〕688
欽定西清硯譜 〔文淵〕843 〔文津〕845 〔文瀾〕862 〔珍本〕初集 224－227
欽定音韻述微 〔文淵〕241 〔文津〕236 〔文瀾〕233 〔珍本〕初集 103－104
欽定國子監志 〔文淵〕600 〔文津〕600 〔文瀾〕610 〔珍本〕五集 105－110 〔著錄〕史部 255－256
〔乾隆〕欽定熱河志 〔著錄〕史部 216－218
欽定熱河志 〔文淵〕495－496 〔文津〕494－496 〔文瀾〕501－503

梁逸(清)

　紅葉村稿　〔未收〕八輯 16

梁章鉅(清)

　三國志旁證　〔續修〕274

　文選旁證　〔續修〕1581

　巧對録　〔續修〕1254

　制藝叢話、題名　〔續修〕1718

　退菴詩存　〔續修〕1499

　退庵隨筆　〔續修〕1197

　倉頡篇校證、附補遺　〔未收〕十輯 2

　浪跡三談　〔續修〕1179

　浪跡叢談　〔續修〕1179

　浪跡續談　〔續修〕1179

　楹聯叢話　〔續修〕1254

　楹聯續話　〔續修〕1254

　農候雜占　〔續修〕976

　閩川閨秀詩話　〔續修〕1705

　稱謂録　〔續修〕1253

　樞垣記略　〔續修〕751

　論語旁證　〔續修〕155

　歸田瑣記　〔續修〕1179

梁焕奎

　青郊詩存　〔續修〕1576

梁清遠(清)

　袚園集文、詩、詞　〔存目補〕1

　雕丘雜録　〔存目〕子部 113　〔續修〕1135

梁清標(清)

　蕉林詩集　〔存目〕集部 204

梁寅(明)

　大明集禮　〔著録〕史部 435-436

　石門集　〔文淵〕1222　〔文津〕1227　〔文瀾〕1257　〔珍本〕四集 301

　周易參義　〔文淵〕27　〔文津〕22　〔文瀾〕22　〔著録〕經部 184

　詩演義　〔文淵〕78　〔文津〕73　〔文瀾〕71　〔珍本〕初集 51

　新喻梁石門先生集　〔著録〕集部 33

梁啓超

　戊戌政變記　〔續修〕446

梁紹壬(清)

　兩般秋雨盦隨筆　〔續修〕1263

梁萬方(清)

　重刊朱子儀禮經傳通解　〔存目〕經部 112-114

梁雲構(清)

　豹陵集　〔未收〕七輯 17

梁善長(清)

　廣東詩粹　〔存目〕集部 411

梁夢龍(明)

　史要編　〔存目〕史部 138

　海運新考　〔存目〕史部 274

梁詩正(清)

　石渠寶笈　〔文淵〕824-825　〔文津〕826-827　〔文瀾〕843-844

　西清古鑑　〔著録〕子部 161-162

　西湖志纂　〔文淵〕586　〔文津〕586　〔文瀾〕595　〔珍本〕八集 97-98　〔著録〕史部 111

　祕殿珠林　〔文淵〕823　〔文津〕826　〔文瀾〕844

　欽定叶韻彙輯　〔文淵〕240　〔文津〕235-236　〔文瀾〕233　〔珍本〕十集 67-71　〔薈要〕347　〔著録〕經部 182

　欽定西清古鑑　〔文淵〕841-842　〔文津〕843-844　〔文瀾〕860-861

　欽定康濟録　〔文淵〕663　〔文津〕662　〔文瀾〕672

　欽定錢録　〔文淵〕844　〔文津〕845　〔文瀾〕862

　錢録　〔著録〕子部 359

梁肅(唐)

　毘陵集　〔文淵〕1072　〔文津〕1076　〔文瀾〕1102

梁熙(清)

　晳次齋稿　〔未收〕五輯 28

梁僧寶(清)

　切韻求蒙　〔續修〕253

　四聲韻譜　〔續修〕253

梁賓(清)

　江文通集　〔文淵〕1063　〔文津〕1067　〔文瀾〕1092

梁維樞(清)

　玉劍尊聞　〔存目〕子部 244　〔續修〕1175

梁潛(明)

　泊菴先生文集　〔著録〕集部 37

　泊菴集　〔文淵〕1237　〔文津〕1241　〔文瀾〕1273　〔珍本〕六集 266-267

梁履繩(清)

　左通補釋　〔續修〕123

梁橋(明)

冰川詩式 〔存目〕集部 417

梁機（清）

　三華集 〔存目補〕7

梁學昌（清）

　庭立記聞 〔續修〕1157

梁錫珩（清）

　非水舟遺集 〔未收〕八輯 29

梁錫璵（清）

　易經揆一、易學啓蒙補 〔續修〕23

梁儲（明）

　鬱洲遺稿 〔文淵〕1256 〔文津〕1260 〔文
　瀾〕1293 〔珍本〕四集 340 〔著錄〕集部
　431

梁蘭（明）

　畦樂先生詩集 〔著錄〕集部 261

　畦樂詩集 〔文淵〕1232 〔文津〕1237 〔文
　瀾〕1268 〔珍本〕八集 166

梁顯祖（清）

　大呼集 〔禁燬〕集部 74

　群言瀝液 〔禁燬〕子部 32

梁巘（清）

　承晉齋積聞録 〔續修〕1068

寇

寇天叙（明）

　涂水先生集 〔存目〕集部 65

寇平（明）

　全幼心鑑 〔續修〕1010

寇宗奭（宋）

　本草衍義 〔續修〕990

　重修政和經史證類備用本草 〔著錄〕子部
　135

　證類本草 〔文淵〕740 〔文津〕739 〔文瀾〕
　754

寇準（宋）

　忠愍公詩集 〔著錄〕集部 86

　忠愍集 〔文淵〕1085 〔文津〕1089 〔文瀾〕
　1115

寇慎（明）

　晚照山居參定四書酌言 〔存目〕經部 164

扈

扈仲榮（宋）

　成都文類 〔文淵〕1354 〔文津〕1358 〔文

瀾〕1396 〔珍本〕三集 384－389 〔著
録〕集部 411

尉

尉遲偓（南唐）

　中朝故事 〔文淵〕1035 〔文津〕1040 〔文
　瀾〕1063 〔著錄〕子部 217

尉繚（周）

　尉繚子 〔文淵〕726 〔文津〕726 〔文瀾〕740
　〔著錄〕子部 333

屠

屠中孚（明）

　屠德胤重暉堂集 〔禁燬補〕71

屠文漪（清）

　九章錄要 〔文淵〕802 〔文津〕803 〔文瀾〕
　819 〔珍本〕四集 166－167 〔著錄〕子部
　355

屠本畯（明）

　毛詩鄭箋纂疏補協、附詩譜 〔未收〕一輯 4

　茗笈 〔存目〕子部 79

　韋弦佩 〔存目〕子部 93

　情采編 〔存目〕集部 347

　楚騷協韻、讀騷大旨 〔存目〕集部 1

　閩中海錯疏 〔文淵〕590 〔文津〕590 〔文
　瀾〕598 〔著錄〕史部 380

　離騷草木疏補 〔存目〕集部 1

屠英（清）

　〔道光〕肇慶府志 〔續修〕713－714

屠叔方（明）

　建文朝野彙編 〔存目〕史部 51

屠承樾（明）

　渡花居東籬集 〔續修〕1116

屠倬（清）

　是程堂二集 〔續修〕1517

　是程堂集 〔續修〕1517

屠寄（清）

　國朝常州駢體文録、結一宦駢體文 〔續修〕
　1693

屠隆（明）

　由拳集 〔存目〕集部 180 〔續修〕1360

　白榆集 〔存目〕集部 180 〔續修〕1359

　考槃餘事 〔存目〕子部 118

　栖真館集 〔續修〕1360

　陳眉公考槃餘事 〔續修〕1185

鉅文〔存目補〕12

遊具雅編〔存目〕子部118

綵毫記〔續修〕1770

篇海類編〔續修〕229-230

歷朝翰墨選註〔存目〕集部324

曇花記〔續修〕1773

鴻苞〔存目〕子部88-90

屠粹忠(清)

三才藻異〔存目〕子部228-229

栩栩園詩〔未收〕五輯29

屠勳(明)

屠康僖公文集〔存目〕集部40

屠衡(明)

皇明通紀述遺〔存目〕史部14

屠應埈(明)

屠漸山蘭暉堂集〔存目〕集部132

張

張一中(明)

尺牘爭奇〔未收〕十輯30

張一龍(明)

武庫纂略〔禁燬補〕15

張丁(明)

白石山房逸稿〔著錄〕集部349

白石山房稿〔存目〕集部26

晞髮集、遺集、天地間集、冬青樹引註、登西臺慟哭記註〔著錄〕集部59

張丁(張孟兼)(明)

白石山房逸稿〔文淵〕1229〔文津〕1233〔文瀾〕1264〔珍本〕十一集174

張九一(明)

綠波樓詩集〔存目〕集部128

張九成(宋)

孟子傳〔文淵〕196〔文津〕191〔文瀾〕187〔珍本〕二集64-65〔薈要〕71

張狀元孟子傳〔底本〕經部53-54〔著錄〕經部23

橫浦先生文集、附家傳〔著錄〕集部392

橫浦集〔文淵〕1138〔文津〕1142〔文瀾〕1169〔珍本〕四集268-269

張九鉞(清)

紫峴山人全集〔續修〕1443-1444

張九韶(明)

元史節要〔存目〕史部131

理學類編〔文淵〕709〔文津〕712〔文瀾〕

724〔珍本〕六集186〔著錄〕子部62

群書拾唾〔存目〕子部173

張九齡(唐)

千秋金鑑錄〔存目〕子部1

曲江集〔文淵〕1066〔文津〕1070〔文瀾〕1095〔薈要〕358

唐六典〔文淵〕595〔文津〕595〔文瀾〕604

唐丞相曲江張先生文集〔著錄〕集部228

張又新(唐)

煎茶水記〔文淵〕844〔文津〕846〔文瀾〕863〔著錄〕子部162

張三異(清)

明紀彈詞〔禁燬〕集部167

張三錫(明)

醫學六要〔存目〕子部45-46

張士佩(明)

升菴集〔文淵〕1270〔文津〕1274-1275〔文瀾〕1307

六書賦音義〔存目〕經部190

張士鎬(明)

〔嘉靖〕廣信府志〔存目〕史部185-186

張大亨(宋)

春秋五禮例宗〔文淵〕148〔文津〕144〔文瀾〕142〔珍本〕九集56〔底本〕經部51〔著錄〕經部78

春秋通訓〔文淵〕148〔文津〕144〔文瀾〕142〔珍本〕四集55

張大昌(清)

杭州八旗駐防營志略〔續修〕859

張大命(明)

太古正音琴經、琴譜〔續修〕1093

張大受(清)

匠門書屋文集〔未收〕八輯24

侶蚤遺音〔未收〕十輯30

張大純(清)

百城烟水〔存目〕史部237〔續修〕733

張大翎(清)

時俗喪祭便覽〔未收〕三輯8

張大復(明)

梅花草堂集〔續修〕1380

梅花草堂集皇明崑山人物傳〔存目〕史部95

梅花草堂集筆談〔存目〕子部104

崑山人物傳〔續修〕541

聞雁齋筆談〔存目〕子部104〔續修〕1131

張大齡（明）
　　玄羽外編六種〔存目〕史部 287
張上龢（清）
　　〔光緒〕撫寧縣志〔續修〕691
張之采（明）
　　東天目山志、西天目山志〔存目補〕94
張之洞（清）
　　書目答問〔續修〕921
　　張文襄公古文、書札、駢文、詩集〔續修〕1561
　　張文襄公奏議、電奏〔續修〕510－511
　　〔光緒〕順天府志〔續修〕683－686
　　勸學篇〔續修〕953
張之象（明）
　　太史史例〔存目〕史部 283－284
　　古詩類苑〔存目〕集部 320－321
　　回文類聚〔著録〕集部 75
　　彤管新編〔存目補〕13
　　唐雅〔存目補〕15
　　唐詩類苑〔存目〕集部 316－319
　　楚騷綺語〔存目〕子部 194
　　韻經〔存目〕經部 206
　　鹽鐵論〔文淵〕695〔文津〕695〔文瀾〕709〔薈要〕246〔著録〕子部 1
張之翰（元）
　　西巖集〔文淵〕1204〔文津〕1208〔文瀾〕1239〔珍本〕初集 347－348
張天復（明）
　　皇輿考〔存目〕史部 166
　　鳴玉堂稿〔續修〕1348
　　廣皇輿考〔禁燬〕史部 17
張元（清）
　　緑筠軒詩〔存目〕集部 280
張元芳（明）
　　〔萬曆〕順天府志〔存目〕史部 208
張元忭（明）
　　張陽和先生不二齋文選〔存目〕集部 154
　　〔萬曆〕紹興府志〔存目〕史部 200－201
　　雲門志略〔存目〕史部 230
　　新刊翰林諸書選粹〔存目〕子部 196
　　廣皇輿考〔禁燬〕史部 17
　　館閣漫録〔存目〕史部 258－259
張元素（金）
　　病機氣宜保命集〔文淵〕745〔文津〕744〔文瀾〕759

醫學啓源〔續修〕1019
張元凱（明）
　　伐檀齋集〔珍本〕二集 374〔著録〕集部 71
　　伐檀齋集、附諸名家贈答詩〔文淵〕1285〔文津〕1289〔文瀾〕1323
張元蒙（明）
　　讀易纂〔續修〕8
張元幹（宋）
　　蘆川詞〔文淵〕1487〔文津〕1492〔文瀾〕1537〔著録〕集部 218
　　蘆川歸來集〔文淵〕1136〔文津〕1140〔文瀾〕1167〔珍本〕五集 277〔存目〕集部 15〔著録〕集部 50
張元禎（明）
　　東白張先生文集〔存目補〕75
張元諭（明）
　　篷底浮談〔續修〕1126
張五典（清）
　　荷塘詩集〔續修〕1457〔未收〕十輯 25
張内蘊（明）
　　三吳水考〔文淵〕577〔文津〕577－578〔文瀾〕586〔珍本〕三集 164－168〔著録〕史部 420
張毛健（清）
　　鶴汀集〔未收〕八輯 22
張仁浹（清）
　　周易集解增釋〔存目〕經部 44－46
張仁熙（清）
　　雪堂墨品〔存目〕子部 79
　　藕灣詩集、文集、續補存歿四詠〔存目〕集部 208
張介賓（明）
　　景岳全書〔文淵〕777〔文津〕778－780〔文瀾〕794－796〔珍本〕十集 134－157〔著録〕子部 68－69
　　精選治痢神書〔未收〕十輯 8
　　類經〔珍本〕五集 182－191
　　類經、圖翼、附翼〔文淵〕776〔文津〕777－778〔文瀾〕793〔著録〕子部 265－266〔著録〕子部 265－266
張丹（清）
　　張秦亭詩集〔存目〕集部 210
張六圖（清）
　　易心存古〔未收〕三輯 1
張文伯（宋）

九經疑難〔續修〕171

張文虎(清)

　舒藝室詩存、續存〔續修〕1535

　舒藝室隨筆〔續修〕1164

　舒藝室餘筆〔續修〕1164

　舒藝室雜箸、賸稿、鼠壤餘蔬〔續修〕1535

　舒藝室續筆〔續修〕1164

張文炎(明)

　國朝名公經濟文鈔〔存目〕集部347

張文瑞(清)

　六湖先生遺集〔存目〕集部283

張文嘉(清)

　重定齊家寶要〔存目〕經部115

張文端(清)

　蕭山水利、續刻、三刻、附蕭山諸湖水利〔存目〕史部225

張文龍(明)

　周易參同契解箋〔續修〕1292

張文薦(清)

　大學偶言〔存目〕經部176〔續修〕159

　螺江日記〔存目〕子部100

張文藝(清)

　養鹽秘訣〔續修〕978

張文燧(明)

　戰國策譚椒〔存目〕史部44

張方平(宋)

　樂全先生文集、行狀〔底本〕集部127-130〔著錄〕集部6

　樂全集〔文淵〕1104〔文津〕1107-1108〔文瀾〕1134〔珍本〕初集252-255

張方湛(清)

　稽古日鈔〔未收〕二輯15

張夬(明)

　苧蘿誌〔未收〕一輯19

張丑(明)

　法書名畫見聞表〔著錄〕子部358

　南陽法書表、南陽名畫表〔著錄〕子部358

　南陽書畫表、法書表、名畫表〔文淵〕817〔文津〕820〔文瀾〕836

　真蹟日録〔文淵〕817〔文津〕820〔文瀾〕836

　真蹟日録、二集、三集〔珍本〕三集195〔著錄〕子部303

　書畫見聞表〔文淵〕817〔文津〕820〔文瀾〕836

清河秘篋書畫表〔著錄〕子部358

　清河書畫表〔文淵〕817〔文津〕820〔文瀾〕836

　清河書畫舫〔文淵〕817〔文津〕820〔文瀾〕836〔著錄〕子部52〔著錄〕子部52

張以忠(明)

　陳明卿先生評選古今文統〔禁燬〕集部134

張以誠(明)

　張君一先生毛詩微言〔存目〕經部63

張以寧(明)

　春秋春王正月考、辨疑〔文淵〕165〔文津〕159〔文瀾〕157〔薈要〕45〔著錄〕經部85

　翠屏集〔文淵〕1226〔文津〕1230〔文瀾〕1261〔珍本〕二集351〔底本〕集部37〔著錄〕集部426

張玉書(清)

　佩文韻府〔著錄〕子部223-239

　康熙字典十二集、總目、檢字、辨似、等韻、備考〔著錄〕經部207-210

　張文貞公文録〔續修〕1669

　張文貞集〔文淵〕1322〔文津〕1326〔文瀾〕1361

　御定佩文齋詠物詩選〔文淵〕1432-1434〔文津〕1436-1438〔文瀾〕1487-1490

　御定佩文韻府〔文淵〕1011-1028〔文津〕1014-1032〔文瀾〕1037-1055

　御定康熙字典、總目、檢字、辨似、等韻、備考〔文淵〕229-231〔文津〕224-226〔文瀾〕221-222〔薈要〕81-82

　聖祖仁皇帝御製文集初集、第二集、第三集、第四集〔文淵〕1298-1299〔文津〕1302-1304〔文瀾〕1336-1337

張玉轂(清)

　古詩賞析〔續修〕1591-1592

張正見(南朝陳)

　張散騎集〔續修〕1587

張世南(宋)

　游宦紀聞〔文淵〕864〔文津〕866〔文瀾〕884〔著錄〕子部168

張世則(明)

　貂璫史鑑〔存目〕史部98

張世進(清)

　著老書堂集、詞〔禁燬〕集部168

張世偉(明)

張異度先生自廣齋集、附周史部紀事 〔禁
　燬〕集部 162
張世賢（清）
　圖注八十一難經辨真 〔續修〕983
　圖註八十一難經 〔存目〕子部 39
　圖註脈訣辨真、脈訣附方 〔存目〕子部 40
　〔續修〕998
張可久（元）
　張小山小令 〔存目補〕45
　新刊張小山北曲聯樂府、外集 〔續修〕1738
張田（宋）
　包孝肅奏議集 〔文淵〕427 〔文津〕425 〔文
　瀾〕425
張四科（清）
　寶閑堂集 〔禁燬〕集部 168
張四維（明）
　名公書判清明集 〔存目〕子部 37 〔續修〕
　973
　條麓堂集 〔續修〕1351
　雙烈記 〔續修〕1772
張必剛（清）
　瀋元 〔存目〕子部 59
張永明（明）
　張莊僖文集 〔文淵〕1277 〔文津〕1281 〔文
　瀾〕1314 〔珍本〕三集 345 〔底本〕集部
　195－196 〔著錄〕集部 354
張永祚（清）
　天象源委 〔續修〕1034
張永銓（清）
　閑存堂文集、詩集 〔未收〕八輯 21
張民表（明）
　原圃集、塞庵詩一續、二續、三續 〔未收〕六
　輯 23
張弘道（明）
　皇明三元考 〔存目〕史部 271
張弘範（元）
　淮陽集、附錄詩餘 〔文淵〕1191 〔文津〕1196
　〔文瀾〕1227 〔珍本〕三集 272
　張淮陽詩集、詩餘 〔底本〕集部 96
　張淮陽詩集、樂府 〔著錄〕集部 445
張幼學（明）
　山堂肆考 〔文淵〕974－978 〔文津〕976－
　981 〔文瀾〕999－1003
張耒（宋）
　宛丘先生文集 〔著錄〕集部 12

柯山集 〔文淵〕1115 〔文津〕1119 〔文瀾〕
　1145 〔珍本〕四集 248－250
張右史文集 〔底本〕集部 131－134
蘇門六君子文粹 〔文淵〕1361 〔文津〕1365
　〔文瀾〕1403
張邦奇（明）
　兀涯西漢書議 〔存目〕史部 281
　張文定公觀光樓集、紓玉樓集、靡悔軒集、環
　　碧堂集、養心亭集、四友亭集 〔續修〕
　　1336－1337
張邦紀（明）
　張文愨公遺集 〔禁燬〕集部 104
張邦基（宋）
　墨莊漫錄 〔文淵〕864 〔文津〕866 〔文瀾〕
　883 〔著錄〕子部 56
張邦翼（明）
　嶺南文獻 〔存目補〕21－22
張吉（明）
　古城文集 〔底本〕集部 47 〔著錄〕集部 352
　古城集 〔文淵〕1257 〔文津〕1261 〔文瀾〕
　1294 〔珍本〕三集 325－326
張有（宋）
　復古編 〔文淵〕225 〔文津〕220 〔文瀾〕218
　〔著錄〕經部 110
　增修復古編 〔存目〕經部 188
張存中（元）
　四書通證 〔文淵〕203 〔文津〕197 〔文瀾〕
　194 〔薈要〕74 〔著錄〕經部 100
張存紳（明）
　增定雅俗稽言 〔存目〕子部 97
張成孫（清）
　諧聲譜、校記 〔續修〕247
張光大（元）
　救荒活民補遺書 〔存目〕史部 273
　救荒活民類要 〔續修〕846
張光孝（明）
　可泉擬涯翁擬古樂府 〔存目〕集部 62
　左華丙子集 〔未收〕六輯 21
　西滇大河志 〔存目〕史部 222
張光祖（元）
　言行龜鑑 〔文淵〕875 〔文津〕877 〔文瀾〕
　895
　言行鑑 〔珍本〕初集 228
張先（宋）
　安陸集 〔文淵〕1487 〔文津〕1492 〔文瀾〕

1537〔著録〕集部 217

張子野詞〔續修〕1722

張廷玉(明)

張石初也足山房尤癯稿〔禁燬〕集部 161

新傳理性元雅、指法〔存目〕子部 74

張廷玉(清)

日講禮記解義〔文淵〕123〔文津〕118－119
〔文瀾〕117〔珍本〕九集 43－52〔薈
要〕57〔著録〕經部 70

明史〔文淵〕297－302〔文津〕291－298
〔文瀾〕290－295〔著録〕史部 179－185

皇清文穎〔文淵〕1449－1450〔文津〕1453－
1455〔文瀾〕1496－1497〔珍本〕八集
351－374〔著録〕集部 205－207

皇朝詞林典故〔底本〕史部 20

御定資治通鑑綱目三編〔文淵〕340〔文津〕
337〔文瀾〕339〔珍本〕六集 64－70

御定駢字類編〔著録〕子部 201－212

御撰資治通鑑綱目三編〔著録〕史部 75

欽定明史〔薈要〕149－155

欽定春秋傳説彙纂〔文淵〕173〔文津〕
168－169〔文瀾〕165〔珍本〕八集 59－
70〔薈要〕44

欽定授時通考〔薈要〕262－263

欽定授時通考、耕織圖〔文淵〕732〔文瀾〕
731〔文瀾〕746－747〔珍本〕五集
148－155

詞林典故〔文淵〕599〔文津〕599〔文瀾〕
609〔珍本〕六集 120－121〔著録〕史部
254

澄懷園文存、載廣集、詩選、澄懷園語、自訂
年譜〔存目〕集部 262

張廷璪(清)

張思齋示孫編、續編〔未收〕九輯 21

張廷樞(清)

崇素堂詩稿〔未收〕八輯 17

張廷璐(清)

詠花軒詩集〔未收〕八輯 25

張廷濟(清)

桂馨堂集〔續修〕1491

張廷瓚(清)

傳恭堂詩集〔未收〕七輯 29

張仲深(元)

子淵詩集〔文淵〕1215〔文津〕1219〔文
瀾〕1250〔珍本〕初集 354

張仲壽(元)

疇齋文稿〔續修〕1324

張自烈(明)

正字通〔存目〕經部 197－198

正字通、附字彙舊本首卷〔續修〕234－235

四書大全辯〔存目〕經部 167－169

芑山文集〔禁燬〕集部 166

張自超(清)

春秋宗朱辨義〔文淵〕178〔文津〕173〔文
瀾〕170〔珍本〕四集 84－85〔著録〕經
部 201

張自勳(明)

心書〔存目〕子部 19

綱目續麟、綱目校正凡例、綱目續麟附録、綱
目續麟彙覽〔文淵〕323〔文津〕320
〔文瀾〕318〔珍本〕二集 77－80

張行(清)

思辨録輯要〔文淵〕724〔文津〕724〔文
瀾〕738

張行成(宋)

元包經傳、元包數總義〔著録〕子部 147

易通變〔文淵〕804〔文津〕805－806〔文
瀾〕822〔珍本〕初集 176－178〔底本〕
子部 24

皇極經世索隱〔文淵〕804〔文津〕805〔文
瀾〕821〔珍本〕初集 175

皇極經世通變〔著録〕子部 356

皇極經世觀物外篇衍義〔文淵〕804〔文津〕
805〔文瀾〕821〔珍本〕初集 175

翼玄〔存目〕子部 56〔續修〕1048

張行孚(清)

説文發疑〔續修〕227

説文楬原〔未收〕九輯 2

齏事要略〔續修〕978

張行言(清)

聖門禮樂統〔存目〕史部 272

張行簡(金)

人倫大統賦〔文淵〕810〔文津〕812〔文
瀾〕829〔珍本〕別輯 200

新刊相法人倫大統賦解、附大統圖〔著録〕
子部 149

張旭(明)

梅巖小稿〔存目〕集部 41

張旭初(明)

白雪齋選訂樂府吳騷合編、衡曲塵談、曲律
〔續修〕1743

張次仲(清)
　　周易玩辭困學記〔文淵〕36〔文津〕31〔文瀾〕31〔珍本〕二集12－15〔著録〕經部123
　　待軒詩記〔文淵〕82〔文津〕77〔文瀾〕75〔珍本〕二集22－23
　　張氏詩記〔著録〕經部190
張汝霖(清)
　　易經澹窩因指〔存目〕經部17
　　宛雅初編、二編、三編〔存目〕集部373〔存目〕集部373
　　澳門記略〔存目〕史部221〔續修〕676
　　學詩毛鄭異同籤〔續修〕71
張汝璧(清)
　　天官圖〔續修〕1031
張宇初(明)
　　耆山無爲天師峴泉集〔著録〕集部114
　　峴泉集〔文淵〕1236〔文津〕1240〔文瀾〕1270〔珍本〕五集300
張守(宋)
　　毘陵集〔文淵〕1127〔文津〕1132〔文瀾〕1159〔珍本〕別輯306－308
張守約(明)
　　擬寒山詩〔未收〕六輯27
張守節(唐)
　　史記〔文淵〕243－244〔文津〕238－239〔文瀾〕236－237〔薈要〕87－89〔著録〕史部167－168〔續修〕261－262
　　史記正義〔文淵〕247－248〔文津〕241－242〔文瀾〕240
張安茂(清)
　　頖宮禮樂全書〔存目〕史部271
張羽(明)
　　東田先生遺稿〔著録〕集部399
　　東田遺稿〔文淵〕1264〔文津〕1268〔文瀾〕1301〔珍本〕三集333
　　静居集〔著録〕集部260
　　静菴張先生詩集〔存目〕集部26
　　静菴集〔文淵〕1230〔文津〕1235〔文瀾〕1266
張戒(宋)
　　歲寒堂詩話〔文淵〕1479〔文津〕1483〔文瀾〕1528〔珍本〕別輯398〔著録〕集部417
張圻(清)

學仕要籤〔存目〕子部157
張孝祥(宋)
　　于湖居士文集〔底本〕集部73－74〔著録〕集部96
　　于湖集〔文淵〕1140〔文津〕1145〔文瀾〕1172〔薈要〕393
　　于湖詞〔文淵〕1488〔文津〕1492〔文瀾〕1537〔著録〕集部218
張志和(唐)
　　玄真子、天隱子〔文淵〕1059〔文津〕1064〔文瀾〕1088〔著録〕子部365
張志淳(明)
　　南園漫録〔文淵〕867〔文津〕869〔文瀾〕887〔珍本〕二集210〔著録〕子部170
張志聰(清)
　　金匱要略〔續修〕983
　　侶山堂類辯〔續修〕1028
　　黄帝内經素問〔續修〕980－981
　　傷寒論集注〔續修〕985
　　靈樞經〔續修〕981
張杞(明)
　　新刻麟經統一編〔存目〕經部121
張吾仁(明)
　　譔集傷寒世驗精法、修補傷寒金鏡録辨舌世驗精法〔未收〕四輯25
張步瀛(清)
　　滋德堂彙纂周易淺解〔存目〕經部33
張吳曼(清)
　　集古梅花詩〔存目〕集部258
張岐然(明)
　　春秋四家五傳平文〔存目〕經部128－130
張我觀(清)
　　覆甕集刑名、餘集〔續修〕974
張邱建(□)
　　張邱建算經〔文淵〕797〔文津〕798〔文瀾〕814〔著録〕子部20
張伯行(清)
　　小學集解〔存目〕子部3
　　正誼堂文集〔存目〕集部254
　　正誼堂續集〔未收〕八輯18
　　伊洛淵源續録〔存目〕史部125
　　困學録集粹〔存目〕子部24
　　近思録〔禁燬補〕31
　　居濟一得〔文淵〕579〔文津〕580〔文瀾〕588〔珍本〕九集160－161〔著録〕史部

110

陸桴亭思辨録輯要 〔著録〕子部 13

曹月川集 〔文淵〕1243 〔文津〕1247 〔文瀾〕1279

道南源委 〔存目〕史部 125

道統録 〔存目〕史部 124

廣近思録 〔存目〕子部 24

學規類編 〔存目〕子部 24 〔續修〕948-949

濂洛風雅 〔存目〕集部 403

濂洛關閩書 〔存目〕子部 24

續近思録 〔存目〕子部 23

張伯淳(元)

養蒙文集 〔文淵〕1194 〔文津〕1198 〔文瀾〕1229 〔珍本〕三集 275

養蒙先生文集 〔著録〕集部 107

張伯端(宋)

悟真篇註疏、附直指詳説 〔文淵〕1061 〔文津〕1065 〔文瀾〕1090

張位(明)

洪陽張先生警心類編 〔存目〕子部 128

問奇集 〔存目〕經部 191 〔續修〕238

詞林典故 〔存目〕史部 258

張孚敬(明)

太師張文忠公集 〔存目〕集部 77

東甌張文忠公奏對稿 〔存目補〕76

論對、勅諭録 〔存目〕史部 57

張含(明)

李杜詩選 〔存目〕集部 299

張禺山戊己吟、附作詩、附作詩續 〔存目〕集部 60

張沐(清)

大學疏略 〔續修〕159

中庸疏略 〔續修〕159

周易疏略 〔存目〕經部 29 〔續修〕19

春秋疏略 〔存目〕經部 132

書經疏略 〔存目〕經部 56

詩經疏略 〔存目〕經部 73

溯流史學鈔、附遊梁書院講語 〔存目〕子部 21

禮記疏略 〔存目〕經部 95

張完臣(清)

周易滴露集 〔存目〕經部 29

張君房(宋)

雲笈七籤 〔文淵〕1060-1061 〔文津〕1064-1065 〔文瀾〕1089-1090 〔著録〕子部 125-126

張玭(明)

夷齊録 〔存目〕史部 77 〔存目補〕93

張表臣(宋)

珊瑚鈎詩話 〔文淵〕1478 〔文津〕1483 〔文瀾〕1528 〔著録〕集部 330

張英(清)

文端集 〔文淵〕1319 〔文津〕1323 〔文瀾〕1358 〔珍本〕二集 378-383

存誠堂詩集、講筵應制集、篤素堂詩集、文集 〔著録〕集部 440

易經衷論 〔文淵〕44 〔文津〕39 〔文瀾〕38 〔珍本〕六集 5 〔著録〕經部 124

書經衷論 〔文淵〕68 〔文津〕63 〔文瀾〕61 〔珍本〕六集 8 〔著録〕經部 143

御定孝經衍義 〔文淵〕718 〔文津〕719-720 〔文瀾〕733-734 〔珍本〕十集 110-133 〔薈要〕69-70

御定淵鑑類函 〔文淵〕982-993 〔文津〕983-996 〔文瀾〕1007-1019

淵鑑類函 〔著録〕子部 93-104

張來儀(明)

欽定滁陽王廟碑歲祀册、敕賜滁陽王廟碑 〔存目〕史部 82

張雨(元)

句曲外史集 〔文淵〕1216 〔文津〕1220 〔文瀾〕1251 〔著録〕集部 257

玄品録 〔存目〕子部 259

貞居詞 〔續修〕1723

張雨(明)

邊政考 〔續修〕738

張尚瑗(清)

三傳折諸 〔文淵〕177 〔文津〕172 〔文瀾〕169 〔珍本〕二集 54-58

左傳折諸、公羊折諸、穀梁折諸 〔著録〕經部 202

張杲(宋)

醫説 〔文淵〕742 〔文津〕742 〔文瀾〕756 〔珍本〕六集 193-194 〔著録〕子部 302

張果(唐)

黃帝陰符經註 〔續修〕1290

張昇(明)

張文僖公文集、詩集 〔存目〕集部 39-40

張明弼(明)

琴張子螢芝集、評琴張子禪粟林 〔禁燬〕集部 108

張固(唐)

　　幽閒鼓吹　〔文淵〕1035　〔文津〕1039　〔文瀾〕1062　〔著録〕子部 217

張知甫(宋)

　　可書　〔著録〕子部 220

　　張氏可書　〔文淵〕1038　〔文津〕1042　〔文瀾〕1066　〔珍本〕別輯 236

張秉彝(清)

　　南垞詩鈔　〔未收〕十輯 27

張佳胤(明)

　　居來先生集　〔存目補〕51

張岳(明)

　　小山類稿　〔文淵〕1272　〔文津〕1277　〔文瀾〕1309　〔珍本〕五集 348－349

　　小山類稿選、輯略　〔著録〕集部 116

　　〔嘉靖〕廣東通志初薹　〔存目〕史部 189

張岱(清)

　　石匱書　〔續修〕318－320

　　石匱書後集　〔續修〕320

　　西湖夢尋　〔存目〕史部 237　〔續修〕729

　　夜航船　〔續修〕1135

　　陶菴夢憶　〔續修〕1260

張侃(宋)

　　張氏拙軒集　〔文淵〕1181　〔文津〕1185　〔文瀾〕1216　〔珍本〕初集 328

張佩綸(清)

　　澗于集　〔續修〕1566

張所望(明)

　　閲耕餘録　〔存目〕子部 110

張所敬(明)

　　騷苑　〔存目〕子部 179

張金吾(清)

　　兩漢五經博士考　〔續修〕179

　　金文最　〔續修〕1654

　　愛日精廬藏書志、續志　〔續修〕925

　　廣釋名　〔續修〕190

張采(明)

　　知畏堂文存、詩存　〔禁燬〕集部 81

　　周禮註疏　〔存目〕經部 84

張受長(清)

　　儀禮探本　〔禁燬補〕1

張庚(清)

　　通鑑綱目釋地糾謬　〔存目〕史部 6

　　國朝畫徵録、續録　〔存目〕子部 73　〔續修〕1067

　　强恕齋詩鈔、文鈔　〔存目〕集部 282

　　畫論　〔續修〕1067

張炎(宋)

　　山中白雲詞　〔著録〕集部 219

　　山中白雲詞、附樂府指迷　〔文淵〕1488　〔文津〕1493　〔文瀾〕1538

　　山中白雲詞疏證　〔續修〕1723

　　詞源　〔續修〕1733

　　寶顔堂訂正樂府指迷　〔存目〕集部 425

張治(明)

　　張龍湖先生文集　〔存目〕集部 76

張治具(明)

　　尚書會解　〔未收〕五輯 2

張怡(明)

　　玉光劍氣集　〔禁燬〕子部 30

張宗良(清)

　　喉科指掌　〔續修〕1018

張宗法(清)

　　三農紀　〔續修〕975

張宗柟(清)

　　帶經堂詩話　〔續修〕1698－1699

張宗泰(清)

　　竹書紀年　〔未收〕三輯 12

　　爾雅注疏本正誤　〔續修〕187

張定鋆(清)

　　三餘雜志、辨誣　〔未收〕七輯 15

張官德(清)

　　禮記約選　〔未收〕四輯 5

張居正(明)

　　四書集註闡微直解　〔未收〕二輯 12

　　帝鑑圖説　〔存目〕史部 282

　　書經直解　〔存目〕經部 50

　　新刻張太岳先生文集　〔續修〕1345－1346

　　新刻張太岳先生詩文集　〔存目〕集部 113－114

張弧(唐)

　　素履子　〔文淵〕696　〔文津〕696　〔文瀾〕710　〔著録〕子部 41

張詔(清)

　　昭陵六駿贊辯　〔存目〕史部 278

　　瘞鶴銘辯　〔存目〕史部 278

張孟兼(明)　參見 張丁

張拱宸(明)

　　素菴先生栖緑堂經史耦義　〔存目〕子部 17

張貞(清)

杞田集〔未收〕七輯 28
杞紀〔存目〕史部 214
張貞生（清）
王山遺響〔存目〕史部 255
唾居隨録〔存目〕子部 95
庸書〔存目〕集部 229
庸書文録〔續修〕1671
張貞觀（明）
披垣諫草〔存目〕史部 64
張映斗（清）
秋水齋詩〔存目〕集部 276
隋書、附考證〔文淵〕264〔文津〕259－260
〔文瀾〕256－257
張星（明）
顏子繹〔存目〕子部 17
張星徽（清）
歷代名吏録〔存目〕史部 126
張星耀（清）
東白堂詞選初集、附詞論〔存目〕集部 424
張昱（元）
可閒老人集〔文淵〕1222〔文津〕1226〔文瀾〕1257〔珍本〕初集 358
張光弼詩集〔著録〕集部 259
張畊（清）
古韻發明〔續修〕247
張矩（清）
易解簡要〔未收〕四輯 2
張重華（明）
滄漚集〔存目補〕57
張信民（明）
張抱初先生印正稿〔存目〕子部 15
張衍恩（清）
傳悟靈濟録〔續修〕997
張後覺（明）
張弘山集〔存目〕子部 91
張庭詩（清）
鄉黨圖考補證、校鄉黨圖考補證札記〔續修〕157
張彥（清）
寧古塔山水記〔續修〕731
張彥士（清）
讀史蠻疑〔存目〕史部 290
張彥琦（清）
博雅備考〔未收〕三輯 30
張彥遠（唐）

法書要録〔文淵〕812〔文津〕814〔文瀾〕831〔著録〕子部 52
歷代名畫記〔文淵〕812〔文津〕814〔文瀾〕831〔著録〕子部 52
張洪（宋）
朱子讀書法〔文淵〕709〔文津〕711〔文瀾〕724〔珍本〕三集 186
張洪（明）
南夷書〔存目〕史部 255
張洞玄（宋）
玉髓真經、後卷〔續修〕1053
張洎（宋）
賈氏譚録〔文淵〕1036〔文津〕1040〔文瀾〕1063〔著録〕子部 331
張洽（宋）
春秋張氏集注（春秋集注）、綱領〔薈要〕36
春秋集註、綱領〔著録〕經部 79
春秋集傳〔續修〕133
原本韓集考異〔文淵〕1073〔文津〕1077〔文瀾〕1103
張氏春秋集注、綱領〔文淵〕156〔文津〕151〔文瀾〕149
張津（宋）
乾道四明圖經〔續修〕704
張恒（明）
明志稿〔禁燬〕集部 126
張恂（清）
憨休和尚敲空遺響〔存目補〕10
張宣猷（清）
樂書内編〔存目〕經部 184－185
張祜（唐）
張承吉集〔續修〕1311
張祖年（清）
道驛集、附良貴堂文鈔〔存目〕子部 115
張祖武（清）
易經增刪來註〔存目〕經部 43
張昶（明）
吳中人物志〔存目〕史部 97〔續修〕541
張陛（明）
救荒事宜〔存目〕史部 275
張勇（清）
張襄壯奏疏〔文淵〕430〔文津〕428〔文瀾〕429〔珍本〕三集 127
靖逆侯少師張襄壯公奏疏〔底本〕史部 35－36〔著録〕史部 413

張約敬（清）
　　〔康熙〕琅鹽井志〔存目〕史部 214
張泰（明）
　　書義主意、附群英書義〔未收〕十輯 1
　　滄洲詩集、續集〔存目〕集部 38
張泰交（清）
　　受祜堂集〔禁燬〕集部 53
張泰來（清）
　　江西詩社宗派圖録〔續修〕1698
張泰階（明）
　　北征小草〔禁燬〕集部 176
　　寶繪録〔存目〕子部 72
張振淵（明）
　　石鏡山房周易説統〔存目〕經部 26〔續修〕
　　　12
張振鋆（清）
　　痧喉正義〔續修〕1018
　　釐正按摩要術〔續修〕997
張華（晉）
　　神異經〔文淵〕1042〔文津〕1046〔文瀾〕
　　　1070〔著録〕子部 242
　　師曠禽經〔著録〕子部 162
　　博物志〔文淵〕1047〔文津〕1051〔文瀾〕
　　　1076〔薈要〕277〔著録〕子部 243
　　禽經〔文淵〕847〔文津〕849〔文瀾〕866
　　感應類從志〔存目〕子部 116
張栻（宋）
　　二程粹言〔著録〕子部 250
　　孟子説（癸巳孟子説）〔薈要〕71
　　南軒先生孟子説〔著録〕經部 170
　　南軒先生張侍講易説〔底本〕經部 14〔著
　　　録〕經部 1
　　南軒先生論語解〔著録〕經部 97
　　南軒易説〔文淵〕13〔文津〕8〔文瀾〕7
　　　〔珍本〕三集 3
　　南軒集〔文淵〕1167〔文津〕1171〔文瀾〕
　　　1201
　　南嶽倡酬集〔文淵〕1348〔文津〕1352〔文
　　　瀾〕1390
　　南嶽唱酬集〔著録〕集部 451
　　癸巳孟子説〔文淵〕199〔文津〕193〔文
　　　瀾〕189
　　癸巳論語解〔文淵〕199〔文津〕193〔文
　　　瀾〕189
　　新刊南軒先生文集〔著録〕集部 56
　　論語解（癸巳論語解）〔薈要〕70

張根（宋）
　　吳園先生周易解〔著録〕經部 31
　　吳園周易解〔文淵〕9〔文津〕4〔文瀾〕3
張夏（清）
　　宋楊文靖公山先生年譜〔存目〕史部 86
　　雒閩源流録〔存目〕史部 123〔續修〕536
張原（明）
　　玉坡奏議〔文淵〕429〔文津〕427〔文瀾〕
　　　427〔珍本〕三集 126
張烈（清）
　　王學質疑〔存目〕子部 23
　　讀易日鈔〔文淵〕42〔文津〕37〔文瀾〕36
　　　〔珍本〕二集 18－19
張晉生（清）
　　〔雍正〕四川通志〔著録〕史部 238－240
　　四川通志〔文淵〕559－561〔文津〕559－
　　　561〔文瀾〕567－569
張時泰（明）
　　御批續資治通鑑綱目〔文淵〕693－694〔文
　　　瀾〕707－708
張時徹（明）
　　芝園外集〔續修〕1123
　　芝園定集、別集、外集〔存目〕集部 81－82
　　皇明文範〔存目〕集部 302－303
　　急救良方〔存目〕子部 43
　　攝生衆妙方〔存目〕子部 43
張倬（清）
　　傷寒兼證析義〔文淵〕783〔文津〕784〔文
　　　瀾〕800〔珍本〕十一集 114〔著録〕子
　　　部 303
張師正（宋）
　　括異志〔存目〕子部 245〔續修〕1264
張師栻（清）
　　張清恪公年譜〔續修〕554
張師載（清）
　　張清恪公年譜〔續修〕554
　　課子隨筆節鈔、續編〔未收〕五輯 9
張師愚（元）
　　宛陵群英集〔文淵〕1366〔文津〕1371〔文
　　　瀾〕1410
張師顏（金）
　　南遷録〔存目〕史部 45
張師繹（明）
　　月鹿堂文集〔未收〕六輯 30
張卿雲（清）

類胲〔續修〕1248－1249
張衮（明）
　張水南文集〔存目〕集部 76
張唐英（宋）
　蜀檮杌〔文淵〕464〔文津〕463〔文瀾〕465
　　〔著録〕史部 205
張炌如（明）
　淮南鴻烈解〔未收〕四輯 29
張浚（宋）
　張魏公集〔續修〕1317
　紫巖易傳〔文淵〕10〔文津〕5〔文瀾〕4
　　〔薈要〕3
　紫巖居士易傳〔著録〕經部 32
張悦（明）
　定菴集、附榮壽録〔存目〕集部 37
張宸（清）
　平圃遺稿、使粤艸〔未收〕五輯 29
張家玉（明）
　張文烈公軍中遺稿〔禁燬補〕80
張祥河（清）
　小重山房詩詞全集〔續修〕1513
張祥雲（清）
　全史吏鑑〔未收〕二輯 26
　［嘉慶］廬州府志〔續修〕709－710
張祥鳶（明）
　華陽洞稿〔存目〕集部 132
張翀（明）
　渾然子〔存目〕子部 86
張能鱗（清）
　西山集〔存目〕集部 216
　詩經傳説取裁〔存目〕經部 73
　儒宗理要〔存目〕子部 21〔續修〕944
張紞（明）
　雲南機務抄黄〔存目〕史部 45
張理（元）
　大易象數鈎深圖〔文淵〕25〔文津〕19〔文
　　瀾〕20〔薈要〕15
　大易象數鈎深圖、周易圖〔著録〕經部 3
　易象圖説〔文淵〕806〔文津〕807〔文瀾〕
　　824〔薈要〕15〔著録〕子部 21
張掄（宋）
　紹興内府古器評〔存目〕子部 77
張培仁（清）
　静娱亭筆記〔續修〕1181－1182
張萊（明）

京口三山志〔存目〕史部 229
張敔（明）
　雅樂發微〔存目〕經部 182〔續修〕113
張鹵（明）
　皇明制書〔續修〕788
　皇明嘉隆疏抄〔存目〕史部 72－73
　皇明嘉隆疏抄、嘉隆新例附萬曆〔續修〕
　　466－467
　滸東先生文集〔存目〕集部 132
張處（宋）
　月令解〔文淵〕116〔文津〕111〔文瀾〕110
　　〔珍本〕初集 60
張野（元）
　古山樂府〔續修〕1723
張問陶（清）
　船山詩草、船山詩草補遺〔續修〕1486
張問達（清）
　王陽明先生文鈔〔存目〕集部 49－50
　易經辨疑〔存目〕經部 31
張冕（清）
　春秋至朔通考〔未收〕八輯 2
張國祥（明）
　續修龍虎山志〔存目〕史部 228
張國賓（元）
　相國寺公孫合汗衫雜劇〔續修〕1760
　薛仁貴榮歸故里雜劇〔續修〕1760
　羅李郎大鬧相國寺雜劇〔續修〕1762
張國維（明）
　吳中水利全書〔文淵〕578〔文津〕578－579
　　〔文瀾〕587〔珍本〕十一集 81－88〔著
　　録〕史部 245－246
　張忠敏公遺集〔未收〕六輯 29
　撫吳疏草〔禁燬〕史部 39
張崟（清）
　逃禪閣稿〔未收〕十輯 29
張崇德（清）
　恒岳志〔存目〕史部 236
張崇蘭（清）
　古文尚書私議〔未收〕二輯 5
張崇懿（清）
　錢志新編〔續修〕1113
張符升（清）
　蘇門山人詩鈔〔未收〕十輯 20
張符驤（清）
　天傭子集、附依歸草〔禁燬補〕72

張從正(金)
　　儒門事親〔文淵〕745〔文津〕745〔文瀾〕
　　759〔珍本〕八集133-135〔著錄〕子部
　　65
張叙(清)
　　孝經精義、後錄、或問、原孝、餘論〔續修〕
　　152
　　易貫〔存目〕經部40
　　詩貫〔存目〕經部78
張逸少(清)
　　御定佩文齋廣群芳譜〔文淵〕845〔文津〕
　　847-849〔文瀾〕864-866
張庸德(清)
　　張九達先生四書尊註會意解〔禁燬補〕2
張商英(宋)
　　古清涼傳、廣清涼傳、續清涼傳〔續修〕718
　　素書〔著錄〕子部333
　　黃石公素書〔文淵〕726〔文津〕726〔文
　　瀾〕740
張淏(宋)
　　雲谷雜記〔文淵〕850〔文津〕853〔文瀾〕
　　870〔珍本〕別輯209〔著錄〕子部30
　　會稽志、會稽續志〔文淵〕486〔文津〕485
　　〔文瀾〕488〔珍本〕七集101-106
　　嘉泰會稽志、寶慶會稽續志〔著錄〕史部36
張淳(宋)
　　儀禮識〔珍本〕別輯28
　　儀禮識誤〔文淵〕103〔文津〕98〔文瀾〕96
張惟賢(明)
　　大明光宗貞皇帝實錄〔禁燬〕史部35
張隆孫(清)
　　類腋〔續修〕1248-1249
張習(明)
　　僑吳集〔文淵〕1216〔文津〕1220〔文瀾〕
　　1251
張習孔(清)
　　雲谷臥餘、續〔存目〕子部114
　　詒清堂集〔存目補〕1
張參(唐)
　　五經文字〔文淵〕224〔文津〕219〔文瀾〕
　　216〔薈要〕78〔著錄〕經部29
張紳(明)
　　法書通釋〔存目〕子部71〔續修〕1065
張紹修(清)
　　時疫白喉捷要〔續修〕1018

張瑛(清)
　　通鑑宋本校勘記、元本校勘記〔未收〕三輯
　　12
張琦(明)
　　白齋先生詩集、續、文略〔存目〕集部52
張琦(清)
　　宛鄰集〔續修〕1486
　　素問釋義〔未收〕四輯24
張琰(清)
　　種痘新書〔續修〕1012
張琛(清)
　　日鋤齋律呂新書初解〔未收〕二輯10
張堯同(宋)
　　嘉禾百詠〔文淵〕1186〔文津〕1191〔文
　　瀾〕1222
張揖(三國魏)
　　廣雅〔文淵〕221〔文津〕216〔文瀾〕214
　　〔薈要〕79〔著錄〕經部28
張達(元)
　　元音遺響〔著錄〕集部413
張萬壽(清)
　　〔康熙〕揚州府志〔存目〕史部214-215
張萬選(清)
　　太平三書〔存目〕史部235
張萬鍾(清)
　　鴿經〔續修〕1119
張敬之(宋)
　　張先生校正楊寶學易傳〔著錄〕經部142
張萱(明)
　　內閣藏書目錄〔續修〕917
　　西園聞見錄〔續修〕1168-1170
　　彙雅、後編〔存目〕經部186-187
　　疑耀〔文淵〕856〔文津〕858〔文瀾〕876
　　〔著錄〕子部54
張朝琮(清)
　　〔康熙〕永平府志〔存目〕史部213
張朝瑞(明)
　　忠節錄〔存目〕史部97〔續修〕537
　　金華正學編〔存目〕集部297
　　皇明貢舉考〔續修〕828
　　皇明貢舉考、附貢舉紀略〔存目〕史部269
張棟(明)
　　張可菴先生書牘〔存目〕集部166
張棣(宋)
　　正隆事迹記〔存目〕史部45

張惠言（清）
　七十家賦鈔〔續修〕1611
　易圖條辨〔續修〕26
　易緯略義〔續修〕40
　周易虞氏消息〔續修〕26
　周易虞氏義〔續修〕26
　周易鄭注〔續修〕1
　周易鄭荀義〔續修〕26
　茗柯文補編、外編〔續修〕1488
　茗柯文編〔續修〕1488
　茗柯詞〔續修〕1725
　詞選、續詞選〔續修〕1732
　虞氏易言〔續修〕26
　虞氏易事〔續修〕26
　虞氏易候〔續修〕26
　虞氏易禮〔續修〕26
　儀禮圖〔續修〕90－91
　諧聲譜、校記〔續修〕247
　讀儀禮記〔續修〕90
張雲章（清）
　樸村文集、詩集〔禁燬〕集部167－168
張雲璈（清）
　選學膠言〔未收〕八輯30
　簡松草堂文集、詩集〔續修〕1471
張雲漢（明）
　閔子世譜〔存目〕史部78
張雲龍（明）
　廣社〔存目〕子部119〔續修〕1186
張雅博（清）
　弈程〔續修〕1102
張棠（清）
　賦清草堂詩鈔〔存目〕集部261
張鼎（明）
　文清公薛先生文集〔著錄〕集部262
　敬軒文集〔文淵〕1243〔文津〕1247〔文淵〕1279
張鼎（清）
　易漢學舉要、訂誤〔續修〕39
張鼎延（清）
　明德先生文集、制藝、附新安定變全城記、明德先生年譜〔存目〕集部185
張鼎思（明）
　琅邪代醉編〔存目〕子部129－130
張開東（清）
　白蒜詩集〔未收〕十輯27

張景（宋）
　河東先生集〔著錄〕集部86
　河東柳仲塗先生文集〔底本〕集部1
　河東集、附行狀〔文淵〕1085〔文津〕1089〔文瀾〕1115
張景（明）
　疑獄集〔著錄〕子部46
張景祁（清）
　新蘅詞、外集〔續修〕1727
張貴勝（清）
　遣愁集〔續修〕1273
張喬棟（清）
　竹香齋象戲譜〔續修〕1105－1106
張復（明）
　張子遠先生爨下語〔存目〕子部94
張欽（明）
　〔正德〕大同府志〔存目〕史部186
張爲（唐）
　主客圖、附圖考〔續修〕1694
張舜民（宋）
　畫墁集〔文淵〕1117〔文津〕1121〔文瀾〕1147
　畫墁錄〔文淵〕1037〔文津〕1041〔文瀾〕1064〔著錄〕子部218
張註（清）
　讀書堂杜工部詩集註解、文集註解、杜工部編年詩史譜目〔存目〕集部5－6
張詠（宋）
　乖崖先生文集〔著錄〕集部338
　乖崖集〔文淵〕1085〔文津〕1089〔文瀾〕1115〔珍本〕十一集161
張敦仁（清）
　求一算術〔續修〕1045
張敦實（宋）
　潛虛、潛虛發微論〔著錄〕子部51
張敦頤（宋）
　六朝事迹編類〔文淵〕589〔文津〕589〔文瀾〕598〔著錄〕史部252
　增廣註釋音辯唐柳先生集、別集、外集〔著錄〕集部232
張道（明）
　〔嘉靖〕貴州通志〔存目〕史部193
張道宗（元）
　紀古滇説原集〔存目〕史部255
張遂辰（清）

湖上編、白下編、蓬宅編、衰晚編〔未收〕七輯 20

傷寒論〔續修〕985

張湛(晉)

列子〔薈要〕276

沖虛至德真經〔著録〕子部 123

張湄(清)

柳漁詩鈔〔存目〕集部 276

張愉曾(清)

十六國年表〔存目〕史部 163

張運泰(明)

漢魏名文乘〔存目補〕31－33

張裕釗(清)

濂亭文集、遺文、遺詩〔續修〕1544

張禄(明)

詞林摘艷〔續修〕1740

張弼(明)

張東海先生詩集、文集〔存目〕集部 39

張登(清)

傷寒舌鑑〔文淵〕783〔文津〕784〔文瀾〕800〔珍本〕十集 165〔著録〕子部 18

張綖(明)

詩餘圖譜、附秦張兩先生詩餘合璧〔存目〕集部 425

張綎(明)

杜工部詩通〔存目〕集部 4

張南湖先生詩集〔存目〕集部 68

詩餘圖譜〔續修〕1735

張瑞圖(明)

白毫菴内篇、外篇、襍篇〔禁燬〕集部 142

張瑄(明)

南征録〔存目〕史部 46

張瑋(金)

大金集禮〔著録〕史部 433

張載(宋)

張子全書〔文淵〕697〔文津〕697〔文瀾〕711〔著録〕子部 61

橫渠先生易説、行狀〔著録〕經部 41

橫渠易説〔薈要〕2

橫渠易説、附橫渠先生行狀〔文淵〕8〔文津〕4〔文瀾〕3

張塤(清)

竹葉庵文集〔續修〕1449

張遠(清)

杜詩會粹、年譜〔存目〕集部 6

梅莊集、文集〔存目補〕79

張聖誥(清)

〔康熙〕登封縣志〔存目〕史部 214

張蔭桓(清)

三洲日記〔續修〕577

張楚叔(明)

白雪齋選訂樂府吳騷合編、衡曲塵談、曲律〔續修〕1743

張楨(明)

東田遺稿〔文淵〕1264〔文津〕1268〔文瀾〕1301

張煦(清)

〔光緒〕山西通志〔續修〕641－646

張照(清)

石渠寶笈〔文淵〕824－825〔文津〕826－827〔文瀾〕843－844〔底本〕子部 9－14〔著録〕子部 8－9

史記〔文淵〕243－244〔文津〕238－239〔文瀾〕236－237

祕殿珠林〔文淵〕823〔文津〕826〔文瀾〕844〔著録〕子部 26

御製律吕正義後編〔文淵〕215－218〔文津〕210－213〔文瀾〕209－211〔薈要〕271－274

御製律吕正義後編、上諭奏義〔著録〕經部 173－176

爾雅注疏、附考證〔文淵〕221〔文津〕216〔文瀾〕214

張嗣昌(清)

巡臺録〔續修〕881

張嵲(宋)

紫微集〔文淵〕1131〔文津〕1135〔文瀾〕1162〔珍本〕別輯 314－318

張榘(明)

兩淮鹽法志〔存目〕史部 274

張鉉(元)

至大金陵新志〔文淵〕492〔文津〕491〔文瀾〕495〔珍本〕七集 107－113

至正金陵新志〔著録〕史部 210

金陵新志〔文淵〕492

張詩(清)

屈子貫〔未收〕七輯 16

張詡(明)

東所先生文集〔存目〕集部 43

南海雜詠〔存目〕集部 43

張廉(清)
　季漢書、附辨異〔未收〕三輯 14
張雍敬(清)
　定曆玉衡〔續修〕1040
張煌言(明)
　張忠烈公集〔續修〕1388
張潛(明)
　易經增註、易考〔續修〕14
張溥(明)
　七録齋集、論略〔禁燬〕集部 182
　七録齋詩文合集〔續修〕1387
　元史紀事本末〔續修〕389
　春秋三書〔存目〕經部 125
　詩經註疏大全合纂〔存目〕經部 69－70
　漢魏六朝百三家集〔文淵〕1412〔文津〕
　　1416－1420〔文瀾〕1457－1460〔薈
　　要〕468－472〔著録〕集部 174－179
　歷代史論一編、二編〔存目〕史部 289
張慎言(明)
　泊水齋文鈔〔存目〕集部 183
張愷(明)
　〔正德〕常州府志續集〔存目〕史部 181
張際亮(清)
　思伯子堂詩集〔續修〕1526－1527
張預(宋)
　張氏集註百將傳〔存目〕子部 30
張經(明)
　半洲稿〔存目〕集部 75
張嘉和(明)
　通鑑直解〔禁燬〕史部 55
　篇海類編〔存目〕經部 188〔續修〕229－
　　230
張嘉玲
　周禮説略〔存目〕經部 84
張翥(元)
　蛻菴集〔文淵〕1215〔文津〕1218〔文瀾〕
　　1250〔珍本〕五集 293
　蛻菴詩〔底本〕集部 103〔底本〕集部 185
　　〔著録〕集部 32
　蛻巖詞〔文淵〕1488〔文津〕1493〔文瀾〕
　　1538〔著録〕集部 219
張墉(明)
　廿一史識餘〔存目〕史部 150－151
張壽卿(元)
　謝金蓮詩酒紅梨花雜劇〔續修〕1762

張壽鏞
　放齋詩説〔續修〕56
　定川遺書〔續修〕1318
　舒嬾堂詩文存〔續修〕1316
張榕端(清)
　海岱日記〔存目〕史部 128
張輔之(明)
　太僕奏議〔禁燬〕史部 22
張爾岐(清)
　老子説略〔文淵〕1055〔文津〕1059〔文
　　瀾〕1084〔珍本〕三集 229〔著録〕子部
　　123
　周易説略〔存目〕經部 28〔續修〕17
　春秋傳議〔存目〕經部 132
　風角書〔續修〕1052
　夏小正註〔存目〕經部 103
　蒿菴閒話〔存目〕子部 114〔續修〕1136
　蒿菴集〔存目〕集部 207
　儀禮鄭註句讀〔薈要〕50
　儀禮鄭註句讀、監本正誤、石本誤字〔文淵〕
　　108〔文津〕103〔文瀾〕102〔珍本〕七
　　集 28－30〔著録〕經部 150
張睿卿(明)
　峴山志〔存目〕史部 234
張鳴珂(清)
　國朝駢體正宗續編〔續修〕1668
　寒松閣詞〔續修〕1727
　寒松閣談藝璅録〔續修〕1088
　説文佚字考〔續修〕227
張鳴鳳(明)
　羽王先生集〔存目補〕54
　桂勝〔底本〕史部 27
　桂勝、桂故〔文淵〕585〔文津〕586〔文瀾〕
　　594〔珍本〕四集 117〔著録〕史部 110
張銑(宋)
　六臣註文選〔著録〕集部 134－135
張銓(明)
　國史紀聞〔存目〕史部 17
　張忠烈公存集〔禁燬〕集部 77
張鳳翔(明)
　張伎陵集〔存目〕集部 51
　樂經集註〔存目〕經部 184
張鳳翼(明)
　文選纂註〔存目〕集部 285
　句注山房集、尺牘〔禁燬〕集部 70

紅拂記 〔續修〕1769

處實堂集、續集 〔存目〕集部 137

處實堂集、續集、後集 〔續修〕1353

夢占類考 〔存目〕子部 70 〔續修〕1064

譚輅 〔續修〕1127

灌園記 〔續修〕1772

張説(唐)

　張説之文集 〔著録〕集部 227

　張燕公集 〔文淵〕1065 〔文津〕1070 〔文瀾〕1094

張廣泗(清)

　〔乾隆〕貴州通志 〔著録〕史部 243 - 244

張端木(清)

　錢録 〔存目〕史部 276

張端義(宋)

　貴耳集 〔著録〕子部 169

　貴耳集、二集、三集 〔文淵〕865 〔文津〕867 〔文瀾〕885

張適(明)

　甘白先生張子宜詩集、文集 〔存目〕集部 25

張齊賢(宋)

　洛陽紳舊聞記 〔文淵〕1036 〔文津〕1040 〔文瀾〕1063

　洛陽搢紳舊聞記 〔著録〕子部 111

張養浩(元)

　三事忠告 〔文淵〕602 〔文津〕602 〔文瀾〕612 〔珍本〕九集 165

　牧民忠告、經進風憲忠告、廟堂忠告 〔著録〕史部 116

　張文忠公文集 〔著録〕集部 347

　雲莊張文忠公休居自適小樂府 〔續修〕1738

　歸田類稿 〔文淵〕1192 〔文津〕1196 〔文瀾〕1228 〔珍本〕三集 273 - 274

張榮(清)

　空明子詩集、文集、雜録、詩餘 〔存目〕集部 267

張寧(明)

　方洲張先生文集 〔著録〕集部 351

　方洲集、附讀史録 〔文淵〕1247 〔文津〕1251 〔文瀾〕1283 〔珍本〕三集 306 - 309

　方洲雜言 〔存目〕子部 239

　〔萬曆〕江都縣志 〔存目〕史部 202

　張方洲奉使録 〔存目〕集部 36

張實居(清)

　蕭亭詩選 〔存目〕集部 234

張鼐(明)

　吳淞甲乙倭變志 〔存目〕史部 54

　新鐫張太史註釋標題綱鑑白眉 〔禁燬〕史部 52

　遼籌、遼夷略、奏草、陳謠雜詠 〔禁燬〕集部 105

　寶日堂初集 〔禁燬〕集部 76 - 77

張綱(宋)

　華陽集 〔文淵〕1131 〔文津〕1135 〔文瀾〕1162 〔珍本〕三集 261 - 262 〔著録〕集部 242

張綱孫(清)

　獸經 〔續修〕1119

張維屏(清)

　花甲閒談 〔未收〕十輯 3

　松心詩録 〔續修〕1496

　國朝詩人徵略 〔續修〕1712 - 1713

　國朝詩人徵略二編 〔續修〕1713

張維新(明)

　華嶽全集 〔存目〕史部 232 〔續修〕722

張震(明)

　唐音 〔文淵〕1368 〔文津〕1372 〔文瀾〕1412 〔珍本〕十二集 198 - 199

　唐詩始音輯註、唐詩正音輯註、唐音遺響輯註 〔著録〕集部 143

張儉(明)

　文獻集 〔文淵〕1209 〔文津〕1213 〔文瀾〕1244

張德純(清)

　孔門易緒 〔存目〕經部 35

　離騷節解、附節指、本韻、正音 〔未收〕五輯 16

張德堅(清)

　賊情彙纂 〔續修〕445

張德彝(清)

　三述奇 〔續修〕576

張鋭(宋)

　雞峰普濟方 〔續修〕1000

張魯(漢)

　老子想爾注 〔續修〕1290

張慶之(宋)

　集杜句詩、詠文丞相詩 〔著録〕集部 27

張澍(清)

　三輔決録 〔續修〕540

　世本 〔續修〕301

涼州異物志〔續修〕732
蜀典〔續修〕735
詩小序翼〔續修〕66
養素堂文集〔續修〕1506－1507
養素堂詩集〔續修〕1506
續黔書〔續修〕735
張潮（清）
　心齋聊復集〔禁燬補〕85
　奚囊寸錦〔禁燬〕子部 1
　虞初新志〔續修〕1783〔禁燬〕子部 38
張潛（清）
　詩法醒言〔未收〕六輯 30
張履祥（清）
　四書朱子語類〔禁燬〕經部 4
　沈氏農書、補農書〔存目補〕80
　淑艾録〔存目〕子部 29
　楊園先生全集〔存目〕子部 165
　楊園先生詩文〔續修〕1399
　農書〔續修〕975
張選（明）
　忠諫靜思張公遺集、附侍御靜生張公遺集
　　〔存目〕集部 93
張豫章（清）
　御選宋金元明四朝詩〔文淵〕1437－1444
　　〔文津〕1440〔文瀾〕1478－1486〔薈
　　要〕442－452
　御選宋金元明四朝詩、姓名爵里〔著録〕集
　　部 190－197
張燕昌（清）
　羽扇譜〔續修〕1111
　金石契〔未收〕二輯 28
　金粟箋説〔續修〕1115
張機（漢）
　金匱玉函經〔續修〕984
　金匱要略〔續修〕983
　金匱要略論註〔文淵〕734〔文津〕733〔文
　　瀾〕748〔珍本〕四集 136
　傷寒分經〔存目〕子部 53
　傷寒論注釋、傷寒明理論、傷寒論方〔文淵〕
　　734〔文津〕734〔文瀾〕749
張穆（清）
　月齋文集、詩集〔續修〕1532
　唐兩京城坊考〔續修〕732
　蒙古游牧記〔續修〕731
　閻潛丘先生年譜〔續修〕554
　顧亭林先生年譜〔續修〕553

張篤慶（清）
　五代史肪截〔存目〕史部 292
　班范肪截〔存目〕史部 292
　崑崙山房集〔存目補〕55
張學尹（清）
　師白山房講易〔未收〕三輯 2
張學舉（清）
　南坪詩鈔〔未收〕九輯 26
張學禮（清）
　使琉球記〔存目〕史部 128
張學顏（明）
　萬曆會計録〔續修〕831－833
張儗（宋）
　忘憂清樂集、附棊經、棊訣〔續修〕1097
　秋仙遺譜前集、後集、附棊經〔續修〕1097
張衡（漢）
　張河間集〔續修〕1583
張錫恭
　喪服鄭氏學〔續修〕96
張錫駒（清）
　傷寒論直解、傷寒附餘〔續修〕987
張錫穀（清）
　雀硯齋文録〔續修〕1672
張錫爵（清）
　吾友于齋詩鈔〔存目〕集部 273
張諧之（清）
　尚書古文辨惑〔未收〕三輯 5
　讀書記疑〔未收〕七輯 11
張凝道（明）
　皇明三元考〔存目〕史部 271
張龍翼（明）
　兵機類纂〔存目〕子部 33
張燧（清）
　千百年眼〔禁燬〕子部 11
　存雅堂遺稿〔文淵〕1189〔文津〕1193〔文
　　瀾〕1225
　馮秋水先生評定存雅堂遺稿、宋方節義先生
　　遺集補刻、宋高士方韶父先生遺集補刻
　　〔著録〕集部 251
　經世挈要〔禁燬〕史部 75
張燨（清）
　讀史舉正〔續修〕455
張澤（明）
　新刻譚友夏合集〔續修〕1385
　新刻譚友夏合集、附旨齋詩草〔存目〕集部

191－192

張憲(元)
　玉笥集 〔文淵〕1217 〔文津〕1221 〔文瀾〕
　　1252 〔著録〕集部 348
張璨(清)
　石漁詩鈔 〔禁燬〕集部 132
　國朝詩的 〔禁燬〕集部 156－158
張璐(清)
　本經逢原 〔存目〕子部 51 〔續修〕994
　石頑老人診宗三昧 〔存目〕子部 51
　孫真人千金方衍義 〔未收〕九輯 11－12
　張氏醫通 〔存目〕子部 50 〔續修〕1022－
　　1023
　傷寒續論、緒論 〔存目〕子部 51
張擬(宋)
　萊經 〔著録〕子部 358
張擴(宋)
　東窗集 〔文淵〕1129 〔文津〕1133 〔文瀾〕
　　1160 〔珍本〕初集 272－273
張聰咸(清)
　左傳杜注辨證 〔續修〕125
　經史質疑録 〔續修〕1158
張聯元(明)
　天台山全志 〔續修〕723
張懋修(明)
　墨卿談乘 〔未收〕三輯 28
張鍊(明)
　太乙詩集 〔存目補〕99
　經濟録 〔存目〕子部 85
張鎡(宋)
　仕學規範 〔文淵〕875 〔文津〕876 〔文瀾〕
　　895 〔珍本〕三集 211－212
　南湖集 〔文淵〕1164 〔文津〕1168 〔文瀾〕
　　1198 〔珍本〕別輯 351－352 〔底本〕集
　　部 86 〔著録〕集部 55
　皇朝仕學規範 〔著録〕子部 362
張爵(明)
　京師五城坊巷衚衕集 〔續修〕729
張謙(明)
　祥刑要覽 〔存目〕子部 37
張謙宜(清)
　四書廣註 〔未收〕七輯 2
　絸齋詩談 〔續修〕1699
　絸齋詩選 〔存目〕集部 263
　絸齋論文 〔續修〕1714

張謙德(明)
　高寄齋訂正觓花譜 〔續修〕1116
　瓶花譜 〔存目〕子部 81
張燮(明)
　七十二家集 〔續修〕1583－1588
　王子安集 〔文淵〕1065 〔文津〕1069 〔文
　　瀾〕1094
　東西洋考 〔文淵〕594 〔文津〕594 〔文瀾〕
　　602 〔珍本〕九集 163－164
　東西洋考、圖 〔著録〕史部 253
　霏雲居集 〔禁燬補〕59
張應文(明)
　清秘藏 〔文淵〕872 〔文津〕874 〔文瀾〕892
　　〔著録〕子部 362
張應武(明)
　〔萬曆〕嘉定縣志 〔存目〕史部 208－209
張應昌(清)
　春秋屬辭辨例編 〔續修〕145－146
　國朝詩鐸 〔續修〕1627－1628
　彝壽軒詩鈔、煙波漁唱 〔續修〕1517
張應遴(明)
　海虞文苑 〔存目〕集部 382
張濤(清)
　查東山先生年譜 〔續修〕553
張謇
　張季子詩録 〔續修〕1575
張禮(宋)
　陳眉公訂正遊城南記 〔著録〕史部 252
　遊城南記 〔文淵〕593 〔文津〕593 〔文瀾〕
　　601 〔底本〕史部 43
張顥(晉)
　玉照定真經 〔文淵〕809 〔文津〕810 〔文
　　瀾〕827 〔珍本〕初集 181
張曜(清)
　山東軍興紀略 〔未收〕三輯 13
張璧(明)
　陽峰家藏集 〔存目〕集部 66
張彝宣(清)
　寒山曲譜 〔續修〕1750
　寒山堂新定九宮十三攝南曲譜 〔續修〕1750
張藻(清)
　培遠堂詩集 〔未收〕十輯 20
張鏡心(明)
　易經增註、易考 〔存目〕經部 22 〔續修〕14
張鵬翀(清)

南華山房詩鈔、賦、南華山人詩鈔〔未收〕九
　　輯 25
張鵬翮(清)
　忠武誌〔存目〕史部 86
　治河全書〔續修〕847
　信陽子卓錄〔存目〕子部 23〔續修〕949
張瀚(明)
　皇明疏議輯略〔存目〕史部 71－72〔續修〕
　　462－463
　奚囊蠹餘〔存目〕集部 101
　張恭懿松窗夢語〔續修〕1171
　臺省疏稿〔存目〕史部 62〔續修〕478
張懷瓘(唐)
　書斷〔文淵〕812〔文津〕814〔文瀾〕831
　書斷列傳、雜編〔著錄〕子部 149
張蘭皋(清)
　周易析疑〔存目〕經部 44
張獻翼(明)
　文起堂集〔存目補〕99
　吳中人物志〔存目〕史部 97
　紈綺集〔存目〕集部 137
　讀易紀聞〔文淵〕32〔文津〕27〔文瀾〕27
　　〔珍本〕四集 14〔著錄〕經部 185
　讀易韻考〔存目〕經部 209
張蠙(唐)
　張象文詩集〔續修〕1313
張籍(唐)
　唐張司業詩集〔著錄〕集部 85
　張司業集〔文淵〕1078〔文津〕1082〔文
　　瀾〕1107
張競光(清)
　寵壽堂詩集〔存目〕集部 238
張寶琳(清)
　〔光緒〕永嘉縣志〔續修〕708－709
張鶴騰(明)
　重刻張鳳逵傷暑全書〔續修〕1003
張體乾(清)
　東遊紀略〔存目〕史部 128
張鑑(宋)
　賞心樂事〔續修〕885
張鑑(清)
　冬青館甲集、冬青館乙集〔續修〕1492
　西夏紀事本末〔續修〕387
　眉山詩案廣證〔未收〕十輯 2
　淺近錄〔未收〕六輯 12

雷塘庵主弟子記〔續修〕557
張讀(唐)
　宣室志〔文淵〕1042〔文津〕1047〔文瀾〕
　　1070〔著錄〕子部 243
張鷟(唐)
　陳眉公訂正朝野僉載〔著錄〕子部 217
　朝野僉載〔文淵〕1035〔文津〕1039〔文
　　瀾〕1062
　游仙窟〔續修〕1783
　龍筋鳳髓判〔文淵〕889〔文津〕891〔文
　　瀾〕910〔著錄〕子部 60
張瓉(明)
　東征紀行錄〔存目〕史部 46
張瓉昭(清)
　經笥質疑易義原則、易義附篇〔未收〕五輯
　　1
　經笥質疑書義原古〔未收〕四輯 3
張顯庸(明)
　續修龍虎山志〔存目〕史部 228
張觀光(元)
　屏巖小稿〔文淵〕1195〔文津〕1199〔文
　　瀾〕1230〔珍本〕三集 276
張纘曾(明)
　忠諫靜思張公遺集、附侍御靜生張公遺集
　　〔存目〕集部 93

陽

陽枋(宋)
　字溪集〔文淵〕1183〔文津〕1187〔文瀾〕
　　1218〔珍本〕初集 329－330〔底本〕集
　　部 178－179〔著錄〕集部 444
陽瑪諾(明西洋)
　天問略〔文淵〕787〔文津〕789〔文瀾〕805
　　〔著錄〕子部 51

習

習經(明)
　尋樂習先生文集〔存目補〕97
習鑿齒(晉)
　襄陽耆舊記〔續修〕548

巢

巢元方(隋)
　重刊巢氏諸病源候總論〔著錄〕子部 134

巢氏諸病源候論 〔珍本〕十集 158－163
巢氏諸病源候總論 〔文淵〕734 〔文津〕734
〔文瀾〕749
巢鳴盛(清)
老圃良言 〔續修〕976

十二畫

項

項元汴(明)
宣德鼎彝譜、附宣爐博論 〔底本〕子部 5
〔著錄〕子部 305
蕉窗九錄 〔存目〕子部 118 〔續修〕1185
項元淇(明)
少嶽詩集 〔存目〕集部 143
項玉筍(清)
檇李往哲續編 〔存目補〕93
項廷紀(清)
憶雲詞、删存 〔續修〕1726
項名達(清)
下學菴算書三種 〔續修〕1047
象數一原 〔續修〕1047
項安世(宋)
平庵悔稿、丙辰悔稿、悔稿後編 〔續修〕
1318－1319
周易玩辭 〔文淵〕14 〔文津〕9 〔文瀾〕8
〔薈要〕4 〔底本〕經部 21－22 〔著錄〕
經部 1
項氏家説 〔文淵〕706 〔文津〕708 〔文瀾〕
721 〔珍本〕別輯 165－166
項淳(清)
一輻集 〔未收〕二輯 15
項鼎鉉(明)
名臣寧攘要編□□種 〔禁燬補〕16
項皋謨(明)
學易堂三筆、滴露軒雜著 〔存目〕子部 164
項道民(明)
筆道通會 〔存目〕子部 72
項聖謨(明)
墨君題語 〔存目〕子部 72
項夢昶(清)
山村遺集 〔文淵〕1198 〔文津〕1202 〔文
瀾〕1233
仇山村遺集 〔著錄〕集部 446
項夢原(明)

讀宋史偶識 〔存目〕史部 1
項樟(清)
玉山詩鈔、文鈔、附刻 〔未收〕九輯 24
項德楨(明)
名臣寧攘要編□□種 〔禁燬補〕16
項穆(明)
重刻書法雅言 〔著錄〕子部 357
書法雅言 〔文淵〕816 〔文津〕818 〔文瀾〕
835
項篤壽(明)
小司馬奏草 〔續修〕478
小司馬草 〔存目〕史部 62
今獻備遺 〔文淵〕453 〔文津〕452 〔文瀾〕
453 〔珍本〕三集 141－142 〔著錄〕史部
91
全史論贊 〔存目〕史部 140
項霦(明)
孝經述註 〔文淵〕182 〔文津〕177 〔文瀾〕
173 〔珍本〕別輯 48

越

越闓(清)
春蕪詞 〔未收〕八輯 30

揚

揚雄(漢)
太玄經 〔薈要〕247
太玄經、説玄、釋文 〔著錄〕子部 147
太玄經、釋音 〔文淵〕803 〔文津〕804 〔文
瀾〕820
方言 〔珍本〕別輯 51
揚子法言 〔文淵〕696 〔文津〕696 〔文瀾〕
710 〔薈要〕247
揚子雲集 〔文淵〕1063 〔文津〕1067 〔文
瀾〕1092 〔著錄〕集部 1
揚侍郎集 〔續修〕1583
輶軒使者絶代語釋別國方言 〔文淵〕221
〔文津〕216 〔文瀾〕214 〔著錄〕經部
177
纂圖分門類題五臣註揚子法言 〔著錄〕子部
127

博

博爾都(清)
問亭詩集、也紅詞 〔未收〕八輯 23

揭

揭重熙(明)
揭蒿菴先生文集、詩集、遺集〔禁燬〕集部 182

揭傒斯(元)
大元海運記〔續修〕835
文安集〔文淵〕1208〔文津〕1212〔文瀾〕1243〔薈要〕404
揭文安公全集〔著録〕集部 30
揭曼碩文選〔存目〕集部 22
詩法正宗〔續修〕1694
詩宗正法眼藏〔續修〕1694

揭暄(清)
璇璣遺述〔存目〕子部 55〔續修〕1033

彭

彭士望(清)
恥躬堂文鈔、詩鈔〔禁燬〕集部 52
恥躬堂文録〔續修〕1669

彭大雅(宋)
黑韃事略〔續修〕423

彭大翼(明)
山堂肆考〔文淵〕974-978〔文津〕976-981〔文瀾〕999-1003〔著録〕子部 194-198

彭元瑞(清)
十三經考文提要〔未收〕三輯 10
五代史記注〔續修〕290-292
孚惠全書〔續修〕846
宋四六話〔續修〕1715
恩餘堂經進初藁、續藁、三藁、策問存課、知聖道齋讀書跋尾〔未收〕十輯 22
恩餘堂輯稿〔續修〕1447
萬壽衢歌樂章〔未收〕九輯 13
欽定天禄琳琅書目後編〔續修〕917

彭以明(明)
二十一史論贊輯要〔存目〕史部 147

彭百川(宋)
太平治迹統類〔文淵〕408〔文津〕405〔文瀾〕406〔珍本〕五集 72-77
皇朝太平治迹統類〔著録〕史部 15

彭而述(清)
明史斷略〔未收〕一輯 21
讀史亭詩集、文集〔存目〕集部 200-201

彭年(宋)
止堂集〔文淵〕1155〔文津〕1160〔文瀾〕1189〔珍本〕別輯 339-340

彭年(明)
隆池山樵詩集〔存目〕集部 146

彭廷梅(清)
國朝詩選〔禁燬補〕56

彭仲剛(宋)
琴堂諭俗編〔文淵〕865〔文津〕867〔文瀾〕885〔珍本〕初集 228

彭任(清)
草亭文集、詩集〔存目〕集部 236

彭兆蓀(清)
小謨觴館詩文集、續集〔續修〕1492

彭汝寔(明)
六詔紀聞〔存目〕子部 162

彭汝礪(宋)
鄱陽先生文集〔著録〕集部 46
鄱陽集〔文淵〕1101〔文津〕1104〔文瀾〕1130〔珍本〕二集 248

彭汝讓(明)
木几冗談〔存目〕子部 104

彭希涑(清)
淨土聖賢録、續編、種蓮集〔續修〕1286

彭其位(清)
學宫備考、餘説〔存目〕史部 272

彭叔夏(宋)
文苑英華辨證〔文淵〕1342〔文津〕1347〔文瀾〕1384
文苑英華辯證〔著録〕集部 136

彭定求(清)
全唐詩〔著録〕集部 182-189
忠介遺事〔存目〕史部 86
南畇文稿〔存目〕集部 246
俟後編〔存目〕子部 107
湯潛菴先生文集節要〔存目〕集部 218
儒門法語集〔存目〕子部 23

彭洵(清)
彝軍紀略〔未收〕三輯 13

彭華(明)
彭文思公文集〔存目〕集部 36

彭致中(元)
鳴鶴餘音〔存目〕集部 422

彭時(明)
可齋雜記〔存目〕子部 239〔續修〕1166

彭文憲公集、殿試策〔存目〕集部35
彭乘(宋)
　墨客揮犀〔文淵〕1037〔文津〕1041〔文瀾〕1065〔著録〕子部219
　續墨客揮犀〔續修〕1166
彭師度(清)
　彭省廬先生文集、詩集〔存目〕集部209
彭家屏(清)
　左傳經世鈔〔續修〕120
彭孫貽(清)
　山中聞見録〔禁燬補〕16
　平寇志〔存目〕史部55
　茗香堂史論〔續修〕450
　茗齋百花詩〔未收〕七輯29
　客舍偶聞〔續修〕1175
　流寇志〔續修〕442
　靖海志〔續修〕390
彭孫遹(清)
　松桂堂全集〔珍本〕三集367-369
　松桂堂全集、南泩集、延露詞〔文淵〕1317
　　〔文津〕1321〔文瀾〕1355〔著録〕集部
　　358
彭教(明)
　東瀧遺稿、制策〔存目〕集部38
彭崧毓(清)
　百柱堂全集〔續修〕1527-1528
彭啓豐(清)
　芝庭文稿、詩稿〔未收〕九輯23
彭紹升(清)
　二林居文録〔續修〕1670
　二林居集〔續修〕1461
　居士傳〔續修〕1286
彭堯諭(明)
　西園前稿〔禁燬〕集部175
彭期生(明)
　重刻張鳳逵傷暑全書〔續修〕1003
彭輅(明)
　沖谿先生集〔存目〕集部116
　谿先生集〔存目〕集部116
彭韶(明)
　彭惠安公文集〔著録〕集部351
　彭惠安集〔文淵〕1247〔文津〕1250〔文瀾〕1283〔珍本〕三集304
彭端淑(清)
　白鶴堂文録〔續修〕1670

雪夜詩談、附明人詩話補、國朝詩話補〔續修〕1700
彭賓(清)
　彭燕又先生文集、詩集〔存目〕集部197
彭遵泗(清)
　蜀故〔未收〕一輯27
　蜀碧〔存目〕史部126〔續修〕442
彭曉(後蜀)
　金丹正理大全周易參同契通真義〔著録〕子部248
　周易參同契通真義〔文淵〕1058〔文津〕1062〔文瀾〕1087〔薈要〕264
彭澤(明)
　〔弘治〕徽州府志〔存目〕史部180-181
彭蘊章(清)
　松風閣詩鈔、歸樸龕叢稿、續編〔續修〕1518
彭蘊璨(清)
　歷代畫史彙傳〔續修〕1083-1084
彭簪(明)
　衡嶽志〔存目〕史部229
彭鵬(清)
　古愚心言〔存目〕集部231-232
彭儼(明)
　鐫五侯鯖〔存目〕子部216

揆
揆叙(清)
　益戒堂自訂詩集、後集〔未收〕八輯20
　隙光亭雜識〔續修〕1146
　歷朝閨雅〔未收〕十輯30

斯
斯密亞丹(英國)
　原富〔續修〕1297
斯賓塞爾(英國)
　群學肄言〔續修〕1298

葉
葉大莊(清)
　喪服經傳補疏〔續修〕95
葉大慶(宋)
　考古質疑〔文淵〕853〔文津〕855〔文瀾〕873〔珍本〕別輯211
葉小鸞(明)

已畦集、原詩、詩集、詩集殘餘、附午夢堂詩
　　鈔三種〔存目〕集部 244

葉山(明)
　葉八白易傳〔文淵〕32〔文津〕27〔文瀾〕
　　27〔珍本〕三集 9-10

葉子奇(明)
　太玄本旨〔文淵〕803〔文津〕804〔文瀾〕
　　820〔珍本〕三集 194〔著録〕子部 355
　草木子〔文淵〕866〔文津〕868〔文瀾〕886
　　〔珍本〕十集 174〔著録〕子部 170

葉天培(清)
　菊譜〔續修〕1116

葉方恒(清)
　山東全河備考〔存目〕史部 224

葉方藹(清)
　日講書經解義〔文淵〕65〔文津〕59-60
　　〔文瀾〕58
　葉文敏公集〔著録〕集部 450〔續修〕1410
　御定孝經衍義〔文淵〕718〔文津〕719-720
　　〔文瀾〕733-734〔珍本〕十集 110-133
　　〔薈要〕69-70
　讀書齋偶存稿〔文淵〕1316〔文津〕1320
　　〔文瀾〕1355〔珍本〕二集 377

葉永盛(明)
　浙鹺紀事、玉城奏疏〔存目〕集部 172

葉圭綬(清)
　續山東考古録〔續修〕733

葉廷秀(明)
　西曹秋思〔存目〕集部 352
　詩譚、續録〔存目〕集部 418〔續修〕1696

葉廷珪(宋)　參見　葉庭珪

葉廷祥(明)
　南溪書院志〔存目〕史部 244

葉廷琯(清)
　吹網録〔續修〕1163
　金文最拾遺〔續修〕1654
　楙花盦詩、外集〔續修〕1519
　鷗陂漁話〔續修〕1163

葉向高(明)
　大明光宗貞皇帝實録〔禁燬〕史部 35
　後綸扉尺牘〔禁燬補〕64
　許文穆公集〔禁燬〕集部 40
　蒼霞草〔禁燬〕集部 124
　蒼霞詩草〔禁燬補〕64
　蒼霞餘草〔禁燬〕集部 125

蒼霞續草〔禁燬〕集部 124-125
説類〔存目〕子部 132
綸扉奏草〔續修〕481-482〔禁燬〕史部
　36-37
蓬編〔禁燬補〕25
續綸扉奏草〔續修〕482〔禁燬〕史部 37

葉名澧(清)
　敦夙好齋詩全集初編、續編〔續修〕1536
　橋西雜記〔續修〕1181
　讀易叢記〔未收〕六輯 1

葉芳靄(清)
　孝經衍義〔著録〕子部 258-259

葉酉(清)
　易經補義、雜記〔未收〕一輯 2
　春秋究遺〔珍本〕二集 59-60〔著録〕經部
　　203
　春秋究遺、春秋總説、春秋比例〔文淵〕181
　　〔文津〕176〔文瀾〕173
　詩經拾遺、詩經總説〔存目〕經部 79
　新唐書、唐書釋音、附考證〔文淵〕272-276
　　〔文津〕268〔文瀾〕266-269

葉良佩(明)
　周易義叢〔存目〕經部 4-5〔續修〕7
　葉海峰文集〔存目〕集部 84

葉良儀(清)
　餘年閒話〔未收〕十輯 11

葉長揚(清)
　〔乾隆〕淮安府志〔續修〕699-700

葉昌熾
　邠州石室録〔續修〕909
　奇觚廎文集、外集〔續修〕1575
　奇觚廎詩集、前集〔續修〕1575
　滂喜齋藏書記〔續修〕926
　語石〔續修〕905
　緣督廬日記抄〔續修〕576

葉秉敬(明)
　字孿〔文淵〕228〔文瀾〕220〔珍本〕十二
　　集 21
　字孿、篆體偏旁點畫辨訣〔著録〕經部 179
　明諡考〔存目〕史部 270
　韻表、聲表〔存目〕經部 210〔續修〕255
　類次書肆説鈴〔存目〕子部 110

葉佩蓀(清)
　易守、易卦總論〔續修〕24
　學易慎餘録〔續修〕24

葉采(宋)
　近思録〔文淵〕699〔文津〕699〔文瀾〕713
　近思録集解〔著録〕子部250〔續修〕934
葉宗魯(宋)
　中興禮書續編〔續修〕823
葉承宗(清)
　濼函〔未收〕七輯21
葉春及(明)
　石洞集〔文淵〕1286〔文津〕1290〔文瀾〕1324〔珍本〕五集363－365
　羅浮石洞葉絅齋先生文集、詩集〔著録〕集部404
葉珍(清)
　明紀編遺〔禁燬〕史部19
葉封(清)
　少林寺志〔未收〕九輯6
　嵩陽石刻集記〔文淵〕684〔文津〕684〔文瀾〕697〔珍本〕十一集100〔著録〕史部158
葉映榴(清)
　葉忠節公遺稿〔存目〕集部232
葉衍蘭(清)
　秋夢盦詞鈔、續、再續〔續修〕1727
葉奕苞(清)
　金石録補、續跋〔續修〕901
　經鋤堂詩稿、唱和詩、花信詩、北上録、集唐人句、詩餘〔禁燬〕集部147
葉庭珪(葉廷珪)(宋)
　海録碎事〔文淵〕921〔文津〕923－925〔文瀾〕941〔著録〕子部38
葉紈紈(明)
　已畦集、原詩、詩集、詩集殘餘、附午夢堂詩鈔三種〔存目〕集部244
葉泰(清)
　山法全書〔存目〕子部65
葉桂(清)
　臨證指南醫案〔存目〕子部53〔續修〕1027
葉時(宋)
　禮經會元〔文淵〕92〔文津〕87〔文瀾〕85〔薈要〕49〔著録〕經部12
葉時用(明)
　大明一統文武諸司衙門官制〔存目〕史部260〔續修〕748
葉留(元)
　爲政善報事類〔續修〕753

葉棻(宋)
　五百家播芳大全文粹〔珍本〕十集327－356
　五百家播芳大全文粹、姓氏〔文淵〕1352－1353〔文津〕1356－1357〔文瀾〕1394－1395
　聖宋名賢五百家播芳大全文粹〔著録〕集部297－298
葉盛(明)
　水東日記〔文淵〕1041〔文津〕1045〔文瀾〕1068〔著録〕子部111
　涇東小藁〔續修〕1329
　菉竹堂書目〔存目〕史部277
　菉竹堂稿〔存目〕集部35
　葉文莊公奏疏〔存目〕史部58〔續修〕475
葉堂(清)
　納書楹曲譜正集、續集、外集、納書楹四夢全譜〔續修〕1756－1757
葉隆禮(宋)
　契丹國志〔著録〕史部287
　欽定重訂契丹國志〔文淵〕383〔文津〕380－381〔文瀾〕382〔珍本〕八集80－81
葉紹本(清)
　白鶴山房詩鈔、詞鈔、外集〔續修〕1483
葉紹泰(明)
　名文寶符〔禁燬〕集部154
葉紹翁(宋)
　四朝聞見録〔文淵〕1039〔文津〕1043〔文瀾〕1067〔著録〕子部241
葉葆(清)
　應試詩法淺説〔續修〕1718
葉朝榮(明)
　芝堂遺草〔存目〕集部147
葉景先(清)
　葉梧叟先生集、附葉弈武先生集〔禁燬補〕74
葉渭清
　宋會要、校記〔續修〕775－786
葉夢珠(清)
　續編綏寇紀略〔續修〕390
葉夢得(宋)
　石林先生春秋傳〔著録〕經部158
　石林居士建康集〔著録〕集部16
　石林奏議〔續修〕474
　石林詞〔文淵〕1487〔文津〕1492〔文瀾〕

1537〔著録〕集部 218

石林詩話〔文淵〕1478〔文津〕1483〔文瀾〕1528

石林燕語〔著録〕子部 168

石林燕語、考異〔文淵〕863〔文津〕865〔文瀾〕883〔珍本〕別輯 213－214

建康集〔文淵〕1129〔文津〕1133〔文瀾〕1160

春秋三傳讞〔文淵〕149〔文津〕145〔文瀾〕143〔珍本〕初集 62－63

春秋考〔文淵〕149〔文津〕145〔文瀾〕143〔珍本〕四集 56

葉氏春秋傳〔文淵〕149〔文津〕144〔文瀾〕142

葉氏春秋傳(石林春秋傳)〔薈要〕34

葉先生詩話〔著録〕集部 330

畫志、附評畫行〔存目〕子部 72

避暑録話〔文淵〕863〔文津〕865〔文瀾〕883〔著録〕子部 168

巖下放言〔文淵〕863〔文津〕865〔文瀾〕883〔珍本〕十一集 130〔著録〕子部 33

葉夢熊(明)

　運籌綱目、決勝綱目〔存目〕子部 31

葉鉁(清)

　續小學〔存目〕子部 25

葉寅(宋)

　愛日齋叢鈔〔文淵〕854〔文津〕856〔文瀾〕874

葉鳳毛(清)

　內閣小志、內閣故事〔續修〕751

葉適(宋)

　水心先生文集〔著録〕集部 100

　水心集〔文淵〕1164〔文津〕1168〔文瀾〕1198

　習學記言〔文淵〕849〔文津〕851〔文瀾〕869〔珍本〕三集 197－200〔著録〕子部 10

葉蕡(宋)

　聖宋名賢四六叢珠〔續修〕1213－1214

葉蕙心(清)

　爾雅古注斠〔續修〕188

葉德輝(清)

　天文本單經論語校勘記〔續修〕157

　六書古微〔未收〕九輯 2

　淮南鴻烈閒詁〔續修〕1121

　覺迷要録〔未收〕二輯 21

葉澐(清)

　綱鑑會編、歷代統系表略〔未收〕二輯 17－19

葉憲祖(明)

　鸞鎞記〔續修〕1770

葉矯然(清)

　龍性堂易史參録〔存目〕經部 29

葉燮(清)

　已畦集、原詩、詩集、詩集殘餘、附午夢堂詩鈔三種〔存目〕集部 244

　江南星野辨〔存目〕史部 249

　原詩〔續修〕1698

葉應震(清)

　葉梧叟先生集、附葉弈武先生集〔禁燬補〕74

葉燦(明)

　讀書堂稿〔禁燬〕集部 185

葉翼(明)

　餘姚海隄集〔存目〕集部 289

葉顒(元)

　樵雲獨唱〔文淵〕1219〔文津〕1223〔文瀾〕1254

　樵雲獨唱集〔著録〕集部 61

葉鎮(清)

　作吏要言〔禁燬〕史部 72

葉繩翥(清)

　孝經古微〔未收〕二輯 12

葉爕(明)

　毘陵忠義祠録〔存目〕史部 90

葉觀國(清)

　綠筠書屋詩鈔〔續修〕1444〔未收〕十輯 15

葉灝(清)

　增廣大生要旨〔續修〕1008

萬

萬士和(明)

　萬文恭公摘集〔存目〕集部 109

萬民英(明)

　三命通會〔文淵〕810〔文津〕811－812〔文瀾〕828－829〔珍本〕四集 190－192〔著録〕子部 21

　星學大成〔文淵〕809〔文津〕811〔文瀾〕828〔珍本〕四集 184－189

萬邦孚(明)

皆非集、附一枝軒吟草〔存目〕集部 187

萬氏家抄濟世良方〔存目〕子部 43

萬邦寧（明）

茗史〔存目〕子部 79〔續修〕1115

萬光泰（清）

柘坡居士集〔存目〕集部 281

萬光煒（清）

古金録〔續修〕1109

萬年淳（清）

易拇〔未收〕三輯 3

萬全（明）

萬氏女科〔續修〕1007

萬氏秘傳片玉心書〔續修〕1010

萬氏家傳育嬰〔續修〕1010

痘疹世醫心法、痘疹格致要論〔續修〕1011

新刊萬氏家傳幼科發揮〔續修〕1010

新刊萬氏家傳養生四要〔續修〕1030

萬衣（明）

萬子迂談〔存目〕集部 109

萬安（明）

大明一統志〔著録〕史部 205－207

萬青黎（清）

〔光緒〕順天府志〔續修〕683－686

萬表（明）

灼艾集、續集、別集、餘集〔存目〕子部 127

灼艾集、續集、別集、餘集、新集〔續修〕1188

玩鹿亭稿〔存目〕集部 76

皇明經濟文録〔禁燬〕集部 18－19

海寇議〔存目〕子部 31

萬氏家抄濟世良方〔存目〕子部 43

萬尚父（明）

聽心齋客問〔存目〕子部 93

萬承蒼（清）

宋書、附考證〔文淵〕257－258〔文津〕252－253〔文瀾〕250－251

南史〔文淵〕265〔文津〕260－261〔文瀾〕258－259

孺廬先生文録〔續修〕1671

萬時華（明）

溉園初集、二集〔禁燬〕集部 144

詩經偶箋〔存目〕經部 70〔續修〕61

萬國欽（明）

萬二愚先生遺集〔禁燬〕集部 78

萬達甫（明）

皆非集、附一枝軒吟草〔存目〕集部 187

萬斯大（清）

周官辨非〔存目〕經部 85〔續修〕78

宗法論〔續修〕108

儀禮商〔文淵〕108〔文津〕103〔文瀾〕102〔珍本〕七集 30〔著録〕經部 151

學春秋隨筆〔存目〕經部 132〔續修〕139

學禮質疑〔文淵〕129〔文津〕124〔文瀾〕122〔著録〕經部 74

禮記偶箋〔存目〕經部 96〔續修〕98

萬斯同（清）

石園文集〔續修〕1415

石經考〔著録〕史部 393

明史〔續修〕324－331

書學彙編〔存目〕子部 72

崑崙河源考〔文淵〕579〔文津〕579〔文瀾〕588〔著録〕史部 380

萬氏石經考〔文淵〕683〔文津〕683〔文瀾〕697〔珍本〕九集 175

補歷代史表〔文淵〕402〔文津〕399〔文瀾〕400〔珍本〕九集 113－116〔著録〕史部 379

群書疑辨〔續修〕1145

廟制圖考〔文淵〕662〔文津〕661〔文瀾〕671〔珍本〕六集 129〔底本〕史部 109〔著録〕史部 60

歷代河渠考〔存目〕史部 224

歷代紀元彙考〔續修〕826

歷代宰輔彙考〔存目〕史部 260〔續修〕746

儒林宗派〔文淵〕458〔文津〕457〔文瀾〕459〔珍本〕九集 137〔著録〕史部 202

萬斯備（清）

萬斯備詩稿〔未收〕八輯 16

萬道光（明）

交翠館集〔存目〕集部 158

萬虞愷（明）

楓潭集鈔〔未收〕五輯 19

萬經（清）

分隸偶存〔文淵〕684〔文津〕684〔文瀾〕698〔珍本〕十集 109〔著録〕史部 158

萬壽祺（清）

隰西草堂詩集、文集、遯渚唱和集、隰西草堂拾遺〔續修〕1394

萬維翰（清）

律例圖説辨譌、荒政瑣言〔未收〕二輯 27

萬樹（清）

詞律〔文淵〕1496〔文津〕1500〔文瀾〕1546

〔著録〕集部 225
璇璣碎錦 〔存目〕集部 238

葛

葛一龍(明)
葛震甫詩集 〔禁燬〕集部 123

葛元煦(清)
洗冤録撮遺 〔續修〕972

葛中選(明)
太律、外篇 〔續修〕114

葛立方(宋)
侍郎葛公歸愚集 〔續修〕1317
歸愚詞 〔文淵〕1488 〔文津〕1492 〔文瀾〕
1537 〔著録〕集部 218
韻語陽秋 〔文淵〕1479 〔文津〕1483 〔文
瀾〕1528 〔著録〕集部 331

葛芝(清)
臥龍山人集 〔禁燬〕集部 33
容膝居雜録 〔存目〕子部 95

葛守禮(明)
葛端肅公文集 〔存目〕集部 93

葛長庚(宋)
道德寶章 〔文淵〕1055 〔文津〕1059 〔文
瀾〕1084

葛其仁(清)
小爾雅疏證 〔續修〕189

葛昕(明)
集玉山房稿 〔文淵〕1296 〔文津〕1300 〔文
瀾〕1334 〔珍本〕三集 351 - 352 〔底
本〕集部 212 〔著録〕集部 449

葛金烺(清)
愛日吟廬書畫録 〔續修〕1088

葛洪(晉)
西京雜記 〔文淵〕1035 〔文津〕1039 〔文
瀾〕1062 〔著録〕子部 110
肘後備急方 〔文淵〕734 〔文津〕734 〔文
瀾〕749
抱朴子内篇、外篇 〔文淵〕1059 〔文津〕1063
〔文瀾〕1088 〔薈要〕276
神仙傳 〔文淵〕1059 〔文津〕1063 〔文瀾〕
1088 〔著録〕子部 331
葛仙翁肘後備急方 〔著録〕子部 263
新鍥抱朴子内篇、外篇 〔著録〕子部 124

葛洪(宋)
涉史隨筆 〔文淵〕686 〔文津〕686 〔文瀾〕

700 〔著録〕史部 266

葛祖亮(清)
花妥樓詩 〔未收〕九輯 29

葛寅亮(明)
四書湖南講 〔存目〕經部 162 〔續修〕163
金陵梵刹志 〔存目〕史部 243 - 244 〔續修〕
718 - 719

葛紹體(宋)
東山詩選 〔文淵〕1175 〔文津〕1179 〔文
瀾〕1209 〔珍本〕五集 288

葛萬里(清)
別號録 〔文淵〕1034 〔文津〕1038 〔文瀾〕
1061 〔珍本〕三集 216
別號録前編、明人別號録 〔著録〕子部 40

葛勝仲(宋)
丹陽集 〔文淵〕1127 〔文津〕1131 〔文瀾〕
1158 〔珍本〕別輯 301 - 305 〔著録〕集
部 421
丹陽詞 〔文淵〕1487 〔文津〕1492 〔文瀾〕
1537 〔著録〕集部 218

葛嗣浵(清)
愛日吟廬書畫補録、續録、別録 〔續修〕1088

葛銘(清)
古今聲律定宮 〔續修〕116

葛𡩋(明)
古文正集、二編 〔存目補〕48 - 50

葛鼒(明)
古文正集、二編 〔存目補〕48 - 50

葛震(清)
四言史徵 〔存目〕史部 291
詩史 〔存目〕史部 291

葛德新(清)
〔乾隆〕三水縣志 〔續修〕693

葛徵奇(明)
南園前五先生詩 〔存目〕集部 375

葛應秋(明)
石丈齋集 〔未收〕六輯 23

葛曦(明)
葛太史公集 〔存目〕集部 170

葛麟(明)
葛中翰遺集 〔未收〕七輯 16

董

董士錫(清)

齊物論齋文集 〔續修〕1507

齊物論齋詞 〔續修〕1726

董天工（清）

　武夷山志 〔續修〕724

　春秋繁露 〔未收〕八輯 2

董元亮

　柞蠶彙志 〔續修〕978

董元度（清）

　舊雨草堂詩、詩餘 〔未收〕十輯 13

董元愷（清）

　蒼梧詞 〔續修〕1725

董中行（元）

　周易 〔續修〕4

董公振（清）

　錢穀刑名便覽 〔未收〕二輯 26

董文渙（清）

　峴嶕山房詩集 〔續修〕1559

　集韻編雅 〔續修〕254

董以寧（清）

　正誼堂文集、詩集 〔未收〕七輯 24

董正功（宋）

　續家訓 〔續修〕1122

董平章（清）

　秦川焚餘草、附刻 〔續修〕1537

董史（宋）

　皇宋書錄、外篇 〔著錄〕子部 150

董邦達（清）

　欽定盤山志 〔文淵〕586 〔文津〕586 〔文瀾〕595

董仲舒（漢）

　春秋繁露 〔文淵〕181 〔文津〕176 〔文瀾〕173 〔珍本〕別輯 46－47 〔薈要〕246 〔著錄〕經部 22

　董膠西集 〔續修〕1583

董份（明）

　董學士泌園集 〔存目〕集部 107

董汲（宋）

　旅舍備要方 〔文淵〕738 〔文津〕738 〔文瀾〕753 〔珍本〕別輯 178

　腳氣治法總要 〔文淵〕738 〔文津〕738 〔文瀾〕753 〔珍本〕初集 172

董守諭（明）

　卦變考略 〔文淵〕35 〔文津〕30 〔文瀾〕30 〔珍本〕三集 16

董更（宋）

書錄、外篇 〔文淵〕814 〔文津〕816 〔文瀾〕833

董含（清）

　三岡識略、續識略 〔未收〕四輯 29

董弅（宋）

　嚴陵集 〔文淵〕1348 〔文津〕1352 〔文瀾〕1390 〔珍本〕三集 383

董沛（清）

　六一山房詩集、續集 〔續修〕1558

　正誼堂文集、行狀 〔續修〕1558

董其昌（明）

　皇明通紀前編、續編 〔禁燬補〕12－13

　神廟留中奏疏彙要 〔續修〕470－471

　容臺文集、詩集、別集 〔存目〕集部 171

　容臺集 〔禁燬〕集部 32

　畫禪室隨筆 〔文淵〕867 〔文津〕869 〔文瀾〕887 〔著錄〕子部 170

　學科考略 〔存目〕史部 270

董金鑑（清）

　艇齋詩話、校譌、續校 〔續修〕1694

　蓮堂詩話、校譌、續校 〔續修〕1694

董承詔（明）

　重訂批點類輯練兵諸書、傳略 〔存目〕子部 33

董俞（清）

　十五國風高言集 〔存目補〕41

　積書巖宋詩選 〔存目補〕41

董炳（宋）

　傷寒總病論、音訓、修治藥法 〔文淵〕738 〔文津〕738 〔文瀾〕753

董炳文（清）

　古今類傳 〔存目〕史部 165

董恂（清）

　江北運程 〔未收〕五輯 7－8

董祐誠（清）

　董方立文甲集、董方立文乙集 〔續修〕1518

　割圜連比例術圖解 〔續修〕1047

董紀（明）

　西郊笑端集 〔文淵〕1231 〔文津〕1236 〔文瀾〕1267 〔珍本〕二集 353 〔著錄〕集部 447

董真卿（元）

　周易會通 〔文淵〕26 〔文津〕21 〔文瀾〕21 〔薈要〕12

　周易經傳集程朱解附錄纂註、朱子易圖附錄

纂註、朱子啓蒙五贊附録纂註、朱子筮
儀附録纂註〔著録〕經部 53

董迪(宋)
　廣川書跋〔文淵〕813〔文津〕815〔文瀾〕
　　832〔著録〕子部 303
　廣川畫跋〔文淵〕813〔文津〕815〔文瀾〕
　　832〔著録〕子部 357

董逢元(明)
　唐詞紀、詞名微〔存目〕集部 422

董訥(清)
　柳村詩集〔存目〕集部 242
　督漕疏草〔存目〕史部 68

董越(明)
　朝鮮賦〔文淵〕594〔文津〕594〔文瀾〕602
　　〔珍本〕十一集 91〔著録〕史部 114
　朝鮮雜志〔存目〕史部 255

董斯張(明)
　吹景集〔續修〕1134
　〔天啓〕吳興備志〔著録〕史部 416
　吳興備志〔文淵〕494〔文津〕494〔文瀾〕
　　497〔珍本〕九集 156－159
　吳興藝文補〔存目〕集部 376－378〔續修〕
　　1678－1680
　廣博物志〔文淵〕980－981〔文津〕982－
　　983〔文瀾〕1005－1006〔著録〕子部
　　199－200
　静嘯齋存草〔續修〕1381
　静嘯齋存草、遺文〔禁燬〕集部 108
　静歗齋遺文〔續修〕1381

董鼎(元)
　十七史纂古今通要、圖、史纂通要後集〔著
　　録〕史部 267
　孝經大義〔文淵〕182〔文津〕177〔文瀾〕
　　173〔著録〕經部 91
　書集傳輯録纂註、朱子説書綱領輯録〔著
　　録〕經部 131
　書傳輯録纂注〔薈要〕20
　書傳輯録纂註〔文淵〕61〔文津〕56〔文
　　瀾〕54

董復亨(明)
　繁露園集〔存目〕集部 174

董復表(明)
　弇州史料前集〔存目〕史部 112

董棨(清)
　養素居畫學鈎深〔續修〕1068

董裕(明)
　董司寇文集〔未收〕五輯 22

董瑞椿(清)
　讀爾雅日記〔續修〕188

董楷(宋)
　周易程朱先生傳義附録、程子上下篇義、朱
　　子易圖説、周易五贊、筮儀〔著録〕經部
　　51〔著録〕經部 51
　周易傳義附録、圖説〔薈要〕8
　周易傳義附録、綱領、圖説〔文淵〕20〔文
　　津〕15〔文瀾〕15

董嗣成(明)
　青棠集〔存目〕集部 169

董嗣杲(宋)
　西湖百詠〔文淵〕1189〔文津〕1193〔文
　　瀾〕1224〔著録〕集部 424
　廬山集、英溪集〔文淵〕1189〔文津〕1193
　　〔文瀾〕1224〔珍本〕初集 333〔底本〕
　　集部 92〔著録〕集部 28

董傳策(明)
　奇遊漫紀〔存目〕史部 127
　采薇集、幽貞集、邕歈稿〔存目〕集部 122
　董宗伯奏疏輯略〔存目〕史部 62

董解元(金)
　古本董解元西廂記〔續修〕1738

董煟(宋)
　活民書〔著録〕史部 263
　救荒活民書、拾遺〔文淵〕662〔文津〕661
　　〔文瀾〕671〔底本〕史部 110
　救荒活民補遺書〔存目〕史部 273

董壽民(元)
　元懶翁詩集〔續修〕1323

董聞京(清)
　復園文集〔存目〕集部 239

董誥(清)
　皇清文穎續編〔續修〕1663－1667
　皇清職貢圖〔著録〕史部 114
　御製文初集、二集、三集、餘集〔文淵〕1301
　　〔文津〕1305〔文瀾〕1338
　欽定全唐文〔續修〕1634－1650
　欽定軍器則例〔續修〕857
　欽定授衣廣訓〔續修〕977
　欽定授時通考、耕織圖〔文淵〕732〔文津〕
　　731〔文瀾〕746－747〔珍本〕五集
　　148－155

董説(明)

　七國考〔文淵〕618〔文津〕619〔文瀾〕629
　　〔珍本〕九集165－168

　易發〔存目〕經部26－27

　豐草菴詩集、文集、寶雲詩集、禪樂府〔續
　　修〕1403－1404

　豐草菴詩集、前集、後集、寶雲詩集、禪樂府
　　〔禁燬〕集部33

董養河(明)

　西曹秋思〔存目〕集部352

董養性(清)

　周易訂疑〔續修〕3

　周易訂疑、易學啓蒙訂疑〔存目〕經部1－2

董漢策(明)

　計然子〔存目〕子部94

董增齡(清)

　國語正義〔續修〕422

　論語雅言〔未收〕三輯9

董穀(明)

　碧里雜存〔存目〕子部240

　續澉水誌〔存目〕史部186

董穀士(清)

　古今類傳〔存目〕史部165

董醇(清)

　甘棠小志〔續修〕716

董德鏞(明)

　可如〔存目〕子部149

董衝(宋)

　唐書(新唐書)、釋音〔薈要〕121－125

董毅(清)

　詞選、續詞選〔續修〕1732

董遵(明)

　滕王閣集〔存目〕集部301

董應舉(明)

　崇相集〔禁燬〕集部102－103

董豐垣(清)

　識小編〔文淵〕861〔文津〕863〔文瀾〕881
　　〔著録〕子部360

董彝(元)

　四書經疑問對〔未收〕三輯9

葆

葆光道人(明)

秘傳眼科龍木醫書總論、附葆光道人秘傳眼

科〔續修〕1017

惠

惠士奇(清)

　大學説〔續修〕159

　半農先生春秋説〔著録〕經部90

　惠氏易説〔文淵〕47〔文津〕42〔文瀾〕40

　惠氏春秋説〔文淵〕178〔文津〕173－174
　　〔文瀾〕171

　禮説〔文淵〕101〔文津〕97〔文瀾〕95〔著
　　録〕經部13

惠周惕(清)

　硯谿先生集〔續修〕1421

　詩説〔文淵〕87〔文津〕82〔文瀾〕80〔著
　　録〕經部17

惠棟(清)

　九經古義〔文淵〕191〔文津〕186〔文瀾〕
　　181〔著録〕經部204

　古文尚書考〔續修〕44

　松崖文鈔〔續修〕1427

　明堂大道録〔續修〕108

　易大義〔續修〕159

　易例〔文淵〕52〔文津〕47〔文瀾〕45〔著
　　録〕經部143

　易漢學〔文淵〕52〔文津〕47〔文瀾〕45
　　〔著録〕經部56

　周易本義辨證〔續修〕21

　周易述〔文淵〕52〔文津〕46－47〔文瀾〕45
　　〔著録〕經部192

　周禮古義〔續修〕79

　春秋左傳補註〔著録〕經部22

　荀子微言〔續修〕932

　後漢書補注〔續修〕270

　惠氏春秋左傳補註〔文淵〕181〔文津〕176
　　〔文瀾〕172

　惠氏讀説文記〔續修〕203

　禘説〔續修〕108

　鄭氏周易、爻辰圖〔著録〕經部41

　漁洋山人自撰年譜註補〔續修〕554

　漁洋山人精華録訓纂、總目、年譜註補、金氏
　　精華録箋註辨訛、訓纂補〔存目〕集部
　　225－226

　增補鄭氏周易〔文淵〕7〔文津〕2〔文瀾〕1

惠頓(美國)

　萬國公法〔續修〕1299

惠麓酒民(清)

洴澼百金方〔續修〕967

覃

覃光瑶（清）
　玉芳詩草〔未收〕十輯 28

雲

雲茂琦（清）
　探本録〔未收〕五輯 9
雲庵（清）
　重訂宣和譜牙牌彙集〔未收〕十輯 10

閔

閔一得（清）
　陰符經玄解正義〔續修〕1290
閔于忱（明）
　枕函小史〔存目〕子部 149
　孫子參同〔存目〕子部 30
閔元京（明）
　湘煙録〔存目〕子部 145
閔元衢（明）
　歐餘漫録〔存目〕子部 110
　類次書肆説鈴〔存目〕子部 110
閔文振（明）
　異物彙苑〔存目〕子部 199
閔如霖（明）
　午塘先生集〔存目〕集部 96
閔明我（意大利）
　方星圖解〔續修〕1032
閔南仲（清）
　寒玉居集、碎金集〔存目補〕12
閔珪（明）
　閔莊懿公詩集〔存目〕集部 38
閔華（清）
　澄秋閣集、二集、三集〔未收〕十輯 21
閔叙（清）
　粵述〔存目〕史部 249
閔遠慶（明）
　左傳集要〔未收〕六輯 2
閔鉞（清）
　冶菴文集、別集〔禁燬〕集部 166
閔齊伋（清）
　六書通〔存目〕經部 200
　國語〔未收〕一輯 16

戰國策〔未收〕一輯 16
閔齊華（明）
　孫月峰先生評文選〔存目〕集部 287
閔麟嗣（清）
　黄山志定本〔續修〕723－724
　黄山志定本、圖〔存目〕史部 235

喇

喇沙里（清）
　日講四書解義〔著録〕經部 25

景

景日昣（清）
　嵩厓學凡〔存目〕子部 25
　嵩嶽廟史〔存目〕史部 238
　説嵩〔存目〕史部 238
景星（元）
　大學中庸集説啓蒙〔文淵〕204〔文津〕198〔文瀾〕195
　大學集説啓蒙、中庸集説啓蒙〔著録〕經部 101
景星杓（清）
　山齋客譚〔續修〕1268
　拗堂詩集〔未收〕八輯 29
景清（清）
　欽定武場條例〔未收〕九輯 9
景善（清）
　欽定中樞政考續纂〔續修〕857

單

單本（明）
　蕉帕記〔續修〕1772
單宇（明）
　菊坡叢話〔存目〕集部 416〔續修〕1695
單作哲（清）
　朱子詩義補正〔續修〕62
單思恭（明）
　甜雪齋詩、文〔存目〕集部 190
單隆周（清）
　希姓補〔存目〕子部 227
　雪園詩賦初集、二集〔未收〕八輯 17
單復（明）
　讀杜詩愚得、重定杜子年譜詩史目録〔存目〕集部 4

單維(清)
　周易介〔未收〕四輯 1
單慶(元)
　至元嘉禾志〔著錄〕史部 209
單學傳(清)
　海虞詩話〔續修〕1706
單鍔(宋)
　吳中水利書〔文淵〕576〔文津〕576〔文瀾〕585〔著錄〕史部 59
單鐸(清)
　研經堂春秋事義合註〔未收〕五輯 2

喻

喻仁(喻本元)(明)
　新刊纂圖元亨療馬集、圖像水黃牛經合併大全、駝經〔存目〕子部 54〔續修〕1030
喻本亨(明)　參見 喻傑
喻均(明)
　江右名賢編〔存目補〕74
喻良能(宋)
　香山集〔文淵〕1151〔文津〕1156〔文瀾〕1184〔珍本〕別輯 329-330
喻昌(清)
　尚論篇〔文淵〕783〔文津〕784〔文瀾〕800〔著錄〕子部 268
　尚論篇、後篇〔珍本〕二集 192-193
　傷寒分經〔存目〕子部 53
　傷寒論三註〔未收〕四輯 25
　醫門法律、寓意草〔文淵〕783〔文津〕784〔文瀾〕800〔珍本〕二集 194-196〔著錄〕子部 268〔著錄〕子部 268
喻傑(喻本亨)(明)
　新刊纂圖元亨療馬集、圖像水黃牛經合併大全、駝經〔存目〕子部 54〔續修〕1030
喻端士(清)
　時節氣候抄〔未收〕十輯 4
喻龍德(明)
　喻子十三種秘書兵衡〔禁燬〕子部 29

無

無夢道人(清)
　子遊眼三藏取經解懺理〔未收〕四輯 28

嵇

嵇永仁(清)

抱犢山房集〔珍本〕三集 370〔著錄〕集部 440
抱犢山房集、附嵇留山先生傳〔文淵〕1319〔文津〕1323〔文瀾〕1357
嵇含(晉)
　南方草木狀〔文淵〕589〔文津〕589〔文瀾〕598〔著錄〕史部 112
嵇宗孟(清)
　立命堂二集〔存目〕集部 245
嵇康(三國魏)
　嵇中散集〔文淵〕1063〔文津〕1067〔文瀾〕1092〔著錄〕集部 226〔續修〕1584
嵇曾筠(清)
　防河奏議〔續修〕494
　抱犢山房集、附嵇留山先生傳〔文淵〕1319〔文津〕1323〔文瀾〕1357
　浙江通志〔文淵〕519-526〔文津〕519-527〔文瀾〕525-532
嵇璜(清)
　皇朝文獻通考〔著錄〕史部 381-390
　皇朝通志〔著錄〕史部 391-392
　皇朝通典〔著錄〕史部 347-349
　欽定續文獻通考〔文淵〕626-631〔文津〕626-631〔文瀾〕637-642〔著錄〕史部 339-346
　欽定續通志〔文淵〕392-401〔文津〕389-398〔文瀾〕390-399〔著錄〕史部 359-370
　欽定續通典〔文淵〕639-641〔文津〕639-641〔文瀾〕651-652〔著錄〕史部 134-136

程

程于古(明)
　落玄軒集選〔未收〕六輯 25
程大中(清)
　四書逸箋〔文淵〕210〔文津〕205〔文瀾〕204
程大位(明)
　新編直指算法統宗〔存目〕子部 55〔續修〕1044
程大昌(宋)
　北邊備對〔續修〕737
　考古編〔文淵〕852〔文津〕854〔文瀾〕872〔著錄〕子部 30

易原 〔文淵〕12 〔文津〕7 〔文瀾〕6 〔珍本〕
　別輯 6－7
禹貢山川地理圖 〔薈要〕22
禹貢論、禹貢後論、禹貢山川地理圖 〔文淵〕
　56 〔文津〕51 〔文瀾〕49
禹貢論、後論、山川地理圖 〔著録〕經部 46
程氏演繁露、續集 〔著録〕子部 30
詩論 〔存目〕經部 60
雍録 〔文淵〕587 〔文津〕587 〔文瀾〕596
　〔著録〕史部 20
演繁露、續集 〔文淵〕852 〔文津〕854 〔文
　瀾〕872

程大約(程君房)(明)
　程氏墨苑 〔存目〕子部 79 〔續修〕1114
程大純(清)
　筆記 〔存目〕子部 28
程大鏞(清)
　讀詩考字 〔續修〕72
程川(清)
　朱子五經語類 〔文淵〕193 〔文津〕188 〔文
　瀾〕184 〔珍本〕三集 103－107
　朱子語類 〔著録〕經部 94
程之鵕(清)
　練江詩鈔 〔未收〕九輯 27
程子頤(明)
　武備要略 〔禁燬〕子部 28
程元初(明)
　律古詞曲賦叶韻統 〔存目〕經部 211
　歷年二十一傳殘本 〔存目〕史部 18
程元愈(清)
　二樓小志 〔存目〕史部 245
程公許(宋)
　滄洲塵缶編 〔文淵〕1176 〔文津〕1181 〔文
　瀾〕1210 〔珍本〕初集 316
程公説(宋)
　春秋分記 〔文淵〕154 〔文津〕148－149 〔文
　瀾〕147 〔珍本〕初集 68－75 〔著録〕經
　部 198
　春秋分記、例要 〔底本〕經部 5－8
程文德(明)
　程文恭公遺稿 〔存目〕集部 90
程允基(清)
　誠一堂琴談 〔存目〕子部 75
程玉潤(明)
　易窺 〔存目〕經部 19－20

程正揆(清)
　青溪遺稿 〔存目〕集部 197
　讀書偶然録 〔存目〕子部 113
程世京(元)
　楚國文憲公雪樓程先生文集、年譜 〔著録〕
　集部 446
程世繩(清)
　尺木樓詩集 〔未收〕八輯 27
程本(周)
　子華子 〔文淵〕848 〔文津〕850 〔文瀾〕867
　〔著録〕子部 54
程本立(明)
　重刻巽隱先生集 〔著録〕集部 427
　巽隱集 〔文淵〕1236 〔文津〕1240 〔文瀾〕
　1272 〔珍本〕十一集 174
程可中(明)
　程仲權先生詩集、文集 〔存目〕集部 190
程百二(明)
　方輿勝略、外夷 〔禁燬〕史部 21
程至善(明)
　史砭 〔存目補〕94
程光袒(清)
　李文襄公年譜 〔續修〕554
　李文襄公奏議、奏疏、別録、年譜 〔存目〕史
　部 66
程先甲(清)
　廣續方言、拾遺 〔續修〕194
　選雅 〔未收〕四輯 8
程廷祚(清)
　大易擇言 〔文淵〕52 〔文津〕47 〔文瀾〕45
　〔珍本〕初集 38－42 〔著録〕經部 126
　易通 〔存目〕經部 37 〔續修〕20
　春秋職官考略、春秋地名辨異、左傳人名辨
　異 〔著録〕經部 90
　春秋識小録 〔文淵〕181 〔文津〕176 〔文
　瀾〕172 〔珍本〕十二集 18
　晚書訂疑 〔續修〕44
　論語説 〔續修〕153
　讀易管見 〔續修〕20
程任卿(明)
　絲絹全書 〔續修〕835
程汝繼(明)
　周易宗義 〔存目〕經部 17－18 〔續修〕14
　周易疏義 〔續修〕14
程作舟(清)

閒書〔未收〕七輯 14

程希堯(明)

　文園漫語〔存目〕子部 93

程良玉(清)

　易冒〔存目〕子部 67

程良孺(明)

　茹古略集〔存目〕子部 221

　讀書考定〔存目〕子部 97

程君房(明)　參見　程大約

程玠(明)

　松厓醫徑〔未收〕十輯 8

程長(明)

　貞白遺稿〔文淵〕1235〔文津〕1240〔文瀾〕1272

程若庸(宋)

　程蒙齋性理字訓〔存目〕子部 4

程林(清)

　金匱要略直解〔續修〕988

　聖濟總録纂要〔文淵〕739〔文津〕739〔文瀾〕753－754〔珍本〕十一集 107－111〔著録〕子部 65

程卓(宋)

　使金録〔存目〕史部 45〔續修〕423

程明哲(明)

　考工記纂註〔存目〕經部 84

程明善(明)

　嘯餘譜〔存目〕集部 425〔續修〕1736

程迥(宋)

　周易古占法〔著録〕經部 191

　周易古占法、周易章句外編〔文淵〕12〔文津〕7〔文瀾〕6〔珍本〕十一集 1〔底本〕經部 13

　醫經正本書〔續修〕1028

程岱葊(清)

　西吳蠶略〔續修〕978

　野語〔續修〕1180

程宗舜(明)

　洪範淺解〔續修〕1060

程珌(宋)

　洺水集〔文淵〕1171〔文津〕1175〔文瀾〕1205〔珍本〕三集 243－244

　程洺水先生集〔著録〕集部 25

　程端明公洺水集〔底本〕集部 137－138

程垓(宋)

　書舟詞〔文淵〕1487〔文津〕1492〔文瀾〕

1537〔著録〕集部 217

程庭(清)

　若菴集〔存目補〕8

程洵(宋)

　克庵先生尊德性齋小集〔續修〕1318

程哲(清)

　蓉槎蠡説〔存目〕子部 115〔續修〕1137

　器説〔續修〕1111

程晉芳(清)

　毛鄭異同考〔續修〕63

　勉行堂文集〔續修〕1433

　勉行堂詩集〔續修〕1433

程時用(明)

　風世類編〔未收〕三輯 29

程恩澤(清)

　國策地名考〔續修〕422－423

　程侍郎遺集〔續修〕1511

程俱(宋)

　北山小集〔底本〕集部 27－28

　北山集〔文淵〕1130〔文津〕1134〔文瀾〕1161〔珍本〕三集 257－260〔著録〕集部 16

　麟臺故事〔文淵〕595〔文津〕595〔文瀾〕604〔珍本〕別輯 141〔著録〕史部 253

程師恭(清)

　陳檢討四六〔文淵〕1322〔文津〕1325〔文瀾〕1361〔珍本〕三集 371－372

　陳檢討集〔著録〕集部 358

程逢儀(清)

　四書朱子大全〔禁燬〕經部 9

程涓(明)

　千一疏〔禁燬〕子部 1

程通(明)

　明遼府左長史程節愍公貞白遺稿〔著録〕集部 447

　貞白遺稿〔文淵〕1235〔文津〕1240〔文瀾〕1272

　貞白遺稿、附顯忠録〔珍本〕三集 299

程國彭(清)

　外科灰餘集〔續修〕1016

　醫學心悟、附華佗外科十法〔續修〕1024

程崟

　望溪集〔著録〕集部 450

程敏政(明)

　心經附註〔存目〕子部 4

古穰集 〔文淵〕1244 〔文津〕1248 〔文瀾〕
　　1280

宋紀受終考 〔存目〕史部 281

宋遺民録 〔存目〕史部 88

明文衡 〔文淵〕1373 - 1374 〔文津〕1377 -
　　1378 〔文瀾〕1417 - 1418 〔薈要〕481 -
　　482

胡子知言、附録、疑義 〔著録〕子部 41

皇明文衡 〔著録〕集部 146

道一編 〔存目〕子部 6 〔續修〕936

新安文獻志、先賢事略 〔文淵〕1375 - 1376
　　〔文津〕1379 - 1380 〔文瀾〕1419 - 1420
　　〔著録〕集部 147

篁墩文集 〔珍本〕三集 311 - 322

篁墩文集、拾遺 〔文淵〕1252 - 1253 〔文津〕
　　1256 - 1257 〔文瀾〕1289 - 1290

篁墩程先生文集、拾遺 〔著録〕集部 67

程揚（明）
　　歷代帝王曆祚考、歷代紹運國系之圖、歷代
　　　年號考同、歷代紹統年表、音釋 〔未收〕
　　　九輯 4

程達（明）
　　警語類抄 〔存目〕子部 130

程萬里（明）
　　鼎鍥徽池雅調南北官腔樂府點板曲響大明
　　　春 〔續修〕1778

程雄（清）
　　松風閣琴譜、抒懷操 〔文淵〕839 〔文津〕841
　　　〔文瀾〕858 〔珍本〕三集 196

　　松風閣琴譜、指法、抒懷操 〔著録〕子部 304
　　　〔著録〕子部 304 〔著録〕子部 304

程遇孫（宋）
　　成都文類 〔文淵〕1354 〔文津〕1358 〔文
　　　瀾〕1396

程復心（元）
　　孔子論語年譜 〔存目〕史部 76

　　四書輯釋 〔存目〕經部 155 - 156 〔續修〕
　　　160

　　孟子年譜 〔存目〕史部 76

程鉅夫（元）
　　雪樓集、附元史本傳、年譜 〔文淵〕1202 〔文
　　　津〕1206 〔文瀾〕1237

　　楚國文憲公雪樓程先生文集、年譜 〔著録〕
　　　集部 446

程道生（明）
　　射義新書、雜記 〔存目〕子部 76

遁甲演義 〔文淵〕810 〔文津〕812 〔文瀾〕
　　829 〔珍本〕初集 183

輿地圖考 〔禁燬〕史部 72

程道存（清）
　　唐律通韻舉例 〔續修〕254

程湛（清）
　　程書、附拾遺 〔存目〕子部 3

程瑞祊（清）
　　槐江詩鈔 〔未收〕八輯 28

程遠（清）
　　印旨 〔續修〕1091

程夢星（清）
　　今有堂詩集、後集、附茗柯詞 〔存目補〕42

程嗣功（明）
　　〔萬曆〕應天府志 〔存目〕史部 203

程嗣章（清）
　　明史略 〔禁燬補〕15

　　明儒講學考 〔存目〕子部 29

程頌萬
　　石巢詩集 〔續修〕1577

　　楚望閣詩集 〔續修〕1577

程際盛（清）
　　玉臺新詠 〔存目〕集部 288 〔續修〕1588

　　周禮故書考 〔續修〕81

　　說文引經考 〔續修〕212

　　說文古語考 〔續修〕212

　　駢字分箋 〔續修〕192

　　續方言、續方言補 〔底本〕經部 10

　　續方言補正 〔續修〕194

程瑤田（清）
　　九勢碎事 〔續修〕1068

　　考工創物小記 〔續修〕85

　　果蠃轉語記 〔續修〕191

　　宗法小記 〔續修〕108

　　禹貢三江考 〔續修〕55

　　溝洫疆理小記 〔續修〕80

　　儀禮喪服文足徵記 〔續修〕95

　　樂器三事能言 〔續修〕115

　　論學小記 〔續修〕951

　　磬折古義 〔續修〕85

　　釋草小記 〔續修〕191

　　釋蟲小記 〔續修〕191

程嘉燧（明）
　　松園浪淘集、偈庵集 〔續修〕1385

　　松園偈庵集 〔禁燬補〕67

松圓浪淘集〔禁燬〕集部 163
常熟縣破山興福寺志〔存目〕史部 244
新安二布衣詩〔禁燬〕集部 155
耦耕堂集詩、文〔續修〕1386〔禁燬補〕67

程銓(明)
古今韻史〔存目〕子部 148

程誥(明)
霞城集〔存目〕集部 59

程端蒙(宋)
程蒙齋性理字訓〔存目〕子部 4

程端學(元)
三傳辨疑〔文淵〕161〔文津〕155-156〔文瀾〕153〔著録〕經部 159
春秋三傳辨疑〔珍本〕二集 48-51
春秋本義〔著録〕經部 82
春秋本義、春秋傳名氏、春秋綱領、春秋本義通論、春秋本義問答〔文淵〕160〔文津〕154-155〔文瀾〕152〔薈要〕39
春秋或問〔著録〕經部 83
程氏春秋或問〔文淵〕160〔文津〕155〔文瀾〕153
積齋集〔文淵〕1212〔文津〕1216〔文瀾〕1247〔珍本〕別輯 390〔底本〕集部 102〔著録〕集部 348

程端禮(元)
畏齋集〔文淵〕1199〔文津〕1203〔文瀾〕1234〔珍本〕別輯 382-383
程氏家塾讀書分年日程、綱領〔著録〕子部 62
讀書分年日程〔文淵〕709〔文津〕711〔文瀾〕724

程榮秀(元)
道命錄〔續修〕517

程德良(明)
三一子〔存目〕子部 90

程德洽(清)
說文廣義〔存目〕經部 204

程頤(宋)
二程文集〔文淵〕1345〔文津〕1350〔文瀾〕1387
二程外書〔文淵〕698〔文津〕698〔文瀾〕712
二程遺書〔文淵〕698〔文津〕698〔文瀾〕712
外書〔著録〕子部 250
伊川易傳〔文淵〕9〔文津〕4〔文瀾〕3
伊川程先生周易經傳、上下篇義〔著録〕經部 141
明道文集、伊川文集、文集拾遺、續附錄〔著録〕集部 296〔著録〕集部 296
周易程朱先生傳義附錄、程子上下篇義、朱子易圖說、周易五贊、筮儀〔著録〕經部 51
河南程氏遺書〔著録〕子部 61
程氏經說〔文淵〕183〔文津〕178〔文瀾〕175〔珍本〕四集 86
經說〔著録〕經部 91

程樹德(清)
漢律考〔未收〕九輯 9

程瞳(明)
閑闢錄〔存目〕子部 7
新安學繫錄〔存目〕史部 90

程應旄(清)
傷寒論後條辨〔續修〕986

程邃(清)
蕭然吟〔禁燬〕集部 116

程顥(宋)
二程文集〔文淵〕1345〔文津〕1350〔文瀾〕1387
二程外書〔文淵〕698〔文津〕698〔文瀾〕712
二程遺書〔文淵〕698〔文津〕698〔文瀾〕712
外書〔著録〕子部 250
明道文集、伊川文集、文集拾遺、續附錄〔著録〕集部 296〔著録〕集部 296
河南程氏遺書〔著録〕子部 61

税

税安禮(宋)
歷代地理指掌圖〔續修〕585

税與權(宋)
易學啓蒙小傳、附古經傳〔文淵〕19〔文津〕14〔文瀾〕13〔著録〕經部 33

喬

喬于泂(清)
思居堂集〔未收〕七輯 28

喬大凱(清)
周易觀瀾〔存目〕經部 47

喬中和(明)

大易通變〔存目〕子部 66
元韻譜〔存目〕經部 214〔續修〕256
圖書衍〔存目〕經部 167
説易〔存目〕經部 25〔續修〕16
説疇〔存目〕子部 59

喬可聘（明）
　讀書劄記〔存目〕子部 17

喬吉（元）
　玉簫女兩世姻緣雜劇〔續修〕1761
　杜牧之詩酒揚州夢雜劇〔續修〕1761
　李太白匹配金錢記雜劇〔續修〕1760
　喬夢符小令〔續修〕1738

喬光烈（清）
　最樂堂文集〔未收〕十輯 13

喬松年（清）
　緯攟〔續修〕184
　蘿藦亭札記〔續修〕1159

喬萊（清）
　易俟〔文淵〕42〔文津〕37〔文瀾〕35〔珍本〕四集 18－20
　喬氏易俟、圖〔著録〕經部 55

喬鉢（清）
　燕臺文選初集〔禁燬〕集部 122

喬邁（清）
　柘溪集〔未收〕五輯 27

喬億（清）
　三晉遊草、夕秀軒遺草、惜餘存藁、劍溪外集、劍溪文略、燕石碎編、杜詩義法〔未收〕十輯 28
　小獨秀齋詩、窺園吟藁、附江上吟〔未收〕十輯 28
　劍谿説詩、又編、附詩〔續修〕1701

喬懋敬（明）
　古今廉鑑〔存目〕史部 95

傅

傅山（清）
　荀子評注三十二篇〔續修〕932
　傅青主女科、附產後編〔續修〕1007
　霜紅龕集、年譜〔續修〕1395－1396

傅子雲（宋）
　象山先生全集〔存目〕集部 19

傅王露（清）
　西湖志〔存目〕史部 241－242
　西湖志纂〔文淵〕586〔文津〕586〔文瀾〕
　595〔著録〕史部 111

傅仁宇（明）
　傅氏眼科審視瑤函、審視瑤函醫案〔續修〕1017

傅文兆（明）
　羲經十一翼〔存目〕經部 12

傅以漸（清）
　易經通注〔文淵〕37〔文津〕32〔文瀾〕31〔珍本〕十二集 4
　御定内則衍義〔文淵〕719〔文津〕721〔文瀾〕733〔珍本〕七集 125－126
　御定資政要覽〔文淵〕717〔文津〕719〔文瀾〕732

傅以禮（清）
　莊氏史案本末〔未收〕九輯 4

傅世垚（清）
　六書分類〔存目〕經部 203

傅占衡（清）
　湘帆堂文録〔續修〕1669
　湘帆堂集〔禁燬〕集部 165

傅玄（晉）
　傅子〔文淵〕696〔文津〕696〔文瀾〕710〔珍本〕別輯 160〔薈要〕248
　傅鶉觚集〔續修〕1584

傅仲辰（清）
　心孺詩選〔未收〕八輯 28

傅汎際（明西洋）
　寰有詮〔存目〕子部 94

傅汝舟（明）
　莊管集、七幅菴集、唾心集、步天集、英雄失路集、拔劍集、箜篌集、藏樓集、鴛鴦迴紋詩〔未收〕六輯 26

傅作興（明）
　文竿彙氏〔存目〕子部 217

傅伯壽（宋）
　忠肅集〔文淵〕1124〔文津〕1128〔文瀾〕1155

傅若金（元）
　傅與礪詩文集〔珍本〕三集 282－283
　傅與礪詩文集、詩集、文集〔文淵〕1213〔文津〕1217〔文瀾〕1248
　傅與礪詩集、傅與礪文集〔著録〕集部 256〔著録〕集部 256

傅肱（宋）
　蟹譜〔文淵〕847〔文津〕849〔文瀾〕866

〔著録〕子部 163

傅咸(晉)
　傅中丞集 〔續修〕1584

傅禹(清)
　武備志略 〔存目〕子部 35

傅恒(清)
　平定準噶爾方略、前編、正編、續編 〔文淵〕357－359〔文津〕353－356〔文瀾〕355〔著録〕史部 8－11
　皇清職貢圖 〔文淵〕594〔文津〕501〔文瀾〕603〔珍本〕三集 170－171〔薈要〕183
　御批歷代通鑑輯覽 〔著録〕史部 46－49
　御批歷代通鑑輯覽、附明唐桂二王本末 〔文淵〕335－339〔文津〕332－336〔文瀾〕334－338
　御製增訂清文鑑 〔文淵〕232－233〔文津〕226－228〔文瀾〕223－224〔薈要〕83－84〔著録〕經部 111－112
　御纂周易述義 〔文淵〕38〔文津〕33〔文瀾〕33〔珍本〕七集 9－10〔薈要〕15〔著録〕經部 44
　御纂春秋直解 〔文淵〕174〔文津〕169〔文瀾〕166〔珍本〕十集 50－53〔薈要〕45〔著録〕經部 88
　御纂詩義折中 〔文淵〕84〔文津〕79〔文瀾〕77〔珍本〕十集 20－24〔薈要〕29〔著録〕經部 47
　欽定西域同文志 〔文淵〕235〔文津〕230〔文瀾〕227〔薈要〕183〔著録〕經部 113
　欽定同文韻統 〔文淵〕240〔文津〕235〔文瀾〕233
　欽定南巡盛典 〔文淵〕658－659〔文津〕657〔文瀾〕665－666〔珍本〕十一集 92－99
　欽定皇輿西域圖志 〔文淵〕500〔文津〕500〔文瀾〕504

傅眉(清)
　我詩藳 〔未收〕八輯 16

傅振商(明)
　古論玄箸 〔存目〕集部 335
　杜詩分類 〔存目〕集部 5
　蜀藻幽勝録 〔存目〕集部 335
　緝玉録 〔存目〕集部 335

傅夏器(明)
　重刻叔祖錦泉先生文集 〔未收〕五輯 21

傅宸(清)
　漬槻堂近詩、燕南日征草、落花詩、漬槻堂集唐 〔未收〕七輯 23

傅梅(明)
　嵩書 〔存目〕史部 231－232〔續修〕725

傅崧卿(宋)
　夏小正戴氏傳 〔文淵〕128〔文津〕124〔文瀾〕122〔著録〕經部 18

傅寅(宋)
　杏溪傅氏禹貢集解 〔著録〕經部 46
　禹貢說斷 〔文淵〕57〔文津〕52〔文瀾〕50〔薈要〕22

傅習(元)
　元風雅前集、後集 〔文淵〕1368〔文津〕1372〔文瀾〕1411
　皇元風雅、後集 〔著録〕集部 360

傅新德(明)
　誠勗淺言 〔存目〕子部 14

傅遜(明)
　春秋左傳註解辯 〔存目〕經部 119
　春秋左傳註解辯誤 〔續修〕119
　春秋左傳屬事 〔文淵〕169〔文津〕164〔文瀾〕161〔珍本〕四集 73－78〔著録〕經部 85

傅壽彤(清)
　古音類表 〔續修〕248
　孝經述、附辯義 〔未收〕一輯 7

傅察(宋)
　忠肅集 〔文淵〕1124〔文津〕1128〔文瀾〕1155〔珍本〕四集 254
　傅忠肅公文集 〔著録〕集部 49

傅維橒(清)
　燕川漁唱詩集 〔存目補〕78

傅維鱗(清)
　四思堂文集 〔存目〕集部 213－214
　明書 〔存目〕史部 38－40

傅履禮(明)
　廉平録 〔存目〕子部 132

傅霖(宋)
　刑統賦 〔存目〕子部 37〔續修〕972
　刑統賦解 〔續修〕972

傅澤洪(清)
　行水金鑑 〔文淵〕580－582〔文津〕580－582〔文瀾〕589－591〔著録〕史部 247－249

傅燮詞(清)
　史異纂〔存目〕子部 249
傅應奎(清)
　〔乾隆〕韓城縣志〔續修〕693
傅藻(宋)
　增刊校正王狀元集註分類東坡先生詩、東坡
　　紀年録〔著録〕集部 91
傅蘭雅(英國)
　佐治芻言〔續修〕1297
　冶金録〔續修〕1300

焦

焦以恕(清)
　儀禮彙説〔續修〕89
焦玉(明)
　火龍神器陣法〔續修〕959
焦廷琥(清)
　地圓説〔續修〕1035
　冕服考〔續修〕109
　讀書小記、因柳閣讀書録〔續修〕1140
焦延壽(漢)
　易林〔著録〕子部 51
焦和生(清)
　連雲書屋存稿〔續修〕1482
焦秉貞(清)
　御製耕織圖詩〔續修〕975
焦周(明)
　焦氏説楛〔存目〕子部 113〔續修〕1174
焦映漢(清)
　丘海二公文集合編〔存目〕集部 406
焦竑(明)
　支談〔存目〕子部 90
　玉堂叢語〔存目〕子部 243〔續修〕1172
　史記萃寶評林〔未收〕二輯 29
　老子翼〔著録〕子部 123
　老子翼、採摭書目、考異〔文淵〕1055〔文
　　津〕1059〔文瀾〕1084
　兩漢萃寶評林〔未收〕一輯 21
　易筌、附論〔存目〕經部 14〔續修〕11
　俗書刊〔文淵〕228〔文津〕223〔文瀾〕220
　俗書刊誤〔珍本〕初集 101
　莊子翼、莊子闕誤、莊子翼附録〔著録〕子部
　　123〔著録〕子部 123
　莊子翼、採摭書目、莊子闕誤〔文淵〕1058
　　〔文津〕1062〔文瀾〕1087

國史經籍志〔存目〕史部 277〔續修〕916
黃帝陰符經解〔存目〕子部 256
焦太史編輯國朝獻徵録〔存目〕史部 100-
　106〔續修〕525-531
焦氏四書講録〔續修〕162
焦氏筆乘、續集〔存目〕子部 107〔續修〕
　1129
焦氏澹園集〔續修〕1364〔禁燬〕集部 61
焦氏澹園續集〔續修〕1364-1365〔禁燬〕
　集部 61-62
焦氏類林〔存目〕子部 133〔續修〕1189
絕句衍義、絕句辯體、絕句附録、唐絕增奇、
　唐絕搜奇、六言絕句、五言絕句〔續修〕
　1590
新鍥翰林三狀元會選二十九子品彙釋評
　〔存目〕子部 133-134
新鐫焦太史彙選中原文獻〔存目〕集部 330
熙朝名臣實録〔存目〕史部 107〔續修〕532
養正圖解〔續修〕943
歷科廷試狀元策、總考〔禁燬〕集部 19-20
鍥兩狀元編次皇明人物要考〔禁燬〕史部
　20
焦袁熹(清)
　此木軒四書説〔文淵〕210〔文津〕205〔文
　　瀾〕204〔珍本〕五集 58〔著録〕經部
　　172
　此木軒雜著〔續修〕1136
　春秋闕如編〔文淵〕177〔文津〕172〔文
　　瀾〕170〔珍本〕三集 99-100〔底本〕
　　經部 46〔著録〕經部 203
焦勗(明)
　火攻挈要、圖〔續修〕966
焦循(清)
　毛詩草木鳥獸蟲魚釋〔續修〕65-66
　毛詩補疏〔續修〕65
　花部農譚〔續修〕1759
　里堂家訓〔續修〕951
　里堂學算記五種〔續修〕1045
　尚書補疏〔續修〕48
　易通釋〔續修〕27
　易章句〔續修〕27
　易話〔續修〕27
　易圖略〔續修〕27
　易廣記〔續修〕27
　周易補疏〔續修〕27
　孟子正義〔續修〕158

春秋左傳補疏 〔續修〕124

禹貢鄭注釋 〔續修〕55

陸氏草木鳥獸蟲魚疏疏 〔續修〕65

開方通釋 〔續修〕1045

群經宮室圖 〔續修〕173

劇説 〔續修〕1758－1759

論語通釋 〔續修〕155

雕菰集 〔續修〕1489

雕菰集文録 〔續修〕1672

禮記補疏 〔續修〕105

焦源溥(明)

逆旅集、奏議 〔未收〕六輯 30

焦贛(漢)

焦氏易林 〔文淵〕808 〔文津〕809 〔文瀾〕
826

舒

舒天民(元)

六藝綱目 〔珍本〕十二集 21

六藝綱目、字原、六藝發原 〔文淵〕242 〔文
津〕237 〔文瀾〕235 〔著録〕經部 30

舒日敬(明)

雙峰先生存藁 〔續修〕1318

舒弘諤(明)

石渠閣重訂周易去疑 〔存目〕經部 26

檇李曹太史評鐫古今全史一覽 〔禁燬補〕9

舒邦佐(宋)

舒雙峰先生存稿 〔存目〕集部 14

雙峰先生存藁 〔續修〕1318

舒芬(明)

太極繹義、通書繹義 〔存目〕子部 1

東觀録 〔存目〕史部 127

易箋問 〔存目〕經部 3

周禮定本 〔存目〕經部 81

重訂成仁遺稿 〔存目〕集部 298

舒位(清)

重刻足本乾嘉詩壇點將録 〔續修〕1705

缾水齋詩集、詩别集、詩話 〔續修〕1486－
1487

舒岳祥(宋)

閬風集 〔文淵〕1187 〔文津〕1191 〔文瀾〕
1222 〔珍本〕三集 252－253 〔底本〕集
部 93 〔著録〕集部 27

舒俊鯤(清)

洪範圖説、附辭 〔存目〕子部 59

舒恭(元)

六藝綱目、字原、六藝發原 〔文淵〕242 〔文
津〕237 〔文瀾〕235

舒敏(明)

新增格古要論 〔續修〕1185

舒敬亭(清)

朱子文公傳道經世言行録 〔存目〕史部 87

舒遠(元)

華陽貞素文集、北莊遺稿、可庵搜枯集 〔著
録〕集部 257

舒梟(清)

易大象説録 〔存目〕經部 30

舒亶(宋)

舒嬾堂詩文存 〔續修〕1316

舒遜(元)

華陽貞素文集、北莊遺稿、可庵搜枯集 〔著
録〕集部 257

舒赫德(清)

欽定勝朝殉節諸臣録 〔文淵〕456 〔文津〕
455 〔文瀾〕456 〔珍本〕六集 105－107
〔著録〕史部 379

欽定勦捕臨清逆匪紀略 〔文淵〕362 〔文津〕
359 〔文瀾〕360

舒頔(元)

貞素齋集 〔文淵〕1217 〔文津〕1221 〔文
瀾〕1252 〔珍本〕二集 348

華陽貞素文集、北莊遺稿、可庵搜枯集 〔著
録〕集部 257

舒璘(宋)

舒文靖集 〔文淵〕1157 〔文津〕1162 〔文
瀾〕1190 〔珍本〕三集 272

廣平先生舒文靖公類藁 〔著録〕集部 423

欽

欽天監官(清)

欽定儀象考成續編 〔續修〕1035

欽璉(清)

虛白齋詩集 〔未收〕九輯 22

鈕

鈕少雅(清)

彙纂元譜南曲九宮正始 〔續修〕1748－1750

鈕琇(清)

觚賸、觚賸續編 〔續修〕1177

舣䑶、續編〔存目〕子部 250

臨野堂文集、詩集、詩餘、尺牘〔存目〕集部 245

鈕樹玉(清)

段氏説文注訂〔續修〕213

説文解字校録〔續修〕212

説文新附考、續考〔續修〕213

爲

爲光(清)

絃索備考〔續修〕1096

鄒

鄒一桂(清)

小山畫譜〔文淵〕838〔文津〕840〔文瀾〕858〔著録〕子部 358

鄒之麟(明)

鼎鐫鄒臣虎增補魏仲雪先生詩經脈講意〔存目〕經部 66

鄒元標(明)

南皋鄒先生會語合編、講義合編〔存目〕子部 14〔續修〕942

鄒子願學集〔著録〕集部 128

鄒公存真集〔禁燬補〕76

鄒忠介公奏疏〔續修〕481〔禁燬補〕23

願學集〔文淵〕1294〔文津〕1298〔文瀾〕1332〔珍本〕五集 376-377

鄒方鍔(清)

大雅堂初稿詩、文、補編、續稿詩、文、補編〔未收〕十輯 26

鄒式金(清)

雜劇三集〔續修〕1765

鄒存淦(清)

田家占候集覽〔續修〕976

鄒守益(明)

王陽明先生圖譜〔未收〕四輯 17

東廓鄒先生文集〔存目〕集部 65-66

鄒氏學脈〔續修〕938

鄒伯奇(清)

春秋經傳日月考〔續修〕148

鄒徵君存稿〔續修〕1547

鄒枚(明)

鄒獲翁先生集、雅笑編略〔禁燬補〕75

鄒迪光(明)

文府滑稽〔存目〕集部 322

石語齋集〔存目〕集部 159

始青閣稿〔禁燬〕集部 103

調象菴稿〔存目〕集部 159-160

鬱儀樓集〔存目〕集部 158

鄒忠胤(明)

詩傳闡、闡餘〔存目〕經部 65

鄒季友(元)

尚書音釋〔續修〕43

鄒金生(清)

新定九宮大成南北詞宮譜、閏〔續修〕1753-1756

鄒弢(清)

三借廬贅譚〔續修〕1263

鄒柏森(清)

梧蒼金石志、續梧蒼金石志〔續修〕911-912

鄒思明(明)

文選尤〔存目〕集部 286

鄒泉(明)

古今經世格要〔存目〕子部 177

尚論編〔存目〕史部 282

宗聖譜〔存目〕史部 117

鄒奕孝(清)

欽定詩經樂譜全書、欽定樂律正俗〔文淵〕219〔文津〕214-215〔文瀾〕212

鄒炳泰(清)

午風堂集、叢談〔續修〕1462

鄒祇謨(清)

倚聲初集、前編〔續修〕1729

鄒浩(宋)

道鄉先生鄒忠公文集、續集〔著録〕集部 48

道鄉集〔文淵〕1121〔文津〕1125〔文瀾〕1151〔珍本〕十二集 162-163

鄒淮(宋)

星象考〔存目〕子部 55

鄒期楨(明)

尚書揆一〔存目〕經部 53

鄒量(明)

思賢録、續録〔存目〕史部 82

鄒智(明)

立齋遺文〔文淵〕1259〔文津〕1263〔文瀾〕1296〔珍本〕九集 265〔底本〕集部 49〔著録〕集部 68

鄒鉉(元)

壽親養老新書〔文淵〕738〔文津〕738〔文

淵]753〔珍本〕十集 164－165〔著録〕
子部 15

鄒鳴鶴(清)

道齊正軌〔未收〕三輯 17

鄒漢勛(清)

五韵論〔續修〕248

顓頊曆考〔續修〕1036

敩藝齋文存、詩存〔續修〕1534

讀書偶識〔續修〕176

鄒漪(清)

五大家詩鈔〔禁燬〕集部 137

明季遺聞〔續修〕442〔禁燬〕史部 72

啓禎野乘一集〔禁燬〕史部 40－41

啓禎野乘二集〔禁燬〕史部 41

鄒維璉(明)

達觀樓集〔存目〕集部 183

鄒德涵(明)

鄒聚所先生文集、外集、易教、語録〔存目〕
集部 157

鄒德溥(明)

易會〔存目〕經部 13－14

春秋匡解〔存目〕經部 120

鄒澍(清)

本經疏證、本經續疏、本經序疏要〔續修〕
993

鄒衡(明)

〔正德〕嘉興志補〔存目〕史部 185

鄒鍾泉(清)

道南淵源録〔未收〕九輯 7

鄒賽貞(明)

士齋詩集〔存目〕集部 60

馮

馮士驊(明)

春秋三發〔續修〕136

辟雍紀事、紀事述言、辟雍考、辟雍紀事原
始、辟雍軼事、名賢雜詠〔存目〕史部
271

辟雍紀事、辟雍考、辟雍紀事原始、辟雍軼事
〔續修〕828

馮山(宋)

安岳集〔文淵〕1098〔文津〕1101〔文瀾〕
1127〔珍本〕三集 241

安岳馮公太師文集〔著録〕集部 44

馮子振(元)

梅花百詠〔文淵〕1366〔文津〕1370〔文
瀾〕1409〔珍本〕八集 226

梅花百詠、中峰祖集〔底本〕集部 209〔著
録〕集部 413

馮世雍(明)

吕梁洪志〔存目〕史部 257

馮世瀛(清)

雪樵經解〔未收〕二輯 15

馮有翼(明)

秦漢文鈔〔存目〕集部 352

馮廷章(明)

棻斐堂子史彙纂〔存目〕子部 225

馮廷櫆(清)

馮舍人遺詩〔存目〕集部 252

馮延巳(南唐)

陽春集〔續修〕1722

馮兆張(清)

馮氏錦囊秘録雜症大小合參、痘疹全集、雜
症痘疹藥性主治合參〔未收〕六輯 15－
16

馮汝弼(明)

祐山先生文集〔存目〕集部 95

祐山雜説〔存目〕子部 246

馮如京(清)

秋水集〔存目〕集部 236

馮志沂(清)

微尚齋詩集初編〔續修〕1553

微尚齋詩續集、適適齋文集〔續修〕1553

馮李驊(清)

左繡〔存目〕經部 141

馮辰(清)

李恕谷先生年譜〔續修〕554

馮武(清)

書法正傳〔文淵〕826〔文津〕828〔文瀾〕
845〔著録〕子部 304

鈍吟雜録〔文淵〕886〔文津〕888〔文瀾〕
906

馮昌臨(清)

易學參説内編、外編〔存目〕經部 35

馮金伯(清)

國朝畫識〔續修〕1081

詞苑萃編〔續修〕1733

馮京第(明)

蘭易、蘭史〔存目〕子部 81〔續修〕1116

馮承輝(清)

印學管見 〔續修〕1092

馮柯(明)

宗藩訓典 〔存目〕子部 139

馮保(明)

經書音釋 〔存目〕經部 150

馮衍(漢)

馮曲陽集 〔續修〕1583

馮祚泰(明)

治河前策、後策 〔存目〕史部 225

馮班(清)

才調集 〔存目〕集部 288

玉臺新詠 〔存目〕集部 288

鈍吟老人雜録 〔著録〕子部 34

鈍吟雜録 〔文淵〕886 〔文津〕888 〔文瀾〕906 〔珍本〕十集 191

馮氏小集、鈍吟集、別集、餘集、遊仙詩、集外詩、文稿 〔存目〕集部 216

馮桂芬(清)

校邠廬抗議 〔續修〕952

説文解字段注考正 〔續修〕223－225

顯志堂稿、附夢奈詩稿 〔續修〕1535－1536

馮時化(明)

酒史 〔存目〕子部 80

馮時可(明)

上池雜説 〔存目〕子部 44

左氏討、左氏論 〔存目〕經部 120

左氏釋 〔文淵〕169 〔文津〕164 〔文瀾〕161 〔珍本〕五集 47 〔著録〕經部 85

雨航雜録 〔文淵〕867 〔文津〕869 〔文瀾〕887

馮元成選集 〔禁燬補〕61－64

錢太史鶴灘稿、紀事、遺事 〔存目〕集部 46

寶顔堂訂正雨航雜録 〔著録〕子部 170

馮時行(宋)

雲文集 〔文淵〕1138 〔文津〕1143 〔文瀾〕1170 〔珍本〕初集 294

縉雲先生文集 〔著録〕集部 51

馮時寧(明)

古今將略 〔存目〕子部 32

馮浩(清)

玉谿生詩詳註 〔續修〕1312

樊南文集詳註 〔續修〕1312

馮從吾(明)

元儒考略 〔文淵〕453 〔文津〕452 〔文瀾〕453 〔珍本〕四集 112 〔著録〕史部 32

少墟集 〔文淵〕1293 〔文津〕1297 〔文瀾〕1331 〔珍本〕五集 371－373

馮少墟集 〔著録〕集部 127

關學編 〔存目〕史部 126 〔續修〕515

馮翊(唐)

寶顔堂訂正桂苑叢談 〔著録〕子部 243

馮翊子(唐)

桂苑叢談 〔文淵〕1042 〔文津〕1046 〔文瀾〕1070

馮惟健(明)

陂門山人集 〔未收〕五輯 21

馮惟敏(明)

一世不伏老 〔續修〕1764

海浮山堂詞稿 〔續修〕1738

海浮山堂詩稿、文稿 〔續修〕1345

馮惟訥(明)

古詩紀 〔文淵〕1379－1380 〔文津〕1382－1384 〔文瀾〕1423－1424 〔珍本〕十集 281－302

詩紀、前集、外集、別集 〔著録〕集部 150－151

馮琦(明)

宋史紀事本末 〔文淵〕353 〔文津〕349－350 〔文瀾〕351 〔薈要〕210 〔著録〕史部 50

宗伯集 〔禁燬〕集部 15－16

海岱會集 〔文淵〕1377 〔文津〕1380 〔文瀾〕1421 〔著録〕集部 361

淡然軒集 〔文淵〕1291 〔文津〕1296 〔文瀾〕1330

經濟類編 〔文淵〕960－963 〔文津〕962－966 〔文瀾〕984－987 〔著録〕子部 86－89

馮琢珩(清)

新刊辨銀譜 〔未收〕十輯 12

馮椅(宋)

厚齋易學 〔文淵〕16 〔文津〕11 〔文瀾〕10 〔珍本〕初集 7－10

馮甦(清)

見聞隨筆 〔存目〕史部 56

滇考 〔文淵〕364 〔文津〕361 〔文瀾〕364 〔珍本〕十二集 26 〔著録〕史部 12

馮雲濠(清)

宋元學案 〔續修〕518－519

馮雲鵬(清)

金石索 〔續修〕894

掃紅亭吟稿〔續修〕1491

馮雲鵷(清)

金石索〔續修〕894

聖門十六子書〔續修〕931

馮雲驤(清)

翠滴樓詩集〔存目〕集部 247

馮雲驤(清)

約齋文集〔未收〕七輯 23

馮景(清)

施註蘇詩、蘇詩續補遺、王註正譌、東坡先生
年譜〔著錄〕集部 239

解春集文鈔、詩鈔〔續修〕1418

馮集梧(清)

樊川詩集、別集、外集〔續修〕1312

馮皋謨(明)

豐陽先生集〔存目〕集部 122

馮復京(明)

六家詩名物疏〔文淵〕80〔文津〕75〔文
瀾〕73〔珍本〕三集 49 - 52〔著錄〕經
部 39

馮舒(清)

才調集〔存目〕集部 288

玉臺新詠〔存目〕集部 288

馮汝言詩紀匡謬〔著錄〕集部 414

詩紀匡謬〔文淵〕1380〔文津〕1384〔文
瀾〕1424

默菴遺藁〔禁燬〕集部 87

馮詠(清)

桐村詩〔存目〕集部 272〔禁燬補〕83

馮登府(清)

三家詩遺説〔續修〕76

石經補考〔續修〕184

閩中金石志〔續修〕912

論語異文考證〔續修〕155

馮瑗(明)

經濟類編〔文淵〕960 - 963〔文津〕962 -
966〔文瀾〕984 - 987

馮夢禎(明)

快雪堂集〔存目〕集部 164 - 165

快雪堂漫録〔存目〕子部 247

東坡禪喜集〔存目〕集部 13

歷代貢舉志〔存目〕史部 270

馮夢龍(明)

山歌〔續修〕1744

太霞新奏〔續修〕1744

古今小説〔續修〕1784

古今譚概〔存目〕子部 136〔續修〕1195

甲申紀事、附工部新刊事例〔禁燬〕史部 33

如面談〔禁燬補〕52

春秋衡庫、備録〔存目〕經部 123

殺狗記〔續修〕1773

智囊補〔存目〕子部 135

醒世恒言〔續修〕1785 - 1786

警世通言〔續修〕1784 - 1785

麟經指月〔未收〕二輯 10

馮詢(清)

子良詩存〔續修〕1526

馮溥(清)

佳山堂詩集、二集〔存目〕集部 215

馮福京(元)

昌國州圖志〔文淵〕491〔文津〕490〔文
瀾〕493〔珍本〕五集 91

馮經(清)

周易略解〔續修〕25

馮嘉會(明)

華嶽全集〔存目〕史部 232

馮調鼎(清)

六書準〔存目〕經部 200

馮澂(清)

春秋日食集證〔續修〕148

馮應京(明)

月令廣義、統紀〔存目〕史部 164 - 165

皇明經世實用編、續集〔存目〕史部 267

馮贄(唐)

雲仙雜記〔文淵〕1035〔文津〕1039〔文
瀾〕1062〔著錄〕子部 110

馮繼先(後蜀)

春秋名號歸一圖〔文淵〕146〔文津〕142
〔文瀾〕140〔著錄〕經部 77

斌

斌良(清)

抱沖齋詩集、附眠琴儡館詞〔續修〕1508

斌椿(清)

海國勝遊草、天外歸帆草〔續修〕1532

童

童佩(明)

盈川集〔文淵〕1065〔文津〕1069〔文瀾〕
1094

童子鳴集〔存目〕集部 142

童宗説(宋)

　五百家註音辯唐柳先生文集〔著録〕集部
　337

　增廣註釋音辯唐柳先生集、別集、外集〔著
　録〕集部 232

童承叙(明)

　内方先生集、附鈔〔未收〕五輯 26

　平漢録〔存目〕史部 47〔續修〕432

童品(明)

　春秋經傳辨疑〔文淵〕167〔文津〕161〔文
　瀾〕159〔珍本〕五集 47〔著録〕經部
　199

童軒(明)

　清風亭稿〔文淵〕1247〔文津〕1251〔文
　瀾〕1283〔珍本〕三集 305〔底本〕集部
　143〔著録〕集部 399

童能靈(清)

　朱子爲學次第考〔存目〕子部 28

　周易剩義〔存目〕經部 40

　冠豸山堂文集〔存目〕集部 234

　理學疑問〔存目〕子部 28

　樂律古義〔存目〕經部 185

童琥(明)

　草窗梅花集句、附録梅花集句〔存目〕集部
　46

童槐(清)

　今白華堂文集〔續修〕1498

　今白華堂詩録、詩集〔續修〕1498

　今白華堂詩録補〔續修〕1498

童養正(明)

　史漢文統〔存目〕集部 373 - 374

童維巖(明)

　禮記會解新裁〔存目〕經部 92

童冀(明)

　尚絅齋集〔文淵〕1229〔文津〕1234〔文
　瀾〕1265〔珍本〕初集 360〔底本〕集部
　111〔著録〕集部 37

童濂(清)

　淮北票鹽志略〔未收〕九輯 8

童翼駒(清)

　墨梅人名録〔續修〕1068

曾

曾大奇(明)

治平言〔存目〕子部 91

曾丰(宋)

　搏齋先生緣督集〔存目〕集部 19〔著録〕集
　部 341

　緣督集〔文淵〕1156〔文津〕1160〔文瀾〕
　1189〔珍本〕二集 270 - 271

曾王孫(清)

　百名家詞鈔〔續修〕1721 - 1722

　清風堂文集〔未收〕五輯 29

曾公亮(宋)

　武經總要〔文淵〕726〔文津〕726〔文瀾〕
　740〔珍本〕初集 166 - 171

　武經總要前集、後集〔底本〕子部 1 - 3〔底
　本〕子部 21 - 23〔著録〕子部 262

曾文辿(唐)

　青囊序〔文淵〕808〔文津〕809〔文瀾〕826

　青囊序、青囊奧語〔著録〕子部 356

曾世榮(元)

　新刊演山省翁活幼口議〔續修〕1009

曾先之(元)

　歷代十八史略〔存目〕史部 19

曾自明(明)

　搏齋先生緣督集〔存目〕集部 19〔著録〕集
　部 341

曾汝魯(明)

　車書樓纂註四六逢源〔禁燬補〕43

曾安世(清)

　馮秋水先生評定存雅堂遺稿、宋方節義先生
　遺集補刻、宋高士方韶父先生遺集補刻
　〔著録〕集部 251

曾宏父(宋)

　石刻鋪叙〔文淵〕682〔文津〕681〔文瀾〕
　695〔著録〕史部 156

曾協(宋)

　雲莊集〔文淵〕1140〔文津〕1144〔文瀾〕
　1171〔珍本〕別輯 327

曾季貍(宋)

　艇齋詩話、校譌、續校〔續修〕1694

曾恬(宋)

　上蔡語録〔文淵〕698〔文津〕699〔文瀾〕
　712

曾紀澤(清)

　曾惠敏公文集、歸樸齋詩鈔〔續修〕1562

　曾惠敏公使西日記〔續修〕577

　曾惠敏公奏疏〔續修〕510

曾起莘(清)
　　天然昰禪師語録〔禁燬補〕41
曾釗(清)
　　周易虞氏義箋〔續修〕32
　　周禮註疏小箋〔續修〕81
　　面城樓集鈔〔續修〕1521
　　虞書命義和章解〔續修〕50
　　詩毛鄭異同辨〔續修〕73
曾益(明)
　　左略〔存目〕子部 34
　　温飛卿詩集、別集、集外詩、附録諸家詩評
　　　〔著録〕集部 85
　　温飛卿詩集箋注〔文淵〕1082〔文津〕1086
　　　〔文瀾〕1112
曾異(明)
　　紡授堂集詩集、文集、二集〔禁燬〕集部 163
曾國荃(清)
　　〔光緒〕山西通志〔續修〕641－646
　　曾忠襄公文集、批牘、書札〔續修〕1554－
　　　1555
　　〔光緒〕湖南通志〔續修〕661－668
曾國藩(清)
　　十八家詩鈔〔續修〕1592－1593
　　〔光緒〕江西通志〔續修〕656－660
　　求闕齋日記類鈔〔續修〕559
　　求闕齋讀書録〔續修〕1161
　　孟子要略〔續修〕157
　　曾文正公奏稿〔續修〕500－501
　　曾文正公家訓〔續修〕952
　　曾文正公書札〔續修〕1538
　　曾文正公詩集、文集〔續修〕1537
曾敏行(宋)
　　獨醒雜志〔文淵〕1039〔文津〕1043〔文
　　　瀾〕1067〔著録〕子部 241
曾參(周)
　　曾子全書〔著録〕子部 62
曾貫(元)
　　易學變通〔文淵〕26〔文津〕21〔文瀾〕21
　　　〔珍本〕別輯 11〔底本〕經部 22〔著録〕
　　　經部 185
曾朝節(明)
　　新刻易測〔存目〕經部 12〔續修〕11
曾極(宋)
　　金陵百詠〔文淵〕1164〔文津〕1168〔文
　　　瀾〕1198〔珍本〕十一集 169

曾集(宋)
　　陶淵明詩、雜文〔續修〕1304
曾棨(明)
　　刻曾西墅先生集〔存目〕集部 30
曾幾(宋)
　　茶山集〔文淵〕1136〔文津〕1140〔文瀾〕
　　　1167〔珍本〕別輯 320
　　曾茶山詩集〔著録〕集部 50
曾瑞(元)
　　王月英元夜留鞋記雜劇〔續修〕1762
曾畹(清)
　　曾庭聞詩〔禁燬〕集部 166
曾廉(清)
　　元書〔未收〕四輯 15
　　禹貢九州今地考〔續修〕55
曾慥(宋)
　　高齋漫録〔文淵〕1038〔文津〕1042〔文
　　　瀾〕1065〔珍本〕別輯 236〔著録〕子部
　　　219
　　道樞〔續修〕1293
　　樂府雅詞、拾遺〔文淵〕1489〔文津〕1494
　　　〔文瀾〕1539〔著録〕集部 333
　　類説〔文淵〕873〔文津〕875〔文瀾〕893－
　　　894〔著録〕子部 57－58
曾銑(明)
　　復套議〔存目〕史部 60
曾肇(宋)
　　曲阜集〔文淵〕1101〔文津〕1104〔文瀾〕
　　　1130〔珍本〕十一集 161
　　南豐曾文昭公曲阜集、遺録〔著録〕集部
　　　420
　　曾文昭公集〔底本〕集部 58
曾維綸(明)
　　來復堂遺集〔存目〕集部 169
曾鞏(宋)
　　元豐類藁〔文淵〕1098〔文津〕1101－1102
　　　〔文瀾〕1128〔薈要〕374
　　南豐先生元豐類藁〔著録〕集部 5
　　隆平集〔文淵〕371〔文津〕367－368〔文
　　　瀾〕370〔珍本〕二集 117－118〔著録〕
　　　史部 190
曾樸(清)
　　補後漢書藝文志、考〔未收〕九輯 9
　　孽海花〔續修〕1800
曾燠(清)

江西詩徵、附刻〔續修〕1688－1690

國朝駢體正宗〔續修〕1668

賞雨茅屋詩集、外集〔續修〕1484

曾稆（宋）

大易粹言〔著録〕經部 119

曾燦（清）

六松堂集〔未收〕七輯 25

曾儼（清）

曲阜集〔文淵〕1101〔文津〕1104〔文瀾〕1130

曾覿（宋）

海野詞〔文淵〕1488〔文津〕1492〔文瀾〕1537〔著録〕集部 218

勞

勞乃宣（清）

古籌算考釋〔未收〕四輯 26

義和拳教門源流考〔未收〕十輯 4

勞大與（清）

萬世太平書〔存目〕子部 95

聞鍾集〔存目〕子部 156

甌江逸志〔存目〕史部 249

勞平甫（清）

新刊張小山北曲聯樂府、外集〔續修〕1738

勞史（清）

餘山先生遺書〔存目〕子部 28

勞孝輿（清）

春秋詩話〔存目〕集部 421〔續修〕1702

勞格（清）

洪文安公遺集〔續修〕1317

唐折衝府考〔續修〕748

唐尚書省郎官石柱題名考〔續修〕747

唐御史臺精舍題名考〔續修〕748

讀書雜識〔續修〕1163

勞堪（明）

詞海遺珠〔存目〕集部 313

憲章類編〔禁燬補〕29－30

勞經原（清）

唐折衝府考〔續修〕748

湛

湛若水（明）

二禮經傳測、纂議〔存目〕經部 104

古樂經傳全書〔存目〕經部 182

白沙先生詩教解、詩教外傳〔存目〕集部 35

春秋正傳〔文淵〕167〔文津〕161〔文瀾〕159〔珍本〕四集 64－69〔著録〕經部 199

格物通〔文淵〕716〔文津〕717－718〔文瀾〕731〔珍本〕五集 135－146

陳白沙集〔文淵〕1246〔文津〕1250〔文瀾〕1282

湛甘泉先生文集〔存目〕集部 56－57

聖學格物通〔著録〕子部 43

楊子折衷〔存目〕子部 7〔續修〕938

遵道録〔存目補〕96

湯

湯三才（明）

禮記新義〔存目〕經部 91

湯大奎（清）

炙硯瑣談〔未收〕十輯 30

湯之錡（清）

偶然云〔存目〕集部 237

湯日昭（明）

〔萬曆〕溫州府志〔存目〕史部 210－211

湯允謨（元）

宋周公瑾雲煙過眼録、續録〔著録〕子部 362

湯右曾（清）

懷清堂集〔文淵〕1325〔文津〕1329〔文瀾〕1365〔珍本〕三集 373－374〔著録〕集部 291

湯兆京（明）

靈薖閣集〔存目補〕98

湯秀琦（清）

讀易近解〔存目〕經部 29

湯若望（西洋）

火攻挈要、圖〔續修〕966

主制群徵〔續修〕1296

民曆鋪註解惑〔續修〕1040

湯來賀（清）

內省齋文集〔存目〕集部 199

湯垕（元）

畫鑑〔文淵〕814〔文津〕816〔文瀾〕833〔著録〕子部 303

湯奕瑞（清）

禹貢方域考、附北行草〔存目〕經部 59

湯啓祚（清）

春秋不傳〔存目〕經部 145

湯紹祖(明)

　　續文選〔存目〕集部 334

湯斯祚(清)

　　亦廬詩集〔存目〕集部 277

湯貽汾(清)

　　琴隱園詩集〔續修〕1502

　　畫筌析覽〔續修〕1083

湯斌(清)

　　洛學編〔存目〕史部 120〔續修〕515

　　湯子遺書〔文淵〕1312〔文津〕1316〔文
　　　瀾〕1350〔珍本〕十一集 177〔著錄〕集
　　　部 285

　　湯潛菴先生文集節要〔存目〕集部 218

　　潛菴先生擬明史稿〔未收〕六輯 5

　　潛庵先生遺稿文錄〔續修〕1669

湯道衡(明)

　　禮記新義〔存目〕經部 91

　　禮記纂註〔存目〕經部 93

湯聘珍(清)

　　種桑成法〔未收〕四輯 23

湯傳楹(清)

　　尤太史西堂全集三種、附湘中草〔禁燬〕集
　　　部 129－130

湯傳桀(清)

　　四書明儒大全精義〔未收〕一輯 8

湯瑤卿(清)

　　蓬室偶吟〔續修〕1486

湯漢(宋)

　　妙絶古今〔文淵〕1356〔文津〕1361〔文
　　　瀾〕1399〔珍本〕十二集 197

　　東澗先生妙絶今古文選〔著錄〕集部 412

　　陶靖節先生詩注〔續修〕1304

　　箋註陶淵明集、總論〔續修〕1304

湯漱玉(清)

　　玉臺畫史、別錄〔續修〕1084

湯賓尹(明)

　　睡庵稿〔禁燬〕集部 63

湯肇熙(清)

　　出山草譜〔未收〕十輯 4

湯諧(清)

　　史記半解〔未收〕一輯 12

湯彞(清)

　　盾墨〔續修〕445

湯鵬(清)

　　海秋詩集〔續修〕1529

浮邱子〔續修〕952

湯顯祖(明)

　　玉茗堂全集〔存目〕集部 181〔續修〕1362－
　　　1363

　　玉茗堂摘評王弇州先生艷異編〔續修〕1267

　　邯鄲記〔續修〕1770

　　牡丹亭還魂記〔續修〕1774

　　茶經〔存目補〕95

　　南柯記〔續修〕1770

　　紫釵記〔續修〕1769

　　紫簫記〔續修〕1772

　　湯海若問棘郵草〔續修〕1363

　　虞初志〔存目〕子部 246

　　還魂記〔續修〕1769〔續修〕1771

温

温大雅(唐)

　　大唐創業起居註〔著錄〕史部 66

　　唐創業起居注〔文淵〕303〔文津〕299〔文
　　　瀾〕296

温子昇(北魏)

　　温侍讀集〔續修〕1588

温革(宋)

　　分門瑣碎錄〔續修〕975

温庭筠(唐)

　　金奩集〔續修〕1728

　　温飛卿詩集、別集、集外詩、附錄諸家詩評
　　　〔著錄〕集部 85

　　温飛卿詩集箋注〔文淵〕1082〔文津〕1086
　　　〔文瀾〕1112

温純(明)

　　温恭毅公文集〔著錄〕集部 124

　　温恭毅集〔文淵〕1288〔文津〕1292〔文
　　　瀾〕1326〔珍本〕七集 251－256

温達(清)

　　聖祖仁皇帝親征平定朔漠方略、聖祖仁皇帝
　　　御製親征朔漠紀略〔文淵〕354－355
　　　〔文津〕351－352〔文瀾〕353

　　親征平定朔漠方略、御製親征朔漠紀略〔著
　　　錄〕史部 79－80

温葆深(清)

　　春樹齋叢說〔未收〕五輯 13

温睿臨(清)

　　南疆逸史〔續修〕332

温璜(明)

節孝家訓述〔著録〕子部 352
温氏母訓〔文淵〕717〔文津〕719〔文瀾〕732
温寶忠先生遺稿〔禁燬〕集部 83

滑

滑壽(明)
十四經發揮〔續修〕995
難經本義〔文淵〕733〔文津〕733〔文瀾〕748〔薈要〕254〔著録〕子部 263
讀素問鈔〔存目〕子部 38〔續修〕981

游

游九言(宋)
默齋遺稿〔文淵〕1178〔文津〕1182〔文瀾〕1212〔珍本〕三集 246〔著録〕集部 443
游日章(明)
駢語雕龍〔存目〕子部 179
游朴(明)
諸夷考〔續修〕742
游明(明)
批點分格類意句解論學繩尺、諸先生論訣〔著録〕集部 141
游紹安(清)
涵有堂詩文集〔存目〕集部 273
游酢(宋)
游廌山先生集〔底本〕集部 62〔著録〕集部 13
游廌山集〔文淵〕1121〔文津〕1126〔文瀾〕1151〔珍本〕四集 253
游潛(明)
博物志補〔存目〕子部 251
夢蕉存稿〔存目〕集部 52
夢蕉詩話〔存目〕集部 416
游藝(清)
天經或問〔著録〕子部 146
天經或問後集〔存目〕子部 55
天經或問前集〔文淵〕793〔文津〕794〔文瀾〕810〔珍本〕四集 164

惲

惲格(清)
畫筌〔續修〕1066
惲紹芳(明)

林居集〔未收〕五輯 20
惲敬(清)
大雲山房文稿〔續修〕1482
惲毓鼎(清)
崇陵傳信録〔續修〕446

富

富大用(元)
新編古今事文類聚前集、後集、續集、別集、新集、外集、新編古今事文類聚遺集〔著録〕子部 184－188
富玹(明)
蕭山水利、續刻、三刻、附蕭山諸湖水利〔存目〕史部 225
富俊(清)
易知摘要類編〔未收〕二輯 22

裕

裕恩(清)
音韻逢源〔續修〕258

強

強至(宋)
忠獻韓魏王家傳〔續修〕550
忠獻韓魏王遺事〔存目〕史部 81
祠部集〔文淵〕1091〔文津〕1094－1095〔文瀾〕1120〔珍本〕別輯 258－263
強行父(宋)
文録〔存目〕集部 415
唐子西文録〔續修〕1713
強汝詢(清)
求益齋文集〔續修〕1553
漢州郡縣吏制考〔續修〕746
強汝諤(清)
周易集義〔續修〕39

費

費元禄(明)
甲秀園集〔禁燬〕集部 62
鼂采館清課〔存目〕子部 118
費伯雄(清)
醫方論〔續修〕1003
醫醇賸義〔續修〕1006
費宏(明)

太保費文憲公摘稿 〔續修〕1331
明太保費文憲公文集選要 〔存目〕集部 43
宸章集録 〔存目〕集部 292
費長房(隋)
歷代三寶紀 〔續修〕1288
費尚伊(明)
費太史市隱園集選 〔未收〕五輯 23
費信(明)
星槎勝覽 〔續修〕742
費袞(宋)
梁谿漫志 〔文淵〕864 〔文津〕866 〔文瀾〕
884 〔著録〕子部 361
費著(元)
歲華紀麗譜、牋紙譜、蜀錦譜 〔文淵〕590 〔文
津〕590 〔文瀾〕598 〔著録〕史部 252
費宷(明)
明少保費文通公文集選要 〔存目〕集部 67
費密(清)
弘道書 〔續修〕946
雅倫 〔存目〕集部 420 〔續修〕1697
費啓泰(清)
救偏瑣言、備用良方 〔續修〕1011
費道用(明)
閩南唐雅 〔存目〕集部 345
費經虞(清)
雅倫 〔存目〕集部 420 〔續修〕1697
費樞(宋)
廉吏傳 〔文淵〕448 〔文津〕446 〔文瀾〕448
〔珍本〕初集 119
廉吏傳、廉蠹 〔著録〕史部 304
費緯裪(清)
聖宗集要 〔存目〕史部 123
費錫璜(清)
掣鯨堂詩集 〔禁燬〕集部 187
漢詩説 〔存目〕集部 409
費瀛(明)
大書長語 〔續修〕1065

賀

賀士諮(明)
醫閭集 〔文淵〕1254 〔文津〕1258 〔文瀾〕
1291
賀仲軾(明)
兩宮鼎建記 〔存目〕史部 128

春秋歸義 〔續修〕136
賀長齡(清)
孝經述、附辯義 〔未收〕一輯 7
耐菴文存、耐菴詩存 〔續修〕1511
賀泰(明)
唐文鑑 〔存目補〕11
賀振能(清)
窺園稿 〔未收〕七輯 28
賀時泰(明)
思聰録 〔存目〕子部 16
賀貽孫(清)
水田居文集 〔存目〕集部 208
水田居文録 〔續修〕1669
易觸 〔續修〕18
詩觸 〔存目〕經部 72 〔續修〕61
激書、附校勘記 〔存目〕子部 94
騷筏 〔未收〕十輯 13
賀復徵(明)
文章辨體彙選 〔文淵〕1402-1410 〔文津〕
1405-1414 〔文瀾〕1447-1455
賀欽(明)
醫閭先生集 〔底本〕集部 44 〔底本〕集部
186 〔著録〕集部 267
醫閭集 〔文淵〕1254 〔文津〕1258 〔文瀾〕
1291 〔珍本〕九集 264
賀登選(明)
易辰 〔存目〕經部 24
賀詳(明)
留餘堂史取 〔存目〕史部 285
賀裳(清)
史折、續編 〔存目〕史部 291
蛻疣集 〔未收〕七輯 22
賀濤(清)
賀先生文集 〔續修〕1567
賀鑄(宋)
東山詞 〔續修〕1722
賀方回詞 〔續修〕1722
慶湖遺老詩集 〔珍本〕八集 155-156
慶湖遺老詩集、拾遺 〔文淵〕1123 〔文津〕
1127 〔文瀾〕1153 〔著録〕集部 49

十三畫

載

載武(清)

樂律明真立表 〔續修〕116
樂律明真明算 〔續修〕116
樂律明真解義 〔續修〕116
樂律擬答 〔續修〕116
載振(清)
英軺日記 〔續修〕583
載齡(清)
欽定户部漕運全書 〔續修〕836-838

鄢

鄢懋卿(明)
易經正義 〔續修〕8

蓮

蓮歸居士(清)
淨土聖賢録、續編、種蓮集 〔續修〕1286

靳

靳貴(明)
戒菴文集 〔存目〕集部45
靳輔(清)
治河奏續書 〔珍本〕三集169
治河奏續書、附河防述言 〔文淵〕579 〔文
津〕580 〔文瀾〕588
黃河圖黃河舊險工圖黃河新險工圖衆水歸
淮圖運河圖淮南諸河圖五水濟運圖
〔未收〕九輯6
靳文襄公治河方略 〔著録〕史部420
靳文襄公奏疏 〔著録〕史部200
靳文襄奏疏 〔珍本〕三集128-129
靳文襄奏疏、治河題藁、附撫皖題藁 〔文淵〕
430 〔文津〕428 〔文瀾〕429
靳榮藩(清)
吳詩集覽 〔續修〕1396-1397
靳學顏(明)
靳兩城先生集 〔存目〕集部102

夢

夢麟(清)
大谷山堂集 〔續修〕1438

蒯

蒯德模(清)
帶耕堂遺詩、崇祀録、吳中判牘 〔續修〕1545

蒲

蒲松齡(清)
聊齋文集 〔續修〕1416
聊齋志異 〔續修〕1787-1788
蒲秉權(明)
碩薖園集 〔禁燬〕集部161-162
蒲道源(元)
閑居叢稿 〔文淵〕1210 〔文津〕1214 〔文
瀾〕1245
順齋先生閑居叢藁 〔底本〕集部101-102
〔著録〕集部348
蒲壽宬(宋)
心泉學詩稿 〔文淵〕1189 〔文津〕1194 〔文
瀾〕1225 〔珍本〕初集334 〔底本〕集部
183 〔著録〕集部443
蒲機(元)
閑居叢稿 〔文淵〕1210 〔文津〕1214 〔文
瀾〕1245
蒲積中(宋)
歲時雜詠 〔文淵〕1348 〔文津〕1352 〔文
瀾〕1390 〔珍本〕三集380-382
新刊古今歲時雜詠 〔著録〕集部138

蒙

蒙正發(明)
三湘從事録 〔未收〕二輯21

楚

楚桐隱(清)
潘景齋弈譜約選 〔續修〕1105

楊

楊一奇(明)
史談補 〔存目〕史部286
楊一清(明)
石淙詩稿 〔存目〕集部40
關中奏題稿 〔著録〕史部421
關中奏議 〔文淵〕428 〔文津〕426 〔文瀾〕
426 〔珍本〕五集81-84
楊二山(明)
弘正詩抄 〔存目〕集部301
楊于庭(明)
春秋質疑 〔文淵〕169 〔文津〕164 〔文瀾〕

161〔珍本〕初集 86

楊道行集〔存目〕集部 168－169

楊士弘（元）

唐音〔文淵〕1368〔文津〕1372〔文瀾〕1412〔珍本〕十二集 198－199

唐詩始音輯註、唐詩正音輯註、唐音遺響輯註〔著錄〕集部 143

楊士奇（明）

文淵閣書目〔文淵〕675〔文津〕674〔文瀾〕688〔著錄〕史部 265

東里文集〔存目〕集部 28

東里全集、別集〔珍本〕七集 214－233

東里集、文集、詩集、續集、別集〔文淵〕1238－1239〔文津〕1242－1243〔文瀾〕1274－1275

東里詩集、文集、續編、別集〔著錄〕集部 64－65

歷代名臣奏議〔文淵〕433－442〔文津〕431－441〔文瀾〕433－443〔著錄〕史部 84－90

楊士勛（唐）

春秋穀梁傳注疏、正義序、原目〔薈要〕33

春秋穀梁傳注疏、附考證〔文淵〕145〔文津〕141〔文瀾〕139

監本附音春秋穀梁註疏〔著錄〕經部 77

楊士聰（清）

玉堂薈記〔存目〕子部 244〔續修〕1175

楊士瀛（宋）

仁齋直指、仁齋傷寒類書〔文淵〕744〔文津〕743〔文瀾〕758〔珍本〕五集 168－173

新刊仁齋直指方論、小兒方論、醫脈真經、傷寒類書活人總括〔著錄〕子部 137

楊大堉（清）

儀禮正義〔續修〕91－92

楊大鶴（清）

香山詩鈔〔存目〕集部 9

楊上善（唐）

黃帝內經太素〔續修〕979

楊山松（清）

孤兒籲天錄〔禁燬補〕17

楊子器（明）

〔弘治〕常熟縣志〔存目〕史部 185

楊天民（明）

楊全甫諫草〔存目〕史部 64〔續修〕482

楊元裕（明）

讀史關鍵〔未收〕八輯 4

楊公遠（元）

野趣有聲畫〔文淵〕1193〔文津〕1197〔文瀾〕1229〔珍本〕二集 318〔著錄〕集部 347

楊文言（清）

曆象本要〔續修〕1040

楊文奎（元）

翠紅鄉兒女兩團圓雜劇〔續修〕1761

楊文彩（明）

楊子書繹〔存目〕經部 55

楊方晃（清）

至聖先師孔子年譜〔存目〕史部 81

楊方達（清）

正蒙集説〔續修〕951

尚書約旨〔存目〕經部 59

尚書通典略〔存目〕經部 59

易學圖説會通〔存目〕經部 40

易學圖説會通、續聞〔續修〕21

春秋義補註〔存目〕經部 142

楊以任（明）

楊維節先生稿〔禁燬〕經部 7

讀史集〔存目〕史部 148

楊以貞（清）

志遠齋史話〔續修〕451

楊允孚（元）

灤京雜詠〔文淵〕1219〔文津〕1224〔文瀾〕1255〔著錄〕集部 396

楊世猷（清）

舊史內篇〔未收〕六輯 7

楊本仁（明）

少室山人集〔續修〕1340

楊本源（清）

通紀彙編〔未收〕二輯 19

楊甲（宋）

六經圖〔文淵〕183〔文津〕178〔文瀾〕175〔著錄〕經部 50

楊用道（金）

肘後備急方〔文淵〕734〔文津〕734〔文瀾〕749

楊弘道（元）

小亨集〔文淵〕1198〔文津〕1202〔文瀾〕1233〔珍本〕初集 342

楊式傳（清）

果報聞見錄〔存目〕子部 250

楊西明（清）
　災賑全書〔未收〕九輯 8

楊有涵（清）
　遠香亭詩鈔〔未收〕十輯 15

楊成玉（明）
　詩話〔存目〕集部 416

楊至質（宋）
　勿齋先生文集〔底本〕集部 90〔著錄〕集部 423
　勿齋集〔文淵〕1183〔文津〕1187〔文瀾〕1218〔珍本〕十集 241

楊光先（清）
　不得已〔續修〕1033

楊峀（清）
　豳風廣義〔存目〕子部 38〔續修〕978

楊廷和（明）
　視草餘錄〔著錄〕史部 379
　楊文忠公三錄〔文淵〕428〔文津〕426〔文瀾〕426

楊廷瑞（清）
　說文正俗〔續修〕228
　說文經斠〔續修〕228

楊廷筠（明）
　職方外紀〔著錄〕史部 430
　靈衛廟志〔存目〕史部 86

楊廷麟（明）
　兼山集〔禁燬〕集部 165

楊延和（明）
　楊文忠公三錄〔珍本〕四集 106

楊仲良（宋）
　皇宋通鑑長編紀事本末〔續修〕386－387

楊向春（明）
　大定新編〔續修〕1059

楊兆坊（明）
　楊氏塾訓〔存目〕子部 152

楊名（明）
　三賢集〔存目〕集部 304

楊名時（清）
　大學劄記、中庸劄記、論語劄記、孟子劄記〔著錄〕經部 172
　大學講義、中庸講義〔存目〕經部 173
　四書劄記〔文淵〕210〔文津〕205〔文瀾〕204〔珍本〕七集 48
　易義隨記〔存目〕經部 37
　易經劄記〔著錄〕經部 143
　周易劄記〔文淵〕47〔文津〕42〔文瀾〕40〔珍本〕六集 5〔底本〕經部 23
　程功錄〔存目〕子部 25
　詩義記講〔存目〕經部 78
　詩經劄記〔文淵〕87〔文津〕82〔文瀾〕80〔珍本〕五集 24〔著錄〕經部 48

楊守仁（明）
　〔萬曆〕續修嚴州府志〔存目〕史部 209

楊守阯（明）
　碧川文選〔存目〕集部 42

楊守陳（明）
　楊文懿公文集〔未收〕五輯 17

楊守敬
　日本訪書志〔續修〕930
　日本訪書志補〔續修〕930
　水經注疏〔續修〕726－727
　玉燭寶典〔續修〕885
　禹貢本義〔續修〕55
　晦明軒稿〔續修〕1570
　隋書地理志考證〔續修〕283
　湖北金石志〔續修〕913
　楷法溯源、古碑目錄、集帖目錄〔續修〕241

楊守勤（明）
　寧澹齋全集文、留芳錄、附疏稿、詩〔禁燬〕集部 65

楊守禮（明）
　〔嘉靖〕寧夏新志〔續修〕649

楊芳燦（清）
　芙蓉山館全集〔續修〕1477

楊束（明）
　釣臺集〔存目〕集部 329

楊囷道（宋）
　雲莊四六餘話〔續修〕1714

楊秀沅（清）
　半半山莊農言著實〔續修〕976

楊作枚
　兼濟堂纂刻梅勿菴先生曆算全書二十九種〔著錄〕子部 269－270

楊伯嵒（宋）
　九經補韻〔文淵〕237〔文津〕233〔文瀾〕230
　六帖補〔文淵〕948〔文津〕951－952〔文瀾〕971〔珍本〕七集 159

楊伯嵒（宋）

九經補韻〔著録〕經部 115
六帖補〔著録〕子部 40
泳齋近思録衍註〔續修〕934
楊奐(元)
　還山遺稿、考歲略〔文淵〕1198〔文津〕1202
　　〔文瀾〕1233〔著録〕集部 29
楊沂孫(清)
　〔光緒〕重修安徽通志〔續修〕651-655
楊宏(明)
　漕運通志〔存目〕史部 275
楊表正(明)
　重修正文對音捷要真傳琴譜大全〔存目〕子
　　部 73〔續修〕1092
楊長世(清)
　楊氏五家文鈔〔存目〕集部 395
楊長孺(宋)
　誠齋集〔文淵〕1160-1161〔文津〕1164-
　　1165〔文瀾〕1194-1195
楊坤(明)
　東林同難録、列傳、附傳〔未收〕一輯 18
楊英(明)
　延平王户官楊英從征實録〔續修〕444
楊枝遠(清)
　狎鷗亭詩〔禁燬補〕89
楊東明(明)
　青瑣藎言〔存目〕史部 64
楊明(明)
　天童寺集〔存目〕史部 244
　髹飾録〔續修〕1115
楊秉初(清)
　兩浙輶軒録補遺〔續修〕1684
楊侃(宋)
　兩漢博聞〔文淵〕461〔文津〕460〔文瀾〕
　　462〔著録〕史部 203
楊炎正(宋)
　西樵語業〔文淵〕1488〔文津〕1493〔文
　　瀾〕1538〔著録〕集部 219
楊宗吾(明)
　檢蠹隨筆〔存目〕子部 144
楊貞一(明)
　詩音辯略〔存目〕經部 216
楊昱(明)
　牧鑑〔存目〕子部 125〔續修〕753
楊思本(明)

筆史〔存目〕子部 253
榴館初函集選〔存目〕集部 194-195
楊思聖(清)
　且亭詩〔存目〕集部 213
楊信民(明)
　姓源珠璣〔存目〕子部 173
楊胤奇(明)
　尚書副墨〔未收〕一輯 3
楊彦齡(宋)
　楊公筆録〔文淵〕863〔文津〕865〔文瀾〕
　　882〔珍本〕十二集 142〔底本〕子部 18
　　〔著録〕子部 167
楊炯(唐)
　盈川集〔文淵〕1065〔文津〕1069〔文瀾〕
　　1094〔薈要〕358
　楊盈川集〔著録〕集部 227
楊炤(清)
　懷古堂詩選〔未收〕八輯 25
楊冠卿(宋)
　客亭類稿〔文淵〕1165〔文津〕1169〔文
　　瀾〕1199〔珍本〕別輯 360-361〔著
　　録〕集部 345
楊柔勝(明)
　玉環記〔續修〕1773
楊珽(明)
　龍膏記〔續修〕1773
楊素蘊(清)
　見山樓詩集、文集〔存目〕集部 221
楊起元(明)
　太史楊復所先生證學編、證學論、策〔存目〕
　　子部 90〔續修〕1129
　重刻楊復所先生家藏文集〔禁燬〕集部 63
　諸經品節〔存目〕子部 130-131
　續刻楊復所先生家藏文集〔存目〕集部 167
楊桓(元)
　六書統〔文淵〕227〔文津〕222〔文瀾〕219
　　〔珍本〕八集 71-76〔著録〕經部 110
　六書統溯原〔存目〕經部 188〔續修〕202
　書學正韻〔存目〕經部 206〔續修〕250-251
楊時(宋)
　二程粹言〔文淵〕698〔文津〕698〔文瀾〕
　　712〔著録〕子部 250
　龜山先生集〔著録〕集部 13
　龜山集〔文淵〕1125〔文津〕1129〔文瀾〕
　　1155〔珍本〕四集 255-258

楊時泰(清)
　本草述鈎元〔未收〕五輯 12
楊時偉(明)
　狂狷裁中〔存目〕史部 289
　洪武正韻〔存目〕經部 207
　諸葛忠武書〔文淵〕447〔文津〕445〔文
　　瀾〕448〔珍本〕六集 100〔著録〕史部
　　31
楊時喬(明)
　兩浙南關榷事書〔續修〕834
　周易古今文全書〔存目〕經部 8-9
　皇朝馬政記〔著録〕史部 264
　馬政紀〔文淵〕663〔文津〕663〔文瀾〕672
　　〔珍本〕四集 122
　新刻楊端潔公文集〔存目〕集部 139-140
楊時寧(明)
　宣大山西三鎮圖説〔續修〕739
楊倞(唐)
　荀子〔文淵〕695〔文津〕695〔文瀾〕709
　　〔薈要〕246〔著録〕子部 249
楊益(唐)
　天玉經内傳、外編〔著録〕子部 356
　青囊序、青囊奧語〔著録〕子部 356
　撼龍經、疑龍經、葬法倒杖〔著録〕子部 356
楊浚(清)
　小演雅、別録、續録〔未收〕八輯 2
楊陸榮(清)
　三藩紀事本末〔存目〕史部 19
　五代史志疑〔存目〕史部 1
　易互〔存目〕經部 36〔續修〕21
　禹貢臆參〔存目〕經部 59
　潭西詩集〔禁燬補〕85
楊捷(清)
　平閩紀〔存目〕史部 56
楊掄(明)
　太古遺音〔存目〕子部 74
　伯牙心法〔存目〕子部 74
　琴譜合璧〔文淵〕839〔文津〕841〔文瀾〕
　　858
楊基(明)
　眉菴集〔文淵〕1230〔文津〕1234〔文瀾〕
　　1266〔著録〕集部 260
楊梧(明)
　禮記説義纂訂〔存目〕經部 93
楊晨(清)

三國會要〔續修〕767
楊國楨(清)
　忠武公年譜〔續修〕557
楊衒之(北魏)
　洛陽伽藍記〔文淵〕587〔文津〕587〔文
　　瀾〕595〔著録〕史部 111
楊訥(明)
　楊東來先生批評西游記〔續修〕1766
楊淙(明)
　群書考索古今事文玉屑〔存目〕子部 205
楊深秀(清)
　雪虛聲堂詩鈔〔續修〕1567
楊惟休(明)
　泰昌日録〔存目〕史部 55
楊惟明(明)
　射學指南〔續修〕1106
楊惟德(宋)
　景祐乾象新書〔續修〕1050
楊寅秋(明)
　臨皋文集〔文淵〕1291〔文津〕1296〔文
　　瀾〕1329〔珍本〕二集 375-376
　臨皋先生文集〔底本〕集部 198〔著録〕集
　　部 404
楊啓元(明)
　耿中丞楊太史批點近溪羅子全集〔存目〕集
　　部 129-130
楊紹和(清)
　宋存書室宋元秘本書目〔續修〕927
　楹書隅録、續編〔續修〕926-927
楊琪光(清)
　望雲寄廬讀史記臆説〔未收〕六輯 5
楊琢(明)
　心遠樓存稿〔未收〕五輯 20
楊堯弼(宋)
　僞齊録〔存目〕史部 128
楊博(明)
　楊襄毅公本兵疏議〔存目〕史部 61〔續修〕
　　477
楊萬里(宋)
　張先生校正楊寶學易傳〔著録〕經部 142
　楊誠齋詩話〔底本〕集部 266〔著録〕集部
　　331
　誠齋四六發遺膏馥〔存目〕子部 170
　誠齋易傳〔文淵〕14〔文津〕9〔文瀾〕8
　誠齋集〔文淵〕1160-1161〔文津〕1164-

1165〔文瀾〕1194－1195〔薈要〕391－393〔著錄〕集部 98－99

誠齋詩話 〔文淵〕1480〔文津〕1485〔文瀾〕1530

新刊廬陵誠齋楊萬里先生錦繡策〔存目〕集部 15

楊萬樹(清)

六必酒經〔續修〕1115

楊朝英(元)

朝野新聲太平樂府〔存目〕集部 426〔續修〕1739

樂府新編陽春白雪前集、後集〔續修〕1739

楊鼎熙(明)

禮記敬業〔存目〕經部 95

楊開基(清)

松陽鈔存〔文淵〕725〔文津〕725〔文瀾〕739

楊開鼎(清)

宋史、附考證〔文淵〕280－288〔文津〕275－283〔文瀾〕272

楊景仁(清)

式敬編〔續修〕974

楊景賢(元)

馬丹陽度脫劉行首雜劇〔續修〕1762

楊無咎(宋)

逃禪詞〔文淵〕1487〔文津〕1492〔文瀾〕1537〔著錄〕集部 218

楊智遠(宋)

梅仙觀記〔存目〕子部 259

楊傑(宋)

無爲集〔文淵〕1099〔文津〕1103〔文瀾〕1129〔珍本〕五集 274〔底本〕集部 125〔著錄〕集部 237

楊復(宋)

儀禮經傳通解、續〔著錄〕經部 75

儀禮圖、旁通圖〔文淵〕104〔文津〕99〔文瀾〕97〔著錄〕經部 193

楊復吉(清)

遼史拾遺補〔續修〕292

楊循吉(明)

七人聯句詩記〔存目〕史部 127

吳中往哲記、續〔存目〕史部 89

〔嘉靖〕吳邑志〔存目〕史部 181

松籌堂集〔存目〕集部 43

金山雜志〔存目〕史部 229

都下贈僧詩〔存目〕集部 43

菊花百詠〔存目〕集部 43

蓬軒別記〔禁燬補〕36

遼小史、金小史〔禁燬〕史部 33

燈窗末藝、攢眉集〔存目〕集部 43

蘇州府纂修識略〔存目〕史部 46

蘇談〔禁燬補〕37

廬陽客記〔存目〕史部 247

楊瑀(元)

山居新話〔文淵〕1040〔文津〕1044〔文瀾〕1067〔著錄〕子部 242

楊瑄(明)

復辟錄〔續修〕433

楊載(元)

仲弘集〔薈要〕404

楊仲弘集〔文淵〕1208〔文津〕1212〔文瀾〕1243

新刻詩法家數〔存目〕集部 416

翰林楊仲弘詩〔著錄〕集部 111

楊椿(清)

孟鄰堂文鈔〔續修〕1423

楊嗣昌(明)

楊文弱先生集〔續修〕1372－1373〔禁燬〕集部 69－70

薛文清公年譜、行實〔存目〕史部 84

楊筠松(唐)

天玉經〔文淵〕808〔文津〕809〔文瀾〕826

天玉經内傳、外編〔珍本〕九集 208

青囊奧語〔文淵〕808〔文津〕809〔文瀾〕826〔珍本〕九集 208

葬法倒杖〔珍本〕十二集 141

疑龍經〔珍本〕十二集 141

撼龍經〔珍本〕十二集 141

撼龍經、疑龍經、葬法倒杖〔文淵〕808〔文津〕809〔文瀾〕826

楊魁植(清)

九經圖〔存目〕經部 153

楊廉(明)

楊文恪公文集〔續修〕1332－1333

新刊皇明名臣言行録〔禁燬〕史部 20

楊雍建(清)

楊黃門奏疏〔存目〕史部 67

撫黔奏疏〔存目〕史部 67

楊漣(明)

楊大洪先生文集〔禁燬〕集部 10

楊忠烈公文集〔續修〕1371

楊忠烈公文集、附表忠録、年譜〔禁燬〕集部
13

楊溥(明)

　楊文定公詩集〔續修〕1326

楊慎(明)

　水經注所載碑目、興地紀勝所載碑目〔存
　目〕史部278

　升菴先生文集〔著録〕集部401-402

　升菴長短句、續集〔續修〕1723

　升菴集〔文淵〕1270〔文津〕1274-1275
　〔文瀾〕1307

　丹鉛餘録、丹鉛續録、丹鉛摘録、丹鉛總録
　〔著録〕子部360〔著録〕子部360〔著
　録〕子部360〔著録〕子部360

　丹鉛餘録、續録、摘録、總録〔文淵〕855〔文
　津〕857〔文瀾〕875〔珍本〕四集201-
　205

　六書索隱〔存目〕經部189

　古今風謡、古今諺〔存目〕子部251

　古今翰苑瓊琚〔存目補〕4

　古音略例〔文淵〕239〔文津〕234〔文瀾〕
　232〔著録〕經部182

　古音駢字、古音複字〔著録〕經部207

　古音駢字、古音駢字續編〔文淵〕228〔文
　津〕223〔文瀾〕220

　古音叢目、古音獵要、古音餘、古音附録〔文
　淵〕239〔文津〕234〔文瀾〕232

　古音獵要、古音叢目、古音餘、古音附録〔著
　録〕經部182

　古雋〔存目〕集部299

　石鼓文音釋〔存目〕經部189

　全蜀藝文志〔著録〕集部414

　均藻〔存目〕子部177〔續修〕1232

　李杜詩選〔存目〕集部299

　李卓吾先生讀升菴集〔存目〕子部124

　希姓補〔存目〕子部227

　奇字韻〔文淵〕228〔文津〕223〔文瀾〕220
　〔著録〕經部182

　金石古文〔存目〕集部298

　風雅逸篇〔存目〕集部299

　哲匠金桴〔存目〕子部177

　荻林伐山〔續修〕1143

　異魚圖贊〔文淵〕847〔文津〕849〔文瀾〕
　866〔著録〕子部10

　異魚圖贊箋〔文淵〕847〔文津〕849〔文

　瀾〕866

　詞林萬選〔存目〕集部422

　絶句衍義、絶句辯體、絶句附録、唐絶增奇、
　　唐絶搜奇、六言絶句、五言絶句〔續修〕
　　1590

　詩話補遺〔文淵〕1482〔文津〕1487〔文
　　瀾〕1532〔底本〕集部267〔著録〕集部
　　332

　滇程記〔存目〕史部127

　經子難字〔存目〕經部189

　嘉樂齋三蘇文範〔存目〕集部299

　鄧子〔續修〕971

　墨池璅録〔文淵〕816〔文津〕818〔文瀾〕
　　835〔珍本〕四集193〔著録〕子部150

　檀弓叢訓〔存目〕經部88

　謝華啓秀〔存目〕子部177

　轉注古音略〔文淵〕239〔文津〕234〔文
　　瀾〕232〔著録〕經部182

　辭品、拾遺〔續修〕1733

　譚苑醍醐〔文淵〕855〔文津〕857〔文瀾〕
　　876〔著録〕子部359

　韻經〔存目〕經部206

楊爾曾(明)

　新鐫海内奇觀〔續修〕721

楊曄(唐)

　膳夫經手録〔續修〕1115

楊毓秀(清)

　平回志〔未收〕二輯21

楊鈞(元)

　增廣鐘鼎篆韻〔續修〕237

楊銘(明)

　正統臨戎録〔續修〕433

楊鳳苞(清)

　南疆逸史〔續修〕332

　秋室集〔續修〕1476

楊廣(隋)

　隋煬帝集〔續修〕1588

楊端(明)

　揚州瓊華集〔存目〕子部80

楊齊賢(宋)

　分類補註李太白詩、分類編次李太白文〔著
　　録〕集部335

　李太白集分類補注〔文淵〕1066〔文津〕
　　1070〔文瀾〕1095

　李太白集分類補註(分類補註李太白集)
　　〔薈要〕359

楊榮(明)

　文敏集 〔文淵〕1240 〔文津〕1243－1244
　　〔文瀾〕1276〔珍本〕四集 319－322
　北征記 〔續修〕433
　楊文敏公集 〔底本〕集部 41－42 〔著錄〕集
　　部 350

楊賓(清)

　柳邊紀略、塞外草 〔續修〕731

楊肇芳(明)

　尚書副墨 〔未收〕一輯 3

楊維楨(明)

　可傳集 〔文淵〕1232 〔文津〕1236〔文瀾〕
　　1268
　史義拾遺 〔存目〕史部 281
　東維子集 〔文淵〕1221 〔文津〕1225－1226
　　〔文瀾〕1256
　復古詩集 〔文淵〕1222 〔文津〕1226 〔文
　　瀾〕1257〔薈要〕407
　劉彥昺集 〔文淵〕1229 〔文津〕1234 〔文
　　瀾〕1265
　麗則遺音 〔文淵〕1222 〔文津〕1226 〔文
　　瀾〕1257〔珍本〕四集 301〔薈要〕407
　鐵崖古樂府 〔文淵〕1222 〔文津〕1226 〔文
　　瀾〕1257〔薈要〕407
　鐵崖賦藁 〔續修〕1325
　鐵崖樂府註、詠史註、逸編註 〔續修〕1325
　鐵崖樂府補 〔薈要〕407

楊維禎(元)

　大雅集 〔著錄〕集部 144
　玉笥集 〔著錄〕集部 348
　東維子文集 〔著錄〕集部 33
　麗則遺音 〔著錄〕集部 62
　鐵崖先生古樂府 〔著錄〕集部 62
　鐵崖先生復古詩集 〔著錄〕集部 62

楊維德(宋)

　遁甲符應經 〔續修〕1060

楊鞏(清)

　中外農學合編 〔未收〕四輯 23

楊樞(明)

　淞故述 〔存目〕史部 247 〔續修〕730

楊輝(宋)

　楊輝算法、札記 〔續修〕1042
　詳解九章算法、纂類、札記 〔續修〕1042

楊億(宋)

　册府元龜 〔文淵〕902－919 〔文津〕904 〔文
　　瀾〕922－939
　西崑酬唱集 〔文淵〕1344 〔文津〕1348 〔文
　　瀾〕1386〔著錄〕集部 136
　武夷新集 〔文淵〕1086 〔文津〕1090 〔文
　　瀾〕1116〔珍本〕八集 145－147 〔薈
　　要〕368
　楊大年先生武夷新集 〔著錄〕集部 43

楊儀(明)

　古虞文錄、文章表錄 〔存目〕集部 304
　洹詞記事抄、續抄、明良記 〔存目〕子部 143
　驪珠隨錄、續錄 〔存目〕集部 304

楊德周(明)

　金華雜識 〔存目〕子部 243
　銅馬編 〔存目〕集部 184

楊鋭(清)

　楊叔嶠先生詩集、文集 〔續修〕1568

楊慶(清)

　大成通志 〔存目〕史部 121

楊潮觀(清)

　古今治平彙要 〔禁燬〕子部 31
　左鑑 〔未收〕二輯 10
　吟風閣 〔續修〕1768

楊潛(宋)

　紹熙雲間志 〔續修〕687

楊履泰(清)

　周易倚數錄、附圖 〔續修〕34

楊翬(明)

　選校范文白公詩集、續選 〔存目〕集部 22

楊擁(清)

　是菴日記 〔存目〕子部 237

楊翮(元)

　佩玉齋類藁 〔文淵〕1220 〔文津〕1224 〔文
　　瀾〕1255〔珍本〕初集 355 〔著錄〕集部
　　396

楊篤(清)

　〔光緒〕山西通志 〔續修〕641－646

楊學可(明)

　明氏實錄 〔存目〕史部 159 〔續修〕350

楊學光(清)

　西法挨星江南黄道命度表、附元空秘旨 〔未
　　收〕十輯 9

楊錫紱(清)

　四知堂文集、崇祀錄 〔未收〕九輯 24
　四知堂文錄 〔續修〕1671
　節婦傳 〔存目〕史部 126

漕運則例纂〔未收〕一輯 23

楊錫觀（清）

　六書例解、六書雜説、八分書辨〔存目〕經部
　205

　六書辨通〔存目〕經部 205

楊聯芳（明）

　諸經纂註〔存目〕子部 204

楊鍾泰（清）

　尚書今文二十八篇解〔未收〕四輯 3

楊鍾羲（清）

　意園文略、事略〔續修〕1567

楊爵（明）

　周易辯録〔文淵〕31〔文津〕25〔文瀾〕25
　〔珍本〕四集 10〔底本〕經部 19〔底本〕
　經部 23〔著録〕經部 142

　楊忠介公集〔著録〕集部 434

　楊忠介集〔文淵〕1276〔文津〕1280〔文
　瀾〕1313〔珍本〕五集 356－357

楊謙（清）

　梅里志〔續修〕716

楊應琚（清）

　謚法備考〔未收〕二輯 27

楊應詔（明）

　閩南道學源流〔存目〕史部 92

楊翼亮（清）

　譯古含奇〔未收〕六輯 18

楊璿（清）

　傷寒瘟疫條辯〔續修〕1004

楊瞿崍（明）

　嶺南文獻軌範補遺〔存目〕集部 335

楊簡（宋）

　五誥解〔文淵〕57〔文津〕52〔文瀾〕50
　〔珍本〕別輯 14

　先聖大訓〔文淵〕706〔文津〕708〔文瀾〕
　721〔珍本〕七集 117－119〔著録〕子部
　251

　楊氏易傳〔文淵〕14〔文津〕9〔文瀾〕8
　〔珍本〕七集 1－2〔著録〕經部 1

　慈湖先生遺書〔著録〕集部 54

　慈湖詩傳〔文淵〕73〔文津〕68〔文瀾〕66
　〔珍本〕四集 26－28

　慈湖遺書〔文淵〕1156〔文津〕1161〔文
　瀾〕1190

楊譓（元）

　至正崑山郡志〔續修〕696

楊繩武（清）

　文章鼻祖〔存目〕集部 408

楊巍（明）

　存家詩稿〔文淵〕1285〔文津〕1289〔文
　瀾〕1323〔珍本〕五集 362

　夢山存家詩稿〔著録〕集部 404

楊繼洲（明）

　鍼灸大成〔存目〕子部 45〔續修〕996

楊繼益（明）

　澹齋内言、外言〔存目〕子部 113

楊繼盛（明）

　楊忠愍公集〔著録〕集部 71

　楊忠愍集〔文淵〕1278〔文津〕1282〔文
　瀾〕1315

楊夔生（清）

　真松閣詞〔續修〕1726

楊鶴（明）

　薛文清公年譜、行實〔存目〕史部 84

楊體仁（明）

　皇極經世心易發微〔存目〕子部 57

楊顯之（元）

　鄭孔目風雪酷寒亭雜劇〔續修〕1761

　臨江驛瀟湘秋夜雨雜劇〔續修〕1760

楊鸞（清）

　邈雲樓集六種〔未收〕十輯 13

槐

槐鼎（明）

　彩雲乘新鐫樂府遏雲編〔續修〕1778

裘

裘曰修（清）

　欽定重刻淳化閣帖釋文〔文淵〕683〔文津〕
　683〔文瀾〕697

　裘文達公文集、詩集〔續修〕1441

裘君弘（清）

　西江詩話〔續修〕1699〔禁燬〕集部 138

　妙貫堂餘譚〔存目〕子部 115〔續修〕1136

裘萬頃（宋）

　竹齋詩集〔文淵〕1169〔文津〕1173〔文
　瀾〕1203〔珍本〕十集 235

　裘竹齋詩集〔著録〕集部 100

裘璉（清）

　南海普陀山志〔存目〕史部 239

橫山初集、易皆軒二集、橫山文鈔〔未收〕九
　輯 18

甄

甄克思（英國）
　社會通詮〔續修〕1300
甄鸞（北周）
　五曹算經、數術記遺、算學源流〔續修〕1041
　五經算術〔文淵〕797〔文津〕798〔文瀾〕
　　814〔珍本〕別輯 187
　周髀算經、音義〔文淵〕786〔文津〕787〔文
　　瀾〕803〔珍本〕別輯 184〔薈要〕264
　　〔著錄〕子部 18〔續修〕1031
　夏侯陽算經〔文淵〕797〔文津〕798〔文
　　瀾〕814
　張邱建算經〔文淵〕797〔文津〕798〔文
　　瀾〕814〔著錄〕子部 20
　數術記遺〔文淵〕797〔文津〕798〔文瀾〕
　　814〔著錄〕子部 355

賈

賈三近（明）
　皇明兩朝疏抄〔續修〕465
　滑耀編〔存目〕集部 321
賈公彥（唐）
　附釋音周禮註疏〔著錄〕經部 65
　周禮註疏〔文淵〕90〔文津〕85〔文瀾〕83
　　〔薈要〕46
　儀禮注疏、正義序、原目〔薈要〕49
　儀禮注疏、原目、附考證〔文淵〕102〔文津〕
　　97 - 98〔文瀾〕96
　儀禮註疏〔著錄〕經部 148
賈世西（清）
　象數簡明録〔未收〕四輯 26
賈田祖（清）
　容瓠軒詩鈔〔禁燬補〕90
　賈稻孫集〔未收〕十輯 28
賈存仁（清）
　等韻精要〔續修〕258
賈仲名（明）
　荊楚臣重對玉梳記雜劇〔續修〕1762
　蕭淑蘭情寄菩薩蠻雜劇〔續修〕1762
　鐵拐李度金童玉女雜劇〔續修〕1762
賈似道（宋）
　重刊訂正秋蟲譜〔續修〕1120

鼎新圖像蟲經〔續修〕1120
賈亨（明）
　算法全能集〔續修〕1043
賈昌朝（宋）
　群經音辨〔文淵〕222〔文津〕216〔文瀾〕
　　214〔薈要〕78〔著錄〕經部 107
賈所學（明）
　藥品化義〔續修〕990
賈思勰（北魏）
　齊民要術〔文淵〕730〔文津〕729〔文瀾〕
　　744〔薈要〕258〔著錄〕子部 131
賈島（唐）
　長江集〔文淵〕1078〔文津〕1082〔文瀾〕
　　1108
　唐賈浪仙長江集〔著錄〕集部 232
　新刻二南密旨〔存目〕集部 415
賈棠（清）
　丘海二公文集合編〔存目〕集部 406
賈楨（清）
　籌辦夷務始末〔續修〕414 - 421
賈嵩（唐）
　華陽陶隱居內傳〔續修〕1294
賈銘（元）
　飲食須知〔存目〕子部 80
賈誼（漢）
　賈長沙集〔續修〕1583
　新書〔文淵〕695〔文津〕695〔文瀾〕709
　　〔著錄〕子部 41
賈應壁（明）
　獨醒子〔續修〕943
賈應璧（明）
　蕭山水利、續刻、三刻、附蕭山諸湖水利〔存
　　目〕史部 225

雷

雷士俊（清）
　艾陵文鈔、詩鈔〔禁燬〕集部 90
雷次宗（南朝宋）
　豫章古今記〔存目補〕76
雷思齊（宋）
　易圖通變〔薈要〕15〔著錄〕經部 191
　易圖通變、易筮通變〔文淵〕21〔文津〕17
　　〔文瀾〕17
雷浚（清）

説文引經例辨〔續修〕227
説文外編〔續修〕227

雷鋐(清)
雷翠庭先生讀書偶記〔著錄〕子部261
讀書偶記〔文淵〕725〔文津〕725〔文瀾〕739〔珍本〕三集188

雷學淇(清)
介庵經説〔續修〕176
古經天象考、附圖説〔未收〕四輯26
古經服緯〔未收〕一輯5
竹書紀年〔未收〕三輯12

雷禮(明)
南京太僕寺志〔存目〕史部257
皇明大政紀〔存目〕史部7-8〔續修〕353-354
國朝列卿紀〔存目〕史部92-94〔續修〕522-524
鐔墟堂摘稿〔續修〕1342

雷豐(清)
灸法秘傳〔續修〕997
時病論〔續修〕1005

雷鐏(清)
古經服緯〔未收〕一輯5

虞

虞世南(唐)
北堂書鈔〔文淵〕889〔文津〕890-891〔文瀾〕909〔著錄〕子部35〔續修〕1212-1213

虞兆溁(清)
天香樓偶得〔存目〕子部98

虞荔(南朝梁)
鼎録〔著錄〕子部27

虞荔(南朝陳)
鼎録〔文淵〕840〔文津〕842〔文瀾〕859

虞咸熙(清)
諧聲品字箋〔存目〕經部217-218

虞淳熙(明)
孝經集靈〔存目〕子部247
黄帝陰符經〔著錄〕子部122
虞德園先生集〔禁燬〕集部43
辯學遺牘〔存目〕子部93

虞堪(明)
希澹園詩〔珍本〕初集361
希澹園詩集〔文淵〕1233〔文津〕1237〔文瀾〕1269

道園遺稿〔文淵〕1207〔文津〕1212〔文瀾〕1242
鼓枻藳〔著錄〕集部397

虞集(元)
平記〔存目〕史部45
杜工部七言律詩〔存目〕集部3
伯生詩後〔存目〕集部22
道園集〔存目〕集部22
道園遺稿〔文淵〕1207〔文津〕1212〔文瀾〕1242〔珍本〕五集292〔薈要〕403〔著錄〕集部254
道園學古録〔文淵〕1207〔文津〕1211〔文瀾〕1242〔薈要〕403
雍虞先生道園類稿〔著錄〕集部109-110

虞載(宋)
古今合璧事類備要前集、後集、續集、別集、外集〔著錄〕子部290-293

虞搏(明)
新編醫學正傳〔存目〕子部42〔續修〕1019

虞德升(清)
諧聲品字箋〔存目〕經部217-218

虞儔(宋)
尊白堂集〔文淵〕1154〔文津〕1158〔文瀾〕1187〔珍本〕初集300〔底本〕集部81〔著錄〕集部54

虞懷忠(明)
〔萬曆〕四川總志〔存目〕史部199-200

愚

愚谷老人(宋)
延壽第一紳言〔存目〕子部259

路

路振(宋)
九國志、拾遺〔續修〕333

路邁(明)
苧蘿誌〔未收〕一輯19

路德(清)
檉華館全集〔續修〕1509

農

農工商部(清)
棉業圖説〔續修〕977

嵩

嵩貴(清)

〔乾隆〕續河南通志 〔存目〕史部 220

圓

圓興宗(宋)

辨言 〔珍本〕別輯 214

愛

愛理沙(元)

海巢集 〔著錄〕集部 257

詹

詹大和(宋)

王荊文公詩、年譜 〔著錄〕集部 7

詹初(宋)

宋國錄流塘詹先生集 〔著錄〕集部 58

寒松閣集 〔文淵〕1179 〔文津〕1183 〔文淵〕1213 〔珍本〕六集 256

詹事講(明)

詹養貞先生文集 〔存目〕集部 166 〔禁燬補〕59

詹淇(清)

禮耕堂五經撮要 〔未收〕三輯 10

詹淮(明)

性理標題綜要 〔存目〕子部 16

詹軫光(明)

問石先生語語 〔未收〕六輯 22

詹景鳳(明)

王氏書苑、書苑補益 〔存目〕子部 71

王氏畫苑、畫苑補益 〔存目〕子部 71

古今寓言 〔存目〕子部 252

詹氏性理小辨 〔存目〕子部 112

詹道傳(元)

大學章句纂箋、大學或問纂箋、中庸章句纂箋、中庸或問纂箋、論語集註纂箋、孟子集註纂箋 〔著錄〕經部 100

四書纂箋 〔文淵〕204 〔文津〕197－198 〔文淵〕194 〔薈要〕75

詹榮(明)

山海關志 〔續修〕718

詹賢(清)

詹鐵牛文集、詩集、續集 〔禁燬〕集部 167

詹應甲(清)

賜綺堂集 〔續修〕1484

解

解悦(清)

文毅集 〔文淵〕1236 〔文津〕1240－1241 〔文瀾〕1272

解蒙(元)

易精蘊大義 〔文淵〕25 〔文津〕20 〔文瀾〕21 〔珍本〕二集 8－9 〔底本〕經部 17－18 〔著錄〕經部 122

解縉(明)

文毅集 〔文淵〕1236 〔文津〕1240－1241 〔文瀾〕1272 〔珍本〕四集 316－317

古今列女傳 〔文淵〕452 〔文津〕451 〔文瀾〕452 〔著錄〕史部 201

永樂大典 〔存目補〕58－72

永樂大典戲文三種 〔續修〕1768

解學士先生集 〔著錄〕集部 262

靖

靖道謨(清)

〔雍正〕雲南通志 〔著錄〕史部 241－242

雲南通志 〔文淵〕569－570 〔文津〕569－571 〔文瀾〕578－579

〔乾隆〕貴州通志 〔著錄〕史部 243－244

貴州通志 〔文淵〕571－572 〔文津〕571－572 〔文瀾〕580－581

滄

滄州樵叟(宋)

慶元黨禁 〔文淵〕451 〔文津〕449 〔文瀾〕451 〔珍本〕別輯 124

慎

慎到(周)

慎子 〔文淵〕848 〔文津〕850 〔文瀾〕867 〔續修〕971

慎蒙(明)

天下名山諸勝一覽記 〔存目〕史部 251

慎懋官(明)

華夷花木鳥獸珍玩考 〔存目〕子部 118 〔續修〕1185

塞

塞爾赫(清)

　曉亭詩鈔、附鶴鳴集 〔未收〕十輯 18

褚

褚人穫(清)

　堅瓠集、續集、廣集、補集、秘集、餘集 〔續
　　修〕1260－1262

褚克明(明)

　秋仙遺譜前集、後集、附萃經 〔存目〕子部
　　76 〔續修〕1097

褚伯秀(宋)

　南華真經義海纂微 〔文淵〕1057 〔文津〕
　　1061 〔文瀾〕1086 〔著録〕子部 247－
　　248

褚華(清)

　木棉譜 〔續修〕977

　水蜜桃譜 〔續修〕1116

褚峻(清)

　金石經眼録 〔文淵〕684 〔文津〕684 〔文
　　瀾〕698 〔珍本〕十集 109 〔著録〕史部
　　159

　金石圖 〔存目〕史部 278

褚寅亮(清)

　儀禮管見 〔續修〕88

褚澄(南朝齊)

　褚氏遺書 〔文淵〕734 〔文津〕734 〔文瀾〕
　　749 〔著録〕子部 65

褚藏言(唐)

　竇氏聯珠集 〔文淵〕1332 〔文津〕1336 〔文
　　瀾〕1374

福

福申(清)

　續同書 〔未收〕十輯 11

福趾(清)

　欽定户部漕運全書 〔續修〕836－838

福康安(清)

　福康安奏疏 〔續修〕494

福隆安(清)

　皇朝禮器圖式 〔文淵〕656 〔文津〕655 〔文
　　瀾〕667 〔珍本〕六集 122－129 〔薈要〕
　　201

福臨(清世祖)

　太宗文皇帝聖訓 〔文淵〕411 〔文津〕408
　　〔文瀾〕409

　内則衍義 〔著録〕子部 301

　御定人臣儆心録 〔文淵〕602 〔文津〕602
　　〔文瀾〕612 〔珍〕十集 105

　御定内則衍義 〔文淵〕719 〔文津〕721 〔文
　　瀾〕733

　御定孝經注 〔文淵〕182 〔文津〕177 〔文
　　瀾〕173

　御定孝經注(御注孝經) 〔薈要〕68

　御定道德經註 〔文淵〕1055 〔文津〕1059
　　〔文瀾〕1084

　御定道德經註(御註道德經) 〔薈要〕275

　御定資政要覽 〔文淵〕717 〔文津〕719 〔文
　　瀾〕732 〔珍本〕六集 187

　御定資政要覽(御製資政要覽) 〔薈要〕248

　御註道德經 〔著録〕子部 123

　御製人臣儆心録 〔著録〕史部 116

　御製資政要覽 〔著録〕子部 1

經

經元善(清)

　居易初集 〔續修〕1564

十四畫

趙

趙一清(清)

　三國志注補 〔續修〕274

　水經注釋、水經注箋刊誤 〔文淵〕575 〔文
　　津〕575－576 〔文瀾〕584 〔珍本〕三集
　　156－163 〔著録〕史部 109

趙士粲(宋)

　無爲集 〔文淵〕1099 〔文津〕1103 〔文瀾〕
　　1129

趙士麟(清)

　讀書堂綵衣全集 〔存目〕集部 239－240

趙之謙(清)

　六朝别字記 〔續修〕242

　〔光緒〕江西通志 〔續修〕656－660

　章安雜説 〔續修〕1141

　補寰宇訪碑録、失編 〔續修〕904

趙子櫟(宋)

　杜工部年譜 〔文淵〕446 〔文津〕445 〔文

瀾]447

杜工部草堂詩年譜 〔續修〕1307〔著録〕史部 201

趙天祐(宋)

覆盆明鏡照占真經 〔續修〕1055

趙天麟(元)

太平金鏡策 〔存目〕集部 21〔續修〕475

趙元一(唐)

奉天録 〔續修〕423

趙元益

冶金録 〔續修〕1300

趙不悔(宋)

淳熙新安志〔著録〕史部 35

趙友欽(元)

革象新書〔珍本〕初集 173

重刊革象新書〔著録〕子部 353〔著録〕子部 269

重修革象新書〔文淵〕786〔文津〕787〔文瀾〕803〔珍本〕十一集 115

原本革象新書〔文淵〕786〔文津〕787〔文瀾〕803

趙仁舉(元)

絳守居園池記〔底本〕集部 55〔著録〕集部 420

絳守居園池記補註 〔文淵〕1078〔文津〕1082〔文瀾〕1108

趙公豫(宋)

燕堂詩稿 〔文淵〕1142〔文津〕1146〔文瀾〕1174〔珍本〕五集 278

趙文(明)

青山集 〔文淵〕1195〔文津〕1199〔文瀾〕1230〔珍本〕初集 341

〔景泰〕建陽縣志、雜志、續集 〔存目〕史部 176

趙文哲(清)

娵隅集〔續修〕1436

媕雅堂別集〔未收〕十輯 26

媕雅堂詩續集〔未收〕十輯 26

趙文華(明)

趙氏家藏集〔未收〕五輯 19

〔嘉靖〕嘉興府圖記〔存目〕史部 191

趙文楷(清)

石柏山房詩存 〔續修〕1485

趙以夫(宋)

易通 〔文淵〕17〔文津〕12〔文瀾〕12〔珍

本〕初集 12

趙世延(元)

大元海運記〔續修〕835

趙世迥(清)

周易告蒙、圖註〔存目〕經部 48

趙世卿(明)

司農奏議〔續修〕480

趙世對(清)

易學著貞〔存目〕經部 28

趙世顯(明)

芝園稿〔未收〕五輯 24

東越文苑〔續修〕547

趙氏連城〔存目〕子部 107

趙本學(明)

重刊續武經總要 〔續修〕959

趙申喬(清)

趙忠毅公文録〔續修〕1671

趙恭毅公自治官書類集〔續修〕880-881

趙恭毅公剩稿、附趙裘萼公剩稿〔存目〕集部 244

趙令畤(宋)

侯鯖録 〔文淵〕1037〔文津〕1041〔文瀾〕1064〔著録〕子部 218

趙用光(明)

蒼雪軒全集〔禁燬〕集部 182

趙用賢(明)

大明會典〔續修〕789-792

松石齋集〔禁燬〕集部 41

趙必豫(宋)

秋曉趙先生覆瓿集〔著録〕集部 394

覆瓿集 〔文淵〕1187〔文津〕1191〔文瀾〕1222〔珍本〕八集 158

趙民獻(明)

萃古名言〔存目〕子部 149

趙弘恩(清)

江南通志 〔文淵〕507〔文津〕507-513〔文瀾〕512-517

趙台鼎(明)

脈望〔存目〕子部 86

寶顔堂訂正脈望 〔續修〕1128

趙吉士(清)

二續表忠記〔禁燬〕史部 41

林卧遥集、千叠波餘、續編、庚辰匜歲雜感詩、辛巳匜歲雜感詩〔存目補〕3

寄園寄所寄〔存目〕子部 155〔續修〕1196-

1197
　萬青閣全集〔存目〕集部 220
　萬青閣詩餘〔續修〕1724
　續表忠記〔存目〕史部 120
趙光裕(明)
　新鐫批選皇明百將傳合法兵戎事類〔禁燬〕
　　子部 33
趙廷瑞(明)
　南滁會景編〔存目〕集部 300
趙伊(明)
　序芳園稿〔存目〕集部 95
趙次公(宋)
　分門集註杜工部詩、年譜〔續修〕1306
趙汝适(宋)
　諸蕃志〔文淵〕594〔文津〕594〔文瀾〕602
　　〔著錄〕史部 427
趙汝楳(宋)
　周易輯聞〔底本〕經部 16
　周易輯聞、易雅、筮宗〔文淵〕19〔文津〕14
　　〔文瀾〕13〔薈要〕7〔著錄〕經部 42
趙汝愚(宋)
　宋名臣奏議〔文淵〕431-432〔文津〕429
　　〔文瀾〕430-432〔珍本〕二集 101-116
　國朝諸臣奏議〔著錄〕史部 302-303
趙汝談(宋)
　南塘先生四六〔存目〕集部 20
趙汝濂(明)
　平黔三記〔存目〕史部 49
趙汝礪(宋)
　宣和北苑貢茶録、北苑別録〔底本〕子部 26
　　〔著錄〕子部 27
趙汝鐩(宋)
　野谷詩稿〔文淵〕1175〔文津〕1179〔文
　　瀾〕1209〔珍本〕九集 254〔著錄〕集部
　　102
趙汝騰(宋)
　庸齋集〔文淵〕1181〔文津〕1185〔文瀾〕
　　1216〔珍本〕初集 328
趙如升(清)
　陰騭文像註〔未收〕九輯 13
趙如楳(宋)
　易序叢書〔存目〕經部 1
趙如源(明)
　左傳杜林合注〔珍本〕四集 79-81
　左傳杜林合注、春秋提要〔文淵〕171〔文

津〕166〔文瀾〕163
趙均(明)
　金石林時地考〔文淵〕683〔文津〕683〔文
　　瀾〕697
　寒山堂金石林時地考、部目、葉氏菉竹堂碑
　　目〔著錄〕史部 157
趙抃(宋)
　清獻集〔文淵〕1094〔文津〕1098〔文瀾〕
　　1124〔珍本〕四集 246-247〔薈要〕370
　御試備官日記〔續修〕558
　趙清獻公文集〔著錄〕集部 420
趙志臯(明)
　內閣奏題稿〔存目〕史部 63〔續修〕479
　趙文懿公文集〔禁燬〕集部 180
　靈洞山房集〔存目〕集部 321
趙岐(漢)
　三輔決録〔續修〕540
　孟子注疏、附考證〔文淵〕195〔文津〕190
　　〔文瀾〕186
　孟子注疏、音義序、題辭解、原目〔薈要〕71
　孟子註疏解經〔著錄〕經部 95
趙佑(清)
　四書温故録〔續修〕166
　尚書質疑〔續修〕45
　草木疏校正〔續修〕64
　清獻堂文録〔續修〕1670
　讀春秋存稿〔續修〕141
趙希弁(宋)
　昭德先生郡齋讀書志〔著錄〕史部 265
　郡齋讀書志、附志、後志〔文淵〕674〔文津〕
　　674〔文瀾〕687
趙希璜(清)
　四百三十二峰草堂詩鈔〔續修〕1471
　安陽縣金石録〔續修〕913
　研栖齋文集〔續修〕1472
趙希鵠(宋)
　洞天清録〔文淵〕871〔文津〕873〔文瀾〕
　　890〔著錄〕子部 362
趙迎(明)
　範圍數〔存目補〕95
趙汸(元)
　東山存稿〔珍本〕二集 342-343
　東山存稿、附東山趙先生汸行狀〔文淵〕
　　1221〔文津〕1225〔文瀾〕1256
　周易文詮〔文淵〕27〔文津〕22〔文瀾〕22

〔珍本〕初集 25－26

春秋左氏傳補註 〔文淵〕164 〔文津〕158
〔文瀾〕156 〔著録〕經部 85

春秋金鎖匙 〔文淵〕164 〔文津〕158 〔文
瀾〕156 〔底本〕經部 50 〔著録〕經部 84

春秋師説 〔文淵〕164 〔文津〕158 〔文瀾〕
156 〔著録〕經部 83

春秋集傳 〔文淵〕164 〔文津〕157－158 〔文
瀾〕156 〔著録〕經部 198

春秋屬辭 〔文淵〕164 〔文津〕158 〔文瀾〕
156 〔薈要〕42 〔著録〕經部 83

趙氏春秋集傳(春秋集傳) 〔薈要〕42

趙徵君東山先生存稿 〔著録〕集部 113

趙完璧(明)

海壑吟稿 〔文淵〕1285 〔文津〕1289 〔文
瀾〕1323 〔珍本〕二集 373

海壑吟稿、文稿 〔著録〕集部 278

趙良仁(元)

金匱玉函經二注 〔續修〕989

趙良棟(清)

奏疏存藁 〔未收〕二輯 25

趙良霑(清)

肖巖詩鈔、文鈔 〔續修〕1464

趙君卿(漢)　參見 趙爽

趙長庚(清)

孝經存解 〔未收〕二輯 12

趙長卿(宋)

惜香樂府 〔文淵〕1488 〔文津〕1493 〔文
瀾〕1538 〔著録〕集部 219

趙坦(清)

春秋異文箋 〔續修〕144

趙叔向(宋)

肯綮録 〔存目〕子部 95

趙昇(宋)

朝野類要 〔文淵〕854 〔文津〕856 〔文瀾〕
874 〔底本〕子部 19 〔著録〕子部 165

趙明誠(宋)

金石録 〔文淵〕681 〔文津〕681 〔文瀾〕694
〔著録〕史部 155

趙迪(明)

鳴秋集 〔存目〕集部 36

趙知希(清)

涇川詩話 〔續修〕1701

趙秉文(金)

閑閑老人滏水文集 〔底本〕集部 94－95

〔底本〕集部 183－184 〔著録〕集部 424

滏水集 〔文淵〕1190 〔文津〕1194 〔文瀾〕
1225 〔薈要〕398

趙佶(宋)

聖濟總録纂要 〔文淵〕739 〔文津〕739 〔文
瀾〕753－754

趙采(元)

周易程朱二先生傳義折衷 〔著録〕經部 121

周易程朱傳義折衷 〔文淵〕23 〔文津〕18
〔文瀾〕18 〔珍本〕初集 18－20

趙宜中(明)

六藝綱目、字原、六藝發原 〔文淵〕242 〔文
津〕237 〔文瀾〕235

趙居信(元)

蜀漢本末 〔存目〕史部 19

趙孟堅(宋)

彝齋文編 〔文淵〕1181 〔文津〕1185 〔文
瀾〕1216 〔珍本〕三集 247

趙孟頫(元)

松雪齋文集、外集 〔著録〕集部 107

松雪齋集 〔存目〕集部 21

松雪齋集、外集 〔文淵〕1196 〔文津〕1200
〔文瀾〕1231 〔薈要〕402

趙南星(明)

大學中庸正説 〔著録〕經部 207

趙忠毅公詩文集 〔禁燬〕集部 68

趙忠毅公儕鶴先生史韻 〔存目〕史部 285

增定二十一史韻 〔存目〕史部 292

學庸正説 〔文淵〕207 〔文津〕201 〔文瀾〕
200 〔珍本〕四集 89

趙貞吉(明)

趙文肅公文集 〔存目〕集部 100

趙俞(清)

紺寒亭文集、詩別集、詩集 〔存目〕集部 255

趙彦復(明)

梁園風雅 〔存目〕集部 334 〔續修〕1680

趙彦肅(宋)

復齋易説 〔文淵〕13 〔文津〕8 〔文瀾〕7
〔薈要〕5 〔著録〕經部 32

趙彦端(宋)

介菴詞 〔文淵〕1488 〔文津〕1492 〔文瀾〕
1537 〔著録〕集部 218

趙彦衛(宋)

雲麓漫鈔 〔文淵〕864 〔文津〕866 〔文瀾〕
884 〔珍本〕十集 171－173 〔著録〕子部

56

趙恒（明）
　春秋録疑〔存目〕經部 119
趙振芳（清）
　易原〔存目〕經部 30
趙起（宋）
　种太尉傳〔存目〕史部 81
趙起蛟（清）
　孝經集解〔續修〕152
趙烈文（清）
　能静居日記〔續修〕560 - 564
趙時庚（宋）
　金漳蘭譜〔文淵〕845〔文津〕846〔文瀾〕
　　863〔底本〕子部 33〔著録〕子部 358
趙時春（明）
　〔嘉靖〕平涼府志〔存目〕史部 189 - 190
　浚谷先生集〔存目〕集部 87
　趙浚谷詩集、文集、附永思録、疏案〔存目〕
　　集部 87
　稽古緒論〔續修〕1123
趙時遠（元）
　孫耕閒集〔續修〕1320
趙師秀（宋）
　清苑齋詩集〔文淵〕1171〔文津〕1175〔文
　　瀾〕1205〔著録〕集部 423
　衆妙集〔文淵〕1356〔文津〕1361〔文瀾〕
　　1399〔珍本〕九集 270〔著録〕集部 412
趙師使（宋）
　坦菴詞〔文淵〕1487〔文津〕1492〔文瀾〕
　　1537〔著録〕集部 218
趙宧光（明）
　六書長箋〔存目〕經部 197〔續修〕203
　寒山帚談、拾遺〔著録〕子部 150
　寒山帚談、拾遺、寒山金石林甲乙表、金石林
　　緒論〔文淵〕816〔文津〕819〔文瀾〕
　　835
　寒山蔓草〔存目〕集部 348
　説文長箋、解題〔存目〕經部 195 - 196
　篆學指南〔續修〕1091
趙執信（清）
　因園集〔文淵〕1325〔文津〕1329〔文瀾〕
　　1365〔珍本〕十集 276 - 277
　飴山文録〔續修〕1671
　飴山詩集〔著録〕集部 410
　飴山詩餘〔續修〕1725

　談龍録〔文淵〕1483〔文津〕1488〔文瀾〕
　　1533〔著録〕集部 332
　聲調前譜、後譜、續譜〔著録〕集部 332
　聲調譜〔文淵〕1483〔文津〕1488〔文瀾〕
　　1533
　禮俗權衡〔未收〕三輯 8
趙執端（清）
　寶茵堂遺詩〔存目〕集部 252
趙爽（趙君卿）（漢）
　古周髀算經〔續修〕1031
　周髀算經、音義〔文淵〕786〔文津〕787〔文
　　瀾〕803〔珍本〕別輯 184〔薈要〕264
　　〔著録〕子部 18〔續修〕1031
趙彪詔（清）
　説蛇〔續修〕1120
趙堂（明）
　軍政備例〔續修〕852
趙崇祚（後蜀）
　花間集〔文淵〕1489〔文津〕1493〔文瀾〕
　　1538〔著録〕集部 333
趙崇絢（宋）
　雞肋〔文淵〕948〔文津〕951〔文瀾〕955
　　〔著録〕子部 330
趙崡（明）
　石墨鐫華〔文淵〕683〔文津〕683〔文瀾〕
　　697〔著録〕史部 157
趙偕（宋）
　趙寶峰先生文集〔存目〕集部 21〔續修〕
　　1321
趙釴（明）
　古今原始〔存目〕子部 96
　無聞堂稿〔存目〕集部 112
趙紹祖（清）
　竹書紀年〔未收〕三輯 12
　安徽金石略〔續修〕912
　消暑録〔續修〕1161
　通鑑注商〔續修〕342
　新舊唐書互證〔未收〕五輯 4
　讀書偶記〔續修〕1161
趙紹箕（清）
　拙菴韻悟〔續修〕257
趙琦美（明）
　趙氏鐵網珊瑚〔文淵〕815〔文津〕818〔文
　　瀾〕834
趙萬年（宋）

襄陽守城録〔存目〕史部 45

趙敬如(清)
　鹽桑説〔續修〕978

趙鼎(宋)
　忠正德文集〔文淵〕1128〔文津〕1133〔文淵〕1160〔珍本〕四集 259－260
　建炎筆録〔續修〕423
　辯誣筆録〔續修〕423

趙鼎臣(宋)
　竹隱畸士集〔文淵〕1124〔文津〕1128〔文淵〕1154〔珍本〕初集 266－267

趙景良(元)
　忠義集〔文淵〕1366〔文津〕1371〔文淵〕1410〔珍本〕九集 271〔著録〕集部 301

趙順孫(宋)
　大學纂疏、中庸纂疏、論語纂疏、孟子纂疏〔著録〕經部 98
　四書纂疏〔文淵〕201〔文津〕195〔文淵〕191〔薈要〕73

趙舒翹(清)
　提牢備考〔續修〕867

趙善括(宋)
　應齋雜著〔文淵〕1159〔文津〕1163〔文淵〕1192〔珍本〕別輯 350

趙善湘(宋)
　洪範統一〔文淵〕59〔文津〕55〔文淵〕52〔珍本〕別輯 24

趙善璙(宋)
　自警編〔文淵〕875〔文津〕877〔文淵〕895〔珍本〕三集 213－214〔底本〕子部 37－38〔著録〕子部 306

趙善譽(宋)
　易説〔底本〕經部 1〔著録〕經部 183
　趙氏易説〔文淵〕14〔文津〕9〔文淵〕8〔珍本〕別輯 8

趙道一(元)
　歷世真仙體道通鑑、續篇、後集〔續修〕1294－1295

趙湘(宋)
　南陽集〔文淵〕1086〔文津〕1090〔文淵〕1116〔珍本〕別輯 239

趙弼(明)
　效顰集〔存目〕子部 246〔續修〕1266
　雪航膚見〔存目補〕94

趙統(明)

杜律意註〔存目〕集部 4
驪山集〔存目〕集部 101－102

趙與(宋)
　辛巳泣蘄録〔存目〕史部 45〔續修〕423

趙與泌(宋)
　寶祐仙溪志〔續修〕660

趙與𪟉(宋)
　賓退録〔文淵〕853〔文津〕856〔文淵〕873〔著録〕子部 165

趙與虤(宋)
　娛書堂詩話〔文淵〕1481〔文津〕1486〔文淵〕1531〔著録〕集部 215

趙鉞(清)
　唐尚書省郎官石柱題名考〔續修〕747
　唐御史臺精舍題名考〔續修〕748

趙新(清)
　還硯齋易漢學擬旨〔續修〕34
　還硯齋周易述〔續修〕34

趙雍(元)
　趙待制遺稿〔存目〕集部 21

趙滂(明)
　程朱闕里志、彙增〔存目〕史部 85

趙禎(宋仁宗)
　洪範政鑑〔存目〕子部 67〔續修〕1060

趙殿成(清)
　王右丞集〔著録〕集部 83
　王右丞集箋注〔文淵〕1071〔文津〕1075〔文淵〕1101

趙構(宋高宗)
　高宗皇帝御製翰墨志〔著録〕子部 149

趙爾巽
　清史稿〔續修〕295－300

趙曄(漢)
　吳越春秋〔文淵〕463〔文津〕462〔文淵〕464〔薈要〕203〔著録〕史部 204

趙聞禮(宋)
　陽春白雪、外集〔續修〕1728

趙僎(明)
　禮記思〔續修〕97

趙端(清)
　馴鶴軒詩選〔未收〕五輯 30

趙漢(明)
　漸齋詩草〔存目〕集部 68

趙寬(明)

半江趙先生文集〔存目〕集部 42

趙賓（清）

　　學易菴詩集〔未收〕七輯 21

趙寧（清）

　　長沙府嶽麓志〔存目〕史部 237〔續修〕720

趙熊詔（清）

　　趙恭毅公剩稿、附趙裘萼公剩稿〔存目〕集部 244

趙維新（明）

　　感述錄、續錄〔存目〕子部 91

趙維寰（明）

　　雪廬焚餘稿、續草、附客問〔禁燬〕集部 88

　　雪廬讀史快編〔存目〕史部 144－146

趙維藩（清）

　　槿園集〔未收〕八輯 25

趙璜（明）

　　歸聞述夢〔存目〕史部 127

趙撝謙（明）

　　六書本義〔文淵〕228〔文津〕223〔文瀾〕220〔珍本〕四集 100〔著錄〕經部 30

　　皇極聲音文字通〔存目〕經部 207〔續修〕254

　　趙考古文集〔文淵〕1229〔文津〕1234〔文瀾〕1265〔珍本〕四集 306

　　趙考古先生文集〔底本〕集部 142

　　趙考古先生遺集、續集〔著錄〕集部 349

　　學范〔存目〕子部 121

趙蕤（唐）

　　長短經〔文淵〕849〔文津〕851〔文瀾〕868〔底本〕子部 15〔著錄〕子部 163

　　關氏易傳〔存目〕經部 1〔續修〕1

趙蕃（宋）

　　乾道稿〔珍本〕別輯 333

　　乾道稿、淳熙稿、章泉稿〔文淵〕1155〔文津〕1159〔文瀾〕1188

　　章泉稿〔珍本〕別輯 338

　　淳熙稿〔珍本〕別輯 333－337〔底本〕集部 84－85〔著錄〕集部 54

趙樞生（明）

　　含玄子〔存目〕子部 260

趙德（元）

　　四書箋義纂要〔續修〕159

　　詩經疑問〔薈要〕27〔著錄〕經部 189

趙德懋（清）

　　妙香齋詩集〔續修〕1485

趙澐（清）

　　江左三家詩鈔〔禁燬〕集部 39

趙璘（唐）

　　因話錄〔文淵〕1035〔文津〕1039〔文瀾〕1062〔著錄〕子部 217

趙輯寧（清）

　　中書典故彙紀〔續修〕746

趙學敏（清）

　　本草綱目拾遺、正誤〔續修〕994－995

　　串雅內編、外編〔續修〕1003

趙學曾（清）

　　增補貢舉考略〔續修〕830－831

趙諫（明）

　　東甌詩集、續集〔存目〕集部 297

趙濂（清）

　　傷科大成〔續修〕1017

趙燦英（清）

　　詩經集成〔存目〕經部 74

趙鴻賜（明）

　　無甚高論〔存目〕子部 88

趙翼（清）

　　廿二史劄記〔續修〕453

　　陔餘叢考〔續修〕1151－1152

　　甌北集〔續修〕1446－1447

　　甌北詩話〔續修〕1704

　　簷曝雜記〔續修〕1138

趙藩（清）

　　向湖邨舍詩初集〔續修〕1575

　　岑襄勤公年譜〔續修〕558

趙鵬飛（宋）

　　木訥先生春秋經筌〔著錄〕經部 80

　　春秋經筌〔文淵〕157〔文津〕152〔文瀾〕150〔薈要〕37

趙瀛（明）

　　〔嘉靖〕嘉興府圖記〔存目〕史部 191

趙懷玉（清）

　　亦有生齋集〔續修〕1469－1470

　　洪駒父老圃集〔著錄〕集部 242

趙獻可（明）

　　醫貫〔續修〕1019

趙曦明（清）

　　顏氏家訓、補校注〔續修〕1121

趙繼序（清）

　　周易圖書質疑〔文淵〕53〔文津〕48〔文瀾〕46〔珍本〕初集 43－44

趙鶴（明）
　金華文統〔存目〕集部297
　金華正學編〔存目〕集部297
趙瓚（明）
　〔弘治〕貴州圖經新志〔存目〕史部199

赫

赫士（美國）
　天文揭要〔續修〕1300
赫胥黎（英國）
　天演論〔續修〕1297

壽

壽堂主人（日本）
　髹飾録箋證〔續修〕1115

綦

綦崇禮（宋）
　北海集〔文淵〕1134〔文津〕1138〔文瀾〕
　1165〔珍本〕初集285－287

慕

慕容彦逢（宋）
　摛文堂集〔文淵〕1123〔文津〕1127〔文
　瀾〕1153〔底本〕集部63－64〔著録〕
　集部241

蔡

蔡士英（清）
　撫江集〔未收〕七輯21
　滕王閣全集、徵彙詩文〔存目〕集部393
蔡士順（明）
　同時尚論録〔存目〕集部374
　愫菴野抄〔禁燬〕史部69
蔡上翔（清）
　王荆公年譜考略、雜録〔續修〕552
蔡元定（宋）
　玉髓真經、後卷〔續修〕1053
　律吕新書〔文淵〕212〔文津〕207〔文瀾〕
　206
　律吕新書、八音考略〔存目〕經部185〔著
　録〕經部26
　律吕新書箋義、八音考略〔續修〕113
　律吕新論〔珍本〕十集57

　發微論〔文淵〕808〔文津〕809〔文瀾〕826
　〔珍本〕九集208〔著録〕子部356
蔡升元（清）
　佩文韻府〔著録〕子部223－239
蔡卞（宋）
　毛詩名物解〔文淵〕70〔文津〕65〔文瀾〕
　64〔著録〕經部9
蔡文子（宋）
　增註東萊吕成公古文關鍵〔著録〕集部140
　〔續修〕1602
蔡方炳（清）
　廣治平略〔禁燬〕史部23－24
　廣輿記〔禁燬〕史部18
　廣輿記、圖〔存目〕史部173
　慎助編〔存目〕子部22
　歷代馬政志〔續修〕859
蔡孔炘（清）
　經學提要〔未收〕四輯10
蔡正孫（宋）
　詩林廣記〔文淵〕1482〔文津〕1486－1487
　〔文瀾〕1532
　精選古今名賢叢話詩林廣記、後集〔著録〕
　集部417
蔡世遠（清）
　二希堂文集〔文淵〕1325〔文津〕1329〔文
　瀾〕1365〔珍本〕二集389－390〔著
　録〕集部359
　二希堂文録〔續修〕1670
　古文雅正〔文淵〕1476〔文津〕1480〔文
　瀾〕1525〔珍本〕八集395－397〔著
　録〕集部330
　史傳三編〔珍本〕七集78－85
　歷代名臣傳、續編、歷代名儒傳、歷代循吏傳
　〔著録〕史部93－94
蔡幼學（宋）
　育德堂外制〔續修〕1319
蔡有鵾（明）
　蔡氏九儒書〔存目〕集部346
蔡汝楠（明）
　天文略〔續修〕1031
　自知堂集〔存目〕集部97
　説經劄記〔存目〕經部149
蔡汝賢（明）
　東夷圖像、東夷圖説、嶺海異聞、續聞〔存
　目〕史部255

蔡羽(明)
　大藪外史〔存目〕子部 84
蔡志頤(元)
　清庵先生中和集〔存目〕子部 259
蔡伸(宋)
　友古詞〔文淵〕1487〔文津〕1492〔文瀾〕
　　1537〔著録〕集部 218
蔡含生(清)
　經史慧解〔存目〕子部 116
蔡沈(宋)
　朱文公訂正門人蔡九峰書集傳〔著録〕經部
　　57
　洪範皇極内篇〔文淵〕805〔文津〕807〔文
　　瀾〕823〔珍本〕四集 172
　書經集傳〔文淵〕58〔文津〕53〔文瀾〕51
　　〔薈要〕19
蔡松年(金)
　蕭閑老人明秀集注〔續修〕1723
蔡昇(明)
　震澤編〔存目〕史部 228
蔡重(清)
　蔡氏九儒書〔存目〕集部 346
蔡保禎(明)
　孝紀、拾遺〔存目〕史部 88
蔡衍鎤(清)
　操齋集詩部、文部、駢部〔未收〕九輯 20
蔡首乾(清)
　周易闡象〔未收〕一輯 2
蔡逢時(明)
　温處海防圖略〔存目〕史部 226
蔡邕(漢)
　校蔡中郎集疏證、外集疏證、文集補〔續修〕
　　1303
　琴操〔續修〕1092
　蔡中郎文集、外傳〔著録〕集部 81
　蔡中郎集〔文淵〕1063〔文津〕1067〔文
　　瀾〕1092〔續修〕1583
　獨斷〔文淵〕850〔文津〕852〔文瀾〕869
　　〔底本〕子部 27〔著録〕子部 164
蔡國珍(明)
　蔡恭靖公遺稿〔存目〕集部 132
蔡國熙(明)
　守令懿範〔存目〕史部 95
蔡清(明)
　艾庵密箴、河洛私見、太極圖説〔存目〕子部

　　6〔續修〕936
　四書蒙引、四書蒙引別録〔文淵〕206〔文
　　津〕200-201〔文瀾〕198-199
　四書蒙引、別録〔珍本〕三集 110-114
　易經蒙引〔文淵〕29〔文津〕24〔文瀾〕24
　　〔珍本〕四集 2-8〔著録〕經部 42
　重刊蔡虛齋先生四書蒙引〔著録〕經部 24
　虛齋集〔文淵〕1257〔文津〕1261〔文瀾〕
　　1294〔珍本〕七集 237-238
　虛齋蔡先生文集〔著録〕集部 269
　蔡文莊公集〔存目〕集部 42-43
蔡寅斗(清)
　介石堂水鑑〔存目〕史部 225
蔡啓盛
　〔光緒〕重修天津府志〔續修〕690-691
蔡紹江(清)
　蒙泉山館周易本義補説〔未收〕一輯 1
蔡雲(清)
　癖談、附清白士集校補〔未收〕三輯 20
蔡雲程(明)
　鶴田草堂集〔存目〕集部 91
蔡鼎(明)
　易蔡、繫傳、節録〔未收〕二輯 1
蔡絛(宋)
　百衲居士鐵圍山叢譚〔著録〕子部 219
　鐵圍山叢談〔文淵〕1037〔文津〕1041〔文
　　瀾〕1064
蔡復一(明)
　遯庵全集、遯庵駢語、續駢語〔禁燬補〕60
蔡復賞(明)
　孔聖全書〔存目〕史部 77-78
蔡鈞(清)
　詩法指南〔續修〕1702
蔡善繼(明)
　前定録〔底本〕子部 30
蔡道憲(明)
　蔡忠烈公遺集、續編〔未收〕五輯 26
蔡淵(宋)
　易象意言〔文淵〕18〔文津〕13〔文瀾〕12
　　〔珍本〕別輯 9〔薈要〕7
　周易卦爻經傳訓解〔文淵〕18〔文津〕13
　　〔文瀾〕12〔珍本〕初集 13
蔡蓁春(清)
　宛雅初編、二編、三編〔存目〕集部 373
蔡戡(宋)

定齋集　〔文淵〕1157〔文津〕1162〔文瀾〕
　　1191〔珍本〕別輯 347－349

蔡夢弼(宋)
　　杜工部草堂詩話　〔續修〕1307〔著録〕集部
　　　331
　　杜工部草堂詩箋　〔續修〕1307
　　草堂詩話　〔文淵〕1481〔文津〕1486〔文
　　　瀾〕1531
　　黄氏集千家註杜工部詩史補遺、集註草堂杜
　　　工部詩外集　〔續修〕1307

蔡節(宋)
　　論語集説　〔文淵〕200〔文津〕194〔文瀾〕
　　　190〔薈要〕70〔著録〕經部 170

蔡新(清)
　　緝齋文集、詩稿　〔未收〕九輯 29

蔡殿齊(清)
　　國朝閨閣詩鈔　〔續修〕1626

蔡模(宋)
　　孟子集疏　〔文淵〕200〔文津〕194〔文瀾〕
　　　190〔著録〕經部 97
　　孟子集疏、序説　〔薈要〕71

蔡爾康(清)
　　泰西新史攬要　〔續修〕1297

蔡幬(宋)
　　北狩行録　〔存目〕史部 44〔續修〕423

蔡德晉(清)
　　禮經本義　〔文淵〕109〔文津〕104－105〔文
　　　瀾〕103〔珍本〕初集 58－60〔著録〕經
　　　部 195

蔡襄(宋)
　　茶録　〔文淵〕844〔文津〕846〔文瀾〕863
　　　〔著録〕子部 162
　　荔枝譜　〔文淵〕845〔文津〕847〔文瀾〕863
　　　〔著録〕子部 162
　　莆陽居士蔡公文集　〔著録〕集部 391
　　端明集　〔文淵〕1090〔文津〕1094〔文瀾〕
　　　1120〔珍本〕四集 235－236〔薈要〕373

蔡獻臣(明)
　　清白堂稿　〔未收〕六輯 22

蔡靉(明)
　　洨濱蔡先生文集　〔存目〕集部 93
　　洨濱蔡先生語録　〔存目〕子部 10〔續修〕
　　　939

蔣

蔣一彪(明)

古文參同契集解　〔文淵〕1058〔文津〕1063
　　〔文瀾〕1088
古文參同契集解、箋註集解、三相類集解
　　〔著録〕子部 248

蔣一葵(明)
　　木石居精校八朝偶雋　〔續修〕1714
　　唐詩選　〔存目〕集部 309
　　堯山堂外紀　〔存目〕子部 147－148〔續修〕
　　　1194－1195
　　堯山堂偶雋　〔存目補〕45

蔣士銓(清)
　　忠雅堂文集　〔續修〕1436－1437
　　忠雅堂文録　〔續修〕1670
　　忠雅堂詩集、附銅絃詞　〔續修〕1436
　　臨川夢　〔續修〕1776

蔣山卿(明)
　　蔣南泠集　〔存目〕集部 70

蔣之翹(明)
　　删補晉書　〔存目〕史部 31－32

蔣子正(元)
　　山房隨筆　〔著録〕子部 242

蔣友仁(法國)
　　地球圖説　〔續修〕1035

蔣中和(清)
　　眉三子半農齋集　〔存目〕集部 224

蔣文勳(清)
　　律呂臆言　〔續修〕115

蔣以化(明)
　　西臺漫紀　〔存目〕子部 242〔續修〕1172
　　花編　〔未收〕三輯 30
　　新刊崑山周解元精選藝圃萃盤録　〔存目〕子
　　　部 195
　　新刻藝圃球瑯集註　〔存目〕子部 87

蔣以忠(明)
　　新刊崑山周解元精選藝圃萃盤録　〔存目〕子
　　　部 195
　　新刻藝圃球瑯集註　〔存目〕子部 87

蔣正子(元)
　　山房隨筆　〔文淵〕1040〔文津〕1044〔文
　　　瀾〕1067

蔣本(清)
　　周易遵述、附周易臆義　〔未收〕四輯 2

蔣平階(明)
　　東林始末　〔存目〕史部 55

蔣永修(清)

蔣慎齋遇集、莅楚學記、日懷堂奏疏〔存目〕
　　集部 215
蔣臣(明)
　　無他技堂遺稿〔禁燬〕集部 72
蔣在雝(清)
　　朱魚譜〔續修〕1120
蔣光煦(清)
　　別下齋書畫録〔續修〕1084
　　東湖叢記〔續修〕1162
蔣先庚(清)
　　石渠閣重訂周易去疑〔存目〕經部 26
　　龍門綱鑑正編、潘氏總論〔禁燬〕史部 44
蔣廷錫(清)
　　尚書地理今釋〔文淵〕68〔文津〕63〔文
　　瀾〕61
蔣伊(清)
　　萬世玉衡録〔存目〕子部 23〔續修〕949
蔣行可(明)
　　字義總略〔存目〕經部 191
蔣兆昌(明)
　　瓊臺詩話〔存目〕集部 416
蔣兆奎(清)
　　河東鹽法備覽〔未收〕一輯 24
　　課歸地丁全案〔未收〕六輯 11
蔣克謙(明)
　　琴書大全〔續修〕1092－1093
蔣宏任(清)
　　峽石山水志〔存目〕史部 242
蔣良騏(清)
　　東華録〔續修〕368
蔣玢(明)
　　元謝宗可詠物詩〔著録〕集部 257
蔣易(元)
　　皇元風雅〔續修〕1622
蔣和(清)
　　蔣氏游藝秘録九種〔續修〕1068
　　說文字原集註、表說、表〔未收〕六輯 4
蔣春霖(清)
　　水雲樓詞〔續修〕1727
　　水雲樓詞續〔續修〕1727
蔣信(明)
　　蔣道林先生文粹〔存目〕集部 96
蔣珣(清)
　　易義無忘録〔未收〕二輯 3

蔣時雍(明)
　　新刻易旨一覽〔存目〕經部 27
蔣悌生(明)
　　五經蠡測〔文淵〕184〔文津〕179〔文瀾〕
　　176〔薈要〕78〔著録〕經部 23
蔣捷(宋)
　　竹山詞〔文淵〕1488〔文津〕1493〔文瀾〕
　　1538〔著録〕集部 219
蔣堂(宋)
　　春卿遺稿〔珍本〕九集 236〔底本〕集部 55
　　〔著録〕集部 3
　　春卿遺稿、附傳〔文淵〕1087〔文津〕1091
　　〔文瀾〕1116
蔣冕(明)
　　曹祠部集、曹唐詩〔文淵〕1083〔文津〕1087
　　〔文瀾〕1113
　　湘皋集〔存目〕集部 44
　　瓊臺詩話〔存目〕集部 416
蔣偕(唐)
　　李相國論事集〔文淵〕446〔文津〕444〔文
　　瀾〕447〔珍本〕四集 112
　　李深之文集〔著録〕史部 31
蔣清翊(清)
　　王子安集註〔續修〕1305
　　緯學原流興廢考〔續修〕184
蔣超(清)
　　宋景濂未刻集〔文淵〕1224〔文津〕1228
　　〔文瀾〕1259
　　峨眉山志〔存目〕史部 236〔續修〕726
蔣超伯(清)
　　南漘楛語〔續修〕1161
　　麗濩薈録〔未收〕八輯 9
蔣楛(清)
　　天涯詩鈔、讀史、詩餘鈔〔未收〕八輯 23
蔣景祁(清)
　　春秋指掌、前事、後事〔存目〕經部 136－137
　　瑤華集〔續修〕1730〔禁燬〕集部 37
蔣敦復(清)
　　芬陀利室詞集〔續修〕1726
　　芬陀利室詞話〔續修〕1735
　　嘯古堂詩集、遺集〔續修〕1535
蔣湘南(清)
　　七經樓文鈔〔續修〕1541
　　卦氣表、卦氣證〔續修〕32
　　春暉閣詩選〔續修〕1541

蔣載康（清）
　周官心解〔續修〕80
蔣溥（清）
　西清古鑑〔著録〕子部 161－162
　御製詩初集、二集、三集、四集、五集、餘集
　　〔文淵〕1302－1311〔文津〕1306－1315
　　〔文瀾〕1339－1349
　御製樂善堂全集定本〔文淵〕1300〔文津〕
　　1304〔文瀾〕1338
　御覽經史講義〔文淵〕722〔文津〕723－724
　　〔文瀾〕737－738〔珍本〕九集 177－192
　　〔薈要〕494－495〔著録〕子部 260－261
　欽定叶韻彙輯〔文淵〕240〔文津〕235－236
　　〔文瀾〕233
　欽定西清古鑑〔文淵〕841－842〔文津〕
　　843－844〔文瀾〕860－861
　欽定康濟録〔文淵〕663〔文津〕662〔文
　　瀾〕672
　欽定盤山志〔文淵〕586〔文津〕586〔文
　　瀾〕595〔珍本〕八集 94－96
　欽定錢録〔文淵〕844〔文津〕845〔文瀾〕
　　862
　盤山志〔著録〕史部 111
　錢録〔著録〕子部 359
蔣赫德（清）
　御定孝經注〔文淵〕182〔文津〕177〔文
　　瀾〕173〔珍本〕五集 54
　御定資政要覽〔文淵〕717〔文津〕719〔文
　　瀾〕732
　御註孝經〔著録〕經部 23
蔣鳴玉（清）
　政餘筆録〔續修〕1134
蔣毓英（清）
　〔康熙〕臺灣府志〔續修〕712
蔣維鈞（清）
　義門讀書記〔文淵〕860〔文津〕862－863
　　〔文瀾〕880〔著録〕子部 76
蔣儀（明）
　藥鏡〔存目〕子部 42
蔣德璟（明）
　蔣氏葟經〔未收〕九輯 15
蔣勵志（明）
　史懷〔存目〕史部 287
蔣勵修（明）
　史懷〔存目〕史部 287

蔣學鏞（清）
　讀易偶鈔〔未收〕二輯 3
蔣衡（清）
　易卦私箋〔未收〕一輯 2
蔣錫震（清）
　青溪詩偶存〔存目〕集部 264
蔣薰（清）
　留素堂詩删〔未收〕七輯 19
蔣騏昌（清）
　五經文字偏旁考〔未收〕一輯 9
蔣謹（明）
　左逸、短長〔存目〕史部 44
　短長〔存目〕史部 44
蔣鐩（明）
　九疑山志〔存目〕史部 232
　春卿遺稿、附傳〔文淵〕1087〔文津〕1091
　　〔文瀾〕1116
蔣麟昌（清）
　菱溪遺草詩、詩餘〔存目〕集部 280
蔣鑨（清）
　清詩初集〔禁燬〕集部 3
蔣驥（清）
　山帶閣註楚辭、餘論、説韻〔文淵〕1062〔文
　　津〕1066〔文瀾〕1091〔珍本〕三集
　　230－231〔著録〕集部 1
　傳神秘要〔文淵〕838〔文津〕840〔文瀾〕
　　858〔著録〕子部 27

輔

輔廣（宋）
　詩童子問〔文淵〕74〔文津〕69〔文瀾〕67
　　〔珍本〕四集 29－30〔著録〕經部 60

厲

厲荃（清）
　事物異名録〔續修〕1252－1253
厲鶚（清）
　玉臺書史〔續修〕1084
　宋詩紀事〔文淵〕1484－1485〔文津〕1489－
　　1491〔文瀾〕1534－1535〔著録〕集部
　　215－216
　東城雜記〔文淵〕592〔文津〕593〔文瀾〕
　　601〔著録〕史部 423
　南宋院畫録〔文淵〕829〔文津〕832〔文
　　瀾〕849〔著録〕子部 357

秋林琴雅〔續修〕1725

絶妙好詞箋〔文淵〕1490〔文津〕1494〔文瀾〕1539〔著録〕集部220

增修雲林寺志〔存目〕史部247〔續修〕719

樊榭山房集、文集、續集〔著録〕集部133

樊榭山房集、續集〔文淵〕1328〔文津〕1332〔文瀾〕1368

遼史拾遺〔文淵〕289〔文津〕284〔文瀾〕282〔珍本〕七集53-56〔底本〕史部1〔著録〕史部66

碩

碩園(明)

還魂記〔續修〕1771

臧

臧念宣(清)

弈理析疑〔未收〕十輯10

臧庸(清)

列女傳補注、校正、叙録〔續修〕515

阮氏七録、附考〔續修〕919

周易鄭注〔續修〕1

拜經日記〔續修〕1158

拜經堂文集〔續修〕1491

臧琳(清)

經義雜記、叙録〔續修〕172

臧壽恭(清)

左氏古義〔續修〕125

臧懋循(明)

元史紀事本末〔著録〕史部79〔續修〕389

元曲選〔續修〕1760-1762

負苞堂詩選、文選〔存目〕集部168〔續修〕1361

唐詩所〔存目〕集部326-327

詩所、歷代名氏爵里〔存目〕集部325

臧鏞堂(清)

經義雜記、叙録〔續修〕172

裴

裴一中(明)

裴子言醫〔續修〕1028

裴孝源(唐)

貞觀公私畫史〔文淵〕812〔文津〕814〔文瀾〕831〔著録〕子部52

裴希度(清)

息齋藏書〔存目〕子部94

裴良甫(宋)

十二先生詩宗集韻〔存目〕子部170

裴松之(南朝宋)

三國志〔文淵〕254〔文津〕248-249〔文瀾〕247〔薈要〕96-97〔著録〕史部61

裴庭裕(唐)

東觀奏記〔文淵〕407〔文津〕404〔文瀾〕405〔著録〕史部15

裴駰(南朝宋)

史記〔文淵〕243-244〔文津〕238-239〔文瀾〕236-237〔薈要〕87-89〔著録〕史部167-168〔著録〕史部1〔續修〕261-262

史記集解〔文淵〕245-246〔文津〕240-241〔文瀾〕238-239

聞

聞人規(宋)

聞人氏痘疹論〔續修〕1011

聞人詮(明)

〔嘉靖〕南畿志〔存目〕史部190

聞性善(清)

唐賀監紀略〔存目〕史部86

聞性道(明)

唐賀監紀略〔存目〕史部86

幔

幔亭僊史(明) 參見 袁于令

圖

圖麗琛(清) 參見 覺羅圖理琛

管

管世銘(清)

韞山堂文録〔續修〕1672

管同(清)

因寄軒文初集、二集〔續修〕1504

管仲(周)

管子〔文淵〕729〔文津〕728〔文瀾〕743〔薈要〕252

管志道(明)

孟義訂測〔存目〕經部157

問辨牘、續問辨牘〔存目〕子部87-88

從先維俗議〔存目〕子部88
覺迷蠱測、剩言〔存目補〕96

管律(明)
〔嘉靖〕寧夏新志〔續修〕649

管庭芬(清)
屮兮筆記〔續修〕1140

管時敏(明)
蚓竅集〔文淵〕1231〔文津〕1236〔文瀾〕
1267〔珍本〕十集262
蚓竅集、全菴記〔底本〕集部39〔著録〕集
部427

管紹寧(明)
賜誠堂文集〔未收〕六輯26

管棆(清)
〔康熙〕師宗州志〔存目〕史部214
據梧詩集、都門贈行詩、萬里小遊仙集〔存
目〕集部267

管輅(三國魏)
管氏指蒙〔續修〕1052

管鶴(清)
拳匪聞見録〔續修〕446

僧

僧格林沁(清)
僧王奏稿〔續修〕508

鳳

鳳林書院(元)
精選名儒草堂詩餘〔續修〕1728

廖

廖元度(清)
楚風補、前編編〔存目〕集部403
楚詩紀〔禁燬〕集部122

廖文英(清)
正字通、附字彙舊本首卷〔續修〕234-235
白鹿書院志〔存目〕史部246

廖文炳(明)
唐詩鼓吹〔著録〕集部301〔續修〕1611
唐詩鼓吹箋註〔存目〕集部289

廖平
今古學考〔續修〕179
六書舊義〔續修〕228
坊記新解〔續修〕107

何氏公羊解詁三十論〔續修〕131
易經古本〔續修〕40
知聖篇〔續修〕953
春秋左傳杜氏集解辨正〔續修〕128
春秋圖表〔續修〕148
重訂穀梁春秋經傳古義疏、釋范、起起穀梁
癈疾〔續修〕133
禮記識〔續修〕106
禮經凡例、附容經學凡例〔續修〕93

廖用賢(明)
尚友録〔存目〕子部218

廖廷相(清)
三統術詳説〔續修〕1041

廖行之(宋)
省齋集〔文淵〕1167〔文津〕1171〔文瀾〕
1201〔珍本〕初集308

廖名春
馬王堆帛書周易經傳釋文〔續修〕1

廖志灝(清)
燕日堂録七種〔禁燬〕集部133

廖希顏(明)
三關志〔續修〕738

廖宗澤
重訂穀梁春秋經傳古義疏、釋范、起起穀梁
癈疾〔續修〕133

廖紀(明)
大學管窺〔存目〕經部156
中庸管窺〔存目〕經部156

廖剛(宋)
高峰文集〔文淵〕1142〔文津〕1146〔文
瀾〕1174〔珍本〕初集295
高峰先生文集〔底本〕集部136〔著録〕集
部423

廖道南(明)
文華大訓箴解〔存目〕子部14〔續修〕939
楚紀〔存目〕史部47-48
殿閣詞林記〔文淵〕452〔文津〕451〔文
瀾〕452〔珍本〕九集133-136〔著録〕
史部202

廖道稷(清)
尋樂齋集〔禁燬補〕88

廖瑩中(宋)
東雅堂昌黎集註、遺文、朱子校昌黎集傳、外
集註〔文淵〕1075〔文津〕1079〔文
瀾〕1105

東雅堂韓昌黎集註、外集〔珍本〕十二集
　　155-158
昌黎先生集、外集、遺文、朱子校昌黎先生集
　　傳〔著錄〕集部 231
廖攀龍（清）
歷朝茶馬奏議〔續修〕461
廖騰煃（清）
海陽紀略〔未收〕七輯 28
慎修堂詩集〔存目〕集部 242

端

端木國瑚（清）
周易指、周易圖、易斷辭、周易上下經〔未
　　收〕六輯 1
端方（清）
壬寅銷夏錄〔續修〕1089-1090
陶齋吉金錄〔續修〕904
陶齋吉金續錄〔續修〕904
陶齋藏石記〔續修〕905
端恩（清）
睿親王端恩詩稿〔未收〕十輯 29

齊

齊之鸞（明）
蓉川集、入夏錄、贈言、年譜〔存目〕集部 67
齊召南（清）
水道提綱〔文淵〕583〔文津〕583〔文瀾〕
　　592〔珍本〕十一集 89-90〔著錄〕史
　　部 110
宋史、附考證〔文淵〕280-288〔文津〕
　　275-283〔文瀾〕272
尚書注疏考證〔續修〕44
春秋公羊傳注疏、附考證〔文淵〕145〔文
　　津〕140-141〔文瀾〕139
春秋穀梁傳注疏、附考證〔文淵〕145〔文
　　津〕141〔文瀾〕139
前漢書、附考證〔文淵〕249-251〔文津〕
　　243-245〔文瀾〕242-244
禮記註疏、附考證〔文淵〕115-116〔文津〕
　　110-111〔文瀾〕109
寶綸堂文鈔、詩鈔〔續修〕1428
齊仲甫（宋）
女科百問、産寶雜錄〔續修〕1007
齊熙（宋）
朱子讀書法〔文淵〕709〔文津〕711〔文

瀾〕724〔珍本〕三集 186
齊碩（宋）
〔嘉定〕赤城志〔著錄〕史部 36-37
齊德之（元）
外科精義〔文淵〕746〔文津〕746〔文瀾〕
　　761〔著錄〕子部 138
齊履謙（元）
春秋諸國統紀〔文淵〕159〔文津〕154〔文
　　瀾〕152〔著錄〕經部 81
齊學裘（清）
劫餘詩選〔續修〕1531
見聞隨筆〔續修〕1181
見聞續筆〔續修〕1181

鄭

鄭二陽（明）
鄭中丞公益樓集〔未收〕六輯 22
鄭三極（明）
研幾錄〔存目〕子部 9〔續修〕939
鄭大郁（明）
邊塞考〔禁燬補〕26
鄭小同（三國魏）
鄭志〔文淵〕182〔文津〕177〔文瀾〕174
　　〔珍本〕十一集 22〔著錄〕經部 203
鄭之珍（明）
新編目連救母勸善戲文〔續修〕1774
鄭之僑（清）
農桑易知錄〔續修〕975
鵝湖講學會編〔存目〕史部 247
鄭王臣（清）
莆風清籟集〔存目〕集部 411
鄭元佐（宋）
新註朱淑真斷腸詩集、後集〔續修〕1316
鄭元祐（元）
遂昌雜錄〔文淵〕1040〔文津〕1044〔文
　　瀾〕1067〔著錄〕子部 242
僑吳集〔文淵〕1216〔文津〕1220〔文瀾〕
　　1251〔底本〕集部 104〔著錄〕集部 257
鄭元肅（宋）
勉齋先生黃文肅公文集、語錄、年譜、附集
　　〔著錄〕集部 24
鄭元慶（清）
石柱記〔著錄〕史部 112
石柱記箋釋〔文淵〕588〔文津〕588〔文
　　瀾〕597

鄭元勳(明)
　媚幽閣文娛初集、二集 〔禁燬〕集部 172
鄭太和(明)
　麟溪、別篇 〔存目〕集部 289
鄭友賢(宋)
　十家注孫子遺説 〔續修〕959
鄭止源(清)
　葫頭集 〔未收〕九輯 13
鄭日奎(清)
　鄭靜菴先生詩集、文集、蓉渚別集、醒世格言
　　〔存目〕集部 231
　鄭靜庵先生文録 〔續修〕1669
鄭氏(唐)
　字寶(敦煌殘卷) 〔續修〕236
鄭文同(清)
　鹽桑輯要 〔續修〕978
鄭文昂(明)
　古今名媛彙詩、姓氏字里詳節 〔存目〕集部
　　383
鄭文康(明)
　平橋藁 〔著録〕集部 398
　平橋藁 〔文淵〕1246 〔文津〕1250 〔文瀾〕
　　1282 〔珍本〕七集 234 - 236
鄭文焯
　樵風樂府 〔續修〕1727
　醫故 〔續修〕1030
鄭文寶(宋)
　江表志 〔文淵〕464 〔文津〕463 〔文瀾〕465
　　〔著録〕史部 94
　南唐近事 〔著録〕子部 217
　南唐近事、附鄭仲賢遺集 〔文淵〕1035 〔文
　　津〕1040 〔文瀾〕1063
鄭方坤(清)
　五代詩話 〔文淵〕1486 〔文津〕1491 〔文
　　瀾〕1536 〔著録〕集部 332
　全閩詩話 〔文淵〕1486 〔文津〕1491 〔文
　　瀾〕1536 〔珍本〕十集 361 - 366 〔著
　　録〕集部 217 〔續修〕1702
　經稗 〔文淵〕191 〔文津〕186 〔文瀾〕181
　　〔珍本〕二集 62 - 63
　蔗尾詩集、文集 〔存目補〕8
鄭心材(明)
　衡門集 〔存目〕集部 315
鄭以偉(明)
　新鐫全補標題音註國朝捷録 〔禁燬補〕16

靈山藏 〔禁燬〕集部 175
鄭允端(元)
　肅雝集 〔存目〕集部 23
鄭玉(元)
　春秋經傳闕疑 〔著録〕經部 19
　春秋闕疑 〔文淵〕163 〔文津〕157 〔文瀾〕
　　155 〔珍本〕三集 84 - 89
　春秋闕疑(春秋經傳闕疑) 〔薈要〕41
　師山先生文集、遺文 〔著録〕集部 111
　師山集、遺文 〔文淵〕1217 〔文津〕1221 〔文
　　瀾〕1252 〔珍本〕四集 300
鄭玉珩(清)
　止心樓詩 〔禁燬補〕88
鄭玉道(宋)
　琴堂諭俗編 〔文淵〕865 〔文津〕867 〔文
　　瀾〕885 〔珍本〕初集 228
鄭世元(清)
　耕餘居士詩集 〔未收〕九輯 26
鄭本忠(明)
　安分先生集 〔存目〕集部 26
鄭玄(漢)
　毛詩正義 〔著録〕經部 143
　毛詩注疏 〔文淵〕69 〔文津〕64 〔文瀾〕62 -
　　63 〔薈要〕23
　孝經 〔續修〕151
　附釋音周禮註疏 〔著録〕經部 65
　附釋音禮記註疏 〔著録〕經部 66
　尚書大傳 〔文淵〕68 〔文津〕63 〔文瀾〕61
　易緯 〔文淵〕53 〔文津〕48 〔文瀾〕46 〔珍
　　本〕別輯 12 - 13
　易緯坤靈圖 〔薈要〕15
　易緯是類謀 〔薈要〕15
　易緯通卦驗 〔薈要〕15
　易緯乾元序制記 〔薈要〕15
　易緯乾坤鑿度 〔薈要〕15
　易緯乾鑿度 〔薈要〕15
　易緯稽覽圖 〔薈要〕15
　易緯辨終備 〔薈要〕15
　忠經 〔存目〕子部 1
　忠經詳解 〔續修〕933
　周易乾鑿度 〔著録〕經部 45
　周易鄭注 〔薈要〕7
　周易鄭康成註 〔文淵〕7 〔文津〕2 〔文瀾〕1
　　〔著録〕經部 51
　周禮註疏 〔文淵〕90 〔文津〕85 〔文瀾〕83
　　〔薈要〕46

乾坤鑿度〔著録〕經部 45

詩本義、鄭氏詩譜〔著録〕經部 46

駁五經異義〔文淵〕182〔文津〕177〔文瀾〕174

鄭氏周易、爻辰圖〔著録〕經部 41

增補鄭氏周易〔文淵〕7〔文津〕2〔文瀾〕1

箴膏肓、起廢疾、發墨守〔文淵〕145〔文津〕141〔文瀾〕140〔著録〕經部 157

儀禮注疏、正義序、原目〔薈要〕49

儀禮注疏、原目、附考證〔文淵〕102〔文津〕97-98〔文瀾〕96

儀禮註疏〔著録〕經部 148

禮記注疏、正義序、原目、傳述人〔薈要〕51-52

禮記註疏、附考證〔文淵〕115-116〔文津〕110-111〔文瀾〕109

鄭光祖(元)

王粲登樓〔續修〕1764

梅香騙翰林風月雜劇〔續修〕1762

醉思鄉王粲登樓雜劇〔續修〕1761

鄭光祖(清)

醒世一斑録、附編、雜述〔續修〕1139-1140

鄭先慶(清)

樂書内編〔存目〕經部 184-185

鄭廷玉(元)

布袋和尚忍字記雜劇〔續修〕1761

包龍圖智勘後庭花雜劇〔續修〕1761

看錢奴買冤家債主雜劇〔續修〕1762

崔府君斷冤家債主雜劇〔續修〕1762

楚昭公疎者下船雜劇〔續修〕1760

鄭廷桂(清)

景德鎮陶録〔續修〕1111

鄭仲夔(明)

玉塵新譚〔續修〕1268〔禁燬〕子部 38

耳新〔存目〕子部 247

偶記〔禁燬〕集部 65

清言〔存目〕子部 244

鄭全望(明)

瘴瘧指南〔續修〕1003

鄭汝諧(宋)

東谷易翼傳〔薈要〕7

東谷鄭先生易翼傳〔著録〕經部 33

易翼傳〔文淵〕18〔文津〕13〔文瀾〕12

論語意原〔文淵〕199〔文津〕193〔文瀾〕189

鄭汝璧(明)

由庚堂集〔續修〕1356-1357

皇明功臣封爵考〔存目〕史部 258

皇明帝后紀略、附藩封〔存目〕史部 29

鄭克(宋)

折獄龜鑑〔著録〕子部 46

折獄鑑〔文淵〕729〔文津〕729〔文瀾〕743〔珍本〕別輯 167-168

鄭构(元)

衍極、附圖〔文淵〕814〔文津〕817〔文瀾〕833

鄭伯熊(宋)

鄭敷文景望書説〔著録〕經部 12

鄭伯謙(宋)

太平經國之書〔薈要〕49〔底本〕經部 24〔著録〕經部 13

太平經國書〔文淵〕92〔文津〕86〔文瀾〕85

鄭谷(唐)

雲臺編〔文淵〕1083〔文津〕1087〔文瀾〕1113

鄭守愚文集〔著録〕集部 234

鄭良弼(明)

春秋續義纂要發微〔存目〕經部 122

鄭良嗣(宋)

北山集〔文淵〕1138〔文津〕1142〔文瀾〕1169

鄭若庸(明)

玉玦記〔續修〕1772

北游漫稿詩、文〔存目〕集部 144

蛣蜣集〔存目〕集部 143

類雋〔存目〕子部 194-195〔續修〕1236-1237

鄭若曾(明)

江南經略〔文淵〕728〔文津〕727〔文瀾〕742〔珍本〕二集 179-181〔著録〕子部 131

鄭開陽雜著〔文淵〕584〔文津〕584-585〔文瀾〕593〔著録〕史部 420

籌海重編〔存目〕史部 227

鄭林祥(明)

易經解醒〔續修〕16

鄭來鸞(明)

春秋實録〔存目〕經部 124

鄭构(元)

衍極〔底本〕子部 5〔著録〕子部 150

鄭杰(清)
　　閩詩録甲集、乙集、丙集、丁集、戊集〔續修〕
　　1687
鄭虎文(清)
　　吞松閣集〔未收〕十輯 14
鄭虎臣(宋)
　　吳都文粹〔文淵〕1358〔文津〕1363〔文
　　瀾〕1401〔珍本〕六集 298－300〔底
　　本〕集部 224－225〔著録〕集部 76
鄭明選(明)
　　秕言〔存目〕子部 96
　　鄭侯升集〔禁燬〕集部 75
鄭知同(清)
　　説文逸字〔續修〕223
　　説文淺説〔續修〕227
鄭岳(明)
　　山齋文集〔文淵〕1263〔文津〕1267〔文
　　瀾〕1299〔珍本〕四集 347－348
　　艾軒先生文集〔著録〕集部 96
　　艾軒集〔文淵〕1142〔文津〕1147〔文瀾〕
　　1174
　　莆陽文獻、列傳〔存目〕史部 89〔續修〕548
　　鄭山齋先生文集〔著録〕集部 69
鄭炎(清)
　　雪杖山人詩集〔未收〕九輯 28
鄭泳(元)
　　鄭氏家儀〔存目〕經部 114
鄭性(清)
　　南谿偶刊〔未收〕八輯 27
鄭官應
　　羅浮偫鶴山人詩草、外集〔續修〕1570
鄭居中(宋)
　　政和五禮新儀〔珍本〕初集 151－158〔著
　　録〕史部 138
　　政和五禮新儀、政和御製冠禮、政和五禮新
　　儀目録〔文淵〕647〔文津〕647－648
　　〔文瀾〕658
鄭珍(清)
　　汗簡箋正〔續修〕240
　　巢經巢文集、詩集、後集、遺詩〔續修〕1534
　　巢經巢集經説〔續修〕176
　　鳬氏爲鍾圖説〔續修〕85
　　説文逸字〔續修〕223
　　説文新附考〔續修〕223
　　鄭學録〔續修〕515

樗繭譜〔續修〕978
輪輿私箋、圖〔續修〕85
儀禮私箋〔續修〕93
〔道光〕遵義府志〔續修〕715－716
親屬記〔續修〕110
鄭柏(明)
　　金華賢達傳〔存目〕史部 88
鄭奎光(明)
　　駃騠暇筆〔未收〕六輯 20
鄭思肖(宋)
　　心史〔禁燬〕集部 30
　　宋鄭所南先生心史〔存目〕集部 21
　　所南翁一百二十圖詩集、鄭所南先生文集
　　〔續修〕1320
鄭重光(清)
　　傷寒論條辨續註〔存目〕子部 54
鄭俠(宋)
　　西塘先生文集〔著録〕集部 46
　　西塘集〔文淵〕1117〔文津〕1121〔文瀾〕
　　1147〔珍本〕四集 251－252
鄭俠如(清)
　　休園詩餘〔禁燬補〕76
鄭炫(明)
　　山齋文集〔文淵〕1263〔文津〕1267〔文
　　瀾〕1299
鄭紀(明)
　　東園文集〔文淵〕1249〔文津〕1253〔文
　　瀾〕1286〔珍本〕三集 310
　　東園鄭先生文集續編〔著録〕集部 265
鄭泰(清)
　　月令精鈔〔未收〕三輯 18
鄭起潛(宋)
　　聲律關鍵〔續修〕1717
鄭真(明)
　　四明文獻集〔文淵〕1187〔文津〕1191〔文
　　瀾〕1222〔著録〕集部 59
　　滎陽外史集〔文淵〕1234〔文津〕1238〔文
　　瀾〕1270〔珍本〕初集 362－367
鄭剛中(宋)
　　北山集〔文淵〕1138〔文津〕1142〔文瀾〕
　　1169
　　西征道里記〔存目〕史部 127
　　周易窺餘〔文淵〕11〔文津〕6〔文瀾〕5
　　〔珍本〕別輯 4－5
　　鄭忠愍公北山文集〔著録〕集部 342

鄭梅澗(清)
　重樓玉鑰〔續修〕1018
鄭處誨(唐)
　明皇雜錄〔文淵〕1035〔文津〕1039〔文
　　瀾〕1062〔著錄〕子部110
鄭清之(宋)
　安晚堂集〔文淵〕1176〔文津〕1180〔文
　　瀾〕1211〔珍本〕三集245
　安晚堂詩集〔著錄〕集部423
鄭梁(清)
　寒村詩文選〔存目〕集部256
鄭琰(明)
　梅墟先生別錄〔存目〕史部85
鄭棠(明)
　道山集〔存目〕集部32
鄭復光(清)
　筆算説略、籌算説略〔續修〕1047
　費隱與知録〔續修〕1140
鄭竦(宋)
　鄭忠肅公奏議遺集、鄭忠肅公年譜〔底本〕
　　集部71〔著錄〕集部343
鄭善夫(明)
　少谷集〔文淵〕1269〔文津〕1273〔文瀾〕
　　1305〔珍本〕四集355-357
　經世要談〔存目〕子部84
　鄭少谷先生全集〔著錄〕集部432
鄭奠一(清)
　瘟疫明辨、方〔續修〕1003
鄭棨(唐)
　開天傳信記〔著錄〕子部243
鄭瑗(明)
　井觀瑣言〔文淵〕867〔文津〕869〔文瀾〕
　　887
　蜩笑偶言〔存目〕子部101
　寶顏堂井觀瑣言〔著錄〕子部170
鄭瑄(明)
　昨非庵日纂、二集、三集〔存目〕子部149-
　　150〔續修〕1193
鄭業斅
　獨笑齋金石考略〔續修〕901
鄭鄤(明)
　峚陽草堂文集、詩集〔禁燬〕集部126
鄭廉(清)
　豫變紀略〔禁燬〕史部74
鄭旒(明)

鄭氏易譜〔未收〕三輯1
鄭瑤(宋)
　景定嚴州續志〔文淵〕487〔文津〕487〔文
　　瀾〕489-491〔珍本〕八集90
　新定續志〔著錄〕史部380
鄭熙績(清)
　含英閣詩草〔禁燬〕集部74
　藥樓詞〔禁燬補〕82
鄭爾垣(清)
　義門鄭氏弈葉文集〔存目〕集部410
鄭端(清)
　日知堂文集〔存目〕集部231
　朱子學歸〔存目〕子部21
　政學録〔存目〕史部262〔續修〕755
　孫子彙徵〔存目〕子部30
鄭滿(明)
　勉齋先生遺稿〔存目〕集部46
鄭綮(唐)
　開天傳信記〔文淵〕1042〔文津〕1047〔文
　　瀾〕1070
鄭敷教(明)
　周易廣義〔存目〕經部24
鄭賢(明)
　古今人物論〔存目〕史部286-287〔禁燬〕
　　史部27
鄭震(宋)
　三山鄭菊山先生清雋集〔續修〕1320
鄭賜(明)
　聞一齋詩藁〔未收〕五輯17
鄭德輝(元)
　迷青瑣倩女離魂雜劇〔續修〕1761
鄭虜唐(清)
　讀易蒐〔存目〕經部27
鄭慶祜(清)
　揚州休園志〔禁燬〕史部41
鄭澍若(清)
　虞初續志〔續修〕1783
鄭澐(清)
　〔乾隆〕杭州府志〔續修〕701-703
鄭潛(明)
　樗菴類藁〔文淵〕1232〔文津〕1236〔文
　　瀾〕1267〔珍本〕初集361
鄭履淳(明)
　鄭端簡公年譜〔存目〕史部83
　衡門集〔存目〕集部315

鄭樸(明)
　揚子雲集　〔文淵〕1063　〔文津〕1067　〔文瀾〕1092　〔著録〕集部 1
鄭樵(宋)
　六經奧論　〔著録〕經部 91
　六經奧論、總文　〔文淵〕184　〔文津〕179　〔文瀾〕175　〔薈要〕78
　夾漈遺稿　〔文淵〕1141　〔文津〕1145　〔文瀾〕1173　〔著録〕集部 51
　通志　〔文淵〕372－381　〔文津〕368－378　〔文瀾〕371－380　〔薈要〕212－223　〔著録〕史部 275－286
　詩辨妄、附録四種　〔續修〕56
　爾雅　〔著録〕經部 28
　爾雅註　〔文淵〕221　〔文津〕216　〔文瀾〕214
　禮經奧旨　〔存目〕經部 103
鄭曉(明)
　今言　〔存目〕史部 48　〔續修〕425
　古言　〔存目〕子部 86　〔續修〕1123
　吾學編　〔續修〕424－425　〔禁燬〕史部 45－46
　吾學編餘　〔續修〕425　〔禁燬〕史部 46
　皇明異姓諸侯傳、表　〔未收〕一輯 18
　禹貢要註　〔續修〕54
　禹貢圖、尚書禹貢説　〔存目〕經部 49
　禹貢圖説　〔續修〕54
　禹貢説長箋　〔存目〕經部 49
　遜國君紀抄、臣事抄　〔存目〕史部 55
　端簡鄭公文集　〔存目〕集部 85
　鄭端簡公奏議　〔續修〕476－477
　鄭端簡公徵吾録　〔存目〕史部 23
　澹泉筆述　〔續修〕1171
鄭曉如(清)
　毛詩集解訓蒙　〔未收〕十輯 1
鄭還古(唐)
　博異志　〔著録〕子部 243
鄭興裔(宋)
　鄭忠肅公奏議遺集、鄭忠肅公年譜　〔底本〕集部 71　〔著録〕集部 343
　鄭忠肅奏議遺集　〔文淵〕1140　〔文津〕1144　〔文瀾〕1171　〔珍本〕初集 294
鄭獬(宋)
　郇溪集　〔文淵〕1097　〔文津〕1100　〔文瀾〕1126　〔珍本〕三集 238－240
鄭燮(清)
　板橋集　〔續修〕1425

鄭燭(明)
　濟美録　〔存目〕史部 95
鄭濤(明)
　浦江鄭氏家範　〔續修〕935
　旌義編　〔存目〕史部 87
鄭績(清)
　夢幻居畫學簡明、續、又續　〔續修〕1086
鄭頤(明)
　[景泰]雲南圖經志書　〔續修〕681
鄭鎮孫(元)
　歷代蒙求　〔續修〕1218
鄭麟趾(明)
　高麗史　〔存目〕史部 159－162
鄭觀應(清)
　增訂盛世危言新編　〔續修〕953

榮
榮銓
　[光緒]重修天津府志　〔續修〕690－691

漆
漆逢源(清)
　逍遥山萬壽宮志　〔未收〕六輯 10

慵
慵訥居士(清)
　咫聞録　〔續修〕1270

察
察罕(元)
　帝王紀年纂要　〔存目〕史部 6

翟
翟云升(清)
　焦氏易林校略　〔續修〕1055
　隸樣　〔續修〕242
　隸篇、續、再續　〔續修〕241－242
翟汝文(宋)
　忠惠集　〔文淵〕1129　〔文津〕1133　〔文瀾〕1160　〔珍本〕初集 274
翟均廉(清)
　周易章句證異　〔文淵〕53　〔文津〕48　〔文瀾〕46　〔珍本〕初集 45
　海塘録　〔文淵〕583　〔文津〕583－584　〔文

瀾〕592〔珍本〕初集 124–126〔著錄〕
史部 424

翟思忠(元)
魏鄭公諫續錄〔文淵〕447〔文津〕445〔文
瀾〕447〔珍本〕別輯 124

翟耆年(宋)
籀史〔文淵〕681〔文津〕681〔文瀾〕694
〔著錄〕史部 393

翟校(明)
練音集補、附卷、外卷〔存目〕集部 395

翟鳳翥(清)
涑水編〔存目〕集部 212

翟灝(清)
四書考異〔續修〕167
通俗編〔續修〕194
無不宜齋未定稿〔續修〕1441
爾雅補郭〔續修〕185

熊

熊三拔(明西洋)
表度説〔文淵〕787〔文津〕789〔文瀾〕805
〔珍本〕十二集 139〔著錄〕子部 51
泰西水法〔文淵〕731〔文津〕731〔文瀾〕
746〔珍本〕十二集 50〔著錄〕子部 263
簡平儀説〔文淵〕787〔文津〕789〔文瀾〕
805〔珍本〕十二集 139〔著錄〕子部 51

熊士伯(清)
等切元聲〔存目〕經部 219〔續修〕258

熊子臣(明)
栝蒼彙紀〔存目〕史部 193

熊元(明)
〔萬曆〕安丘縣志〔存目〕史部 200

熊太古(元)
冀越集記〔續修〕1166
冀越集記、後集、附相宅管説〔存目〕子部
239

熊文登(清)
字辨〔存目〕經部 203

熊文舉(清)
侶鷗閣近集〔禁燬〕集部 120
雪堂先生集選〔禁燬〕集部 33
雪堂先生詩選、恥廬近集〔禁燬補〕82

熊方(宋)
後漢書年表〔底本〕史部 31〔著錄〕史部 2
補後漢書年表〔文淵〕253〔文津〕248〔文

瀾〕246〔珍本〕十一集 39

熊禾(宋)
勿軒易學啓蒙圖傳通義〔續修〕2
勿軒集〔文淵〕1188〔文津〕1193〔文瀾〕
1224
易經訓解〔續修〕2
熊勿軒先生文集〔著錄〕集部 394

熊廷弼(明)
按遼疏稿〔續修〕491〔禁燬〕史部 9
經遼疏牘〔禁燬補〕23
遼中書牘〔禁燬〕集部 122

熊兆(清)
古文孝經朱子訂定刊集講〔存目〕經部 146

熊均(明)
新刊勿聽子俗解八十一難經〔續修〕983

熊克(宋)
中興小紀〔文淵〕313〔文津〕309–310〔文
瀾〕307〔珍本〕別輯 68–73
宣和北苑貢茶録、北苑別録〔文淵〕844〔文
津〕846〔文瀾〕863

熊伯龍(清)
熊學士文集録〔續修〕1669
熊學士詩文集〔存目〕集部 217

熊良輔(元)
周易本義集成〔文淵〕24〔文津〕20〔文
瀾〕20〔薈要〕12〔著錄〕經部 52

熊尚文(明)
重訂賦役成規〔續修〕833
蘭曹讀史日記〔存目〕史部 286

熊明遇(明)
文直行書詩、文〔禁燬〕集部 106
緑雪樓集□□種〔禁燬〕集部 185

熊忠(元)
古今韻會舉要〔珍本〕十集 60–65
古今韻會舉要、禮部韻略七音三十六母通考
〔著錄〕經部 115
古今韻會舉要、韻母〔文淵〕238〔文津〕233
〔文瀾〕231〔薈要〕86

熊朋來(元)
五經説〔文淵〕184〔文津〕179〔文瀾〕176
瑟譜〔文淵〕212〔文津〕207〔文瀾〕206
〔珍本〕別輯 49
經説(五經説)〔薈要〕78
豫章熊先生家集〔著錄〕經部 23

熊宗立(明)

洪範九疇數解〔存目〕子部 57
新增素問運氣圖括定局立成〔存目〕子部 38
類編曆法通書大全〔存目〕子部 68〔續修〕1062

熊孟秉(宋)
勿軒集〔文淵〕1188〔文津〕1193〔文瀾〕1224

熊莪(清)
刑部比照加減成案〔續修〕865

熊峻運(清)
新纂氏族箋釋〔存目〕子部 227

熊剛大(宋)
性理群書句解〔文淵〕709〔文津〕711〔文瀾〕724〔珍本〕四集 128－129
新編音點性理群書句解〔著錄〕子部 62

熊笏(清)
中風論〔續修〕1006

熊過(明)
周易象旨決錄〔文淵〕31〔文津〕26〔文瀾〕26〔珍本〕二集 10－11〔著錄〕經部 4
春秋明志錄〔文淵〕168〔文津〕162〔文瀾〕160〔珍本〕初集 80－81
南沙先生文集〔存目〕集部 91

熊開元(清)
魚山剩稿〔禁燬補〕75

熊節(宋)
性理群書句解〔文淵〕709〔文津〕711〔文瀾〕724〔珍本〕四集 128－129
新編音點性理群書句解〔著錄〕子部 62

熊會貞
水經注疏〔續修〕726－727

熊蕃(宋)
宣和北苑貢茶錄〔珍本〕別輯 206
宣和北苑貢茶錄、北苑別錄〔文淵〕844〔文津〕846〔文瀾〕863〔底本〕子部 26〔著錄〕子部 27

熊賜履(清)
下學堂劄記〔存目〕子部 22〔續修〕947
閑道錄〔存目〕子部 22
御纂朱子全書〔文淵〕720〔文津〕721－723〔文瀾〕735－736
經義齋集〔存目〕集部 230
學統〔存目〕史部 124〔續修〕513－514

澡修堂集〔存目〕集部 230

熊慶笏(清)
扁鵲脈書難經〔未收〕四輯 24

熊履廷(清)
也斿吟〔禁燬補〕90

熊璟崇(清)
海崖文錄〔續修〕1671

熊儐(明)
近溪羅先生一貫編〔存目〕子部 86〔續修〕1126

熊應雄(清)
推拿廣意〔續修〕997

熊羅宿(清)
明堂圖說〔未收〕三輯 8

鄧

鄧士亮(明)
心月軒稿〔未收〕六輯 26
屏史前卷、後卷〔未收〕六輯 19

鄧元錫(明)
三禮編繹〔存目〕經部 106－107
五經繹〔存目〕經部 149
函史上編、下編〔存目〕史部 25－28
皇明書〔存目〕史部 29〔續修〕315－316
潛學編〔存目〕集部 130

鄧文原(元)
巴西文集〔著錄〕集部 394
巴西集〔文淵〕1195〔文津〕1199〔文瀾〕1230〔珍本〕三集 276
運使復齋郭公言行錄、編類運使復齋郭公敏行錄〔續修〕550

鄧文憲(明)
律呂解註〔存目〕經部 184

鄧以讚(明)
鄧定宇先生文集〔存目〕集部 156

鄧玉函(明西洋)
奇器圖說、諸器圖說〔文淵〕842〔文津〕844〔文瀾〕861
遠西奇器圖說錄最、新製諸器圖說〔著錄〕子部 359

鄧廷楨(清)
雙硯齋詩鈔〔續修〕1499

鄧廷羅(清)
兵鏡三種〔存目〕子部 35

鄧旭(清)

林屋詩集 〔未收〕七輯 22

鄧名世(宋)

古今姓氏書辯證 〔文淵〕922 〔文津〕925
〔文瀾〕942 〔珍本〕別輯 222－227

鄧汝功(清)

密娛齋詩稿 〔存目〕集部 282

鄧志謨(清)

鍥旁注事類捷録 〔禁燬補〕40

蘭雪堂古事苑定本 〔存目〕子部 231 〔續
修〕1247

鄧伯羔(明)

藝彀 〔文淵〕856 〔文津〕857 〔文瀾〕876
〔珍本〕二集 208

鄧苑(明)

一草亭目科全書 〔續修〕1018

鄧林(明)

退菴鄧先生遺稿 〔存目〕集部 26

鄧析(周)

鄧子 〔文淵〕729 〔文津〕729 〔文瀾〕743
〔底本〕子部 31 〔著録〕子部 334 〔續
修〕971

鄧析子、通考 〔續修〕971

鄧炅(清)

頻伽園文集 〔禁燬補〕89

鄧忠臣(宋)

同文館唱和詩 〔文淵〕1344 〔文津〕1348
〔文瀾〕1386 〔珍本〕初集 369

鄧牧(宋)

大滌洞天記 〔存目〕史部 243

伯牙琴 〔文淵〕1189 〔文津〕1193 〔文瀾〕
1225 〔底本〕集部 182 〔著録〕集部 443

洞霄圖誌 〔文淵〕587 〔文津〕587 〔文瀾〕
596

鄧庠(明)

東溪續稿、別稿 〔存目〕集部 41

鄧原岳(明)

西樓全集、詩選 〔存目〕集部 173－174

鄧球(明)

皇明泳化類編、續編 〔禁燬補〕27－29

閒適劇談 〔存目〕子部 84 〔續修〕1127

鄧深(宋)

大隱居士詩集 〔文淵〕1137 〔文津〕1141
〔文瀾〕1169 〔珍本〕九集 243

鄧雲霄(明)

百花洲集 〔存目〕集部 178

冷邸小言 〔存目〕集部 417

解弢集 〔存目〕集部 178

鄧雅(明)

玉笥集 〔文淵〕1222 〔文津〕1227 〔文瀾〕
1257 〔珍本〕初集 359

鄧伯言玉笥集 〔著録〕集部 33

鄧凱(明)

也是録 〔禁燬〕史部 33

鄧渼(明)

留夷館集 〔未收〕五輯 24

鄧夢文(明)

八卦餘生 〔存目〕經部 2 〔續修〕5

鄧夢琴(清)

楸亭文稿 〔未收〕十輯 17

鄧椿(宋)

畫繼 〔文淵〕813 〔文津〕815 〔文瀾〕832
〔著録〕子部 150

鄧椿年(宋)

古今姓氏書辯證 〔文淵〕922 〔文津〕925
〔文瀾〕942

鄧肅(宋)

栟櫚先生文集 〔著録〕集部 94

栟櫚集 〔文淵〕1133 〔文津〕1137 〔文瀾〕
1164 〔珍本〕四集 262

鄧漢儀(清)

詩觀初集、二集、三集、閨秀別卷 〔存目補〕
39－41 〔禁燬〕集部 1－3

慎墨堂詩拾、贈答詩、筆記 〔禁燬補〕57

鄧慶寀(明)

閩中荔支通譜 〔存目〕子部 81 〔續修〕1116

鄧澄(明)

鄧東垣集 〔禁燬補〕80

鄧鎮雲(清)

愛秋齋詩稿 〔禁燬補〕87

鄧鍾(明)

籌海重編 〔存目〕史部 227

鄧鍾岳(清)

知非録 〔存目〕子部 28

寒香閣詩集 〔存目〕集部 270

鄧顯麒(明)

夢虹奏議 〔存目〕史部 60

鄧顯鶴(清)

沅湘耆舊集 〔續修〕1690－1693

沅湘耆舊集前編 〔續修〕1690

南村草堂文鈔 〔續修〕1501

蔡忠烈公遺集、續編〔未收〕五輯 26

十五畫

慧

慧中（清）

　欽定臺規〔未收〕二輯 26

鞏

鞏珍（明）

　西洋番國志〔存目〕史部 255〔續修〕742

摯

摯虞（晉）

　三輔決録〔續修〕540

增

增輻（清）

　柞蠶雜志、柞蠶問答〔續修〕978

穀

穀梁赤（周）

　春秋穀梁傳注疏、附考證〔文淵〕145〔文津〕141〔文瀾〕139

邁

邁柱（清）

　〔雍正〕湖廣通志〔著録〕史部 317－320

　湖廣通志〔文淵〕531－534〔文津〕531－535〔文瀾〕537－540

樓

樓卜瀍（清）

　鐵崖樂府註、詠史註、逸編註〔續修〕1325

樓英（明）

　醫學綱目〔續修〕1020－1021

樓昉（宋）

　迂齋先生標註崇古文訣〔著録〕集部 298

　兩漢詔令〔文淵〕426〔文津〕424〔文瀾〕425〔珍本〕四集 104－105〔著録〕史部 412

　宗忠簡集〔文淵〕1125〔文津〕1129〔文瀾〕1155

　崇古文訣〔文淵〕1354〔文津〕1358〔文

瀾〕1396〔珍本〕六集 289－292

樓錡（清）

　于湘遺稿〔未收〕十輯 21

樓璹（宋）

　於潛令樓公進耕織二圖詩〔存目〕子部 38

樓鑰（宋）

　攻媿先生文集〔底本〕集部 19－26〔著録〕集部 52－53

　攻媿集〔文淵〕1152－1153〔文津〕1156－1158〔文瀾〕1185－1186

　范文正公年譜〔續修〕552

　范文正公年譜、年譜補遺、義莊規矩〔存目〕史部 82

　范文正公集、別集、尺牘、遺文、年譜、年譜補遺、祭文、諸賢贊頌論疏、論頌、詩頌、朝廷優崇、言行拾遺事録、鄱陽遺事録、遺跡、褒賢祠記、義莊規矩〔著録〕集部 338

樊

樊王家（明）

　左氏春秋内外傳類選〔存目〕子部 199

樊玉衝（明）

　智品〔存目〕子部 134－135

樊廷枚（清）

　四書釋地補、續補、又續補、三續補〔續修〕170

樊良樞（明）

　密庵卮言〔續修〕1132

樊宗師（樊紹述）（唐）

　絳守居園池記〔珍本〕十二集 159〔底本〕集部 55〔著録〕集部 420

　樊紹述集〔存目〕集部 9〔續修〕1311

樊深（明）

　西田語略、續集〔存目〕子部 10

　〔嘉靖〕河間府志〔存目〕史部 192

樊紹述（唐）　參見 樊宗師

樊景瑞（清）

　本堂陳先生文集〔著録〕集部 444

樊綽（唐）

　蠻書〔文淵〕464〔文津〕463〔文瀾〕465〔珍本〕别輯 128

樊維城（明）

　〔天啓〕海鹽縣圖經〔存目〕史部 208

樊增祥

樊山集　〔續修〕1574
樊山續集　〔續修〕1574－1575

樊學曾（明）
菉竹軒草　〔未收〕六輯 23

樊騰鳳（清）
五方元音　〔存目〕經部 219　〔續修〕260

歐

歐大任（明）
百越先賢志　〔文淵〕453　〔文津〕452　〔文瀾〕453　〔珍本〕十集 76　〔著錄〕史部 32
歐虞部集十五種　〔禁燬〕集部 47－48

歐陽文靜（清）
從戎越南記　〔未收〕九輯 4

歐陽玄（元）
圭齋文集　〔文淵〕1210　〔文津〕1213　〔文瀾〕1244　〔底本〕集部 34　〔著錄〕集部 111
圭齋文集（圭齋集）〔薈要〕406
拯荒事略　〔存目〕史部 273

歐陽必進（明）
交黎剿平事略　〔存目〕史部 49

歐陽守道（宋）
巽齋文集　〔文淵〕1183　〔文津〕1187　〔文瀾〕1218〔珍本〕二集 312－313

歐陽東鳳（明）
晉陵先賢小傳　〔存目〕史部 111

歐陽忞（宋）
輿地廣記　〔文淵〕471　〔文津〕470　〔文瀾〕472　〔著錄〕史部 205

歐陽修（宋）
五代史（新五代史）〔薈要〕128
五代史記　〔著錄〕史部 270
五代史記注　〔續修〕290－292
太常因革禮　〔續修〕821
毛詩本義　〔薈要〕24
六一居士詩話　〔著錄〕集部 213
六一詞　〔文淵〕1487　〔文津〕1492　〔文瀾〕1537　〔著錄〕集部 217
六一詩話　〔文淵〕1478　〔文津〕1482　〔文瀾〕1527
文忠集、本傳、年譜　〔文淵〕1102－1103　〔文津〕1105－1107　〔文瀾〕1131－1133　〔薈要〕370－372
居士集　〔存目〕集部 10

洛陽牡丹記　〔文淵〕845　〔文津〕846　〔文瀾〕863　〔著錄〕子部 162
唐書（新唐書）、釋音　〔薈要〕121－125
唐書　〔著錄〕史部 62－65
崇文總目　〔文淵〕674　〔文津〕673　〔文瀾〕687
集古錄　〔文淵〕681　〔文津〕680　〔文瀾〕694　〔著錄〕史部 155
詩本義、鄭氏詩譜　〔文淵〕70　〔文津〕65　〔文瀾〕63　〔著錄〕經部 46　〔薈要〕經部 46
新五代史、附考證　〔文淵〕279　〔文津〕274　〔文瀾〕271
新唐書、唐書釋音、附考證　〔文淵〕272－276　〔文津〕268　〔文瀾〕266－269
歐陽文忠公集、年譜　〔著錄〕集部 89－90
歐陽文粹　〔文淵〕1103　〔文津〕1107　〔文瀾〕1133　〔珍本〕六集 247－248
歐陽先生文粹　〔底本〕集部 59　〔著錄〕集部 340
歐陽修撰集　〔底本〕集部 163
醉翁琴趣外篇　〔續修〕1722
歸田錄　〔文淵〕1036　〔文津〕1040　〔文瀾〕1064　〔著錄〕子部 218

歐陽起鳴（元）
歐陽論範　〔存目〕集部 23

歐陽桂（清）
西山志　〔禁燬〕史部 72

歐陽發（宋）
靈臺祕苑　〔著錄〕子部 149

歐陽鈇（明）
歐陽修撰集　〔底本〕集部 163

歐陽鉉（明）
野獲園詩　〔存目〕集部 194

歐陽詹（唐）
歐陽行周文集　〔文淵〕1078　〔文津〕1082　〔文瀾〕1108　〔著錄〕集部 232

歐陽詢（唐）
藝文類聚　〔文淵〕887　〔文津〕888－890　〔文瀾〕907－908　〔著錄〕子部 174－175

歐陽德（明）
歐陽南野先生文集　〔存目〕集部 80　〔存目〕集部 81

歐陽德隆（宋）
紫雲先生增修校正押韻釋疑　〔著錄〕經部 181
增修校正押韻釋疑　〔文淵〕237　〔文津〕232

〔文瀾〕230〔珍本〕初集102

歐陽澈(宋)
　歐陽修撰集〔文淵〕1136〔文津〕1140〔文瀾〕1167〔珍本〕四集267〔著錄〕集部95〔底本〕集部163

歐陽鐸(明)
　歐陽恭簡公文集〔存目〕集部64

歐幾里得(西洋)
　幾何原本〔文淵〕798〔文津〕799〔文瀾〕815〔續修〕1300

歐潑登(美國)
　列國陸軍制〔續修〕1299

震

震鈞(清)
　國朝書人輯略〔續修〕1089

震鈞(唐元素)(清)
　天咫偶聞〔續修〕730

墨

墨莊氏(清)
　字林經策萃華〔未收〕六輯4

墨翟(周)
　墨子〔文淵〕848〔文津〕850〔文瀾〕867〔薈要〕275

黎

黎士弘(清)
　託素齋詩集、文集、行述〔存目〕集部223

黎久(明)
　黎子雜釋〔存目〕子部83

黎元寬(清)
　進賢堂稿〔禁燬〕集部145－146

黎世序(清)
　河上易註、附圖説〔未收〕三輯3
　續行水金鑑、圖〔未收〕七輯6－8

黎立武(宋)
　中庸指歸、中庸分章、大學發微、大學本旨〔文淵〕200〔文津〕194〔文瀾〕190

黎民表(明)
　清泉精舍小志〔存目〕集部304
　瑤石山人詩稿〔底本〕集部197－198〔著錄〕集部447
　瑤石山人稿〔文淵〕1277〔文津〕1281〔文瀾〕1314〔珍本〕七集248－250

黎汝謙(清)
　夷牢溪廬文鈔〔續修〕1567
　夷牢溪廬詩鈔〔續修〕1567

黎貞(明)
　重刻秫坡先生文集〔存目〕集部25

黎祖功(清)
　不已集選〔禁燬〕集部167

黎庶昌(清)
　拙尊園叢稿〔續修〕1561
　春秋左傳杜注校勘記〔續修〕128
　曾文正公年譜〔續修〕557

黎淳(明)
　黎文僖公集〔續修〕1330

黎堯卿(明)
　諸子纂要〔存目〕子部122

黎景義(清)
　二丸居集選〔禁燬〕集部16

黎崱(元)
　安南志略〔文淵〕464〔文津〕464〔文瀾〕466〔珍本〕七集86〔著錄〕史部413

黎遂球(明)
　周易爻物當名〔存目〕經部23〔續修〕16
　蓮鬚閣集〔禁燬〕集部183

黎溫(明)
　歷代道學統宗淵源問對〔續修〕936－937

黎靖德(宋)
　朱子語類〔文淵〕700－702〔文津〕700－703〔文瀾〕714－717〔著錄〕子部11－12

黎經誥(清)
　六朝文絜箋注〔續修〕1611

黎諒(明)
　水心先生文集〔著錄〕集部100
　水心集〔文淵〕1164〔文津〕1168〔文瀾〕1198

黎曙寅(清)
　周易擬像〔未收〕十輯1

黎簡(清)
　五百四峰堂詩鈔〔續修〕1473－1474

樂

樂天大笑生(明)
　解慍編〔續修〕1272

樂史（宋）
　太平寰宇記〔文淵〕469〔文津〕467〔文
　　瀾〕470－471〔著録〕史部96
　太平寰宇記補闕〔續修〕585
　楊太真外傳〔續修〕1783
　廣卓異記〔存目〕史部87
樂純（明）
　雪菴清史〔存目〕子部111
樂鈞（清）
　青芝山館集〔續修〕1490
樂雷發（宋）
　雪磯叢稿〔文淵〕1182〔文津〕1186〔文
　　瀾〕1217〔珍本〕九集255〔著録〕集部
　　104
樂韶鳳（明）
　洪武正韻〔文淵〕239〔文津〕234〔文瀾〕
　　231〔著録〕經部116

德

德沛（清）
　易圖解〔續修〕19
德保（清）
　御製律吕正義後編、上諭奏義〔著録〕經部
　　173－176
　樂賢堂詩鈔〔未收〕十輯13

衛

衛元嵩（北周）
　元包經傳、元包數總義〔文淵〕803〔文津〕
　　804〔文瀾〕820〔著録〕子部147
衛宏（漢）
　漢官舊儀〔文淵〕646〔文津〕646〔文瀾〕
　　656〔珍本〕别輯147
衛杰（清）
　蠶桑萃編〔未收〕四輯23
衛泳（清）
　冰雪攜三選稿〔禁燬補〕51
　枕中秘〔存目〕子部152
衛宗武（宋）
　秋聲集〔文淵〕1187〔文津〕1192〔文瀾〕
　　1223〔珍本〕初集332
衛既齊（清）
　廉立堂文集〔未收〕七輯25
衛哲治（清）
　〔乾隆〕淮安府志〔續修〕699－700
衛涇（宋）
　後樂集〔文淵〕1169〔文津〕1173－1174
　　〔文瀾〕1203〔珍本〕初集309－310
衛執蒲（清）
　真定奏疏〔存目〕史部66
衛博（宋）
　定庵類稿〔文淵〕1152〔文津〕1156〔文
　　瀾〕1185〔珍本〕初集299
衛湜（宋）
　禮記集説〔文淵〕117－120〔文津〕111－
　　115〔文瀾〕111－114〔薈要〕53－56
　禮記集説、統説〔底本〕經部26－45〔著
　　録〕經部67－69
衛楨固（明）
　真定奏疏〔存目〕史部66

滕

滕弘（明）
　神農本經會通〔未收〕七輯12
滕安上（元）
　東庵集〔文淵〕1199〔文津〕1203〔文瀾〕
　　1234〔珍本〕初集345〔底本〕集部96
　　〔著録〕集部396
滕甫（宋）
　征南録〔文淵〕460〔文津〕459〔文瀾〕461
　　〔珍本〕十一集60〔底本〕史部108〔著
　　録〕史部33
滕珙（宋）
　經濟文衡前集、後集、續集〔文淵〕704〔文
　　津〕705〔文瀾〕719〔珍本〕三集182－
　　185
　類編標註文公先生經濟文衡前集、後集、續
　　集〔著録〕子部251

魯

魯一同（清）
　通甫類藁、續編、通父詩存、詩存之餘〔續
　　修〕1532
魯九皋（清）
　山木居士外集〔續修〕1452
　翠巖雜稿〔未收〕十輯26
魯之裕（清）
　式馨堂文集、詩集、詩餘偶存〔禁燬〕集部
　　150

書法毅〔禁燬〕子部 37

經史提綱、九經補韻〔禁燬〕子部 38

魯伯嗣（明）

　嬰童百問〔續修〕1009

魯明善（元）

　農桑衣食撮要〔文淵〕730〔文津〕729〔文瀾〕744

　新刊農桑撮要〔著錄〕子部 46

魯貞（元）

　桐山老農集〔文淵〕1219〔文津〕1223〔文瀾〕1254〔珍本〕初集 355

魯重民（明）

　十三經類語、附十三經序論選〔存目〕子部 217

　子史類語〔禁燬補〕42

　四六全書五種〔禁燬補〕35 - 36

　經史子集合纂類語〔禁燬〕子部 20 - 21

魯訔（宋）

　杜工部草堂詩年譜〔續修〕1307〔著錄〕史部 201

　杜工部詩年譜〔文淵〕446〔文津〕445〔文瀾〕447〔珍本〕七集 78

魯曾煜（清）

　秋塍文鈔、三州詩鈔〔存目〕集部 270

　〔雍正〕廣東通志〔著錄〕史部 56 - 58

　廣東通志〔文淵〕562 - 564〔文津〕562 - 565〔文瀾〕570 - 573

魯銓（清）

　〔嘉慶〕寧國府志〔續修〕710 - 711

魯論（明）

　四書通義〔存目〕經部 165

　仕學全書〔存目〕史部 262

魯點（明）

　齊雲山志〔存目〕史部 231

魯應龍（宋）

　閑窗括異志〔續修〕1264

魯鐸（明）

　魯文恪公文集〔存目〕集部 53

劉

劉一止（宋）

　苕溪集〔文淵〕1132〔文津〕1135 - 1136〔文瀾〕1163〔珍本〕二集 252 - 254〔著錄〕集部 49

劉一相（明）

詩宿、詩人考世〔存目〕集部 323 - 324

劉一清（元）

　錢塘遺事〔文淵〕408〔文津〕406〔文瀾〕407〔著錄〕史部 16

劉三吾（明）

　坦齋劉先生文集〔存目〕集部 25

　書傳會選〔文淵〕63〔文津〕57 - 58〔文瀾〕55〔珍本〕五集 11 - 12〔著錄〕經部 127

劉士忠（明）

　古今疏治黃河全書、附酌議泇黃便宜疏〔存目〕史部 222

劉士毅（清）

　春秋疑義録〔未收〕九輯 1

　讀詩日録〔未收〕二輯 7

劉士鏻（明）

　刪補古今文致〔存目〕集部 373

　明文霱〔禁燬〕集部 93 - 94

劉士驥（明）

　蟋蟀軒草〔存目〕集部 182

劉才邵（宋）

　檆溪居士集〔文淵〕1130〔文津〕1134〔文瀾〕1161〔珍本〕初集 275 - 276

劉大夏（明）

　劉忠宣公遺集、附年譜〔未收〕六輯 29

劉大彬（元）

　茅山志〔存目〕史部 228〔續修〕723

劉大紳（清）

　寄庵詩文鈔〔續修〕1473

　劉寄庵文録〔續修〕1670

劉大勤（清）

　師友詩傳録、續録〔底本〕集部 267〔著錄〕集部 332

劉大櫆（清）

　海峰文集、詩集〔續修〕1427

　海峰先生文録〔續修〕1670

劉子伯（明）

　序芳園稿〔存目〕集部 95

劉子壯（清）

　屺思堂文集、詩集〔存目〕集部 216

劉子翬（宋）

　屏山集〔文淵〕1134〔文津〕1138〔文瀾〕1165〔珍本〕四集 263 - 264〔著錄〕集部 341

劉天民（明）

函山先生集〔存目〕集部 70

劉天和(明)

仲志〔存目〕史部 78

問水集〔存目〕史部 221

劉元卿(明)

大象觀〔存目〕經部 10

大學新編〔存目〕經部 157

江右名賢編〔存目補〕74

劉聘君全集〔存目〕集部 154

諸儒學案〔存目〕子部 12〔續修〕512

劉元高(宋)

三劉先生家集〔著錄〕集部 296

三劉家集〔文淵〕1345〔文津〕1349〔文
瀾〕1387〔珍本〕十二集 197

劉元慧(清)

託素齋詩集、文集、行述〔存目〕集部 223

劉元龍(清)

先天易貫〔存目〕經部 36

劉云份(清)

八劉唐人詩〔存目補〕38

翠樓集〔存目〕集部 395

劉友光(清)

香山草堂集、詩集〔未收〕七輯 19

劉曰寧(明)

荊川先生右編〔存目〕史部 70-71〔續修〕
459-460

劉中藻(明)

洞山九潭志〔續修〕724

劉仁本(元)

羽庭集〔文淵〕1216〔文津〕1220〔文瀾〕
1251〔珍本〕別輯 391-392〔底本〕集
部 105〔著錄〕集部 348

劉文泰(明)

本草品彙精要、續集、脈訣〔續修〕990-991

劉文卿(明)

新刻劉直洲先生文集〔存目〕集部 172

劉文淇(清)

青溪舊屋文集〔續修〕1517

春秋左氏傳舊注疏證〔續修〕126-127

舊唐書校勘記〔續修〕283-284

劉文富(宋)

淳熙嚴州圖經〔續修〕704

劉文徵(明)

〔天啓〕滇志〔續修〕681-682

劉文錦(明)

書義主意、附群英書義〔未收〕十輯 1

劉文龍(清)

古易匯詮〔續修〕22

劉文徽(明)

潤州先賢錄〔存目〕史部 88〔續修〕541

劉心源(清)

奇觚室吉金文述〔續修〕903

劉允中(宋)

玉髓真經、後卷〔續修〕1053

劉允鵬(明)

龍筋鳳髓判〔文淵〕889〔文津〕891〔文
瀾〕910

劉玉(明)

執齋先生文集〔續修〕1334

劉玉汝(元)

詩纘緒〔文淵〕77〔文津〕73〔文瀾〕71
〔珍本〕初集 50

劉玉麟(清)

爾雅校議〔續修〕185

劉正宗(清)

逋齋詩、二集〔未收〕八輯 16

劉世珩(清)

南朝寺考〔未收〕九輯 7

劉世教(明)

研寶齋遺薬〔未收〕六輯 25

劉世偉(明)

過庭詩話〔存目〕集部 417

獸次瑣談〔存目〕子部 103

劉世燧(清)

倚雲閣詩集〔禁燬補〕82

劉可書(清)

范忠貞集〔文淵〕1314〔文津〕1318〔文
瀾〕1352

劉仔肩(明)

雅頌正音〔文淵〕1370〔文津〕1374〔文
瀾〕1413〔珍本〕七集 288〔底本〕集部
225〔著錄〕集部 451

劉永之(明)

劉仲修先生詩文集〔續修〕1326

劉永澄(明)

劉練江先生集、附離騷經纂註、年譜〔存目〕
集部 179

劉弘(明)

蘇詩摘律〔存目〕集部 14

劉台拱(清)

　經傳小記〔續修〕173

　論語駢枝〔續修〕154

劉臣敬(清)

　六經字便〔存目〕經部205

劉有定(元)

　衍極〔底本〕子部5〔著錄〕子部150

　衍極、附圖〔文淵〕814〔文津〕817〔文瀾〕833

劉成德(明)

　大曆二皇甫詩集〔底本〕集部202〔著錄〕集部136

劉光第(清)

　衷聖齋文集、詩集〔續修〕1568

劉光蕡(清)

　大學古義〔續修〕159

　改設學堂私議、勸設學綴言〔續修〕831

　尚書微〔續修〕51

劉同(明)

　王忠文集〔文淵〕1226〔文津〕1230〔文瀾〕1261

劉同升(明)

　明太保費文憲公文集選要〔存目〕集部43

劉因(元)

　四書集義精要〔文淵〕202〔文津〕196〔文瀾〕192〔珍本〕三集109〔著錄〕經部205

　靜修先生文集〔著錄〕集部29

　靜修集、續集〔文淵〕1198〔文津〕1202〔文瀾〕1233〔薈要〕402

劉廷元(明)

　宋名臣言行略〔未收〕一輯18

劉廷璣(清)

　在園雜志〔存目〕子部115〔續修〕1137

　葛莊分體對鈔〔存目〕集部260

　葛莊編年詩〔存目〕集部260

劉延世(宋)

　孫公談圃〔文淵〕1037〔文津〕1041〔文瀾〕1064〔著錄〕子部218

劉仲甫(宋)

　忘憂清樂集、附棋經、棋訣〔續修〕1097

　棋訣〔文淵〕839〔文津〕841〔文瀾〕858〔珍本〕別輯205〔著錄〕子部358

劉仲達(明)

　劉氏鴻書〔存目〕子部214－215〔續修〕

1238－1239

劉向(漢)

　七略別錄佚文、七略佚文〔續修〕916

　古列女傳、續古列女傳〔文淵〕448〔文津〕446〔文瀾〕448

　列女傳補注、校正、叙錄〔續修〕515

　列仙傳〔文淵〕1058〔文津〕1062〔文瀾〕1087〔著錄〕子部248

　新序〔文淵〕696〔文津〕696〔文瀾〕709〔薈要〕247〔著錄〕子部127

　說苑〔文淵〕696〔文津〕696〔文瀾〕710〔薈要〕247〔著錄〕子部127

　劉向古列女傳、續〔著錄〕史部53

劉名譽(清)

　越事備考〔未收〕五輯7

劉次莊(宋)

　法帖釋文〔文淵〕681〔文津〕681〔文瀾〕694〔著錄〕史部265

劉宇(明)

　安老懷幼書〔存目〕子部42

劉安(漢)

　淮南鴻烈解〔文淵〕848〔文津〕850〔文瀾〕867〔薈要〕277〔底本〕子部34－35〔著錄〕子部305

劉安上(宋)

　劉左史文集〔著錄〕集部441

　劉給事文集〔底本〕集部66

　劉給事集〔文淵〕1124〔文津〕1128〔文瀾〕1154〔珍本〕八集157

劉安世(宋)

　盡言集〔文淵〕427〔文津〕425〔文瀾〕425〔珍本〕六集97〔著錄〕史部199

劉安節(宋)

　劉左史文集〔著錄〕集部94

　劉左史集〔文淵〕1124〔文津〕1128〔文瀾〕1154

劉祁(元)

　歸潛志〔文淵〕1040〔文津〕1044〔文瀾〕1067〔著錄〕子部242

劉孝威(南朝梁)

　劉庶子集〔續修〕1587

劉孝孫(唐)

　張邱建算經〔文淵〕797〔文津〕798〔文瀾〕814〔著錄〕子部20

劉孝綽(南朝梁)

劉祕書集〔續修〕1587

劉孝標(南朝梁)

世説新語〔文淵〕1035〔文津〕1039〔文瀾〕1062〔薈要〕278

世説新語、世説叙録〔著録〕子部216

劉坊(清)

劉龕石先生詩文集〔禁燬補〕84

劉克(宋)

詩説〔續修〕57

劉克莊(宋)

後村長短句〔續修〕1723

後村居士集〔著録〕集部250

後村集〔文淵〕1180〔文津〕1184〔文瀾〕1215

後村詩話〔文淵〕1481〔文津〕1486〔文瀾〕1531〔著録〕集部331

劉辰(明)

國初事蹟〔存目〕史部46

劉辰翁(宋)

王荆文公詩、年譜〔著録〕集部7

李長吉歌詩、外卷〔著録〕集部232

班馬異同〔文淵〕251〔文津〕246〔文瀾〕244〔存目〕史部1〔著録〕史部2

集千家註批點杜工部詩集、年譜〔著録〕集部228

須溪四景詩集〔文淵〕1186〔文津〕1190〔文瀾〕1222〔珍本〕十一集172

須溪先生四景詩集〔著録〕集部59

須溪集〔文淵〕1186〔文津〕1190〔文瀾〕1221〔珍本〕四集280-281

劉須溪先生記鈔〔存目〕集部20

澗谷精選陸放翁詩集前集、須溪精選陸放翁詩集後集、陸放翁詩別集〔著録〕集部24

類箋唐王右丞詩集、文集、外編、年譜、唐諸家同詠集、贈題集、歷朝諸家評王右丞詩畫鈔〔存目〕集部9

劉伯燮(明)

鶴鳴集〔未收〕五輯22

劉兌(明)

頻陽集〔存目〕集部327

劉沅(清)

周易恒解〔續修〕26

周官恒解〔續修〕81

儀禮恒解〔續修〕91

禮記恒解〔續修〕105

劉完素(金)

宣明方論〔文淵〕744〔文津〕744〔文瀾〕759〔珍本〕十二集51

素問玄機原病式〔文淵〕744〔文津〕744〔文瀾〕758〔著録〕子部16

素問病機氣宜保命集〔著録〕子部137

黄帝素問宣明論方〔著録〕子部16

傷寒直格方、傷寒標本心法類萃〔文淵〕744〔文津〕744〔文瀾〕759〔珍本〕九集202

新刊河間劉守真傷寒直格、傷寒標本心法類萃〔著録〕子部137〔著録〕子部137

劉宏璧(清)

傷寒論三註〔未收〕四輯25

劉良(唐)

六臣註文選〔文淵〕1330-1331〔文津〕1334-1335〔文瀾〕1372-1373〔著録〕集部134-135

劉良臣(明)

鳳川子克已示兒編〔續修〕938

劉君錫(元)

龐居士放來生債雜劇〔續修〕1760

劉邵(三國魏)

人物志〔文淵〕848〔文津〕850〔文瀾〕868〔底本〕子部35〔著録〕子部163

劉青芝(清)

周禮質疑〔存目〕經部86〔續修〕79

學詩闕疑〔存目〕經部77

學禮闕疑〔續修〕108

劉青蓮(清)

學禮闕疑〔存目〕經部102〔續修〕108

劉青霞(清)

慎獨軒文集〔存目〕集部277

劉青藜(清)

金石續録〔存目〕史部278

劉長華(清)

漢晉迄明謚彙考、皇朝謚彙考〔續修〕827

劉長卿(唐)

劉隨州文集、外集〔著録〕集部229

劉隨州集〔文淵〕1072〔文津〕1076〔文瀾〕1102

劉坤一(清)

[光緒]江西通志〔續修〕656-660

劉若金(清)

本草述〔未收〕五輯11-12

劉若宰(明)
　費太史市隱園集選 〔未收〕五輯 23
劉若愚(明)
　明宮史〔底本〕史部 110〔著錄〕史部 139
　酌中志〔續修〕437
　酌中志、酌中志餘〔禁燬〕史部 71
劉茂實(元)
　敏求機要 〔續修〕1218
劉東星(明)
　道古錄〔續修〕1127
劉郁(元)
　西使記〔文淵〕460〔文津〕459〔文瀾〕461
　　〔底本〕史部 108〔著錄〕史部 203
劉昌(明)
　中州名賢文表〔珍本〕四集 392-395〔底
　　本〕集部 248-249〔著錄〕集部 413
　中州名賢文表、附元史本傳〔文淵〕1373
　　〔文津〕1377〔文瀾〕1416
劉昌詩(宋)
　蘆浦筆記〔文淵〕852〔文津〕854〔文瀾〕
　　872〔著錄〕子部 164
劉昉(宋)
　幼幼新書、拾遺方 〔續修〕1008-1009
劉忠(明)
　少傅野亭劉公遺藁 〔續修〕1330
劉知幾(唐)
　史通〔文淵〕685〔文津〕685〔文瀾〕699
　　〔存目〕史部 279〔著錄〕史部 159
　史通評釋〔續修〕447
劉牧(宋)
　易數鈎隱圖、遺論九事〔文淵〕8〔文津〕3
　　〔文瀾〕2〔薈要〕15〔著錄〕經部 41
劉秉忠(元)
　石函平砂玉尺經、後集〔存目補〕77
　藏春集〔文淵〕1191〔文津〕1196〔文瀾〕
　　1227〔珍本〕六集 258
　藏春詩集〔著錄〕集部 252
　鐫地理參補評林圖訣全備平沙玉尺經〔續
　　修〕1054
劉秉恬(清)
　公餘集〔續修〕1457
　竹軒詩稿〔續修〕1458
　述職吟〔續修〕1457
　述職吟、公餘集、竹軒詩藁〔未收〕十輯 25
劉秉衡(清)

　讀史正氣錄〔未收〕一輯 17
劉佶(元)
　北巡私記〔續修〕424
劉岳申(元)
　申齋集〔文淵〕1204〔文津〕1208〔文瀾〕
　　1239〔珍本〕十二集 171-172
　申齋劉先生文集〔底本〕集部 33〔著錄〕集
　　部 109
劉侗(明)
　名物通〔存目〕子部 221
　帝京景物略〔存目〕史部 248〔續修〕729
劉命清(清)
　虎溪漁叟集〔存目〕集部 209
劉斧(宋)
　青瑣高議前集、後集、別集〔存目〕子部 246
劉攽(宋)
　中山詩話〔文淵〕1478〔文津〕1482〔文
　　瀾〕1527
　公非先生集〔著錄〕集部 441
　文選類林〔存目〕子部 167
　孟子外書四篇〔續修〕932
　彭城集〔文淵〕1096〔文津〕1099〔文瀾〕
　　1125〔珍本〕別輯 269-273
　漢官儀〔續修〕1106
　劉攽貢父詩話〔著錄〕集部 213
劉於義(清)
　〔雍正〕陝西通志〔著錄〕史部 332-336
　陝西通志〔文淵〕551-556〔文津〕551-
　　557〔文瀾〕558-564
劉炎(宋)
　劉先生邇言〔著錄〕子部 351
　邇言〔文淵〕703〔文津〕704〔文瀾〕718
　　〔珍本〕四集 125
劉宗周(明)
　人譜〔珍本〕十一集 103
　人譜、人譜類記〔文淵〕717〔文津〕719〔文
　　瀾〕732
　人譜類記〔珍本〕十一集 103
　子劉子學言、聖學宗要〔著錄〕子部 333
　孔子家語考次〔續修〕931
　和靖尹先生文集〔著錄〕集部 422
　周易古文鈔〔存目〕經部 17〔續修〕13
　蕺山先生人譜、人譜類記〔著錄〕子部 62
　劉子遺書、聖學宗要、學言〔文淵〕717〔文
　　津〕718〔文瀾〕732
　劉蕺山先生奏疏〔禁燬〕史部 38

劉蕺山先生集十種〔著録〕集部 355

劉蕺山集〔文淵〕1294〔文津〕1299〔文瀾〕1333〔珍本〕十二集 189－190

論語學案〔文淵〕207〔文津〕202〔文瀾〕200〔著録〕經部 171

證人社約言〔存目〕子部 15

劉宗魏(清)

歷代帝系年號考〔存目〕史部 273

劉定之(明)

否泰録〔存目〕史部 46

呆齋前稿、存稿、續稿、劉文安公呆齋先生策略、年譜〔存目〕集部 34

易經圖釋〔續修〕5

周易圖釋〔存目〕經部 2

劉祈穀(清)

增訂周易本義補〔未收〕二輯 1

劉承(宋)

四書集編〔文淵〕200〔文津〕194〔文瀾〕190

劉承幹

明史例案〔未收〕五輯 4

重詳定刑統、校勘記〔續修〕862

晉書斠注〔續修〕275－277

劉承寬(清)

劉禮部集〔續修〕1501

劉孟琛(元)

元南臺備要〔存目〕史部 257

劉孟揚(清)

天津拳匪變亂紀事〔未收〕四輯 16

劉始興(清)

詩益〔續修〕63

劉春(明)

東川劉文簡公集〔續修〕1332

劉玨(明)

重刻完菴劉先生詩集〔存目〕集部 34

劉坪(宋)

屏山集〔文淵〕1134〔文津〕1138〔文瀾〕1165

劉珍(漢)

東觀漢記〔文淵〕370〔文津〕367〔文瀾〕369〔珍本〕別輯 106－107〔著録〕史部 190

劉城(明)

春秋左傳地名録、附春秋外傳國語地名録〔存目〕經部 128

嶧桐文集、詩集〔禁燬〕集部 121

劉荀(宋)

明本釋〔文淵〕703〔文津〕704〔文瀾〕718〔珍本〕別輯 163

劉奎(清)

松峰説疫〔續修〕1004

劉昞(西涼)

人物志〔底本〕子部 35〔著録〕子部 163

劉昺(北魏)

人物志〔文淵〕848〔文津〕850〔文瀾〕868

劉昫(後晉)

唐書〔著録〕史部 21－22

舊唐書〔薈要〕116－120

舊唐書、附考證〔文淵〕268－271〔文津〕264〔文瀾〕262－265

劉昭(南朝梁)

後漢書〔薈要〕93－95〔著録〕史部 169－171

後漢書、附考證〔文淵〕252－253〔文津〕246－248〔文瀾〕245

劉禹錫(唐)

劉夢得文集、外集〔著録〕集部 85

劉賓客文集、外集〔文淵〕1077〔文津〕1081〔文瀾〕1107〔薈要〕363

劉弇(宋)

龍雲先生文集〔著録〕集部 47

龍雲集〔文淵〕1119〔文津〕1123〔文瀾〕1149〔珍本〕十二集 160－161

劉風起(清)

石溪史話〔存目〕史部 292

劉胤昌(明)

劉氏類山〔存目〕子部 214〔續修〕1237

劉彥明(清)

駐粵八旗志〔續修〕859－860

劉炳(明)

春雨軒詩正集、附集〔著録〕集部 260

劉彥昺集〔文淵〕1229〔文津〕1234〔文瀾〕1265〔珍本〕二集 352

劉恂(唐)

嶺表録異〔文淵〕589〔文津〕589〔文瀾〕598〔珍本〕別輯 138－139

劉祜(明)

文章正論〔存目〕集部 309－310

劉祖憲(清)

橡繭圖説〔續修〕978

劉玠(明)

　古直先生文集　〔存目〕集部 36

劉振(明)

　識大録　〔存目〕史部 35－37

劉恭冕(清)

　論語正義　〔續修〕156

劉真人(宋)

　大本瓊瑤發明神書　〔存目〕子部 41

劉夏(明)

　劉尚賓文集、續集　〔續修〕1326

劉時舉(宋)

　續宋編年資治通鑑　〔文淵〕328　〔文津〕326
　〔文瀾〕325

　續資治通鑑　〔著録〕史部 188

劉峻(南朝梁)

　劉户曹集　〔續修〕1587

劉師培

　攘書　〔續修〕953

劉逢禄(清)

　左氏春秋考證　〔續修〕125

　尚書今古文集解　〔續修〕48

　春秋公羊經何氏釋例、後録　〔續修〕129

　書序述聞　〔續修〕48

　虞氏易言補　〔續修〕26

　穀梁廢疾申何　〔續修〕132

　劉禮部集　〔續修〕1501

劉逢源(清)

　積書巖詩集　〔存目〕集部 233

劉效祖(明)

　四鎮三關誌　〔禁燬〕史部 10

　良辰樂事　〔續修〕1739

劉渙(宋)

　三劉先生家集　〔著録〕集部 296

　三劉家集　〔文淵〕1345　〔文津〕1349　〔文
　瀾〕1387

劉宰(宋)

　漫塘集　〔文淵〕1170　〔文津〕1174－1175
　〔文瀾〕1204　〔珍本〕九集 246－253

　漫塘劉先生文前集　〔著録〕集部 57

劉恕(宋)

　三劉先生家集　〔著録〕集部 296

　資治通鑑外紀　〔文淵〕312　〔文津〕308　〔文
　瀾〕305　〔珍本〕七集 57－59　〔著録〕史
　部 74

劉純(明)

　玉機微義　〔文淵〕762　〔文津〕763　〔文瀾〕
　778　〔著録〕子部 16

　傷寒治例　〔存目〕子部 41

　雜病治例　〔存目〕子部 41

劉球(宋)

　隸韻、碑目、隸韻考證、碑目考證　〔續修〕236

劉球(明)

　兩谿文集　〔文淵〕1243　〔文津〕1247　〔文
　瀾〕1279　〔珍本〕十一集 175－176　〔著
　録〕集部 263

劉理順(明)

　劉文烈公全集　〔禁燬〕集部 144

劉埥(清)

　片刻餘閒集　〔續修〕1137

劉授易(清)

　損齋詩集　〔禁燬補〕89

劉基(明)

　大明清類天文分野之書　〔存目〕子部 60
　〔續修〕585－586

　太師誠意伯劉文成公集　〔著録〕集部 35

　白猿風雨圖　〔存目〕子部 60

　多能鄙事　〔存目〕子部 117　〔續修〕1185

　佐元直指圖解　〔存目〕子部 68

　誠意伯文集　〔文淵〕1225　〔文津〕1229　〔文
　瀾〕1260　〔薈要〕408

　鐫地理參補評林圖訣全備平沙玉尺經　〔續
　修〕1054

　靈城精義　〔珍本〕三集 194

　靈棋經　〔文淵〕808　〔文津〕809　〔文瀾〕826
　〔著録〕子部 303

劉乾(明)

　雞土集詩、文　〔存目〕集部 106

劉彬華(清)

　嶺南群雅初集、二集　〔續修〕1693

劉梗(明)

　雲莊集　〔文淵〕1157　〔文津〕1161　〔文瀾〕
　1191

劉堅(清)

　修潔齋閒筆　〔存目〕子部 98　〔續修〕1144

劉處玄(金)

　黃帝陰符經註　〔存目〕子部 256

劉處靜(唐)

　洞玄靈寶三師記　〔存目〕子部 259

劉跂(宋)

　學易集　〔文淵〕1121　〔文津〕1126　〔文瀾〕

1151〔珍本〕別輯 286－287

劉崧（明）
　槎翁文集〔存目〕集部 24

劉崇遠（南唐）
　金華子雜編〔文淵〕1035〔文津〕1040〔文瀾〕1063〔底本〕子部 40〔著錄〕子部217

劉過（宋）
　龍洲集〔文淵〕1172〔文津〕1176〔文瀾〕1205
　龍洲詞〔文淵〕1488〔文津〕1493〔文瀾〕1538〔著錄〕集部 219
　龍洲道人詩文集、劉龍洲墓詩〔著錄〕集部393

劉敏中（元）
　中庵先生劉文簡公文集〔著錄〕集部 30
　中庵集〔文淵〕1206〔文津〕1209－1210〔文瀾〕1240〔珍本〕三集 279－280
　平宋錄〔文淵〕408〔文津〕406〔文瀾〕407
　新刊大元混一平宋實錄〔著錄〕史部 195

劉康祖（明）
　識匡齋全集〔禁燬〕集部 108

劉清之（宋）
　戒子通錄〔文淵〕703〔文津〕704〔文瀾〕718〔珍本〕初集 164

劉清藜（清）
　蠶桑備要、醫蠶病方〔續修〕978

劉淇（清）
　助字辨略〔續修〕195

劉惟謙（明）
　大明律〔存目〕史部 276
　大明律、條例〔續修〕862

劉寅（明）
　三略直解〔文淵〕726〔文津〕726〔文瀾〕740〔著錄〕子部 14

劉啓明（宋）
　六壬軍帳賦〔存目〕子部 65

劉啓端（清）
　欽定大清會典事例〔續修〕798－814
　欽定大清會典圖〔續修〕795－797

劉晝（北齊）
　劉子〔文淵〕848〔文津〕850〔文瀾〕868〔著錄〕子部 163

劉將孫（元）
　養吾齋集〔文淵〕1199〔文津〕1203〔文

瀾〕1234〔珍本〕初集 343－344

劉隅（明）
　治河通考〔續修〕847
　範東文集〔續修〕1339

劉紹（元）
　元音遺響〔著錄〕集部 413

劉紹攽（清）
　二南遺音、續集〔存目〕集部 412
　于邁草、續草〔未收〕九輯 28
　周易詳說〔存目〕經部 38〔續修〕22
　春秋通論〔存目〕經部 142
　春秋筆削微旨〔存目〕經部 142
　皇極經世書發明〔未收〕三輯 23
　衛道編〔未收〕六輯 12

劉琴（清）
　四書順義解〔存目〕經部 178－179

劉瑄（清）
　大易闡微錄、圖說〔存目〕經部 38

劉堯誨（明）
　劉堯誨先生全集〔存目〕集部 128

劉喜海（清）
　長安獲古編〔續修〕906
　金石苑〔續修〕894－895

劉達可（宋）
　璧水群英待問會元〔存目〕子部 168〔續修〕1217－1218

劉斯組（清）
　太玄別訓〔存目〕子部 56
　周易撥易堂解〔存目〕經部 39

劉斯源（明）
　大學古今本通考〔存目補〕92

劉斯樞（清）
　程賦統會〔續修〕834

劉葉（明）
　新鐫歷代名賢事類通考〔存目補〕96

劉萬春（明）
　守官漫錄〔禁燬〕子部 37
　〔崇禎〕泰州志〔存目〕史部 210〔存目〕史部 210

劉敬叔（南朝宋）
　異苑〔文淵〕1042〔文津〕1046〔文瀾〕1070〔著錄〕子部 243

劉敬純（明）
　詩意〔存目〕經部 72

劉雲份（清）

唐宮閨詩 〔存目補〕38 〔著録〕集部 451

劉敞(宋)

公是七經小傳 〔文淵〕183 〔文津〕178 〔文瀾〕174

公是先生七經小傳 〔著録〕經部 23

公是先生弟子記 〔著録〕子部 11

公是弟子記 〔文淵〕698 〔文津〕698 〔文瀾〕712

公是集 〔文淵〕1095 〔文津〕1099 〔文瀾〕1125 〔珍本〕別輯 264－268 〔底本〕集部 121－124

春秋傳説例 〔文淵〕147 〔文津〕143 〔文瀾〕141 〔珍本〕別輯 38

春秋意林 〔著録〕經部 78

春秋劉氏傳 〔著録〕經部 157

春秋劉氏傳(春秋傳) 〔薈要〕33

春秋權衡 〔文淵〕147 〔文津〕143 〔文瀾〕141 〔薈要〕33 〔著録〕經部 18

劉氏春秋傳 〔文淵〕147 〔文津〕143 〔文瀾〕141

劉氏春秋意林 〔文淵〕147 〔文津〕143 〔文瀾〕141

劉原父公是先生集 〔著録〕集部 44

劉開(清)

劉孟塗集前集、後集、文集、駢體文 〔續修〕1510

劉景伯(清)

蜀龜鑑 〔未收〕三輯 15

劉智(清)

天方至聖實録 〔續修〕1296

天方典禮擇要解 〔存目〕子部 95

天方典禮擇要解、後編 〔續修〕1295

天方性理 〔續修〕1296

劉傑(明)

王忠文集 〔文淵〕1226 〔文津〕1230 〔文瀾〕1261

劉然(清)

詩乘初集、詩乘發凡 〔禁燬〕集部 156

劉道醇(宋)

五代名畫補遺 〔文淵〕812 〔文津〕814 〔文瀾〕831 〔珍本〕五集 230 〔底本〕子部 25 〔著録〕子部 149

宋朝名畫評 〔文淵〕812 〔文津〕814 〔文瀾〕831 〔珍本〕五集 230

聖朝名畫評 〔著録〕子部 52

劉湘客(明)

行在陽秋 〔續修〕444

劉温舒(宋)

素問入式運氣論奧、附黃帝内經素問遺篇 〔文淵〕738 〔文津〕738 〔文瀾〕753 〔珍本〕十二集 51

新刊素問入式運氣論奧、黃帝内經素問遺篇 〔著録〕子部 132

劉裕鐸(清)

御纂醫宗金鑑 〔文淵〕780－782 〔文津〕781－783 〔文瀾〕797－799

劉統勳(清)

大清律例 〔文淵〕672－673 〔文津〕672－673 〔文瀾〕685－686 〔著録〕史部 149－150

御覽經史講義 〔文淵〕722 〔文津〕723－724 〔文瀾〕737－738

欽定皇輿西域圖志 〔文淵〕500 〔文津〕500 〔文瀾〕504

評鑑闡要 〔文淵〕694 〔文津〕694 〔文瀾〕708 〔珍本〕七集 115－116 〔薈要〕236 〔著録〕史部 267

諸城劉氏三世奏稿 〔續修〕494

劉瑞(明)

五清集、策問附録 〔未收〕五輯 18

劉瑗(清)

國朝畫徵補録 〔續修〕1067

劉夢鵬(清)

屈子章句 〔存目〕集部 2

劉蓉(清)

思辨録疑義 〔未收〕四輯 21

劉蒙(宋)

菊譜 〔著録〕子部 162

劉氏菊譜 〔文淵〕845 〔文津〕846 〔文瀾〕863

劉蜕(唐)

文泉子集 〔文淵〕1082 〔文津〕1087 〔文瀾〕1112

唐劉蜕集 〔著録〕集部 86

劉嗣綰(清)

尚絅堂集 〔續修〕1485

劉嵩(明)

槎翁詩 〔著録〕集部 63

槎翁詩集 〔文淵〕1227 〔文津〕1231 〔文瀾〕1262 〔珍本〕五集 294－295

劉節(明)

春秋列傳〔存目〕史部 89
梅國前集〔存目〕集部 57
廣文選〔存目〕集部 297－298
聲律發蒙〔存目〕子部 172
實制堂録〔存目〕集部 58
劉傳瑩（清）
　孟子要略〔續修〕157
　漢魏石經考〔續修〕184
劉詵（元）
　桂隱文集、詩集〔文淵〕1195〔文津〕1199
　〔文瀾〕1230〔珍本〕二集 317－318
　〔底本〕集部 97－98〔著録〕集部 107
劉歆（漢）
　西京雜記〔文淵〕1035〔文津〕1039〔文
　瀾〕1062
劉義仲（宋）
　三劉先生家集〔著録〕集部 296
劉義慶（南朝宋）
　世説新語〔文淵〕1035〔文津〕1039〔文
　瀾〕1062〔薈要〕278
　世説新語、世説叙録〔著録〕子部 216
劉溥（明）
　草窗集〔存目〕集部 32
劉源長（清）
　茶史〔存目〕子部 79〔續修〕1115
劉源渌（清）
　近思續録〔存目〕子部 25－26
　讀書日記〔存目〕子部 26
劉肅（唐）
　大唐新語〔著録〕子部 217
　唐新語〔文淵〕1035〔文津〕1039〔文瀾〕
　1062
劉璉（明）
　自怡集〔文淵〕1233〔文津〕1237〔文瀾〕
　1269〔珍本〕四集 311〔著録〕集部 64
劉墉（清）
　劉文清公遺集、應制詩集〔續修〕1433
　諸城劉氏三世奏稿〔續修〕494
劉壽眉（清）
　春泉聞見録〔續修〕1177
劉壽曾（清）
　春秋左氏傳舊注疏證〔續修〕126－127
劉熙（漢）
　謚法〔續修〕826
　釋名〔文淵〕221〔文津〕216〔文瀾〕214

〔薈要〕79〔著録〕經部 107
劉熙載（清）
　昨非集〔續修〕1543
　説文雙聲〔未收〕十輯 2
　説文疊韻〔未收〕九輯 2
　藝概〔續修〕1714
劉榛（清）
　亦玉堂稿〔文淵〕1288〔文津〕1292〔文
　瀾〕1326
　虛直堂文集〔未收〕七輯 25
劉毓崧（清）
　尚書舊疏考正〔續修〕50
　周易舊疏考正〔續修〕34
　春秋左氏傳舊注疏證〔續修〕126－127
　通義堂文集〔續修〕1546
　通義堂集〔續修〕177
　舊唐書校勘記〔續修〕283－284
劉鳳（明）
　逸民傳〔存目〕史部 95
　劉子威集〔存目〕集部 119－120
　劉子威雜俎〔存目〕子部 182
　續吳先賢讚〔存目〕史部 95
劉鳳誥（清）
　八旬萬壽盛典〔著録〕史部 141－142
　五代史記注〔續修〕290－292
　存悔齋集、外集〔續修〕1485－1486
劉養吉（明）
　康谷子集〔存目〕集部 60
劉養微（明）
　康谷子集〔存目〕集部 60
劉榮嗣（明）
　簡齋先生集詩選、文選〔禁燬〕集部 46
劉實（元）
　敏求機要〔存目〕子部 172〔續修〕1218
劉肇虞（清）
　元明八大家古文〔禁燬〕集部 171
　揭曼碩文選〔存目〕集部 22
劉維坊（清）
　同音字辨〔續修〕260
劉維謙（清）
　詩經叶音辨譌〔存目〕經部 219
劉瑾（元）
　律吕成書〔文淵〕212〔文津〕207〔文瀾〕
　206〔珍本〕別輯 50
　詩集傳通釋、綱領、外綱領〔著録〕經部 129

詩傳通釋〔文淵〕76〔文津〕71〔文瀾〕69
　　〔珍本〕三集41－44
劉馹(明)
　愛禮先生集〔存目〕集部25
劉摯(宋)
　忠肅集〔文淵〕1099〔文津〕1103〔文瀾〕
　　1129〔珍本〕別輯278－279
　劉忠肅集〔著錄〕集部45
劉醇驥(清)
　芝在堂文集〔存目〕集部208
劉餘祐(清)
　燕香齋詩集、文集〔存目〕集部195
劉遵憲(明)
　來鶴樓集〔禁燬〕集部108
劉熠(明)
　同春堂遺稿〔存目補〕99
劉潛(南朝梁)
　劉豫章集〔續修〕1587
劉潤之(明)
　二皇甫集〔文淵〕1332〔文津〕1336〔文
　　瀾〕1374〔珍本〕四集387
劉履(元)
　風雅翼〔文淵〕1370〔文津〕1374〔文瀾〕
　　1413〔珍本〕六集324－325
　選詩補註、續編〔著錄〕集部144〔著錄〕集
　　部144
劉履恂(清)
　秋槎雜記〔未收〕四輯9
劉勰(南朝梁)
　文心雕龍〔文淵〕1478〔文津〕1482〔文
　　瀾〕1527〔薈要〕495〔著錄〕集部213
　　〔著錄〕集部213
劉璟(明)
　易齋集〔珍本〕四集314
　易齋集、附本傳〔文淵〕1236〔文津〕1240
　　〔文瀾〕1272
　易齋稿〔著錄〕集部115〔續修〕1326
劉璣(明)
　正蒙會稿〔續修〕937
劉學箕(宋)
　方是閒居士小稿〔文淵〕1176〔文津〕1180
　　〔文瀾〕1210〔珍本〕三集245〔著錄〕
　　集部423
劉儓(明)
　新刊正蒙解〔續修〕934

劉衡(清)
　六九軒算書五種、附輯古算經補注〔續修〕
　　1046
劉錫(宋)
　開慶四明續志〔續修〕705
　寶慶四明志、開慶四明續志〔著錄〕史部37
劉錫玄(明)
　掃餘之餘、歸涂閑紀〔存目〕集部183
劉錫信(清)
　歷代諱名考〔續修〕828
劉錦藻
　皇朝續文獻通考〔續修〕815－821
劉穎(清)
　劉練江先生集、附離騷經纂註、年譜〔存目〕
　　集部179
劉凝(清)
　周宣王石鼓文定本〔存目〕經部200
劉羲仲(宋)
　通鑑問疑〔文淵〕686〔文津〕686〔文瀾〕
　　700〔珍本〕十一集101〔著錄〕史部
　　393
劉濂(明)
　九代樂章〔存目〕集部300
　易象解〔存目〕經部4
　樂經元義〔存目〕經部182〔續修〕113
劉壎(元)
　水雲村泯藁〔著錄〕集部445
　水雲村藁〔文淵〕1195〔文津〕1199〔文
　　瀾〕1230〔珍本〕四集289－290
　隱居通議〔文淵〕866〔文津〕868〔文瀾〕
　　886〔著錄〕子部362
劉黻(宋)
　蒙川先生遺稿〔著錄〕集部443
　蒙川遺稿〔文淵〕1182〔文津〕1186〔文
　　瀾〕1217〔珍本〕十一集169
劉黻(清)
　叢桂堂文錄〔續修〕1671
劉儲秀(明)
　劉西陂集〔未收〕五輯18
劉徽(晉)
　九章筭經〔續修〕1041
　九章算術〔珍本〕別輯185－186
　九章算術、音義〔文淵〕797〔文津〕797〔文
　　瀾〕814〔底本〕子部24〔著錄〕子部
　　146

海島算經〔文淵〕797〔文津〕798〔文瀾〕814〔珍本〕別輯187〔著録〕子部146

劉鍾衡(清)
中西匯參銅人圖説〔未收〕四輯25

劉謙吉(清)
雪作鬚眉詩鈔〔未收〕七輯24

劉應李(元)
新編事文類聚翰墨全書〔存目〕子部169－170〔續修〕1219－1221

劉應奎(元)
蒙川遺稿〔文淵〕1182〔文津〕1186〔文瀾〕1217〔珍本〕十一集169

劉應秋(明)
劉大司成文集〔禁燬補〕73

劉應泰(明)
新刊魯府祕方〔存目〕子部46

劉應時(宋)
頤菴居士集〔文淵〕1164〔文津〕1168〔文瀾〕1198〔著録〕集部55

劉應棠(清)
梭山農譜〔存目〕子部38〔續修〕976

劉應賓(清)
平山堂詩集〔禁燬補〕78

劉應麟(清)
南漢春秋〔未收〕六輯10

劉燦(清)
支雅〔續修〕193
續廣雅〔續修〕191

劉鴻訓(明)
玉海纂〔存目〕子部171
四素山房集、皇華集〔未收〕六輯21

劉濬(明)
孔顏孟三氏誌、提綱〔存目〕史部76

劉翼明(清)
鏡庵詩選〔未收〕八輯16

劉績(明)
三禮圖〔文淵〕129〔文津〕124〔文瀾〕122
春秋左傳類解〔續修〕119
管子補注〔文淵〕729〔文津〕728〔文瀾〕743〔著録〕子部14
霏雪録〔文淵〕866〔文津〕868〔文瀾〕886〔著録〕子部169

劉謹之(清)
〔乾隆〕欽定盛京通志〔著録〕史部219－221

欽定盛京通志〔文淵〕501－503〔文津〕501－503〔文瀾〕505－507

劉懷志(清)
尚書口義〔存目〕經部57

劉繹(清)
〔光緒〕江西通志〔續修〕656－660

劉繪(明)
嵩陽集〔存目〕集部103

劉獻廷(清)
劉繼莊先生廣陽雜記〔續修〕1176

劉鶚(元)
吉永豐鷺溪劉楚奇先生惟實本集、外集〔著録〕集部425
惟實集〔文淵〕1206〔文津〕1210〔文瀾〕1241〔珍本〕四集299

劉鶚(清)
老殘遊記、二編、外編〔續修〕1800
漢石刻考〔未收〕十輯5
歷代黃河變遷圖考〔未收〕四輯18
鐵雲藏〔續修〕906

劉寶楠(清)
易古訓〔續修〕30
愈愚録〔續修〕1156
論語正義〔續修〕156
釋穀〔續修〕193

劉繼善(明)
掩關集〔未收〕七輯16

劉鐶之(清)
諸城劉氏三世奏稿〔續修〕494

劉爚(宋)
雲莊集〔文淵〕1157〔文津〕1161〔文瀾〕1191〔珍本〕二集272－273
雲莊劉文簡公文集〔底本〕集部81－82〔著録〕集部21

劉體仁(清)
七頌堂詞繹〔續修〕1733
七頌堂詩集、文集、尺牘〔存目補〕53
七頌堂識小録〔文淵〕872〔文津〕874〔文瀾〕892〔著録〕子部362

劉鑑(元)
經史正音切韻指南〔文淵〕238〔文津〕234〔文瀾〕231〔著録〕經部115

劉鱗長(明)
浙學宗傳、推豪別録〔存目〕史部111

劉麟(明)

清惠集〔文淵〕1264〔文津〕1268〔文瀾〕
　　1301〔珍本〕四集 349－350
劉清惠公集〔著録〕集部 432

諸

諸以敦(清)
　熊氏後漢書年表校補、附補遺〔未收〕六輯
　　5
諸可寶(清)
　字林考逸〔續修〕236
　疇人傳三編〔續修〕516
諸匡鼎(清)
　說詩堂集〔存目〕集部 211
　橘譜〔續修〕1116
諸茂卿(明)
　今古鈎玄〔存目〕子部 151
諸萬里(明)
　諸繼明析理編〔未收〕七輯 2
諸葛元聲(明)
　兩朝平攘録〔存目〕史部 54〔續修〕434
諸葛亮(三國蜀)
　便宜十六策〔存目〕子部 30
　蜀丞相諸葛亮文集〔續修〕1303
　諸葛丞相集〔存目〕集部 3〔續修〕1583
　諸葛武侯心書〔存目〕子部 30〔續修〕959
諸錦(清)
　毛詩說〔存目〕經部 77
　夏小正詁〔存目〕經部 103〔續修〕108
　補饗禮〔文淵〕109〔文津〕104〔文瀾〕103
　　〔珍本〕十二集 8
　絳跗閣詩稿〔存目〕集部 274
　饗禮補亡〔著録〕經部 193

談

談修(明)
　惠山古今考〔存目〕史部 233
談愷(明)
　聽雨先生詩選、雪篷先生詩選、易菴先生詩
　　選、臨清先生詩選〔著録〕集部 465
談遷(清)
　北游録〔續修〕737
　海昌外志〔存目〕史部 212
　國榷〔續修〕358－363
　棗林外索〔續修〕1135
　棗林藝簣〔存目〕集部 420

棗林雜俎〔存目〕子部 113〔續修〕1134－
　　1135
談鴻鋆(清)
　藥要便蒙新編〔未收〕六輯 14
談鑰(宋)
　嘉泰吳興志〔續修〕704

慶

慶保(清)
　廣州駐防事宜〔續修〕860
慶桂(清)
　國朝宮史續編〔續修〕824－825
　欽定剿平三省邪匪方略正編、續編、附編、表
　　文〔續修〕391－400
慶源(清)
　欽定兵部處分則例、欽定兵部續纂處分則例
　　〔續修〕856

潛

潛說友(元)
　咸淳臨安志〔文淵〕490〔文津〕489〔文
　　瀾〕491－493〔珍本〕十一集 73－80
　　〔底本〕史部 37－42〔著録〕史部 414－
　　415

潘

潘士遴(明)
　尚書葦籥〔存目〕經部 53－54
潘士藻(明)
　闇然堂類纂〔存目〕子部 242
　讀易述〔文淵〕33〔文津〕28〔文瀾〕28
　　〔珍本〕三集 11－14〔著録〕經部 4
潘士權(清)
　大樂元音〔存目〕經部 185
　洪範註補〔存目〕子部 57
潘之恒(明)
　六博譜〔續修〕1106
　亘史鈔〔存目〕子部 193－194
　涉江集選〔存目〕集部 142
　黃海〔存目〕史部 229－230
潘之淙(明)
　字學、篆體偏旁點畫辨訣〔著録〕經部 179
　書法離鈎〔文淵〕816〔文津〕819〔文瀾〕
　　835
　陳眉公先生手評書法離鈎〔著録〕子部 303

潘天成（清）
　　潘孝子鐵廬先生遺集、外集、年譜、後錄〔著錄〕集部 450
　　鐵廬集、外集〔文淵〕1323〔文津〕1327〔文瀾〕1362〔珍本〕十一集 186
潘元懋（清）
　　周易廣義〔存目〕經部 30
潘文舫（清）
　　新增刑案匯覽〔續修〕872
潘世恩（清）
　　正學編〔續修〕951
潘平格（清）
　　潘子求仁錄輯要〔存目〕子部 19〔續修〕950
潘永因（清）
　　宋稗類鈔〔文淵〕1034〔文津〕1038〔文瀾〕1061〔著錄〕子部 216
潘永圜（清）
　　讀史津逮〔存目〕史部 41
潘尼（晉）
　　潘太常集〔續修〕1584
潘耒（清）
　　救狂砭語、救狂後語〔禁燬補〕85
　　遂初堂詩集、文集、別集〔存目〕集部 249－250〔續修〕1417－1418
　　類音〔存目〕經部 218〔續修〕258
潘存（清）
　　楷法溯源、古碑目錄、集帖目錄〔續修〕241
潘光祖（明）
　　彙輯輿圖備考全書〔禁燬〕史部 21－22
潘廷章（清）
　　硤川誌〔存目〕史部 242
潘任（清）
　　周禮札記〔續修〕81
潘自牧（宋）
　　記纂淵海〔文淵〕930－932〔文津〕933－936〔文瀾〕951－953〔著錄〕子部 329－330
潘江（清）
　　木厓集〔禁燬〕集部 132
　　木厓續集〔禁燬〕集部 132
　　龍眠風雅〔禁燬〕集部 98－99
　　龍眠風雅續集〔禁燬〕集部 99－100
潘安禮（清）
　　東山草堂集〔存目〕集部 280

潘克溥（清）
　　詩經説鈴〔未收〕四輯 4
潘希曾（明）
　　竹澗先生文集、奏議〔底本〕集部 153〔著錄〕集部 69
　　竹澗集、奏議〔文淵〕1266〔文津〕1270〔文瀾〕1303〔珍本〕四集 353－354
潘良貴（宋）
　　潘默成公文集〔底本〕集部 67〔著錄〕集部 16
　　默成文集〔文淵〕1133〔文津〕1137〔文瀾〕1164〔珍本〕四集 262
潘昂霄（元）
　　金石例〔文淵〕1482〔文津〕1487〔文瀾〕1532
　　蒼崖先生金石例〔著錄〕集部 418
潘季馴（明）
　　兩河經略〔文淵〕430〔文津〕428〔文瀾〕428〔珍本〕七集 77
　　河防一覽〔文淵〕576〔文津〕576〔文瀾〕585〔著錄〕史部 337
　　留餘堂集〔存目補〕99
　　督撫江西奏疏、兵部奏疏、刑部奏疏〔著錄〕史部 422
　　潘司空奏疏〔文淵〕430〔文津〕428〔文瀾〕428〔珍本〕四集 110－111
潘岳（晉）
　　潘黃門集〔續修〕1584
潘京南（明）
　　衡門晤語〔存目〕史部 117
潘宗洛（清）
　　潘中丞文集〔存目〕集部 257
潘承弼
　　滂喜齋藏書記〔續修〕926
潘相（清）
　　毛詩古音參義〔續修〕244
　　周禮撮要〔續修〕80
　　禮記鼇編〔續修〕103
潘咸（清）
　　音韻原流〔存目〕經部 220
潘思榘（清）
　　周易淺釋〔文淵〕51〔文津〕46〔文瀾〕44〔珍本〕三集 26－27〔著錄〕經部 188
潘衍桐（清）
　　朱子論語集注訓詁考〔續修〕157

兩浙輶軒續録〔續修〕1685－1687
爾雅正郭〔續修〕188

潘奕雋（清）
　三松堂集、續集〔續修〕1460－1461
　説文蠡箋〔續修〕211

潘祖蔭（清）
　滂喜齋藏書記〔續修〕926
　攀古樓彝器款識〔續修〕903

潘眉（清）
　三國志考證〔續修〕274
　杜詩論文〔存目〕集部 7

潘恩（明）
　詩韻輯略〔未收〕一輯 10
　潘笠江先生集、近稿〔存目〕集部 81

潘高（清）
　南邨詩藁〔未收〕五輯 27
　南邨詩藁乙集〔未收〕七輯 20

潘基慶（明）
　古逸書〔存目補〕20
　南華經〔未收〕五輯 14

潘問奇（清）
　拜鵑堂詩集〔未收〕八輯 29

潘瑛（元）
　聲律發蒙〔存目〕子部 172

潘植（宋）
　安正忘筌集〔續修〕934

潘鼎珪（清）
　安南紀遊〔存目〕史部 256

潘爲（清）
　專治血症經驗良方論〔續修〕1006

潘曾紘（明）
　李温陵外紀〔禁燬補〕25

潘曾瑋（清）
　正學編〔續修〕951

潘游龍（明）
　康濟譜〔禁燬〕史部 7

潘滋（明）
　梅巖文集〔文淵〕1188〔文津〕1192〔文
　瀾〕1224

潘塤（明）
　淮郡文獻志〔存目〕史部 91
　楮記室〔存目〕子部 194

潘楫（清）
　醫燈續焰〔續修〕998

潘鳳梧（明）

地水師〔續修〕852
治河管見〔存目補〕93

潘榮陛（清）
　帝京歲時紀勝〔續修〕885

潘肇豐（清）
　六書會原〔未收〕九輯 2

潘維城（清）
　論語古注集箋、論語考〔續修〕154

潘閬（宋）
　逍遙集〔文淵〕1085〔文津〕1089〔文瀾〕
　1115〔珍本〕別輯 239

潘德輿（清）
　養一齋集〔續修〕1510－1511
　養一齋詩話〔續修〕1706
　養一齋劄記〔未收〕四輯 21

潘緯（明）
　增廣註釋音辯唐柳先生集、別集、外集〔著
　録〕集部 232
　潘象安詩集〔存目〕集部 189

潘錫恩（清）
　大清一統志〔續修〕613－624
　續行水金鑑、圖〔未收〕七輯 6－8

潘檉章（清）
　今樂府〔禁燬〕集部 74
　松陵文獻〔續修〕541〔禁燬〕史部 7
　國史考異〔續修〕452〔禁燬補〕30

潘鍾瑞（清）
　蘇臺麋鹿記〔續修〕446

潘鍾麟（清）
　深秀亭詩集〔存目〕集部 249

練

練子寧（明）
　中丞集〔文淵〕1235〔文津〕1239〔文瀾〕
　1271〔珍本〕十一集 174
　練中丞金川集、遺事録〔著録〕集部 262

十六畫

駱

駱天驤（元）
　類編長安志〔續修〕732

駱日升（明）
　駱先生文集〔存目〕集部 177

駱文盛（明）
　駱兩溪集〔存目〕集部100
駱問禮（明）
　萬一樓集〔禁燬〕集部174
　續羊棗集〔續修〕1127
駱從宇（明）
　駱太史澹然齋存稿〔禁燬補〕66
駱賓王（唐）
　駱丞集〔文淵〕1065〔文津〕1069〔文瀾〕
　　1094〔珍本〕四集211〔薈要〕358
　駱賓王文集〔著錄〕集部227
　駱臨海集〔續修〕1305
駱騰鳳（清）
　藝游錄〔未收〕十輯9

薛

薛三省（明）
　薛文介公文集〔存目〕集部182
薛大訓（清）
　古今列仙通紀〔存目〕子部260-261
薛己（明）
　薛氏醫案〔文淵〕763〔文津〕764-766〔文
　　瀾〕780-781
　癧瘍神秘灸經〔續修〕1012
薛丙（清）
　心武殘編〔續修〕1105
薛旦（宋）
　浪語集〔文淵〕1159〔文津〕1163〔文瀾〕
　　1193
薛甲（明）
　易象大旨〔存目〕經部5
　畏齋薛先生緒言〔續修〕1124
　畏齋薛先生藝文類稿、續集〔續修〕1340
薛用弱（唐）
　集異記〔文淵〕1042〔文津〕1046〔文瀾〕
　　1070〔著錄〕子部331
薛延年（元）
　人倫大統賦〔文淵〕810〔文津〕812〔文
　　瀾〕829
　新刊相法人倫大統賦解、附大統圖〔著錄〕
　　子部149
薛收（唐）
　元經〔文淵〕303〔文津〕299〔文瀾〕296
　元經薛氏傳〔著錄〕史部4
薛尚功（宋）

歷代鐘鼎彝器款識法帖〔文淵〕225〔文津〕
　　220〔文瀾〕217〔著錄〕經部29
薛尚質（明）
　常熟水論〔存目〕史部223
薛岡（明）
　天爵堂文集〔未收〕六輯25
薛季宣（宋）
　艮齋先生薛常州浪語集〔著錄〕集部97
　浪語集〔文淵〕1159〔文津〕1163〔文瀾〕
　　1193〔珍本〕七集196-200
　書古文訓〔存目〕經部49〔續修〕42
薛侃（明）
　研幾錄〔存目〕子部9〔續修〕939
　圖書質疑〔存目〕經部3
薛所蘊（清）
　桴菴詩〔存目〕集部197
　澹友軒文集〔存目〕集部197
薛居正（宋）
　舊五代史〔珍本〕別輯53-67〔薈要〕126-
　　127〔著錄〕史部371-373
　舊五代史、附考證〔文淵〕277-278〔文津〕
　　272-274〔文瀾〕270-271
薛俊（明）
　日本國考略〔存目〕史部255
薛時雨（清）
　藤香館詞〔續修〕1727
薛師石（宋）
　瓜廬集〔文淵〕1171〔文津〕1175〔文瀾〕
　　1205〔珍本〕十集235
　瓜廬詩〔著錄〕集部57
薛雪（清）
　一瓢詩話〔續修〕1701
　周易粹義〔存目〕經部41
　斫桂山房詩存、抱珠軒詩存、一瓢齋詩存
　　〔續修〕1423
　掃葉莊一瓢老人醫案〔續修〕1027
　濕熱條辨〔續修〕1005
　醫經原旨〔續修〕982
薛晨（明）
　墨池編、續編〔著錄〕子部22〔著錄〕子部
　　22
薛章憲（明）
　鴻泥堂小稿、續稿〔存目〕集部78
薛寀（明）
　諸葛忠武侯全書〔存目〕史部84

薛敬孟(清)

　　擊鐵集　〔未收〕七輯 20

薛嵎(宋)

　　雲泉詩　〔文淵〕1186〔文津〕1191〔文瀾〕
　　　　1222〔珍本〕十集 241〔著録〕集部 443

薛瑄(明)

　　文清公薛先生文集〔著録〕集部 262

　　河汾詩集〔存目〕集部 32

　　敬軒文集　〔文淵〕1243〔文津〕1247〔文
　　　　瀾〕1279〔珍本〕十二集 177－179

　　薛子條貫篇、續篇〔未收〕四輯 21

　　薛文清公要言〔續修〕935

　　薛文清公從政名言〔存目補〕77

　　讀書録、續録　〔文淵〕711〔文津〕713〔文
　　　　瀾〕726〔著録〕子部 254

薛虞畿(明)

　　春秋別典〔文淵〕386〔文津〕383－384〔文
　　　　瀾〕385〔底本〕史部 21〔著録〕史部
　　　　412

薛傳均(清)

　　説文答問疏證　〔續修〕204

薛福成(清)

　　出使日記續刻〔續修〕578－579

　　出使英法義比四國日記〔續修〕578

　　庸庵文編、續編、外編、海外文編〔續修〕
　　　　1562

　　庸盦筆記〔續修〕1182

薛熙(清)

　　明文在〔存目〕集部 408

　　秦楚之際遊記〔禁燬〕史部 72

　　練閱火器陣記〔存目〕子部 35

薛鳳祚(清)

　　天步真原〔文淵〕793〔文津〕794〔文瀾〕
　　　　810〔著録〕子部 269

　　天學會通　〔文淵〕793〔文津〕794〔文瀾〕
　　　　810〔珍本〕四集 165〔著録〕子部 269

　　兩河清彙〔文淵〕579〔文瀾〕588〔珍本〕
　　　　四集 116

　　兩河清彙易覽〔著録〕史部 110

　　曆學會通致用〔未收〕八輯 11

薛鳳翔(明)

　　亳州牡丹史〔存目〕子部 80〔續修〕1116

薛蕙(明)

　　考功集　〔文淵〕1272〔文津〕1276〔文瀾〕
　　　　1309〔珍本〕四集 364

　　老子集解、考異〔續修〕954

　　西原先生遺書〔存目〕子部 84〔存目〕集部
　　　　69

　　約言〔存目〕子部 84

　　薛考功集〔著録〕集部 276

薛論道(明)

　　林石逸興〔續修〕1739

薛據(宋)

　　孔子集語　〔文淵〕709〔文津〕711〔文瀾〕
　　　　724〔著録〕子部 351

薛應旂(明)

　　方山先生文録、附集〔存目〕集部 102

　　方山薛先生全集〔續修〕1343

　　甲子會紀〔存目〕史部 11

　　四書人物考〔存目〕經部 157

　　考亭淵源録〔存目〕史部 88〔續修〕517

　　宋元通鑑〔存目〕史部 9－11

　　薛子庸語〔存目〕子部 10〔續修〕940

　　薛方山紀述〔存目〕子部 10

　　憲章録〔存目〕史部 11〔續修〕352

薛濤(唐)

　　薛濤李冶詩集　〔文淵〕1332〔文津〕1336
　　　　〔文瀾〕1374〔珍本〕十一集 191

蕭

蕭士珂(清)

　　牘雋〔存目〕集部 385

蕭士瑀(明)

　　陶荇雜記〔禁燬〕集部 142

蕭士瑋(明)

　　春浮園文集、詩、南歸日録、偶録、日涉録、汴
　　　　遊録、蕭齋日記〔禁燬〕集部 108

蕭士贇(元)

　　分類補註李太白詩、分類編次李太白文〔著
　　　　録〕集部 335

　　李太白集分類補注　〔文淵〕1066〔文津〕
　　　　1070〔文瀾〕1095

　　李太白集分類補註(分類補註李太白集)
　　　　〔薈要〕359

蕭大亨(明)

　　夷俗記、世系表〔存目〕史部 255

蕭子顯(南朝梁)

　　南齊書〔薈要〕103〔著録〕史部 172

　　南齊書、附考證〔文淵〕259〔文津〕254〔文
　　　　瀾〕251

蕭正發(清)
　　翼藝典略〔存目〕經部 178
蕭立之(宋)
　　蕭冰崖詩集拾遺〔續修〕1321
蕭吉(隋)
　　五行大義〔續修〕1060
蕭光遠(清)
　　周易屬辭、通例、通說〔續修〕32
蕭延平(清)
　　黃帝內經太素〔續修〕979
蕭伯升(清)
　　蕭氏世集〔存目補〕99
蕭良有(明)
　　玉堂遺稿〔存目〕集部 169
蕭良幹(明)
　　〔萬曆〕紹興府志〔存目〕史部 200－201
蕭承筠(清)
　　史鑑年表彙編〔未收〕二輯 19
蕭衍(南朝梁)
　　梁武帝御製集〔續修〕1585－86
蕭彥(明)
　　披垣人鑑〔存目〕史部 259
蕭洵(明)
　　申齋集〔文淵〕1204〔文津〕1208〔文瀾〕
　　　1239
　　故宮遺錄〔存目〕史部 166
蕭盛遠(清)
　　粵匪紀略〔續修〕446
蕭常(宋)
　　蕭氏續後漢書、義例、附續後漢書音義〔文
　　　淵〕384〔文津〕382〔文瀾〕383
　　續後漢書〔珍本〕九集 109－112
蕭國寶(元)
　　蕭輝山存稿、附葦菴稿〔存目補〕79
蕭崇業(明)
　　使琉球錄〔續修〕742
蕭惟豫(清)
　　但吟草、附恭紀詩〔未收〕五輯 29
蕭寅顯(清)
　　易象闡微、附大易圖解〔未收〕三輯 2
蕭雲從(清)
　　易存〔存目〕經部 28
　　欽定補繪蕭雲從離騷全圖〔文淵〕1062〔文
　　　津〕1066〔文瀾〕1091〔珍本〕六集 241

　　離騷圖〔著錄〕集部 41
　　韻通〔續修〕257
蕭智漢(清)
　　月日紀古〔未收〕一輯 27
蕭統(南朝梁)
　　六臣註文選〔文淵〕1330－1331〔文津〕
　　　1334－1335〔文瀾〕1372－1373〔著
　　　錄〕集部 134－135
　　文選〔薈要〕466－467〔著錄〕集部 293－
　　　294
　　文選註〔文淵〕1329〔文津〕1333－1334
　　　〔文瀾〕1370－1371
　　昭明太子集〔文淵〕1063〔文津〕1067〔文
　　　瀾〕1092
　　孫月峰先生評文選〔存目〕集部 287
　　梁昭明太子文集〔著錄〕集部 226
　　梁昭明太子集〔底本〕集部 121〔續修〕
　　　1586
　　選詩、詩人世次爵里〔存目〕集部 340
蕭楚(宋)
　　春秋辨疑〔文淵〕148〔文津〕143〔文瀾〕
　　　142〔珍本〕別輯 38〔薈要〕34
蕭嵩(唐)
　　大唐開元禮〔文淵〕646〔文津〕646－647
　　　〔文瀾〕657〔珍本〕八集 99－108〔著
　　　錄〕史部 137
蕭漢中(元)
　　讀易考原〔文淵〕25〔文津〕20〔文瀾〕21
　　　〔珍本〕五集 1
蕭綺(南朝梁)
　　拾遺記〔文淵〕1042〔文津〕1046〔文瀾〕
　　　1070〔著錄〕子部 242
蕭綱(南朝梁)
　　梁簡文帝御製集〔續修〕1586
蕭儀(明)
　　重刻襪線集、附南行紀詠、贈言〔存目〕集部
　　　31
蕭德祥(元)
　　楊氏女殺狗勸夫雜劇〔續修〕1760
蕭穆(清)
　　敬孚類藁〔續修〕1560－1561
蕭穎士(唐)
　　蕭茂挺文集〔文淵〕1072〔文津〕1077〔文
　　　瀾〕1102〔珍本〕十一集 160
　　蕭茂挺集〔著錄〕集部 441

蕭壎(清)
　女科經綸〔續修〕1007
蕭鎡(明)
　尚約文鈔〔存目〕集部33
蕭應植(清)
　〔乾隆〕瓊州府志〔續修〕676
蕭鎰(元)
　四書待問〔續修〕159
蕭㪺(元)
　勤齋集〔文淵〕1206〔文津〕1210〔文瀾〕
　　1241〔珍本〕二集335
蕭韻(清)
　麻姑山丹霞洞天誌〔存目〕史部246

薩

薩英額(清)
　吉林外記〔續修〕731
薩都拉(薩都刺)(元)
　鴈門集〔文淵〕1212〔文津〕1216〔文瀾〕
　　1247〔薈要〕406〔著錄〕集部60
　鴈門集、附詩餘、倡和録、別録〔續修〕1324
薩載(清)
　欽定南巡盛典〔文淵〕658-659〔文津〕657
　　〔文瀾〕665-666〔珍本〕十一集92-99
薩龍光(清)
　鴈門集、附詩餘、倡和録、別録〔續修〕1324

樸

樸静子(清)
　茶花譜、茶花別名詠、擬詠鍾欵茶花詩、茶花
　　詠〔存目〕子部81
　茶花譜、茶花詠〔續修〕1116
樸隱子(清)
　詩詞通韻、反切定譜〔續修〕253

賴

賴文俊(宋)
　催官評龍篇〔著錄〕子部356
　催官篇〔文淵〕808〔文津〕809〔文瀾〕826
　　〔珍本〕九集208
賴以邠(清)
　填詞圖譜、續集〔存目〕集部426
賴良(元)
　大雅集〔文淵〕1369〔文津〕1373〔文瀾〕

1413〔珍本〕三集394〔著錄〕集部144
賴良鳴(清)
　吉州人文紀略〔存目〕史部127
賴從謙(明)
　鐫地理參補評林圖訣全備平沙玉尺經〔續
　　修〕1054
賴鳳升(清)
　友聲集〔存目〕集部414
賴緯鄴(清)
　友聲集〔存目〕集部414
賴鯤升(清)
　友聲集〔存目〕集部414

霍

霍孔昭(清)
　損傷科〔續修〕1016
霍翼(明)
　軍政條例類考〔續修〕852
霍韜(明)
　兀涯西漢書議〔存目〕史部281
　明良集六種〔存目〕史部47
　渭厓文集〔存目〕集部68-69

盧

盧上銘(明)
　辟雍紀事、紀事述言、辟雍考、辟雍紀事原
　　始、辟雍軼事、名賢雜詠〔存目〕史部
　　271
　辟雍紀事、辟雍考、辟雍紀事原始、辟雍軼事
　　〔續修〕828
盧之頤(明)
　本草乘雅半偈〔文淵〕779〔文津〕780〔文
　　瀾〕796〔珍本〕五集195-197〔著錄〕
　　子部267
　芷園素社痎瘧論疏、疏方〔著錄〕子部267
　痎瘧論疏〔文淵〕779〔文津〕780〔文瀾〕
　　796〔珍本〕十一集114
盧元昌(清)
　左傳分國纂略〔未收〕三輯9
　杜詩闡〔存目〕集部7-8〔續修〕1308
　澂景堂史測、附閩溪紀略〔存目〕史部291
盧文弨(清)
　抱經堂文集〔續修〕1432-1433
　常郡八邑藝文志〔續修〕917
　群書拾補〔續修〕1149

經典釋文考證〔續修〕180
經籍考〔續修〕923
儀禮注疏詳校〔續修〕88
龍城札記〔續修〕1149
鍾山札記〔續修〕1149
顏氏家訓、補校注〔續修〕1121
讀史札記、坿論學劄説十則〔續修〕452

盧以緯(元)
重訂冠解助語辭〔續修〕195

盧世(清)
尊水園集略〔續修〕1392

盧仝(唐)
玉川子詩集〔存目〕集部 10〔續修〕1311

盧存心(清)
白雲詩集、咏梅詩〔存目〕集部 280

盧兆鰲(清)
周易輯義初編〔未收〕二輯 3
周易輯義續編〔未收〕二輯 3

盧見曾(清)
雅雨堂詩集、文集、雅雨山人出塞集〔續修〕
1423
感舊集〔禁燬〕集部 74
讀易便解〔續修〕20

盧秉鈞(清)
紅杏山房聞見隨筆〔未收〕九輯 15

盧金鏡(清)
周易外傳〔未收〕九輯 1

盧宜(清)
續表忠記〔存目〕史部 120〔存目〕史部 120

盧柟(明)
蠛蠓集〔文淵〕1289〔文津〕1294〔文瀾〕
1327〔珍本〕五集 368〔底本〕集部 205
〔著録〕集部 125

盧思道(隋)
盧武陽集〔續修〕1588

盧重元(唐)
列子、列子盧注考證〔續修〕958

盧祖皋(宋)
蒲江詞〔文淵〕1488〔文津〕1493〔文瀾〕
1538〔著録〕集部 219

盧格(明)
荷亭辯論、附書〔存目〕子部 101

盧浙(清)
周易經義審〔未收〕四輯 1

盧象昇(明)

明大司馬盧公奏議〔未收〕二輯 25
忠肅集〔文淵〕1296〔文津〕1301〔文瀾〕
1334〔珍本〕十一集 176
盧忠烈公集〔著録〕集部 280

盧琦(元)
圭峰集〔文淵〕1214〔文津〕1218〔文瀾〕
1249〔珍本〕三集 286
圭齋盧先生集〔著録〕集部 32

盧雲英(清)
五經圖〔存目〕經部 152

盧復(明)
芷園臆草存案〔續修〕1027

盧照鄰(唐)
幽憂子集〔著録〕集部 227
盧昇之集〔文淵〕1065〔文津〕1069〔文
瀾〕1094〔薈要〕358

盧絃(清)
四照堂詩集、樂府、詩餘、時曲〔未收〕七輯
22

盧寧(明)
五鶡別集〔存目〕集部 111

盧維禎(明)
醒後集、續集〔存目〕集部 149

盧震(清)
説安堂集〔未收〕五輯 27

盧翰(明)
月令通考〔存目〕史部 164
易經中説〔存目〕經部 6
掌中宇宙〔續修〕1125
籤易〔存目〕子部 66

盧錫晉(清)
尚志館文述〔未收〕八輯 19

盧憲(宋)
〔嘉定〕鎮江志〔續修〕698

盧謙(明)
五經圖〔存目〕經部 147

盧燮宸(清)
粵中蠶桑芻言〔續修〕978

盧襄(宋)
西征記〔存目〕史部 127

盧襄(明)
石湖志略、文略〔存目〕史部 243

盧濬(明)
古黃遺蹟集〔存目〕集部 292

盧鎮(元)

寶祐重修琴川志〔續修〕698

盧辯(北周)

　　大戴禮記〔文淵〕128〔文津〕124〔文瀾〕
　　　122〔著錄〕經部49

曉

曉山老人(元)

　　太乙統宗寶鑑〔存目〕子部67〔續修〕1061

閻

閻士選(明)

　　蘇文忠公膠西集〔存目〕集部11

閻廷謨(清)

　　北河續紀、附餘〔存目〕史部223

閻秀卿(明)

　　吳郡二科志〔存目〕史部90

閻沛年(清)

　　晴峰詩集〔未收〕九輯27

閻若璩(清)

　　毛朱詩説〔存目〕經部77

　　四書釋地、續、又續、三續〔文淵〕210〔文
　　　津〕205〔文瀾〕204

　　四書釋地、續、又續、三續、孟子生卒年月考
　　　〔著錄〕經部103

　　尚書古文疏證、朱子古文書疑〔文淵〕66
　　　〔文津〕61〔文瀾〕59〔著錄〕經部188

　　孟子生卒年月考〔存目〕史部81

　　潛邱劄記〔文淵〕859〔文津〕861〔文瀾〕
　　　879〔珍本〕四集207〔著錄〕子部55

閻禹錫(明)

　　司馬法集解〔續修〕959

閻純璽(清)

　　胎産心法〔續修〕1008

閻循觀(清)

　　西澗草堂文集、詩集〔存目〕集部282

　　困勉齋私記〔存目〕子部29

　　尚書讀記〔存目〕經部60

　　春秋一得〔存目〕經部145

閻詠(清)

　　尚書古文疏證、朱子古文書疑〔著錄〕經部
　　　188

閻斌(清)

　　芸窗易草〔未收〕一輯2

閻爾梅(清)

　　白耷山人詩集、文集〔續修〕1394〔禁燬〕集

部119

閻鋅(清)

　　周易説宗〔未收〕二輯2

閻鎮珩(清)

　　六典通考〔續修〕758－761

穆

穆文熙(明)

　　七雄策纂〔存目〕史部44

　　四史鴻裁〔存目〕史部139

　　春秋左傳評苑、國語評苑、戰國策評苑〔存
　　　目〕子部163－164

　　穆考功逍遙園集選〔存目〕集部137

穆孔暉(明)

　　大學千慮〔存目〕經部156

穆尼閣(清西洋)

　　天步真原〔文淵〕793〔文津〕794〔文瀾〕
　　　810

穆希文(明)

　　説原〔存目〕子部107

　　蟫史集〔存目〕子部216〔續修〕1237

穆修(宋)

　　河南穆公集、遺事〔著錄〕集部87

　　穆參軍集〔文淵〕1086〔文津〕1090〔文
　　　瀾〕1116〔珍本〕十集214

穆勒(英國)

　　名學〔續修〕1297

　　群己權界論〔續修〕1298

穆彰阿(清)

　　大清一統志〔續修〕613－624

　　澄懷書屋詩鈔〔續修〕1507

錢

錢一本(明)

　　四聖一心録〔存目〕經部14

　　黽記〔存目〕子部14

　　像抄〔存目〕經部14

　　像象管見〔文淵〕33〔文津〕28〔文瀾〕28
　　　〔珍本〕五集1－2〔著錄〕經部54

　　遯世編〔存目〕子部132

　　範衍〔存目〕子部58〔續修〕1048

錢士升(明)

　　周易揆〔存目〕經部20－21〔續修〕13

　　南宋書〔存目〕史部31

　　皇明表忠紀〔存目〕史部110

遜國逸書四種〔存目〕史部 55
賜餘堂集、年譜〔禁燬〕集部 10
錢大昕(清)
　十駕齋養新録、餘録〔續修〕1151
　三史拾遺〔續修〕454
　元史氏族表〔續修〕293
　元史藝文志〔續修〕916
　廿二史考異〔續修〕454
　地球圖説〔續修〕1035
　宋遼金元四史朔閏考〔未收〕十輯 2
　金石後録〔續修〕892
　弇州山人年譜〔續修〕553
　恒言録〔續修〕194
　唐石經考異〔續修〕184
　通鑑注辯正〔續修〕342
　〔乾隆〕鄞縣志〔續修〕706
　經典文字辨正〔續修〕239
　疑年録、續〔續修〕517
　説文答問疏證〔續修〕204
　諸史拾遺〔續修〕455
　潛研堂文集、詩集、續集〔續修〕1438－1439
　潛研堂文録〔續修〕1670
　潛研堂金石文跋尾、續、又續、三續〔續修〕
　　891
　學易慎餘録〔續修〕24
錢大昭(清)
　三國志辨疑〔續修〕274
　後漢郡國令長考〔未收〕三輯 11
　後漢書補表〔未收〕一輯 13
　後漢書辨疑〔續修〕272
　説文統釋序〔未收〕八輯 3
　廣雅疏義〔續修〕190
　漢書辨疑〔續修〕267
　邇言〔續修〕195
　續漢書辨疑〔續修〕272
錢子義(明)
　種菊菴詩〔著録〕集部 465
錢天錫(明)
　詩牖〔存目〕經部 67
錢元昌(清)
　〔雍正〕廣西通志〔著録〕史部 38－40
　廣西通志〔文淵〕565－568〔文津〕565－
　　569〔文瀾〕574－577
錢公善(明)
　三華集〔文淵〕1372〔文津〕1376〔文瀾〕
　　1415〔珍本〕初集 374

錢文子(宋)
　補漢兵志〔文淵〕663〔文津〕662〔文瀾〕
　　672〔著録〕史部 60
錢以塏(清)
　嶺海見聞〔存目〕史部 250
　羅浮外史〔存目〕史部 240
錢允治(明)
　類選箋釋草堂詩餘、續選草堂詩餘、國朝詩
　　餘〔續修〕1728〔續修〕1728
　鐫補雷公炮製藥性解〔續修〕990
錢正振(清)
　白鹿書院志〔存目〕史部 246
錢世昭(宋)
　錢氏私誌〔文淵〕1036〔文津〕1041〔文
　　瀾〕1064
錢世熹(清)
　周禮彙纂〔未收〕三輯 8
錢古訓(明)
　百夷傳〔存目〕史部 255
錢邦芑(清)
　他山字學〔存目〕經部 200
錢光夔(清)
　客燕詩存、粵吟〔未收〕八輯 20
錢芳標(清)
　湘瑟詞〔續修〕1725
錢杜(清)
　松壺畫憶〔續修〕1068
錢秀昌(清)
　傷科補要〔續修〕1017
錢佃(宋)
　荀子考異〔續修〕932
錢希言(明)
　劍筴〔續修〕1110
　劍筴〔存目〕子部 77
　獪園〔存目〕子部 247〔續修〕1267
　戲瑕〔存目〕子部 97〔續修〕1143
錢長澤(清)
　弈理指歸圖〔續修〕1101－1102
錢坫(清)
　十六長樂堂古器款識考〔續修〕901
　十經文字通正書〔未收〕四輯 9
　車制考〔續修〕85
　詩音表〔續修〕245
　新斠注地里志〔未收〕六輯 10
　爾雅古義〔續修〕187

爾雅釋地四篇注 〔續修〕187
説文解字斠詮 〔續修〕211
論語後録 〔續修〕154
〔乾隆〕韓城縣志 〔續修〕693
錢若水(宋)
太宗皇帝實録 〔續修〕348
錢林(清)
文獻徵存録 〔續修〕540
錢東垣(清)
崇文總目輯釋 〔續修〕916
錢尚濠(清)
買愁集 〔未收〕十輯 12
錢杲之(宋)
離騷集傳 〔續修〕1301
錢易(宋)
南部新書 〔文淵〕1036 〔文津〕1040 〔文瀾〕1063 〔底本〕子部 4 〔底本〕子部 40 〔著録〕子部 331
錢炅(清)
捷録法原旁註 〔禁燬〕史部 33
錢岱(明)
兩晉南北合纂 〔未收〕二輯 16
錢侗(清)
宋遼金元四史朔閏考 〔未收〕十輯 2
崇文總目輯釋 〔續修〕916
錢受益(明)
四書名物考 〔存目〕經部 160
錢受徵(明)
吳越備史、雜考 〔著録〕史部 423
錢炘和(清)
捕蝗圖説、要説 〔未收〕十輯 4
錢泳(清)
履園叢話 〔續修〕1139
錢春(明)
五行類應 〔存目〕子部 69
湖湘五略 〔存目〕史部 65
錢保塘(清)
帝王世紀續補、考異 〔續修〕301
錢陞(明)
壺天玉露、附清士 〔存目〕史部 110
錢泰吉(清)
甘泉鄉人稿、餘稿、年譜 〔續修〕1519
曝書雜記 〔續修〕926
錢振倫(清)

樊南文集補編 〔續修〕1312
錢振常(清)
樊南文集補編 〔續修〕1312
錢起(唐)
錢考功集 〔著録〕集部 229
錢仲文集 〔文淵〕1072 〔文津〕1077 〔文瀾〕1102
錢時(宋)
兩漢筆記 〔文淵〕686 〔文津〕686 〔文瀾〕700 〔珍本〕初集 161
融堂四書管見 〔文淵〕183 〔文津〕178 〔文瀾〕175 〔珍本〕初集 89 〔著録〕經部 23
融堂書解 〔文淵〕59 〔文津〕54 〔文瀾〕52 〔珍本〕別輯 23－24
錢宰(明)
臨安集 〔文淵〕1229 〔文津〕1233 〔文瀾〕1265 〔珍本〕三集 294 〔底本〕集部 38 〔著録〕集部 64
錢陸燦(清)
調運齋詩、和陶詩、調運齋文鈔、調運齋集 〔未收〕七輯 23
錢陳群(清)
香樹齋詩集、詩續集、文集、文集續鈔 〔未收〕九輯 18－19
錢栻(明)
梅花道人遺墨 〔文淵〕1215 〔文津〕1219 〔文瀾〕1250
蕭林初集 〔未收〕六輯 28
讀易緒言 〔存目〕經部 25
錢勗(清)
吳中平寇記 〔未收〕三輯 13
錢惟善(元)
江月松風集 〔文淵〕1217 〔文津〕1222 〔文瀾〕1253 〔著録〕集部 112
錢啓忠(明)
近溪羅先生一貫編 〔存目〕子部 86
錢琦(明)
錢公良測語 〔存目〕子部 84
錢臨江先生集 〔存目〕集部 64
禱雨雜紀 〔存目〕子部 122
錢朝鼐(清)
唐詩鼓吹箋註 〔存目〕集部 289
錢椒(清)
補疑年録 〔續修〕517
錢馚(清)

甲申傳信録 〔續修〕440〔禁燬〕史部 19

錢貴(明)
　吳越紀餘、附襍詠 〔存目〕史部 162

錢普(明)
　晉書鈎玄 〔未收〕三輯 16

錢曾(清)
　投筆集箋註 〔續修〕1391
　錢遵王述古堂藏書目録 〔存目〕史部 277
　　〔續修〕920
　讀書敏求記 〔存目〕史部 277〔續修〕923

錢恬(宋)
　錢氏私誌 〔著録〕子部 218

錢綖(清)
　四譯館增訂館則、新增館則 〔續修〕749

錢載(清)
　籜石齋文集 〔未收〕十輯 15
　籜石齋詩集 〔未收〕十輯 16
　籜石齋詩集、籜石齋文集 〔續修〕1443

錢塘(清)
　律呂古誼 〔續修〕115
　淮南天文訓補注 〔續修〕1121

錢楷(清)
　綠天書舍存草 〔續修〕1483

錢廉(清)
　東廬遺稿 〔未收〕八輯 17

錢義方(元)
　周易圖説 〔文淵〕26〔文津〕21〔文瀾〕22
　　〔珍本〕初集 25

錢溥(明)
　秘閣書目 〔存目〕史部 277

錢福(明)
　錢太史鶴灘稿、紀事、遺事 〔存目〕集部 46

錢肅潤(清)
　文瀹初編 〔禁燬〕集部 173
　尚書體要 〔存目〕經部 56

錢嘉徵(明)
　海石先生文集、附侍御公奏疏、遺詩 〔存目〕
　　集部 97

錢裒(明)
　厚語 〔存目〕子部 145

錢熙祚(清)
　九國志、拾遺 〔續修〕333
　慎子 〔續修〕971

錢端禮(宋)
　諸史提要 〔存目〕史部 131

錢潢(清)
　重編張仲景傷寒論證治發明溯源集 〔續修〕
　　986－987

錢綺(清)
　左傳札記 〔續修〕128

錢維城(清)
　鳴春小草、茶山詩鈔、文鈔 〔未收〕十輯 14
　錢文敏公全集 〔續修〕1442－1443

錢維喬(清)
　竹初詩鈔、竹初文鈔 〔續修〕1460
　〔乾隆〕鄞縣志 〔續修〕706

錢維福(清)
　清秘述聞補 〔續修〕1178

錢穀(明)
　吳都文粹續集 〔文淵〕1385－1386〔文津〕
　　1388－1390〔文瀾〕1430－1431〔珍
　　本〕初集 377－388〔底本〕集部 251－
　　260〔著録〕集部 78－79

錢霦(明)
　静安八詠詩集、附事蹟 〔存目〕集部 289

錢儀吉(清)
　南朝會要 〔續修〕775
　衍石齋記事稿、續稿 〔續修〕1508－1509

錢德洪(明)
　王文成全書 〔文淵〕1265－1266〔文津〕
　　1269－1270〔文瀾〕1301－1302
　平濠記 〔存目〕史部 49〔續修〕433

錢德蒼(清)
　重訂綴白裘新集合編十二集 〔續修〕1779－
　　1780

錢慶曾(清)
　隸通 〔續修〕241

錢澄之(清)
　田間文集、田間詩集 〔續修〕1401
　田間文集、詩集 〔禁燬〕集部 144－145
　田間易學 〔文淵〕39〔文津〕34－35〔文瀾〕
　　34〔珍本〕五集 3－4〔著録〕經部 54
　田間詩學 〔文淵〕84〔文津〕79〔文瀾〕77
　　〔珍本〕五集 21－22〔著録〕經部 130
　所知録 〔續修〕444〔禁燬〕史部 72
　莊屈合詁 〔存目〕子部 164
　藏山閣集、田間尺牘 〔續修〕1400－1401

錢薇(明)
　海石先生文集、附侍御公奏疏、遺詩 〔存目〕
　　集部 97

錢曉(明)
　庭幃雜録〔存目〕子部 86
錢諷(宋)
　回溪先生史韻〔續修〕1216
錢禧(明)
　錢吉士先生全稿〔禁燬〕經部 7
錢謙益(清)
　石田先生詩鈔、文鈔、附事略〔存目〕集部
　　37
　列朝詩集〔禁燬〕集部 95-97
　列朝詩集、乾集、甲集前編、甲集、乙集、丙
　　集、丁集、閏集〔續修〕1622-1624
　投筆集箋註〔續修〕1391
　杜工部集、年譜、諸家詩話、唱酬題詠附録
　　〔續修〕1308〔禁燬〕集部 40
　松圓詩老小傳〔續修〕1386
　明史斷略〔未收〕三輯 15
　牧齋有學集〔續修〕1391〔禁燬〕集部 115-
　　116
　牧齋初學集〔續修〕1389-1390〔禁燬〕集
　　部 114-115
　國初群雄事略〔禁燬〕史部 8
　絳雲樓書目〔續修〕920
　歸錢尺牘〔禁燬〕集部 111
錢應溥(清)
　甘泉鄉人稿、餘稿、年譜〔續修〕1519
錢孺穀(明)
　小瀛洲十老社詩、瀛洲社十老小傳〔存目
　　補〕36
錢繹(清)
　輶軒使者絕代語釋別國方言箋疏〔續修〕
　　193
錢繼登(明)
　經世環應編〔存目〕子部 144
錢儼(宋)
　吳越備史〔文淵〕464〔文津〕464〔文瀾〕
　　466
錢灃(清)
　錢南園先生遺集〔續修〕1461

錫

錫珍(清)
　欽定吏部銓選則例〔續修〕750
錫賜喇布哈(元)
　文安集〔文淵〕1208〔文津〕1212〔文瀾〕
　　1243
錫縝(清)
　退復軒詩〔續修〕1554

鮑

鮑山(明)
　野菜博録〔文淵〕731〔文津〕731〔文瀾〕
　　746〔珍本〕六集 189〔著録〕子部 132
鮑廷博(清)
　山村遺稿〔續修〕1322
　胡澹菴先生文集〔底本〕集部 30
鮑作雨(清)
　周易擇言〔續修〕28
鮑恂(元)
　太易鈎玄〔存目〕經部 2〔續修〕3
鮑泰(明)
　天心復要〔存目〕子部 55
鮑理士(清)
　西法挨星江南黃道命度表、附元空秘旨〔未
　　收〕十輯 9
鮑彪(宋)
　戰國策(鮑氏戰國策)〔薈要〕253
　戰國策〔珍本〕六集 95-96〔著録〕史部
　　195
　戰國策譚椒〔存目〕史部 44
　鮑氏國策〔著録〕史部 288
　鮑氏戰國策注〔文淵〕406〔文津〕403〔文
　　瀾〕404
鮑康(清)
　皇朝謚法考、皇朝謚法考續編〔續修〕827
　續泉匯、首集〔續修〕1113
鮑雲龍(宋)
　天原發微、附各類圖、問答節要〔文淵〕806
　　〔文津〕807〔文瀾〕823-824
　天原發微、圖、篇目名義、問答節要〔著録〕
　　子部 148
鮑鼎(清)
　菽匜考古録、附校記〔續修〕1156
鮑照(南朝宋)
　鮑氏集〔著録〕集部 226
　鮑明遠集〔文淵〕1063〔文津〕1067〔文
　　瀾〕1092
　鮑參軍集〔續修〕1585
鮑廉(宋)
　寶祐重修琴川志〔續修〕698

鮑溶（唐）
　鮑溶詩、集外詩 〔著録〕集部 42
　鮑溶詩集、集外集 〔珍本〕九集 235
　鮑溶詩集、集外詩 〔文淵〕1081〔文津〕1085
　　〔文瀾〕1111
鮑寧（明）
　天原發微、附各類圖、問答節要 〔文淵〕806
　　〔文津〕807〔文瀾〕823－824
　天原發微、圖、篇目名義、問答節要 〔著録〕
　　子部 148〔著録〕子部 148
鮑應鰲（明）
　皇明臣謚彙考 〔著録〕史部 258
　瑞芝山房集 〔禁燬〕集部 141
鮑應鼇（明）
　明臣謚考 〔文淵〕651〔文津〕651〔文瀾〕
　　661〔珍本〕四集 121

獨

獨孤及（唐）
　毘陵集 〔文淵〕1072〔文津〕1076〔文瀾〕
　　1102〔薈要〕361〔著録〕集部 366
獨孤微生（清）
　泊齋別録 〔未收〕五輯 30
獨逸窩退士（清）
　笑笑録 〔續修〕1273

鄺

鄺璠（明）
　便民圖纂 〔續修〕975
鄺露（明）
　赤雅 〔文淵〕594〔文津〕595〔文瀾〕603
　　〔著録〕史部 253
　嶠雅 〔禁燬〕集部 10

龍

龍大淵（宋）
　宋淳熙敕編古玉圖譜 〔存目〕子部 78
龍仁夫（元）
　周易集傳 〔文淵〕25〔文津〕20〔文瀾〕21
　　〔珍本〕八集 1〔底本〕經部 1〔著録〕經
　　部 121
龍文彬（清）
　明會要 〔續修〕793
龍正（明）
　八陣合變圖説 〔存目〕子部 30〔續修〕959
龍昱（宋）
　樂菴語録 〔珍本〕別輯 208
龍起濤（清）
　毛詩補正 〔未收〕八輯 1
龍衮（宋）
　江南野史 〔文淵〕464〔文津〕463〔文瀾〕
　　465〔珍本〕十一集 69〔著録〕史部 205
龍啓瑞（清）
　古韵通説 〔續修〕248
　經德堂文集、別集、浣月山房詩集 〔續修〕
　　1541－1542
　爾雅經注集證 〔續修〕188
龍爲霖（清）
　本韻一得 〔存目〕經部 219－220
龍輔（元）
　龍輔女紅餘志 〔存目〕子部 120
龍膺（明）
　九芝集 〔存目〕集部 167
龍體剛（清）
　半窗史略 〔存目〕史部 42

燃

燃犀道人（清）
　甌蟲燃犀録 〔續修〕1006

隱

隱夫玉簡（宋）
　疑仙傳 〔存目〕子部 258

十七畫

戴

戴大昌（清）
　補餘堂四書問答 〔續修〕169
　駁四書改錯 〔續修〕169
戴天章（清）
　廣瘟疫論 〔續修〕1003
戴元禮（明）
　推求師意 〔著録〕子部 302
戴少望（宋）
　將鑑論斷 〔存目〕子部 30
戴日强（明）
　〔萬曆〕餘杭縣志 〔存目〕史部 210

戴文燈(清)
　静退齋集、甜雪詞〔未收〕十輯 18
戴有孚(明)
　著疑録〔存目〕子部 152
戴任(明)
　月令廣義、統紀〔存目〕史部 164－165
戴名世(清)
　四書朱子大全〔禁燬〕經部 9
　南山集、年譜〔續修〕1419〔禁燬補〕82
　南山集偶鈔〔續修〕1418
　憂患集偶鈔、孑遺録〔禁燬〕集部 187
戴良(元)
　九靈山房集〔著録〕集部 258
　九靈山房集、年譜〔文淵〕1219〔文津〕1223
　　〔文瀾〕1254
　九靈山房遺稿〔存目〕集部 23
戴君恩(明)
　剩言〔存目〕子部 91〔續修〕1132
　讀風臆評〔存目〕經部 61
　讀風臆補〔續修〕58
戴表元(元)
　剡源文集〔文淵〕1194〔文津〕1198〔文
　　瀾〕1229
　剡源先生文鈔〔存目〕集部 21
　剡源逸稿〔續修〕1322
　剡源戴先生文集〔著録〕集部 106
戴長庚(清)
　律話〔續修〕115
戴明説(清)
　元明詩家〔禁燬補〕54
　定園文集〔未收〕七輯 18
戴侗(元)
　六書故〔文淵〕226〔文津〕221〔文瀾〕218
　　〔珍本〕六集 52－56
　六書故、六書通釋〔著録〕經部 177－178
戴咸弼(清)
　東甌金石志〔續修〕911
戴昺(宋)
　東野農歌集〔文淵〕1178〔文津〕1182〔文
　　瀾〕1213〔珍本〕初集 327
　戴東埜詩集〔著録〕集部 103
戴重(明)
　河村集〔禁燬〕集部 11
戴姜福
　諧聲譜、校記〔續修〕247

戴冠(明)
　唐愚士詩、會稽懷古詩〔著録〕集部 427
　戴氏集〔存目〕集部 63
　濯纓亭筆記〔存目〕子部 103
　濯纓亭筆記、附禮記集説辯疑〔續修〕1170
　禮記集説辯疑〔存目〕經部 88
戴祖啓(清)
　尚書協異〔續修〕45
　尚書涉傳〔未收〕三輯 5
戴起宗(元)
　金丹正理大全悟真篇註疏、金丹正理大全悟
　　真註疏直指詳説三乘祕要〔著録〕子部
　　365
　脈訣刊誤集解〔著録〕子部 302
　悟真篇註疏、附直指詳説〔文淵〕1061〔文
　　津〕1065〔文瀾〕1090
戴栩(宋)
　浣川集〔文淵〕1176〔文津〕1180〔文瀾〕
　　1210〔珍本〕別輯 366
戴原禮(明)
　金匱鈎玄〔文淵〕746〔文津〕746〔文瀾〕
　　761
　推求師意〔文淵〕765〔文津〕766〔文瀾〕
　　778〔珍本〕九集 203
戴晟(清)
　寤硯齋集〔未收〕九輯 27
戴埴(宋)
　鼠璞〔文淵〕854〔文津〕856〔文瀾〕874
　　〔著録〕子部 165
戴笠(清)
　懷陵流寇始終録〔續修〕441－442
戴敏(宋)
　石屏詩集、東臬子詩〔著録〕集部 100
戴進賢
　欽定儀象考成〔著録〕子部 6
戴望(清)
　管子校正〔續修〕970
　戴氏注論語〔續修〕157
　謫麟堂遺集〔續修〕1561
　顔氏學記〔續修〕952
戴清(清)
　四書典故考辨〔續修〕169
戴啓宗(元)
　脈訣刊誤、附脈書要語、矯世惑脈論〔文淵〕
　　746〔文津〕746〔文瀾〕761

戴棠(清)

　　鄭氏爻辰補〔續修〕33

戴凱之(晉)

　　竹譜　〔文淵〕845　〔文津〕847　〔文瀾〕863
　　　　〔著錄〕子部162

戴復古(宋)

　　石屏詞　〔文淵〕1488　〔文津〕1493　〔文瀾〕
　　　　1538　〔著錄〕集部219
　　石屏詩集　〔珍本〕九集244-245
　　石屏詩集、東皋子詩　〔文淵〕1165　〔文津〕
　　　　1169　〔文瀾〕1200　〔著錄〕集部100

戴鈜(清)

　　四書講義尊聞錄〔存目〕經部180-181

戴欽(明)

　　鹿原集〔存目〕集部72

戴鈞衡(清)

　　味經山館文鈔〔續修〕1545
　　味經山館詩鈔、評語〔續修〕1545
　　書傳補商〔續修〕50

戴敦元(清)

　　戴簡恪公遺集〔未收〕十輯28

戴善夫(元)

　　陶學士醉寫風光好雜劇〔續修〕1761

戴楫(清)

　　薛子條貫篇、續篇〔未收〕四輯21

戴虞皐(清)

　　周易闡理〔存目〕經部35

戴煦(清)

　　求表捷術〔續修〕1047
　　音分古義〔續修〕116
　　象數一原〔續修〕1047

戴溪(宋)

　　石鼓論語答問　〔文淵〕199　〔文津〕193　〔文
　　　　瀾〕189　〔珍本〕四集87
　　春秋講義　〔文淵〕155　〔文津〕150　〔文瀾〕
　　　　148　〔珍本〕三集76-77
　　續呂氏家塾讀詩記　〔文淵〕73　〔文津〕68
　　　　〔文瀾〕67　〔珍本〕別輯25

戴殿江(清)

　　金華理學粹編〔未收〕六輯12

戴殿泗(清)

　　風希堂詩集、文集〔續修〕1471

戴熙(清)

　　習苦齋畫絮〔續修〕1084
　　習苦齋詩集、習苦齋古文〔續修〕1530

戴鳴皐(清)

　　本草方藥參要〔未收〕八輯9-11

戴銑(明)

　　朱子實紀〔存目〕史部82　〔續修〕550

戴肇辰(清)

　　學仕錄〔未收〕二輯26

戴震(清)

　　中庸補注〔續修〕159
　　水地記〔續修〕728
　　毛鄭詩考正〔續修〕63
　　勾股割圜記〔續修〕1045
　　方言疏證〔續修〕193
　　古韻標準〔著錄〕經部183
　　考工記圖〔續修〕85
　　〔乾隆〕汾州府志〔續修〕692
　　尚書義考〔續修〕45
　　屈原賦戴氏注、通釋、音義〔續修〕1302
　　孟子字義疏證〔續修〕158
　　原善、緒言〔續修〕951
　　深衣解〔續修〕107
　　準望簡法、割圜弧矢補論、勾股割圜全義圖、
　　　　方圜比例數表〔續修〕1045
　　經考〔續修〕172
　　戴東原集、覆校札記〔續修〕1434
　　聲韻考、聲類表〔續修〕244
　　續方言〔續修〕193

戴德(漢)

　　大戴禮記　〔文淵〕128　〔文津〕124　〔文瀾〕
　　　　122　〔著錄〕經部49

戴澳(明)

　　杜曲集〔禁燬〕集部71

戴璟(明)

　　新編博物策會〔未收〕三輯30
　　新編漢唐通鑑品藻〔存目〕史部282
　　〔嘉靖〕廣東通志初藁〔存目〕史部189

戴羲(明)

　　養餘月令〔存目〕史部165

戴璐(清)

　　吳興詩話〔續修〕1705
　　國朝御史題名、國朝滿洲蒙古御史題名〔續
　　　　修〕751
　　藤陰雜記〔續修〕1177

戴應鰲(明)

　　金華詩粹、姓氏傳略〔存目〕集部371

戴鑒(清)

爾雅郭註補正〔續修〕186

戴鰲(明)

　戴中丞遺集〔存目〕集部74

戴衢亨(清)

　欽定授時通考、耕織圖〔文淵〕732〔文津〕
　　731〔文瀾〕746－747〔珍本〕五集
　　148－155

藍

藍千秋(清)

　藍户部集〔存目補〕8

藍仁(明)

　藍山先生詩集〔著錄〕集部427

　藍山集〔文淵〕1229〔文津〕1234〔文瀾〕
　　1265〔珍本〕別輯396〔底本〕集部38

藍田(明)

　藍侍御集、北泉草堂詩集、北泉文集〔存目〕
　　集部83

藍浦(清)

　景德鎮陶錄〔續修〕1111

藍章(明)

　藍司寇公勞山遺稿〔未收〕五輯18

藍鼎元(清)

　女學〔存目〕子部28

　平臺紀略、東征集〔文淵〕369〔文津〕366
　　〔文瀾〕368〔著錄〕史部274

　修史試筆〔存目〕史部125

　鹿洲公案〔存目〕史部128

　鹿洲文錄〔續修〕1670

　鹿洲初集〔文淵〕1327〔文津〕1331〔文
　　瀾〕1368〔著錄〕集部292

　棉陽學準〔存目〕子部28

藍智(明)

　藍澗集〔文淵〕1229〔文津〕1234〔文瀾〕
　　1265〔珍本〕別輯397〔底本〕集部38

　藍澗詩集〔著錄〕集部447

藍潤(清)

　聿修堂集〔存目〕集部213

韓

韓上桂(明)

　蘧廬稿選〔禁燬〕集部78

韓元吉(宋)

　南澗甲乙稿〔文淵〕1165〔文津〕1169〔文
　　瀾〕1199〔珍本〕別輯353－358

韓日纘(明)

　韓文恪公文集、詩集〔禁燬補〕70

韓文綺(清)

　韓大中丞奏議〔續修〕498

韓玉(金)

　東浦詞〔文淵〕1487〔文津〕1492〔文瀾〕
　　1537〔著錄〕集部218

韓世琦(清)

　撫吳疏草〔未收〕八輯5－8

韓邦奇(明)

　苑洛先生語錄〔存目〕子部7

　苑洛志樂〔文淵〕212〔文津〕207〔文瀾〕
　　206〔珍本〕四集97－99〔著錄〕經部
　　26

　苑洛集〔文淵〕1269〔文津〕1273〔文瀾〕
　　1306〔珍本〕四集358－361〔著錄〕集
　　部275

　易占經緯〔存目〕子部66

　易學本源啓蒙意見〔底本〕經部18

　洪範圖解〔存目〕子部57

　啓蒙意見〔文淵〕30〔文津〕25〔文瀾〕25
　　〔珍本〕四集9

　啓蒙意見、七占意見〔著錄〕經部54

　樂律舉要〔存目〕經部182

韓邦靖(明)

　朝邑縣志〔文淵〕494〔文津〕494〔文瀾〕
　　497〔珍本〕十二集36

　韓五泉詩〔存目〕集部62

韓百謙(朝鮮)

　朝鮮志、附箕田考〔存目〕史部255

韓孝彦(金)

　大明成化丁亥重刊改併五音類聚四聲篇
　　〔存目〕經部187

　成化丁亥重刊改併五音類聚四聲篇海〔續
　　修〕229

韓拙(宋)

　山水純全集〔文淵〕813〔文津〕815〔文
　　瀾〕832〔著錄〕子部150

韓非(周)

　韓非子〔文淵〕729〔文津〕729〔文瀾〕743
　　〔薈要〕252

韓昌箕(明)

　王謝世家〔存目〕史部116

韓昂(明)

　圖繪寶鑑、續編〔文淵〕814〔文津〕817〔文

瀾]833

韓忠彦(宋)
　忠獻韓魏王家傳〔存目〕史部 81

韓怡(清)
　竹書紀年辨正〔未收〕三輯 12
　讀詩傳譌〔未收〕二輯 7

韓祗和(宋)
　傷寒微旨論　〔文淵〕738〔文津〕738〔文
　　瀾〕753〔珍本〕別輯 179

韓奕(明)
　易牙遺意〔存目〕子部 80〔續修〕1115
　韓山人詩集、續集〔存目〕集部 23〔續修〕
　　1325

韓彦直(宋)
　橘錄　〔文淵〕845〔文津〕847〔文瀾〕863
　　〔著錄〕子部 162

韓洽(明)
　寄菴詩存〔禁燬〕集部 149

韓泰華(清)
　無事爲福齋隨筆〔續修〕1181

韓晃(明)
　羅浮野乘〔存目〕史部 232

韓浚(明)
　[萬曆]嘉定縣志〔存目〕史部 208－209

韓純玉(清)
　蘧廬詩、詞〔存目〕集部 210

韓菼(清)
　有懷堂文稿、詩稿〔存目〕集部 245
　御定孝經衍義〔文淵〕718〔文津〕719－720
　　〔文瀾〕733－734

韓鄂(唐)
　四時纂要〔續修〕975
　歲華紀麗〔存目〕子部 166

韓偓(唐)
　翰林集〔續修〕1313
　韓內翰別集〔著錄〕集部 234
　韓內翰別集、附新唐書本傳〔文淵〕1083
　　〔文津〕1087〔文瀾〕1113

韓偓(宋)
　韓內翰別集〔珍本〕十二集 159

韓康伯(晉)
　周易、略例〔底本〕經部 11〔著錄〕經部 141
　周易注〔文淵〕7〔文津〕2〔文瀾〕1
　周易注疏〔著錄〕經部 41〔續修〕1
　周易註疏、周易略例、考證〔文淵〕7〔文

津]2〔文瀾〕1

韓淲(宋)
　澗泉日記〔文淵〕864〔文津〕866〔文瀾〕
　　884〔珍本〕別輯 215
　澗泉集　〔文淵〕1180〔文津〕1184－1185
　　〔文瀾〕1215〔珍本〕初集 323－324

韓琦(宋)
　安陽集　〔文淵〕1089〔文津〕1093〔文瀾〕
　　1118〔珍本〕四集 230－232〔薈要〕368
　　〔著錄〕集部 3

韓萬鍾(明)
　象緯彙編〔存目〕子部 55
　新編性理三書圖解〔存目〕子部 58

韓貽豐(清)
　太乙神鍼心法〔續修〕996

韓善徵(清)
　前蒙古紀事本末、後蒙古紀事本末〔未收〕
　　三輯 13

韓道昭(金)
　大明成化丁亥重刊改併五音類聚四聲篇
　　〔存目〕經部 187
　大明成化庚寅重刊改併五音集韻〔著錄〕經
　　部 30
　五音集韻　〔文淵〕238〔文津〕233〔文瀾〕
　　230〔珍本〕七集 49－52
　成化丁亥重刊改併五音類聚四聲篇海　〔續
　　修〕229

韓愈(唐)
　五百家注昌黎文集〔珍本〕四集 215－219
　五百家注昌黎文集、諸儒名氏〔薈要〕362
　五百家註昌黎文集、評論詁訓音釋諸儒名
　　〔文淵〕1074〔文津〕1078－1079〔文
　　瀾〕1104
　朱文公校昌黎先生文集、外集、遺文、傳〔著
　　錄〕集部 84
　別本韓文考異、外集〔文淵〕1073〔文津〕
　　1078〔文瀾〕1103
　東雅堂昌黎集註、遺文、朱子校昌黎集傳、外
　　集註　〔文淵〕1075〔文津〕1079〔文
　　瀾〕1105
　東雅堂韓昌黎集註、外集〔珍本〕十二集
　　155－158
　昌黎先生集、外集、遺文、朱子校昌黎先生集
　　傳〔著錄〕集部 231
　新刊五百家註音辯昌黎先生文集、外集、序
　　傳碑記、韓文類譜、附評論詁訓音釋諸

儒名氏〔著録〕集部 230

新刊經進詳註昌黎先生文集、外集、遺文、韓文公志〔續修〕1309－1310

論語筆解〔文淵〕196〔文津〕191〔文瀾〕186〔著録〕經部 23

韓雍(明)

　韓襄毅公家藏文集〔底本〕集部 146－147〔著録〕集部 38

　襄毅文集〔文淵〕1245〔文津〕1249〔文瀾〕1281〔珍本〕四集 327－329

韓維(宋)

　南陽集〔文淵〕1101〔文津〕1105〔文瀾〕1131〔珍本〕二集 246－247〔著録〕集部 420

韓駒(宋)

　陵陽先生詩〔著録〕集部 50

　陵陽集〔文淵〕1133〔文津〕1137〔文瀾〕1165〔珍本〕三集 263

韓醇(宋)

　五百家註音辯唐柳先生文集〔著録〕集部 337

　柳河東集、外集、外集補遺〔薈要〕361

　柳河東集、外集、新編外集〔文淵〕1076〔文津〕1080〔文瀾〕1106

　新刊詁訓唐柳先生文集、外集、新編外集〔底本〕集部 52－54〔著録〕集部 84

韓霖(明)

　守圉全書〔禁燬補〕32－33

韓嬰(漢)

　詩外傳〔著録〕經部 65

　韓詩外傳〔文淵〕89〔文津〕84〔文瀾〕82

韓騏(清)

　補瓢存稿〔未收〕八輯 21

韓爌(明)

　欽定逆案〔存目〕史部 55

檀

檀萃(清)

　重鐫草堂外集〔續修〕1445

魏

魏一鰲(清)

　北學編〔續修〕515〔禁燬〕史部 63

魏了翁(宋)

　毛詩要義、譜序要義〔續修〕56

　古今考〔著録〕子部 31

　古今考、續古今考〔文淵〕853〔文津〕855〔文瀾〕873

　尚書要義〔珍本〕六集 6－7

　尚書要義、序説〔文淵〕60〔文津〕55〔文瀾〕52〔著録〕經部 35

　周易要義〔文淵〕18〔文津〕13〔文瀾〕12〔珍本〕十集 1－2〔著録〕經部 2

　春秋左傳要義〔文淵〕153〔文津〕148〔文瀾〕146〔珍本〕初集 66－67

　重校鶴山先生大全文集〔著録〕集部 101－102

　經外雜鈔〔文淵〕853〔文津〕855〔文瀾〕873

　儀禮要義〔文淵〕104〔文津〕99〔文瀾〕98〔珍本〕六集 12－18〔著録〕經部 149

　禮記要義〔續修〕96

　寶顔堂訂正鶴山渠陽經外雜鈔〔著録〕子部 165

　鶴山渠陽讀書雜鈔〔存目〕子部 95

　鶴山集〔文淵〕1172－1173〔文津〕1176－1177〔文瀾〕1206－1207

魏大中(明)

　藏密齋集〔續修〕1374－1375〔禁燬〕集部 45

魏之琇(清)

　名醫類案〔文淵〕765〔文津〕766－767〔文瀾〕782

　續名醫類案〔文淵〕784〔文津〕785－786〔文瀾〕801－802〔珍本〕二集 184－191

魏天應(宋)

　批點分格類意句解論學繩尺、諸先生論訣〔著録〕集部 141

　論學繩尺〔文淵〕1358〔文津〕1362〔文瀾〕1400〔珍本〕六集 293－297

魏元樞(清)

　與我周旋集詩、文、四六、雜體、附寧武府志序〔未收〕九輯 23

魏文焕(明)

　石室私抄〔存目〕集部 110

魏文魁(明)

　曆測、附曆元布算法〔續修〕1039

魏方泰(清)

　行年録〔存目〕子部 231－232

魏允恭(清)

　江南製造局記〔續修〕860

魏本唐（清）

　夏小正校注〔未收〕九輯 1

魏光燾（清）

　戡定新疆記〔未收〕一輯 16

魏仲舉（宋）

　五百家注昌黎文集〔珍本〕四集 215－219

　五百家注昌黎文集、諸儒名氏〔薈要〕362

　五百家注柳先生文集〔珍本〕初集 244－245

　五百家注柳先生集〔文淵〕1077〔文津〕
　　1081〔文瀾〕1107

　五百家註昌黎文集、評論詁訓音釋諸儒名
　　〔文淵〕1074〔文津〕1078－1079〔文
　　瀾〕1104

　五百家註音辯唐柳先生文集〔著錄〕集部
　　337

　新刊五百家註音辯昌黎先生文集、外集、序
　　傳碑記、韓文類譜、附評論詁訓音釋諸
　　儒名氏〔著錄〕集部 230〔著錄〕集部
　　230

　韓文類譜〔續修〕552

魏收（北齊）

　魏特進集〔續修〕1588

　魏書〔薈要〕105－107〔著錄〕史部 173－
　　175

　魏書、附考證〔文淵〕261－262〔文津〕
　　255－257〔文瀾〕253－254

魏良弼（明）

　太常少卿魏水洲先生文集〔存目〕集部 85

魏初（元）

　青崖集〔文淵〕1198〔文津〕1202〔文瀾〕
　　1233〔珍本〕初集 342

魏茂林（清）

　清秘述聞續〔續修〕1178

　駢雅訓籑〔續修〕192

魏荔彤（清）

　大易通解〔珍本〕初集 34－37

　大易通解、讀啟蒙雜說〔文淵〕44〔文津〕39
　　〔文瀾〕37

　金匱要略方論本義〔續修〕989

　傷寒論本義〔未收〕三輯 22

　樗林閒筆、偶筆、續筆、附演連珠五十首〔存
　　目〕子部 113

　懷舫詩集、續集、別集、懷舫詞、別集、懷舫雜
　　著、恭紀聖恩詩、懷舫集、續彈詞、懷舫
　　自述、雜曲〔存目補〕4

魏畊（清）

雪翁詩集〔續修〕1393

　遠山堂詩集〔續修〕1385

魏泰（宋）

　東軒筆錄〔文淵〕1037〔文津〕1041〔文
　　瀾〕1064〔著錄〕子部 218

　臨漢隱居詩話〔文淵〕1478〔文津〕1482
　　〔文瀾〕1527〔著錄〕集部 213

魏校（明）

　大學指歸、附考異〔存目〕經部 156

　六書精蘊〔續修〕202

　六書精蘊、音釋舉要〔存目〕經部 189

　周禮沿革傳〔存目〕經部 87

　春秋經世〔存目〕經部 117

　莊渠先生門下質疑錄〔續修〕938

　莊渠先生遺書〔底本〕集部 156－157〔著
　　錄〕集部 275

　莊渠遺書〔文淵〕1267〔文津〕1271－1272
　　〔文瀾〕1304〔珍本〕五集 335－337

　經世策〔存目〕史部 6

魏時亮（明）

　大儒學粹〔存目〕子部 11

魏時應（明）

　春秋質疑〔未收〕一輯 6

魏峴（宋）

　四明它山水利備覽〔文淵〕576〔文津〕576
　　〔文瀾〕585〔著錄〕史部 59

　魏氏家藏方〔續修〕1000

魏浣初（明）

　鼎鐫鄒臣虎增補魏仲雪先生詩經脈講意
　　〔存目〕經部 66

魏野（宋）

　東觀集〔文淵〕1087〔文津〕1091〔文瀾〕
　　1116〔珍本〕七集 193

　鉅鹿東觀集〔著錄〕集部 235

魏象樞（清）

　庸言〔續修〕946

　寒松堂集〔存目〕集部 213

魏煥（明）

　皇明九邊考〔存目〕史部 226

魏皓（日本）

　魏氏樂譜〔續修〕1096

魏道明（金）

　蕭閑老人明秀集注〔續修〕1723

魏裔介（清）

　希賢錄〔存目〕子部 154

致知格物解〔存目〕子部 20
兼濟堂文集〔文淵〕1312〔文津〕1316-1317〔文瀾〕1351〔珍本〕四集 374-377
兼濟堂文集選〔著錄〕集部 286
崑林小品集〔存目補〕78
聖學知統録〔存目〕史部 120
聖學知統翼録〔存目〕史部 120
槐下新編雅説集〔存目〕子部 154
溯洄集、詩論、詩話〔存目〕集部 386
樗林閒筆、偶筆、續筆、附演連珠五十首〔存目〕子部 113
論性書〔存目〕子部 20
静怡齋約言録〔存目〕子部 20〔續修〕946
鑑語經世編〔存目〕史部 290

魏源(清)
元史新編〔續修〕314-315
古微堂集〔續修〕1522
古微堂詩集〔續修〕1522
老子本義〔續修〕954
禹貢説〔續修〕55
海國圖志〔續修〕743-744
書古微〔續修〕48
淮北票鹽志略〔未收〕九輯 8
聖武記〔續修〕402
詩古微〔續修〕77
蠶桑合編、附蠶桑説略〔未收〕四輯 23

魏際瑞(清)
易義選參〔未收〕三輯 1
魏伯子文録〔續修〕1671

魏裳(明)
雲山堂集〔存目〕集部 121

魏齊賢(宋)
五百家播芳大全文粹〔珍本〕十集 327-356
五百家播芳大全文粹、姓氏〔文淵〕1352-1353〔文津〕1356-1357〔文瀾〕1394-1395
聖宋名賢五百家播芳大全文粹〔著錄〕集部 297-298

魏徵(唐)
隋書〔薈要〕109-110〔著錄〕史部 2-3
隋書、附考證〔文淵〕264〔文津〕259-260〔文瀾〕256-257
群書治要〔續修〕1187

魏誼
中庵先生劉文簡公文集〔著錄〕集部 30

魏慶之(宋)
詩人玉屑〔文淵〕1481〔文津〕1485-1486〔文瀾〕1531〔著錄〕集部 331

魏學洢(明)
茅簷集〔文淵〕1297〔文津〕1301〔文瀾〕1335〔珍本〕四集 373〔著錄〕集部 356
魏子敬遺集〔禁燬補〕76

魏學誠(清)
一齋舊詩〔未收〕八輯 18

魏憲(清)
百名家詩選〔存目〕集部 397〔續修〕1624-1625
枕江堂詩、文〔未收〕八輯 16
詩持一集、二集、三集、四集〔禁燬〕集部 38

魏禧(清)
左傳經世鈔〔續修〕120
易義選參〔未收〕三輯 1
魏叔子文集外篇、目録、詩集〔續修〕1408-1409

魏燮均(清)
九梅村詩集〔續修〕1539

魏應嘉(明)
夥壞封疆録〔存目〕史部 107〔續修〕537

魏濬(明)
西事珥〔存目〕史部 247
易義古象通〔文淵〕34〔文津〕29〔文瀾〕29〔珍本〕三集 15-16〔著錄〕經部 185
嶠南瑣記〔存目〕子部 243

魏禮(清)
易義選參〔未收〕三輯 1

魏翼龍(清)
春秋滕薛杞越莒邾許七國統表〔未收〕三輯 16

魏顯國(明)
歷代守令傳〔存目〕史部 97
歷代相臣傳〔存目〕史部 96-97
儒林全傳〔存目〕史部 97

魏麟徵(清)
石屋詩鈔〔存目〕集部 242

魏驥(明)
南齋先生魏文靖公摘稿〔存目〕集部 30

儲

儲大文(清)

〔雍正〕山西通志〔著録〕史部 324－331
山西通志〔文淵〕542－550〔文津〕542－
550〔文瀾〕549－557
存研樓文集〔文淵〕1327〔文津〕1330－
1331〔文瀾〕1367〔珍本〕三集375－
377〔著録〕集部 291
存硯樓二集〔未收〕九輯 19

儲方慶(清)
儲遯菴文集〔未收〕七輯 26

儲光羲(唐)
儲光羲集〔著録〕集部 42
儲光羲詩集〔文淵〕1071〔文津〕1076〔文
瀾〕1101〔珍本〕八集 144

儲欣(清)
在陸草堂文集〔存目〕集部 259
春秋指掌、前事、後事〔存目〕經部 136－137
唐宋十大家全集録〔存目〕集部 404－405

儲泳(宋)
祛疑説〔文淵〕865〔文津〕867〔文瀾〕885
〔著録〕子部 169

儲掌文(清)
雲溪文集〔存目〕集部 267

儲巏(明)
柴墟文集〔存目〕集部 42

鍾

鍾人傑(明)
性理會通、續編〔存目〕子部 17－19

鍾文烝(清)
春秋穀梁經傳補注〔續修〕132

鍾羽正(明)
崇雅堂集〔存目〕集部 167

鍾芳(明)
筠谿文集〔存目〕集部 64－65

鍾秀實(宋)
寶祐重修琴川志〔續修〕698

鍾英(清)
〔嘉慶〕寧國府志〔續修〕710－711

鍾庚陽(明)
刻嘉禾鍾先生尚書主意傳心録〔未收〕二輯
4

鍾祖述(明)
小瀛洲十老社詩、瀛洲社十老小傳〔存目
補〕36

鍾祖綬(清)

文字通釋略〔未收〕九輯 2

鍾淵映(清)
歷代建元考〔文淵〕662〔文津〕661〔文
瀾〕671〔著録〕史部 263

鍾惺(明)
古名儒毛詩解十六種〔存目〕經部 65
古詩歸〔續修〕1589
史懷〔存目〕史部 287
四六新函〔禁燬補〕44
名媛詩歸〔存目〕集部 339
如面談〔禁燬補〕52
如面譚二集〔禁燬補〕52－53
宋文歸〔存目〕集部 340
明紀編年〔禁燬〕史部 35
明詩歸〔存目〕集部 338
周文歸〔存目〕集部 339－340
春秋左傳〔存目〕經部 126〔存目〕經部 126
春秋左傳、春秋提要〔著録〕經部 86
唐詩歸〔續修〕1589－1590
通紀纂〔禁燬〕史部 74
通鑑纂〔禁燬〕史部 68
鼎鍥鍾伯敬訂正資治綱鑑正史大全〔禁燬〕
史部 65－67
詩經備考、總論〔存目〕經部 67
詩經圖史合考〔存目〕經部 64
詩歸〔存目〕集部 337－338
新鍥全補標題音註國朝捷録〔禁燬補〕16
新鍥歷朝捷録增定全編大成〔禁燬〕史部
73
漢文歸〔禁燬補〕43
翠娛閣評選鍾伯敬先生合集〔續修〕1371
翠娛閣評選鍾伯敬先生合集文、詩〔禁燬〕
集部 140－141
隱秀軒集〔禁燬〕集部 48
鍾惺文鈔〔禁燬〕集部 160

鍾輅(唐)
前定録〔底本〕子部 30
前定録、續録〔文淵〕1042〔文津〕1046〔文
瀾〕1070〔著録〕子部 243

鍾嗣成(元)
録鬼簿、續編〔續修〕1759

鍾鳴(清)
蓄魚雅集〔未收〕十輯 12

鍾韶(明)
論語逸編〔存目〕子部 15

鍾震陽(明)

偶居集〔禁燬補〕77

鍾潁陽(清)

　大學緯注〔未收〕八輯2

鍾衷(清)

　蔇厓考古録、附校記〔續修〕1156

鍾嶸(南朝梁)

　詩品〔文淵〕1478〔文津〕1482〔文瀾〕1527

　鍾嶸詩品〔著録〕集部330

鍾離棲筠子(明)

　牌統孚玉〔未收〕五輯13

鮮

鮮于樞(元)

　困學齋雜録〔文淵〕866〔文津〕868〔文瀾〕886〔底本〕子部37〔著録〕子部169

謝

謝乃實(清)

　峇山人詩集〔存目補〕53

謝三秀(明)

　雪鴻堂詩蒐逸〔未收〕八輯16

謝士章(明)

　謝石渠先生詩集〔禁燬〕集部181

謝山居士(清)

　粵氛紀事〔未收〕一輯16

謝王寵(清)

　愚齋反經録〔存目〕子部29

謝天瑞(明)

　詩法〔續修〕1695

　詩餘圖譜〔續修〕1735

謝元淮(清)

　碎金詞譜、續譜、詞韻〔續修〕1737

　養默山房詩藁〔續修〕1511-1512

謝介鶴(清)

　金陵癸甲紀事略〔續修〕446

謝文洊(清)

　學庸切己録〔存目〕經部169

　謝程山集、年譜〔存目〕集部209

謝允復(清)

　湘山志〔存目〕史部239

謝玉瓊(清)

　麻科活人全書〔續修〕1012

謝仮(宋)

四六談麈〔文淵〕1480〔文津〕1484〔文瀾〕1530〔著録〕集部331

謝廷傑(明)

　王文成全書〔文淵〕1265-1266〔文津〕1269-1270〔文瀾〕1301-1302

謝廷諒(明)

　薄遊草〔存目〕集部177

謝兆申(明)

　謝耳伯先生初集、全集〔存目〕集部190

謝秀嵐(清)

　彙集雅俗通十五音〔續修〕260

謝希深(宋)

　公孫龍子〔文淵〕848〔文津〕850〔文瀾〕867〔著録〕子部30

謝良佐(宋)

　上蔡先生語録〔著録〕子部250

　上蔡語録〔文淵〕698〔文津〕699〔文瀾〕712

謝枋得(宋)

　文章軌範〔文淵〕1359〔文津〕1364〔文瀾〕1402〔珍本〕十一集199

　詩傳注疏〔續修〕57

　檀弓批點〔存目〕經部88

　疊山先生批點文章軌範〔著録〕集部360

　疊山集〔文淵〕1184〔文津〕1188〔文瀾〕1220〔著録〕集部104

謝枋得(明)

　新鍥簪纓必用增補秘笈新書、別集〔存目〕子部200

謝杰(明)

　使琉球録〔續修〕742

謝東山(明)

　〔嘉靖〕貴州通志〔存目〕史部193

謝旻(清)

　〔雍正〕江西通志〔著録〕史部232-237

　江西通志〔文淵〕513〔文津〕513〔文瀾〕518-524

謝采伯(宋)

　密齋筆記、續筆記〔文淵〕864〔文津〕866〔文瀾〕884〔珍本〕別輯215〔底本〕子部18〔著録〕子部169

謝宗可(元)

　元謝宗可詠物詩〔著録〕集部257

　詠物詩〔文淵〕1216〔文津〕1220〔文瀾〕1251〔珍本〕六集263

謝重輝(清)
　杏村詩集 〔存目〕集部 234
謝庭蘭(清)
　古文尚書辨 〔未收〕三輯 5
謝陛(明)
　季漢書、正論、答問 〔存目〕史部 30
謝振定(清)
　知恥齋文録 〔續修〕1670
謝起巖(宋)
　忠文王紀事實録 〔續修〕550
謝莊(南朝宋)
　謝光禄集 〔續修〕1585
謝晉(明)
　蘭庭集 〔文淵〕1244 〔文津〕1248 〔文瀾〕
　　1280 〔珍本〕初集 369 〔著録〕集部 263
謝朓(南朝齊)
　謝宣城集 〔文淵〕1063 〔文津〕1067 〔文
　　瀾〕1092 〔續修〕1585
　謝宣城詩集 〔著録〕集部 81
謝純(明)
　漕運通志 〔存目〕史部 275 〔續修〕836
謝常(明)
　桂軒詩集 〔未收〕五輯 17
謝國珍(清)
　嘉應平寇紀略 〔未收〕三輯 13
謝崧岱(清)
　南學製墨劄記 〔續修〕1115
謝逸(宋)
　溪堂集 〔文淵〕1122 〔文津〕1126 〔文瀾〕
　　1152 〔珍本〕別輯 293－294
　溪堂詞 〔文淵〕1487 〔文津〕1492 〔文瀾〕
　　1537 〔著録〕集部 218
謝章鋌(清)
　酒邊詞 〔續修〕1727
　賭棋山莊所著書 〔續修〕1545
　賭棋山莊詞話、續編 〔續修〕1735
謝堃(清)
　花木小志 〔續修〕1117
　春草堂集 〔續修〕1507
謝深甫(宋)
　慶元條法事類、開禧重修尚書吏部侍郎右選
　　格 〔續修〕861
謝啓昆(清)
　小學考 〔續修〕922
　西魏書 〔續修〕304

〔嘉慶〕廣西通志 〔續修〕677－680
樹經堂詠史詩 〔未收〕四輯 20
樹經堂詩初集、續集、文集 〔續修〕1458
謝階樹(清)
　守約堂詩稿 〔未收〕十輯 29
謝惠連(南朝宋)
　謝法曹集 〔續修〕1585
謝詔(明)
　〔天啓〕贛州府志 〔存目〕史部 202
謝道承(清)
　小蘭陔詩集 〔存目補〕7
　〔乾隆〕福建通志 〔著録〕史部 313－316
　福建通志、圖 〔文淵〕527－530 〔文津〕
　　527－530 〔文瀾〕533－536
謝肅(明)
　密菴集 〔文淵〕1228 〔文津〕1232 〔文瀾〕
　　1263 〔珍本〕別輯 394－395
　密菴詩稿、文稿 〔著録〕集部 36
謝赫(南朝齊)
　古畫品録 〔文淵〕812 〔文津〕814 〔文瀾〕
　　831 〔著録〕子部 22
謝薖(宋)
　竹友集 〔文淵〕1122 〔文津〕1126 〔文瀾〕
　　1152 〔薈要〕387
　謝幼槃文集 〔著録〕集部 341
謝榛(明)
　四溟山人全集 〔著録〕集部 72
　四溟集 〔文淵〕1289 〔文津〕1293 〔文瀾〕
　　1327 〔珍本〕八集 208－209
　詩家直説 〔存目〕集部 417 〔續修〕1695
謝鳴篁(清)
　錢穀視成 〔續修〕834
謝鳴謙(清)
　謝程山集、年譜 〔存目〕集部 209
謝肇淛(明)
　小草齋集 〔續修〕1366－1367
　小草齋集、續集、小草齋文集 〔存目〕集部
　　175－176
　小草齋續集 〔續修〕1367
　五雜組 〔續修〕1130 〔禁燬〕子部 37
　文海披沙 〔存目〕子部 108 〔續修〕1130
　方廣巖志 〔存目〕史部 243
　北河紀、紀餘 〔文淵〕576 〔文津〕577 〔文
　　瀾〕585 〔珍本〕二集 137－138 〔著録〕
　　史部 244

史觽〔存目〕史部 144
長溪瑣語〔存目〕史部 247
滇略 〔文淵〕494〔文津〕494〔文瀾〕497
　　〔珍本〕三集 155〔著録〕史部 415
塵餘〔續修〕1130
謝維新(宋)
古今合璧事類備要前集、後集、續集、別集、
　　外集〔文淵〕939－941〔文津〕942－
　　945〔文瀾〕961－963〔著録〕子部
　　290－293
謝維嶽(清)
中道全書〔未收〕八輯 15
謝遷(明)
新刻世史類編〔禁燬〕史部 54－55
歸田稿〔文淵〕1256〔文津〕1260〔文瀾〕
　　1293〔珍本〕四集 339
歸田稿、年譜〔著録〕集部 431
謝德溥(明)
謝文貞公文集〔禁燬補〕58
謝履忠(清)
國學禮樂録〔存目〕史部 271
謝鍾英(清)
三國疆域志補注〔未收〕三輯 11
謝應芳(元)
思賢録、續録〔存目〕史部 82
辨惑編〔文淵〕709〔文津〕711〔文瀾〕724
　　〔著録〕子部 351
龜巢稿〔文淵〕1218〔文津〕1222〔文瀾〕
　　1253〔珍本〕十集 250－255
龜巢稿〔著録〕集部 112
謝濟世(清)
梅莊文録〔續修〕1671
梅莊雜著〔禁燬補〕83
謝翱(宋)
晞髮集、遺集、天地間集、冬青樹引註、登西
　　臺慟哭記註〔文淵〕1188〔文津〕1192
　　〔文瀾〕1223〔著録〕集部 59〔著録〕集
　　部 59
謝蘭生(清)
軍興本末紀略〔未收〕三輯 13
謝鐸(明)
伊洛淵源續録〔存目〕史部 88
〔弘治〕赤城新志〔存目〕史部 177
赤城論諫録〔存目〕史部 69
桃溪净稿〔存目〕集部 38

謝靈運(南朝宋)
謝康樂集〔續修〕1304〔續修〕1585
謝讜(明)
四喜記〔續修〕1771

應

應廷育(明)
金華先民傳〔存目〕史部 91
應劭(漢)
風俗通義〔文淵〕862〔文津〕864〔文瀾〕
　　882〔著録〕子部 55
應是(清)
縱釣居文集〔存目〕集部 242
讀孝經、附年譜〔存目〕經部 146
應俊(宋)
琴堂諭俗編〔文淵〕865〔文津〕867〔文
　　瀾〕885
應祖錫
佐治芻言〔續修〕1297
應撝謙(清)
古樂書〔文淵〕220〔文津〕215〔文瀾〕213
　　〔珍本〕初集 100〔著録〕經部 107
性理大中〔存目〕子部 22〔續修〕949－950
春秋集解、附較補春秋集解緒餘〔存目〕經
　　部 135
教養全書〔存目〕子部 230
禮學彙編〔存目〕經部 110
應檟(明)
大明律釋義〔續修〕863
應麟(清)
易經碎言〔存目〕經部 36
春秋剩義〔存目〕經部 141
詩經旁參〔存目〕經部 77

濮

濮陽夏(唐)
譙子五行志〔續修〕1049
濮陽淶(明)
元聲韻學大成〔存目〕經部 208－209

蹇

蹇駒(宋)
采石瓜洲斃亮記〔續修〕423

禮

禮部太常寺（宋）
中興禮書 〔續修〕822－823

繆

繆之晉（清）
大清時憲書箋釋 〔續修〕1040

繆存濟（明）
識病捷法 〔續修〕998

繆希雍（明）
先醒齋廣筆記 〔文淵〕775 〔文津〕776〔文瀾〕792 〔珍本〕四集 148
神農本草經疏 〔文淵〕775 〔文津〕776－777 〔文瀾〕792 〔珍本〕十二集 133－136 〔著錄〕子部 264
廣筆記、炮灸大法、用藥凡例 〔著錄〕子部 18 〔著錄〕子部 18

繆昌期（明）
從野堂存稿 〔續修〕1373 〔禁燬〕集部 67

繆荃孫（清）
三水小牘 〔續修〕1260
元和郡縣圖志闕卷逸文 〔未收〕四輯 18
安禄山事迹、校記 〔續修〕550
〔光緒〕順天府志 〔續修〕683－686
藝風堂文集、外篇 〔續修〕1574
藝風堂文續集、外集 〔續修〕1574

繆祐孫（清）
漢書引經異文録證 〔未收〕三輯 11

繆敬持（清）
東林同難録、列傳、附傳 〔未收〕一輯 18

繆楷（清）
爾雅稗疏 〔續修〕189

繆闐（清）
庚癸原音四種 〔續修〕116
音調定程、絃徽宣祕 〔續修〕1095

十八畫

聶

聶先（清）
百名家詞鈔 〔續修〕1721－1722
名家詞鈔 〔存目補〕45－46
續指月録、附尊宿集 〔未收〕七輯 14

聶芳聲（清）
豐陽人文紀略 〔存目〕集部 412

聶尚恒（明）
活幼心法 〔續修〕1011

聶豹（明）
雙江先生困辯録 〔存目〕子部 9 〔續修〕939
雙江聶先生文集 〔存目〕集部 72

聶崇義（宋）
三禮圖 〔薈要〕65
三禮圖集注 〔文淵〕129 〔文津〕124 〔文瀾〕122
新定三禮圖 〔著錄〕經部 74

聶鈫（清）
泰山道里記 〔存目〕史部 242

聶慎行（清）
歷朝鑑譜 〔禁燬補〕9

醫

醫無閭子（明）
醫貫 〔禁燬〕子部 1

豐

豐坊（明）
古易世學 〔存目〕經部 5
古書世學 〔存目〕經部 49
春秋世學 〔存目〕經部 118
書訣 〔文淵〕816 〔文津〕818 〔文瀾〕835 〔底本〕子部 5 〔著錄〕子部 150
魯詩世學、子夏序 〔存目〕經部 60－61

豐耘（明）
魯詩世學、子夏序 〔存目〕經部 60－61

豐烈（清）
地理精蘊圖書集成 〔未收〕六輯 18

豐越人（明）
豐正元先生詩 〔存目〕集部 190

豐道生（明）
金石遺文 〔存目〕經部 189

豐熙（明）
古書世學 〔存目〕經部 49

豐熙正（明）
魯詩世學、子夏序 〔存目〕經部 60－61

豐稷（宋）
古書世學 〔存目〕經部 49
魯詩世學、子夏序 〔存目〕經部 60－61

豐慶(明)
　古書世學　〔存目〕經部 49
　魯詩世學、子夏序　〔存目〕經部 60–61
　豐清敏公遺事　〔存目〕史部 81　〔續修〕550

瞿

瞿九思(明)
　孔廟禮樂考　〔續修〕824
　孔廟禮樂考、初稿　〔存目〕史部 270
　萬曆武功録　〔續修〕436　〔禁燬〕史部 35–36
　樂經以俟録　〔存目〕經部 184
瞿中溶(清)
　弈載堂古玉圖録　〔續修〕1107
　集古官印考、集古虎符魚符考　〔續修〕1109
瞿式耜(明)
　媿林漫録　〔存目〕子部 144
　瞿忠宣公集　〔續修〕1375
瞿共美(明)
　天南逸史　〔續修〕444
　東明聞見録　〔禁燬〕史部 19
瞿汝説(明)
　皇明臣略纂聞　〔禁燬補〕17
瞿汝稷(明)
　指月録　〔未收〕三輯 26
　瞿冏卿集　〔存目〕集部 187
瞿佑(明)
　四時宜忌　〔存目〕史部 164
　新增補相剪燈新話大全　〔續修〕1787
　樂府遺音　〔存目〕集部 422　〔續修〕1723
　歸田詩話　〔存目〕集部 416　〔續修〕1694
瞿昂來(清)
　列國陸軍制　〔續修〕1299
瞿景淳(明)
　瞿文懿公集、制科集、制勅稿　〔存目〕集部 109
瞿曇悉達(唐)
　大唐開元占經　〔著録〕子部 340–341
　唐開元占經　〔文淵〕807　〔文津〕808–809　〔文瀾〕825　〔珍本〕四集 172–181
瞿鏞(清)
　鐵琴銅劍樓藏書目録　〔續修〕926

顒

顒琰(清仁宗)

　欽定授衣廣訓　〔續修〕977

簡

簡朝亮(清)
　孝經集注述疏、附讀書堂答問　〔未收〕六輯 3
　尚書集注述疏、讀書堂答問　〔續修〕52
　禮記子思子言鄭注補正　〔續修〕932

邊

邊中寶(清)
　竹巖詩草　〔未收〕十輯 18
邊廷英(清)
　周易通義　〔未收〕七輯 1
邊汝元(清)
　漁山詩草　〔未收〕八輯 23
邊貢(明)
　華泉先生集選　〔存目〕集部 49
　華泉集　〔文淵〕1264　〔文津〕1268　〔文瀾〕1300　〔珍本〕七集 238–242
　邊華泉集、集稿　〔著録〕集部 69
邊連寶(清)
　隨園詩草、禪家公案頌　〔存目〕集部 280
邊浴禮(清)
　空青館詞稿　〔續修〕1727
邊習(明)
　睡足軒詩選　〔存目〕集部 79
邊實(宋)
　淳祐玉峰志、咸淳續志　〔續修〕696

歸

歸有光(明)
　三吳水利録　〔文淵〕576　〔文津〕577　〔文瀾〕585　〔著録〕史部 337
　文章指南　〔存目〕集部 315
　易經淵旨　〔存目〕經部 7
　補刊震川先生集　〔續修〕1353
　震川先生集、別集　〔著録〕集部 125
　震川集、別集　〔文淵〕1289　〔文津〕1293　〔文瀾〕1327　〔薈要〕421
　諸子彙函、附諸子評林姓氏、諸子彙函談藪　〔存目〕子部 126
　歸先生文集　〔存目〕集部 138
　歸錢尺牘　〔禁燬〕集部 111
歸莊(清)

山遊詩、恒軒詩 〔續修〕1401

震川集、別集 〔文淵〕1289 〔文津〕1293 〔文瀾〕1327

歸玄恭遺著、詩鈔 〔續修〕1401

鎦

鎦洪（金）

河間傷寒心要 〔存目〕子部 41

顏

顏之推（隋）

陳眉公訂正還冤志 〔著錄〕子部 243

還冤志 〔文淵〕1042 〔文津〕1046 〔文瀾〕1070 〔珍本〕十一集 158

顏氏家訓 〔文淵〕848 〔文津〕851 〔文瀾〕868 〔薈要〕277

顏氏家訓、附考證 〔著錄〕子部 305

顏氏家訓、補校注 〔續修〕1121

顏元（清）

存人編 〔存目〕子部 20 〔續修〕947

存治編 〔存目〕子部 20 〔續修〕947

存性編 〔存目〕子部 20 〔續修〕946

存學編 〔存目〕子部 20 〔續修〕946

顏習齋先生四書正誤 〔續修〕166

顏元孫（唐）

干祿字書 〔文淵〕224 〔文津〕219 〔文瀾〕216 〔存目〕經部 187 〔著錄〕經部 207

顏木（明）

隨志 〔存目〕史部 186

顏文選（明）

駱丞集 〔文淵〕1065 〔文津〕1069 〔文瀾〕1094

顏世清（清）

約章成案匯覽 〔續修〕874－876

顏幼明（晉）

靈棋經 〔著錄〕子部 303

顏光敏（清）

樂圃集 〔存目〕集部 218

顏廷榘（明）

杜律意箋 〔存目〕集部 5

叢桂堂全集 〔存目〕集部 193

顏延之（南朝宋）

顏光祿集 〔續修〕1585

顏茂猷（明）

迪吉錄 〔存目〕子部 150

新鐫六經纂要 〔存目〕子部 222

顏季亨（明）

九十九籌 〔禁燬〕史部 51

國朝武功紀勝通考、補漏居寓言 〔禁燬〕史部 70

顏真卿（唐）

顏魯公文集、年譜、附行狀、碑銘、新史本傳、舊史本傳 〔著錄〕集部 83

顏魯公集、年譜、行狀、神道碑 〔文淵〕1071 〔文津〕1076 〔文瀾〕1101

顏師古（唐）

匡謬正俗 〔文淵〕221 〔文津〕216 〔文瀾〕214 〔著錄〕經部 28

急就篇 〔文淵〕223 〔文津〕217 〔文瀾〕215 〔著錄〕經部 108

前漢書 〔薈要〕90－92

前漢書、附考證 〔文淵〕249－251 〔文津〕243－245 〔文瀾〕242－244

隋遺錄 〔續修〕1783

漢書 〔著錄〕史部 352－354

顏愍楚（隋）

俗書證誤 〔續修〕236

顏端（明）

張乖崖事文錄 〔存目〕史部 82

顏肇維（清）

鍾水堂詩 〔存目〕集部 273

顏鯨（明）

春秋貫玉、世系 〔未收〕六輯 3

十九畫

蘧

蘧然子（明）　參見 車任遠

蘇

蘇之軾（明）

弈藪、棊經註 〔續修〕1098

蘇天木（清）

潛虛述義、附考異 〔續修〕1048

蘇天爵（元）

元文類 〔文淵〕1367 〔文津〕1371－1372 〔文瀾〕1410－1411 〔薈要〕480

元名臣事略 〔珍本〕九集 130－132

元朝名臣事略 〔文淵〕451 〔文津〕450 〔文瀾〕451

治世龜鑑 〔珍本〕五集 117
治世鑑 〔文淵〕709〔文津〕711〔文瀾〕724
國朝文類 〔著錄〕集部 142
國朝名臣事略 〔著錄〕史部 91
滋溪文稿 〔文淵〕1214〔文津〕1217－1218
　〔文瀾〕1249〔著錄〕集部 61
劉文靖公遺事 〔存目〕史部 82
蘇文韓（明）
　晉書纂、援據 〔未收〕一輯 20
蘇弘祖（清）
　經世名言 〔存目〕子部 154
蘇廷魁（清）
　守柔齋行河草 〔續修〕1530
　守柔齋詩鈔初集、續集 〔續修〕1530
蘇志皋（明）
　寒邨集 〔存目〕集部 99
蘇芳阿（清）
　國朝御史題名、國朝滿洲蒙古御史題名 〔續
　修〕751
蘇伯衡（明）
　蘇平仲文集 〔文淵〕1228〔文津〕1233〔文
　瀾〕1264〔著錄〕集部 36
蘇昌臣（清）
　河東鹽政彙纂 〔續修〕839
蘇易簡（宋）
　文房四譜 〔文淵〕843〔文津〕844〔文瀾〕
　861〔著錄〕子部 53
　文選雙字類要 〔存目〕子部 166
蘇秉國（清）
　周易通義 〔未收〕三輯 2
蘇洞（宋）
　泠然齋詩集 〔文淵〕1179〔文津〕1183〔文
　瀾〕1213〔珍本〕初集 317
蘇宗經（清）
　坊表錄 〔未收〕二輯 23
蘇洵（宋）
　載詠樓重鐫硃批孟子 〔存目〕經部 154
　嘉祐集 〔文淵〕1104〔文津〕1108〔文瀾〕
　1135〔薈要〕374〔著錄〕集部 340
　諡法 〔文淵〕646〔文津〕647〔文瀾〕657
蘇祐（明）
　〔嘉靖〕吳邑志 〔存目〕史部 181
　逌旃璅言 〔存目〕子部 103
　穀原文草 〔存目〕集部 89
　穀原詩集 〔存目〕集部 89

蘇時學（清）
　爻山筆話 〔未收〕七輯 11
蘇過（宋）
　斜川集、訂、續鈔 〔續修〕1317
蘇惇元（清）
　望溪先生文集、集外文、集外文補遺、年譜
　〔續修〕1420－1421
　遜敏錄 〔未收〕五輯 9
蘇敬（唐）
　新修本草 〔續修〕989
蘇紫蓋（明）
　四六鴛鴦譜、新集 〔禁燬補〕39－40
蘇舜欽（宋）
　蘇學士集 〔文淵〕1092〔文津〕1095〔文
　瀾〕1121〔著錄〕集部 87
蘇軾（宋）
　仇池筆記 〔文淵〕863〔文津〕865〔文瀾〕
　882
　東坡先生仇池筆記 〔著錄〕子部 32
　東坡先生志林 〔著錄〕子部 55
　東坡先生書傳 〔著錄〕經部 46
　東坡先生編年詩、年表、采輯書目 〔著錄〕集
　部 10
　東坡全集 〔薈要〕378－380
　東坡全集、附宋史本傳、東坡先生墓誌銘、東
　坡先生年譜 〔文淵〕1107－1108〔文
　津〕1110－1112〔文瀾〕1137－1138
　東坡志林 〔文淵〕863〔文津〕865〔文瀾〕
　882
　東坡易傳 〔文淵〕9〔文津〕4〔文瀾〕3〔薈
　要〕3
　東坡書傳（書傳） 〔薈要〕18
　東坡集、後集、奏議、內制集、樂語、外制集、
　應詔集、續集、年譜 〔著錄〕集部 7－9
　東坡詞 〔文淵〕1487〔文津〕1492〔文瀾〕
　1537〔著錄〕集部 217
　東坡詩集註 〔文淵〕1109〔文津〕1112－
　1113〔文瀾〕1139〔珍本〕十一集 162－
　164
　東坡養生集 〔存目〕集部 13
　東坡禪喜集 〔存目〕集部 13
　重編東坡先生外集 〔存目〕集部 11
　施註蘇詩、總目、年譜、續補遺 〔薈要〕381
　施註蘇詩、總目、註蘇例言、王註正譌、註蘇
　姓氏、宋史本傳、東坡先生墓誌銘、東坡
　先生年譜、蘇詩續補遺、總目 〔文淵〕

1110〔文津〕1113－1114〔文瀾〕1140

施註蘇詩、蘇詩續補遺、王註正譌、東坡先生
　年譜〔著錄〕集部239〔著錄〕集部239

格物麤談〔存目〕子部117

書傳〔文淵〕54〔文津〕49〔文瀾〕47

問答錄〔存目〕子部250

經進東坡文集事略〔續修〕1314－1315

增刊校正王狀元集註分類東坡先生詩、東坡
　紀年錄〔著錄〕集部91

歷代地理指掌圖〔存目〕史部166

蘇氏易傳〔著錄〕經部141

蘇文奇賞〔存目〕集部12

蘇文忠公膠西集〔存目〕集部11

蘇沈內翰良方〔著錄〕子部134

蘇沈良方〔文淵〕738〔文津〕738〔文瀾〕
　753〔珍本〕別輯178

蘇詩補註、附年表、採輯書目〔文淵〕1111
　〔文津〕1114－1115〔文瀾〕1141〔珍
　本〕五集380－389

蘇詩摘律〔存目〕集部14

蘇頌（宋）

紹聖新儀象法要〔著錄〕子部18

新儀象法要〔文淵〕786〔文津〕787〔文
　瀾〕803〔薈要〕264

蘇魏公文集〔文淵〕1092〔文津〕1095－
　1096〔文瀾〕1121〔珍本〕四集237－
　242〔底本〕集部2〔著錄〕集部4

蘇源明（唐）

元包經傳、元包數總義〔文淵〕803〔文津〕
　804〔文瀾〕820〔著錄〕子部147

蘇爾德（清）

新疆回部志〔未收〕九輯7

蘇銑（清）

〔順治〕西鎮志〔存目〕史部212

蘇蕙（前秦）

織錦廻文詩〔著錄〕集部335

蘇輿（清）

春秋繁露義證、考證〔續修〕150

翼教叢編〔未收〕九輯15

蘇應龍（元）

新編類意集解諸子瓊林前集、後集〔續修〕
　1221－1222

蘇濬（明）

生生篇〔存目〕經部13〔續修〕10

重訂蘇紫溪先生會纂標題歷朝綱鑑紀要
　〔禁燬〕史部52－53

重鐫蘇紫溪先生易經兒說〔存目〕經部13

蘇轍（宋）

古史〔文淵〕371〔文津〕368〔文瀾〕370
　〔珍本〕六集92－94〔著錄〕史部373

老子解〔文淵〕1055〔文津〕1059〔文瀾〕
　1084

孟子解〔文淵〕196〔文津〕191〔文瀾〕186
　〔著錄〕經部96

詩集傳〔珍本〕六集10－11〔著錄〕經部36
　〔續修〕56

潁濱先生春秋集解〔著錄〕經部157

潁濱先生道德經解〔著錄〕子部331

論語拾遺〔文淵〕196〔文津〕191〔文瀾〕
　186〔著錄〕經部96

龍川略志、別志〔文淵〕1037〔文津〕1041
　〔文瀾〕1064〔著錄〕子部218

蘇氏春秋集解〔文淵〕148〔文津〕143〔文
　瀾〕142〔薈要〕34

蘇氏詩集傳〔文淵〕70〔文津〕65〔文瀾〕
　63

蘇黃門龍川別志〔底本〕子部40

欒城集、後集、三集、應詔集〔文淵〕1112
　〔文津〕1115－1116〔文瀾〕1142〔薈
　要〕382－383〔著錄〕集部92〔著錄〕
　集部92

蘇籀（宋）

雙溪集〔文淵〕1136〔文津〕1140〔文瀾〕
　1167

雙溪集、欒城遺言〔著錄〕集部342

欒城先生遺言〔著錄〕子部168

欒城遺言〔文淵〕864〔文津〕866〔文瀾〕
　884

蘇鶚（唐）

杜陽雜編〔文淵〕1042〔文津〕1046〔文
　瀾〕1070〔著錄〕子部243

蘇氏演義〔文淵〕850〔文津〕852〔文瀾〕
　870〔底本〕子部27〔著錄〕子部359

蘇攜（宋）

蘇魏公文集〔文淵〕1092〔文津〕1095－
　1096〔文瀾〕1121

闞

闞鐸

髹飾錄箋證〔續修〕1115

關

關尹喜（周）

關尹子〔文淵〕1055〔文津〕1059〔文瀾〕1084〔薈要〕276

關朗(北魏)

　關氏易傳〔存目〕經部1〔續修〕1

關槐(清)

　士林彝訓〔未收〕三輯21

　事物異名錄〔續修〕1252-1253

關漢卿(元)

　包待制三勘蝴蝶夢雜劇〔續修〕1761

　包待制智斬魯齋郎雜劇〔續修〕1761

　杜蘂娘智賞金線池雜劇〔續修〕1762

　奇妙全相註釋西廂記〔續修〕1765

　望江亭中秋切鱠雜劇〔續修〕1762

　感天動地竇娥冤雜劇〔續修〕1762

　温太真玉鏡臺雜劇〔續修〕1760

　趙盼兒風月救風塵雜劇〔續修〕1760

　錢大尹智寵謝天香雜劇〔續修〕1760

　竇娥冤〔續修〕1764

嚴

嚴天麟(明)

　五經疑義〔續修〕171

嚴元照(清)

　柯家山館詞〔續修〕1725

　柯家山館遺詩〔續修〕1507

　娛親雅言〔續修〕175〔續修〕1158

　爾雅匡名〔續修〕188

　蕙櫋襍記〔續修〕1158

嚴可均(清)

　平津館金石萃編〔續修〕893

　全上古三代秦漢三國六朝文〔續修〕1603-1608

　唐石經校文〔續修〕184

　意林、意林逸文、意林闕目、意林補〔續修〕1188

　爾雅一切註音〔續修〕188

　說文訂訂〔續修〕213

　說文校議〔續修〕213

　說文聲類〔續修〕247

　鐵橋漫稿〔續修〕1488-1489

嚴用和(宋)

　濟生方〔文淵〕743〔文津〕743〔文瀾〕757〔珍本〕別輯182

　濟生方、濟生方續〔著録〕子部302

嚴式誨(清)

顏氏家訓、補校注〔續修〕1121

　釋大〔續修〕191

嚴有穀(清)

　嗜退菴語存内編〔存目〕子部154

嚴有禧(清)

　讀詩質疑〔著録〕經部12

嚴如熤(清)

　三省邊防備覽〔續修〕732

嚴羽(宋)

　滄浪集〔文淵〕1179〔文津〕1183〔文瀾〕1213〔珍本〕十二集170

　滄浪詩話〔文淵〕1480〔文津〕1485〔文瀾〕1531

　滄浪嚴先生吟卷〔著録〕集部58

嚴我斯(清)

　尺五堂詩刪初刻、近刻〔存目〕集部239

嚴長明(清)

　嚴東有詩集〔續修〕1450

嚴果(明)

　天隱子遺稿〔存目〕集部141

嚴泓曾(清)

　青梧集〔禁燬補〕87

嚴怡(明)

　嚴石谿詩稿〔禁燬〕集部101

嚴修(清)

　蟬香館使黔日記〔續修〕582-583

嚴衍(明)

　資治通鑑補〔續修〕336-341

嚴首昇(清)

　瀨園詩初集、後集、文集、談史〔禁燬〕集部147

嚴書開(清)

　嚴逸山先生文集、附家乘後編〔禁燬〕集部90

嚴從簡(明)

　殊域周咨録〔續修〕735-736

嚴訥(明)

　春秋國華〔存目〕經部119

　嚴文靖公集、詩〔存目〕集部107

嚴章福(清)

　說文校議議〔續修〕214

嚴啓隆(清)

　春秋傳注、提綱〔存目〕經部131〔續修〕137-138

嚴堯黻(明)

槐亭漫録〔存目〕子部 87
嚴萬里(清)
　商君書新校正〔續修〕971
嚴復
　天演論〔續修〕1297
　名學〔續修〕1297
　社會通詮〔續修〕1300
　法意〔續修〕1298－1299
　原富〔續修〕1297
　群己權界論〔續修〕1298
　群學肄言〔續修〕1298
嚴遂成(清)
　明史雜詠〔存目〕集部 274
嚴粲(宋)
　詩緝〔文淵〕75〔文津〕70〔文瀾〕68〔珍本〕七集 22－27〔著録〕經部 38
　詩輯〔薈要〕27
嚴虞惇(清)
　嚴太僕先生集〔未收〕八輯 19
　讀詩質疑〔文淵〕87〔文津〕82〔文瀾〕80〔珍本〕三集 56－60〔著録〕經部 12
嚴嵩(明)
　南宮奏議〔續修〕476
　鈐山堂集〔存目〕集部 56〔續修〕1336
嚴福(清)
　明史〔文淵〕297－302〔文津〕291－298〔文瀾〕290－295
嚴蔚(清)
　春秋内傳古注輯存〔續修〕122
　詩考異補〔未收〕三輯 6
嚴榮(清)
　述庵先生年譜〔續修〕1438
嚴熊(清)
　嚴白雲詩集〔未收〕七輯 21
嚴毅(元)
　詩學集成押韻淵海〔存目〕子部 172〔續修〕1222－1224
嚴遵(漢)
　道德指歸論〔文淵〕1055〔文津〕1059〔文瀾〕1084〔著録〕子部 246
　道德真經指歸〔續修〕954
嚴澂(明)
　松絃館琴譜〔文淵〕839〔文津〕841〔文瀾〕858〔珍本〕四集 193〔著録〕子部 304

嚴鴻逵(清)
　朱子文語纂編〔存目〕子部 4
嚴繩孫(清)
　秋水集〔禁燬〕集部 133
嚴觀(清)
　江寧金石記、江寧金石待訪目〔續修〕910

羅

羅人琮(清)
　最古園二編〔存目〕集部 270
羅士琳(清)
　四元玉鑑細草〔續修〕1043
　春秋朔閏異同〔續修〕147－148
　晉義熙銅鼓考〔續修〕1111
　新編算學啓蒙、總括〔續修〕1043
　舊唐書校勘記〔續修〕283－284
　疇人傳〔續修〕516
羅大紘(明)
　紫原文集〔禁燬〕集部 139－140
羅大經(宋)
　鶴林玉露〔文淵〕865〔文津〕867〔文瀾〕885〔著録〕子部 33
羅天尺(清)
　癭暈山房詩删、續編〔未收〕十輯 18
羅天益(元)
　衛生寶鑑〔續修〕1019
羅曰褧(明)
　咸賓録〔存目〕史部 255〔續修〕736
　雅餘〔未收〕三輯 30
羅公升(宋)
　宋貞士羅滄洲先生集〔存目〕集部 21〔續修〕1321
羅以智(清)
　七十二候表〔未收〕四輯 5
羅正鈞(清)
　左文襄公年譜〔續修〕557
　船山師友記〔續修〕540
羅用霖(清)
　重修昭覺寺志〔未收〕九輯 7
羅有高(清)
　尊聞居士文録〔續修〕1671
　尊聞居士集、遺稿〔續修〕1453
羅汝芳(明)
　大明通寶義〔存目〕史部 274

孝經宗旨〔存目〕經部 146

近溪子明道録〔存目〕子部 86〔續修〕1127

近溪羅先生一貫編〔存目〕子部 86〔續修〕1126

耿中丞楊太史批點近溪羅子全集〔存目〕集部 129－130

羅汝懷（清）

綠漪草堂文集、外集、別集、詩集、研華館詞〔續修〕1530－1531

羅玘（明）

圭峰集〔文淵〕1259〔文津〕1263〔文瀾〕1296〔珍本〕四集 341－344

翰林羅圭峰先生文集、續集〔著録〕集部 68

羅更翁（元）

考古圖、續考古圖、釋文〔著録〕子部 358

羅亨信（明）

覺非集〔存目〕集部 29－30

羅良弼（宋）

龍雲集〔文淵〕1119〔文津〕1123〔文瀾〕1149

羅明祖（明）

羅紋山先生全集〔禁燬〕集部 84

羅典（清）

凝園讀詩管見〔未收〕三輯 6

讀春秋管見〔續修〕141

羅泌（宋）

路史〔文淵〕383〔文津〕380〔文瀾〕382〔珍本〕九集 101－108〔著録〕史部 191

羅勉道（明）

南華真經循本〔續修〕956

羅美（清）

内經博議〔續修〕982

名醫方論〔續修〕1002

羅洪先（明）

念菴文集〔文淵〕1275〔文津〕1279〔文瀾〕1312〔珍本〕五集 352－355

念菴羅先生文集〔著録〕集部 277

念菴羅先生集〔存目〕集部 89－90

廣輿圖〔續修〕586

雙江先生困辯録〔存目〕子部 9〔續修〕939

羅振玉

隰西草堂詩集、文集、遜渚唱和集、隰西草堂拾遺〔續修〕1394

羅振鋆（清）

碑別字〔續修〕243

羅時憲（清）

小學達詁録〔未收〕十輯 2

羅倫（明）

一峰文集〔文淵〕1251〔文津〕1255〔文瀾〕1288〔珍本〕四集 337－338

一峰先生文集〔著録〕集部 267

羅從彦（宋）

豫章文集〔珍本〕四集 265－266

豫章文集、年譜〔文淵〕1135〔文津〕1139〔文瀾〕1166

豫章羅先生文集、年譜〔著録〕集部 342

羅惇衍（清）

集義軒詠史詩鈔〔續修〕1542－1543

羅貫中（元）

三國志通俗演義〔續修〕1789－1791

李卓吾先生批評忠義水滸傳、引首〔續修〕1791－1792

龍虎風雲會〔續修〕1764

羅萬化（明）

世澤編文部〔禁燬補〕17

羅萬藻（明）

十三經類語、附十三經序論選〔存目〕子部 217

此觀堂集〔存目〕集部 192

羅森（清）

麻姑山丹霞洞天誌〔存目〕史部 246

羅椅（宋）

澗谷精選陸放翁詩集前集、須溪精選陸放翁詩集後集、陸放翁詩別集〔著録〕集部 24

澗谷遺集〔續修〕1320

羅景泐（清）

明文遠〔存目〕集部 406－407

羅復（元）

詩集傳名物鈔音釋纂輯〔續修〕57

羅欽順（明）

困知記、續、三續、四續、續補〔著録〕子部 257

困知記、續録〔文淵〕714〔文津〕716〔文瀾〕729

整菴存稿〔文淵〕1261〔文津〕1265〔文瀾〕1298〔珍本〕四集 345－346

整庵先生存稿〔著録〕集部 270

羅登標（清）

學易闡微〔存目〕經部 38

羅登選(清)
　　律吕新書、八音考略〔存目〕經部 185〔著録〕經部 26
　　律吕新書箋義、八音考略〔續修〕113
羅聘(清)
　　香葉草堂詩存〔續修〕1453
羅虞臣(明)
　　羅司勳文集、外集〔存目〕集部 94
羅頎(明)
　　物原〔存目〕子部 178
羅頌(宋)
　　羅鄂州小集、羅郢州遺文〔著録〕集部 96
羅愫(清)
　　〔乾隆〕烏程縣志〔續修〕704
羅僑(明)
　　東川羅先生潛心語録、羅東川公内稿、羅東川公外稿〔續修〕938
羅燁(宋)
　　新編醉翁談録十集〔續修〕1266
羅澤南(清)
　　姚江學辨〔續修〕952
羅隱(唐)
　　甲乙集〔著録〕集部 235
　　兩同書〔文淵〕849〔文津〕851〔文瀾〕868〔著録〕子部 164
　　羅昭諫集〔文淵〕1083〔文津〕1088〔文瀾〕1114〔珍本〕三集 234
　　讒書、附校〔續修〕1122
羅濬(宋)
　　寳慶四明志〔續修〕705
　　寳慶四明志、開慶四明續志〔文淵〕487〔文津〕486〔文瀾〕489〔著録〕史部 37
羅璧(宋)
　　識遺〔文淵〕854〔文津〕856〔文瀾〕874〔珍本〕十一集 129〔著録〕子部 31
羅願(宋)
　　淳熙新安志〔著録〕史部 35
　　新安志〔文淵〕485〔文津〕485〔文瀾〕487〔珍本〕六集 112－113
　　爾雅翼〔文淵〕222〔文津〕217〔文瀾〕214〔著録〕經部 28
　　爾雅翼、序釋〔薈要〕79
　　羅鄂州小集〔文淵〕1142〔文津〕1147〔文瀾〕1174〔珍本〕十二集 167
　　羅鄂州小集、羅郢州遺文〔著録〕集部 96

羅鶴(明)
　　應菴隨録〔存目〕子部 104

譚

譚元春(明)
　　古詩歸〔續修〕1589
　　明詩歸〔存目〕集部 338
　　刔菴訂定譚子詩歸〔存目〕集部 192
　　唐詩歸〔續修〕1589－1590
　　詩歸〔存目〕集部 337－338
　　新刻譚友夏合集〔續修〕1385
　　新刻譚友夏合集、附旨齋詩草〔存目〕集部 191－192
　　嶽歸堂合集〔存目〕集部 191
譚文光(清)
　　心鏡編〔存目〕子部 160
譚吉璁(清)
　　〔康熙〕延綏鎮志〔存目〕史部 227
　　歷代武舉考〔存目〕史部 276〔續修〕859
譚秀(清)
　　周易卦象彙參〔續修〕24
譚希思(明)
　　四川土夷考〔存目〕史部 255
　　明大政纂要〔存目〕史部 14－15
　　皇明大政紀〔續修〕353－354
譚金孫(元)
　　精選增入文笁諸儒奧論策學統宗前集〔存目〕集部 289
譚宗浚(清)
　　希古堂集〔續修〕1564
　　荔村草堂詩鈔〔續修〕1564
　　荔村草堂詩續鈔〔續修〕1564
譚貞默(明)
　　三經見聖編輯存〔存目〕經部 166
　　譚子雕蟲〔存目〕子部 113
譚峭(南唐)
　　化書〔文淵〕849〔文津〕851〔文瀾〕868〔著録〕子部 164
譚處端(金)
　　水雲集〔續修〕1322
譚瑄(清)
　　續刑法叙略〔存目〕子部 37
譚嗣同(清)
　　仁學〔續修〕953
　　寥天一閣文、莽蒼蒼齋詩、遠遺堂集外文

〔續修〕1568
瀏陽麻利述〔續修〕977
譚綸(明)
譚襄敏公奏議〔底本〕史部16－17〔著錄〕
史部422
譚襄敏公遺集〔未收〕五輯20
譚襄敏奏議〔文淵〕429〔文津〕427〔文
瀾〕428〔珍本〕六集98－99
譚瑩(清)
樂志堂文集、續集〔續修〕1528
樂志堂詩集〔續修〕1528
譚澐(清)
禹貢章句〔未收〕四輯3
譚獻(清)
復堂詞〔續修〕1727
篋中詞、續〔續修〕1732－1733
譚貫煥(明)
性理吟〔存目〕集部78

龐

龐大堃(清)
古音輯略、古音備考〔續修〕249
形聲類篇、餘論、校勘〔續修〕247
易例輯略〔續修〕28
龐元英(宋)
文昌雜錄〔文淵〕862〔文津〕864〔文瀾〕
882〔著錄〕子部32
龐元濟
虛齋名畫錄、續錄〔續修〕1090－1091
龐安時(宋)
傷寒總病論、音訓、修治藥法〔文淵〕738
〔文津〕738〔文瀾〕753〔珍本〕九集
201〔著錄〕子部352
龐尚鴻(明)
安邊書〔禁燬補〕22
龐尚鵬(明)
百可亭摘稿、詩集摘稿〔存目〕集部129
軍政事宜〔續修〕852
龐迪我(明西洋)
七克〔存目〕子部93
龐塏(清)
叢碧山房詩初集、二集、三集、四集、五集、文
集、雜著〔存目補〕52

懷

懷悅(明)

士林詩選〔存目補〕11
懷應聘(清)
冰齋文集〔存目〕集部260

繡

繡雲居士(明)
掌錄〔存目〕子部144

二十畫

蘭

蘭茂(蘭廷秀)(明)
韻略易通〔存目〕經部208〔續修〕259

覺

覺羅石麟(清)
〔雍正〕山西通志〔著錄〕史部324－331
山西通志〔文淵〕542－550〔文津〕542－
550〔文瀾〕549－557
覺羅圖理琛(圖麗琛)(清)
異域錄〔文淵〕594〔文津〕595〔文瀾〕603
〔著錄〕史部253

釋

釋一行(唐)
大毘盧遮那成佛經疏〔續修〕1280
釋大圭(元)
夢觀集〔文淵〕1215〔文津〕1219〔文瀾〕
1250〔珍本〕五集293〔底本〕集部141
〔著錄〕集部447
釋大汕(清)
海外紀事〔存目〕史部256〔續修〕744
離六堂二集、潮行近艸〔禁燬〕集部186
離六堂集〔禁燬〕集部186
釋大訴(元)
蒲室集〔文淵〕1204〔文津〕1208〔文瀾〕
1239〔珍本〕二集331〔著錄〕集部254
釋大善(明)
西溪百詠〔存目〕集部195
釋大聞(明)
釋鑑稽古略續集〔續修〕1288
釋大壑(明)
南屏淨慈寺志〔存目〕史部243〔續修〕719
釋山止(清)

韜光菴紀遊集〔存目〕集部 410

釋天然昰(清)
瞎堂詩集〔禁燬〕集部 116

釋元尹(清)
博齋集〔未收〕八輯 29

釋元奇(清)
江心志〔存目〕史部 245

釋元敬(宋)
武林西湖高僧事略、續〔存目〕子部 254

釋元復(宋)
武林西湖高僧事略、續〔存目〕子部 254

釋元賢(清)
鼓山志〔存目〕史部 235

釋元璟(清)
完玉堂詩集〔存目〕集部 211

釋支遁(晉)
支道林集、外集〔續修〕1304

釋中恂(清)
重修昭覺寺志〔未收〕九輯 7

釋今無(清)
阿字無禪師光宣臺集〔禁燬〕集部 186

釋文才(元)
肇論新疏游刃〔未收〕四輯 28

釋文珦(宋)
潛山集〔文淵〕1186〔文津〕1190〔文瀾〕
1218〔珍本〕初集 331〔底本〕集部 92
〔著錄〕集部 423

釋文瑩(宋)
玉壺野史〔文淵〕1037〔文津〕1041〔文瀾〕1064
玉壺清話〔著錄〕子部 218
重雕改正湘山野錄、續錄〔著錄〕子部 218
湘山野錄、續錄〔文淵〕1037〔文津〕1041〔文瀾〕1064

釋文儒(明)
成化丁亥重刊改併五音類聚四聲篇海〔續修〕229

釋心泰(明)
佛法金湯編〔未收〕五輯 13

釋允誠(宋)
慶元府雪竇明覺大師祖英集、瀑泉集、雪竇
顯和尚明覺大師頌古集、雪竇和尚拈古
〔著錄〕集部 338

釋正勉(明)
古今禪藻集〔文淵〕1416〔文津〕1420〔文

瀾〕1460〔珍本〕二集 397-400

釋古如(清)
丹霞山志〔禁燬〕史部 51

釋古翼(明)
丹霞天老人雪詩〔禁燬〕集部 183

釋本以(明)
蘭葉筆存〔存目〕子部 113

釋本晝(清)
直木堂詩集〔存目〕集部 205

釋玄奘(唐)
大唐西域記〔文淵〕593〔文津〕594〔文瀾〕602〔著錄〕史部 114

釋玄應(唐)
一切經音義〔續修〕198

釋永明(清)
御錄宗鏡大綱〔未收〕六輯 19

釋弘堅(清)
懷謝軒遺詠、沈母宋太孺人旌節錄〔禁燬補〕75

釋吉藏(隋)
三論玄義〔續修〕1274
中觀論疏、附中論科判〔續修〕1274

釋成鷲(清)
咸陟堂詩集、文集〔禁燬〕集部 149

釋同揆(清)
洱海叢談〔存目〕史部 256

釋延一(宋)
古清涼傳、廣清涼傳、續清涼傳〔續修〕718

釋延壽(宋)
宗鏡錄〔續修〕1283-1285

釋自融(清)
南宋元明禪林僧寶傳〔存目〕子部 255

釋行均(遼)
龍龕手鑑〔文淵〕226〔文津〕222〔文瀾〕219〔著錄〕經部 30

釋行起(清)
松竇詩集〔禁燬補〕82

釋如乾(清)
憨休和尚敲空遺響〔存目補〕10

釋如惺(明)
大明高僧傳〔續修〕1285

釋如愚(明)
止啼齋集、空華集、飲河集、石頭菴集〔存目〕集部 191

釋戒顯(清)
　現果隨録〔存目〕子部 255
釋志磐(宋)
　佛祖統紀〔存目〕子部 254〔續修〕1287
釋克新(明)
　元釋集〔存目〕集部 25
釋希麟(遼)
　一切經音義、續一切經音義〔續修〕196 –
　　197
釋阿摩利諦(清)
　大藏字母九音等韻〔續修〕257
　諧聲韻學〔續修〕257
釋妙聲(明)
　東臯録〔文淵〕1227〔文津〕1231〔文瀾〕
　　1263〔珍本〕五集 296〔著録〕集部 396
釋英(元)
　白雲集〔文淵〕1192〔文津〕1196〔文瀾〕
　　1228〔珍本〕十一集 172〔著録〕集部
　　60
釋來復(明)
　澹游集〔續修〕1622
釋明中(清)
　虛大師遺集〔未收〕十輯 20
釋明本(元)
　梅花百詠〔文淵〕1366〔文津〕1370〔文
　　瀾〕1409
　梅花百詠、中峰祖集〔底本〕集部 209〔底
　　本〕集部 209〔著録〕集部 413〔著録〕
　　集部 413
釋明佺(唐)
　武周刊定衆經目録、僞經目録〔續修〕1289
釋明河(明)
　補續高僧傳〔續修〕1283
釋念常(元)
　佛祖歷代通載〔文淵〕1054〔文津〕1058
　　〔文瀾〕1083〔珍本〕三集 225 – 229
　　〔著録〕子部 122
釋法藏(唐)
　大方廣佛華嚴探玄記〔續修〕1276 – 1278
　大乘起信論義記、別記〔續修〕1279
釋法顯(南朝宋)
　佛國記〔文淵〕593〔文津〕594〔文瀾〕602
　　〔著録〕史部 252
釋性(明)
　古今禪藻集〔文淵〕1416〔文津〕1420〔文

瀾〕1460
　南華發覆〔續修〕957
釋性休(清)
　尺木禪師海天剩語、順世語〔禁燬補〕42
釋性音(清)
　雜毒海〔未收〕五輯 13
釋性磊(清)
　南宋元明禪林僧寶傳〔存目〕子部 255
釋宗泐(明)
　全室外集、續集〔珍本〕六集 265
　全室外集、續篇〔文淵〕1234〔文津〕1239
　　〔文瀾〕1270
　補刊全室外集、續〔底本〕集部 40〔著録〕
　　集部 427
釋宗浄(明)
　徑山集〔存目〕史部 243
釋宗密(唐)
　圓覺經略疏之鈔〔續修〕1279
　禪源諸詮集都序〔續修〕1279
釋宗渭(清)
　芋香詩鈔、贈言〔未收〕八輯 23
釋宗賢(明)
　儆寮集〔存目〕集部 146
釋居簡(宋)
　北磵集〔文淵〕1183〔文津〕1186〔文瀾〕
　　1218〔珍本〕二集 306 – 307
　北磵文集〔著録〕集部 27
釋函可(清)
　千山剩人和尚語録〔禁燬〕子部 35
　千山詩集〔續修〕1398〔禁燬〕集部 144
釋契嵩(宋)
　鐔津文集〔著録〕集部 391
　鐔津集〔文淵〕1091〔文津〕1095〔文瀾〕
　　1120〔珍本〕十集 215 – 218
釋拾得(唐)
　寒山詩、豐干拾得詩〔著録〕集部 335
釋重顯(宋)
　祖英集〔文淵〕1091〔文津〕1095〔文瀾〕
　　1121
　慶元府雪竇明覺大師祖英集、瀑泉集、雪竇
　　顯和尚明覺大師頌古集、雪竇和尚拈古
　　〔著録〕集部 338
釋彥悰(唐)
　大唐大慈恩寺三藏法師傳〔續修〕1286
釋洪恩(明)

雪浪集〔存目〕集部 190

釋浄善(宋)
　禪林寶訓〔續修〕1281

釋浄源(宋)
　肇論中吳集解〔續修〕1274

釋浄覺(唐)
　楞伽師資記(殘)〔續修〕1281

釋起宗道人(明)
　織錦廻文詩〔著録〕集部 335

釋真可(明)
　長松茹退〔存目〕子部 255
　紫柏老人集〔未收〕六輯 23

釋真空(明)
　新編篇韻貫珠集〔存目〕經部 213

釋真樸(清)
　弘覺忞禪師北遊集〔禁燬補〕34
　曹溪通志〔禁燬補〕27

釋笑峰(清)
　青原志略〔存目〕史部 245

釋悟進(清)
　佛祖宗派世譜〔未收〕五輯 13

釋袾宏(明)
　武林西湖高僧事略、續〔存目〕子部 254

釋祥邁(元)
　大元至元辨僞録〔續修〕1289

釋通門(清)
　嬾齋別集〔存目補〕1

釋通復(清)
　冬關詩鈔〔存目〕集部 211

釋能仁(清)
　鴈山志〔存目〕史部 242

釋敏膺(清)
　香域自求膺禪師内外集〔存目〕集部 278

釋皎然(唐)
　杼山集〔文淵〕1071〔文津〕1076〔文瀾〕
　　1102〔著録〕集部 42
　詩式〔存目〕集部 415

釋清珙(元)
　石屋禪師山居詩〔存目〕集部 195〔續修〕
　　1324

釋寂曉(明)
　大明釋教彙目義門、附彙門目録、彙門標目
　　〔未收〕三輯 20

釋貫休(唐)
　禪月集〔文淵〕1083〔文津〕1088〔文瀾〕
　　1114〔著録〕集部 235

釋斯植(宋)
　采芝集、續集〔續修〕1320

釋敬安
　八指頭陀詩集、述、續集、八指頭陀襍文〔續
　　修〕1575

釋惠洪(釋德洪)(宋)
　石門文字禪〔文淵〕1116〔文津〕1120〔文
　　瀾〕1146〔珍本〕十集 219 - 224〔著
　　録〕集部 240
　石門洪覺範天廚禁臠〔存目〕集部 415
　冷齋夜話〔文淵〕863〔文津〕865〔文瀾〕
　　883〔著録〕子部 167
　林間録〔珍本〕六集 240
　林間録、後集〔文淵〕1052〔文津〕1056〔文
　　瀾〕1081〔著録〕子部 121
　禪林僧寶傳〔文淵〕1052〔文津〕1056〔文
　　瀾〕1081〔珍本〕七集 169 - 170〔著
　　録〕子部 121

釋惠能(唐)
　六祖壇經〔續修〕1281

釋惠遠(宋)
　廬山記、廬山記略〔底本〕史部 19〔著録〕
　　史部 249

釋景净(唐)
　大秦景教三威蒙度讚〔續修〕1296
　景教流行中國碑頌〔續修〕1296

釋無盡(明)
　天台山方外志〔存目〕史部 232 - 233
　幽溪別志〔存目〕史部 233

釋無憂(明)
　天童寺集〔存目〕史部 244

釋智旭(明)
　周易禪解〔續修〕15
　閲藏知津〔續修〕1290

釋智昇(唐)
　開元釋教録〔文淵〕1051〔文津〕1055〔文
　　瀾〕1080〔珍本〕六集 235 - 239
　開元釋教録、略出〔著録〕子部 120
　續大唐内典録〔續修〕1289

釋智舷(明)
　黃葉菴詩草〔禁燬〕集部 182

釋智顗(隋)
　四教義〔續修〕1279

摩訶止觀〔續修〕1279

釋等安(清)

  偶存軒稿〔未收〕八輯 29

釋善住(元)

  谷響集〔文淵〕1195〔文津〕1199〔文瀾〕1230〔珍本〕三集 277〔著錄〕集部 425

釋普文(明)

  古今禪藻集、歷代詩僧履歷略節〔著錄〕集部 416

釋普光(唐)

  大乘百法明門論疏〔續修〕1274

釋普濟(宋)

  五燈會元〔文淵〕1053〔文津〕1057〔文瀾〕1082〔珍本〕七集 171−180〔著錄〕子部 245

釋道世(唐)

  法苑珠林〔著錄〕子部 118−120

  法苑珠林、附校譌音釋〔文淵〕1049−1050〔文津〕1053−1055〔文瀾〕1078−1079

釋道忞(清)

  布水臺集〔未收〕五輯 30

釋道恂(明)

  師子林紀勝集、圖、校勘記、續集〔存目〕集部 352

釋道宣(唐)

  大唐內典錄〔續修〕1289

  廣弘明集〔著錄〕子部 244

  廣弘明集、音釋〔文淵〕1048〔文津〕1052〔文瀾〕1077

  續高僧傳〔續修〕1281−1282

釋道泰(明)

  集鐘鼎古文韻選〔存目〕經部 197

釋道原(宋)

  景德傳燈錄、西來年表〔續修〕1282

釋道潛(宋)

  參寥子詩集〔文淵〕1116〔文津〕1120〔文瀾〕1146〔珍本〕九集 237−238〔著錄〕集部 13

釋道璨(宋)

  柳塘外集〔文淵〕1186〔文津〕1191〔文瀾〕1222〔珍本〕五集 288〔著錄〕集部 59

釋湛性(清)

  雙樹堂詩鈔〔存目補〕97

釋寒山(釋寒山子)(唐)

寒山詩、豐干拾得詩〔著錄〕集部 335

寒山詩集、附豐干拾得詩〔文淵〕1065〔文津〕1069〔文瀾〕1094

釋遍照金剛(唐日本)

  文鏡秘府論〔續修〕1694

釋遠塵(宋)

  慶元府雪竇明覺大師祖英集、瀑泉集、雪竇顯和尚明覺大師頌古集、雪竇和尚拈古〔著錄〕集部 338

釋蓮儒(明)

  文湖州竹派〔存目〕子部 72

  畫禪〔存目〕子部 72

釋畹荃(清)

  明州阿育王山志、續志〔存目〕史部 230

釋圓至(元)

  牧潛集〔文淵〕1198〔文津〕1202〔文瀾〕1233〔珍本〕十二集 171

  筠溪牧潛集〔底本〕集部 96〔著錄〕集部 446

  箋註唐賢絕句三體詩法〔存目〕集部 289

釋筠(五代)

  祖堂集〔續修〕1285

釋義淨(唐)

  南海寄歸內法傳〔續修〕1286

釋靜(五代)

  祖堂集〔續修〕1285

釋靜福(清)

  癸未夏抄〔存目〕子部 244

釋壽寧(元)

  靜安八詠詩集、附事蹟〔存目〕集部 289

釋睿略(明)

  松月集〔存目〕集部 27

釋僧祐(南朝梁)

  弘明集〔著錄〕子部 300

  弘明集、附音釋〔文淵〕1048〔文津〕1052〔文瀾〕1077

  出三藏記集〔續修〕1288

釋僧肇(後秦)

  肇論中吳集解〔續修〕1274

釋廣賓(明)

  杭州上天竺講寺誌〔存目〕史部 234

釋適之(宋)

  金壺記〔存目〕子部 71

釋齊己(唐)

  白蓮集〔文淵〕1083〔文津〕1088〔文瀾〕

1114〔著録〕集部 235

釋慧立(唐)
　大唐大慈恩寺三藏法師傳〔續修〕1286

釋慧祥(唐)
　古清涼傳、廣清涼傳、續清涼傳〔續修〕718

釋慧皎(南朝梁)
　高僧傳、序録〔續修〕1281

釋慧琳(唐)
　一切經音義、續一切經音義〔續修〕196-197

釋篆玉(清)
　話墮集、二集、三集〔未收〕十輯 21

釋德洪(宋)　參見 釋惠洪

釋德浄(元)
　山林清氣集、續集〔存目〕集部 22

釋德基(清)
　寶華山志〔存目〕史部 236

釋德清(明)
　憨山大師夢遊全集〔未收〕三輯 25
　憨山老人夢遊集〔續修〕1377-1378
　觀老莊影響論〔存目〕子部 257

釋德誠(唐)
　船子和尚撥棹歌〔續修〕1722

釋德煇(元)
　敕修百丈清規〔續修〕1281

釋慶吉祥(元)
　至元法寶勘同總録〔續修〕1289

釋慶老(宋)
　禪林僧寶傳〔著録〕子部 121

釋曉青(清)
　高雲堂詩集、恭和御製詩應制詩〔未收〕八輯 20

釋曉瑩(宋)
　羅湖野録〔文淵〕1052〔文津〕1056〔文瀾〕1083〔珍本〕十一集 158
　寶顏堂訂正羅湖野録〔著録〕子部 331

釋曇瑩(宋)
　珞子賦注〔文淵〕809〔文津〕810〔文瀾〕827〔珍本〕別輯 195-196
　新編四家註解經進珞琭子消息賦〔著録〕子部 149

釋窺基(唐)
　成唯識論述記〔續修〕1274-1275

釋隱元(明)
　黃檗山寺志〔續修〕719

釋豐干(唐)
　寒山詩、豐干拾得詩〔著録〕集部 335

釋贊寧(宋)
　大宋僧史略〔續修〕1286
　宋高僧傳〔文淵〕1052〔文津〕1056〔文瀾〕1080-1081〔珍本〕七集 164-168〔著録〕子部 121
　東坡先生物類相感志〔存目〕子部 116
　筍譜〔文淵〕845〔文津〕847〔文瀾〕863〔著録〕子部 162

釋覺岸(元)
　釋氏稽古略〔文淵〕1054〔文津〕1058〔文瀾〕1083〔珍本〕三集 223-224〔著録〕子部 122

釋覺慈(宋)
　石門文字禪〔文淵〕1116〔文津〕1120〔文瀾〕1146〔著録〕集部 240

釋灌頂(隋)
　隋天台智者大師別傳〔續修〕1285

釋寶唱(南朝梁)
　比丘尼傳〔續修〕1285

釋寶曇(宋)
　橘洲文集〔續修〕1318

釋辯機(唐)
　大唐西域記〔文淵〕593〔文津〕594〔文瀾〕602〔著録〕史部 114

釋讀徹(清)
　蒼雪和尚南來堂詩集〔續修〕1393

釋靈一(唐)
　唐靈一詩集、唐清塞詩集〔著録〕集部 451

釋靈澈(唐)
　唐四僧詩〔文淵〕1332〔文津〕1336〔文瀾〕1374〔珍本〕六集 289

饒

饒介之(元)
　檜亭集〔文淵〕1208〔文津〕1212〔文瀾〕1243

饒節(宋)
　倚松老人詩集〔著録〕集部 46
　倚松詩集〔文淵〕1117〔文津〕1121〔文瀾〕1147〔珍本〕三集 241

灌

灌園耐得翁(宋)　參見 耐得翁

灌隱主人（清） 參見 吳偉業

竇

竇廷（清）
　偶齋詩草 〔續修〕1562－1563
竇鋆（清）
　文靖公詩鈔 〔續修〕1536
　文靖公遺集 〔續修〕1536
　籌辦夷務始末 〔續修〕414－421

竇

竇子偁（明）
　敬由編 〔續修〕974
竇文照（明）
　竇子紀聞類編 〔存目〕子部 93
竇光鼐
　欽定日下舊聞考、譯語總目 〔著錄〕史部
　　213－215
竇克勤（清）
　理學正宗 〔存目〕子部 24
竇常（唐）
　竇氏聯珠集 〔文淵〕1332 〔文津〕1336 〔文
　　瀾〕1374 〔底本〕集部 148 〔著錄〕集部
　　294
竇臮（唐）
　述書賦 〔文淵〕812 〔文津〕814 〔文瀾〕831
竇夢麟（明）
　重校宋竇太師瘡瘍經驗全書 〔續修〕1012
竇蒙（唐）
　述書賦 〔文淵〕812 〔文津〕814 〔文瀾〕831
竇儀（宋）
　重詳定刑統、校勘記 〔續修〕862
竇遴奇（清）
　倚雉堂集 〔存目〕集部 214
竇默（竇漢卿）（宋）
　重校宋竇太師瘡瘍經驗全書 〔存目〕子部
　　40 〔續修〕1012
竇蘋（宋）
　酒譜 〔文淵〕844 〔文津〕846 〔文瀾〕863
　　〔著錄〕子部 162

二十一畫

權

權德輿（唐）

新刊權載之文集 〔著錄〕集部 229 〔續修〕
　　1309
權文公集 〔文淵〕1072 〔文津〕1077 〔文
　　瀾〕1103 〔薈要〕360
權衡（明）
　庚申外史 〔存目〕史部 45 〔續修〕423

酈

酈琥（明）
　姑蘇新刻彤管遺編 〔未收〕六輯 30
酈道元（北魏）
　水經注 〔文淵〕573 〔文津〕573 〔文瀾〕582
　　〔珍本〕別輯 129－137 〔薈要〕180 〔著
　　錄〕史部 108

囂

囂囂子（□）
　囂囂子樂原 〔存目〕經部 185

鐵

鐵保（清）
　惟清齋全集、年譜 〔續修〕1476

顧

顧八代（清）
　敬一堂詩鈔 〔續修〕1418
顧九思（明）
　掖垣題稿 〔存目〕史部 64
顧九錫（清）
　經濟類考約編 〔禁燬補〕34 〔未收〕五輯 15
顧于觀（清）
　澥陸詩鈔 〔未收〕十輯 21
顧士璉（清）
　太倉州新劉河志正集、附集、治水要法、婁江
　　志 〔存目〕史部 224
顧大申（清）
　堪齋詩存 〔存目〕集部 221
　詩原一集、二集、三集、四集、五集 〔存目補〕
　　36
顧大典（明）
　青衫記 〔續修〕1772
顧大韶（明）
　炳燭齋隨筆 〔續修〕1133
　炳燭齋稿 〔禁燬〕集部 104

顧天埈（明）
　顧太史文集〔禁燬〕集部 9
顧元慶（明）
　夷白齋詩話〔存目〕集部 418
　茶譜〔續修〕1115
　瘞鶴銘考〔存目〕史部 278
顧元鏡（明）
　九華志〔存目〕史部 234
顧文彬（清）
　過雲樓書畫記〔續修〕1085
顧允成（明）
　小辨齋偶存〔文淵〕1292〔文津〕1296〔文
　　瀾〕1330〔珍本〕九集 266
　小辨齋偶存、事定録〔著録〕集部 279
顧予咸（清）
　倪文正公遺稿〔禁燬〕集部 50
　温飛卿詩集、別集、集外詩、附録諸家詩評
　　〔著録〕集部 85
　温飛卿詩集箋注〔文淵〕1082〔文津〕1086
　　〔文瀾〕1112
顧世澄（清）
　瘍醫大全〔續修〕1013－1016
顧永年（清）
　梅東草堂詩集〔未收〕八輯 18
顧有孝（清）
　江左三家詩鈔〔禁燬〕集部 39
　明文英華〔禁燬〕集部 34
　閨情集〔禁燬〕集部 172
　馴鶴軒詩選〔未收〕五輯 30
　樂府英華〔存目補〕33
顧成天（清）
　花語山房詩文小鈔、燕京賦〔存目〕集部
　　275
　金管集〔存目〕集部 275
　楚詞九歌解〔存目〕集部 2
　離騷解〔存目〕集部 2
　讀騷列論〔存目〕集部 2
顧光旭（清）
　響泉集〔續修〕1451
顧名端（明）
　華陽集、附顧非熊詩〔文淵〕1072〔文津〕
　　1077〔文瀾〕1102
顧充（明）
　古儁考略〔存目〕子部 195
　字義總略〔存目〕經部 191

皇明歷朝功德捷録註釋題評〔禁燬〕史部
　22
　新鐫詳訂註釋捷録評林〔禁燬〕史部 22
　新鐫歷朝捷録增定全編大成〔禁燬〕史部
　　73
顧岕（明）
　海槎餘録〔存目〕史部 255
顧沇（清）
　鳳池園詩集、文集〔未收〕七輯 26
顧其言（明）
　新刻皇明百將列傳評林、續集〔禁燬〕子部
　　17
顧非熊（唐）
　顧華陽集、顧非熊詩〔著録〕集部 419
顧秉謙（明）
　三朝要典、原始〔禁燬〕史部 56
顧炎武（清）
　九經誤字〔文淵〕191〔文津〕184〔文瀾〕
　　180〔著録〕經部 93
　干禄字書〔存目〕經部 187
　山東考古録〔存目〕史部 248〔續修〕732
　天下郡國利病書〔存目〕史部 171－172
　　〔續修〕595－597
　日知録〔文淵〕858〔文津〕860〔文瀾〕878
　　〔著録〕子部 32
　日知録之餘〔續修〕1144
　古音表〔文淵〕241〔文津〕237〔文瀾〕234
　　〔著録〕經部 183
　左傳杜解補正〔文淵〕174〔文津〕169〔文
　　瀾〕166〔著録〕經部 89
　石經考〔文淵〕683〔文津〕683〔文瀾〕697
　　〔著録〕史部 158
　求古録〔文淵〕683〔文津〕683〔文瀾〕697
　　〔珍本〕十一集 100〔著録〕史部 157
　昌平山水記〔存目〕史部 235〔續修〕721
　明季寔録〔未收〕二輯 21
　易音〔文淵〕241〔文津〕236〔文瀾〕234
　　〔著録〕經部 183
　金石文字記〔文淵〕683〔文津〕683〔文
　　瀾〕697〔著録〕史部 157
　亭林文録〔續修〕1669
　亭林詩集、文集〔續修〕1402
　亭林遺書十種〔禁燬〕集部 118
　音論〔文淵〕241〔文津〕236〔文瀾〕234
　　〔著録〕經部 117
　唐韻正〔文淵〕241〔文津〕236－237〔文

瀾〕234〔著錄〕經部 118

菰中隨筆〔存目〕子部 98

聖安記事〔續修〕443

詩本音〔文淵〕241〔文津〕236〔文瀾〕234
　　〔著錄〕經部 117

肇域志〔續修〕586－595

歷代宅京記〔著錄〕史部 424

歷代帝王宅京記〔文淵〕572〔文津〕572
　　〔文瀾〕582〔珍本〕十二集 37－38

營平二州史事記〔著錄〕史部 112

營平二州地名記〔文淵〕588〔文津〕588
　　〔文瀾〕597

譎觚十事〔存目〕史部 248

韻補正〔文淵〕241〔文津〕237〔文瀾〕234
　　〔著錄〕經部 183

顧氏譜系考〔存目〕史部 119

顧亭林先生詩箋注、校補、顧詩箋註校補
　　〔續修〕1402

顧況(唐)

華陽集〔珍本〕五集 268

華陽集、附顧非熊詩〔文淵〕1072〔文津〕
　　1077〔文瀾〕1102

顧華陽集、顧非熊詩〔著錄〕集部 419

顧宗泰(清)

月滿樓詩集、別集、文集〔續修〕1459

顧宗瑋(清)

春秋左傳事類年表〔存目〕經部 141

顧孟容(明)

冠譜〔存目〕子部 79

顧春(清)

天游閣集、詩補〔續修〕1529

東海漁歌〔續修〕1726

顧奎光(清)

春秋隨筆〔文淵〕181〔文津〕176〔文瀾〕
　　173〔珍本〕四集 86

顧貞觀(清)

今詞初集〔續修〕1729

徵緯堂詩〔未收〕七輯 28

彈指詞〔續修〕1725

積書巖宋詩選〔存目補〕41

顧端文公年譜〔續修〕553

顧亮(明)

辨惑續編〔存目〕子部 9

顧炳章(清)

廣州永康等砲臺工程〔續修〕860

顧祖武(明)

集古文英〔存目〕集部 381

顧祖禹(清)

讀史方輿紀要〔續修〕598－612

顧起元(明)

金陵古金石考目〔存目〕史部 278

客座贅語〔存目〕子部 243〔續修〕1260

雪堂隨筆〔禁燬〕集部 80

爾雅堂家藏詩説〔禁燬補〕1

遯園漫稿〔禁燬〕集部 104

説略〔文淵〕964〔文津〕967〔文瀾〕988
　　〔珍本〕十二集 150－153〔著錄〕子部
　　40

蟄菴日録〔存目〕集部 177

嬾真草堂集詩、文〔禁燬補〕68－69

顧起經(明)

王右丞詩集、文集、年譜、外編〔薈要〕359

類箋唐王右丞詩集、文集、外編、年譜、唐諸
　　家同詠集、贈題集、歷朝諸家評王右丞
　　詩畫鈔〔存目〕集部 9

顧起綸(明)

勾漏集〔存目〕集部 146

國雅、續國雅、國雅品〔存目補〕15

標題補注蒙求〔存目補〕77

顧陳垿(清)

八矢註字説、註字圖〔存目〕經部 219

内則章句〔續修〕107

鐘律陳數〔存目〕經部 184

顧珵美(清)

三才彙編〔存目〕子部 229

顧野王(南朝梁)

大廣益會玉篇、玉篇廣韻指南〔著錄〕經部
　　29

玉篇(重修玉篇)〔薈要〕80

玉篇(殘卷)〔續修〕228

重修玉篇、附玉篇反紐圖、玉篇分毫字樣
　　〔文淵〕224〔文津〕219〔文瀾〕216

顧問(清)

夏小正集解〔未收〕三輯 8

顧從敬(明)

類選箋釋草堂詩餘、續選草堂詩餘、國朝詩
　　餘〔續修〕1728

顧從義(明)

法帖釋文考異〔文淵〕683〔文津〕683〔文
　　瀾〕696〔珍本〕六集 132〔著錄〕史部

157

顧塈(清)
　覺非盦筆記〔續修〕1154
顧清(明)
　〔正德〕松江府志〔存目〕史部 181
　東江家藏集〔珍本〕五集 327－334〔底本〕
　　集部 149－151〔著録〕集部 431
　東江家藏集、附風聞言事論〔文淵〕1261
　　〔文津〕1265－1266〔文瀾〕1298
顧紹芳(明)
　賓菴集〔存目補〕55〔禁燬補〕58
顧瑛(元)
　玉山名勝集、外集〔文淵〕1369〔文津〕1373
　　〔文瀾〕1412〔珍本〕三集 392－393
　　〔著録〕集部 143
　玉山紀游〔文淵〕1369〔文津〕1373〔文
　　瀾〕1413〔珍本〕初集 374
　玉山璞稿〔文淵〕1220〔文津〕1224〔文
　　瀾〕1255〔著録〕集部 258
　草堂雅集〔文淵〕1369〔文津〕1373〔文
　　瀾〕1412〔珍本〕四集 390－391〔著
　　録〕集部 143
顧琮(清)
　御製曆象考成後編〔著録〕子部 146
顧棟高(清)
　毛詩訂詁〔未收〕一輯 4
　毛詩類釋、續編〔文淵〕88〔文津〕83〔文
　　瀾〕81〔珍本〕初集 53〔著録〕經部 194
　司馬太師溫國文正公年譜、後、遺事〔續修〕
　　552
　尚書質疑〔存目〕經部 60
　河南通志〔文淵〕535－538〔文津〕535－
　　538〔文瀾〕541－544
　春秋大事表、輿圖〔著録〕經部 162－163
　春秋大事表、讀春秋偶筆、輿圖〔文淵〕
　　179－180〔文津〕174－175〔文瀾〕
　　171－172
　〔乾隆〕淮安府志〔續修〕699－700
顧械(清)
　歸錢尺牘〔禁燬〕集部 111
顧雲(清)
　〔光緒〕吉林通志〔續修〕647－648
顧鼎(清)
　王儀部先生箋釋〔未收〕一輯 25
顧鼎臣(明)

顧文康公文草、詩草、續稿、三集〔存目〕集
　部 56
顧文康公續稿〔禁燬〕集部 59
顧景文(清)
　顧景行詩集、楚游詩、匏園詞〔未收〕八輯
　　23
顧景星(清)
　白茅堂文録〔續修〕1671
　白茅堂集〔存目〕集部 205－206
　野菜贊〔續修〕977
　黃公説字〔存目〕經部 200－202
顧復(清)
　平生壯觀〔續修〕1065
顧詒禄(清)
　〔乾隆〕元和縣志〔續修〕696
顧湘(清)
　篆學瑣著三十種〔續修〕1091－1092
顧湄(清)
　龍洲道人詩文集、劉龍洲墓詩〔著録〕集部
　　393
顧禄(清)
　清嘉録〔續修〕1262
顧夢圭(明)
　疣贅録、續録〔存目〕集部 83
顧夢游(清)
　顧與治詩〔禁燬〕集部 51
　顧與治詩集〔存目補〕1
顧夢麟(明)
　四書説約〔未收〕五輯 3
　詩經説約〔續修〕60
顧嗣立(清)
　元詩選初集、二集、三集〔文淵〕1468－1471
　　〔文津〕1472－1476〔文瀾〕1517－1520
　　〔薈要〕486－490〔著録〕集部 327－329
　施註蘇詩、蘇詩續補遺、王註正譌、東坡先生
　　年譜〔著録〕集部 239
　溫飛卿詩集、別集、集外詩、附録諸家詩評
　　〔著録〕集部 85
　溫飛卿詩集箋注〔文淵〕1082〔文津〕1086
　　〔文瀾〕1112
　閭邱詩集、味蔗詩集〔存目〕集部 266
顧嗣協(清)
　依園詩集〔未收〕八輯 26
顧與沐(明)
　顧端文公年譜〔續修〕553

顧煜（明）
　射書〔存目〕子部 76〔續修〕1106
顧爾行（明）
　皇明兩朝疏抄〔存目〕史部 73－74
　海壑吟稿、文稿〔著録〕集部 278
顧爾邁（明）
　明璫彰癉録〔存目〕史部 90
顧圖河（清）
　雄雉齋選集〔存目〕集部 264
顧廣圻（清）
　思適齋集〔續修〕1491
　説文辨疑〔續修〕215
顧廣譽（清）
　學詩詳説、學詩正詁〔續修〕72
顧養謙（明）
　冲菴顧先生撫遼奏議〔存目〕史部 62〔續修〕478
顧維岳（清）
　山村遺稿〔續修〕1322
顧頡剛
　詩辨妄、附録四種〔續修〕56
顧樞（清）
　西疇日抄〔存目〕子部 19
　顧端文公年譜〔續修〕553
顧震福（清）
　小學鈎沈續編〔續修〕201
顧德基（明）
　詠七十二候詩〔存目〕集部 195
顧磐（明）
　海涯文集〔存目補〕75
顧潛（明）
　静觀堂集〔存目〕集部 48
顧璘（明）
　近言〔存目〕子部 7
　浮湘藁、山中集、憑几集、續集、息園存稿、緩慟集〔著録〕集部 353
　國寶新編〔存目〕史部 89
　顧華玉集〔文淵〕1263〔文津〕1267〔文瀾〕1300〔珍本〕六集 272－276
顧翰（清）
　拜石山房詞鈔〔續修〕1726
顧錫疇（明）
　秦漢鴻文〔存目〕集部 346
　綱鑑正史約〔存目〕史部 17－18
顧憲成（明）

大學意、中庸意、大學説、中庸説、語孟説略〔續修〕162
　涇皋藏稿〔文淵〕1292〔文津〕1296〔文瀾〕1330〔珍本〕八集 210－212〔著録〕集部 127
　顧端文公遺書〔續修〕943
　顧端文公遺書、附年譜〔存目〕子部 14
顧禧（宋）
　志道集〔存目〕集部 15
　施註蘇詩、蘇詩續補遺、王註正譌、東坡先生年譜〔著録〕集部 239
顧懋樊（明）
　桂林春秋義〔存目〕經部 125
　桂林詩正〔存目〕經部 68
　桂林點易丹、圖説、易解諸儒姓氏考〔存目〕經部 25
顧應祥（唐）
　測圓海鏡分類釋術〔文淵〕798〔文津〕798〔文瀾〕815
顧應祥（明）
　人代紀要〔存目〕史部 6－7
　勾股算術〔續修〕1044
　弧矢算術〔文淵〕798〔文津〕799〔文瀾〕815〔珍本〕六集 200〔著録〕子部 7
　測圓海鏡分類釋術〔珍本〕二集 198〔薈要〕264〔著録〕子部 147
　静虚齋惜陰録〔存目〕子部 84〔續修〕1122
顧鎮（清）
　虞東學詩〔珍本〕三集 61－63
　虞東學詩、詩説〔文淵〕89〔文津〕84〔文瀾〕82〔著録〕經部 64
顧藹吉（清）
　隷辨〔文淵〕235〔文津〕230〔文瀾〕228〔珍本〕五集 60－61〔著録〕經部 181
顧櫰三（清）
　補五代史藝文志〔續修〕916
顧觀光（清）
　周髀算經校勘記〔續修〕1031
　國策編年〔續修〕422

二十二畫

龔

龔士炯（清）
　御定歷代紀事年表、三元甲子編年〔著録〕

史部 374-378

龔元玠(清)
　畏齋周易客難　〔續修〕22
　畏齋周禮客難　〔續修〕79
　畏齋書經客難　〔續修〕44

龔正我(明)
　新刊徽板合像滚調樂府官腔摘錦奇音　〔續修〕1778

龔用卿(明)
　雲崗選稿　〔存目〕集部 87-88

龔在升(清)
　三才彙編　〔存目〕子部 229

龔廷賢(明)
　新刊醫林狀元壽世保元　〔續修〕1021
　新刻小兒推拿方脈活嬰秘旨全書　〔續修〕997

龔自珍(清)
　定盦詞　〔續修〕1726
　春秋決事比　〔續修〕129
　龔定盦全集　〔續修〕1520

龔安卿(明)
　蜂鬚集　〔未收〕四輯 29

龔明之(宋)
　中吳紀聞　〔文淵〕589　〔文津〕589　〔文瀾〕598　〔著録〕史部 252

龔居中(明)
　新刊秘授外科百效全書　〔續修〕1013
　新刻痰火點雪　〔續修〕1005

龔挺(清)
　龔安節公野古集、上周文襄公書、安節先生年譜　〔著録〕集部 428

龔昱(宋)
　樂菴語録　〔珍本〕初集 228
　樂菴語録、附宋史李衡傳　〔文淵〕849　〔文津〕851　〔文瀾〕868

龔原(宋)
　周易新講義　〔續修〕1

龔培序(清)
　竹梧書屋詩稿、外集　〔未收〕八輯 28

龔黃(明)
　六岳登臨志　〔續修〕721

龔鼎臣(宋)
　東原録　〔文淵〕862　〔文津〕864　〔文瀾〕882　〔著録〕子部 32

龔鼎孳(清)
　定山堂古文小品　〔續修〕1403
　定山堂詩集、詩餘　〔續修〕1402-1403　〔禁燬〕集部 117
　香嚴齋詩集　〔禁燬補〕75
　過嶺集　〔禁燬〕集部 117
　稻香樓集　〔禁燬補〕85
　龔端毅公奏疏　〔禁燬補〕23

龔景瀚(清)
　石塔碑刻記、附考　〔未收〕二輯 28
　澹静齋文鈔、外篇、詩鈔　〔續修〕1474

龔翔麟(清)
　浙西六家詞　〔存目〕集部 425

龔詡(明)
　野古集　〔珍本〕四集 314-315
　野古集、年譜　〔文淵〕1236　〔文津〕1240　〔文瀾〕1272
　龔安節公野古集、上周文襄公書、安節先生年譜　〔著録〕集部 428

龔煒(清)
　巢林筆談　〔續修〕1177
　巢林筆談續編　〔續修〕1177

龔端禮(元)
　五服圖解　〔續修〕95

龔賢(清)
　龔安節先生畫訣　〔續修〕1065

龔輝(明)
　全陜政要　〔存目〕史部 188

龔慶宣(南朝齊)
　劉涓子鬼遺方　〔續修〕1012

龔頤正(宋)
　芥隱筆記　〔文淵〕852　〔文津〕854　〔文瀾〕872　〔著録〕子部 164

龔橙(清)
　詩本誼　〔續修〕73

龔璛(元)
　存悔齋詩　〔著録〕集部 396
　存悔齋詩、遺詩　〔底本〕集部 99
　存悔齋稿　〔文淵〕1199　〔文津〕1203　〔文瀾〕1234　〔珍本〕三集 277

龔斆(明)
　鵝湖集　〔文淵〕1233　〔文津〕1237　〔文瀾〕1269　〔珍本〕二集 353

鬻

鬻熊(周)

鶡子 〔文淵〕848 〔文津〕850 〔文瀾〕867
鶡子註 〔著錄〕子部 30

二十三畫

麟

麟慶（清）

河工器具圖説 〔未收〕十輯 4
黄運河口古今圖説 〔未收〕九輯 6

書名及著者首字拼音檢字表

A

阿········ 104,467
哀············ 164
艾········ 55,387
愛········ 251,664
安········ 88,414
媕············ 240
闇············ 310
啽············ 222
按············ 147
敖············ 515
熬············ 265
鼇············ 336
拗············ 107
傲············ 224
澳············ 293

B

八············ 21
巴············ 52
霸············ 330
白········ 69,391
百········ 78,396
柏········ 152,499
拜········ 155,500
稗············ 248
班········ 171,514
頒············ 251
板············ 109
半············ 72
邦············ 73
包········ 71,392

胞············ 164
褒············ 292
保········ 158,501
葆········ 217,632
寶········ 329,744
抱············ 107
豹············ 180
鮑········ 304,716
陂············ 104
碑············ 246
北············ 64
貝············ 448
被············ 188
備············ 224
本············ 59
比············ 40
秕············ 155
筆············ 224
畢············ 525
敝············ 208
萹············ 219
襅············ 262
辟············ 263
碧············ 265
薜············ 297
避············ 307
璧············ 320
編············ 294
鞭············ 316
邊········ 319,730
扁············ 168
卞········ 47,379
弁············ 73

汴············ 101
便············ 158
褊············ 228
辨············ 305
辯············ 330
變············ 336
標············ 282
表············ 106
別············ 97
邠············ 85
斌············ 646
賓············ 278
豳············ 310
瀕············ 326
蠙············ 327
冰············ 86
兵············ 98
栟············ 176
丙············ 60
炳············ 166
併············ 125
病············ 182
袚············ 188
伯········ 98,451
泊············ 135
亳············ 182
博········ 215,622
駁············ 265
駮············ 295
薄············ 296
檗············ 315
逋············ 176
卜········ 21,349

捕············ 172
補············ 238
不············ 38
布············ 63
步············ 95

C

才············ 25
裁············ 215
采············ 127
採············ 195
彩············ 205
綵············ 280
菜············ 197
蔡········ 267,672
參············ 213
餐············ 300
驂············ 330
殘············ 219
蠶············ 337
倉············ 180
蒼············ 243
滄········ 261,664
藏············ 308
操············ 295
曹········ 199,586
漕············ 277
艸············ 89
草············ 147
冊············ 71
測············ 236
岑········ 97,448
茶············ 147

查⋯⋯⋯ 151,498
槎⋯⋯⋯⋯ 246
察⋯⋯⋯ 278,684
柴⋯⋯⋯ 177,525
屛⋯⋯⋯⋯ 239
禪⋯⋯⋯⋯ 307
讒⋯⋯⋯⋯ 337
産⋯⋯⋯⋯ 207
闡⋯⋯⋯⋯ 327
昌⋯⋯⋯⋯ 118
長⋯⋯⋯ 106,469
常⋯⋯⋯ 200,590
鈔⋯⋯⋯⋯ 229
晁⋯⋯⋯ 178,526
巢⋯⋯⋯ 214,621
朝⋯⋯⋯⋯ 218
鼂⋯⋯⋯⋯ 318
車⋯⋯⋯ 95,437
掣⋯⋯⋯⋯ 223
郴⋯⋯⋯⋯ 175
臣⋯⋯⋯⋯ 75
宸⋯⋯⋯⋯ 188
陳⋯⋯⋯ 190,552
稱⋯⋯⋯⋯ 270
檉⋯⋯⋯⋯ 309
成⋯⋯⋯ 79,396
承⋯⋯⋯ 138,490
城⋯⋯⋯⋯ 146
程⋯⋯⋯ 223,634
誠⋯⋯⋯⋯ 254
澂⋯⋯⋯⋯ 293
澄⋯⋯⋯⋯ 293
逞⋯⋯⋯⋯ 177
摛⋯⋯⋯⋯ 241
癡⋯⋯⋯⋯ 325
池⋯⋯⋯ 87,414
遲⋯⋯⋯⋯ 294
尺⋯⋯⋯⋯ 52
刱⋯⋯⋯⋯ 133
恥⋯⋯⋯⋯ 173
赤⋯⋯⋯⋯ 90
敕⋯⋯⋯⋯ 199

沖⋯⋯⋯⋯ 86
沖⋯⋯⋯ 101,458
崇⋯⋯⋯ 204,592
蟲⋯⋯⋯⋯ 318
寵⋯⋯⋯⋯ 326
抽⋯⋯⋯⋯ 107
仇⋯⋯⋯ 45,378
疇⋯⋯⋯⋯ 323
籌⋯⋯⋯⋯ 328
出⋯⋯⋯⋯ 73
初⋯⋯⋯ 104,467
樗⋯⋯⋯⋯ 282
芻⋯⋯⋯⋯ 181
鋤⋯⋯⋯⋯ 288
楮⋯⋯⋯⋯ 218
楚⋯⋯⋯ 244,653
褚⋯⋯⋯ 262,665
儲⋯⋯⋯ 311,724
處⋯⋯⋯⋯ 200
啜⋯⋯⋯⋯ 203
船⋯⋯⋯⋯ 205
傳⋯⋯⋯⋯ 249
串⋯⋯⋯⋯ 97
吹⋯⋯⋯⋯ 97
炊⋯⋯⋯⋯ 134
垂⋯⋯⋯⋯ 124
春⋯⋯⋯⋯ 140
純⋯⋯⋯⋯ 194
淳⋯⋯⋯ 209,600
輟⋯⋯⋯⋯ 283
茨⋯⋯⋯⋯ 148
祠⋯⋯⋯⋯ 169
詞⋯⋯⋯⋯ 233
慈⋯⋯⋯⋯ 260
雌⋯⋯⋯⋯ 268
辭⋯⋯⋯⋯ 324
此⋯⋯⋯⋯ 80
次⋯⋯⋯⋯ 86
刺⋯⋯⋯⋯ 114
賜⋯⋯⋯⋯ 284
從⋯⋯⋯⋯ 45
從⋯⋯⋯⋯ 205

聰⋯⋯⋯⋯ 308
淙⋯⋯⋯⋯ 209
藂⋯⋯⋯⋯ 308
叢⋯⋯⋯⋯ 317
徂⋯⋯⋯⋯ 125
促⋯⋯⋯⋯ 158
蹴⋯⋯⋯⋯ 323
崔⋯⋯⋯ 204,591
催⋯⋯⋯⋯ 249
萃⋯⋯⋯⋯ 197
焠⋯⋯⋯⋯ 235
翠⋯⋯⋯⋯ 279
存⋯⋯⋯ 78,396
寸⋯⋯⋯⋯ 26
醝⋯⋯⋯⋯ 327
錯⋯⋯⋯⋯ 303

D

笪⋯⋯⋯⋯ 593
達⋯⋯⋯⋯ 215
答⋯⋯⋯⋯ 224
大⋯⋯⋯⋯ 26
呆⋯⋯⋯⋯ 97
岱⋯⋯⋯⋯ 125
待⋯⋯⋯⋯ 162
帶⋯⋯⋯⋯ 199
戴⋯⋯⋯ 307,717
丹⋯⋯⋯⋯ 47
單⋯⋯⋯⋯ 633
擔⋯⋯⋯⋯ 295
但⋯⋯⋯ 98,451
淡⋯⋯⋯⋯ 209
彈⋯⋯⋯⋯ 294
憺⋯⋯⋯⋯ 306
澹⋯⋯⋯⋯ 306
甂⋯⋯⋯⋯ 312
讜⋯⋯⋯⋯ 338
島⋯⋯⋯⋯ 179
擣⋯⋯⋯⋯ 307
禱⋯⋯⋯⋯ 320
道⋯⋯⋯⋯ 234
盜⋯⋯⋯⋯ 237

稻⋯⋯⋯⋯ 285
得⋯⋯⋯⋯ 205
德⋯⋯⋯ 288,691
登⋯⋯⋯⋯ 240
燈⋯⋯⋯⋯ 306
等⋯⋯⋯⋯ 224
鄧⋯⋯⋯ 279,686
鐙⋯⋯⋯⋯ 328
狄⋯⋯⋯⋯ 453
迪⋯⋯⋯⋯ 123
荻⋯⋯⋯⋯ 173
砥⋯⋯⋯⋯ 176
地⋯⋯⋯⋯ 75
杕⋯⋯⋯⋯ 93
弟⋯⋯⋯⋯ 100
帝⋯⋯⋯⋯ 165
棣⋯⋯⋯⋯ 218
禘⋯⋯⋯⋯ 262
滇⋯⋯⋯⋯ 261
典⋯⋯⋯⋯ 123
點⋯⋯⋯⋯ 311
殿⋯⋯⋯⋯ 263
刁⋯⋯⋯⋯ 349
琱⋯⋯⋯⋯ 214
貂⋯⋯⋯⋯ 232
雕⋯⋯⋯⋯ 304
弔⋯⋯⋯⋯ 52
吊⋯⋯⋯⋯ 81
釣⋯⋯⋯⋯ 205
調⋯⋯⋯⋯ 291
蝶⋯⋯⋯⋯ 285
疊⋯⋯⋯⋯ 333
丁⋯⋯⋯ 20,347
玎⋯⋯⋯⋯ 73
鼎⋯⋯⋯⋯ 221
定⋯⋯⋯⋯ 137
訂⋯⋯⋯⋯ 164
冬⋯⋯⋯⋯ 71
東⋯⋯⋯ 111,477
董⋯⋯⋯ 217,629
峒⋯⋯⋯⋯ 154
洞⋯⋯⋯⋯ 166

凍…………… 181
都……… 172,519
斗………… 51
痘………… 233
寶……… 329,744
督………… 246
獨……… 304,717
牘………… 324
讀………… 333
堵………… 577
賭………… 284
杜……… 92,416
度……… 164,504
渡………… 237
蠹………… 337
端……… 274,679
短………… 223
段……… 158,500
斷………… 321
對………… 268
敦………… 233
盾………… 162
遁………… 225
鈍………… 229
遜………… 271
多……… 86,412
咄………… 123
埵………… 147

E

俄………… 158
峨………… 178
蛾………… 247
鵝………… 318
鄂……… 202,591
遏………… 222
餓………… 289
噩………… 297
諤………… 304
恩………… 178
而………… 79
兒………… 125

耳………… 75
洱………… 166
爾………… 268
邇………… 310
二………… 19

F

發………… 240
伐………… 83
法……… 134,489
番………… 232
樊……… 282,688
繁………… 311
繙………… 320
泛………… 101
范……… 108,470
範………… 286
方……… 51,380
坊………… 91
芳………… 92
防………… 89
房……… 137,490
仿………… 84
紡………… 194
放………… 134
非………… 115
飛………… 170
菲………… 196
霏………… 299
斐………… 220
費……… 239,651
分………… 46
芬………… 92
棻………… 197
汾………… 101
焚………… 218
憤………… 293
封……… 146,491
風……… 164,504
楓………… 245
蜂………… 247
豐……… 317,729

馮……… 233,644
奉………… 105
鳳……… 271,678
佛………… 99
缶………… 82
否………… 95
弗………… 73
伏……… 83,411
芙………… 91
扶………… 90
孚………… 100
服………… 482
浮………… 187
桴………… 198
符………… 593
鳬………… 250
福……… 262,665
甫………… 95
澄………… 261
輔……… 267,676
撫………… 280
黼………… 323
附………… 104
負………… 164
副………… 199
婦………… 213
傅……… 224,639
復………… 228
富……… 238,651
賦………… 284
覆………… 316

G

陔………… 139
改……… 104,467
溉………… 237
蓋………… 242
干……… 25,350
甘……… 55,387
感………… 246
紺………… 213
贛………… 337

岡………… 124
剛………… 527
綱………… 279
戇………… 338
高……… 181,538
皋………… 225
杲………… 118
郜………… 500
戈………… 375
割………… 238
歌………… 267
閣………… 269
鴿………… 312
革………… 147
格………… 175
鬲………… 176
葛……… 217,629
隔………… 240
根………… 523
亘………… 75
艮………… 89
更………… 95
庚………… 134
耕………… 171
賡………… 292
耿……… 173,520
鯁………… 319
工………… 25
公……… 46,379
功………… 55
攻………… 90
宮……… 168,509
龔……… 336,748
拱………… 146
鞏………… 688
共………… 75
貢……… 172,517
勾……… 47,379
溝………… 261
緱………… 294
苟………… 470
沽………… 135

姑	139	邯	91	忽	489	匯	246
孤	139	含	100	滹	277	會	250
菰	197	函	139	弧	138	彙	263
觚	232	涵	210,600	胡	148,492	慧	280,688
古	55	寒	238	壺	216	蕙	281
谷	99,453	韓	309,720	葫	216	檜	309
骨	500	汗	86	湖	236	繪	327
鼓	241	漢	276	虎	116	昏	133
穀	281,688	撼	295	滸	278	渾	237
固	123	翰	296	笏	178	活	167
故	148	杭	110,477	瓠	199	火	51,384
顧	331,744	蒿	243	扈	211,602	夥	268
瓜	71	郝	146,491	花	92,416	霍	710
卦	107	昊	117	華	173,520	穫	318
乖	124	浩	186,547	滑	237,651	蠖	323
怪	136	合	85	化	45		
官	137,489	何	98,448	畫	239	**J**	
冠	168	和	124,479	話	254		
關	323,733	河	135,489	淮	209	姬	193
觀	336	荷	173	槐	245,661	嵇	223,634
管	270,677	核	175	懷	326,738	稽	285
館	304	鶡	327	洹	166	緝	294
艸	73	賀	240,652	桓	523	畿	295
灌	329,743	赫	672	還	300	積	301
光	80	壑	310	寰	307	激	306
廣	273	鶴	331	環	307	擊	310
圭	74	黑	222	緩	294	磯	310
閨	269	恒	167,508	幻	387	績	315
鼃	311	珩	171	宦	168,509	雞	319
歸	319,730	橫	282	浣	187,547	吉	74,396
鬼	161,501	衡	303	荒	148	汲	87
癸	170	蘅	321	皇	158,501	亟	491
桂	174,522	弘	73,394	黃	195,577	急	164
貴	222	虹	154	篁	286	級	170
郭	182,541	洪	166,507	揮	216	極	218
國	202,591	紅	170	徽	312	戟	221
果	118	鴻	313	回	81	集	224
過	204,592	虋	337	洄	167	戢	281
H		侯	162,501	悔	187	己	31
		喉	222	晦	201	幾	240
海	186,547	厚	152	惠	218,632	旡	40
憨	294	後	162	喙	222	季	124,479
						計	164,504

紀	170,513	潤	293	金	125,480	橘	298
記	181	諫	304	津	508	矩	155
祭	206	鑑	333	菫	195	榘	248
寄	210	江	86,413	盡	279	句	71,392
冀	300	姜	166,506	槿	282	具	117
濟	313	薑	295	錦	303	鉅	229
繫	322	彊	307	近	99	劇	284
繼	329	蔣	267,674	晉	177	據	295
霽	333	講	312	進	205	瞿	318,730
加	73	匠	79	靳	242,653	鐫	328
夾	95	將	212	禁	244	卷	134
佳	124	絳	240	縉	307	倦	179
迦	140	交	86	京	133,489	絕	240
家	188,547	郊	134	荊	147,492	濬	293
笳	204	椒	218	涇	185	譎	324
嘉	266	蛟	222	旌	207	覺	328,738
甲	65	焦	225,641	經	263,665	均	91
賈	246,662	蕉	282	精	275	軍	168
稼	285	脚	205	鯨	324	菌	197
尖	80	矯	311	井	33	鈞	231
兼	185	教	195	景	222,633	筠	248
堅	199	嶠	285	警	322	郡	169
縑	243	皆	153,500	淨	167	浚	187
煎	260	痎	206	徑	180	濬	313
監	267	揭	215,623	竟	207	攈	321
箋	270	街	225	敬	217		
麗	307	劫	91	靖	255,664	**K**	
剪	208	捷	194	靜	265		
緪	264	蛣	222	鏡	324	開	221
儉	286	睫	247	九	22	楷	245
蹇	292	節	249	灸	100	刊	54
檢	309	碣	268	韭	153	堪	214
蹇	728	羯	292	酒	185	戡	242
謇	313	鮚	312	救	198	顑	317
簡	318,730	解	251,664	傚	270	看	155
見	96	介	45	舊	308	衎	162
建	138	戒	89	拘	107	闞	733
健	179	芥	92	居	138	康	206,597
踺	220	夰	97	娵	213	亢	51,380
間	221	借	178	鞠	308	考	74
漸	277	誡	271	局	104	栲	174
劍	288	今	45	菊	197	珂	146
						柯	151,498

科……156
可……60
克……92
刻……134
岢……154
客……168
窓……262
課……290
冐……89
空……137
孔……52,385
叩……66
寇……602
庫……544
剷……653
跨……247
快……101
獪……304
匡……73
劻……104
狂……100
況……489
鄺……717
曠……318
礦……322
窺……307
揆……624
暌……247
愧……237
魁……240
簣……318
坤……107
崑……203,591
鯤……324
困……97
括……146
栝……175
廓……255

L

喇……633
來……109,477

萊……195
賴……298,710
瀬……326
藍……308,720
蘭……327,738
讕……337
懶……326
嬾……326
孏……336
爛……330
郎……137,490
琅……194
瑯……214
閬……284
浪……187
勞……649
老……74
勒……577
樂……287,690
雷……246,662
壘……330
類……325
楞……245
冷……100,453
梨……204
犁……224
黎……285,690
鰲……315
離……320
蠡……331
驪……338
李……93,418
里……97
理……194,577
禮……314,729
力……23
立……72
吏……75
利……448
荔……148
栗……523
笠……204

痢……233
厲……676
歷……298
曆……299
隸……309
麗……322
酈……744
癧……330
連……176,523
蓮……242,653
廉……255
漣……261
奩……268
濓……306
聯……308
璉……265
楝……244
練……294,706
良……103
涼……209
梁……210,600
兩……114
聊……195
廖……678
寥……278
遼……283
了……23
蓼……267
列……79,396
烈……177
林……109,473
臨……310
麟……336,750
伶……451
泠……135
凌……181,538
陵……190
菱……195
淩……209,599
靈……337
嶺……311
令……392

留……181,538
流……187
琉……194
榴……267
劉……289,692
鎦……731
瀏……320
柳……152,499
六……47
翏……213
隆……213
龍……305,717
隴……320
婁……201,590
樓……282,688
陋……139
盧……300,710
蘆……321
廬……325
爐……329
顱……337
魯……289,691
陸……190,547
菉……197
鹿……207,597
路……247,663
瀧……278
錄……303
潞……306
麓……322
露……330
閭……269
呂……80,397
邵……123
侶……125
旅……184
履……294
律……162,502
緑……280
慮……284
欒……336
灤……338

鸞 338	湄 237	謨 312	牛 43,375
綸 280	楳 244	莫 521	鈕 642
輪 283	美 166	秣 178	農 248,663
論 290	渼 237	墨 285,690	女 32
螺 310	媚 240	默 301	虐 153
羅 323,735	門 478	牟 89,416	**O**
蘿 333	捫 194	牡 97	甌 283
洛 167	夢 243,653	木 36,374	歐 283,689
珞 171,514	蒙 244,653	目 65	鷗 333
落 217	孟 138,490	沐 458	偶 205,593
絡 240	迷 166	牧 124	耦 280
雒 271	米 86,412	墓 243	藕 316
駱 295,706	汨 101	慕 267,672	**P**
灤 320	坒 154	穆 301,712	拍 107
M	祕 169	**N**	排 194
麻 206,596	秘 178	那 89,415	牌 224
馬 172,515	密 210	娜 170	潘 293,704
埋 172	棉 218	納 194,577	攀 322
買 222	縣 287	迺 500	柈 152
脈 181	勉 164	耐 153,500	盤 288
麥 586	冕 202	男 97	沜 101
邁 281,688	面 152	南 149,498	頖 275
蠻 338	靦 282	難 321	滂 262
滿 277	苗 469	閙 284	逄 504
幔 269,677	邈 312	訥 206,593	龐 325,738
漫 277	妙 104	內 42	匏 199
唛 178	紗 166	能 194	培 195
莽 521	廟 292	妮 140	裴 268,677
貓 288	蠛 327	倪 179,527	佩 125
毛 44,376	民 73	霓 300	彭 215,623
茅 109,472	敏 204	擬 308	蓬 243
卯 71	閩 222,633	逆 166	篷 301
茆 470	電 247	年 81,400	捧 194
茂 108	閩 269	廿 36	批 90
冒 500	名 85	念 128	皮 73,395
耄 173	明 118,478	釀 337	毘 154
楳 246	茗 148	鳥 205	埤 195
鄮 271	洺 167	聶 729	琵 214
枚 109,477	冥 188	孽 321	脾 232
眉 169	鳴 269	寧 278	癖 319
梅 197,585	繆 729	凝 304	
	摩 292		

甓⋯⋯⋯⋯ 315
片 ⋯⋯⋯⋯ 45
篇⋯⋯⋯⋯ 286
駢⋯⋯⋯⋯ 295
縹⋯⋯⋯⋯ 315
瓢⋯⋯⋯⋯ 298
瞥⋯⋯⋯⋯ 305
貧⋯⋯⋯⋯ 205
頻⋯⋯⋯⋯ 300
品⋯⋯⋯⋯ 154
平 ⋯⋯ 63,388
苹⋯⋯⋯⋯ 108
泙⋯⋯⋯⋯ 167
屏⋯⋯⋯⋯ 169
瓶⋯⋯⋯⋯ 184
萍⋯⋯⋯⋯ 197
餅⋯⋯⋯⋯ 223
評⋯⋯⋯⋯ 232
憑⋯⋯⋯⋯ 304
蘋⋯⋯⋯⋯ 321
坡⋯⋯⋯⋯ 107
鄱⋯⋯⋯⋯ 271
破⋯⋯ 176,525
莆⋯⋯⋯⋯ 173
蒲⋯⋯ 243,653
濮⋯⋯ 313,728
浦⋯⋯ 185,547
普⋯⋯⋯⋯ 234
樸⋯⋯ 297,710
瀑⋯⋯⋯⋯ 320
曝⋯⋯⋯⋯ 323

Q

七 ⋯⋯⋯⋯ 21
栖⋯⋯⋯⋯ 175
戚⋯⋯ 199,589
期⋯⋯⋯⋯ 216
棲⋯⋯⋯⋯ 218
漆⋯⋯ 277,684
祁⋯⋯⋯⋯ 415
奇⋯⋯⋯⋯ 115
歧⋯⋯⋯⋯ 115

祈⋯⋯⋯⋯ 137
祇⋯⋯⋯⋯ 137
耆⋯⋯⋯⋯ 173
畦⋯⋯⋯⋯ 202
萁⋯⋯⋯⋯ 216
綦⋯⋯⋯⋯ 672
旗⋯⋯⋯⋯ 275
齊⋯⋯ 274,679
騎⋯⋯⋯⋯ 316
芑⋯⋯⋯⋯ 75
屺⋯⋯⋯⋯ 81
杞⋯⋯ 93,418
泣⋯⋯⋯⋯ 136
契⋯⋯⋯⋯ 140
啓⋯⋯⋯⋯ 211
棄⋯⋯⋯⋯ 234
綺⋯⋯⋯⋯ 279
器⋯⋯⋯⋯ 300
憩⋯⋯⋯⋯ 301
千⋯⋯⋯⋯ 31
謙⋯⋯⋯⋯ 313
籤⋯⋯⋯⋯ 336
前⋯⋯⋯⋯ 166
乾⋯⋯⋯⋯ 197
鈐⋯⋯⋯⋯ 229
黔⋯⋯⋯⋯ 301
錢⋯⋯ 303,712
灊⋯⋯⋯⋯ 331
淺⋯⋯⋯⋯ 209
遣⋯⋯⋯⋯ 247
潛⋯⋯ 292,704
倩⋯⋯⋯⋯ 178
強⋯⋯ 239,651
牆⋯⋯⋯⋯ 295
喬⋯⋯ 224,638
僑⋯⋯⋯⋯ 270
橋⋯⋯⋯⋯ 297
樵⋯⋯⋯⋯ 297
譙⋯⋯⋯⋯ 324
巧⋯⋯⋯⋯ 54
切⋯⋯⋯⋯ 40
且⋯⋯⋯⋯ 65

篋⋯⋯⋯⋯ 285
鍥⋯⋯⋯⋯ 312
竊⋯⋯⋯⋯ 336
親⋯⋯⋯⋯ 305
秦⋯⋯ 171,513
琴⋯⋯⋯⋯ 214
禽⋯⋯⋯⋯ 232
勤⋯⋯⋯⋯ 242
菣⋯⋯⋯⋯ 196
欽⋯⋯ 229,642
青⋯⋯⋯⋯ 105
清⋯⋯ 208,599
情⋯⋯⋯⋯ 210
晴⋯⋯⋯⋯ 221
請⋯⋯⋯⋯ 290
箐⋯⋯⋯⋯ 270
慶⋯⋯ 292,704
磬⋯⋯⋯⋯ 295
邛⋯⋯⋯⋯ 55
穹⋯⋯⋯⋯ 137
瓊⋯⋯⋯⋯ 315
丘⋯⋯ 69,391
邱⋯⋯ 98,448
秋⋯⋯ 155,500
求⋯⋯⋯⋯ 95
虯⋯⋯⋯⋯ 97
逑⋯⋯⋯⋯ 164
裘⋯⋯ 246,661
曲⋯⋯⋯⋯ 80
屈⋯⋯ 138,490
祛⋯⋯⋯⋯ 168
區⋯⋯ 199,589
歐⋯⋯⋯⋯ 283
趨⋯⋯⋯⋯ 307
渠⋯⋯⋯⋯ 209
蘧⋯⋯ 321,731
臞⋯⋯⋯⋯ 333
全⋯⋯ 84,412
泉⋯⋯⋯⋯ 161
拳⋯⋯⋯⋯ 184
詮⋯⋯⋯⋯ 254
銓⋯⋯⋯⋯ 271

權⋯⋯ 330,744
勸⋯⋯⋯⋯ 321
缺⋯⋯⋯⋯ 178
卻⋯⋯⋯⋯ 163
雀⋯⋯⋯⋯ 200
榷⋯⋯⋯⋯ 267
確⋯⋯⋯⋯ 283
闕⋯⋯⋯⋯ 318
群⋯⋯⋯⋯ 262

R

然⋯⋯⋯⋯ 232
燃⋯⋯ 305,717
冉⋯⋯⋯⋯ 391
穰⋯⋯⋯⋯ 333
攘⋯⋯⋯⋯ 327
饒⋯⋯ 328,743
熱⋯⋯⋯⋯ 280
人⋯⋯⋯⋯ 21
壬⋯⋯⋯⋯ 45
仁⋯⋯ 45,378
忍⋯⋯⋯⋯ 104
任⋯⋯ 84,411
訒⋯⋯⋯⋯ 181
認⋯⋯⋯⋯ 273
日⋯⋯⋯⋯ 41
戎⋯⋯⋯⋯ 74
容⋯⋯⋯⋯ 188
蓉⋯⋯⋯⋯ 243
榕⋯⋯⋯⋯ 267
榮⋯⋯ 276,684
融⋯⋯⋯⋯ 298
如 ⋯⋯⋯⋯ 89
茹⋯⋯ 148,498
儒⋯⋯⋯⋯ 302
孺⋯⋯⋯⋯ 315
蠕⋯⋯⋯⋯ 327
汝⋯⋯⋯⋯ 87
入⋯⋯⋯⋯ 21
阮⋯⋯ 89,415
蕊⋯⋯⋯⋯ 282
蘂⋯⋯⋯⋯ 322

芮…………… 416
瑞…………… 241
睿…………… 268
潤…………… 293
若…………… 108
弱…………… 190

S

礴 …………… 84
薩……… 297,710
塞……… 262,665
三……… 23,349
散…………… 216
桑……… 194,576
喪…………… 218
騷…………… 321
掃…………… 195
瑟…………… 240
僧……… 270,678
沙……… 101,458
莎…………… 521
殺…………… 180
痧…………… 234
曬…………… 336
山……… 30,350
刪…………… 100
珊…………… 146
樿…………… 310
陝…………… 169
剡…………… 185
善…………… 234
膳…………… 304
繕…………… 321
商……… 207,598
傷…………… 249
觴…………… 319
賞…………… 284
上……… 29,350
尚……… 116,478
苕…………… 108
韶…………… 274
少…………… 40

邵……… 104,467
紹…………… 213
舌…………… 82
佘……… 99,451
蛇…………… 202
社…………… 104
射…………… 179
涉…………… 186
攝…………… 330
申……… 65,388
伸…………… 98
身…………… 99
呻…………… 123
深…………… 210
神…………… 168
沈……… 101,458
審…………… 294
慎……… 262,664
升…………… 45
生…………… 69
聲…………… 308
澠…………… 306
省…………… 153
盛……… 199,590
剩…………… 223
勝…………… 232
聖…………… 241
尸…………… 31
施……… 165,504
師……… 179,528
獅…………… 251
詩…………… 251
濕…………… 313
十…………… 20
石……… 61,388
拾…………… 146
時……… 177,525
實…………… 278
識…………… 324
史……… 65,389
使…………… 125
始…………… 140

士…………… 25
示…………… 54
世…………… 55
仕…………… 69
市…………… 72
式…………… 73
事…………… 114
侍……… 124,479
柿…………… 152
是…………… 153
視…………… 211
嗜…………… 247
適…………… 274
諡…………… 313
釋……… 328,738
守…………… 88
受…………… 128
授…………… 195
壽……… 266,672
獸…………… 323
殊…………… 177
書…………… 188
菽…………… 197
淑…………… 209
舒……… 228,642
疎…………… 239
疏…………… 239
樞…………… 282
輸…………… 298
秫…………… 178
暑…………… 221
蜀…………… 248
鼠…………… 249
戍…………… 79
述…………… 110
恕…………… 193
庶…………… 206
墅…………… 269
漱…………… 277
數…………… 284
樹…………… 297
帥…………… 502

霜…………… 310
雙…………… 318
水…………… 43
稅…………… 638
睡…………… 247
順…………… 224
舜…………… 232
說…………… 271
朔…………… 185
碩……… 267,677
司……… 72,393
思…………… 154
斯……… 216,624
絲…………… 240
死…………… 79
四…………… 66
似…………… 84
俟…………… 162
笥…………… 204
松……… 109,477
崧…………… 203
淞…………… 209
嵩……… 248,664
宋……… 102,464
頌…………… 251
搜…………… 215
驌…………… 321
蘇……… 321,731
俗…………… 158
素……… 171,515
涑…………… 185
粟…………… 218
愫…………… 262
溯…………… 262
肅…………… 262
算…………… 270
隋…………… 212
綏…………… 265
隨…………… 279
遂…………… 235
碎…………… 246
歲…………… 246

許⋯⋯⋯⋯ 291
邃⋯⋯⋯⋯ 314
孫⋯⋯ 191,569
蓀⋯⋯⋯⋯ 244
筍⋯⋯⋯⋯ 224
損⋯⋯⋯⋯ 241
梭⋯⋯⋯⋯ 198
溪⋯⋯⋯⋯ 293
縮⋯⋯⋯⋯ 315
所⋯⋯⋯⋯ 125
索⋯⋯ 176,523

T

他⋯⋯⋯⋯ 70
胎⋯⋯⋯⋯ 164
台⋯⋯⋯⋯ 73
苔⋯⋯⋯⋯ 109
臺⋯⋯⋯⋯ 266
太⋯⋯ 38,375
泰⋯⋯⋯⋯ 171
覃⋯⋯⋯⋯ 633
談⋯⋯ 291,704
潭⋯⋯⋯⋯ 292
壇⋯⋯⋯⋯ 295
曇⋯⋯⋯⋯ 300
檀⋯⋯ 309,722
譚⋯⋯ 324,737
坦⋯⋯⋯⋯ 107
探⋯⋯⋯⋯ 195
湯⋯⋯ 236,649
唐⋯⋯ 182,544
堂⋯⋯⋯⋯ 200
棠⋯⋯⋯⋯ 221
塘⋯⋯⋯⋯ 241
糖⋯⋯⋯⋯ 305
倘⋯⋯⋯⋯ 179
弢⋯⋯⋯⋯ 138
韜⋯⋯⋯⋯ 326
逃⋯⋯⋯⋯ 163
桃⋯⋯⋯⋯ 175
陶⋯⋯ 192,574
特⋯⋯⋯⋯ 527

滕⋯⋯ 289,691
藤⋯⋯⋯⋯ 316
籐⋯⋯⋯⋯ 330
提⋯⋯⋯⋯ 215
惕⋯⋯⋯⋯ 210
天⋯⋯ 33,374
田⋯⋯ 65,389
恬⋯⋯⋯⋯ 167
甜⋯⋯⋯⋯ 204
填⋯⋯⋯⋯ 241
條⋯⋯⋯⋯ 179
蜩⋯⋯⋯⋯ 269
眺⋯⋯⋯⋯ 201
鐵⋯⋯ 330,744
桯⋯⋯⋯⋯ 197
聽⋯⋯⋯⋯ 333
亭⋯⋯⋯⋯ 164
庭⋯⋯⋯⋯ 165
霆⋯⋯⋯⋯ 268
梃⋯⋯⋯⋯ 175
艇⋯⋯⋯⋯ 228
通⋯⋯⋯⋯ 193
同⋯⋯ 80,397
佟⋯⋯⋯⋯ 451
彤⋯⋯⋯⋯ 100
桐⋯⋯⋯⋯ 175
童⋯⋯ 234,646
銅⋯⋯⋯⋯ 270
慟⋯⋯⋯⋯ 278
投⋯⋯⋯⋯ 91
突⋯⋯⋯⋯ 168
涂⋯⋯ 187,547
屠⋯⋯ 211,602
盦⋯⋯⋯⋯ 250
圖⋯⋯ 269,677
土⋯⋯⋯⋯ 25
吐⋯⋯⋯⋯ 80
團⋯⋯⋯⋯ 269
彖⋯⋯⋯⋯ 170
推⋯⋯⋯⋯ 194
退⋯⋯ 169,510
蛻⋯⋯⋯⋯ 247

吞⋯⋯⋯⋯ 90
托⋯⋯⋯⋯ 396
託⋯⋯⋯⋯ 181
脫⋯⋯ 205,593
妥⋯⋯⋯⋯ 100
橢⋯⋯⋯⋯ 283
唾⋯⋯⋯⋯ 203
撻⋯⋯⋯⋯ 321

W

瓦⋯⋯⋯⋯ 40
襪⋯⋯⋯⋯ 326
外⋯⋯ 71,392
完⋯⋯⋯⋯ 102
玩⋯⋯⋯⋯ 105
紈⋯⋯⋯⋯ 170
頑⋯⋯⋯⋯ 241
宛⋯⋯⋯⋯ 137
菀⋯⋯⋯⋯ 197
晚⋯⋯⋯⋯ 202
綰⋯⋯⋯⋯ 280
萬⋯⋯ 216,627
汪⋯⋯ 101,453
王⋯⋯ 32,350
蚟⋯⋯⋯⋯ 178
網⋯⋯⋯⋯ 280
妄⋯⋯⋯⋯ 86
忘⋯⋯⋯⋯ 100
望⋯⋯⋯⋯ 207
危⋯⋯ 85,412
威⋯⋯⋯⋯ 152
微⋯⋯⋯⋯ 250
煨⋯⋯⋯⋯ 261
薇⋯⋯⋯⋯ 296
韋⋯⋯ 169,510
唯⋯⋯⋯⋯ 203
惟⋯⋯⋯⋯ 210
違⋯⋯⋯⋯ 240
圍⋯⋯⋯⋯ 223
爲⋯⋯ 232,643
維⋯⋯⋯⋯ 280
未⋯⋯⋯⋯ 54

味⋯⋯⋯⋯ 117
畏⋯⋯⋯⋯ 154
偉⋯⋯⋯⋯ 593
尉⋯⋯ 211,602
葦⋯⋯⋯⋯ 218
渭⋯⋯⋯⋯ 237
僞⋯⋯⋯⋯ 270
衛⋯⋯ 288,691
緯⋯⋯⋯⋯ 294
魏⋯⋯ 311,722
溫⋯⋯ 236,650
瘟⋯⋯⋯⋯ 274
文⋯⋯ 48,379
聞⋯⋯ 269,677
汶⋯⋯⋯⋯ 101
問⋯⋯⋯⋯ 201
翁⋯⋯ 180,537
甕⋯⋯⋯⋯ 313
倭⋯⋯ 179,527
我⋯⋯⋯⋯ 98
臥⋯⋯⋯⋯ 114
握⋯⋯⋯⋯ 216
烏⋯⋯ 179,528
无⋯⋯⋯⋯ 36
吾⋯⋯ 95,437
吳⋯⋯ 95,437
浯⋯⋯⋯⋯ 185
梧⋯⋯⋯⋯ 197
無⋯⋯ 223,634
五⋯⋯⋯⋯ 36
午⋯⋯ 43,375
伍⋯⋯⋯⋯ 410
武⋯⋯ 105,469
兀⋯⋯⋯⋯ 29
勿⋯⋯⋯⋯ 47
戊⋯⋯⋯⋯ 63
物⋯⋯ 124,479
悟⋯⋯⋯⋯ 187
悮⋯⋯⋯⋯ 187
婺⋯⋯⋯⋯ 240
寤⋯⋯⋯⋯ 278

X

夕 …………… 31
西 ……… 75,396
希 ……… 99,453
析………… 109
息 …… 179,528
奚 …… 180,537
晰………… 202
惜………… 210
犀………… 239
皙………… 245
溪………… 261
熙………… 267
熹………… 295
錫…… 303,716
歙………… 303
羲………… 305
蟋………… 311
谿………… 312
席 …… 182,544
習 …… 213,621
隰………… 307
洗………… 167
璽………… 323
郤………… 482
隙………… 240
戲………… 310
瞎………… 284
狎………… 133
俠………… 158
峽………… 178
硤………… 219
暇………… 247
霞………… 310
下 ………… 25
夏 …… 176,523
仙 ………… 69
先 …… 82,410
鮮………… 726
咸………… 152
絃………… 213

閑………… 221
賢………… 283
顯………… 336
莧………… 173
峴………… 178
現………… 194
憲………… 306
獻………… 327
相………… 151
香………… 155
祥………… 188
鄉………… 213
湘………… 236
詳………… 254
襄………… 313
餉………… 271
饗………… 329
響………… 329
向 …… 84,412
象………… 205
項 …… 214,622
像………… 250
橡………… 282
逍………… 177
消………… 186
宵………… 188
嘵………… 269
銷………… 288
蕭 …… 296,708
蠨………… 310
瀟………… 326
囂 …… 330,744
洨………… 167
小 …… 29,350
筱………… 249
曉 …… 300,712
孝………… 90
肖………… 95
校………… 175
笑………… 178
效………… 182
嘯………… 300

敩………… 328
歇………… 247
協………… 115
斜………… 205
絜………… 214
諧………… 304
擷………… 315
寫………… 294
褉………… 278
瀣………… 306
謝 …… 312,726
蟹………… 324
心 ………… 51
辛 …… 100,453
欣………… 125
新………… 255
薪………… 296
鐔………… 328
信………… 158
星………… 153
興………… 301
刑………… 74
邢 …… 74,395
行………… 84
形………… 89
醒………… 298
杏………… 93
幸 …… 107,469
性………… 136
姓………… 140
雄………… 219
熊 …… 279,685
休………… 83
修………… 158
髹………… 265
秀………… 98
袖………… 188
繡 …… 327,738
盱………… 117
胥 …… 169,510
虛 …… 200,590
須………… 228

需………… 268
徐 …… 180,528
栩………… 176
許 …… 206,593
旭………… 85
序………… 100
畜………… 184
蓄………… 243
續………… 331
宣 …… 167,509
玄 …… 72,392
璇………… 280
懸………… 327
選………… 294
薛 …… 296,707
學………… 301
雪 …… 199,590
血………… 84
謔………… 304
巡………… 89
荀 …… 148,492
循………… 228
尋………… 239
馴………… 241
詢………… 254
潯………… 293
訓………… 181
巽………… 239
遜………… 263

Y

鴉………… 284
鴨………… 300
雅………… 220
咽………… 154
鄢 …… 241,653
煙………… 261
延 …… 83,411
言………… 100
岩………… 123
炎………… 134
研………… 152

掔⋯⋯⋯⋯⋯ 246	掤⋯⋯⋯⋯⋯ 195	瘗⋯⋯⋯⋯⋯ 292	庸⋯⋯⋯⋯⋯ 207
閻⋯⋯ 300,712	葉⋯⋯ 216,624	毅⋯⋯⋯⋯⋯ 292	傭⋯⋯⋯⋯⋯ 250
顔⋯⋯ 320,731	業⋯⋯⋯⋯⋯ 247	嶧⋯⋯⋯⋯⋯ 301	雍⋯⋯⋯⋯⋯ 260
嚴⋯⋯ 323,734	鄴⋯⋯⋯⋯⋯ 284	憶⋯⋯⋯⋯⋯ 306	墉⋯⋯⋯⋯⋯ 266
簷⋯⋯⋯⋯⋯ 324	一⋯⋯⋯⋯⋯ 19	翼⋯⋯⋯⋯⋯ 315	慵⋯⋯⋯⋯⋯ 684
巖⋯⋯⋯⋯⋯ 333	伊⋯⋯ 84,412	藝⋯⋯⋯⋯⋯ 316	癰⋯⋯⋯⋯⋯ 336
鹽⋯⋯⋯⋯⋯ 337	衣⋯⋯⋯⋯⋯ 86	繹⋯⋯⋯⋯⋯ 326	顒⋯⋯⋯⋯⋯ 730
衍⋯⋯⋯⋯⋯ 162	依⋯⋯⋯⋯⋯ 125	譯⋯⋯⋯⋯⋯ 328	永⋯⋯ 72,393
弅⋯⋯⋯⋯⋯ 163	猗⋯⋯⋯⋯⋯ 206	議⋯⋯⋯⋯⋯ 329	甫⋯⋯⋯⋯⋯ 104
掩⋯⋯⋯⋯⋯ 194	壹⋯⋯⋯⋯⋯ 216	懿⋯⋯⋯⋯⋯ 333	泳⋯⋯⋯⋯⋯ 136
眼⋯⋯⋯⋯⋯ 201	醫⋯⋯ 317,729	因⋯⋯⋯⋯⋯ 81	詠⋯⋯⋯⋯⋯ 232
偃⋯⋯⋯⋯⋯ 205	夷⋯⋯⋯⋯⋯ 79	音⋯⋯⋯⋯⋯ 165	湧⋯⋯⋯⋯⋯ 237
演⋯⋯⋯⋯⋯ 278	怡⋯⋯ 136,489	訡⋯⋯⋯⋯⋯ 206	用⋯⋯⋯⋯⋯ 71
儼⋯⋯⋯⋯⋯ 330	宜⋯⋯⋯⋯⋯ 137	鄞⋯⋯⋯⋯⋯ 242	幽⋯⋯⋯⋯⋯ 154
彦⋯⋯⋯⋯⋯ 165	黄⋯⋯⋯⋯⋯ 147	銀⋯⋯⋯⋯⋯ 271	優⋯⋯⋯⋯⋯ 311
晏⋯⋯ 178,526	詒⋯⋯⋯⋯⋯ 233	蟫⋯⋯⋯⋯⋯ 318	懮⋯⋯⋯⋯⋯ 320
硯⋯⋯⋯⋯⋯ 219	飴⋯⋯⋯⋯⋯ 251	尹⋯⋯ 52,384	尤⋯⋯ 40,375
猒⋯⋯⋯⋯⋯ 221	疑⋯⋯⋯⋯⋯ 271	引⋯⋯⋯⋯⋯ 52	由⋯⋯⋯⋯⋯ 65
鴈⋯⋯⋯⋯⋯ 283	遺⋯⋯⋯⋯⋯ 285	蚓⋯⋯⋯⋯⋯ 178	柚⋯⋯⋯⋯⋯ 151
燕⋯⋯⋯⋯⋯ 296	儀⋯⋯⋯⋯⋯ 286	飲⋯⋯⋯⋯⋯ 232	疣⋯⋯⋯⋯⋯ 165
臙⋯⋯⋯⋯⋯ 300	頤⋯⋯⋯⋯⋯ 297	隱⋯⋯ 307,717	迶⋯⋯⋯⋯⋯ 177
嫣⋯⋯⋯⋯⋯ 314	彝⋯⋯⋯⋯⋯ 320	印⋯⋯ 71,392	遊⋯⋯⋯⋯⋯ 234
灩⋯⋯⋯⋯⋯ 338	乙⋯⋯⋯⋯⋯ 19	胤⋯⋯ 164,504	游⋯⋯ 237,651
陽⋯⋯ 212,621	已⋯⋯⋯⋯⋯ 31	英⋯⋯ 108,470	輶⋯⋯⋯⋯⋯ 298
揚⋯⋯ 215,622	倚⋯⋯⋯⋯⋯ 179	榮⋯⋯⋯⋯⋯ 276	友⋯⋯⋯⋯⋯ 40
楊⋯⋯ 245,653	蟻⋯⋯⋯⋯⋯ 323	嬰⋯⋯⋯⋯⋯ 310	有⋯⋯⋯⋯⋯ 78
煬⋯⋯⋯⋯⋯ 261	亦⋯⋯⋯⋯⋯ 86	應⋯⋯ 313,728	酉⋯⋯⋯⋯⋯ 95
瘍⋯⋯⋯⋯⋯ 274	抑⋯⋯⋯⋯⋯ 91	櫻⋯⋯⋯⋯⋯ 330	牖⋯⋯⋯⋯⋯ 286
仰⋯⋯⋯⋯⋯ 84	佚⋯⋯⋯⋯⋯ 98	鸚⋯⋯⋯⋯⋯ 338	右⋯⋯⋯⋯⋯ 61
養⋯⋯⋯⋯⋯ 275	易⋯⋯ 119,478	迎⋯⋯⋯⋯⋯ 100	幼⋯⋯⋯⋯⋯ 73
夭⋯⋯⋯⋯⋯ 45	疫⋯⋯⋯⋯⋯ 165	盈⋯⋯⋯⋯⋯ 170	祐⋯⋯⋯⋯⋯ 168
爻⋯⋯⋯⋯⋯ 45	弈⋯⋯⋯⋯⋯ 165	楹⋯⋯⋯⋯⋯ 246	迂⋯⋯⋯⋯⋯ 74
姚⋯⋯ 170,510	奕⋯⋯⋯⋯⋯ 504	螢⋯⋯⋯⋯⋯ 305	于⋯⋯ 25,349
堯⋯⋯⋯⋯⋯ 214	挹⋯⋯⋯⋯⋯ 172	營⋯⋯⋯⋯⋯ 306	余⋯⋯ 99,451
瑶⋯⋯⋯⋯⋯ 265	益⋯⋯⋯⋯⋯ 184	瀛⋯⋯⋯⋯⋯ 326	於⋯⋯ 134,489
藥⋯⋯⋯⋯⋯ 316	陭⋯⋯⋯⋯⋯ 191	影⋯⋯⋯⋯⋯ 284	俞⋯⋯ 163,502
耀⋯⋯⋯⋯⋯ 327	萟⋯⋯⋯⋯⋯ 197	潁⋯⋯⋯⋯⋯ 289	娛⋯⋯⋯⋯⋯ 193
耶⋯⋯⋯⋯⋯ 469	異⋯⋯⋯⋯⋯ 202	癭⋯⋯⋯⋯⋯ 336	魚⋯⋯ 205,593
也⋯⋯⋯⋯⋯ 32	逸⋯⋯⋯⋯⋯ 206	邕⋯⋯⋯⋯⋯ 194	隅⋯⋯⋯⋯⋯ 213
冶⋯⋯⋯⋯⋯ 100	翊⋯⋯⋯⋯⋯ 207		畬⋯⋯⋯⋯⋯ 229
野⋯⋯⋯⋯⋯ 201	意⋯⋯⋯⋯⋯ 260		榆⋯⋯⋯⋯⋯ 245
夜⋯⋯⋯⋯⋯ 134	義⋯⋯⋯⋯⋯ 260		虞⋯⋯ 246,663

愚········ 247,663	約············· 170	曾········ 235,647	争············· 86
漁············· 277	月············· 46	增········ 281,688	征············· 125
餘············· 289	岳······· 125,479	贈············· 323	徵············· 288
輿············· 311	悦············· 188	扎············· 374	拯············· 147
宇············· 414	越······· 214,622	札············· 60	整············· 298
羽············· 89	粵············· 250	乍············· 69	正············· 54
雨············· 115	閲············· 284	宅············· 88	政············· 146
禹············· 161	嶽············· 311	翟············· 684	鄭········ 275,679
庾········ 206,596	芸············· 91	詹········ 251,664	證············· 324
與············· 249	雲········ 219,633	佔············· 98	之············· 31
語············· 271	鄆············· 222	湛········ 235,649	支········ 38,374
玉········ 53,387	賫············· 301	戰············· 300	芝············· 75
芋············· 75	允············· 386	章········ 207,597	巵············· 99
聿············· 89	惲············· 651	張········ 211,603	枝············· 109
郁········ 115,478	運············· 238	掌············· 221	知············· 124
育············· 134	蘊············· 316	彰············· 274	織············· 321
欲············· 205	輼············· 320	瘴············· 304	直············· 108
喻········ 222,634	韻············· 325	昭········ 153,500	執············· 195
御············· 225		召············· 73	植············· 218
寓············· 238	**Z**	趙········ 266,665	摭············· 266
裕············· 651		肇············· 278	職············· 316
愈············· 250	雜············· 319	折············· 90	止············· 40
豫············· 294	災············· 104	哲············· 172	芷············· 91
禦············· 312	栽············· 172	蟄············· 308	沚············· 101
鬻········ 336,749	宰············· 188	謫············· 319	指············· 147
鬱············· 338	載········ 241,652	柘············· 151	咫············· 169
淵············· 237	再············· 75	浙············· 185	至············· 79
元········ 35,374	在············· 78	蔗············· 267	志············· 91
沅············· 101	簪············· 318	枕············· 111	制············· 124
爰············· 163	昝············· 504	珍············· 146	炙············· 133
袁········ 172,517	贊············· 324	貞············· 153	治············· 136
原········ 176,525	臧············· 677	陣············· 169	致············· 177
員············· 527	葬············· 216	真········ 173,521	智············· 223
援············· 215	鑿············· 338	振············· 172	摯············· 688
園············· 247	棗············· 219	針············· 180	質············· 288
圓········ 248,664	澡············· 306	診············· 232	隲············· 307
緣············· 295	造············· 178	甄············· 662	中········ 41,375
圜············· 301	迮············· 479	賑············· 268	忠············· 123
遠············· 241	則············· 153	震········ 283,690	衷········ 181,538
苑············· 108	責············· 194	箴············· 286	終············· 213
掾············· 216	擇············· 295	鍼············· 312	鍾········ 312,725
願············· 322	澤············· 306	鎮············· 319	鐘············· 328
	賊············· 247		

种	155	渚	209	裝	263	棕	218
種	270	煮	215	壯	104	縱	315
仲	84,411	塵	304	追	162	鄒	232,643
重	156	助	97	準	261	奏	140
衆	225	苧	108	拙	107	祖	168,509
舟	84	杼	111	卓	115,478	纂	328
州	86	注	135	灼	100	最	221
周	128,482	祝	169,509	斫	152	罪	248
粥	239	著	195	酌	176	醉	283
肘	100	註	232	濯	313	檇	297
宙	137	駐	280	滋	237	尊	234
晝	211	築	301	資	255	遵	292
籀	324	專	199	緇	280	撙	281
朱	81,400	顓	318	子	32	昨	153
珠	171	篆	286	紫	220	左	60,387
硃	199	轉	316	自	84	佐	98
諸	290,704	譔	324	字	88	作	98
竹	82,410	饌	328	漬	276	坐	99
燭	313	莊	174,522	宗	136,489	柞	151
主	72